C·H·Beck
PAPERBACK

Wie entstehen die Akkumulation und die Distribution von Kapital? Welche Dynamiken sind dafür maßgeblich? Fragen der langfristigen Evolution von Ungleichheit, der Konzentration von Wohlstand in wenigen Händen und nach den Chancen für ökonomisches Wachstum bilden den Kern der Politischen Ökonomie. Aber befriedigende Antworten darauf gab es bislang kaum, weil aussagekräftige Daten und eine überzeugende Theorie fehlten. In «Das Kapital im 21. Jahrhundert» analysiert Thomas Piketty ein beeindruckendes Datenmaterial aus 20 Ländern, zurückgehend bis ins 18. Jahrhundert, um auf dieser Basis die entscheidenden ökonomischen und sozialen Abläufe freizulegen. Seine Ergebnisse stellen die Debatte auf eine neue Grundlage und definieren zugleich die Agenda für das künftige Nachdenken über Wohlstand und Ungleichheit.

Piketty zeigt uns, dass das ökonomische Wachstum in der Moderne und die Verbreitung des Wissens es uns ermöglicht haben, den Ungleichheiten in jenem apokalyptischen Ausmaß zu entgehen, das Karl Marx prophezeit hatte. Aber wir haben die Strukturen von Kapital und Ungleichheit andererseits nicht so tiefgreifend modifiziert, wie es in den prosperierenden Jahrzehnten nach dem Zweiten Weltkrieg den Anschein hatte. Der wichtigste Treiber der Ungleichheit – nämlich die Tendenz von Kapitalgewinnen, die Wachstumsrate zu übertreffen – droht heute extreme Ungleichheiten hervorzubringen, die am Ende auch den sozialen Frieden gefährden und unsere demokratischen Werte in Frage stellen. Doch ökonomische Trends sind keine Gottesurteile. Politisches Handeln hat gefährliche Ungleichheiten in der Vergangenheit korrigiert, so Piketty, und kann das auch wieder tun.

Thomas Piketty ist Professor an der Paris School of Economics. Sein Weltbestseller «Das Kapital im 21. Jahrhundert» hat sich in Deutschland mehr als 100 000 mal verkauft.

THOMAS PIKETTY

DAS KAPITAL

IM 21. JAHRHUNDERT

Aus dem Französischen
von Ilse Utz und Stefan Lorenzer

C.H.Beck

Titel der französischen Originalausgabe
«Le capital au XXIe siècle»,

Mit 97 Grafiken und 18 Tabellen

Der erste und zweite Teil wurden von Ilse Utz übersetzt,
der dritte und vierte Teil von Stefan Lorenzer.

Die ersten acht Auflagen des Buches erschienen 2014 und 2015
in gebundener Form im Verlag C.H.Beck

5. Auflage in C.H.Beck Paperback. 2022

Für die deutsche Ausgabe:

Satz: Janß GmbH, Pfungstadt
Druck und Bindung: Druckerei C.H.Beck, Nördlingen
Gedruckt auf säurefreiem, alterungsbeständigem Papier
(hergestellt aus chlorfrei gebleichtem Zellstoff)
Printed in Germany
ISBN 978 3 406 68865 2

www.chbeck.de

INHALT

DRITTER TEIL
DIE STRUKTUR DER UNGLEICHHEIT

VIERTER TEIL
DIE REGULIERUNG DES KAPITALS IM 21. JAHRHUNDERT

DANKSAGUNG

Dieses Buch beruht auf 15 Jahren Forschung (1998–2013), die im Wesentlichen der historischen Dynamik von Einkommen und Vermögen galt. Ein großer Teil davon wurde zusammen mit anderen Wissenschaftlern durchgeführt.

Kurz nachdem im Jahr 2001 mein Buch *Die oberen Einkommensschichten in Frankreich im 20. Jahrhundert* erschienen war, hatte ich das Glück, von der enthusiastischen Unterstützung durch Anthony Atkinson und Emmanuel Saez profitieren zu können. Ohne sie hätte dieses vormals auf den französischen Raum begrenzte Projekt zweifellos niemals die heutige internationale Reichweite erlangen können. Tony, der für mich während der Zeit meiner Ausbildung als Vorbild fungierte, war der erste, der meine historische Untersuchung der Ungleichheit in Frankreich gelesen hat. Unmittelbar darauf hat er sich selber des Falls Großbritannien – und in der Folge einer Vielzahl weiterer Länder – angenommen. Wir haben gemeinsam in den Jahren 2007 und 2010 zwei stattliche Bände herausgegeben, deren Untersuchung insgesamt mehr als zwanzig Länder abdeckt und die bis zu diesem Tage umfassendste Übersicht der verfügbaren Daten zur historischen Entwicklung der Einkommensungleichheiten liefert. Zusammen mit Emmanuel haben wir auch den Fall der Vereinigten Staaten abgehandelt und dabei das schwindelerregende Wachstum der Einkommen der reichsten 1 % seit den 1970er und 1980er Jahren zu Tage gefördert, was auf die politischen Diskussionen auf der anderen Seite des Atlantiks einen gewissen Einfluss ausgeübt hat. Darüber hinaus haben wir zahlreiche Untersuchungen zur Theorie der optimalen Einkommens- und Kapitalbesteuerung durchgeführt. Diese gemeinsamen Forschungen waren eine reichhaltige Quelle für das vorliegende Buch, das ihnen viel verdankt.

Nicht minder stark beeinflusst wurde dieses Werk durch meine Begegnung mit Gilles Postel-Vinay und Jean-Laurent Rosenthal und von den historischen Untersuchungen zum Thema Erbschaft, die wir seitdem gemeinsam in Pariser Archiven durchführen – von der Epoche der Französischen Revolution bis zur Gegenwart. Sie haben es mir ermöglicht, Vermögen und Kapital als mit dem realen Leben verknüpfte Phänomene zu begreifen sowie die Probleme zu erkennen, die mit ihrer Erfassung verbunden sind. Es waren vor allem Gilles und Jean-Laurent, die mich in die Lage versetzt haben, die Vielzahl an Parallelen – und auch an Differenzen –, die zwischen der Verteilung des Eigentums in der Belle Époque und zu Beginn des 21. Jahrhunderts herrschen, besser zu verstehen.

Sehr viel verdankt dieses Buch zudem all den Doktoranden und jungen Wissenschaftlern, mit denen ich das Glück hatte, über die letzten fünfzehn Jahre hinweg zusammenarbeiten zu dürfen. Über ihren unmittelbaren Beitrag zu den hier verwendeten Arbeiten hinaus haben sie mit ihren Forschungen und ihrer Energie zu dem anregenden intellektuellen Klima beigetragen, in welchem dieses Werk gedeihen konnte. Ich denke dabei insbesondere an Facundo Alvaredo, Laurent Bach, Antoine Bozio, Clément Carbonnier, Fabien Dell, Gabrielle Fack, Nicolas Frémeaux, Lucie Gadenne, Julien Grenet, Élise Huilery, Camille Landais, Ioana Marinescu, Élodie Morival, Nancy Qian, Dorothée Rouzet, Stefanie Stantcheva, Juliana Londono Velez, Guillaume Saint-Jacques, Christoph Schinke, Aurélie Sotura, Mathieu Valdenaire und Gabriel Zucman. Ohne die Effizienz, die Präzision sowie das Organisationstalent von Facundo Alvaredo wäre wiederum die *World Top Database*, die für dieses Buch häufig herangezogen wurde, nicht zustande gekommen. Und ohne den unermüdlichen Eifer und die Beharrlichkeit von Camille Landais hätte unser interaktives Projekt zur «révolution fiscale» niemals das Licht der Welt erblickt. Ohne die Genauigkeit und beeindruckende Leistungsfähigkeit von Gabriel Zucman wäre ich außerdem niemals in der Lage gewesen, die Studien zu der historischen Entwicklung des Verhältnisses zwischen Kapital und Einkommen in den Industrienationen erfolgreich durchzuführen, die in diesem Buch eine zentrale Rolle spielt.

Ich möchte darüber hinaus den Einrichtungen danken, die dieses Projekt ermöglicht haben – vor allem der École des Hautes Études en Sciences Sociales, an der ich seit 2000 «directeur d'etudes» bin, ebenso wie der École Normale Supérieure, und all den anderen Institutionen, die die Paris School of Economics tragen, deren erster Direktor ich zwischen 2005 und 2007 war und an der ich als Professor lehre, seit sie aus der Taufe gehoben wurde. Indem sie eingewilligt haben, ihre Kräfte zu vereinen und Teil eines Projektes zu werden, das größer ist als die Summe ihrer einzelnen Interessen, haben diese Einrichtungen es ermöglicht, einen bescheidenen Beitrag zum Gemeinwohl zu leisten, der, wie ich hoffe, zur Entwicklung einer multipolaren politischen Ökonomie im 21. Jahrhundert beitragen wird.

Schließlich danke ich Juliette, Déborah und Hélène, meinen drei geliebten Töchtern, für all die Liebe und Kraft, die sie mir geben. Und ich danke Julia, die mein Leben mit mir teilt und meine erste Leserin ist. Ihr Einfluss und ihre Unterstützung sind auf allen Etappen dieses Buches entscheidend gewesen. Ohne meine Familie hätte ich niemals die Kraft gefunden, dieses Projekt zu seinem Abschluss zu bringen.

Das Buch und der Technische Anhang/die Homepage: eine Gebrauchsanweisung

Um den Text und die Fußnoten nicht unnötig zu überfrachten, wurde die detaillierte Auflistung der historischen Quellen, der bibliographischen Referenzen, der statistischen Methoden sowie der mathematischen Modelle in einen Technischen Anhang verwiesen, der auf der folgenden Homepage abzurufen ist: *http://piketty.pse.ens.fr/fr/capital21c*

Der Technische Anhang enthält insbesondere die Gesamtheit der Tabellen und die Datensätze, die der Erstellung der in diesem Buch versammelten Grafiken dienten, sowie eine ausführliche Beschreibung der verwendeten Quellen und Methoden. Die bibliographischen Angaben, die im Buch und in den Fußnoten gemacht werden, sind ebenso streng auf ein Minimum reduziert worden und sehr viel ausführlicher in diesem Anhang aufgeführt. Er umfasst außerdem eine ganze Reihe von zusätzlichen Tabellen und Grafiken, auf die an manchen Stellen in den Fußnoten Bezug genommen wird (beispielsweise «Vgl. zusätzliche Grafiken S1.1, S1.2 und S1.3», Kapitel 1, S. 91, Fußnote 1). Der Technische Anhang und die Homepage sind also zu dem Zweck konzipiert worden, die Lektüre des Buches zu ergänzen und unterschiedliche Intensitäten der Lektüre zu ermöglichen.

Die daran interessierten Leser werden online außerdem die Gesamtheit der Dateien (in der Regel im Format Excel oder Stata), die Computerprogramme, die mathematischen Formeln und Gleichungen sowie Verweise auf die Primärquellen und Internet-Links zu den eher technischen Studien finden, die den Unterbau dieses Buches bilden.

Das Ziel ist es, dass dieses Buch von Personen gelesen werden kann, die über keine fachspezifischen Kenntnisse verfügen, und zugleich in Verbindung mit dem technischen Anhang den Anforderungen von Studierenden und spezialisierten Forschern Genüge tut. Das gibt mir darüber hinaus die Möglichkeit, revidierte und aktualisierte Versionen des Technischen Anhangs sowie der Tabellen und Grafiken ins Netz zu stellen. Ich bedanke mich im Voraus bei den Lesern und Internetnutzern, die mir ihre Eindrücke und Anregungen via E-Mail mitteilen (*piketty@ens.fr*).

«Gesellschaftliche Unterschiede dürfen nur
im allgemeinen Nutzen begründet sein.»

Artikel 1,
Erklärung der Menschen- und Bürgerrechte, 1789.

EINLEITUNG

Die Verteilung der Vermögen ist heutzutage eine der interessantesten und meistdiskutierten Fragen. Aber was weiß man wirklich über ihre langfristige Entwicklung? Führt die Dynamik der privaten Kapitalakkumulation zwangsläufig zu einer immer stärkeren Konzentration von Reichtum und Macht in den Händen weniger, wie Marx im 19. Jahrhundert angenommen hat? Oder führen die ausgleichenden Kräfte von Wachstum, Wettbewerb und technologischem Fortschritt von selbst zu einer Verringerung der Ungleichheit und einer harmonischen Stabilisierung in den fortgeschrittenen Entwicklungsphasen, wie Simon Kuznets im 20. Jahrhundert glaubte? Was weiß man wirklich darüber, wie sich die Verteilung von Einkommen und Vermögen seit dem 18. Jahrhundert entwickelte, und welche Lehren lassen sich für das 21. Jahrhundert daraus ziehen?

Diese Fragen versuche ich in diesem Buch zu beantworten. Gleich zu Beginn sei gesagt: Die hier vorgelegten Antworten sind unvollständig. Aber sie basieren auf historischen und komparativen Daten, die umfangreicher sind als die in allen früheren Arbeiten verwendeten; sie beziehen sich auf drei Jahrhunderte und mehr als 20 Länder und sind in einen neuen theoretischen Rahmen eingebettet, der die entscheidenden Tendenzen und Mechanismen verständlicher macht. Durch die Fortschritte und die Ausbreitung des Wissens konnte die marxistische apokalyptische Vision zwar vermieden werden, aber dadurch hat sich an den Tiefenstrukturen des Kapitals und den Ungleichheiten nichts geändert – jedenfalls nicht in dem Maße, wie man es sich in den optimistischen Jahrzehnten nach dem Zweiten Weltkrieg vorstellen konnte. Wenn die Kapitalrendite dauerhaft höher ist als die Wachstumsrate von Produktion und Einkommen, was bis zum 19. Jahrhundert der Fall war und im 21. Jahrhundert wieder zur Regel zu werden droht, erzeugt der Kapitalismus automatisch inakzeptable und willkürliche Ungleichheiten, die das Leistungsprinzip, auf dem unsere demokratischen Gesellschaften basieren, radikal infragestellen. Es gibt jedoch Mittel und Wege, mit denen die Demokratie zum Wohl der Allgemeinheit die Kontrolle über den Kapitalismus und die Privatinteressen wiedererlangen kann, ohne protektionistischen und nationalistischen Tendenzen Vorschub zu leisten. Dieses Buch möchte dazu einige Vorschläge machen, wobei es sich auf die Lehren aus den historischen Erfahrungen stützt, deren Darstellung den Hauptteil des Werkes bildet.

Eine Debatte ohne Quellen?

Lange Zeit speisten sich die intellektuellen und politischen Diskussionen über die Verteilung der Vermögen aus vielen Vorurteilen und sehr wenigen Fakten.

Es wäre falsch, die Bedeutung der intuitiven Annahmen zu unterschätzen, die jeder in Bezug auf die Einkommen und Vermögen seiner Zeit entwickelt, ohne über einen theoretischen Rahmen und repräsentative Statistiken zu verfügen. Wir werden z. B. sehen, dass Film und Literatur, insbesondere der Roman des 19. Jahrhunderts, eine Fülle von sehr genauen Informationen über den Lebensstandard und die Vermögensverhältnisse der verschiedenen sozialen Gruppen und vor allem über die Tiefenstruktur der Ungleichheit, ihre Rechtfertigungen und ihre Auswirkungen auf das Leben eines jeden enthalten. Vor allem die Romane von Jane Austen und Honoré de Balzac schildern auf eindrucksvolle Weise die Verteilung der Vermögen in Großbritannien und in Frankreich in der Zeit von 1790 bis 1830. Die beiden Romanschriftsteller kennen sich in der ihre Gesellschaft prägenden Vermögenshierarchie sehr gut aus. Sie spüren ihren verborgenen Grenzen nach und wissen um die unerbittlichen Folgen für das Leben dieser Männer und Frauen, um ihre Bündnisstrategien, ihre Hoffnungen und ihr Unglück. Sie beschreiben die Auswirkungen mit einer Wahrhaftigkeit und Eindringlichkeit, die keine Statistik und keine wissenschaftliche Analyse zu bieten vermag.

Die Verteilungsfrage ist zu wichtig, um sie allein den Ökonomen, Soziologen, Historikern und Philosophen zu überlassen. Sie interessiert jedermann, und das ist gut so. Die konkrete Realität der Ungleichheit ist für all jene unmittelbar erfahrbar, die von ihr betroffen sind, und ruft naturgemäß dezidierte und gegensätzliche politische Urteile hervor. Ob Bauer oder Adliger, Arbeiter oder Industrieller, Kellner oder Bankier: Jeder erhält von seiner Warte aus Einblicke in die Lebensbedingungen bestimmter Menschen, in die Macht- und Herrschaftsverhältnisse zwischen sozialen Gruppen und bildet sich seine eigene Vorstellung von dem, was gerecht und was ungerecht ist. Die Frage der Verteilung der Vermögen wird immer diese sehr subjektiv-psychologische, durch und durch politische und konfliktträchtige Dimension haben, die keine noch so wissenschaftliche Analyse aufheben kann. Glücklicherweise wird die Demokratie niemals durch die Expertenrepublik ersetzt werden.

Dennoch sollte die Verteilungsfrage auch systematisch untersucht werden. Ohne Quellen, Methoden und genau definierte Begriffe kann man alles oder auch das Gegenteil behaupten. Manche glauben, die Ungleichheit nehme ständig zu und die Welt werde immer ungerechter. Für andere nimmt die Ungleichheit naturgemäß ab oder gleicht sich von selbst aus; ihrer Ansicht nach darf vor allem nichts unternommen werden, das dieses schöne Gleichgewicht stören könnte. Vor dem Hintergrund dieses Dialogs von Tauben, in dem jedes Lager seine eigene intellektuelle Trägheit gern mit der des gegnerischen Lagers rechtfertigt, ist eine systematische Erforschung des Sachverhalts gefragt – auch wenn diese nie rein wissenschaftlich wird sein können. Die wissenschaftliche Analyse wird die heftigen politischen Konflikte, die sich an der Frage der Ungleichheit entzünden, niemals beenden. Die sozialwissenschaftliche Untersuchung ist und wird immer unzureichend sein; sie hat nicht den Ehrgeiz, Ökonomie, Soziologie und Geschichte in exakte Wissenschaften zu verwandeln. Aber indem sie geduldig Fakten und wiederkehrende Abläufe ermittelt und die ausschlaggebenden ökonomischen, sozialen und politischen Mechanismen unvoreingenommen analysiert, kann sie dafür sorgen, dass die demokratische Diskussion kenntnisreicher geführt wird und sich auf die richtigen Fragen konzentriert. Sie kann dazu beitragen, den Inhalt der Debatte immer wieder neu zu bestimmen, die Gewissheiten ins Wanken zu bringen, die Hochstapeleien aufzudecken und alles immer wieder zu bezweifeln und infrage zu stellen. Das ist meiner Ansicht nach die Rolle, die die Intellektuellen, darunter die Sozialwissenschaftler, spielen sollten. Sie sind Bürger wie alle anderen, haben aber mehr Zeit, um sich dem Studium dieser Fragen zu widmen (und werden dafür auch noch bezahlt – ein beachtliches Privileg).

Festzuhalten ist, dass die wissenschaftlichen Untersuchungen zur Vermögensverteilung lange Zeit auf relativ wenigen gesicherten Fakten und auf vielen rein theoretischen Spekulationen basierten. Bevor ich die Quellen, auf die ich mich gestützt habe und die ich in diesem Buch zusammengetragen habe, genauer darlege, ist es angebracht, kurz die Geschichte der zu diesen Fragen angestellten Überlegungen darzustellen.

Malthus, Young und die Französische Revolution

Als am Ende des 18. und zu Beginn des 19. Jahrhunderts in Großbritannien und in Frankreich die klassische politische Ökonomie entsteht, liegt der Fokus aller Analysen bereits auf der Verteilungsfrage. Es ist für jedermann sichtbar, dass radikale Veränderungen begonnen haben, insbesondere ein anhaltendes – in dieser Höhe bis dahin unbekanntes – Bevölkerungswachstum, die Anfänge der Landflucht und die Industrielle Revolution. Wie werden sich diese Umwälzungen auf die Verteilung des Reichtums, die Gesellschaftsstruktur und das politische Gleichgewicht der europäischen Gesellschaften auswirken?

Für Thomas Malthus, der 1798 seine *Abhandlung über das Bevölkerungsgesetz* veröffentlicht, steht zweifelsfrei fest: Die Überbevölkerung stellt die Hauptbedrohung dar.[1] Seine Quellen sind dürftig, aber er versucht, sie so gut wie irgend möglich auszuwerten. Er ist insbesondere durch die Reiseberichte Arthur Youngs beeinflusst, eines englischen Agronomen, der 1787/88, also kurz vor der Französischen Revolution, das Königreich Frankreich von Calais über die Bretagne und die Franche-Comté bis zu den Pyrenäen bereiste und von dem Elend auf dem Land berichtete.

In dieser fesselnden Schilderung ist keineswegs alles falsch. Damals ist Frankreich das bei weitem bevölkerungsreichste Land Europas und damit ein idealer Untersuchungsgegenstand. Um 1700 zählte das

1 Thomas Malthus (1766–1834) ist ein englischer Ökonom, der neben Adam Smith (1723–1790) und David Ricardo (1772–1823) als einer der einflussreichsten Vertreter der «klassischen» Schule gilt.

Königreich Frankreich bereits mehr als 20 Millionen Einwohner, während das Vereinigte Königreich auf kaum mehr als 8 Millionen (und England etwa auf 5 Millionen) kam. In Frankreich war die Bevölkerung im ganzen 18. Jahrhundert, vom Ende der Herrschaft Ludwigs XIV. bis zu der von Ludwig XVI., stetig gewachsen, so dass die französische Bevölkerung in den 1780er Jahren nahezu 30 Millionen beträgt. Alles deutet darauf hin, dass diese demografische Dynamik, die es in den vorausgegangenen Jahrhunderten so nicht gegeben hatte, in diesen Jahrzehnten zu der Stagnation der Löhne in der Landwirtschaft und zu dem Anstieg der Bodenrente geführt hat, die zur explosiven Lage im Jahr 1789 beigetragen haben. Ohne darin die alleinige Ursache für die Französische Revolution zu sehen, kann man davon ausgehen, dass diese Entwicklung die Unbeliebtheit des Adels und des bestehenden politischen Systems nur vergrößern konnte.

Der von Young 1792 veröffentlichte Bericht enthält allerdings auch nationalistische Vorurteile und grobe Vergleiche. Unser großer Agronom ist höchst unzufrieden mit den Herbergen, in denen er abstieg, sowie mit der Kleidung und dem Benehmen der Bediensteten, die ihm Essen brachten, das er angewidert beschreibt. Aus seinen häufig belanglosen und anekdotenhaften Beobachtungen und Beschreibungen möchte er Konsequenzen für die Weltgeschichte ableiten. Ihn beunruhigen vor allem die politischen Exzesse, zu denen das Elend der Massen führen könnte. Young ist überzeugt, dass allein das politische System Großbritanniens mit getrennten Kammern für den Adel und den dritten Stand und einem Vetorecht für den Adel eine harmonische und friedliche Entwicklung gewährleisten kann, die von verantwortungsbewussten Menschen getragen wird. Für ihn ist Frankreich dem Untergang geweiht, als es 1789/90 zulässt, dass beide Stände im selben Parlament tagen. Es ist nicht übertrieben zu sagen, dass sein gesamter Bericht von seiner Furcht vor der Revolution bestimmt wird. Wenn man über die Verteilung des Reichtums spricht, ist die Politik nie sehr fern, und man kann sich oft nur schwer den Vorurteilen und Klasseninteressen seiner Zeit entziehen.

Als Pfarrer Malthus 1798 seine berühmte *Abhandlung* veröffentlicht, sind seine Schlussfolgerungen noch radikaler als die Youngs. Wie sein Landsmann ist auch er in höchstem Maße beunruhigt über die politischen Nachrichten aus Frankreich, und um sicherzugehen, dass derartige Exzesse eines Tages nicht auf das Vereinigte Königreich übergreifen, möchte er alle Unterstützungsmaßnahmen für die Armen abgeschafft und die Geburtenrate dieser Menschen streng kontrolliert sehen, andernfalls werde die ganze Welt in Überbevölkerung, Chaos und Elend untergehen. Die – überzogene – Schwarzmalerei der Prognosen von Malthus ist nur zu begreifen, wenn man sich klarmacht, welche Angst in einem Gutteil der europäischen Eliten in den 1790er Jahren herrscht.

Ricardo: Das Knappheitsprinzip

Rückblickend ist es leicht, sich über diese Schwarzseher lustig zu machen. Man muss jedoch zur Kenntnis nehmen, dass die ökonomischen und sozialen Veränderungen am Ende des 18. und zu Beginn des 19. Jahrhunderts objektiv beeindruckend, ja traumatisierend waren. Die meisten Beobachter der damaligen Zeit – nicht nur Young und Malthus – hatten düstere, wenn nicht gar apokalyptische Vorstellungen von der langfristigen Entwicklung der Vermögensverteilung und der Gesellschaftsstruktur. Das gilt insbesondere für David Ricardo und Karl Marx, die zweifellos die zwei einflussreichsten Ökonomen des 19. Jahrhunderts waren und davon ausgingen, dass sich eine kleine soziale Gruppe – die Grundbesitzer bei Ricardo, die Industriekapitalisten bei Marx – zwangsläufig einen ständig wachsenden Teil der Produktion und des Einkommens aneignen würden.[1]

Ricardo, der 1817 sein Werk *Über die Grundsätze der Politischen Ökonomie und der Besteuerung* veröffentlicht, richtet das Hauptaugenmerk auf die langfristige Entwicklung des Bodenpreises und der Höhe der Bodenrente. Ebenso wie Malthus verfügt er praktisch über keine statistische Quelle, die dieses Namens würdig wäre. Trotzdem kennt er den Kapitalismus seiner Zeit sehr gut. Er stammt aus einer Familie von jüdischen Finanzleuten portugiesischer Herkunft und scheint weniger politische Vorurteile zu haben als Malthus, Young oder Smith. Er ist zwar vom Malthusschen Modell beeinflusst, denkt aber weit darüber hinaus. Ihn interessiert vor allem das folgende logische

---

1 Es gibt eine liberale Schule, die mehr von Optimismus getragen ist: So stellt sich Adam Smith nicht die Frage eines möglichen langfristigen Auseinanderdriftens der Vermögensverteilung. Gleiches gilt für Jean-Baptiste Say (1767–1832), der ebenfalls an eine natürliche Harmonie glaubt.

Paradox: Wenn die Bevölkerung und die Produktion dauerhaft wachsen, wird der Boden im Verhältnis zu den anderen Gütern knapper. Das Gesetz von Angebot und Nachfrage müsste folglich zu einer anhaltenden Erhöhung des Bodenpreises und des an die Grundbesitzer gezahlten Pachtzinses führen. Letztere werden somit einen immer größeren Teil des Nationaleinkommens und der Rest der Bevölkerung einen immer kleineren Teil erhalten, was das soziale Gleichgewicht zerstören würde. Für Ricardo besteht die einzige logisch und politisch befriedigende Lösung in einer immer höheren Besteuerung der Bodenrente.

Wir werden sehen, dass sich diese düstere Vorhersage nicht bewahrheitet hat: Die Bodenrente ist zwar lange Zeit hoch geblieben, aber letztlich ist der Wert der landwirtschaftlichen Nutzflächen im Verhältnis zu den anderen Vermögensformen in dem Maße gesunken, in dem der Anteil der Landwirtschaft am Nationaleinkommen zurückging. Ricardo, der in den 1810er Jahren schrieb, konnte nicht ahnen, welches Ausmaß der technische Fortschritt und das Industriewachstum im Laufe des Jahrhunderts annehmen würden. Wie Malthus und Young war auch er nicht in der Lage sich vorzustellen, dass die Menschen sich einst von dem Mangel an Nahrungsmitteln und den Unwägbarkeiten der Landwirtschaft würden befreien können.

Dennoch ist seine Annahme in Bezug auf den Bodenpreis nicht uninteressant: Das «Knappheitsprinzip», von dem er ausgeht, kann dazu führen, dass manche Preise während vieler Jahrzehnte exorbitant hoch sind, was sich auf ganze Gesellschaften destabilisierend auswirken kann. Das Preissystem spielt eine unersetzliche Rolle bei der Koordinierung der Handlungen von Millionen – ja Milliarden von Menschen im Rahmen der neuen Weltwirtschaft. Das Problem ist, dass es weder Grenzen noch Moral kennt.

Es wäre falsch, die Bedeutung dieses Prinzips für die Analyse der weltweiten Verteilung der Vermögen im 21. Jahrhundert zu verkennen – man braucht nur im Modell Ricardos den Preis der Agrarflächen durch die Immobilienpreise in den Metropolen oder durch den Ölpreis zu ersetzen. Wenn man die in den Jahren 1970 bis 2010 beobachtete Tendenz für die Zeit von 2010 bis 2050 oder von 2010 bis 2100 fortschreibt, ergeben sich beträchtliche ökonomische, soziale und politische Ungleichgewichte sowohl zwischen den Ländern als auch innerhalb der Länder, die durchaus an Ricardos apokalyptische Vision denken lassen.

Es gibt im Prinzip einen sehr einfachen ökonomischen Mechanismus, der für ein Gleichgewicht sorgt: das Gesetz von Angebot und Nachfrage. Wenn ein Gut knapp und sein Preis zu hoch ist, muss die Nachfrage nach diesem Gut sinken, wodurch sich die Lage wieder entspannt. Anders gesagt: Wenn die Immobilienpreise und der Ölpreis steigen, genügt es, sich auf dem Land niederzulassen oder das Fahrrad zu nehmen (oder beides gleichzeitig). Aber abgesehen davon, dass dies ein wenig unangenehm und kompliziert sein dürfte, kann eine solche Anpassung einige Jahrzehnte dauern, in denen die Eigentümer von Immobilien und Öl so beträchtliche Forderungen gegenüber der restlichen Bevölkerung anhäufen können, dass ihnen schließlich dauerhaft alles gehört, einschließlich der Dörfer und Fahrräder.[1] Wie immer, muss das Schlimmste nicht eintreten. Es ist verfrüht, dem Leser anzukündigen, dass er seine Miete im Jahr 2050 an den Emir von Katar zahlen muss: Diese Frage wird zu ihrer Zeit zu untersuchen sein, und die Antwort, die wir darauf geben werden, wird differenzierter, wenn auch nur mäßig beruhigend sein. Aber es muss einem schon jetzt klar sein, dass das Gesetz von Angebot und Nachfrage eine solche Möglichkeit nicht ausschließt, nämlich ein erhebliches und dauerhaftes Auseinanderklaffen der Verteilung der Vermögen, bedingt durch extreme Ausschläge bestimmter relativer Preise. Das ist die wichtigste Botschaft des von Ricardo eingeführten Knappheitsprinzips. Wir müssen nicht würfeln.

Marx: Das Prinzip der unbegrenzten Akkumulation

Als Marx 1867 den ersten Band von *Das Kapital* veröffentlicht, also genau ein halbes Jahrhundert nach der Veröffentlichung der *Grundsätze* von Ricardo, haben sich die sozialen und wirtschaftlichen Verhältnisse grundlegend gewandelt: Es geht nicht mehr um die Frage, ob die Landwirtschaft eine wachsende Bevölkerung wird ernähren können oder ob der Bodenpreis astronomische Höhen erreicht, sondern darum, die Dynamik eines sich voll entfaltenden Industriekapitalismus zu verstehen.

1 Die andere Möglichkeit ist selbstredend die Erhöhung des Angebots durch die Entdeckung neuer Lagerstätten (oder neuer, möglichst sauberer Energiequellen) oder durch die Verdichtung des städtischen Wohnraums (z. B. durch den Bau immer höherer Wohntürme), was andere Probleme aufwirft. Auf jeden Fall kann das ebenfalls Jahrzehnte dauern.

Das auffälligste Merkmal der Zeit ist die elende Lage des Industrieproletariats. Trotz oder vielleicht wegen des Wirtschaftswachstums und der massenhaften Landflucht, die durch das Bevölkerungswachstum und die Steigerung der Produktivität in der Landwirtschaft verursacht wird, leben die Arbeiter zusammengepfercht in Elendsvierteln. Die Arbeitstage sind lang, die Löhne sehr niedrig. In den Städten entwickelt sich eine neue Not, die sichtbarer, schockierender und mitunter noch extremer ist als die Armut auf dem Land im Ancien Régime. *Germinal*, *Oliver Twist* oder *Die Elenden* sind nicht der Fantasie der Romanschriftsteller entsprungen, ebenso wenig wie die Gesetze, die die Kinderarbeit in den Fabriken unter acht Jahren (so in Frankreich 1841) sowie in den Bergwerken unter zehn Jahren (so im Vereinigten Königreich 1842) verbieten. Der *Tableau de l état physique et moral des ouvriers employés dans les manufactures*, der 1840 in Frankreich von dem Arzt Villermé veröffentlicht wird und den Anstoß zu der zaghaften Gesetzgebung von 1841 gibt, beschreibt die gleiche erbarmungswürdige Realität wie das Werk *Die Lage der arbeitenden Klasse in England*, das Engels 1845 herausbringt.[1]

Alle uns verfügbaren historischen Daten deuten darauf hin, dass die Kaufkraft der Löhne erst in der zweiten Hälfte – oder sogar erst im letzten Drittel – des 19. Jahrhunderts nennenswert steigt. In der ersten Hälfte des 19. Jahrhunderts (1800–1860) stagnieren die Arbeiterlöhne auf einem sehr niedrigen Niveau – sie liegen ungefähr bei denen des 18. Jahrhunderts und der vorausgegangenen Jahrhunderte und in manchen Fällen noch darunter. Diese lange Phase stagnierender Löhne, die sowohl in Großbritannien als auch in Frankreich zu beobachten ist, ist umso bemerkenswerter, als es in dieser Zeit ein rasches Wirtschaftswachstum gibt. Der Anteil des Kapitals – Gewinne aus Industrieunternehmen, Bodenrente, Mieten in den Städten – am Nationaleinkommen steigt in den beiden Ländern in der ersten Hälfte des 19. Jahrhunderts stark an, so weit sich das der unvollständigen Quellenlage entnehmen lässt.[2] Er wird in den letzten Dekaden des 19. Jahrhunderts leicht zu-

1 Friedrich Engels (1820–1895), der zu einem Freund und Mitarbeiter von Marx wird, hat in Bezug auf seinen Untersuchungsgegenstand direkte Erfahrungen gemacht: Er lässt sich 1842 in Manchester nieder, wo er eine seinem Vater gehörende Fabrik leitet.

2 Der Historiker Robert Allen hat kürzlich vorgeschlagen, diese lange Stagnation der Löhne «Engels-Pause» zu nennen. Siehe «Engels' Pause: a Pessimist's Guide to the British Industrial Revolution», Oxford University Department of Economic Working Papers 315,

rückgehen, da die Löhne teilweise nachziehen. Die von uns gesammelten Daten weisen jedoch darauf hin, dass vor dem Ersten Weltkrieg keine strukturelle Verringerung der Ungleichheiten stattfindet. In der Zeit von 1870 bis 1914 kommt es bestenfalls zu einer Stabilisierung auf einem sehr hohen Niveau; in mancherlei Hinsicht existiert sogar eine nach oben offene Spirale der Ungleichheit, wobei insbesondere die Vermögen eine immer stärkere Konzentration aufweisen. Es ist schwer zu sagen, wohin dieser Weg geführt hätte, wäre es nicht zu den ökonomischen und politischen Verwerfungen im Gefolge der Kriegsjahre 1914–1918 gekommen. In der historischen Analyse und mit dem zeitlichen Abstand, den wir heute haben, erscheinen sie als die einzigen Kräfte, die seit der Industriellen Revolution zur Verringerung der Ungleichheiten geführt haben.

Das Anwachsen des Kapitals und der Gewinne aus Industrieunternehmen im Vergleich zu den Arbeitseinkommen ist in den 1840er Jahren so offenkundig, dass es jedermann bewusst ist, auch wenn damals niemand über repräsentative nationale Statistiken verfügte. In diesem Kontext entwickeln sich die ersten kommunistischen und sozialistischen Bewegungen. Die zentrale Frage lautet schlicht: Wozu ist die Entwicklung der Industrie gut, wozu sind all diese technischen Neuerungen gut, all diese Arbeit, diese Wanderungsbewegungen, wenn nach einem halben Jahrhundert industriellen Wachstums die Lage der Massen noch genauso schlecht ist und man sich gezwungen sieht, für Kinder unter acht Jahren die Arbeit in den Fabriken zu verbieten? Das Versagen des bestehenden politischen und ökonomischen Systems scheint auf der Hand zu liegen, ebenso die Frage: Was kann man über die langfristigen Entwicklungsperspektiven eines solchen Systems sagen?

Dieser Aufgabe widmet sich Marx. 1848, am Vorabend des «Völkerfrühlings», hatte er das *Kommunistische Manifest* veröffentlicht, einen kurzen und wirksamen Text, der mit den berühmten Worten «Ein Gespenst geht um in Europa – das Gespenst des Kommunismus»[1] be-

2007. Siehe auch «Engels' Pause: Technical Change, Capital Accumulation, and Inequality in the British Industrial Revolution», *Explorations in Economic History* 46 (2009), S. 418–435.

1 Und dann heißt es weiter: «Alle Mächte des alten Europa haben sich zu einer heiligen Hetzjagd gegen dies Gespenst verbündet, der Papst und der Zar, Metternich und Guizot, französische Radikale und deutsche Polizisten.» Das literarische und polemische Talent von Karl Marx (1818–1883), des deutschen Philosophen und Ökonomen, erklärt zweifellos einen Teil seines gewaltigen Einflusses.

ginnt und mit der nicht weniger berühmten Vorhersage einer Revolution endet: «Mit der Entwicklung der großen Industrie wird also unter den Füßen der Bourgeoisie die Grundlage selbst hinweggezogen, worauf sie produziert und die Produkte sich aneignet. Ihr Untergang und der Sieg des Proletariats sind gleich unvermeidlich.»

In den folgenden zwei Jahrzehnten wird Marx die umfassende Abhandlung verfassen, die diesen Schluss rechtfertigen und die wissenschaftliche Analyse des Kapitalismus und seines Zusammenbruchs begründen sollte. Dieses Werk wird unvollendet bleiben: Der erste Band von *Das Kapital* wird 1867 veröffentlicht, und Marx stirbt 1883, ohne die beiden folgenden Bände fertiggestellt zu haben. Sie werden nach seinem Tod von seinem Freund Engels veröffentlicht werden, der sich auf die von Marx hinterlassenen mitunter unklaren Manuskriptfragmente stützt.

Wie Ricardo möchte auch Marx die Analyse der inneren logischen Widersprüche des kapitalistischen Systems zur Grundlage seiner Arbeit machen. Er will sich so zugleich von den bürgerlichen Ökonomen (die im Markt ein sich selbst regulierendes System sehen, das von sich aus ohne große Verwerfungen immer wieder einen Gleichgewichtszustand herstellen kann, ähnlich der «unsichtbaren Hand» von Adam Smith und dem Sayschen Theorem, wonach «das Angebot sich seine Nachfrage schafft») und von den utopischen Sozialisten à la Proudhon abgrenzen, die sich seiner Ansicht nach damit begnügen, das Elend der Arbeiter anzuprangern, ohne die ökonomischen Prozesse wissenschaftlich zu untersuchen.[1] Marx geht von Ricardos Modell des Kapitalpreises und dem Knappheitsprinzip aus und versucht die besondere Dynamik des Kapitals besser zu verstehen. Dabei legt er eine Welt zugrunde, in der nicht das Bodenkapital, sondern das Industriekapital (Maschinen, Ausrüstungen usw.) vorherrschend ist, das potenziell unbegrenzt akkumuliert werden kann. Seine wichtigste Schlussfolgerung könnte man in der Tat das «Prinzip der unbegrenzten Akkumulation» nennen, das heißt, die zwangsläufige Tendenz des Kapitals, sich ohne natürliche Grenze zu akkumulieren und zu konzentrieren – daher Marxens apokalyptische Vision: Es kommt entweder zu einem tendenziellen Fall der Profitrate (was den Motor der Akkumulation

1 Marx hatte 1847 das Buch *Das Elend der Philosophie* veröffentlicht, in dem er sich über das Buch *Die Philosophie des Elends* lustig macht, das einige Jahre zuvor von Proudhon herausgebracht worden war.

abwürgt und dazu führen kann, dass die Kapitalisten sich gegenseitig zerfleischen) oder zu einer unbegrenzten Zunahme des Anteils des Kapitals am Nationaleinkommen (was über kurz oder lang dazu führt, dass sich die Arbeiter vereinigen und aufbegehren). In all diesen Fällen ist kein stabiles sozio-ökonomisches oder politisches Gleichgewicht möglich.

Dieses düstere Schicksal hat sich ebenso wenig erfüllt wie das von Ricardo prognostizierte. Ab dem letzten Drittel des 19. Jahrhunderts sind die Löhne endlich gestiegen: Die Kaufkraft verbessert sich auf breiter Front, was zu einer radikalen Veränderung der Verhältnisse führt, auch wenn die Ungleichheit sehr groß bleibt und bis zum Ersten Weltkrieg in mancherlei Hinsicht noch weiter zunimmt. Die kommunistische Revolution hat zwar stattgefunden, dies aber im rückständigsten Land Europas, in dem die Industrielle Revolution noch in den Anfängen steckte (in Russland), während die fortgeschrittensten europäischen Länder andere, sozialdemokratische Wege beschritten, was für ihre Bevölkerungen ein Glücksfall war. So wie die vorausgegangenen Autoren hat auch Marx die Möglichkeit eines dauerhaften technischen Fortschritts und einer anhaltenden Produktivitätssteigerung völlig außer Acht gelassen. Wir werden sehen, dass diese Faktoren es – in einem gewissen Maße – ermöglichen, den Prozess der Akkumulation und zunehmenden Konzentration des Privatkapitals zu stabilisieren. Sicher fehlten Marx statistische Daten für die Verfeinerung seiner Prognosen. Hinzu kommt, dass er seine Schlussfolgerungen schon 1848 niedergeschrieben hatte, also vor Durchführung seiner Untersuchungen, die sie hätten rechtfertigen können. Marx schrieb in einer politisch aufgeheizten Atmosphäre, was mitunter zu übereilten Verkürzungen führte, aus denen man schwer wieder heraus findet – daher ist es unbedingt nötig, den theoretischen Diskurs mit möglichst vollständigen historischen Quellen zu verknüpfen, was Marx nicht in dem Umfang angestellt hat, wie es ihm möglich gewesen wäre.[1] Zudem hat sich Marx kaum die Frage gestellt, wie eine Gesellschaft, in der das private Kapitaleigentum völlig abgeschafft wäre,

1 Wir werden in Kapitel 6 auf das Verhältnis Marxens zu Statistiken zurückkommen. Zusammenfassend sei gesagt: Marx versucht manchmal, die Statistiken seiner Zeit so gut wie irgend möglich auszuwerten (die seit der Zeit von Malthus und Ricardo einige Fortschritte gemacht haben), aber meistens verfährt er damit relativ oberflächlich, ohne einen klaren Zusammenhang mit seinen theoretischen Ausführungen herzustellen.

politisch und ökonomisch organisiert sein könnte – ein kompliziertes Problem, wie die dramatischen totalitären Improvisationen derjenigen Regime zeigen, die diesen Weg gegangen sind.

Wir werden allerdings sehen, dass die Marxsche Analyse trotz ihrer Grenzen in mehreren Punkten noch immer relevant ist. Zunächst geht Marx von einer echten Frage aus (einer unglaublichen Konzentration der Vermögen während der Industriellen Revolution) und versucht, mit den ihm zur Verfügung stehenden Mitteln darauf eine Antwort zu geben: eine Vorgehensweise, an der sich die heutigen Ökonomen ein Beispiel nehmen sollten. Das von Marx herausgearbeitete Prinzip der unbegrenzten Akkumulation enthält für die Analyse des 21. Jahrhunderts wie für die des 19. Jahrhunderts eine fundamentale Einsicht, die in gewisser Weise noch beunruhigender ist als Ricardos Knappheitsprinzip. Wenn das Wachstum der Bevölkerung und der Produktivität relativ schwach ist, erlangen die in der Vergangenheit angehäuften Vermögen zwangsläufig eine beträchtliche, potenziell unverhältnismäßig große Bedeutung, die sich auf die betreffenden Gesellschaften destabilisierend auswirken kann. Mit anderen Worten: Ein schwaches Wachstum bildet nur ein schwaches Gegengewicht zum Marxschen Prinzip der unbegrenzten Akkumulation: Das führt zu einem Zustand, der zwar nicht so apokalyptisch ist wie der von Marx prognostizierte, aber dennoch Anlass zur Beunruhigung gibt. Die Akkumulation kommt an einem bestimmten Punkt zum Stillstand, aber das erreichte Niveau kann sehr hoch sein und destabilisierend wirken. Wir werden sehen, dass die seit den 1970er Jahren in allen reichen Ländern – insbesondere in Europa und Japan – festgestellte sehr starke Zunahme der Privatvermögen, gemessen am jährlichen Nationaleinkommen, sich direkt aus dieser Logik ergibt.

Von Marx zu Kuznets: Von der Apokalypse zum Märchen

Vergleicht man die Analysen von Ricardo und Marx mit denen von Simon Kuznets im 20. Jahrhundert, kann man sagen, dass die Wirtschaftswissenschaft, die eine ausgeprägte – und zweifellos übertriebene – Vorliebe für apokalyptische Prognosen hatte, einen nicht minder übertriebenen Hang zu Märchen oder zumindest zum «Happyend» entwickelt hat. Nach der Theorie von Kuznets verringert sich die Einkommensungleichheit in den fortgeschrittenen Stadien der kapitalistischen Entwicklung von selbst – welche Politik in einem Land auch verfolgt wird und welche Merkmale es aufweisen mag –, um sich dann auf einem akzeptablen Niveau zu stabilisieren. Die im Jahr 1955 vorgelegte Theorie[1] passt gut in die Welt der *Trente Glorieuses*.[2] Man braucht nur geduldig abzuwarten, dann wird das Wachstum allen zugutekommen. Ein angelsächsischer Ausspruch fasst diese Philosophie gut zusammen: «Wachstum ist eine Flut, die alle Boote nach oben trägt». Dieser Optimismus findet sich auch bei Robert Solow, der 1956 die Voraussetzungen für einen «ausgeglichenen Wachstumspfad» analysierte, das heißt für einen Wachstumspfad, auf dem alle Größen – Produktion, Einkommen, Gewinne, Löhne und Gehälter, Kapital, Börsenkurse, Immobilienpreise usw. – im gleichen Tempo steigen, so dass jede soziale Gruppe im gleichen Umfang von dem Wachstum profitiert, ohne dass ein größeres Gefälle entsteht.[3] Das ist das absolute Gegenteil der Ricardoschen und Marxschen Spirale der Ungleichheit und der apokalyptischen Analysen des 19. Jahrhunderts.

Um den beträchtlichen Einfluss der Theorie von Kuznets zu verstehen, der mindestens bis zu den 1980er Jahren spürbar war und bis zu einem gewissen Grad auch heute noch vorhanden ist, muss betont werden, dass es sich um die erste Theorie auf diesem Gebiet handelt, die auf einer gründlichen statistischen Arbeit basiert. Tatsächlich werden erst Mitte des 20. Jahrhunderts die ersten statistischen Reihen bezüglich der Einkommensverteilung erstellt, und zwar in dem 1953 veröffentlichten großen Werk von Kuznets mit dem Titel *Shares of Upper Income Groups in Income and Savings*. Die Reihen von Kuznets beziehen sich nur auf ein Land (die USA) und umfassen einen Zeitraum von 35 Jahren (1913–1948). Dennoch handelt es sich um einen wichtigen Beitrag, der zwei Quellen heranzieht, die den Autoren des 19. Jahrhunderts nicht zugänglich waren: einerseits die Einkommensteuererklärungen auf der Grundlage des 1913 in den Vereinigten

---

1 S. Kuznets, «Economic Growth and Income Inequality», *American Economic Review* 45 (1955), S. 1–28.

2 So werden häufig – vor allem in Kontinentaleuropa – die dreißig Jahre nach dem Zweiten Weltkrieg genannt, die durch ein besonders starkes Wachstum gekennzeichnet waren (wir werden darauf zurückkommen).

3 R. Solow, «A Contribution to the Theory of Economic Growth», *Quarterly Journal of Economics*, 70 (1956), S. 65–94.

Staaten eingeführten bundesweiten Einkommensteuergesetzes; andererseits die Schätzungen des Nationaleinkommens der Vereinigten Staaten, die einige Jahre zuvor von Kuznets erstellt worden waren. Zum allerersten Mal wurde ein so ehrgeiziger Versuch unternommen, die Ungleichheit in einer Gesellschaft zu messen.[1]

Ohne diese beiden unerlässlichen und sich ergänzenden Quellen ist es schlichtweg unmöglich, die Ungleichheit der Einkommensverteilung und ihre Entwicklung zu messen. Die ersten Versuche, das Nationaleinkommen zu schätzen, gehen im Vereinigten Königreich und in Frankreich auf das Ende des 17. und den Anfang des 18. Jahrhunderts zurück, im Laufe des 19. Jahrhunderts wurden diesbezügliche Bemühungen intensiviert. Aber es handelt sich stets um vereinzelte Schätzungen. Erst im 20. Jahrhundert, seit der Zwischenkriegszeit, werden die ersten jährlichen Reihen zum Nationaleinkommen erstellt, und zwar auf Initiative von Wissenschaftlern wie Kuznets und Kendrick in den Vereinigten Staaten, Bowley und Clark in Großbritannien oder Dugé de Bernonville in Frankreich. Diese erste Quelle ermöglicht es, das Gesamteinkommen eines Landes zu messen. Um die hohen Einkommen und ihren Anteil am Nationaleinkommen zu bestimmen, muss man allerdings überhaupt erst einmal über Angaben zu den Einkommen verfügen: Diese zweite Quelle ist in allen Ländern die progressive Einkommensteuer, die um den Ersten Weltkrieg herum fast überall eingeführt wurde (1913 in den Vereinigten Staaten, 1914 in Frankreich, 1909 in Großbritannien, 1922 in Indien, 1932 in Argentinien).[2]

Gibt es keine Einkommensteuer, existieren zwar alle möglichen Statistiken, die sich auf die geltenden Besteuerungsgrundlagen beziehen (z. B. die Verteilung der Zahl der Türen und Fenster pro Departement im Frankreich des 19. Jahrhunderts, was im Übrigen nicht uninteressant ist), aber nichts gibt Auskunft über die Einkom-

---

1 Siehe S. Kuznets, *Shares of Upper Income Groups in Income and Savings*, New York: NBER, 1953. S. Kuznets war ein 1901 in der Ukraine geborener amerikanischer Ökonom, der seit 1922 in den Vereinigten Staaten lebte, an der Columbia University studierte und dann Professor in Harvard war; er starb 1985. Er hatte die ersten amerikanischen Volkswirtschaftlichen Gesamtrechnungen und die ersten statistischen Reihen zu Ungleichheit erstellt.

2 Da die Einkommensteuererklärungen häufig nur einen Teil der Bevölkerung und der Einkommen betreffen, ist es wichtig, für die Messung der Gesamteinkommen auch über die Volkswirtschaftlichen Gesamtrechnungen zu verfügen.

men. Die betreffenden Personen kennen ihr Einkommen zudem häufig selbst nicht, wenn sie es nicht angeben müssen. Gleiches gilt für die Körperschaftssteuer und die Vermögenssteuer. Die Steuer ist nicht nur ein Weg, die Bürger zur Finanzierung der öffentlichen Aufgaben und Projekte heranzuziehen und diese Belastungen möglichst akzeptabel zu gestalten; sie ermöglicht es auch, verschiedene Kategorien zu schaffen, Wissen zu generieren und demokratische Transparenz herzustellen.

Aufgrund dieser Daten kann Kuznets berechnen, wie sich der Anteil der verschiedenen obersten Dezile und Zentile der Einkommenspyramide am amerikanischen Nationaleinkommen entwickelt. Was stellt er fest? Dass die Ungleichheit in den Vereinigten Staaten zwischen 1913 und 1948 stark abgenommen hat. In den Jahren 1910 bis 1920 erhielt das oberste Dezil, das heißt 10 % der reichsten Amerikaner, jedes Jahr einen Anteil von 45–50 % des Nationaleinkommens. Am Ende der 1940er Jahre fiel der Anteil dieses obersten Dezils auf etwa 30–35 % des Nationaleinkommens. Der Rückgang von über 10 Prozentpunkten des Nationaleinkommens ist beträchtlich: Er entspricht beispielsweise der Hälfte des Einkommens der 50 % ärmsten Amerikaner.[1] Der Rückgang der Ungleichheit ist eindeutig und unbestreitbar. Dieser Befund hat erhebliche Bedeutung und wird großen Einfluss auf die ökonomischen Debatten in der Nachkriegszeit, in den Universitäten und in den internationalen Organisationen ausüben.

Vor vielen Jahrzehnten sprachen Malthus, Ricardo, Marx und viele andere über Ungleichheit, ohne jedoch dafür die geringste Quelle beizubringen und ohne eine Methode vorzuweisen, die einen genauen Vergleich der verschiedenen Zeiträume und damit die Bewertung der verschiedenen Hypothesen ermöglicht hätte. Erstmals liegt eine objektive Basis vor. Sie ist zwar unvollständig, aber es gibt sie zumindest. Außerdem ist die geleistete Arbeit äußerst gut dokumentiert: Der von Kuznets 1953 veröffentlichte umfangreiche Band legt auf transparente Weise alle Details über seine Quellen und Methoden dar, so dass jede Berechnung nachvollzogen werden kann. Zudem verkündet Kuznets eine gute Nachricht: Die Ungleichheit geht zurück.

---

1 Mit anderen Worten: Der Anteil der Unter- und Mittelschichten am Nationaleinkommen, die man als die 90 % der ärmsten Amerikaner definieren kann, ist eindeutig gestiegen: von 50–55 % in den Jahren 1910 bis 1920 und auf 65–70 % am Ende der 1940er Jahre.

Die Kuznets-Kurve: eine gute Nachricht im Kalten Krieg

Kuznets ist sich des weitgehend zufälligen Charakters dieses Rückgangs der hohen amerikanischen Einkommen zwischen 1913 und 1948 bewusst, der den vielen Verwerfungen im Zusammenhang mit der großen Weltwirtschaftskrise und dem Zweiten Weltkrieg geschuldet ist und nicht viel mit einem natürlichen und automatisch ablaufenden Prozess zu tun hat. In seinem umfangreichen Werk analysiert Kuznets seine Reihen detailliert und warnt den Leser vor einer vorschnellen Verallgemeinerung. Aber auf einer Konferenz, die er 1954 als Präsident der American Economic Association in Detroit ausrichtet, präsentiert er seinen Kollegen eine wesentlich optimistischere Interpretation der Ergebnisse seines Buches von 1953. In diese Konferenz, deren Beiträge 1955 unter dem Titel «Economic Growth and Inequality of Incomes» veröffentlicht werden, fällt die Geburtsstunde der «Kuznets-Kurve».

Dieser Theorie zufolge würde die Ungleichheit überall die Form einer «Glockenkurve» annehmen, das heißt im Prozess der Industrialisierung und der wirtschaftlichen Entwicklung zunächst zunehmen und dann abnehmen. Laut Kuznets würde eine Phase der natürlichen Zunahme der Ungleichheit in den ersten Stadien der Industrialisierung (in den Vereinigten Staaten würde sie im Großen und Ganzen dem 19. Jahrhundert entsprechen) von einer Phase des starken Rückgangs der Ungleichheit abgelöst werden (die in den Vereinigten Staaten in der ersten Hälfte des 20. Jahrhunderts begonnen hätte).

Die Lektüre seines Textes von 1955 ist aufschlussreich. Nachdem Kuznets zur Vorsicht gemahnt und dargelegt hat, dass externe Verwerfungen beim Rückgang der Ungleichheit in Amerika eine große Rolle gespielt haben, erwähnt er fast beiläufig, dass die innere Logik der wirtschaftlichen Entwicklung unabhängig von jedweder politischen Intervention und jedem externen Schock zum gleichen Ergebnis führen könnte. Demnach würde die Ungleichheit in den ersten Phasen der Industrialisierung zunehmen (nur eine Minderheit ist in der Lage, von dem neuen durch die Industrialisierung geschaffenen Reichtum zu profitieren), bevor sie sich in den fortgeschrittenen Phasen der Entwicklung von selbst zurückbildet (ein immer größerer Teil der Bevölkerung geht in die vielversprechenden Wirtschaftsbereiche, was automatisch zu einer Abnahme der Ungleichheit führt).[1]

Diese «fortgeschrittenen Phasen» hätten Ende des 19. Jahrhunderts und Anfang des 20. Jahrhunderts in den industrialisierten Ländern eingesetzt, und der Rückgang der Ungleichheit in den USA im Laufe der Jahre 1913 bis 1948 verweise lediglich auf ein allgemeineres Phänomen, das eines Tages prinzipiell in allen Ländern auftreten könnte, auch in den unterentwickelten Ländern, die noch mit Armut und Dekolonisation zu kämpfen hätten. Die von Kuznets in seinem Buch dargelegten Fakten werden plötzlich zu einer schlagkräftigen politische Waffe.[2] Kuznets weiß, dass eine solche Theorie hochspekulativ ist.[3] Doch als er in seiner Rede vor den amerikanischen Ökonomen, die sehr geneigt waren, die gute Nachricht ihres geschätzten Kollegen zu glauben und weiterzuverbreiten, eine so optimistische Theorie präsentierte, muss ihm bewusst gewesen sein, dass er eine gewaltige Wirkung erzielen würde: Die «Kuznets-Kurve» war geboren. Um sicherzustellen, dass jedermann begriffen hatte, worum es ging, sagte Kuznets klipp und klar, dass seine optimistischen Prognosen darauf abzielten, die unterentwickelten Länder «im Einflussbereich der freien Welt» zu halten.[4] Die Theorie der «Kuznets-Kurve» ist in hohem Maße ein Produkt des Kalten Krieges.

Damit man mich richtig versteht: Die von Kuznets geleistete Arbeit, nämlich die Erstellung der ersten amerikanischen Volkswirtschaft-

1 Vgl. Kuznets, 1955, S. 12–18. Diese Kurve wird manchmal «umgekehrte U-Kurve genannt». Der von Kuznets beschriebene spezielle Mechanismus basiert auf dem Gedanken einer schrittweisen Abwanderung der Bevölkerung aus einem armen Landwirtschaftssektor in einen reichen Industriesektor (nur eine Minderheit profitiert vom reichen Industriesektor, was zu einer Zunahme der Ungleichheit führt; später profitiert jeder davon, was zu einer Verringerung der Ungleichheit führt), aber es versteht sich, dass dieser sehr spezielle Mechanismus eine allgemeinere Form annehmen kann (beispielsweise die von der schrittweisen Verteilung der Arbeitskräfte auf verschiedene Industriezweige oder auf verschiedene mehr oder weniger einträgliche Arbeitsplätze usw.).

2 Es ist interessant, dass Kuznets keine Reihe erstellt hat, die die Zunahme der Ungleichheit im 19. Jahrhundert zeigt, sondern dass dies für ihn anscheinend auf der Hand liegt (wie für die meisten Beobachter dieser Zeit).

3 Wie er selbst sagt: «This is perhaps 5 per cent empirical information and 95 per cent speculation, some of it possibly tainted by wishful thinking.» Siehe Kuznets, ebd., 1955, S. 24–26.

4 «The future prospect of underdeveloped countries within the orbit of the free world» (S. 26).

lichen Gesamtrechnungen und der ersten statistischen Reihen zur Ungleichheit, ist beachtlich, und bei dem Studium seiner Bücher – mehr noch seiner Artikel – wird klar, dass er von einem echten Forschungsethos beseelt war. Im Übrigen: Das sehr starke Wachstum in allen entwickelten Ländern nach dem Krieg ist ein bedeutsames Phänomen, und für die Tatsache, dass alle sozialen Gruppen davon profitiert haben, gilt dies noch mehr. Es ist verständlich, dass während der *Trente Glorieuses* ein gewisser Optimismus vorherrschend war und dass die apokalyptischen Prognosen des 19. Jahrhunderts bezüglich der Dynamik der Vermögensverteilung an Popularität verloren.

Das ändert nichts daran, dass die märchenhafte Theorie der «Kuznets-Kurve» weitgehend aus fragwürdigen Gründen formuliert wurde und dass ihre empirische Basis sehr dürftig ist. Wir werden sehen, dass der starke Rückgang der Einkommensungleichheit zwischen 1914 und 1945 in fast allen reichen Ländern vor allem das Ergebnis der Weltkriege und der damit einhergehenden starken politischen und ökonomischen Verwerfungen ist (die in erster Linie die Besitzer großer Vermögen treffen). Mit der von Kuznets beschriebenen Mobilität zwischen den Wirtschaftssektoren hat er dagegen nicht viel zu tun.

Die erneute Fokussierung der Wirtschaftsanalyse auf die Verteilungsfrage

Seit den 1970er Jahren hat die Ungleichheit in den reichen Ländern wieder stark zugenommen, insbesondere in den Vereinigten Staaten, wo die Konzentration der Einkommen in den Jahren 2000 bis 2010 wieder das Rekordniveau der Jahre 1910 bis 1920 erreicht – oder sogar leicht überstiegen – hat: Es ist daher wichtig zu wissen, warum und wie die Ungleichheit sich zuvor verringert hat. Das sehr starke Wachstum von Entwicklungs- und Schwellenländern, insbesondere Chinas, hat die Ungleichheit auf der globalen Ebene sicher beträchtlich reduziert, so wie es das Wachstum der reichen Länder in den *Trente Glorieuses* innerhalb dieser vermochte. Doch dieser Prozess ruft große Besorgnis in den Schwellenländern und mehr noch in den reichen Ländern hervor. Dies umso mehr als die großen Ungleichgewichte, die in den letzten Jahrzehnten auf den Finanzmärkten, dem Ölmarkt und dem Immobilienmarkt zu beobachten waren, erhebliche Zweifel an der Unausweichlichkeit des von Solow und Kuznets beschriebenen «ausgeglichenen Wachstumspfads» sowie an der Annahme wecken können, dass alles im gleichen Tempo voranschreitet. Wird sich die Welt der Jahre um 2050 oder 2100 in den Händen von Börsenhändlern, Top-Managern und Besitzern großer Vermögen befinden, werden Ölländer, die Bank of China oder gar Steuerparadiese, die auf die eine oder andere Weise all diese Akteure schützen, das Sagen haben? Es wäre abwegig, sich diese Frage nicht zu stellen und prinzipiell ein langfristig «ausgeglichenes» Wachstum anzunehmen.

In gewisser Weise sind wir zu Beginn des 21. Jahrhunderts in der gleichen Situation wie die Beobachter des 19. Jahrhunderts: Wir sind Zeugen beeindruckender Veränderungen, und es ist schwer zu sagen, welche Ausmaße sie annehmen können, wie die weltweite Verteilung der Vermögen zwischen den Ländern und in den Ländern in einigen Jahrzehnten aussehen wird. Die Ökonomen des 19. Jahrhunderts haben etwas sehr Verdienstvolles getan: Sie haben die Verteilungsfrage in den Mittelpunkt der Analyse gestellt und waren bestrebt, die langfristigen Tendenzen zu untersuchen. Ihre Antworten waren nicht immer zufriedenstellend – aber wenigstens stellten sie die richtigen Fragen. Wir haben keinen Grund zu der Annahme, dass Wachstum aus sich heraus Gleichgewicht schafft. Es ist höchste Zeit, die Frage der Ungleichheit wieder in den Fokus der Wirtschaftsanalyse zu rücken und die im 19. Jahrhundert offengebliebenen Fragen neu zu stellen. Die Frage der Vermögensverteilung wurde zu lange von den Ökonomen vernachlässigt, was teilweise an den optimistischen Schlussfolgerungen von Kuznets und teilweise an der übertriebenen Vorliebe der Zunft für einfache mathematische Modelle mit einem repräsentativen Akteur lag.[1] Um die Verteilungsfrage wieder in den Mittelpunkt der Analyse zu rücken, müssen zunächst möglichst viele historische Daten gesammelt werden, die ein besseres Verständnis der Vergangenheit und der aktuellen Tendenzen er-

1 In diesen Modellen, die sich in der wirtschaftswissenschaftlichen Forschung und Lehre ab den 1960er Jahren durchgesetzt haben, geht man davon aus, dass jeder den gleichen Lohn erhält, das gleiche Vermögen besitzt und über die gleichen Einkommen verfügt, so dass das Wachstum per definitionem allen sozialen Gruppen im gleichen Umfang zugutekommt. Eine solche Vereinfachung der Wirklichkeit kann durch sehr spezielle Probleme gerechtfertigt sein, schränkt aber die Wirtschaftsfragen, die man sich stellen kann, dramatisch ein.

möglichen. Denn erst wenn geduldig Fakten und regelmäßig wiederkehrende Muster ermittelt und die Erfahrungen der verschiedenen Länder verglichen werden, können wir hoffen, die entscheidenden Mechanismen besser zu erfassen und Erkenntnisse für die Zukunft zu gewinnen.

Die in diesem Buch verwendeten Quellen

Dieses Buch stützt sich auf zwei Arten von Quellen, anhand derer die historische Dynamik der Vermögensverteilung untersucht werden kann: Die eine bezieht sich auf die Einkommen und deren Ungleichverteilung, die andere auf die Vermögen, deren Verteilung und deren Verhältnis zu den Einkommen.

Beginnen wir mit den Einkommen. Meine Arbeit bestand zu einem großen Teil ganz einfach darin, die wegweisende Arbeit von Kuznets, der die Entwicklung der Einkommensungleichheit in den Vereinigten Staaten von 1913 bis 1948 gemessen hatte, räumlich und zeitlich auszuweiten. Diese Ausweitung erlaubt es, die von Kuznets konstatierten Entwicklungen besser einzuordnen, und führt zu einer radikalen Infragestellung des von ihm hergestellten optimistischen Zusammenhangs zwischen Wirtschaftsentwicklung und Vermögensverteilung. Merkwürdigerweise war die Arbeit von Kuznets nie systematisch weitergeführt worden, was teilweise wohl daran lag, dass die historische und statistische Auswertung alter Steuerunterlagen eine Art akademisches «Niemandsland» darstellt: zu historisch für die Ökonomen und zu ökonomisch für die Historiker. Das ist bedauerlich, da nur eine langfristige Perspektive es erlaubt, die Dynamik der Einkommensungleichheit angemessen zu analysieren und nur die alten Steuerunterlagen es ermöglichen, diese Perspektive einzunehmen.[1]

Zunächst habe ich die Methoden von Kuznets auf Frankreich angewandt, was 2001 zur Veröffentlichung eines ersten Buches geführt

1 Die Untersuchungen der Haushaltseinkommen und -budgets, die von den Statistikämtern durchgeführt wurden, beginnen selten vor den 1970er Jahren und haben die Tendenz, die hohen Einkommen erheblich zu unterschätzen. Das ist problematisch, da das oberste Dezil häufig bis zur Hälfte des Nationaleinkommens besitzt. Trotz ihrer Grenzen geben die Steuerunterlagen besser Auskunft über die hohen Einkommen und erlauben es, ein Jahrhundert zurückzugehen.

hat.[1] Dann hatte ich das Glück, von zahlreichen Kollegen unterstützt zu werden – allen voran von Anthony Atkinson und Emmanuel Saez –, die es mir ermöglicht haben, dieses Projekt auf internationaler Ebene durchzuführen. Anthony Atkinson hat sich mit Großbritannien und vielen anderen Ländern befasst, und zusammen haben wir 2007 und 2010 zwei Bände publiziert, in denen ähnliche Studien über mehr als 20 Länder auf allen Kontinenten versammelt sind.[2] Mit Emmanuel Saez haben wir die von Kuznets für die Vereinigten Staaten erstellten Reihen[3] um ein halbes Jahrhundert verlängert, und er selbst hat sich mit mehreren anderen wichtigen Ländern wie Kanada und Japan befasst. Zahlreiche Forscher haben ihren Beitrag zu diesem Gemeinschaftsprojekt geleistet: Facundo Alvaredo hat zu den Fällen Argentinien, Spanien und Portugal gearbeitet; Fabien Dell zu Deutschland und der Schweiz; mit Abhijit Banerjee habe ich Indien untersucht; dank Nancy Qian konnte ich mich mit China befassen usw.[4]

Wir haben versucht, für jedes Land die gleichen Quellen, die gleichen Methoden und die gleichen Begriffe zu verwenden: Die Dezile und Perzentile der hohen Einkommen werden ausgehend von den Daten in den Einkommensteuererklärungen geschätzt (nach vielen Korrekturen, die durchgeführt wurden, um die zeitliche und räumliche Homogenität der Daten und Begriffe sicherzustellen); das Nationaleinkommen und das Durchschnittseinkommen haben wir den Volkswirtschaftlichen Gesamtrechnungen entnommen, die manchmal vervollständigt oder fortgeführt werden mussten. Die Reihen beginnen im Allgemeinen mit der Einführung der Einkommensteuer (in vielen Ländern um 1910 bis 1920, mitunter in den Jahren 1880 bis 1890, wie in Japan und Deutschland, mitunter auch später).

---

1 Siehe T. Piketty, *Les hauts revenus en France au 20e siècle – Inégalités et redistributions 1901–1998*, Paris: Grasset 2001. Eine Zusammenfassung findet sich in «Income Inequality in France, 1901–1998», *Journal of Political Economy* III (2003), S. 1004–42.

2 Siehe A. Atkinson und T. Piketty, *Top Incomes over the 20th Century: A Contrast Between Continental European and English-Speaking Countries*, Oxford: Oxford University Press 2007; *Top Incomes: A Global Perspective*, Oxford: Oxford University Press 2010.

3 Siehe T. Piketty und E. Saez, «Income Inequality in the United States, 1913–1998», *Quarterly Journal of Economics* 118 (2003), S. 1–39.

4 Sämtliche bibliografischen Angaben sind im Anhang online verfügbar. Siehe auch den zusammenfassenden Artikel von A. Atkinson, T. Piketty und E. Saez mit dem Titel «Top Incomes in the Long-Run of History», *Journal of Economic Literature* 49 (2011), S. 3–71.

Sie werden ständig aktualisiert und reichen derzeit bis Anfang der 2010er Jahre.

Die *World Top Incomes Database* (WTID), die aus der Arbeit von etwa dreißig Forschern aus verschiedenen Weltteilen hervorgegangen ist, stellt die bis heute größte historische Datenbank für die Entwicklung der Einkommensungleichheit dar und entspricht dem ersten Quellenkomplex, der in diesem Buch zur Anwendung kommt (siehe die Website von WTID).[1]

Der zweite Quellenkomplex, den ich in diesem Buch erstmals heranziehe, betrifft die Vermögen, ihre Verteilung und ihr Verhältnis zu den Einkommen. Die Vermögen spielen bereits im ersten Quellenkomplex eine wichtige Rolle, da Vermögen Einkommen generieren. Erinnern wir uns daran, dass das Einkommen immer zwei Komponenten enthält: einerseits die Arbeitseinkommen (Löhne, Gehälter, Prämien, Boni, Einkommen aus selbstständiger Arbeit usw. sowie andere Erwerbseinkommen, unabhängig von ihrer genauen Rechtsform) und andererseits die Kapitaleinkommen (Mieten, Dividenden, Zinsen, Gewinne aus Unternehmen, Kapitalgewinne, Gebühren usw. sowie andere Einkommen, die sich aus dem Besitz von Bodenkapital, Immobilienkapital, Geldkapital, Industriekapital usw. ergeben, unabhängig von ihrer genauen Rechtsform). Die Daten der WTID enthalten viele Informationen über die Entwicklung der Kapitaleinkommen im 20. Jahrhundert. Es ist allerdings unerlässlich, sie durch Quellen zu ergänzen, die sich direkt auf die Vermögen beziehen. Hier lassen sich drei Untergruppen historischer Quellen und methodologischer Ansätze unterscheiden, die sich perfekt ergänzen.[2]

So wie die Einkommensteuererklärungen es möglich machen, die Entwicklung der Einkommensungleichheit zu untersuchen, erlauben es die Erbschaftssteuererklärungen, die Entwicklung der Vermögens-

1 Im Rahmen dieses Buches können wir uns nicht mit jedem Land detailliert befassen, es bietet eine Synthese. Wir verweisen den interessierten Leser auf die auf der Website der WTID online verfügbaren vollständigen Reihen (siehe http://topincomes.parisschool ofeconomics.eu) sowie auf die weiter oben angegebenen Bücher und Artikel. Zahlreiche Texte und Dokumente finden sich auch im Technischen Anhang: siehe http://piketty.pse.ens.fr/capital21c.

2 Die WTID wird derzeit umgewandelt in eine «World Wealth and Income Database» (WWID), in die diese drei Untergruppen integriert werden. Im vorliegenden Buch stellen wir die wichtigsten verfügbaren Elemente dar.

ungleichheit zu untersuchen.[1] Diese Vorgehensweise wurde 1962 von Robert Lampman eingeführt, um die Entwicklung der Vermögensungleichheit in den Vereinigten Staaten von 1922 bis 1956 zu analysieren, und wurde dann 1978 auch von Anthony Atkinson und Anne Harrison für die Untersuchung von Großbritannien in den Jahren 1923 bis 1972 verwendet.[2] Diese Arbeiten sind kürzlich aktualisiert und auf Länder wie Frankreich und Schweden ausgedehnt worden. Wir verfügen hier leider nur über die Daten von weniger Ländern als bei der Vermögensungleichheit. Dafür ist es in manchen Fällen möglich, zeitlich viel weiter zurückzugehen, häufig bis zum Beginn des 19. Jahrhunderts, da die Erbschaftssteuer wesentlich älter ist als die Einkommensteuer. Durch das Sammeln der Daten, die zu verschiedenen Zeiten von den französischen Behörden ermittelt wurden, und durch das Zusammentragen vieler Erbschaftssteuererklärungen aus den Archiven mithilfe von Gilles Postel-Vinay und Jean-Laurent Rosenthal konnten wir homogene Reihen zu den Vermögen in Frankreich seit der Revolution erstellen.[3] Dadurch werden wir in der Lage sein, die durch den Ersten Weltkrieg verursachten Erschütterungen in eine viel längere historische Perspektive einzuordnen, als es die Reihen erlauben, die sich auf die Ungleichheit der Einkommen beziehen (und leider häufig erst um die Jahre 1910 bis 1920 beginnen). Die Arbeiten von Jesper Roine und Daniel Waldenström, die sich auf schwedische Quellen gestützt haben, sind ebenfalls aufschlussreich.[4]

Anhand der Quellen, die sich auf Erbschaftssteuern und Vermögen beziehen, kann man auch die Entwicklung der jeweiligen Bedeutung von Erbschaften und Ersparnissen bei der Vermögensbildung und der Dynamik der Vermögensungleichheit untersuchen. Für Frankreich, dessen sehr ergiebige historische Quellen einzigartige Einblicke in die

---

1 Man kann auch die jährlichen Vermögenssteuererklärungen verwenden, doch diese Daten sind knapper als die langfristigen erbschaftssteuerbezogenen.

2 Siehe die folgenden wegweisenden Arbeiten: R. J. Lampman, *The Share of Top Wealth-Holders in National Wealth, 1922–1956*, Princeton: Princeton University Press 1962; A. Atkinson, A. und A. J. Harrison, *Distribution of Personal Wealth in Britain, 1923–1972*, Cambridge: Cambridge University Press 1978.

3 Siehe T. Piketty, G. Postel-Vinay und J.-L. Rosenthal, «Wealth Concentration in a Developing Economy: Paris and France, 1807–1994», *American Economic Review* 96 (2006), S. 236–56.

4 Siehe J. Roine und D. Waldenström, «Wealth Concentration over the Path of Development: Sweden, 1873–2006», *Scandinavian Journal of Economics* III (2009) S. 151–87.

langfristige Entwicklung von Erbschaften gewähren, haben wir eine relativ vollständige Arbeit vorgelegt.[1] Diese Arbeit wurde teilweise auf andere Länder, insbesondere auf Großbritannien, Deutschland, Schweden und die Vereinigten Staaten ausgedehnt. Diese Materialien spielen in unserer Untersuchung eine wichtige Rolle, da die Vermögensunterschiede unterschiedlich zu bewerten sind, je nachdem, ob sie das Ergebnis von generationenübergreifenden Erbschaften sind oder ob sie auf den Ersparnissen eines einzigen Lebens beruhen. In diesem Buch interessieren wir uns nicht nur für den Umfang der Ungleichheit als solcher, sondern auch und vor allem für die Struktur der Ungleichheit, das heißt für den Ursprung der Einkommens- und Vermögensunterschiede zwischen den sozialen Gruppen sowie für die verschiedenen ökonomischen, sozialen, moralischen und politischen Rechtfertigungen, mit denen sie gutgeheißen oder verurteilt werden. Ungleichheit ist nicht per se etwas Schlechtes: Die zentrale Frage ist, ob sie gerechtfertigt ist, ob es gute Gründe für sie gibt.

Anhand der vermögensbezogenen Quellen ist es möglich, die Entwicklung des Gesamtwerts des Nationalvermögens zu untersuchen (sei es Bodenkapital, Immobilienkapital, Industrie- oder Geldkapital), gemessen in Relation zum jährlichen Nationaleinkommen. Die Analyse des Verhältnisses von Kapital und Einkommen im weltweiten Maßstab hat zwar Grenzen – es ist immer besser, auch die Ungleichheit der Vermögen auf individueller Ebene und das relative Gewicht der Erbschaften und der Ersparnisse bei der Kapitalbildung zu analysieren –, aber es ist immerhin möglich, die gesamtgesellschaftliche Bedeutung des Kapitals umfassend zu untersuchen. Überdies wird sich zeigen, dass es möglich ist, durch das Sammeln und Vergleichen der zu verschiedenen Zeiten vorgenommenen Schätzungen bei manchen Ländern – insbesondere Großbritannien und Frankreich – bis zum Beginn des 18. Jahrhunderts zurückzugehen; auf diese Weise können wir die Industrielle Revolution in die Geschichte des Kapitals einordnen. Wir stützen uns hier auf die historischen Daten, die wir kürzlich mit Gabriel Zucman zusammengetragen haben.[2] Diese Untersuchung

1 Siehe T. Piketty, «On the Long-Run Evolution of Inheritance: France 1820–2050», Ecole d'économie de Paris, PSE Working Papers, 2010 (eine Zusammenfassung erschien im *Quarterly Journal of Economics* 126 (2011), S. 1071–1131).

2 Siehe T. Piketty und G. Zucman, «Capital is Back: Wealth-Income Ratios in Rich Countries, 1700–2010», Ecole d'économie de Paris 2013.

besteht weitgehend darin, die von Raymond Goldsmith in den Jahren 1970 bis 1980 nach Ländern gesammelten Vermögensbilanzen auszuweiten und zu verallgemeinern.[1]

Im Vergleich zu den früheren Arbeiten besteht das erste Novum der hier angewandten Methode darin, dass historische Quellen so vollständig und systematisch wie irgend möglich zusammengetragen wurden, um die Dynamik der Vermögensverteilung zu untersuchen. Es ist hervorzuheben, dass ich im Vergleich zu den früheren Autoren einen doppelten Vorteil hatte: Wir haben einen größeren historischen Abstand (wir werden sehen, dass manche langfristigen Entwicklungen erst dann klar erkennbar sind, wenn man über Daten für die Jahre 2000 bis 2010 verfügt; es hat zu dem lange gedauert, bis die durch die Weltkriege ausgelösten Schocks überwunden waren), und wir können dank der neuen Möglichkeiten der elektronischen Datenverarbeitung mühelos wesentlich mehr historische Daten sammeln als unsere Vorgänger.

Ohne der Technik eine zu große Bedeutung für die Ideengeschichte zusprechen zu wollen, scheint mir doch, dass diese rein technischen Fragen nicht gänzlich ignoriert werden sollten. Zur Zeit von Kuznets und bis in die 1970er/80er Jahre war es objektiv viel schwieriger als heute, große Mengen historischer Daten zu verarbeiten. Als Alice Hanson Jones in den 1970er Jahren die Nachlassverzeichnisse verstorbener Amerikaner aus der Kolonialzeit sammelte[2] oder als Adeline Daumard die französischen Erbschaftsakten des 19. Jahrhunderts zusammentrug,[3] wurde diese Arbeit weitgehend manuell, nämlich mithilfe von Karteikarten erledigt. Wenn man heute diese bemerkenswerten Arbeiten wieder liest oder die von François Simiand über die Entwicklung der Löhne im 19. Jahrhundert, genauso diejenige von Ernest Labrousse über die Geschichte der Preise und Einkommen im 18. Jahrhundert oder die von Jean Bouvier und François Furet über die Entwicklung der

1 Siehe insbesondere. R. Goldsmith, *Comparative National Balance Sheets: A Study of Twenty Countries, 1688–1978*, Chicago: The University of Chicago Press 1985. Vollständigere Angaben finden sich im Technischen Anhang.

2 Siehe A. H. Jones, *American Colonial Wealth: Documents and Methods*, New York: Arno Press 1977.

3 Siehe A. Daumard, *Les fortunes françaises au 19e siècle. Enquête sur la répartition et la composition des capitaux privés à Paris, Lyon, Lille, Bordeaux et Toulouse d'après l'enregistrement des déclarations de succession*, Paris: Mouton 1973.

Gewinne im 19. Jahrhundert, wird klar, dass diese Wissenschaftler mit beträchtlichen Schwierigkeiten konfrontiert waren, wenn es darum ging, ihre Daten zu sammeln und zu verarbeiten.[1] Diese technischen Komplikationen beanspruchen oftmals einen Gutteil ihrer Energie und scheinen mitunter die Oberhand über die Analyse und die Interpretation zu gewinnen; hinzu kommt, dass diese Schwierigkeiten internationale und zeitliche Vergleiche erheblich einschränken. Es ist heute wesentlich leichter als früher, die Geschichte der Vermögensverteilung zu untersuchen. Das vorliegende Buch spiegelt diese Verbesserungen bei den Arbeitsbedingungen der Wissenschaftler großenteils wider.[2]

Die wichtigsten in diesem Buch erarbeiteten Resultate

Welches sind die wichtigsten Resultate, die sich aus diesen neuen historischen Quellen ergeben haben? Die erste Schlussfolgerung lautet, dass man sich vor jedem ökonomischen Determinismus auf diesem Gebiet hüten muss: Die Geschichte der Vermögensverteilung ist immer auch eine durch und durch politische Geschichte und lässt sich nicht auf rein ökonomische Mechanismen reduzieren. Insbesondere ist die in den entwickelten Ländern in der ersten Hälfte des 20. Jahrhunderts (1900–1960) zu beobachtende Verringerung der Ungleichheit vor allem das Ergebnis der Kriege und der politischen Strategien, die nach diesen Schocks verfolgt wurden. Auch die Zunahme der Ungleichheit seit den 1970er Jahren ist zu einem großen Teil den steuer- und finanzpolitischen Kurswechseln der letzten Jahrzehnte geschuldet. Die Geschichte der Ungleichheit hängt von den Vorstellungen der ökonomischen, politischen und sozialen Akteure über Gerechtigkeit und Ungerechtigkeit sowie von den Kräfteverhältnissen zwischen ihnen

1 Siehe insbesondere F. Simiand, *Le salaire, l'évolution sociale et la monnaie*, Paris: Alcan 1932; E. Labrousse, *Esquisse du mouvement des prix et des revenus en France au 18e siècle*, Paris: Alcan 1932; J. Bouvier, F. Furet und M. Gillet, *Le mouvement du profit en France au 19e siècle. Matériaux et études*, Paris: Mouton 1965.

2 Es gibt auch intellektuelle Gründe für den Niedergang der Wirtschafts- und Sozialgeschichte, die sich mit der Entwicklung der Preise, der Einkommen und der Vermögen befasst (sie wird manchmal als «serielle Geschichte» bezeichnet). Dieser Niedergang ist meiner Ansicht nach bedauerlich und umkehrbar, worauf wir noch zurückkommen werden.

und den daraus resultierenden Entscheidungen ab; sie ist das, was alle diese Akteure aus ihr machen.

Die zweite Schlussfolgerung, die den Kern dieses Buches ausmacht, lautet, dass bei der Dynamik der Vermögensverteilung starke Mechanismen am Werk sind, die entweder in Richtung Konvergenz oder Divergenz drängen, und dass es keinen natürlichen und von selbst ablaufenden Prozess gibt, der verhindert, dass die destabilisierenden und inegalitären Tendenzen sich dauerhaft durchsetzen.

Beginnen wir mit den konvergenzfördernden Mechanismen, die in Richtung einer Verringerung der Ungleichheit wirken. Die stärksten Triebkräfte sind dabei die Ausbreitung von Wissen und die zunehmenden Investitionen in Qualifizierung und Ausbildung. Das Spiel von Angebot und Nachfrage sowie die Mobilität von Kapital und Arbeit, die eine seiner Varianten ist, können ebenfalls in diese Richtung wirken, allerdings weniger stark und oftmals auf widersprüchliche Weise. Die Ausbreitung von Wissen und Qualifikationen ist der zentrale Mechanismus, der zugleich die allgemeine Steigerung der Produktivität und die Verringerung der Ungleichheit ermöglicht, und zwar in den einzelnen Ländern sowie im Weltmaßstab, was sich beispielhaft daran zeigt, dass gegenwärtig ein guter Teil der Entwicklungs- und Schwellenländer, allen voran China, gegenüber den reichen Ländern aufholt. Indem die weniger entwickelten Länder die Produktionsmethoden der reichen Länder übernehmen und deren Qualifikationsniveau erreichen, verringern sie ihren Produktivitätsrückstand und erhöhen ihre Einkommen. Dieser technologische Konvergenzprozess kann zwar durch eine handelspolitische Öffnung gefördert werden, wird aber im Wesentlichen von der Ausbreitung von Wissen und der Teilhabe am Wissen – ein hochrangiges öffentliches Gut – und nicht von einem Marktmechanismus angetrieben.

Rein theoretisch betrachtet, gibt es noch andere Kräfte, die auf eine größere Gleichheit hinwirken. Man kann beispielsweise annehmen, dass im Laufe der Geschichte die Produktionstechniken die Bedeutung der menschlichen Arbeit und der Qualifikationen steigern, so dass der Anteil der Arbeitseinkommen tendenziell wächst (und dass der Anteil der Kapitaleinkommen sich entsprechend verringert) – eine Hypothese, die man als den «Aufstieg des Humankapitals» bezeichnen könnte. Mit anderen Worten: Die Entwicklung hin zu technischer Rationalität würde automatisch zum Sieg des

Humankapitals über das Finanz- und Immobilienkapital, der verdienstvollen Führungskräfte über die dickbäuchigen Aktionäre, der Kompetenz über die Herkunft führen. Auf diese Weise würde die Ungleichheit im Laufe der Geschichte auf natürlichem Weg einen meritokratischeren Charakter erhalten und sich weniger verfestigen (auch wenn sie weiterhin stark ausgeprägt wäre). Die ökonomische Rationalität würde gewissermaßen automatisch in die demokratische Rationalität münden.

Eine weitere in unseren modernen Gesellschaften verbreitete optimistische Annahme ist die, dass die höhere Lebenserwartung automatisch zur Substitution des «Klassenkampfes» durch den «Kampf der Generationen» führen würde (ein Konflikt, der die Gesellschaft weniger spaltet, da jeder einmal jung und einmal alt ist). Akkumulation und Verteilung von Vermögen würden demnach heute nicht mehr von einem unerbittlichen Kampf zwischen den Dynastien der Erben und den Dynastien derer, die nur ihre Arbeitskraft besitzen, bestimmt werden, sondern von einer Logik des lebenslangen Sparens: Jeder häuft Vermögenswerte an, um für das Alter vorzusorgen. Der medizinische Fortschritt und die Verbesserung der Lebensbedingungen hätten also selbst das Wesen des Kapitals völlig verändert.

Wir werden leider sehen, dass diese beiden optimistischen Annahmen (der «Aufstieg des Humankapitals» und die Substitution des «Klassenkampfes» durch den «Kampf der Generationen») weitgehend illusorisch sind. Genauer gesagt: Diese – von einem rein logischen Standpunkt aus völlig plausiblen – Veränderungen haben zwar teilweise stattgefunden, aber in wesentlich geringerem Umfang, als man sich manchmal vorstellt. Es ist nicht gesichert, dass der Anteil der Arbeit am Nationaleinkommen in einer langfristigen Perspektive signifikant gewachsen ist: Das (nicht-menschliche) Kapital scheint im 21. Jahrhundert ebenso unverzichtbar zu sein wie im 18. oder 19. Jahrhundert, und es ist nicht auszuschließen, dass es noch mehr an Bedeutung gewinnen wird. Auch ist die Vermögensungleichheit heute wie gestern hauptsächlich eine Ungleichheit innerhalb einer jeden Altersgruppe, und wir werden sehen, dass Erbschaften zu Beginn des 21. Jahrhunderts nicht weit davon entfernt sind, nahezu die gleiche Bedeutung zu erlangen wie zur Zeit von *Père Goriot* (Balzac). Langfristig betrachtet ist die entscheidende Triebkraft für eine Egalisierung der Lebensbedingungen die Ausbreitung von Wissen und Qualifikation.

Triebkräfte von Konvergenz und Divergenz

Allerdings kann diese egalisierende Kraft, so wichtig sie auch insbesondere für die Konvergenz zwischen Ländern ist, mitunter durch starke gegenläufige Kräfte ausgeglichen und zurückgedrängt werden, was zu einer Vergrößerung der Ungleichheit führt. Das Fehlen angemessener Investitionen in Bildung und Ausbildung kann dazu führen, dass ganze soziale Gruppen nicht am Wachstum teilhaben oder dass sie durch Neuankömmlinge deklassiert werden, wie der derzeitige internationale Aufholprozess zeigt (chinesische Arbeiter ersetzen amerikanische und französische Arbeiter usw.). Mit anderen Worten: Die Haupttriebkraft der Konvergenz – die Ausbreitung von Wissen – arbeitet nur teilweise natürlich und von selbst: Sie hängt auch stark von der Politik im Bildungs- und Ausbildungsbereich, dem Erwerb der nötigen Qualifikationen und den auf diesem Gebiet geschaffenen Institutionen ab.

In diesem Buch werden wir den Schwerpunkt auf die divergenzfördernden Kräfte legen, die umso beunruhigender sind, als sie in einer Welt wirksam werden können, in der ausreichend in Bildung und Ausbildung investiert wurde und in der anscheinend alle Voraussetzungen für eine leistungsfähige Marktwirtschaft – im Sinne der Ökonomen – gegeben sind. Divergenz wird durch die folgenden Kräfte gefördert: Da ist zum einen die Abkopplung der Spitzengehälter von den normalen Einkommen, die erhebliche Ausmaße annehmen kann, auch wenn sie bis heute auf bestimmte Bereiche begrenzt ist. Und da ist zum anderen ein Bündel von divergenzfördernden Kräften, die sich aus der Akkumulation und Konzentration von Vermögen in einer Welt ergeben, die von einem schwachen Wachstum und einer hohen Kapitalrendite gekennzeichnet ist. Dieser Prozess wirkt potenziell noch destabilisierender als der erste und stellt zweifellos die größte Bedrohung für die langfristige Entwicklung der Vermögensverteilung dar.

Kommen wir gleich zum Kern der Sache. In den Grafiken I.1 und I.2 werden zwei grundlegende Entwicklungen dargestellt, die wir in diesem Buch zu verstehen versuchen und die die potenzielle Bedeutung dieser beiden Divergenzprozesse verdeutlichen. Die in diesen Abbildungen angezeigten Entwicklungen haben allesamt die Form einer «U-Kurve», das heißt, dass sie erst abnehmen und dann zunehmen, und man könnte glauben, dass sie auf ähnlichen Gegebenheiten beruhen. Aber dem ist nicht so: Diese Entwicklungen verweisen auf völlig unterschiedliche Phänomene, die auf unterschiedlichen ökonomischen, sozialen und politischen Mechanismen basieren. Hinzu kommt: Die erste Entwicklung betrifft vor allem die Vereinigten Staaten, die zweite hauptsächlich Europa und Japan. Es ist nicht ausgeschlossen, dass diese beiden Entwicklungen und diese beiden divergenzfördernden Kräfte im 21. Jahrhundert in diesen Ländern gleichzeitig auftreten – wir werden sehen, dass das bereits teilweise der Fall ist. Geschieht dies auf der ganzen Welt, könnte es zu einer in der Vergangenheit nicht gekannten Ungleichheit und vor allem zu einer völlig neuen Struktur der Ungleichheit kommen. Aber bis heute beruhen diese beiden erstaunlichen Entwicklungen im Wesentlichen auf zwei unterschiedlichen Phänomenen.

Die erste, in Grafik I.1 dargestellte Entwicklung gibt an, welchen Verlauf der Anteil des oberen Dezils der Einkommenspyramide am amerikanischen Nationaleinkommen in der Zeit von 1910 bis 2010 genommen hat. Es handelt sich hierbei um die Verlängerung der von Kuznets in den 1950er Jahren erstellten Reihen. Man erkennt hier den von Kuznets beobachteten starken Rückgang der Ungleichheit zwischen 1913 und 1948, wobei der Anteil des oberen Dezils um fast 15 Prozentpunkte gesunken ist. In den Jahren 1910 bis 1920 betrug er 45–50 % des Nationaleinkommens und fiel am Ende der 1940er Jahre auf 30–35 %. In den Jahren von 1950 bis 1970 stabilisiert sich die Ungleichheit auf diesem Niveau. In den 1970er Jahren ist dann eine rasante gegenläufige Entwicklung zu beobachten, so dass der Anteil des oberen Dezils in den Jahren 2000 bis 2010 wieder bei 45–50 % des Nationaleinkommens liegt. Das Ausmaß dieses Umschwungs ist beeindruckend und wirft die Frage auf, bis wohin ein solcher Trend noch führen kann.

Es wird sich zeigen, dass diese spektakuläre Entwicklung weitgehend auf die beispiellose Zunahme der sehr hohen Arbeitseinkommen zurückzuführen ist und dass sie vor allem die Abkoppelung der Vergütung von Führungskräften in Großunternehmen von den übrigen Einkommen widerspiegelt. Eine mögliche Erklärung dafür wäre ein plötzlicher Anstieg des Qualifikations- und Produktivitätsniveaus der Top-Manager im Vergleich zur Masse der anderen Arbeitnehmer. Eine andere Erklärung, die mir plausibler erscheint und besser mit den ermittelten Fakten übereinstimmt, ist die, dass diese Führungskräfte ihre Vergütung in großem Umfang selbst festlegen können – wobei sie sich manchmal hemmungslos bedienen – und dass diese häufig in keinem

Grafik I.1.: Der Anteil des obersten Dezils am amerikanischen Nationaleinkommen ist von 45–50 % in den Jahren 1910–1920 auf weniger als 35 % in den 1950er Jahren gesunken (es handelt sich um den von Kuznets gemessenen Rückgang); dann ist er von weniger als 35 % in den 1970er Jahren auf 45–50 % in den Jahren 2000–2010 gestiegen.
Quellen und Reihen: siehe piketty.pse.ens.fr/capital21c.

erkennbaren Verhältnis zu ihrer individuellen Produktivität steht, die im Übrigen in Großunternehmen sehr schwer zu messen ist. Diese Entwicklung findet vor allem in den Vereinigten Staaten und in geringerem Maße in Großbritannien statt, was sich mit der besonderen Geschichte der sozialen und fiskalischen Normen erklären lässt, die im letzten Jahrhundert für diese beiden Länder kennzeichnend war. In den anderen reichen Ländern (Japan, Deutschland, Frankreich und andere kontinentaleuropäische Länder) ist diese Tendenz schwächer, geht aber in die gleiche Richtung. Es wäre gewagt anzunehmen, dass dieses Phänomen überall die gleiche Dimension annimmt, wenn man es vorher nicht gründlich untersucht hat – was aufgrund der begrenzten verfügbaren Daten leider nicht so einfach ist.

Die grundlegende divergenzfördernde Kraft: r > g

Die zweite in Grafik I.2 dargestellte Entwicklung verweist auf einen divergenzfördernden Mechanismus, der in gewisser Weise einfacher und transparenter ist, und für die langfristige Vermögensverteilung zweifelsohne noch größere Bedeutung besitzt. Die Grafik I.2 gibt die Entwicklung des Gesamtwerts der Privatvermögen (schuldenfreie

Immobilien-, Geld- und gewerbliche Vermögen) in Großbritannien, Frankreich und Deutschland von den 1870er bis zu den 2010er Jahren in Relation zum jährlichen Nationaleinkommen an. Man erkennt zunächst, dass am Ende des 19. Jahrhunderts und in der Belle Époque in Europa geradezu eine Blütezeit der Vermögen herscht: Der Wert der Vermögen entspricht in etwa dem Nationaleinkommen von sechs bis sieben Jahren, was beträchtlich ist. Danach kommt es zu einer starken Abnahme infolge der Schocks in den Jahren 1914 bis 1945: Das Verhältnis zwischen Kapital und Einkommen sinkt auf gerade einmal das Zwei- bis Dreifache des jährlichen Nationaleinkommens. Ab den 1950er Jahren findet eine kontinuierliche Zunahme statt, so dass die Privatvermögen zu Beginn des 21. Jahrhunderts wieder den hohen Stand zu erreichen scheinen, den sie vor dem Ersten Weltkrieg hatten: In den Jahren 2000 bis 2010 entspricht das Verhältnis zwischen Kapital und Einkommen in Großbritannien wie in Frankreich wieder dem Fünf- bis Sechsfachen des jährlichen Nationaleinkommens (den geringsten Wert erreicht es in Deutschland, wo das Ausgangsniveau allerdings niedriger war: Die Tendenz aber auch hier eindeutig).

Diese stark ausgeprägte «U-Kurve» entspricht einer entscheidenden Veränderung, auf die wir noch häufig zurückkommen werden. Es wird sich insbesondere zeigen, dass sich das in den letzten Jahrzehnten zu

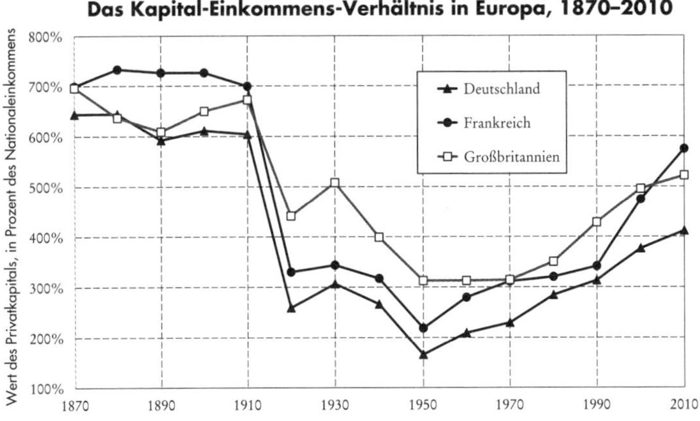

Grafik I.2.: Der Gesamtwert der Privatvermögen entsprach in Europa 1910 dem Nationaleinkommen von 6–7 Jahren, 1950 von 2–3 Jahren und von 2010 von 4–6 Jahren.
Quellen und Reihen: siehe piketty.pse.ens.fr/capital21c.

beobachtende starke Anwachsen des Kapitalstocks im Verhältnis zum Nationaleinkommen weitgehend mit einem relativ langsamen Wachstum erklären lässt. In Gesellschaften mit einem schwachen Wachstum kommt den ererbten Vermögen eine unverhältnismäßig große Bedeutung zu, denn es genügt eine geringe neue Ersparnis, um das Kapital kontinuierlich und substanziell zu vergrößern.

Wenn die Kapitalrendite außerdem dauerhaft deutlich über der Wachstumsrate liegt (was nicht automatisch erfolgt, aber umso wahrscheinlicher ist, wenn die Wachstumsrate gering ist), dann besteht die große Gefahr, dass die Vermögensverteilung ungleicher wird.

Diese fundamentale Ungleichheit, die wir in die Formel $r > g$ fassen – wobei r die Kapitalrendite bezeichnet (das heißt den durchschnittlichen Kapitalertrag eines Jahres in Form von Gewinnen, Dividenden, Zinsen, Mieten und anderen Kapitaleinkommen, in Prozent des eingesetzten Kapitals) und g die Wachstumsrate (das heißt das jährliche Wachstum von Einkommen und Produktion) –, wird in diesem Buch eine große Rolle spielen. In gewisser Weise lässt sich in ihr seine Argumentation zusammenfassen.

Wenn die Kapitalrendite deutlich über der Wachstumsrate liegt – und wir werden sehen, dass das in der Geschichte, zumindest bis zum 19. Jahrhundert, fast immer der Fall war und dass es im 21. Jahrhundert höchstwahrscheinlich wieder zur Regel wird –, dann bedeutet das automatisch, dass sich die ererbten Vermögen schneller vergrößern als Produktion und Einkommen. Die Erben müssen also nur einen kleinen Teil ihrer Kapitaleinkommen sparen, damit ihr Kapital schneller wächst als die Gesamtwirtschaft. Unter diesen Bedingungen ist es nahezu unvermeidlich, dass die ererbten Vermögen eine wesentlich größere Rolle spielen als die im Laufe eines Arbeitslebens gebildeten, und dass die Kapitalkonzentration ein derart hohes Niveau erreicht, dass sie mit dem Leistungsprinzip und den Grundsätzen sozialer Gerechtigkeit, die die Basis unserer modernen demokratischen Gesellschaften bilden, potenziell nicht mehr vereinbar ist.

Diese grundlegende divergenzfördernde Kraft kann darüber hinaus durch weitere Mechanismen verstärkt werden: Wenn beispielsweise die Sparquote mit dem Vermögensniveau stark zunimmt[1] und

1 Dieser offenkundig destabilisierende Mechanismus (je reicher man ist, desto mehr Vermögen sammelt man an) beunruhigte Kuznets, daher der Titel seines Buches von 1953: *Shares of Upper Income Groups in Income and Savings.* Aber für eine umfassende Ana-

mehr noch wenn die durchschnittliche Kapitalrendite umso höher ist, je größer das Startkapital ist (wir werden sehen, dass dies anscheinend immer mehr der Fall ist). Der unvorhersehbare und willkürliche Charakter der Kapitalerträge und der sich daraus ergebenden Formen der Reichtumsvermehrung ist ebenfalls geeignet, das Ideal der Leistungsgesellschaft in Frage zu stellen. Alle diese Effekte können durch einen Mechanismus verstärkt werden, wie ihn Ricardo in seinem «Knappheitsprinzip» beschrieben hat: Stark steigende Immobilien- oder Ölpreise etwa können die Divergenz strukturell verschärfen.

Fassen wir zusammen: Der Prozess der Akkumulation und Verteilung der Vermögen birgt starke Kräfte, die auf Divergenz oder zumindest auf eine sehr große Ungleichheit hinwirken. Es gibt auch konvergenzfördernde Kräfte, die in manchen Ländern und zu manchen Zeiten die Oberhand gewinnen können. Aber die gegenläufigen Kräfte können sich jederzeit wieder durchsetzen, wie es zu Beginn des 21. Jahrhunderts der Fall zu sein scheint und wie es der wahrscheinliche Rückgang des Bevölkerungswachstums und des Wirtschaftswachstums für die kommenden Jahrzehnte nahelegen.

Meine Schlussfolgerungen sind nicht so apokalyptisch wie jene, die sich aus dem von Marx herausgearbeiteten Prinzip der unbegrenzten Akkumulation und der permanenten Divergenz ergeben (seine Theorie basiert auf der impliziten Annahme eines langfristigen Nullwachstums der Produktivität). In dem hier präsentierten Schema ist die Divergenz nicht dauerhaft gegeben und stellt nur eine Zukunftsmöglichkeit unter anderen dar. Gleichwohl sind meine Schlussfolgerungen nicht sonderlich erfreulich. Wichtig ist vor allem, dass die fundamentale Ungleichheit $r > g$, die in unserem Erklärungsschema hauptsächlich für Divergenz verantwortlich ist, nichts mit einem unvollkommenen Markt zu tun hat, im Gegenteil: Je «perfekter» der Kapitalmarkt im Sinne der Ökonomen funktioniert, desto stärker setzt sie sich durch. Man kann sich durchaus eine Politik und entsprechende Institutionen vorstellen, die dieser unerbittlichen Logik entgegenwirken – wie etwa eine welt-

---

lyse fehlte es an historischer Distanz. Diese divergenzfördernde Kraft steht auch im Mittelpunkt des klassischen Buches von James Meade, *Efficiency, Equality, and the Ownership of property*, London: Allen & Unwin 1964, und des Werkes von Anthony Atkinson und Anne Harrison, *Distribution of Personal Wealth in Britain, 1923–1972*, das in gewisser Weise seine historische Weiterführung darstellt. Unsere Arbeiten knüpfen direkt an diese Autoren an.

weite progressive Kapitalsteuer. Aber deren Einführung ist mit beträchtlichen internationalen Koordinationsproblemen verbunden. Es ist leider zu befürchten, dass die Maßnahmen in der Praxis viel bescheidener und ineffektiver ausfallen werden und beispielsweise die Form nationalistischer Abschottungen annehmen.

Der geografische und historische Rahmen

In welchem räumlichen und zeitlichen Rahmen bewegt sich die vorliegende Untersuchung? Ich werde so weit wie möglich versuchen, die Dynamik der weltweiten Vermögensverteilung ab dem 18. Jahrhundert zu analysieren, und zwar innerhalb der Länder wie zwischen den Ländern. Doch in der Praxis wird mich die häufig unzureichende Datenlage oftmals zwingen, den Untersuchungsbereich zu begrenzen. Was die Verteilung von Produktion und Einkommen zwischen den Ländern betrifft, die wir im ersten Teil untersuchen, ist es ab 1700 möglich, die weltweite Entwicklung in den Blick zu nehmen (was insbesondere den Volkswirtschaftlichen Gesamtrechnungen zu verdanken ist, die von Angus Maddison zusammengestellt wurden). Wenn wir im zweiten Teil die Dynamik des Verhältnisses zwischen Kapital und Einkommen und der Verteilung der Wertschöpfung auf Kapital und Arbeit untersuchen, sind wir gezwungen, uns im Wesentlichen auf die reichen Länder zu beschränken und bei den Entwicklungs- und Schwellenländern aufgrund unzureichender Daten mit Extrapolationen zu arbeiten. Bei der Entwicklung der Ungleichheit von Einkommen und Vermögen, die im dritten Teil untersucht wird, müssen wir uns ebenfalls wegen der Quellenlage Beschränkungen auferlegen. Wir versuchen möglichst viele Entwicklungs- und Schwellenländer einzubeziehen, was dank der Daten der WTID möglich ist, die nach Möglichkeit alle fünf Kontinente zu erfassen sucht. Aber natürlich sind die langfristigen Entwicklungen in den reichen Ländern besser dokumentiert. Dieses Buch basiert somit vor allem auf der Analyse der historischen Erfahrungen der wichtigsten entwickelten Länder: der Vereinigten Staaten, Japans, Deutschlands, Frankreichs und Großbritanniens.

Der Fokus liegt dabei insbesondere auf Großbritannien und Frankreich, da die historischen Quellen für diese beiden Länder für einen sehr langen Zeitraum am vollständigsten sind. Für Großbritannien und

Frankreich gibt es zahlreiche Schätzungen des Nationalvermögens und seiner Struktur, die es ermöglichen, bis zum Beginn des 18. Jahrhunderts zurückzugehen. Diese beiden Länder sind darüber hinaus die beiden wichtigsten Kolonial- und Finanzmächte im 19. und zu Beginn des 20. Jahrhunderts. Ihrer genauen Untersuchung kommt daher für die Analyse der Dynamik der weltweiten Vermögensverteilung seit der Industriellen Revolution besondere Bedeutung zu. Sie bilden einen unumgänglichen Ausgangspunkt, um das Phänomen zu ergründen, das man häufig die «erste Globalisierung» der Finanz- und Wirtschaftsströme nennt; diese fällt in die Jahre 1870 bis 1914 und weist starke Ähnlichkeiten mit der «zweiten» Globalisierung auf, die seit den 1970er Jahren stattfindet. Es handelt sich um einen faszinierenden und durch immense Ungleichheit gekennzeichneten Zeitraum. In ihn fallen die Erfindung der Glühbirne und der Beginn der regelmäßigen transatlantischen Verkehrsverbindungen (die Titanic läuft 1912 aus), des Films und des Radios, des Autos und der internationalen Finanzanlagen. Erinnern wir uns beispielsweise daran, dass die reichen Länder erst in den Jahren 2000 bis 2010 wieder den Stand der Börsenkapitalisierung – im Verhältnis zur einheimischen Produktion und zum Nationaleinkommen – erreichten, der in Paris und London in den Jahren 1900 bis 1910 erreicht worden war. Es wird sich zeigen, dass dieser Vergleich sehr aufschlussreich für das Verständnis der heutigen Welt ist.

Manche Leser werden sich darüber wundern, dass ich der Untersuchung Frankreichs viel Raum gebe, und mich vielleicht des Nationalismus verdächtigen. Daher muss ich mich rechtfertigen. Es geht zunächst um die Quellenlage. Die Französische Revolution hat gewiss keine gerechte und ideale Gesellschaft geschaffen, aber sie hatte zumindest das Verdienst, die vorhandenen Vermögen auf einzigartige Weise zu erfassen: Die in den Jahren 1790 bis 1800 eingeführte Registrierung des Boden-, Immobilien- und Geldvermögens ist für die damalige Zeit erstaunlich modern und umfassend und erklärt, warum die auf Erbschaften bezogenen Quellen in Frankreich wahrscheinlich die ergiebigsten der Welt sind, wenn es darum geht, lange Zeiträume zu untersuchen.

Der zweite Grund ist der, dass sich an Frankreich, das als erstes den sogenannten demografischen Übergang erlebte, gut ablesen lässt, was die gesamte Welt erwartet. Die französische Bevölkerung ist zwar im Laufe der beiden letzten Jahrhunderte gewachsen, dies jedoch relativ langsam. Zur Zeit der Revolution hatte Frankreich fast 30 Millionen Einwohner und zu Beginn der 2010er Jahre etwas mehr als 60 Millionen. Es handelt sich um dasselbe Land, um dieselben Größenordnungen. Im Vergleich dazu zählten die Vereinigten Staaten von Amerika zur Zeit der Unabhängigkeitserklärung knapp 3 Millionen Einwohner. Um 1900 erreichten sie 100 Millionen und lagen zu Beginn der 2010er Jahre bei über 300 Millionen. Wenn ein Land von 3 Millionen auf 300 Millionen Einwohner wächst (ganz zu schweigen von der radikalen territorialen Veränderung im Zuge der Expansion nach Westen im 19. Jahrhundert) handelt es sich nicht mehr um dasselbe Land.

Wir werden sehen, dass Dynamik und Struktur der Ungleichheit in einem Land, in dem die Bevölkerung um das Hundertfache gewachsen ist, und in einem Land, in dem sie sich gerade einmal verdoppelt hat, sehr unterschiedlich sind. Insbesondere die Bedeutung von Erbschaften ist im ersteren wesentlich geringer als im letzteren. Das sehr starke Bevölkerungswachstum in der Neuen Welt sorgt dafür, dass die Bedeutung von ererbten Vermögen in den Vereinigten Staaten immer geringer war als in Europa, und erklärt, warum die Ungleichheit in den USA – so wie die dort vorherrschenden Vorstellungen über Ungleichheit und soziale Klassen – eine ganz spezifische Struktur hat. Das impliziert jedoch auch, dass der Fall Amerika nicht übertragbar ist (es ist wenig wahrscheinlich, dass die Weltbevölkerung in den nächsten zwei Jahrhunderten um das Hundertfache wächst) und dass der Fall Frankreich für die Zukunft repräsentativer und relevanter ist. Ich bin davon überzeugt, dass die genaue Analyse Frankreichs und der unterschiedlichen historischen Entwicklungen der entwickelten Länder – Europas, Japans, Nordamerikas und Ozeaniens – sehr aufschlussreich für die künftige weltweite Dynamik ist, und zwar auch in Schwellenländern wie China, Brasilien oder Indien, die eines Tages ebenfalls eine Verlangsamung des Bevölkerungswachstums – sie findet bereits statt – und des Wirtschaftswachstums erleben werden.

Und schließlich ist an Frankreich interessant, dass die Französische Revolution – eine «bürgerliche» Revolution im wahrsten Sinne des Wortes – sehr bald die rechtliche Gleichstellung aller Marktteilnehmer einführt, deren Auswirkungen auf die Dynamik der Vermögensverteilung einen ergiebigen Untersuchungsbereich darstellen. Die Englische Revolution von 1688 hat zwar den modernen Parlamentarismus eingeführt, aber sie hat eine Königsdynastie und bis zu den 1920er Jahren das

Erstgeburtsrecht auf dem Land bestehen lassen. Die politischen Privilegien des Erbadels existieren bis heute (noch in den 2010er Jahren wird über die Neudefinition der Peerswürde und die Reform des Oberhauses diskutiert, was objektiv eine lange Zeit ist). Die Amerikanische Revolution von 1776 hat zwar das republikanische Prinzip eingeführt, aber sie hat fast hundert Jahre die Sklaverei und fast zweihundert Jahre die legale rassische Diskriminierung geduldet; die soziale Frage in den Vereinigten Staaten ist noch heute von der Rassenfrage überlagert. Die Französische Revolution von 1789 ist in gewisser Weise ambitionierter: Sie schafft alle rechtlichen Privilegien ab und strebt eine politische und gesellschaftliche Ordnung an, die auf der Gleichheit von Rechten und Chancen basiert. Der Code Civil garantiert die absolute Gleichheit in Bezug auf Eigentumsrechte und Vertragsfreiheit (zumindest für die Männer). Ende des 19. Jahrhunderts und in der Belle Époque benutzten konservative französische Ökonomen – wie Paul Leroy-Beaulieu – häufig dieses Argument, um darauf hinzuweisen, dass das republikanische Frankreich, Land der «Kleineigentümer», das dank der Revolution egalitär geworden sei, im Gegensatz zum monarchischen und aristokratischen Britannien keiner räuberischen progressiven Einkommensteuer oder Erbschaftssteuer bedürfe. Unsere Daten zeigen indes, dass die Vermögenskonzentration in Frankreich damals fast ebenso extrem war wie in Britannien, was verdeutlicht, dass die rechtliche Gleichstellung der Marktteilnehmer nicht genügt, um eine allgemeine rechtliche Gleichstellung herzustellen. Auch dieser Sachverhalt ist relevant für die Analyse der heutigen Welt, in der viele Beobachter – wie Leroy-Beaulieu vor etwas mehr als hundert Jahren – meinen, es reiche aus, Eigentumsrechte immer besser zu garantieren, Märkte immer mehr zu liberalisieren und einen immer vollkommeneren Wettbewerb herzustellen, um zu einer gerechten, wohlhabenden und harmonischen Gesellschaft zu gelangen. Leider ist diese Aufgabe komplexer.

Der theoretische und begriffliche Rahmen

Bevor wir unsere Ausführungen fortsetzen, sollte etwas mehr über den theoretischen und begrifflichen Rahmen, in dem sich diese Untersuchung bewegt, sowie über meine intellektuelle Entwicklung, die mich zu diesem Werk geführt hat, gesagt werden.

Ich gehöre zu einer Generation, die 1989, in dem Jahr, als sich die Französische Revolution zum zweihundertsten Mal jährte, aber auch und vor allem als die Berliner Mauer fiel, 18 Jahre alt war. Ich gehöre zu dieser Generation, die erwachsen wurde, als sie im Radio vom Zusammenbruch der kommunistischen Diktaturen hörte und die nicht das Geringste für diese Regime und das Sowjetsystem übrighatte oder ihnen nachtrauerte. Ich bin immun gegen die herkömmlichen und wohlfeilen antikapitalistischen Diskurse, die zuweilen dieses gewaltige historische Scheitern ignorieren und sich nicht die intellektuelle Mühe geben, diese Diskurse zu überwinden. Es liegt mir nichts daran, die Ungleichheit oder den Kapitalismus als solchen zu kritisieren – zumal die soziale Ungleichheit an sich kein Problem darstellt, wenn sie auch nur im Geringsten gerechtfertigt ist, das heißt «im allgemeinen Nutzen begründet» ist, so wie es im Artikel 1 der Erklärung der Menschen- und Bürgerrechte von 1789 heißt (diese Definition von sozialer Gerechtigkeit ist ungenau, aber bestechend und in der Geschichte verankert: Übernehmen wir sie vorerst; wir werden darauf zurückkommen). Ich möchte vielmehr einen bescheidenen Beitrag zur Bestimmung der sozialen Organisationsformen, Institutionen und Politiken leisten, die am besten geeignet sind, eine gut funktionierende gerechte Gesellschaft zu schaffen, und zwar im Rahmen eines Rechtsstaats, dessen Regeln bekannt sind, für alle gelten und demokratisch diskutiert werden können.

Erwähnt sei auch, dass ich mit 22 Jahren meinen amerikanischen Traum verwirklichte, indem ich nach meiner Promotion eine Stelle an einer Universität in Boston antrat. Diese Erfahrung war in mehr als einer Hinsicht wichtig. Ich war zum ersten Mal in den Vereinigten Staaten, und was ich dort erlebte, war erfreulich. Dieses Land versteht es, mit Migranten gut umzugehen – soweit sie erwünscht sind! Gleichzeitig wurde mir sofort klar, dass ich sehr schnell wieder nach Frankreich und nach Europa zurück wollte, was ich mit 25 Jahren dann auch tat. Seitdem habe ich Paris nur gelegentlich und für kurze Zeit verlassen. Ein wichtiger Grund für diese Entscheidung ist nicht ohne Bedeutung für dieses Projekt: Ich war von den amerikanischen Ökonomen nicht sehr überzeugt. Alle waren sehr intelligent, keine Frage, und ich habe mir aus diesen Kreisen etliche Freunde bewahrt, aber eines war merkwürdig: Ich wusste, dass ich von den ökonomischen Problemen der Welt keine Ahnung hatte (meine Dissertation bestand aus einigen relativ abstrakten mathematischen Theoremen), und dennoch war ich in der Zunft beliebt. Mir wurde schnell klar, dass seit der Zeit von Kuznets kein Versuch unternommen worden war, systematisch historische Daten zur Dynamik der Ungleichheit zu sammeln (was ich nach meiner Rückkehr nach Frankreich in Angriff nahm). Trotzdem präsentierte die Zunft ständig rein theoretische Ergebnisse, ohne auch nur zu wissen, welche Fakten erklärungsbedürftig waren, und von mir wurde das Gleiche erwartet.

Sagen wir es klipp und klar: Die wirtschaftswissenschaftliche Disziplin hat ihre kindliche Vorliebe für die Mathematik und für rein theoretische und oftmals sehr ideologische Spekulationen nicht abgelegt, was zu Lasten der historischen Forschung und der Kooperation mit den anderen Sozialwissenschaften geht. Allzu häufig befassen sich die Ökonomen in erster Linie mit kleinen mathematischen Problemen, an denen nur sie selbst interessiert sind, was es ihnen erlaubt, sich ohne großen Aufwand das Etikett von Wissenschaftlichkeit anzuheften und sich den viel komplizierteren Fragen zu entziehen, die die Welt um sie herum aufwirft. Als Ökonom an einer französischen Universität zu lehren, hat einen großen Vorteil: Die Ökonomen sind in intellektuellen und universitären Kreisen wenig angesehen, was auch für die politischen Eliten und die Finanzeliten gilt. Das zwingt sie, ihre Verachtung für die anderen Disziplinen und ihren absurden Anspruch auf wissenschaftliche Überlegenheit aufzugeben, den sie vor sich hertragen, obgleich sie doch im Grunde so gut wie gar nichts wissen. Das macht übrigens den Charme der Disziplin und der Sozialwissenschaften generell aus: Man beginnt bei einem niedrigen, mitunter sogar einem sehr niedrigen Niveau und kann folglich hoffen, große Fortschritte zu machen. In Frankreich sind die Ökonomen meiner Ansicht nach ein bisschen motivierter als in den Vereinigten Staaten, ihre Kollegen aus den Geschichtswissenschaften und der Soziologie sowie die Außenwelt davon zu überzeugen, dass sie etwas Interessantes tun (was sich ja nicht von selbst versteht). Als ich in Boston lehrte, war mein Traum, an die École des Hautes Études en Sciences Sociales zu gehen, die sich mit den großen Namen Lucien Febvre, Fernand Braudel, Claude Lévi-Strauss, Pierre Bourdieu, Françoise Héritier, Maurice Godelier und vielen anderen schmücken kann. Kann ich das gestehen, ohne den Anschein zu erwecken, dass ich einen allzu enthusiastischen Bezug zu den Sozialwissenschaften haben könnte? Ich bewundere diese Wissenschaftler zweifellos mehr als Robert Solow oder sogar Simon Kuznets – auch wenn ich es bedauere, dass ein großer Teil der Sozialwissenschaften an der Verteilung von Vermögen und an den sozialen Klassen weitgehend das Interesse verloren hat, während die Fragen von Einkommen, Löhnen, Preisen und Vermögen in den Forschungsprogrammen der Historiker und Soziologen bis zu den 1970er Jahren einen wichtigen Platz einnahmen. Ich sähe es gerne, wenn die Spezialisten und Amateure aller Sozialwissenschaften die in diesem Buch dargelegten Untersuchungen interessant fänden – angefangen bei denen, die behaupten «nichts von Ökonomie zu verstehen», aber häufig sehr dezidierte Meinungen über die Ungleichheit von Einkommen und Vermögen haben, was ganz natürlich ist.

Die Wirtschaftswissenschaften hätten sich nie von den anderen sozialwissenschaftlichen Disziplinen trennen sollen; sie können sich nur in deren Rahmen entwickeln. Wir verfügen über zu wenige sozialwissenschaftliche Kenntnisse, um uns so töricht abzukoppeln. Um bei Themen wie der historischen Dynamik der Vermögensverteilung und der Struktur der sozialen Klassen voranzukommen, muss man pragmatisch vorgehen und Methoden und Ansätze anwenden, mit denen auch die Historiker, Soziologen und Politikwissenschaftler arbeiten. Es gilt von grundlegenden Fragen auszugehen und darauf Antworten zu suchen: Das kleinliche Gerangel um disziplinären Einfluss muss demgegenüber zurückstehen. Dieses Buch ist meiner Ansicht nach sowohl ein historisches als auch ein ökonomisches Buch.

Wie ich weiter oben ausgeführt habe, bestand meine Arbeit in erster Linie darin, Quellen zu sammeln und Fakten und statistische Reihen bezüglich der Einkommens- und Vermögensverteilung zu erstellen. Im Fortgang dieses Buches ziehe ich manchmal die Theorie sowie abstrakte Modelle und Begriffe heran, aber ich versuche, dies sparsam zu tun, das heißt nur in dem Maße, in dem die Theorie ein besseres Verständnis der untersuchten Entwicklungen ermöglicht. Die Begriffe Einkommen und Kapital, Wachstumsrate und Rendite sind abstrakte Begriffe, theoretische Konstruktionen und keine mathematischen Gewissheiten. Gleichwohl werde ich zu zeigen versuchen, dass sie eine bessere Analyse der historischen Realitäten ermöglichen, wenn man einen kritischen und wachen Blick auf die Genauigkeit hat, mit der sie sich messen lassen, wobei es nur um Annäherungswerte gehen kann. Ich werde auch einige Gleichungen verwenden, wie beispielsweise das Gesetz $\alpha = r \times \beta$ (wonach der Anteil des Kapitals am Nationaleinkommen gleich dem Produkt aus Kapitalrendite und dem Kapital-Einkommens-Verhältnis ist) oder die Gleichung $\beta = s/g$ (wonach das Kapital-Einkommens-Verhältnis langfristig gleich dem Verhältnis zwischen Sparquote und Wachstumsrate ist). Ich bitte den Leser, der mit Mathematik nichts im Sinn hat, das Buch nicht sofort zuzuklappen: Es handelt sich um elementare Gleichungen, die sich einfach erklären lassen und deren Verständnis kein besonderes Fachwissen erfordert. Vor allem werde ich zu zeigen versuchen, dass dieser minimale theoretische Rahmen zum besseren Verständnis der historischen Entwicklungen beiträgt, die für jeden wichtig sind.

Aufbau des Buches

Dieses Buch besteht aus vier Teilen und sechzehn Kapiteln. Der erste Teil mit der Überschrift «Einkommen und Kapital», der zwei Kapitel umfasst, führt jene Grundbegriffe ein, die im Buch häufig vorkommen. Insbesondere in Kapitel 1 werden die Begriffe Nationaleinkommen, Kapital und das Kapital-Einkommens-Verhältnis dargestellt und dann die großen Entwicklungslinien der weltweiten Verteilung von Einkommen und Produktion beschrieben. Kapitel 2 wirft einen genaueren Blick auf die Entwicklung des Bevölkerungswachstums und der Produktion seit der Industriellen Revolution. In diesem ersten Teil wird nichts wirklich Neues dargestellt, und der Leser, dem diese Begriffe vertraut sind und der die Geschichte des weltweiten Wachstums seit dem 18. Jahrhundert kennt, kann direkt zum zweiten Teil übergehen.

Dieser zweite Teil mit der Überschrift «Die Dynamik des Kapital-Einkommen-Verhältnisses» besteht aus vier Kapiteln. In ihm wird die Art und Weise analysiert, wie sich zu Beginn des 21. Jahrhunderts die langfristige Entwicklung des Verhältnisses von Kapital und Einkommen sowie die Verteilung des Nationaleinkommens auf Arbeitseinkommen und Kapitaleinkünfte darstellt. Kapitel 3 beschreibt zunächst die Metamorphosen des Kapitals seit dem 18. Jahrhundert, beginnend mit Großbritannien und Frankreich, über deren langfristige Entwicklung besonders viel bekannt ist. Kapitel 4 befasst sich mit

Deutschland und Amerika. In den Kapiteln 5 und 6 werden diese Analysen auf die ganze Welt ausgedehnt, so weit die Quellen dies erlauben, und es wird versucht, aus diesen historischen Erfahrungen Lehren zu ziehen, um die mögliche Entwicklung des Verhältnisses von Kapital und Einkommen und des Verhältnisses von Kapital und Arbeit in den kommenden Jahrzehnten zu analysieren.

Der dritte Teil mit der Überschrift «Die Struktur der Ungleichheit» besteht aus sechs Kapiteln. Kapitel 7 macht den Leser mit den Größenordnungen bekannt, die die Ungleichverteilung der Arbeitseinkommen einerseits und des Kapitalbesitzes und der daraus erzielten Einkünfte andererseits in der Praxis erreicht. Kapitel 8 analysiert die historische Dynamik dieser Ungleichheit, wobei zunächst Frankreich und die Vereinigten Staaten verglichen werden. Die Kapitel 9 und 10 weiten diese Analysen auf alle Länder aus, von denen wir über historische Daten (insbesondere im Rahmen der WTID) verfügen; dabei werden die Ungleichheit im Zusammenhang mit Arbeit und die Ungleichheit in Bezug auf das Kapital gesondert untersucht. In Kapitel 11 wird die langfristige Entwicklung der Bedeutung von Erbschaften untersucht. Kapitel 12 analysiert schließlich die perspektivische Entwicklung der weltweiten Vermögensverteilung in den ersten Jahrzehnten des 21. Jahrhunderts.

Der vierte und letzte Teil mit der Überschrift «Regulierung des Kapitals im 21. Jahrhundert» besteht aus vier Kapiteln. In ihm sollen politische und normative Lehren aus den vorausgehenden Teilen gezogen werden; es geht vor allem darum, die Fakten zu ermitteln und die Gründe für die dargestellten Entwicklungen zu verstehen. In Kapitel 13 wird versucht, die Umrisse eines dem 21. Jahrhundert entsprechenden Sozialstaats zu zeichnen. In Kapitel 14 wird vorgeschlagen, die progressive Einkommensteuer im Licht der früheren Erfahrungen und der neueren Tendenzen zu überdenken. In Kapitel 15 wird dargestellt, wie eine progressive Kapitalsteuer aussehen könnte, die dem auf Vermögen und Erbschaften basierenden Kapitalismus des 21. Jahrhunderts entspricht. Außerdem wird dieses ideale Instrument mit anderen möglichen Regulierungsformen verglichen: eine europäische Vermögenssteuer, eine Kapitalkontrolle à la China, Zuwanderung à la USA oder allgemeine Rückkehr zum Protektionismus. Kapitel 16 behandelt die heikle Frage der öffentlichen Verschuldung und die damit verbundene Frage der optimalen Akkumulation des öffentlichen Kapitals im Kontext einer möglichen Verschlechterung der natürlichen Ressourcen.

Noch eine Bemerkung: 1913 wäre es gewagt gewesen, ein Buch mit dem Titel «Das Kapital im 20. Jahrhundert» zu veröffentlichen. Der Leser möge mir also verzeihen, dass ich 2013 ein Buch mit dem Titel «Das Kapital im 21. Jahrhundert» veröffentliche. Mir ist bewusst, dass ich nicht vorherzusagen vermag, welche Form das Kapital im Jahr 2063 oder 2113 annehmen wird. Wie bereits gesagt, ist die Geschichte der Einkommen und Vermögen immer eine politische, chaotische und unvorhersehbare Geschichte. Sie hängt davon ab, welche Vorstellungen die verschiedenen Gesellschaften von Ungleichheit haben, welche Politik sie verfolgen und welche Institutionen sie sich geben, um sie zu formen und zu verändern – in die eine oder in die andere Richtung. Niemand kann wissen, welche Weichenstellungen es in den kommenden Jahrzehnten geben wird. Dennoch sind die Lehren der Geschichte nützlich, weil sie ein wenig deutlicher machen, welche Entscheidungen in diesem Jahrhundert anstehen und welche Dynamik am Werk ist. Das ist im Grunde genommen das einzige Ziel dieses Buches, dessen Titel eigentlich hätte lauten müssen «Das Kapital zu Beginn des 21. Jahrhunderts»: Es stellt den Versuch dar, aus den Erfahrungen der vergangenen Jahrhunderte einige bescheidene Schlussfolgerungen für die Zukunft zu ziehen, ohne sich allzu große Illusionen über ihre tatsächliche Nützlichkeit zu machen, da die Geschichte stets ihre eigenen Wege geht.

ERSTER TEIL

EINKOMMEN UND KAPITAL

1.

EINKOMMEN UND PRODUKTION

Am 16. August 2012 greift die südafrikanische Polizei in den Konflikt zwischen den Arbeitern der Platinmine in Marikana in der Nähe von Johannesburg und den Bergwerksbesitzern, den Aktionären der in London ansässigen Lonmin Inc., ein. Die Ordnungskräfte schießen auf die Streikenden. Die Bilanz: 34 tote Minenarbeiter.[1] Wie häufig in vergleichbaren Fällen drehte sich der Konflikt um die Lohnfrage: Die Bergarbeiter verlangten eine Anhebung ihrer Löhne um 500 Euro auf 1000 Euro im Monat. Nach dem Drama schlug die Gesellschaft schließlich eine Erhöhung um 75 Euro monatlich vor.[2]

Dieser Vorfall ruft uns in Erinnerung, dass die Frage der Aufteilung der Produktion auf Löhne und Gewinne, auf Arbeitseinkommen und Kapitaleinkommen stets die erste Stufe eines Verteilungskonflikts war. Schon in den traditionalen Gesellschaften war der Gegensatz zwischen dem Grundbesitzer und dem Bauern, zwischen demjenigen, dem der Boden gehört, und demjenigen, der seine Arbeitskraft zur Verfügung stellt, zwischen demjenigen, der die Bodenrente erhält, und demjenigen, der sie erarbeitet, der Kern sozialer Ungleichheit und Ursache aller Aufstände. Die Industrielle Revolution hat den Konflikt zwischen Kapital und Arbeit verschärft, was vielleicht daran liegt, dass kapital-

1 Siehe «South African Police Open Fire on Striking Miners», *New York Times*, 17. August 2012.

2 Siehe das offizielle Kommuniqué der Gesellschaft: «Lonmin seeks sustainable peace at Marikana», 25. August 2012, www.lonmin.com. Diesem Dokument zufolge betrug das Grundgehalt der Bergleute vor dem Konflikt 5405 Rand monatlich und die zugestandene Erhöhung 750 Rand monatlich (1 südafrikanischer Rand = ungefähr 0,1 Euro). Diese Angaben stimmen mit den Zahlen überein, die von den Streikenden genannt und von der Presse aufgegriffen wurden.

intensivere Produktionsformen (Maschinen, Rohstoffe usw.) aufgekommen sind, oder vielleicht auch daran, dass die Hoffnungen auf eine gerechtere Verteilung und eine demokratischere Ordnung enttäuscht wurden – wir werden darauf zurückkommen.

Die tragischen Ereignisse in Marikana verweisen auf ähnliche Vorfälle und Gewalttaten in der Vergangenheit: Am 1. Mai 1886 auf dem Haymarket Square in Chicago; am 1. Mai 1891 in Fourmies in Nordfrankreich, als die Ordnungskräfte streikende Arbeiter, die Lohnerhöhungen forderten, erschossen. Gehört der Konflikt zwischen Kapital und Arbeit der Vergangenheit an, oder wird er zu den prägenden Faktoren des 21. Jahrhunderts gehören?

In den beiden ersten Teilen dieses Buches werden wir uns mit der Verteilung des Nationaleinkommens auf Arbeit und Kapital und ihren Veränderungen seit dem 18. Jahrhundert befassen. Wir werden die Frage der Ungleichheit innerhalb der Arbeitseinkommen (beispielsweise zwischen Arbeiter, Ingenieur und Werksleiter) oder innerhalb der Kapitaleinkommen (etwa zwischen kleinen, mittleren und großen Aktionären und Eigentümern) vorerst außer Acht lassen und darauf erst im dritten Teil eingehen. Jede dieser beiden Dimensionen der Vermögensverteilung – die «faktorielle» Verteilung, bei der sich die beiden «Produktionsfaktoren» Arbeit und Kapital gegenüberstehen, die dabei künstlich als homogene Blöcke betrachtet werden, und die «individuelle» Verteilung, die die Ungleichheit der Arbeitseinkommen und Kapitaleinkommen auf der Ebene von Einzelpersonen betrifft – spielt in der Praxis eine wichtige Rolle, und es ist unmöglich, zu einem zufriedenstellenden Verständnis des Verteilungsproblems zu kommen, wenn man sie nicht zusammen analysiert.[1]

Im August 2012 streikten die Bergarbeiter von Marikana übrigens nicht nur gegen die ihrer Meinung nach exorbitanten Gewinne der Gruppe Lonmin, sondern auch gegen die Ungleichheit der Löhne von Arbeitern und Ingenieuren und gegen das üppige Gehalt des Berg-

---

1 Die «faktorielle» Verteilung wird mitunter auch «funktionell» oder «makroökonomisch» und die «individuelle» Verteilung manchmal auch «personell» oder «mikroökonomisch» genannt. In Wirklichkeit sind bei den beiden Dimensionen der Verteilung zugleich mikroökonomische Mechanismen (die auf der Ebene von Unternehmen und einzelnen Akteuren untersucht werden müssen) und makroökonomische Mechanismen im Spiel (die nur auf gesamtwirtschaftlicher, ja weltwirtschaftlicher Ebene verstanden werden können).

werksdirektors.[1] Wenn das Kapitaleigentum nach streng egalitären Gesichtspunkten verteilt wäre und jeder Arbeitnehmer den gleichen Anteil an den Gewinnen zusätzlich zu seinem Lohn erhielte, würde die Frage des Verhältnisses zwischen Gewinnen und Löhnen (fast) niemanden interessieren. Wenn die Trennung zwischen Kapital und Arbeit so viele Konflikte verursacht, dann vor allem wegen der extrem hohen Konzentration des Kapitaleigentums. In allen Ländern ist die Ungleichheit der Vermögen – und der daraus erzielten Kapitaleinkommen – stets größer als die Ungleichheit der Löhne und der Arbeitseinkommen. Dieses Phänomen und seine Ursachen werden wir in Teil 3 analysieren. Zunächst werden wir die Ungleichheit innerhalb der Arbeitseinkommen und des Kapitalbesitzes als gegeben betrachten und unser Augenmerk auf die globale Verteilung des Nationaleinkommens zwischen Arbeit und Kapital legen.

Damit eines klar ist: Es ist nicht meine Absicht, im Namen der Arbeitnehmer gegen die Besitzenden zu Felde zu ziehen, sondern ich möchte jedermann helfen, genauer nachzudenken und sich ein eigenes Bild zu machen. Keine Frage: Die Ungleichheit zwischen Kapital und Arbeit hat eine große symbolische Bedeutung. Sie verstößt eklatant gegen die gängigen Vorstellungen von «gerecht» und «ungerecht», so dass es nicht verwunderlich ist, dass es manchmal zu physischer Gewalt kommt. Diejenigen, die nur ihre Arbeitskraft besitzen und häufig in bescheidenen, ja armseligen Verhältnissen leben, wie die Bauern im 18. Jahrhundert oder die Minenarbeiter von Marikana, können nur schwer akzeptieren, dass die Kapitalbesitzer – die mitunter selber bloß Erben sind – sich einen beträchtlichen Teil der erwirtschafteten Werte aneignen können, ohne selbst zu arbeiten. Der den Kapitalbesitzern zufließende Anteil kann häufig ein Viertel oder die Hälfte der Produktion, in kapitalintensiven Wirtschaftszweigen wie dem Bergbau mitunter sogar mehr als die Hälfte ausmachen, und er ist noch höher, wenn Monopole es den Kapitalbesitzern erlauben, einen noch größeren Teil abzuschöpfen.

Gleichzeitig ist jedem klar: Wenn man die gesamte Produktion unter den Arbeitnehmern verteilte und keine Gewinne erzielt würden, wäre es schwer, Kapital zur Finanzierung neuer Investitionen anzu-

1 Eine Million Euro jährlich (das entspricht dem Lohn von nahezu 200 Bergarbeitern) nach Auskunft der Streikenden. Leider ist keine diesbezügliche Angabe auf der Website der Gesellschaft zu finden.

ziehen, zumindest im bestehenden Wirtschaftssystem (es sind durchaus andere denkbar). Hinzu kommt, dass es nicht unbedingt gerechtfertigt ist, jenen, die mehr sparen als andere, jegliche Vergütung zu verweigern – wobei angenommen wird, dass unterschiedliche Sparquoten eine wichtige Ursache der Vermögensungleichheit sind. Auch diese Frage werden wir untersuchen. Und nicht zu vergessen: Ein Teil dessen, was als «Kapitaleinkommen» bezeichnet wird, stellt zudem mitunter – zumindest teilweise – eine Entlohnung der «unternehmerischen» Arbeit dar und müsste daher wie andere Arbeitsformen behandelt werden. Dieses klassische Argument wird ebenfalls näher zu untersuchen sein. Unter Berücksichtigung all dieser Faktoren stellt sich die Frage, welche Verteilung der Wertschöpfung auf Kapital und Arbeit «richtig» ist. Kann man sicher sein, dass die «freie» Entfaltung von Marktwirtschaft und Privateigentum immer und überall wie durch Zauberhand zu diesem optimalen Niveau führt? Wie müsste man diese Verteilung in einer idealen Gesellschaft organisieren, und wie könnte man diesem Ideal näherkommen?

Die Instabilität der langfristigen Verteilung des Nationaleinkommens auf Kapital und Arbeit

Um in diese Richtung weiterzudenken und zumindest zu versuchen, die Begriffe einer scheinbar ausweglosen Diskussion präziser zu fassen, sollten zunächst die Fakten möglichst exakt ermittelt werden. Was genau weiß man über die Entwicklung des Verhältnisses zwischen Kapital und Arbeit seit dem 18. Jahrhundert? Lange Zeit besagte die unter Ökonomen am weitesten verbreitete These, die ein wenig zu schnell Eingang in die Lehrbücher fand, dass die Verteilung des Nationaleinkommens auf Kapital und Arbeit langfristig sehr stabil gewesen sei und im Allgemeinen bei einem Drittel/zwei Drittel lag.[1] Aufgrund des historischen Abstands und neuer Daten werden wir zeigen können, dass die Wirklichkeit viel komplexer ist.

Einerseits war diese Verteilung im Laufe der letzten hundert Jahre großen Schwankungen unterworfen, die durch die chaotische politische und wirtschaftliche Geschichte des 20. Jahrhunderts bedingt

1 Etwa 30–35 % für die Gewinne, Mieten und andere Kapitaleinkommen und 65–70 % für die Löhne und andere Arbeitseinkommen.

waren. Die bereits in der Einleitung beschriebenen Entwicklungen im 19. Jahrhundert (Anstieg des Kapitalanteils in der ersten Hälfte des Jahrhunderts, dann leichter Rückgang und darauf folgende Stabilisierung) scheinen im Vergleich dazu in ruhigeren Bahnen verlaufen zu sein. Die Schocks in der ersten Hälfte des 20. Jahrhunderts (1914–1945), nämlich der Erste Weltkrieg, die bolschewistische Revolution von 1917, die Weltwirtschaftskrise seit 1929, der Zweite Weltkrieg, die neuen politischen Initiativen zur Regulierung, Besteuerung und staatlichen Kontrolle des aus diesen Umwälzungen hervorgegangenen Kapitals haben zu einem historisch niedrigen Umfang des Privatkapitals in den 1950er Jahren geführt. Es kommt dann sehr schnell zur Wiederherstellung der Vermögen, und diese Entwicklung beschleunigt sich mit der konservativen angelsächsischen Revolution von 1979/80, dem Zusammenbruch des Sowjetreichs 1989/90, der Globalisierung des Finanzwesens und der Deregulierung in den 1990er Jahren. Diese Ereignisse markieren einen politischen Wendepunkt, der genau in die entgegengesetzte Richtung der vorausgegangenen Umwälzungen führt, und machen es möglich, dass sich das Privatkapital zu Beginn der 2010er Jahre trotz der Krise von 2007/08 in einer Weise vermehrt, die es seit 1913 nicht mehr gegeben hat. Nicht alles ist negativ an dieser Entwicklung und an dieser Wiederherstellung der Vermögen, die teilweise natürlich und wünschenswert ist. Aber sie ändert die Sicht auf das Verhältnis zwischen Kapital und Arbeit zu Beginn des 21. Jahrhunderts und auf die in den nächsten Jahrzehnten möglichen Entwicklungen.

Andererseits: Nimmt man jenseits dieser zweifachen Kehrtwendung eine sehr langfristige Perspektive ein, so stellt man fest, dass die These von einer vollständigen Stabilität des Verhältnisses zwischen Kapital und Arbeit nicht zu der Tatsache passt, dass sich das Kapital radikal verändert hat (vom Bodenkapital des 18. Jahrhunderts zum Immobilien-, Industrie- und Finanzkapital des 21. Jahrhunderts). Und sie passt auch nicht zu der Vorstellung, das moderne Wachstum sei vom «Aufstieg des Humankapitals» geprägt, eine These, die unter Ökonomen ebenfalls sehr weit verbreitet ist und die auf den ersten Blick zu bedeuten scheint, dass der Anteil der Arbeit am Nationaleinkommen tendenziell wächst. Wir werden sehen, dass eine solche Tendenz vielleicht sehr langfristig am Werk ist, dies allerdings in relativ bescheidenem Umfang: Der Anteil des (nicht-humanen) Kapitals fällt zu Beginn des 21. Jahrhunderts kaum geringer aus als zu Beginn des

19. Jahrhunderts. Die sehr hohen Kapitalvermögen, die es heute in den reichen Ländern gibt, erklären sich vor allem mit einem schwachen Produktions- und Bevölkerungswachstum sowie mit einer Politik, die objektiv dem Privatkapital sehr förderlich ist.

Der fruchtbarste Ansatz zum Verständnis dieser Veränderungen ist die Analyse der Entwicklung des Kapital-Einkommens-Verhältnisses (das heißt des Verhältnisses zwischen dem gesamten Kapitalstock und dem jährlichen Einkommens- und Produktionsvolumen) und nicht nur des Verhältnisses zwischen Kapital und Arbeit (das heißt der Verteilung des Einkommens- und Produktionsvolumens auf Kapitaleinkommen und Arbeitseinkommen), das früher wegen des noch begrenzten Datenbestands bevorzugt untersucht wurde.

Bevor wir diese Ergebnisse detailliert darlegen, müssen wir zunächst schrittweise vorgehen. Im ersten Teil des Buches sollen die grundlegenden Begriffe eingeführt werden. Im Fortgang von Kapitel 1 werden wir die Begriffe «Inlandsproduktion», «Nationaleinkommen», «Kapital», «Arbeit» und «Kapital-Einkommens-Verhältnis» klären. Sodann werden wir die Veränderungen der weltweiten Verteilung von Produktion und Einkommen seit der Industriellen Revolution untersuchen. In Kapitel 2 werden wir die allgemeine Entwicklung der Wachstumsraten im Laufe der Geschichte analysieren, eine Entwicklung, die im Laufe des Buches eine zentrale Rolle spielen wird.

Im zweiten Teil dieses Buches werden wir die Dynamik des Kapital-Einkommens-Verhältnisses und der Verteilung des Nationaleinkommens auf Kapital und Arbeit untersuchen, wobei wir auch hier schrittweise vorgehen. In Kapitel 3 werden wir die Veränderungen der Zusammensetzung des Kapitals und des Kapital-Einkommens-Verhältnisses seit dem 18. Jahrhundert untersuchen, beginnend mit Großbritannien und Frankreich, dem Land, über das für einen sehr langen Zeitraum die meisten Daten vorliegen. Kapitel 4 wird sich mit den Fällen Deutschland und vor allem Amerika befassen, mit dem das europäische Spektrum in nützlicher Weise ergänzt wird. In den Kapiteln 5 und 6 wird versucht werden, diese Analysen auf sämtliche reiche Länder und nach Möglichkeit auf die ganze Erde auszudehnen und daraus auf einer globalen Ebene Erkenntnisse über die Dynamik des Kapital-Einkommens-Verhältnisses und der Verteilung des Nationaleinkommens auf Kapital und Arbeit zu Beginn des 21. Jahrhunderts zu gewinnen.

Der Begriff des Nationaleinkommens

Es ist sinnvoll, zunächst den Begriff «Nationaleinkommen» zu definieren, der in diesem Buch häufig vorkommen wird. Im Nationaleinkommen eines Landes werden sämtliche Einkommen der Inländer für den Zeitraum eines Jahres erfasst, ungeachtet der Rechtsform dieser Einkommen.

Das Nationaleinkommen ist eng mit dem Begriff «Bruttoinlandsprodukt» (BIP) verbunden, der häufig in der öffentlichen Debatte verwendet wird, wobei es allerdings zwei wichtige Unterschiede gibt. Das BIP misst die gesamten Güter und Dienstleistungen, die in einem Jahr auf dem Territorium eines Landes produziert werden. Zur Berechnung des Nationaleinkommens muss man zunächst vom Bruttoinlandsprodukt die Entwertung des Kapitals abziehen, das diese Produktion ermöglicht hat, das heißt den Verschleiß von Gebäuden, Maschinen, Fahrzeugen, Rechnern usw., die im Laufe eines Jahres eingesetzt wurden. Diese beträchtliche Masse, die in den meisten Ländern derzeit bei etwa 10 % des Bruttoinlandsproduktes liegt, stellt für niemanden ein Einkommen dar: Bevor Löhne an die Arbeitnehmer, Dividenden an die Aktionäre gezahlt oder neue Investitionen getätigt werden, muss zunächst das verbrauchte Kapital ersetzt oder wieder instand gesetzt werden. Unterlässt man das, bedeutet das einen Vermögensverlust, also ein negatives Einkommen für die Eigentümer. Nach Abzug der Kapitalentwertung vom Bruttoinlandsprodukt erhält man das «Nettoinlandsprodukt», das wir der Einfachheit halber als «Inlandsproduktion» bezeichnen werden und das meist 90 % des Bruttoinlandsproduktes entspricht.

Sodann sind die aus dem Ausland bezogenen Nettoeinkommen hinzuzurechnen (beziehungsweise je nach der Situation des Landes die an das Ausland gezahlten Nettoeinkommen abzuziehen). Ein Land, dessen sämtliche Unternehmen und Kapitalwerte ausländischen Eigentümern gehören, kann eine sehr hohe Inlandsproduktion, aber ein deutlich geringeres Nationaleinkommen haben, sobald die Gewinne und Mieten, die ins Ausland fließen, abgezogen werden. Besitzt umgekehrt ein Land einen beträchtlichen Teil des Kapitals anderer Länder, kann es über ein Nationaleinkommen verfügen, das wesentlich größer ausfällt als seine Inlandsproduktion.

Wir werden später auf Beispiele für diese beiden Situationen zurückkommen, die sowohl der Geschichte des Kapitalismus als auch unserer heutigen Welt entnommen werden können. Vorweg sei gesagt, dass derartige nationale Ungleichheiten zu starken politischen Spannungen führen können. Es ist nicht unproblematisch für ein Land, wenn es für ein anderes Land arbeitet und ihm dauerhaft einen signifikanten Teil seiner Produktion in Form von Dividenden oder Mieten überlässt. Damit ein solches System sich – bis zu einem bestimmten Punkt – halten kann, muss es häufig mit politischer Dominanz einhergehen, wie es in der Zeit des Kolonialismus der Fall war, als Europa im Besitz eines großen Teils der übrigen Welt war. Eine zentrale Frage unserer Untersuchung ist, in welchem Umfang und unter welchen Bedingungen eine solche Situation im Laufe des 21. Jahrhunderts erneut eintreten kann, wobei sich die geografischen Konstellationen eventuell verändern würden: Europa könnte beispielsweise nicht Besitzer sein, sondern sich im Besitz anderer befinden (eine derzeit auf dem Alten Kontinent weit verbreitete – vielleicht übertriebene – Angst. Wir werden sehen …).

An dieser Stelle genüge der Hinweis, dass sich die meisten Industrie- oder Schwellenländer heute in einer viel ausgeglicheneren Situation befinden, als man sich manchmal vorstellt. In Frankreich wie in den Vereinigten Staaten, in Deutschland wie in Großbritannien, in China wie in Brasilien, in Japan wie in Italien unterscheidet sich das Nationaleinkommen nicht sehr von der Inlandsproduktion – um 1 % oder 2 %. Mit anderen Worten: In all diesen Ländern sind die Gewinne, Zinsen, Dividenden, Mieten usw., die ins Ausland fließen oder aus dem Ausland empfangen werden, fast ausgeglichen, wobei die aus dem Ausland erhaltenen Nettoeinkommen in den reichen Ländern im Allgemeinen leicht positiv sind. In einer ersten Annäherung kann man sagen, dass die Bewohner dieser verschiedenen Länder über ihre Immobilien- und Kapitalanlagen in der übrigen Welt fast so viele Vermögenswerte besitzen wie die übrige Welt bei ihnen anlegt. Entgegen einer hartnäckigen Legende ist Frankreich nicht im Besitz kalifornischer Pensionsfonds oder der Bank of China, so wenig die Vereinigten Staaten Eigentum japanischer oder deutscher Investoren sind! Die Furcht vor solchen Situationen ist so stark, dass die Fantasie der Wirklichkeit häufig vorauseilt. Heute ist die Ungleichverteilung des Kapitals viel mehr ein nationales als ein internationales Phänomen: Sie schafft eher einen Gegensatz zwischen den Reichen und den Armen innerhalb eines jeden

Landes als zwischen den Ländern. Aber so war es nicht immer in der Geschichte, und es ist völlig legitim sich zu fragen, unter welchen Bedingungen sich eine solche Situation im Laufe des 21. Jahrhunderts verändern könnte, zumal manche Länder – Japan, Deutschland, die Ölstaaten und bis zu einem geringeren Grad China – in jüngerer Vergangenheit beträchtliche Forderungen gegenüber dem Rest der Welt angesammelt haben (auch wenn sie bis jetzt deutlich niedriger sind als in der Kolonialzeit). Wir werden auch sehen, dass die starken Verflechtungen zwischen den Ländern (jedes Land befindet sich zu einem guten Teil im Besitz der anderen) das Gefühl verstärken, enteignet zu werden, auch wenn die Nettopositionen relativ gering sind.

In jedem Land kann das Nationaleinkommen also höher oder niedriger ausfallen als die Inlandsproduktion, je nachdem, ob die aus dem Ausland bezogenen Nettoeinkommen positiv oder negativ sind.

Nationaleinkommen = Inlandsproduktion + Nettoeinnahmen aus dem Ausland.[1]

Im Weltmaßstab gleichen sich die aus dem Ausland bezogenen und an das Ausland gezahlten Einkommen aus, so dass das Einkommen gleich der Produktion ist.

Welteinkommen = Weltproduktion[2]

Diese Gleichheit von jährlichen Einkommen und jährlicher Produktion sagt etwas Wichtiges aus. Im Laufe eines Jahres können nicht mehr Einkommen verteilt als neue Werte produziert werden (es sei denn, man verschuldet sich gegenüber einem anderen Land, was im Weltmaßstab nicht möglich ist). Umgekehrt muss die gesamte Produktion in Form von Einkommen auf die eine oder andere Weise ver-

1 Das Nationaleinkommen wird eigentlich «Nettonationaleinkommen» oder auch «Primäreinkommen» genannt (im Gegensatz zum «Bruttonationaleinkommen», BNE, das die Kapitalentwertung miteinschließt). Wir werden analog zum Inlandsprodukt den Ausdruck «Nationaleinkommen» verwenden und auf das «Netto-» verzichten, was einfacher ist. Die Nettoeinnahmen aus dem Ausland werden als Differenz zwischen den aus dem Ausland bezogenen und an das Ausland gezahlten Einkünften definiert. Diese sich kreuzenden Ströme betreffen hauptsächlich die Kapitaleinkommen, umfassen aber auch Arbeitseinkommen und unilaterale Transferzahlungen (beispielsweise der Einwanderer in ihre Heimatländer). Siehe Anhang.

2 Das Welteinkommen wird definiert als die Summe der Nationaleinkommen der verschiedenen Länder, und die Weltproduktion als die Summe der Inlandsproduktionen der verschiedenen Länder.

teilt werden: entweder in Form von Löhnen, Gehältern, Honoraren, Prämien usw., die an die Arbeitnehmer und an die Personen fließen, die die für die Produktion notwendige Arbeit erbracht haben (Arbeitseinkommen) oder in Form von Gewinnen, Dividenden, Zinsen, Mieten, Gebühren usw., die den Besitzern des für die Produktion notwendigen Kapitals zufließen (Kapitaleinkommen).

Was ist das Kapital?

In einem Unternehmen, in einem Land oder auf der ganzen Welt können die Produktion und die durch sie generierten Einkommen als Summe der Kapitaleinkommen und der Arbeitseinkommen dargestellt werden:

Nationaleinkommen = Kapitaleinkommen + Arbeitseinkommen

Aber was ist das Kapital? Welche Grenzen und Formen hat es, und wie hat sich seine Zusammensetzung im Laufe der Zeit verändert? Diese für unsere Untersuchung zentrale Frage wird in den nächsten Kapiteln genau untersucht werden. Es ist jedoch sinnvoll, schon jetzt die folgenden Punkte zu klären.

Wenn wir in diesem Buch von «Kapital» ohne nähere Angaben sprechen, schließen wir das aus, was die Ökonomen oftmals – und unserer Ansicht nach fälschlicherweise – als «Humankapital» bezeichnen, das heißt die Arbeitskraft, die Qualifikation, die Ausbildung, die individuellen Fähigkeiten. Im Rahmen dieses Buches wird das Kapital als die Gesamtheit der nicht-humanen Aktiva definiert, die auf einem Markt besessen und ausgetauscht werden können. Das Kapital umfasst insbesondere die Gesamtheit des Immobilienkapitals (Grundstücke, Häuser), das Wohnzwecken dient, und des Geld- und gewerblichen Kapitals (Gebäude, Ausrüstungen, Maschinen, Patente usw.), das von den Unternehmen und der öffentlichen Hand genutzt wird.

Es gibt viele Gründe, das Humankapital von unserer Definition des Kapitals auszunehmen. Der offenkundigste ist der, dass das Humankapital nicht im Besitz eines anderen Menschen sein oder auf einem Markt getauscht werden kann, zumindest nicht auf einer dauerhaften Basis. Darin besteht ein wesentlicher Unterschied zu den anderen Kapitalformen. Man kann zwar seine Arbeitskraft im Rahmen eines Arbeitsvertrags vermieten, aber in allen modernen Rechtssystemen kann dies nur vorübergehend geschehen, und der Einsatz der Arbeitskraft ist genau festgelegt. Eine Ausnahme sind Sklavengesellschaften, wo es erlaubt ist, das Humankapital eines anderen Menschen und sogar seiner eventuellen Nachfahren vollständig zu besitzen. In solchen Gesellschaften ist es möglich, die Sklaven auf einem Markt zu kaufen und sie zu vererben, und es ist gängige Praxis, den Wert der Sklaven den anderen Vermögensteilen zuzuschlagen. Wir werden das sehen, wenn wir die Zusammensetzung des Privatkapitals in den Südstaaten der USA vor 1865 untersuchen. Aber abgesehen von diesen Sonderfällen, die der Vergangenheit angehören, ist es nicht sehr sinnvoll, den Wert des nicht-humanen Kapitals und den des Humankapitals zu addieren. Diese beiden Vermögensarten haben im Laufe der Geschichte beim ökonomischen Wachstums- und Entwicklungsprozess wesentliche und komplementäre Rollen gespielt, und daran wird sich auch im 21. Jahrhundert nichts ändern. Aber um diesen Prozess und die von ihm hervorgebrachte Struktur der Ungleichheit zu verstehen, müssen sie unterschieden und gesondert behandelt werden.

Das nicht-humane Kapital, das wir in diesem Buch der Einfachheit halber als «das Kapital» bezeichnen werden, umfasst folglich alle Vermögensarten, die Menschen (oder Gruppen von Menschen) gehören und von ihnen weitergegeben oder dauerhaft auf einem Markt getauscht werden können. In der Praxis kann sich das Kapital im Besitz von Privatpersonen (dann spricht man von Privatkapital) oder im Besitz des Staates befinden (dann spricht man von Staatskapital). Es gibt auch Zwischenformen des Gemeinschaftseigentums, die dann vorliegen, wenn juristische Personen spezielle Ziele verfolgen (Stiftungen, Kirchen usw.). Wir werden darauf zurückkommen. Selbstredend verläuft die Grenze zwischen dem, was Privatpersonen gehören und was ihnen nicht gehören kann, je nach Ort und Zeit unterschiedlich, wie sich besonders deutlich am Beispiel der Sklaverei zeigt. Das Gleiche gilt für die Luft, das Meer, die Berge, historische Denkmäler, Wissen. Es gibt private Kapitalbesitzer, die sie am liebsten besitzen würden, wobei sie vorgeben, es gehe nicht um ihr Eigeninteresse, sondern um Effizienz. Aber es ist nicht sicher, ob das im Interesse der Allgemeinheit liegt. Das Kapital ist folglich kein unveränderbarer Begriff: Es spiegelt den Entwicklungsstand und die sozialen Verhältnisse einer Gesellschaft wider.

Kapital und Vermögen

Der Einfachheit halber werden wir die Begriffe «Kapital» und «Vermögen» synonym verwenden. Manchen Definitionen zufolge müsste man den Begriff «Kapital» auf die Vermögensarten beschränken, die der Mensch akkumuliert hat (Gebäude, Maschinen, Ausrüstungen usw.) und folglich den Boden und die natürlichen Ressourcen außer Acht lassen, die die Menschheit geerbt hat und nicht akkumulieren musste. Der Boden wäre demnach Teil des Vermögens und nicht des Kapitals. Nur ist es nicht immer so einfach, den Wert der Gebäude von dem der Grundstücke zu trennen, auf denen sie errichtet wurden. Gravierender noch: Wir werden sehen, dass es sehr schwer ist, den Wert von «jungfräulichen» Böden (so wie er vom Menschen vor Jahrhunderten oder Jahrtausenden entdeckt wurde) vom Wert der vielen Meliorationen – Bewässerung, Entwässerung, Schaffung von Brachflächen usw. – zu trennen, die der Mensch an den Agrarflächen vorgenommen hat. Die gleichen Probleme stellen sich bei den natürlichen Ressourcen – Öl, Gas, «seltene Erden» etc. –, deren reiner Wert häufig schwer von den Investitionen zu unterscheiden ist, die die Entdeckung und Ausbeutung dieser Lagerstätten ermöglicht haben. Wir zählen folglich all diese Werte zum Kapital, was uns allerdings nicht der Aufgabe enthebt, uns für die Ursprünge der Vermögen und insbesondere für die Grenze zwischen Akkumulation und Aneignung zu interessieren.

Anderen Definitionen zufolge wäre der Begriff «Kapital» auf die Vermögensteile zu beschränken, die direkt im Produktionsprozess zur Anwendung kommen. Gold müsse beispielsweise dem Vermögen und nicht dem Kapital zugerechnet werden, da Gold nichts weiter als eine reine Wertreserve sei. Auch hier scheint uns ein solcher Ausschluss weder praktikabel – Gold wird mitunter in der Produktion verwendet, wie im Juwelierhandwerk, in der Elektronik und in der Nanotechnologie – noch wünschenswert. Alle Kapitalarten haben stets eine zweifache Rolle gespielt: einerseits als Wertreserve und andererseits als Produktionsfaktor. Daher erschien es uns einfacher, keine strenge Trennung zwischen dem Begriff «Vermögen» und dem Begriff «Kapital» vorzunehmen.

Auch erschien es uns wenig sinnvoll, Wohnimmobilien von der

Definition des «Kapitals» auszunehmen mit der Begründung, diese Güter seien «nicht produktiv» im Unterschied zum «produktiven Kapital», das von Unternehmen und der öffentlichen Hand eingesetzt wird und worunter gewerblich genutzte Gebäude, Maschinen, Ausrüstungen usw. anzuführen sind. In Wirklichkeit sind all diese Vermögensarten nützlich und produktiv und entsprechen den beiden großen ökonomischen Funktionen des Kapitals. Wenn man für einen Moment von der Rolle des Kapitals als Wertreserve absieht, ist das Kapital einerseits nützlich für die Wohnraumbeschaffung (das heißt für die Bereitstellung von «wohnungswirtschaftlichen Dienstleistungen», deren Wert sich am Mietwert der Wohnungen bemisst) und andererseits als Produktionsfaktor für die Unternehmen und die öffentliche Hand, die andere Güter und Dienstleistungen produzieren (und die Gebäude, Büros, Maschinen, Ausrüstungen usw. für diese Produktion brauchen). Wir werden später sehen, dass diese beiden großen Funktionen im 21. Jahrhundert etwa die Hälfte des Kapitalstocks in den entwickelten Ländern ausmachen.

Fassen wir zusammen: Wir werden das «Nationalvermögen» oder das «nationale Kapital» als den (in Marktpreisen berechneten) Gesamtwert all dessen definieren, was die Inländer und die öffentliche Hand eines Landes zu einem bestimmten Zeitpunkt besitzen und was auf einem Markt getauscht werden kann.[1] Es handelt sich um die Summe der nicht-finanziellen Aktiva (Wohnungen, Grundstücke, Geschäfte, Gebäude, Maschinen, Ausrüstungen, Patente und andere gewerbliche Aktiva in direktem Besitz) und der finanziellen Aktiva (Bankguthaben, Sparpläne, Obligationen, Aktien und andere Geschäftsanteile, alle Formen von Kapitalanlagen, Lebensversicherungsverträge, Pensionsfonds usw.), verringert um Verbindlichkeiten (das

---

1 Im Englischen spricht man von «national wealth» oder «national capital». Wir werden den Ausdruck «nationaler Reichtum» nicht verwenden, da das französische Wort «richesse» – mehr noch als das englische Wort «wealth» – oftmals mehrdeutig verwendet wird: Manchmal bezeichnet es einen Strom (die in einem Jahr produzierten Güter) und manchmal einen Bestand (Reichtum als Gesamtvermögen, das zu einem bestimmten Zeitpunkt im Besitz von Menschen ist. Im 18. und 19. Jahrhundert sprachen französische Autoren häufig von «fortune nationale» und englische Autoren von «national estate» (das Wort «estate» bezeichnet im Englischen das gesamte Vermögen, seien es Immobilien – «real estate» – oder andere Güter – «personal estate»). Es handelt sich immer um den gleichen Begriff.

heißt um sämtliche Schulden).[1] Beschränkt man sich auf die Aktiva und Passiva von Privatpersonen, erhält man das «Privatvermögen» oder das «Privatkapital». Richtet man den Blick auf die Aktiva und Passiva der öffentlichen Hand (Gebietskörperschaften, Sozialversicherungsträger usw.) erhält man das «Staatsvermögen» oder das «Staatskapital». Das Nationalvermögen ist die Summe dieser beiden Blöcke:

Nationalvermögen = Privatvermögen + Staatsvermögen

Derzeit ist das Staatsvermögen in den meisten entwickelten Ländern sehr gering (sogar negativ, wenn die Schulden der öffentlichen Hand höher sind als die staatlichen Aktiva), und wir werden sehen, dass das Nationalvermögen fast überall eigentlich nur aus dem Privatvermögen besteht. Aber das war nicht immer so, was bedeutet, dass die beiden Begriffe klar zu unterscheiden sind.

Der von uns verwendete Kapitalbegriff schließt das Humankapital zwar aus (das, zumindest in den Gesellschaften, die keine Sklavengesellschaften sind, nicht auf einem Markt getauscht werden kann), beschränkt sich aber nicht auf das «physische» Kapital (Grundstücke, Gebäude, Ausrüstungen und andere materielle Güter). Wir beziehen auch das «immaterielle Kapital» mit ein, zum Beispiel in Form von Patenten und anderen geistigen Eigentumsrechten, die entweder als nicht-finanzielle Aktiva zählen (wenn Menschen direkt Patente besitzen), oder als finanzielle Aktiva, wenn Privatpersonen Aktien von Unternehmen besitzen, die ihrerseits über Patente verfügen, was meistens der Fall ist. Zahlreiche Formen des immateriellen Kapitals werden durch den Börsenwert der Unternehmen erfasst. Der Marktwert eines Unternehmens hängt beispielsweise häufig von seinem Ruf und von seinen Marken, seinen Informationssystemen und seinen Organisationsformen, den materiellen und immateriellen Investitionen ab, die getätigt werden, um die Sichtbarkeit und Attraktivität seiner Produkte und Dienstleistungen zu steigern, sowie von seinen Ausgaben für Forschung und Entwicklung. All dies schlägt sich im Preis

1 Wir verwenden im Wesentlichen die gleichen Definitionen und die gleichen Kategorien von Aktiva und Passiva, wie sie in den derzeit geltenden internationalen Regeln für die Volkswirtschaftliche Gesamtrechnung festgelegt sind, mit einigen geringen Unterschieden, die wir im nächsten Kapitel klären und erläutern werden.

der Aktien und anderer Unternehmensanteile und damit im Wert des Nationalvermögens nieder.

Der Preis des immateriellen Kapitals eines Unternehmens, ja eines ganzen Wirtschaftszweigs, der sich zu einem bestimmten Zeitpunkt auf den Finanzmärkten bildet, hat etwas Willkürliches und Unsicheres, wie sich am Platzen der Internetblase im Jahr 2000, an der Finanzkrise 2007/08 und generell an der Volatilität des Börsengeschehens gezeigt hat. Dies ist allerdings allen Kapitalformen gemeinsam und nicht nur für das immaterielle Kapital charakteristisch. Ob es sich um ein Gebäude oder ein Geschäft, um ein Industrieunternehmen oder um Dienstleistungen handelt, es ist immer schwer, den Preis zu bestimmen. Und dennoch werden wir sehen, dass die Gesamthöhe des Nationalvermögens eines Landes einigen Gesetzmäßigkeiten folgt.

In jedem Land kann das Nationalvermögen aus dem Inlandskapital und dem Auslandskapital bestehen:

Nationalvermögen = nationales Kapital = Inlandskapital + Nettoauslandskapital

Das Inlandskapital misst den Wert des Kapitalstocks (Immobilien, Unternehmen usw.), der sich auf dem Territorium eines Landes befindet. Das Nettoauslandskapital – oder die Nettoauslandsaktiva – misst die Vermögensposition des Landes gegenüber der übrigen Welt, das heißt die Differenz zwischen den Aktiva, die die Inländer in der übrigen Welt besitzen, und den Aktiva, die die übrige Welt in dem betreffenden Land besitzt. Vor dem Ersten Weltkrieg besaßen Großbritannien und Frankreich beträchtliche Auslandsvermögen in der übrigen Welt. Wir werden sehen, dass ein Merkmal der sich seit den 1980er Jahren vollziehenden Globalisierung des Finanzwesens darin besteht, dass viele Länder eine nahezu ausgeglichene Nettovermögensposition haben können, während die Bruttopositionen sehr hoch sein können. Mit anderen Worten: Die finanziellen Verflechtungen zwischen den Ländern bewirken, dass jedes Land einen erheblichen Teil des Inlandskapitals anderer Länder besitzt, ohne dass die Nettopositionen zwischen den Ländern sehr hoch sind. Es versteht sich von selbst, dass sich alle Nettopositionen im Weltmaßstab ausgleichen, so dass das Weltvermögen dem Inlandskapital der ganzen Welt entspricht.

Das Kapital-Einkommens-Verhältnis

Da wir die Begriffe «Einkommen» und «Kapital» definiert haben, können wir jetzt das erste grundlegende Gesetz einführen, das diese beiden Begriffe miteinander verbindet. Beginnen wir mit dem Kapital-Einkommens-Verhältnis.

Das Einkommen ist eine zeitraumbezogene Größe (Stromgröße). Es entspricht der Menge von Gütern, die in einem bestimmten Zeitraum (im Allgemeinen wählt man den Zeitraum von einem Jahr) produziert und verteilt werden.

Das Kapital ist eine Bestandsgröße. Es entspricht der Gesamtmenge der Güter, die sich zu einem bestimmten Zeitpunkt im Besitz von Menschen befinden. Es ergibt sich aus den Gütern, die in allen vergangenen Jahren angeeignet oder akkumuliert wurden.

Die natürlichste und produktivste Art, die Bedeutung des Kapitals in einer Gesellschaft zu messen, besteht darin, den Kapitalstock durch das jährliche Einkommensvolumen zu teilen. Dieses Kapital-Einkommens-Verhältnis wird als β bezeichnet.

Ein Beispiel: Wenn der Gesamtwert des Kapitals eines Landes dem Nationaleinkommen von sechs Jahren entspricht, ergibt sich $\beta = 6$ (oder $\beta = 600\,\%$).

In den entwickelten Ländern liegt das Kapital-Einkommens-Verhältnis heute im Allgemeinen bei fünf bis sechs, was fast ausschließlich auf Privatkapital zurückgeht. In Frankreich wie in Großbritannien, in Deutschland wie in Italien, in den Vereinigten Staaten wie in Japan erreicht das jährliche Nationaleinkommen pro Kopf zu Beginn der 2010er Jahre ungefähr 30 000–35 000 Euro, während die (schuldenfreien) Privatvermögen pro Kopf generell bei 150 000–200 000 Euro liegen, was dem Nationaleinkommen von fünf bis sechs Jahren entspricht. Innerhalb wie außerhalb Europas lassen sich zwischen den Ländern interessante Unterschiede festhalten: Das Verhältnis β liegt in Japan und in Italien bei mehr als sechs Jahren und in den Vereinigten Staaten und Deutschland bei weniger als fünf Jahren; in manchen Ländern ist das Staatsvermögen ganz knapp positiv, in anderen leicht negativ usw. Wir werden dies in den nächsten Kapiteln ausführlich untersuchen. Vorerst genügt es, diese Größenordnungen im Kopf zu haben.[1]

1 Alle nach Ländern spezifizierten Zahlen befinden sich in den Grafiken, die online im Anhang verfügbar sind.

Die Tatsache, dass das jährliche Nationaleinkommen pro Kopf in den reichen Ländern und zu Beginn der 2010er Jahre bei 30000 Euro liegt, bedeutet natürlich nicht, dass jeder Mensch über diese Summe verfügt. Wie bei allen Durchschnittswerten verbergen sich dahinter gewaltige Unterschiede: In der Praxis haben viele Menschen ein Monatseinkommen, das deutlich unter 2500 Euro liegt, während andere Einkommen beziehen, die um mehrere Dutzend Mal höher sind. Die Einkommensunterschiede ergeben sich einerseits aus der Ungleichheit der Arbeitseinkommen und andererseits aus der noch größeren Ungleichheit der Kapitaleinkommen, die wiederum ein Ergebnis der extremen Vermögenskonzentration ist. Das durchschnittliche Nationaleinkommen bedeutet lediglich, dass das Einkommen eines jeden 2500 Euro monatlich betragen würde, könnte man jedem das gleiche Einkommen zuteilen, ohne die Gesamthöhe der Produktion und des Nationaleinkommens zu verändern.[1]

Ebenso bedeutet ein Privatvermögen von 180000 Euro pro Kopf, also ein Durchschnittseinkommen von 6 Jahren, nicht, dass jeder ein solches Kapital besitzt. Viele Menschen besitzen deutlich weniger, und manche verfügen über ein Kapital von mehreren Millionen oder mehreren zehn Millionen Euro. Für einen Gutteil der Bevölkerung beschränkt sich das Vermögen auf sehr wenige Dinge, deren Wert weniger als einem Jahreseinkommen entspricht: zum Beispiel einige Tausend Euro Guthaben auf einem Bankkonto, die einigen Wochen- oder Monatslöhnen entsprechen. Manche haben sogar ein Negativvermögen, und zwar dann, wenn die Güter, die sie besitzen, weniger wert sind als ihre Schulden. Umgekehrt besitzen andere beträchtliche Vermögen, die zehn, zwanzig oder sogar noch mehr Jahreseinkommen entsprechen. Das Kapital-Einkommens-Verhältnis in einem

1 In der Praxis ist das Medianeinkommen (das heißt das Einkommen, das von dem Einkommen der Hälfte der Bevölkerung unterschritten wird) im Allgemeinen 20–30% niedriger als das Durchschnittseinkommen. Das liegt daran, dass der obere Bereich der Verteilung viel ausgedehnter ist als der untere Teil und die Mitte, wodurch der Durchschnitt (und nicht der Median) nach oben rutscht. Wir weisen auch darauf hin, dass das Nationaleinkommen pro Einwohner dem Durchschnittseinkommen vor Steuerabzügen und Transferleistungen entspricht. In der Praxis geben die Einwohner der reichen Länder zwischen einem Drittel und der Hälfte ihres Einkommens für Steuern und Abgaben aus, mit denen öffentliche Dienstleistungen, die Infrastruktur, sozialpolitische Maßnahmen und ein Gutteil der Ausgaben für Gesundheit und Bildung usw. finanziert werden. Die Frage der Steuern und der öffentlichen Ausgaben wird hauptsächlich im vierten Teil analysiert werden.

Land sagt nichts über die in diesem vorherrschende Ungleichheit. Aber das Verhältnis β misst die Gesamtbedeutung des Kapitals in einer Gesellschaft, und seine Analyse ist somit eine unerlässliche Voraussetzung für die Untersuchung von Ungleichheit. Im zweiten Teil dieses Buches soll dargestellt werden, warum und wie sich das Kapital-Einkommens-Verhältnis in der Geschichte entwickelt und sich in den verschiedenen Ländern unterschiedlich darstellt.

Damit sich jeder die konkrete Form vorstellen kann, die die Vermögen in der heutigen Welt haben, sollte er wissen, dass der Kapitalstock der entwickelten Länder aus zwei annähernd gleichen Hälften besteht: Immobilienkapital einerseits und das von Unternehmen und der öffentlichen Hand eingesetzte Produktivkapital andererseits. Zur Vereinfachung: In den reichen Ländern verdient jeder Einwohner zu Beginn der 2010er Jahre durchschnittlich 30000 Euro jährlich und besitzt ein Vermögen von etwa 180000 Euro, davon 90000 Euro in Form von Wohnimmobilien und 90000 Euro in Form von Aktien, Obligationen und anderen Geschäftsanteilen, Sparplänen oder diversen Kapitalanlagen.[1] Zwischen den Ländern gibt es interessante Unterschiede, die wir im nächsten Kapitel analysieren werden. Vorerst ist der Gedanke einer Aufteilung in zwei Teile von vergleichbarem Wert ein nützlicher Anhaltspunkt.

Das erste grundlegende Gesetz des Kapitalismus: $\alpha = r \times \beta$

Wir können jetzt das erste grundlegende Gesetz des Kapitalismus formulieren, das es erlaubt, den Kapitalstock mit den Kapitaleinkommen in Zusammenhang zu bringen. Das Verhältnis von Kapital und Einkommen β ist auf eine sehr einfache Weise mit dem Anteil der Kapitaleinkommen am Nationaleinkommen verbunden; dieser Anteil wird als α bezeichnet werden, und die Formel lautet:

1 In diesen gewaltigen Mengen machen die Banknoten und Münzen (die zu den Geldvermögen gehören) nur winzige Teile aus: einige hundert Euro pro Einwohner und einige tausend, wenn man Gold, Silber und Wertgegenstände hinzurechnet; insgesamt 1–2 % der Vermögen. Siehe Technischer Anhang. Im Übrigen werden wir sehen, dass die öffentlichen Aktiva annähernd so hoch sind wie die öffentlichen Schulden, weswegen man durchaus annehmen kann, dass die privaten Haushalte diese Aktiva in Form ihrer Geldvermögen besitzen.

$\alpha = r \times \beta$, wobei r die durchschnittliche Kapitalrendite ist.

Zum Beispiel: Wenn $\beta = 600\,\%$ und $r = 5\,\%$ ist, dann ist $\alpha = r \times \beta = 30\,\%$.[1]

Mit anderen Worten: Wenn in einer Gesellschaft die Höhe der Vermögen dem Nationaleinkommen von sechs Jahren entspricht und wenn die durchschnittliche Kapitalrendite bei 5 % jährlich liegt, dann beträgt der Anteil des Kapitals am Nationaleinkommen 30 %.

Die Formel $\alpha = r \times \beta$ ist eine rein rechnerische Gleichheit. Sie kommt in allen Gesellschaften und zu allen Zeiten zur Anwendung. Obwohl sie tautologisch ist, muss sie als das erste grundlegende Gesetz des Kapitalismus bezeichnet werden, denn sie erlaubt es, die drei für die Analyse des kapitalistischen Systems wichtigsten Begriffe auf einfache und transparente Weise miteinander zu verbinden: das Kapital-Einkommens-Verhältnis, den Anteil des Kapitals am Nationaleinkommen und die Kapitalrendite.

Die Kapitalrendite ist ein zentraler Begriff in vielen Wirtschaftstheorien, insbesondere in der marxistischen Analyse, die die These vom tendenziellen Fall der Profitrate vertritt – eine historische Prognose, die sich, wie wir sehen werden, als falsch erwiesen hat, auch wenn sie eine interessante intuitive Annahme darstellt. Der Begriff der Kapitalrendite spielt auch in allen anderen Theorien eine zentrale Rolle. In allen Fällen misst er, was ein Kapital im Laufe eines Jahres einbringt, unabhängig von der Rechtsform dieser Einkünfte (Gewinne, Mieten, Dividenden, Zinsen, Gebühren, Kapitalgewinne usw.), ausgedrückt in Prozent des Wertes des investierten Kapitals. Es handelt sich somit um einen Begriff, der weiter gefasst ist als dic «Profitrate»[2] und viel weiter als der «Zinssatz»,[3] auch wenn er beide umfasst.

1 Die Formel $\alpha = r \times \beta$ liest sich folgendermaßen: «α gleich r multipliziert mit β». «$\beta = 600\,\%$» ist gleich «$\beta = 6$», so wie «$\alpha = 30\,\%$» gleich «$\alpha = 0{,}30$» ist und «$r = 5\,\%$» gleich «$r = 0{,}05$» ist.

2 Wir sprechen lieber von «Kapitalrendite» als von «Profitrate»: Einerseits, weil der Profit nur eine der juristischen Formen ist, die die Kapitaleinkommen annehmen, und andererseits, weil der Ausdruck «Profitrate» häufig auf mehrdeutige Weise verwendet wurde; manchmal bezeichnete er die Rendite und manchmal – zu Unrecht – den Anteil der Gewinne am Nationaleinkommen oder an der Produktion (das heißt, er bezeichnete α und nicht r, was ein großer Unterschied ist). Es kommt auch vor, dass der Ausdruck «Gewinnspanne» verwendet wird, um den Anteil der Gewinne α zu bezeichnen.

3 Die Zinsen sind eine sehr spezielle Form von Kapitaleinkommen und viel weniger repräsentativ als die Gewinne, Mieten oder Dividenden (die viel größere Mengen darstellen

Die Kapitalrendite kann natürlich je nach den Investitions- und Anlagearten stark variieren. Manche Unternehmen können jährliche Renditen von über 10 % und mehr erwirtschaften, während andere Verluste machen (Negativrendite). Die durchschnittlichen Aktienerträge erreichen in vielen Ländern langfristig 7–8 %. Die Anlagen in Immobilien und Obligationen überschreiten häufig nicht 3–4 %, und öffentliche Schuldtitel bringen real manchmal noch weniger Zinsen ein. Die Formel $\alpha = r \times \beta$ sagt nichts über diese Feinheiten aus. Aber sie sagt uns, wie diese drei Begriffe miteinander verbunden sind, was die Diskussionen in die richtige Bahn lenkt.

In den Industrieländern ist in den 2010er Jahren beispielsweise festzustellen, dass die Kapitaleinkommen (Gewinne, Zinsen, Dividenden, Mieten usw.) im Allgemeinen bei 30 % des Nationaleinkommens liegen. Bei einem Kapital-Einkommens-Verhältnis in der Größenordnung von 600 % bedeutet das, dass die durchschnittliche Kapitalrendite ungefähr 5 % beträgt.

Konkret: Das Pro-Kopf-Nationaleinkommen von etwa 30 000 Euro in den reichen Ländern besteht ungefähr aus 21 000 Euro Arbeitseinkommen (70 %) und 9000 Euro Kapitaleinkommen (30 %). Jeder Einwohner besitzt ein Durchschnittsvermögen von 180 000 Euro, und das Kapitaleinkommen von 9000 Euro, das er pro Jahr erhält, entspricht somit einer Durchschnittsrendite von 5 % pro Jahr.

Auch hier handelt es sich nur um Durchschnittswerte: Manche Menschen beziehen Kapitaleinkünfte, die weit über 9000 Euro liegen, während andere gar nichts erhalten und sich damit begnügen, Miete an ihren Vermieter oder Zinsen an ihre Gläubiger zu zahlen. Zudem gibt es beträchtliche Unterschiede zwischen den Ländern. Hinzu kommt, dass die Messung des Anteils der Kapitaleinkommen erhebliche praktische und konzeptionelle Probleme aufwirft, da es Einkommensarten gibt – insbesondere die Einkommen aus selbstständiger Arbeit oder das Einkommen aus «Unternehmertätigkeit» –, die sich häufig nicht ohne Weiteres zwischen Arbeit und Kapital aufteilen lassen. Das kann mitunter die Vergleiche verfälschen. Unter diesen

---

als die Zinsen, wenn man die durchschnittliche Zusammensetzung des Kapitals berücksichtigt). Der «Zinssatz» (der je nach der Identität des Kreditnehmers stark schwanken kann) ist folglich nicht repräsentativ für die durchschnittliche Kapitalrendite und liegt häufig deutlich darunter; dieser Begriff wird vor allem nützlich sein, um die öffentliche Verschuldung zu analysieren.

Umständen kann eine brauchbare Methode der Messung des Kapitalanteils darin bestehen, beim Kapital-Einkommens-Verhältnis eine plausible Durchschnittsrendite anzunehmen. Wir werden im Fortgang des Buches ausführlich auf diese schwierigen und wichtigen Fragen eingehen. An dieser Stelle können die weiter oben angegebenen Größenordnungen (β = 600 %, α = 30 %, r = 5 %) als nützliche Orientierungspunkte betrachtet werden.

Der durchschnittliche Bodenertrag in agrarisch geprägten Gesellschaften beträgt normalerweise 4–5 %. In den Romanen von Jane Austen und Balzac ist es selbstverständlich, dass die Jahresrente, die Ländereien – oder staatliche Schuldtitel – abwerfen, bei etwa 5 % des Kapitalwerts liegt und dass der Wert des Kapitals in etwa den Rentenbezügen von 20 Jahren entspricht. Daher halten es die Schriftsteller nicht für nötig, dazu genauere Angaben zu machen. Jeder Leser weiß, dass ein Kapital von 1 Million Francs erforderlich ist, um eine Jahresrente von 50 000 Francs einzubringen. Für die Romanschriftsteller des 19. Jahrhunderts wie für ihre Leser versteht sich die Äquivalenz von Vermögen und Jahresrente von selbst, und man wechselt ständig problemlos von einer Ebene zur anderen, ganz so, als würde man völlig synonyme Register verwenden oder zwei parallele Sprachen sprechen, die jeder kennt.

Die gleiche Rendite – ungefähr 4–5 % – werfen Immobilien zu Beginn des 21. Jahrhunderts ab – manchmal etwas weniger, vor allem dann, wenn die Preise stark gestiegen sind, ohne dass die Mieten im gleichen Umfang mitgezogen haben. Zu Beginn der 2010er Jahre brachte beispielsweise eine große Wohnung in Paris im Wert von 1 Million Euro kaum mehr als 2500 Euro Miete ein, das heißt der jährliche Mietwert betrug 30 000 Euro, was aus Sicht des Eigentümers einem Jahresertrag von nur 3 % entspricht. Für einen Mieter, der nur über sein Arbeitseinkommen verfügt (man wünscht ihm ein hohes Gehalt) ist das trotzdem eine stattliche Summe und für den Besitzer ein beträchtliches Einkommen. Die schlechte Nachricht – oder die gute, je nachdem – ist, dass es immer so war und dass diese Art von Miete im Allgemeinen tendenziell steigt und sich einem Mietertrag von 4 % jährlich nähert (was bei dem hier gewählten Beispiel in etwa 3000–3500 Euro Monatsmiete entspricht, also einen jährlichen Mietwert von 40 000 Euro darstellt). Es ist folglich wahrscheinlich, dass die Miete dieses Mieters in Zukunft steigt. Dieser jährliche Mietertrag kann für den Eigentümer überdies um eine mögliche langfristige Wertsteigerung ergänzt werden. Die gleiche Rendite, manchmal auch ein wenig höher, werfen kleinere Wohnungen ab. Eine Wohnung im Wert von 100 000 Euro kann eine Miete von 400 Euro im Monat bringen, also fast 5000 Euro pro Jahr (5 %). Wer ein solches Objekt besitzt und selbst in ihm wohnt, kann die entsprechende Miete einsparen und die Summe anderweitig verwenden, was aufs Gleiche hinausläuft.

Was das in Unternehmen investierte Kapital betrifft – das naturgemäß mit mehr Risiken verbunden ist –, so ist die Durchschnittsrendite häufig höher. Der Wert von börsennotierten Unternehmen beläuft sich in verschiedenen Ländern im Allgemeinen auf den Jahresgewinn von 12–15 Jahren, was einer jährlichen Rendite vor Steuern von 6–8 % entspricht.

Mit der Formel $\alpha = r \times \beta$ lässt sich die Bedeutung des Kapitals in einem Land oder auf der ganzen Welt analysieren. Aber sie kann auch verwendet werden, um die Bilanz eines bestimmten Unternehmens zu untersuchen. Betrachten wir beispielsweise ein Unternehmen, das mit einem Kapital (Büros, Ausrüstungen, Maschinen) im Wert von 5 Millionen Euro arbeitet und eine Jahresproduktion von 1 Million Euro erzeugt, die sich aufgliedern in 600 000 Euro für die Lohnsumme und 400 000 Euro für die Gewinne.[1] Das Verhältnis zwischen Kapital und Produktion in diesem Unternehmen ist $\beta = 5$ (sein Kapital entspricht der Produktion von fünf Jahren), der Anteil des Kapitals an der Produktion ist $\alpha = 40\,\%$, und die Kapitalrendite ist $r = 8\,\%$.

Stellen wir uns ein anderes Unternehmen vor, das weniger Kapital einsetzt (3 Millionen Euro), aber die gleiche Produktion erzeugt (1 Million Euro), wobei der Anteil der Arbeit höher ist (700 000 Euro für die Lohnsumme und 300 000 Euro für die Gewinne). Für dieses Unternehmen gilt folglich: $\beta = 3$, $\alpha = 30\,\%$, $r = 10\,\%$. Das zweite

1 Die Jahresproduktion, auf die wir uns hier beziehen, entspricht dem, was manchmal als «Wertschöpfung» des Unternehmens bezeichnet wird, das heißt die Differenz zwischen dem Erlös seiner Verkäufe von Gütern und Dienstleistungen (der «Umsatz») und den Kosten seiner Einkäufe von Gütern und Dienstleistungen bei anderen Unternehmen (die «Vorleistungen»). Die Wertschöpfung misst den Beitrag des Unternehmens zur Inlandsproduktion des Landes. Die Wertschöpfung misst auch die Summen, über die das Unternehmen verfügt, um die Arbeit und das Kapital zu entlohnen, die für diese Produktion eingesetzt wurden. Wir beziehen uns hier auf die Nettowertschöpfung, von der die Kapitalentwertung abgezogen wurde (das heißt nachdem die Kosten abgezogen wurden, die durch den Verschleiß des Kapitals und der Ausrüstungen verursacht wurden) und auf die Gewinne nach Abzug der Entwertung.

Unternehmen ist weniger kapitalintensiv als das erste, aber rentabler (seine Kapitalrendite ist deutlich höher).

In allen Ländern variieren die Größen β, α und r je nach Unternehmen. Manche Wirtschaftszweige sind kapitalintensiver als andere – die Metallindustrie und die Energiewirtschaft sind kapitalintensiver als die Textilindustrie, die Landwirtschaft und die Lebensmittelindustrie, und die Industrie ist kapitalintensiver als der Dienstleistungssektor. Zwischen den Unternehmen eines Wirtschaftszweigs gibt es ebenfalls signifikante Unterschiede, je nach den Produktionstechniken und der Marktstellung. Die Höhe von β, α und r in diesem oder jenem Land hängt auch einerseits vom Umfang der Wohnimmobilien und andererseits von den natürlichen Ressourcen ab.

Das Gesetz $\alpha = r \times \beta$ sagt nichts darüber aus, wodurch diese drei Größen bestimmt werden und insbesondere was für das Kapital-Einkommens-Verhältnis in einem Land ausschlaggebend ist, wobei dieses Verhältnis gewissermaßen misst, wie «durchkapitalisiert» eine Gesellschaft ist. Um weiter in diese Richtung zu denken, müssen wir andere Mechanismen und andere Begriffe einführen, vor allem die Sparquote, die Investitionsrate und die Wachstumsrate. Auf diese Weise gelangen wir zum zweiten grundlegenden Gesetz des Kapitalismus, wonach β in einer Gesellschaft umso höher ist, je höher ihre Sparquote und je niedriger ihre Wachstumsrate ist. Wir werden das in den folgenden Kapiteln genauer betrachten. An dieser Stelle soll das Gesetz $\alpha = r \times \beta$ lediglich besagen: Welche ökonomischen, sozialen und politischen Kräfte die Höhe des Kapital-Einkommens-Verhältnisses β, den Anteil des Kapitals α und die Kapitalrendite r auch beeinflussen, diese drei Größen können nicht unabhängig voneinander bestimmt werden. Konzeptuell existieren zwei Freiheitsgrade, aber nicht drei.

Die Volkswirtschaftliche Gesamtrechnung – die Entstehung einer sozialen Konstruktion

Da die wesentlichen Begriffe «Produktion» und «Einkommen», «Kapital» und «Vermögen», «Kapital-Einkommens-Verhältnis» und «Kapitalrendite» geklärt sind, ist es höchste Zeit, genauer zu untersuchen, wie diese abstrakten Begriffe gemessen werden können und was diese Messungen über die historische Entwicklung der Vermögensverteilung in verschiedenen Gesellschaften aussagen. Wir werden die wichtigsten Etappen der Geschichte der Volkswirtschaftlichen Gesamtrechnung kurz zusammenfassen und dann die Veränderung der weltweiten Verteilung von Produktion und Einkommen sowie die Entwicklung des Bevölkerungs- und Wirtschaftswachstums seit dem 18. Jahrhundert in groben Umrissen darstellen; diese Entwicklung wird für den Fortgang der Analyse eine wichtige Rolle spielen.

Wie in der Einleitung bereits gesagt, gehen die ersten Versuche, das Nationaleinkommen und den nationalen Kapitalstock zu messen, auf das Ende des 17. Jahrhunderts und den Beginn des 18. Jahrhunderts zurück. Um 1700 gibt es mehrere Einzelschätzungen in Großbritannien und in Frankreich, die anscheinend unabhängig voneinander vorgenommen wurden. Es handelt sich insbesondere um die Arbeiten von William Petty (1664) und Gregory King (1696) in England sowie von Boisguillebert (1695) und Vauban (1707) in Frankreich. Diese Schätzungen betreffen sowohl den nationalen Kapitalstock als auch das jährliche Nationaleinkommen. Eines der Hauptziele dieser Arbeiten ist die Berechnung des Gesamtwerts des Bodens, die bei weitem wichtigste Quelle von Einkommen und Vermögen in den agrarisch geprägten Gesellschaften der damaligen Zeit; gleichzeitig soll der Zusammenhang zwischen diesem Bestand an Grund und Boden, dem Umfang der landwirtschaftlichen Produktion und der Bodenrente untersucht werden.

Interessanterweise verfolgen diese Autoren häufig ein genaues politisches Ziel, nämlich die Modernisierung des Steuerwesens. Durch die Berechnung des Nationaleinkommens und des nationalen Kapitalstocks des Königreichs möchten sie ihrem Herrscher zeigen, dass es möglich ist, beträchtliche Einnahmen bei relativ moderaten Steuersätzen zu erzielen, wenn man sämtliche Ländereien und die gesamte Wertschöpfung erfasst und wenn man diese Steuern allen auferlegt, insbesondere auch den Grundbesitzern – mögen sie Adlige sein oder nicht. Dieses Ziel zeigt sich deutlich im *Projet de dîme royale* von Vauban, aber auch in den Texten von Boisguillebert und Gregory King (weniger deutlich bei William Petty).

Derartige Messversuche werden erneut am Ende des 18. Jahrhunderts, insbesondere zur Zeit der Französischen Revolution durchgeführt, wobei die 1791 von Lavoisier veröffentlichten Schätzungen in seinem Werk *De la Richesse territoriale du Royaume de France* hervorzuheben sind, die sich auf das Jahr 1789 beziehen. Das jetzt eingeführte Steuersystem, welches das Ende der Privilegien des Adels bedeutet und sämtliche Grundbesitzer mit einer Grundsteuer belegt, geht großenteils auf diese Arbeiten zurück, die häufig herangezogen werden, um das Aufkommen aus den neuen Steuern zu schätzen.

Doch vor allem im 19. Jahrhundert nimmt die Zahl der Schätzungen des nationalen Kapitalstocks zu. Von den 1870er bis zu den 1900er Jahren legt Robert Giffen regelmäßig seine Berechnungen des nationalen Kapitalstocks in Großbritannien vor, die er mit den Schätzungen anderer Autoren (insbesondere Colquhouns) in den Jahren 1800 bis 1810 vergleicht. Giffen wundert sich über den beträchtlichen Umfang, den das britische Industriekapital und die ausländischen Vermögenswerte seit den Napoleonischen Kriegen erreicht haben; er ist ungleich größer als alle öffentlichen Schulden, die diese Kriege zurückgelassen haben.[1] Aus den Schätzungen des «Nationalvermögens» und des «Privatvermögens», die in der gleichen Zeit von Alfred de Foville und dann von Clément Colson in Frankreich veröffentlicht werden, spricht das gleiche Staunen über die beträchtliche Zunahme des Privatkapitals im 19. Jahrhundert. Der große Umfang der Privatvermögen in den Jahren 1870 bis 1914 ist dann schon für jedermann erkennbar. Für die Ökonomen dieser Zeit geht es darum, diese Vermögen zu messen und natürlich die Länder zu vergleichen (die Rivalität zwischen Frankreich und England ist stets präsent). Bis zum Ersten Weltkrieg richtet sich die Aufmerksamkeit wesentlich stärker auf die Schätzungen des Kapitalstocks als auf die Einkommen oder die Produktion, und sie sind nicht nur in England und Frankreich erheblich zahlreicher, sondern auch in Deutschland, in den Vereinigten Staaten und in den anderen Industrienationen. In dieser Zeit muss ein Ökonom vor allem in der Lage sein, den nationalen Kapitalstock seines Landes zu messen: Das ist so etwas wie ein Initiationsritus.

Dennoch wurden die Volkswirtschaftlichen Gesamtrechnungen erst in der Zwischenkriegszeit jährlich erstellt. Zuvor handelte es sich stets um Schätzungen, die sich auf einzelne Jahre bezogen, welche oftmals mindestens zehn Jahre auseinanderlagen, wie beispielsweise die Berechnungen von Giffen zum nationalen Kapitalstock Großbritanniens im 19. Jahrhundert. Dank der Verbesserung der statistischen Primärquellen werden in den 1930er Jahren die ersten jährlichen Reihen

1 Siehe insbes. R. Giffen, *The Growth of Capital*, London: Georg Bell and Sous 1889. Genauere bibliografische Angaben finden sich im Technischen Anhang.

zum Nationaleinkommen erstellt, die im Allgemeinen bis zum Beginn des 20. Jahrhunderts oder bis zu den letzten Jahrzehnten des 19. Jahrhunderts zurückgehen. Für die Vereinigten Staaten werden sie von Kuznets und Kendrick erarbeitet, für das Vereinigte Königreich von Bowley und Clark und für Frankreich von Dugé de Bernonville. Nach dem Zweiten Weltkrieg treten Statistikämter und Wirtschaftsbehörden an die Stelle der Wissenschaftler und gehen daran, jährliche Reihen zum Bruttoinlandsprodukt und zum Nationaleinkommen zu erstellen und zu veröffentlichen. Diese amtlichen Reihen gibt es bis heute.

Im Vergleich zu der Zeit vor dem Ersten Weltkrieg haben sich die Schwerpunkte freilich verlagert. Ab den 1940er Jahren geht es vor allem darum, die traumatische Wirtschaftskrise der 1930er Jahre zu bewältigen, in der die Regierungen über keine zuverlässige jährliche Schätzung des Produktionsvolumens verfügten. Es galt folglich statistische und politische Instrumente zu schaffen, die es erlaubten, die Wirtschaftstätigkeit näher zu untersuchen und eine Wiederholung der Katastrophe zu vermeiden – daher die Bedeutung jährlicher, ja vierteljährlicher Reihen zu Produktion und Einkommen. Die Schätzungen des nationalen Kapitalstocks, die bis 1914 hoch im Kurs standen, rückten in den Hintergrund – zumal sie angesichts des ökonomischen und politischen Chaos der Jahre 1914 bis 1945 wenig sinnvoll erschienen. Insbesondere die Immobilienpreise und der Wert der Kapitalvermögen sanken auf ein sehr niedriges Niveau, so dass das Privatkapital scheinbar verschwunden war. In den Jahren 1950 bis 1970, also in der Phase des Wiederaufbaus, ist man vor allem bemüht, das hohe Wachstum der Produktion in den verschiedenen Industriezweigen zu messen.

Erst ab den 1990er Jahren rückt die Berechnung der Vermögen wieder in den Mittelpunkt. Jedem ist klar, dass man den auf Vermögen und Erbschaften basierenden Kapitalismus zu Beginn des 21. Jahrhunderts nicht mit den Instrumenten der Jahre 1950 bis 1970 analysieren kann. Die Statistikämter der verschiedenen entwickelten Länder erstellen und veröffentlichen zusammen mit den Zentralbanken kohärente jährliche Reihen zu den Aktiva und Passiva ihres Landes und nicht nur zu Einkommen und Produktion. Diese Berechnungen bleiben zwar sehr unvollständig (beispielsweise werden die natürlichen Ressourcen und die Umweltschäden nur unzureichend erfasst), aber gegenüber den Berechnungen der Nachkriegszeit stellen sie einen echten Fortschritt dar; damals kümmerte man sich nur um die Messung der Produktion und ihres grenzenlosen Wachstums.[1] Diese amtlichen Reihen verwenden wir in diesem Buch, um das Durchschnittsvermögen pro Kopf und das Kapital-Einkommens-Verhältnis in den reichen Ländern zu analysieren.

Aus dieser kurzen Geschichte der Volkswirtschaftlichen Gesamtrechnungen ergibt sich eine klare Schlussfolgerung. Es handelt sich bei diesen um soziale Konstruktionen, die sich permanent weiterentwickeln und stets die Schwerpunktsetzungen einer Epoche widerspiegeln.[2] Die Zahlen, zu denen sie gelangen, dürfen nicht fetischisiert werden. Wenn man sagt, das Nationaleinkommen eines Landes betrage 31 000 Euro pro Einwohner, muss eine solche Zahl, wie alle wirtschaftlichen und sozialen Statistiken, als eine Schätzung, eine Konstruktion und nicht als eine mathematische Gewissheit betrachtet werden. Es geht schlicht und einfach um die bestmögliche Schätzung. Die Volkswirtschaftlichen Gesamtrechnungen stellen den einzigen systematischen und kohärenten Versuch dar, die Wirtschaftstätigkeit eines Landes zu untersuchen. Sie sind als ein begrenztes und unvollkommenes Analyse-Instrument, als eine Methode zu betrachten, sehr disparate Daten zusammenzuführen und zu ordnen. In allen entwickelten Ländern werden heutzutage Volkswirtschaftliche Gesamtrechnungen von den Statistikämtern, Wirtschaftsbehörden und Zentralbanken erstellt. Sie sammeln und vergleichen

1 Der Vorteil der Begriffe «Nationalvermögen» und «Nationaleinkommen» liegt darin, dass sie eine ausgewogenere Vorstellung vom Reichtum eines Landes geben als der Begriff «Bruttoinlandsprodukt», der in mancherlei Hinsicht zu «produktivistisch» ist. Im Fall einer großen Zerstörung von Vermögen durch eine Naturkatastrophe kann die Erfassung der Kapitalentwertung zu einer Verringerung des Nationaleinkommens führen, obwohl das Bruttoinlandsprodukt durch die Wiederaufbauarbeiten in die Höhe getrieben wird.

2 Siehe André Vanoli, *Une histoire de la comptabilité nationale*, Paris: La Découverte 2002. Er ist einer der Hauptarchitekten des neuen von der UNO 1993 angenommenen Systems (das sogenannte «SNA 1993», das als Erstes übereinstimmende Definitionen für die Vermögensberechnung vorgeschlagen hat) und hat eine Geschichte der amtlichen Volkswirtschaftlichen Gesamtrechnungen seit dem Zweiten Weltkrieg geschrieben. Siehe auch die aufschlussreichen Ausführungen von Richard Stone, «The Accounts of Society» (Nobel Memorial Lecture, 1984, veröffentlicht im *Journal of Applied Econometrics* I (1986), S. 5–28; in der Nachkriegszeit ist Stone einer der Pioniere des Bilanzwesens in Großbritannien und bei der UNO) und François Fourquet, *Les comptes de la puissance – Histoire de la comptabilité nationale et du plan*, Recherches 1980 (eine Sammlung von Ergebnissen, die aus Untersuchungen des französischen Rechnungswesens in den *Trente Glorieuses* hervorgehen).

sämtliche Bilanzen und Rechnungslegungen der Finanzinstitute und der anderen Unternehmen; darüber hinaus ziehen sie zahlreiche andere Quellen und statistische Erhebungen heran. Es gibt keinen Grund für die Annahme, dass die mit dieser Arbeit befassten Beamten nicht alles tun, um Unstimmigkeiten zwischen den verschiedenen Quellen aufzuspüren und zu den bestmöglichen Schätzungen zu gelangen. Wenn die Volkswirtschaftlichen Gesamtrechnungen mit Vorsicht und kritischem Geist behandelt und vervollständigt werden, falls sie falsche oder unvollständige Angaben (beispielsweise bezüglich der Steuerparadiese) enthalten, stellen sie ein unverzichtbares Instrument dar, um die Gesamtheit der Einkommen und Vermögen zu schätzen.

Im zweiten Teil des Buches werden wir sehen, dass es durch das Sammeln und Vergleichen der von zahlreichen Autoren vom 18. bis zum 20. Jahrhundert vorgenommenen Schätzungen des Nationalvermögens und durch deren Verknüpfung mit den amtlichen Berechnungen desselben Ende des 20. und Anfang des 21. Jahrhunderts möglich ist, zu einer kohärenten Analyse der historischen Entwicklung des Verhältnisses zwischen Kapital und Einkommen zu gelangen. Außer dem Fehlen einer historischen Perspektive besteht das andere große Manko der Volkswirtschaftlichen Gesamtrechnungen darin, dass sie von ihrer Konzeption her nur Gesamtmengen und Durchschnittswerte und nicht Verteilungen und Ungleichheiten in den Blick nehmen. Es müssen andere Quellen herangezogen werden, um die Einkommens- und Vermögensverteilung zu ermitteln und die Ungleichheiten zu untersuchen (das wird Gegenstand des dritten Teils sein). Ergänzt um historische Daten zu Verteilungen und Ungleichheiten, stellen die Volkswirtschaftlichen Gesamtrechnungen ein wichtiges Element der in diesem Buch vorgelegten Analysen dar.

Die weltweite Verteilung der Produktion

Beginnen wir mit der Untersuchung der weltweiten Verteilung der Produktion, die – zumindest seit Beginn des 19. Jahrhunderts – relativ gut bekannt ist. Für die Zeit davor sind die Schätzungen zwar ungenauer, aber dank der historischen Arbeiten von Maddison kann man die großen Linien nachzeichnen, zumal die Gesamtentwicklung relativ einfach verläuft.[1]

Zwischen 1900 und 1980 waren zwischen 70 und 80 % der Weltproduktion von Gütern und Dienstleistungen in Europa und Amerika konzentriert – ein Beleg für die uneingeschränkte ökonomische Vorherrschaft über den Rest der Welt. Dieser Anteil geht seit den 1970er Jahren kontinuierlich zurück. Er sank Anfang der 2010er Jahre auf etwa 50 %, was annähernd dem Niveau von 1860 entsprach. Höchstwahrscheinlich dürfte er weiterhin sinken und könnte im Laufe des 21. Jahrhunderts wieder bei 20–30 % liegen. Diesen Stand hatte er bereits bis zu Beginn des 19. Jahrhunderts, und er würde dem Anteil Europas und Amerikas an der Weltbevölkerung eher entsprechen (siehe die Grafiken 1.1 und 1.2).

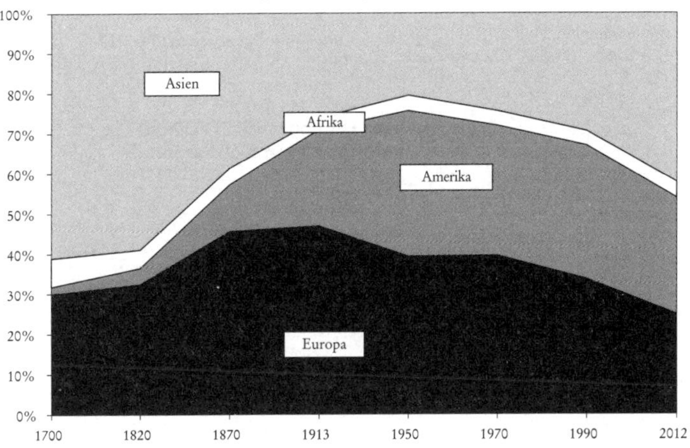

Grafik 1.1.: Das europäische BIP machte 1913 47 % und 2012 25 % des Bruttoweltprodukts aus. Quellen und Reihen: siehe piketty.pse.ens.fr/capital21c.

1 Angus Maddison (1926–2010) ist ein britischer Ökonom, der sich auf die Rekonstruktion von Volkswirtschaftlichen Gesamtrechnungen im Weltmaßstab über einen sehr langen Zeitraum spezialisiert hat. Maddisons historische Reihen beziehen sich ausschließlich auf die Produktion (Bruttoinlandsprodukt, Bevölkerung und Bruttoinlandsprodukt pro Einwohner) und enthalten keinerlei Hinweise auf das Nationaleinkommen und dessen Verteilung auf Kapital und Arbeit oder auf den Kapitalstock. Zur Entwicklung der weltweiten Verteilung von Produktion und Einkommen siehe auch die wegweisenden Arbeiten von François Bourguignon und Branko Milanovic. Siehe Technischer Anhang.

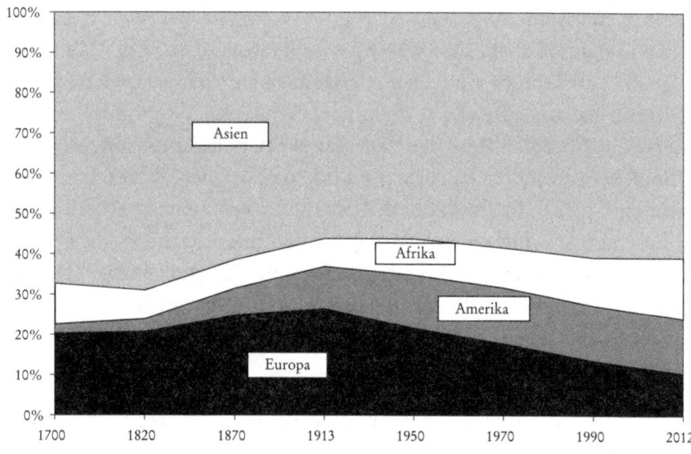

Grafik 1.2.: Auf Europa entfielen 1913 26 % der Weltbevölkerung gegenüber 10 % 2012.
Quellen und Reihen: siehe piketty.pse.ens.fr/capital21c.

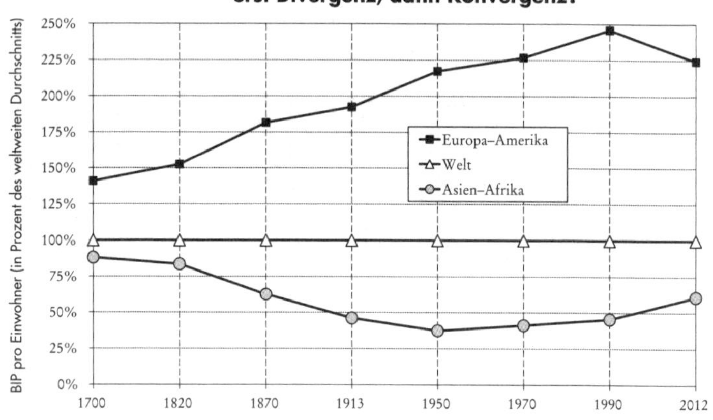

Grafik 1.3.: Das BIP pro Einwohner stieg in Asien–Afrika innerhalb der Jahre 1950 bis 2012 von 37 % des weltweiten Durchschnitts auf 61 %.
Quellen und Reihen: siehe piketty.pse.ens.fr/capital21c.

Mit anderen Worten: Der Vorsprung, den Europa und Amerika im Laufe der Industriellen Revolution erlangten, hat es ihnen lange Zeit ermöglicht, in Bezug auf ihre Produktion zwei bis drei Mal stärker zu sein, als es ihrer Bevölkerungszahl entsprochen hätte; ihre Pro-Kopf-Produktion war zwei bis drei Mal höher als der weltweite Durchschnittswert.[1] Alles deutet darauf hin, dass diese Phase der Divergenz der Pro-Kopf-Produktionen im Weltmaßstab beendet ist und dass wir in eine Phase der Konvergenz eingetreten sind. Dieser Aufholprozess ist allerdings längst noch nicht abgeschlossen (siehe Grafik 1.3). Es wäre verfrüht, das Ende genau vorherzusagen, zumal ökonomische und politische Kurswechsel in China oder andernorts nicht ausgeschlossen werden können.

Von den Kontinentalblöcken zu den Regionalblöcken

Dieses allgemeine Muster ist zwar bekannt, sollte aber in mehreren Punkten präzisiert und verfeinert werden. Die Zusammenfassung Europas und Amerikas zu einem Block, dem «Westen», hat zwar den Vorteil, die Darstellungen zu vereinfachen, ist aber weitgehend künstlich. Das wirtschaftliche Gewicht Europas hat seinen Höhepunkt vor dem Ersten Weltkrieg erreicht (fast 50 % des Bruttoweltprodukts) und ist seitdem kontinuierlich gesunken, während Amerika seinen Höhepunkt in den 1950er Jahren erreicht hat (fast 40 % des Bruttoweltprodukts).

Jeder der beiden Kontinente lässt sich zudem in zwei sehr ungleiche Untergruppen aufteilen: ein hochentwickeltes Zentrum und eine mäßig entwickelte Peripherie. Allgemein kann man sagen, dass es richtiger ist, die weltweite Ungleichheit anhand von Regionalblöcken als von Kontinentalblöcken zu analysieren. Das scheint klar zu sein, wenn man sich Tabelle 1.1 anschaut, in der wir die Verteilung des Bruttoweltprodukts im Jahr 2012 angegeben haben. Man muss sich alle diese Zahlen nicht merken, aber es ist nützlich, sich mit den Größenordnungen vertraut zu machen.

1 Wir präsentieren hier die Reihen, die 1700 beginnen, aber die Schätzungen Maddisons gehen bis zur Antike zurück. Die Ergebnisse lassen vermuten, dass Europa um 1500 begann, seinen eigenen Weg zu gehen, während um das Jahr 1000 der Vergleich leicht zu Gunsten Asiens und Afrikas (insbesondere der arabischen Welt) ausfiel. Siehe die zusätzlichen Grafiken S1.1, S1.2 und S1.3.

Die Weltbevölkerung liegt 2012 bei 7 Milliarden Menschen, und das Bruttoweltprodukt ist etwas größer als 70 000 Milliarden Euro, wodurch sich fast genau ein Bruttoinlandsprodukt von 10 000 Euro pro Einwohner ergibt. Zieht man davon 10% für die Kapitalentwertung ab und teilt die Zahl durch 12, stellt man fest, dass diese Zahl einem durchschnittlichen Monatseinkommen von 760 Euro pro Einwohner entspricht, woraus vielleicht mehr ersichtlich wird. Wenn die Weltproduktion und die dadurch generierten Einkommen gleich verteilt wären, würde jeder Bewohner des Planeten über ein Monatseinkommen von 760 Euro verfügen.

Tabelle 1.1.
Die Verteilung des Bruttoweltprodukts 2012

	Bevölkerung (in Millionen Einwohnern)		BIP (in Milliarden Euro 2012)		BIP pro Einwohner (in Euro 2012)	Monatseinkommen pro Einwohner (in Euro 2012)
Welt	**7050**	***100 %***	**71 200**	***100%***	**10 100 €**	**760 €**
Europa	**740**	***10%***	**17 800**	***25%***	**24 000 €**	**1 800 €**
davon Europäische Union	540	*8%*	14 700	*21%*	27 300 €	2 040 €
davon Russland/Ukraine	200	*3%*	3 100	*4%*	15 400 €	1 150 €
Amerika	**950**	***13%***	**20 600**	***29%***	**21 500 €**	**1 620 €**
davon USA/Kanada	350	*5%*	14 300	*20%*	40 700 €	3 050 €
davon Lateinamerika	600	*9%*	6 300	*9%*	10 400 €	780 €
Afrika	1 070	***15%***	**2 800**	***4%***	2 600 €	200 €
davon Nordafrika	170	*2%*	1 000	*1%*	5 700 €	430 €
davon subsaharisches Afrika	900	*13%*	1 800	*3%*	2 000 €	150 €
Asien	**4 290**	***61%***	**30 000**	***42%***	**7 000 €**	**520 €**
davon China	1 350	*19%*	10 400	*15%*	7 700 €	580 €
davon Indien	1 260	*18%*	4 000	*6%*	3 200 €	240 €
davon Japan	130	*2%*	3 800	*5%*	30 000 €	2 250 €
davon andere	1 550	*22%*	11 800	*17%*	7 600 €	570 €

Das Bruttoweltprodukt, gemessen in Kaufkraftparität, betrug 2012 71 200 Milliarden Euro. Die Weltbevölkerung umfasste 7,050 Milliarden Menschen, wodurch sich ein BIP pro Einwohner von 10 100 Euro ergibt (was einem Monatseinkommen von 760 Euro pro Einwohner entspricht). Alle Zahlen wurden gerundet.

Quellen: siehe piketty.pse.ens.fr/capital21c.

Europa hat 740 Millionen Einwohner, von denen ungefähr 540 Millionen in der Europäischen Union leben, deren Bruttoinlandsprodukt über 27 000 Euro pro Einwohner liegt. 200 Millionen entfallen auf den Block Ukraine/Russland, dessen Bruttoregionalprodukt in etwa 15 000 Euro pro Einwohner beträgt und knapp 50% über dem Weltdurchschnitt liegt.[1] Die Europäische Union ist relativ heterogen: Da sind einerseits 410 Millionen Einwohner aus dem ehemaligen Westeuropa (von denen drei Viertel auf die fünf bevölkerungsreichsten Länder Deutschland, Frankreich, Großbritannien, Italien und Spanien entfallen), dessen durchschnittliches Bruttoinlandsprodukt 31 000 Euro pro Kopf beträgt, und andererseits 130 Millionen Einwohner aus dem ehemaligen Osteuropa, dessen durchschnittliches Bruttoinlandsprodukt 16 000 Euro pro Kopf beträgt, was sich wenig von dem Block Ukraine/Russland unterscheidet.[2]

Amerika lässt sich ebenfalls in zwei unterschiedliche Blöcke aufteilen, die noch ungleicher sind als das Zentrum und die Peripherie in Europa: der Block Vereinigte Staaten/Kanada mit 350 Millionen Einwohnern und einem Bruttoinlandsprodukt von 40 000 Euro pro Einwohner und Lateinamerika mit 600 Millionen Einwohnern und einem Bruttoinlandsprodukt von 10 000 Euro pro Einwohner, was genau dem Weltdurchschnitt entspricht.

Das subsaharische Afrika mit 900 Millionen Einwohnern und einem Bruttoinlandsprodukt von nur 1800 Milliarden Euro (weniger als das französische von 2000 Milliarden) ist das ärmste Wirtschaftsgebiet der Welt mit einem Bruttoinlandsprodukt von 2000 Euro pro Kopf. Indien liegt kaum darüber, Nordafrika dagegen deutlich und China noch mehr: Mit einem Bruttoinlandsprodukt von fast 8000 Euro pro Einwohner ist das China von 2012 nicht sehr weit vom Weltdurchschnitt entfernt. Japan hat ein Bruttoinlandsprodukt pro Kopf, das dem der reichsten europäischen Länder entspricht (rund 30 000 Euro), aber seine Bevölkerung macht einen so kleinen Teil der Einwohner Asiens aus, dass es kaum Einfluss auf den Durchschnittswert in Kontinentalasien hat, der dem Chinas sehr nahekommt.[3]

---

1 Der Einfachheit halber zählen wir die kleinen europäischen Länder – Schweiz, Norwegen, Serbien usw. – die von der EU umgeben, aber nicht Mitglied dieser sind, zur Europäischen Union (die Bevölkerung der EU beträgt 2012 510 Millionen und nicht 540 Millionen). Ebenso werden Weißrussland und Moldavien zum Block Russland/Ukraine gezählt. Die Türkei, der Kaukasus und Zentralasien werden Asien zugerechnet. Die genauen Zahlen für jedes Land sind online verfügbar.

2 Siehe die zusätzliche Tabelle S1.1 (online verfügbar).

3 Das Gleiche gilt für Australien und Neuseeland (knapp 30 Millionen Einwohner, das heißt weniger als 0,5 % der Weltbevölkerung, mit einem Bruttoinlandsprodukt von etwa 30 000 Euro pro Einwohner), die wir der Einfachheit halber zu Asien gezählt haben. Siehe die zusätzliche Tabelle S1.1 (online verfügbar).

Die weltweite Ungleichheit: Von 150 Euro monatlich bis 3000 Euro monatlich

Die weltweite Ungleichheit bedeutet, dass den Ländern, in denen das Durchschnittseinkommen pro Einwohner bei 150–250 Euro monatlich liegt (das subsaharische Afrika, Indien) Länder gegenüberstehen, in denen das Monatseinkommen 2500–3000 Euro pro Kopf erreicht (Westeuropa, Nordamerika, Japan), das heißt zwischen 10 und 20 Mal höher ist. Der Weltdurchschnitt, der in etwa dem Niveau Chinas entspricht, liegt bei 600–800 Euro im Monat.

Diese Größenordnungen sind signifikant, und man sollte sie sich merken. Gleichwohl muss gesagt werden, dass sie eine nicht unbeträchtliche Fehlerspanne aufweisen: Es ist immer viel schwerer, die Ungleichheit zwischen Ländern (oder zwischen verschiedenen Epochen) als innerhalb einer Gesellschaft zu messen.

Die weltweite Ungleichheit wäre beispielsweise wesentlich größer, wenn man die jeweiligen Wechselkurse und nicht die Kaufkraftparitäten verwenden würde, wie wir es bisher getan haben. Betrachten wir zunächst den Wechselkurs zwischen Euro und Dollar. 2012 war ein Euro auf dem Devisenmarkt durchschnittlich 1,30 Dollar wert. Ein Europäer mit einem Einkommen von 1000 Euro kann zu seiner Bank gehen und sie gegen 1300 Dollar eintauschen. Wenn er dieses Geld in den Vereinigten Staaten auszugeben gedenkt, wird seine Kaufkraft 1300 Dollar betragen. Aber den offiziellen Erhebungen, dem sogenannten «ICP», zufolge sind die Preise in der Eurozone durchschnittlich fast um 10 % höher als in den USA, so dass die Kaufkraft dieses Europäers – wenn er sein Geld in Europa ausgibt – eher einem amerikanischen Einkommen von 1200 Dollar entspricht. Man sagt dann, dass die «Kaufkraftparität» 1,20 Dollar pro Euro beträgt, und diese Parität haben wir verwendet, um das amerikanische Bruttoinlandsprodukt in Tabelle 1.1 in Euro umzurechnen. Ebenso sind wir bei den anderen Ländern vorgegangen. Auf diese Weise vergleicht man die verschiedenen Bruttoinlandsprodukte auf der Basis der realen Kaufkraft der Einwohner – die ihr Einkommen zumeist im eigenen Land und nicht im Ausland ausgeben.[1]

1 Hätte man den Wechselkurs von 1,30 Dollar verwendet, um das amerikanische Bruttoinlandsprodukt umzurechnen, wären die Vereinigten Staaten fast um 10 % ärmer, und ihr

Die Verwendung der Kaufkraftparitäten hat den weiteren Vorteil, dass diese grundsätzlich stabiler sind als die laufenden Wechselkurse. Letztere drücken nämlich nicht nur den Stand von Angebot und Nachfrage für die Güter und Dienstleistungen aus, die die verschiedenen Länder tauschen, sondern auch die unberechenbaren Anlagestrategien der internationalen Investoren, die wechselnden Erwartungen hinsichtlich der politischen und finanziellen Stabilität von diesem oder jenem Land, ganz zu schweigen von der mitunter chaotischen Entwicklung der hier oder dort verfolgten Geldpolitik. Die laufenden Wechselkurse können folglich äußerst volatil sein, wie sich an den sehr starken Schwankungen des Dollars in den letzten Jahrzehnten gezeigt hat. Der Wechselkurs ist von über 1,30 Dollar für einen Euro in den 1990er Jahren auf weniger als 0,90 Dollar 2001 gesunken, bevor er 2008 auf 1,50 Dollar hochschnellte und 2012 wieder auf 1,30 Dollar fiel. In dieser Zeit stieg die Kaufkraftparität von 1 Dollar pro Euro zu Beginn der 1990er Jahre auf etwa 1,20 Dollar pro Euro zu Beginn der 2010er Jahre (siehe Grafik 1.4).[1]

Indes: Welche Anstrengungen die internationalen Organisationen, die an den Erhebungen des ICP beteiligt sind, auch unternehmen, man muss sehen, dass diese Kaufkraftparitäten relativ unsicher sind; sie können Fehlerspannen von 10 % und mehr aufweisen, was auch für Länder mit vergleichbarem Entwicklungsniveau gilt. In der letzten Erhebung wird beispielsweise festgestellt, dass manche Preise in Europa höher sind (wie in den Bereichen Energie, Wohnen, Hotels und Restaurants), dass andere jedoch deutlich niedriger sind (wie Gesundheits- und Bildungsausgaben).[2] Die offiziellen Schätzungen bewerten diese

---

Bruttoinlandsprodukt würde nicht mehr 40 000 Euro pro Einwohner betragen, sondern sich 35 000 Euro annähern (was eine bessere Messung der Kaufkraft des amerikanischen Touristen wäre, der nach Europa kommt). Siehe die zusätzliche Tabelle S1.1. Die offiziellen Schätzungen von Kaufkraftparitäten, die sich aus den Erhebungen des «ICP» (*International Comparison Program*) ergeben haben, werden von einer Gruppe internationaler Organisationen (Weltbank, Eurostat usw.) erstellt und behandeln jedes Land gesondert. In der Eurozone gibt es Unterschiede (die hier angegebene Euro-Dollar-Parität von 1,20 ist eine Durchschnittsparität). Siehe Technischer Anhang.

1 Der tendenzielle Rückgang der Kaufkraft des Dollar gegenüber dem Euro seit 1990 ist einfach darauf zurückzuführen, dass die Inflation in den Vereinigten Staaten etwas höher war (um 0,8 % pro Jahr, was in 20 Jahren fast 20 % ergibt). Die in Grafik 1.4 dargestellten Wechselkurse sind jährliche Durchschnittswerte, die die sehr starke kurzfristige Volatilität ausgleichen.

2 Siehe *Global Purchasing Power Parities and Real Expenditures – 2005 International*

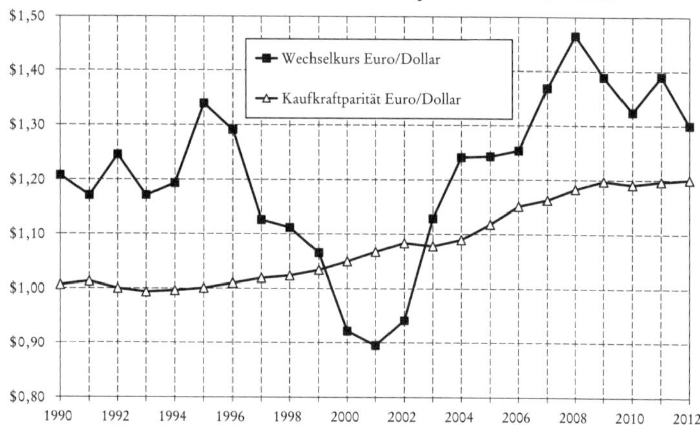

Grafik 1.4.: 2012 war 1,00 Euro nach dem geltenden Wechselkurs 1,30 Dollar wert, aber gemessen in Kaufkraftparität 1,20 Dollar.
Quellen und Reihen: siehe piketty.pse.ens.fr/capital21c.

unterschiedlichen Preise entsprechend dem Gewicht diverser Güter und Dienstleistungen im durchschnittlichen Warenkorb eines jeden Landes, aber es liegt auf der Hand, dass solche Berechnungen nicht völlig präzise sein können, zumal Qualitätsunterschiede bei zahlreichen Dienstleistungen sehr schwer zu messen sind. Wichtig ist, dass jeder dieser Preisindizes verschiedene Aspekte der sozialen Realität misst. Der Energiepreis misst die Kaufkraft bezüglich Energie (die in den Vereinigten Staaten höher ist) und der Preis der Gesundheitsleistungen die Kaufkraft bezüglich Gesundheit (die in Europa höher ist). Die Ungleichheit zwischen den Ländern ist mehrdimensional, und es wäre illusorisch zu behaupten, alles könne mit einem einzigen monetären Indikator erfasst werden, der es erlauben würde, zu einer eindeutigen Klassifizierung vor allem von Ländern mit relativ vergleichbaren Durchschnittseinkommen zu gelangen.

Comparison Program (World Bank, 2008), Tabelle 2, S. 38–47. Es ist darauf hinzuweisen, dass der Preis der kostenlosen – bzw. ermäßigten – Dienstleistungen in den volkswirtschaftlichen Gesamtrechnungen anhand ihrer Produktionskosten gemessen wird (z. B. das Gehalt der Lehrkräfte), für die letztlich die Steuerzahler aufkommen. Dies ist eine unvollkommene statistische Methode, die jedoch besser ist als jene, die sie gar nicht erfassen würde, wodurch die internationalen Vergleiche völlig verzerrt würden.

In den ärmsten Ländern sind die durch die Kaufkraftparitäten bewirkten Korrekturen sehr groß: In Afrika wie in Asien sind die Preise halb so hoch wie in den reichen Ländern, so dass das Bruttoinlandsprodukt ungefähr zwei Mal höher ist, wenn man anstelle des Wechselkurses die Kaufkraftparität verwendet. Das liegt im Wesentlichen an den niedrigeren Preisen der Güter und Dienstleistungen, die international nicht handelbar sind und die in den armen Ländern leichter produziert werden können, da in sie ein relativ größeres Quantum an gering qualifizierter Arbeit einfließt (die in den weniger entwickelten Ländern relativ reichlicher vorhanden ist) und ein geringeres Quantum an qualifizierter Arbeit und Kapital (die relativ weniger reichlich vorhanden sind).[1] Die Korrektur fällt umso größer aus, je ärmer das Land ist: 2012 beträgt der Berichtigungskoeffizient in China 1,6 und in Indien 2,5.[2] Derzeit ist der Euro nach dem geltenden Wechselkurs 8 chinesische Yuan und nach Kaufkraftparität 5 Yuan wert. Der Unterschied wird in dem Maße kleiner, in dem China sich entwickelt und den Yuan aufwertet (siehe Grafik 1.5). Manche Autoren, auch Maddison, sind jedoch der Auffassung, dass der Abstand geringer ist, als es den Anschein hat und dass die offiziellen Statistiken das chinesische Bruttoinlandsprodukt zu niedrig ansetzen.[3]

Aufgrund dieser Unsicherheiten über die Wechselkurse und die Kaufkraftparitäten müssen die weiter oben angegebenen Durchschnittseinkommen (150–250 Euro monatlich in den ärmsten Ländern, 600–800 Euro in den durchschnittlich entwickelten Ländern und 2500–3000 Euro in den reichsten Ländern) als Größenordnungen und nicht als mathematische Gewissheiten betrachtet werden. Der Anteil der reichen

---

1 Das ist die übliche Erklärung (der sogenannte Balassa-Samuelson-Effekt) dafür, dass die durch die Kaufkraftparität bedingte Korrektur in den armen Ländern gegenüber den reichen Ländern höher als eins ist. In den reichen Ländern ist die Situation weniger klar: Das reichste Land (die Vereinigten Staaten) hatte bis zu den 1970er Jahren eine KKP-Korrektur von über eins, seit den 1980er Jahren liegt sie jedoch unter eins. Abgesehen von Messfehlern wäre eine mögliche Erklärung die größere Ungleichheit der Löhne und Gehälter in den Vereinigten Staaten in jüngerer Zeit, die zu niedrigeren Preisen bei den Dienstleistungen führen würde, welche einen hohen Anteil an gering qualifizierter Arbeit aufweisen und international nicht handelbar sind (die gleiche Situation wie in den armen Ländern).

2 Siehe die zusätzliche Tabelle S1.2 (online verfügbar).

3 Für die jüngere Zeit haben wir die amtlichen Schätzungen verwendet, aber es ist durchaus möglich, dass die nächsten Erhebungen des ICP dazu führen, dass das chinesische Bruttoinlandsprodukt neu bewertet wird. Zu dieser Kontroverse zwischen Maddison und dem ICP siehe Technischer Anhang.

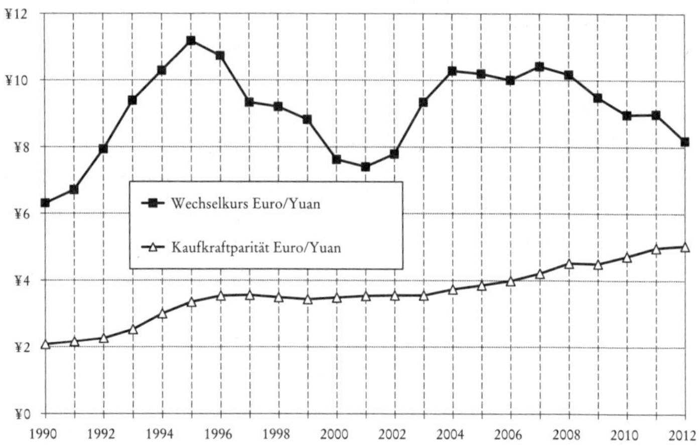

Grafik 1.5.: 2012 war 1,00 Euro nach dem geltenden Wechselkurs 8 Yuan wert, aber gemessen in Kaufkraftparität 5 Yuan.
Quellen und Reihen: siehe piketty.pse.ens.fr/capital21c.

Länder am Welteinkommen (Europäische Union, Vereinigte Staaten/Kanada, Japan) erreicht 2012 beispielsweise 46 %, wenn man von der Kaufkraftparität ausgeht, und 57 %, wenn man vom geltenden Wechselkurs ausgeht.[1] Die «Wahrheit» liegt wahrscheinlich zwischen diesen Zahlen und kommt eher der ersteren nahe. Das ändert jedoch nichts an den Größenordnungen und daran, dass der Anteil der reichen Länder seit den 1970er Jahren kontinuierlich zurückgeht. Welches Maß auch verwendet wird, die Welt scheint in eine Phase der Konvergenz zwischen reichen und armen Ländern eingetreten zu sein.

Die weltweite Einkommensverteilung: ungleicher als die Verteilung der Produktion

Der Einfachheit halber sind wir bisher davon ausgegangen, dass das Nationaleinkommen und die Inlandsproduktion in jedem kontinentalen oder regionalen Block gleich sind: Die in Tabelle 1.1 angegebe-

1 Siehe die zusätzliche Tabelle S1.2 (online verfügbar). Der Anteil der Europäischen Union steigt von 21 auf 25 %, der des Blocks Vereinigte Staaten/Kanada von 20 auf 24 % und der Japans von 5 auf 8 %.

nen Monatseinkommen wurden dadurch ermittelt, dass von den Bruttoinlandsprodukten 10 % – für die Kapitalentwertung – abgezogen und diese durch 12 geteilt wurden.

In Wirklichkeit gilt diese Gleichheit zwischen Einkommen und Produktion nur im Weltmaßstab und nicht auf nationaler oder kontinentaler Ebene. Allgemein lässt sich sagen, dass die weltweite Verteilung der Einkommen ungleicher ist als die der Produktion, da die Länder, die die höchste Pro-Kopf-Produktion haben, in der Regel auch einen Teil des Kapitals der anderen Länder besitzen und somit einen Zufluss an Kapitaleinkommen aus den Ländern verzeichnen, deren Pro-Kopf-Produktion geringer ist. Mit anderen Worten: Die reichen Länder sind in zweifacher Hinsicht reich: in Bezug auf die Inlandsproduktion und in Bezug auf das im Ausland investierte Kapital, wodurch sie über ein Nationaleinkommen verfügen, das höher ist als ihre Produktion – bei den Entwicklungsländern ist es genau umgekehrt.

Die wichtigsten Industrienationen (Vereinigte Staaten, Japan, Deutschland, Frankreich und Großbritannien) haben derzeit ein Nationaleinkommen, das leicht über ihrer Inlandsproduktion liegt. Wie bereits gesagt, liegen die Nettoeinkommen aus dem Ausland nur leicht im Plusbereich und ändern nichts am Lebensstandard in diesen Ländern: Sie stellen ein Zusatzeinkommen von 1–2 % der Inlandsproduktion in den Vereinigten Staaten, in Frankreich und in Großbritannien und von 2–3 % in Japan und Deutschland dar. Gleichwohl handelt es sich um ein nicht unbeträchtliches Zusatzeinkommen vor allem für die beiden letztgenannten Länder, die dank ihrer Handelsüberschüsse in den letzten Jahrzehnten große Devisenreserven gegenüber der übrigen Welt angesammelt haben, was ihnen heute stattliche Erträge einbringt.

Richtet man den Blick auf die Kontinentalblöcke insgesamt, stellt man fest, dass auf dieser Ebene nahezu ein Gleichgewichtszustand herrscht. In Europa wie in Amerika und in Asien erhalten die reichsten – im Allgemeinen im Norden des Kontinents gelegenen – Länder einen Zufluss aus Kapitaleinkommen, der aber teilweise durch die von den anderen – im Allgemeinen mehr südlich oder östlich gelegenen – Ländern abgeführten Summen wieder aufgehoben wird, so dass Nationaleinkommen und Inlandsproduktion auf kontinentaler Ebene fast genau gleich sind und generell um weniger als 0,5 % differieren.[1]

1 Das bedeutet nicht, dass jeder Kontinent in einem geschlossenen Raum agiert: Hinter diesen Nettoströmen verbergen sich wichtige Verflechtungen zwischen allen Kontinenten.

Das einzige kontinentale Ungleichgewicht findet sich in Afrika, wo aufgrund der historisch entstandenen Strukturen ein großer Teil des Kapitals Eigentümern auf den anderen Kontinenten gehört. Nach den weltweiten Zahlungsbilanzen, die seit 1970 jedes Jahr von den Vereinten Nationen und den anderen internationalen Organisationen (Weltbank, IWF) erstellt werden, ist das Nationaleinkommen der Bewohner des afrikanischen Kontinents um etwa 5 % niedriger als ihre Inlandsproduktion (in manchen Ländern beträgt der Unterschied 10 %).[1] Bei einem 30 %igen Anteil des Kapitals an der Produktion bedeutet das, dass fast 20 % des afrikanischen Kapitals ausländischen Eigentümern gehört – man denke an die Londoner Aktionäre der Platinmine in Marikana, von der zu Beginn dieses Kapitels die Rede war.

Es ist wichtig zu wissen, was diese Zahl in der Praxis bedeutet. In Anbetracht der Tatsache, dass bestimmte Vermögensteile (z. B. Wohnimmobilien oder das Agrarkapital) nur in geringem Umfang ausländischen Investoren gehören, bedeutet das, dass der Anteil des Inlandskapitals, der sich im Besitz der übrigen Welt befindet, in der verarbeitenden Industrie 40–50 % und in manchen Sektoren sogar noch mehr betragen kann. Auch wenn die amtlichen Zahlungsbilanzen viele Mängel aufweisen – darauf werden wir zurückkommen –, steht außer Frage, dass dies ein für das heutige Afrika wichtiger Sachverhalt ist.

Geht man zeitlich weiter zurück, stellt man fest, dass es im Weltmaßstab noch stärkere Ungleichgewichte gab. Vor dem Ersten Weltkrieg war das Nationaleinkommen Großbritanniens, des weltweit größten Investors, um 10 % höher als seine Inlandsproduktion. In Frankreich, zweite Kolonialmacht und zweitgrößter Investor, war der Unterschied größer als 5 %; ähnlich fiel die Zahl in Deutschland aus, dessen Kolonialreich zwar unbedeutend war, das aber aufgrund seiner industriellen Entwicklung hohe Forderungen gegenüber der restlichen Welt anhäufen konnte. Ein Teil dieser britischen, französischen und deutschen Investitionen wurde in den anderen europäischen Ländern oder in Amerika, ein anderer Teil in Asien und Afrika getätigt. Insge-

1 Diese Durchschnittszahl von 5 % für den afrikanischen Kontinent scheint für den gesamten Zeitraum von 1970 bis 2012 relativ stabil zu sein. Interessant ist, dass diese Kapitalabflüsse drei Mal höher sind als der Zufluss in Form von Entwicklungshilfe (deren Umfang im Übrigen umstritten ist). Zu sämtlichen Schätzungen siehe Technischer Anhang.

samt kann man schätzen, dass die europäischen Mächte 1913 zwischen einem Drittel und der Hälfte des asiatischen und afrikanischen Inlandskapitals und mehr als drei Viertel des Industriekapitals besaßen.[1]

Welche Kräfte fördern Konvergenz zwischen den Ländern?

Dieser Mechanismus, durch den die reichen Länder einen Teil der armen Länder besitzen, kann in puncto Konvergenz grundsätzlich positive Auswirkungen haben. Wenn es in den reichen Ländern Ersparnisse und Kapital im Überfluss gibt, so dass es nicht mehr viel bringt, ein zusätzliches Gebäude zu bauen oder eine zusätzliche Maschine in ihren Fabriken aufzustellen (man sagt dann, dass die «Grenzproduktivität» des Kapitals – das heißt die zusätzliche Produktion, die eine neue Kapitaleinheit erbringt – sehr gering ist), dann kann es für alle Seiten lohnend sein, dass sie einen Teil ihrer Ersparnisse in den armen Ländern investieren. Auf diese Weise werden die reichen Länder – zumindest jene, die genügend Kapital besitzen – für ihre Anlage eine bessere Rendite erzielen, und die armen Länder werden ihren Produktivitätsrückstand aufholen können. Dieser Mechanismus, der auf dem freien Kapitalverkehr und der Angleichung der Grenzproduktivität des Kapitals im Weltmaßstab basiert, soll nach der klassischen Wirtschaftstheorie dem Prozess zugrunde liegen, der durch das Wirken der Marktkräfte und der Konkurrenz im Lauf der Geschichte die Länder einander angleicht und tendenziell die Ungleichheiten verringert.

Diese optimistische Theorie weist jedoch zwei gravierende Mängel auf. Rein logisch betrachtet, garantiert dieser Mechanismus in keiner Weise die Konvergenz der Pro-Kopf-Einkommen im Weltmaßstab. Er kann bestenfalls zur Konvergenz der Pro-Kopf-Produktion führen – allerdings nur unter der Voraussetzung einer vollkommenen Mobilität des Kapitals und vor allem einer völligen Gleichheit des Qualifikationsniveaus der Arbeitskräfte und des Humankapitals zwischen den Ländern, was schon etwas heißen will. In jedem Fall ist eine mögliche Konvergenz der Produktion nicht gleichbedeutend mit einer Konvergenz der Einkommen. Sind die Investitionen getätigt, ist es

1 Mit anderen Worten: Der Anteil Asiens und Afrikas an der Weltproduktion lag 1913 unter 30 %, und ihr Anteil am Welteinkommen nahe bei 25 %. Siehe Technischer Anhang.

durchaus möglich, dass die reichen Länder die armen Länder dauerhaft in erheblichem Umfang ökonomisch besitzen, so dass das Nationaleinkommen der reichen Länder auf ewig höher ist als das der armen Länder, die für alle Zeiten einen beträchtlichen Teil ihrer Produktion denjenigen überlassen, denen ihr Kapitalstock gehört (so wie es Afrika seit Jahrzehnten tut). Um festzustellen, welche Dimension diese Situation annehmen kann, muss man insbesondere die Kapitalrendite, die die armen Länder an die reichen Länder zahlen müssen, und die Wachstumsraten vergleichen. Dazu müssen wir zunächst die Dynamik des Kapital-Einkommens-Verhältnisses auf der Ebene eines einzelnen Landes begreifen.

Historisch betrachtet, scheint die Mobilität des Kapitals nicht der Mechanismus zu sein, der die Konvergenz zwischen den Ländern gefördert hat, oder zumindest nicht der ausschlaggebende. Keines der asiatischen Länder, die gegenüber den am höchsten entwickelten Ländern aufgeholt haben, sei es Japan, Südkorea, Taiwan oder China, hat von umfangreichen ausländischen Investitionen profitiert. Alle diese Länder haben die benötigten Kapitalinvestitionen und vor allem die Investitionen in Humankapital – die allgemeine Anhebung des Bildungs- und Ausbildungsniveaus – selbst finanziert; alle aktuellen Untersuchungen haben gezeigt, dass es diese Investitionen in Qualifikation waren, die für den Großteil ihres langfristigen Wirtschaftswachstums gesorgt haben.[1] Umgekehrt waren die Länder, die ökonomisch von anderen beherrscht wurden – man betrachte die Kolonialzeit oder das heutige Afrika –, wirtschaftlich weniger erfolgreich, was vor allem an wenig profitablen Spezialisierungen und einer chronischen politischen Instabilität lag.

Diese Instabilität lässt sich teilweise folgendermaßen erklären: Wenn ein Land in großem Umfang ausländischen Eigentümern ge-

1 Die Tatsache, dass die Kapitalakkumulation das langfristige Produktivitätswachstum nur zu einem kleinen Teil erklärt und dass der wesentliche Teil hiervon der Akkumulation von Humankapital und neuen Kenntnissen geschuldet ist, ist seit den 1950er Jahren bekannt. Siehe insbesondere R. M. Solow, «A Contribution to the Theory of Economic Growth», *Quarterly Journal of Economics* 70 (1956), S. 65–94. Die neueren Artikel von C. I. Jones und P. M. Romer («The new Kaldor facts: ideas, institutions, population and human capital», *American Economic Journal: Macroeconomics* 2 (2010), S. 224–45 und R. J. Gordon («Is U.S. economic growth over? Faltering innovation confronts the six headwinds», NBER *Working Paper* 18315, August 2012) stellen nützliche Einführungen in die umfangreiche Wirtschaftsliteratur dar, die sich mit den Determinanten des langfristigen Wachstums befasst.

hört, wird immer wieder die gesellschaftliche Forderung nach Enteignung erhoben – die sich kaum unterdrücken lässt. Andere politische Akteure halten dem entgegen, nur der bedingungslose Schutz der Eigentumsrechte garantiere Investitionen und Wirtschaftsentwicklung. So ist das Land in einem ewigen Kreislauf wechselnder Regierungen gefangen: Da sind zum einen die revolutionären Regierungen (die nur begrenzte Möglichkeiten zur tatsächlichen Verbesserung der Lebensverhältnisse ihrer Bevölkerung haben) und zum anderen die Regierungen, die die Eigentümer schützen, wodurch die nächste Revolution oder der nächste Staatsstreich vorbereitet wird. Die Ungleichheit des Kapitalbesitzes ist schon im Rahmen einer nationalen Gemeinschaft schwer zu akzeptieren und in der Weise aufrechtzuerhalten, dass der Frieden innerhalb eines Landes gewahrt wird. Auf internationaler Ebene ist das fast unmöglich (es sei denn in einem politischen Dominanzregime kolonialer Natur).

Die Einbindung in die Weltwirtschaft ist an sich nichts Negatives: Autarkie war noch nie eine Quelle des Wohlstands. Dem Aufholprozess der asiatischen Länder kam offensichtlich die Öffnung ihrer Volkswirtschaften zugute. Aber vor allem haben die Öffnung der Güter- und Dienstleistungsmärkte sowie eine sehr gute Integration in die Weltwirtschaft eine wichtigere Rolle gespielt als der freie Kapitalverkehr. China beispielsweise praktiziert noch immer Kapitalkontrolle: Man kann dort nicht frei investieren, was aber keineswegs die Kapitalakkumulation einschränkt, da die Inlandsersparnis sich als völlig ausreichend erweist. Japan, Südkorea und Taiwan haben ebenfalls ihre Investitionen mit ihrer eigenen Ersparnis finanziert. Untersuchungen zeigen auch, dass der weitaus größte Teil der durch die wirtschaftliche Öffnung erzielten Vorteile auf die Ausbreitung von Wissen und die dynamischen Produktivitätssteigerungen und nicht auf die relativ bescheidenen Vorteile zurückzuführen ist, die sich aus der Spezialisierung ergeben.[1]

1 Einer neueren Studie zufolge lägen die statistischen Gewinne, die sich aus der Öffnung Chinas und Indiens für den Weltmarkt ergeben, lediglich bei 0,4 % des Bruttoweltprodukts, bei 3,5 % des Bruttoinlandsproduktes für China und 1,6 % des Bruttoinlandsproduktes für Indien. In Anbetracht der gewaltigen Umverteilungseffekte zwischen Sektoren und Ländern (wobei es in allen Ländern große Gruppen von Verlierern gibt), erscheint es schwierig, die wirtschaftliche Öffnung (auf die die Länder allerdings großen Wert zu legen scheinen) ausschließlich mit solchen Gewinnen zu rechtfertigen. Siehe Technischer Anhang.

Die historische Erfahrung deutet darauf hin, dass der wichtigste konvergenzfördernde Mechanismus die Ausbreitung von Wissen auf internationaler wie auf nationaler Ebene ist. Mit anderen Worten: Die Ärmsten schließen zu den Reichsten in dem Maße auf, in dem sie das gleiche technologische Wissen, die gleichen Qualifikationen, das gleiche Bildungs- und Ausbildungsniveau erreichen; es gelingt ihnen nicht dadurch, dass sie zum Eigentum der Reichsten werden. Diese Ausbreitung von Wissen fällt nicht vom Himmel: Sie wird häufig durch die handelspolitische Öffnung für den Weltmarkt beschleunigt (Autarkie ist dem technologischen Transfer nicht förderlich) und hängt vor allem von der Fähigkeit der Länder ab, die finanziellen Mittel und die Institutionen bereitzustellen, die es ermöglichen, massiv in die Ausbildung ihrer Bevölkerung zu investieren; gleichzeitig müssen sie den verschiedenen Akteuren eine zuverlässige Rechtsordnung garantieren. Sie ist also eng an den Aufbau einer legitimen und effizienten Staatsgewalt gebunden. Das sind, kurz zusammengefasst, die wichtigsten Lehren, die sich aus der Untersuchung der historischen Entwicklung des weltweiten Wachstums und der Ungleichheit zwischen den Ländern ergeben.

2.

DAS WACHSTUM: ILLUSIONEN UND REALITÄT

Ein Konvergenzprozess im Weltmaßstab und ein Aufholprozess der Schwellenländer gegenüber den Industrieländern scheinen heute in vollem Gang zu sein, auch wenn die Ungleichheit zwischen reichen und armen Ländern weiterhin sehr groß ist. Im Übrigen deutet nichts darauf hin, dass das Aufholen in erster Linie den Investitionen der reichen Länder in den armen Ländern geschuldet ist, ganz im Gegenteil (wenn es möglich ist, sind die Investitionen der armen Länder im eigenen Land vielversprechender, wie die Erfahrungen der Vergangenheit gezeigt haben). Aber abgesehen von der zentralen Frage der Konvergenz, müssen wir jetzt die Tatsache betonen, dass das 21. Jahrhundert möglicherweise wieder eine Zeit schwachen Wachstums sein wird. Genauer gesagt: Wir werden sehen, dass das Wachstum, abgesehen von Ausnahmesituationen oder Aufholprozessen, immer relativ schwach war und dass alles darauf hindeutet, dass es in Zukunft noch schwächer ausfallen wird, zumindest was seine demografische Komponente betrifft.

Um diese Frage richtig zu verstehen und zu begreifen, in welchem Zusammenhang sie mit dem Konvergenzprozess und der Dynamik der Ungleichheit steht, sollte das Wachstum der Produktion in zwei Teile aufgeteilt werden: das Wachstum der Bevölkerung einerseits und das Pro-Kopf-Wachstum der Produktion andererseits. Mit anderen Worten: Wachstum umfasst immer eine rein demografische Komponente und eine rein ökonomische Komponente, wobei nur Letztere die Lebensbedingungen verbessert. Diese Zweiteilung wird in der öffentlichen Diskussion allzu häufig vergessen, in der man mitunter anzunehmen scheint, dass die Bevölkerung überhaupt nicht mehr wächst –

was mitnichten der Fall ist, auch wenn alles darauf hindeutet, dass man sich langsam in diese Richtung bewegt. 2013/14 wird das Wachstum der Weltwirtschaft dank der sehr raschen Fortschritte der Schwellenländer über 3 % liegen. Aber das weltweite Bevölkerungswachstum liegt derzeit noch bei fast 1 % jährlich, so dass das Pro-Kopf-Wachstum der Weltproduktion (und ebenso des weltweiten Pro-Kopf-Einkommens) in Wirklichkeit bei knapp 2 % liegen wird.

Das sehr langfristige Wachstum

Bevor wir uns die aktuellen Tendenzen anschauen, gehen wir zeitlich zurück und versuchen, uns mit den Phasen und Größenordnungen des weltweiten Wachstums seit der Industriellen Revolution vertraut zu machen. Betrachten wir zunächst die in Tabelle 2.1 angegebenen sehr langfristigen Wachstumsraten. Dabei kristallisieren sich mehrere wichtige Fakten heraus.

Tabelle 2.1
Das weltweite Wachstum seit der Industriellen Revolution

Jährliches durchschnittliches Wachstum	Weltproduktion	Weltbevölkerung	Produktion pro Einwohner
0–1700	0,1 %	0,1 %	0,0 %
1700–2012	1,6 %	0,8 %	0,8 %
Davon: 1700–1820	0,5 %	0,4 %	0,1 %
1820–1913	1,5 %	0,6 %	0,9 %
1913–2012	3,0 %	1,4 %	1,6 %

Zwischen 1913 und 2012 betrug die Wachstumsrate des Bruttoweltprodukts durchschnittlich 3 % jährlich. Diese Rate lässt sich aufteilen in 1,4 % für die Weltbevölkerung und 1,6 % für das BIP pro Einwohner.

Quellen: siehe piketty.pse.ens.fr/capital21c.

Zuerst stellt man fest, dass der Wachstumsschub seit dem 18. Jahrhundert mit relativ geringen jährlichen Wachstumsraten verbunden ist, und zweitens, dass es sich hierbei um ein Phänomen handelt, dessen demografische und ökonomische Komponenten sich nahezu die Waage halten. Den besten Schätzungen zufolge betrug das Wachstum des Bruttoweltprodukts zwischen 1700 und 2012 durchschnittlich 1,6 % jährlich, wobei 0,8 % auf das Bevölkerungswachstum und 0,8 % auf das Pro-Kopf-Wachstum der Produktion entfielen.

Diese Werte mögen in der heutigen Debatte geringfügig erscheinen, in der man Wachstumsraten von weniger als 1 % häufig für unerheblich hält und mitunter annimmt, ein Wachstum, das diesen Namen verdient, müsse mindestens 3 oder 4 % jährlich, wenn nicht mehr betragen, so wie es in Europa während der *Trente Glorieuses* oder heute in China der Fall ist.

Doch wenn ein Wachstum der Bevölkerung und der Pro-Kopf-Produktion von ungefähr 1 % jährlich über einen sehr langen Zeitraum stattfindet, so wie es seit 1700 beobachtet wurde, handelt es sich in Wirklichkeit um ein sehr rasches Wachstum, das nicht mit den Wachstumsraten von nahezu null zu vergleichen ist, die für die Jahrhunderte vor der Industriellen Revolution festgestellt wurden.

Nach den Berechnungen Maddisons lagen die demografischen und ökonomischen Wachstumsraten zwischen dem Jahr 0 und 1700 unter 0,1 % jährlich (genauer gesagt, bei 0,06 % jährlich für die Bevölkerung und bei 0,02 % für die Pro-Kopf-Produktion).[1]

Über die Genauigkeit solcher Schätzungen darf man sich natürlich keine Illusionen machen: Unsere Kenntnisse über die Entwicklung der Weltbevölkerung zwischen 0 und 1700 sind sehr begrenzt – und über die Entwicklung der Pro-Kopf-Produktion weiß man praktisch gar nichts. Wie unsicher man auch bezüglich der exakten Zahl ist, die eigentlich nicht sehr wichtig ist, es steht außer Frage, dass die Wachstumsraten von der Antike bis zur Industriellen Revolution sehr gering ausfielen und auf jeden Fall unter 0,1–0,2 % jährlich lagen. Und zwar aus einem einfachen Grund: Höhere Wachstumsraten würden eine winzige Bevölkerung zu Beginn der Zeitrechnung voraussetzen – was wenig plausibel ist – oder einen Lebensstandard, der deutlich unter der gemeinhin angenommenen Subsistenzschwelle gelegen hätte. Aus dem gleichen Grund wird das Wachstum in den kommenden Jahrhunderten wieder zu einem sehr niedrigen Niveau zurückkehren, zumindest was die demografische Komponente betrifft.

---

1 Siehe die zusätzliche Tabelle S2.1, die detaillierte Ergebnisse enthält, gegliedert nach zeitlichen Unterabschnitten.

Das Gesetz des kumulativen Wachstums

Um diesen Gedankengang richtig zu verstehen, ist es sinnvoll, kurz auf das Gesetz des «kumulativen Wachstums» einzugehen, das heißt auf die Tatsache, dass ein schwaches kumulatives jährliches Wachstum über einen sehr langen Zeitraum zu einer beträchtlichen Steigerung führt.

Die Weltbevölkerung ist zwischen 1700 und 2012 pro Jahr durchschnittlich um knapp 0,8 % gewachsen. Aber über drei Jahrhunderte kumuliert, hat sich die Weltbevölkerung in 300 Jahren mehr als verzehnfacht. Der Planet zählte um 1700 etwa 600 Millionen Bewohner und 2012 mehr als 7 Milliarden (siehe Grafik 2.1). Sollte sich das Wachstum in diesem Maße fortsetzen, würde die Weltbevölkerung um 2300 die 70 Milliarden überschreiten.

Das Wachstum der Weltbevölkerung, 1700–2012

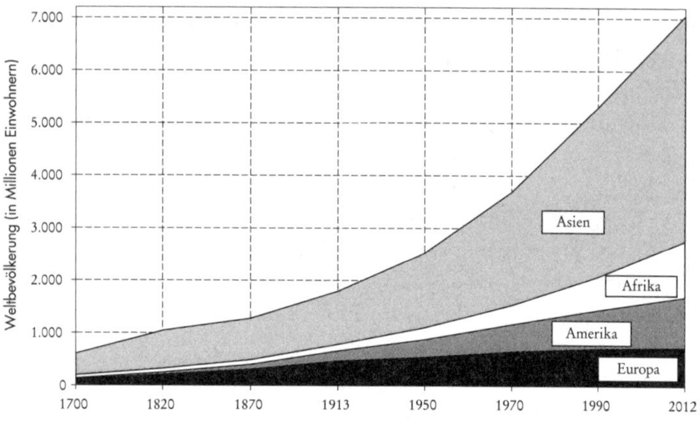

Grafik 2.1.: Die Weltbevölkerung stieg von 600 Millionen 1700 auf 7 Milliarden 2012.
Quellen und Reihen: siehe piketty.pse.ens.fr/capital21c.

Damit sich jeder mit den explosiven Auswirkungen des Gesetzes des kumulativen Wachstums vertraut machen kann, geben wir in Tabelle 2.2 die Relation zwischen den in einem Jahr gemessenen Wachstumsraten (die übliche Art der Darstellung) und den sich daraus ergebenden Steigerungen für längere Zeiträume an. Ein Wachstum von 1 % jährlich entspricht beispielsweise einer Zunahme von 35 %

nach 30 Jahren, nahezu einer Verdreifachung nach 100 Jahren, einer Verzwanzigfachung nach 300 Jahren und einer Zunahme um mehr als das 20 000-fache nach 1000 Jahren. Aus dieser Tabelle ist der Schluss zu ziehen, dass Wachstumsraten von über 1–1,5 % pro Jahr nicht für alle Zeiten zu halten sind, es sei denn, man stellt sich auf schwindelerregende Zunahmen ein.

Tabelle 2.2.
Das Gesetz des kumulativen Wachstums

Eine jährliche Wachstumsrate von …	entspricht einer Wachstumsrate pro Generation (30 Jahre) von …	bedeutet somit nach 30 Jahren eine Multiplikation mit einem Koeffizienten von …	nach 100 Jahren eine Multiplikation mit einem Koeffizienten von …	und nach 1000 Jahren eine Multiplikation mit einem Koeffizienten von …
0,1 %	3 %	1,03	1,11	2,72
0,2 %	6 %	1,06	1,22	7,37
0,5 %	16 %	1,16	1,65	147
1,0 %	35 %	1,35	2,70	20 959
1,5 %	56 %	1,56	4,43	2 924 437
2,0 %	81 %	1,81	7,24	398 264 652
2,5 %	110 %	2,10	11,8	52 949 930 179
3,5 %	181 %	2,81	31,2	…
5,0 %	332 %	4,32	131,5	…

Eine Wachstumsrate von 1 % jährlich entspricht einem kumulierten Wachstums von 35 % pro Generation (30 Jahre), einer Multiplikation mit 2,7 alle 100 Jahre und mit mehr als 20 000 alle 1000 Jahre.

Hier zeigt sich, wie sehr verschiedene Zeithorizonte zu widersprüchlichen Wahrnehmungen des Wachstumsprozesses führen können. Im Horizont eines Jahres scheint ein Wachstum von 1 % sehr gering, kaum wahrnehmbar. Die Zeitgenossen können mit bloßem Auge nichts erkennen und den Eindruck haben, es herrsche völlige Stagnation, die Dinge blieben von Jahr zu Jahr nahezu gleich. Wachstum erscheint so als ein relativ abstrakter Begriff, als eine reine mathematische und statistische Konstruktion. Doch im Zeithorizont einer Generation, das heißt in ungefähr 30 Jahren – das ist für uns der Zeitmaßstab, mit dem sich die Veränderungen in einer Gesellschaft besser messen lassen –, entspricht dieses Wachstum einer Zunahme von mehr als einem Drittel, was eine substanzielle Veränderung darstellt. Das ist weniger spektakulär als ein Wachstum von 2–2,5 % jährlich, das nach jeder Generation zu einer Verdoppelung führt, aber es genügt, um eine Gesellschaft regelmäßig tiefgreifend zu erneuern und sie sehr langfristig radikal umzugestalten.

Das Gesetz des «kumulativen Wachstums» ist im Prinzip mit dem sogenannten Gesetz der «kumulativen Erträge» identisch, wonach eine jährliche Rendite von einigen Prozentpunkten über mehrere Jahrzehnte automatisch zu einer sehr starken Zunahme des Kapitals führt – unter der Bedingung, dass die Rendite permanent reinvestiert wird oder dass zumindest der Teil, der vom Kapitalbesitzer konsumiert wird, nicht zu groß ist, insbesondere im Vergleich zum Wachstum der Gesellschaft.

Die zentrale These dieses Buches ist, dass ein scheinbar geringer Abstand zwischen der Kapitalrendite und der Wachstumsrate langfristig sehr große und destabilisierende Auswirkungen auf Struktur und Dynamik der Ungleichheit in einer Gesellschaft haben kann. Das alles ergibt sich in gewisser Weise aus dem Gesetz des kumulativen Wachstums und der kumulativen Erträge, so dass es sinnvoll ist, sich schon jetzt mit diesen Begriffen vertraut zu machen.

Die Stadien des demografischen Wachstums

Schauen wir uns noch einmal das Wachstum der Weltbevölkerung an: Wenn das zwischen 1700 und 2012 festgestellte Bevölkerungswachstum – durchschnittlich 0,8 % pro Jahr – seit der Antike stattgefunden hätte, wäre die Weltbevölkerung zwischen dem Jahr 0 und 1700 um fast das 100 000-fache gestiegen. Da die Weltbevölkerung im Jahr 1700 auf etwa 600 Millionen geschätzt wird, müsste man logischerweise annehmen, dass es zur Zeit Christi eine absurd kleine Bevölkerung gegeben haben muss (weniger als 10 000 Bewohner für die ganze Welt). Selbst eine Wachstumsrate von 0,2 % würde bedeuten, dass die Weltbevölkerung zu Beginn unserer Zeitrechnung nur 20 Millionen gezählt hätte. Dabei weisen die verfügbaren Daten darauf hin, dass die Bevölkerung 200 Millionen überstieg, von denen allein 50 Millionen auf das Römische Reich entfielen. Wie unzulänglich die historischen Quellen und Schätzungen der Weltbevölkerung für diese beiden Zeitpunkte auch sein mögen, es steht außer Frage, dass das durchschnittliche Bevölkerungswachstum zwischen dem Jahr 0 und 1700 deutlich unter 0,2 % jährlich und höchstwahrscheinlich unter 0,1 % lag.

Entgegen einer weit verbreiteten Auffassung entsprach dieses sehr geringe Wachstum, das Malthus gefallen hätte, nicht einer völligen demografischen Stagnation. Die Wachstumsrate war zweifellos sehr niedrig, und das über mehrere Generationen kumulierte Wachstum wurde oftmals in wenigen Jahren aufgrund von Hungersnöten und Epidemien wieder zunichte gemacht.[1] Die Bevölkerung hat sich zwischen 0 und 1000 anscheinend um ein Viertel, zwischen 1000 und 1500 um die Hälfte und zwischen 1500 und 1700 noch einmal um die Hälfte erhöht; in diesem letzten Abschnitt näherte sich das Bevölkerungswachstum den 0,2 % pro Jahr an. Die Beschleunigung des Wachstums ist aller Wahrscheinlichkeit nach ein sehr gradueller Prozess, der sich nach Maßgabe des medizinischen Fortschritts und des allgemeinen Gesundheitszustands der Bevölkerung vollzieht, also sehr langsam vonstatten geht.

Ab 1700 kommt es zu einer Beschleunigung des Bevölkerungswachstums, wobei die Wachstumsraten im 18. Jahrhundert durchschnittlich bei 0,4 % jährlich und im 19. Jahrhundert bei 0,6 % liegen. In Europa, das wie sein amerikanischer Ableger zwischen 1700 und 1913 das stärkste Bevölkerungswachstum erlebt, kehrt sich der Prozess im 20. Jahrhundert um. Das Bevölkerungswachstum in Europa ist zweigeteilt; 0,4 % jährlich zwischen 1913 und 2012 gegenüber 0,8 % zwischen 1820 und 1913. Das ist beim «demografischen Übergang» ein bekanntes Phänomen: Die kontinuierliche Verlängerung der Lebenserwartung reicht nicht aus, um den Geburtenrückgang auszugleichen, und das Bevölkerungswachstum sinkt langsam wieder auf ein niedriges Niveau.

In Asien und Afrika bleibt die Geburtenrate viel länger als in Europa hoch, so dass das Bevölkerungswachstum im 20. Jahrhundert schwindelerregende Höhen erreicht: 1,5–2 % pro Jahr, wodurch die Bevölkerung in einem Jahrhundert auf das Fünffache ansteigt. Ägypten hatte zu Beginn des 20. Jahrhunderts etwas mehr als 10 Millionen Einwohner; heute sind es über 80 Millionen. In Nigeria oder Pakistan

1 Das Schulbeispiel ist die Große Pest von 1347, die ein Drittel der europäischen Bevölkerung dahingerafft haben soll und so ein jahrhundertelanges langsames Wachstum zunichte gemacht wurde.

lag die Bevölkerung jeweils knapp über 20 Millionen Einwohnern; heute überschreitet sie 160 Millionen.

Interessanterweise sind die demografischen Wachstumsraten, die Asien und Afrika im 20. Jahrhundert erreichten – nämlich 1,5 bis 2 Prozent jährlich –, jenen ähnlich, die im 19. und 20. Jahrhundert in Amerika festgestellt wurden (vgl. Tabelle 2.3). Die Bevölkerung der Vereinigten Staaten ist von weniger als 3 Millionen Einwohnern in den 1780er Jahren auf 100 Millionen in den 1910er Jahren und auf mehr als 300 Millionen in den 2010er Jahren gestiegen, was einer Zunahme um mehr als das Hundertfache in etwas mehr als 200 Jahren entspricht. Der entscheidende Unterschied ist, dass das Bevölkerungswachstum in der Neuen Welt weitgehend mit der Zuwanderung aus den anderen Kontinenten, insbesondere aus Europa, erklärt werden kann, während die jährlichen 1,5–2 %, die im 20. Jahrhundert in Asien und Afrika erreicht wurden, ausschließlich durch das natürliche Wachstum bedingt sind (mehr Geburten als Todesfälle).

Tabelle 2.3
Das Bevölkerungswachstum seit der Industriellen Revolution

Jährliche durchschnittliche Wachstumsrate	**Weltbevölkerung**	Europa	Amerika	Afrika	Asien
0–1700	0,1 %	0,1 %	0,0 %	0,1 %	0,1 %
1700–2012	0,8 %	0,6 %	1,4 %	0,9 %	0,8 %
Davon: 1700–1820	0,5 %	0,5 %	0,7 %	0,2 %	0,5 %
1820–1913	0,6 %	0,8 %	1,9 %	0,6 %	0,4 %
1913–2012	1,4 %	0,4 %	1,7 %	2,2 %	1,5 %
Prognosen 2012–2050	0,7 %	−0,1 %	0,6 %	1,9 %	0,5 %
Prognosen 2050–2100	0,2 %	−0,1 %	0,0 %	1,0 %	−0,2 %

Zwischen 1913 und 2012 betrug die Wachstumsrate der Weltbevölkerung 1,4 % jährlich, davon entfielen 0,4 % auf Europa, 1,7 % auf Amerika usw.

Quellen: siehe piketty.pse.ens.fr/capital21c. Die angegebenen Prognosen für die Bevölkerung in der Zeit von 2012 bis 2100 entsprechen dem mittleren Szenario der UNO.

Die Folge dieses demografischen Schubs: Das Bevölkerungswachstum im Weltmaßstab erreicht im 20. Jahrhundert die Rekordzahl von 1,4 % pro Jahr, während sie im 18. und 19. Jahrhundert nur 0,4–0,6 % betrug (siehe Tabelle 2.3).

Wir müssen uns bewusst sein, dass dieser Prozess der Beschleunigung des Bevölkerungswachstums gerade zu Ende geht. Zwischen 1970 und 1990 stieg die Weltbevölkerung um mehr als 1,8 % jährlich, was fast so viel ist wie der zwischen 1950 und 1970 festgestellte Rekord von 1,9 %. Zwischen 1990 und 2012 liegt das Wachstum noch bei 1,3 % jährlich, was ein sehr rascher Anstieg ist.[1]

Die Wachstumsrate der Weltbevölkerung von der Antike bis 2100

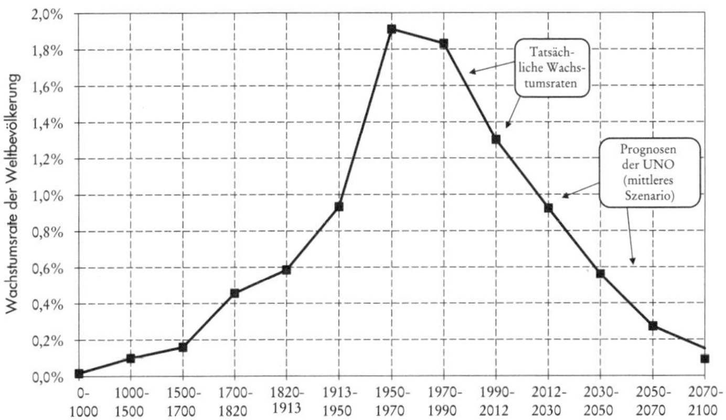

Grafik 2.2.: Die jährliche Wachstumsrate der Weltbevölkerung betrug zwischen 1950 und 2012 mehr als 1 % und müsste am Ende des 21. Jahrhunderts gegen 0 % gehen.
Quellen und Reihen: siehe piketty.pse.ens.fr/capital21c.

Nach den amtlichen Prognosen sollte sich der demografische Übergang im Weltmaßstab, das heißt die Stabilisierung der Weltbevölkerung, jetzt beschleunigen. Nach dem mittleren Szenario der Vereinten Nationen könnte das Bevölkerungswachstum innerhalb der Jahre 2030 bis 2040 auf unter 0,4 % sinken und sich ab den 2070er Jahren bei etwa 0,1 % einpendeln. Sollten diese Prognosen sich bewahrheiten,

1 Unter Berücksichtigung der Alterung war das Wachstum der erwachsenen Weltbevölkerung noch höher: 1,9 % im Jahresdurchschnitt zwischen 1990 und 2012 (der Anteil der Erwachsenen an der Weltbevölkerung ist von 57 auf 65 % gestiegen; er erreicht 2012 ungefähr 80 % in Europa und Japan und 75 % in Nordamerika). Siehe Technischer Anhang.

würde das eine Rückkehr zu einer Zeit des sehr schwachen Bevölkerungswachstums bedeuten, wie sie vor 1700 beobachtet wurde. Demnach hätte das Wachstum der Weltbevölkerung von 1700 bis 2100 den Verlauf einer riesigen Glockenkurve genommen, mit einem spektakulären Höchststand von annähernd 2 % jährlich zwischen 1950 und 1990 (siehe Grafik 2.2).

Es ist darauf hinzuweisen, dass das für die zweite Hälfte des Jahrhunderts prognostizierte schwache Bevölkerungswachstum (0,2 % zwischen 2050 und 2100) allein auf den afrikanischen Kontinent zurückgeht (der ein Wachstum von 1 % jährlich aufweist). Auf den drei anderen Kontinenten dürfte die Bevölkerung entweder stagnieren (0,0 % in Amerika) oder zurückgehen (–0,1 % in Europa und –0,2 % in Asien). Ein derart negatives Wachstum über einen langen Zeitraum in Friedenszeiten würde eine in der Geschichte nie da gewesene Situation darstellen (siehe Tabelle 2.3).

Ein negatives Bevölkerungswachstum?

Es versteht sich von selbst, dass diese Prognosen ziemlich unsicher sind. Sie hängen einerseits von der Entwicklung der Lebenserwartung (und damit teilweise von der medizinischen Forschung und wissenschaftlichen Entdeckungen) und andererseits von den Entscheidungen der zukünftigen Generationen bezüglich ihrer Kinderzahl ab. Bei einer gegebenen Lebenserwartung ergibt sich das Bevölkerungswachstum automatisch aus der Geburtenzahl. Wichtig ist, dass kleine Veränderungen der Kinderzahl beträchtliche Auswirkungen auf die gesamte Gesellschaft haben können.[1]

Die Geschichte der Demografie zeigt, dass diese Entscheidungen bezüglich des Nachwuchses weitgehend unvorhersehbar sind. Sie hängen von kulturellen, ökonomischen, psychologischen und persönlichen Faktoren ab, die mit den Lebenszielen der Menschen verbun-

1 Wenn 1,8 (überlebende) Kinder auf jede Frau kommen, das heißt 0,9 Kind auf einen Erwachsenen, dann wird die Bevölkerung in einer Generation automatisch um 10 Prozent sinken, was pro Jahr –0,3 % bedeutet. Umgekehrt gilt: Wenn jede Frau 2,2 Kinder hat, das heißt jeder Erwachsene 1,1 Kind, dann wird dies zu einem Wachstum von 10 % in einer Generation führen (was + 0,3 % pro Jahr bedeutet). Bei 1,5 Kindern pro Frau beträgt das Wachstum – 1,0 % jährlich, bei 2,5 Kindern pro Frau beträgt es + 0,7 %.

den sind. Sie können auch von materiellen Bedingungen abhängen, die die verschiedenen Länder bereitstellen oder nicht bereitstellen, um Familienleben und Berufsleben in Einklang zu bringen (Schulen, Krippen, Gleichstellung der Geschlechter usw.) – eine Frage, die im 21. Jahrhundert in den öffentlichen Diskussionen und in der Politik eine immer größere Bedeutung erlangen wird. Jenseits der weiter oben beschriebenen allgemeinen Entwicklung zeigt sich, dass die Geschichte der Bevölkerungsentwicklung von allen erdenklichen regionalen Eigenheiten und spektakulären Wendungen geprägt ist, die häufig mit den Besonderheiten der jeweiligen nationalen Geschichte zusammenhängen.[1]

Die spektakulärste Veränderung hat zweifellos in Europa und Amerika stattgefunden. In den 1780er Jahren, als die westeuropäischen Länder schon mehr als 100 Millionen und Nordamerika knapp 3 Millionen Einwohner hatte, hätte sich niemand vorstellen können, dass sich die Situation so dramatisch verändern würde. Zu Beginn der 2010er Jahre liegt die Bevölkerung Westeuropas leicht über 410 Millionen, während Nordamerika 350 Millionen zählt. Nach den Prognosen der Vereinten Nationen wird der Aufholprozess in den 2050er Jahren abgeschlossen sein, dann wird Westeuropa mit Mühe 430 Millionen Einwohner haben gegenüber 450 Millionen in Nordamerika. Interessanterweise lässt sich diese Veränderung nicht nur mit den Migrantenströmen, sondern auch mit einer deutlich höheren Kinderzahl in der Neuen Welt gegenüber dem Alten Europa erklären; dieser Abstand setzt sich bis heute fort – und zwar auch in den Bevölkerungsgruppen europäischer Herkunft, was für die Demografen ein Rätsel ist. Die höhere Kinderzahl ist gewiss nicht auf eine großzügigere Familienpolitik zurückzuführen, denn die gibt es jenseits des Atlantiks praktisch nicht.

1 Es ist unmöglich, den sehr zahlreichen historischen, soziologischen und anthropologischen Arbeiten gerecht zu werden, welche die Entwicklung und die Veränderungen demografisch relevanter Verhaltensweisen analysiert haben (Geburtenrate, Eheschließungen, Familienstrukturen usw.), und zwar sowohl landesweit als auch regional. Geben wir einfach die Arbeiten von Emmanuel Todd und Hervé Le Bras über die Kartografie der Familiensysteme in Frankreich, Europa und weltweit an, von *L'Invention de la France* (1981, Neuauflage Paris: Gallimard 2012) bis *L'Origine des systèmes familiaux* (Paris: Gallimard 2011). Erwähnt seien auch die ganz anders ausgerichteten Arbeiten von Gøsta Esping-Andersen über die verschiedenen Formen des Wohlfahrtsstaates und die wachsende Bedeutung der Politik, die darauf abzielt, die Vereinbarkeit von Familie und Beruf zu fördern (siehe beispielsweise *Trois leçons sur l'Etat-providence*, Paris: Le Seuil 2008).

Muss man darin ein größeres Vertrauen in die Zukunft, einen für die Neue Welt charakteristischen Optimismus oder eine stärkere Neigung sehen, für sich und seine Kinder einen Lebensplan zu entwerfen, der auf eine Welt ständigen Wachstums ausgerichtet ist? Da es sich bei den Entscheidungen für eine bestimmte Kinderzahl um komplexe Fragen handelt, darf keine psychologische oder kulturelle Erklärung ausgeschlossen werden. Und nichts ist vorbestimmt: Das amerikanische Bevölkerungswachstum nimmt kontinuierlich ab, und alles könnte eine andere Wendung nehmen, wenn die Migrantenströme in Richtung Europäische Union weiterhin steigen, wenn die Geburtenzahlen zunehmen oder wenn eine höhere Lebenserwartung in Europa den Abstand zu Amerika verringert. Die Prognosen der UNO sind keine Gewissheiten.

Spektakuläre demografische Veränderungen finden auf jedem Kontinent statt. In Europa ist Frankreich im 18. Jahrhundert das bevölkerungsreichste Land (wie bereits gesagt, sehen Young und Malthus hier die Ursache des Elends der französischen Landbevölkerung, ja sogar der Revolution), es erlebt dann einen ungewöhnlich frühen demografischen Übergang mit einem starken Geburtenrückgang und einem Quasi-Stagnieren der Bevölkerung ab dem 19. Jahrhundert (ein Phänomen, das allgemein einer ebenfalls sehr frühen Entchristianisierung zugeschrieben wird) und verzeichnet im 20. Jahrhundert ein Hochschnellen der Geburtenrate (das oftmals auf die nach den militärischen Konflikten und der traumatischen Niederlage von 1940 eingeführte Familienpolitik zurückgeführt wird). Auf diesem Gebiet ist man weiterhin erfolgreich, denn die französische Bevölkerung wird nach den Prognosen der Vereinten Nationen die deutsche Bevölkerung in den 2050er Jahren übersteigen, wobei es schwer ist, die verschiedenen – ökonomischen, politischen, kulturellen und psychologischen – Ursachen dieser Wendung klar voneinander zu trennen.[1]

Jeder kennt die Folgen der chinesischen Ein-Kind-Politik (die in den 1970er Jahren beschlossen wurde, als das Land fürchtete, in der Unterentwicklung stecken zu bleiben, und die jetzt gelockert wird). Die chinesische Bevölkerung ist nahe daran, von der indischen überholt zu werden, während sie bis zur Einführung dieser radikalen Politik um 50 % höher war. Laut UNO dürfte die indische Bevölke-

1 Siehe Technischer Anhang, in dem sich detaillierte Reihen nach Ländern finden.

rung zwischen 2020 und 2100 die größte der Welt sein. Aber auch hier ist nichts in Stein gemeißelt: In der Geschichte der Bevölkerungsentwicklung mischen sich individuelle Entscheidungen, Entwicklungsstrategien, nationale Befindlichkeiten, persönliche Triebkräfte und Machtstreben. Niemand kann zuverlässig vorhersagen, welche demografischen Entwicklungen im 21. Jahrhundert stattfinden werden.

Daher wäre es anmaßend, in den Prognosen der Vereinten Nationen etwas anderes zu sehen als ein «mittleres Szenario». Die UNO hat im Übrigen noch zwei andere Szenarien entworfen, die vor einem bis 2100 reichenden Zeithorizont große Unterschiede aufweisen.[1]

Das Hauptszenario ist beim heutigen Wissensstand mit Abstand das plausibelste. Zwischen 1990 und 2012 stagnierte die europäische Bevölkerung nahezu völlig und ging in mehreren Ländern sogar zurück. Die deutsche, italienische, spanische und polnische Fertilitätsrate fiel in den 2000er Jahren unter 1,5 Kinder pro Frau, und nur die Verlängerung der Lebenserwartung in Kombination mit einer starken Zuwanderung verhinderte einen rapiden Bevölkerungsrückgang. Unter diesen Bedingungen ist die Prognose der UNO, wonach das Bevölkerungswachstum in Europa bis 2030 bei null liegen und nach 2030 leicht negativ sein wird, nicht übertrieben, sondern scheint vernünftig zu sein. Gleiches gilt für die für Asien und andere Länder prognostizierten Entwicklungen: Die Generationen, die heute in Japan oder in China geboren werden, sind um ein Drittel kleiner als die, die in den 1990er Jahren das Licht der Welt erblickten. Der demografische Übergang ist bereits weitgehend eingetreten. Veränderungen der individuellen Entscheidungen und der Politik können an diesen Entwicklungen sicherlich etwas ändern – der leichte Rückgang (wie in Japan oder in Deutschland) kann in eine leichte Zunahme verwandelt werden (wie in Frankreich oder in den skandinavischen Ländern), was schon einen großen Unterschied ausmacht – aber mehr ist zumindest für die kommenden Jahrzehnte nicht zu erwarten.

In Bezug auf die sehr langfristige Entwicklung ist alles noch viel ungewisser. Eines ist jedoch klar: Sollte sich das zwischen 1700 und 2012 beobachtete Bevölkerungswachstum – 0,8 % jährlich – in den kommenden Jahrhunderten fortsetzen, würde das zu einer Weltbe-

1 Das Wachstum der Weltbevölkerung zwischen 2070 und 2100 beträgt dem mittleren Szenario zufolge 0,1 Prozent, – 1,0 % nach dem niedrig angesetzten Szenario und + 1,2 % nach dem hoch angesetzten Szenario. Siehe Technischer Anhang.

völkerung von 70 Milliarden Menschen im Jahr 2300 führen. Nichts kann ausgeschlossen werden, ob es sich um die Fertilitätsrate oder um technologische Fortschritte handelt (die eines Tages vielleicht ein heute unvorstellbares umweltfreundliches Wachstum ermöglichen, neue Güter und Dienstleistungen hervorbringen, die fast völlig entmaterialisiert sind, oder erneuerbare Energieträger ohne Kohlendyoxidemissionen schaffen). Aber es ist nicht übertrieben, wenn man sagt, dass eine Weltbevölkerung von 70 Milliarden Menschen weder sonderlich plausibel noch sonderlich wünschenswert ist. Die wahrscheinlichste Hypothese ist, dass das Wachstum der Weltbevölkerung in den nächsten Jahrhunderten deutlich unter 0,8 % liegen wird. Die amtliche Prognose, die von einem sehr geringen Bevölkerungswachstum ausgeht – 0,1 bis 0,2 % jährlich – ist auf sehr lange Sicht ziemlich plausibel.

Wachstum, ein egalisierender Faktor

Dieses Buch will keine demografischen Prognosen aufstellen, sondern lediglich diese verschiedenen Szenarien zur Kenntnis nehmen und ihre Auswirkungen auf die Entwicklung der Vermögensverteilung untersuchen. Denn das Bevölkerungswachstum hat nicht nur Folgen für die Entwicklung und die Macht der Staaten, es beeinflusst auch die Struktur der Ungleichheit tiefgreifend. Unter sonst gleichen Bedingungen spielt ein starkes Bevölkerungswachstum tendenziell eine egalisierende Rolle, da es die Bedeutung der in der Vergangenheit angehäuften Vermögen und somit der Erbschaften verringert: Jede Generation muss sich gleichsam selbst erschaffen.

Ein extremes Beispiel: In einer Welt, in der jeder zehn Kinder hätte, wäre es – in aller Regel – besser, nicht zu sehr auf das Erbe zu zählen, da in jeder Generation alles durch zehn geteilt werden wird. In einer solchen Gesellschaft spielt das Erbe eine sehr geringe Rolle, so dass es in den meisten Fällen realistischer ist, sich auf seine Arbeit oder auf seine eigenen Ersparnisse zu verlassen.

Ebenso verhält es sich in einer Welt, in der die Bevölkerung ständig durch Zuwanderung aus anderen Ländern erneuert wird, so wie es in Amerika der Fall war. Da die meisten Zuwanderer ohne nennenswertes Vermögen ankommen, ist die Bedeutung der in der Vergangenheit angehäuften Vermögen im Vergleich zu den neu angesparten relativ begrenzt. Das Bevölkerungswachstum durch Zuwanderung hat indes noch andere Konsequenzen. Sie betreffen insbesondere die Ungleichheit zwischen Zuwanderern und Einheimischen sowie innerhalb jeder dieser Gruppen, was zur Folge hat, dass man diese Situation nicht mit einer Gesellschaft vergleichen kann, in der die Bevölkerungsdynamik hauptsächlich durch das natürliche Wachstum (das heißt durch Geburten) bedingt ist.

Wir werden sehen, dass die Annahmen bezüglich der Auswirkungen eines starken Bevölkerungswachstums in gewissem Maße auf Gesellschaften übertragen werden kann, die ein sehr rasches Wirtschaftswachstum und nicht nur ein sehr rasches Bevölkerungswachstum haben. In einer Welt, in der sich beispielsweise die Produktion pro Einwohner in jeder Generation verzehnfachen würde, ist es besser, auf Einkommen und Ersparnisse aus der eigenen Arbeit zu setzen: Die Einkommen der früheren Generationen sind im Vergleich zu den aktuellen Einkommen so gering, dass die von den Eltern oder Großeltern angehäuften Vermögen nicht stark ins Gewicht fallen.

Umgekehrt erhöht sich bei einer Stagnation der Bevölkerung – und mehr noch bei ihrem Rückgang – die Bedeutung des von den früheren Generationen angehäuften Kapitals. Gleiches gilt für die wirtschaftliche Stagnation. Bei einem schwachen Wachstum ist es recht plausibel, dass die Kapitalrendite deutlich über der Wachstumsrate liegt. Wir haben in der Einleitung bereits darauf hingewiesen, dass es in erster Linie dieser Umstand ist, der langfristig zu einer großen Ungleichverteilung der Vermögen führt. Wir werden sehen, dass die Gesellschaften, die stark durch Vermögen und Erbschaften geprägt waren – ob es sich um die traditionellen Agrargesellschaften oder die europäischen Gesellschaften des 19. Jahrhunderts handelt –, nur unter den Bedingungen eines geringen Wachstums entstehen und überdauern können. Wir werden untersuchen, welche Folgen die wahrscheinliche Rückkehr zu einem schwachen Wachstum für die Dynamik der Kapitalakkumulation und die Struktur der Ungleichheit haben wird. Dabei geht es vornehmlich um die Möglichkeit, dass Erbschaften wieder eine größere Bedeutung erlangen – ein langfristiges Phänomen, dessen Auswirkungen in Europa bereits spürbar sind und das sich auch auf andere Teile der Welt ausweiten könnte. Daher ist es im Rahmen unserer Untersuchung wichtig, uns bereits jetzt mit der

Geschichte des Bevölkerungs- und Wirtschaftswachstums vertraut zu machen.

Erwähnt sei auch ein anderer Mechanismus – der den erstgenannten ergänzt, auch wenn er weniger wichtig und ambivalenter ist –, durch den das Wachstum Ungleichheit verringern oder zur schnelleren Erneuerung der Eliten führen kann. Liegt das Wachstum bei null oder ist es sehr niedrig, bleiben die verschiedenen ökonomischen und sozialen Tätigkeiten sowie die verschiedenen Berufe praktisch von einer Generation zur anderen gleich. Ein anhaltendes Wachstum, auch wenn es nur 0,5, 1 oder 1,5 % jährlich beträgt, bedeutet dagegen, dass in jeder Generation ständig neue Tätigkeiten geschaffen werden und neue Fähigkeiten gefragt sind. Wenn die Vorlieben und Fähigkeiten der Menschen nur in sehr begrenztem Umfang von Generation zu Generation weitergegeben werden – oder zumindest wesentlich weniger automatisch als das Boden-, Immobilien- oder Geldkapital durch Erbschaften –, kann das Wachstum den sozialen Aufstieg von Menschen erleichtern, deren Eltern nicht zur Elite gehörten. Diese mögliche Erhöhung der sozialen Mobilität bringt nicht zwangsläufig eine Verringerung der Einkommensungleichheit mit sich, begrenzt aber auf lange Sicht die Reproduktion und Vergrößerung der Vermögensungleichheit und damit bis zu einem gewissen Grad die langfristige Einkommensungleichheit.

Man sollte sich jedoch vor der herkömmlichen Vorstellung in Acht nehmen, das moderne Wachstum würde auf einzigartige Weise die individuellen Begabungen und Fähigkeiten zutage fördern. An diesem Argument ist zwar durchaus etwas Wahres, aber es wurde seit Beginn des 19. Jahrhunderts allzu häufig verwendet, um jede Ungleichheit, wie groß sie auch sein und woher sie auch rühren mochte, zu rechtfertigen und die Nutznießer der neuen industriellen Wirtschaftsweise zu glorifizieren. Charles Dunoyer, liberaler Ökonom und Präfekt in der Juli-Monarchie, schrieb 1845 in seinem Buch mit dem Titel *De la liberté du travail* (in dem er sich natürlich gegen jede verbindliche Sozialgesetzgebung ausspricht): «Die industrielle Wirtschaftsweise zerstört die künstlichen Ungleichheiten; aber nur, um die natürlichen Ungleichheiten hervortreten zu lassen.» Für Dunoyer umfassen diese natürlichen Ungleichheiten die Unterschiede bezüglich der physischen, geistigen und moralischen Fähigkeiten und machen den Kern der neuen Wachstums- und Innovationsökonomie aus, die er überall sieht und die ihn dazu bringt, jede staatliche Intervention abzulehnen: «Überlegenheit ist die Quelle von allem, was groß und nützlich ist. Macht alle gleich, und ihr werdet alles zum Erliegen bringen.»[1] In den Jahren 2000–2010 wird mitunter der gleiche Gedanke geäußert, wonach die neue Informationsökonomie es den Begabtesten ermöglicht, ihre Produktivität zu steigern. Dieses Argument dient häufig dazu, extreme Ungleichheit zu rechtfertigen und die Gewinner zu verteidigen, ohne Rücksicht auf die Verlierer und die Fakten und ohne die Frage zu klären, ob dieses einfache Prinzip die beobachteten Entwicklungen erklären kann oder nicht. Wir werden darauf zurückkommen.

Die Stadien des Wirtschaftswachstums

Kommen wir jetzt zum Produktionswachstum pro Kopf der Bevölkerung. Wie bereits gesagt, entspricht das Wachstum über den gesamten Zeitraum von 1700 bis 2012 genau dem Bevölkerungswachstum: im Durchschnitt 0,8 % pro Jahr, was auf eine Verzehnfachung in dreihundert Jahren hinausläuft. Das Durchschnittseinkommen liegt derzeit weltweit bei etwa 760 Euro pro Monat und pro Einwohner; 1700 betrug es weniger als 70 Euro pro Monat, was annähernd dem Stand in den ärmsten Ländern im subsaharischen Afrika im Jahr 2012 entspricht.[2]

Dieser Vergleich ist zwar beeindruckend, aber seine Bedeutung sollte nicht überschätzt werden. Wenn man versucht, so unterschiedliche Gesellschaften und Zeiten zu vergleichen, ist es illusorisch anzunehmen, man könnte alles in eine einzige Zahl fassen, nach dem Motto «Der Lebensstandard in jener Gesellschaft ist zehn Mal höher als der in einer anderen Gesellschaft». Nimmt der Vergleich solche Dimensionen an, ist das Produktionswachstum pro Einwohner ein viel ab-

1 Siehe Pierre Rosanvallon, La société des égaux, Paris: Le Seuil, S. 131 f. (Übersetzung von Ilse Utz).

2 Das durchschnittliche Bruttoinlandsprodukt im subsaharischen Afrika beträgt 2012 etwa 2000 Euro pro Einwohner, was ein Durchschnittseinkommen von 150 Euro monatlich bedeutet (siehe Kapitel 1, Tabelle 1.1). Doch in den ärmsten Ländern (z. B. Demokratische Republik Kongo, Niger, Tschad und Äthiopien) ist der Stand um zwei Drittel geringer und in den reichsten Ländern (z. B. Südafrika) um zwei Drittel höher (er nähert sich dem Nordafrikas an). Siehe Technischer Anhang.

strakterer Begriff als das Bevölkerungswachstum, das zumindest einer konkreten Realität entspricht (es ist leichter, Einwohner als Güter und Dienstleistungen zu zählen). Die Geschichte der Wirtschaftsentwicklung ist in erster Linie die Geschichte der Ausdifferenzierung von Lebensformen sowie von produzierten und konsumierten Gütern und Dienstleistungen. Es handelt sich somit um einen mehrdimensionalen Prozess, der sich nicht mit einem einzigen monetären Indikator erfassen lässt.

Nehmen wir das Beispiel der reichsten Länder. In Westeuropa, Nordamerika und Japan ist das Durchschnittseinkommen von etwa 100 Euro pro Monat und pro Einwohner im Jahr 1700 auf mehr als 2500 Euro pro Monat im Jahr 2012 gestiegen, was mehr als das Zwanzigfache ist.[1] Die Steigerung der Produktivität, das heißt der Produktion pro Arbeitsstunde, fiel noch höher aus, da die durchschnittliche Arbeitszeit pro Einwohner stark gesunken ist: Alle entwickelten Gesellschaften haben mit zunehmendem Wohlstand beschlossen, weniger lange zu arbeiten, um mehr Freizeit zu haben (kürzere Arbeitstage, längerer Urlaub usw.).[2]

Dieses spektakuläre Wachstum hat vor allem im 20. Jahrhundert stattgefunden. Weltweit verteilt sich das durchschnittliche jährliche Wachstum der Produktion pro Einwohner von 0,8 Prozent zwischen 1700 und 2012 auf knapp 0,1 % im 18. Jahrhundert, 0,9 % im 19. Jahrhundert und 1,6 % im 20. Jahrhundert (siehe Tabelle 2.1). In Westeuropa verteilt sich das durchschnittliche Wachstum von 1 % zwischen 1700 und 2012 auf 0,2 % im 18. Jahrhundert, 1,1 % im 19. Jahrhundert und 1,9 % im 20. Jahrhundert.[3] Die durchschnittliche Kaufkraft auf dem Alten Kontinent ist zwischen 1700 und 1820 kaum gestiegen, hat sich zwischen 1820 und 1913 allerdings mehr als verdoppelt und zwischen 1913 und 2012 mehr als versechsfacht. Das 18. Jahrhundert

---

1 Die Schätzungen Maddisons – die für diese Zeit nicht sicher sind – legen den Gedanken nahe, dass der Ausgangpunkt, das Jahr 1700, in Nordamerika und in Japan schwächer war (näher am weltweiten Durchschnitt als am westeuropäischen lag), so dass die gesamte Steigerung des Durchschnittseinkommens zwischen 1700 und 2012 eher das Dreißigfache als das Zwanzigfache betrüge.

2 Langfristig hat sich die durchschnittliche Zahl der Arbeitsstunden pro Einwohner ungefähr halbiert (wobei es zwischen den Ländern erhebliche Unterschiede gab), so dass die Produktivitätssteigerung zwei Mal höher war als das Wachstum der Produktion pro Einwohner.

3 Siehe die zusätzliche Tabelle S2.2, online verfügbar.

ist von der gleichen wirtschaftlichen Stagnation gekennzeichnet wie die vorausgehenden Jahrhunderte. Das 19. Jahrhundert erlebt zwar erstmals ein anhaltendes Wachstum der Pro-Kopf-Produktion, aber große Teile der Bevölkerung haben kaum etwas davon, zumindest bis zum letzten Drittel des Jahrhunderts. Erst im 20. Jahrhundert wird das Wirtschaftswachstum zu einer erlebten und eindrucksvollen Realität für alle. In der Belle Époque, also um 1900 bis 1910, beträgt das durchschnittliche Einkommen der Europäer knapp 400 Euro im Monat gegenüber 2500 Euro zu Beginn der 2010er Jahre.

Was bedeutet es, wenn sich eine Kaufkraft um das Zwanzigfache, Zehnfache oder Sechsfache erhöht? Das bedeutet natürlich nicht, dass die Europäer im Jahr 2012 sechs Mal mehr Güter und Dienstleistungen produzieren und konsumieren als 1913. Der durchschnittliche Verbrauch von Lebensmitteln hat sich beispielsweise nicht versechsfacht. Das wäre auch sinnlos gewesen, da der Nahrungsmittelbedarf längst befriedigt war. In Europa wie in allen Ländern geht die Erhöhung der Kaufkraft und des Lebensstandards langfristig vor allem mit einer Veränderung der Konsumstrukturen einher: An die Stelle eines Verbrauchs, der überwiegend aus Nahrungsmitteln bestand, ist im Laufe der Zeit ein wesentlich diversifizierterer Verbrauch getreten, der viele Industrieprodukte und Dienstleistungen umfasst.

Auch wenn die Europäer im Jahr 2012 den Wunsch gehabt hätten, sechs Mal mehr Güter und Dienstleistungen zu konsumieren als 1913, hätten sie es nicht gekonnt: Manche Preise sind schneller gestiegen als der «Durchschnittspreis», während andere weniger schnell gestiegen sind, so dass sich die Kaufkraft nicht für alle Arten von Gütern und Dienstleistungen erhöht hat. Für die Betrachtung eines kurzen Zeitraumes kann das Problem der «relativen Preise» vernachlässigt werden, und man kann davon ausgehen, dass die von den Statistikämtern und Wirtschaftsbehörden ermittelten «durchschnittlichen» Preise die Erhöhung der Kaufkraft korrekt messen. Aber bei einer langfristigen Analyse, wenn sich die Struktur des Konsums und der relativen Preise radikal verändert – insbesondere wenn neue Güter und Dienstleistungen auf den Markt kommen –, reichen diese Durchschnittspreise nicht aus, um die Natur dieser Umwälzungen angemessen zu beschreiben. Da können die Statistiker noch so verfeinerte Methoden anwenden, um die Tausende von Preisen, die ihnen vorliegen, auszuwerten, und die qualitative Verbesserung der Produkte noch so sehr berücksichtigen.

Was bedeutet eine zehnfache Erhöhung der Kaufkraft?

Die einzige Methode, die rasante Steigerung des Lebensstandards und die Diversifizierung der Lebensformen seit der Industriellen Revolution richtig zu erfassen, besteht darin, sich an die Einkommenshöhe, ausgedrückt in der heutigen Währung, zu halten und sie mit dem Preisniveau der verschiedenen Güter und Dienstleistungen in den verschiedenen Epochen zu vergleichen. Fassen wir hier die wichtigsten Erkenntnisse eines solchen Vergleichs zusammen.[1]

Üblicherweise unterscheidet man Industriegüter, Nahrungsmittel und Dienstleistungen. Bei den Industriegütern ist die Produktivität viel schneller gestiegen als im Durchschnitt der Wirtschaft, so dass ihre Preise im Verhältnis zu den Durchschnittspreisen gesunken sind. Bei den Nahrungsmitteln stieg die Produktivität über einen sehr langen Zeitraum kontinuierlich an (wodurch eine stark wachsende Bevölkerung ernährt werden konnte und ein zunehmender Teil der in der Landwirtschaft Beschäftigten freigesetzt wurde), aber weniger schnell als bei den Industriegütern, so dass ihre Preise sich fast genauso entwickelt haben wie die Durchschnittspreise. Bei den Dienstleistungen kam es zu einem relativ schwachen Anstieg der Produktivität (in manchen Fällen zu gar keinem, was erklärt, warum dieser Sektor tendenziell eine immer größere Zahl von Arbeitnehmern aufnimmt), so dass die Preise dort schneller gestiegen sind als die Durchschnittspreise.

Dieses allgemeine Entwicklungsmuster ist bekannt. Es ist im Großen und Ganzen richtig, muss aber verfeinert und präzisiert werden. Innerhalb eines jeden Sektors gibt es große Unterschiede. Bei vielen Nahrungsmitteln sind die Preise mit der gleichen Rate gestiegen wie die Durchschnittspreise. In Frankreich hat sich der Preis für ein Kilo Karotten mit der gleichen Rate entwickelt wie der allgemeine Preisindex zwischen den 1900er und den 2000er Jahren, so dass die in

1 Der interessierte Leser wird im Anhang historische Reihen zum Durchschnittseinkommen, ausgedrückt in geltender Währung, für eine große Zahl von Ländern seit Beginn des 18. Jahrhunderts finden. Zu detaillierten Beispielen für die Nahrungsmittelpreise, die Preise für Industriegüter und die Preise für Dienstleistungen im 19. und 20. Jahrhundert in Frankreich (basierend auf diversen historischen Quellen, insbesondere den amtlichen Indizes und den von Jean Fourastié veröffentlichten Zusammenstellungen von Preisen) sowie zu einer Analyse der entsprechenden Kaufkraftsteigerungen siehe T. Piketty, *Les hauts revenus en France au 20e siècle*, Paris: Grasset 2001, S. 80–92.

Karotten ausgedrückte Kaufkraft im gleichen Maße gestiegen ist wie die durchschnittliche Kaufkraft (sie hat sich in etwa versechsfacht). Der durchschnittliche Arbeitnehmer konnte sich zu Beginn des 20. Jahrhunderts pro Tag knapp 10 Kilo Karotten kaufen; zu Beginn des 21. Jahrhunderts waren es fast 60 Kilo.[1] Bei anderen Produkten wie Milch, Butter, Eier, Milchprodukte, deren Herstellung, Verarbeitung und Konservierung durch große technische Fortschritte optimiert wurde, stellt man relative Preissenkungen und damit eine Erhöhung der Kaufkraft fest, die mehr als das Sechsfache beträgt. Gleiches gilt für die Produkte, die von den gesunkenen Transportkosten profitiert haben: In einem Jahrhundert ist die Kaufkraft, ausgedrückt in Orangen, um das Zehnfache gestiegen und die Kaufkraft für Bananen um das Zwanzigfache. Dagegen hat sich die Kaufkraft, gemessen in Kilo Brot oder Fleisch, um weniger als das Vierfache erhöht, wobei Qualität und Vielfalt der Produkte stark gestiegen sind.

Noch größer sind die Unterschiede bei den Industriegütern, was daran liegt, dass völlig neue oder sehr viel leistungsstärkere Produkte auf den Markt kommen. Das typische Beispiel für die neuere Zeit sind Elektronik und Computertechnologie. Den Fortschritten bei Computern und Mobiltelefonen in den Jahren 1990 bis 2000, dann bei Tablets und Smartphones in den Jahren 2000 bis 2010, entspricht mitunter eine Verzehnfachung der Kaufkraft in einigen Jahren: Der Preis eines Produkts hat sich halbiert, während seine Leistungsfähigkeit um das Fünffache gestiegen ist.

Ebenso spektakuläre Beispiele lassen sich in der gesamten Geschichte der industriellen Entwicklung finden. Nehmen wir das Fahrrad. In den Jahren 1880 bis 1890 kostet das billigste Fahrrad in Frankreich, wie aus Katalogen und Geschäftsunterlagen hervorgeht, sechs durchschnittliche Monatsgehälter. Dabei handelt es sich um ein relativ einfaches Fahrrad, «dessen Räder nur mit einem Gummimantel umkleidet sind und das nur eine Bremse hat, die direkt auf den Vorderreifen wirkt». Aufgrund des technischen Fortschritts fällt der Preis in den Jahren 1910 bis 1920 auf weniger als ein durchschnittliches Monatsgehalt. Der Fortschritt geht weiter, und nach den Katalogen der Jahre 1960 bis 1970 kosten Qualitätsräder (mit «Freilauf, zwei Bremsen, Kettenabdeckung, Schutzblechen, Licht,

1 Alles hängt selbstverständlich davon ab, wo man seine Karotten kauft (wir sprechen hier vom durchschnittlichen Index).

Gepäckträger und Rückstrahler») weniger als ein durchschnittliches Wochengehalt. Ohne die schwindelerregende Verbesserung der Qualität und der Sicherheit zu berücksichtigen, hat sich die Kaufkraft in Bezug auf das Fahrrad zwischen 1890 und 1970 vervierzigfacht.[1]

Es ließen sich noch viele Beispiele finden, wenn man sich die Preisentwicklung bei Glühbirnen, Haushaltsgeräten, Tuchwaren, Geschirr, Oberbekleidung und Autos in den Industrie- und in den Schwellenländern anschaut und sie mit den jeweiligen Löhnen vergleicht.

Alle diese Beispiele zeigen auch, dass es müßig und zu kurz gegriffen ist, wenn man vorgibt, diese Veränderungen mit einem einzigen Index erfassen zu können, wonach «der Lebensstandard zwischen dieser und jener Epoche sich verzehnfacht hat». Wenn sich die Lebensformen und die Struktur der monatlichen Ausgaben der Haushalte so radikal ändern und wenn die Erhöhung der Kaufkraft in Bezug auf die verschiedenen Güter so unterschiedlich ausfällt, ist die Frage nach dem Durchschnittswert nicht sehr sinnvoll, da das genaue Ergebnis letztlich von den vorgenommenen Gewichtungen und Qualitätsmessungen abhängt – beides relativ unsichere Größen, vor allem dann, wenn es darum geht, Vergleiche über mehrere Jahrhunderte anzustellen.

Das ändert nichts daran, dass es Wachstum gegeben hat, im Gegenteil: Es steht außer Frage, dass sich die materiellen Lebensbedingungen seit der Industriellen Revolution gewaltig verbessert und es den Bewohnern des Planeten ermöglicht haben, sich besser zu ernähren, zu kleiden, sich fortzubewegen, sich zu informieren, sich ärztlich behandeln zu lassen usw. Und es ändert auch nichts daran, dass es sinnvoll ist, die Wachstumsraten über kürzere Zeiträume zu messen, z. B. innerhalb einer oder zweier Generationen. Für einen Zeitraum von 30 oder 60 Jahren ist es nicht unerheblich, ob das Wachstum 0,1 % pro Jahr (3 % pro Generation), 1 % (35 % pro Generation) oder 3 % (143 % pro Generation) betragen hat. Nur wenn man sie über zu lange Zeiträume kumuliert und zu spektakulären Vervielfachungen gelangt, verlieren die Wachstumsraten an Bedeutung und werden zu relativ abstrakten und willkürlichen Größen.

1 Siehe Piketty, *Les hauts revenus en France*, S. 83–85.

Das Wachstum: Eine Diversifizierung der Lebensformen

Zum Schluss wollen wir den Dienstleistungssektor untersuchen, in dem die Unterschiede am größten sind. Im Prinzip ist die Sache relativ klar: In diesem Sektor ist die Produktivität weniger stark gestiegen, so dass sich die in Dienstleistungen ausgedrückte Kaufkraft deutlich weniger erhöht hat. Der typische Fall einer «reinen» Dienstleistung, bei der es im Laufe der Jahrhunderte keine nennenswerte technische Innovation gegeben hat, ist das Friseurhandwerk: Ein Haarschnitt erfordert noch immer die gleiche Arbeitszeit wie zu Beginn des Jahrhunderts, so dass der Preis eines Friseurs um den gleichen Faktor gestiegen ist wie das Gehalt der Friseure, das wiederum im gleichen Umfang gestiegen ist wie das Durchschnittsgehalt und das Durchschnittseinkommen (in erster Annäherung). Mit anderen Worten: Wenn der durchschnittliche Arbeitnehmer zu Beginn des 21. Jahrhunderts eine Stunde arbeitet, kann er sich ungefähr die gleiche Zahl von Haarschnitten leisten wie der durchschnittliche Arbeitnehmer zu Beginn des 20. Jahrhunderts: Die in Haarschnitten ausgedrückte Kaufkraft ist nicht gestiegen, sondern sogar leicht zurückgegangen.[1]

Tabelle 2.4.
Beschäftigung nach Wirtschaftssektor in Frankreich und in den USA, 1800–2012

(in Prozent der Gesamtbeschäftigung)	Frankreich			USA		
	Landwirtschaft	Industrie	Dienstleistungssektor	Landwirtschaft	Industrie	Dienstleistungssektor
1800	64%	22%	14%	68%	18%	13%
1900	43%	29%	28%	41%	28%	31%
1950	32%	33%	35%	14%	33%	50%
2012	3%	21%	76%	2%	18%	80%

2012 entfielen in Frankreich 3% der Beschäftigten auf die Landwirtschaft, 21 % auf die Industrie und 76 % auf den Dienstleistungssektor. Das Baugewerbe, auf das 2012 7 % der Beschäftigten in Frankreich und in den USA entfielen, wurde der Industrie zugeordnet.

Quellen: siehe piketty.pse.ens.fr/capital21c.

1 Siehe Piketty, *Les hauts revenus en France*, S. 86–87.

Die Unterschiede sind so groß, dass schon der Begriff Dienstleistungssektor wenig sinnvoll ist. Die Einteilung in drei Sektoren – Primär-, Sekundär- und Tertiärsektor – wurde in der Mitte des 20. Jahrhunderts eingeführt, und zwar in Gesellschaften, in denen jeder Sektor einen ähnlichen – oder zumindest vergleichbaren – Anteil an der Wirtschaftstätigkeit und an den Arbeitskräften aufwies (siehe Tabelle 2.4). Wenn aber in allen entwickelten Ländern 70 bis 80 % der Arbeitskräfte im Dienstleistungssektor beschäftigt sind, bedeutet das, dass diese statistische Kategorie nicht mehr wirklich aussagekräftig ist: Sie sagt wenig über die Art der Berufe und Dienstleistungen in der betreffenden Gesellschaft aus.

Um sich in diesem riesigen Bereich zurechtzufinden, der in hohem Maße zur Verbesserung der Lebensbedingungen seit dem 19. Jahrhundert beigetragen hat, ist es nützlich, mehrere Blöcke voneinander zu unterscheiden. Man kann sich zunächst das Gesundheits- und das Bildungswesen anschauen, in denen in den höchstentwickelten Ländern schon mehr als 20 % der Beschäftigten arbeiten (so viele wie in allen Industriesektoren zusammen). Alles deutet darauf hin, dass dieser Anteil aufgrund des medizinischen Fortschritts und des kontinuierlichen Ausbaus der weiterführenden Bildungseinrichtungen weiter steigen wird. Die Beschäftigten im Handel, im Hotelgewerbe, in der Gastronomie, im Kultur- und Freizeitbereich machen mehr als 20 % der Gesamtbeschäftigten aus (in manchen Ländern sogar über 25 %). Die unternehmensbezogenen Dienstleistungen (Beratung, Buchführung, Design, EDV usw.) machen zusammen mit Immobilien- und Finanzdienstleistungen (Immobilienunternehmen, Banken, Versicherungen usw.) und dem Transportwesen ebenfalls 20 % der Gesamtbeschäftigten aus. Rechnet man die Dienstleistungen hinzu, die im Hoheits- und Sicherheitsbereich angesiedelt sind (allgemeine Verwaltung, Justiz, Polizei, Armee usw.), auf die in den meisten Ländern fast 10 % der Gesamtbeschäftigten entfallen, gelangt man zu den 70–80 % der Beschäftigten, die in den amtlichen Statistiken ausgewiesen werden.[1]

1 Eine historische Analyse der Herausbildung dieser verschiedenen Dienstleistungsbereiche vom Ende des 19. bis zum Ende des 20. Jahrhunderts hat T. Piketty vorgelegt, «Les Créations d'emploi en France et aux Etats-Unis. «Services de proximité» contre «petits boulots»?», *Les Notes de la Fondation Saint-Simon* 93, 1997. Siehe auch «L'Emploi dans les services en France et aux Etats-Unis: une analyse structurelle sur longue période», *Economie et statistique* 318 (1998), S. 73–99. In den amtlichen Statistiken wird die Pharmaindustrie zur Industrie und nicht zum Gesundheitssystem gezählt, so wie die Auto-

Ein großer Teil dieser Dienstleistungen, insbesondere im Gesundheits- und Bildungswesen, ist im Allgemeinen steuerfinanziert und steht der Bevölkerung kostenlos zur Verfügung. Die Finanzierungsformen variieren von Land zu Land, ebenso wie der Umfang des steuerfinanzierten Teils – er ist beispielsweise in Europa höher als in den Vereinigten Staaten und Japan. Er ist jedoch in allen entwickelten Ländern beträchtlich – im Gesundheits- und Bildungswesen macht er generell mindestens die Hälfte der Gesamtkosten und in vielen europäischen Ländern mehr als drei Viertel aus. Das bringt potenziell neue Probleme und Unsicherheiten bei der Messung und dem Vergleich des langfristigen Anstiegs des Lebensstandards in den verschiedenen Ländern mit sich. Diese Frage ist alles andere als belanglos: Abgesehen davon, dass diese beiden Bereiche in den höchstentwickelten Ländern mehr als 20 % des Bruttoinlandsproduktes und der Beschäftigung ausmachen und in Zukunft wahrscheinlich noch wachsen werden, haben das Gesundheits- und das Bildungswesen wohl am meisten zur Verbesserung der Lebensbedingungen in den letzten Jahrhunderten beigetragen. Gesellschaften, in denen die Lebenserwartung bei knapp vierzig Jahren lag und fast jeder Analphabet war, wurden von Gesellschaften abgelöst, in denen man älter als achtzig Jahre wird und jeder zumindest einen gewissen Zugang zur Kultur hat.

In den Volkswirtschaftlichen Gesamtrechnungen wird der Wert der kostenlosen öffentlichen Dienstleistungen immer nach den Produktionskosten berechnet, die in der öffentlichen Verwaltung anfallen – und somit letztlich beim Steuerzahler landen. Diese Kosten umfassen insbesondere die Lohnsumme, die an das Personal im Gesundheitswesen und an die Lehrkräfte in Schulen und staatlichen Universitäten gezahlt werden. Diese Methode hat zwar ihre Mängel, aber sie ist in sich schlüssig und in jedem Fall zufriedenstellender als jene, die darin bestehen würde, die kostenlosen öffentlichen Dienstleistungen einfach von der Berechnung des Bruttoinlandsproduktes auszunehmen und sich nur auf die Warenproduktion zu konzentrieren. Ein solcher Ausschluss wäre ökonomisch widersinnig, da er dazu führen würde, die Inlandsproduktion und das Nationaleinkommen

industrie und die Luftfahrtindustrie zur Industrie und nicht zum Transportwesen gezählt werden usw. Es wäre zweifellos sinnvoller, die Aktivitäten nach ihrem Endzweck (Gesundheit, Transport, Wohnen usw.) zu erfassen und die Unterscheidung Landwirtschaft/Industrie/Dienstleistungen völlig aufzugeben.

eines Landes, das sich für ein öffentliches Gesundheits- und Bildungssystem anstelle eines privaten Systems entscheidet, künstlich zu unterschätzen – auch wenn in beiden Fällen genau dieselben Leistungen erbracht würden.

Die für die Volkswirtschaftlichen Gesamtrechnungen verwendete Methode ermöglicht zumindest die Korrektur dieser Verzerrung. Dabei ist sie keineswegs perfekt: Sie stützt sich derzeit nicht auf eine objektive Bewertung der Qualität der erbrachten Dienstleistungen (diesbezügliche Fortschritte sind vorgesehen). Wenn beispielsweise ein privates Krankenversicherungssystem teurer ist als ein öffentliches, ohne dass die Qualität der Pflegeleistungen tatsächlich besser ist – wie ein Vergleich zwischen den Vereinigten Staaten und Europa nahelegt –, dann wird das Bruttoinlandsprodukt in den Ländern, die mehr einem privaten System zuneigen, künstlich überbewertet sein. Es ist auch darauf hinzuweisen, dass in den Volkswirtschaftlichen Gesamtrechnungen keine Verzinsung des staatlichen Kapitals wie Gebäude und Ausrüstungen der staatlichen Krankenhäuser und der Schulen und Universitäten verbucht wird.[1] Die Folge ist, dass in einem Land, das sein Gesundheits- und Bildungswesen privatisiert, das Bruttoinlandsprodukt künstlich erhöht wird, auch wenn die erbrachten Dienstleistungen und die Gehälter der Angestellten genau dieselben bleiben.[2] Man kann es auch so sehen, dass diese Bilanzierungsmethode zur Unterschätzung des fundamentalen «Wertes» von Gesundheit und Bildung und damit des Wachstums führt, das in den Zeiten eines starken Ausbaus des Bildungs- und Gesundheitssektors stattgefunden hat.[3]

Es steht somit außer Frage, dass das Wirtschaftswachstum eine erhebliche langfristige Verbesserung der Lebensbedingungen ermöglicht hat; nach den besten Schätzungen handelt es sich um eine Verzehnfachung des Durchschnittseinkommens weltweit zwischen 1700

---

1 Allein die Kapitalentwertung (die Substitution der verwendeten Gebäude und Ausrüstungen) wird bei den Produktionskosten berücksichtigt. Aber die Verzinsung des öffentlichen Kapitals – abzüglich der Entwertung – wird üblicherweise auf null festgelegt.

2 Siehe Technischer Anhang.

3 Hervé Le Bras und Emmanuel Todd sagen nichts anderes, wenn sie von den «Trente Glorieuses culturelles» in Bezug auf die Zeit von 1980 bis 2010 in Frankreich sprechen – in der der Bildungssektor stark ausgebaut wurde – im Gegensatz zu den «Trente Glorieuses économiques» in der Zeit von 1950 bis 1980. Siehe *Le Mystère français*, Paris: Le Seuil 2013.

und 2012 (von 70 auf 760 Euro monatlich) und um mehr als eine Verzwanzigfachung (von 100 auf 2500 Euro monatlich) in den reichsten Ländern. Da es schwierig ist, derart radikale Veränderungen zu messen, vor allem, wenn man versucht, sie unter einen einzigen Indikator zu subsumieren, dürfen solche Zahlen nicht zum Fetisch gemacht, sondern müssen als schlichte Größenordnungen betrachtet werden.

Das Ende des Wachstums?

Fragen wir jetzt nach der Zukunft: Wird sich das beschriebene spektakuläre Wachstum der Pro-Kopf-Produktion im 21. Jahrhundert unweigerlich verlangsamen? Ist aus technologischen oder ökologischen Gründen oder aus beiden zugleich das Ende des Wachstums in Sicht?

Bevor wir versuchen, diese Frage zu beantworten, ist daran zu erinnern, dass das spektakuläre Wachstum in der Vergangenheit bezogen auf ein einziges Jahr immer relativ gering war – und im Allgemeinen nicht mehr als 1 bis 1,5 % jährlich betrug. Die einzigen historischen Beispiele für ein deutlich größeres Wachstum – 3 oder 4 % jährlich, manchmal auch mehr – sind Länder, die sich in einem raschen Aufholprozess gegenüber anderen Ländern befinden; dieser ist beendet, wenn diese eingeholt wurden, und kann daher nur ein zeitlich begrenztes Übergangsphänomen darstellen. Und ein solcher Aufholprozess kann nicht auf dem gesamten Globus stattfinden.

Weltweit liegt das Produktionswachstum pro Kopf zwischen 1700 und 2012 durchschnittlich bei 0,8 % pro Jahr, wovon 0,1 % zwischen 1700 und 1820, 0,9 % zwischen 1820 und 1913 und 1,6 % zwischen 1913 und 2012 erzielt werden. Wie in Tabelle 2.1 dargestellt, gilt dieser durchschnittliche Wert von 0,8 % pro Jahr zwischen 1700 und 2012 auch für das Wachstum der Weltbevölkerung.

In Tabelle 2.5 haben wir die wirtschaftlichen Wachstumsraten getrennt nach Jahrhundert und Kontinent aufgeführt. In Europa betrug das Produktionswachstum pro Kopf zwischen 1820 und 1913 1 %, zwischen 1913 und 2012 1,9 %. In Amerika erreichte es zwischen 1820 und 1913 1,5 % und zwischen 1913 und 2012 erneut 1,5 %.

Wichtig an diesen Zahlen ist, dass es selbst in der Geschichte eines Landes, das sich an der Spitze des weltweiten technologischen Fortschritts befindet, kein Beispiel für ein Produktionswachstum pro

Kopf gibt, das dauerhaft über 1,5 % liegt. Untersucht man die letzten Jahrzehnte, stellt man fest, dass die Wachstumsraten in den reichsten Ländern noch geringer ausfallen: Zwischen 1990 und 2012 beträgt das Produktionswachstum pro Kopf in Westeuropa 1,6 %, in Nordamerika 1,4 % und in Japan 0,7 %.[1] Es ist wichtig, sich diesen Sachverhalt zu vergegenwärtigen, da wir noch stark der Vorstellung verhaftet sind, das Wachstum müsse mindestens 3 oder 4 % jährlich betragen. Das ist jedoch in historischer und logischer Hinsicht eine Illusion.

Tabelle 2.5.
Das Wachstum der Produktion pro Einwohner seit der Industriellen Revolution

Durchschnittliche jährliche Wachstumsrate	**Weltproduktion pro Einwohner**	Europa	Amerika	Afrika	Asien
0–1700	0,0 %	0,0 %	0,0 %	0,0 %	0,0 %
1700–2012	0,8 %	1,0 %	1,1 %	0,5 %	0,7 %
Davon: 1700–1820	0,1 %	0,1 %	0,4 %	0,0 %	0,0 %
1820–1913	0,9 %	1,0 %	1,5 %	0,4 %	0,2 %
1913–2012	1,6 %	1,9 %	1,5 %	1,1 %	2,0 %
1913–1950	0,9 %	0,9 %	1,4 %	0,9 %	0,2 %
1950–1970	2,8 %	3,8 %	1,9 %	2,1 %	3,5 %
1970–1990	1,3 %	1,9 %	1,6 %	0,3 %	2,1 %
1990–2012	2,1 %	1,9 %	1,5 %	1,4 %	3,8 %
1950–1980	2,5 %	3,4 %	2,0 %	1,8 %	3,2 %
1980–2012	1,7 %	1,8 %	1,3 %	0,8 %	3,1 %

Zwischen 1910 und 2010 betrug die Wachstumsrate des BIP pro Einwohner im Weltmaßstab durchschnittlich 1,7 % jährlich, davon entfielen 1,9 % auf Europa, 1,6 % auf Amerika usw.

Quellen: siehe piketty.pse.ens.fr/capital21c.

Was kann man über das Wachstum in der Zukunft sagen? Für manche Ökonomen wie Robert Gordon wird sich das Produktionswachstum pro Kopf in den fortgeschrittensten Ländern, angefangen bei den Vereinigten Staaten, verlangsamen und könnte im Zeitraum von 2050

1 Aufgrund der Rezession von 2008–2009 lag das Wachstum zwischen 2007 und 2012 fast bei null. Siehe die zusätzliche Tabelle S2.2 online; sie enthält genaue Zahlen für Westeuropa und Nordamerika (die sich nur wenig von den hier für Europa und Amerika angegebenen Zahlen unterscheiden), und für jedes Land getrennt.

bis 2100 unter 0,5 % jährlich liegen.[1] Gordons Analyse basiert auf dem Vergleich der verschiedenen Innovationsschübe, die seit der Dampfmaschine und der Elektrizität aufeinander gefolgt sind, und auf der Feststellung, dass die Innovationsschübe der jüngsten Zeit – insbesondere die Informationstechnologien – ein wesentlich geringeres Wachstumspotenzial haben: Sie bewirken weniger radikale Veränderungen der Produktionsformen und eine geringere Produktivitätssteigerung in der gesamten Wirtschaft.

Wie beim Bevölkerungswachstum kann es für uns auch hier nicht darauf ankommen vorherzusagen, wie das Wachstum im 21. Jahrhundert aussehen wird; vielmehr geht es darum, aus den diversen möglichen Szenarien Schlüsse bezüglich der Verteilungsdynamik der Vermögen zu ziehen. Zukünftige Innovationen sind ebenso schwer vorhersehbar wie die Fertilität. Aufgrund der historischen Erfahrung der letzten Jahrhunderte erscheint es unwahrscheinlich, dass das langfristige Produktionswachstum pro Kopf in den fortgeschrittensten Ländern über 1,5 % jährlich liegen kann. Aber wir sind nicht in der Lage vorherzusagen, ob es bei 0,5, 1 oder 1,5 % liegen wird. Das Median-Szenario, das wir später vorstellen werden, geht von einem langfristigen Produktionswachstum pro Kopf in den reichen Ländern von 1,2 % aus, was im Vergleich zu Gordons Prognosen relativ optimistisch ist (sie erscheinen uns ein wenig düster) und auch nur dann möglich sein wird, wenn neue Energieträger es erlauben, die fossilen Brennstoffe zu ersetzen, die irgendwann erschöpft sind. Doch dies ist nur ein Szenario unter anderen.

Mit einem jährlichen Wachstum von 1 % erneuert sich eine Gesellschaft grundlegend

Für mich ist am wichtigsten und von größerer Bedeutung als eine genaue Wachstumsprognose (wie wir weiter oben gesehen haben, ist es weitgehend eine statistische Illusion zu glauben, man könne das langfristige Wachstum einer Gesellschaft mit einer einzigen Zahl erfassen), dass ein Produktionswachstum von 1 % pro Kopf in Wirklichkeit ein sehr hohes Wachstum ist, viel höher, als man sich häufig vorstellt.

1 Siehe R. J. Gordon, «Is U.S. economic growth over? Faltering innovation confronts the six headwinds», NBER Working Paper 18315, August 2012.

Das Problem wird gut erkennbar, wenn man eine Generation als Bezugsrahmen nimmt. In einem Zeitraum von 30 Jahren entspricht ein Wachstum von 1 % pro Jahr einem kumulativen Wachstum von mehr als 35 %. Ein Wachstum von 1,5 % entspricht einem kumulativen Wachstum von über 50 Prozent. In der Praxis bedeutet das beträchtliche Veränderungen der Lebensformen und der Beschäftigungsstruktur. In den letzten 30 Jahren betrug das Produktionswachstum pro Kopf in Europa, Nordamerika und Japan knapp 1 bis 1,5 %. Und unser Leben hat sich sehr verändert: Zu Beginn der 1980er Jahre gab es weder Internet noch Mobiltelefon, der Flugverkehr war für die breiten Schichten der Bevölkerung kaum erschwinglich, den größten Teil der heute verfügbaren medizinischen Spitzentechnologie gab es noch nicht, und eine lange Ausbildung konnte sich nur eine Minderheit leisten. In den Bereichen Kommunikation, Verkehrswesen, Gesundheitswesen und Bildungswesen waren die Veränderungen tiefgreifend, und sie hatten auch starke Auswirkungen auf die Beschäftigungsstruktur: Wenn die Pro-Kopf-Produktion in einem Zeitraum von 30 Jahren etwa um 35 bis 50 % steigt, bedeutet das, dass es einen sehr großen Teil der heute erzeugten Produktion – zwischen einem Viertel und einem Drittel – vor 30 Jahren noch nicht gab und damit auch zwischen einem Viertel und einem Drittel der heutigen Berufe und Tätigkeiten vor 30 Jahren noch nicht existierten.

Das ist ein beträchtlicher Unterschied zu früheren Gesellschaften, in denen das Wachstum fast null war oder bei knapp 0,1 % pro Jahr lag wie im 18. Jahrhundert. Eine Gesellschaft, in der das Wachstum 0,1 oder 0,2 % jährlich beträgt, bleibt nahezu unverändert: Die Struktur der Berufe verändert sich ebenso wenig wie die des Eigentums. Eine Gesellschaft, in der das Wachstum jährlich 1 % beträgt, wie es seit Beginn des 19. Jahrhunderts in den fortgeschrittensten Ländern der Fall ist, ist hingegen eine Gesellschaft, die sich permanent tiefgreifend erneuert. Wir werden sehen, dass dies wichtige Folgen für die Struktur der sozialen Ungleichheit und die Dynamik der Vermögensverteilung hat. Wachstum kann neue Formen von Ungleichheit schaffen – in den neuen Wirtschaftszweigen lassen sich schnell Vermögen aufbauen –, und gleichzeitig verringert es die Bedeutung der in der Vergangenheit angesammelten Vermögen und der Erbschaften. Die durch ein jährliches Wachstum von 1 % bewirkten Veränderungen sind wesentlich geringer als die durch ein Wachstum von 3 oder 4 %

bedingten, was bedeutet, dass die insbesondere seit der Aufklärung gehegte Hoffnung auf eine gerechtere Gesellschaftsordnung enttäuscht zu werden droht. Das Wirtschaftswachstum allein ist zweifellos nicht in der Lage, diese demokratische und meritokratische Hoffnung zu erfüllen; dazu bedarf es spezieller Institutionen und nicht nur des technischen Fortschritts und der Marktkräfte.

Die Nachwelt der *Trente Glorieuses*: transatlantische Verflechtungen

Kontinentaleuropa und vor allem Frankreich trauern den *Trente Glorieuses* nach, das heißt dem Zeitraum von 30 Jahren vom Ende der 1940er bis zum Ende der 1970er Jahre, in denen das Wachstum außergewöhnlich hoch war. Man begreift noch immer nicht, welcher böse Geist uns seit dem Ende der 1970er und dem Beginn der 1980er Jahre ein so schwaches Wachstum beschert hat, und stellt sich häufig vor, das üble Zwischenspiel der «Trente Piteuses» (der «kümmerlichen Dreißig», die in Wahrheit bald 35 oder 40 Jahre umfassen), werde demnächst beendet sein, es gebe bald ein Erwachen aus diesem bösem Traum, und alles werde wieder so sein wie früher.

Rückt man die Dinge in die richtige historische Perspektive, zeigt sich ganz klar, dass die Zeit der *Trente Glorieuses* eine Ausnahmesituation war, und zwar einfach deswegen, weil Europa in der Zeit von 1914 bis 1945 weit hinter die USA zurückgefallen war und diesen Rückstand in den *Trente Glorieuses* rasch aufgeholt hatte. Als dieser Aufholprozess beendet war, hatten Europa und die Vereinigten Staaten die technologischen Grenzen ausgereizt und wiesen danach die diesem Zustand entsprechende strukturell niedrige Wachstumsrate auf.

Der in Grafik 2.3 vorgenommene Vergleich der europäischen und der amerikanischen Wachstumsraten zeigt dies deutlich. In Nordamerika trauert man den *Trente Glorieuses* aus einem einfachen Grund nicht nach: Es hat sie nie gegeben. Die Pro-Kopf-Produktion wächst in der Zeit von 1820 bis 2012 ungefähr im gleichen Umfang, nämlich um 1,5 bis 2 Prozent pro Jahr. Zwischen 1913 und 1950 kommt es zu einem leichten Rückgang auf kaum mehr als 1,5 %, dann steigt die Rate zwischen 1950 und 1970 leicht über 2 % und liegt für den Zeitraum von 1990 bis 2012 etwas unter 1,5 %. In Westeuropa, das von

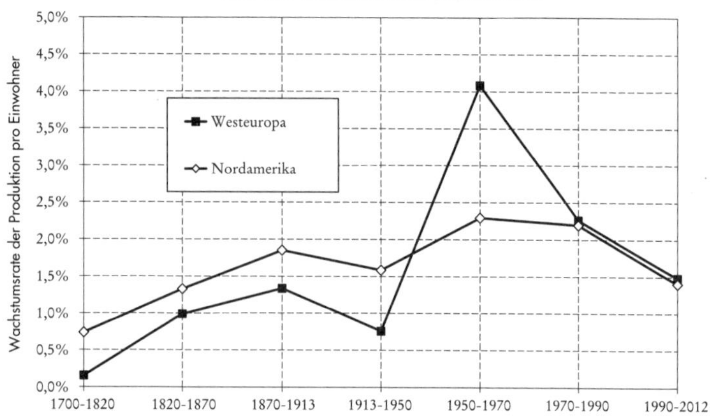

Grafik 2.3.: Die Wachstumsrate der Produktion pro Einwohner lag in Europa von 1950 bis 1970 über 4 % jährlich, bevor sie auf das amerikanische Niveau fiel.
Quellen und Reihen: siehe piketty.pse.ens.fr/capital21c.

den beiden Weltkriegen wesentlich härter betroffen war, fallen die Schwankungen ungleich stärker aus: Die Pro-Kopf-Produktion stagniert von 1913 bis 1950 (bei einem Wachstum von knapp über 0,5 % jährlich), schnellt zwischen 1950 und 1970 mit mehr als 4 % jährlich hoch, bevor sie einen dramatischen Einbruch erlebt und in der Zeit von 1970 bis 1990 genau das amerikanische Niveau erreicht (ein wenig mehr als 2 %), zwischen 1990 und 2012 liegt sie bei knapp 1,5 %. Westeuropa kannte zwischen 1950 und 1970 ein goldenes Zeitalter des Wachstums, das sich in den folgenden Jahrzehnten halbierte und sogar auf ein Drittel fiel. Die Grafik 2.3 setzt diesen Einbruch zu niedrig an, da wir – wie es sich gehört – Großbritannien zu Westeuropa gezählt haben, während die britischen Erfahrungen in puncto Wachstum im 20. Jahrhundert in Wirklichkeit stärker der nordamerikanischen Quasi-Stabilität ähnelten. Würde man sich auf Kontinentaleuropa konzentrieren, käme man auf ein durchschnittliches Produktionswachstum pro Kopf, das zwischen 1950 und 1970 über 5 % läge, was völlig außerhalb aller Erfahrungen der reichen Länder in den letzten Jahrhunderten liegen würde.

Da das Wachstum im 20. Jahrhundert in den verschiedenen Ländern sehr unterschiedlich ausfiel, haben diese heute auch sehr unterschiedliche Einstellungen zur Globalisierung der Wirtschaft und der Finanzströme, ja gegenüber dem Kapitalismus überhaupt. In Kontinentaleuropa und besonders in Frankreich betrachtet man die ersten Nachkriegsjahrzehnte, die von starken staatlichen Eingriffen geprägt waren, als eine segensreiche Zeit des Wachstums und macht häufig die um 1980 eingeleitete wirtschaftliche Liberalisierung für seinen Rückgang verantwortlich.

In Großbritannien und in den Vereinigten Staaten liest sich die Geschichte der Nachkriegszeit völlig anders. Von den 1950er bis zu den 1970er Jahren schlossen die Länder, die den Krieg verloren hatten, schnell zu den angelsächsischen Ländern auf. Ende der 1970er Jahre werden auf den Titelseiten vieler Zeitschriften in den USA der Niedergang Amerikas und die Erfolge der deutschen und der japanischen Industrie beklagt. In Großbritannien fällt das Bruttoinlandsprodukt pro Kopf unter das Niveau Deutschlands, Frankreichs, Japans und sogar Italiens. Man kann durchaus annehmen, dass dieses Gefühl, eingeholt – im Fall Großbritanniens ja sogar überholt – worden zu sein, eine wichtige Rolle bei der «konservativen Revolution» gespielt hat. Thatcher in Großbritannien und Reagan in den Vereinigten Staaten versprechen, den «Wohlfahrtsstaat» abzubauen, der die angelsächsischen Unternehmer geschwächt habe, und zu einem reinen Kapitalismus des 19. Jahrhunderts zurückzukehren, der es den beiden Ländern erlauben würde, wirtschaftlich wieder die Oberhand zu gewinnen. Noch heute ist man in diesen Ländern häufig der Auffassung, die konservative Revolution sei ein voller Erfolg gewesen, da die beiden Länder aufgehört hätten, weniger schnell als Kontinentaleuropa und Japan zu wachsen.

In Wirklichkeit verhält es sich so, dass die um 1980 eingeleitete Liberalisierung und die nach 1945 praktizierte Staatsintervention weder dieses überschwängliche Lob noch diese vernichtende Kritik verdienen. Frankreich, Deutschland und Japan hätten ihren Wachstumsrückstand nach dem Zusammenbruch in der Zeit von 1914 bis 1945 in jedem Fall aufgeholt, welche Politik sie auch verfolgt hätten (zumindest mehr oder weniger). Man kann auf jeden Fall sagen, dass der Etatismus nicht geschadet hat. Es ist nicht verwunderlich, dass diese Länder aufgehört haben, schneller zu wachsen als die angelsächsischen Länder, sobald die weltweiten technologischen Grenzen ausgereizt waren, und dass sich die Wachstumsraten angeglichen haben, wie aus der Grafik 2.3 hervorgeht (wir werden darauf zurückkommen). In einer ersten Annäherung kann man sagen, dass die Politik der Liberalisierung diese schlichte Realität kaum beeinflusst zu haben scheint, weder positiv noch negativ.

Die doppelte Glockenkurve des weltweiten Wachstums

Im Laufe der letzten dreihundert Jahre hatte das weltweite Wachstum den Verlauf einer sehr breiten Glockenkurve. Ob beim Wachstum der Bevölkerung oder bei dem der Pro-Kopf-Produktion, die Wachstumsrate hat sich im 18. und 19. Jahrhundert und vor allem im 20. Jahrhundert schrittweise beschleunigt und wird aller Wahrscheinlichkeit nach im Laufe des 21. Jahrhunderts wieder wesentlich niedriger sein.

Die beiden Glockenkurven weisen allerdings deutliche Unterschiede auf. Was das Bevölkerungswachstum betrifft, so hat die Zunahme schon im 18. Jahrhundert begonnen, und der Rückgang hat ebenfalls deutlich früher eingesetzt. Dies ist das schon weitgehend eingetretene Phänomen des demografischen Übergangs. Das Wachstum der weltweiten Bevölkerung hat mit fast 2 % jährlich seinen Höhepunkt in der Zeit von 1950 bis 1970 erreicht und ist seitdem kontinuierlich zurückgegangen. Auch wenn man in diesem Bereich nichts mit Bestimmtheit sagen kann, besteht doch die Wahrscheinlichkeit, dass sich dieser Prozess fortsetzen und das Bevölkerungswachstum weltweit in der zweiten Hälfte des 21. Jahrhunderts quasi bei null liegen wird. Die Glockenkurve spricht eine eindeutige Sprache (siehe Grafik 2.2).

Was das Wachstum der Pro-Kopf-Produktion betrifft, so liegen die Dinge komplizierter. Dieses rein «ökonomische» Wachstum ist später in Gang gekommen: Es verharrte im 18. Jahrhundert bei fast null, stieg im 19. Jahrhundert an und setzte sich erst im 20. Jahrhundert auf breiter Front durch. Zwischen 1950 und 1990 lag das weltweite Wachstum der Pro-Kopf-Produktion sogar über 2 % jährlich – dank des Aufholens Europas – und erneut zwischen 1990 und 2012 – dank des Aufholens Asiens, insbesondere Chinas, wo das Wachstum zwischen 1990 und 2012 den offiziellen Statistiken zufolge jährlich über 9 % lag (eine Wachstumsrate, die in der Geschichte ohne Beispiel ist).[1]

---

1 Das weltweite Wachstum der Pro-Kopf-Produktion, das zwischen 1990 und 2012 auf 2,1 % geschätzt wird, sinkt auf 1,5 %, wenn man das Wachstum der Produktion pro erwachsenem Einwohner untersucht. Das ergibt sich aus der Tatsache, dass das Bevölke-

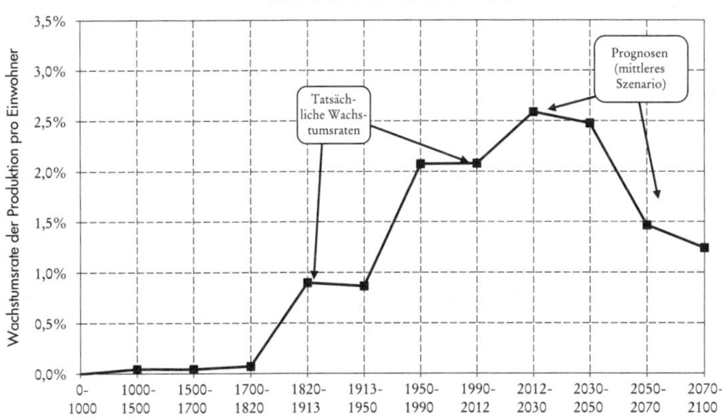

Grafik 2.4.: Die Wachstumsrate der Produktion pro Einwohner lag zwischen 1950 und 2012 über 2 %. Setzt sich der Konvergenzprozess fort, wird sie zwischen 2012 und 2050 über 2,5 % liegen, dann unter 1,5 % sinken.
Quellen und Reihen: siehe piketty.pse.ens.fr/capital21c.

Wie wird die Lage nach 2012 sein? In der Grafik 2.4 haben wir eine «mediane» Wachstumsprognose aufgestellt, die relativ optimistisch ist, da wir unterstellt haben, dass die reichsten Länder – Westeuropa, Nordamerika und Japan – von 2012 bis 2100 ein jährliches Wachstum von 1,2 % haben werden (das ist eine deutlich höhere Rate als von vielen Ökonomen angenommen). Für die Entwicklungs- und Schwellenländer haben wir eine kontinuierliche Fortsetzung des Konvergenzprozesses mit einem jährlichen Wachstum von 5 % für die Zeit von 2012 bis 2030 und von 4 % für die Zeit von 2030 bis 2050 angenommen. Sollte sich dies bewahrheiten, hätte die Pro-Kopf-Produktion ab 2050 fast überall die der reichsten Länder eingeholt – in China, Osteuropa, Südamerika, Nordafrika und im Nahen Osten.[1] Von diesem Zeitpunkt an würde sich die im ersten Kapitel beschriebene Ver-

rungswachstum in diesem Zeitraum von 1,3 auf 1,9 % jährlich steigt, je nachdem, ob man die Gesamtbevölkerung oder die erwachsene Bevölkerung betrachtet. Hier zeigt sich, wie wichtig die demografische Frage ist, wenn ein und dasselbe Wachstum der Weltproduktion von 3,4 % jährlich aufgeschlüsselt werden soll. Siehe Technischer Anhang.

1 Nur das subsaharische Afrika und Indien würden zurückbleiben. Siehe Technischer Anhang.

teilung der weltweiten Produktion der Verteilung der Bevölkerung annähern.[1]

In diesem optimistischen Median-Szenario läge das weltweite Wachstum der Pro-Kopf-Produktion zwischen 2012 und 2030 leicht über 2,5 % jährlich, ebenso zwischen 2030 und 2050, würde nach 2050 auf unter 1,5 % fallen und im letzten Drittel des Jahrhunderts auf 1,2 % zusteuern. Im Vergleich zur Glockenkurve des Bevölkerungswachstums (siehe Grafik 2.2) würde diese zweite Glockenkurve eine zweifache Besonderheit aufweisen: Sie würde ihren Höhepunkt viel später erreichen als die erste (fast ein Jahrhundert später: Mitte des 21. und nicht des 20. Jahrhunderts) und nicht auf ein Nullwachstum oder Quasi-Nullwachstum sinken, sondern bei etwas mehr als 1 % jährlich verharren, was eine deutlich höhere Marke ist als die der traditionellen Gesellschaften (siehe Grafik 2.4).

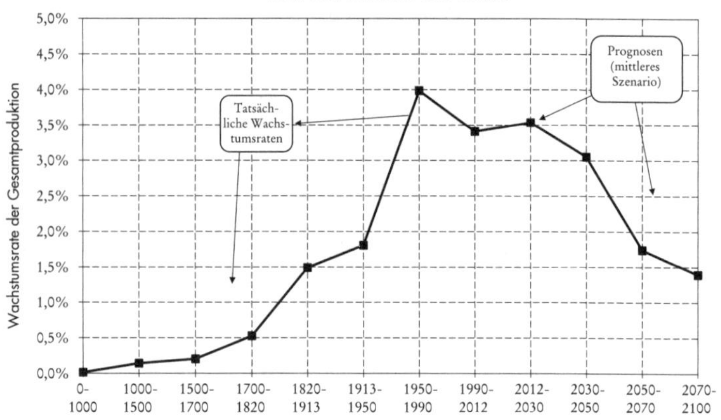

Grafik 2.5.: Die Wachstumsrate der Weltproduktion lag zwischen 1950 und 1990 über 4 %. Setzt sich der Konvergenzprozess fort, wird sie 2050 unter 2 % sinken.
Quellen und Reihen: siehe piketty.pse.ens.fr/capital21c.

Addiert man diese beiden Kurven, erhält man die Entwicklung des Wachstums der gesamten weltweiten Produktion (siehe Grafik 2.5). Bis 1950 hatte dieses stets unter 2 % jährlich gelegen, bevor es zwischen 1950 und 1990 auf 4 % kletterte. Dieses außerordentlich hohe Niveau

1 Siehe Kapitel 1, die Grafiken 1.1 und 1.2.

resultierte aus dem Zusammentreffen des stärksten Bevölkerungswachstums der Geschichte und der historisch höchsten Steigerung der Pro-Kopf-Produktion. Das Wachstum der weltweiten Produktion sinkt bereits und liegt zwischen 1990 und 2012 leicht unter 3,5 % trotz des sehr starken Wachstums in den Schwellenländern, insbesondere in China. Unserem Median-Szenario zufolge dürfte es zwischen 2012 und 2030 bei dieser Wachstumsrate bleiben, bevor sie in der zweiten Hälfte des 21. Jahrhunderts auf etwa 1,5 % fallen wird.

Wir haben bereits gesagt, dass diese «Median»-Prognosen hypothetischer Natur sind. Der wesentliche Punkt ist: Wie die «Details» des Zeitrahmens und der Wachstumsraten auch aussehen mögen (diese Details sind sehr wichtig), die doppelte Glockenkurve des weltweiten Wachstums steht bereits weitgehend fest. Die in den Grafiken 2.2–2.5 dargestellte mediane Prognose ist in zweifacher Hinsicht optimistisch: einerseits, weil sie von einer anhaltenden Produktivitätssteigerung von mehr als 1 % in den reichen Ländern ausgeht (was beträchtliche technologische Fortschritte vor allem im Bereich sauberer Energieträger voraussetzt); andererseits und vielleicht vor allem, weil sie annimmt, dass sich der Konvergenzprozess zwischen den Schwellen- und Industrieländern ohne politische oder militärische Konflikte kontinuierlich fortsetzt und bereits 2050 abgeschlossen ist, was sehr schnell wäre. Man kann sich leicht weniger optimistische Szenarien ausmalen, bei denen die Glockenkurve des weltweiten Wachstums schneller fallen und auf niedrigere Niveaus sinken könnte als in den Grafiken angegeben.

Die Frage der Inflation

Dieser Überblick über das Wachstum seit der Industriellen Revolution wäre sehr unvollständig, würden wir nicht auf die Frage der Inflation eingehen. Man könnte meinen, dass die Inflation ein rein monetäres Phänomen ist, um das wir uns nicht kümmern müssten. Alle hier angegebenen Wachstumsraten entsprechen dem sogenannten «realen» Wachstum, das heißt, nachdem vom sogenannten «nominellen» Wachstum (gemessen anhand der Verbraucherpreise) die Inflationsrate abgezogen wurde (das heißt die Erhöhung der durchschnittlichen Verbraucherpreise).

In Wirklichkeit spielt die Inflation in unserer Untersuchung eine zentrale Rolle. Wir haben bereits darauf hingewiesen, dass schon der Begriff «Durchschnittspreis» problematisch ist, da Wachstum immer dadurch gekennzeichnet ist, dass neue Güter und Dienstleistungen auf den Markt kommen, dass die relativen Preise starken Schwankungen ausgesetzt sind und dass es schwierig ist, all dies mit einer einzigen Zahl zu erfassen. Das hat zur Folge, dass schon die Begriffe Inflation und Wachstum nicht immer gut definiert sind: Die Aufgliederung des nominellen Wachstums (das einzige, das man mit bloßem Auge erkennen kann) in eine reale und eine inflationäre Komponente ist teilweise willkürlich und umstritten.

Bei einem nominellen Wachstum von 3 % jährlich wird man beispielsweise davon ausgehen, dass das reale Wachstum 1 % beträgt, wenn die Preissteigerung auf 2 % geschätzt wird. Korrigiert man die Inflation jedoch nach unten, weil man etwa der Ansicht ist, dass der reale Preis der Smartphones und Tablets wesentlich stärker gesunken ist als vorher angenommen (unter Berücksichtigung der beträchtlichen Verbesserung von Qualität und Leistungsstärke, für deren – schwierige – Messung die Statistiker viel Sorgfalt aufwenden) und meint man also, die Preissteigerung betrage nur 1,5 %, wird man zu dem Schluss kommen, dass das reale Wachstum 1,5 % beträgt. Wenn die Unterschiede so gering sind, sind die beiden Zahlen schwer voneinander zu unterscheiden, und jede ist auf ihre Art richtig: Für die Liebhaber von Smartphones und Tablets lag das Wachstum näher bei 1,5 % und für alle anderen näher bei 1 %.

Die Entwicklung der relativen Preise kann im Rahmen der Theorie Ricardos und seines Knappheitsprinzips eine noch wichtigere Rolle spielen: Wenn manche Preise, wie der des Bodens, der Immobilien oder des Öls, über längere Zeiträume extrem hoch sind, kann sich das dauerhaft auf die Vermögensverteilung zu Gunsten der Besitzer dieser knappen Ressourcen auswirken.

Abgesehen von dieser Frage der relativen Preise werden wir sehen, dass die eigentliche Inflation, das heißt der Anstieg sämtlicher Preise, sich ebenfalls auf die Dynamik der Vermögensverteilung auswirken kann. Es ist im Wesentlichen die Inflation, die es den reichen Länder gestattet hat, sich nach dem Zweiten Weltkrieg ihrer Schulden zu entledigen. Die Inflation hat im Laufe des 20. Jahrhunderts auch zu allen möglichen Umverteilungen zwischen den sozialen Gruppen geführt, und zwar auf eine häufig chaotische und unkontrollierte Weise. Umgekehrt ist die auf Erbschaften und Vermögen basierende Gesellschaft, die im 18. und 19. Jahrhundert entsteht, untrennbar mit der für diesen langen Zeitraum charakteristischen großen Geldwertstabilität verbunden.

Die hohe Geldwertstabilität im 18. und 19. Jahrhundert

Gehen wir zeitlich zurück. Zunächst ist festzuhalten, dass die Inflation weitgehend ein Phänomen des 20. Jahrhunderts ist. In den vorausgegangenen Jahrhunderten und bis zum Ersten Weltkrieg lag die Inflation bei null oder fast bei null. Es konnte vorkommen, dass die Preise einige Jahre oder Jahrzehnte lang stark stiegen oder fielen, aber dieses Auf und Ab glich sich letztlich immer aus. Dies trifft auf alle Länder zu, für die wir über langfristige Preisreihen verfügen.

Berechnet man die durchschnittliche Preissteigerung zwischen 1700 und 1820 sowie zwischen 1820 und 1913, stellt man fest, dass es in Frankreich, Großbritannien, den Vereinigten Staaten und Deutschland eine sehr geringe Inflation gab: maximal 0,2–0,3 % jährlich. Mitunter liegt sie sogar leicht im Minusbereich, wie beispielsweise im 19. Jahrhundert in Großbritannien und den Vereinigten Staaten (-0,2 % im Jahresdurchschnitt zwischen 1820 und 1913).

Natürlich gab es bei dieser großen Geldwertstabilität auch Einbrüche. Diese waren jedoch jedes Mal von kurzer Dauer, und schnell kehrte wieder Normalität ein. Ein Paradebeispiel ist die Französische Revolution. Ab 1789 geben die Revolutionsregierungen die berühmten «Assignaten» aus, die ab 1790/91 zu einem echten Zahlungsmittel werden (eine der ersten Formen von Papiergeld in der Geschichte) und bis 1794/95 eine starke Inflation erzeugen – gemessen in Assignaten. Wichtig ist jedoch, dass der Franc Germinal, mit dem die Rückkehr zum Hartgeld vollzogen wurde, den gleichen Wert hatte wie das Geld im Ancien Régime. Das Gesetz vom 18. Germinal des Jahres III (7. April 1795) benennt die alte Livre tournois um – sie erinnert zu sehr an die Königsherrschaft – und ersetzt sie durch den Franc, der fortan die neue offizielle Währungseinheit des Landes ist, aber den gleichen Metallgehalt hat wie die alte Währung. Das Ein-Franc-Stück muss genau 4,5 Gramm Feinsilber enthalten (wie die Livre tournois seit 1726), was durch das Gesetz von 1796, sodann durch das von 1803 bestätigt wird, das endgültig die Bimetallwährung Silber-Gold einführt.[1]

Die in den Jahren 1800 bis 1810 in Francs berechneten Preise haben ungefähr den gleichen Stand wie die in Livres tournois ausgedrückten Preise in den Jahren 1770 bis 1780, so dass die Änderung der Währung durch die Revolution an der Kaufkraft des Geldes nichts geändert hat. Die Romanschriftsteller zu Beginn des 19. Jahrhunderts, angefangen bei Balzac, wechseln ständig von einer Währung zur anderen, um die Einkommen und Vermögen zu beschreiben: Für alle Leser der damaligen Zeit stellen der Franc Germinal (oder Franc-or) und die Livre tournois ein und dieselbe Währung dar. Für Père Goriot ist es völlig gleichwertig, eine Rente von «1200 livres» oder von «1200 francs» zu haben, hier muss nichts weiter erklärt werden.

Der 1803 festgelegte Goldwert des Franc wurde offiziell erst durch das Gesetz vom 25. Juni 1928 geändert. Doch in Wahrheit war die Banque de France seit August 1914 nicht mehr verpflichtet, ihre Noten gegen Gold oder Silber einzutauschen, und der Franc-or war bereits zwischen 1914 und der Währungsstabilisierung von 1926 bis 1928 zum Franc-papier geworden. Trotz allem galt dieselbe Metallparität von 1726 bis 1914, was ein beachtlicher Zeitraum ist.

Die gleiche Währungsstabilität herrscht beim britischen Pfund Sterling. Trotz leichter Anpassungen ist das Umrechnungsverhältnis zwischen den Währungen der beiden Länder zweihundert Jahre lang sehr stabil: Das Pfund ist im 18. und 19. Jahrhundert und bis 1914 immer ungefähr 20–25 Livres tournois oder Francs germinal wert.[2] Für die britischen Romanschriftsteller der damaligen Zeit sind das Pfund und seine merkwürdigen Untereinheiten, Schillinge oder Guinées, ebenso solide wie ein Fels, so wie die Livre tournois und der Franc-or

1 Das Gesetz vom 25. Germinal des Jahres IV (14. April 1796) bestätigt die Silberparität des Franc, und das Gesetz von 17. Germinal des Jahres XI (7. April 1803) setzt eine doppelte Parität fest: Der Franc ist 4,5 Gramm Feinsilber und 0,29 Gramm Feingold wert (ein Verhältnis Gold/Silber von 1/15,5). Es ist das Gesetz von 1803, einige Jahre nach der Gründung der Banque de France (1800) erlassen, das zu der Bezeichnung «Franc Germinal» führt. Siehe Technischer Anhang.

2 Im Rahmen des von 1816 bis 1914 geltenden Goldstandards ist das Pfund 7,3 Gramm Feingold wert, also genau 25,2 Mal so viel wie die Goldparität des Franc. Es gibt einige Komplikationen im Zusammenhang mit dem Bimetallismus Silber-Gold und dessen Entwicklung, auf die wir hier nicht eingehen.

für die französischen Autoren.[1] Alle diese Einheiten scheinen unveränderliche Größen zu messen, Fixpunkte, die den monetären Werten und den sozialen Ordnungen einen Anschein von Ewigkeit verleihen.

Gleiches gilt für die anderen Länder: Die einzigen wichtigen Veränderungen betreffen die Festlegung neuer Einheiten oder die Schaffung neuer Währungen wie des amerikanischen Dollars im Jahr 1775 und der Goldmark im Jahr 1873. Aber sobald die Metallparitäten festgelegt sind, tut sich nichts mehr: Im 19. Jahrhundert und zu Beginn des 20. Jahrhunderts weiß jeder, dass ein Pfund Sterling ungefähr 5 Dollar, 20 Mark und 25 Francs wert ist. Der Geldwert hat sich seit Jahrzehnten nicht verändert, und man sieht keinen Grund, weshalb das in Zukunft anders sein sollte.

Die Bedeutung des Geldes im klassischen Roman

Im Roman des 18. und 19. Jahrhunderts ist überall von Geld die Rede, und zwar nicht nur als abstrakte, sondern auch und vor allem als konkrete, sinnlich erfahrbare und anschauliche Größe: Die Romanschriftsteller geben fortwährend Beträge in Francs oder Livres an, die sich auf die Einkünfte und Vermögen verschiedener Figuren beziehen. Sie tun das nicht, um uns mit Zahlen einzudecken, sondern weil diese Angaben dem Leser eine Vorstellung von genau definierten sozialen Stellungen und allseits bekannten Lebensstandards vermitteln.

Diese Zahlenangaben erscheinen umso stabiler, als das Wachstum relativ schwach ist, so dass die angegebenen Summen sich im Laufe der Jahrzehnte nur ganz allmählich verändern. Im 18. Jahrhundert ist das Wachstum von Produktion und Einkommen sehr schwach. In Großbritannien beträgt das Durchschnittseinkommen um 1800 bis

1 Bis 1971 ist das Pfund unterteilt in 20 Schillinge, von denen jeder 12 Pence wert ist (also 240 Pence pro Pfund). Die Guinée ist 21 Schillinge, also 1,05 Pfund wert. Sie kommt manchmal in den aktuellen Diskussionen vor, insbesondere bei Honoraren bestimmter Freiberufler und in Edelkaufhäusern. In Frankreich ist die Livre tournois bis zur Dezimalreform 1795 in 20 Deniers und 240 Sous unterteilt. Ab diesem Zeitpunkt ist der Franc in 100 Centimes unterteilt, im 19. Jahrhundert auch «Sous» genannt. Im 18. Jahrhundert ist der Louis d'or 20 Livres tournois wert, entspricht also in etwa einem Pfund. Man verwendet auch den Écu, der bis 1795 3 Livres tournois wert ist, und führt zwischen 1795 und 1878 ein Silberstück ein, das 5 Francs wert ist. Geht man danach, wie die Romanschriftsteller von einer Einheit zur anderen wechseln, scheint es, dass die Zeitgenossen diese Feinheiten perfekt beherrschten.

1810, also in der Zeit, in der Jane Austen ihre Romane schrieb, 30 Pfund.[1] Dieses Einkommen unterschied sich kaum von dem um 1720 oder 1770: Die Autorin ist folglich mit sehr stabilen Zahlen aufgewachsen. Sie weiß: Um ein angenehmes und stilvolles Leben zu führen, um über Fortbewegungsmittel zu verfügen, sich gut zu kleiden und zu ernähren, den standesgemäßen Vergnügungen nachzugehen und eine Mindestzahl von Dienstboten zu unterhalten, muss man mindestens über das Zwanzig- oder Dreißigfache dieser Summe verfügen, was bedeutet, dass die Figuren in ihren Romanen erst ab 500 oder 1000 Pfund jährlich das Gefühl haben, nicht bedürftig zu sein.

Wir werden ausführlich auf die Struktur der Ungleichheiten und Lebensstile zurückkommen, die diesen Realitäten und Wahrnehmungen zugrunde liegen, und das Augenmerk insbesondere auf die Verteilung der Vermögen und der aus ihnen erzielten Einkommen richten. Wichtig ist, dass diese Summen in Anbetracht der fehlenden Inflation und des sehr schwachen Wachstums sehr konkrete und stabile Gegebenheiten widerspiegeln. Ein halbes Jahrhundert später, in den Jahren von 1850 bis 1860, erreicht das Durchschnittseinkommen knapp 40–50 Pfund pro Jahr: Der Leser findet die von Jane Austen angegebenen Summen wahrscheinlich ein wenig zu niedrig, aber nicht verwirrend. In der Belle Époque, also um 1900 bis 1910, erreicht das Durchschnittseinkommen in Großbritannien 80–90 Pfund: Diese Zunahme ist zwar beträchtlich, aber die jährlichen Einkommen von 1000 Pfund – oder mehr –, von denen die Schriftstellerin spricht, bieten immer noch einen aussagekräftigen Anhaltspunkt.

Die gleiche Stabilität der finanziellen Verhältnisse findet sich im französischen Roman. In Frankreich beträgt das Durchschnittseinkommen in den Jahren 1810 bis 1820, zur Zeit von Père Goriot, 400–500 Francs pro Jahr. Ausgedrückt in Livres tournois war es im Ancien Régime kaum niedriger. Balzac und Austen beschreiben eine Welt, in der man mindestens das Zwanzig- oder Dreißigfache dieser Summe benötigt, um anständig zu leben: Beziehen die Helden Balzacs weniger als 10 000 oder 20 000 Francs jährliches Einkommen, fühlen sie sich elend. Auch hier ändern sich die Größenordnungen im Laufe des 19. Jahrhunderts bis zur Belle Époque nur sehr langsam: Sie werden

1 Die Schätzungen, auf die wir uns hier beziehen, betreffen das durchschnittliche Nationaleinkommen pro Erwachsenen, das uns aussagekräftiger erscheint als das durchschnittliche Nationaleinkommen pro Einwohner. Siehe Technischer Anhang.

dem Leser noch lange vertraut sein.[1] Diese Beträge ermöglichen es, mit wenigen Worten ein Milieu, Lebensformen, Rivalitäten, ja eine ganze Gesellschaft realitätsgetreu zu beschreiben.

Man könnte noch mehr Beispiele aus dem amerikanischen, deutschen, italienischen Roman und aus allen Ländern anführen, in denen es diese hohe Geldwertstabilität gab. Bis zum Ersten Weltkrieg hat Geld eine große Bedeutung, und die Romanschriftsteller untersuchen sie, loten sie aus und machen daraus einen literarischen Stoff.

Das Ende des monetären Kompasses im 20. Jahrhundert

Diese Welt bricht mit dem Ersten Weltkrieg zusammen. Um die beispiellos brutalen Kämpfe zu finanzieren, um die Soldaten und immer teurere und aufwendigere Waffen zu bezahlen, verschulden sich die Regierungen hoch. Ab August 1914 beenden die größten kriegführenden Mächte die Konvertierbarkeit ihrer Goldwährung. Nach dem Krieg werfen alle Länder in unterschiedlichem Maße die Notenpresse an, um der gewaltigen Staatsverschuldung Herr zu werden. Die Versuche zur Wiedereinführung des Goldstandards in den 1920er Jahren überleben die Wirtschaftskrise der 1930er Jahre nicht – Großbritannien gibt den Goldstandard 1931 auf, die Vereinigten Staaten 1933, Frankreich 1936. Der in der Nachkriegszeit geltende an den Dollar gekoppelte Goldstandard wird kaum länger existieren: 1946 eingeführt, verschwindet er 1971 mit dem Ende der Konvertierbarkeit des Dollars in Gold.

Zwischen 1913 und 1950 liegt die jährliche Inflation in Frankreich bei über 13 % (was einen Preisanstieg um den Faktor 100 bedeutet) und erreicht in Deutschland 17 % (was einen Preisanstieg um den Faktor 300 bedeutet). In Großbritannien und in den Vereinigten Staaten, die von den Kriegen weniger stark betroffen und politisch stabiler sind, ist die Inflationsrate deutlich geringer: kaum 3 % pro Jahr zwischen 1913 und 1950. Doch das bedeutet immerhin eine Verdreifachung, während die Preise in den zwei vorausgegangenen Jahrhunderten fast gleich geblieben waren. In allen Ländern wird die Geldwertstabilität der Vorkriegswelt durch die Schocks von 1914 bis

1 In der Zeit von 1850 bis 1860 beträgt das Durchschnittseinkommen in Frankreich 700–800 Francs, zwischen 1900 und 1919 1300–1400 Francs. Siehe Technischer Anhang.

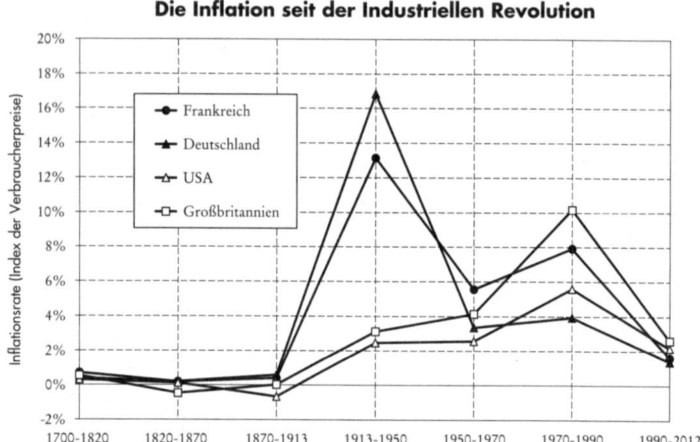

Grafik 2.6.: Vom 18. bis zum 19. Jahrhundert lag die Inflationsrate in den reichen Ländern bei null, war im 20. Jahrhundert hoch und beträgt seit 1990 2 % jährlich.
Quellen und Reihen: siehe piketty.pse.ens.fr/capital21c.

1945 beendet, und die Inflation ist seitdem nie wirklich zum Stillstand gekommen.

Das geht klar aus der Grafik 2.6 hervor, die die Entwicklung der Inflation in diesen vier Ländern zwischen 1700 und 2012 in zeitlichen Unterabschnitten darstellt. Man wird feststellen, dass die Inflation im Zeitraum von 1950 bis 1970 im Jahresdurchschnitt zwischen 2 und 6 % liegt und in den 1970er Jahren stark ansteigt, so dass sie zwischen 1970 und 1990 in Großbritannien 10 % und in Frankreich 8 % erreicht, obwohl es ab den 1980er Jahren fast überall zu einer Preisberuhigung kommt. Im Vergleich zu den vorausgegangenen Jahrzehnten ist man versucht anzunehmen, dass die Zeit von 1990 bis 2012 mit einer durchschnittlichen Inflation von 2 % jährlich in den vier Ländern (etwas weniger in Deutschland und in Frankreich, etwas mehr in Großbritannien und in den Vereinigten Staaten) von einer Rückkehr zu der Null-Inflation gekennzeichnet sei, die vor dem Ersten Weltkrieg herrschte.

Dann würde man jedoch übersehen, dass eine Inflation von 2 % pro Jahr sich stark von einer Null-Inflation unterscheidet. Fügt man der jährlichen Inflation von 2 % ein reales Wachstum von 1 bis 2 % pro Jahr hinzu, bedeutet das, dass alle Größen – Produktion, Einkommen, Löhne – jährlich tendenziell um 3 bis 4 % steigen, so dass alle Beträge, um die es einmal ging, nach 10 oder 20 Jahren nichts mehr besagen. Wer erinnert sich noch an die Ende der 1980er Jahre und zu Beginn der 1990er Jahre geltenden Löhne? Es ist durchaus möglich, dass diese Inflation von 2 % jährlich in den kommenden Jahren ein wenig steigen wird, betrachtet man die Geldpolitik, die seit 2007/08 insbesondere in Großbritannien und in den Vereinigten Staaten verfolgt wird. Sie unterscheidet sich erheblich von der Geldpolitik, die vor einem Jahrhundert betrieben wurde. Interessant ist auch, dass Deutschland und Frankreich, die beiden Länder, in denen die Inflation im 20. Jahrhundert, insbesondere zwischen 1913 und 1950, am höchsten war, heute die niedrigste haben. Sie haben im Übrigen eine Währungszone – die Eurozone – errichtet, deren Hauptziel die Bekämpfung der Inflation ist.

Wir werden später darlegen, welche Rolle die Inflation bei der Dynamik der Vermögensverteilung gespielt hat und wie sich Akkumulation und Verteilung der Vermögen in diesen verschiedenen Phasen gestaltet haben.

An dieser Stelle sei lediglich hervorgehoben, dass der Verlust des monetären Kompasses im 20. Jahrhundert eine tiefe Zäsur gegenüber den vorausgegangenen Jahrhunderten darstellt, und zwar nicht nur in wirtschaftlicher und politischer, sondern auch in sozialer und kultureller Hinsicht bis hin zur Literatur. Es ist kein Zufall, dass das Geld, oder, genauer gesagt, das Benennen von Summen und Beträgen nach den Erschütterungen in der Zeit von 1914 bis 1945 fast ganz aus der Literatur verschwunden ist. Bis 1914 waren Einkommen und Vermögen in der gesamten Literatur allgegenwärtig, sie sind zwischen 1914 und 1945 nach und nach aus ihr verschwunden und danach nie wirklich wiedergekehrt. Das gilt nicht nur für den europäischen und amerikanischen Roman, sondern auch für die anderen Kontinente. In den Romanen von Nagib Machfus oder zumindest in denen, die vom Kairo der Zwischenkriegszeit handeln, als die Preise noch nicht inflationär verzerrt waren, nehmen Einkommen und Geld einen großen Raum ein, wodurch die Lebenslagen und Ängste der Figuren anschaulich gemacht werden. Wir sind nicht weit von der Welt Balzacs oder Austens entfernt: Die sozialen Strukturen sind natürlich ganz andere, aber die Wahrnehmungen, Erwartungen und Hierarchien lassen sich ebenfalls an monetären Größen festmachen. Die Romane von

Orhan Pamuk, die im Istanbul der 1970er Jahre spielen, als die Inflation dem Geld schon seit langem jede Bedeutung genommen hat, erwähnen keine Geldbeträge. In dem Roman *Schnee* lässt Pamuk seinen Helden, Schriftsteller wie er selbst, sagen, es gebe für einen Romanschriftsteller nichts Öderes, als von Geld, Preisen und Einkommen des letzten Jahres zu sprechen. Die Welt hat sich seit dem 19. Jahrhundert gehörig verändert.

ZWEITER TEIL

DIE DYNAMIK DES KAPITAL-EINKOMMENS-VERHÄLTNISSES

3.

DIE METAMORPHOSEN DES KAPITALS

Im ersten Teil haben wir die Grundbegriffe «Einkommen» und «Kapital» eingeführt und die großen Stadien des Wachstums von Produktion und Einkommen seit der Industriellen Revolution dargestellt.

In diesem zweiten Teil gilt unser Hauptinteresse der Entwicklung des Kapitalstocks unter dem Gesichtspunkt seines Gesamtumfangs – gemessen durch das Kapital-Einkommens-Verhältnis – und seiner Zusammensetzung, die sich seit dem 18. Jahrhundert tiefgreifend verändert hat. Wir werden die verschiedenen Vermögensarten (Grund und Boden, Immobilien, Maschinen, Unternehmen, Aktien, Obligationen, Patente, Viehbestand, Gold, Bodenschätze usw.) untersuchen und darlegen, wie sie sich im Laufe der Geschichte entwickelt haben, angefangen bei Großbritannien und Frankreich, für die die meisten langfristigen Daten vorliegen. Machen wir zunächst einen kleinen Umweg über die Literatur, die in beiden Ländern eine sehr gute Einführung in Vermögensfragen bietet.

Die Form des Vermögens: Von der Literatur zur Realität

Als Balzac und Jane Austen zu Beginn des 19. Jahrhunderts ihre Romane schreiben, ist für jedermann klar, wozu die Vermögen da sind. Sie scheinen zu existieren, um Renten abzuwerfen, das heißt sichere und regelmäßige Erträge für ihren Besitzer, und nehmen daher die Form von Grundbesitz und staatlichen Schuldtiteln an. Père Goriot besitzt staatliche Schuldtitel, und das kleine Landgut der Rastignacs besteht aus landwirtschaftlichen Nutzflächen. Das gilt auch für den riesigen Grundbesitz, den John Dashwood in dem Roman *Sinn und Sinnlichkeit* in Norland geerbt hat und von dem er seine Halbschwestern Elinor und Marianne vertreibt. Diese müssen sich mit den Zinsen begnügen, die das kleine Kapital abwirft, das ihnen ihr Vater in Form von staatlichen Schuldtiteln hinterlassen hat. Im klassischen Roman des 19. Jahrhunderts ist das Vermögen allgegenwärtig; und wie groß es auch ist und wer es auch besitzt, es hat meistens eine dieser beiden Formen angenommen: Grund und Boden oder staatliche Schuldtitel.

Vom 21. Jahrhundert aus betrachtet, mögen diese Vermögensarten archaisch erscheinen, und man ist geneigt, sie einer fernen Vergangenheit zuzuordnen, die mit den ökonomischen und sozialen Gegebenheiten unserer Zeit nichts zu tun hat, in der man den Einsatz von Kapital für wesentlich «dynamischer» hält. Die Romanfiguren des 19. Jahrhunderts wirken häufig wie die Archetypen des Rentiers, der in unserer demokratischen und meritokratischen Moderne nicht gut angesehen ist. Doch was ist natürlicher als der Wunsch, das Kapital möge ein sicheres und regelmäßiges Einkommen abwerfen: Das ist das Ziel eines «perfekten» Kapitalmarktes im Sinne der Ökonomen. Es wäre falsch anzunehmen, dass die Untersuchung der Vermögen im 19. Jahrhundert keine Lehre für die heutige Welt enthielte.

Schaut man sich die Dinge näher an, sind die Unterschiede zur Welt des 21. Jahrhunderts weniger groß, als es zunächst den Anschein hat. Diese beiden Vermögensformen – Grund und Boden und staatliche Schuldtitel – werfen ganz unterschiedliche Fragen auf und sollten nicht einfach in der Weise addiert werden, wie es die Romanschriftsteller des 19. Jahrhunderts aus erzähltechnischen Gründen tun. Die Staatsverschuldung stellte letztlich nur eine Forderung eines Teils der Bevölkerung (derjenigen, die Zinsen erhalten) gegenüber einem anderen dar (denjenigen, die Steuern zahlen): Sie ist also vom Nationalvermögen abzuziehen und nur dem Privatvermögen zuzurechnen. Die komplexe Frage der Staatsverschuldung und der Form des entsprechenden Vermögens betrifft die Welt von heute nicht weniger als die von 1800, so dass die Untersuchung der Vergangenheit Aufschluss über die heutige Welt geben kann. Denn auch wenn die Staatsverschuldung noch längst nicht die astronomische Höhe erreicht hat, die sie – zumindest in Großbritannien – zu Beginn des 19. Jahrhunderts hatte, liegt sie in Frankreich und in vielen Ländern nahe bei ihren historischen Rekordständen und wirft noch mehr Fragen auf als zur Zeit

Napoleons. Die Finanzvermittlung (man legt Geld auf seiner Bank an und diese legt es wiederum woanders an) ist so komplex geworden, dass man oft nicht weiß, wer was besitzt. Wir sind verschuldet, keine Frage – wie könnte man das vergessen? Die Medien erinnern uns tagtäglich daran –, aber wem gegenüber genau? Im 19. Jahrhundert war klar, wer die Besitzer staatlicher Schuldtitel waren; wer sind sie heute? Es gilt dieses Rätsel zu lösen, und die Beschäftigung mit der Vergangenheit kann uns dabei helfen.

Im klassischen Roman und in der Welt von 1800 spielen noch viele andere, häufig sehr «dynamische» Kapitalformen eine wichtige Rolle. Nachdem Père Goriot in einer Nudelfabrik gearbeitet hat, verdient er ein Vermögen als Getreidehändler und Nudelfabrikant. In den Napoleonischen Kriegen und Revolutionskriegen hat er es besser als jeder andere verstanden, die besten Mehlsorten aufzuspüren, die Produktionstechniken zu verbessern, Vertriebsnetze und Lagerräume zu organisieren, so dass die richtigen Produkte am rechten Ort und zur rechten Zeit geliefert werden konnten. Erst nachdem er als Unternehmer reich geworden war, hat er seine Geschäftsanteile verkauft – so wie der Gründer eines Start-ups im 21. Jahrhundert, der seine Aktienoptionen realisiert und seinen Gewinn einstreicht – und alles in sicherere Anlagen investiert, in diesem Fall in staatliche Schuldtitel, die eine regelmäßige Rente abwerfen –, und dank dieses Kapitals konnten seine beiden Töchter in die beste Pariser Gesellschaft einheiraten. Von Delphine und Anastasie allein gelassen, träumt Père Goriot 1821 auf seinem Totenbett noch von lukrativen Investitionen in den Nudelhandel in Odessa.

César Birotteau hat ein Vermögen im Parfümeriegeschäft verdient. Er ist der geniale Erfinder von Schönheitsprodukten – la Pâte des sultanes, l'Eau carminative usw. –, die laut Balzac am Ende des Kaiserreichs und in der Restauration in Frankreich Furore machten. Doch das genügt ihm nicht: Als er sich aus dem Geschäft zurückzieht, möchte er sein Kapital mit einer waghalsigen Immobilienspekulation im Quartier de la Madeleine, das im Paris der 1820er Jahre einen starken Aufschwung erlebt, verdreifachen. Er schlägt die klugen Ratschläge seiner Frau in den Wind, die die im Parfümeriegeschäft erwirtschafteten Gelder lieber in guten Grund und Boden in der Nähe von Chinon und in einige staatliche Rentenpapiere investieren wollte. César ist am Ende ruiniert.

Die Helden Jane Austens, Großgrundbesitzer, die der Scholle stärker verbunden sind als die Figuren Balzacs, sind nur scheinbar klüger. In *Mansfield Park* muss der Onkel Fannys, Sir Thomas, mit seinem ältesten Sohn länger als ein Jahr auf den Antillen verbringen, um seine dortigen Geschäfte in Ordnung zu bringen. Er kehrt nach Mansfield zurück, muss aber sehr bald wieder zu den Inseln aufbrechen, wo er sich viele Monate aufhält: In den Jahren 1800 bis 1810 ist es nicht leicht, Plantagen zu verwalten, die Tausende von Kilometern entfernt sind. Hier ist man von der problemlosen Bodenrente oder der Rente aus staatlichen Schuldtiteln weit entfernt.

Also: Sicheres Kapital oder riskante Investitionen? Soll man daraus den Schluss ziehen, dass sich seit dieser Zeit eigentlich nichts geändert hat? Wie hat sich die Struktur des Kapitals seit dem 18. Jahrhundert tatsächlich gewandelt? Abgesehen von den offenkundigen Veränderungen seiner konkreten Formen – von den Nudeln Père Goriots bis zu den Tablets von Steve Jobs, von den Anlagen auf den Antillen um 1800 bis zu den chinesischen oder südafrikanischen Investitionen im 21. Jahrhundert – sind die Tiefenstrukturen des Kapitals nicht die gleichen geblieben? Das Kapital ist niemals ein Ruhekissen: Es ist stets risikobehaftet und dynamisch, zumindest in seinen Anfängen; gleichzeitig hat es immer die Tendenz, sich in Rente zu verwandeln, sobald es unbegrenzt akkumuliert wird – das ist seine Bestimmung, sein zwangsläufiges Schicksal. Woher kommt dann dieser diffuse Eindruck, dass die sozialen Ungleichheiten in unseren modernen Gesellschaften dennoch ganz anders geartet sind als die zur Zeit Balzacs und Jane Austens? Handelt es sich hier um bloßes Gerede ohne Bezug zur Wirklichkeit oder lassen sich objektive Faktoren ausmachen, die erklären, inwiefern das moderne Wachstum dafür gesorgt hat, dass das Kapital strukturell «dynamischer» ist und weniger «Rentencharakter» hat?

Die Metamorphosen des Kapitals in Großbritannien und in Frankreich

Untersuchen wir zunächst die Transformationen der Kapitalstruktur in Großbritannien und in Frankreich seit dem 18. Jahrhundert. Für diese beiden Länder liegen die ergiebigsten historischen Daten vor, und für sie konnten wir die vollständigsten und einheitlichsten langfristigen Schätzungen vornehmen. Die wichtigsten Ergebnisse sind in den Grafiken 3.1

und 3.2 dargestellt, die versuchen, mehrere wichtige Aspekte aus dreihundert Jahren Geschichte des Kapitalismus zusammenzufassen. Dabei kristallisieren sich zwei Schlussfolgerungen heraus.

Das Kapital in Großbritannien, 1700–2010

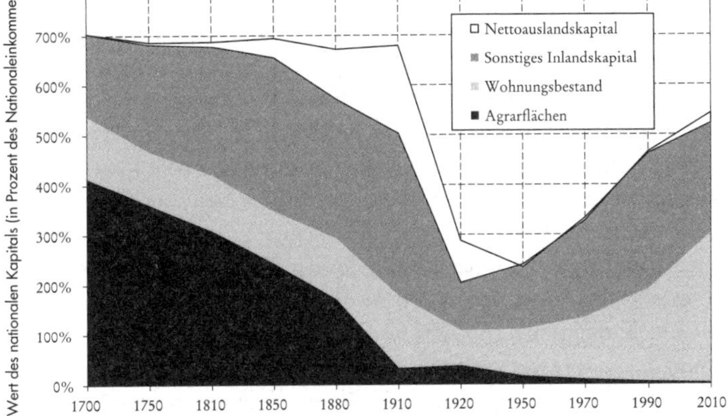

Grafik 3.1.: 1700 entspricht das nationale Kapital in Großbritannien dem Nationaleinkommen von etwa 7 Jahren (4 Jahre entfallen auf die Agrarflächen).
Quellen und Reihen: siehe piketty.pse.ens.fr/capital21c.

Das Kapital in Frankreich, 1700–2010

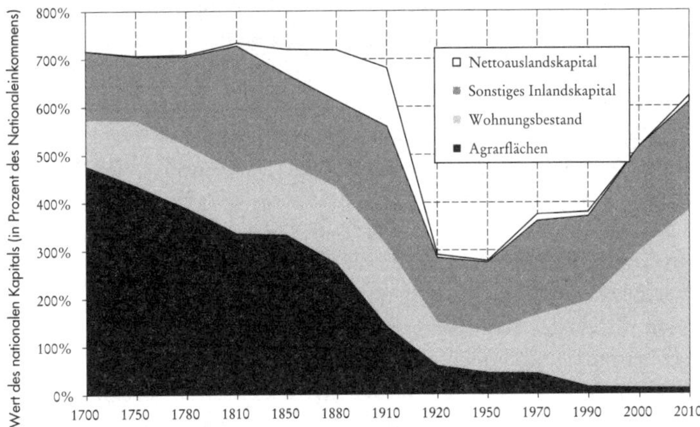

Grafik 3.2.: 1910 entspricht das nationale Kapital in Frankreich dem Nationaleinkommen von fast 7 Jahren (1 Jahr entfällt auf das im Ausland angelegte Kapital).
Quellen und Reihen: siehe piketty.pse.ens.fr/capital21c.

Zunächst ist festzustellen, dass das Kapital-Einkommens-Verhältnis in beiden Ländern eine sehr ähnliche Entwicklung durchgemacht hat, wobei sich das Verhältnis im 18. und 19. Jahrhundert relativ stabil darstellt, im 20. Jahrhundert starken Schocks ausgesetzt war und im beginnenden 21. Jahrhundert wieder einen Stand erreicht hat, der dem vor den Kriegen des 20. Jahrhunderts ähnlich ist. Im 18. und 19. Jahrhundert und bis 1914 entspricht in Großbritannien wie in Frankreich der Gesamtwert des nationalen Kapitals dem Nationaleinkommen von sechs bis sieben Jahren. Nach dem Ersten Weltkrieg, den Krisen der Zwischenkriegszeit und dem Zweiten Weltkrieg bricht das Kapital-Einkommens-Verhältnis derartig ein, dass das nationale Kapital in den 1950er Jahren nur noch dem Nationaleinkommen von zwei bis drei Jahren entspricht. Danach steigt das Kapital-Einkommens-Verhältnis wieder und wächst seitdem kontinuierlich. Zu Beginn der 2010er Jahre entspricht der Wert des nationalen Kapitals in beiden Ländern dem Nationaleinkommen von fünf bis sechs Jahren, in Frankreich sogar ein wenig mehr als sechs, gegenüber weniger als vier in den 1980er Jahren. Die Genauigkeit der Berechnung sollte nicht überschätzt werden, aber eine allgemeine Entwicklung ist unverkennbar.

Das vergangene Jahrhundert ist somit von einer spektakulären «U-Kurve» gekennzeichnet. Das Kapital-Einkommens-Verhältnis schrumpft in der Zeit von 1914 bis 1945 fast auf ein Drittel, bevor es sich in der Zeit von 1945 bis 2012 mehr als verdoppelt.

Es handelt sich um große Schwankungen, bedingt durch die heftigen militärischen, politischen und wirtschaftlichen Konflikte, die das 20. Jahrhundert geprägt haben und sich vor allem um die Frage des Kapitals, des Privateigentums und der weltweiten Verteilung der Vermögen drehten. Dagegen erscheinen das 18. und 19. Jahrhundert vergleichsweise friedlich.

Das Kapital-Einkommens-Verhältnis hat zu Beginn der 2010er Jahre praktisch wieder den Stand erreicht, den es vor dem Ersten Weltkrieg hatte – oder sogar überschritten, wenn man den Kapitalstock durch das verfügbare Haushaltseinkommen und nicht durch das Nationaleinkommen teilt – eine methodologische Entscheidung, die nicht selbstverständlich ist, wie wir später sehen werden. Wie unvollständig und unsicher die Messungen auch sein mögen, fest steht, dass nach einem Prozess, der ab den 1950er Jahren einsetzte, in den Jahren 1990 bis 2000 die Vermögen wieder so hoch sind wie in der

Belle Époque. Mitte des 20. Jahrhunderts war das Kapital weitgehend verschwunden; es schickt sich anscheinend an, in diesem beginnenden Jahrhundert wieder das im 18. und 19. Jahrhundert übliche Niveau zu erreichen. Die Vermögen haben wieder ihren angestammten Platz eingenommen. Es sind die Kriege, die im 20. Jahrhundert die Vergangenheit gleichsam ausradiert und die Illusion vermittelt haben, der Kapitalismus sei strukturell überwunden.

So wichtig diese Entwicklung des Kapital-Einkommens-Verhältnisses auch ist, darüber darf nicht vergessen werden, dass sich die Zusammensetzung des Kapitals seit 1700 tiefgreifend verändert hat. Das ist die zweite Schlussfolgerung, die sich aus den Grafiken 3.1 und 3.2 ergibt. Das Kapital des 21. Jahrhunderts hat wenig mit dem des 18. Jahrhunderts zu tun. Auch hier verlaufen die Entwicklungen in Großbritannien und in Frankreich sehr ähnlich. Vereinfachend kann man sagen, dass die landwirtschaftlichen Nutzflächen nach und nach durch Immobilien sowie durch das gewerbliche und das Finanzkapital ersetzt wurden, das in Unternehmen und in die öffentliche Hand investiert wurde – ohne dass sich dadurch der Gesamtwert des Kapitals, ausgedrückt in Relation zum jährlichen Nationaleinkommen, tatsächlich verändert hat.

Erinnern wir uns daran, dass das nationale Kapital – dessen Entwicklung in den Grafiken 3.1 und 3.2 nachgezeichnet wird – als die Summe aus privatem und öffentlichem Kapital definiert wird. Die Staatsschulden, die als Aktivposten für den Privatsektor und als Passivposten für den öffentlichen Sektor veranschlagt werden, heben sich folglich auf (zumindest dann, wenn die Bevölkerung eines jeden Landes die Schuldtitel des eigenen Staates besitzt). Wir werden die Schulden etwas später in die Analyse aufnehmen. Wie in Kapitel 1 dargelegt, kann das so definierte Kapital aus dem einheimischen Kapital und aus dem im Ausland angelegtem Nettokapital bestehen. Das einheimische Kapital misst den Wert des Kapitalstocks (Immobilien, Unternehmen usw.), der auf dem Gebiet des betreffenden Landes angesiedelt ist. Das im Ausland angelegte Nettokapital – oder die ausländischen Nettovermögenswerte – misst die Vermögensposition des betreffenden Landes gegenüber der übrigen Welt, das heißt die Differenz zwischen den Aktiva, die den Bewohnern des Landes in der übrigen Welt gehören, und den Aktiva, die der übrigen Welt in dem betreffenden Land gehören (wozu gegebenenfalls auch staatliche Schuldtitel gehören).

Das inländische Kapital lässt sich in drei Kategorien einteilen: Agrarflächen; Wohnungsbestand (Gebäude zu Wohnzwecken, einschließlich des Werts der betreffenden Grundstücke); und sonstiges inländisches Kapital, das insbesondere das von den Unternehmen und der öffentlichen Hand verwendete Kapital umfasst (gewerblich genutzte Gebäude – einschließlich der entsprechenden Grundstücke – sowie Ausrüstungen, Maschinen, Rechner, Patente usw.), die wie alle anderen Aktivposten nach ihrem Marktwert bewertet werden; bei einem börsennotierten Unternehmen ist es beispielsweise der Wert der Aktien. So erhält man die folgende Zusammensetzung des nationalen Kapitals, die wir zugrunde gelegt haben, um die Grafiken 3.1 und 3.2 zu erstellen:

Nationales Kapital = Agrarflächen + Wohnungsbestand + sonstiges inländisches Kapital + im Ausland angelegtes Nettokapital

Man sieht, dass der Gesamtwert der Agrarflächen zu Beginn des 18. Jahrhunderts dem Nationaleinkommen von vier bis fünf Jahren entsprach, also zwei Drittel des nationalen Kapitals ausmachte. Dreihundert Jahre später sind die Agrarflächen weniger als 10 % des Nationaleinkommens eines Jahres wert und machen weniger als 2 % des Gesamtvermögens in Frankreich wie in Großbritannien aus. Diese spektakuläre Entwicklung ist kaum überraschend: Auf die Landwirtschaft entfielen im 18. Jahrhundert fast drei Viertel der Wirtschaftstätigkeit und der Beschäftigten, gegenüber einigen wenigen Prozent heute. Es ist ganz natürlich, dass der Umfang des entsprechenden Kapitals eine ähnliche Entwicklung durchgemacht hat.

Dieser dramatische Wertverlust der landwirtschaftlichen Nutzflächen – im Verhältnis zum Nationaleinkommen und zum nationalen Kapital – wurde einerseits durch die Wertsteigerung des Wohnungsbestands ausgeglichen, der vom Nationaleinkommen eines Jahres im 18. Jahrhundert auf mehr als den von drei Jahren heute gestiegen ist, und andererseits durch die Wertsteigerung des sonstigen Inlandskapitals, das eine vergleichbare Entwicklung durchgemacht hat (im 18. Jahrhundert entsprach es dem Nationaleinkommen von eineinhalb Jahren, heute sind es etwas weniger als drei Jahre).[1] An dieser sehr

1 Nach den verfügbaren Schätzungen (insbesondere denen von King und Petty in England, Vauban und Boisguillebert in Frankreich) machten landwirtschaftliche Gebäude und Vieh fast die Hälfte dessen aus, was wir als «sonstiges inländisches Kapital» im 18. Jahrhundert bezeichnen. Brächte man diese Elemente in Abzug, um sich auf die Indus-

langfristigen strukturellen Veränderung zeigen sich die wachsende Bedeutung von Wohnimmobilien – hinsichtlich Fläche, Qualität und Wert – im Laufe der wirtschaftlichen Entwicklung[1] sowie die ebenfalls sehr starke Zunahme von gewerblich genutzten Gebäuden, Ausrüstungen, Maschinen, Lagerräumen, Büros und Werkzeugen seit der Industriellen Revolution. Das materielle und immaterielle Kapital, das von den Unternehmen und der öffentlichen Hand zur Erzeugung von nicht-landwirtschaftlichen Gütern und Dienstleistungen eingesetzt wird, ist also signifikant angestiegen.[2] Das Kapital hat sich zwar in der Form geändert – es war Bodenkapital und wurde zum Immobilien-, Industrie- und Finanzkapital –, hat aber nichts von seiner Bedeutung verloren.

Größe und Niedergang des Auslandskapitals

Was das Auslandskapital betrifft, so stellt man fest, dass es in Großbritannien und Frankreich eine ganz spezielle Entwicklung durchgemacht hat, die der bewegten Geschichte des Kolonialismus und der beiden größten Kolonialmächte der Erde in den letzten dreihundert Jahren entsprach. Die Nettovermögen, die diese beiden Länder in der übrigen Welt besaßen, sind im 18. und 19. Jahrhundert kontinuierlich gestiegen, erreichten vor dem Ersten Weltkrieg einen extrem hohen Stand und brachen zwischen 1914 und 1945 buchstäblich zusammen; seitdem haben sie sich auf einem relativ niedrigen Niveau stabilisiert, wie die Grafiken 3.1 und 3.2 zeigen.

Die ausländischen Besitzungen gewinnen bereits in der Zeit zwischen 1750 und 1800 an Bedeutung, wie beispielsweise die Investitionen von Sir Thomas auf den Antillen zeigen, von denen Jane Austen in ihrem Roman *Mansfield Park* spricht. Aber die Dimension ist eher bescheiden: Als sie 1812 ihren Roman schreibt, machen die ausländi-

---

trie und die Dienstleistungen zu konzentrieren, wäre die Zunahme des sonstigen nichtlandwirtschaftlichen inländischen Kapitals ebenso groß wie die des Wohnungsbestands (sogar etwas größer).

1 Die Immobilientransaktion von Birotteau im Quartier de la Madeleine ist dafür ein gutes Beispiel.

2 Man denke an die Fabriken von Père Goriot oder an das Parfümeriegeschäft von Birotteau.

schen Vermögenswerte nach den verfügbaren Quellen nur 10 % des Nationaleinkommens Großbritanniens aus, sind also 30 Mal weniger wert als die landwirtschaftlichen Nutzflächen (die dem Nationaleinkommen von mehr als drei Jahren entsprechen). Kein Wunder, dass Jane Austens Figuren hauptsächlich von ihrem Landbesitz leben.

Im Laufe des 19. Jahrhunderts verzeichnen die britischen Vermögenswerte in der übrigen Welt eine Zunahme, die in der Geschichte ohne Beispiel ist und bis heute nie überschritten wurde. Vor dem Ersten Weltkrieg herrscht Großbritannien über das größte Kolonialreich der Welt und verfügt über ausländische Vermögenswerte, die dem Nationaleinkommen von fast zwei Jahren entsprechen, das heißt sechs Mal so hoch sind wie der Gesamtwert der landwirtschaftlichen Nutzflächen des Königreichs (der damals nur 30 % des Nationaleinkommens entspricht).[1] Man sieht, wie sehr sich die Struktur des Vermögens seit *Mansfield Park* verändert hat – und man hofft, dass Jane Austens Helden und ihre Nachfahren sich rechtzeitig umstellen und den Spuren von Sir Thomas folgen konnten, indem sie einen Teil ihrer Bodenrente in internationale Geschäfte investierten. In der Belle Époque wirft das im Ausland investierte Kapital im Schnitt Gewinne, Dividenden, Zinsen und Mieten in Höhe von 5 % jährlich ab, so dass das Nationaleinkommen der Briten jedes Jahr 10 % höher ist als ihre Inlandsproduktion, was einer bedeutenden sozialen Gruppe ein sehr gutes Leben ermöglicht.

Frankreich, das an der Spitze des zweitgrößten weltweiten Kolonialreiches steht, ist in einer kaum weniger beneidenswerten Lage: Es hat in der übrigen Welt Vermögenswerte angesammelt, die seinem Nationaleinkommen von mehr als einem Jahr entsprechen, so dass letzteres in den Jahren 1900 bis 1910 jeweils etwa um 5 bis 6 % höher ist als seine Inlandsproduktion. Was Frankreich aus seinen Besitzungen in der übrigen Welt in Form von Dividenden, Zinsen, Gebühren, Mieten und anderen Kapitaleinkommen bezieht, entspricht der gesamten Industrieproduktion in den nördlichen und östlichen Departements des Landes.[2]

Großbritannien und Frankreich können sich aufgrund dieser sehr hohen Nettovermögen im Ausland am Ende des 19. Jahrhunderts und zu Beginn des 20. Jahrhunderts ein strukturelles Handelsdefizit leis-

1 Alle genauen Daten sind im Technischen Anhang nachlesbar.

2 Siehe Technischer Anhang.

ten. Zwischen 1880 und 1914 beziehen diese beiden Länder aus dem Rest der Welt Güter und Dienstleistungen, deren Wert über dem ihrer eigenen Exporte liegt (ihr Handelsdefizit beträgt in dieser Zeit durchschnittlich zwischen 1 und 2 % des Nationaleinkommens). Das ist für sie kein Problem, da die Kapitaleinkommen aus dem Ausland 5 % des Nationaleinkommens überschreiten. Ihre Zahlungsbilanz weist folglich einen sehr hohen Überschuss auf, wodurch sich ihre Vermögensposition gegenüber dem Ausland Jahr für Jahr erhöht.[1] Mit anderen Worten: Der Rest der Welt arbeitet, um den Konsum der Kolonialmächte zu steigern, und dabei verschuldet sich dieser Rest der Welt auch noch immer mehr gegenüber den Kolonialmächten. Das mag schockierend sein, aber man muss wissen, dass die Anhäufung ausländischer Vermögenswerte durch Handelsüberschüsse oder koloniale Besitzungen genau den Zweck hat, dass man sich Handelsdefizite leisten kann. Niemand hat ein Interesse daran, für alle Zeiten Handelsüberschüsse ausweisen zu müssen. Das Interesse des Eigentümers besteht genau darin, konsumieren und akkumulieren zu können, ohne arbeiten zu müssen oder zumindest mehr konsumieren und akkumulieren zu können, als das eigene Arbeitsergebnis zulässt. Gleiches gilt auf internationaler Ebene in der Zeit des Kolonialismus.

Nach den zwei schrecklichen Weltkriegen, der Weltwirtschaftskrise in den 1930er Jahren und der Dekolonisation verschwinden diese riesigen ausländischen Vermögenswerte völlig. In den 1950er Jahren gehen die Nettovermögenspositionen Frankreichs und Großbritanniens gegenüber der restlichen Welt gegen null, was bedeutet, dass die Auslandsaktiva gerade ausreichen, um die Aktiva auszugleichen, die die anderen Länder in den beiden ehemaligen Kolonialmächten besitzen. Seit einem halben Jahrhundert hat sich diese Situation kaum verändert. Von den 1950er bis zu den 2010er Jahren waren die von Frankreich und England gehaltenen ausländischen Nettoaktiva manchmal leicht positiv, manchmal leicht negativ, lagen aber in allen Fällen nahe bei null, zumindest im Vergleich zu den früheren Werten.[2]

1 Die genauen jährlichen Reihen zur Handels- und Zahlungsbilanz Großbritanniens und Frankreichs finden sich im Online-Anhang.

2 Die Nettoaktiva der beiden Länder im Ausland lagen in den 1950er Jahren immer zwischen – 10 % und + 10 %, waren also 10–20 Mal geringer als die in der Belle Époque. Die Schwierigkeit, in der heutigen Welt ausländische Nettoaktiva zu messen (wir werden später darauf zurückkommen), ändert nichts an dieser Situation.

Vergleicht man die Struktur des nationalen Kapitals im 18. Jahrhundert und Anfang des 21. Jahrhunderts, stellt man fest, dass die Auslandsaktiva in beiden Ländern kaum ins Gewicht fallen und dass die echte langfristige strukturelle Veränderung in der schrittweisen Ersetzung der landwirtschaftlichen Nutzflächen durch das Immobilien- und Gewerbekapital besteht, wobei der Gesamtwert des Kapitalstocks im Verhältnis zum Nationaleinkommen fast unverändert bleibt.

Einkommen und Vermögen: einige Größenordnungen

Um diese Veränderungen zusammenzufassen, kann man die Größenordnungen der heutigen Welt verwenden. Derzeit beträgt das Nationaleinkommen in Frankreich wie in Großbritannien 30 000 Euro pro Jahr und pro Einwohner, und das nationale Kapital entspricht in beiden Ländern dem Nationaleinkommen von 6 Jahren, das heißt es beträgt etwa 180 000 Euro pro Einwohner. In beiden Ländern sind die landwirtschaftlichen Nutzflächen kaum etwas wert (höchstens einige tausend Euro pro Einwohner), und das nationale Kapital gliedert sich im Großen und Ganzen in zwei fast gleiche Hälften: Jeder Einwohner besitzt Kapital in Form einer Wohnimmobilie im Wert von etwa 90 000 Euro (die er selbst nutzt oder an andere vermietet) und sonstiges Inlandskapital in Höhe von 90 000 Euro (hauptsächlich Kapital, das über Finanzanlagen in Unternehmen investiert wird).

Stellen wir uns einmal vor, dass wir dreihundert Jahre zurückgehen und es mit der um 1700 existierenden Struktur des nationalen Kapitals zu tun haben, fiktiv jedoch mit den heute geltenden Durchschnittsbeträgen – 30 000 Euro Einkommen und 180 000 Euro Vermögen – operieren. Unser repräsentativer Franzose oder Brite würde dann in etwa Agrarflächen im Wert von 120 000 Euro, Wohnungskapital im Wert von 30 000 Euro und sonstiges Inlandskapital im Wert von 30 000 Euro besitzen.[1] Manche Franzosen oder Briten, zum Beispiel die

1 Genauer gesagt: Bei einem Durchschnittseinkommen von 30 000 Euro hätte das Durchschnittsvermögen 1700 eher bei 210 000 Euro gelegen (und dem Einkommen von 7 und nicht von 6 Jahren entsprochen). Davon wären 150 000 Euro auf Agrarflächen entfallen (ungefähr 5 Jahreseinkommen, wenn man die landwirtschaftlichen Gebäude und den Viehbestand mitrechnet), 30 000 Euro auf Wohnungskapital und 30 000 Euro auf sonstiges Inlandskapital.

Romanhelden von Jane Austen – John Darshwood mit dem Landgut Norland, Charles Darcy mit dem Landgut Pemberley – verfügten natürlich über mehrere hundert Hektar Land, die einem Vermögen von mehreren zehn oder mehreren hundert Millionen Euro entsprachen, während viele andere gar nichts besaßen. Gleichwohl kann man sich anhand dieser Durchschnittswerte ein etwas konkreteres Bild von der gewandelten Struktur des nationalen Kapitals seit dem 18. Jahrhundert machen, während das Niveau im Verhältnis zum jährlichen Einkommen annähernd gleich bleibt.

Stellen wir uns jetzt vor, dass unser Durchschnittsbrite oder -franzose in der Belle Époque, also um 1900 bis 1910, immer noch über ein Durchschnittseinkommen von 30 000 Euro und ein Durchschnittsvermögen von 180 000 Euro verfügt. In Großbritannien sind die Agrarflächen schon nicht mehr viel wert: weniger als 10 000 Euro pro Brite gegenüber 50 000 Euro Wohnungskapital, 60 000 Euro sonstiges Inlandskapital und fast 60 000 Euro Kapitalanlagen im Ausland. In Frankreich ist die Situation vergleichbar, außer dass die landwirtschaftlichen Flächen noch zwischen 30 000 und 40 000 Euro pro Einwohner wert sind, fast ebenso viel wie die Auslandsanlagen.[1] In beiden Ländern haben die ausländischen Vermögenswerte erheblich an Bedeutung gewonnen. Auch hier versteht es sich von selbst, dass nicht jeder Aktien der Suez-Kanal-Gesellschaft oder russische Anleihen besaß. Aber diese für die gesamte Bevölkerung errechneten Durchschnittswerte, bei denen Menschen ohne jedes Auslandsvermögen und eine kleine Minderheit mit großen Portfolios in einen Topf geworfen werden, ermöglichen es, die riesigen in der übrigen Welt angehäuften Vermögen zu messen, die damals das von Frankreich und Großbritannien gehaltene Auslandskapital ausmachten.

1 Auch hier hätte bei einem Durchschnittseinkommen von 30 000 Euro das Durchschnittsvermögen eher bei 210 000 Euro (7 Jahreseinkommen) gelegen, während das sonstige Inlandskapital eher 90 000 Euro (3 Jahreseinkommen) als 60 000 Euro (2 Jahreseinkommen) betragen hätte. Alle hier angegebenen Zahlen wurden vereinfacht und gerundet. Die genauen Zahlen sind dem Online-Anhang zu entnehmen.

Öffentlicher Reichtum, privater Reichtum

Bevor wir die dramatischen Einbußen, die die Vermögen im 20. Jahrhundert erlitten, und die Gründe für die wirtschaftliche Erholung seit dem Zweiten Weltkrieg näher untersuchen, ist es sinnvoll, jetzt die Frage der Staatsverschuldung und generell die Frage der Aufteilung des nationalen Kapitals in öffentliches und privates Kapital in die Analyse einzuführen. Wird doch zu Beginn des 21. Jahrhunderts, da die Staaten der reichen Länder vor allem Schulden anhäufen, allzu oft vergessen, dass die Bilanz des öffentlichen Sektors auch Aktiva aufweisen kann.

Diese Aufschlüsselung in öffentliches und privates Vermögen ändert weder etwas am Gesamtniveau noch an der Zusammensetzung des nationalen Kapitals, dessen Entwicklung wir gerade nachgezeichnet haben. Gleichwohl hat die Zweiteilung der Eigentumsrechte in die der öffentlichen Hand und die der Privatpersonen eine erhebliche politische, ökonomische und soziale Bedeutung.

Erinnern wir uns zunächst an die in Kapitel 1 eingeführten Definitionen. Das nationale Kapital beziehungsweise das Nationalvermögen ist die Summe aus dem staatlichen und dem privaten Kapital. Das staatliche Kapital wird als die Differenz zwischen den Aktiva und Passiva der öffentlichen Hand definiert, das private Kapital als die Differenz zwischen den Aktiva und Passiva der Privatindividuen. Für den staatlichen wie für den privaten Sektor wird das Kapital stets als ein Nettovermögen definiert, das heißt als der Unterschied zwischen dem Marktwert dessen, was man besitzt (den Aktiva), und dessen, was man schuldig ist (den Passiva, das heißt den Schulden).

Die staatlichen Aktiva nehmen zwei Formen an. Sie können nichtfinanzieller Natur sein (dabei handelt es sich im Wesentlichen um öffentliche Gebäude, die für die Verwaltung und die Bereitstellung öffentlicher Dienstleistungen – hauptsächlich im Bildungs- und Gesundheitswesen – genutzt werden: Schulen, Universitäten, Krankenhäuser usw.) oder sie können finanzieller Natur sein – wenn der Staat Mehrheits- oder Minderheitsanteile an Unternehmen besitzt, wobei die Unternehmen in dem fraglichen Land selbst oder im Ausland angesiedelt sein können (es kann sich zum Beispiel um «Staatsfonds» handeln, wie man seit einigen Jahren die Fonds nennt, die die Finanzmittel von Staaten verwalten).

Tabelle 3.1.
Staatsvermögen und Privatvermögen in Frankreich im Jahr 2012

<table>
<tr><th></th><th colspan="2">Wert des Kapitals in Prozent des Nationaleinkommens</th><th colspan="2">Wert des Kapitals in Prozent des nationalen Kapitals</th></tr>
<tr><td>Nationales Kapital (staatliches und privates Kapital)</td><td colspan="2">605 %</td><td colspan="2">100 %</td></tr>
<tr><td rowspan="3">Staatliches Kapital (Nettostaatsvermögen: Differenz zwischen Guthaben und Schulden der öffentlichen Hand)</td><td colspan="2">31 %</td><td colspan="2">5 %</td></tr>
<tr><td>Guthaben</td><td>Schulden</td><td>Guthaben</td><td>Schulden</td></tr>
<tr><td>145 %</td><td>114 %</td><td>24 %</td><td>19 %</td></tr>
<tr><td rowspan="3">Privates Kapital (Nettoprivatvermögen: Differenz zwischen Guthaben und Schulden der Privatpersonen [Haushalte])</td><td colspan="2">574 %</td><td colspan="2">95 %</td></tr>
<tr><td>Guthaben</td><td>Schulden</td><td>Guthaben</td><td>Schulden</td></tr>
<tr><td>646 %</td><td>72 %</td><td>107 %</td><td>12 %</td></tr>
</table>

2012 belief sich der Gesamtwert des nationalen Kapitals in Frankreich auf 605 % des Nationaleinkommens (Nationaleinkommen von 6,05 Jahren), davon entfielen 31 % auf das staatliche Kapital (5 % des Gesamtwerts) und 574 % auf das private Kapital (95 % des Gesamtwerts).

Quellen: siehe piketty.pse.ens.fr/capital21c.

Zur Erinnerung: Das Nationaleinkommen ist das Bruttoinlandsprodukt (BIP) abzüglich der Kapitalentwertung und zuzüglich der aus dem Ausland bezogenen Nettoeinkommen; das Nationaleinkommen beläuft sich 2012 in Frankreich auf etwa 90 % des BIP; siehe Kapitel 1 und Technischer Anhang.

In der Praxis kann die Grenze zwischen nicht-finanziellen und finanziellen Aktiva fließend sein. Wenn der französische Staat beispielsweise France Telecom und La Poste in Aktiengesellschaften umwandelt, werden seine Anteile an den neuen Gesellschaften als finanzielle Aktiva verbucht, während der Wert der von diesen Unternehmen genutzten Gebäude und Ausrüstungen vorher als ein nicht-finanzieller Aktivposten galt.

Zu Beginn der 2010er Jahre wird der Wert sämtlicher staatlicher (nicht-finanzieller und finanzieller) Aktiva in Großbritannien auf das Nationaleinkommen eines Jahres und in Frankreich auf das Nationaleinkommen von etwas weniger als eineinhalb Jahren geschätzt. Da die Staatsschulden in beiden Ländern ungefähr dem Nationaleinkommen eines Jahres entsprechen, geht das staatliche Nettovermögen in beiden Ländern gegen null. Nach den letzten amtlichen Schätzungen des Statistikamts und der Zentralbank der beiden Länder beträgt das staatliche Nettokapital in Großbritannien genau null und in Frankreich 30 Prozent des Nationaleinkommens (das ist 20 Mal weniger als der nationale Kapitalstock; siehe Tabelle 3.1).[1]

Mit anderen Worten: Würde sich die öffentliche Hand in beiden Ländern entscheiden, all ihre Aktiva zu verkaufen, um all ihre Schulden sofort zu begleichen, wäre jenseits des Kanals gar nichts mehr und in Frankreich nur noch wenig übrig.

Auch hier darf die Genauigkeit solcher Schätzungen nicht überschätzt werden. Auch wenn jedes Land sein Bestes tut, um die von den internationalen Organisationen und den Vereinten Nationen erstellten standardisierten Konzepte und Methoden anzuwenden, ist die Volkswirtschaftliche Gesamtrechnung keine exakte Wissenschaft – und wird es nie sein. Die Schätzung der gesamten Staatsschulden oder der finanziellen Aktiva des Staates wirft kein größeres Problem auf. Dagegen ist es nicht leicht, den Marktwert der öffentlichen Gebäude (Schulen, Krankenhäuser usw.) oder der Verkehrsinfrastruktur (insbesondere der Schienen- und Straßennetze) genau zu bestimmen, da diese für gewöhnlich nicht verkauft werden. Die Berechnungen müssen sich auf die Preise stützen, die bei ähnlichen Verkäufen in der jüngeren Vergangenheit erzielt wurden, aber solche Richtgrößen sind nicht sehr zuverlässig, zumal die Marktpreise häufig volatil sind. Diese Schätzungen müssen als Größenordnungen und nicht als mathematische Gewissheiten betrachtet werden.

Es steht auf jeden Fall außer Frage, dass das staatliche Vermögen in diesen beiden Ländern derzeit gering ist – und weit hinter den privaten Vermögen zurückbleibt. Ob das staatliche Nettovermögen weniger als 1 % des Nationalvermögens beträgt, wie in Großbritannien, oder etwa 5 % wie in Frankreich oder sogar 10 %, falls eine starke Unterbewertung der staatlichen Aktiva vorliegen sollte, ist für unsere Zwecke letztlich von untergeordneter Bedeutung. Wie unvollständig die Messungen auch sein mögen, uns interessiert die Tatsache, dass die Privatvermögen zu Beginn der 2010er Jahre in beiden Ländern nahezu die Gesamtheit des Nationalvermögens ausmachen: nach den letzten Schätzungen mehr als 99 % in Großbritannien und etwa 95 % in Frankreich, in jedem Fall deutlich mehr als 90 %.

1 Genauer gesagt: 93 % des Nationaleinkommens bei den staatlichen Aktiva in Großbritannien und 92 % bei den Staatsschulden, was ein staatliches Nettovermögen von + 1 % ergibt; 145 % bei den staatlichen Aktiva in Frankreich und 114 % bei den Schulden, was ein staatliches Nettovermögen von + 31 % ergibt. Die genauen Jahresreihen für die beiden Länder finden sich im Technischen Anhang.

Das Staatsvermögen in der Geschichte

Untersucht man die Geschichte des Staatsvermögens in Großbritannien und in Frankreich seit dem 18. Jahrhundert sowie die Entwicklung der Aufteilung des nationalen Kapitals in staatliches und privates Kapital, stellt man fest, dass es fast immer so war wie oben beschrieben (siehe die Grafiken 3.3–3.6). In einer ersten Annäherung kann man sagen, dass die staatlichen Aktiva und Passiva und erst recht die Differenz zwischen den beiden im Vergleich zur gewaltigen Menge der Privatvermögen im Allgemeinen immer relativ begrenzt waren. In den beiden Ländern war das Staatsvermögen in den letzten dreihundert Jahren mal positiv, mal negativ. Aber diese Schwankungen, die grob geschätzt zwischen + 100 % und – 100 % lagen (meistens sogar nur zwischen + 50 % und – 50 %), sind insgesamt begrenzt, verglichen mit den beträchtlichen privaten Vermögen (bis zu 700–800 % des Nationaleinkommens).

Mit anderen Worten: Die Geschichte des Verhältnisses zwischen nationalem Kapital und Nationaleinkommen in Frankreich und Großbritannien seit dem 18. Jahrhundert, die wir weiter oben in groben Zügen dargestellt haben, ist in erster Linie die Geschichte des Verhältnisses zwischen Privatkapital und Nationaleinkommen (siehe die Grafiken 3.5 und 3.6).

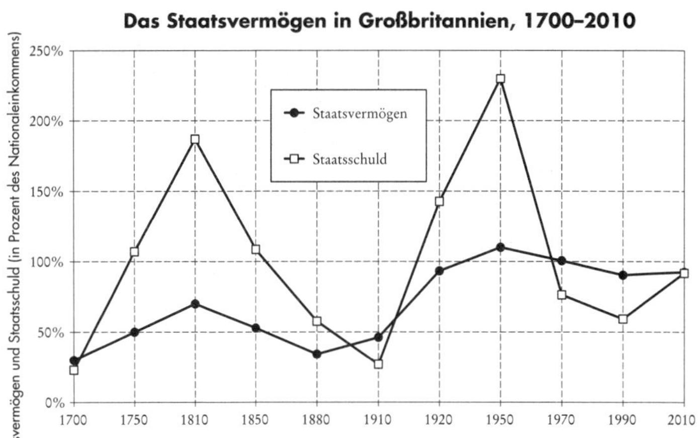

Grafik 3.3.: Die Staatsschuld ist 1950 in Großbritannien höher als das Nationaleinkommen von 2 Jahren (das Vermögen entspricht 1 Jahr).
Quellen und Reihen: siehe piketty.pse.ens.fr/capital21c.

Das Staatsvermögen in Frankreich, 1700–2010

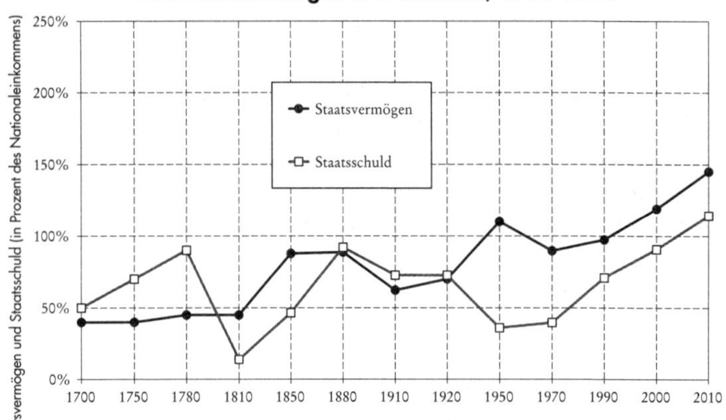

Grafik 3.4.: Die Staatsschuld entspricht 1780 in Frankreich dem Nationaleinkommen von etwa 1 Jahr, was auch für 1880 und 2000 bis 2010 gilt.
Quellen und Reihen: siehe piketty.pse.ens.fr/capital21c.

Privatkapital und Staatskapital in Großbritannien, 1700–2010

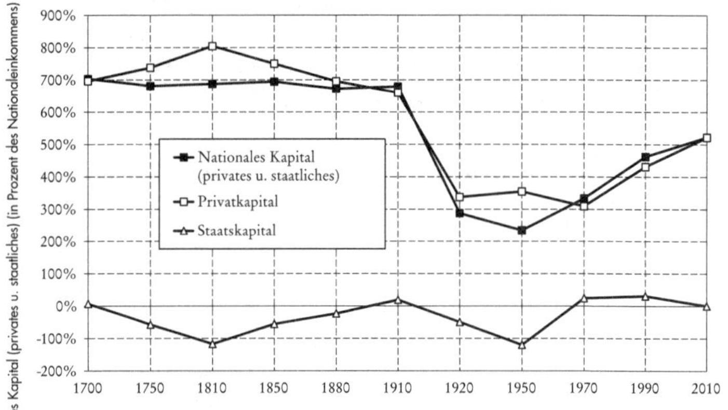

Grafik 3.5.: 1810 entspricht das Privatkapital in Großbritannien dem Nationaleinkommen von 8 Jahren (das nationale Kapital dem von 7 Jahren).
Quellen und Reihen: siehe piketty.pse.ens.fr/capital21c.

Es handelt sich hier um einen zentralen und zugleich relativ bekannten Sachverhalt: Frankreich und Großbritannien waren immer Länder, die auf dem Privateigentum basierten. Sie haben nie mit dem Kommunismus sowjetischer Spielart experimentiert, der von der Kontrolle des Staates über den größten Teil des nationalen Kapitals

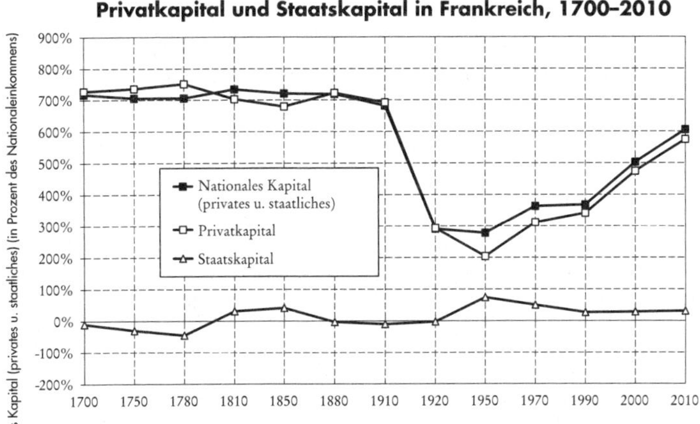

Grafik 3.6.: 1950 entspricht das Staatskapital dem Nationaleinkommen von fast 1 Jahr, das Privatkapital dem von 2 Jahren.

gekennzeichnet war. So ist es nicht verwunderlich, dass die Privatvermögen stets größer waren als das Staatsvermögen. Umgekehrt hat keines dieser beiden Länder jemals so viele Schulden angehäuft, dass sich der Umfang der Privatvermögen massiv verändert hätte.

Nach Feststellung dieses zentralen Sachverhalts sollte man in der Analyse fortfahren, denn auch wenn die in den beiden Ländern verfolgte Politik in diesen Punkten nie extreme Ausmaße angenommen hat, hatte sie dennoch beträchtliche Auswirkungen auf die Zunahme der Privatvermögen, und dies mehrfach und in entgegengesetzte Richtungen.

Die öffentliche Hand hat mitunter zur Erhöhung der Privatvermögen beigetragen (insbesondere in Großbritannien durch eine sehr hohe Staatsverschuldung im 18. und 19. Jahrhundert sowie in Frankreich im Ancien Régime und in der Belle Époque), während sie bei anderen Gelegenheiten versucht hat, das Gewicht dieser Vermögen zu verringern (insbesondere in Frankreich durch die Annullierung der Staatsschulden und die Schaffung eines großen staatlichen Sektors nach dem Zweiten Weltkrieg; in geringerem Umfang geschah dies zur gleichen Zeit in Großbritannien). Zu Beginn des 21. Jahrhunderts befinden sich die beiden Länder – wie im Übrigen alle reichen Länder – auf dem erstgenannten Weg. Aber die historische Erfahrung zeigt, dass sich all dies recht schnell ändern kann. Daher ist es sinnvoll, die

Umschwünge, die es in der Vergangenheit gegeben hat, vor allem in Großbritannien und Frankreich zu untersuchen, die in dieser Hinsicht eine ereignisreiche und bewegte Geschichte haben.

Großbritannien: staatliche Verschuldung und Stärkung des Privatkapitals

Beginnen wir mit Großbritannien. Zwei Mal, nämlich nach den Napoleonischen Kriegen und nach dem Zweiten Weltkrieg, erreichte die staatliche Verschuldung einen sehr hohen Stand und lag bei etwa 200 % des Bruttoinlandsproduktes, sogar leicht darüber. Interessanterweise ist Großbritannien das Land, das dauerhaft einen sehr hohen Schuldenstand aufwies und dennoch stets seinen Verpflichtungen nachgekommen ist. Das eine erklärt das andere: Wenn man es nicht zu Ausfällen kommen lässt, sei es durch die Nichtanerkennung der Schulden oder indirekt durch eine starke Inflation, kann es sehr lange dauern, bis man so hohe Staatsschulden getilgt hat.

Unter diesem Gesichtspunkt ist die Verschuldung Großbritanniens im 19. Jahrhundert geradezu ein Schulbeispiel. Gehen wir zeitlich ein wenig zurück. Vor dem amerikanischen Unabhängigkeitskrieg hatte Großbritannien ebenso wie das Königreich Frankreich einen hohen Schuldenberg angehäuft. Die beiden Monarchien führten häufig Krieg gegeneinander und gegen andere europäische Länder, und vor allem hatten sie nicht genügend Steuereinnahmen, um ihre Ausgaben zu finanzieren, so dass ihre Schulden stark stiegen. In beiden Ländern belief sich die Verschuldung um 1700 bis 1720 auf 50 % des Nationaleinkommens und in den Jahren 1760 bis 1770 auf etwa 100 %.

Das Unvermögen der französischen Monarchie, ihr Steuerwesen zu modernisieren und die Steuerprivilegien des Adels abzuschaffen, ist ebenso bekannt wie die Tatsache, dass die Einberufung der Generalstände im Jahr 1789 zur Revolution und zur Einführung eines neuen Steuersystems in den Jahren 1790/91 führte (es wurde insbesondere eine Grundsteuer für alle Grundeigentümer und eine Erbschaftssteuer für alle Vermögen eingeführt). Überdies kam es 1797 zum «Zwei-Drittel-Bankrott» (in Wirklichkeit ist der Ausfall noch größer, wenn man die Zeit der Assignaten und die dadurch ausgelöste Inflation berücksichtigt). Auf diese Weise konnten die Schulden des

Ancien Régime immer weiter abgebaut werden.[1] Zu Beginn des 19. Jahrhunderts befand sich die staatliche Verschuldung plötzlich auf einem sehr niedrigen Stand (weniger als 20 % des Nationaleinkommens im Jahr 1815).

In Großbritannien verläuft die Entwicklung völlig anders. Um den Krieg gegen die aufständischen amerikanischen Kolonien und vor allem die zahlreichen Kriege gegen Frankreich in der Revolutionszeit und zur Zeit Napoleons zu finanzieren, entscheidet sich die britische Monarchie für eine sehr hohe Verschuldung. Die Staatsschulden steigen von etwa 100 % des Nationaleinkommens zu Beginn der 1770er Jahre auf fast 200 % in den 1810er Jahren, sind also 10 Mal höher als die Frankreichs zur gleichen Zeit. Großbritannien musste 100 Jahre lang Haushaltsüberschüsse erzielen, um diese Verschuldung auf weniger als 30 % des Nationaleinkommens zu Beginn der 1910er Jahre zurückzufahren (siehe Grafik 3.3).

Welche Lehren lassen sich aus dieser historischen Erfahrung ziehen? Zunächst steht außer Frage, dass diese sehr hohe Verschuldung die Bedeutung der Privatvermögen in der britischen Gesellschaft gestärkt hat. Briten, die es sich leisten konnten, haben dem Staat die erforderlichen Summen geliehen, ohne dass dies einen spürbaren Rückgang der privaten Investitionen zur Folge hatte. Die sehr hohe staatliche Verschuldung von 1770 bis 1810 wurde im Wesentlichen durch eine entsprechende Erhöhung der privaten Spartätigkeit finanziert (was den Wohlstand der besitzenden Klasse in jener Zeit und die Attraktivität der gebotenen Renditen belegt), so dass das nationale Kapital insgesamt stabil blieb. Es lag zu dieser Zeit insgesamt bei etwa dem Siebenfachen des jährlichen Nationaleinkommens, denn während die Privatvermögen in den 1810er Jahren anstiegen und dem Nationaleinkommen von mehr als acht Jahren entsprachen, rutschte das Staatsvermögen immer stärker in den Minusbereich (siehe Grafik 3.5).

Kein Wunder also, dass das Vermögen in den Romanen Jane Austens so allgegenwärtig ist: Zu den Grundbesitzern gesellten sich viele Inhaber von staatlichen Schuldtiteln (es waren weitgehend dieselben Personen, wenn man auf die literarischen Erzählungen als historische Quellen vertrauen kann), so dass es insgesamt zu einem ungewöhnlich starken Anstieg der Privatvermögen kam. Zusammen erreichten

1 Siehe F. Crouzet, *La Grande Inflation. La monnaie en France de Louis XVI à Napoléon*, Paris: Fayard 1993.

die Zinszahlungen für Staatsanleihen und die Bodenrenten ein historisch beispielloses Niveau.

Ebenso klar ist, dass diese sehr hohe staatliche Verschuldung den Interessen der Geldgeber und ihrer Nachkommen sehr entgegenkam – zumindest im Vergleich zu einer Situation, in der die britische Monarchie ihre Ausgaben aus von ihnen erhobenen Steuern finanziert hätte. Aus Sicht derer, die die Mittel haben, ist es wesentlich interessanter, dem Staat eine bestimmte Summe zu leihen (und jahrzehntelang Zinsen einzustreichen), als sie in Form von Steuern (ohne Gegenleistung) zu bezahlen. Hinzu kommt, dass der Staat durch seine Defizite die Gesamtnachfrage nach Kapital in die Höhe treibt und dass dies zwangsläufig zu einer Erhöhung der Kapitalrendite führt, was ebenfalls im Interesse derer liegt, die Kapital anbieten und deren Wohlstand von dieser Rendite abhängt.

Entscheidend ist – und das ist der wesentliche Unterschied zum 20. Jahrhundert –, dass die Staatsschulden im 19. Jahrhundert in stabiler Währung zurückgezahlt wurden: Die Inflation lag zwischen 1815 und 1914 praktisch bei null, und der Zinssatz für die staatlichen Papiere war recht hoch (im Allgemeinen um die 4 bis 5 %); er war vor allem deutlich höher als die Wachstumsrate. Unter solchen Bedingungen kann die staatliche Verschuldung für die Vermögensbesitzer und ihre Erben eine sehr gute Sache sein.

Stellen wir uns eine Regierung vor, die 20 Jahre lang jedes Jahr Defizite in Höhe von 5 Prozent des Bruttoinlandsproduktes anhäuft, um beispielsweise zwischen 1795 und 1815 vielen Soldaten Sold zu zahlen, ohne dafür die Steuern zu erhöhen. Nach 20 Jahren beträgt die zusätzliche staatliche Verschuldung 100 % des Bruttoinlandsproduktes. Nehmen wir an, die Regierung bemüht sich nicht, die Hauptschuld zurückzuzahlen, und begnügt sich damit, jedes Jahr die Zinsen zu bedienen. Wenn der Zinssatz 5 % beträgt, muss sie jedes Jahr 5 % des Bruttoinlandsproduktes an die Besitzer dieser zusätzlichen staatlichen Schuldtitel zahlen, und das bis in alle Ewigkeit.

Das hat sich, grob gesagt, im 19. Jahrhundert in Großbritannien abgespielt. Von 1815 bis 1914 wies der britische Haushalt regelmäßig einen bedeutenden Primärüberschuss auf, was bedeutet, dass die erhobenen Steuern die Ausgaben um mehrere Prozent des Bruttoinlandsproduktes überstiegen; sie fielen zum Beispiel höher aus als die gesamten Bildungsausgaben in diesem Zeitraum. Dieser Überschuss erlaubt es aber lediglich, die Zinsen an die Inhaber von staatlichen Rentenpapieren zu zahlen, ohne die Hauptschuld zu tilgen: In diesem gesamten Zeitraum beläuft sich die nominelle britische Verschuldung auf 1 Milliarde Pfund. Allein die Zunahme der einheimischen Produktion und des Nationaleinkommens (fast 2,5 % pro Jahr zwischen 1815 und 1914) hat es nach einem Jahrhundert der Buße möglich gemacht, die Staatsschulden stark zu senken, ausgedrückt in Prozent des Nationaleinkommens.[1]

Wer profitiert von den Staatsschulden?

Dieser historische Befund ist aus mehreren Gründen wichtig. Zunächst macht er verständlich, warum die Sozialisten des 19. Jahrhunderts, angefangen bei Karl Marx, den Schulden der öffentlichen Hand sehr misstrauisch gegenüberstanden, die in ihren Augen – was von einer gewissen Klarsicht zeugt – ein Instrument zur Akkumulation von Privatkapital waren.

In dieser Zeit wurden die Staatsschulden nicht nur in Großbritannien, sondern auch in allen anderen Ländern, insbesondere in Frankreich, mit einer stabilen Währung bedient und zurückgezahlt. Der revolutionäre Bankrott von 1797 hat sich nie wiederholt, und die Rentiers in den Romanen von Balzac machen sich nicht mehr Sorgen um ihre staatlichen Schuldtitel als die von Jane Austen. Zwischen 1815 und 1914 ist die Inflation auch in Frankreich sehr niedrig, und die Zinsen für die Schulden der öffentlichen Hand werden stets auf Heller und Pfennig gezahlt. Das staatliche Rentenpapier ist im ganzen 19. Jahrhundert eine sehr sichere Anlage und trägt in Frankreich wie in Großbritannien zur Vermehrung der Privatvermögen bei. Der französische Schuldenberg, der 1815 sehr begrenzt war, ist in den folgenden Jahrzehnten kontinuierlich gewachsen, insbesondere während der Monarchien, in denen das Zensuswahlrecht galt (1815–1848).

1 Im Zeitraum von 1815 bis 1914 liegt der Primärüberschuss Großbritanniens durchschnittlich zwischen 2 und 3 % des Bruttoinlandsproduktes und finanziert Schuldzinsen in gleicher Höhe (die gesamten Bildungsausgaben liegen in jener Zeit unter 2 % des Bruttoinlandsproduktes). Genaue Jahresreihen zu den staatlichen Primär- und Sekundärdefiziten finden sich im Technischen Anhang.

Ab 1815/16 verschuldet sich der französische Staat hoch, um Entschädigungen an die Besatzungsarmeen zu zahlen, dann erneut 1825, um die berühmte «Milliarde für die Emigranten» zu finanzieren, für die Aristokraten also, die während der Französischen Revolution ins Exil gingen (sie wurden für die – begrenzte – in ihrer Abwesenheit vorgenommene Umverteilung ihrer Ländereien entschädigt). Die staatliche Verschuldung steigt um mehr als 30 % des Nationaleinkommens. Im Zweiten Kaiserreich werden die Finanzinteressen gut bedient. In den geharnischten Artikeln, die Marx 1849/50 verfasst und deren Gegenstand die *Klassenkämpfe in Frankreich* sind, empört er sich darüber, dass Achille Fould, der neue Finanzminister Louis-Napoleon Bonapartes und ein Interessenvertreter der Banken und der Hochfinanz, die Getränkesteuern erhöht, um die Rentiers zu bezahlen – und dabei nicht auf Widerstand stößt. Nach dem deutsch-französischen Krieg von 1870/71 muss sich der französische Staat erneut bei seiner Bevölkerung verschulden, um Zahlungen in Höhe von etwa 30 % des Nationaleinkommens an Deutschland zu leisten.[1] Von 1880 bis 1914 ist die staatliche Verschuldung in Frankreich höher als in Großbritannien: ungefähr 70–80 % des Nationaleinkommens gegenüber weniger als 50 %. Im französischen Roman der Belle Époque werden die Zinszahlungen für Staatsanleihen ausführlich dargestellt. Der Staat verteilt jedes Jahr Zinsen in Höhe von etwa 2–3 % des Nationaleinkommens (das ist mehr als der nationale Bildungsetat in jener Zeit), und von diesen Zinsen lebt eine große soziale Gruppe sehr gut.[2]

Im 20. Jahrhundert hat sich eine völlig andere Auffassung von Staatsschulden entwickelt. Sie basiert auf der Überzeugung, dass die Verschuldung des Staates ein Instrument der staatlichen Ausgabenpolitik und der sozialen Umverteilung zugunsten der sozial Schwächsten sein kann. Der Unterschied zwischen diesen beiden Sichtweisen ist recht einfach zu beschreiben: Im 19. Jahrhundert wurden die Schulden mit einer stabilen Währung bedient, was den Geldgebern zugutekam und zur Vermehrung der Privatvermögen führte; im 20. Jahrhundert wurde

---

1 Diese beiden Transferzahlungen erklären im Wesentlichen den Anstieg der französischen Staatsverschuldung im 19. Jahrhundert. Zu den Beträgen und Quellen siehe Technischer Anhang.

2 Zwischen 1880 und 1914 sind die Schuldzinsen in Frankreich höher als in Großbritannien. Genaue Jahresreihen zu den Defiziten der öffentlichen Hand in den beiden Ländern siehe Technischer Anhang.

der Schuldenberg von der Inflation abgetragen und mit Spielgeld beglichen, was faktisch bewirkt hat, dass die Defizite von denjenigen getragen wurden, die dem Staat ihr Vermögen geliehen hatten, und dieser musste die Steuern nicht erhöhen. Diese «fortschrittliche» Auffassung von Staatsschulden hält sich zu Beginn des 21. Jahrhunderts noch in vielen Köpfen, während die Inflation seit langem wieder auf einen Stand gesunken ist, der dem des 19. Jahrhunderts ähnlich ist, und ihre Verteilungseffekte relativ unklar sind.

Interessanterweise fiel diese inflationsbedingte Umverteilung in Frankreich viel größer aus als in Großbritannien. Wie wir im vorausgehenden Kapitel gesehen haben, lag die Inflationsrate in Frankreich zwischen 1913 und 1950 bei mehr als 13 % jährlich, was eine 100-fache Preissteigerung bedeutete. Als Proust 1913 seinen Roman *In Swanns Welt* veröffentlicht, scheinen die staatlichen Rentenpapiere ebenso unzerstörbar wie das Grand Hotel in Cabourg, wo der Schriftsteller den Sommer verbringt. 1950 ist die Kaufkraft dieser Renten auf ein Hundertstel gesunken, so dass die Rentiers von 1913 und ihre Nachkommen fast nichts mehr besitzen.

Für den Staat hat das zur Folge, dass trotz einer hohen staatlichen Verschuldung (fast 80 % des Nationaleinkommens im Jahr 1913) und sehr hoher Defizite zwischen 1913 und 1950, insbesondere während der Kriegsjahre, die französische Staatsverschuldung 1950 relativ niedrig ist (rund 30 % des Nationaleinkommens), also den gleichen Stand wie 1815 hat. Vor allem die gewaltigen Defizite zum Zeitpunkt der Befreiung wurden über einen Zeitraum von vier Jahren – 1945 bis 1948 – in einer politisch aufgeheizten Atmosphäre von einer Inflation von über 50 % jährlich rasch beseitigt. Das entspricht in gewisser Weise dem «Zwei-Drittel-Bankrott» von 1797: Man beseitigt die Schulden der Vergangenheit, um das Land auf der Basis einer geringen Staatsverschuldung wiederaufzubauen (siehe Grafik 3.4).

In Großbritannien verläuft die Entwicklung langsamer und unaufgeregter. Zwischen 1913 und 1950 liegt die Inflationsrate im Jahresdurchschnitt bei etwas über 3 %, was eine Verdreifachung der Preise (mehr als 30 Mal weniger als in Frankreich) und einen im 19. Jahrhundert und bis zum Ersten Weltkrieg unvorstellbaren Verlust für die britischen Rentiers bedeutet. Doch das ist zu wenig, um den gewaltigen Anstieg der Staatsschulden in den beiden Weltkriegen zu verhindern: In Großbritannien werden alle finanziellen Ressourcen mobilisiert, um die Kriegsanstrengungen zu finanzieren, und man zügelt die Notenpresse, so dass das Land 1950 mit einem riesigen Schuldenberg dasteht: mehr als 200 % des Bruttoinlandsproduktes, also noch mehr als 1815. Erst die Inflation in den Jahren 1950 bis 1960 (über 4 % jährlich) und vor allem die in den 1970er Jahren (fast 15 % jährlich) lässt die Staatsverschuldung auf etwa 50 % des Bruttoinlandsproduktes sinken (siehe Grafik 3.3).

Dieser Mechanismus einer inflationsbedingten Umverteilung ist äußerst wirksam und hat in beiden Ländern im Laufe des 20. Jahrhunderts eine wichtige Rolle gespielt. Doch mit ihm sind zwei große Probleme verbunden. Einerseits trifft die Inflation die Menschen relativ unterschiedslos: Zu denjenigen, die – direkt oder indirekt, über ihre Bankguthaben – staatliche Schuldtitel halten, gehören keineswegs immer die Wohlhabendsten. Andererseits kann dieser Mechanismus nicht dauerhaft wirken: Sobald die Inflation zu einem Dauerphänomen wird, verlangen die Geldgeber einen höheren Zins, und die Preissteigerung zieht nicht mehr die erhofften Effekte nach sich. Ganz davon abgesehen, dass eine hohe Inflation die Tendenz zur fortwährenden Beschleunigung hat (ist der Prozess einmal in Gang gekommen, ist es oft schwer, ihn zu stoppen) und Wirkungen entfalten kann, die schwer zu beherrschen sind (manche sozialen Gruppen können ihre Einkommen an die Steigerungen anpassen, andere nicht). Ende der 1970er Jahre, die in den reichen Ländern von einer hohen Inflation, einem Anstieg der Arbeitslosigkeit und einer relativen wirtschaftlichen Stagnation gekennzeichnet waren («Stagflation»), bildete sich ein neuer Konsens heraus, der eine niedrige Inflation favorisierte.

Die Unwägbarkeiten der Ricardianischen Äquivalenz

Diese lange und wechselvolle Geschichte der staatlichen Verschuldung, von den zufriedenen Rentiers im 18. und 19. Jahrhundert bis zur Enteignung durch die Inflation im 20. Jahrhundert, hat sich tief in die kollektive Erinnerung eingegraben. Auch die Ökonomen wurden durch diese historischen Erfahrungen geprägt. Als beispielsweise David Ricardo 1817 seine Hypothese formuliert, die heute unter der Bezeichnung «Ricardianische Äquivalenz» bekannt ist, wonach die Verschuldung der öffentlichen Hand unter bestimmten Bedingungen keine Auswirkung auf die Akkumulation des nationalen Kapitals hat, ist er offenbar stark durch das beeinflusst, was um ihn herum geschieht. Als er schreibt, beläuft sich die staatliche Verschuldung in Großbritannien fast auf 200 % des Bruttoinlandsproduktes und scheint die privaten Investitionen und die Kapitalakkumulation trotzdem nicht beeinträchtigt zu haben. Das gefürchtete Phänomen der Überbeanspruchung des Kapitalmarkts ist nicht eingetreten, und der Anstieg der Staatsschulden scheint durch eine erhöhte Spartätigkeit finanziert worden zu sein. Das bedeutet nicht, dass es sich hier um ein allgemeines, zu jeder Zeit und an jedem Ort gültiges Gesetz handelt: Alles hängt vom Wohlstand der betreffenden sozialen Gruppe ab (in diesem Fall hatte eine Minderheit von britischen Bürgern genügend Finanzmittel, um die erforderliche zusätzliche Sparleistung zu erbringen), von dem gezahlten Zinssatz und natürlich vom Vertrauen in die Regierung. Es ist aber bemerkenswert, dass Ricardo, der nicht über historische Reihen oder Messungen wie die in Grafik 3.3 angegebenen verfügt, dafür jedoch den britischen Kapitalismus seiner Zeit gut kennt, ziemlich klar sieht, dass selbst eine riesige staatliche Verschuldung keine Auswirkung auf das Nationalvermögen haben kann und lediglich eine Forderung eines Teils der Bevölkerung gegenüber einem anderen darstellt.[1]

Als Keynes 1936 über die «Euthanasie der Rentiers» schreibt, ist auch er von dem, was er um sich herum beobachtet, tiefgreifend geprägt: Die Welt der Rentiers aus der Zeit vor dem Ersten Weltkrieg bricht zusammen, und es gibt keine andere politisch akzeptable Lösung, die es erlaubt, die Wirtschafts- und Haushaltskrise zu überwinden. Vor allem weiß Keynes, dass die Inflation, die Großbritannien nur widerwillig hinnimmt, da die konservativen Kreise unbedingt am Goldstandard von vor 1914 festhalten wollen, die einfachste – aber nicht unbedingt die gerechteste – Methode ist, die staatliche Verschuldung und die in der Vergangenheit akkumulierten Vermögen abzubauen.

Seit den 1970er Jahren kranken die Analysen der staatlichen Verschuldung daran, dass sich die Ökonomen zu sehr auf Modelle «mit einem repräsentativen Agenten» stützen, das heißt auf Modelle, in

1 Die Abschnitte, die Ricardo dieser Frage in seinem Werk *Über die Grundsätze der Politischen Ökonomie und der Besteuerung* (London: Georg Bell and Sons, 1817) widmet, sind allerdings nicht ganz klar. Dazu siehe auch die interessante rückblickende Analyse von Gregory Clark «Debts, Deficits and Crowding Out: England, 1727–1840», *European Review of Economic History* 52 (2001), S. 403–36.

denen jeder Akteur das gleiche Einkommen und das gleiche Vermögen (und somit insbesondere die gleiche Menge an staatlichen Schuldtiteln) besitzt. Eine solche Vereinfachung der Realität kann manchmal sinnvoll sein, um logische Relationen, die in komplexeren Modellen schwer zu analysieren sind, gesondert zu betrachten. Wird jedoch die Frage der ungleichen Verteilung von Einkommen und Vermögen völlig außer Acht gelassen, gelangen diese Modelle häufig zu extremen und wenig realistischen Schlussfolgerungen und stiften mehr Verwirrung als Klarheit. In Bezug auf die Staatsschulden können die Modelle mit einem repräsentativen Agenten zu dem Schluss führen, Staatsschulden verhielten sich völlig neutral, und zwar nicht nur hinsichtlich des Gesamtumfangs des nationalen Kapitals, sondern auch hinsichtlich der Verteilung der Steuerlast. Diese radikale Neuinterpretation der Ricardianischen Äquivalenz, die der amerikanische Ökonom Robert Barro[1] vorgelegt hat, berücksichtigt nicht die Tatsache, dass ein Großteil der staatlichen Schuldtitel – zum Beispiel in Großbritannien im 19. Jahrhundert, aber nicht nur dort – praktisch von einer Minderheit der Bevölkerung gehalten wird, so dass die Verschuldung erhebliche Umverteilungen im Land nach sich zieht, falls sie zurückgezahlt wird, aber auch dann, wenn sie nicht zurückgezahlt wird. Angesichts der sehr hohen Konzentration, die immer für die Vermögensverteilung kennzeichnend war und die wir im dritten Teil dieses Buches analysieren werden, läuft das Ausklammern der Ungleichheit zwischen den sozialen Gruppen bei der Untersuchung dieser Fragen darauf hinaus, dass ein beträchtlicher Teil des Untersuchungsgegenstands und der tatsächlichen Gegebenheiten ausgeblendet wird.

Frankreich: Ein Kapitalismus ohne Kapitalisten in der Nachkriegszeit

Gehen wir in die Geschichte des Staatsvermögens zurück und schauen uns die von der öffentlichen Hand gehaltenen Vermögenswerte an. Verglichen mit den Schulden, haben diese eine scheinbar weniger bewegte Geschichte.

---

1 Siehe Robert Barro, «Are Government Bonds Net Wealth?», *Journal of Political Economy* 82 (1974), S. 1095–1117; sowie «Government Spending, Interest Rates, Prices, and Budget Deficits in the United Kingdom, 1701–1918», *Journal of Monetary Economics* 20 (1987) S. 221–48.

Der Einfachheit halber kann man sagen, dass sich der Gesamtwert der staatlichen Vermögenswerte in Frankreich wie in Großbritannien über einen langen Zeitraum erhöht hat und in beiden Ländern von knapp 50 % des Nationaleinkommens im 18. und 19. Jahrhundert auf etwa 100 % am Ende des 20. Jahrhunderts und zu Beginn des 21. Jahrhunderts gestiegen ist (siehe die Grafiken 3.3 und 3.4).

In einer ersten Annäherung zeigt sich, dass diese Zunahme durch die stetige Ausweitung der ökonomischen Rolle des Staates im Laufe der Geschichte bedingt ist, wobei insbesondere der Ausbau der öffentlichen Dienstleistungen in den Bereichen Gesundheit und Bildung (der viele öffentliche Gebäude und Ausrüstungen erforderlich machte) im 20. Jahrhundert sowie staatliche und halb-staatliche Infrastrukturen im Verkehrs- und Kommunikationswesen zu nennen sind. Diese staatlichen Dienstleistungen und Infrastrukturen haben in Frankreich einen größeren Umfang als in Großbritannien, was sich daran zeigt, dass sich der Gesamtwert der staatlichen Vermögenswerte zu Beginn der 2010er Jahre in Frankreich 150 % des Nationaleinkommens nähert, gegenüber knapp 100 % jenseits des Kanals.

Diese vereinfachte Sicht auf die langfristige Zunahme staatlicher Vermögenswerte lässt allerdings einen wichtigen Teil der Geschichte des vergangenen Jahrhunderts außer Acht, nämlich die Bildung von beträchtlichen staatlichen Aktiva im Industrie- und Finanzsektor zwischen 1950 und 1970, auf die seit den 1980er Jahren eine Welle von Privatisierungen genau dieser Aktiva folgte. Diese doppelte Kehrtwende hat in unterschiedlichem Ausmaß in den meisten entwickelten Ländern stattgefunden, vor allem in Europa, aber auch in vielen Schwellenländern.

Frankreich ist dafür ein Paradebeispiel. Um das zu verstehen, müssen wir ein wenig in die Vergangenheit zurückgehen. In Frankreich wie in allen Ländern wurde der Glaube an den Kapitalismus durch die Wirtschaftskrise in den 1930er Jahren und durch die damit verbundenen Katastrophen schwer erschüttert. Die «große Weltwirtschaftskrise», die im Oktober 1929 mit dem Börsenkrach an der Wall Street beginnt, trifft die reichen Länder mit einer bis heute beispiellosen Wucht: Ab 1932 ist ein Viertel der Erwerbstätigen in den Vereinigten Staaten, in Deutschland, England und Frankreich arbeitslos. Die traditionelle Wirtschaftsdoktrin des «laissez faire» und der Nichteinmischung des Staates in das Wirtschaftsleben, die im

19. Jahrhundert und bis zum Beginn der 1930er Jahre in allen Ländern vorherrschend war, gerät dauerhaft in Misskredit. Fast überall werden die Weichen für ein stärkeres Eingreifen des Staates in die Wirtschaft gestellt. Die Regierungen und die öffentliche Meinung verlangen Rechenschaft von den Finanz- und Wirtschaftseliten, die sich bereicherten, während sie die Welt an den Abgrund führten. Man denkt über verschiedene Formen einer «gemischten» Wirtschaft nach. Neben dem traditionellen Privateigentum soll es Staatsbetriebe und staatliche Beteiligungen in unterschiedlichem Umfang geben oder zumindest eine sehr starke staatliche Regulierung der Wirtschaft und eine Kontrolle des Finanzsystems – und damit des Privatkapitalismus insgesamt.

Der Sieg der Sowjetunion an der Seite der Alliierten im Jahr 1945 stärkt das Ansehen des von den Bolschewisten errichteten staatswirtschaftlichen Systems zusätzlich. Hat dieses System nicht die forcierte Industrialisierung eines rückständigen Landes ermöglicht, das 1917 gerade die Leibeigenschaft hinter sich gelassen hatte? 1942 hält Joseph Schumpeter den Sieg des Sozialismus über den Kapitalismus für unausweichlich. 1970 prognostiziert Paul Samuelson in der 8. Auflage seines berühmten Lehrbuches noch immer, das sowjetische Bruttoinlandsprodukt könne das amerikanische Bruttoinlandsprodukt zwischen 1990 und 2000 überflügeln.[1]

In Frankreich wird dieses allgemeine Klima des Misstrauens gegenüber dem Privatkapitalismus 1945 zudem dadurch verstärkt, dass ein Gutteil der Wirtschaftseliten im Verdacht steht, mit den deutschen Besatzern kollaboriert und sich zwischen 1940 und 1944 schamlos bereichert zu haben. In dieser aufgeladenen Atmosphäre unmittelbar nach der Befreiung finden umfangreiche Verstaatlichungen statt, die vornehmlich den Bankensektor, die Kohlebergwerke und die Autoindustrie betreffen, wobei besonders die berühmte, als Strafmaßnahme gedachte Verstaatlichung der Renault-Werke hervorzuheben ist: Der Eigentümer Louis Renault wird im September 1944 als Kollaborateur festgenommen, seine Werke werden von der provisorischen Regierung beschlagnahmt und im Januar 1945 verstaatlicht.[2]

---

1 Siehe P. Samuelson, *Economics*, New York: McGraw-Hill [8]1970, S. 831.

2 Siehe C. Andrieu, L. Le Van, A. Prost, *Les Nationalisations de la Libération: de l'utopie au compromis*, FNSP 1987, und T. Piketty, *Les hauts revenus en France en 20e siècle*, Paris: Grasset 2001, S. 137–138.

Nach den verfügbaren Schätzungen liegt der Gesamtwert der staatlichen Vermögenswerte 1950 über dem des französischen Nationaleinkommens eines Jahres. Da der Wert der Staatsschulden durch die Inflation stark verringert wurde, erreicht das staatliche Nettovermögen fast die Höhe des Nationaleinkommens eines Jahres, während der Gesamtwert der Privatvermögen etwas höher ausfällt als das Nationaleinkommen von zwei Jahren (siehe Grafik 3.6). Auch hier darf an der Genauigkeit der Schätzungen gezweifelt werden: Der Wert des Kapitals ist schwer zu schätzen in einer Zeit, in der die Vermögenspreise historisch niedrig sind und es gut möglich ist, dass die staatlichen Aktiva im Vergleich zu den privaten Aktiva etwas zu niedrig angesetzt werden. Die Größenordnungen können jedoch als signifikant betrachtet werden: 1950 besitzt der französische Staat zwischen 25 und 30 % des Nationalvermögens, vielleicht auch ein wenig mehr.

Das ist ein beachtlicher Umfang, vor allem, wenn man berücksichtigt, dass zum staatlichen Eigentum keine kleinen und mittleren Betriebe oder die Landwirtschaft gehörten und dass es bei Wohnimmobilien immer nur einen kleinen Teil ausmachte (weniger als 20 %). In den Industrie- und Finanzsektoren, die von den Verstaatlichungen direkt betroffen waren, lag der Anteil des Staates am Nationalvermögen in der Zeit von 1950 bis 1970 über 50 %.

Diese historische Erfahrung, wenngleich von relativ kurzer Dauer, ist wichtig für das Verständnis des komplizierten Verhältnisses zwischen der öffentlichen Meinung in Frankreich und dem Privatkapitalismus. In der Zeit der *Trente Glorieuses*, in der das Land wiederaufgebaut wurde und ein sehr hohes Wirtschaftswachstum erlebte (das höchste in der Geschichte des Landes), herrschte in Frankreich ein gemischtwirtschaftliches System, gewissermaßen ein Kapitalismus ohne Kapitalisten oder zumindest ein Staatskapitalismus, in dem nicht mehr private Eigentümer die größten Unternehmen kontrollierten.

Zur gleichen Zeit kam es auch in vielen anderen Ländern zu Verstaatlichungen, darunter in Großbritannien, wo der Wert der staatlichen Aktiva 1950 ebenfalls höher ausfiel als das Nationaleinkommen eines Jahres, also so hoch war wie in Frankreich. Der Unterschied bestand darin, dass die britische Staatsschuld das Nationaleinkommen von zwei Jahren überstieg, so dass das staatliche Vermögen in den 1950er Jahren stark negativ und das Privatvermögen umso höher war. Erst zwischen den 1960er und 1970er Jahren drehte das Staatsvermögen in Großbritannien leicht ins Positive, ohne allerdings 20 % des Nationalvermögens zu überschreiten (was durchaus beträchtlich ist).[1]

Das Besondere der Entwicklung in Frankreich liegt darin, dass das Staatsvermögen nach den üppigen Jahren von 1950 bis 1970 ab den 1980er Jahren stark zurückging, während die privaten Immobilien- und Finanzvermögen noch höher stiegen als in Großbritannien: Anfang der 2010er Jahre entsprachen sie dem Nationaleinkommen von fast 6 Jahren, waren also 20 Mal höher als das Staatsvermögen. Nachdem Frankreich in den 1950er Jahren das Land des Staatskapitalismus gewesen war, ist es Anfang des 21. Jahrhunderts erneut zum gelobten Land des Privatkapitalismus geworden.

Die Veränderung ist umso erstaunlicher, als dass sie gar nicht als solche wahrgenommen wurde. Die Privatisierungen, die Liberalisierung der Wirtschaft und die Deregulierung der Finanzmärkte und der Kapitalströme, die ab den 1980er Jahren überall auf der Welt durchgeführt wurden, haben viele komplexe Ursachen. Die Erinnerung an die Weltwirtschaftskrise der 1930er Jahre und an die daraus resultierenden Katastrophen ist verblasst. Die «Stagflation» der 1970er Jahre hat die Grenzen des keynesianischen Konsenses der Nachkriegszeit aufgezeigt. Am Ende des Wiederaufbaus und des starken Wirtschaftswachstums in den *Trente Glorieuses* werden die Ausweitung der Rolle des Staates und die Erhöhung der Abgaben, die für die Jahre 1950 bis 1970 charakteristisch waren, infrage gestellt. Die Deregulierung beginnt 1979/80 mit der «konservativen Revolution» in den Vereinigten Staaten und in Großbritannien, wo man es immer schlechter erträgt, von den anderen Ländern eingeholt worden zu sein (auch wenn sich dieser Aufholprozess, wie in Kapitel 2 dargestellt, weitgehend automatisch vollzog). Gleichzeitig führt das immer offenkundigere Versagen des

---

1 Es ist aufschlussreich, noch einmal die Schätzungen des nationalen Kapitals zu lesen, die im 20. Jahrhundert in Großbritannien erstellt wurden und die darauf verweisen, dass sich Form und Umfang der staatlichen Aktiva und Passiva völlig wandelten. Siehe insbesondere H. Campion, *Public and Private Property in Great Britain*, London: Oxford University Press 1939; J. Revell, *The Wealth of the Nation. The National Balance Sheet of the United Kingdom, 1957–1961*, Cambridge: Cambridge University Press 1967. Die Frage stellte sich zur Zeit Giffens nicht, zu selbstverständlich war die Vorherrschaft des Privatkapitals. Man erlebt die gleiche Entwicklung in Frankreich, beispielsweise mit dem 1956 von Divisia, Dupin und Roy veröffentlichen Werk mit dem zutreffenden Titel *A la recherche du franc perdu* (Société d'édition de revues et de publications, 1954) dessen 3. Band mit dem Titel *La Fortune de la France* mühsam versucht, an die von Colson für die Belle Époque erstellten Schätzungen anzuknüpfen.

staatswirtschaftlichen Modells in der Sowjetunion und in China in den 1970er Jahren dazu, dass die beiden kommunistischen Riesenreiche zu Beginn der 1980er Jahre ihr Wirtschaftssystem schrittweise liberalisieren und neue Formen des Privateigentums an Unternehmen einführen.

In dieser internationalen Landschaft schwimmen die französischen Wähler 1981 gegen den Strom (freilich hat jedes Land seine eigene Geschichte und seine eigene politische Agenda), da sie eine neue sozialistisch-kommunistische Mehrheit an die Macht bringen, deren Programm vor allem darin besteht, die 1945 eingeleitete Verstaatlichung des Banken- und Industriesektors weiter voranzutreiben. Das Zwischenspiel ist jedoch von kurzer Dauer, da eine liberale Mehrheit schon 1986 in allen Wirtschaftsbereichen umfangreiche Privatisierungen durchführt, die zwischen 1988 und 1993 von einer neuen sozialistischen Mehrheit aufgegriffen und ausgedehnt werden. Der Staatsbetrieb Renault wird 1990 in eine Aktiengesellschaft und das staatliche Telekommunikationsunternehmen in das Unternehmen France Telecom umgewandelt, womit sie sich 1997/98 dem Kapitalmarkt öffnen. Bei einem verlangsamten Wirtschaftswachstum, hoher Arbeitslosigkeit und großen Haushaltsdefiziten bringt die schrittweise Veräußerung der staatlichen Beteiligungen im Laufe der Jahre 1990–2000 den verschiedenen Regierungen Mehreinnahmen, ohne den kontinuierlichen Anstieg der Staatsverschuldung zu bremsen. Das staatliche Nettovermögen sinkt auf ein sehr niedriges Niveau. In dieser Zeit erreichen die Privatvermögen nach und nach wieder den Stand, den sie vor den Katastrophen des 20. Jahrhunderts hatten. So hat das Land, ohne tatsächlich begriffen zu haben warum, die Struktur seines Nationalvermögens im vergangenen Jahrhundert zwei Mal tiefgreifend verändert, und zwar in entgegengesetzte Richtungen.

4.

VOM ALTEN EUROPA ZUR NEUEN WELT

Wir haben die Metamorphosen des Kapitals in Großbritannien und Frankreich seit dem 18. Jahrhundert untersucht. Die sich daraus ergebenden Erkenntnisse weisen in die gleiche Richtung und ergänzen einander. Die Form des Kapitals hat sich zwar völlig verändert, aber seine gesamte Bedeutung kaum. Zum besseren Verständnis der entscheidenden historischen Logiken und Prozesse müssen wir jetzt die Analyse auf andere Länder ausweiten. Wir schauen uns zunächst Deutschland an, das das europäische Panorama vervollständigt und anreichert. Sodann werden wir das Kapital in Nordamerika (Vereinigte Staaten und Kanada) untersuchen. Dabei wird ersichtlich werden, dass das Kapital in der Neuen Welt ganz spezielle Formen annimmt. Erstens, weil es so viel Grund und Boden gibt, dass er nicht teuer ist; zweitens, weil der Sklaverei große Bedeutung zukommt; und schließlich, weil diese Welt, in der die Bevölkerung kontinuierlich wächst, tendenziell und strukturell – im Verhältnis zu den jährlichen Einkommen und der jährlichen Produktion – weniger Kapital akkumuliert als das Alte Europa. Das wird uns zu der Frage führen, welche Faktoren langfristig für das Kapital-Einkommens-Verhältnis ausschlaggebend sind. Sie wird im nächsten Kapitel untersucht werden, indem alle reichen Länder sowie die gesamte Welt in die Analyse einbezogen werden – soweit die Quellenlage dies erlaubt.

Deutschland: rheinischer Kapitalismus und Gesellschaftseigentum

Beginnen wir mit Deutschland. Es ist interessant, die Entwicklung in Großbritannien und Frankreich mit der in Deutschland zu vergleichen, und zwar insbesondere in Bezug auf die gemischte Wirtschaft, deren Bedeutung für die Nachkriegszeit wir gerade aufgezeigt haben. Die deutschen historischen Daten sind leider uneinheitlicher, was vor allem an der späten Einigung des Landes und an den zahlreichen territorialen Veränderungen liegt; daher ist es nicht möglich, auf befriedigende Weise in die Zeit vor 1870 zurückzugehen. Die von uns vorgenommenen Schätzungen für die Zeit nach 1870 lassen jedoch sowohl die Ähnlichkeiten als auch die Unterschiede zu Großbritannien und Frankreich klar hervortreten.

Die Gesamtentwicklung verläuft ähnlich: Zum einen wird das in der Landwirtschaft investierte Kapital langfristig durch Immobilien-, Industrie- und Finanzkapital ersetzt; zum anderen ist das Kapital-Einkommens-Verhältnis seit dem Zweiten Weltkrieg kontinuierlich gestiegen und scheint auf dem Weg zu sein, wieder das Niveau zu erreichen, das es vor den Verheerungen zwischen 1914 und 1945 hatte (siehe Grafik 4.1).

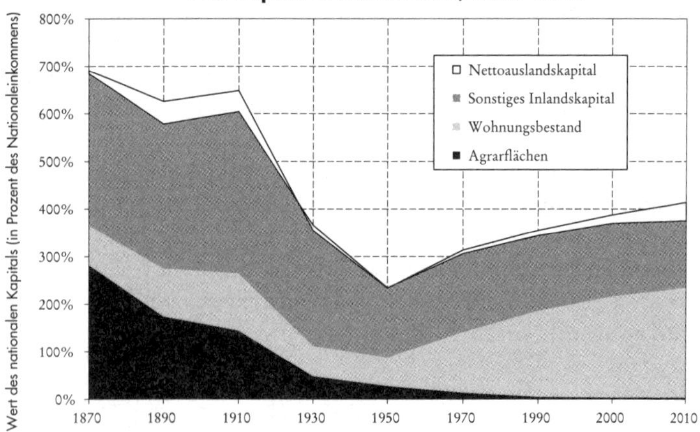

Grafik 4.1.: 1910 entspricht das nationale Kapital in Deutschland dem Nationaleinkommen von 6,5 Jahren (das im Ausland angelegte Kapital dem von 0,5 Jahren).
Quellen und Reihen: siehe piketty.pse.ens.fr/capital21.

Man wird feststellen, dass die Bedeutung der Landwirtschaft in Deutschland um die Wende zum 20. Jahrhundert eher der in Frankreich ähnelt als der in Großbritannien (die Landwirtschaft ist auch hier noch nicht verschwunden) und dass das deutsche Industriekapital höher ist als in den anderen beiden Ländern. Dafür sind die Auslandsvermögen vor dem Ersten Weltkrieg in Deutschland zwei Mal niedriger als in Frankreich (etwa 50 % des Nationaleinkommens gegenüber mehr als einem Jahr in Frankreich) und vier Mal niedriger als in Großbritannien (dort entsprechen sie dem Nationaleinkommen von fast zwei Jahren). Darin kommt zum Ausdruck, dass Deutschland kein Kolonialreich hat, was im Übrigen zu starken politischen und militärischen Spannungen führt – man denke dabei vor allem an die Marokkokrisen 1905 und 1911, in denen der deutsche Kaiser die französische Vorherrschaft in Marokko infrage stellt. Diese scharfe Konkurrenz zwischen den europäischen Mächten um Kolonialbesitz hat offensichtlich zu dem Klima beigetragen, das im Sommer 1914 zur Kriegserklärung führte: Man muss nicht sämtlichen Analysen Lenins zustimmen (*Der Imperialismus als höchstes Stadium des Kapitalismus* wird 1916 geschrieben), um zu diesem Schluss zu gelangen.

Man wird auch feststellen, dass Deutschland dank seiner Handelsüberschüsse in den letzten Jahrzehnten beträchtliche Auslandsaktiva angehäuft hat. Zu Beginn der 2010er Jahre liegt die Vermögensposition Deutschlands gegenüber dem Ausland bei 50 % seines Nationaleinkommens (mehr als die Hälfte dessen wurde seit dem Jahr 2000 angesammelt) und befindet sich somit fast auf dem gleichen Niveau wie 1913. Das ist wenig im Vergleich zu den Aktiva, die Frankreich und Großbritannien in der Belle Époque im Ausland besitzen, aber doch beachtlich im Vergleich zur heutigen Position der beiden ehemaligen Kolonialmächte, die nahe null liegt. Der Vergleich der Grafik 4.1 mit den Grafiken 3.1 und 3.2 zeigt, wie unterschiedlich sich Deutschland, Frankreich und Großbritannien seit dem 19. Jahrhundert entwickelt haben, wobei sich ihre jeweiligen Positionen in gewissem Umfang ins Gegenteil verkehrt haben. Angesichts der derzeitigen großen Handelsüberschüsse Deutschlands ist es nicht ausgeschlossen, dass sich diese Schere in Zukunft noch weiter öffnen wird. Wir werden darauf zurückkommen.

Was die Staatsverschuldung und das Verhältnis zwischen staatlichem und privatem Kapital betrifft, so hat Deutschland eine ähnliche Ent-

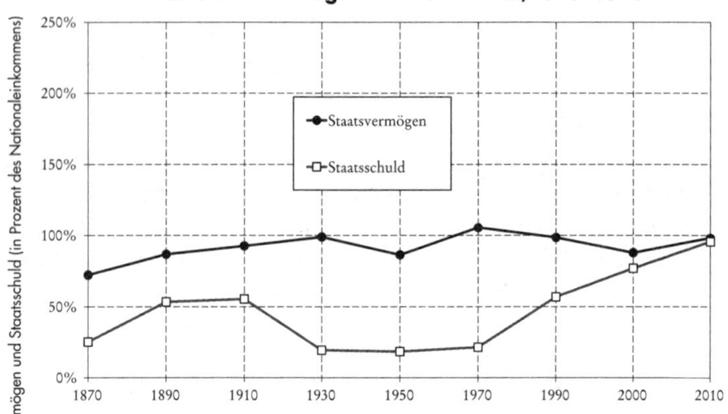

Grafik 4.2.: 2010 entspricht die Staatsschuld in Deutschland dem Nationaleinkommen von fast 1 Jahr (das gilt auch für das Staatsvermögen).
Quellen und Reihen: siehe piketty.pse.ens.fr/capital21c.

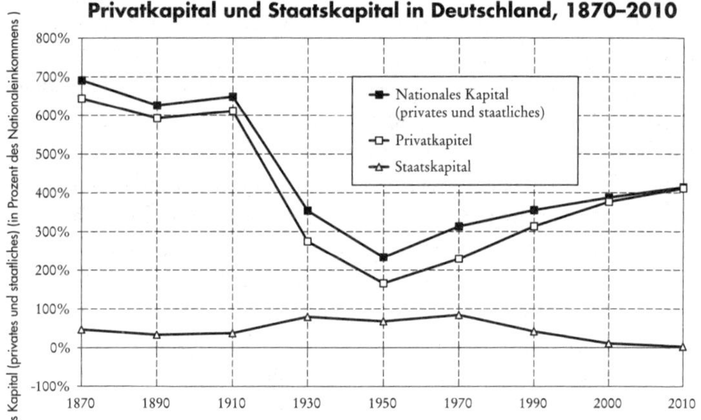

Grafik 4.3.: 1970 entspricht das Staatskapital dem Nationaleinkommen von fast 1 Jahr, das Privatkapital dem von knapp über 2 Jahren.
Quellen und Reihen: siehe piketty.pse.ens.fr/capital21c.

wicklung wie Frankreich durchlaufen. Mit einer durchschnittlichen Inflation von fast 17 % jährlich zwischen 1913 und 1950 – was einem Preisanstieg um das Dreihundertfache entspricht (gegenüber knapp dem Hundertfachen in Frankreich) –, ist Deutschland das Land schlechthin, in dem die Staatsverschuldung im 20. Jahrhundert von der Inflation weggespült wurde. Trotz großer Defizite während der beiden Weltkriege (die Staatsverschuldung liegt zwischen 1918 und 1920 bei über 100 % und zwischen 1943 und 1944 bei über 150 % des Bruttoinlandsproduktes) wird die Verschuldung jedes Mal rasch auf ein sehr niedriges Niveau heruntergedrückt: auf knapp 20 % des Bruttoinlandsproduktes im Jahr 1930 und 1950 (siehe Grafik 4.2)[1] Diese Inflation fiel so extrem aus und hat die deutsche Wirtschaft und Gesellschaft insbesondere während der galoppierenden Inflation in den 1920er Jahren so erheblich destabilisiert, dass sich in der deutschen Öffentlichkeit seit jener Zeit eine besonders starke Inflationsangst ausgeprägt hat.[2] Daher befindet man sich heute in der folgenden paradoxen Situation: Das Land, das im 20. Jahrhundert am stärksten auf Inflation gesetzt hat, um sich seiner Schulden zu entledigen – Deutschland –, will nichts von einem Preisanstieg wissen, der über 2 % jährlich liegt; das Land, das seine Schulden immer zurückgezahlt hat, auch über das vernünftige Maß hinaus – Großbritannien – zeigt sich hier anpassungsfähiger, findet nichts dabei, dass seine Zentralbank einen Gutteil der staatlichen Schuldtitel kauft, und lässt damit eine gewisse Inflation zu.

Was die Akkumulation staatlicher Vermögenswerte betrifft, so ähnelt auch hier die Situation Deutschlands der Frankreichs: Zwischen 1950 und 1970 gibt es beträchtliche staatliche Beteiligungen am Banken- und Industriesektor, die seit den 1980er Jahren teilweise verkauft wurden, aber keineswegs ganz verschwunden sind. Beispielweise besitzt das Land Niedersachsen heute noch fast 15 % der Aktien – und gesetzlich garantierte 20 % der Stimmrechte, wogegen die Europäische Union vorgehen möchte – von Volkswagen, dem größten Autobauer in Europa und weltweit.[3] In den Jahren 1950–1970, als die Staatsschul-

---

1 Um die Aufmerksamkeit auf die langfristigen Entwicklungen zu lenken, geben die hier präsentierten Grafiken nur Zehnjahresschätzungen an und vernachlässigen die extremen Ausschläge, die nur einige Jahre anhalten. Zu den vollständigen Jahresreihen siehe Technischer Anhang.

2 Die durchschnittliche Inflationsrate von 17 % jährlich zwischen 1913 und 1950 berücksichtigt nicht das Jahr 1923 (in dem die Preise zwischen Anfang und Ende des Jahres um das Hundertmillionenfache stiegen).

3 Volkswagen liegt praktisch gleichauf mit General Motors, Toyota und Renault-Nissan (jeder verkaufte 2011 etwa 8 Millionen Autos). Der französische Staat besitzt auch weiterhin ungefähr 15 % des Kapitals von Renault (drittgrößter europäischer Autobauer nach Volkswagen und Peugeot).

den fast bei null lagen, entsprach das staatliche Nettovermögen dem Nationaleinkommen eines Jahres, während die privaten Vermögen dem Nationaleinkommen von knapp zwei Jahren entsprachen, sich also auf einem sehr niedrigen Niveau befanden (siehe Grafik 4.3). Wie in Frankreich besaß auch in Deutschland die öffentliche Hand in den Jahrzehnten des Wiederaufbaus und des deutschen Wirtschaftswunders zwischen 25 und 30 Prozent des nationalen Kapitals. Und wie in Frankreich führten die Verlangsamung des Wirtschaftswachstums ab den 1970er/80er Jahren und der Anstieg der Staatsverschuldung (der schon vor der Wiedervereinigung begann und sich seitdem fortgesetzt hat) in den letzten Jahrzehnten zu einer völligen Umkehrung der Situation. Das staatliche Nettovermögen liegt zu Beginn der 2010er Jahre fast genau bei null, und die Privatvermögen, die seit den 1950er Jahren kontinuierlich gewachsen sind, machen nahezu die Gesamtheit des Nationalvermögens aus.

Es gibt allerdings einen signifikanten Unterschied bezüglich des Privatkapitals zwischen Deutschland sowie Frankreich und Großbritannien. Die deutschen Privatvermögen sind seit der Nachkriegszeit enorm gewachsen: Waren sie 1950 ungewöhnlich niedrig (sie entsprachen dem Nationaleinkommen von knapp eineinhalb Jahren), erreichen sie heute die Höhe des Nationaleinkommens von vier Jahren. Die Wiederherstellung der Privatvermögen auf europäischer Ebene steht außer Frage, wie der Grafik 4.4 in spektakulärer Weise zu entnehmen ist. Gleichwohl liegt der Wert der deutschen Privatvermögen in den 2010er Jahren deutlich unter dem britischen und dem französischen Niveau: Er entspricht dem Nationaleinkommen von vier Jahren gegenüber 5 bis 6 Jahren in Frankreich und in Großbritannien und mehr als 6 Jahren in Italien und Spanien, wie wir im nächsten Kapitel sehen werden. In Anbetracht der hohen Sparquote in Deutschland stellt dieses im Vergleich zu den anderen europäischen Ländern niedrige Niveau in gewisser Weise ein – möglicherweise vorübergehendes – Paradox dar, das sich folgendermaßen erklären lässt.[1]

Der erste Faktor ist das im Vergleich zu den anderen europäischen Ländern niedrige deutsche Preisniveau bei Immobilien, das sich teilweise damit erklären lässt, dass die starken Preissteigerungen, die es

1 In Anbetracht der begrenzten verfügbaren Quellen ist es auch möglich, dass dieser Unterschied teilweise auf diverse statistische Verzerrungen zurückzuführen ist. Siehe Technischer Anhang.

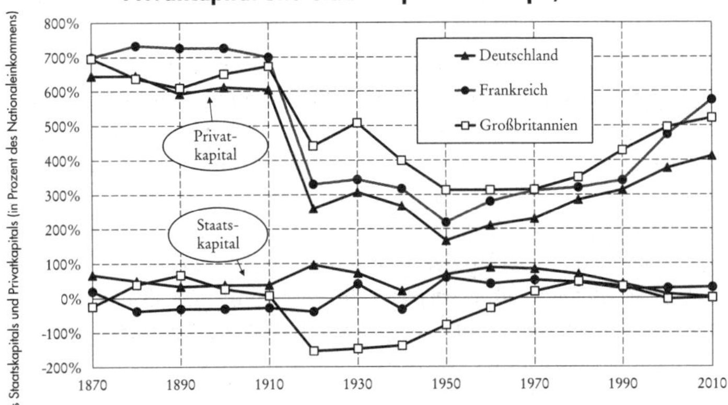

Grafik 4.4.: Die langfristige Entwicklung des nationalen Kapitals in Europa ist vor allem durch die Entwicklung des Privatkapitals bedingt.
Quellen und Reihen: siehe piketty.pse.ens.fr/capital21c.

allenthalben in der Zeit von 1990 bis 2000 gegeben hat, in Deutschland durch die deutsche Wiedervereinigung gedämpft wurden, durch die viele günstige Wohnungen auf den Markt gekommen sind. Um einen langfristigen Unterschied zu erklären, müssten jedoch Faktoren von längerer Dauer berücksichtigt werden, wie etwa eine stärkere Regulierung der Mieten.

Der Unterschied zu Frankreich und Großbritannien resultiert allerdings nicht in erster Linie aus dem unterschiedlichen Wert des Wohnungsbestands, sondern eher aus dem unterschiedlichen Wert des sonstigen Inlandskapitals, das heißt hauptsächlich des Kapitals der Unternehmen (siehe Grafik 4.1). Mit anderen Worten: Der Unterschied rührt nicht von der niedrigeren Bewertung der deutschen Immobilien her, sondern von dem geringeren Börsenwert der Unternehmen. Wenn man zur Messung der gesamten Privatvermögen nicht den Marktwert der Unternehmen und der entsprechenden finanziellen Aktiva, sondern ihren Buchwert verwenden würde (das heißt den Wert, der sich aus der Kumulierung der in ihrer Bilanz eingetragenen Investitionen nach Abzug der Schulden ergeben würde), würde das deutsche Paradox verschwinden: Die deutschen Privatvermögen würden sogleich auf das französische und britische Niveau steigen (und dem Nationaleinkommen von 5 und 6 anstatt von 4 Jahren entsprechen). Wir werden im nächsten Kapitel auf diese scheinbar rein buchungstechnischen Komplikationen zurückkommen, die in Wirklichkeit viel mit Politik zu tun haben.

Hier wollen wir lediglich festhalten, dass diese niedrigeren Marktwerte der deutschen Unternehmen anscheinend mit dem zu tun haben, was man mitunter als «rheinischen Kapitalismus» oder «Stakeholder-Modell» bezeichnet. Es handelt sich dabei um ein Wirtschaftsmodell, in dem die Unternehmen nicht nur den Aktionären gehören, sondern auch einer gewissen Anzahl anderer Gruppen, deren Interessen mit den Unternehmen verbunden sind – die «Stakeholder». Das sind zunächst die Arbeitnehmervertreter (die in deutschen Aufsichtsräten nicht nur eine beratende Funktion, sondern ein Mitspracherecht haben, ohne Aktien des Unternehmens zu besitzen), aber manchmal auch Vertreter des jeweiligen Landes, von Verbraucherverbänden, Umweltschutzorganisationen usw. Es geht nicht darum, dieses Modell des sozial eingehegten Eigentums, das seine Grenzen hat, zu idealisieren, sondern festzustellen, dass es ökonomisch genauso effizient sein kann wie das angelsächsische Modell des Marktkapitalismus oder das «Shareholder-Modell» (in dem die ganze Macht theoretisch bei den Aktionären liegt; in der Praxis ist stets alles komplexer). Überdies impliziert es für die Unternehmen automatisch einen geringeren Marktwert – ohne dass der tatsächliche Wert des Unternehmens zwangsläufig niedriger ist. Die Debatte über die verschiedenen Kapitalismus-Formen hatte zu Beginn der 1990er Jahre, nach dem Zusammenbruch der Sowjetunion, begonnen.[1] Dann war sie abgeflaut, was zweifellos daran lag, dass das deutsche Wirtschaftsmodell in den Jahren nach der Wiedervereinigung anscheinend an Dynamik verlor (zwischen 1998 und 2002 galt Deutschland als der kranke Mann Europas). Angesichts der Tatsache, dass Deutschland relativ gut durch die weltweite Finanzkrise der Jahre 2007 bis 2012 gekommen ist, ist nicht ausgeschlossen, dass diese Debatte in den kommenden Jahren wieder in den Vordergrund rückt.[2]

1 Siehe beispielsweise Michel Albert, *Kapitalismus contra Kapitalismus*, Frankfurt/Main: Campus-Verlag 1992.

2 Siehe beispielsweise Guillaume Duval, *Made in Germany*, Paris: Le Seuil 2013.

Die dramatischen Verluste des Kapitals im 20. Jahrhundert

Nachdem die langfristige Entwicklung des Kapital-Einkommens-Verhältnisses und des Verhältnisses zwischen staatlichem und privatem Kapital dargestellt wurde, wollen wir wieder chronologisch vorgehen und die Gründe für den Einbruch des Kapital-Einkommens-Verhältnisses – sowie für den erneuten spektakulären Anstieg – im 20. Jahrhundert verstehen.

Zunächst ist festzuhalten, dass es sich hierbei um ein Phänomen handelt, das alle europäischen Länder betrifft. Alle uns vorliegenden Quellen weisen darauf hin, dass die Entwicklung in Großbritannien, Frankreich und Deutschland (auf die 1910 wie 2010 mehr als zwei Drittel des westeuropäischen BIP und mehr als die Hälfte des europäischen BIP entfallen) repräsentativ für den gesamten Kontinent ist, wobei es zwischen den Ländern durchaus interessante Unterschiede gibt. Insbesondere in Italien und Spanien ist seit 1970 erneut ein sehr starker Anstieg des Kapital-Einkommens-Verhältnisses festzustellen, der noch ausgeprägter ist als in Großbritannien und Frankreich; die historischen Daten deuten zudem darauf hin, dass das Kapital-Einkommens-Verhältnis in der Belle Époque beim sechs- bis siebenfachen des jährlichen Nationaleinkommens lag. Die Schätzungen für Belgien, die Niederlande und Österreich weisen in dieselbe Richtung.[1]

Sodann muss betont werden, dass der zwischen 1914 und 1945 erfolgte Einbruch nur teilweise auf die kriegsbedingten materiellen Zerstörungen von Kapital (Wohngebäude, Fabriken, Ausrüstungen usw.) zurückzuführen ist. In Großbritannien, Frankreich und Deutschland entsprach der Wert des nationalen Kapitals 1913 dem Nationaleinkommen von 6,5–7 Jahren und fiel 1959 auf etwa 2,5 Jahre – ein spektakulärer Verlust von 4 Jahren des Nationaleinkommens (siehe die Grafiken 4.4 und 4.5). Die materiellen Zerstörungen von Kapital waren zweifellos beträchtlich, was vor allem für Frankreich im Ersten Weltkrieg (die Kampfgebiete im Nordosten des Landes hat es besonders hart getroffen) und für Frankreich und Deutschland im Zweiten Weltkrieg gilt, die 1944/45 massiven Bombardierungen ausgesetzt waren (die Kämpfe währten kürzer als im Ersten Weltkrieg, aber die Technologie war un-

1 Siehe Technischer Anhang.

gleich destruktiver). Die Höhe der Gesamtschäden wird in Frankreich auf das Nationaleinkommen von fast einem Jahr geschätzt (also zwischen einem Fünftel und einem Viertel des gesamten Rückgangs des Kapital-Einkommens-Verhältnisses) und in Deutschland auf eineinhalb Jahre (also etwa ein Drittel des gesamten Rückgangs). Obwohl die Schäden erheblich waren, erklären sie den Einbruch nur teilweise, und zwar selbst in den beiden vom Krieg am stärksten betroffenen Ländern. In Großbritannien fielen die materiellen Zerstörungen vergleichsweise geringer aus – im Ersten Weltkrieg gab es gar keine, im Zweiten Weltkrieg kam es aufgrund der deutschen Bombardierungen zu Schäden von weniger als 10 % des Nationaleinkommens –, was nicht verhindert hat, dass das nationale Kapital ebenso wie in Frankreich und Deutschland um das Nationaleinkommen von 4 Jahren abnahm (mehr als das Vierzigfache der materiellen Zerstörungen).

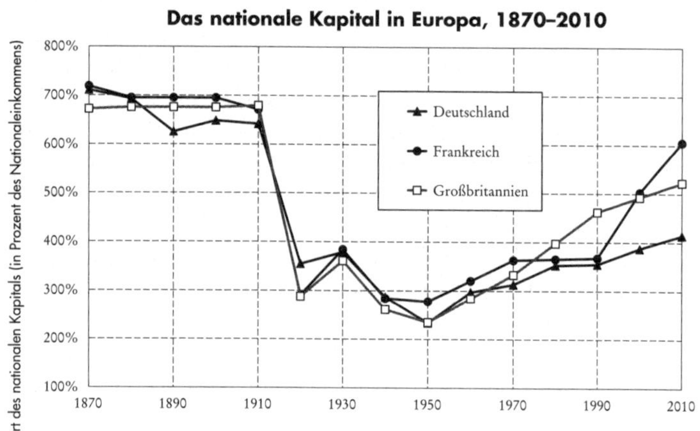

Grafik 4.5.: 1950 entspricht das nationale Kapital (Summe aus Staatskapital und Privatkapital) in Europa dem Nationaleinkommen von 2–3 Jahren.
Quellen und Reihen: siehe piketty.pse.ens.fr/capital21c.

Die kriegsbedingten politischen und haushaltspolitischen Verwerfungen haben sich auf das Kapital noch zerstörerischer ausgewirkt als die Kämpfe selbst. Abgesehen von den materiellen Schäden ist der schwindelerregende Rückgang des Kapital-Einkommens-Verhältnisses zwischen 1913 und 1950 in erster Linie auf den Verlust der ausländischen Vermögenswerte und die sehr schwache Sparquote in dieser Zeit zurückzuführen (zusammen mit den materiellen Schäden erklären diese beiden Faktoren zwei Drittel bis drei Viertel des Rückgangs); hinzu kommt, dass die Vermögenspreise unter den neuen politischen Verhältnissen, die nach dem Krieg von gemischtem Eigentum und Regulierung gekennzeichnet sind, niedrig ausfallen (sie sind für ein Viertel bis ein Drittel des Rückgangs verantwortlich).

Wir haben bereits auf die hohen Verluste an ausländischen Vermögenswerten – insbesondere in Großbritannien – hingewiesen, wo das ausländische Nettokapital vor dem Ersten Weltkrieg dem Nationaleinkommen von zwei Jahren entspricht und in den 1950er Jahren ein leichtes Minus aufweist. Der Verlust an britischen internationalen Vermögenswerten ist somit deutlich höher als die materiellen Zerstörungen des französischen und deutschen Inlandskapitals und hat die geringen Schäden auf britischem Boden mehr als ausgeglichen.

Der dramatische Einbruch des Auslandskapitals ist einerseits durch die Enteignungen im Zuge von Revolutionen und Dekolonisationsprozessen bedingt (man denke beispielsweise an die russischen Staatsanleihen, die von französischen Sparern in der Belle Époque gezeichnet und 1917 von den Bolschewisten nicht anerkannt wurden, und an die Verstaatlichung des Suez-Kanals durch Nasser im Jahr 1956, die den britischen und französischen Aktionären, denen der Kanal gehörte und die seit 1869 Dividenden und Gebühren eingestrichen hatten, großen Schaden zufügte) und andererseits und vor allem durch die sehr niedrige Sparquote in den verschiedenen europäischen Ländern zwischen 1914 und 1945, die dazu führte, dass die britischen und französischen (in geringerem Maße die deutschen) Sparer nach und nach ihre Auslandsaktiva auflösten. Aufgrund des geringen Wirtschaftswachstums und wiederholter Rezessionen nehmen sich die Jahre zwischen 1914 und 1945 für alle Europäer als eine düstere Periode aus, was insbesondere für die Vermögensbesitzer gilt, deren Einkommen weitaus weniger sprudeln als in der Belle Époque. Die private Sparquote ist relativ niedrig (vor allem, wenn man die Reparationszahlungen und die Behebung der Kriegsschäden abzieht), und um ihren Lebensstandard aufrechtzuerhalten, verkaufen manche nach und nach einen Teil ihrer Aktiva. Die Unternehmenszusammenbrüche in den 1930er Jahren ruinieren ebenfalls zahlreiche Aktionäre und Inhaber von Obligationen.

Die geringe private Ersparnis wird insbesondere während der Kriege von den enormen öffentlichen Haushaltsdefiziten absorbiert:

Zwischen 1914 und 1945 ist die nationale Ersparnis, die Summe aus privater und staatlicher Ersparnis, in Großbritannien, Frankreich und Deutschland äußerst gering. Die Sparer leihen ihrer Regierung viel Geld, wobei sie manchmal ihre Auslandsaktiva verkaufen, und werden schließlich von der Inflation enteignet – sehr rasch in Frankreich und Deutschland, langsamer in Großbritannien, was den trügerischen Eindruck hervorruft, die britischen Privatvermögen stünden 1950 besser da als die auf dem Festland: In Wahrheit wird das Nationalvermögen in beiden Fällen in gleicher Weise in Mitleidenschaft gezogen (siehe die Grafiken 4.4 und 4.5). Manchmal leihen sich die Regierungen direkt im Ausland Geld: So steigen die Vereinigten Staaten vom Schuldner vor dem Ersten Weltkrieg in den 1950er Jahren zum Gläubiger auf. Was das Nationalvermögen Großbritanniens oder Frankreichs betrifft, so ist die Situation die gleiche.[1]

Der Einbruch des Kapital-Einkommens-Verhältnisses zwischen 1913 und 1950 ist die Geschichte des Selbstmords Europas und der «Euthanasie» der europäischen Kapitalisten.

Diese politische, militärische und haushaltspolitische Geschichte wäre jedoch sehr unvollständig, würde man nicht darauf hinweisen, dass das niedrige Kapital-Einkommens-Verhältnis im Europa der Nachkriegszeit teilweise politisch gewollt ist, denn diese Situation spiegelt politische Entscheidungen wider, die – mehr oder weniger bewusst und mehr oder weniger wirksam – darauf abzielen, den Marktwert der Vermögen und die wirtschaftliche Macht ihrer Besitzer zurückzudrängen. Die Preise von Immobilien und Unternehmen sind zwischen 1950 und 1960 im Vergleich zu den Preisen von Gütern und Dienstleistungen historisch niedrig, was teilweise als Erklärung für das geringe Kapital-Einkommens-Verhältnis dienen kann. Erinnern wir uns daran, dass alle Vermögensarten immer zu den jeweiligen Marktpreisen bewertet werden. Das ist zwar mit einer gewissen Willkür verbunden (die Märkte sind häufig unbeständig), stellt aber die einzige Methode dar, mit der wir den nationalen Kapitalstock berech-

1 Der Unterschied zur Zeit Ricardos liegt darin, dass die Besitzenden in Großbritannien zwischen 1800 und 1810 wohlhabend genug waren, um eine zusätzliche Sparleistung zu erbringen, die es ermöglichte, die öffentlichen Haushaltsdefizite zu decken, ohne das nationale Kapital anzugreifen. Dagegen häufen die europäischen Länder zwischen 1914 und 1945 Defizite in einer Situation an, in der die privaten Vermögen und Ersparnisse bereits viele Einbußen hinnehmen mussten, so dass die staatliche Verschuldung die dramatische Verringerung des nationalen Kapitals verschärft.

nen können: Andernfalls müsste man die landwirtschaftlichen Flächen (gemessen in Hektar), die Immobilien (gemessen in Quadratmetern) und die Hochöfen addieren.

In der Nachkriegszeit liegen die Wohnungspreise auf einem historisch niedrigen Niveau, was vor allem an den Mietpreisbindungen liegt, die die Politik in den Zeiten hoher Inflation – zu Beginn der 1920er und in den 1940er Jahren – fast überall durchsetzt. Die Mieten sind weniger stark gestiegen als die anderen Preise. Für die Mieter sind die Wohnungen billiger geworden und bringen, umgekehrt, den Vermietern weniger ein, so dass die Immobilienpreise gesunken sind. Auch die Preise der Unternehmen, das heißt der Wert der Aktien und anderer Anteile an börsennotierten und nicht-börsennotierten Unternehmen, sind zwischen 1950 und 1960 relativ niedrig. Das Vertrauen in die Aktienmärkte wurde durch die Weltwirtschaftskrise der 1930er Jahre und die Verstaatlichungen in der Nachkriegszeit stark erschüttert. Zudem verfolgt man seinerzeit eine neue Politik der Regulierung der Finanzwirtschaft und der Besteuerung von Gewinnen und Dividenden. Sie hat dazu beigetragen, die Macht der Aktionäre zurückzudrängen und den Wert ihrer Aktiva zu verringern.

Die Schätzungen, die wir für Großbritannien, Frankreich und Deutschland vorgenommen haben, zeigen, dass dieses niedrige Preisniveau bei Immobilien und Aktien in der Nachkriegszeit in einem nicht unerheblichen Maße für die rasante Abnahme des Kapital-Einkommens-Verhältnisses zwischen 1913 und 1950 verantwortlich ist: zu einem Viertel bis zu einem Drittel des Rückgangs je nach Land, während die Mengeneffekte (eine geringe nationale Sparquote, Verluste an Auslandsvermögen, Zerstörungen) zwei Drittel bis drei Viertel des Einbruchs ausmachen.[1] Im nächsten Kapitel werden wir auch sehen, dass der starke Anstieg der Preise für Immobilien und Aktien seit den 1970er Jahren und insbesondere zwischen 1990 und 2000 zu einem erheblichen Teil für den erneuten Anstieg des Kapital-Einkommens-Verhältnisses gesorgt hat – wenngleich weniger als die Mengeneffekte, die diesmal mit dem strukturellen Rückgang der Wachstumsrate zusammenhängen.

---

1 Siehe Technischer Anhang.

Das Kapital in Amerika: stabiler als in Europa

Bevor wir uns im nächsten Kapitel die Phase des erneuten Anstiegs des Kapital-Einkommens-Verhältnisses in der zweiten Hälfte des 20. Jahrhunderts und die Perspektiven für das 21. Jahrhundert genauer anschauen, ist es höchste Zeit, über Europa hinauszublicken und zu untersuchen, welche Formen das Kapital in Amerika im Laufe der Geschichte angenommen und welche Höhe es erreicht hat.

Mehrere Fakten zeichnen sich deutlich ab. Zunächst ist Amerika die Neue Welt, in der Kapital weniger zählt als in der alten Welt, also im Alten Europa. Genauer gesagt: Nach den zahlreichen Schätzungen, die damals vorgenommen wurden und die wir gesammelt und verglichen haben, entspricht der Wert des nationalen Kapitalstocks um 1770 bis 1810, nach Erlangung der Unabhängigkeit, dem Nationaleinkommen von etwas über drei Jahren. Der Wert der Agrarflächen liegt zwischen einem und eineinhalb Jahren (siehe Grafik 4.6). Ungeachtet aller möglichen Unsicherheitsfaktoren steht außer Frage, dass das Kapital-Einkommens-Verhältnis in den amerikanischen Kolonien wesentlich niedriger ist als in Großbritannien und Frankreich, wo das nationale Kapital sieben Mal so hoch ist wie das jährliche Nationaleinkommen und der Wert der Agrarflächen etwa dem Nationaleinkommen von vier Jahren entspricht (siehe die Grafiken 3.1 und 3.2).

Entscheidend ist, dass Nordamerika viel mehr Hektar Land pro Einwohner hat als das Alte Europa; mengenmäßig steht also viel mehr Kapital pro Einwohner zur Verfügung. Aber die Menge ist so groß, dass der Marktwert des Bodens sehr gering ist: Jeder kann riesige Ländereien besitzen, was bedeutet, dass diese nicht viel wert sind. Mit anderen Worten: Der Mengeneffekt wird durch den Preiseffekt mehr als aufgewogen. Wenn der Umfang einer bestimmten Kapitalart gewisse Schwellen überschreitet, fällt ihr Preis zwangsläufig so stark, dass das Produkt der beiden, also der Kapitalwert, niedriger ist als bei einem geringeren Umfang.

Das beträchtliche Gefälle zwischen dem Bodenpreis in der Neuen Welt und dem in Europa am Ende des 18. und zu Beginn des 19. Jahrhunderts wird im Übrigen von allen historischen Quellen bestätigt, in denen es um Verkäufe oder Vererbungen von Agrarflächen geht (zum Beispiel Nachlassverzeichnisse oder Testamente).

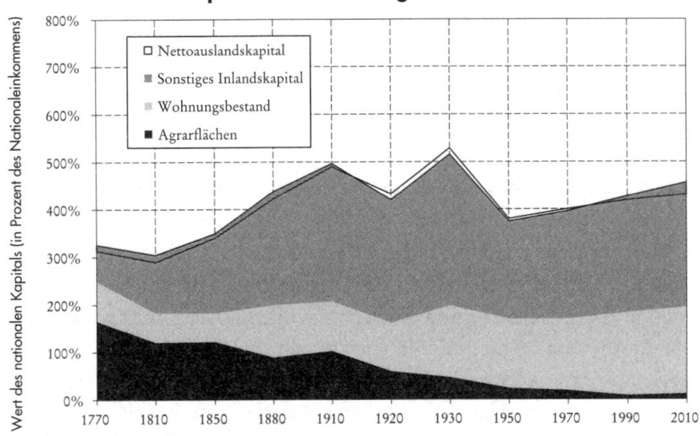

Grafik 4.6.: 1770 entspricht das nationale Kapital in den USA dem Nationaleinkommen von 3 Jahren (die Agrarflächen entsprechen dem von 1,5 Jahren).
Quellen und Reihen: siehe piketty.pse.ens.fr/capital21c.

Die Tatsache, dass sich auch die anderen Kapitalarten – Wohnungen und sonstiges Inlandskapital – in der Kolonialzeit und während des Entstehens der amerikanischen Republik auf einem relativ niedrigen Niveau befinden, ist einer anderen Logik geschuldet, überrascht aber nicht. Die Neuankömmlinge, die einen sehr großen Teil der amerikanischen Bevölkerung ausmachen, haben den Atlantik nicht mit ihren Immobilien oder ihren Maschinen überquert; es braucht seine Zeit, bis diese Kapitalarten wieder um ein Mehrfaches höher sind als das jährliche Nationaleinkommen.

Das geringe Kapital-Einkommens-Verhältnis in Amerika bringt einen fundamentalen Unterschied in der Struktur der sozialen Ungleichheit im Vergleich zu Europa zum Ausdruck. Dass die gesamten Vermögen in Amerika nur knapp drei Mal so hoch ausfallen wie das jährliche Nationaleinkommen gegenüber sieben Mal in Europa, bedeutet ganz konkret, dass das Gewicht der Eigentümer und der in der Vergangenheit erworbenen Vermögen in der Neuen Welt geringer ist. Mit der Arbeit und der Produktion von einigen Jahren lässt sich die anfängliche Schere zwischen den Vermögen der sozialen Gruppen schließen – oder zumindest schneller als es in Europa möglich ist.

1840 stellt Tocqueville zu Recht fest: «[...] die Zahl der großen Vermögen ist in den Vereinigten Staaten sehr klein und das Kapital noch rar gesäht.» Er sieht darin eine der offenkundigsten Ursachen des demokratischen Geistes, der seiner Auffassung nach in Amerika herrscht. Er fügt hinzu, dass seinen Beobachtungen zufolge alles das Resultat des niedrigen Preises für Agrarflächen ist: «In Amerika kostet der Boden wenig, und jeder wird mühelos Grundbesitzer.»[1] Das ist das Ideal Jeffersons von einer Gesellschaft freier und gleicher Grundbesitzer.

Im Laufe des 19. Jahrhunderts verändert sich diese Situation. Der Anteil der Landwirtschaft an der Produktion geht schrittweise zurück, und der Wert der landwirtschaftlichen Flächen sinkt noch mehr, wie in Europa. Aber die Vereinigten Staaten akkumulieren einen großen Bestand an Immobilien- und Industriekapital, so dass das nationale Kapital 1910 fast 5 Mal so hoch ist wie das jährliche Nationaleinkommen, während es 1810 drei Mal so hoch war. Der Unterschied zum Alten Europa existiert zwar immer noch, hat sich aber beträchtlich verringert: Er hat sich innerhalb eines Jahrhunderts halbiert (siehe Grafik 4.6). Amerika ist zwar kapitalistisch geworden, aber das Vermögen zählt dort weiterhin weniger als im Europa der Belle Époque – zumindest, wenn man das riesige amerikanische Territorium insgesamt betrachtet. Beschränkt man sich auf die Ostküste, fällt der Unterschied noch kleiner aus. In seinem Film *Titanic* bildet der Regisseur James Cameron die soziale Struktur von 1912 ab. Er zeigt amerikanische Besitzende, die in Bezug auf Wohlstand, Arroganz und Klassendünkel den europäischen Besitzenden in nichts nachstehen. Für sie steht der verabscheuungswürdige Hockley, der die junge Rose nach Philadelphia bringen will, um sie zu heiraten (sie wird sich heroisch weigern, als Besitz behandelt zu werden und später Rose Dawson heißen). Die Romane von Henry James, die in Boston und New York in der Zeit von 1880 bis 1910 spielen, porträtieren ebenfalls eine Gesellschaft, in der das Immobilien-, Industrie- und Finanzkapital nahezu die gleiche Bedeutung hat wie in den europäischen Romanen: Seit dem Amerika ohne Kapital bis zur Zeit der Unabhängigkeitserklärung haben sich die Zeiten stark geändert.

Die Katastrophen des 20. Jahrhunderts treffen Amerika viel weniger hart als Europa, so dass das Verhältnis zwischen dem nationalen

1 Siehe A. de Tocqueville, *Über die Demokratie in Amerika*, Stuttgart: DVA 1962, S. 204.

Kapital und dem Nationaleinkommen in den Vereinigten Staaten viel stabiler ist: Zwischen 1910 und 2010 schwankt es zwischen vier und fünf Jahren (siehe Grafik 4.6), während es in Europa von mehr als sieben Jahren auf weniger als drei sinkt, bevor es wieder auf fünf bis sechs steigt (siehe die Grafiken 3.1 und 3.2).

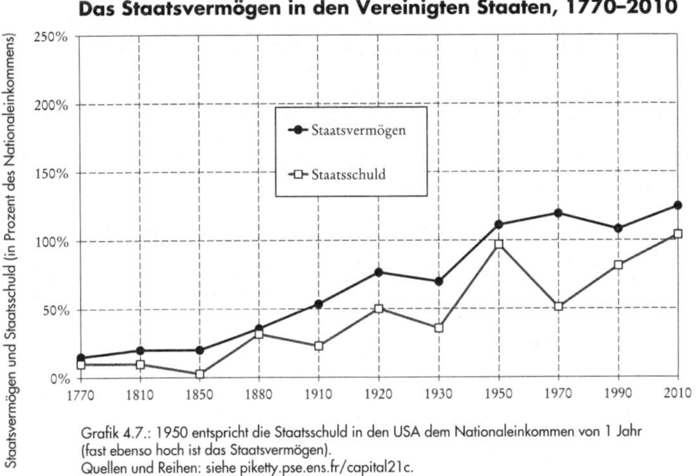

Grafik 4.7.: 1950 entspricht die Staatsschuld in den USA dem Nationaleinkommen von 1 Jahr (fast ebenso hoch ist das Staatsvermögen).
Quellen und Reihen: siehe piketty.pse.ens.fr/capital21c.

Auch die amerikanischen Vermögen bekommen die Folgen der Krisen zwischen 1914 und 1945 zu spüren. Aufgrund der Kriege – vor allem des Zweiten Weltkriegs – steigt die staatliche Verschuldung stark an, was sich auf die Ersparnis des Landes auswirkt, und das im Kontext instabiler wirtschaftlicher Verhältnisse: Auf die Euphorie der 1920er Jahre folgt die Weltwirtschaftskrise der 1930er Jahre (Cameron zufolge begeht der garstige Hockley im Oktober 1929 Selbstmord). Unter Roosevelt betreiben die Vereinigten Staaten die gleiche Politik wie Europa, um den Einfluss des Privatkapitals zurückzudrängen, indem sie beispielsweise die Mieten regulieren. Nach dem Zweiten Weltkrieg befinden sich die Preise für Immobilien und Aktien auf einem historischen Tiefstand. In puncto progressive Besteuerung gehen die Vereinigten Staaten sogar noch weiter als Europa, was belegt, dass es ihnen mehr um die Verringerung der Ungleichheit als um die Abschaffung des Privateigentums geht (wir werden darauf zurückkommen). Eine massive Verstaatlichungspolitik gibt es nicht. Ab den 1930er Jahren werden jedoch beträchtliche staatliche Investitionen insbesondere in die Infrastruktur getätigt. Durch die Inflation und das Wirtschaftswachstum wird die Staatsverschuldung in den 1950er Jahren abgebaut, so dass das Staatsvermögen 1970 positiv ist (siehe Grafik 4.7). Die Privatvermögen, die 1930 fast 5 Mal so hoch waren wie das jährliche Nationaleinkommen, sind 1970 auf weniger als das Dreifache gesunken, was einen beträchtlichen Rückgang darstellt (siehe Grafik 4.8).

Privatkapital und Staatskapital in den Vereinigten Staaten, 1770–2010

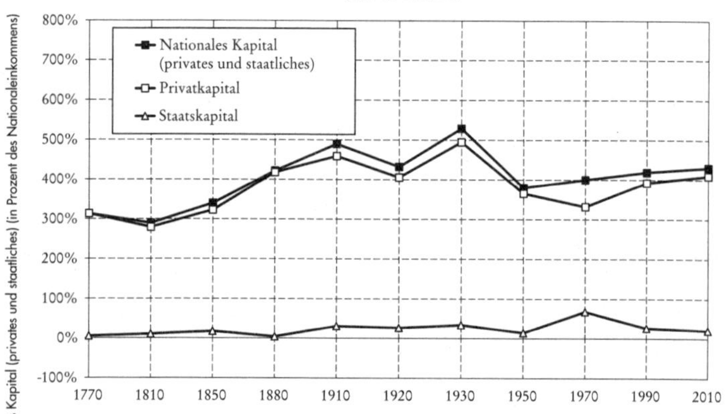

Grafik 4.8.: 2010 entspricht das Staatskapital 20 % des Nationaleinkommens, das Privatkapital demgegenüber mehr als 400 %.
Quellen und Reihen: siehe piketty.pse.ens.fr/capital21c.

Die «U-Kurve», der das Kapital-Einkommens-Verhältnis im 20. Jahrhundert folgt, ist in den Vereinigten Staaten weniger stark ausgeprägt als in Europa. Ausgedrückt in Relation zum Einkommen oder der Produktion eines Jahres scheint das Kapital in Amerika seit Beginn des 20. Jahrhunderts nahezu stabil zu sein – was dazu geführt hat, dass diese Stabilität des Kapital-Einkommens-Verhältnisses oder des Kapital-Produktions-Verhältnisses in amerikanischen Lehrbüchern (wie in dem vom Samuelson) mitunter als ein allgemeines Gesetz betrachtet wird. Im Vergleich dazu hat sich das Kapital in Europa und insbesondere das Privatkapital im vergangenen Jahrhundert regelrecht chaotisch entwickelt: Die Welt der Belle Époque, in der das Vermögen das A und O war, wurde durch die Welt der Nachkriegszeit abgelöst, in der fast der Eindruck entstehen konnte, der Kapitalismus sei abgeschafft worden, während Europa zu Beginn des 21. Jahrhunderts die Speerspitze des neuen auf Vermögen und Erbschaften basierenden Kapitalismus zu sein scheint, in dem die Privatvermögen erneut höher sind als in Amerika. Im nächsten Kapitel werden wir sehen, dass das schwächere Wirtschafts- und vor allem Bevölkerungswachstum, das für Europa im Vergleich zu den Vereinigten Staaten kennzeichnend ist, automatisch die Bedeutung der in der Vergangenheit akkumulierten Vermögen erhöht. Aber wie dem auch sei, das Kapital-Einkommens-Verhältnis war in Amerika im letzten Jahrhundert wesentlich stabiler als in Europa, was vielleicht erklärt, warum die amerikanische Öffentlichkeit ein entspannteres Verhältnis zum Kapitalismus hat.

Die Neue Welt und das Auslandskapital

Ein anderer wichtiger Unterschied zwischen der Geschichte des Kapitals in Amerika und in Europa besteht darin, dass im Ausland angelegtes Kapital in den Vereinigten Staaten immer nur eine relativ begrenzte Bedeutung hatte. Das liegt daran, dass die Vereinigten Staaten die erste Kolonie waren, die ihre Unabhängigkeit erkämpft hat, und selbst nie eine Kolonialmacht waren.

Im 19. Jahrhundert haben die Vereinigten Staaten gegenüber dem Rest der Welt eine leicht negative Vermögensposition: Was die Amerikaner in der übrigen Welt besitzen ist geringer als das, was die Bewohner der übrigen Welt – insbesondere Briten – in den Vereinigten Staaten besitzen. Der Unterschied ist jedoch sehr klein, da er maximal 10 bis 20 % des amerikanischen Nationaleinkommens ausmacht und von 1770 bis 1910 die meiste Zeit bei weniger als 10 % liegt.

Vor dem Ersten Weltkrieg wird das Inlandskapital der Vereinigten Staaten – Agrarflächen, Wohnungen, Sonstiges – auf 500 % des amerikanischen Nationaleinkommens geschätzt. Die Aktiva, die ausländische Investoren insgesamt besitzen, stellen (abzüglich der ausländischen Aktiva amerikanischer Investoren) 10 % des Nationaleinkommens dar. Das nationale Kapital oder das Nettonationalvermögen der Vereinigten Staaten macht folglich 490 % des Nationaleinkommens aus. Mit anderen Worten: Die Vermögenswerte der Vereinigten Staaten gehören zu 98 % Amerikanern und zu 2 % Ausländern. Man befindet sich somit nahezu in einer Gleichgewichtssituation, vor allem im Vergleich zu den gewaltigen ausländischen Vermögenswerten, die die Europäer halten: In Frankreich und Großbritannien entsprechen sie dem Nationaleinkommen von 1–2 Jahren, in Deutschland dem eines halben Jahres. Da das amerikanische Bruttoinlandsprodukt 1913 knapp über der Hälfte des westeuropäischen Bruttoinlandsproduktes liegt, bedeutet das, dass sich 1913 nur ein kleiner Teil des Auslandsvermögens der Europäer in den Vereinigten Staaten befindet (weniger als 5 % ihres Portfolios). Zusammenfassend kann man sagen, dass die Welt von 1913 eine Welt ist, in der Europa einen Gutteil Afrikas, Asiens und Lateinamerikas besitzt und die Vereinigten Staaten sich selbst gehören.

Mit den Weltkriegen wird sich die Vermögensposition der Vereinigten Staaten umkehren: War sie 1913 negativ, wird sie ab den 1920er Jahren leicht positiv, und das wird bis zu den 1970er Jahren so bleiben. Die Vereinigten Staaten finanzieren die kriegführenden Mächte und werden so zum Gläubiger der europäischen Länder, nachdem sie vorher deren Schuldner waren. Es ist allerdings darauf hinzuweisen, dass das von den Amerikanern gehaltene Nettoauslandsvermögen immer relativ gering bleiben wird: knapp 10 % des Nationaleinkommens (siehe Grafik 4.6).

Vor allem in der Zeit von 1950 bis 1960 bleibt das von den Vereinigten Staaten gehaltene Auslandskapital recht begrenzt (knapp 5 % des Nationaleinkommens, während das Inlandskapital nahe bei 400 % liegt, also 80 Mal höher ist). Die Investitionen der amerikanischen multinationalen Konzerne in Europa und im Rest der Welt erreichen Dimensionen, die insbesondere den Europäern groß erscheinen, die daran gewöhnt waren, die Welt zu besitzen und denen es gar nicht passt, dass sie ihren Wiederaufbau teilweise Uncle Sam und dem Marshall-Plan verdanken. Von den nationalen Traumata einmal abgesehen, wird der Umfang dieser Investitionen – im Vergleich zu den Kapitalanlagen, die die ehemaligen Kolonialmächte noch kurz zuvor auf der ganzen Erde besaßen – stets begrenzt bleiben. Überdies werden die amerikanischen Kapitalanlagen in Europa und andernorts durch die umfangreichen ausländischen, insbesondere britischen, Beteiligungen in den Vereinigten Staaten ausgeglichen. In der Serie *Mad Men*, die zu Beginn der 1960er Jahre spielt, wird die New Yorker Agentur Sterling Cooper von angesehenen britischen Aktionären aufgekauft, was in der kleinen Werbewelt in der Madison Avenue einen Kulturschock auslöst: Es ist nie leicht, einem Ausländer zu gehören.

Die Vermögensposition der Vereinigten Staaten rutscht in den 1980er Jahren leicht und zwischen 1990 und 2000 deutlich in den Negativbereich, da die Handelsdefizite steigen. Die Erträge aus den amerikanischen Auslandsanlagen sind jedoch weiterhin höher als die Zinsen, die für die amerikanischen Schulden an das Ausland abgeführt werden – dieses Privileg rührt vom Vertrauen in den Dollar her –, wodurch es möglich ist, die Verschlechterung der Negativposition zu bremsen, die in den 1990er Jahren rund 10 % des Nationaleinkommens ausmacht und Anfang der 2010er Jahren leicht über 20 % liegt (wir werden auf diese Entwicklung der Zinsen und Renditen zurückkommen). Die heutige Situation ähnelt folglich der vor dem Ersten Weltkrieg. Das Inlandskapital der Vereinigten Staaten wird auf etwa 450 % des amerikanischen Nationaleinkommens geschätzt. Die Vermögenswerte, die ausländischen Investoren gehören, machen, nachdem die ausländischen Vermögenswerte amerikanischer Investoren abgezogen sind, 20 % des Nationaleinkommens aus. Das Nettonationalvermögen der Vereinigten Staaten beläuft sich folglich auf etwa 430 % des Nationaleinkommens. Mit anderen Worten: Die Vereinigten Staaten gehören zu mehr als 95 % den Amerikanern und zu weniger als 5 % Ausländern.

Im Laufe ihrer Geschichte befanden sich die Vereinigten Staaten also manchmal in einer leicht negativen Vermögensposition gegenüber dem Rest der Welt und manchmal in einer leicht positiven, aber diese Positionen hatten stets eine relativ begrenzte Bedeutung im Verhältnis zu der Kapitalmenge, die die Amerikaner besaßen (immer weniger als 5 % und meist weniger als 2 %).

Kanada: lange Zeit im Besitz der Krone

Interessanterweise hat Kanada eine ganz andere Entwicklung durchgemacht. Ein sehr bedeutender Teil des Inlandskapitals – bis zu einem Viertel am Ende des 19. Jahrhunderts und zu Beginn des 20. Jahrhunderts – gehörte ausländischen – insbesondere britischen – Investoren, und zwar vor allem im Rohstoffsektor (Kupfer, Zink, Aluminium sowie Kohle, Öl und Gas). 1910 wird das Inlandskapital Kanadas auf rund 530 % des Nationaleinkommens geschätzt. Die Aktiva, die sich im Besitz ausländischer Investoren befinden (abzüglich der Aktiva, die von kanadischen Investoren im Ausland gehalten werden) entsprechen 120 % des Nationaleinkommens, das sind ein Fünftel bis ein Viertel der Gesamtsumme. Das kanadische Nettonationalvermögen entspricht somit etwa 410 % des Nationaleinkommens (siehe Grafik 4.9).[1]

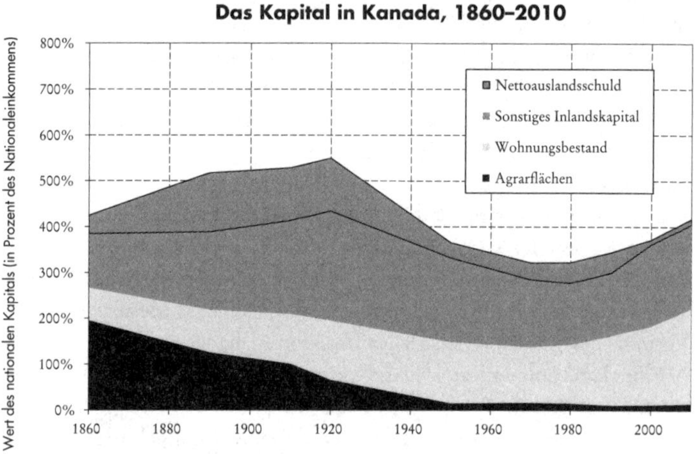

Das Kapital in Kanada, 1860–2010

Grafik 4.9.: In Kanada befand sich ein wesentlicher Teil des Inlandskapitals stets im Besitz des Auslands, und das nationale Kapital war immer niedriger als das Inlandskapital.
Quellen und Reihen: siehe piketty.pse.ens.fr/capital21c.

Diese Situation hat sich insbesondere während der Weltkriege stark verändert, die dazu führten, dass sich die Europäer von einem Gutteil ihrer Auslandsguthaben trennen mussten. Das brauchte jedoch seine Zeit: Von den 1950er bis zu den 1980er Jahren machen die Nettoauslandsschulden Kanadas 10 % seines Inlandskapitals aus. Am Ende dieses Zeitraums wachsen die Staatsschulden generell, bevor es von 1990 bis 2000 zu einer Konsolidierung kommen wird.[2] Zu Beginn der 2010er Jahre ähnelt die Lage der der Vereinigten Staaten. Das Inlandskapital Kanadas wird auf rund 410 % des Nationaleinkommens geschätzt. Die von ausländi-

1 In den Grafiken 3.1, 3.2, 4.1, 4.6 und 4.9 haben wir die positiven Vermögenspositionen gegenüber dem Rest der Welt hell (Zeiten des positiven Nettoauslandskapitals) und die negativen Positionen dunkel gekennzeichnet (Zeiten der Nettoauslandsschulden). Die vollständigen Reihen, mit denen sämtliche Grafiken erstellt wurden, finden sich im Online-Anhang.

2 Siehe die zusätzlichen Grafiken S4.1 und S4.2, online verfügbar.

schen Investoren besessenen Aktiva (abzüglich der ausländischen Aktiva, die von kanadischen Investoren gehalten werden) machen weniger als 10 % des Nationaleinkommens aus. Kanada gehört folglich zu mehr als 98 % den Kanadiern und zu weniger als 2 % Ausländern.

Dieser Vergleich zwischen den Vereinigten Staaten und Kanada ist interessant, da sich so unterschiedliche Entwicklungen in Nordamerika nicht rein ökonomisch erklären lassen. Offenbar haben politische Faktoren eine zentrale Rolle gespielt. Auch wenn die Vereinigten Staaten immer sehr offen für ausländische Investitionen waren, kann man sich schlecht vorstellen, dass die amerikanische Öffentlichkeit im 19. Jahrhundert hingenommen hätte, dass ein Viertel des Landes im Besitz der ehemaligen Kolonialmacht gewesen wäre.[1] In Kanada – seinerzeit britische Kolonie – gestaltet sich dies weniger problematisch: Die Tatsache, dass ein erheblicher Teil des Landes sich im Besitz von Großbritannien befand, unterschied sich nicht wesentlich davon, dass ein bedeutender Teil des Grund und Bodens oder der Fabriken in Schottland oder Sussex Londonern gehörte. Und dass die Vermögensposition Kanadas so lange negativ war, ist darauf zurückzuführen, dass es dort nicht zu einem scharfen politischen Bruch kam (in den 1930er Jahren hörte Kanada auf, ein Dominion zu sein, aber Staatsoberhaupt ist noch immer die Königin von England) und somit keine Enteignungen (vor allem im Rohstoffsektor) stattfanden, die in anderen Teilen der Welt im Allgemeinen mit der Erlangung der Unabhängigkeit einhergingen.

Neue Welt und Alte Welt: die Bedeutung der Sklaverei

Diese Untersuchung der Metamorphosen des Kapitals in Europa und Amerika kann nicht abgeschlossen werden, ohne die Frage der Sklaverei und der Bedeutung der Sklaven für die amerikanischen Vermögen zu behandeln.

Thomas Jefferson besitzt nicht nur Ländereien. Ihm gehören auch mehr als 600 Sklaven, die er von seinem Vater und von seinem Schwiegervater geerbt hat, und seine politische Einstellung zu dieser Frage war immer sehr ambivalent. Seine ideale Republik von gleichberechtigten

1 Zu den Reaktionen auf europäische Investitionen in den Vereinigten Staaten im 19. Jahrhundert siehe beispielsweise Mira Wilkins, *The history of foreign investment in the United States to 1914*, Cambridge, Mass.: Harvard University Press 1989, Kapitel 16.

Grundbesitzern ist nicht für Farbige gedacht, auf denen ein Großteil der Wirtschaft seines Geburtslandes Virginia basiert. 1801 dank der Stimmen der Südstaaten zum Präsidenten der Vereinigten Staaten gewählt, unterzeichnet er ein Gesetz, das den Import neuer Sklaven in die USA ab 1808 verbietet. Was keineswegs eine starke Zunahme der Zahl der Sklaven verhindert (die natürliche Vermehrung ist billiger als der Kauf von Sklaven), die zwischen der Unabhängigkeitserklärung in den 1770er Jahren (rund 400 000 Sklaven) und der Volkszählung im Jahr 1800 (1 Million Sklaven) um das Zweieinhalbfache steigt und zwischen 1800 und der Volkszählung von 1860 noch einmal um mehr als das Vierfache wächst (mehr als 4 Millionen Sklaven) – was in weniger als einem Jahrhundert eine Vermehrung um das Zehnfache bedeutet. Die Sklavenwirtschaft ist noch im Wachsen begriffen, als es 1861 zum Sezessionskrieg kommt – einem Konflikt, der 1865 zur Abschaffung der Sklaverei führt.

Um 1800 machen die Sklaven fast 20 % der Bevölkerung der Vereinigten Staaten aus: rund 1 Million Sklaven kommen auf eine Gesamtbevölkerung von 5 Millionen. In den Südstaaten, wo fast sämtliche Sklaven konzentriert sind,[1] erreicht der Anteil 40 %: 1 Million Sklaven, 1,5 Millionen Weiße bei einer Gesamtbevölkerung von 2,5 Millionen. Nicht alle Weißen besitzen Sklaven, und nur eine kleine Minderheit verfügt über so viele wie Jefferson: Das Sklavenkapital ist hoch konzentriert, wie wir im dritten Teil sehen werden.

Um 1860 ist der gesamte Anteil der Sklaven in den Vereinigten Staaten auf etwa 15 Prozent gefallen (das sind ungefähr 4 Millionen Sklaven bei einer Gesamtbevölkerung von 30 Millionen) – eine Entwicklung, die auf das starke Bevölkerungswachstum in den Nord- und Weststaaten zurückzuführen ist. In den Südstaaten erreicht der Anteil jedoch noch immer 40 %: 4 Millionen Sklaven und 6 Millionen Weiße bei einer Gesamtbevölkerung von 10 Millionen.

Aus vielen historischen Quellen geht hervor, wie hoch die Preise für Sklaven in den Vereinigten Staaten von 1770 bis 1860 waren, wobei es sich um die von Alice Hanson Jones gesammelten Nachlassverzeichnisse, die von Raymond Goldsmith ausgewerteten Volkszählungen und die insbesondere von Robert Fogel zusammengetragenen Daten zu Sklavenhandel und Sklavenmärkten handelt. Durch den Vergleich dieser verschiedenen Quellen, die eine große Übereinstim-

1 Im Norden findet man kaum einige zehntausend Sklaven. Siehe Technischer Anhang.

mung aufweisen, sind wir zu den durchschnittlichen Schätzungen gelangt, die in den Grafiken 4.10 und 4.11 dargestellt sind.

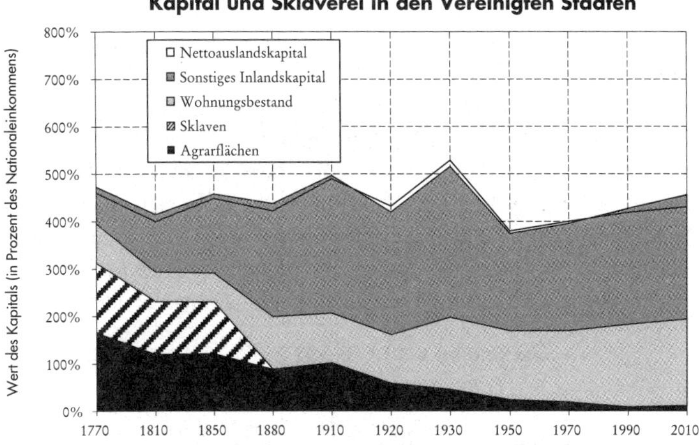

Grafik 4.10.: 1770 entspricht der Marktwert der Sklaven in den USA dem Nationaleinkommen von 1,5 Jahren (das gilt auch für die Agrarflächen).
Quellen und Reihen: siehe piketty.pse.ens.fr/capital21c.

Man stellt fest, dass der Gesamtwert der Sklaven Ende des 18. Jahrhunderts und in der ersten Hälfte des 19. Jahrhunderts eineinhalb Mal so hoch ausfiel wie das jährliche Nationaleinkommen der Vereinigten Staaten, das heißt er entsprach in etwa dem Wert der landwirtschaftlichen Nutzflächen. Rechnet man die Sklaven zu den anderen Vermögenselementen hinzu, zeigt sich, dass die gesamten amerikanischen Vermögen von der Kolonialzeit bis heute relativ stabil, nämlich vier bis fünf Mal so hoch sind wie das jährliche Nationaleinkommen (siehe Grafik 4.10). Eine solche Addition ist natürlich anfechtbar: Sie ist charakteristisch für eine Gesellschaft, die manche Menschen als Besitzgegenstände behandelt und nicht als Subjekte, die Rechte und insbesondere das Recht auf Eigentum haben.[1] Aber so lässt sich die große Bedeutung des Sklavenkapitals für die Eigentümer der Sklaven ermessen.

1 Wenn jedes Individuum als Subjekt behandelt wird, dann trägt die Sklaverei (die als eine extreme Form der Verschuldung eines Individuums gegenüber einem anderen betrachtet werden kann) nicht zur Vermehrung des Nationaleinkommens bei. Das gilt auch für die gesamten privaten oder staatlichen Schulden (die Schulden sind für manche Menschen Passiva und für andere Aktiva, heben sich also insgesamt auf).

Sie wird noch deutlicher, wenn man die Südstaaten und die Nordstaaten getrennt betrachtet und die Struktur des Kapitals (Sklaven eingeschlossen) in den beiden Teilen der Vereinigten Staaten um 1770 bis 1810 mit der in Großbritannien und in Frankreich zur selben Zeit vergleicht (siehe Grafik 4.11). Im Süden der Vereinigten Staaten ist der Gesamtwert der Sklaven zweieinhalb bis drei Mal so groß wie das jährliche Nationaleinkommen, so dass der Wert der landwirtschaftlichen Nutzflächen und der Wert der Sklaven zusammengenommen dem Nationaleinkommen von vier Jahren entsprechen. Die Grundbesitzer im Süden der Neuen Welt verfügen über mehr Reichtum als die Grundbesitzer im Alten Europa. Ihre Ländereien sind nicht viel wert, aber da sie die gute Idee hatten, auch die Arbeitskräfte, die diese Ländereien bewirtschaften, ihr eigen zu nennen, fällt ihr Gesamtvermögen noch höher aus.

Das Kapital um 1770–1810: Alte und Neue Welt

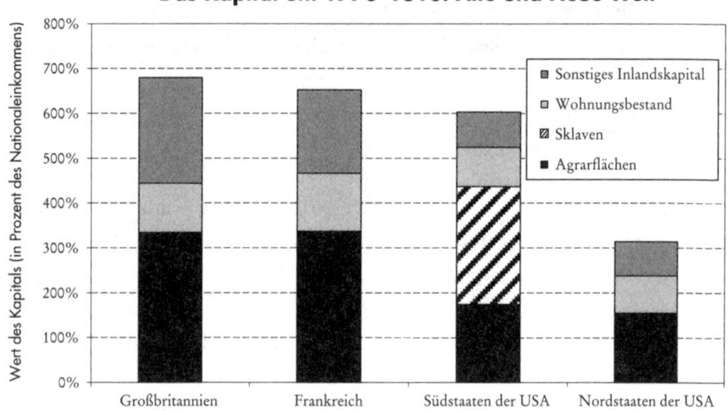

Grafik 4.11.: Um 1770 bis 1810 entspricht der Wert der Agrarflächen und der Sklaven in den Südstaaten der USA dem Nationaleinkommen von 4 Jahren.
Quellen und Reihen: siehe piketty.pse.ens.fr/capital21c.

Addiert man den Marktwert der Sklaven zu den anderen Vermögensarten hinzu, erhält man für die Südstaaten eine Summe, die sechs Mal so hoch ist wie das jährliche Nationaleinkommen, also fast ebenso hoch wie der Gesamtwert des Kapitals in Großbritannien und Frankreich. In den Staaten des Nordens dagegen, wo es kaum Sklaven gibt, ist das Gesamtvermögen sehr gering: Es entspricht dem Nationaleinkommen von knapp drei Jahren – das ist halb so viel wie im Süden und in Europa.

Man sieht, dass die Vereinigten Staaten vor dem amerikanischen Bürgerkrieg weit davon entfernt sind, die kapitallose Welt zu sein, von der wir weiter oben gesprochen haben. In der Neuen Welt existieren zwei völlig entgegengesetzte Realitäten: Der Norden ist eine relativ egalitäre Welt, in der das Kapital nicht viel wert ist, da es so viel Land gibt, dass jeder mit wenig Geld zum Grundbesitzer werden kann, und da die Einwanderer noch nicht die Zeit hatten, viel Kapital zu akkumulieren. Der Süden hingegen ist eine Welt, in der eine extreme Ungleichheit des Eigentums herrscht, die mit brutaler Gewalt aufrechterhalten wird, denn eine Hälfte der Bevölkerung besitzt die andere Hälfte und das Sklavenkapital hat das Bodenkapital weitgehend ersetzt und überflügelt.

Diese komplexe und widersprüchliche Ungleichheitssituation in den Vereinigten Staaten hat sich weitgehend bis heute gehalten: Einerseits gibt es ein egalitäres Versprechen und die Hoffnung, die das Land der unbegrenzten Möglichkeiten bei Millionen von Migranten aus bescheidenen Verhältnissen weckt, und andererseits eine sehr krasse Form der Ungleichheit, die sich vor allem an der Hautfarbe festmacht und bis heute anhält (die Schwarzen im Süden der Vereinigten Staaten hatten bis zu den 1960er Jahren keine Bürgerrechte und lebten in einem rechtlich institutionalisierten System der Rassentrennung, das durchaus Ähnlichkeiten mit dem Apartheidsystem aufwies, das in Südafrika bis zu den frühen 1990er Jahren existierte). Das erklärt viele Aspekte der Entwicklung – oder, besser gesagt, der Nicht-Entwicklung – des Sozialstaats in Amerika.

Sklavenkapital und Humankapital

Wir haben nicht versucht, den Wert des Sklavenkapitals in anderen Sklavengesellschaften zu untersuchen. In Großbritannien, wo die Sklaverei in den Jahren 1833 bis 1838 abgeschafft wird oder in Frankreich, wo sich die Abschaffung in zwei Etappen vollzieht (erste Abschaffung 1792, Wiedereinführung der Sklaverei durch Napoleon 1803, endgültige Abschaffung 1848), nimmt ein Teil des im Ausland angelegten Kapitals im 18. Jahrhundert und zu Beginn des 19. Jahrhunderts die Form von Plantagen auf den Antillen (wie bei Sir Thomas in *Mansfield Park*) oder auf den Sklaveninseln im Indischen Ozean an (die Île Bourbon und die Île de France, die nach der Französischen Revolution in Réunion und Mauritius umbenannt werden). Die Vermögenswerte umfassen implizit also auch Sklaven, die wir nicht gesondert erfasst haben. Die gesamten Auslandsaktiva gehen in beiden Ländern zu Beginn des 19. Jahrhunderts jedoch nicht über 10 % des Nationaleinkommens hinaus; der Anteil der Sklaven am Gesamtvermögen fällt offenkundig weitaus geringer aus als in den Vereinigten Staaten.[1]

In Gesellschaften, in denen die Sklaven einen Großteil der Bevölkerung ausmachen, kann der Marktwert des Sklavenkapitals natürlich sehr hoch sein, potenziell noch höher als in den Vereinigten Staaten und höher als alle anderen Vermögensarten. Nehmen wir einmal den extremen Fall an, dass nahezu die gesamte Bevölkerung einer ganz kleinen Minderheit gehört. Nehmen wir weiter an, dass das Arbeitseinkommen (das heißt das, was die Arbeit den Sklavenbesitzern einbringt) 60 % des Nationaleinkommens ausmacht, dass das Kapitaleinkommen (das heißt die Mieten, Gewinne usw., die die Ländereien und andere Kapitalanlagen für ihre Besitzer abwerfen) 40 % des Nationaleinkommens darstellt und dass die Rendite aller nicht-menschlichen Kapitalarten bei 5 % jährlich liegt.

Der Wert des nationalen Kapitals (ohne Sklaven) ist dann acht Mal so hoch wie das Nationaleinkommen – das ist das erste fundamentale Gesetz des Kapitalismus ($\beta = \alpha/r$), das in Kapitel 1 eingeführt wurde.

In einer Sklavengesellschaft kann man dieses Gesetz auch auf das Sklavenkapital anwenden: Wenn die Sklaven 60 % des Nationaleinkommens erwirtschaften und wenn die jährliche Rendite aus allen Kapitalarten 5 % beträgt, dann entspricht der Marktwert sämtlicher Sklaven dem Nationaleinkommen von 12 Jahren – das ist das Eineinhalbfache des nationalen Kapitals, und zwar deswegen, weil die Sklaven das Eineinhalbfache des nationalen Kapitals erwirtschaften. Fügt

1 Die Zahl der 1848 freigelassenen Sklaven in den französischen Kolonien wird auf 250 000 geschätzt (das sind weniger als 10 % der Zahl der Sklaven in den Vereinigten Staaten). Wie in den Vereinigten Staaten hat die rechtliche Ungleichheit jedoch auch nach der formellen Befreiung weiter bestanden: Auf Réunion wird beispielsweise von den ehemaligen Sklaven nach 1848 verlangt, einen Arbeitsvertrag als Hausangestellte oder Plantagenarbeiter vorzulegen, andernfalls können sie als Bedürftige verhaftet und ins Gefängnis gesperrt werden; es gibt zwar tatsächlich einen Unterschied zum vorherigen Rechtssystem, in dem geflohene Sklaven gejagt und ihrem Herrn zurückgegeben wurden, aber er stellt keinen völligen Bruch, sondern eher eine Fortsetzung dar.

man dem Wert der Sklaven den des Kapitals hinzu, kommt man auf das Nationaleinkommen von 20 Jahren, da der jährliche Einkommens- und Produktionsstrom eine Rendite von 5 % abwirft.

In den Vereinigten Staaten ist der Wert des Sklavenkapitals zwischen 1770 und 1810 eineinhalb Mal so hoch wie das jährliche Nationaleinkommen (und nicht 12 Mal so hoch), was daran liegt, dass der Anteil der Sklaven an der Bevölkerung 20 % (und nicht 100 %) beträgt, dass die durchschnittliche Produktivität der Sklaven leicht unter der durchschnittlichen Arbeitsproduktivität liegt und dass die Rendite des Sklavenkapitals näher bei 7–8 als bei 5 % liegt, was eine geringere Kapitalisierung bedeutet. Vor dem amerikanischen Bürgerkrieg entspricht der Marktpreis eines Sklaven in der Regel 10–12 Jahreslöhnen eines gleichwertigen freien Arbeiters (und nicht 20 Jahreslöhnen, wie es gleiche Produktivität und eine Rendite von 5 Prozent erfordern würden). Um 1860 beträgt der Durchschnittspreis eines männlichen Sklaven in seinen besten Jahren 2000 Dollar, während der Jahreslohn eines freien Landarbeiters bei 200 Dollar liegt.[1] Allerdings können die Preise je nach den Eigenschaften des Sklaven und deren Bewertung durch den Besitzer stark variieren: In seinem Film *Django Unchained* zeigt Quentin Tarantino einen reichen Pflanzer, der bereit ist, sich von der schönen Broomhilda für nur 700 Dollar zu trennen, der aber 12 000 Dollar für den Verkauf seiner besten Kampfsklaven verlangt.

Man sieht, dass diese Art der Berechnung nur in einer Sklavengesellschaft einen Sinn ergibt, in der das Humankapital auf einer dauerhaften und unwiderruflichen Grundlage auf einem Markt verkauft werden kann. Manche Ökonomen berechnen in den jüngsten Berichten der Weltbank, die sich mit dem «Wohlstand der Nationen» befassen, den Gesamtwert des «Humankapitals», indem sie den Wert der Arbeitseinkommen anhand einer mehr oder weniger willkürlichen Jahresrendite (4 oder 5 %) errechnen. Diese Berichte kommen auf wundersame Weise zu dem Schluss, dass das Humankapital in der Märchenwelt des 21. Jahrhunderts die wichtigste Form des Kapitals darstellt. Diese Schlussfolgerung liegt auf der Hand und hätte auch für die Welt des 18. Jahrhunderts gezogen werden können: Wenn mehr als die Hälfte des Nationaleinkommens auf die Arbeit entfällt und

1 Siehe Technischer Anhang.

wenn man für die Arbeitseinkommen die gleiche (oder eine ähnliche) Rendite wie für die Kapitaleinkommen veranschlagt, dann liegt der Wert des Humankapitals schon per definitionen über dem aller anderen Kapitalarten. Kein Grund zum Staunen und kein Grund, eine fiktive Kapitalisierung anzunehmen, um diese Aussage zu treffen – es reicht, die Ströme zu vergleichen.[1] Dem Humankapital einen Geldwert zuzuweisen, ist nur in Gesellschaften sinnvoll, in denen es möglich ist, andere Menschen vollständig zu besitzen – in Gesellschaften also, die es definitiv nicht mehr gibt.

1 Wenn das Nationaleinkommen beispielsweise zu 70 % aus Arbeitseinkommen und zu 30 % aus Kapitaleinkommen besteht und wenn man annimmt, dass die Gesamtheit dieser Einkommen eine fünfprozentige Rendite abwirft, dann wäre der Gesamtwert des Humankapitals 14 Mal höher als das Nationaleinkommen, der Wert des nicht-humanen Kapitals 6 Mal höher, und das Ganze 20 Mal höher. Teilt sich das Nationaleinkommen in 60 % zu 40 %, was der Realität des 18. Jahrhunderts mehr entspricht (zumindest auf dem alten Kontinent), kommt man auf das Zwölffache und Achtfache, was immer noch insgesamt das Zwanzigfache ergibt.

5.

DAS LANGFRISTIGE KAPITAL-EINKOMMENS-VERHÄLTNIS

Wir haben nun die Metamorphosen des Kapitals in Europa und in Amerika seit dem 18. Jahrhundert untersucht. Auf lange Sicht hat sich die Form der Vermögen völlig gewandelt: Das Bodenkapital wurde nach und nach durch das Immobilien-, Industrie- und Finanzkapital ersetzt. Am auffallendsten ist jedoch, dass der Gesamtwert des Kapitals, gemessen in Relation zum jährlichen Nationaleinkommen – dieses Verhältnis misst die Bedeutung des Kapitals in Wirtschaft und Gesellschaft – über einen sehr langen Zeitraum betrachtet recht stabil geblieben ist. In Großbritannien wie in Frankreich, Länder, für die uns die vollständigsten historischen Daten vorliegen, ist das nationale Kapital zu Beginn der 2010er Jahre etwa fünf bis sechs Mal so hoch wie das jährliche Nationaleinkommen, und dieses Niveau ist kaum niedriger als dasjenige, das im 18. und 19. Jahrhundert und bis zum Ersten Weltkrieg zu beobachten war (sechs bis sieben Mal so hoch wie das jährliche Nationaleinkommen). Berücksichtigt man zudem den starken und stetigen Anstieg des Kapital-Einkommens-Verhältnisses in den 1950er Jahren, fragt man sich natürlich, ob sich dieser Anstieg in den kommenden Jahrzehnten fortsetzen wird und ob das Kapital-Einkommens-Verhältnis im Laufe des 21. Jahrhunderts wieder auf das Niveau der vergangenen Jahrhunderte zurückkehren oder es sogar übersteigen wird.

Der zweite bemerkenswerte Umstand ergibt sich aus dem Vergleich zwischen Europa und Amerika. Es ist nicht verwunderlich, dass die Schocks in der Zeit von 1914 bis 1945 den alten Kontinent stärker und dauerhafter getroffen haben, weshalb auch das Kapital-Einkommens-Verhältnis von den 1920er bis zu den 1980er Jahren in Europa niedriger ausfiel. Sieht man jedoch von dieser langen Periode der Kriege und der Nachkriegszeit ab, stellt man fest, dass das Kapital-Einkommens-Verhältnis in Europa tendenziell immer höher war. Das gilt sowohl für das 19. und den Anfang des 20. Jahrhunderts (mit einem Kapital-Einkommens-Verhältnis zwischen 6 und 7 in Europa gegenüber 4 und 5 in den Vereinigten Staaten) als auch für das Ende des 20. und den Anfang des 21. Jahrhunderts: Die Privatvermögen in Europa haben zu Beginn der 1990er Jahre die der Amerikaner erneut überflügelt; sie entsprechen in den 2010er Jahren in etwa dem jährlichen Nationaleinkommen von sechs Jahren gegenüber etwas mehr als vier Jahren in den Vereinigten Staaten (siehe die Grafiken 5.1 und 5.2).[1]

Privatkapital und Staatskapital: Europa und Amerika, 1870–2010

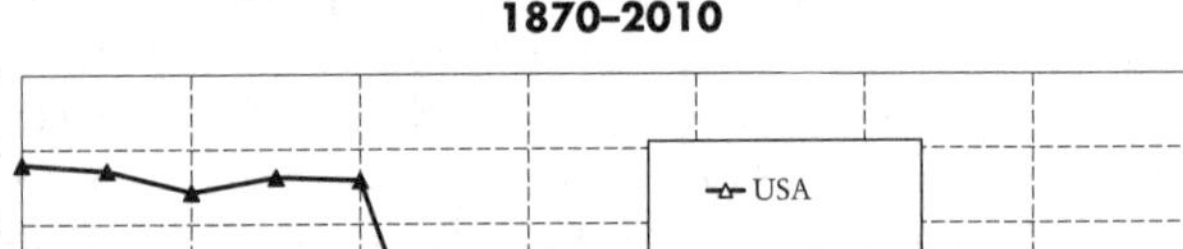

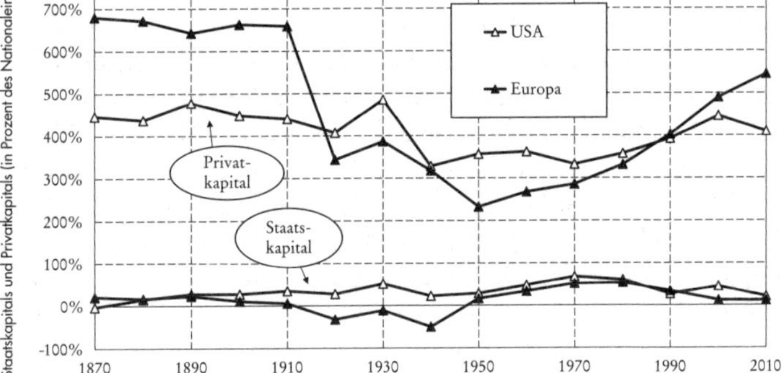

Grafik 5.1.: Die Entwicklung des nationalen Kapitals ist in Europa wie in Amerika vor allem durch die Entwicklung des Privatkapitals bedingt.
Quellen und Reihen: siehe piketty.pse.ens.fr/capital21c.

1 Das in den Grafiken 5.1 und 5.2 angegebene Kapital-Einkommens-Verhältnis wurde geschätzt, indem der Durchschnitt der für die vier wichtigsten Volkswirtschaften des Kontinents (Deutschland, Frankreich, Großbritannien und Italien) verfügbaren Reihen errechnet wurde, gewichtet nach dem Nationaleinkommen eines jeden Landes. Insgesamt stellen diese vier Länder mehr als drei Viertel des westeuropäischen Bruttoinlandsproduktes und fast zwei Drittel des europäischen Inlandsprodukts. Würde man andere Länder hinzunehmen (insbesondere Spanien), wäre das Kapital-Einkommens-Verhältnis in den letzten Jahrzehnten noch stärker gestiegen. Siehe Technischer Anhang.

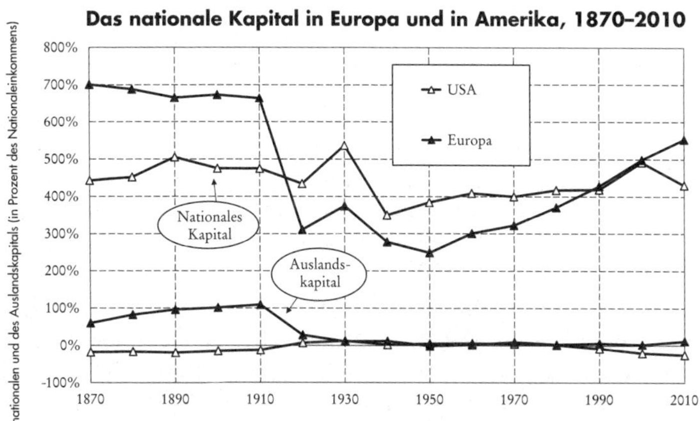

Grafik 5.2.: 1910 entspricht das nationale Kapital (staatliches und privates) in Europa dem Nationaleinkommen von 6,5 Jahren, in Amerika dem von 4,5 Jahren.
Quellen und Reihen: siehe piketty.pse.ens.fr/capital21c.

Jetzt gilt es diese Sachverhalte zu erklären: Warum kehrt das Kapital-Einkommens-Verhältnis in Europa anscheinend zu seinem historischen Höchststand zurück und warum sollte dieser strukturell höher sein als in Amerika? Welche Zauberkräfte bewirken, dass der Wert des Kapitals in einer bestimmten Gesellschaft sechs oder sieben Mal so hoch ist wie das jährliche Nationaleinkommen und nicht drei oder vier Mal? Gibt es für das Kapital-Einkommens-Verhältnis einen Gleichgewichtszustand, wodurch wird dieser bestimmt, welche Konsequenzen ergeben sich daraus für die Kapitalrendite und in welchem Verhältnis steht er zur Verteilung des Nationaleinkommens auf Arbeitseinkommen und Kapitaleinkommen? Um diese Fragen zu beantworten, werden wir zunächst das dynamische Gesetz darlegen, mit dessen Hilfe das Kapital-Einkommens-Verhältnis einer Volkswirtschaft mit seiner Sparquote und seiner Wachstumsrate verknüpft werden kann.

Das zweite fundamentale Gesetz des Kapitalismus: $\beta = s/g$

Langfristig gesehen gibt es einen einfachen und transparenten Zusammenhang zwischen dem Kapital-Einkommens-Verhältnis β, der Sparquote s und der Wachstumsrate g des Nationaleinkommens, der sich auf die folgende Formel bringen lässt:

$\beta = s/g$

Wenn beispielsweise s = 12 % und g = 2 % ist, dann ist $\beta = s/g$ = 600 %.[1]

Mit anderen Worten: Wenn ein Land jedes Jahr 12 % seines Nationaleinkommens spart und wenn sein Nationaleinkommen jährlich um 2 % wächst, dann liegt das Kapital-Einkommens-Verhältnis langfristig bei 600 %: Das betreffende Land wird ein Kapital akkumulieren, das sechs Mal höher ist als das jährliche Nationaleinkommen.

Diese Formel, die als das zweite fundamentale Gesetz des Kapitalismus betrachtet werden kann, bringt einen offenkundigen, aber wichtigen Sachverhalt zum Ausdruck: Ein Land, das viel spart und langsam wächst, akkumuliert langfristig einen gewaltigen Kapitalstock – was wiederum erhebliche Auswirkungen auf die Sozialstruktur und die Vermögensverteilung in dem betreffenden Land haben kann.

Mit anderen Worten: In einer nahezu stagnierenden Gesellschaft gewinnen die in der Vergangenheit angesammelten Vermögen eine unverhältnismäßig große Bedeutung.

Die Rückkehr des Kapital-Einkommens-Verhältnisses zu einem strukturell höheren Niveau im 21. Jahrhundert, das dem im 18. und 19. Jahrhundert ähnlich ist, ist folglich auf ein schwaches Wachstum zurückzuführen. Es ist der Rückgang des Wachstums – insbesondere des Bevölkerungswachstums –, der zur Rückkehr des Kapitals führt.

Entscheidend ist: Kleine Veränderungen der Wachstumsrate können gravierende Folgen für das Kapital-Einkommens-Verhältnis haben.

Wenn beispielsweise bei einer Sparquote von 12 % die Wachstumsrate auf 1,5 % (anstatt 2 %) jährlich sinkt, steigt das langfristige Kapital-Einkommens-Verhältnis $\beta = s/g$ auf einen Stand, der dem Nationaleinkommen von acht Jahren (anstatt von sechs Jahren) entspricht. Sinkt die Wachstumsrate auf 1 % jährlich, steigt das Verhältnis $\beta = s/g$ auf zwölf Jahre, was bedeutet, dass eine Gesellschaft dann zwei Mal kapitalintensiver ist als bei einer Wachstumsrate von 2 %. Einerseits ist das eine gute Nachricht: Das Kapital ist für jedermann nützlich,

---

1 Die Formel $\beta = s/g$ liest sich «β ist gleich s geteilt durch g». Im Übrigen gilt: «β = 600 %» ist gleichbedeutend mit «β = 6», ebenso ist «s = 12 %» gleichbedeutend mit «s = 0,12» und «g = 2 %» ist gleichbedeutend mit «g = 0,02». Die Sparquote s stellt die tatsächliche neue Ersparnis dar – also bereinigt um die Kapitalentwertung –, geteilt durch das Nationaleinkommen. Wir werden später auf diesen Punkt zurückkommen.

und jeder könnte davon profitieren, wenn alles gut organisiert ist. Aber andererseits bedeutet es, dass die Kapitalbesitzer – bei einer gegebenen Verteilung – einen größeren Teil des Vermögens kontrollieren, ausgedrückt beispielsweise in Relation zum durchschnittlichen Arbeitseinkommen eines Jahres. Die ökonomischen, sozialen und politischen Auswirkungen einer solchen Transformation sind auf jeden Fall beträchtlich.

Umgekehrt gilt: Wenn die Wachstumsrate auf 3 % steigt, schrumpft $\beta = s/g$ auf das Nationaleinkommen von lediglich vier Jahren. Wenn im gleichen Zeitraum die Sparquote leicht auf $s = 9\,\%$ sinkt, geht das Kapital-Einkommens-Verhältnis langfristig auf 3 Jahre zurück.

Diese Auswirkungen sind umso bedeutsamer, da die Wachstumsrate, die in dem Gesetz $\beta = s/g$ erfasst wird, die gesamte Wachstumsrate des Nationaleinkommens ist, das heißt die Summe des Wachstums des Nationaleinkommens pro Einwohner und des Bevölkerungswachstums.[1] Bei der gleichen Sparquote von 10–12 % und bei der gleichen Wachstumsrate des Nationaleinkommens pro Einwohner von 1,5–2 % jährlich sieht man sofort, dass die Länder mit einer nahezu stagnierenden Bevölkerung – und mit einer gesamten Wachstumsrate von kaum über 1,5–2 %, wie in Europa – einen Kapitalstock akkumulieren können, der dem Nationaleinkommen von sechs und acht Jahren entspricht. Länder, deren Bevölkerung um 1 % jährlich wächst – und die daher ein Gesamtwachstum von 2,5–3 % jährlich aufweisen, wie Amerika – kommen dagegen nur auf einen Kapitalstock, der drei oder vier Mal höher ist als das Nationaleinkommen. Wenn letztere darüber hinaus auch noch eine etwas geringere Sparneigung haben als die ersteren, was durch die weniger schnelle Alterung ihrer Bevölkerung bedingt sein kann, wird dieser Mechanismus noch verstärkt. Anders gesagt: Länder, deren Einkommenswachstum pro Einwohner sich ähnlich entwickelt, können ein sehr unterschiedliches Kapital-Einkommens-Verhältnis haben, wenn ihre Bevölkerung in unterschiedlichem Maße wächst.

Wir werden sehen, dass die historische Entwicklung des Kapital-Einkommens-Verhältnisses mithilfe dieses Gesetzes gut verstanden

1 Man bezeichnet g manchmal als die Wachstumsrate des Nationaleinkommens pro Einwohner und n als die Wachstumsrate der Bevölkerung, in dem Fall lautet die Formel $\beta = s/(g+n)$. Der Einfachheit halber bezeichnen wir g als die gesamte Wachstumsrate der Wirtschaft und bleiben bei der Formel $\beta = s/g$.

werden kann. Es erklärt vor allem, warum das Kapital-Einkommens-Verhältnis nach den Schocks in der Zeit von 1914 bis 1945 und nach dem außerordentlich raschen Wachstum in der zweiten Hälfte des 20. Jahrhunderts heute wieder ein sehr hohes Niveau zu erreichen scheint. Es macht auch verständlich, warum Europa strukturell die Tendenz hat, mehr Kapital zu akkumulieren als Amerika (zumindest solange das Bevölkerungswachstum jenseits des Atlantiks höher bleibt, was allerdings nicht bis in alle Ewigkeit andauern wird). Zunächst sind jedoch mehrere konzeptionelle und theoretische Punkte zu präzisieren.

Ein langfristig geltendes Gesetz

Zunächst ist hervorzuheben, dass das zweite fundamentale Gesetz des Kapitalismus $\beta = s/g$ nur dann gilt, wenn mehrere Voraussetzungen erfüllt sind. Erstens handelt es sich um ein asymptotisches Gesetz, das heißt um ein Gesetz, das nur langfristig gilt: Wenn ein Land einen Teil s seines Einkommens auf Dauer spart und sein Nationaleinkommen permanent mit der Rate g wächst, dann tendiert das Kapital-Einkommens-Verhältnis immer mehr zu $\beta = s/g$ und stabilisiert sich dann auf diesem Niveau. Das geschieht jedoch nicht an einem Tag: Wenn ein Land einen Teil s seines Einkommens nur mehrere Jahre lang spart, genügt das nicht, um ein Kapital-Einkommens-Verhältnis zu erreichen, das der Formel $\beta = s/g$ entspricht.

Beginnt man beispielsweise ohne jedes Kapital und spart ein Jahr lang 12 % des Nationaleinkommens, wird es nicht möglich sein, ein Kapital zu akkumulieren, das sechs Mal so hoch ist wie das jährliche Nationaleinkommen. Bei einer Sparquote von 12 % jährlich und ohne Anfangskapital braucht man 50 Jahre, um eine Summe anzusparen, die das Sechsfache des jährlichen Nationaleinkommens beträgt – und dennoch wird das Kapital-Einkommens-Verhältnis nicht bei 6 liegen, da das Nationaleinkommen nach fünfzig Jahren stark gestiegen sein wird, es sei denn, man nimmt ein Nullwachstum an.

Als Erstes sollte einem gegenwärtig sein, dass die Akkumulation von Vermögen Zeit braucht: Es dauert mehrere Jahrzehnte, bis das Gesetz $\beta = s/g$ gilt. So versteht man besser, warum es so lange gedauert hat, bis in Europa die Verheerungen in der Zeit von 1914 bis 1945 überwunden waren, und warum es wichtig ist, eine sehr langfristige historische Perspektive einzunehmen, um diese Fragen zu untersuchen. Auf individueller Ebene werden Vermögen mitunter sehr schnell aufgebaut, aber betrachtet man die Länder in ihrer Gesamtheit, handelt es sich bei der Entwicklung des Kapital-Einkommens-Verhältnisses $\beta = s/g$ um eine langfristige Entwicklung.

Es besteht ein wesentlicher Unterschied zum Gesetz $\alpha = r \times \beta$, das wir im ersten Kapitel als das erste fundamentale Gesetz des Kapitalismus bezeichnet haben. Diesem Gesetz zufolge ist der Anteil der Kapitaleinkommen am Nationalvermögen a gleich der durchschnittlichen Kapitalrendite r, multipliziert mit dem Kapital-Einkommens-Verhältnis β. Wichtig ist, dass das Gesetz $\alpha = r \times \beta$ in Wirklichkeit eine reine Rechengröße darstellt, die zu jeder Zeit und an jedem Ort gültig ist. Man kann es auch so sehen, dass es eher den Anteil des Kapitals am Nationaleinkommen bestimmt (bzw. die durchschnittliche Kapitalrendite, je nachdem, was leichter zu messen ist), als dass sie ein Gesetz darstellt. Das Gesetz $\beta = s/g$ ist dagegen das Ergebnis eines dynamischen Prozesses: Es stellt einen Gleichgewichtszustand dar, zu dem eine Volkswirtschaft strebt, die mit der Quote s spart und mit der Rate g wächst, aber dieser Gleichgewichtszustand wird in der Praxis niemals vollständig erreicht.

Zweitens gilt das Gesetz $\beta = s/g$ nur, wenn man sich auf die vom Menschen akkumulierbaren Kapitalformen konzentriert. Wenn die reinen natürlichen Ressourcen, das heißt der Teil der natürlichen Ressourcen, dessen Wert unabhängig von jedweder Verbesserung durch den Menschen und von jeder in der Vergangenheit getätigten Investition ist, einen bedeutenden Teil des nationalen Kapitals ausmachen, dann kann das Kapital-Einkommens-Verhältnis β auch ohne die geringste Ersparnis hoch sein. Wir werden später sehen, welche Bedeutung das nicht-akkumulierbare Kapital in der Praxis annehmen kann.

Und schließlich ist das Gesetz $\beta = s/g$ nur dann gültig, wenn sich die Vermögenspreise im Schnitt genauso entwickeln wie die Verbraucherpreise. Steigen die Preise der Immobilien oder Aktien stärker als die anderen Preise, kann das Verhältnis β zwischen dem Marktwert des nationalen Kapitals und dem jährlichen Nationaleinkommen auch ohne die geringste Ersparnis hoch sein. Kurzfristig sind diese Schwankungen der relativen Vermögenspreise (das heißt der Vermögenspreise im Verhältnis zu den Verbraucherpreisen) – einerlei, ob sie die Form von Gewinnen oder Verlusten annehmen – häufig viel wichtiger als die Mengeneffekte, die sich aus der Akkumulation neuer Ersparnis ergeben. Sollten sich die Preisschwankungen langfristig aufheben, wäre das Gesetz $\beta = s/g$ auf lange Sicht gültig, und zwar unabhängig davon, aus welchen Gründen das betreffende Land beschließt, einen Teil s seines Nationaleinkommens zu sparen.

Dieser Punkt ist wichtig: Das Gesetz $\beta = s/g$ ist völlig unabhängig von den Gründen, aus denen die Bewohner eines Landes – und mitunter ihre Regierung – Vermögen akkumulieren. In der Praxis akkumuliert man Kapital aus allen möglichen Gründen – zum Beispiel, um seinen künftigen Konsum zu vergrößern (oder um zu vermeiden, dass er sich, insbesondere im Ruhestand, verringert), um ein Vermögen für die nächste Generation zu erhalten oder aufzubauen oder um die Macht, die Sicherheit oder das Ansehen zu erlangen, die ein Vermögen häufig bietet. All diese Motivationen bestehen gleichzeitig, wobei ihr Anteil je nach den Menschen, dem Land und der Zeit variieren. Sehr häufig sind sie sogar in jedem Menschen vorhanden, und die betreffenden Personen können sie selbst nicht klar unterscheiden. Wir werden im dritten Teil auf die Bedeutung dieser verschiedenen Motivationen und Akkumulationsmechanismen zurückkommen und sehen, dass sie erhebliche Auswirkungen auf die Ungleichheit der Vermögensverteilung, die Bedeutung von Erbschaften für die Struktur dieser Ungleichheit und generell auf die soziale, moralische und politische Rechtfertigung der Vermögensunterschiede haben. An dieser Stelle möchten wir lediglich die Dynamik des Kapital-Einkommens-Verhältnisses verstehen (eine Frage, die in gewissem Umfang vorläufig unabhängig von der Verteilung des Kapitals untersucht werden kann). Wir möchten betonen, dass das Gesetz $\beta = s/g$ gültig ist, ungeachtet der genauen Ursachen für die Höhe der Sparquote des betreffenden Landes.

Das liegt schlicht daran, dass das Verhältnis $\beta = s/g$ das einzige Kapital-Einkommens-Verhältnis ist, das in einem Land, das jedes Jahr einen Teil s seines Einkommens spart und dessen Nationaleinkommen mit der Rate g wächst, stabil ist.

Der Gedankengang ist einfach. Dazu ein Beispiel: Wenn ein Land jedes Jahr 12 % seines Einkommens spart und wenn das Anfangskapital sechs Mal so hoch ist wie das jährliche Nationaleinkommen, dann wächst der Kapitalstock jährlich um 2 %,[1] das heißt mit genau derselben Rate wie das Nationaleinkommen, wodurch ein stabiles Kapital-Einkommens-Verhältnis entsteht.

Wenn der Kapitalstock dagegen einen Wert hat, der niedriger ausfällt als das jährliche Nationaleinkommen von 6 Jahren, dann führt die Ersparnis von 12 % des Einkommens dazu, dass der Kapitalstock um mehr als 2 % pro Jahr, also schneller als das Einkommen wächst, so dass das Kapital-Einkommens-Verhältnis steigt, bis es seinen Gleichgewichtszustand erreicht.

Umgekehrt gilt: Liegt der Wert des Kapitalstocks über dem jährlichen Nationaleinkommen von 6 Jahren, bedeutet eine Sparquote von 12 %, dass das Kapital um weniger als 2 % wächst, so dass das Kapital-Einkommens-Verhältnis nicht auf diesem Niveau gehalten werden kann und sinkt, bis es seinen Gleichgewichtszustand erreicht hat.

In all diesen Fällen strebt das Kapital-Einkommens-Verhältnis dem Gleichgewichtszustand $\beta = s/g$ zu (möglicherweise gesteigert durch die reinen natürlichen Ressourcen), dies jedoch unter der Bedingung, dass sich die Vermögenspreise langfristig und im Schnitt genauso entwickeln wie die Verbraucherpreise.[2]

Fassen wir zusammen: Das Gesetz $\beta = s/g$ erklärt nicht die kurzfristigen Einbrüche des Kapital-Einkommens-Verhältnisses – ebenso wenig wie es die Weltkriege oder die Wirtschaftskrise von 1929 erklärt, die als extreme Schocks betrachtet werden können –, aber es macht verständlich, zu welchem potenziellen Gleichgewichtszustand das Kapital-Einkommens-Verhältnis jenseits der Erschütterungen und Krisen langfristig tendiert.

---

1 12 % des Einkommens entspricht 12/6 = 2 % des Kapitals. Allgemeiner gesagt: Eine Sparquote s und ein Kapital-Einkommen-Verhältnis β bedeuten, dass der Kapitalstock mit einer Rate s/β wächst.

2 Die mathematische Gleichung, die die Dynamik des Kapital-Einkommens-Verhältnisses β und die Tendenz zu der Formel $\beta = s/g$ beschreibt, findet sich im Technischen Anhang.

Die Rückkehr des Kapitals in den reichen Ländern seit den 1970er Jahren

Um den Unterschied zwischen der kurzfristigen und langfristigen Entwicklung des Kapital-Einkommens-Verhältnisses zu illustrieren, ist es sinnvoll, die in den wichtigsten reichen Ländern zwischen 1970 und 2010 beobachtete jährliche Entwicklung zu untersuchen; für diesen Zeitraum sind für viele Länder einheitliche und verlässliche Daten vorhanden. Beginnen wir mit dem Verhältnis zwischen Privatkapital und Nationaleinkommen, dessen Entwicklung wir in Grafik 5.3 für die acht wichtigsten und reichsten Länder der Erde nach abnehmender Größe des Bruttoinlandsproduktes dargestellt haben: Vereinigte Staaten, Japan, Deutschland, Frankreich, Großbritannien, Italien, Kanada und Australien.

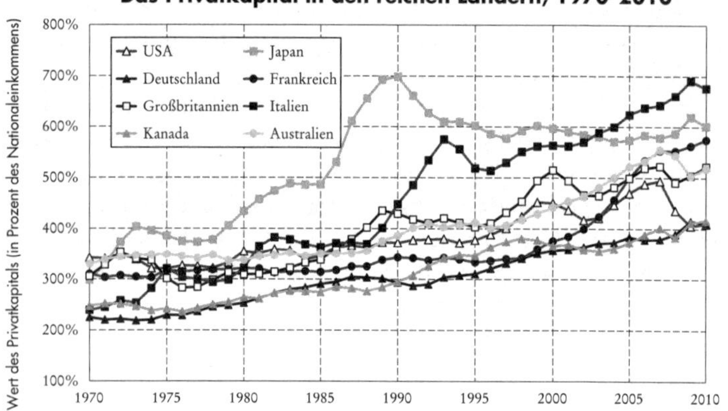

Grafik 5.3.: 1970 entspricht das Privatkapital in den reichen Ländern dem Nationaleinkommen von 2 bis 3,5 Jahren und 2010 dem von 4–7 Jahren.
Quellen und Reihen: siehe piketty.pse.ens.fr/capital21c.

Im Vergleich zu den Grafiken 5.1 und 5.2 und zu denen in den vorausgehenden Kapiteln, die Zehnerreihen darstellen, welche die Aufmerksamkeit auf die langfristigen Tendenzen lenken, stellt man bei der Grafik 5.3 zunächst fest, dass das Kapital-Einkommens-Verhältnis in allen Ländern ständigen kurzfristigen Schwankungen unterworfen ist. Diese erratischen Entwicklungen sind der Tatsache geschuldet, dass die Vermögenspreise, ob es sich um Immobilienvermögen (Wohnungen und gewerblich genutzte Immobilien) oder um Kapitalvermögen (insbesondere Aktien) handelt, bekanntlich volatil sind. Es ist immer sehr schwierig, das Kapital preislich zu bewerten. Das liegt einerseits daran, dass es objektiv sehr kompliziert ist, die zukünftige Nachfrage nach den Gütern und Dienstleistungen, die von einem Unternehmen oder einer Immobilie generiert wird, und die zukünftigen Gewinne, Dividenden, Gebühren, Mieten usw. vorherzusagen, die diese Aktiva abwerfen werden. Und andererseits ist dies wohl dadurch bedingt, dass der gegenwärtige Wert einer Immobilie oder eines Unternehmens nicht nur von diesen grundlegenden Elementen, sondern auch von dem Preis abhängt, zu dem man sie im Notfall hofft verkaufen zu können, das heißt von der Erwartung einer Wertsteigerung oder Wertminderung.

Nun hängen diese Erwartungen künftiger Preise wiederum davon ab, wie sehr diese Vermögensart gefragt ist, was zu dem Phänomen führen kann, das als «sich selbst erfüllende Überzeugung» bezeichnet wird: Solange man hofft, das Gut teurer zu verkaufen, als man es gekauft hat, kann es im Einzelfall rational sein, dafür mehr zu zahlen als den inneren Wert des fraglichen Guts (zumal der innere Wert selbst eine sehr unsichere Größe ist) und sich von der allgemeinen Welle der Begeisterung mitreißen zu lassen, so übersteigert sie auch sein mag. Aus diesem Grund sind die Spekulationsblasen bei den Immobilien- und Aktienpreisen so alt wie das Kapital selbst und gehören zu seiner Geschichte.

Die spektakulärste Blase in der Zeit von 1970 bis 2010 ist zweifellos die japanische Blase von 1990 (siehe Grafik 5.3). In den 1980er Jahren hebt der Wert der Privatvermögen in Japan buchstäblich ab und steigt von vier Jahren Nationaleinkommen zu Beginn des Jahrzehnts auf fast 7 Jahre am Ende des Jahrzehnts. Ganz offensichtlich war diese unverhältnismäßig starke und sehr rasche Steigerung zum Teil künstlich: Der Wert des Privatkapitals sank zu Beginn der 1990er Jahre dramatisch und stabilisierte sich ab Mitte der 1990er Jahre bei 6 Jahren Nationaleinkommen.

Wir werden hier nicht die Geschichte der zahlreichen Immobilien- und Aktienblasen nachzeichnen, die sich seit 1970 in den reichen Ländern gebildet haben und geplatzt sind; noch weniger werden wir uns daran wagen, zukünftige Blasen vorherzusagen, was wir auch gar nicht können. Man wird zum Beispiel feststellen, dass 1994/95 der italienische Immobilienmarkt eine massive Korrektur erfuhr und 2000/01 die Internet-Blase platzte, was zu einem besonders starken Rückgang des Kapital-Einkommens-Verhältnisses in den Vereinigten Staaten und in Großbritannien führte (der allerdings viel weniger stark als in Japan zehn Jahre zuvor ausfiel). Man wird auch feststellen, dass der amerikanische Immobilien- und Aktienboom der 2000er Jahre bis 2007 andauerte und dass es in der Rezession der Jahre 2008/09 zu einem starken Kursrückgang kam. Innerhalb von zwei Jahren sanken die amerikanischen Privatvermögen von fünf Jahren Nationaleinkommen auf vier Jahre Nationaleinkommen, was einem Rückgang entspricht, der die gleiche Größenordnung hat wie die Korrektur in Japan 1991/92. In den anderen Ländern, insbesondere in Europa, fiel die Korrektur weniger stark aus oder fand gar nicht statt: In Großbritannien, in Frankreich und in Italien legten die Vermögenspreise und vor allem die Immobilienpreise 2008 eine kurze Pause ein und zogen ab 2009/10 wieder an, so dass die Privatvermögen zu Beginn der 2010er Jahre den gleichen Stand haben wie 2007, ja sogar leicht darüber liegen.

Abgesehen von diesen unvorhersehbaren Schwankungen der kurzfristigen Vermögenspreise, deren Amplitude in den letzten Jahrzehnten zugenommen hat (wir werden sehen, dass das im Zusammenhang mit der Erhöhung des Kapital-Einkommens-Verhältnisses stehen kann), ist in allen reichen Ländern in der Zeit von 1970 bis 2010 eine langfristige Tendenz erkennbar (siehe Grafik 5.3). Anfang der 1970er Jahre war der Gesamtwert der Privatvermögen in allen reichen Ländern und auf allen Kontinenten – abzüglich der Verbindlichkeiten – zwei bis dreieinhalb Mal so hoch wie das Nationaleinkommen.[1] Vierzig Jahre später sind die Privatvermögen vier bis sieben Mal so hoch wie das Nationaleinkommen, und zwar in allen untersuchten Ländern.[2] An der allgemeinen

1 Von 2,2 in Deutschland bis 3,4 in den Vereinigten Staaten im Jahr 1970. Siehe Tabelle S. 5.1 im online-Anhang, in dem die vollständigen Reihen zu finden sind.

2 Von 4,1 in Deutschland und in den Vereinigten Staaten bis 6,1 in Japan und 6,8 in Italien im Jahr 2010. Die für jedes Jahr angegebenen Werte sind jährliche Durchschnitte (der für 2010 angegebene Wert ist der Durchschnitt der am 1. Januar 2010 und am 1. Januar 2011 geschätzten Vermögen). Die ersten für 2012–2013 verfügbaren Schätzungen fallen kaum anders aus. Siehe Technischer Anhang.

Entwicklung besteht kein Zweifel: Jenseits der Blasen ist das Privatkapital in den reichen Ländern seit den 1970er Jahren auf breiter Front zurückgekehrt bzw. es hat sich ein neuer auf Vermögen und Erbschaften basierender Kapitalismus herausgebildet, den man als «patrimonialen Kapitalismus» bezeichnen kann.

Drei Faktoren sind für diese strukturelle Entwicklung verantwortlich; sie verstärken und ergänzen einander dergestalt, dass ein Phänomen von großer Tragweite entsteht. Der wichtigste langfristige Faktor ist die Verlangsamung des Wachstums, vor allem des Bevölkerungswachstums, das zusammen mit einer hohen Sparquote automatisch zu einer strukturellen und tendenziellen Erhöhung des Kapital-Einkommens-Verhältnisses führt, und zwar aufgrund des Gesetzes $\beta = s/g$. Dieser Mechanismus stellt auf sehr lange Sicht den entscheidenden Faktor dar, doch darüber sollten die beiden anderen Faktoren nicht vergessen werden, die seine Wirkungen in den letzten Jahrzehnten erheblich verstärkt haben: Privatisierungen und eine schrittweise Verlagerung des Staatsvermögens auf Privatvermögen seit den 1970er Jahren einerseits und andererseits ein langfristiges Aufholen der Immobilien- und Aktienpreise, das sich in den Jahren 1980 bis 1990 in einem politischen Kontext beschleunigt hat, in dem die Privatvermögen im Vergleich zu den ersten Nachkriegsjahrzehnten stark gefördert wurden.

Jenseits der Blasen: geringes Wachstum, hohe Ersparnis

Beginnen wir mit dem ersten Mechanismus, der auf der Verlangsamung des Wachstums, einer anhaltend hohen Ersparnis und dem dynamischen Gesetz $\beta = s/g$ basiert. In Tabelle 5.1 haben wir die Durchschnittswerte der Wachstumsrate und der privaten Sparquote in den acht wichtigsten Industrieländern in der Zeit von 1970 bis 2010 angegeben. Wie bereits in Kapitel 2 ausgeführt, lagen die Wachstumsraten des Nationaleinkommens pro Einwohner (bzw. der Inlandsproduktion pro Einwohner) in den verschiedenen entwickelten Ländern in den letzten Jahrzehnten sehr nahe beieinander. Stellt man Vergleiche über einige Jahre hinweg an, können die Unterschiede gleichwohl signifikant sein: Sie schüren oftmals Eifersucht und steigern den Nationalstolz. Ermittelt man jedoch Durchschnittswerte über längere Zeiträume, stellt sich heraus, dass alle reichen Länder mit ungefähr der gleichen Rate wachsen. Zwischen 1970 und 2010 lag die durchschnittliche jährliche Wachstumsrate des Nationaleinkommens pro Einwohner in den acht wichtigsten Industrieländern der Welt zwischen 1,6 und 2 % und zumeist zwischen 1,7 und 1,9 %. Berücksichtigt man die Unzulänglichkeiten der verfügbaren statistischen Messungen (insbesondere in Bezug auf die Preisindizes) ist keineswegs sicher, dass so geringe Unterschiede statistisch signifikant sind.[1]

Tabelle 5.1.

Wachstumsrate und Sparquote in den reichen Ländern, 1970–2010

	Wachstumsrate des Nationaleinkommens	Wachstumsrate der Bevölkerung	Wachstumsrate des Nationaleinkommens pro Einwohner	Private Ersparnis (ohne Entwertung) (in Prozent des Nationaleinkommens)
USA	2,8 %	1,0 %	1,8 %	7,7 %
Japan	2,5 %	0,5 %	2,0 %	14,6 %
Deutschland	2,0 %	0,2 %	1,8 %	12,2 %
Frankreich	2,2 %	0,5 %	1,7 %	11,1 %
Großbritannien	2,2 %	0,3 %	1,9 %	7,3 %
Italien	1,9 %	0,3 %	1,6 %	15,0 %
Kanada	2,8 %	1,1 %	1,7 %	12,1 %
Australien	3,2 %	1,4 %	1,7 %	9,9 %

Die Sparquoten und die Wachstumsraten der Bevölkerung weisen in den reichen Ländern große Unterschiede auf; bei den Wachstumsraten des Nationaleinkommens pro Einwohner sind die Unterschiede wesentlich geringer.

Quellen: siehe piketty.pse.ens.fr/capital21c.

Im Vergleich zu den Differenzen bezüglich der demografischen Wachstumsraten fallen diese Unterschiede in jedem Fall sehr gering aus. Im Zeitraum von 1970 bis 2010 liegt das Bevölkerungswachstum im Europa und Japan unter 0,5 % jährlich (in dem zeitlichen Unterabschnitt 1990 bis 2010 läge es näher bei null und wäre in Japan leicht negativ), während es in den Vereinigten Staaten, Kanada und Australien zwischen 1,0 und 1,5 % liegt (siehe Tabelle 5.1). So ist die gesamte Wachstumsrate in der Zeit von 1970 bis 2010 in den Vereinigten Staaten

1 Es würde ausreichen, einen anderen Preisindex zu verwenden (es gibt mehrere konkurrierende Indizes, von denen keiner perfekt ist), damit sich die Eingruppierung der Länder umkehrt. Siehe Technischer Anhang.

und in den anderen neuen Ländern deutlich höher als in Europa und Japan: rund 3 % im ersten Fall (sogar ein wenig mehr), knapp 2 % im zweiten (allerdings gerade einmal 1,5 % in jüngster Zeit). Derartige Unterschiede mögen gering erscheinen, aber wenn sie sich über lange Zeiträume kumulieren, handelt es sich um beträchtliche Differenzen, wie wir in Kapitel 2 gesehen haben. Worauf es uns dabei ankommt, ist, dass solch unterschiedliche Wachstumsraten gewaltige Auswirkungen auf die langfristige Kapitalakkumulation haben und weitgehend erklären, warum das Kapital-Einkommens-Verhältnis in Europa und Japan strukturell höher ist als in den Vereinigten Staaten.

Untersucht man jetzt die durchschnittlichen Sparquoten in den Jahren 1970 bis 2010, stellt man auch dort große Unterschiede zwischen den Ländern fest: Die private Sparquote liegt im Allgemeinen bei etwa 10–12 % des Nationaleinkommens, in den Vereinigten Staaten und in Großbritannien bei 7–8 % und in Japan und Italien bei 14–15 % (siehe Tabelle 5.1). Nach vierzig Jahren ergeben sich beträchtliche Differenzen. Man wird auch feststellen, dass die Länder, die am meisten sparen, oftmals diejenigen sind, deren Bevölkerung am stärksten stagniert oder altert (der Beweggrund zum Sparen kann der bevorstehende Ruhestand oder der Wunsch sein, etwas zu vererben), dass dieser Zusammenhang jedoch keineswegs systematisch ist. Wie weiter oben dargelegt, gibt es viele Gründe, weshalb man mehr oder weniger spart, und es ist nicht verwunderlich, dass viele Faktoren und Unterschiede zwischen den Ländern – in Bezug auf die Kultur, die Zukunftserwartungen und die jeweilige nationale Geschichte – dabei eine Rolle spielen. Gleiches gilt für die Geburtenziffer und für die Einwanderungspolitik, die letztlich für das Bevölkerungswachstum ausschlaggebend sind.

Kombiniert man die unterschiedlichen Wachstumsraten mit den Sparquoten, lässt sich leicht erklären, warum verschiedene Länder sehr unterschiedliche Kapitalmengen akkumulieren und warum das Kapital-Einkommens-Verhältnis seit 1970 stark gestiegen ist. Besonders klar ist der Fall Japan: Bei einer Sparquote von fast 15 % pro Jahr und einer Wachstumsrate von knapp über 2 % überrascht es nicht, dass das Land langfristig einen Kapitalstock aufbaut, der dem Nationaleinkommen von sechs bis sieben Jahren entspricht. Das ist die automatische Folge des dynamischen Akkumulationsgesetzes $\beta = s/g$. Ebenso wenig verwunderlich ist, dass das Kapital-Einkommens-Verhältnis in den Vereinigten Staaten, die wesentlich weniger sparen als Japan und rascher wachsen, deutlich niedriger ist.

Vergleicht man die Privatvermögen im Jahr 2010, die aufgrund der zwischen 1970 und 2010 getätigten Ersparnis (zu denen die Ausgangsvermögen von 1970 hinzugerechnet werden) zu erwarten wären, und die 2010 tatsächlich ermittelten Privatvermögen, stellt man fest, dass diese beiden Werte in den meisten Ländern sehr ähnlich ausfallen.[1] Dass sie nicht vollständig übereinstimmen, deutet darauf hin, dass noch andere Faktoren eine wichtige Rolle spielen. Wir werden zum Beispiel auf Großbritannien zurückkommen, wo die Ersparnis eindeutig nicht ausreicht, um den sehr starken Anstieg der Privatvermögen in diesem Zeitraum zu erklären.

Doch trotz der Besonderheiten eines jeden Landes stimmen die Ergebnisse insgesamt weitgehend überein: Die Vermehrung des Privatkapitals in den reichen Ländern zwischen 1970 und 2010 lässt sich im Wesentlichen mit der in diesem Zeitraum getätigten Ersparnis (und mit dem Ausgangskapital) erklären, ohne dass eine starke strukturelle Erhöhung der relativen Vermögenspreise angenommen werden muss. Mit anderen Worten: Die Entwicklung der Immobilien- und Aktienpreise ist kurzfristig und häufig auch mittelfristig zwar immer von großer Bedeutung, diese gleichen sich aber langfristig tendenziell aus, da auf lange Sicht anscheinend die Mengeneffekte ausschlaggebend sind.

Auch hier ist Japan ein Paradebeispiel. Versucht man den enormen Anstieg des Kapital-Einkommens-Verhältnisses in den 1980er Jahren und den starken Rückgang zu Beginn der 1990er Jahre zu verstehen, zeigt sich, dass das entscheidende Phänomen das Entstehen und Platzen einer Immobilien- und Aktienblase ist. Wendet man sich jedoch der Entwicklung im gesamten Zeitraum von 1970 bis 2010 zu, sieht man, dass die Mengeneffekte wichtiger waren als die Preiseffekte: Die Tatsache, dass die japanischen Privatvermögen, die 1970 dem Nationaleinkommen von drei Jahren entsprachen, 2010 auf sechs Jahre stiegen, lässt sich fast vollständig auf die Ersparnis zurückführen.[2]

---

1 Siehe Grafik S5.1, online verfügbar.

2 Wie die Reihen zeigen, ist das Verhältnis zwischen Privatkapital und Nationaleinkommen von 299 % im Jahr 1970 auf 601 % im Jahr 2010 gestiegen, während es nach den kumulierten Ersparnissen von 299 auf 616 % hätte steigen müssen. Die Abweichung beträgt daher 15 % des Nationaleinkommens bei einer Steigerung von 300 %, also 5 %: Die

Die zwei Komponenten der privaten Spartätigkeit

Der Vollständigkeit halber sei darauf hingewiesen, dass die private Ersparnis zwei Komponenten beinhaltet: einerseits die Spartätigkeit von Privatpersonen (das ist der Teil des verfügbaren Haushaltseinkommens, der nicht sofort konsumiert wird) und andererseits die Ersparnis der Unternehmen, die diese für die Privatpersonen erzielen, denen sie direkt oder indirekt (in Form von Kapitalanlagen) gehören. Diese zweite Komponente entspricht den von den Unternehmen reinvestierten Gewinnen (auch «nicht ausgeschüttete Gewinne» genannt) und kann in manchen Ländern bis zur Hälfte der gesamten privaten Ersparnis ausmachen (siehe Tabelle 5.2).

Würde man diese zweite Komponente außer Acht lassen und nur die Ersparnis der privaten Haushalte berücksichtigen, käme man in allen Ländern zu dem Schluss, dass die Ersparnis nicht ausreicht, um die Vermehrung der Privatvermögen zu erklären, und dass letztere weitgehend auf eine strukturelle Erhöhung der relativen Vermögenspreise, insbesondere der Aktienpreise, zurückzuführen ist. Eine solche Schlussfolgerung wäre zwar rein rechnerisch richtig, unter ökonomischen Gesichtspunkten aber künstlich: Es trifft zu, dass die Aktienpreise langfristig tendenziell schneller steigen als die Verbraucherpreise, aber das liegt hauptsächlich daran, dass die reinvestierten Gewinne es den betreffenden Unternehmen erlauben, ihre Größe und ihr Kapital zu erhöhen (es handelt sich folglich um einen Mengeneffekt und nicht um einen Preiseffekt). Wenn man die reinvestierten Gewinne zur privaten Ersparnis hinzurechnet, verschwindet dieser Preiseffekt weitgehend.

Zum Leidwesen der Aktionäre werden die ausgeschütteten Gewinne in Form von Dividenden häufig höher besteuert als die reinvestierten Gewinne: Es kann für die Kapitalbesitzer daher interessant sein, sich nur einen begrenzten Teil der Gewinne (nach Maßgabe ihrer unmittelbaren Konsumbedürfnisse) auszahlen zu lassen und zu akzeptieren, dass der Rest akkumuliert und wieder in das Unternehmen

---

Ersparnisse erklären den Anstieg des Verhältnisses zwischen Privatkapital und Nationaleinkommen in Japan zwischen 1970 und 2010 zu 95 %. Die genauen Berechnungen für alle Länder sind online verfügbar.

Tabelle 5.2.
Die private Ersparnis in den reichen Ländern, 1970–2010

	Private Ersparnis (ohne Entwertung) (in Prozent des Nationaleinkommens)	Nettoersparnis der Haushalte	Nettoersparnis der Unternehmen (reinvestierte Nettogewinne)
USA	7,7 %	4,6 %	3,1 %
		60 %	*40 %*
Japan	14,6 %	6,8 %	7,8 %
		47 %	*53 %*
Deutschland	12,2 %	9,4 %	2,8 %
		77 %	*23 %*
Frankreich	11,1 %	9,0 %	2,1 %
		81 %	*19 %*
Großbritannien	7,4 %	2,8 %	4,6 %
		38 %	*62 %*
Italien	15,0 %	14,6 %	0,4 %
		97 %	*3 %*
Kanada	12,1 %	7,2 %	4,9 %
		60 %	*40 %*
Australien	9,9 %	5,9 %	3,9 %
		60 %	*40 %*

Ein großer (und je nach Land variabler) Teil der privaten Ersparnis stammt aus den nicht ausgeschütteten Gewinnen der Unternehmen.

Quellen: siehe piketty.pse.ens.fr/capital21c.

und seine Tochterfirmen investiert wird. Damit haben sie die Aussicht, einen Teil der Aktien später zu verkaufen und Kursgewinne einzustreichen (die im Allgemeinen weniger hoch besteuert werden als die Dividenden).[1] Die Unterschiede zwischen einzelnen Ländern bezüglich des Anteils der reinvestierten Gewinne an der privaten Gesamtersparnis ergeben sich weitgehend aus den unterschiedlichen

1 Wenn ein Unternehmen seine eigenen Aktien zurückkauft, streichen seine Aktionäre einen Kursgewinn ein, der im Allgemeinen weniger hoch besteuert wird, als wenn das Unternehmen die gleiche Summe verwendet hätte, um die Dividenden zu verteilen. Es ist wichtig zu wissen, dass es sich ebenso verhält, wenn ein Unternehmen die Aktien anderer Unternehmen kauft, und dass die Unternehmen es den Privatpersonen durch ihre Käufe von Finanztiteln ermöglichen, Kursgewinne zu realisieren.

Rechts- und Steuersystemen und sind mehr durch rechnerische als durch echte ökonomische Differenzen bedingt. Unter diesen Bedingungen ist es am besten, die reinvestierten Gewinne der Unternehmen als eine Ersparnis zugunsten ihrer Eigentümer, also als eine Komponente der privaten Ersparnis zu behandeln.

Tabelle 5.3.
Bruttoersparnis und Nettoersparnis in den reichen Ländern, 1970–2010

	Private Bruttoersparnis (in Prozent des Nationaleinkommens)	Abzüglich: Kapitalentwertung	Gleich: Private Nettoersparnis
USA	18,8 %	11,1 %	7,7 %
Japan	33,4 %	18,9 %	14,6 %
Deutschland	28,5 %	16,2 %	12,2 %
Frankreich	22,0 %	10,9 %	11,1 %
Großbritannien	19,7 %	12,3 %	7,3 %
Italien	30,1 %	15,1 %	15,0 %
Kanada	24,5 %	12,4 %	12,1 %
Australien	25,1 %	15,2 %	9,9 %

Ein Großteil der Bruttoersparnis (im Allgemeinen etwa die Hälfte) gleicht die Kapitalentwertung aus und dient der Instandsetzung oder Ersetzung des verbrauchten Kapitals.

Quellen: siehe piketty.pse.ens.fr/capital21c.

Es ist auch darauf hinzuweisen, dass der Begriff Ersparnis, der in dem dynamischen Gesetz $\beta = s/g$ enthalten ist, die Ersparnis abzüglich der Kapitalentwertung meint, das heißt die echte neue Ersparnis nach Abzug des Teils der Bruttoersparnis, der verwendet wird, um den Verschleiß von Gebäuden und Ausrüstungen auszugleichen (ein Loch im Dach oder eine Kanalisation reparieren, die verbrauchten Materialien: Autos, Rechner, Maschinen usw. ersetzen). Der Unterschied ist wichtig, da die Kapitalentwertung in den entwickelten Volkswirtschaften jedes Jahr 10–15 % des Nationaleinkommens ausmacht und fast die Hälfte der Bruttoersparnis absorbiert, die im Allgemeinen bei 25–30 % des Nationaleinkommens liegt, was zu einer Nettoersparnis von 10–15 % des Nationaleinkommens führt (siehe Tabelle 5.3). Der Hauptteil der nicht ausgeschütteten Bruttogewinne dient oftmals zur Instandhaltung der Gebäude und Ausrüstungen, und es kommt häufig vor, dass der Restbetrag, mit dem Investitionen finanziert werden können, sehr klein ausfällt – höchstens einige Prozentpunkte des Nationaleinkommens beträgt – oder sogar negativ ist, wenn die nicht-ausgeschütteten Bruttogewinne niedriger als die Kapitalentwertung sind. Allein die Nettoersparnis ermöglicht die Vergrößerung des Kapitalstocks: Mit der Kompensation der Entwertung kann nur seine Verringerung vermieden werden.[1]

Langlebige Güter und Wertgegenstände

Was wir bei der privaten Ersparnis – und folglich auch bei den Privatvermögen – außer Acht gelassen haben, sind die Käufe von langlebigen Gütern durch die Privathaushalte: Möbel, Haushaltsgeräte, Autos usw. Hier halten wir uns an die internationalen Regeln der Volkswirtschaftlichen Gesamtrechnung, wonach die langlebigen Güter der Haushalte als unmittelbarer Konsum eingestuft werden (werden die gleichen Güter von Unternehmen gekauft, gelten sie hingegen als Investitionen, die einer starken jährlichen Entwertung unterliegen). Das ist für unseren Gegenstand jedoch von untergeordneter Bedeutung, da die langlebigen Güter im Vergleich zu den Vermögen immer eine relativ kleine Größe darstellen, die sich im Zeitverlauf kaum verändert: In allen reichen Ländern deuten die verfügbaren Schätzungen darauf hin, dass der Gesamtwert der langlebigen Güter der Haushalte von 1970 bis 2010 im Allgemeinen zwischen 30 und 50 % des Nationaleinkommens liegt, ohne dass eine eindeutige Tendenz erkennbar wäre.

Mit anderen Worten: Jeder besitzt durchschnittlich Möbel, Kühlschränke, Autos usw., deren Wert zwischen einem Drittel und der Hälfte eines Jahreseinkommens liegt, das heißt zwischen 10 000 und 15 000 Euro pro Einwohner bei einem Nationaleinkommen von etwa 30 000 Euro pro Einwohner zu Beginn der 2010er Jahre. Das ist durch-

1 Man kann das Gesetz $\beta = s/g$ dadurch ausdrücken, dass man s für die Bruttosparquote (und nicht für die Nettosparquote) verwendet: In diesem Fall wird das Gesetz zu $\beta = s/(g+\delta)$ (wobei δ die Entwertungsrate des Kapitals ist, ausgedrückt in Prozent des Kapitalstocks). Wenn die Bruttosparquote beispielsweise 24 % beträgt und wenn die Entwertungsrate des Kapitals 2 % des Kapitalstocks beträgt, dann erhält man bei einer Wachstumsrate von 2 % ein Kapital-Einkommens-Verhältnis $\beta = s/(g+\delta) = 600\,\%$. Siehe Technischer Anhang.

aus eine beträchtliche Summe, und wir werden im dritten Teil dieses Buches sehen, dass dies für einen großen Teil der Bevölkerung sogar den Hauptteil des Vermögens ausmacht. Doch im Vergleich zu den Privatvermögen – ohne langlebige Güter –, die fünf bis sechs Mal höher sind als das jährliche Nationaleinkommen und sich auf 150 000–200 000 Euro pro Einwohner belaufen (davon entfällt eine Hälfte auf Immobilien und die andere Hälfte auf Nettokapitalvermögen in Form von Bankguthaben, Aktien, Obligationen, diversen Kapitalanlagen, gewerblichen Gütern usw., nach Abzug der Schulden), ist dies nur ein kleiner Zusatzbetrag. Würde man die langlebigen Güter zu den Privatvermögen hinzurechnen, würden die in Grafik 5.4 dargestellten Kurven lediglich um 30–50 % des Nationaleinkommens steigen, ohne die Gesamtentwicklung spürbar zu beeinflussen.[1]

Das Privatkapital, ausgedrückt in verfügbaren Jahreseinkommen

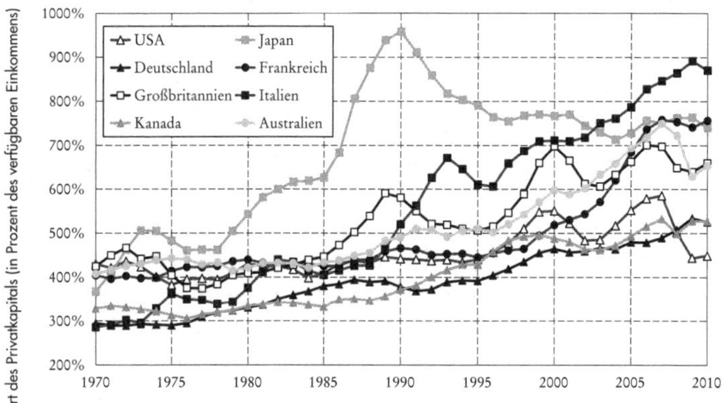

Grafik 5.4.: Ausgedrückt in verfügbaren Jahreseinkommen der Haushalte (70–80 % des Nationaleinkommens), stellt sich das Kapital-Einkommens-Verhältnis höher dar als im Nationaleinkommen mehrerer Jahre ausgedrückt.
Quellen und Reihen: siehe piketty.pse.ens.fr/capital21c.

1 Bei einem Wachstum von 2 % bedarf es einer Nettoausgabe für langlebige Güter von 1 % des jährlichen Nationaleinkommens, um einen Bestand an langlebigen Gütern von 50 % des Nationaleinkommens zu akkumulieren. Die langlebigen Güter müssen allerdings häufig ersetzt werden, so dass die Bruttoausgabe deutlich höher ausfällt. Findet beispielsweise durchschnittlich alle fünf Jahre ein Ersatz statt, bedarf es einer Bruttoausgabe für langlebige Güter von 10 % des Nationaleinkommens pro Jahr, um die verbrauchten Güter zu ersetzen, und 11 % pro Jahr, um eine Nettoausgabe von 1 % und einen stabilen Kapitalstock von 50 % des Nationaleinkommens zu generieren (immer noch bei einem Wachstum von 2 %). Siehe Technischer Anhang.

Nebenbei sei erwähnt, dass außer den Immobilien und den gewerblichen Vermögen die einzigen nicht-finanziellen Aktiva, die in den internationalen Regeln der Volkswirtschaftlichen Gesamtrechnung vorkommen – denen wir gefolgt sind, um die Konsistenz der Vergleiche des Privatvermögens und des Nationalvermögens zwischen den Ländern sicherzustellen – die «Wertgegenstände» sind, das heißt die wertvollen Gegenstände und Edelmetalle (Gold, Silber, Schmuck, Kunstwerke usw.), die die Haushalte als reine Wertreserve (oder wegen ihres ästhetischen Werts) besitzen und die im Laufe der Zeit nichts – oder sehr wenig – von ihrem Wert einbüßen. Diese Wertgegenstände werden allerdings wesentlich geringer veranschlagt als die langlebigen Güter (zwischen 5 und 10 % des Nationaleinkommens je nach Land, das sind zwischen 1500 und 3000 Euro pro Einwohner bei einem durchschnittlichen Nationaleinkommen von 30 000 Euro pro Kopf), und ihr Einfluss auf die gesamten Privatvermögen ist folglich relativ begrenzt, was auch nach der jüngsten Erhöhung des Goldpreises gilt.[1]

Es ist interessant, dass sich diese Größenordnungen nach den uns vorliegenden historischen Schätzungen langfristig nicht sehr verändert haben. Bei den langlebigen Gütern gehen die verfügbaren Schätzungen von 30–50 % des Nationaleinkommens aus, und zwar sowohl für das 19. als auch für das 20. Jahrhundert. Gleiches gilt für das Nationalvermögen in Großbritannien um 1700, das von Gregory King geschätzt wurde: Der Gesamtwert von Möbeln, Geschirr usw. liegt King zufolge bei etwa 30 % des Nationaleinkommens. Bei den Wertgegenständen und kostbaren Objekten scheint langfristig eine fallende Tendenz feststellbar zu sein; waren es Ende des 19. Jahrhunderts und Anfang des 20. Jahrhunderts 10–15 % des Nationaleinkommens, sind es heute 5–10 %. Gregory King zufolge erreichte ihr Gesamtwert – einschließlich des Metallgelds – um 1700 25–30 % des Nationaleinkommens. Es handelt sich in jedem Fall um relativ kleine Beträge im Vergleich zu den in Großbritannien akkumulierten Vermögen – die dem

1 Der Gesamtwert des weltweiten Goldbestands ist langfristig gesunken (2–3 % der gesamten Privatvermögen im 19. Jahrhundert, weniger als 0,5 % am Ende des 20. Jahrhunderts), steigt aber in Krisen tendenziell wieder an (die Flucht ins Gold) und beläuft sich derzeit auf 1,5 % aller Privatvermögen; ein Fünftel davon wird von den Zentralbanken gehalten. Es handelt sich hierbei um spekulationsbedingte Schwankungen, die jedoch im Vergleich zum gesamten Kapitalstock von zweitrangiger Bedeutung sind. Siehe Technischer Anhang.

Nationaleinkommen von 7 Jahren entsprechen und vor allem die Form von Agrarflächen, Wohnhäusern und anderem Sachkapital (Geschäfte, Fabriken, Lagerhäuser, Vieh, Schiffe) haben – was King im Übrigen erfreut und erstaunt.[1]

Das Privatkapital ausgedrückt in verfügbaren Jahreseinkommen

Es ist auch hervorzuheben, dass das Kapital-Einkommens-Verhältnis in den reichen Ländern von 2000 bis 2010 noch höher wäre – sie könnten den höchsten Stand erreichen, der im Laufe der Geschichte jemals ermittelt wurde –, wenn man sämtliche Privatvermögen in verfügbaren Jahreseinkommen und nicht im Nationaleinkommen ausdrücken würde, wie wir es bisher getan haben. Diese scheinbar nur technische Frage muss näher erklärt werden.

Das verfügbare Haushaltseinkommen oder einfach nur das «verfügbare Einkommen» misst, wie der Name sagt, das Geldeinkommen, über das die Haushalte in einem Land direkt verfügen können. Um vom Nationaleinkommen zum verfügbaren Einkommen zu gelangen, sind alle Steuern und Abgaben abzuziehen und die Transferzahlungen (Ruhegehälter, Arbeitslosengeld, Familienzuschläge, existenzsichernde Grundversorgung usw.) hinzuzurechnen. Bis Anfang des 20. Jahrhunderts spielt der Staat im wirtschaftlichen und sozialen Leben nur eine geringe Rolle (sämtliche Steuern und Abgaben belaufen sich auf 10 % des Nationaleinkommens und finanzieren im Wesentlichen die großen staatlichen Aufgaben: Polizei, Armee, Justiz, Straßenbau usw.), so dass das verfügbare Einkommen im Allgemeinen 90 % des Nationaleinkommens ausmacht. Die Rolle des Staates wird jedoch im Laufe des 20. Jahrhunderts beträchtlich ausgeweitet, so dass das verfügbare Einkommen in den reichen Ländern heute nur noch bei etwa 70–80 % des Nationaleinkommens liegt. Daraus folgt: Wenn man die gesamten Privatvermögen in Relation zum verfügbaren Einkommen setzt (und nicht in Relation zum Nationaleinkommen), wie es mitun-

1 Auch wenn das keinen großen Unterschied ausmacht, haben wir aus Gründen der Konsistenz für die in Kapitel 3 und 4 dargestellten historischen Reihen die gleichen statistischen Methoden angewandt wie für die Zeit von 1970 bis 2010: Die langlebigen Güter wurden in das Vermögen nicht einbezogen, während die Wertgegenstände in die Kategorie «sonstiges Inlandskapital» aufgenommen wurden.

ter geschieht, kommt man auf deutlich höhere Werte. Zwischen 2000 und 2010 entspricht das Privatkapital in den reichen Ländern dem Nationaleinkommen von vier bis sieben Jahren, aber dem verfügbaren Einkommen von fünf bis neun Jahren (siehe Grafik 5.4).

Diese beiden Methoden, das Verhältnis zwischen Kapital und Einkommen zu messen, lassen sich je nach dem Standpunkt rechtfertigen, den man in dieser Frage einnimmt. Das in verfügbaren Jahreseinkommen ausgedrückte Verhältnis legt den Schwerpunkt auf die rein monetären Gegebenheiten und erlaubt es, den heutigen Umfang der Vermögen mit den Jahreseinkommen zu vergleichen, über die die Haushalte direkt verfügen (beispielsweise um zu sparen). Das entspricht in gewisser Weise der konkreten Realität, die die Haushalte direkt erleben, wenn sie sich ihr Bankkonto anschauen, und es ist wichtig, diese Größenordnungen im Kopf zu haben. Dabei ist jedoch hervorzuheben, dass die Differenz zwischen verfügbarem Einkommen und Nationaleinkommen den Wert der öffentlichen Dienstleistungen misst, die den Haushalten kostenlos zur Verfügung stehen, insbesondere die Bildungs- und Gesundheitsleistungen, soweit sie direkt von der öffentlichen Hand finanziert werden. Diese «Sachleistungen» sind ebenso viel wert wie die Geldleistungen, die in das verfügbare Einkommen einfließen: Sie ersparen es den betreffenden Menschen, vergleichbare – oder mitunter auch deutlich höhere – Summen an die privaten Anbieter von Bildungs- und Gesundheitsleistungen zu zahlen. Würde man sie außer Acht lassen, liefe man Gefahr, manche Entwicklungen oder Vergleiche zwischen den Ländern zu verzerren. Daher schien es uns besser, die Vermögen in Relation zum Nationaleinkommen auszudrücken: Das bedeutet, den Begriff Einkommen volkswirtschaftlich – und nicht rein monetär – zu verstehen. Wenn wir im Rahmen dieses Buches vom Kapital-Einkommens-Verhältnis sprechen, ohne nähere Angaben zu machen, meinen wir stets das Verhältnis zwischen Kapitalstock und Nationaleinkommen.[1]

1 Im vierten Teil dieses Buches werden wir auf das Thema von Steuern, Transferzahlungen und Umverteilungen durch die öffentliche Hand zurückkommen, insbesondere auf die Frage, wie sie sich auf die Ungleichheit sowie auf die Akkumulation und Verteilung des Kapitals auswirken.

Die Frage der Stiftungen und der anderen Kapitaleigner

Der Vollständigkeit halber ist auch darauf hinzuweisen, dass wir zu den Privatvermögen nicht nur die Aktiva und Passiva von Privatpersonen (von «Haushalten» in der Volkswirtschaftlichen Gesamtrechnung), sondern auch die Vermögen gezählt haben, die von Stiftungen und anderen Organisationen ohne Erwerbscharakter («private Organisationen ohne Erwerbscharakter» in der Volkswirtschaftlichen Gesamtrechnung) gehalten werden. Allein die Stiftungen und Organisationen, die hauptsächlich mit den Spenden von Privatpersonen oder mit den Einkünften aus ihrem Besitz finanziert werden, gehören zu dieser Kategorie: Jene, die in erster Linie von staatlichen Subventionen leben, werden dem staatlichen Sektor und jene, die vor allem vom Erlös ihrer Verkäufe abhängig sind, dem Unternehmenssektor zugeordnet.

In der Praxis sind all diese Grenzen fließend und durchlässig; es ist etwas willkürlich, Stiftungsvermögen den Privatvermögen anstatt beispielsweise dem Staatsvermögen zuzurechnen oder als eine gesonderte Kategorie zu behandeln. Es handelt sich hier um eine Eigentumsform, die zwischen dem reinen Privatvermögen und dem Staatsvermögen angesiedelt ist. Ob man den Blick auf den über die Jahrhunderte angesammelten Besitz der Kirchen oder auf den der Organisation «Ärzte ohne Grenzen» oder auf die Stiftung von Bill und Melinda Gates richtet, es zeigt sich, dass man es mit einer großen Vielfalt von juristischen Personen zu tun hat, die jeweils ganz spezielle Ziele verfolgen.

Es ist jedoch hervorzuheben, dass es hier um relativ geringe Summen geht, da das, was diese juristischen Personen besitzen, im Allgemeinen gering ist im Vergleich zu dem, was die natürlichen Personen für sich selbst behalten. Schaut man sich die Schätzungen für die verschiedenen reichen Länder in der Zeit von 1970 bis 2010 an, stellt man fest, dass der Anteil der Stiftungen und anderer Organisationen ohne Erwerbscharakter an den gesamten Privatvermögen immer unter 10 % und im Allgemeinen unter 5 % liegt, wobei es allerdings interessante Unterschiede zwischen den Ländern gibt – knapp 1 % in Frankreich, rund 3–4 % in Japan und bis zu 6–7 % in den Vereinigten Staaten – ohne eine klar erkennbare Tendenz. Die verfügbaren historischen Quellen deuten darauf hin, dass der Gesamtwert der Kirchengüter in

Frankreich im 18. Jahrhundert etwa 7–8 % der Privatvermögen ausmachte, das heißt ein Niveau von annähernd 50–60 % des damaligen Nationaleinkommens eines Jahres erreicht (diese Güter wurden zum Teil in der Französischen Revolution beschlagnahmt und verkauft, um die vom Ancien Régime hinterlassenen Staatsschulden zu tilgen).[1] Die Kirche besaß im Ancien Régime mithin – bezogen auf das damalige Gesamtvermögen – mehr Vermögen als die reichen amerikanischen Stiftungen zu Beginn des 21. Jahrhunderts. Interessanterweise liegen die beiden Werte relativ nahe beieinander.

Das sind beträchtliche Vermögenspositionen, vor allem, wenn man sie mit dem geringen – und manchmal auch negativen – Staatsvermögen zu verschiedenen Zeiten vergleicht. Doch im Vergleich zu den Privatvermögen fällt der Umfang relativ bescheiden aus. Ob man die Stiftungen den Haushalten zuschlägt oder nicht, ändert langfristig kaum etwas am Verhältnis zwischen Privatkapital und Nationaleinkommen. Sie hinzuzuzählen ist zudem dadurch gerechtfertigt, dass es nicht leicht ist, eine Grenze zu ziehen zwischen den verschiedenen Rechtsformen – Stiftungen, «Treuhandfonds» usw. –, derer sich heutzutage Wohlhabende bedienen, um ihre Vermögen zu verwalten und ihre Privatinteressen zu fördern (sie werden in den Volkswirtschaftlichen Gesamtrechnungen grundsätzlich den natürlichen Personen zugerechnet – vorausgesetzt, sie werden als solche identifiziert), und den Stiftungen und Organisationen, die als gemeinnützig gelten. Wir werden auf diese heikle Frage im dritten Teil dieses Buches zurückkommen, wenn wir die Dynamik der weltweiten Ungleichheit der Vermögen und insbesondere der sehr großen Vermögen im 21. Jahrhundert untersuchen.

Die Privatisierung des Vermögens in den reichen Ländern

Für den starken Anstieg der Privatvermögen in den reichen Ländern zwischen 1970 und 2010 vornehmlich in Europa und Japan sind hauptsächlich die Verlangsamung des Wachstums und die Aufrechterhaltung einer hohen Sparquote verantwortlich, gemäß dem Gesetz $\beta = s/g$. Aber wenn die Rückkehr des Privatkapitals einen solchen

1 Siehe Technischer Anhang.

Umfang erreicht hat, dann deswegen, weil dieser Mechanismus durch zwei komplementäre Effekte verstärkt wurde: einerseits durch die Privatisierungen und die schrittweise Verlagerung des Staatsvermögens auf das Privatvermögen und andererseits durch die langfristige Erholung der Vermögenspreise.

Beginnen wir mit den Privatisierungen. Im vorausgehenden Kapitel haben wir bereits auf den starken Rückgang des Anteils des Staatskapitals am nationalen Kapital im Laufe der letzten Jahrzehnte vor allem in Frankreich und Deutschland hingewiesen, wo das Nettostaatsvermögen zwischen 1950 und 1970 bis zu einem Viertel – ja sogar bis zu einem Drittel – des Nationalvermögens ausmachte und heute nur noch einige wenige Prozentpunkte beträgt (die staatlichen Vermögenswerte erlauben es gerade einmal, die Schulden auszugleichen). Es handelt sich hier um eine sehr allgemeine Entwicklung, die sich in allen reichen Ländern vollzieht: In den acht wichtigsten entwickelten Volkswirtschaften der Welt ist zwischen 1970 und 2010 ein schrittweiser Rückgang des Verhältnisses zwischen Staatsvermögen und Nationaleinkommen zu beobachten, der mit dem Anstieg des Verhältnisses zwischen Privatkapital und Nationaleinkommen einhergeht (siehe Grafik 5.5). Mit anderen Worten: Die Rückkehr der Privatvermögen ist teilweise auf die Privatisierung des Nationalvermögens zurückzuführen. Die Zunahme des Privatkapitals fiel in allen Ländern deutlich größer als die Abnahme des Staatsvermögens aus, so dass das nationale Kapital – ausgedrückt in Relation zum jährlichen Nationaleinkommen – insgesamt gestiegen ist. Aber es ist weniger stark gestiegen als das Privatkapital, dem die Privatisierungen zugutekamen.

Besonders klar wird dies anhand des Falls Italien. In den 1970er Jahren wies das Staatsvermögen noch ein leichtes Plus auf. Nach der Anhäufung enormer öffentlicher Haushaltsdefizite in den Jahren 1980 bis 1990 rutscht es jedoch ins Minus. Insgesamt hat sich das Staatsvermögen zwischen 1970 und 2010 um das Nationaleinkommen eines Jahres verringert. Im gleichen Zeitraum stiegen die Privatvermögen, die 1970 dem Nationaleinkommen von knapp zweieinhalb Jahren entsprochen hatten, 2010 auf fast sieben Jahre, was eine Zunahme von viereinhalb Jahren bedeutet. Mit anderen Worten: Die Abnahme des Staatsvermögens macht ein Fünftel bis ein Viertel der Zunahme des Privatvermögens aus, was nicht gerade wenig ist. Das italienische Nationalvermögen hat sich stark erhöht – von etwa zweieinhalb Jahren Nationaleinkommen 1970 auf rund sechs Jahre 2010 –, aber weniger stark als das Privatvermögen, dessen außerordentliche Zunahme teilweise künstlich ist, da sie zu fast einem Viertel der wachsenden Verschuldung eines Teils der italienischen Bevölkerung gegenüber einem anderen Teil entspricht. Anstatt Steuern zu zahlen, um das staatliche Haushaltsdefizit auszugleichen, haben die Italiener – zumindest jene, die es sich leisten können – der Regierung Geld geliehen, indem sie Schatzanweisungen oder staatliche Vermögenswerte kauften. Dadurch hat sich wiederum ihr Privatvermögen vermehrt – ohne dass sich in der Folge das Nationalvermögen erhöht hat.

Privatkapital und Staatskapital in den reichen Ländern, 1970–2010

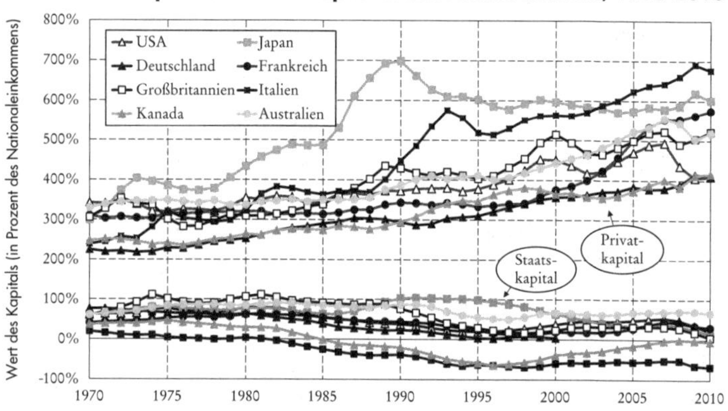

Grafik 5.5.: Zwischen 1970 und 2010 ist das Privatkapital in Italien von 240 % auf 680 % des Nationaleinkommens gestiegen, während das Staatskapital von 20 % auf –70 % gesunken ist. Quellen und Reihen: siehe piketty.pse.ens.fr/capital21c.

Es lässt sich feststellen, dass das nationale Sparvolumen trotz einer sehr hohen privaten Ersparnis (etwa 15 % des Nationaleinkommens) in der Zeit von 1970 bis 2010 weniger als 10 % des Nationaleinkommens betrug. Anders ausgedrückt: Mehr als ein Drittel der privaten Ersparnis wurde von den staatlichen Haushaltsdefiziten absorbiert. Dieses Muster findet man in allen reichen Ländern, aber für gewöhnlich in weniger krasser Form als in Italien: In den meisten Ländern lag die Ersparnis im staatlichen Sektor im Negativbereich (was bedeutet, dass die staatlichen Investitionen geringer waren als das Haushaltsdefizit, was wiederum bedeutet, dass der Staat weniger investiert als er sich geliehen bzw., dass er mit seinen Anleihen die laufenden Kosten finanziert hat). In Frankreich, Großbritannien, Deutschland und den Vereinigten Staaten überstiegen die staatlichen Haushaltsdefizite die staatlichen Investitionen in der Zeit von 1970 bis 2010 allerdings durchschnittlich um rund 2–3 % des Nationaleinkommens und nicht um mehr als 6 % wie in Italien (siehe Tabelle 5.4).[1]

Tabelle 5.4.
Private und öffentliche Ersparnis in den reichen Ländern, 1970–2010

	Nationale Ersparnis (private und öffentliche) (ohne Entwertung) (in Prozent des Nationaleinkommens)	Davon: Private Ersparnis	Davon: Öffentliche Ersparnis
USA	5,2 %	7,6 %	-2,4 %
Japan	14,6 %	14,5 %	0,1 %
Deutschland	10,2 %	12,2 %	-2,0 %
Frankreich	9,2 %	11,1 %	-1,9 %
Großbritannien	5,3 %	7,3 %	-2,0 %
Italien	8,5 %	15,0 %	-6,5 %
Kanada	10,1 %	12,1 %	-2,0 %
Australien	8,9 %	9,8 %	-0,9 %

Ein signifikanter (und je nach Land variabler) Teil der privaten Ersparnis fließt in die öffentlichen Haushaltsdefizite; daher ist die nationale Ersparnis (private und öffentliche) meist geringer als die private Ersparnis.

Quellen: siehe piketty.pse.ens.fr/capital21c.

In allen reichen Ländern haben das staatliche «Entsparen» und die daraus resultierende Verringerung des Staatsvermögens in erheblichem Umfang zum Anstieg der Privatvermögen beigetragen (je nach Land zwischen einem Zehntel und einem Viertel). Dies ist nicht dessen Hauptursache – zu vernachlässigen ist dieser Prozess deswegen aber auch nicht.

Es ist überdies gut möglich, dass die verfügbaren Schätzungen den Wert der staatlichen Aktiva in den 1970er Jahren ein wenig zu niedrig

1 Die staatlichen Nettoinvestitionen sind normalerweise gering (sie liegen im Allgemeinen bei 0,5–1 % des Nationaleinkommens, die staatlichen Bruttoinvestitionen betragen 1,5–2 % und die Entwertung des staatlichen Kapitals beläuft sich auf 0,5–1 %), so dass die negative staatliche Ersparnis häufig nicht sehr weit vom staatlichen Haushaltsdefizit entfernt ist (wobei es Ausnahmen gibt: Die staatlichen Investitionen sind dank einer leicht positiven staatlichen Ersparnis in Japan höher, obwohl es auch hier beträchtliche Haushaltsdefizite gibt). Siehe Technischer Anhang.

ansetzen, vor allem in Großbritannien (vielleicht auch in Italien und Frankreich), was eventuell dazu führt, dass wir den Umfang der Transfers zwischen Staatsvermögen und Privatvermögen unterschätzen.[1] Das würde erklären, warum die britischen Privatvermögen in der Zeit von 1970 bis 2010 trotz einer dafür unzureichenden privaten Nettoersparnis so stark gestiegen sind, und zwar besonders zwischen 1980 und 1990, als Staatsunternehmen im großen Stil privatisiert wurden. Diese Privatisierungen fanden zu notorisch niedrigen Preisen statt, was ihnen im Übrigen zu großer Popularität bei den Käufern verhalf.

Diese Verlagerung von Vermögen vom staatlichen auf den privaten Sektor seit den 1970er Jahren fand keineswegs nur in den reichen Ländern statt. Sie lässt sich vielmehr auf allen Kontinenten beobachten. Im Weltmaßstab hat es die massivsten Privatisierungen der letzten Jahrzehnte und in der gesamten Geschichte des Kapitals in den ehemaligen Ostblockländern gegeben.

Die uns vorliegenden, sehr unvollständigen Schätzungen weisen darauf hin, dass die Privatvermögen in Russland und in den ehemaligen Ostblockländern Ende der 2000er Jahre und Anfang der 2010er Jahre vier Mal höher sind als das jährliche Nationaleinkommen und dass das staatliche Nettovermögen genau wie in den reichen Ländern äußerst niedrig ist. Die für die 1970er Jahre, also vor dem Fall der Mauer und dem Zusammenbruch der kommunistischen Regime, verfügbaren Schätzungen sind noch unvollständiger. Aber alles deutet darauf hin, dass die Privatvermögen kaum der Rede wert waren (einige Stücke Land, ein Teil der Wohnungen in den kommunistischen Ländern, die ein gewisses Privateigentum zuließen, die jedoch in jedem Fall weniger wert waren als das Nationaleinkommen eines Jahres). Das Staatsvermögen umfasste das gesamte Industriekapital und den größten Teil des nationalen Kapitals und war, wie sich in einer ersten Annäherung aussagen lässt, drei bis vier Mal höher als das jährliche Nationaleinkommen. Anders gesagt: Die Höhe des nationalen Kapitals hat sich nicht verändert. Nur seine Verteilung auf Staatsvermögen und Privatvermögen hat sich völlig umgekehrt.

Die sehr starke Zunahme der russischen und osteuropäischen Privatvermögen zwischen dem Ende der 1980er Jahre und den 1990er Jahren, die in manchen Fällen in Form einer ungeheuer schnellen und

1 Diese mögliche Unterbewertung ist durch die kleine Zahl von Transaktionen mit öffentlichen Vermögenswerten in diesem Zeitraum bedingt. Siehe Technischer Anhang.

spektakulären Bereicherung ablief (man denke dabei vor allem an die russischen «Oligarchen») hat offensichtlich nichts mit der Ersparnis und dem dynamischen Gesetz β = s/g zu tun. Es handelt sich schlicht und einfach um den Transfer des staatlichen Eigentums auf Privatpersonen. Die Privatisierungen, die seit den 1970er Jahren in den Industrieländern durchgeführt wurden, können als eine sehr gemäßigte Form dieses extremen Prozesses betrachtet werden.

Der historische Anstieg der Vermögenspreise

Der letzte Faktor, der den Anstieg des Kapital-Einkommens-Verhältnisses in den letzten Jahrzehnten erklärt, ist der historische Aufholprozess der Vermögenspreise. Mit anderen Worten: Die Zeit zwischen 1970 und 2010 kann nur dann richtig analysiert werden, wenn man sie in einen größeren historischen Kontext stellt, der die Zeit von 1910 bis 2010 umfasst. Wir verfügen nicht über vollständige historische Quellen für alle Industrieländer, aber die Reihen, die wir für Großbritannien, Frankreich, Deutschland und die Vereinigten Staaten erstellt haben, ergeben übereinstimmende Resultate, die wir hier zusammenfassen.

Betrachtet man den gesamten Zeitraum von 1910 bis 2010 oder von 1870 bis 2010, stellt man fest, dass sich die Entwicklung des Kapital-Einkommens-Verhältnisses sehr gut mit dem dynamischen Gesetz β = s/g erklären lässt. Insbesondere die Tatsache, dass das Kapital-Einkommens-Verhältnis in Europa langfristig und strukturell höher ist als in Amerika, stimmt völlig mit dem im letzten Jahrhundert festgestellten Unterschied hinsichtlich der Sparquote und vor allem in Bezug auf die Wachstumsrate überein.[1] Der Einbruch in der Zeit von 1910 bis 1950 entspricht der geringen nationalen Ersparnis und den Zerstörungen, die in diesen Jahren stattfanden. Der Umstand, dass der Anstieg des Kapital-Einkommens-Verhältnisses in der Zeit von 1980 bis 2010 schneller von statten ging als in den Jahren 1950 bis 1980, erklärt sich mit dem Rückgang der Wachstumsrate zwischen diesen beiden zeitlichen Unterabschnitten.

---

1 Zwischen 1870 und 2010 beträgt das durchschnittliche Wachstum des Nationaleinkommens in Europa ungefähr 2–2,2 % (die Bevölkerung wächst um 0,4–0,5 %) und 3,4 % in den Vereinigten Staaten (die Bevölkerung wächst um 1,5 %). Siehe Technischer Anhang.

Dennoch ist der Tiefstand der 1950er Jahre niedriger, als er nach der einfachen Akkumulationslogik, dargestellt in dem Gesetz $\beta = s/g$, sein dürfte. Um die Tiefe des Einbruchs in der Mitte des 20. Jahrhunderts zu verstehen, muss man hinzufügen, dass sich die Immobilien- und Aktienpreise nach dem Zweiten Weltkrieg auf einem historisch niedrigen Niveau befinden, und dies aus vielen in den beiden vorhergehenden Kapiteln dargelegten Gründen (Mietpreisbindungen, Regulierung des Finanzmarktes, ein dem Privatkapitalismus nicht förderliches politisches Klima). Ab den 1950er Jahren erholen sie sich schrittweise und steigen ab den 1980er Jahren rapide.

Nach unseren Schätzungen scheint der historische Aufholprozess der Vermögenspreise heute abgeschlossen zu sein: Abgesehen von spontanen Schwankungen und unvorhersehbaren kurzfristigen Entwicklungen scheint der Anstieg in der Zeit von 1950 bis 2010 den Rückgang in der Zeit von 1910 bis 1950 fast ausgeglichen zu haben. Es wäre jedoch gewagt, daraus zu schließen, dass die Phase der strukturellen Erhöhung der relativen Vermögenspreise endgültig beendet ist und die Vermögenspreise in den nächsten Jahrzehnten mit derselben Rate wachsen werden wie die Verbraucherpreise. Einerseits sind die historischen Quellen unvollständig, und die Preisvergleiche über so lange Zeiträume können bestenfalls Annäherungen sein. Andererseits sprechen viele theoretische Gründe dafür, dass sich die Vermögenspreise langfristig anders entwickeln können als die übrigen Preise, zum Beispiel weil sich bei manchen Vermögensarten – Gebäuden, Ausrüstungen – das Tempo des technischen Fortschritts von dem der übrigen Wirtschaft unterscheidet oder weil manchen nicht erneuerbaren Rohstoffen eine große Bedeutung zukommt (wir werden auf diesen Punkt zurückkommen).

Und schließlich ist hervorzuheben, dass der Preis des Kapitals jenseits von kurz- und mittelfristigen Blasen, die sich immer bilden können, und möglichen langfristigen strukturellen Divergenzen stets auch eine soziale und politische Konstruktion ist: Er spiegelt die in einer Gesellschaft vorherrschende Vorstellung von Eigentum wider und hängt von vielen politischen und institutionellen Faktoren ab, die das Verhältnis zwischen den verschiedenen sozialen Gruppen regeln – insbesondere das Verhältnis zwischen denen, die Kapital besitzen, und denen, die keines besitzen. Das zeigt sich zum Beispiel an den Immobilienpreisen, die von mietrechtlichen Bestimmungen abhängig sind. Dasselbe gilt für die Börsenkurse, wie wir im vorausgehenden Kapitel gesehen haben, als wir von dem relativ geringen Marktwert der deutschen Unternehmen gesprochen haben.

Unter diesem Gesichtspunkt ist es interessant, für die Länder, für die solche Daten vorhanden sind, die Entwicklung des Verhältnisses zwischen Marktwert und Buchwert der Unternehmen in der Zeit von 1970 bis 2010 zu untersuchen (siehe Grafik 5.6). Die Leser, denen diese Fragen zu technisch sind, können problemlos direkt zum nächsten Abschnitt übergehen.

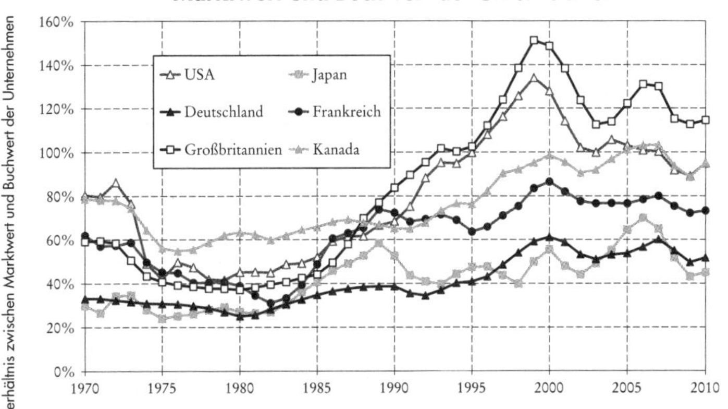

Grafik 5.6.: «Tobins Q» (das Verhältnis zwischen Marktwert und Buchwert der Unternehmen) ist seit den 1970er Jahren in den reichen Ländern gestiegen.
Quellen und Reihen: siehe piketty.pse.ens.fr/capital21c.

Bei börsennotierten Unternehmen entspricht der Marktwert dem Börsenwert. Für die Unternehmen, die nicht an der Börse notiert sind, weil sie zu klein sind oder weil sie den Aktienmarkt nicht in Anspruch nehmen möchten (beispielsweise um weiterhin als Familienbetrieb zu bestehen, was auch in sehr großen Unternehmen vorkommen kann), wird der Marktwert in der Volkswirtschaftlichen Gesamtrechnung bestimmt, indem man sich an dem Marktwert jener börsennotierten Unternehmen orientiert, die sehr ähnliche Merkmale aufweisen (Wirtschaftssektor, Größe usw.) und indem die «Liquidität» des fraglichen Marktes berücksichtigt wird.[1] Es sind diese Marktwerte, die wir bisher herangezogen haben, um das Privatvermögen und das Nationalvermögen zu messen. Der Buchwert, auch «Bilanzwert» genannt, ist gleich dem kumulierten Wert aller Vermögensarten – Häuser, Ausrüstungen, Maschinen, Patente, Mehrheits- oder Minderheitsbeteiligungen an Tochterfirmen und an anderen Unternehmen, Barkapital usw. – die in der Unternehmensbilanz aufgeführt sind, abzüglich aller Verbindlichkeiten.

Gäbe es keine Unsicherheitsfaktoren, müssten Markt- und Buchwert der Unternehmen miteinander übereinstimmen, und das Verhältnis zwischen beiden müsste folglich gleich 1 (oder 100 Prozent) sein. Das ist normalerweise der Fall, wenn ein Unternehmen gegründet wird. Wenn die Aktionäre Aktien im Wert von 100 Millionen Euro zeichnen, die das Unternehmen verwendet, um Büroräume, Büroeinrichtungen und Ausrüstungen im Wert von 100 Millionen zu kaufen, dann werden Marktwert und Buchwert 100 Millionen betragen. Gleiches gilt, wenn sich das Unternehmen 50 Millionen leiht, um neue Maschinen im Wert von 50 Millionen zu kaufen: Das Nettobuchvermögen wird sich immer noch auf 100 Millionen belaufen (150 Millionen Vermögen, abzüglich 50 Millionen Schulden), ebenso der Börsenwert. Gleiches gilt auch, wenn das Unternehmen Gewinne von 50 Millionen einfährt und beschließt, daraus Reserven zu bilden, um neue Investitionen in Höhe von 50 Millionen zu finanzieren: Die Börsenkurse werden um denselben Betrag steigen (da jeder weiß, dass das Unternehmen über neue Mittel verfügt), so dass der Markt- und der Buchwert auf 150 Millionen steigen werden.

Das Problem rührt daher, dass die Abläufe in einem Unternehmen sehr schnell viel komplexer und unsicherer werden: Nach einer gewissen Zeit weiß beispielsweise niemand mehr, ob die einige Jahre zuvor getätigten Investitionen in Höhe von 50 Millionen für die Wirtschaftstätigkeit des Unternehmens tatsächlich nützlich waren. Der Buch- und der Marktwert können dann unterschiedlich ausfallen. Das Unternehmen nimmt weiterhin die getätigten Investitionen –

1 Bei einem nicht-börsennotierten Unternehmen, dessen Teile sich sehr schwer verkaufen lassen, da es nur wenige Transaktionen gibt, so dass es lange dauert, bis ein interessierter Käufer gefunden ist, kann der Preis um 10 oder 20 % geringer bewertet werden als bei einem ähnlichen börsennotierten Unternehmen, bei dem es immer möglich ist, rasch einen interessierten Käufer oder Verkäufer zu finden.

Büroräume, Büroeinrichtungen, Maschinen, Ausrüstungen, Patente usw. – zu ihrem Marktwert in seine Bilanz auf, so dass der Buchwert unverändert bleibt.[1] Der Marktwert des Unternehmens, das heißt sein Börsenwert, kann jedoch deutlich niedriger oder höher sein, je nachdem, ob die Finanzmärkte die Fähigkeit des Unternehmens, seine Investitionen gewinnbringend einzusetzen, positiv oder negativ bewerten. Daher sind in der Praxis stets gewaltige Unterschiede zwischen beiden Werten auf der Ebene der einzelnen Unternehmen zu beobachten. Dieses Verhältnis, das auch «Tobin's Q» genannt wird (nach dem Ökonomen James Tobin, der es als Erster definiert hat), variiert zum Beispiel zwischen knapp 20 % und mehr als 340 %, wenn man die französischen, im Leitindex CAC 40 notierten Unternehmen im Jahr 2012 untersucht.[2]

Schwerer zu verstehen ist, warum «Tobin's Q», für alle Unternehmen eines Landes gemessen, unter oder über eins liegen sollte. Dafür gibt es zwei Erklärungen.

Wenn immaterielle Investitionen (Aufwendungen zur Erhöhung des Markenwerts oder Aufwendungen für Forschung und Entwicklung) in der Bilanz nicht richtig erfasst werden, ist es folgerichtig, dass der Marktwert im Schnitt strukturell höher liegt als der Bilanzwert. Das kann die etwas höheren Relationen in den Vereinigten Staaten (etwa 100–120 %) und vor allem in Großbritannien (etwa 120–140 %) Ende der 1990er und in den 2000er Jahren erklären. Man wird jedoch feststellen, dass diese Relationen, die über eins liegen, in beiden Ländern auch Aktienblasen widerspiegeln: Die «Tobin's Qs» näherten sich mit dem Platzen der Internetblase 2001/02 und im Zuge der Finanzkrise 2008/09 rasch wieder dem Wert eins an (siehe Grafik 5.6).

1 Die harmonisierten internationalen Regeln für die Volkswirtschaftlichen Gesamtrechnungen – die wir hier verwenden – sehen vor, dass die Aktiva – wie die Passiva – am Bilanzstichtag stets zu ihrem Marktwert bewertet werden (das heißt zu dem Wert, der erreicht werden könnte, wenn das Unternehmen beschließen würde, seine Aktiva flüssig zu machen und zu verkaufen; dieser Wert wird geschätzt, indem man sich gegebenenfalls an Transaktionen in jüngerer Zeit orientiert). Die Buchhaltungsregeln, die von den Unternehmen für die Veröffentlichung ihrer Bilanz angewandt werden, sind nicht genau dieselben wie die Regeln der Volkswirtschaftlichen Gesamtrechnung und variieren je nach Land, was viele Probleme für eine umsichtige Finanzregulierung sowie für die Besteuerung aufwirft.

2 Siehe zum Beispiel «Profil financier du CAC 40», Sachverständigenbericht der Wirtschaftsprüfungsgesellschaft Ricol Lasteyrie vom 26. Juni 2012. Dieselbe Art von extremen Schwankungen der «Tobin's Q» findet man in allen Ländern und auf allen Aktienmärkten wieder.

Umgekehrt gilt: Wenn der Besitz von Aktien eines Unternehmens nicht volle Verfügungsgewalt bedeutet, weil die Aktionäre sich mit den anderen Stakeholdern des Unternehmens (Arbeitnehmervertreter, lokale oder nationale Behörden, Verbraucherschutzorganisationen usw.) auf lange Sicht arrangieren müssen, wie im «rheinischen Kapitalismus», von dem im vorigen Kapitel die Rede war, ist es folgerichtig, dass der Marktwert im Schnitt strukturell unter dem Bilanzwert liegt. Das kann erklären, warum zwischen 1990 und 2000 Relationen festgestellt wurden, die in Frankreich leicht unter eins (bei 80 Prozent) und in Deutschland und Japan bei 50–70 % lagen, während sie sich in den angelsächsischen Ländern 100 % näherten oder diese gar überschritten (siehe Grafik 5.6). Es ist auch darauf hinzuweisen, dass der Börsenwert nach den Aktienkursen errechnet wird, die im laufenden Geschäft gelten. Sie betreffen im Allgemeinen Käufe von Minderheitsbeteiligungen und nicht Übernahmen der Kapitalmehrheit, für die gewöhnlich ein deutlich höherer Preis als der Tagespreis gezahlt wird (er ist in der Regel um 20 % höher). Das kann ausreichen, um auch dann einen «Tobin's Q» von 80 % zu erklären, wenn es keine anderen Stakeholder gibt als die Minderheitsaktionäre.

Abgesehen von diesen interessanten Unterschieden zwischen den Ländern, die belegen, dass der Kapitalpreis stets von den Regeln und Institutionen des untersuchten Landes abhängt, lässt sich feststellen, dass es in den reichen Ländern seit den 1970er Jahren eine allgemeine Tendenz zur Erhöhung des «Tobin's Q» gibt, was den langfristigen Anstieg der Vermögenspreise widerspiegelt. Berücksichtigt man den Anstieg der Aktienkurse und der Immobilienpreise, kann man davon ausgehen, dass die gestiegenen Vermögenspreise in den reichen Ländern zwischen 1970 und 2010 im Schnitt für ein Viertel bis ein Drittel des Anstiegs des Verhältnisses zwischen nationalem Kapital und Nationaleinkommen verantwortlich sind, wobei es starke Unterschiede zwischen den Ländern gibt.[1]

1 Siehe Technischer Anhang.

Nationales Kapital und Nettoauslandsvermögen in den reichen Ländern

Wie bereits in den vorausgehenden Kapiteln dargestellt, sind die riesigen Nettovermögen, die die reichen Länder, insbesondere Großbritannien und Frankreich, vor dem Ersten Weltkrieg im Ausland besaßen, infolge der Schocks in der Zeit von 1914 bis 1945 völlig verschwunden und haben seitdem nie wieder einen so hohen Stand erreicht. Untersucht man den Umfang des nationalen Kapitals und des Nettoauslandskapitals in den reichen Ländern im Zeitraum von 1970 bis 2010, kann man zu der Schlussfolgerung verleitet werden, die ausländischen Vermögenswerte seien nur von begrenzter Bedeutung: Manchmal fallen sie leicht positiv aus, manchmal leicht negativ, je nach Land und Jahr, aber im Allgemeinen sind sie im Vergleich zum nationalen Kapital niedrig. Mit anderen Worten: Im starken Anstieg des nationalen Kapitals in den reichen Ländern kommt vor allem die Zunahme des inländischen Kapitals in den verschiedenen Ländern zum Ausdruck, und die Nettoauslandsvermögen scheinen in einer ersten Annäherung nur eine relativ geringe Rolle zu spielen (siehe Grafik 5.7).

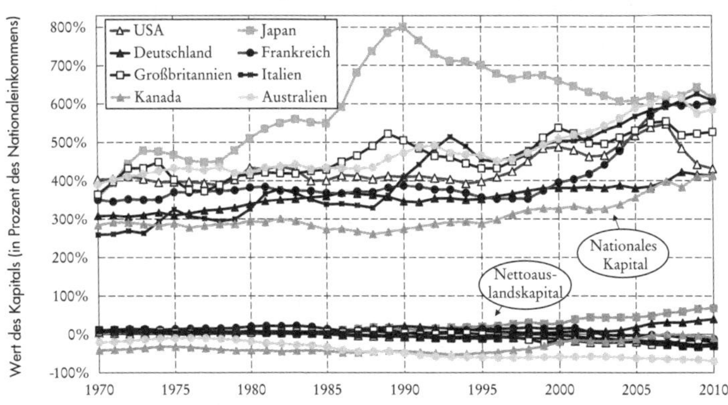

Grafik 5.7.: Die von Japan und Deutschland gehaltenen Nettoauslandsvermögen entsprechen 2010 dem Nationaleinkommen von 0,5–1 Jahr.
Quellen und Reihen: siehe piketty.pse.ens.fr/capital21c.

Eine solche Schlussfolgerung zu ziehen wäre jedoch übertrieben. Japan und Deutschland haben im Laufe der letzten Jahrzehnte und insbesondere in den 2000er Jahren tatsächlich bedeutende Nettoauslandsvermögen angesammelt (was großenteils eine automatische Folge ihrer Handelsüberschüsse ist). Zu Beginn der 2010er Jahre erreichen die Nettoauslandsvermögen Japans den Wert von rund 70 % des japanischen Nationaleinkommens eines Jahres, und die Nettoposition Deutschlands gegenüber dem Ausland liegt bei 50 % des jährlichen deutschen Nationaleinkommens. Das ist deutlich weniger als das Auslandsvermögen, das Großbritannien vor dem Ersten Weltkrieg besaß – dieses war zwei Mal höher als das jährliche Nationaleinkommen – und das Frankreich im Ausland hielt – es war mehr als ein Mal höher als sein jährliches Nationaleinkommen. In Anbetracht des raschen Akkumulationstempos stellt sich natürlich die Frage, wie die Entwicklung weitergehen wird.[1] In welchem Umfang werden sich manche Länder im 21. Jahrhundert im Besitz anderer Länder befinden? Können die beträchtlichen Auslandsvermögen, die es in der Kolonialzeit gab, wieder erreicht oder sogar überflügelt werden?

Um diese Frage richtig zu behandeln, müssen wir die Ölstaaten und die Schwellenländer (angefangen mit China), für die wir über sehr wenige historische Daten verfügen und denen wir daher bislang nur eine begrenzte Bedeutung beigemessen haben, in die Analyse einbeziehen, wobei die Quellen für die Gegenwart wesentlich zufriedenstellender ausfallen. Dabei werden wir auch die ungleiche Vermögensverteilung innerhalb der Länder und nicht nur zwischen den Ländern in den Blick nehmen müssen. Es wird daher diese Frage nach

1 Der Handelsüberschuss Deutschlands erreicht zu Beginn der 2010er Jahren 6 % des BIP, was eine rasche Anhäufung von Forderungen gegenüber der übrigen Welt ermöglicht. Zum Vergleich: Der chinesische Handelsüberschuss beträgt nur 2 % des chinesischen BIP (die Überschüsse beider Länder liegen bei 170–180 Milliarden Euro jährlich, aber das chinesische BIP ist drei Mal höher: 10 Billionen anstatt 3 Billionen Euro). Man kann es auch so sehen: Der Handelsüberschuss von fünf Jahren erlaubt es Deutschland, sämtliche Immobilien von Paris zu kaufen, und mit dem Überschuss von weiteren fünf Jahren kann der Index CAC 40 gekauft werden (etwa 800–900 Milliarden für jedes Paket). Dieser sehr hohe Überschuss scheint mehr von der deutschen Wettbewerbsfähigkeit als von einem expliziten Akkumulationsziel abzuhängen. Man kann folglich annehmen, dass die Binnennachfrage in den nächsten Jahren steigen und dieser Überschuss abnehmen wird. In den Ölstaaten, die dabei sind, Auslandsvermögen zu akkumulieren, liegt der Handelsüberschuss über 10 % des BIP (in Saudi-Arabien und in Russland), in den kleinen Ölstaaten sind es mehrere Dutzend Prozent. Siehe Kapitel 12 und Technischer Anhang.

der Dynamik der weltweiten Verteilung des Kapitals im dritten Teil dieses Buches noch einmal aufzugreifen sein.

Hier genüge der Hinweis, dass die Logik des Gesetzes $\beta = s/g$ zu sehr großen internationalen Ungleichgewichten bei der Vermögensposition führen kann, wie der Fall Japan klar zeigt. Beim gleichen Entwicklungsstand können leichte Unterschiede im Wachstum (insbesondere im Bevölkerungswachstum) oder in der Ersparnis bewirken, dass in manchen Ländern das Kapital-Einkommens-Verhältnis wesentlich höher ist als in anderen. Es ist folglich zu erwarten, dass erstere massiv in letztere investieren, was starke politische Spannungen auslösen kann. Am Beispiel Japans lässt sich eine zweite Art von Risiko demonstrieren, das dann eintritt, wenn das Kapital-Einkommens-Verhältnis $\beta = s/g$ sehr hoch ist. Wenn die Bewohner des fraglichen Landes die starke Neigung haben, heimische Vermögenswerte, zum Beispiel japanische Immobilien, zu erwerben, kann das die Preise dieser Vermögenswerte in ungeahnte Höhen treiben. Unter diesem Gesichtspunkt ist es interessant, dass der japanische Rekord von 1990 kürzlich von Spanien gebrochen wurde, wo das Privatvermögen vor der Krise von 2007/08 acht Mal so hoch ausfiel wie das jährliche Nationaleinkommen, also um ein Jahr höher als in Japan 1990. Die spanische Blase hat sich ab 2010/11 sehr schnell aufgelöst, was mit der japanischen Blase zu Beginn der 1990er Jahre vergleichbar ist.[1] Es ist durchaus möglich, dass sich in Zukunft noch spektakulärere Blasen bilden, falls das Kapital-Einkommens-Verhältnis $\beta = s/g$ neue Spitzenwerte erreichen sollte. Es kann durchaus nützlich sein, die historische Entwicklung des Kapital-Einkommens-Verhältnisses auf diese Weise darzustellen und die Volkswirtschaftlichen Gesamtrechnungen in Bezug auf Bestandsgrößen und Stromgrößen auszuwerten. Denn so könnten möglicherweise rechtzeitig offensichtliche Überbewertungen entdeckt und eine vorausschauende Finanzpolitik verfolgt werden, die den spekulativen Überschwang der Finanzinstitute des betreffenden Landes dämpfen könnte.[2]

1 Siehe die zusätzliche Grafik S5.2, online verfügbar.

2 Im Fall Spanien war allgemein aufgefallen, dass die Immobilien- und Aktienpreise in den 2000er Jahren stark gestiegen waren. Wenn man jedoch über keinen genauen Referenzpunkt verfügt, lässt sich nur schwer feststellen, zu welchem Zeitpunkt es sich tatsächlich um Überbewertungen handelt. Der Vorteil des Kapital-Einkommens-Verhältnisses liegt darin, dass dieser Indikator einen solchen Referenzpunkt bietet und es ermöglicht, zeitliche und räumliche Vergleiche anzustellen.

Es ist auch darauf hinzuweisen, dass sich hinter geringen Nettopositionen enorme Bruttopositionen verbergen können. Ein Kennzeichen der Globalisierung der Finanzströme besteht darin, dass ein Großteil jedes Landes im Besitz anderer Länder ist, was nicht nur die Wahrnehmung bezüglich der weltweiten Vermögensverteilung trübt, sondern auch kleine Länder sehr verwundbar macht und zu einer Instabilität der weltweiten Verteilung der Nettopositionen führt. Seit den 1970er Jahren hat eine starke Finanzialisierung der Wirtschaft und der Vermögensstruktur stattgefunden: Die Aktiva und Passiva der verschiedenen Sektoren (Haushalte, Unternehmen, die öffentliche Hand) sind noch stärker gestiegen als der Nettowert der Vermögen. Zu Beginn der 1970er Jahre waren die gesamten finanziellen Aktiva und Passiva in den meisten Ländern vier bis fünf Mal höher als das jährliche Nationaleinkommen. Zu Beginn der 2010er Jahre sind sie meistens zwischen zehn und fünfzehn Mal höher als das jährliche Nationaleinkommen (insbesondere in den Vereinigten Staaten, Japan, Deutschland und Frankreich), im Vereinigten Königreich sogar zwanzig Mal höher, was einen absoluten historischen Rekord darstellt.[1] Darin kommt das beispiellose Ausmaß der wechselseitigen Verflechtungen zwischen Finanzinstituten und Unternehmen in ein und demselben Land (und vor allem eine beträchtliche Aufblähung der Bankbilanzen, die in keinem Verhältnis zum Eigenkapital stehen) sowie zwischen den Ländern zum Ausdruck.

Unter diesem Gesichtspunkt ist es wichtig darauf hinzuweisen, dass diese internationalen Verflechtungen in den europäischen Ländern stärker sind, angefangen bei Großbritannien, Deutschland und Frankreich (wo die von anderen Ländern gehaltenen finanziellen Aktiva zwischen einem Viertel und der Hälfte der gesamten inländi-

1 Siehe die Grafiken S5.3 und S5.4, online verfügbar. Die von den Zentralbanken und Statistikämtern erstellten Bilanzen beziehen sich nur auf die finanziellen Primäraktiva (Forderungen, Aktien, Obligationen und diverse Papiere) und nicht auf Derivate (die, je nachdem, wie man das Problem sieht, Wetten oder Versicherungsverträgen ähneln, die an diese Primäraktiva gebunden sind), die den Gesamtwert noch mehr nach oben treiben würden (je nach Definition wären sie zwanzig bis dreißig Mal so hoch wie das jährliche Nationaleinkommen). Es ist jedoch wichtig zu wissen, dass diese finanziellen Aktiva und Passiva, die heute größer sind als jemals in der Vergangenheit (im 19. Jahrhundert und bis zum Ersten Weltkrieg waren sämtliche finanziellen Aktiva und Passiva vier bis fünf Mal so hoch wie das jährliche Nationaleinkommen), keinen Einfluss auf die Höhe der Nettovermögen haben (so wenig, wie die Höhe der Wetten bei einem Sportereignis die Höhe des Nationalvermögens beeinflusst). Siehe Technischer Anhang.

schen finanziellen Aktiva ausmachen, was beträchtlich ist) als in größeren Volkswirtschaften wie den USA oder Japan (wo dieser Teil kaum über einem Zehntel liegt).[1] Das verstärkt, namentlich in Europa, das Gefühl, enteignet zu werden, das mitunter reichlich übertrieben, teilweise aber auch berechtigt ist. Man vergisst dabei schnell, dass, wenn die nationalen Unternehmen und die staatlichen Schuldtitel zum großen Teil im Besitz der übrigen Welt sind, man selbst entsprechende Aktiva im Ausland hält, und zwar in Form von Lebensversicherungen und zahlreichen Finanzprodukten. Diese Bilanzstruktur macht kleine, vor allem europäische Länder verwundbar, da kleine «Fehler» bei der Bewertung von finanziellen Aktiva oder Passiva zu enormen Schwankungen bei der Nettovermögensposition führen können.[2] Die Entwicklung der Nettovermögensposition in den verschiedenen Ländern hängt nicht nur von den angehäuften Überschüssen (oder Defiziten) der Handelsbilanz ab, sondern auch von den starken Unterschieden, die zwischen der Rendite der finanziellen Aktiva und der Rendite der finanziellen Passiva eines Landes auftreten können.[3] Ein großer Teil dieser inter-

---

1 Die französischen finanziellen Aktiva, die der übrigen Welt gehören, machen im Jahr 2010 310 % des Nationaleinkommens aus, und die finanziellen Aktiva, die von französischen Bürgern im Rest der Welt gehalten werden, wiederum 300 Prozent, was eine Negativposition von 10 % ergibt. In den Vereinigten Staaten beträgt die Negativposition 20 % des Nationaleinkommens. Sie entspricht finanziellen Aktiva in Höhe von 120 %, die die übrige Welt in den Vereinigten Staaten hält, und 100 %, die amerikanische Bürger im Ausland halten. Siehe die Grafiken S5.5–S5.11, online verfügbar, in denen detaillierte Reihen nach Ländern dargestellt sind.

2 In diesem Zusammenhang lässt sich feststellen, dass ein entscheidender Unterschied zwischen der japanischen und der spanischen Blase darin besteht, dass Spanien derzeit eine negative Vermögensposition aufweist, die dem Nationaleinkommen von einem Jahr entspricht (was die Lage des Landes verschlimmert), während Japan eine positive Position in der gleichen Größenordnung aufweist. Siehe Technischer Anhang.

3 Vor allem in Anbetracht der sehr hohen Handelsdefizite der USA müsste die Nettoposition eigentlich viel negativer sein, als sie tatsächlich ist. Das liegt zum einen an der sehr hohen Rendite aus den amerikanischen Aktiva im Ausland (vornehmlich Aktien) und zum anderen an der geringen Rendite der Passiva (hauptsächlich amerikanischer Schuldtitel). Siehe dazu die Arbeiten von P.-O. Gourinchas und H. Rey, die im Anhang zitiert werden. Umgekehrt müsste die deutsche Nettoposition höher sein, als sie tatsächlich ist, wofür die geringen Renditen aus den im Ausland angelegten Aktiva verantwortlich sind (was sich vielleicht teilweise mit der derzeitigen großen Vorsicht Deutschlands erklären lässt). Eine Aufschlüsselung der Akkumulation von Auslandsaktiva durch die verschiedenen reichen Länder in der Zeit von 1970 bis 2010 findet sich im Technischen Anhang (insbesondere Tabelle S5.13).

nationalen Positionen hängt allerdings mehr mit fiktiven Finanzströmen zusammen, die sich aus fiskalischen oder regulatorischen Optimierungsstrategien ergeben (über Scheinfirmen in den Ländern, die das attraktivste Steuer- oder Regulierungssystem haben), als mit den Bedürfnissen der Realwirtschaft.[1] Im dritten Teil dieses Buches, wo wir die Bedeutung der Steuerparadiese für die weltweite Dynamik der Vermögensverteilung untersuchen, werden wir auf diese Fragen zurückkommen.

Auf welchem Niveau wird sich das weltweite Kapital-Einkommens-Verhältnis im 21. Jahrhundert befinden?

Mithilfe des dynamischen Gesetzes $\beta = s/g$ kann man auch darüber nachdenken, welche Höhe das Kapital-Einkommens-Verhältnis im 21. Jahrhundert erreichen könnte.

Schauen wir uns zunächst die Vergangenheit an. Was Europa (oder zumindest die wichtigsten westeuropäischen Volkswirtschaften) und Nordamerika betrifft, so verfügen wir für den Zeitraum 1870 bis 2010 über zuverlässige Schätzungen. Für Japan liegt uns keine vollständige Schätzung des Privatvermögens und des Nationalvermögens vor dem Zeitraum von 1960 bis 1970 vor. Aber die Teildaten, insbesondere die japanischen nachlassbezogenen Daten, über die wir verfügen und die 1905 beginnen, legen nahe, dass sich das Vermögen in Japan nach der gleichen «U-Kurve» entwickelt hat wie in Europa und dass das Kapital-Einkommens-Verhältnis zwischen 1910 und 1930 sehr hoch ist, nämlich 600–700 % beträgt, bevor es 1950 bis 1960 auf gerade einmal 200–300 % fällt und 1990 bis 2000 wieder den oben dargestellten spektakulären Anstieg auf 600–700 % verzeichnet.

Für die anderen Länder und Kontinente, Asien (ohne Japan), Afrika und Südamerika liegen uns ab den 1990er Jahren relativ vollständige Schätzungen vor, wobei das Kapital-Einkommens-Verhältnis bei vier

1 Es ist beispielsweise möglich, dass ein bedeutender Teil des amerikanischen Handelsdefizits sich einfach aus fiktiven Transfers zu amerikanischen Tochterunternehmen in Ländern ergibt, die in Steuersachen nachsichtiger sind. Diese werden dann in Form von im Ausland erzielten Gewinnen in die USA rückgeführt (was sich positiv auf die Zahlungsbilanz auswirkt). Es zeigt sich, wie sehr diese Buchungstricks die Analyse der elementarsten ökonomischen Phänomene verzerren können.

Jahren liegt. Für den Zeitraum von 1870 bis 1990 gibt es keine wirklich zuverlässige vollständige Schätzung; wir haben einfach angenommen, dass das gleiche Gesamtniveau galt. In Anbetracht der Tatsache, dass diese Länder in diesem Zeitraum insgesamt etwa ein Fünftel des Bruttoweltprodukts erbringen, ist der Einfluss auf das weltweite Kapital-Einkommens-Verhältnis relativ begrenzt.

Das Kapital-Einkommens-Verhältnis in der Welt, 1870–2100

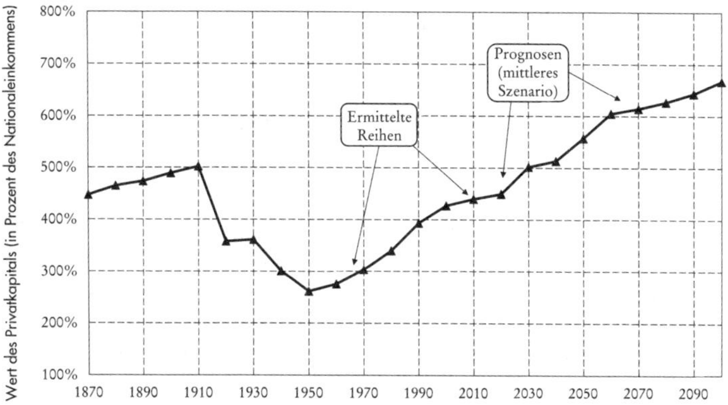

Grafik 5.8.: Nach den Simulationen des mittleren Szenarios könnte sich das Kapital-Einkommens-Verhältnis am Ende des 21. Jahrhunderts weltweit 700 % nähern.
Quellen und Reihen: siehe piketty.pse.ens.fr/capital21c.

Die gewonnenen Ergebnisse sind in der Grafik 5.8 dargestellt. Angesichts des Gewichts der reichen Länder ist es kaum überraschend, dass sich das Kapital-Einkommens-Verhältnis weltweit nach der gleichen «U-Kurve» entwickelt hat: Es scheint derzeit bei 500 % zu liegen, hat also annähernd das Niveau erreicht, das vor dem Ersten Weltkrieg herrschte.

Der interessanteste Teil betrifft den weiteren Verlauf der Entwicklung. Wir haben hier die in Kapitel 2 dargestellten demografischen und ökonomischen Wachstumsprognosen verwendet, wonach das Wachstum der weltweiten Produktion von mehr als 3 % jährlich in der zweiten Hälfte des 21. Jahrhunderts schrittweise auf 1,5 % sinken könnte. Wir haben auch angenommen, dass sich die Sparquote langfristig bei 10 % einpendelt. Unter diesen Bedingungen würde das weltweite Kapital-Einkommens-Verhältnis gemäß dem Gesetz $\beta = s/g$ weiterhin steigen und könnte im Laufe des 21. Jahrhunderts 700 % erreichen, was ungefähr dem Stand entspräche, der in Europa in der Belle Époque sowie im 18. und 19. Jahrhundert festgestellt wurde. Mit anderen Worten: Die ganze Welt könnte 2100 dem Europa der Belle Époque ähneln – zumindest was das Gewicht der Vermögen betrifft. Natürlich ist das nur eine Möglichkeit von vielen: Wir haben gesehen, dass die Wachstumsprognosen äußerst unsicher sind, was auch für die Prognosen bezüglich der Sparquote gilt. Diese Annahmen sind gleichwohl plausibel und haben den Vorteil, dass sie die entscheidende Rolle der Wachstumsverlangsamung bei der Kapitalakkumulation beleuchten.

Das Geheimnis des Bodenpreises

Das Gesetz $\beta = s/g$ betrifft nur die Kapitalarten, die akkumuliert werden können und berücksichtigt nicht den Wert der reinen natürlichen Ressourcen, insbesondere des Bodens vor jeder Melioration durch den Menschen. Die Tatsache, dass mithilfe dieses Gesetzes nahezu der gesamte Kapitalstock erfasst werden kann, der 2010 ermittelt wurde (je nach Land zwischen 80 und 100 %), legt den Gedanken nahe, dass der reine Boden nur einen kleinen Teil des nationalen Kapitals ausmacht. Aber wie hoch ist dieser Wert? Die verfügbaren Daten erlauben keine ganz genaue Antwort.

Betrachten wir zunächst die landwirtschaftlichen Nutzflächen in traditionalen Agrargesellschaften. Es ist sehr schwer, genau zu bestimmen, welcher Teil des Bodenwerts den zahlreichen Investitionen und Meliorationen geschuldet ist, die im Laufe der Jahrhunderte durchgeführt wurden – insbesondere in Form von Urbarmachung, Entwässerung, Einfriedung, diversen Raumordnungsmaßnahmen –, und welcher Teil dem reinen Wert des Bodens entspricht, so wie er vor der Bewirtschaftung durch den Menschen beschaffen war. Es scheint festzustehen, dass die Investitionen und Meliorationen den größten Teil ausmachen. Im 18. Jahrhundert entspricht der Wert des landwirtschaftlich genutzten Bodens in Frankreich wie in England dem Nationaleinkommen von vier Jahren.[1] Den damaligen Schätzungen

---

1 Es ist schwierig, Vergleiche mit früheren Gesellschaften anzustellen, aber die wenigen verfügbaren Schätzungen deuten darauf hin, dass der Wert des Bodens manchmal noch stärker steigen kann, im alten Rom entsprach er beispielsweise dem Nationaleinkommen von sechs Jahren, wie R. Goldsmith in seinem Buch *Premodern financial systems – A his-*

zufolge kann man annehmen, dass die Investitionen und Meliorationen mindestens drei Viertel des Werts und mehr ausmachen. Der reine Bodenwert entspricht höchstens dem Nationaleinkommen eines Jahres und wahrscheinlich weniger als dem eines halben Jahres. Dieser Schluss stützt sich vor allem darauf, dass schon der jährliche Wert der verschiedenen Maßnahmen wie Urbarmachung, Entwässerung usw. beträchtliche Summen darstellt und 3–4 % des Nationaleinkommens ausmacht. Bei einem relativ langsamen Wachstum – weniger als 1 % pro Jahr – ist der kumulierte Wert solcher Investitionen fast genauso hoch wie der Gesamtwert des landwirtschaftlich genutzten Bodens (er kann sogar darüber liegen).[1]

Interessant ist, dass Thomas Paine in seiner berühmten Gesetzesvorlage mit dem Titel «Thomas Payne an die Gesetzgeber und an die Direktoren der Republik Frankreich. Ein Plan zur Verbesserung der Lage der gesamten Menschheit», die er 1795 im französischen Parlament einbrachte, ebenfalls zu dem Schluss kam, dass der nicht akkumulierte Teil des Nationalvermögens («unimproved land») etwa einem Zehntel des Nationalvermögens, also etwas mehr als dem Nationaleinkommen eines halben Jahres entsprach.

Es ist jedoch hervorzuheben, dass derartige Schätzungen zwangsläufig immer nur grobe Annäherungen darstellen können. Wenn die jährliche Wachstumsrate gering ausfällt, können leichte Schwankungen bei der Investitionsquote riesige Unterschiede im langfristigen Wert des Kapital-Einkommens-Verhältnisses $\beta = s/g$ erzeugen. Festzuhalten ist, dass der größte Teil des nationalen Kapitals in traditionalen Gesellschaften bereits auf Akkumulation und Investition basierte: Es hat eigentlich keine echten Veränderungen gegeben, außer vielleicht der Tatsache, dass die Entwertung des Bodenkapitals im Vergleich zum modernen Immobilien- und Gewerbekapital sehr gering war; letzteres muss viel häufiger ersetzt und repariert werden, was möglicherweise den Eindruck erweckt, es handle sich um ein

torical comparative study darlegt, Cambridge: Cambridge University Press 1987, S. 58. Schätzungen bezüglich der Vererbung von Vermögen zwischen den Generationen in kleinen primitiven Gesellschaften (M. Borgerhoff und S. Bowles, «Intergenerational Wealth Transmission and the Dynamics of Inequality in Small-Scale Societies», *Science* 326 (2009), S. 682–88 deuten darauf hin, dass die Bedeutung des vererbbaren Vermögens stark von der jeweiligen Wirtschaftstätigkeit abhängt (Jäger, Hirten, Bauern usw.).

1 Siehe Technischer Anhang.

«dynamischeres» Kapital. Aber angesichts der sehr begrenzten und ungenauen Daten bezüglich der Investitionen in traditionalen Agrargesellschaften kann man kaum mehr sagen.

Insbesondere scheint es unmöglich, einen genauen Vergleich mit dem reinen Bodenwert am Ende des 20. und zu Beginn des 21. Jahrhunderts anzustellen. Heute geht es hauptsächlich um städtischen Grund und Boden: Die Agrarflächen sind in Frankreich und Großbritannien weniger als 10 % des Nationaleinkommens wert. Das Problem ist: Den Wert des reinen städtischen Grund und Bodens zu ermitteln, und zwar unabhängig nicht nur von der Bebauung, sondern auch von der Infrastruktur und den Erschließungsmaßnahmen, die ihn attraktiv machen, ist heute ebenso schwer, wie es im 18. Jahrhundert schwer war, den Wert der reinen Agrarflächen festzustellen. Nach unseren Schätzungen erklären die Investitionen der letzten Jahrzehnte nahezu den gesamten Wert der entsprechenden Vermögen – insbesondere der Immobilienvermögen – im Jahr 2010. Mit anderen Worten: Die Erhöhung des Kapital-Einkommens-Verhältnisses geht nicht in erster Linie auf den erhöhten Wert des reinen städtischen Grund und Bodens zurück, der in einer ersten Annäherung dem der reinen Agrarflächen im 18. Jahrhundert relativ ähnlich ist: zwischen einem halben und einem Jahr Nationaleinkommen. Es gibt allerdings beträchtliche Unsicherheitsfaktoren.

Zwei Punkte sind dem noch hinzuzufügen. Dass sich der Gesamtwert des Vermögens – insbesondere des Immobilienvermögens – in den reichen Ländern aus der Akkumulation der Spar- und Investitionsleistungen ergibt, ändert nichts daran, dass es in bestimmten Ballungsräumen und vornehmlich in den Metropolen große Wertsteigerungen gibt. Es wäre sinnlos, die Wertsteigerung der Gebäude auf dem Champs-Elysées oder ganz allgemein in Paris einzig und allein mit Investitionen zu erklären. Unsere Schätzungen besagen lediglich, dass diese sehr hohen Wertsteigerungen von Immobilien an bestimmten Orten durch Wertminderungen an weniger attraktiven Orten ausgeglichen wurden, beispielsweise in mittelgroßen Städten oder in manchen heruntergekommenen Wohnvierteln.

Die Tatsache, dass die Wertsteigerung von reinem Grund und Boden mit dem historischen Anstieg des Kapital-Einkommens-Verhältnisses in den reichen Ländern nicht viel zu tun hat, bedeutet nicht, dass es auch in Zukunft so sein wird. Aus theoretischer Sicht ist eine langfristige Stabilität des Bodenwerts nicht garantiert – das gilt noch mehr für die natürlichen Ressourcen in ihrer Gesamtheit. Wir werden diese Frage wieder aufgreifen, wenn wir die Dynamik des Vermögens und der Aktiva untersuchen, die die Ölstaaten im Ausland besitzen.

6.

DAS VERHÄLTNIS ZWISCHEN KAPITEL UND ARBEIT IM 21. JAHRHUNDERT

Wir verstehen mittlerweile recht gut, wie die Dynamik des Kapital-Einkommens-Verhältnisses gemäß dem Gesetz $\beta = s/g$ funktioniert. Das langfristige Kapital-Einkommens-Verhältnis hängt in erster Linie von der Sparquote s und von der Wachstumsrate g ab. Diese beiden makrosozialen Parameter sind wiederum an Millionen individueller Entscheidungen gebunden, die von vielen sozialen, ökonomischen, kulturellen, psychologischen und demografischen Überlegungen beeinflusst werden und zeitlich und örtlich sehr verschieden sein können. Überdies sind sie weitgehend unabhängig voneinander. Die großen und historischen und räumlichen Schwankungen des Kapital-Einkommens-Verhältnisses lassen sich schon auf diese Weise gut verstehen – sogar ohne zu berücksichtigen, dass auch der relative Preis des Kapitals und der natürlichen Ressourcen kurzfristig wie langfristig ebenfalls stark variieren kann.

Vom Kapital-Einkommens-Verhältnis zum Kapital-Arbeits-Verhältnis

Nach der Analyse des Kapital-Einkommens-Verhältnisses gilt es jetzt, die Verteilung des Nationaleinkommens auf Kapital und Arbeit zu untersuchen. Die Formel $\alpha = r \times \beta$, in Kapitel 1 als das erste grundlegende Gesetz des Kapitalismus bezeichnet, erlaubt einen transparenten Übergang vom einen zum anderen. Wenn der Wert des Kapitalstocks beispielsweise gleich dem Nationaleinkommen von sechs Jahren ist ($\beta = 6$) und wenn die durchschnittliche Kapitalrendite 5 % jährlich beträgt (r = 0,05), dann beläuft sich der Anteil der Kapitaleinkommen α am Nationaleinkommen auf 30 % (und der der Arbeitseinkommen folglich auf 70 %). Die entscheidende Frage ist somit die folgende: Wodurch wird die Kapitalrendite bestimmt? Schauen wir uns zunächst kurz die sehr langfristigen Entwicklungen an, bevor wir die theoretischen Mechanismen und die entscheidenden ökonomischen und sozialen Kräfte analysieren.

Die beiden Länder, für die wir die vollständigsten Daten seit dem 18. Jahrhundert besitzen, sind erneut Großbritannien und Frankreich. Man beobachtet hier die gleiche U-förmige Entwicklung des Anteils des Kapitals am Nationaleinkommen α und des Kapital-Einkommens-Verhältnisses β, wenn auch weniger stark ausgeprägt. Mit anderen Worten: Die Kapitalrendite r scheint die Entwicklung der Kapitalmenge β abgeschwächt zu haben: Die Kapitalrendite r ist in den Zeiten höher, in denen die Menge β kleiner ist und umgekehrt – was auch natürlich erscheint.

Für Großbritannien wie Frankreich lässt sich festhalten, dass der Anteil des Kapitals Ende des 18. und im ganzen 19. Jahrhundert bei 35–40 % des Nationaleinkommens lag; Mitte des 20. Jahrhunderts sank er auf 20–25 % und stieg Ende des 20. Jahrhunderts und Anfang des 21. Jahrhunderts auf 25–30 % (siehe die Grafiken 6.1 und 6.2). Das entspricht einer durchschnittlichen Kapitalrendite von etwa 5–6 % im 18. und 19. Jahrhundert; Mitte des 20. Jahrhunderts stieg sie auf 7–8 %, um Ende des 20. Jahrhunderts und Anfang des 21. Jahrhunderts auf 4–5 % zu sinken (siehe die Grafiken 6.3 und 6.4).

Die gesamte Kurve und die Größenordnungen, die wir angegeben haben, können als zuverlässig und signifikant betrachtet werden, zumindest in einer ersten Annäherung. Doch müssen sogleich die Grenzen und Unzulänglichkeiten hervorgehoben werden. Wie bereits gesagt, ist schon der Begriff «durchschnittliche» Kapitalrendite eine ziemlich abstrakte Konstruktion. In der Praxis fällt die Rendite je nach Vermögensart und Umfang des einzelnen Vermögens sehr unterschiedlich aus (es ist im Allgemeinen leichter, eine gute Rendite zu erzielen, wenn man über ein großes Kapital verfügt) und verstärkt dadurch die Ungleichheiten, wie wir im dritten Teil sehen werden. Die Rendite des Geldkapitals, das in risikoreiche Geschäfte investiert wird, angefangen beim Industriekapital (ob dieses die Form von Anteilen an Familienunternehmen im 19. Jahrhundert oder von Aktien

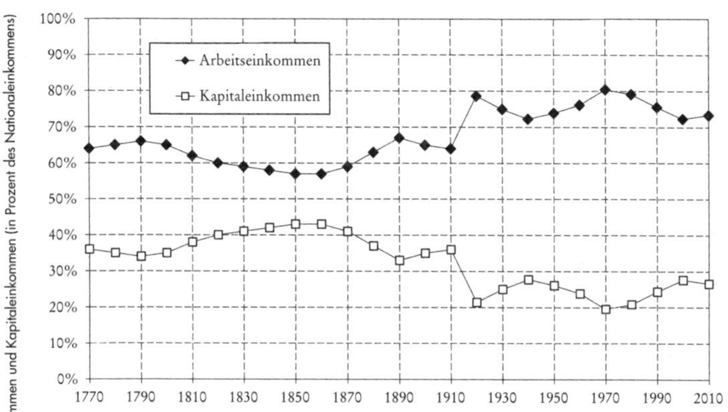

Grafik 6.1.: Im 19. Jahrhundert machen die Kapitaleinkommen (Mieten, Gewinne, Dividenden, Zinsen) etwa 40 % des Nationaleinkommens, die Arbeitseinkommen (von Arbeitnehmern und Selbstständigen) 60 % des Nationaleinkommens aus.
Quellen und Reihen: piketty.pse.ens.fr/capital21c.

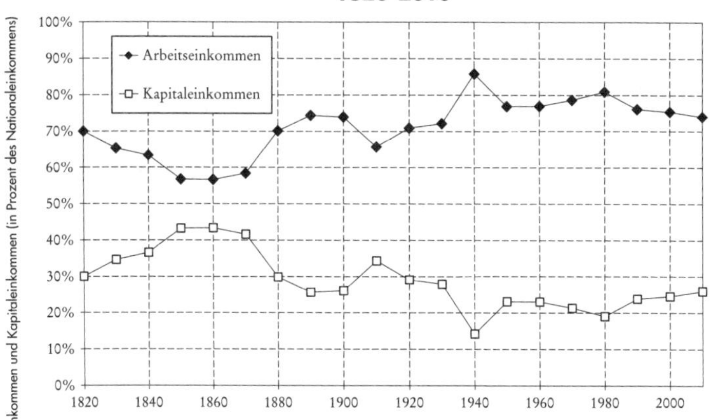

Grafik 6.2.: Im 21. Jahrhundert machen die Kapitaleinkommen (Mieten, Gewinne, Dividenden, Zinsen) etwa 30 % des Nationaleinkommens, die Arbeitseinkommen (von Arbeitnehmern und Selbstständigen) 70 % des Nationaleinkommens aus.
Quellen und Reihen: siehe piketty.pse.ens.fr/capital21c.

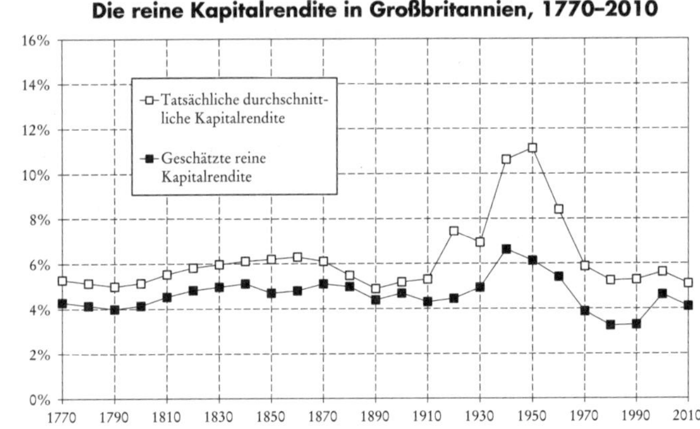

Grafik 6.3.: Die reine Kapitalrendite liegt langfristig relativ stabil bei 4–5 %.
Quellen und Reihen: siehe piketty.pse.ens.fr/capital21c.

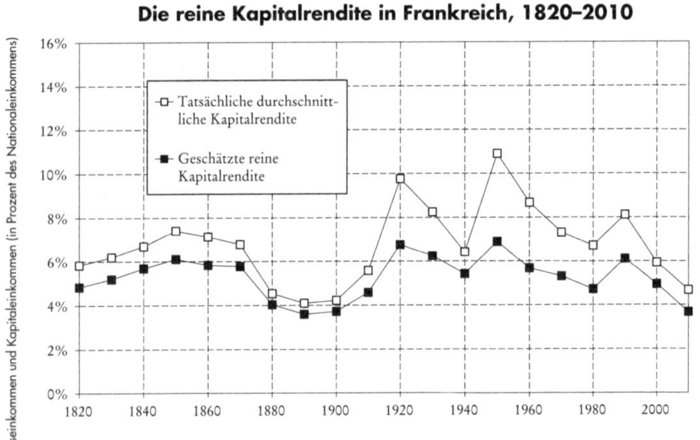

Grafik 6.4.: Die durchschnittliche Rendite war im 20. Jahrhundert stärkeren Schwankungen unterworfen als die reine Kapitalrendite.
Quellen und Reihen: siehe piketty.pse.ens.fr/capital21c.

an börsennotierten Unternehmen im 20. Jahrhundert hat), liegt häufig über 7–8 %, während weniger risikoreiche Geschäfte eine deutlich geringere Rendite abwerfen, zum Beispiel 4–5 % bei den landwirtschaftlich genutzten Flächen im 18. und 19. Jahrhundert und 3–4 %

bei Immobilien zu Beginn des 21. Jahrhunderts. Was die ganz kleinen Vermögen auf wenig einträglichen Girokonten oder Sparkonten betrifft, so liegt die reale Rendite bei 1–2 % und kann sogar negativ sein, wenn die Inflation höher ist als der magere nominelle Zinssatz. Das ist eine wichtige Frage, auf die wir später noch ausführlich zurückkommen werden.

Die in den Grafiken 6.1 und 6.4 dargestellten Kapitalanteile und durchschnittlichen Renditen wurden errechnet, indem sämtliche in den Volkswirtschaftlichen Gesamtrechnungen erfassten Kapitaleinkommen (unabhängig von ihrer Rechtsform) addiert wurden: Mieten, Gewinne, Dividenden, Zinsen, Gebühren usw., mit Ausnahme der für die staatlichen Schuldtitel gezahlten Zinsen und vor Steuerabzügen). Sodann wurde diese Summe durch das Nationaleinkommen geteilt (so erhält man den Anteil des Kapitals am Nationaleinkommen α) sowie durch den nationalen Kapitalstock (so erhält man die durchschnittliche Kapitalrendite r).[1] Diese durchschnittliche Kapitalrendite bezieht sich folglich auf sehr unterschiedliche Erträge aus Vermögen und Anlagen: Wir wollen ermitteln, wie viel das Kapital in einer Gesellschaft durchschnittlich einbringt – und zwar unabhängig von den unterschiedlichen individuellen Lebenslagen. Natürlich erhalten manche Menschen mehr als diese Durchschnittsrendite und andere weniger. Bevor wir die Verteilung des individuellen Ertrags um die Durchschnittsrendite herum untersuchen, schauen wir uns zunächst an, wo dieser Durchschnitt liegt.

Die Ströme: schwerer zu schätzen als die Bestände

Eine wichtige Grenze dieser Art von Berechnung betrifft die Einkommen der Selbstständigen; für diese Gruppe erweist es sich häufig als schwierig, die Vergütung des Kapitals zu bestimmen.

1 Die für die Staatsschuld gezahlten Zinsen, die nicht zum Nationaleinkommen gehören (es handelt sich um einen reinen Transfer) und die ein Kapital vergüten, das nicht zum nationalen Kapital gehört (da die Staatsschuld einen Aktivposten für die privaten Inhaber von staatlichen Schuldtiteln und einen Passivposten für den Staat darstellt), werden in den Grafiken 6.1 und 6.4 nicht berücksichtigt. Würde man sie einbeziehen, wäre der Anteil des Kapitals ein wenig höher, im Allgemeinen um ein bis zwei Prozentpunkte (und bis zu 4–5 Prozentpunkten in Zeiten, in denen die Staatsschuld besonders hoch ist). Die vollständigen Reihen finden sich im Technischen Anhang.

Dieses Problem wiegt heute weniger schwer als in der Vergangenheit, da der wesentliche Teil der privaten Wirtschaftstätigkeit heute im Rahmen von Aktiengesellschaften und anderen Kapitalgesellschaften stattfindet, also in Gesellschaften, in denen eine klare Trennung zwischen der Bilanz des Unternehmens und der Bilanz jener Personen vorgenommen wird, die Kapital eingebracht haben (und die nur mit ihrem Kapitalanteil und nicht mit ihrem persönlichen Vermögen haften: Das ist die revolutionäre Neuerung der «Gesellschaft mit beschränkter Haftung», die Ende des 19. Jahrhunderts fast überall eingeführt wurde) und in denen man klar zwischen der Entlohnung der Arbeit (Löhne, Prämien und andere Zahlungen an diejenigen, die ihre Arbeit beigesteuert haben, einschließlich der Arbeit der Führungskräfte) und der Vergütung des Kapitals (Dividenden, Zinsen, reinvestierte Gewinne zum Zwecke der Wertsteigerung des Kapitals usw.) unterscheidet.

Anders verhält es sich bei Personengesellschaften und insbesondere bei Unternehmen, in denen die Bilanz des Unternehmens manchmal nicht von der persönlichen Bilanz des Betriebsleiters zu trennen ist, der oftmals zugleich der Eigentümer ist. Heutzutage werden in den Industrieländern ungefähr 10 % der Inlandsproduktion von selbstständigen Erwerbspersonen in einzelnen Unternehmen erbracht, was ungefähr dem Anteil der Selbstständigen an der Erwerbsbevölkerung entspricht. Die Selbstständigen finden sich vor allem in kleinen Dienstleistungsunternehmen (Händler, Handwerker, Gastronomen usw.) und in den freien Berufen (Ärzte, Anwälte usw.). Lange Zeit betraf das auch eine große Zahl von Landwirten, die heute weitgehend verschwunden sind. Im Allgemeinen ist es unmöglich, in den Büchern dieser Betriebe die Vergütung des Kapitals isoliert zu erfassen: Die Einkommen eines Radiologen vergüten zugleich seine Arbeit und die oftmals sehr teuren Geräte, die er anschaffen musste. Gleiches gilt für den Hotelier oder den Landwirt. Daher spricht man von «gemischten Einkommen»: Die Entgelte der Selbstständigen sind zugleich Arbeits- und Kapitaleinkommen. Man könnte auch von einem «unternehmerischen Einkommen» sprechen.

Um die gemischten Einkommen zwischen Arbeit und Kapital aufzuteilen, haben wir die gleiche durchschnittliche Verteilung Kapital/Arbeit wie für die übrige Wirtschaft verwendet. Diese Lösung ist am wenigsten willkürlich und scheint Resultate zu bringen, die den mit den beiden anderen möglichen Methoden erzielten ähneln.[1] Das bleibt jedoch nur eine Annäherung, da die Grenze zwischen Kapital- und Arbeitseinkommen bei den gemischten Einkommen nicht zufriedenstellend definiert werden kann. Das macht für die heutige Zeit keinen großen Unterschied aus: Angesichts der geringen Bedeutung der gemischten Einkommen bezieht sich die Unsicherheit über den tatsächlichen Anteil des Kapitals auf höchstens 1 oder 2 % des Nationaleinkommens. Für frühere Zeiten und insbesondere für das 18. und 19. Jahrhundert, als die gemischten Einkommen mehr als die Hälfte des Nationaleinkommens ausmachen konnten, ist die Unsicherheit potenziell viel größer.[2] Aus diesem Grund dürfen die verfügbaren Schätzungen des Anteils des Kapitals für das 18. und 19. Jahrhundert nur als Annäherungen betrachtet werden.[3]

Das ändert jedoch nichts an der beträchtlichen Höhe der Kapitaleinkommen, die wir für diese Zeit geschätzt haben (mindestens 40 % des Nationaleinkommens): In Großbritannien und Frankreich machte allein die den Grundbesitzern gezahlte Bodenrente im 18. und Anfang des 19. Jahrhunderts 20 % des Nationaleinkommens aus, und alles deutet darauf hin, dass der Ertrag der landwirtschaftlich genutzten Flächen (fast die Hälfte des nationalen Kapitals) leicht unter der durchschnittlichen Kapitalrendite und deutlich unter der Rendite des Industriekapitals lag, wenn man nach den sehr hohen Gewinnen in der Industrie, insbesondere in der ersten Hälfte des 19. Jahrhunderts, geht. Aber aufgrund der Unzulänglichkeiten der verfügbaren Daten ist es besser, eine Spanne – zwischen 35 und 45 % – anstelle einer einzigen Schätzung anzugeben.

1 Man kann für die Selbstständigen entweder das gleiche durchschnittliche Arbeitseinkommen wie für die Nicht-Selbstständigen veranschlagen oder dem von den Selbstständigen verwendeten Gewerbekapital die gleiche durchschnittliche Rendite zurechnen wie den anderen Kapitalarten. Siehe Technischer Anhang.

2 Der Anteil der Einzelbetriebe an der Inlandsproduktion ist in den verschiedenen reichen Ländern von etwa 30–40 % der Inlandsproduktion in den Jahren 1950–1960 auf rund 10 % in den Jahren 1980–1990 gesunken (worin im Wesentlichen der Einbruch des Anteils der Landwirtschaft zum Ausdruck kommt) und hat sich seitdem auf diesem Niveau eingependelt, wobei es je nach den steuerlichen Vor- und Nachteilen einen leichten Anstieg auf 12–15 % gegeben hat. Siehe Technischer Anhang.

3 Die in den Grafiken 6.1 und 6.2 dargestellten Reihen wurden auf der Grundlage der historischen Arbeiten von Robert Allen für Großbritannien und meiner eigenen Arbeiten für Frankreich erstellt. Alle Einzelheiten zu den Quellen und Methoden sind online im Technischen Anhang verfügbar.

Für das 18. und 19. Jahrhundert sind die Schätzungen zum Wert des Kapitalstocks wahrscheinlich genauer als jene, die sich auf die Arbeits- und Kapitaleinkommen beziehen. Das gilt auch noch heute in hohem Maße. Daher haben wir beschlossen, im Rahmen unserer Untersuchung den Schwerpunkt auf die Entwicklung des Kapital-Einkommens-Verhältnisses und nicht auf das Kapital-Arbeits-Verhältnis zu legen, wie es in den Wirtschaftswissenschaften bisher üblich war.

Der Begriff der reinen Kapitalrendite

Eine weitere Unsicherheit – aufgrund derer wir annehmen, dass die in den Grafiken 6.3 und 6.4 angegebenen durchschnittlichen Renditen ein wenig zu hoch angesetzt sind und die uns dazu führt, auch das anzugeben, was man die «reinen» Kapitalrenditen nennen könnte – ergibt sich daraus, dass die Volkswirtschaftlichen Gesamtrechnungen Folgendes nicht berücksichtigen: Eine Kapitalanlage erfordert im Allgemeinen ein Minimum an Arbeit oder Aufmerksamkeit von Seiten des Kapitalbesitzers. Die «formellen» Verwaltungs- und Vermittlungskosten, das heißt die Beratung oder Verwaltung eines Portfolios durch eine Bank, ein Finanzinstitut, einen Immobilienmakler oder einen Hausverwalter werden erfasst und stets von den Kapitaleinkommen und von der durchschnittlichen Rendite (so wie hier dargestellt) abgezogen. Aber das gilt nicht für «informelle» Tätigkeiten, das heißt für die Zeit – manchmal viel Zeit –, die jemand damit verbringt, sein Portfolio und seine Angelegenheiten selbst zu verwalten und sich um die profitabelsten Investitionen zu kümmern. Das kann in manchen Fällen eine echte unternehmerische Arbeit oder die Arbeit eines «Geschäftsmannes» sein.

Es ist zweifellos sehr schwierig – und teilweise willkürlich –, den Wert dieser informellen Arbeit genau zu errechnen, was auch diese Lücke in den Volkswirtschaftlichen Gesamtrechnungen erklärt. Man müsste den Zeitaufwand messen und ihm einen Stundenwert zurechnen, indem man beispielsweise die Entlohnung einer entsprechenden Arbeit im Finanzsektor oder in der Immobilienwirtschaft heranzieht. Man kann sich auch vorstellen, dass diese informellen Kosten in Zeiten in denen es ein sehr hohes Wirtschaftswachstum (oder eine hohe Inflation) gibt, stärker ins Gewicht fallen, da in solchen Zeiten häufigere Umschichtungen des Portfolios und ein höherer Zeitaufwand bei der Suche nach den besten Anlagemöglichkeiten erforderlich sind als in einer fast stagnierenden Wirtschaft. Es ist zum Beispiel schwierig, die durchschnittliche Rendite von 10 %, die in Frankreich – und in einem etwas geringeren Umfang in Großbritannien – während der Wiederaufbauphasen nach jedem der beiden Weltkriege zu beobachten war (solche Niveaus sind auch in Schwellenländern mit einem hohen Wachstum, wie im heutigen China, festzustellen), als eine reine Kapitalrendite zu betrachten. Wahrscheinlich bestehen solche Renditen zu einem nicht unerheblichen Teil aus der Vergütung einer informellen unternehmerischen Arbeit.

In den Grafiken 6.3 und 6.4 haben wir Schätzungen der reinen Kapitalrendite für Großbritannien und Frankreich zu verschiedenen Zeiten angegeben. Um zu diesen Schätzungen zu gelangen, haben wir von der durchschnittlichen Rendite plausible – und manchmal vielleicht ein wenig zu hohe – geschätzte informelle Verwaltungskosten abgezogen (das heißt die Kosten der Arbeitszeit, die für die Verwaltung des eigenen Vermögens aufgewandt wurde). Die so gewonnenen reinen Renditen liegen im Allgemeinen um ein oder zwei Prozentpunkte niedriger als die festgestellten Durchschnittswerte und müssen als Minimalwerte betrachtet werden.[1] Vor allem die verfügbaren Daten zu den Renditen, die tatsächlich auf ein bestimmtes Vermögen erzielt werden und die wir im dritten Teil untersuchen werden, deuten darauf hin, dass es bedeutende Kostenersparnisse aufgrund von Größenvorteilen bei der Vermögensverwaltung gibt und dass der Reinertrag, den die größten Vermögen abwerfen, deutlich höher ist als hier angegeben.[2]

Die Kapitalrendite in der Geschichte

Die wichtigste Schlussfolgerung, die sich aus unseren Schätzungen ergibt, ist die folgende: Vom 18. bis zum 21. Jahrhundert bewegte sich die reine Kapitalrendite in Frankreich wie in Großbritannien in der Regel um 4–5 % pro Jahr und generell zwischen 3 und 6 % pro Jahr.

1 Siehe auch die zusätzlichen Grafiken S6.1 und S6.2, die online verfügbar sind und in denen wir die Untergrenzen und Obergrenzen für den Anteil des Kapitals in Großbritannien und Frankreich angeben.

2 Siehe insbesondere den dritten Teil, Kapitel 12.

Langfristig ist keine deutliche Tendenz erkennbar, weder nach oben noch nach unten. Der Reinertrag belief sich nach den starken Zerstörungen und den vielen Kapitalverlusten nach den Kriegen des 20. Jahrhunderts auf mehr als 6 %, ist aber später recht schnell wieder auf den früheren niedrigeren Stand gesunken. Es ist möglich, dass der reine Kapitalertrag über einen sehr langen Zeitraum dennoch leicht zurückgegangen ist: Im 18. und 19. Jahrhundert lag er häufig über 4–5 % und scheint sich Anfang des 21. Jahrhunderts 3–4 % anzunähern, während das Vermögen-Einkommens-Verhältnis wieder das hohe Niveau erreicht, das in der Vergangenheit zu beobachten war.

Wir haben allerdings nicht genügend Abstand, um den letztgenannten Punkt umfassend zu beurteilen. Es ist nicht auszuschließen, dass der reine Kapitalertrag in den kommenden Jahrzehnten wieder steigen wird, vor allem, wenn man bedenkt, dass die Länder darum konkurrieren, Kapital anzuziehen, und dass die Finanzmärkte und -institutionen mit immer mehr Einfallsreichtum versuchen, hohe Erträge mithilfe von komplexen und diversifizierten Portfolios zu generieren.

Auf jeden Fall stellt diese hohe Stabilität des reinen Kapitalertrags über einen sehr langen Zeitraum – oder wahrscheinlicher dieser leichte Rückgang von etwa einem Viertel oder einem Fünftel, von 4–5 % im 18. und 19. Jahrhundert auf 3–4 % heute – für unsere Untersuchung einen wichtigen Umstand dar, auf den wir noch ausführlich zurückkommen werden.

Um diese Zahlen richtig einzuordnen, erinnern wir zunächst daran, dass die traditionelle Konversionsrate von Kapital in Rente im 18. und 19. Jahrhundert bei den am weitesten verbreiteten und risikoärmsten Kapitalformen – Boden oder Staatsschuld – im Allgemeinen bei 5 % jährlich liegt: Der Wert von Kapital bemisst sich am jährlichen Ertrag, den dieses Kapital 20 Jahre lang abwirft. Dieser Referenzwert wird manchmal auch auf 25 Jahre geschätzt (was einem Ertrag von 4 % jährlich entspricht).[1]

1 Der für die Staatsschuld gezahlte Zinssatz beträgt in England und Frankreich im 18. und 19. Jahrhundert normalerweise 4–5 %. Er kann bisweilen auf 3 % fallen (wie während der Verlangsamung des Wirtschaftswachstums Ende des 19. Jahrhunderts). Umgekehrt erreicht er 5–6 % und mehr in Zeiten starker politischer Spannungen, wenn das Vertrauen in die Solidität des Staatshaushalts erschüttert ist, wie beispielsweise in den Jahrzehnten vor der Französischen Revolution oder während der Revolutionszeit. Siehe F. Velde, D. Weir, «The financial market and government debt policy in France 1746–1793», *Journal of Economic History* 52 (1992), S. 1–39. Siehe auch K. Béguin, *Financer la*

Im klassischen Roman des beginnenden 19. Jahrhunderts, insbesondere bei Balzac und Jane Austen, ist dieser Zusammenhang zwischen Kapital und Jahresrente bei einer Ertragsrate von 5 % (seltener 4 %) etwas Selbstverständliches und Unumstößliches. Die Schriftsteller beschreiben die Art des Kapitals und die Bedeutung dieser beiden doch recht unterschiedlichen Dinge wie Grund und Boden und Staatsschuld häufig nicht, da sie als nahezu völlig austauschbar betrachtet werden; sie begnügen sich damit, die Höhe der jeweiligen Jahresrente anzugeben. Wir erfahren beispielsweise, dass eine hochgestellte Persönlichkeit eine Rente von 50 000 Francs oder 2000 Pfund bezieht, ohne dass dargelegt wird, ob es sich um eine Bodenrente oder um Zinserträge aus staatlichen Schuldtiteln handelt. Das tut auch nichts zur Sache, ist das Einkommen doch in beiden Fällen sicher und ermöglicht dauerhaft die Finanzierung eines bestimmten Lebensstils sowie den Erhalt einer sozialen Stellung, die sich anhand seiner Höhe genau beschreiben lässt.

Auch halten Austen und Balzac es für überflüssig, die Ertragsrate anzugeben, die es erlaubt, ein Kapital in eine Jahresrente umzuwandeln: Jeder Leser weiß, dass es eines Kapitals von 1 Million Francs bedarf, um eine Jahresrente von 50 000 Francs zu generieren (bzw. ein Kapital von 40 000 Pfund, um eine Jahresrente von 2000 Pfund zu generieren), gleichviel, ob das Kapital in Staatspapieren, in der Landwirtschaft oder in anderer Form angelegt ist. Für die Schriftsteller des 19. Jahrhunderts wie für ihre Leser liegt der Zusammenhang zwischen Vermögen und Jahresrente auf der Hand, und man wechselt problemlos von einer Ebene zur anderen, ganz so, als würde man völlig synonyme Register oder zwei allgemein bekannte parallele Sprachen verwenden.

In diesen Romanen gibt es natürlich auch Kapitalanlagen, die ein größeres persönliches Engagement erfordern, ob es sich um die Nudelfabrik von Père Goriot oder um die Plantagen auf den Antillen von Sir Thomas in *Mansfield Park* handelt, die naturgemäß höhere Erträge abwerfen. Derartige Kapitalanlagen können Erträge von 7–8 %, ja sogar noch mehr bringen, wenn man sehr gute Geschäfte macht. Das hofft auch César Birotteau, als er nach seinem Erfolg im Parfümeriegeschäft im Quartier de la Madeleine ein lukratives Immobiliengeschäft einfädeln will. Aber es ist auch allen klar, dass der Reinertrag fast nie höher ist als die 4–5 %, die der Boden und die Staatsschuld abwerfen. Denn

---

guerre au 17e siècle. La dette publique et les rentiers de l'absolutisme, Seyssel: Champ Vallon 2012. Siehe Technischer Anhang.

man muss die Zeit und Energie abziehen, die in diese ertragreichen Geschäfte gesteckt werden (Sir Thomas verbringt viele Monate auf den Inseln). Mit anderen Worten: Der Mehrertrag entspricht weitgehend der Vergütung der in das Geschäft investierten Arbeit, und die reine Kapitalrendite – einschließlich der Risikoprämie – ist im Allgemeinen nicht höher als 4–5 % (was im Übrigen gar nicht so schlecht ist).

Die Kapitalrendite zu Beginn des 21. Jahrhunderts

Wie wird die reine Kapitalrendite ermittelt (das heißt das, was das Kapital nach Abzug aller Verwaltungskosten und des Zeitaufwands für die Verwaltung des eigenen Vermögens in all seinen Formen jährlich einbringt) und warum sollte sie über einen sehr langen Zeitraum betrachtet gesunken sein, von etwa 4–5 % zur Zeit Balzacs und Austens auf rund 3–4 % heute?

Bevor wir uns an der Beantwortung dieser Fragen versuchen, muss ein wichtiger Punkt geklärt werden. Manche Leser sind vielleicht der Ansicht, dass diese Durchschnittsrendite von 3–4 % in den 2010er Jahren im Vergleich zu den mickrigen Erträgen, die sie für ihre geringen Ersparnisse erhalten, eine optimistische Schätzung ist. Hier gilt es einige Punkte zu präzisieren.

Erstens: Die in den Grafiken 6.3 und 6.4 angegebenen Werte entsprechen den Erträgen vor ihrer Besteuerung. Wir werden im letzten Teil dieses Buches ausführlich auf die Rolle von Steuern in der Vergangenheit und auf ihre mögliche zukünftige Rolle zurückkommen, und zwar in einem Kontext, der von der verschärften fiskalischen Konkurrenz, die zwischen den Staaten herrscht, gekennzeichnet ist. Hier genüge der Hinweis, dass die Steuerlast im 18. und 19. Jahrhundert sehr gering ausfiel, im 20. Jahrhundert und Anfang des 21. Jahrhunderts dagegen deutlich höher ist, so dass der durchschnittliche Ertrag abzüglich der Steuern langfristig stärker gesunken ist als der durchschnittliche Ertrag vor Steuern. Heute können die Steuern auf das Kapital und die Kapitaleinkünfte recht niedrig sein, wenn man die Strategie der Steueroptimierung fährt (manche besonders gewieften Investoren schaffen es sogar, Subventionen zu erhalten), aber in der Mehrzahl der Fälle sind sie doch beträchtlich. Wichtig ist, dass noch andere Steuern als die auf das Einkommen zu berücksichtigen sind: Die Grundsteuer bewirkt beispielsweise eine spürbare Senkung des Ertrags des Immobilienkapitals, und die Körperschaftssteuer hat den gleichen Effekt bei den Erträgen des in die Unternehmen investierten Geldkapitals. Nur wenn alle diese Steuern entfielen – das geschieht vielleicht eines Tages, aber davon sind wir noch weit entfernt –, würden die Kapitelerträge der Kapitalbesitzer die in den Grafiken 6.3 und 6.4 angegebene Höhe erreichen. Nimmt man alle Steuern zusammen, liegt die durchschnittliche Besteuerung der Kapitalerträge in den meisten reichen Ländern heute bei 30 %. Das ist der erste Grund, weshalb es einen beträchtlichen Unterschied zwischen dem Reinertrag des Kapitals und dem Ertrag gibt, der den betreffenden Personen tatsächlich zufließt.

Der zweite wichtige Punkt ist, dass dieser Reinertrag von 3–4 % ein Durchschnittswert ist, hinter dem sich gewaltige Unterschiede verbergen. Für alle, die als einziges Kapital ein bisschen Geld auf ihrem Girokonto haben, ist der Ertrag negativ, da die fraglichen Summen keine Zinsen abwerfen und jedes Jahr von der Inflation aufgezehrt werden. Ihre Sparguthaben bringen ebenfalls kaum mehr als die Inflationsrate.[1] Auch wenn dieser Personenkreis zahlenmäßig groß ist, besitzt er insgesamt relativ wenig. Denken wir daran, dass sich das Vermögen in den reichen Ländern gegenwärtig auf zwei annähernd gleiche (oder vergleichbare) Hälften verteilt: Immobilien und Geldvermögen. Bei den Geldvermögen machen Aktien, Obligationen, Kapitalanlagen, Sparpläne und langfristige Verträge (wie beispielsweise Lebensversicherungen oder Pensionsfonds) fast die Gesamtheit der Vermögen aus. Die auf den Girokonten vorhandenen Beträge, die nichts abwerfen, entsprechen im Allgemeinen knapp 10–20 % des Nationaleinkommens, also höchstens 3–4 % der Gesamtvermögen (die zwischen 500 und 600 % des Nationaleinkommens ausmachen). Rechnet man die Sparguthaben hinzu, kommt man auf kaum mehr als 30 % des Nationaleinkommens, das sind etwas über 5 % der Gesamtvermögen.[2] Die Tatsache, dass die Girokonten und Sparguthaben nur sehr magere Zinsen einbringen, ist für die betreffenden Menschen nicht unwichtig. Aber unter dem Gesichtspunkt der durchschnittlichen Kapitalrendite ist dieser Umstand nur von begrenzter Bedeutung.

---

1 Das Sparbuch bringt 2013 in Frankreich einen nominellen Zinssatz von 2 %, also einen realen Ertrag, der nahe bei 0 % liegt.

2 Siehe Technischer Anhang. Die Summen auf den Girokonten werden in den meisten Ländern verzinst (das ist in Frankreich verboten).

Unter dem Gesichtspunkt der Durchschnittsrendite ist viel wichtiger, dass der jährliche Mietwert der Wohnimmobilien – die Hälfte der Vermögen – im Allgemeinen bei 3–4 % des Güterpreises liegt. Eine Wohnung im Wert von 500 000 Euro bringt beispielsweise eine Miete von 15 000–20 000 Euro pro Jahr (etwa 1500 Euro im Monat) oder erlaubt es denjenigen, die sie selbst nutzen, eine Miete in der Höhe zu sparen, was auf das Gleiche hinausläuft. Das gilt auch für bescheidenere Immobilienvermögen: Eine Wohnung im Wert von 100 000 Euro bringt – oder spart – eine Miete von ungefähr 3000 oder 4000 Euro pro Jahr, vielleicht auch mehr (wie bereits gesagt, erreicht der Mietertrag mitunter 5 % bei den kleinen Wohnflächen). Die Erträge aus Kapitalanlagen, die bevorzugte Anlageform bei den größten Vermögen, liegen noch höher. Die Gesamtheit dieser Anlagen im Immobilien- und Finanzsektor, machen den größten Teil der Privatvermögen aus und treiben die Durchschnittsrendite nach oben.

Realvermögen und Nominalvermögen

Der dritte zu präzisierende Punkt ist, dass die in den Grafiken 6.3 und 6.4 angegebenen Renditen als reale Erträge zu betrachten sind. Mit anderen Worten: Es wäre völlig falsch, wollte man von diesen Erträgen die Inflationsrate abziehen – die in den reichen Ländern derzeit normalerweise 1–2 % beträgt.

Der Grund dafür ist einfach und wurde bereits genannt: Die Vermögenselemente, die den Haushalten gehören, sind in ihrer übergroßen Mehrheit «Realvermögen» (das heißt Vermögen aus einer realen Wirtschaftstätigkeit, wie Wohnimmobilien oder Aktien, deren Preis sich mit dieser Tätigkeit verändert) und keine «Nominalvermögen» (deren Wert auf den anfänglichen Nominalwert festgelegt ist, wie das Geld auf einem Girokonto, einem Sparbuch oder eine nicht an die Inflation gebundene Schatzanweisung).

Die Nominalvermögen sind dadurch gekennzeichnet, dass sie einem hohen Inflationsrisiko ausgesetzt sind: Wenn man 10 000 Euro auf ein Girokonto oder ein Sparbuch einzahlt oder für diese Summe eine staatliche oder private nicht an die Inflation gebundene Schuldverschreibung erwirbt, ist diese Anlage zehn Jahre später immer noch 10 000 Euro wert, auch wenn sich die Verbraucherpreise zwischenzeitlich verdoppelt haben. In diesem Fall sagt man, dass der reale Wert der Anlage sich halbiert hat: Man kann sich nur halb so viele Güter und Dienstleistungen kaufen wie mit der anfangs angelegten Summe. Das entspricht einem Negativertrag von 50 %, der von den im Laufe dieser Zeit erhaltenen Zinsen ausgeglichen werden kann oder nicht. In Zeiten eines starken Preisauftriebs steigt der «Nominalzins», das heißt der Zinssatz vor Abzug der Inflationsrate, stark und liegt meistens über der Inflationsrate. Dabei hängt jedoch alles von dem Zeitpunkt ab, zu dem die Anlage getätigt wurde, von den Inflationserwartungen zu diesem Zeitpunkt usw.: Der «Realzins», das heißt der tatsächlich erzielte Ertrag nach Abzug der Inflationsrate, kann stark im Minus- oder im Plusbereich liegen.[1] Auf jeden Fall ist die Inflationsrate von den Zinsen abzuziehen, um den realen Ertrag eines Nominalvermögens zu ermitteln.

Ganz anders verhält es sich bei den Realvermögen. Die Preise von Immobilien und Aktien, von Unternehmensbeteiligungen oder vielen Kapitalanlagen, einschließlich der Anlagen in Investmentfonds, die in die Aktienmärkte investieren, steigen im Allgemeinen mindestens ebenso schnell wie die Verbraucherpreise. Mit anderen Worten: Von den jedes Jahr erhaltenen Mieten oder Dividenden ist nicht nur die Inflationsrate nicht abzuziehen, sondern diesem jährlichen Ertrag ist beim (Weiter-)Verkauf des Aktivpostens ein Kapitalgewinn hinzuzurechnen (und manchmal von ihm ein Verlust abzuziehen). Entscheidend ist, dass diese Realvermögen weitaus repräsentativer sind als die Nominalvermögen: Sie machen im Allgemeinen mehr als drei Viertel der gesamten Haushaltsvermögen, mitunter auch neun Zehntel aus.[2]

Bei der Untersuchung der Kapitalakkumulation im vorausgehenden Kapitel sind wir zu dem Schluss gekommen, dass diese verschiedenen Auswirkungen sich langfristig tendenziell ausgleichen. Betrachtet man die Gesamtheit der Durchschnittsvermögen im Zeitraum von 1910 bis 2010, scheinen die Vermögenspreise mit der gleichen Rate zu steigen wie die Verbraucherpreise, zumindest in einer ersten An-

---

1 Beispiel: Ein Nominalzinssatz von 5 % bei einer Inflation von 10 % entspricht einem realen Negativzinssatz von 5 %, während ein Nominalzinssatz von 15 % und eine Inflation von 5 % einem Realzinssatz von 10 % entspricht.

2 Allein die Immobilienvermögen machen die Hälfte sämtlicher Vermögen aus, und bei den Kapitalvermögen stellen die Realvermögen im Allgemeinen die Hälfte und häufig auch drei Viertel der Gesamtmenge dar. Siehe Technischer Anhang.

näherung. Die Gewinne oder Verluste können für diese oder jene Vermögensart sehr groß ausfallen (insbesondere die Nominalvermögen sind strukturell mit Verlusten verbunden, die durch die Gewinne der Realvermögen kompensiert werden) und weisen zu unterschiedlichen Zeiten starke Schwankungen auf: Der relative Preis des Kapitals ist in den Jahren 1910 bis 1950 stark gesunken, bevor er in den Jahren 1950 bis 2010 tendenziell wieder stieg. Unter diesen Umständen ist es am vernünftigsten anzunehmen, dass die in den Grafiken 6.3 und 6.4 angegebenen durchschnittlichen Kapitalrenditen, die dadurch ermittelt wurden, dass die jährlichen Kapitaleinkommen (Mieten, Dividenden, Zinsen, Gewinne usw.) durch den Kapitalstock geteilt wurden, ohne die Gewinne oder Verluste zu berücksichtigen, eine gute Schätzung der langfristigen durchschnittlichen Kapitalrendite darstellen.[1] Das enthebt einen jedoch nicht der Aufgabe, bei der Untersuchung eines bestimmten Vermögens den Gewinn hinzuzurechnen oder den Verlust abzuziehen (bei einem Nominalvermögen zum Beispiel die Inflationsrate abzuziehen). Es wäre freilich wenig sinnvoll, die Inflationsrate von allen Kapitalrenditen abzuziehen, ohne die Gewinne hinzuzurechnen, die im Schnitt die Auswirkungen der Inflation ausgleichen.

Damit wir uns richtig verstehen: Es soll nicht geleugnet werden, dass die Inflation reale Auswirkungen auf die Vermögen, ihre Erträge und ihre Verteilung haben kann. Es handelt sich dabei jedoch eher um Umverteilungseffekte innerhalb der Vermögen als um langfristige strukturelle Effekte. Wir haben beispielsweise gesehen, dass die Inflation nach den Kriegen des 20. Jahrhunderts in den reichen Ländern eine entscheidende Rolle beim Abbau der Staatsschuld gespielt hat. Aber wenn die Inflation dauerhaft auf einem hohen Niveau verharrt, versuchen Menschen, sich durch Investitionen in Realvermögen vor ihr zu schützen. Alles deutet darauf hin, dass die größten Vermögen häufig langfristig am wertbeständigsten und am stärksten diversifiziert sind, während es die kleinen Vermögen – in der Regel Girokonten und Sparbücher – am härtesten trifft.

Man könnte meinen, dass der Anstieg der Inflation von nahezu

1 Wie im vorausgehenden Kapitel dargelegt, läuft diese Methode darauf hinaus, den strukturellen Kapitalgewinn, der dem Wert der nicht ausgeschütteten Gewinne entspricht, bei der Ermittlung der Ertragsrate zu berücksichtigen. Er kommt im Wert der Aktien zum Ausdruck, der langfristig eine wichtige Komponente des Aktienertrags darstellt.

null im 19. Jahrhundert und bis Anfang des 20. Jahrhunderts auf eine Inflation von 2 % Ende des 20. und Anfang des 21. Jahrhunderts zu einer leichten Senkung der reinen Kapitalrendite geführt habe. Das würde bedeuten, dass es leichter ist, bei einer Inflationsrate von praktisch null ein Rentier zu sein (das in der Vergangenheit angesammelte Vermögen wird nicht von der Inflation aufgezehrt), während es heute mehr Zeit erfordert, sein Vermögen umzuschichten oder über eine gute Anlagestrategie nachzudenken. Doch auch hier ist es keineswegs sicher, dass es die größten Vermögen sind, die von der Inflation am härtesten betroffen sind oder dass sich der Einfluss des in der Vergangenheit akkumulierten Reichtums mit dieser Strategie am besten reduzieren lässt. Wir werden auf diese wichtige Frage in Teil 3 zurückkommen, in dem zu untersuchen sein wird, auf welche Weise die tatsächlich erzielten Erträge je nach der Höhe des Vermögens unterschiedlich ausfallen. In Teil 4 werden wir die verschiedenen Institutionen und Politiken untersuchen, die die Verteilung der Vermögen zu beeinflussen vermögen, wobei die Besteuerung und die Inflation an erster Stelle stehen. Hier genüge der Hinweis, dass die Inflation vor allem eine Umverteilung unter den Vermögensbesitzern bewirkt – was manchmal wünschenswert und manchmal weniger wünschenswert ist – und dass die mögliche Auswirkung der Inflation auf die durchschnittliche Kapitalrendite nur begrenzt sein kann und geringer ist als der augenscheinliche nominale Effekt.[1]

Wozu dient das Kapital?

Wir haben anhand der besten verfügbaren Daten gesehen, wie sich die Kapitalrendite im Laufe der Geschichte entwickelt hat. Schauen wir uns nunmehr an, welche Antworten es auf die folgenden Fragen gibt: Wovon hängt die Kapitalrendite in einer gegebenen Gesellschaft ab? Welche ökonomischen und sozialen Kräfte sind dabei ausschlag-

1 Mit anderen Worten: Der Anstieg der Inflation von 0 auf 2 % in einer Welt, in der die Kapitalrendite 4 % betrug, ist nicht gleichbedeutend mit einer Steuer von 50 % auf die Kapitalrendite, aus dem einfachen Grund, dass der Preis der Immobilien- und Aktienvermögen ebenfalls um 2 % jährlich steigen wird und nur ein ganz kleiner Teil der Vermögen der Haushalte – vor allem Bargeldbestände und ein Teil der Nominalvermögen – die Steuer zahlen wird, die die Inflation bedeutet. Wir werden auf diese Frage im dritten Teil zurückkommen.

gebend, wie kann man die beobachteten historischen Entwicklungen erklären und was kann man über die voraussichtliche Entwicklung der Kapitalrendite im 21. Jahrhundert sagen?

Nach den einfachsten ökonomischen Modellen und unter der Voraussetzung eines «vollkommenen» Wettbewerbs auf dem Kapitalmarkt wie auf dem Arbeitsmarkt müsste die Kapitalrendite genau gleich der «Grenzproduktivität» des Kapitals sein (das heißt dem Beitrag einer zusätzlichen Kapitaleinheit zum Produktionsprozess). In den komplexeren und realistischeren Modellen hängt die Kapitalrendite auch von der Verhandlungsmacht und dem Kräfteverhältnis zwischen den Wirtschaftsakteuren ab und kann je nach Geschäftslage und Branche höher oder niedriger ausfallen als die Grenzproduktivität des Kapitals (zumal letztere sich nicht immer genau messen lässt).

In jedem Fall hängt die Kapitalrendite vor allem von den beiden folgenden Kräften ab: einerseits von der Technologie (wozu dient das Kapital?) und andererseits vom Umfang des Kapitalstocks (zu viel Kapital tötet das Kapital).

Die Technologie spielt selbstverständlich eine entscheidende Rolle. Wenn das Kapital als Produktionsfaktor nichts leistet, dann ist seine Grenzproduktivität gleich null. Man kann sich durchaus eine Gesellschaft vorstellen, in der das Kapital zum Produktionsprozess nichts beiträgt, in der keine Investition die Produktivität der landwirtschaftlichen Nutzflächen zu verbessern vermag, in der kein Werkzeug und keine Ausrüstung zu einer größeren Produktion führt und in der ein Dach über dem Kopf gegenüber der Übernachtung im Freien kein zusätzliches Wohlbefinden erzeugt. Das Kapital könnte in einer solchen Gesellschaft gleichwohl eine wichtige Rolle als reine Wertreserve spielen: Jeder könnte im Hinblick auf eine mögliche zukünftige Hungersnot Nahrungsmittel horten (vorausgesetzt, die Konservierungsmethoden würden es erlauben) oder man könnte Dinge aus ästhetischen Gründen sammeln (indem man vielleicht Schmuck und Zierrat anhäuft). Man könnte sich auch eine Gesellschaft vorstellen, in der das Kapital-Einkommens-Verhältnis β extrem hoch wäre, die Kapitalrendite r jedoch bei null läge. In diesem Fall wäre der Anteil des Kapitals am Nationaleinkommen $\alpha = r \times \beta$ ebenfalls null. In einer solchen Gesellschaft würde die Gesamtheit des Nationaleinkommens und der Produktion in die Arbeit fließen.

Das alles ist vorstellbar, aber in den bekannten menschlichen Gesellschaften, auch in den archaischsten, geht es anders zu. In allen Gesellschaften erfüllt das Kapital zwei wichtige ökonomische Funktionen: Es dient einerseits der Wohnraumbeschaffung (das heißt es erbringt «wohnungswirtschaftliche Dienstleistungen», deren Wert sich am Mietwert der Wohnungen bemisst: am Wert des Wohlbefindens, das daraus entsteht, dass man ein Dach über dem Kopf hat und nicht im Freien übernachten muss), und es ist andererseits ein Produktionsfaktor, der an der Herstellung anderer Güter und Dienstleistungen beteiligt ist (dieser Herstellungsprozess kann landwirtschaftliche Nutzflächen, Werkzeuge, Gebäude, Büros, Maschinen, Ausrüstungen, Patente usw. erfordern). In der Geschichte betrafen die ersten Akkumulationsprozesse von Kapital Werkzeuge und landwirtschaftliche Meliorationsmaßnahmen (Einhegungen, Bewässerung, Entwässerung usw.) sowie rudimentäre Behausungen (Höhlen, Zelte, Hütten), bevor sie die höher entwickelten Formen von Industrie- und Gewerbekapital und von immer anspruchsvolleren Wohnungen annahmen.

Der Begriff der Grenzproduktivität des Kapitals

Die Grenzproduktivität des Kapitals wird durch den Wert der zusätzlichen Produktion definiert, die durch eine zusätzliche Kapitaleinheit generiert wird. Nehmen wir einmal an, in einer Agrargesellschaft verfügt jemand über zusätzlichen Boden im Wert von 100 Euro oder zusätzliche Werkzeuge im Wert von 100 Euro (unter Zugrundelegung der für Boden und Werkzeuge geltenden Preise) und kann dadurch die Nahrungsmittelproduktion um 5 Euro jährlich erhöhen (unter sonst gleichen Bedingungen, insbesondere bei gleich bleibendem Arbeitsaufwand). Man spricht dann davon, dass die Grenzproduktivität des Kapitals bei 100 investierten Euro 5 Euro, also 5 % jährlich beträgt. Unter den Bedingungen vollkommenen Wettbewerbs handelt es sich um den jährlichen Ertrag, den der Kapitalbesitzer – Grundbesitzer oder Besitzer der Werkzeuge – von demjenigen erhalten müsste, der den Boden bewirtschaftet. Wenn er mehr als 5 % verlangt, wird sich derjenige, der den Boden bewirtschaftet, Boden und Werkzeuge bei einem anderen Kapitalisten leihen. Und wenn er weniger als 5 % zahlen möchte, dann werden der Boden und die Werkzeuge einer anderen

Person zur Verfügung gestellt. Es kann Situationen geben, in denen der Eigentümer seinen Boden und seine Werkzeuge aus einer Monopolsituation heraus verleiht oder dem Arbeitenden seine Arbeit abkauft (man spricht dann von einem «Monopson»); in diesem Fall kann der Eigentümer eine Ertragsrate durchsetzen, die über dieser Grenzproduktivität liegt.

In einer komplexeren Wirtschaft, in der das Kapital auf vielfältige Weise zum Einsatz kommt – man kann 100 Euro in einen landwirtschaftlichen Betrieb, aber auch in Wohnimmobilien, ein Industrie- oder Dienstleistungsunternehmen investieren –, kann es schwierig sein, die Grenzproduktivität des Kapitals zu ermitteln. Es ist die Aufgabe der Finanzvermittlung (namentlich der Banken und Finanzmärkte), die besten Einsatzmöglichkeiten für das Kapital zu finden, so dass jede verfügbare Kapitaleinheit dort investiert wird, wo sie am produktivsten ist – wenn es denn sein muss, auch am anderen Ende der Welt – und dem Kapitalbesitzer den bestmöglichen Ertrag einbringt. Ein Kapitalmarkt ist dann «vollkommen», wenn er es jeder Kapitaleinheit erlaubt, auf die bestmögliche Weise investiert zu werden und die in der Volkswirtschaft mögliche maximale Grenzproduktivität zu erreichen, wobei es wünschenswert ist, dass dies im Rahmen eines perfekt diversifizierten Investitionsportfolios geschieht (um risikolos von der durchschnittlichen Ertragsrate der Volkswirtschaft zu profitieren) und mit minimalen Vermittlungskosten verbunden ist.

In der Praxis sind die Finanzinstitute und die Aktienmärkte von diesem Ideal weit entfernt und oftmals von chronischer Instabilität, von Spekulationswellen und von wiederholten Blasenbildungen geprägt. Es ist nicht leicht, auf dem gesamten Globus oder auch nur in einem Land die beste Einsatzmöglichkeit für eine Kapitaleinheit zu finden – ganz abgesehen davon, dass kurzfristiges Denken und Bilanzverschleierung manchmal der kürzeste Weg zum sofortigen maximalen Ertrag sind. Doch wie unvollkommen die bestehenden Institutionen auch sein mögen, die Finanzsysteme haben in der Geschichte der Wirtschaftsentwicklung eine entscheidende und unersetzliche Rolle gespielt. An diesem Prozess waren stets sehr viele Akteure und nicht nur Banken und Finanzmärkte beteiligt: Im 18. und 19. Jahrhundert spielten beispielsweise Notare eine wichtige Rolle, denn sie brachten Menschen zusammen: diejenigen, die über Geld zum Anlegen verfügten, und diejenigen, die Investitionsprojekte hatten – man denke an Père Goriot und seine Nudelfabriken oder an César Birotteau mit seinen Immobilienprojekten.[1]

Wichtig ist, dass der Begriff der Grenzproduktivität des Kapitals unabhängig von den Institutionen und Regeln – oder nicht vorhandenen Regeln – definiert wird, die das Verhältnis zwischen Kapital und Arbeit in einer Gesellschaft bestimmen. Wenn beispielsweise der Besitzer des Bodens und der Werkzeuge sein Kapital selbst einsetzt, dann verbucht er die Kapitalrendite, die er sich selbst auszahlt, nicht getrennt. Deswegen ist sein Kapital nicht weniger nützlich, und seine Grenzproduktivität bringt genau die Rendite, die auch einem externen Eigentümer zufließen würde. Ebenso verhält es sich, wenn ein Wirtschaftssystem beschließt, den gesamten oder einen Teil des Kapitalstocks zu verstaatlichen – wie in der Sowjetunion – und jede private Kapitalrendite auszuschalten. In diesem Fall liegt die private Rendite unter der «gesellschaftlichen» Rendite, aber letztere wird dennoch als die Grenzproduktivität einer zusätzlichen Kapitaleinheit definiert. Die Frage, ob es für die Gesellschaft gerechtfertigt und nützlich ist, dass die Kapitalbesitzer diese Grenzproduktivität als Entlohnung für ihren Eigentumstitel (oder für ihre Ersparnis oder für die ihrer Vorfahren) erhalten, ohne dass eine neue Arbeitsleistung erbracht wird, ist eine entscheidende Frage, auf die wir bei Gelegenheit ausführlich zurückkommen werden.

Zu viel Kapital tötet das Kapital

Zu viel Kapital tötet das Kapital: Welche Institutionen und Regeln das Verhältnis zwischen Kapital und Arbeit auch bestimmen, es steht zu erwarten, dass die Grenzproduktivität des Kapitals in dem Maße sinkt, wie der Kapitalstock wächst. Wenn jeder Landwirtschaftsbetrieb bereits mehrere tausend Hektar besitzt, ist es wahrscheinlich, dass der Mehrertrag eines zusätzlichen Hektars begrenzt sein wird. Wenn ein Land schon Unmengen von Wohnhäusern gebaut hat, so dass jeder Bewohner über mehrere hundert Quadratmeter verfügt, dann wäre die Steigerung des Wohlbefindens durch ein zusätzliches

1 Siehe P. Hoffman, G. Postel-Vinay, J.-L. Rosenthal, *Priceless markets – The political economy of credit in Paris 1660–1870*, Chicago: University of Chicago Press 2000.

Haus – gemessen anhand der zusätzlichen Miete, die die betreffenden Personen zu zahlen bereit wären – zweifellos sehr begrenzt. Gleiches gilt für alle erdenklichen Maschinen und Ausrüstungen: Die Grenzproduktivität nimmt ab, zumindest ab einer bestimmten Schwelle (es ist möglich, dass eine kleine Menge von Werkzeugen notwendig ist, um mit der Produktion zu beginnen, aber das kehrt sich zwangsläufig irgendwann um). Umgekehrt gilt: In einem Land, in dem sich eine riesige Bevölkerung wenig Ackerland, zu wenige Wohnungen und wenige Werkzeuge teilen müsste, wäre die Grenzproduktivität einer jeden zusätzlichen Kapitaleinheit naturgemäß sehr hoch, und die glücklichen Kapitalbesitzer würden davon profitieren.

Die interessante Frage ist somit nicht, ob die Grenzproduktivität des Kapitals abnimmt, wenn der Kapitalstock zunimmt (das liegt auf der Hand), sondern mit welcher Rate sie abnimmt. In welchem Umfang sinkt die durchschnittliche Kapitalrendite r – vorausgesetzt sie ist gleich der Grenzproduktivität des Kapitals –, wenn das Verhältnis Kapital/Einkommen β steigt. Es können zwei Fälle eintreten. Sinkt die Kapitalrendite r unverhältnismäßig stark, wenn das Kapital-Einkommens-Verhältnis β steigt (wenn sich z. B. die Kapitalrendite mehr als halbiert, wenn sich das Verhältnis verdoppelt), dann bedeutet das, dass der Anteil der Kapitaleinkommen am Nationaleinkommen $\alpha = r \times \beta$ sinkt, wenn β steigt. Mit anderen Worten: Der Rückgang der Kapitalrendite gleicht die Steigerung des Kapital-Einkommens-Verhältnisses mehr als aus. Umgekehrt gilt: Sinkt die Rendite r weniger als proportional, wenn das Kapital-Einkommens-Verhältnis steigt (wenn z. B. die Kapitalrendite um weniger als die Hälfte zurückgeht, wenn sich das Kapital-Einkommens-Verhältnis verdoppelt), bedeutet das, dass der Anteil des Kapitals $\alpha = r \times \beta$ steigt, wenn β steigt. In diesem Fall hat die Entwicklung der Rendite lediglich den Effekt, die Entwicklung des Anteils des Kapitals im Vergleich zu der des Kapital-Einkommens-Verhältnisses abzuschwächen.

Nach den in Großbritannien und Frankreich beobachteten Entwicklungen zu urteilen, scheint der zweite Fall langfristig am zutreffendsten zu sein: Der Anteil des Kapitals α hat die gleiche U-förmige Entwicklung durchgemacht wie das Kapital-Einkommens-Verhältnis β (wobei es im 18. und 19. Jahrhundert einen hohen Stand hatte, Mitte des 20. Jahrhunderts einbrach und Ende des 20. und Anfang des 21. Jahrhunderts wieder stieg). Die Entwicklung der durchschnittlichen Kapitalrendite r hat die Amplitude dieser U-Kurve stark verringert: Nach dem Zweiten Weltkrieg, als Kapital Mangelware war, lag die Kapitalrendite besonders hoch, gemäß dem Prinzip der abnehmenden Grenzproduktivität. Dieser Effekt erwies sich jedoch nicht als hinreichend, um die U-Kurve, die für das Kapital-Einkommens-Verhältnis β zu beobachten war, umzukehren und in eine umgekehrte U-Kurve für den Anteil des Kapitals α zu verwandeln.

Wichtig ist, dass diese beiden Fälle theoretisch möglich sind. Alles hängt von den Launen der Technologie ab, oder, genauer gesagt, alles hängt von der Vielfalt der verfügbaren Technologien ab, die es erlauben, Kapital und Arbeit zu kombinieren, um die verschiedenen Güter und Dienstleistungen herzustellen, die in der betreffenden Gesellschaft verbraucht werden. Im Zusammenhang mit diesen Fragen verwenden die Ökonomen häufig den Begriff «Produktionsfunktion». Hierbei handelt es sich um eine mathematische Formel, in der sich der mögliche technologische Stand einer Gesellschaft zusammenfassen lässt. Eine Produktionsfunktion ist vor allem durch eine Substitutionselastizität zwischen Kapital und Arbeit gekennzeichnet, wobei dieser Begriff misst, wie leicht es möglich ist, Arbeit durch Kapital oder Kapital durch Arbeit zu ersetzen, um die nachgefragten Güter und Dienstleistungen zu erzeugen.

Eine Substitutionselastizität von null bedeutet zum Beispiel eine Produktionsfunktion mit völlig starren Koeffizienten: Es bedarf genau eines Hektars und eines Werkzeugs pro Arbeitskraft in der Landwirtschaft (oder genau einer Maschine für den Industriearbeiter), nicht mehr und nicht weniger. Würde jede Arbeitskraft auch nur über ein Hundertstel Hektar mehr oder über ein zusätzliches Werkzeug verfügen, könnte sie damit nichts Nützliches anstellen, und die Grenzproduktivität dieser zusätzlichen Kapitaleinheit läge bei null. Wenn es im Verhältnis zum verfügbaren Kapitalstock einen Arbeiter zu viel gibt, ist es unmöglich, ihn in irgendeiner Weise produktiv einzusetzen.

Umgekehrt bedeutet eine grenzenlose Substitutionselastizität, dass die Grenzproduktivität des Kapitals völlig unabhängig von der Kapitalmenge und der verfügbaren Arbeit ist. Insbesondere die Kapitalrendite ist festgelegt und hängt nicht von der Kapitalmenge ab: Es ist immer möglich, mehr Kapital zu akkumulieren und die Produktion um einen festen Prozentsatz zu erhöhen, zum Beispiel um 5 oder 10 %

pro Jahr und pro zusätzlicher Kapitaleinheit. Man kann an eine voll automatisierte Wirtschaft denken, in der die Produktion grenzenlos gesteigert werden kann, da allein das Kapital arbeitet.

Keiner dieser beiden Fälle ist tatsächlich relevant: Der erste krankt an mangelnder Vorstellungskraft und der zweite an einem übermäßigen technologischen Optimismus (oder Pessimismus bezüglich der menschlichen Gattung, je nachdem, welchen Standpunkt man einnimmt). Die entscheidende Frage ist, ob die Substitutionselastizität zwischen Arbeit und Kapital über oder unter eins liegt. Liegt sie zwischen null und eins, führt eine Erhöhung des Kapital-Einkommens-Verhältnisses β zu einem so starken Rückgang der Grenzproduktivität des Kapitals, dass der Anteil des Kapitals $\alpha = r \times \beta$ sinkt (vorausgesetzt, dass die Kapitalrendite von der Grenzproduktivität des Kapitals abhängt).[1] Liegt die Elastizität über eins, führt eine Erhöhung des Kapital-Einkommens-Verhältnisses dagegen zu einem begrenzten Rückgang der Grenzproduktivität des Kapitals, so dass der Anteil des Kapitals $\alpha = r \times \beta$ steigt (noch immer Gleichheit zwischen Kapitalrendite und Grenzproduktivität vorausgesetzt).[2] Ist die Elastizität genau gleich eins, gleichen sich die beiden Effekte völlig aus: Die Kapitalrendite r sinkt genau in derselben Proportion wie das Kapital-Einkommens-Verhältnis β, so dass das Produkt $\alpha = r \times \beta$ unverändert bleibt.

Jenseits von Cobb-Douglas: die Frage der Stabilität des Kapital-Arbeits-Verhältnisses

Dieser mittlere Fall einer Substitutionselastizität von genau eins entspricht der sogenannten «Cobb-Douglas»-Produktionsfunktion, benannt nach den Ökonomen Cobb und Douglas, die sie erstmals 1928 vorlegten. Diese Produktionsfunktion zeichnet sich durch den folgenden Umstand aus: Was auch geschieht und welche Mengen an Kapital und Arbeit auch zur Verfügung stehen, der Kapitalanteil ist immer

1 Im Extremfall einer Elastizität von null sinken die Rendite und damit der Anteil des Kapitals auf null, sobald es einen leichten Kapitalüberschuss gibt.

2 Im Extremfall einer unbegrenzten Elastizität verändert sich die Rendite nicht, so dass der Anteil des Kapitals sich in derselben Proportion erhöht wie das Kapital-Einkommens-Verhältnis.

gleich einem festen Koeffizienten α, der als ein rein technologischer Parameter betrachtet werden kann.[1]

Ein Beispiel: Wenn α = 30 %, dann betragen die Kapitaleinkommen 30 % des Nationaleinkommens (die Arbeitseinkommen 70 %), wie hoch das Kapital-Einkommens-Verhältnis auch sein mag. Wenn die Sparquote und die Wachstumsrate eines Landes einen solchen Umfang haben, dass das langfristige Kapital-Einkommens-Verhältnis β = s/g dem Nationaleinkommen von sechs Jahren entspricht, dann beträgt die Kapitalrendite 5 % und der Kapitalanteil 30 %. Wenn der langfristige Kapitalstock nur dem Nationaleinkommen von drei Jahren entspricht, steigt die Kapitalrendite auf 10 %. Und wenn die Sparquote und die Wachstumsrate so geartet sind, dass der Kapitalstock 10 Mal so hoch ist wie das jährliche Nationaleinkommen, dann sinkt die Kapitalrendite auf 3 %. In allen Fällen beträgt der Kapitalanteil 30 %.

Die Cobb-Douglas-Funktion ist nach dem Zweiten Weltkrieg in den wirtschaftswissenschaftlichen Lehrbüchern sehr populär geworden (insbesondere in dem von Samuelson), was teilweise gute, teilweise aber auch schlechte Gründe hatte, nämlich ihre große Einfachheit (die Ökonomen lieben die einfachen Geschichten, auch wenn sie nur annähernd richtig sind). Hinzu kommt, dass die Stabilität des Kapital-Arbeits-Verhältnisses eine relativ harmonische und ungetrübte Vorstellung von der Gesellschaftsordnung vermittelt. In Wahrheit wird durch die Stabilität des Kapitalanteils – so sie denn der Realität entspricht – keineswegs Harmonie garantiert: Sie kann mit einer extremen und untragbaren Ungleichheit des Kapitalbesitzes und der Einkommensverteilung einhergehen. Und entgegen einer weit verbreiteten Idee bedeutet ein stabiler Anteil des Kapitals am Nationaleinkommen mitnichten, dass auch das Kapital-Einkommens-Verhältnis stabil ist. Dieses kann je nach Zeit und Land sehr unterschiedlich ausfallen und beispielsweise starke internationale Ungleichgewichte bezüglich des Kapitalbesitzes bedeuten.

---

1 Man kann zeigen, dass die Produktionsfunktion von Cobb und Douglas die folgende mathematische Form hat: $Y = F(K,L) = K^{\alpha}L^{1-\alpha}$, wobei Y die Produktion, K das Kapital und L die Arbeit ist. Es gibt andere mathematische Formeln, bei denen die Substitutionselastizität höher oder niedriger als eins ist. Die unbegrenzte Elastizität entspricht einer linearen Produktionsfunktion: Die Produktion ist $Y = F(K,L) = rK + vL$. Mit anderen Worten: Die Kapitalrendite r hängt keineswegs von den jeweiligen Mengen an Kapital und Arbeit ab, was auch für den Arbeitsertrag v gilt, der nichts anderes ist als die Lohnquote, die in diesem Fall ebenfalls konstant ist. Siehe Technischer Anhang.

Die historische Realität ist komplexer, als die Vorstellung von der völligen Stabilität des Kapital-Arbeits-Verhältnisses vermuten lässt. Die Hypothese von Cobb und Douglas ist mitunter eine gute Annäherung für manche zeitlichen Unterabschnitte oder manche Wirtschaftssektoren und stellt auf jeden Fall einen nützlichen Ausgangspunkt für die Reflexion dar. Aber sie gibt keine zufriedenstellende Auskunft über die beobachteten kurz-, mittel- und langfristigen historischen Entwicklungen, wie sich an den von uns gesammelten Daten zeigt.

Diese Schlussfolgerung ist eigentlich nicht verwunderlich, verfügte man doch über sehr wenige Daten und hatte zu wenig historischen Abstand, als diese Hypothese formuliert wurde. In ihrem 1928 veröffentlichten Artikel verwendeten die amerikanischen Ökonomen Cobb und Douglas Daten, die sich auf die amerikanische verarbeitende Industrie von 1899 bis 1922 bezogen und in der Tat eine gewisse Stabilität des Anteils der Gewinne erkennen ließen.[1] Diese These war anscheinend erstmals von dem britischen Ökonom Arthur Bowley vertreten worden, der 1920 eine wichtige Arbeit über die Verteilung des Nationaleinkommens im Großbritannien von 1880 bis 1913 veröffentlicht hatte. Ihre wichtigste Schlussfolgerung lautete, dass das Kapital-Arbeits-Verhältnis in diesem Zeitraum relativ stabil war.[2] Man sieht jedoch, dass die von diesen Autoren analysierten Zeitspannen relativ kurz waren: Insbesondere werden in diesen Untersuchungen die gewonnenen Ergebnisse nicht mit den Schätzungen verglichen, die sich auf den Beginn des 19. Jahrhunderts (und noch weniger auf das 18. Jahrhundert) beziehen.

Wie wir bereits in der Einleitung dargelegt haben, führten diese Fragen Ende des 19. und Anfang des 20. Jahrhunderts sowie während des Kalten Krieges zu sehr starken politischen Spannungen, was es nicht immer leicht macht, die Fakten unvoreingenommen zu untersuchen. Konservative und liberale Ökonomen wollten zeigen, dass das

1 Siehe C. Cobb und P. Douglas, «A Theory of Production», *American Economic Review* 18 (1928), S. 139–65.

2 Nach den Berechnungen Bowleys machen die Kapitaleinkommen in diesem Zeitraum rund 37 % des Nationaleinkommens und die Arbeitseinkommen etwa 63 % aus. Siehe A. Bowley, *The Change in the Distribution of National Income, 1880–1913*, Oxford: Clarendon Press 1920. Diese Schätzungen decken sich mit denen, die wir für diesen Unterabschnitt vorgenommen haben. Siehe Technischer Anhang.

Wachstum allen zugutekommt: Ihnen kam die These von einer völligen Stabilität des Kapital-Arbeits-Verhältnisses sehr gelegen, auch wenn das manchmal bedeutete, die Fakten oder Zeitabschnitte auszublenden, in denen eine Erhöhung des Kapitalanteils registriert werden konnte. Umgekehrt wollten marxistische Ökonomen unbedingt zeigen, dass der Anteil des Kapitals permanent steigt und die Löhne stagnieren, auch wenn das manchmal bedeutete, dass die Daten ein wenig verzerrt wurden. 1899, auf dem SPD-Parteitag in Hannover, behauptete Eduard Bernstein zu seinem Unglück, dass die Löhne stiegen und die Arbeiterklasse durch die Zusammenarbeit mit dem bestehenden System viel zu gewinnen habe (er war sogar bereit, Vizepräsident des Reichstages zu werden), woraufhin er einfach überstimmt wurde. Der junge deutsche Historiker und Ökonom Jürgen Kuczynski, der später ein angesehener Professor für Wirtschaftsgeschichte an der Humboldt-Universität sowie der Akademie der Wissenschaften der DDR sein und zwischen 1960 und 1972 eine monumentale Universalgeschichte der Löhne und Gehälter in 38 Bänden veröffentlichen sollte, attackiert 1936 Bowley und die bürgerlichen Ökonomen. Kuczynski vertritt die These eines anhaltenden Rückgangs des Anteils der Arbeit von den Anfängen des Industriekapitalismus bis zu den 1930er Jahren, was zwar tatsächlich für die erste Hälfte – sogar die ersten beiden Drittel – des 19. Jahrhunderts gilt, sich aber als sehr übertrieben erweist, wenn man den gesamten Zeitraum betrachtet.[1] In den folgenden Jahren tobt die Kontroverse in den akademischen Zeitschriften. 1939 ergreift Frederick Brown in der Zeitschrift *Economic History Review*, die eher an gedämpfte Diskussionen gewöhnt ist, eindeutig Partei für Bowley, den er als «großen Wissenschaftler» und «seriösen Statistiker» bezeichnet, während Kuczynski nur ein «Manipulator» sei – was ebenfalls übertrieben ist.[2] Im selben Jahr schlägt sich Keynes eindeutig auf die Seite der bürger-

1 Siehe J. Kuczynski, *Labour Conditions in Western Europe 1820 to 1935*, New York: Lawrence & Wishart 1937. Im selben Jahr aktualisiert und erweitert Bowley seine Arbeit von 1920: Siehe A. Bowley, *Wages and Income in the United Kingdom since 1860*, Cambridge: Cambridge University Press 1937. Siehe auch J. Kuczynski, *Geschichte der Lage der Arbeiter unter dem Kapitalismus*, 38 Bände, Berlin (Ost) 1960–1972. Die Bände 32, 33 und 34 befassen sich mit Frankreich. Zu einer kritischen Analyse der von Kuczynski erstellten Reihen, die trotz ihrer Lücken noch heute eine unverzichtbare historische Quelle darstellen, siehe T. Piketty, *Les hauts revenus en France au XXe siècle*, S. 677–681. Zusätzliche Quellenangaben finden sich im Technischen Anhang.

2 Siehe F. Brown, «Labour and Wages», *Economic History Review* 9 (1939), S. 215–17.

lichen Ökonomen und nennt die Stabilität des Kapital-Arbeits-Verhältnisses die «am besten gesicherte Gesetzmäßigkeit der Wirtschaftswissenschaft». Diese Aussage trifft er allerdings ein wenig vorschnell, da er sich im Wesentlichen auf die wenigen Daten stützt, die sich auf die britische verarbeitende Industrie in den Jahren 1920 bis 1930 beziehen und nicht ausreichend sind, um eine allgemeine Gesetzmäßigkeit zu begründen.[1]

In den Lehrbüchern der Jahre 1950 bis 1970 und sogar bis zu den 1980er Jahren wird die These einer völligen Stabilität des Kapital-Arbeits-Verhältnisses als eine Gewissheit präsentiert, ohne dass immer klar angegeben wird, auf welchen Zeitraum sich diese vermeintliche Gesetzmäßigkeit bezieht. Im Allgemeinen begnügt man sich mit den Daten, die in den 1950er Jahren beginnen, ohne Vergleiche mit der Zwischenkriegszeit oder dem Beginn des 20. Jahrhunderts oder gar mit dem 18. und 19. Jahrhundert anzustellen. Ab den 1990er Jahren weisen jedoch zahlreiche Untersuchungen auf den signifikanten Anstieg des Anteils der Gewinne und des Kapitals am Nationaleinkommen der reichen Länder seit den Jahren 1970–1990 und entsprechend auf den beträchtlichen Rückgang des Anteils der Arbeitseinkommen hin. Die These von der allgemeinen Stabilität wird infragegestellt, und in den 2000er Jahren werden mehrere Berichte von der OECD und dem IWF veröffentlicht, die sich über das Phänomen beunruhigt zeigen (ein Beweis dafür, dass die Frage ernsthaft angegangen wird).[2]

Das Neue der vorliegenden Arbeit besteht meiner Ansicht nach darin, dass sie den ersten Versuch darstellt, die Frage des Kapital-Arbeits-Verhältnisses und des in jüngerer Zeit zu beobachtenden Anstiegs des Kapitalanteils in einen größeren historischen Kontext zu stellen, wobei der Fokus auf der Entwicklung des Kapital-Einkommens-Verhältnisses vom 18. Jahrhundert bis zum Beginn des 21. Jahrhunderts liegt. Dem Unterfangen sind selbstverständlich Grenzen gesetzt, da die verfügbaren historischen Quellen unvollständig sind,

1 Siehe J. M. Keynes, «Relative Movement of Wages and Output», *Economic Journal* 49 (1939), S. 48. Es ist interessant, dass sich die Befürworter der These von der Stabilität des Kapital-Arbeits-Verhältnisses zu dieser Zeit bezüglich des – vermeintlich stabilen – Niveaus dieses Verhältnisses nicht sicher sind. Keynes betont die Tatsache, dass sich der Anteil der Einkommen, der der «körperlichen Arbeit» zufließt (eine Kategorie, die langfristig schwer exakt zu definieren ist) in den Jahren 1920–1930 bei etwa 40 % des Nationaleinkommens eingependelt hat.

2 Eine vollständige bibliografische Angabe findet sich im Technischen Anhang.

aber die Thematik kann auf diese Weise besser eingeordnet und die Frage neu angegangen werden.

Die Substitution von Kapital durch Arbeit im 21. Jahrhundert: eine Elastizität, die höher als eins ist

Beginnen wir damit, die Unzulänglichkeiten des Modells von Cobb und Douglas im Hinblick auf die langfristige Entwicklung zu untersuchen. Über einen langen Zeitraum ist die Substitutionselastizität zwischen Arbeit und Kapital höher als eins: Ein Anstieg des Kapital-Einkommens-Verhältnisses β scheint zu einem leichten Anstieg des Kapitalanteils α am Nationaleinkommen zu führen, und umgekehrt. Unter diesen Voraussetzungen müsste es für das Kapital langfristig viele Einsatzmöglichkeiten geben. Die historische Entwicklung deutet darauf hin, dass es immer möglich ist – zumindest bis zu einem gewissen Punkt – mit dem Kapital etwas Nützliches und Neues zu machen: zum Beispiel neue Bauweisen und Ausstattungen von Wohnungen (man denke an Sonnenkollektoren oder Bewegungsmelder), immer ausgefeiltere automatisierte oder elektronische Ausrüstungen oder eine Medizintechnik, in die immer mehr Kapital investiert wird. Ohne so weit zu gehen, eine vollständig automatisierte Wirtschaft anzunehmen, in der das Kapital sich ganz von allein reproduziert – was einer unbegrenzten Substitutionselastizität entsprechen würde –, haben wir es mit einer fortgeschrittenen Wirtschaft zu tun, in der es vielfältige Möglichkeiten für den Einsatz des Kapitals gibt und die von einer Substitutionselastizität von über eins geprägt ist.

Es ist schwer vorhersehbar, wie weit die Substitutionselastizität zwischen Kapital und Arbeit im Laufe des 21. Jahrhunderts über eins steigen wird. Anhand der historischen Daten kann geschätzt werden, dass sie zwischen 1,3 und 1,6 liegen wird.[1] Aber abgesehen davon, dass es sich um eine relativ unsichere und ungenaue Schätzung handelt, gibt es keinen Grund zu der Annahme, dass die Technologien der Zukunft die gleiche Substitutionselastizität aufweisen werden wie in der Vergangenheit. Relativ sicher ist nur, dass der tendenzielle Anstieg des Kapital-Einkommens-Verhältnisses β, der in den letzen Jahrzehn-

1 Siehe Technischer Anhang.

ten in den reichen Ländern beobachtet wurde und der sich im 21. Jahrhundert auf den gesamten Planeten ausweiten könnte, falls das Wachstum (insbesondere das Bevölkerungswachstum) allgemein sinkt, mit einem dauerhaften Anstieg des Anteils des Kapitals α am Nationaleinkommen einhergehen kann. Es ist wahrscheinlich, dass die Kapitalrendite r in dem Maße sinken wird, wie das Kapital-Einkommens-Verhältnis β steigen wird. Aber die historische Erfahrung besagt, dass es am wahrscheinlichsten ist, dass der Mengeneffekt größer sein wird als der Preiseffekt, das heißt, dass der Akkumulationseffekt größer sein wird als der Rückgang der Kapitalrendite.

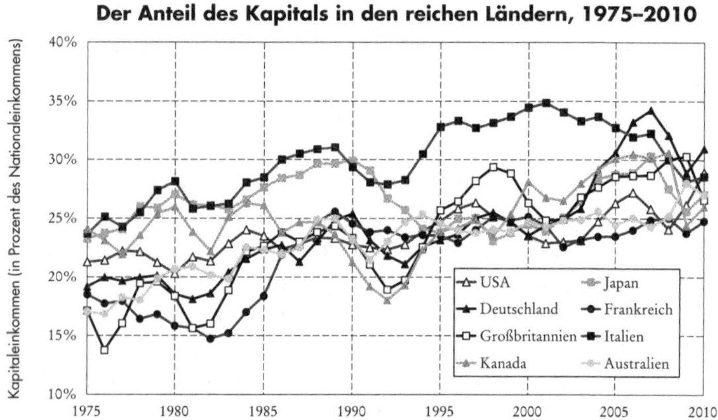

Grafik 6.5.: Die Kapitaleinkommen machten 1975 in den reichen Ländern 15–25 % und 2000 bis 2010 25–35 % des Nationaleinkommens aus.
Quellen und Reihen: siehe piketty.pse.ens.fr/capital21c.

Die verfügbaren Daten verweisen darauf, dass der Anteil des Kapitals am Nationaleinkommen im Zeitraum von 1970 bis 2010 in den meisten reichen Ländern gestiegen ist, und zwar in dem Maße, in dem das Kapital-Einkommens-Verhältnis sich erhöht hat (siehe Grafik 6.5). Diese Entwicklung hin zu einem Anstieg ist nicht nur mit der Substitutionselastizität von über eins verbunden, sondern hängt auch mit einer besseren Verhandlungsposition des Kapitals gegenüber der Arbeit in den letzten Jahrzehnten zusammen, denn diese war von einer zunehmenden zwischenstaatlichen Konkurrenz um Investitionen und einer größeren Mobilität des Kapitals gekennzeichnet. Diese beiden

Effekte haben sich in den letzten Jahrzehnten wahrscheinlich wechselseitig verstärkt, und es ist durchaus möglich, dass diese Entwicklung sich auch in Zukunft fortsetzen wird. Es muss auf jeden Fall betont werden, dass kein wirtschaftlicher Autokorrektur-Mechanismus von selbst verhindert, dass ein anhaltender Anstieg des Kapital-Einkommens-Verhältnisses β mit einer kontinuierlichen Erhöhung des Anteils des Kapitals am Nationaleinkommen α einhergeht.

Die traditionalen Agrargesellschaften: eine Elastizität unter eins

Wir haben gesehen, dass die heutigen Volkswirtschaften dadurch gekennzeichnet sind, dass es in ihnen viele Möglichkeiten gibt, Arbeit durch Kapital zu substituieren. Interessant ist, dass die Situation in traditionalen, auf Landwirtschaft basierenden Volkswirtschaften, in denen das Kapital hauptsächlich die Form von landwirtschaftlichen Nutzflächen annimmt, eine ganz andere war. Aus den historischen Daten geht klar hervor, dass die Substitutionselastizität in den traditionalen Agrargesellschaften deutlich unter eins lag. Nur so lässt sich erklären, warum in den Vereinigten Staaten, in denen es viel mehr Grund und Boden gab als in Europa, der Wert des Bodens im 18. und 19. Jahrhundert niedriger war (gemessen anhand des Kapital-Einkommens-Verhältnisses) und dass die Bodenrente (und der Anteil des Kapitals am Nationaleinkommen) deutlich niedriger ausfiel als in der Alten Welt.

Das ist eine Frage der Logik: Damit es nennenswerte Substitutionen zwischen Arbeit und Kapital geben kann, muss das Kapital verschiedene Formen annehmen können. Bei einer gegebenen Form – in diesem Fall sind es landwirtschaftliche Nutzflächen – ist es unvermeidlich, dass ab einem bestimmten Punkt der Preiseffekt größer ausfällt als der Mengeneffekt. Wenn einigen hundert Menschen ein ganzer Kontinent zur Verfügung steht, ist es nur logisch, dass Bodenpreis und Bodenrente auf nahezu null sinken. Es gibt keine bessere Illustration des Grundsatzes «zu viel Kapital tötet das Kapital» als den Vergleich zwischen dem Wert der landwirtschaftlichen Nutzflächen und der Bodenrente in der Neuen und in der Alten Welt.

Ist das Humankapital eine Illusion?

Kommen wir jetzt zu einer ganz entscheidenden Frage: Ist die gestiegene Bedeutung des Humankapitals im Laufe der Geschichte eine Illusion? Genauer gesagt: Einer recht verbreiteten Auffassung zufolge wäre der ökonomische Entwicklungs- und Wachstumsprozess dadurch gekennzeichnet, dass die Qualifikationen, das Know-how und die menschliche Arbeit generell für den Produktionsprozess immer wichtiger geworden wären. Auch wenn diese These nicht immer explizit formuliert wird, kann sie dahin gehend interpretiert werden, dass sich die Technologie in einer Weise verändert hat, dass der Faktor Arbeit heute eine wichtigere Rolle spielt.[1] Es ist einleuchtend, den Rückgang des Kapitalanteils von 35–40 % um 1800 bis 1810 auf 25–30 % um 2000 bis 2010 und die entsprechende Zunahme des Anteils der Arbeit von 60–65 % auf 70–75 % so zu deuten. Der Anteil der Arbeit hätte sich ganz einfach aus dem Grund erhöht, weil die Arbeit im Produktionsprozess wichtiger geworden wäre. Es wäre die gestiegene Bedeutung des Humankapitals, die zu einer Verringerung des Anteils des Boden-, Immobilien- und Geldkapitals geführt hätte.

Sollte diese Interpretation richtig sein, handelte es sich tatsächlich um eine bedeutsame Veränderung. Doch hier ist Vorsicht geboten. Einerseits haben wir nicht genügend Abstand, um die sehr langfristige Entwicklung des Kapitalanteils umfassend zu beurteilen. Es ist durchaus möglich, dass der Kapitalanteil in den kommenden Jahrzehnten wieder auf das Niveau steigt, auf dem er sich Anfang des 19. Jahrhunderts befand. Das kann zum einen geschehen, weil sich die strukturelle Form der Technologie – und damit die relative Bedeutung von Arbeit und Kapital – in Wirklichkeit nicht verändert hat (sondern vielmehr die Verhandlungsmacht von Arbeit und Kapital). Zum anderen aber – und das erscheint uns am plausibelsten – wäre eine solche Entwicklung möglich, wenn sich die strukturelle Form der Technologie zwar leicht gewandelt hat, der starke Anstieg des Kapital-Einkommens Verhältnisses den Anteil des Kapitals jedoch wieder auf seine historischen Höchststände

1 Das kann die Form einer Erhöhung des Exponenten $1-\alpha$ in der Produktionsfunktion von Cobb und Douglas (und einer entsprechenden Abnahme von α) annehmen oder die Form von ähnlichen Modifikationen in den allgemeineren Produktionsfunktionen, die Substitutionselastizitäten von über oder unter eins entsprechen. Siehe Technischer Anhang.

führt oder sogar darüber hinaus, da die Substitutionselastizität zwischen Kapital und Arbeit langfristig höher als eins sein wird. Das ist vielleicht die bislang wichtigste Erkenntnis unserer Untersuchung: Die moderne Technologie setzt immer mehr Kapital ein, und die vielfältigen Möglichkeiten des Kapitaleinsatzes bewirken, dass man riesige Kapitalmengen akkumulieren kann, ohne dass die Kapitalrendite völlig einbricht. Unter diesen Bedingungen gibt es keinen Grund, weshalb der Anteil des Kapitals auf sehr lange Sicht sinken sollte, auch wenn sich die Technologie zu Gunsten der Arbeit verändert hat.

Und noch aus einem weiteren Grund ist Vorsicht geboten. Das mögliche langfristige Sinken des Kapitalanteils von 35–40 % auf 25–30 %, das uns grundsätzlich durchaus plausibel erscheint, ist zweifellos bedeutsam. Aber es handelt sich dabei nicht um einen Paradigmenwechsel. In den letzten zweihundert Jahren haben sich die Qualifikationen stark verbessert. Aber das Immobilien-, Industrie- und Finanzkapital hat ebenfalls stark zugenommen. Man meint mitunter, das Kapital sei verschwunden, wir seien wie durch einen Zauberstab von einem Wirtschaftsmodell, das auf Kapital, Erbschaft und Herkunft basiert, zu einem Wirtschaftsmodell übergegangen, das auf Humankapital und Leistung fußt. Die feisten Aktionäre seien dank des technologischen Wandels durch eine Leistungselite ersetzt worden. Wir werden auf diese Frage zurückkommen, wenn wir im nächsten Teil die ungleiche Verteilung der Einkommen und Vermögen auf der individuellen Ebene untersuchen. An dieser Stelle können wir noch keine genaue Antwort geben. Wir wissen allerdings bereits genug, um vor einem naiven Optimismus zu warnen: Das Kapital ist ganz einfach deswegen nicht verschwunden, weil es nach wie vor nützlich ist – kaum weniger als zur Zeit von Balzac und Austen, und vielleicht wird es in Zukunft noch nützlicher sein.

Die mittelfristige Entwicklung des Kapital-Arbeits-Verhältnisses

Wir haben gesehen, dass die Hypothese von Cobb und Douglas von einer völligen Stabilität des Kapital-Arbeits-Verhältnisses die langfristige Entwicklung dieses Verhältnisses nicht zufriedenstellend erklären kann. Gleiches gilt – vielleicht noch mehr – für die kurz- und mittelfristige Entwicklung, die sich mitunter aus der Sicht der sie erlebenden Zeitgenossen als recht lang erweisen können.

Der wichtigste Sachverhalt ist zweifellos der Anstieg des Kapitalanteils in der Frühphase der Industriellen Revolution in der ersten Hälfte des 19. Jahrhunderts (1800–1860). In Großbritannien, für das die Daten am vollständigsten vorliegen, deuten die historischen Arbeiten, insbesondere die von Robert Allen (der diese lange Phase der Lohnstagnation «*Engels' Pause*» genannt hat) darauf hin, dass der Anteil des Kapitals am Nationaleinkommen um 10 % des Nationaleinkommens gewachsen ist, und zwar von 35–40 % Ende des 18. Jahrhunderts und Anfang des 19. Jahrhunderts auf 45–50 Prozent Mitte des 19. Jahrhunderts. Zu dieser Zeit wird das *Kommunistische Manifest* verfasst, und Marx beginnt *Das Kapital* zu schreiben. Den vorliegenden Daten zufolge sieht es so aus, als sei dieser Anstieg durch eine vergleichbare Abnahme des Kapitalanteils im Laufe der Jahre 1870 bis 1900 annähernd ausgeglichen worden. 1900 bis 1910 folgte dann ein leichter Anstieg, so dass der Anteil des Kapitals in der Belle Époque letztlich nicht viel anders war als während der Revolution und in der Napoleonischen Zeit (siehe Grafik 6.1). Man kann folglich von einer «mittelfristigen» und nicht von einer langfristigen Entwicklung sprechen. Gleichwohl ist dieser Anstieg um 10 % des Nationaleinkommens in der ersten Hälfte des 19. Jahrhunderts alles andere als eine Kleinigkeit: Der Löwenanteil des Wachstums floss in die Gewinne, und die – damals objektiv sehr niedrigen – Löhne stagnierten. Dem Ökonomen zufolge war diese Entwicklung vor allem auf den durch die Landflucht verursachten Zustrom von Arbeitskräften sowie auf technologische Veränderungen zurückzuführen, die die Produktivität des Kapitals in der Produktionsfunktion steigerten: im Grunde genommen also auf die Launen der Technologie.[1]

Die für Frankreich verfügbaren Daten verweisen auf eine ähnliche Entwicklung. Allens Quellen ist zu entnehmen, dass die Löhne der Arbeiter in der Zeit von 1810 bis 1850 stagnierten, während das Wachstum der Industrie einen Höhepunkt erreichte. Die von Jean Bouvier und François Furet gesammelten Daten, denen die Bilanzen der großen französischen Industrieunternehmen des 19. Jahrhunderts zugrunde lagen, bestätigen diese Entwicklung ebenfalls: Ein Anstieg des Anteils der Gewinne bis in die 1850er Jahre, ein Rückgang zwischen 1870 und 1900, und ein erneuter Anstieg von 1900 bis 1910.[2]

1 Siehe Technischer Anhang.

2 Siehe J. Bouvier, F. Furet und M. Gillet, *Le mouvement du profit en France au XIXe siècle*, Paris: Mouton, 1965.

Die für das 18. Jahrhundert und die französische Revolutionszeit vorliegenden Daten deuten ebenfalls auf eine Erhöhung des Anteils der Bodenrente am Nationaleinkommen in den Jahrzehnten vor der Revolution hin (was sich mit den Ausführungen Arthur Youngs über das Elend der französischen Bauern deckt),[1] zeigen aber zugleich starke Lohnerhöhungen zwischen 1789 und 1815 (die wohl durch die Umverteilungen von Land und die Mobilisierung von Arbeitskräften während der militärischen Konflikte bedingt sind).[2] Verglichen mit der Restauration und der Juli-Monarchie werden die Zeit der Revolution und der Herrschaft Napoleons bei den unteren Volksschichten in guter Erinnerung geblieben sein.

Der Anteil der Gewinne an der Wertschöpfung der Unternehmen in Frankreich, 1900–2010

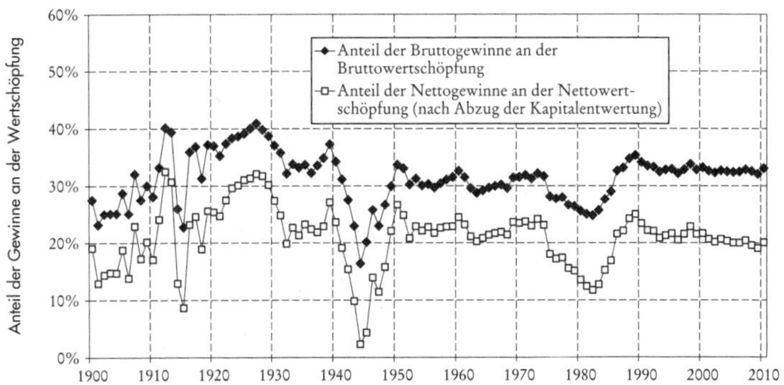

Grafik 6.6.: Der Anteil der Bruttogewinne an der Bruttowertschöpfung der Unternehmen ist von 25 % 1982 auf 33 % 2010 gestiegen; der Anteil der Nettogewinne an der Nettowertschöpfung von 12 % auf 20 %.
Quellen und Reihen: siehe piketty.pse.ens.fr/capital21c.

1 Siehe F. Simiand, *Le salaire, l'évolution sociale et la monnaie*, op. cit.; E. Labrousse, *Esquisse du movement des prix et des revenus en France au 18e siècle*, op. cit. Die von Jeffrey Williamson und seinen Kollegen erstellten historischen Reihen zur sehr langfristigen Entwicklung der Bodenrente und der Löhne verweisen ebenfalls auf einen Anstieg des Anteils der Bodenrente am Nationaleinkommen im 18. Jahrhundert und bis Anfang des 19. Jahrhunderts. Siehe Technischer Anhang.

2 Siehe A. Chabert, *Essai sur les mouvements de prix et des revenus en France de 1798 à 1820*, Librairie de Médicis, 1945–1949, 2 Bde. Siehe auch G. Postel-Vinay, «A la recherche de la révolution économique dans les campagnes (1789–1815)», *Revue économique* 40 (1989), S. 1015–1046.

Der Anteil der Mieten am Nationaleinkommen in Frankreich, 1900–2010

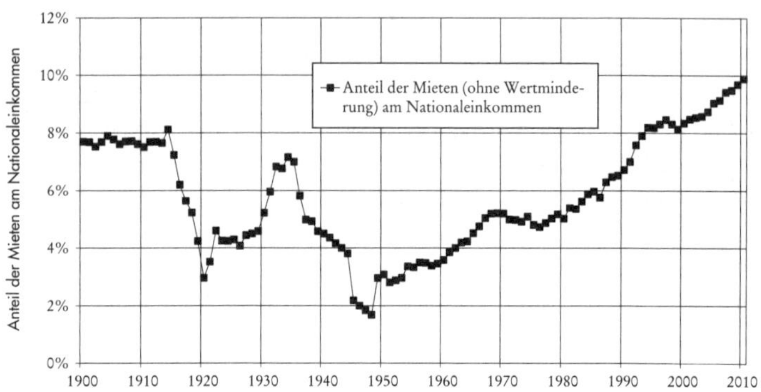

Grafik 6.7.: Der Anteil der Mieten (Mietwert der Wohnungen) ist von 2 % des Nationaleinkommens 1948 auf 10 % 2010 gestiegen.
Quellen und Reihen: siehe piketty.pse.ens.fr/capital21c.

Der Anteil des Kapitals am Nationaleinkommen in Frankreich, 1900–2010

Grafik 6.8.: Der Anteil der Kapitaleinkommen (Nettogewinne und Nettomieten) ist innerhalb von 1982 bis 2010 von 15 % des Nationaleinkommens auf 27 % gestiegen.
Quellen und Reihen: siehe piketty.pse.ens.fr/capital21c.

Um sich klarzumachen, dass diese fortwährenden kurz- und mittelfristigen Veränderungen des Kapital-Arbeits-Verhältnisses zu allen Zeiten stattgefunden haben, haben wir in den Grafiken 6.6–6.8 ebenfalls die jährliche Entwicklung des Kapital-Arbeits-Verhältnisses in Frankreich zwischen 1900 und 2010 angegeben. Dabei haben wir die

Entwicklung des Verhältnisses zwischen Gewinnen und Löhnen in Bezug auf die Wertschöpfung der Unternehmen[1] und die Entwicklung des Anteils der Mieten am Nationaleinkommen getrennt betrachtet. Insbesondere beim Verhältnis zwischen Gewinnen und Löhnen gab es seit dem Zweiten Weltkrieg drei unterschiedliche Phasen: einen starken Anstieg des Anteils der Gewinne von 1945 bis 1968, dann einen kräftigen Rückgang von 1968 bis 1983 und schließlich ein rapides Ansteigen ab 1983 und eine Stabilisierung Anfang der 1990er Jahre. Wir werden in den nächsten Kapiteln auf diese sehr politische Entwicklung zurückkommen, wenn wir uns die Dynamik der Ungleichverteilung der Einkommen ansehen. Wir werden dabei feststellen, dass der Anteil der Mieten seit 1945 kontinuierlich gestiegen ist, wodurch der Gesamtanteil des Kapitals in den Jahren 1990 bis 2010 trotz der Stabilisierung der Gewinne zugenommen hat.

Zurück zu Marx und zum tendenziellen Fall der Profitrate

Am Ende dieser Untersuchung der historischen Dynamik des Kapital-Einkommens-Verhältnisses und des Kapital-Arbeits-Verhältnisses ist es durchaus sinnvoll, die Bezüge zwischen den von uns gezogenen Schlussfolgerungen und den marxistischen Thesen zu klären.

Für Marx ist der entscheidende Mechanismus, durch den «die Bourgeoisie ihre eigenen Totengräber produziert» das, was wir in der Einleitung das «Prinzip der unbegrenzten Akkumulation» genannt haben: Die Kapitalisten akkumulieren immer größere Kapitalmengen, was schließlich zum unaufhaltsamen Sinken der Profitrate (das heißt der Kapitalrendite) und schließlich zu ihrem eigenen Untergang führt. Marx verwendet kein mathematisches Modell, und seine Prosa ist nicht immer klar, so dass man nicht immer mit Sicherheit weiß,

1 Die «Wertschöpfung» eines Unternehmens wird definiert als die Differenz zwischen dem, was ihm seine Verkäufe von Gütern und Dienstleistungen einbringen (dieser Betrag wird als «Umsatz» bezeichnet) und dem, was es seine Käufe bei anderen Unternehmen kostet (dieser Betrag wird als «Vorleistungen» bezeichnet). Wie der Name sagt, misst diese Summe den Wert, den das Unternehmen dem Produktionsprozess hinzugefügt hat. Die Wertschöpfung ermöglicht die Zahlung der Löhne, und der Rest bildet den Gewinn des Unternehmens. Die Untersuchung des Kapital-Arbeits-Verhältnisses beschränkt sich zu häufig auf das Verhältnis zwischen Gewinnen und Löhnen und lässt die Mieten außer Acht.

woran er gedacht hat. Aber eine logisch schlüssige Interpretation besteht darin, das dynamische Gesetz $\beta = s/g$ auf den speziellen Fall anzuwenden, in dem die Wachstumsrate g bei null oder sehr nahe bei null liegt.

Denken wir daran, dass g die langfristige Wachstumsrate misst, das heißt die Summe aus der Produktivitätssteigerung und dem Bevölkerungswachstum. Bei Marx wie bei allen Ökonomen des 19. und frühen 20. Jahrhunderts bis zu den Arbeiten Solows in den 1950er Jahren waren die Vorstellung eines strukturellen Wachstums, das durch eine stetige und dauerhafte Zunahme der Produktivität angetrieben wird, nicht klar formuliert und das dahinter stehende Phänomen nicht wirklich identifiziert worden.[1] Damals war die implizite Hypothese, dass das Wachstum der Produktion, vor allem im verarbeitenden Gewerbe, in erster Linie der Akkumulation von Industriekapital geschuldet war. Mit anderen Worten: Man produziert nur deswegen mehr, weil jeder Arbeiter über mehr Maschinen und Ausrüstungen verfügt und nicht, weil die Produktivität als solche – bei einer gegebenen Menge an Kapital und Arbeit – gestiegen ist. Heute weiß man, dass allein die Steigerung der Produktivität ein langfristiges strukturelles Wachstum ermöglicht. Aber wegen des fehlenden historischen Abstands und des Mangels an Daten war dies in der Zeit von Marx nicht klar erkennbar.

Wenn es kein strukturelles Wachstum gibt und wenn die Wachstumsrate g bei null liegt, dann ergibt sich ein Widerspruch, der dem von Marx beschriebenen sehr nahekommt. Ist die Nettosparquote s positiv, das heißt akkumulieren die Kapitalisten aus Machtstreben oder Selbsterhaltungswillen oder weil ihr Lebensstandard bereits hoch genug ist, jedes Jahr mehr Kapital, steigt das Kapital-Einkommens-Verhältnis unbegrenzt. Allgemeiner ausgedrückt: Wenn g gering ist und sich null nähert, dann tendiert das langfristige Kapital-Einkommens-Verhältnis $\beta = s/g$ gegen unendlich. Und bei einem unbegrenzt hohen Kapital-Einkommens-Verhältnis β muss die Kapitalrendite r zwangsläufig immer weiter sinken und schließlich unend-

1 Der Begriff des langfristigen kontinuierlichen und dauerhaften Wachstums der Bevölkerung war ebenfalls nicht klar und ist bis heute verwirrend und erschreckend; daher die allgemein anerkannte Hypothese von einer Stabilisierung der Weltbevölkerung. Siehe Kapitel 2.

lich nahe null liegen, andernfalls verschlingt der Anteil des Kapitals $\alpha = r \times \beta$ schließlich das gesamte Nationaleinkommen.[1]

Der von Marx dargestellte dynamische Widerspruch stellt somit ein echtes Problem dar, bei dem der einzige logische Ausweg das strukturelle Wachstum ist, da allein dieses es – in einem gewissen Maße – erlaubt, den Akkumulationsprozess des Kapitals zu stabilisieren. Nur das kontinuierliche Wachstum von Produktivität und Bevölkerung ermöglicht es, das permanente Hinzufügen neuer Kapitaleinheiten im Gleichgewicht zu halten, wie es im Gesetz $\beta = s/g$ ausgedrückt ist. Ansonsten schaufeln sich die Kapitalisten tatsächlich ihr eigenes Grab: Entweder sie zerfleischen sich gegenseitig in dem verzweifelten Versuch, den tendenziellen Fall der Profitrate aufzuhalten (indem sie sich beispielsweise gegenseitig belauern und bekriegen, um an die besten Investitionen in den Kolonien zu kommen; man kann sich etwa die Marokko-Krise zwischen Deutschland und Frankreich 1905 und 1911 vor Augen halten) oder es gelingt ihnen, der Arbeit einen immer kleineren Teil des Nationalvermögens zuzuteilen, was schließlich zu einer proletarischen Revolution und zu einer allgemeinen Enteignung führen wird. In jedem Fall zerbricht der Kapitalismus an seinen inneren Widersprüchen.

Dass Marx tatsächlich ein derartiges Modell im Kopf hatte, das heißt ein Modell, das auf der unbegrenzten Akkumulation basierte, wird dadurch bestätigt, dass er mehrfach die Bilanzen von sehr kapitalintensiven Industriebetrieben heranzieht. In Band 1 von *Das Kapital* führt er zum Beispiel die Bilanzen einer Textilfabrik an, wobei er angibt, diese seien ihm «von ihrem Eigentümer» überlassen worden. Aus ihnen geht hervor, dass es ein sehr hohes Verhältnis zwischen dem Gesamtwert des im Produktionsprozess verwendeten konstanten und variablen Kapitals und dem Wert der jährlichen Produktion gab; es lag offensichtlich über zehn. Ein solches Kapital-Einkommens-Verhältnis hat in der Tat etwas Erschreckendes: Die Kapitalrendite muss nur 5 % betragen, damit der Anteil der Gewinne größer als die Hälfte der Produktion ist. Es liegt nahe, dass Marx und viele andere beunruhigte Beobachter der damaligen Zeit sich gefragt haben, wohin das führen

1 Der einzige Fall, in dem der Ertrag nicht gegen null tendiert, ist der einer Wirtschaft, die langfristig unendlich kapitalintensiv und automatisiert ist (mit einer unendlichen Substitutionselastizität zwischen Kapital und Arbeit und dem ausschließlichen Einsatz von Kapital in der asymptotischen Produktion). Siehe Technischer Anhang.

sollte (zumal die Löhne seit Beginn des 19. Jahrhunderts stagnierten) und welches langfristige sozio-ökonomische Gleichgewicht diese überaus kapitalintensive industrielle Entwicklung schaffen würde.

Marx war auch ein eifriger Leser der britischen Parlamentsberichte, die zwischen 1820 und 1860 veröffentlicht wurden und anhand derer er das Elend der Lohnarbeiter, die Arbeitsunfälle, die katastrophalen sanitären Bedingungen und die Habgier der Kapitalbesitzer dokumentierte. Er griff auch auf Statistiken zu den Ertragssteuern zurück, die auf ein sehr rasches Wachstum der Gewinne im britischen Industriesektor in den Jahren 1840 bis 1850 verwiesen. Marx versuchte sogar – allerdings etwas oberflächlich – einige nachlassbezogene Statistiken heranzuziehen, die zeigen sollten, wie stark die größten britischen Vermögen seit der Zeit der Napoleonischen Kriege gewachsen waren.[1]

Das Problem ist, dass Marx trotz all seiner wichtigen intuitiven Annahmen die verfügbaren Statistiken nicht systematisch auswertete. Vor allem stellte er sich nicht die Frage, ob die hohe Kapitalintensität, die er in den Bilanzen einiger Fabriken zu entdecken glaubte, repräsentativ für die gesamte britische Industrie oder auch nur für einen speziellen Wirtschaftssektor war. Das hätte er tun können, wenn er nur mehrere ähnliche Unternehmensbilanzen untersucht hätte. Am erstaunlichsten ist, dass Marx in einem Buch, das großenteils der Frage der Kapitalakkumulation gewidmet ist, keinen Bezug auf die Versuche nimmt, den nationalen Kapitalstock zu schätzen, die seit Beginn des 18. Jahrhunderts in Großbritannien unternommen und seit Beginn des 19. Jahrhunderts weiterentwickelt wurden: von den Arbeiten Colquhouns in den 1800er Jahren bis zu denen von Giffen in den 1870er Jahren.[2] Marx scheint die entstehende Volkswirtschaftliche Gesamtrechnung völlig außer Acht gelassen zu haben, was umso bedauerlicher ist, als er seine Annahmen über die gewaltige Akku-

1 Die interessantesten fiskalischen Daten werden in Anhang 10 in Band 1 von *Das Kapital* dargestellt. Im Anhang findet sich eine Analyse einiger Berechnungen der Profite und der Ausbeutungsrate auf der Basis der von Marx dargestellten Bilanzen. *In Lohn, Preis und Profit* (1865) führt Marx ebenfalls Bilanzen einer sehr kapitalintensiven Fabrik an, in der die Profite 50 % der Wertschöpfung betragen (ebenso viel wie die Löhne). Auch wenn er es nicht explizit sagt, diese Art der Gesamtverteilung scheint er für eine industriell geprägte Wirtschaft generell anzunehmen.

2 Siehe Kapitel 1.

mulation des privaten Kapitals dadurch bis zu einem gewissen Grad hätte bestätigen und sein Erklärungsmodell hätte präzisieren können.

Jenseits der «beiden Cambridges»

Es ist allerdings darauf hinzuweisen, dass die Volkswirtschaftlichen Gesamtrechnungen und das Ende des 19. und Anfang des 20. Jahrhunderts verfügbare statistische Datenmaterial völlig unzureichend waren und eine genaue Untersuchung der Dynamik des Kapital-Einkommens-Verhältnisses nicht zugelassen haben. Insbesondere die Schätzungen des Kapitalstocks lagen viel zahlreicher vor als die des Nationaleinkommens und der Inlandsproduktion. Mitte des 20. Jahrhunderts und nach den Schocks in der Zeit von 1914 bis 1945 verhielt sich die Situation genau umgekehrt. Das erklärt teilweise, warum die Frage der Kapitalakkumulation und eines möglichen ausgeglichenen Verlaufs dieses dynamischen Prozesses lange Zeit viele Kontroversen auslöste und häufig reichlich Verwirrung stiftete, wie sich beispielsweise an der berühmten Kontroverse zwischen den «beiden Cambridges» zeigte, die in den 1950er Jahren stattfand.

Hier eine kurze Zusammenfassung: Als die Formel $\beta = s/g$ von den Ökonomen Harrod und Domar Ende der 1930er und in den 1940er Jahren erstmals eingeführt wurde, war es üblich, sie umgekehrt zu schreiben und zu lesen, nämlich: $g = s/\beta$. Insbesondere Harrod war der Auffassung, das Kapital-Einkommens-Verhältnis β sei eine feste, von der Technologie bestimmte Größe (wie bei einer Produktionsfunktion mit festen Koeffizienten, bei der keine Substitution zwischen Kapital und Arbeit möglich ist), so dass die Wachstumsrate vollständig von der Sparquote abhängig ist. Beträgt die Sparquote 10 % und erfordert die Technologie ein Kapital-Einkommens-Verhältnis von fünf (man braucht genau fünf Kapitaleinheiten, um eine Produktionseinheit herzustellen, nicht mehr und nicht weniger), dann beträgt die Steigerung der Produktivität der Wirtschaft 2 % jährlich. Da aber zudem die Wachstumsrate der Produktion gleich der Wachstumsrate der Bevölkerung sein muss (und gleich jener der Produktivität, ein damals noch schlecht definierter Begriff), gelangt Harrod zu dem Schluss, dass das Wachstum ein äußerst instabiler Prozess ist. Es gibt immer zu viel oder nicht genug Kapital, wodurch Überkapazitäten und spekulative Blasen oder Arbeitslosigkeit entstehen, vielleicht sogar beides gleichzeitig, je nach Wirtschaftssektor und Jahr.

An Harrods Annahme ist nicht alles falsch. Er schreibt mitten in der Wirtschaftskrise der 1930er Jahre und ist offensichtlich von der sehr starken makroökonomischen Instabilität der damaligen Zeit geprägt. Der von ihm beschriebene Mechanismus erklärt teilweise, warum der Wachstumsprozess stets höchst volatil ist: Die Anpassung von Spar- und Investitionsentscheidungen, die in einem Land im Allgemeinen von verschiedenen Menschen aus verschiedenen Gründen getroffen werden, ist komplex und chaotisch, zumal es oft schwierig ist, die Kapitalintensität und die Organisation der Produktion kurzfristig zu ändern.[1] Dennoch ist das Kapital-Einkommens-Verhältnis langfristig relativ flexibel, wie sich an den von uns analysierten sehr starken Schwankungen in der Geschichte zeigt; sie scheinen sogar auf eine Substitutionselastizität zwischen Kapital und Arbeit hinzudeuten, die langfristig höher als eins ist.

1948 entwickelt Domar eine optimistischere und flexiblere Auffassung von dem Gesetz $g = s/\beta$ als Harrod, indem er darauf hinweist, dass sich die Sparquote und das Kapital-Einkommens-Verhältnis bis zu einem gewissen Grad einander anpassen können. Doch es ist vor allem die 1956 von Solow eingeführte Produktionsfunktion mit substituierbaren Faktoren, die es erlaubt, die Formel umzukehren und in $\beta = s/g$ umzuformulieren: Langfristig passt sich das Kapital-Einkommens-Verhältnis an die Sparquote und die strukturelle Wachstumsrate der Wirtschaft an, und nicht umgekehrt. Die Auseinandersetzungen halten bis in die 1950er Jahre an, und daran beteiligt sind in Cambridge (Massachusetts) ansässige Ökonomen (insbesondere Solow und Samuelson, die die Produktionsfunktion mit substituierbaren Faktoren verteidigen) sowie Ökonomen, die vornehmlich im britischen Cambridge arbeiten (zum Beispiel Robinson, Kaldor und Pasinetti). Sie wenden sich gegen das Modell Solows, weil es ihrer Ansicht nach behauptet, dass das Wachstum immer völlig ausgeglichen ist und dass die keynesianischen kurzfristigen Schwankungen nicht von Bedeutung sind. Erst ab den 1970er Jahren setzt sich das sogenannte «neoklassische» Wachstumsmodell von Solow endgültig durch.

Liest man diese Kontroversen mit dem heutigen Abstand, zeigt sich

1 Manche neueren theoretischen Modelle versuchen, diese Annahme zu untermauern. Siehe Technischer Anhang.

deutlich, dass sie streckenweise eine recht ausgeprägte postkoloniale Dimension hatten (die amerikanischen Ökonomen wollten sich von der historischen Bevormundung durch die britischen Ökonomen befreien, die seit Adam Smith in der Zunft den Ton angegeben hatten, und die britischen versuchten, das vermeintlich verratene Erbe von Lord Keynes hochzuhalten). Insgesamt haben sie das wirtschaftswissenschaftliche Denken eher getrübt als erhellt. Nichts rechtfertigte den Argwohn der Briten. Solow und Samuelson waren von der kurzfristigen Instabilität des Wachstumsprozesses und von der Notwendigkeit überzeugt, eine keynesianische Politik der makroökonomischen Stabilisierung zu verfolgen, und in $\beta = s/g$ sahen sie lediglich ein langfristiges Gesetz. Die amerikanischen Ökonomen, von denen manche in Europa geboren worden waren (wie Modigliani) hatten mitunter die Tendenz, die Bedeutung des von ihnen entdeckten «ausgeglichenen Wachstumspfads» zu überschätzen.[1] Das Gesetz $\beta = s/g$ beschreibt einen Wachstumsweg, bei dem alle makroökonomischen Größen – Kapitalstock, Einkommen, Produktion – langfristig mit derselben Rate wachsen. Aber abgesehen von der Frage der kurzfristigen Volatilität, garantiert dieses ausgeglichene Wachstum auf der Ebene der Vermögensverteilung keine Harmonie und bedeutet vor allem nicht, dass die Ungleichheit des Kapitalbesitzes verschwindet oder sich auch nur verringert. Und entgegen einer bis vor Kurzem verbreiteten Vorstellung verhindert das Gesetz $\beta = s/g$ keineswegs, dass es je nach Zeit und Land starke Unterschiede im Kapital-Einkommens-Verhältnis gibt, ganz im Gegenteil. Mir scheint, dass die Heftigkeit dieser Kontroverse zwischen den beiden Cambridges – die manchmal ein wenig steril anmutet – teilweise darauf zurückzuführen ist, dass beide Seiten nicht über zufriedenstellende langfristige Daten verfügten, die es erlaubt hätten, die Debatte inhaltlich zu präzisieren. Es ist auffallend, wie wenig die an dieser Kontroverse Beteiligten auf die Schätzungen des nationalen Kapitals zurückgreifen, die vor dem Ersten Weltkrieg vorgenommen worden waren; sie schienen

1 Hinzu kommt, dass manche Amerikaner (angefangen bei Modigliani) die Vorstellung hatten, das Kapital habe sich in seinem Wesen vollständig gewandelt (es ergebe sich fortan aus der Akkumulation innerhalb eines Lebenszyklus), während die Briten (angefangen bei Kaldor) das Vermögen weiterhin unter dem Aspekt von Erbschaften betrachteten, was eindeutig weniger beruhigend ist. Wir werden im nächsten Teil auf diese wichtige Frage zurückkommen.

ihnen wohl so gar nicht zur Realität der 1950er Jahre zu passen. Die Kriege stellten in konzeptueller Hinsicht und für die Statistik eine so tiefe Zäsur dar, dass sie anscheinend eine Zeit lang eine langfristige Sicht auf diese Frage, besonders vom europäischen Standpunkt aus, verhindert haben.

Die Rückkehr des Kapitals in Zeiten schwachen Wachstums

Eigentlich verfügen wir erst seit Ende des 20. und Anfang des 21. Jahrhunderts über die statistischen Daten und den historischen Abstand, die unerlässlich sind, um die langfristige Dynamik des Kapital-Einkommens-Verhältnisses und des Kapital-Arbeits-Verhältnisses richtig zu analysieren. Die Daten, die wir gesammelt haben, und der historische Abstand, über den wir glücklicherweise verfügen (er ist zwar immer noch nicht groß genug, aber größer als der der früheren Autoren) lassen uns zu den folgenden Schlussfolgerungen gelangen.

Die Rückkehr zu einer historischen Phase des schwachen Wirtschaftswachstums und besonders zu einem Bevölkerungswachstum von null – manchmal ist es auch negativ – führt zwangsläufig zur Rückkehr des Kapitals. Diese Tendenz zur Wiederherstellung sehr hoher Kapitalstöcke in Gesellschaften mit geringem Wachstum drückt sich im Gesetz $\beta = s/g$ aus und lässt sich folgendermaßen zusammenfassen: In stagnierenden Gesellschaften gewinnen die in der Vergangenheit akkumulierten Vermögen eine beträchtliche Bedeutung.

In Europa hat das Kapital-Einkommens-Verhältnis Anfang des 21. Jahrhunderts wieder ein Niveau erreicht, das dem Nationaleinkommen von 5–6 Jahren entspricht und damit kaum niedriger ist als im 18. und 19. Jahrhundert und bis zum Ersten Weltkrieg.

Im Weltmaßstab ist es durchaus möglich, dass das Kapital-Einkommens-Verhältnis im 21. Jahrhundert dieses Niveau erreicht oder sogar überschreitet. Wenn die Sparquote bei 10 % verharrt und die Wachstumsrate der Wirtschaft sich sehr langfristig bei 1,5 % einpendelt – bei demografischer Stagnation und einer Verlangsamung des technischen Fortschritts –, dann wird der weltweite Kapitalstock zwangsläufig dem Nationaleinkommen von 6–7 Jahren entsprechen. Und wenn das Wachstum auf 1 % sinkt, könnte der Kapitalstock zehn Mal so hoch sein wie das jährliche Nationaleinkommen.

Was schließlich den Anteil der Kapitaleinkommen am Volks- und Welteinkommen betrifft, der Anteil, der im Gesetz $\alpha = r \times \beta$ enthalten ist, so lässt sich aus der historischen Erfahrung schließen, dass die vorhersehbare Erhöhung des Kapital-Einkommens-Verhältnisses nicht unbedingt zu einem merklichen Rückgang der Kapitalrendite führen wird. Es gibt auf lange Sicht vielfältige Möglichkeiten des Kapitaleinsatzes, die Substitutionselastizität zwischen Kapital und Arbeit ist also langfristig zweifellos höher als eins. Am wahrscheinlichsten ist, dass die Abnahme der Kapitalrendite geringer sein wird als der Anstieg des Kapital-Einkommens-Verhältnisses, so dass sich der Anteil des Kapitals vergrößern wird. Bei einem Kapital-Einkommens-Verhältnis, das dem Nationaleinkommen von sieben bis acht Jahren entspricht, und einer weltweiten Kapitalrendite von 4–5 % könnte der Anteil des Kapitals bei 30–40 % des Welteinkommens liegen, was dem im 18. und 19. Jahrhundert beobachteten Niveau ähneln würde – er könnte aber sogar darüber liegen.

Wie wir weiter oben festgestellt haben, ist es auch möglich, dass die sehr langfristigen technologischen Veränderungen die menschliche Arbeit im Verhältnis zum Kapital ein wenig aufwerten und dadurch eine Verringerung der Kapitalrendite und des Kapitalanteils bewirken. Doch dieser mögliche langfristige Effekt scheint von begrenzter Bedeutung zu sein. Es ist denkbar, dass er durch andere, gegenläufige Kräfte mehr als ausgeglichen wird, zu denen die immer ausgeklügeltere Finanzvermittlung und die internationale Konkurrenz um Kapitalinvestitionen gehören.

Die Launen der Technologie

Die wichtigste Erkenntnis dieses zweiten Teils ist, dass es keine natürliche Kraft gibt, die die Bedeutung des Kapitals und der Einkünfte aus dem in der Vergangenheit akkumulierten Kapitaleigentum zwangsläufig verringert. In den Nachkriegsjahrzehnten glaubte man, der Sieg des Humankapitals über das traditionelle Kapital, das heißt über das Boden-, Immobilien- und Finanzkapital, sei ein quasi automatischer und unumkehrbarer Prozess, der vielleicht der Technologie oder rein ökonomischen Kräften geschuldet sei. Tatsächlich erkannten allerdings einige bereits damals, dass in Wahrheit politische Kräfte die ausschlaggebende Rolle spielten. Dieser Auffassung schließen wir uns ohne Wenn und Aber an. Die Entwicklung hin zu ökonomischer und technologischer Rationalität bedeutet nicht zwangsläufig eine Entwicklung hin zu demokratischer und meritokratischer Rationalität. Der Hauptgrund dafür ist einfach: Die Technologie und der Markt kennen weder Grenzen noch Moral. Die technologische Entwicklung hat zweifellos dazu geführt, dass die Anforderungen an die Qualifikationen und Kompetenzen der Menschen gestiegen sind. Aber sie hat auch den Bedarf an Gebäuden, Wohnungen, Büros, allen erdenklichen Ausrüstungen, Patenten erhöht, und der Gesamtwert all dieser nicht-humanen Kapitalelemente – Immobilien, Gewerbe, Industrie, Finanzen – ist langfristig fast genauso schnell gestiegen wie die Produktion und das Nationaleinkommen. Die Summe der Einkünfte, mit denen diese verschiedenen Kapitalformen vergütet werden, ist fast genauso schnell gewachsen wie die Summe der Arbeitseinkommen. Wenn man tatsächlich den Wunsch hat, eine gerechtere und rationalere Gesellschaftsordnung zu schaffen, die auf dem Gemeinwohl basiert, reicht es nicht aus, sich auf die Launen der Technologie zu verlassen.

Fassen wir zusammen: Das moderne Wachstum, das auf der Steigerung der Produktivität und der Ausbreitung von Wissen beruht, hat es vermocht, die marxistische Apokalypse zu verhindern und den Prozess der Kapitalakkumulation zu stabilisieren. Es hat jedoch nicht die Tiefenstrukturen des Kapitals verändert – oder zumindest seine makroökonomische Bedeutung im Verhältnis zur Arbeit nicht nennenswert verringert. Jetzt gilt es zu untersuchen, ob es sich mit der ungleichen Verteilung von Vermögen und Einkommen ebenso verhält: In welchem Umfang haben sich die Strukturen der Ungleichheit bezüglich Arbeit und Kapital seit dem 19. Jahrhundert tatsächlich verändert?

DRITTER TEIL

DIE STRUKTUR DER UNGLEICHHEIT

7.

UNGLEICHHEIT UND KONZENTRATION: ERSTE ANHALTSPUNKTE

Im zweiten Teil dieses Buches haben wir die Dynamik des Kapital-Einkommens-Verhältnisses und der Aufteilung des Nationaleinkommens insgesamt in Kapital- und Arbeitseinkommen auf nationaler Ebene untersucht, ohne uns mit der Ungleichheit von Einkommen und Vermögensbesitz auf individueller Ebene zu befassen. Wir sind insbesondere auf die entscheidende Bedeutung der Erschütterungen zwischen 1915 und 1945 eingegangen, ohne die sich die Entwicklung des Kapital-Einkommens-Verhältnisses und das Kapital-Arbeits-Verhältnis im Laufe des 20. Jahrhunderts nicht verstehen lässt. Erschütterungen, von denen Europa und die Welt sich eben erst erholt haben – daher der Eindruck, der patrimoniale, vom Vermögen und seiner Vererbung bestimmte Kapitalismus, der zu Beginn des 21. Jahrhunderts eine solche Blüte erlebt, sei etwas völlig Neues, während es sich zu einem Gutteil um eine Wiederkehr des Vergangenen handelt, charakteristisch für eine durch langsames Wachstum geprägte Welt, wie die des 19. Jahrhunderts es war.

In diesem dritten Teil wollen wir nun eigens Ungleichheit und Verteilung auf individueller Ebene behandeln. Die folgenden Kapitel werden zeigen, dass die Weltkriege und die politischen Maßnahmen der öffentlichen Hand in ihrem Gefolge auch im Prozess des Abbaus von Ungleichheiten eine zentrale Rolle gespielt haben, der, entgegen den optimistischen Vorhersagen der Theorie Kuznets', keineswegs naturwüchsig und von selbst abläuft. Wir werden darüber hinaus feststellen, dass die Ungleichheiten seit den 1970er Jahren wieder sprunghaft zugenommen haben – dies freilich mit erheblichen Abweichungen zwischen einzelnen Ländern, was einmal mehr auf die zentrale Rolle der institutionellen und politischen Differenzen hinweist. Und wir werden unter zugleich historischen und theoretischen Gesichtspunkten analysieren, welches Gewicht auf sehr lange Sicht den Erbschaften einerseits, den Arbeitseinkommen andererseits zukommt. Woher rührt der diffuse Glaube, das moderne Wachstum begünstige seiner Natur nach die Arbeit gegenüber der Erbschaft, die Kompetenz gegenüber der Herkunft? Kann man sich dessen wirklich gewiss sein? Schließlich werden wir im letzten Kapitel dieses dritten Teils die Entwicklungen verfolgen, die sich hinsichtlich der Verteilung von Vermögen auf globaler Ebene für die kommenden Jahrzehnte absehen lassen. Wird im 21. Jahrhundert die Ungleichheit noch größer als im 19. Jahrhundert sein – vorausgesetzt, dies ist nicht heute schon der Fall? Inwiefern ist die Struktur der Ungleichheiten in der heutigen Welt wirklich eine andere als die, mit der man es während der Industriellen Revolution oder in traditionellen ländlichen Gesellschaften zu tun hatte? Der zweite Teil hat uns bereits eine Reihe von Hinweisen gegeben, aber erst eine Analyse der Struktur der Ungleichheit auf individueller Ebene wird eine Antwort auf diese zentrale Frage erlauben.

Bevor wir dem nachgehen können, werden wir uns in diesem Kapitel zunächst mit den einschlägigen Begriffen und Größenordnungen vertraut machen müssen. Beginnen wir mit der Feststellung, dass Einkommensungleichheit in allen Gesellschaften in drei Kategorien gefasst werden kann: Ungleichheit der Arbeitseinkommen; Ungleichheit des Kapitaleigentums; und schließlich der Zusammenhang beider Dimensionen. Die berühmte Rede, mit der sich Vautrin in Balzacs *Père Goriot* an den jungen Eugène de Rastignac wendet, bietet ohne Zweifel die erhellendste Einführung in diese Problematik.

Die Rede Vautrins

1835 publiziert, zählt der *Père Goriot* zu den berühmtesten Romanen Balzacs. Die Struktur der Ungleichheit in der Gesellschaft des 19. Jahrhunderts und namentlich die entscheidende Rolle, die Erbschaft und Vermögen in ihr spielen, haben zweifellos nirgends einen vollkommeneren literarischen Ausdruck gefunden.

Die Handlung des *Père Goriot* ist rasch erzählt. Père Goriot, ein ehemaliger Nudelfabrikant, hat während der Revolutionszeit und der Napoleonischen Ära ein Vermögen mit Getreide und Teigwaren gemacht. Verwitwet, wendet er alles dafür auf, seine Töchter Delphine und Anastasie in der besten Pariser Gesellschaft zu verheiraten, um gerade genug für Kost und Logis in einer schäbigen Pension zurückzubehalten, in der er die Bekanntschaft Eugène de Rastignacs macht, eines verarmten jungen Adligen, der aus der Provinz nach Paris gezogen ist, um dort die Rechte zu studieren. Voller Ehrgeiz und von seiner Armut gepeinigt, sucht Eugène mit Unterstützung einer entfernten Kusine Zugang zu den vornehmen Salons zu finden, in denen der Adel, das Großbürgertum und die Hochfinanz der Restauration verkehren. Es dauert nicht lange und Rastignac verliebt sich in Delphine, deren Mann, Baron von Nucingen, sie sitzengelassen und die Mitgift seiner Frau längst durch allerlei Spekulationen verschleudert hat. Rastignac wird seine Illusionen angesichts einer vom Geld durch und durch korrumpierten Gesellschaft rasch verlieren. Bestürzt muss er mitansehen, wie Père Goriot von allen im Stich gelassen wird, selbst von den eigenen Töchtern, die sich, nachdem sie sein Vermögen an sich gebracht haben, seiner schämen und ihn meiden, ganz damit beschäftigt, ihrem Erfolg in der großen Welt nachzujagen. Der alte Mann stirbt vereinsamt und verwahrlost. Rastignac ist der einzige, der zu seiner Beerdigung erscheint. Und doch hat er den Friedhof *Père Lachaise* kaum verlassen, als er, überwältigt von den Reichtümern, die sich links und rechts der Seine auftürmen, die Hauptstadt zu erobern beschließt: «Und nun zu uns beiden!». Seine *éducation sentimentale*, seine emotionale und soziale Erziehung ist abgeschlossen. Von nun an wird auch er kein Mitleid kennen.

Der schwärzeste Augenblick des Romans, in dem sich die gesellschaftlichen und moralischen Alternativen, vor denen Rastignac steht, in ihrer ganzen Härte und Ungeschminktheit offenbaren, ist zweifellos der jener Rede, die Vautrin etwa in der Mitte der Erzählung Rastignac zu Gehör bringt.[1] Vautrin, seinerseits Logiergast der schäbigen Pension Vauquer, ist ein zwielichtiger Charakter, ein Schönredner und Verführer, der eine dunkle Vergangenheit als Sträfling hat – ganz wie ein Edmond Dantès in Dumas' *Le Comte de Monte-Cristo* oder

1 Vgl. H. de Balzac: *Le Père Goriot*, Paris: Le Livre de poche 1983, S. 123–135.

ein Jean Valjean in Hugos *Les Misérables.* Anders als diese letztlich positiven Charaktere aber ist Vautrin bis ins Mark zynisch und verkommen. Er versucht Rastignac dazu anzustiften, sich durch Mord in den Besitz einer Erbschaft zu bringen – nicht ohne ihm zuvor in einem so präzisen wie erschreckenden Vortrag die Schicksale, die verschiedenen Lebenswege vor Augen zu führen, die einem jungen Mann wie ihm in der damaligen französischen Gesellschaft offenstehen.

Was Vautrin dem jungen Rastignac erläutert, ist letztlich, dass es eine Illusion ist anzunehmen, sozialer Erfolg lasse sich durch Studium, Verdienst und Arbeit erringen. In aller Deutlichkeit schildert er die Karrieren, die ihm sein Studium eröffnen würde, sei es das der Rechte, sei es das der Medizin – Fachgebiete, die exemplarisch einer Logik professioneller Kompetenz statt ererbten Wohlstands gehorchen. Und es ist namentlich die Höhe des jährlichen Einkommens, mit dem er in diesen Berufen nur rechnen könnte, was Vautrin ihm eindringlich vor Augen führt. Die Schlussfolgerung duldet keinen Widerspruch: Selbst für den Fall, dass er mit den besten seiner Pariser Altersgenossen mithalten, ein glänzendes Examen ablegen, eine der steilsten (mit zahlreichen Zugeständnissen erkauften) juristischen Karrieren machen sollte – er würde dennoch mit einem mittelmäßigen Einkommen vorliebnehmen und darauf verzichten müssen, es jemals zu wirklichem Wohlstand zu bringen:

«Wenn Sie dreißig sind, werden sie Richter mit zwölfhundert Francs im Jahr, falls sie die Robe noch nicht auf den Kehricht geworfen haben. Und mit vierzig heiraten sie irgendeine Müllerstochter mit sechstausend Livres Rente. Besten Dank! Oder Sie genießen Protektion, dann sind sie mit dreißig Staatsanwalt, verdienen tausend Ecus (5000 Francs) und kriegen die Tochter des Bürgermeisters. Ein paar kleine politische Gemeinheiten, und Sie haben es mit vierzig zum Generalstaatsanwalt gebracht [...] Außerdem darf ich Sie darauf aufmerksam machen, dass es in ganz Frankreich zwanzig Generalstaatsanwälte gibt, aber zwanzigtausend Bewerber, und darunter sind Kerle, die würden ihre Familie verkaufen, um eine Stufe höher zu kommen. Aber gut, wenn Ihnen der Beruf nicht zusagt, schauen wir uns nach etwas anderem um. Wünschen der Herr Baron von Rastignac vielleicht Advokat zu werden? Auch schön. Da muss man zehn Jahre darben, tausend Francs im Monat aufwenden, sich eine Bibliothek und ein Büro zulegen, auf

Gesellschaften gehen, vor einem Anwalt buckeln, um an Klienten zu kommen, und den ganzen Justizpalast mit der Zunge auf Hochglanz bringen. Wenn dieser Beruf einen reich machen würde, hätte ich ja nichts dagegen. Aber zeigen Sie mir in Paris fünf Advokaten, die mit fünfzig mehr als fünfzigtausend Francs verdienen!»[1]

Verglichen mit so düsteren Aussichten nimmt sich die Strategie, mit der Vautrin Rastignacs sozialen Aufstieg betreiben will, sehr viel erfolgversprechender aus. Eine Vermählung mit Mademoiselle Victorine, einem unscheinbaren Mädchen, das seinerseits in der Pension logiert und nur Augen für den schönen Eugène hat, brächte ihn auf einen Schlag in den Besitz eines Vermögens von einer Million Franc. Damit käme er schon im Alter von zwanzig Jahren in den Genuss einer Jahresrente von 50 000 Francs (etwa 5 % des Kapitals), also eines Wohlstands, der das, was ihm nach langen Jahren die Besoldung eines Staatsanwaltes einbrächte, um das Zehnfache übertrifft (und auch höher liegt als alles, was nach entbehrungs- und intrigenreichen Jahren die wohlhabendsten Pariser Anwälte der Epoche mit fünfzig verdienen).

Die Schlussfolgerung könnte klarer nicht sein: Obwohl weder wirklich hübsch noch besonders verführerisch, muss die junge Victorine unverzüglich geheiratet werden. Eugène lauscht begierig – bis zum finalen *coup de grâce*: Bevor das junge Mädchen, eine uneheliche Tochter, von ihrem Erzeuger anerkannt werden und die besagte Erbschaft antreten könne, müsse, so Vautrin, zunächst ihr Bruder aus dem Weg geräumt werden – was gegen eine angemessene Summe zu übernehmen der ehemalige Sträfling sich bereit erklärt. Das ist zu viel für Rastignac: So empfänglich er ist für Vautrins Lehre, dass Erben über Studieren geht – einen Mord zu verüben geht ihm zu weit.

1 Vgl. ebd., S. 131 (Übersetzung von Stefan Lorenzer). Balzac beziffert die Einkommen und Vermögen meist in Francs oder Livre tournois (die von gleichem Wert waren, nachdem der Franc «germinal» einmal eingeführt war), zuweilen den Écu (eine Silbermünze, deren Wert im 19. Jahrhundert 5 Francs betrug), und seltener den Louis d'or (ein 20-Franc-Stück, das schon unter dem Ancien Régime 20 Livres wert war). All diese Währungseinheiten waren zu dieser Zeit, die keine Inflation kannte, so stabil, dass der Übergang dem Leser keine Mühe bereitete. Vgl. Kapitel 2. Wir werden auf die von Balzac genannten Summen eingehender in Kapitel 11 zu sprechen kommen.

Die Schlüsselfrage: Arbeit oder Erbschaft?

Das Bestürzendste an Vautrins Rede ist die Genauigkeit der von ihm angeführten Zahlen und seiner Darstellung der damaligen Gesellschaft. Wie wir unter Berücksichtigung der Einkommens- und Vermögensstrukturen im Frankreich des 19. Jahrhunderts sehen werden, ermöglichen die höchsten ererbten Vermögen tatsächlich einen ungleich höheren Lebensstandard als die höchsten Arbeitseinkommen. Wozu unter diesen Bedingungen noch arbeiten? Und wozu überhaupt moralisches Handeln? Wenn die herrschende soziale Ungleichheit insgesamt unmoralisch ist – warum dann nicht die Immoralität auf die Spitze treiben und sich Kapital unter Einsatz aller erdenklichen Mittel beschaffen?

Wie exakt die Zahlen auch sein mögen (und tatsächlich sind sie sehr realistisch) – entscheidend ist die Tatsache, dass man es im Frankreich des beginnenden 19. Jahrhunderts, wie übrigens auch in dem der Belle Époque, also bis ins 20. Jahrhundert hinein, durch Arbeit und Studium nicht zu dem gleichen Wohlstand wie durch Erbschaft und Vermögenseinkünfte bringen kann. Diese Realität liegt so offen zutage, sie ist für jedermann so unverkennbar, dass Balzac keine repräsentativen Statistiken, keine wohldefinierten Dezile oder Perzentile bemühen muss, um sich ihrer zu versichern. Es ist die gleiche Realität, mit der man es auch im Vereinigten Königreich des 18. und 19. Jahrhunderts zu tun hat. Für die Helden Jane Austens stellt sich die Frage der Arbeit gar nicht. Was allein zählt, ist die Höhe des durch Erbschaft oder Heirat erlangten Vermögens. Das Gleiche gilt, allgemeiner gesprochen, in fast allen Gesellschaften bis zu jenem wahren Suizid der patrimonialen Gesellschaften: dem Ersten Weltkrieg. Eine der wenigen Ausnahmen sind zweifellos die Vereinigten Staaten oder zumindest jene Mikro-Gesellschaften der «Pioniere» in den Nord- und Weststaaten, in denen das ererbte Kapital wenig ins Gewicht fällt – eine Situation, die nicht lange Bestand haben wird. In den Südstaaten, in denen eine Mischung aus Land- und Sklavenkapital überwiegt, ist die Erbschaft so ausschlaggebend wie im alten Europa. Die Verehrer Scarlett O'Haras in *Vom Winde verweht* setzen so wenig wie Rastignac auf Studium und Ausbildung, um ihren künftigen Wohlstand zu sichern. Was zählt, ist die Größe der väterlichen (oder schwiegerväterlichen)

Plantage. Um seine Geringschätzung aller Begriffe von Moral, Verdienst oder sozialer Gerechtigkeit zum Ausdruck zu bringen, hatte Vautrin auch eben jenen Vortrag, den er dem jungen Eugène hält, durch die Bemerkung ergänzt, er könne sich durchaus vorstellen, seinen Lebensabend als Sklavenhalter in den Südstaaten zu verbringen und von seinen üppigen Sklavenhaltereinkünften zu leben.[1] Das Amerika, das den ehemaligen Sträfling lockt, ist offenbar nicht das Amerika Tocquevilles.

Gewiss ist die Ungleichheit der Arbeitseinkommen ihrerseits weit davon entfernt, stets angemessen und gerecht zu sein. Und zweifellos wäre es überzogen, wollte man die Frage der sozialen Gerechtigkeit auf die nach dem Gewicht der Einkünfte aus Arbeit einerseits und Erbschaft andererseits reduzieren. Dennoch bleibt festzuhalten, dass der Glaube, Ungleichheiten sollten eher auf Arbeit und individuellem Verdienst beruhen (oder zumindest die Hoffnung auf einen dahingehenden Wandel) konstitutiv für unsere demokratische Moderne ist. Und tatsächlich – in einem gewissen Maße gilt die Rede Vautrins für die europäischen Gesellschaften des 20. Jahrhunderts nicht mehr. Zumindest vorläufig. In den Nachkriegsjahrzehnten hat die Erbschaft stark an Bedeutung verloren. Zum vielleicht ersten Mal in der Geschichte sind Arbeit und Studium zum Königsweg nach oben geworden. Und so sehr Ungleichheiten aller Art wiederauferstanden, so sehr zahlreiche Gewissheiten in Sachen sozialer und demokratischer Fortschritt erschüttert worden sein mögen – auch zu Beginn des 21. Jahrhunderts herrscht der diffuse Eindruck vor, die Welt habe sich seit jener Rede Vautrins radikal geändert. Wer wollte Jurastudierenden heute noch empfehlen, ihr Studium abzubrechen, um stattdessen die von jenem ehemaligen Sträfling angeratene Strategie sozialen Aufstiegs zu verfolgen? Gewiss mag es einige wenige Fälle geben, in denen es die beste Strategie bleibt, sich in den Besitz einer Erbschaft zu bringen.[2] Aber ist es in der überwältigenden Mehrheit der Fälle nicht lohnender (also nicht bloß lobenswerter), auf Studium, Arbeit und beruflichen Fortschritt zu setzen?

So werden auch die beiden Fragen lauten, zu denen die Rede Vaut-

1 Vgl. ebd., S. 131.

2 Glaubt man der Presse, so hat der Sohn eines französischen Ex-Präsidenten während seines Jurastudiums in Paris die Erbin der Magasins Darty geheiratet. Er wird sie zweifellos nicht in der Pension Vauquer kennengelernt haben.

rins uns führt und denen wir anhand der – lückenhaften – Daten, die uns vorliegen, in den folgenden Kapiteln nachgehen wollen. Zunächst: Sind wir uns wirklich sicher, dass sich die Struktur der Arbeitseinkommen und der Einkommen aus Erbschaft seit den Zeiten Vautrins gewandelt hat? Und in welchem Umfang? Dann, und vor allem: Gesetzt, ein solcher Wandel hat tatsächlich stattgefunden (zumindest teilweise) – was genau sind seine Gründe und in welchem Maße ist er unumkehrbar?

Ungleichheit von Arbeitseinkommen, Ungleichheit von Kapitaleinkommen

Um eine Antwort auf diese Fragen geben zu können, müssen wir uns zunächst mit den einschlägigen Begriffen vertraut machen, und mit den Grundmustern, denen in verschiedenen Gesellschaften zu verschiedenen Zeiten die Ungleichheit der Arbeits- und Kapitaleinkommen gehorcht. Wie wir im ersten Teil sehen konnten, lässt Einkommen sich stets als Summe aus Arbeitseinkommen und Kapitaleinkommen begreifen. Die Arbeitseinkommen schließen vor allem die Löhne ein. Um die Darstellung zu vereinfachen, werden wir zuweilen von Lohnungleichheit sprechen, wenn wir die Ungleichheit der Arbeitseinkommen meinen. Tatsächlich zählen aber, wie man der Genauigkeit halber festhalten muss, zu den Arbeitseinkommen auch Einkommen aus selbstständiger Arbeit, die lange eine wesentliche Rolle gespielt haben und noch heute nicht zu vernachlässigen sind. Die Kapitaleinkommen fallen ihrerseits in unterschiedlichen Formen an (Mieten, Dividenden, Zinsen, Gebühren, Gewinne, Veräußerungsgewinne etc.).

Einkommensungleichheit ergibt sich per definitionem in sämtlichen Gesellschaften aus der Addition zweier Komponenten: der Ungleichheit der Arbeitseinkommen einerseits, und der Kapitaleinkommen andererseits. Je stärker die Ungleichverteilung beider, desto stärker die Ungleichheit insgesamt. Theoretisch kann man sich durchaus Gesellschaften vorstellen, in denen die Ungleichheit hinsichtlich der Arbeit sehr stark, die Ungleichheit hinsichtlich des Kapitals dagegen sehr schwach ist, ebenso Gesellschaften, in denen das Umgekehrte gilt, und schließlich Gesellschaften, in denen beide Komponenten durch große Ungleichheit oder im Gegenteil durch große Gleichheit gekennzeichnet sind.

Der dritte bestimmende Faktor ist der Zusammenhang zwischen diesen beiden Dimensionen der Ungleichheit: In welchem Maße sind Personen mit hohem Arbeitseinkommen und solche mit hohem Kapitaleinkommen ein und dieselben? Je stärker der Zusammenhang, technisch gesprochen: die statistische Korrelation, desto stärker, unter ansonsten gleichen Bedingungen, die Ungleichheit insgesamt. Faktisch ist die Korrelation beider Dimensionen häufig schwach oder negativ in Gesellschaften, in denen so große Ungleichheit hinsichtlich des Kapitals herrscht, dass dessen Eigentümer es sich leisten können, nicht zu arbeiten (die Helden Jane Austens etwa beschließen häufig, keinem Beruf nachzugehen). Wie sieht es damit heute aus? Und wie im kommenden Jahrhundert?

Festzuhalten ist auch, dass die Ungleichverteilung der Kapitaleinkommen stärker als die des Kapitals selber sein kann, wenn Eigentümer großer Vermögen höhere Durchschnittsrenditen als Eigentümer mittlerer und kleiner Vermögen erzielen. Wie sich zeigen wird, kann dieser Mechanismus zu einer erheblichen Steigerung von Ungleichheit führen – insbesondere in diesem anbrechenden Jahrhundert. Im einfachsten Fall, in dem die Durchschnittsrendite auf allen Rängen der Vermögenshierarchie gleich hoch ist, fallen beide Ungleichheiten per definitionem zusammen.

Um die Ungleichheit der Einkommensverteilung zu analysieren, ist es ganz unerlässlich, diese verschiedenen Dimensionen und Komponenten sorgfältig auseinanderzuhalten. Zunächst aus normativen und moralischen Gründen (die Frage nach der Rechtfertigung von Ungleichheit stellt sich ganz anders, je nachdem, ob diese die Arbeitseinkommen, die Einkommen aus Erbschaft oder die Kapitaleinkommen betrifft), dann aber, weil die beobachteten Entwicklungen sich aus ganz unterschiedlichen ökonomischen, sozialen und politische Mechanismen erklären lassen. Für den Fall der Ungleichheit von Arbeitseinkommen zählen zu diesen Mechanismen namentlich Angebot und Nachfrage, der Zustand des Bildungssystems sowie die verschiedenen Regelungen und Institutionen, die Einfluss auf das Funktionieren des Arbeitsmarktes und die Lohngestaltung haben. Für den Fall der Ungleichheit von Kapitaleinkommen dagegen sind die wichtigsten Prozesse das Spar- und Investitionsverhalten, die Regeln der Vermögensübertragung und -nachfolge, das Funktionieren der Immobilien- und Finanzmärkte. Allzu häufig sind die Mittel der statistischen Messung von Einkommensungleichheit, die von Ökonomen und in der öffentlichen Diskussion verwendet werden, synthetische Indikatoren – wie etwa der Gini-Index –, die ganz unterschiedliche Dinge, insbesondere Ungleichheiten hinsichtlich der Arbeit und hinsichtlich des Kapitals, miteinander verquicken und es dadurch unmöglich machen, die jeweils wirksamen Mechanismen und die vielfältigen Dimensionen der Ungleichheit auseinanderzuhalten. Wir werden dagegen versuchen, sie möglichst genau voneinander zu trennen.

Die Ungleichverteilung des Kapitals ist stets größer als die der Arbeitseinkommen

Die erste Gesetzmäßigkeit, die praktisch zu beobachten ist, wenn man Einkommensungleichheiten zu messen versucht, besteht darin, dass die Ungleichheit hinsichtlich des Kapitals stets größer ist als die Ungleichheit hinsichtlich der Arbeit. Die Verteilung des Kapitaleigentums und der mit ihm verbundenen Kapitaleinkommen unterliegt systematisch einer sehr viel stärkeren Konzentration als die Verteilung von Arbeitseinkommen.

Zwei Punkte sollten gleich zu Beginn klargestellt werden. Zum einen findet sich diese Gesetzmäßigkeit in allen Ländern und zu allen Zeiten, für die uns überhaupt Daten vorliegen – und zwar ohne Ausnahme und in massiver Weise. Um einen ersten Hinweis auf die Größenordnungen zu geben: Die 10 % mit den höchsten Arbeitseinkommen haben im Allgemeinen einen Anteil von etwa 25–30 % am gesamten Arbeitseinkommen. Dagegen haben die 10 % mit den größten Vermögen einen Anteil am Gesamtvermögen, der stets über 50 % liegt, ja in manchen Gesellschaften auf 90 % steigen kann. Eine noch deutlichere Sprache spricht vielleicht die Tatsache, dass die am schlechtesten bezahlten 50 % stets einen nicht unwesentlichen Anteil am gesamten Arbeitseinkommen haben, während die an Vermögen ärmsten 50 % stets nichts – oder so gut wie nichts besitzen (stets weniger als 10 % des Gesamtvermögens und im Allgemeinen weniger als 5 %, also zehnmal weniger als die vermögendsten 10 %). Die Ungleichheiten hinsichtlich der Arbeit erscheinen häufig als abgeschwächt, moderat, fast angemessen (sofern Ungleichheit dies zu sein vermag – worauf man sich, wie wir sehen werden, nicht allzu sehr verlassen sollte). Die Ungleichheiten hinsichtlich des Kapitals dagegen sind damit verglichen stets extreme Ungleichheiten.

Zum anderen muss sofort betont werden, dass diese Gesetzmäßigkeit sich nicht von selbst versteht und einen deutlichen Hinweis auf die Natur der ökonomischen und sozialen Prozesse gibt, die in der Dynamik der Verteilung und Akkumulation von Vermögen am Werk sind.

Tatsächlich kann man sich unschwer Mechanismen vorstellen, die eine größere Gleichheit der Verteilung von Vermögen als der von Arbeitseinkommen mit sich brächten. Gehen wir zum Beispiel davon aus, dass die Arbeitseinkommen zu einem gegebenen Zeitpunkt nicht nur die dauerhafte Lohnungleichheit zwischen verschiedenen Berufsgruppen widerspiegeln (je nach Qualifikationsniveau und Rang in der Lohnhierarchie), sondern auch kurzfristige Schocks (etwa dann, wenn Löhne oder Arbeitszeiten in bestimmten Berufsfeldern von Jahr zu Jahr oder innerhalb eines Berufslebens stark schwanken). Daraus ergäbe sich eine sehr starke Ungleichheit der Arbeitseinkommen, die aber zum Teil artifiziell ist, da sie abnimmt, sobald man die Ungleichheiten über längere Zeit misst, zum Beispiel über zehn Jahre, nicht bloß über eines (wie man es mangels langfristiger Datenerhebungen für gewöhnlich tut), oder gar über die ganze Lebenszeit eines Individuums, wie es ideal wäre, wollte man wirklich die von Vautrin beschriebene Ungleichheit der Chancen und Schicksale erforschen, die leider häufig nur sehr schwer zu messen ist.

In einer Welt mit starken kurzfristigen Einkommensschwankungen könnte die Akkumulation von Vermögen in erster Linie einem Vorsorgemotiv entspringen (man bildet Rücklagen, um negativen Entwicklungen vorzubeugen). In diesem Fall fiele die Ungleichheit der Vermögen geringer aus als die der Arbeitseinkommen. So könnte etwa die Ungleichheit der Vermögen von der gleichen Größenordnung wie die dauerhafte Ungleichheit der Arbeitseinkommen (über die Gesamtheit des Berufslebens gemessen) und daher deutlich geringer als die momenthafte (zu einem bestimmten Zeitpunkt gemessene) Ungleichheit der Arbeitseinkommen sein. All das ist logisch möglich, hat aber offenbar nicht allzu viel mit der Realität zu tun, da die Ungleichheit der Vermögen überall und jederzeit sehr viel erheblicher als die der Arbeitseinkommen ausfällt. Es gibt fraglos Akkumulation aus Vorsorge in der wirklichen Welt, aber sie ist ersichtlich nicht der Hauptmechanismus, dem die Realität der Akkumulation und Verteilung von Vermögen gehorcht.

Ebenso lassen sich Mechanismen denken, die dafür sorgen würden, dass die Ungleichheit der Vermögen und die der Arbeitseinkommen einen vergleichbaren Umfang hätten. Insbesondere dann, wenn Vermögensakkumulation, wie die Theorie Modiglianis es will, vornehmlich durch den Lebenszyklus motiviert wäre (man akkumuliert im Hinblick auf den Ruhestand), müsste jeder einen Kapitalstock bilden, der sich mehr oder weniger proportional zu seinem Lohnniveau verhielte, um nach dem Ausscheiden aus dem Arbeitsleben mehr oder weniger denselben (oder einen proportional entsprechenden) Lebensstandard zu gewährleisten. In diesem Fall wäre Vermögensungleichheit die bloße Übertragung der Ungleichheit von Arbeitseinkommen in die Zeit und hätte als solche nur begrenzte Bedeutung, da Ungleichheit hinsichtlich der Arbeit die einzige wirkliche Quelle sozialer Ungleichheit bliebe.

Erneut ist ein solcher Mechanismus theoretisch denkbar und logisch plausibel. Er spielt auch unleugbar eine Rolle in der realen Welt – namentlich in alternden Gesellschaften. Aber unter einem quantitativen Gesichtspunkt handelt es sich nicht um den ausschlaggebenden Mechanismus. Das durch den Lebenszyklus motivierte Sparen bietet so wenig wie das Sparen aus Vorsorge eine Erklärung für die sehr starke Kapitalkonzentration, die wir praktisch beobachten. Gewiss sind die Älteren im Durchschnitt reicher als die Jungen. Aber tatsächlich ist die Vermögenskonzentration in jeder einzelnen Altersgruppe so stark wie in der Gesamtbevölkerung überhaupt. Anders gesagt: Der Kampf der Generationen ist, einer verbreiteten Vorstellung entgegen, nicht an die Stelle des Klassenkampfes getreten. Die sehr starke Kapitalkonzentration erklärt sich insbesondere aus der Bedeutung der Erbschaft und ihrer kumulativen Wirkungen (es spart sich beispielsweise leichter, wenn man eine Wohnung geerbt und keine Miete zu zahlen hat). Dass die Vermögensrenditen zuweilen extreme Werte erreichen, spielt gleichfalls eine bedeutende Rolle in diesem dynamischen Prozess. Wir werden in diesem dritten Teil eingehend auf die verschiedenen Mechanismen und auf die Weise zu sprechen kommen, in der sich ihre Bedeutung zeitlich und räumlich entfaltet hat. Das Ausmaß der Ungleichverteilung des Kapitals (absolut genommen und im Verhältnis zur Ungleichheit der Arbeitseinkommen) weist selber schon auf bestimmte Mechanismen eher als auf andere hin.

Ungleichheit und Konzentration: einige Größenordnungen

Bevor wir die historischen Entwicklungen in den verschiedenen Ländern untersuchen, ist eine genauere Beschreibung der Größenordnungen nützlich, in denen die Ungleichheit sich hinsichtlich der Arbeit und des Kapitals bewegt. Ziel ist es, den Leser mit Zahlen und Begriffen vertraut zu machen – Dezile, Perzentile etc. –, die ein wenig technisch anmuten, ja den einen oder anderen abschrecken mögen, mit denen sich aber, korrekte Verwendung vorausgesetzt, sehr genau analysieren lässt, wie sich die Struktur der Ungleichheit in den verschiedenen Gesellschaften gewandelt hat.

Wir haben daher in den Tabellen 7.1, 7.2 und 7.3 Beispiele für die Verteilungen aufgeführt, die in verschiedenen Ländern zu verschiedenen Zeiten zu beobachten sind. Bei den Angaben handelt es sich zweifellos um gerundete Näherungswerte, aber sie vermitteln einen ersten Eindruck davon, was genau der Rede von schwacher, mittlerer oder starker Ungleichheit in der Welt, in der wir leben, und in der Geschichte entspricht – im Hinblick auf die Arbeitseinkommen, den Kapitalbesitz und schließlich die Einkommensungleichheit insgesamt, die sich aus der Addition von Arbeits- und Kapitaleinkommen ergibt.

Was die Ungleichheit der Arbeitseinkommen anbelangt, sieht die Verteilung zum Beispiel in den skandinavischen Ländern der 1970er und 1980er Jahre (obwohl die Ungleichheit seither in Nordeuropa leicht zugenommen hat, ist sie in diesen Ländern weiterhin am geringsten) in etwa wie folgt aus: Betrachtet man die gesamte erwachsene Bevölkerung, so erhalten die 10 % mit den höchsten Arbeitseinkommen kaum mehr als 20 % der Arbeitseinkommen insgesamt (und praktisch sind das im wesentlichen Löhne), die am schlechtesten bezahlten 50 % etwa 35 % und die 40 % in der Mitte etwa 45 % der Gesamtlohnsumme (siehe Tabelle 7.1[1]). Natürlich handelt es sich nicht um vollkommene

1 Unsere Definition der Dezile geht von der erwachsenen Bevölkerung (Minderjährige haben im Allgemeinen kein Einkommen) und, so weit wie möglich, von Individuen aus. Die in den Tabellen 7.1–7.3 aufgeführten Schätzungen folgen dieser Definition. Für bestimmte Länder – wie Frankreich oder die Vereinigten Staaten – liegen die historischen

Tabelle 7.1.
Die Ungleichheit der Arbeitseinkommen in Zeit und Raum

Anteil der verschiedenen Gruppen an den gesamten Arbeitseinkommen	Schwache Ungleichheit (skandinavische Länder, 1970–1980)	Mittlere Ungleichheit (Europa, 2010)	Starke Ungleichheit (USA, 2010)	Sehr starke Ungleichheit (USA, 2030?)
Die reichsten 10 % (Oberschicht)	20 %	25 %	35 %	45 %
Davon: die reichsten 1 % (herrschende Schicht)	*5 %*	*7 %*	*12 %*	*17 %*
Davon: die folgenden 9 % (wohlhabende Schicht)	*15 %*	*18 %*	*23 %*	*28 %*
Die 40 % der Mitte (Mittelschicht)	45 %	45 %	40 %	35 %
Die ärmsten 50 % (Unterschichten)	35 %	30 %	25 %	20 %
Der entsprechende Gini-Koeffizient (synthetischer Ungleichheitsindikator)	0,19	0,26	0,36	0,46

In den Gesellschaften, in denen die Ungleichheit der gesamten Einkommen relativ gering ist (wie in den skandinavischen Ländern 1970–1980), erhalten die bestbezahlten 10% etwa 20% der Arbeitseinkommen, die am schlechtesten bezahlten 50% etwa 35% und die 40% der Mitte etwa 45%. Der entsprechende Gini-Koeffizient (synthetischer Ungleichheitsindikator, der von 0 bis 1 reicht) ist 0,19. Siehe Technischer Anhang.

Gleichheit, da für diesen Fall jede Gruppe die exakte Entsprechung ihres Anteils an der Bevölkerung erhalten müsste (die bestbezahlten 10 % müssten 10 % der Einkommen, die am schlechtesten bezahlten 50 % müssten 50 % erhalten). Aber es handelt sich um eine Ungleichheit, die nicht allzu extrem ist, zumindest verglichen mit dem, was in anderen Ländern und Epochen zu beobachten ist – und vor allem ver-

Daten zu den Einkommen ausschließlich auf der Ebene von Haushalten vor (die Einkommen von Ehepaaren werden also addiert). Davon werden die Anteile der einzelnen Dezile leicht modifiziert, aber die langfristigen Entwicklungen, die uns hier interessieren, bleiben davon weitgehend unberührt. Was die Löhne anbelangt, beziehen sich die verfügbaren Daten im Allgemeinen auf Individuen. Siehe Technischer Anhang.

Tabelle 7.2.
Die Ungleichheit des Kapitalbesitzes in Zeit und Raum

Anteil der verschiedenen Gruppen am Gesamtkapital	Schwache Ungleichheit (niemals festgestellt; ideale Gesellschaft?)	Mittlere Ungleichheit (skandinavische Länder 1970–1980)	Mittelstarke Ungleichheit (Europa, 2010)	Starke Ungleichheit (USA, 2010)	Sehr starke Ungleichheit (Europa, 1910)
Die reichsten 10 % (Oberschicht)	30 %	50 %	60 %	70 %	90 %
Davon: die reichsten 1 % (herrschende Schicht)	*10 %*	*20 %*	*25 %*	*35 %*	*50 %*
Davon: die folgenden 9 % (wohlhabende Schicht)	*20 %*	*30 %*	*35 %*	*35 %*	*40 %*
Die 40 % der Mitte (Mittelschicht)	45 %	40 %	35 %	25 %	5 %
Die ärmsten 50 % (Unterschichten)	25 %	10 %	5 %	5 %	5 %
Der entsprechende Gini-Koeffizient (synthetischer Ungleichheitsindikator)	0,33	0,58	0,67	0,73	0,85

In den Gesellschaften, in denen eine «mittlere» Ungleichheit des Kapitalbesitzes herrscht (wie in den skandinavischen Ländern 1970 bis 1980), besitzen die reichsten 10 % rund 50 % der Vermögen, die ärmsten 50 % rund 10 % und die 40 % der Mitte rund 40 %. Der entsprechende Gini-Koeffizient ist 0,58. Siehe Technischer Anhang.

glichen mit dem, was mehr oder weniger überall, die skandinavischen Länder eingeschlossen, für das Kapitaleigentum gilt.

Um sich anschaulich vor Augen zu führen, was sich hinter solchen Zahlen wirklich verbirgt, ist es wichtig, die in Prozent ausgedrückten Anteile zur klingenden Münze tatsächlicher Löhne, die ganz reale Arbeiter in die Hand bekommen, ebenso in Beziehung zu setzen wie zu den Immobilien- und Geldvermögen der ganz realen Eigentümer, um die es in diesen Hierarchien geht.

Wenn die bestbezahlten 10 % der Bevölkerung 20 % der Lohnsumme erhalten, dann heißt das konkret, dass jeder aus dieser Gruppe durchschnittlich das Zweifache des Durchschnittslohns des betreffen-

Tabelle 7.3.
Die Ungleichheit der Arbeitseinkommen und Kapitaleinkommen in Zeit und Raum

Anteil der verschiedenen Gruppen an den Gesamteinkommen (Arbeit + Kapital)	Schwache Ungleichheit (skandinavische Länder, 1970–1980)	Mittlere Ungleichheit (Europa, 2010)	Starke Ungleichheit (USA, 2010; Europa, 1910)	Sehr starke Ungleichheit (USA, 2030?)
Die reichsten 10 % (Oberschicht)	25 %	35 %	50 %	60 %
Davon: die reichsten 1 % (herrschende Schicht)	*7 %*	*10 %*	*20 %*	*25 %*
Davon: die folgenden 9 % (wohlhabende Schicht)	*18 %*	*25 %*	*30 %*	*35 %*
Die 40 % der Mitte (Mittelschicht)	45 %	40 %	30 %	25 %
Die ärmsten 50 % (Unterschichten)	30 %	25 %	20 %	15 %
Der entsprechende Gini-Koeffizient (synthetischer Ungleichheitsindikator)	0,26	0,36	0,49	0,58

In den Gesellschaften, in denen die Ungleichheit der gesamten Einkommen relativ gering ist (wie in den skandinavischen Ländern 1970 bis 1980) besitzen die reichsten 10% etwa 20% der gesamten Einkommen und die ärmsten 50% etwa 30%. Der entsprechende Gini-Koeffizient ist 0,26. Siehe Technischer Anhang.

den Landes bezieht. Entsprechend: Wenn die am schlechtesten bezahlten 50 % der Bevölkerung 35 % der Lohnsumme erhalten, dann erhält automatisch jeder in dieser Gruppe durchschnittlich etwas mehr als zwei Drittel (genauer: 70 %) des Durchschnittslohns. Und wenn schließlich die 40 % in der Mitte 45 % der Lohnsumme erhalten, dann liegt entsprechend ihr Durchschnittseinkommen leicht über dem Durchschnittseinkommen (45/40) innerhalb der fraglichen Gesellschaft.

Liegt zum Beispiel der Durchschnittslohn innerhalb des betreffenden Landes bei 2000 Euro pro Monat, dann folgt aus dieser Verteilung, dass die bestbezahlten 10 % durchschnittlich 4000 Euro, die am schlechtesten bezahlten 50 % durchschnittlich 1400 Euro und die mittleren 40 % durchschnittlich 2250 Euro im Monat verdienen.[1] In diesem Sinne entspricht dieser mittleren Gruppe durchaus eine große «Mittelschicht», deren Lebensstandard häufig nahe am Durchschnittseinkommen in der fraglichen Gesellschaft rangiert.

Unterschichten, Mittelschicht, Oberschicht

Betonen wir zunächst, dass die Bezeichnungen «Unterschichten» (definiert als die unteren 50 %), «Mittelschicht» (die mittleren 40 %, also die 40 % zwischen den unteren 50 % und den oberen 10 %) und «Oberschicht» (die oberen 10 %), die wir in den Tabellen 7.1 bis 7.3 gebrauchen, ganz offenbar willkürlich und diskussionswürdig sind. Wir haben sie der Anschaulichkeit und Sinnfälligkeit halber eingeführt, aber in Wahrheit spielen diese Termini für unsere Analyse praktisch keine Rolle. Wir hätten die fraglichen gesellschaftlichen Gruppierungen ebenso gut «Klasse A», «Klasse B», «Klasse C» nennen können. Im Rahmen der öffentlichen Diskussion sind terminologische Fragen dieser Art im Allgemeinen alles andere als unschuldig. Wie weit solche Begriffe jeweils gefasst werden, verrät häufig eine implizite oder explizite Parteinahme bezüglich der Rechtfertigung und Legitimität des Vermögens- und Einkommensniveaus, dessen die eine oder andere Gruppe sich erfreut.

So wird zum Beispiel der Ausdruck «Mittelschicht» von manchen in einem sehr weiten Sinne gebraucht, um Personen zu bezeichnen, die eindeutig dem obersten Dezil (den obersten 10 %), ja fast schon dem oberen Perzentil (den obersten 1 %) der sozialen Hierarchie angehören. Damit soll im Allgemeinen suggeriert werden, die fraglichen Personen seien, obwohl die Mittel, die ihnen zu Gebote stehen, erheblich über dem jeweiligen Durchschnitt liegen, von diesem Durchschnitt so weit doch gar nicht entfernt. Es geht also darum zu betonen, dass diese Personen keine Reichen sind und es voll und ganz verdienen, von den staatlichen Behörden, namentlich dem Fiskus, mit Nachsicht behandelt zu werden.

Andere, und zuweilen sind das dieselben, lehnen es ab, überhaupt

1 Siehe Technischer Anhang und Tabelle S7.1 (online verfügbar).

von einer «Mittelschicht» zu sprechen und ziehen es vor, die Sozialstruktur als eine zu beschreiben, in der eine überwältigende Mehrheit, die «breiten Bevölkerungsschichten» («das Volk»), einer verschwindend kleinen Minderheit, der «Oberschicht» («den Eliten»), gegenübersteht. Ein solches Raster mag geeignet sein, bestimmte Gesellschaften, oder vielleicht eher: bestimmte politische und historische Kontexte in bestimmten Gesellschaften zu analysieren. So nimmt man zum Beispiel an, dass im Frankreich von 1789 der Adel zwischen 1 % und 2 % der Gesellschaft, der Klerus weniger als 1 % und der *Tiers Etat*, der «Dritte Stand», innerhalb des politischen Systems unter dem Ancien Régime also der ganze Rest, von den Bauern bis zum Bürgertum, mehr als 97 % ausmachte.

Es liegt nicht in unserer Absicht, die Wörterbuch- und Sprachpolizei auf den Plan zu rufen. Bei solchen Benennungsfragen hat jeder Recht und Unrecht zugleich. Jeder hat gute Gründe, die von ihm gebrauchten Termini zu verwenden, und jeder hat Unrecht, die von anderen gewählten zu diskreditieren. Die Weise, in der wir die «Mittelschicht» definieren (die mittleren 40 %) ist in hohem Maße anfechtbar, da in Wahrheit diejenigen, die zu dieser Gruppe zählen, konstruktionsbedingt über Einkommen (oder Vermögen) verfügen, die in der betreffenden Gesellschaft über dem Median liegen.[1] Ebenso gut könnte man sich dafür entscheiden, die fragliche Gesellschaft in Drittel aufzuteilen und das Drittel, das sich tatsächlich in der Mitte befindet, «Mittelschicht» zu nennen. Gleichwohl scheint uns, dass unsere Definition eher der geläufigen Verwendung des Begriffs entspricht: der Ausdruck «Mittelschicht» wird im allgemeinen gebraucht, um Personen zu bezeichnen, denen es deutlich besser geht als der Masse des Volkes, während sie zugleich weit davon entfernt sind, zu den wirklichen Eliten zu gehören. Aber all das bleibt höchst anfecht-

1 Wie bereits bemerkt, bezeichnet der Median den Wert, unterhalb dessen die Hälfte der Bevölkerung liegt. In der Praxis ist der Median stets schwächer als der Durchschnitt, denn die Verteilungen sind stets einigermaßen nach oben gestreckt, wodurch der Durchschnitt sich nach oben bewegt, der Median dagegen nicht. Bei den Arbeitseinkommen liegt der Median typischerweise bei etwa 80 % des Durchschnitts (zum Beispiel bei einem Medianlohn von 1600 Euro gegenüber einem Durchschnittslohn von 2000 Euro). Bei den Vermögen kann der Median extrem schwach sein: Er liegt häufig bei kaum 50 % des Durchschnittsvermögens, ja fast bei Null, wenn die ärmste Bevölkerungshälfte fast nichts besitzt.

bar, und wir sehen keinen Grund, in dieser nicht nur linguistisch, sondern politisch heiklen Frage Partei zu ergreifen.

In Wahrheit ist jede Darstellung der Ungleichheit, die sich auf eine geringe Zahl von Kategorien stützt, verurteilt, schematisch und grobschlächtig zu sein, da die zugrunde liegende soziale Realität stets die einer stetigen Verteilung ist. Auf allen Stufen der Einkommens- und Vermögenshierarchie gibt es stets eine bestimmte Anzahl von Personen aus Fleisch und Blut, deren Zahl und Charakteristika sich je nach der Form der Verteilung, die in der betreffenden Gesellschaft herrscht, langsam und fortgesetzt wandeln. Es gibt nie einen diskontinuierlichen Bruch zwischen verschiedenen sozialen Klassen, zwischen der Welt des «Volkes» und jener der «Eliten». Daher stützt sich unsere Analyse ausschließlich auf statistische Begriffe wie den des Dezils (die obersten 10 %, die mittleren 40 %, die unteren 50 %), die den Vorteil haben, in verschiedenen Gesellschaften exakt auf dieselbe Weise definiert zu sein und es daher erlauben, strenge und objektive Vergleiche in räumlich und zeitlich weit auseinanderliegenden Gesellschaften anzustellen, ohne die jeder Gesellschaft eigene Komplexität und insbesondere die Tatsache zu leugnen, dass soziale Ungleichheit stets durch fließende Übergänge charakterisiert ist.

Klassenkampf – oder Kampf der Perzentile?

Unsere einzige Absicht ist es letztlich, die Struktur der Ungleichheit in räumlich und zeitlich sehr weit auseinanderliegenden Gesellschaften vergleichen zu können. Gesellschaften die a priori alles voneinander trennt, Gesellschaften auch, die völlig verschiedene Wörter und Begriffe verwenden, um die gesellschaftlichen Gruppen zu bezeichnen, aus denen sie bestehen. Dezil und Perzentil sind Begriffe, die ein wenig abstrakt bleiben und denen es fraglos an Poesie mangelt. Es fällt auf Anhieb leichter, sich mit den Kategorien seiner Zeit zu identifizieren: Bauern oder Adelige, Proletarier oder Bourgeois, Angestellte oder Führungskräfte, Kellner oder Börsenhändler. Aber die Schönheit der Dezile liegt gerade darin, dass sie es uns erlauben, Ungleichheiten und Zeiten zueinander in Beziehung zu setzen, die sich anders nicht vergleichen ließen, und eine gemeinsame, prinzipiell für jeden annehmbare Sprache bereitzustellen.

Wo nötig, werden wir die betreffenden Gruppen mit Hilfe von Perzentilen oder selbst Tausendsteln in noch kleinere Einheiten zerlegen, um dem kontinuierlichen Charakter der sozialen Ungleichheit gerecht zu werden. Namentlich das oberste Dezil ist in jeder Gesellschaft, mag auch (vergleichsweise) größte Gleichheit in ihr herrschen, eine Welt für sich. Ihm gehören Personen an, deren Einkommen kaum das Zwei- oder Dreifache des Durchschnittseinkommens beträgt – und andere, deren Mittel mehrere Dutzend Mal höher liegen. In einem ersten Schritt ist es stets aufschlussreich, das oberste Dezil in zwei Untergruppen aufzuteilen: das oberste Perzentil einerseits (der Anschaulichkeit halber und ohne den Anspruch zu erheben, dieser Begriff sei besser als ein anderer, mag man von der «herrschenden Schicht» sprechen), die neun folgenden Perzentile andererseits (die «wohlhabende Schicht»).

Betrachtet man etwa den in Tabelle 7.1 dargestellten (skandinavischen) Fall relativ schwacher Ungleichheit der Arbeitseinkommen, in dem die bestbezahlten 10 % der Beschäftigten 20 % der Gesamtlohnsumme erhalten, so wird man feststellen, dass der vom bestbezahlten 1 % erhaltene Prozentsatz typischerweise 5 % der Gesamtlohnsumme ausmacht. Das bedeutet per definitionem, dass jene 1 % der bestbezahlten Lohnempfänger im Durchschnitt das Fünffache des Durchschnittsgehaltes verdienen, also 10 000 € monatlich in einer Gesellschaft, in der sich das Durchschnittsgehalt auf 2000 € monatlich beläuft. Anders gesagt: Die bestbezahlten 10 % verdienen durchschnittlich 4000 € monatlich, aber innerhalb dieser Gruppe verdienen die bestbezahlten 1 % durchschnittlich um die 10 000 € monatlich (und die folgenden 9 % durchschnittlich um die 3330 €). Würde man die Auflösung noch weiter treiben und das oberste Tausendstel (die bestbezahlten 0,1 %) innerhalb des obersten Perzentils untersuchen, so stieße man auf Personen, die mehrere zehntausend, ja einige, die mehrere hunderttausend Euro im Monat verdienen – auch in den skandinavischen Ländern der 1970er und 1980er Jahre. Nur wären diese Personen eben nicht sehr zahlreich, so dass sie in der Masse der Arbeitseinkommen relativ wenig ins Gewicht fielen.

Um die Ungleichheit in einer Gesellschaft beurteilen zu können, genügt es also nicht festzustellen, dass einige Einkommen sehr hoch ausfallen. Sagt man zum Beispiel «die Lohnskala reicht von 1 bis 10» oder auch «von 1 bis 100», so sagt das in Wahrheit nicht viel. Man muss darüber hinaus wissen, wie viele Personen dieses Einkommensniveau erreichen. Unter diesem Gesichtspunkt stellt der Anteil, den das oberste Dezil oder Perzentil am Einkommen oder Vermögen hat, einen aussagekräftigen Indikator dar, um die in einer Gesellschaft herrschende Ungleichheit einzuschätzen, da er nicht nur der Existenz extrem hoher Einkommen oder Vermögen Rechnung trägt, sondern auch der Zahl der Personen, die wirklich in den Genuss dieser sehr hohen Summen kommen.

Das oberste Perzentil ist eine Gruppe, deren Studium im Rahmen unserer historischen Untersuchung besonders aufschlussreich ist, da sie zwar (per definitionem) eine sehr kleine Minderheit innerhalb der Bevölkerung darstellt, aber zugleich eine Gruppe, die sehr viel größer ist als die äußerste Spitze jener Eliten, die gern die Aufmerksamkeit auf sich ziehen und nur ein paar dutzend oder ein paar hundert Mitglieder zählen (wie die Liste der «200 Familien» in Frankreich, die zwischen den Weltkriegen die Großaktionäre der *Banque de France* verzeichnet hatte, oder auch Rankings wie das der «400 reichsten Amerikaner», die heutzutage in *Forbes* oder ähnlichen Magazinen erscheinen). In einem Land, in dem 65 Millionen Einwohner leben wie im Frankreich von 2013, also ungefähr 50 Millionen Erwachsene, umfasst dieses obere Perzentil immerhin 500 000 Erwachsene. In einem Land mit 320 Millionen Einwohnern bzw. 260 Millionen Erwachsenen, wie die USA, macht es sogar mehr als 2,6 Millionen Erwachsene aus. Es handelt sich also um zahlenmäßig bedeutsame Gruppen, die kaum zu übersehen sind – insbesondere dann, wenn sie in denselben Städten, ja denselben Vierteln zu wohnen pflegen. Ganz gleich in welchem Land – das oberste Perzentil behauptet seinen Platz in der sozialen Landschaft – und nicht nur in der Einkommensverteilung.

Bei genauerer Betrachtung zeigt sich, dass in allen Gesellschaften, ob es sich nun um das Frankreich von 1789 handelt (die Aristokratie macht zwischen 1 % und 2 % aus) oder um die Vereinigten Staaten am Anfang des 21. Jahrhunderts (in denen die Occupy Wall Street-Bewegung genau diese Gruppe der reichsten 1 % aufs Korn genommen hat), das oberste Perzentil der Gesellschaft eine Gruppe darstellt, die groß genug ist, um erheblichen Einfluss auf die soziale Landschaft wie die ökonomische und politische Ordnung auszuüben.

Das zeigt auch, weshalb eine Untersuchung von Dezilen und Perzentilen so aufschlussreich ist: Wie könnte man darauf hoffen, Ungleichheiten in so verschiedenen Gesellschaften zu vergleichen, wie es das Frankreich von 1789 und die Vereinigten Staaten von 2013 sind, wenn nicht dadurch, dass man die einzelnen Dezile und Perzentile möglichst genau aufschlüsselt und ihren Anteil am Nationalvermögen ermittelt? Gewiss verspricht ein solches Verfahren nicht die Lösung aller Probleme und Beantwortung aller Fragen – aber es ist doch sehr viel besser, als überhaupt keine Aussagen treffen zu können. Wir werden also zu bestimmen versuchen, wann die so ermittelte Herrschaft der «1 %» stärker war – unter Ludwig XVI. oder unter George Bush und Barack Obama.

Der Fall der «Occupy»-Bewegung zeigt auch, dass diese gemeinsame Sprache und namentlich der Begriff des «obersten Perzentils», so abstrakt er auf den ersten Blick scheint, spektakuläre Verschärfungen von Ungleichheiten und bislang unbemerkte soziale Realitäten aufzudecken vermag. Er bietet ein Raster, das sich sogar soziale und politische Bewegungen von großer Tragweite zueigen machen können, deren Slogans («We are the 99 %») auf den ersten Blick überraschen mögen – und doch an jenes berühmte Pamphlet gemahnen, das der Abbé Sieyès im Januar 1789 unter dem Titel «Was ist der Dritte Stand?» veröffentlicht hatte.[1]

Klar ist auch, dass die Hierarchien der Arbeitseinkommen und Vermögen, also auch die entsprechenden Dezile und Perzentile, selbstverständlich nicht ein und dieselben sind. Die Personen mit den höchsten 10 % oder den niedrigsten 50 % der Arbeitseinkommen sind nicht dieselben wie diejenigen mit den höchsten 10 % oder niedrigsten 50 % der Vermögen. Die «1 %» der Arbeitseinkommen sind nicht die «1 %» der Vermögen. Dezile und Perzentile sind gesondert für Arbeitseinkommen, für Kapitaleigentum und schließlich für das Gesamteinkommen (aus Arbeit und Kapital) zu bestimmen, das die Synthese beider Dimensionen, also eine aus den beiden ersten hervorgehende, zusammengesetzte soziale Hierarchie ist. Es ist entscheidend, stets zu präzisieren, von welcher Hierarchie jeweils die Rede ist. In traditionellen Gesellschaften war die Korrelation beider Dimensionen häufig negativ (Besitzer großer Vermögen arbeiteten nicht und rangierten daher in der Hierarchie der Arbeitseinkommen ganz unten). In modernen Gesellschaften ist die Korrelation im Allgemeinen positiv, aber nie vollständig (der Korrelationskoeffizient ist stets kleiner als

1 «Was ist der Dritte Stand? Alles. Was war er bis heute in der politischen Ordnung? Nichts. Was fordert er? Etwas in ihr zu sein.»

eins). Zahlreiche Personen gehören zum Beispiel dem Arbeitseinkommen nach der Oberschicht, dem Vermögen nach den Unterschichten an – und umgekehrt. Soziale Ungleichheit ist multidimensional, ganz wie politische Konflikte.

Halten wir schließlich fest, dass die in den Tabellen 7.1–7.3 beschriebenen Einkommens- und Vermögensverteilungen, die wir in diesem und den folgenden Kapiteln analysieren werden, stets «primäre» Verteilungen, also Verteilungen vor steuerlichen Abzügen sind. Ob die Ungleichverteilung nach den Steuerabgaben größer oder kleiner ist, hängt ganz davon ab, ob diese – und die von ihnen finanzierten öffentlichen Dienste und staatlichen Transferleistungen – eher «progressiv» oder «regressiv» sind (also die verschiedenen Einkommens- und Vermögensgruppen stärker oder weniger stark belasten, je höher man in der sozialen Hierarchie aufsteigt). Wir kommen darauf wie auf eine Reihe anderer Fragen, die von der Umverteilung aufgeworfen werden, im vierten Teil dieses Buches zurück. Auf dem gegenwärtigen Stand interessiert uns allein die Verteilung vor Steuern.[1]

Ungleichheit hinsichtlich der Arbeit: moderate Ungleichheit?

Wenden wir uns wieder den Größenordnungen der Ungleichheit zu. In welchem Maße ist die Ungleichheit von Arbeitseinkommen eine gemäßigte, angemessene, gar weitgehend entschärfte Ungleichheit? Gewiss fällt die Ungleichheit der Arbeitseinkommen stets sehr viel geringer aus als die des Kapitaleigentums und der Kapitaleinkommen. Dennoch täte man Unrecht daran, sie zu vernachlässigen. Zum einen, weil Arbeitseinkommen im Allgemeinen zwischen zwei Dritteln und drei Vierteln des Nationaleinkommens ausmachen. Zum anderen, weil ihre Ungleichverteilung in manchen Ländern sehr viel stärker als in anderen ist, was darauf hinweist, dass die jeweilige Politik der

1 Wie es üblich ist, haben wir Lohnersatzleistungen, also Altersrente und Arbeitslosengeld, die durch Beiträge finanziert werden, die von den Löhnen abgehen, in die Primäreinkommen aus Arbeit einbezogen. Andernfalls würde die Ungleichheit der Arbeitseinkommen in der erwachsenen Bevölkerung spürbar (und teilweise artifiziell) höher ausfallen als in den Tabellen 7.1 und 7.3 dargestellt (in Anbetracht der nicht unbedeutenden Zahl von Ruheständlern und Arbeitslosen, deren Einkommen aus Arbeit gleich Null ist). Wir werden im vierten Teil auf die Umverteilungen durch Rentensystem und Arbeitslosenversicherung zurückkommen, die wir fürs erste nur als «aufgeschobenen Lohn» behandeln.

öffentlichen Hand und die nationalen Differenzen sich massiv auf die jeweils herrschende Ungleichheit und die Lebensbedingungen weiter Teile der Bevölkerung auswirken.

In den Ländern mit der schwächsten Ungleichheit der Arbeitseinkommen, wie den skandinavischen der 1970er und 1980er Jahre, erhalten die bestbezahlten 10 % etwa 20 %, die am schlechtesten bezahlten 50 % etwa 35 % der Arbeitseinkommen insgesamt. In Ländern mit mittlerer Ungleichheit der Arbeitseinkommen, etwa den meisten der heutigen europäischen Ländern (etwa Frankreich oder Deutschland), erhält die erstgenannte Gruppe etwa 25–30 %, die zweite etwa 30 % der Gesamtlohnsumme. Und in Ländern mit starker Ungleichheit, wie den Vereinigten Staaten zu Beginn der 2010er Jahre (die dortige Ungleichheit der Arbeitseinkommen zählt, wie wir noch sehen werden, zu den stärksten, die je beobachtet wurden), erhält das oberste Dezil 35 % der Gesamtsumme, während der Anteil der unteren Hälfte auf 25 % sinkt. Anders gesagt: Die Proportionen haben sich zwischen beiden Gruppen fast völlig verkehrt. In den Ländern mit der größten Gleichheit erhalten die am schlechtesten bezahlten 50 % insgesamt fast zweimal mehr Lohnsumme als die bestbezahlten 10 % (und mancher wird sagen, auch das sei zu wenig, da ihre Zahl fünfmal größer ist), in den Ländern mit der größten Ungleichheit dagegen ein Drittel weniger. Sollte der Trend zur wachsenden Konzentration von Arbeitseinkommen, der in den Vereinigten Staaten der letzten Jahrzehnte zu beobachten ist, sich ungebremst fortsetzen, dann könnten die am schlechtesten bezahlten 50 % um 2030 insgesamt nur noch halb so viel Lohnsumme erhalten wie die bestbezahlten 10 % (vgl. Tabelle 7.1). Natürlich ist es nicht ausgemacht, dass diese Entwicklung sich tatsächlich fortsetzen wird, aber die Zahlen werfen ein Licht darauf, dass die derzeitigen Veränderungen alles andere als harmlos sind.

Konkret gesprochen: Bei ein und demselben Durchschnittseinkommen von 2000 € pro Monat entsprechen der Verteilung mit der größten Gleichheit, der skandinavischen, 4000 € für die bestbezahlten 10 % (und 10 000 € für die bestbezahlten 1 %), 2250 € für die mittleren 40 % und 1400 € für die am schlechtesten bezahlten 50 %. Dagegen führt die Verteilung mit der derzeit größten Ungleichheit, die amerikanische, zu einer sehr viel ausgeprägteren Hierarchie: 7000 € für die oberen 10 % (und 24 000 für die oberen 1 %), 2000 € für die mittleren 40 %, und nur 1000 € für die unteren 50 %.

Für die am wenigsten begünstigte Hälfte der Bevölkerung ist daher die Differenz zwischen den verschiedenen Verteilungen alles andere als unerheblich. Verfügt man zeit seines Lebens über 40 % zusätzliches Einkommen – 1400 € statt 1000 €, ohne die Auswirkungen des Steuer- und Transfersystems zu berücksichtigen –, so hat das erhebliche Konsequenzen im Hinblick darauf, welches Leben man führen, wie man wohnen, ob man sich einen Urlaub leisten und was man für seine Vorhaben, seine Kinder etc. aufwenden kann. Hervorzuheben ist auch, dass Frauen in den meisten Ländern innerhalb der 50 % der niedrigsten Löhne so massiv überrepräsentiert sind, dass die starken Differenzen zwischen einzelnen Ländern auch das Lohngefälle zwischen Männern und Frauen widerspiegeln – das übrigens in Nordeuropa wiederum geringer ausfällt.

Für die am stärksten begünstigten Teile der Bevölkerung fallen die Differenzen zwischen den Verteilungen gleichfalls ins Gewicht. Verfügt man zeit seines Lebens über 7000 € statt 4000 € im Monat (oder, noch besser, über 24 000 € statt 10 000 €), so gibt man sein Geld auch anders aus und hat nicht bloß mehr Kaufkraft, sondern auch mehr Macht über andere – zum Beispiel, um weniger gut entlohnte Personen in seinen Dienst zu stellen. Sollte der amerikanische Trend sich fortsetzen, so könnten, wiederum bei einem Durchschnittsgehalt von 2000 €, die Monatseinkommen um das Jahr 2030 sogar 9000 € für die obersten 10 % (davon 34 000 für die obersten 1 %), 1750 € für die mittleren 40 %, und nur 800 € für die unteren 50 % betragen. Das heißt konkret, dass die obersten 10 % nur einen kleinen Teil ihres Einkommens aufwenden müssten, um große Teile der unteren 50 % als Dienstboten zu beschäftigen.[1]

Man sieht also, wie sehr unter Voraussetzung ein und desselben Durchschnittslohns unterschiedliche Verteilungen von Arbeitseinkommen zu sozialen und ökonomischen Realitäten führen können, die für die betroffenen sozialen Gruppierungen extrem weit auseinanderliegen – und in bestimmten Fällen auch zu Ungleichheiten, die erhebliches Konfliktpotential bergen. Aus all diesen Gründen ist es wichtig, die ökonomischen, gesellschaftlichen und politischen Kräfte zu verstehen, die in verschiedenen Gesellschaften den Grad der Ungleichheit von Arbeitseinkommen bestimmen.

1 Diese – elementaren – Berechnungen sind im Einzelnen durchgeführt in Tabelle S7.1 (online verfügbar).

Ungleichheit hinsichtlich des Kapitals: extreme Ungleichheit

Wenn die Ungleichheit der Arbeitseinkommen sich zuweilen – und zu Unrecht – wie eine moderate und entschärfte Ungleichheit ausnimmt, dann vor allem im Vergleich zur Verteilung des Kapitaleigentums, die in allen Ländern zu extremen Ungleichheiten führt (siehe Tabelle 7.2).

In den Gesellschaften mit der größten Vermögensgleichheit – erneut die skandinavischen der 1970er und 1980er Jahre – machen die 10 % der größten Vermögen allein etwa 50 % des Nationalvermögens aus, ja sogar etwas mehr, wenn man die bedeutendsten Vermögen angemessen berücksichtigt. Zu Beginn der 2010er Jahre beläuft sich in den meisten europäischen Ländern, namentlich in Frankreich, in Deutschland, in Großbritannien und in Italien, der Anteil der 10 % der größten Vermögen auf etwa 60 % des Nationalvermögens.

Am bestürzendsten ist freilich, dass in all diesen Gesellschaften eine Hälfte der Bevölkerung fast nichts besitzt. Den an Vermögen ärmsten 50 % gehören stets weniger als 10 %, ja im Allgemeinen weniger als 5 % des Nationalvermögens. Den neuesten Daten zufolge, die für die Jahre 2010/11 in Frankreich vorliegen, beläuft sich der Anteil der reichsten 10 % am Gesamtvermögen auf 62 %, jener der ärmsten 50 % auf ganze 4 %. In den Vereinigten Staaten besitzt nach der jüngsten, von der *Federal Reserve* für dieselben Jahre in Auftrag gegebenen Erhebung das oberste Dezil 72 % des amerikanischen Vermögens, während die untere Hälfte gerade noch 2 % besitzt. Hinzu kommt, dass diese Quelle, wie die meisten auf Umfragen gestützten Erhebungen, die Höhe der größten Vermögen zu gering veranschlagt.[1] Und bedeutsam ist auch, dass diese sehr starke Vermögenskonzentration, wie bereits notiert, in sämtlichen Altersgruppen zu finden ist.[2]

Schließlich fällt die Vermögensungleichheit selbst in den Ländern mit der diesbezüglich stärksten Gleichheit – zum Beispiel den skandinavischen Ländern der 1970er und 1980er Jahre – erheblich stärker aus als die Ungleichheit der Löhne in den Ländern mit der diesbezüglich stärksten Ungleichheit – zum Beispiel in den Vereinigten Staaten in den Jahren seit 2010 (siehe Tabelle 7.1 und 7.2). Unseres Wissens hat es

1 Der Anteil des obersten Dezils in den Vereinigten Staaten liegt zweifellos näher bei 75 % des Gesamtvermögens.

2 Siehe Technischer Anhang.

nie eine Gesellschaft mit einer Verteilung des Kapitaleigentums gegeben, deren Ungleichheit man sinnvollerweise als «schwach» bezeichnen könnte, das heißt eine, bei der die ärmste Hälfte der Gesellschaft einen bedeutenden Teil – zum Beispiel ein Fünftel oder ein Viertel – des Gesamtvermögens besäße.[1] Optimismus ist nicht verboten und darum haben wir in Tabelle 7.2 das virtuelle Beispiel einer Vermögensverteilung angeführt, deren Ungleichheit «schwach» wäre – oder zumindest schwächer als die der skandinavischen («mittlere»), europäischen («mittlere bis starke») und amerikanische («starke» Ungleichheit). Natürlich bleiben die Modalitäten der Einrichtung einer solchen «Idealgesellschaft» – einmal angenommen, dass es sich dabei um ein erstrebenswertes Ziel handelt – noch ganz zu bestimmen (wir werden auf diese zentrale Frage im vierten Teil zurückkommen).[2]

Wie bei der Lohnungleichheit muss man sich vor Augen führen, was diese Zahlen genau bedeuten. Stellen wir uns eine Gesellschaft vor, in der das durchschnittliche Nettovermögen pro Erwachsenem bei 200 000 Euro liegt,[3] wie es das in den reichsten europäischen Ländern ungefähr tut.[4] Im zweiten Teil haben wir gesehen, dass sich dieses durchschnittliche Privatvermögen in zwei ungefähr gleich große Hälften teilen lässt, nämlich einerseits Immobilienbesitz, andererseits Geld- und Betriebsvermögen (Bankguthaben, Sparpläne, Aktien- und Anleihenportfolios, Lebensversicherungen, Pensionsfonds etc., abzüglich Schulden) – all das natürlich mit starken Abweichungen zwischen Ländern und erheblichen Unterschieden zwischen Individuen.

Wenn die ärmsten 50 % einen Anteil von 5 % am Gesamtvermögen haben, dann heißt das per definitionem, dass sie durchschnittlich den

---

1 Es lässt sich mangels verfügbarer Daten nicht sagen, ob dieses Kriterium in der Sowjetunion und den ehemaligen Ostblockstaaten beachtet wurde. Die Frage ist allerdings von begrenztem Interesse, da prinzipiell ohnehin der Staat das Kapital besaß.

2 Halten wir fest, dass die Ungleichheit in der in Tabelle 7.2 beschriebenen «Idealgesellschaft» ihrerseits stark bleibt (die reichsten 10 % besitzen mehr Vermögen als die ärmsten 50 %, obwohl diese fünfmal zahlreicher sind; das Durchschnittsvermögen der reichsten 1 % ist zwanzigmal größer als das der ärmsten 50 %). Es ist nicht verboten, ambitioniertere Ziele ins Auge zu fassen.

3 Also bei durchschnittlich 400 000 Euro für zwei Erwachsene, zum Beispiel für ein Paar.

4 Vgl. Kapitel 3, 4 und 5. Die exakten Zahlen sind online im Technischen Anhang verfügbar.

Gegenwert von 10 % des Durchschnittsvermögens der betreffenden Gesellschaft besitzen. Im gewählten Beispiel verfügen also die ärmsten 50 % durchschnittlich über ein Nettovermögen von 20 000 Euro. Das ist nicht nichts, aber es ist auch nicht eben viel verglichen mit dem Wohlstand der übrigen Bevölkerung. Praktisch gibt es in der ärmsten Hälfte der Bevölkerung zahlreiche Personen – typischerweise ein Viertel der Bevölkerung –, die kein oder fast kein Vermögen besitzen (ein paar tausend Euro). Außerdem eine zahlenmäßig nicht unbeträchtliche Gruppe – häufig zwischen einem Zwanzigstel und einem Zehntel der Bevölkerung –, deren Vermögen leicht negativ ist (weil ihre Schulden die Aktiva übersteigen). Weiter oben gibt es Vermögenswerte von 60 000 bis 70 000 Euro, vielleicht etwas mehr. Aus dieser Vielfalt von Vermögensverhältnissen und der großen Zahl von Personen, die sich hart am absoluten Nullpunkt bewegen, ergibt sich also ein Durchschnitt von etwa 20 000 Euro in der ärmeren Bevölkerungshälfte. In bestimmten Fällen mag es sich um Personen mit Immobilienbesitz handeln, die aber noch stark verschuldet sind und daher über ein sehr geringes Nettovermögen verfügen. Zumeist haben wir es aber mit Mietern zu tun, deren Vermögen sich auf Ersparnisse von ein paar tausend Euro, seltener auch auf ein paar zehntausend Euro auf einem Bankkonto oder Sparbuch beschränkt. Würde man noch Gebrauchsgüter hinzurechnen – Autos, Möbel, Haushaltsgeräte etc. –, stiege das Durchschnittsvermögen der ärmsten 50 % auf höchstens 30 000–40 000 Euro.[1]

Für diese Hälfte der Bevölkerung bleiben schon Begriffe wie Kapital und Vermögen mehr oder weniger abstrakt. Vermögen ist für Millionen von Menschen etwas, das sich auf ein im Voraus oder nachträglich auf ein Gehaltskonto eingehendes Monatsgehalt, ein einst von irgendeiner Tante eröffnetes, längst leergeräumtes Sparbuch, ein Auto, ein paar Möbel beschränkt. Diese fundamentale Realität – das Kapital ist so konzentriert, dass weite Teile der Bevölkerung sich gar keinen rechten Begriff von seiner Existenz machen und sich zuweilen vorstellen, es befinde sich im Besitz irgendwelcher irrealer oder mysteriöser Wesen – macht die methodische und systematische Erforschung des Kapitals und seiner Verteilung umso unverzichtbarer.

Wenn am anderen Ende des Spektrums 60 % des Gesamtvermögens

1 Vgl. zu den Gebrauchsgütern Kapitel 5 und Technischer Anhang.

den reichsten 10 % gehören, dann heißt das automatisch, dass sie im Durchschnitt das Sechsfache des Durchschnittsvermögens innerhalb des fraglichen Landes besitzen. Bleibt man bei dem Beispiel eines Durchschnittsvermögens von 200 000 Euro pro Erwachsenem, verfügen also die reichsten 10 % im Schnitt über ein Nettovermögen von 1,2 Millionen Euro pro Erwachsenem.

Das oberste Dezil der Vermögensverteilung ist seinerseits, mehr noch als das der Lohnverteilung, durch extreme Ungleichheit gekennzeichnet. Beträgt der Anteil dieses obersten Dezils um die 60 % des Gesamtvermögens, wie das in den meisten der europäischen Länder der Fall ist, so liegt der Anteil des obersten Perzentils im Allgemeinen bei etwa 25 % und derjenige der folgenden neun bei etwa 35 %. Angehörige der ersten Gruppe haben also ein Durchschnittsvermögen, das fünfundzwanzigmal höher ist als das Durchschnittsvermögen der Gesellschaft, während Angehörige der zweiten Gruppe kaum viermal mehr als der Durchschnitt besitzen. Konkret heißt das, bleibt man bei dem gewählten Beispiel, dass die reichsten 10 % ein Nettovermögen von 1,2 Millionen Euro, die reichsten 1 % eines von 5 Millionen und die folgenden 9 % eines von etwas weniger als 800 000 Euro im Durchschnitt besitzen.[1]

Auch die Vermögensstruktur variiert stark in dieser Gruppe. Innerhalb des obersten Dezils gibt es praktisch niemanden, der nicht in der eigenen Immobilie wohnt, aber die Bedeutung des Immobilienbesitzes nimmt stark ab, je höher man sich in der Vermögenshierarchie bewegt. In der Gruppe der «9 %», also bei etwa einer Million Euro, macht er mehr als die Hälfte, zuweilen mehr als drei Viertel des Vermögens aus. Im obersten Perzentil dagegen überwiegen finanzielle Vermögenswerte und Betriebsvermögen deutlich den Immobilienbesitz. So bestehen insbesondere die größten Vermögen fast ausschließlich aus Aktien und Gesellschaftsanteilen. Zwischen 2 und 5 Millionen Euro liegt der Immobilienanteil bei weniger als einem Drittel; über 5 Millionen Euro fällt er unter 20 %; über 20 Millionen Euro beträgt er keine 10 % mehr und Aktien und Anteile machen fast das gesamte Vermögen aus. Immobilienbesitz ist die bevorzugte Kapitalanlage der Mittelschichten und Besserverdienenden. Wirklicher Reichtum dagegen besteht immer aus Finanzaktiva und Betriebsvermögen.

---

1 Genau 35/9 von 200 000 Euro, also 777 778 Euro. Vgl. Tabelle S7.2 (online verfügbar).

Zwischen den ärmsten 50 % (die 5 % des Gesamtvermögens besitzen, im Rahmen des gewählten Beispiels also ein Durchschnittsvermögen von 20000 Euro) und den reichsten 10 % (die 60 % des Gesamtvermögens, das heißt ein Durchschnittsvermögen von 1,2 Millionen Euro besitzen) liegen die mittleren 40 %. Diese «vermögende Mittelschicht» besitzt 35 % des Gesamtvermögens. Das bedeutet, dass ihr durchschnittliches Nettovermögen dem Durchschnitt der Gesellschaft insgesamt sehr nahekommt – im Rahmen unseres Beispiels beläuft es sich auf exakt 175 000 Euro pro Erwachsenem. Innerhalb dieser großen Gruppe, in der es Vermögen von kaum 100 000 bis über 400 000 Euro gibt – spielen häufig das Eigentum des Hauptwohnsitzes und die Weise, in der er angeschafft und abbezahlt wird, eine wesentliche Rolle. Zuweilen wird dieses Immobilienvermögen durch nicht unerhebliche Ersparnisse ergänzt. So kann zum Beispiel ein Nettovermögen von 200 000 Euro aus einem Haus im Wert von 250 000 Euro bestehen, von dem eine Hypothek von 100 000 abzuziehen ist, dem aber 50 000 Euro hinzuzufügen sind, die in einer Lebensversicherung oder einem Sparbuch zur Altersvorsorge angelegt sind. Sobald die Hypothek abbezahlt ist, wird das Nettovermögen 300 000 Euro betragen, ja mehr, sofern die Ersparnisse unterdessen angewachsen sind. So könnte eine typische Vermögensentwicklung in jener Mittelschicht der Vermögenshierarchie aussehen, deren Angehörige reicher als die ärmsten 50 % sind (die fast nichts besitzen), aber ärmer als die reichsten 10 % (die sehr viel mehr besitzen).

Die größte Neuerung des 20. Jahrhunderts: die vermögende Mittelschicht

In der Entstehung einer wirklichen «vermögenden Mittelschicht», darüber darf man sich nicht täuschen, besteht der maßgebliche Strukturwandel der Verteilung von Reichtümern in den Industrieländern des 20. Jahrhunderts.

Gehen wir ein Jahrhundert zurück, in die Belle Époque, die Zeit von 1900 bis 1910. Die Kapitalkonzentration fiel damals in sämtlichen europäischen Ländern noch sehr viel extremer aus, als sie es heute ist. Es ist entscheidend, die entsprechenden Größenordnungen, die wir in Tabelle 7.2 festgehalten haben, nicht aus den Augen zu verlieren. Um

1900 bis 1910 verfügten in Frankreich wie in Großbritannien oder in Schweden, ja in allen europäischen Ländern, für die uns Daten vorliegen, die reichsten 10 % quasi über die Gesamtheit des Nationalvermögens: Der Anteil des obersten Dezils belief sich auf 90 %. Allein die reichsten 1 % besaßen mehr als 50 % des Gesamtvermögens. In einigen Ländern mit besonders starker Ungleichheit, wie Großbritannien, lag der Anteil des obersten Perzentils sogar bei über 60 %. Umgekehrt besaßen die mittleren 40 % kaum mehr als 5 % des Nationalvermögens (je nach Land zwischen 5 % und 10 %), das heißt kaum mehr als jene ärmsten 50 %, die damals wie heute über weniger als 5 % verfügten.

Anders gesagt: Es gab keine Mittelschicht, weil die mittleren 40 % quasi ebenso arm an Vermögen waren wie die ärmsten 50 %. Die Kapitalverteilung sorgte dafür, dass eine überwältigende Mehrheit fast nichts besaß und die Quasi-Gesamtheit der Vermögenswerte in den Händen einer Minderheit lag. Einer gewichtigen Minderheit, gewiss (das oberste Dezil stellt eine Elite dar, die sehr viel größer ist als das oberste Perzentil, das seinerseits eine zahlenmäßig nicht unbedeutende Bevölkerungsgruppe ist) – aber doch einer Minderheit. Natürlich verlief die Verteilungskurve stetig, wie in allen Gesellschaften. Aber die Steigung dieser Kurve ist im Bereich des obersten Dezils und des obersten Perzentils so stark, dass man fast unmittelbar von der Welt der ärmsten 90 % (in der jeder, in die heutige Währung umgerechnet, höchstens mehrere zehntausend Euro besitzt) in die Welt der reichsten 10 % gelangt (in der jeder über den Gegenwert mehrerer Millionen Euro, ja zweistelliger Millionenbeträge verfügt).[1]

Man tut gut daran, die große – aber fragile – historische Neuerung der Entstehung einer vermögenden Mittelschicht nicht zu unterschätzen. Gewiss könnte man versucht sein, darauf zu beharren, dass die Vermögenskonzentration auch heute noch extrem stark bleibt: Der Anteil des obersten Dezils beläuft sich zu Beginn des 21. Jahrhunderts in Europa auf 60 %, und er hat in den Vereinigten Staaten 70 % über-

---

1 Um sich das vor Augen zu führen, muss man nur die oben beschriebene Rechenübung fortsetzen. Bei einem Durchschnittsvermögen von 200 000 Euro entspricht der in Tabelle 7.2 beschriebenen «sehr starken» Ungleichheit ein Durchschnittsvermögen von 20 000 Euro für die ärmsten 50 %, von 25 000 Euro für die folgenden 40 % und von 1,8 Millionen Euro für die reichsten 10 % (davon 890 000 für die «9 %» und 10 Millionen Euro für die «1 %»). Siehe Technischer Anhang und Tabelle S7.1–S7.3 (online verfügbar).

schritten.[1] Und was die untere Hälfte der Bevölkerung angeht, so ist sie heute noch genauso arm wie gestern: kaum 5 % des Gesamtvermögens, 2010 wie 1910. Im Grunde hat auch die Mittelschicht bloß ein paar Krümel ergattert: wenig mehr als ein Drittel des Vermögens in Europa, kaum ein Viertel in den Vereinigten Staaten. Diese zentrale Bevölkerungsgruppe ist viermal größer als das oberste Dezil – und doch ist die Vermögensmasse, über die sie verfügt, zwei- bis dreimal geringer. Man könnte versucht sein, daraus den Schluss zu ziehen, dass sich in Wahrheit nichts verändert hat: Das Kapital zeitigt stets extreme Ungleichheiten (siehe Tabelle 7.2).

All das ist nicht falsch, und eines muss man sich klarmachen: Der historische Abbau von Vermögensungleichheiten ist sehr viel weniger stark, als man zuweilen denkt. Auch gibt es keinerlei Garantie dafür, dass diese begrenzte Eindämmung von Ungleichheiten irreversibel ist. Aber die Krümel, um die es da geht, sind nicht unbedeutsam, und es wäre verfehlt, die historische Bedeutung jenes Wandels zu unterschätzen. Wer umgerechnet 200 000 oder 300 000 Euro Vermögen besitzt, ist vielleicht nicht sehr reich, aber doch sehr weit davon entfernt, völlig mittellos zu sein. Im Übrigen wird niemand gern als Armer behandelt. Dutzende von Millionen Personen (40 % der Bevölkerung sind eine beachtliche Gruppe zwischen Armen und Reichen) besitzen jeweils Zehntausende von Euro und zusammen ein Viertel bis ein Drittel des Nationalvermögens – das ist ein Wandel, der alles andere als belanglos ist. Historisch betrachtet handelt es sich um eine substantielle Veränderung, die das soziale Gefüge wie die politische Struktur der Gesellschaft zutiefst verwandelt und dazu beigetragen hat, die Koordinaten des Verteilungskonflikts neu zu bestimmen. Es ist daher wesentlich, die Gründe dieser Veränderung zu begreifen.

Im selben Zeitraum hat dieser Wandel auch zu einem Rückgang der größten Vermögen geführt: Der Anteil des obersten Perzentils hat sich um mehr als das Zweifache verringert. Er ging in Europa von mehr als 50 % zu Beginn des 20. Jahrhunderts auf 20–25 % gegen Ende des 20. und zu Beginn des 21. Jahrhunderts zurück. Wie wir sehen werden, hat dies ganz erheblich dazu beigetragen, die Rahmen-

1 Sieht man sich nur das Finanz- und Unternehmenskapital an, das heißt die Verfügung über Unternehmen und Produktionsmittel, dann beläuft sich der Anteil des obersten Dezils auf über 70–80 % des Gesamtvermögens. Unternehmensbesitz bleibt für die überwältigende Mehrheit der Bevölkerung ein relativ abstrakter Begriff.

bedingungen jener Rede Vautrins dadurch zu verändern, dass es zu einer starken und strukturellen Verringerung der Zahl jener Vermögen kam, die groß genug wären, um an den jährlichen Erträgen, die sie abwerfen, ein komfortables Auskommen zu haben. Was sich also verringert hat, ist die Zahl der Fälle, in denen ein Rastignac durch Ehelichung einer Mlle Victorine besser würde leben können als durch Fortsetzung seines Jurastudiums. Die historische Bedeutung dieser Veränderung ist umso größer, als das extreme Niveau der Vermögenskonzentration in Europa zwischen 1900 und 1910 im Großen und Ganzen schon während des gesamten 19. Jahrhunderts zu finden ist. Und alle Quellen, die wir haben, belegen, dass die fraglichen Größenordnungen – 90 % des Vermögens für das oberste Dezil, von denen wiederum mindestens 50 % auf das oberste Perzentil entfallen – auch für traditionelle Agrargesellschaften zu gelten scheinen, ob es sich nun um das Ancien Régime in Frankreich oder um das England des 18. Jahrhunderts handelt. Wie wir sehen werden, ist eine solche Kapitalkonzentration eine unerlässliche Bedingung dafür, dass die in den Romanen Balzacs und Jane Austens beschriebenen patrimonialen Gesellschaften, die ganz vom Vermögen und seiner Vererbung bestimmt sind, existieren und prosperieren können. Unter welchen Bedingungen derartige Niveaus der Vermögenskonzentration entstehen, fortbestehen, einbrechen und womöglich zurückkehren – das zu verstehen ist eines der Hauptziele dieses Buches.

Ungleichheit des Gesamteinkommens: die zwei Welten

Wenden wir uns schließlich der Ungleichheit des Gesamteinkommens zu, die sich bei gleichzeitiger Berücksichtigung der Arbeits- und Kapitaleinkommen ergibt. Wie nicht anders zu erwarten, liegt das Niveau der Ungleichheit des Gesamteinkommens zwischen der Ungleichheit der Arbeitseinkommen und der des Kapitaleigentums. Festzuhalten ist auch, dass die Ungleichheit des Gesamteinkommens näher bei der Ungleichheit der Arbeitseinkommen als bei der des Kapitaleigentums liegt, was nicht sonderlich überrascht, da die Arbeitseinkommen im Allgemeinen zwei Drittel bis drei Viertel des Nationaleinkommens ausmachen. Das oberste Dezil der Einkommenshierarchie bezieht, um das zu konkretisieren, in den Gesellschaften mit der geringsten Ungleichheit, den skandinavischen der 1970er und 1980er Jahre des letzten Jahrhunderts, etwa 25 % des Nationaleinkommens (in Frankreich und Deutschland waren es damals etwa 30 %, während es heute eher 35 % sind). In den Ländern mit der größten Ungleichheit, wie Frankreich unter dem Ancien Régime und während der Belle Époque oder Großbritannien, aber auch den Vereinigten Staaten der 2010er Jahre, kann dieser Anteil auf bis zu 50 % des Nationaleinkommens anwachsen (von denen etwa 20 % auf das oberste Perzentil entfallen).

Ist es möglich, sich Gesellschaften vorzustellen, in denen die Einkommenskonzentration noch wesentlich über diesem Maximalniveau läge? Zweifellos nicht. Würde sich das oberste Dezil zum Beispiel 90 % der jährlichen Produktion aneignen (und das oberste Perzentil allein 50 %, wie im Fall der Vermögen), so wäre es wahrscheinlich, dass eine Revolution einer solchen Situation rasch ein Ende bereiten würde – es sei denn, man ginge von einem besonders wirkungsvollen Unterdrückungsapparat aus. Auch wenn es nur das Kapitaleigentum betrifft, zeitigt ein solches Niveau bereits starke politische Spannungen und verträgt sich zuweilen schlecht mit dem allgemeinen Wahlrecht. Es mag in dem Maße erträglich sein, in dem die Kapitaleinkommen nur einen begrenzten Teil des Nationaleinkommens ausmachen: zwischen einem Viertel und einem Drittel, manchmal auch etwas mehr, wie im Ancien Régime, was diese extreme Konzentration besonders belastend macht. Sollte sich aber ein solches Ungleichheitsniveau auf das Nationaleinkommen insgesamt ausweiten, so wäre es kaum vorstellbar, dass dies auf Dauer hingenommen würde.

Gleichwohl berechtigt nichts zu der Unterstellung, die Obergrenze von 50 % des Nationaleinkommens für das oberste Dezil sei unüberwindlich und die Welt bräche zusammen, sollte ein Land sich anschicken, diese symbolische Schwelle zu überschreiten. Tatsächlich sind auch die uns vorliegenden historischen Daten mehr oder minder unzulänglich, so dass es keineswegs auszuschließen ist, dass diese symbolische Hürde schon genommen wurde. Möglich ist insbesondere, dass während des Ancien Régime und am Vorabend der Französischen Revolution, allgemeiner gesprochen: in den traditionellen ländlichen Gesellschaften, der Anteil des obersten Dezils am Nationaleinkommen 50 % bereits überschritten und sich 60 % – ja etwas mehr – genähert hatte. Der mehr oder eben weniger erträgliche oder unerträgliche Charakter derart extremer Ungleichheiten hängt in Wahrheit von der Wirksamkeit nicht bloß des Unterdrückungsapparates, sondern auch – ja vielleicht vor allem – des Rechtfertigungsapparates ab. Werden Ungleichheiten als gerechtfertigt wahrgenommen, weil sie zum Beispiel daher zu rühren scheinen, dass die Reichsten sich entschlossen haben, mehr oder effizienter zu arbeiten als die Ärmsten, oder weil es den Ärmsten schaden würde, wollte man es den Reichsten verwehren, noch mehr zu verdienen – dann ist durchaus eine Einkommenskonzentration denkbar, die jene historischen Rekordmarken noch übertrifft. Daher haben wir in Tabelle 7.3 darauf hingewiesen, dass um 2030 in den Vereinigten Staaten ein neuer Rekord aufgestellt werden könnte, falls der in den letzten Jahrzehnten zu beobachtende Anstieg der Ungleichheit der Arbeitseinkommen – und, in geringerem Ausmaß, der Ungleichheit des Kapitaleigentums – sich fortsetzen sollte. Damit wäre ein Anteil von ungefähr 60 % des Nationaleinkommens für das oberste Dezil und ein Anteil von kaum 15 % für die untere Hälfte der Bevölkerung erreicht.

Heben wir es noch einmal hervor: Die zentrale Frage betrifft weniger das schiere Ausmaß der Ungleichheiten als vielmehr deren Rechtfertigung. Darum ist es entscheidend, die jeweilige Struktur der Ungleichheiten zu analysieren. Unter diesem Gesichtspunkt liegt die Hauptlehre, die aus den Grafiken 7.1–7.3 zu ziehen ist, zweifellos darin, dass eine Gesellschaft auf zwei sehr unterschiedlichen Weisen eine starke Ungleichheit des Gesamteinkommens erreichen kann (etwa 50 % des Gesamteinkommens für das oberste Dezil, von denen etwa 20 % auf das oberste Perzentil entfallen).

Auf der einen Seite, und das ist das klassische Schema, kann eine solche Ungleichheit von einer «hyperpatrimonialen Gesellschaft» (oder «Rentiersgesellschaft») hervorgebracht werden, das heißt von einer Gesellschaft, in der die Kapitaleinkommen insgesamt sehr ins Gewicht fallen und die Vermögenskonzentration auf ein extrem hohes Niveau steigt (typischerweise 90 % des Gesamtvermögens für das oberste Dezil, von denen ungefähr 50 % auf das oberste Perzentil entfallen). Die Hierarchie des Gesamteinkommens wird dann von den sehr hohen Kapitaleinkommen, insbesondere von solchen aus ererbtem Kapital beherrscht. Das ist das Schema, das sich mit Abweichungen, die gegenüber den Übereinstimmungen kaum ins Gewicht fallen, in den Gesellschaften des Ancien Régime ebenso beobachten lässt wie im Europa der Belle Époque. Wir werden uns vor Augen führen müssen, unter welchen Bedingungen solche Eigentums- und Ungleichheitsstrukturen entstehen und fortbestehen können – und in welchem Maße sie der Vergangenheit angehören oder vielleicht, ganz im Gegenteil, das 21. Jahrhundert bestimmen werden.

Auf der anderen Seite, und dabei handelt es sich um das neue Schema, wie es in großem Ausmaß in den Vereinigten Staaten der letzten Jahrzehnte auf den Plan trat, kann starke Ungleichheit des Gesamteinkommens das Resultat einer hypermeritokratischen Gesellschaft sein (oder zumindest dessen, was diejenigen, die in der Hierarchie ganz oben stehen, so verstanden wissen wollen). Man kann auch von einer «Gesellschaft von Superstars» sprechen (oder vielleicht eher «Gesellschaft von Supermanagern», was nicht ganz dasselbe ist – wir werden sehen, welche Bezeichnung die angemessenste ist), also von einer Gesellschaft, in der starke Ungleichheit herrscht, in der aber die Spitze der Einkommenshierarchie nicht von ererbten Einkommen, sondern von sehr hohen Arbeitseinkommen beherrscht würde. Fügen wir sogleich hinzu, dass wir es auf dem gegenwärtigen Stand unserer Untersuchung noch dahingestellt sein lassen, ob eine solche Gesellschaft sich wirklich als «hypermeritokratisch» bezeichnen lässt. Es überrascht nicht, dass die Gewinner einer solchen Gesellschaft die soziale Hiearchie gerne so beschreiben und es ihnen zuweilen gelingt, einen Teil der Verlierer davon zu überzeugen. Für uns dagegen kann es sich dabei nur um eine mögliche Schlussfolgerung – die a priori ebenso möglich wie die entgegengesetzte ist –, nicht um eine Hypothese handeln. Wir werden also sehen, in welchem Maße die wachsende Ungleichheit der Arbeitseinkommen in den Vereinigten Staaten einer «meritokratischen» Logik gehorcht (und in welchem Maße es möglich ist, auf diese komplexe normative Frage zu antworten).

Halten wir auf dem gegenwärtigen Stand unserer Untersuchung nur fest, dass diese Annahme eines absoluten Gegensatzes zweier Typen von Gesellschaften mit extremer Ungleichheit naiv und überzogen ist. Beide Ungleichheitstypen können sich perfekt miteinander verbinden und aneinander steigern: Nichts verbietet es, zugleich Supermanager und Rentier zu sein – ganz im Gegenteil, wie auch die Tatsache belegt, dass die Vermögenskonzentration in den Vereinigten Staaten derzeit deutlich höher liegt als in Europa. Und nichts hindert natürlich die Kinder von Supermanagern daran, Rentiers zu werden. Tatsächlich sind in allen Gesellschaften beide Logiken stets miteinander verquickt. Bleibt gleichwohl festzuhalten, dass es verschiedene Weisen gibt, ein und dasselbe Ungleichheitsniveau zu erreichen, und dass die Vereinigten Staaten der 2010er Jahre sich vor allem durch eine Rekordungleichheit der Arbeitseinkommen auszeichnen (die höher liegt als in allen bekannten Gesellschaften, ganz gleich wann und wo, unter Einschluss derjenigen, in denen sehr unterschiedliche Qualifikationsniveaus bestehen), während die Vermögensungleichheiten niedriger liegen als in traditionellen Gesellschaften oder im Europa zwischen 1900 und 1910. Es ist also entscheidend, die jeweiligen Entwicklungsbedingungen beider Logiken zu begreifen, ohne zu vergessen, dass es nur zu gut sein kann, dass beide im 21. Jahrhundert einander nicht mehr bloß ersetzen, sondern ergänzen und dadurch eine Welt heraufbeschwören werden, in der eine im Vergleich mit der bislang bekannten noch extremere Ungleichheit herrschen wird.[1]

Das Problem der synthetischen Indikatoren

Bevor wir zu einer detaillierten Untersuchung der historischen Entwicklungen übergehen, die sich in den verschiedenen Ländern beobachten lassen, und auf diese Fragen zu antworten versuchen, müssen wir noch einige methodische Fragen genauer klären. So haben wir insbesondere in den Grafiken 7.1–7.3 den Gini-Koeffizienten angegeben, der den jeweils untersuchten Verteilungen entspricht. Der Gini-Koeffizent – benannt nach dem italienischen Statistiker Corrado Gini, dessen Arbeiten zwischen den beiden Weltkriegen entstanden sind – zählt zu den synthetischen Indikatoren zur Messung von Ungleichheit, die in offiziellen Berichten und der öffentlichen Diskussion am häufigsten gebraucht werden. Konstruktionsbedingt liegt er stets zwischen null und eins: Er ist gleich null für den Fall völliger Gleichheit und gleich eins für den Fall vollkommener Ungleichheit, das heißt dann, wenn alle verfügbaren Ressourcen einer unendlich kleinen Gruppe gehören.

1 Diese wachsende Verschränkung beider Dimensionen der Ungleichheit könnte sich zum Beispiel aus den tendenziell steigenden Studiengebühren ergeben (wir kommen darauf zurück).

Konkret schwankt der Gini-Koeffizient in den verschiedenen Gesellschaften zwischen etwa 0,2 und 0,4 für die Verteilung von Arbeitseinkommen, zwischen 0,6 und 0,9 für die Verteilung von Kapitalbesitz und zwischen 0,3 und 0,5 für die Ungleichheit des Gesamteinkommens. Mit einem Gini-Koeffizienten von 0,19 ist die Verteilung der Arbeitseinkommen in den skandinavischen Gesellschaften der 1970er und 1980er Jahre nicht sehr weit von der absoluten Gleichheit entfernt. Umgekehrt ist mit einem Gini-Koeffizienten von 0,85 die Verteilung der Vermögen im Europa der Belle Époque nicht sehr weit von der absoluten Ungleichheit entfernt.[1]

Diese Koeffizienten – und es gibt noch andere, etwa den Theil-Index – sind zuweilen nützlich, aber sie werfen eine ganze Reihe von Problemen auf. Sie machen sich anheischig, in einem einzigen numerischen Indikator die Gesamtungleichheit der Verteilung zusammenzufassen – also die Ungleichheit, die den Sockel von der Mitte der Pyramide trennt, ebenso wie die, welche die Mitte von der Spitze oder die Spitze von der äußersten Spitze trennt. Das ist auf den ersten Blick sehr einfach und verlockend, aber zwangsläufig auch ein wenig illusorisch. In Wahrheit ist es unmöglich, eine mehrdimensionale Realität in einem eindimensionalen Indikator zusammenzufassen, will man diese Realität nicht übermäßig vereinfachen und Dinge durcheinanderbringen, die man nicht durcheinanderbringen sollte. Die soziale Realität und die ökonomische wie politische Bedeutung der Ungleichheit weichen abhängig von den Verteilungsniveaus stark voneinander ab, und diese müssen daher getrennt voneinander analysiert werden. Ganz zu schweigen davon, dass der Gini-Koeffizient und andere synthetische Indikatoren auch dazu neigen, Ungleichheit hinsichtlich der Arbeit und hinsichtlich des Kapitals zu vermengen, während doch die ökonomischen Mechanismen, die im einen und im anderen Fall am Werk sind, sich ebenso voneinander unterscheiden wie die normativen Argumente, die zur Rechtfertigung der einen oder anderen Ungleichheit aufgeboten werden. Aus all diesen Gründen scheint es uns große Vorteile zu bieten, die Ungleichheiten ausgehend von Verteilungs-

1 Durch diese Berechnungen wird der tatsächliche Gini-Koeffizient zu gering veranschlagt, da sie von einer endlichen Zahl sozialer Gruppen ausgehen (wie sie in Tabelle 7.1–7.3 dargestellt sind), während die zugrunde liegende Realität die einer stetigen Verteilung ist. Vgl. Technischer Anhang und Tabellen S7.4–S7.6 zu den Ergebnissen, die man mit einer unterschiedlichen Zahl sozialer Gruppen erhält.

tabellen zu analysieren, die den Anteil verschiedener Dezile und Perzentile am Gesamteinkommen und Gesamtvermögen anzeigen, statt uns synthetischer Indikatoren wie des Gini-Koeffizienten zu bedienen.

Solche Verteilungstabellen haben darüber hinaus den Vorteil, uns alle dazu zu zwingen, uns das Einkommens- und Vermögensniveau der verschiedenen gesellschaftlichen Gruppen, aus denen die fraglichen Hierarchien bestehen, vor Augen zu führen – und das nicht in fiktiven und schwer entschlüsselbaren statistischen Einheiten, sondern gleichsam in klingender Münze (oder in Prozenten des Durchschnittseinkommens und -vermögens der fraglichen Länder). Die Verteilungstabellen erlauben es, einen sehr viel handfesteren, konkreteren Eindruck von der sozialen Ungleichheit zu gewinnen und zugleich ein deutlicheres Bewusstsein von der Realität und den Grenzen der jeweils vorliegenden Daten zu entwickeln, anhand derer man diese Fragen untersuchen kann. Die synthetischen statistischen Indikatoren wie der Gini-Koeffizient vermitteln dagegen einen abstrakten und blutleeren Eindruck von der Ungleichheit, der es den Beteiligten nicht allein verwehrt, sich die eigene Stellung in der Hierarchie ihrer Zeit zu vergegenwärtigen (was stets eine nützliche Übung ist, insbesondere dann, wenn man den oberen Dezilen in der Verteilungshierarchie angehört und dazu neigt, dies zu vergessen, wie Ökonomen es nur zu gerne tun). Sie verschleiern zuweilen auch, dass die zugrunde liegenden Daten Anomalien und Inkohärenzen aufweisen oder zumindest in verschiedenen Ländern oder Zeitabschnitten nicht vollkommen vergleichbar sind (weil zum Beispiel die Spitzen der Verteilungshierarchie nicht erfasst sind oder die Kapitaleinkommen für bestimmte Länder vernachlässigt werden und für andere nicht). Die Verteilungstabellen verpflichten uns zu größerer Kohärenz und Transparenz.

Der schamhafte Schleier der offiziellen Berichte

Aus denselben Gründen warnen wir vor dem Gebrauch von Indikatoren wie den Interdezilverhältnissen, die häufig von der OECD und Statistikinstituten verschiedener Länder in ihren offiziellen Berichten zur Ungleichheit gebraucht werden. Das am häufigsten gebrauchte Interdezilverhältnis ist das P90/P10-Verhältnis, das heißt das Verhältnis der Einkommensschwelle des neunzigsten Perzentils zu der des zehnten Perzentils der Verteilung.[1] Muss man zum Beispiel über der Schwelle von 5000 Euro im Monat liegen, um zu den reichsten 10 % zu gehören, und unter der Schwelle von 1000 Euro im Monat, um zu den ärmsten 10 % zu gehören, dann ist von einem P90/P10-Interdezilverhältnis von 5 zu sprechen.

Solche Indikatoren können durchaus nützlich sein. Es schadet nie, mehr Informationen über die Gesamtform der fraglichen Verteilung zu haben. Aber man muss sich der Tatsache bewusst sein, dass diese Indikatoren konstruktionsbedingt keinerlei Aufschluss darüber geben, wie die Entwicklung oberhalb des neunzigsten Perzentils aussieht. So kann es, konkret gesprochen, bei ein und demselben Interdezilverhältnis P90/P10 sein, dass der Anteil des oberen Dezils am Gesamteinkommen oder Gesamtvermögen bei 20 % (wie bei den skandinavischen Einkommen von 1970 bis 1980) oder aber bei 50 % liegt (wie bei den europäischen Vermögen der Belle Époque). Im einen wie im anderen Fall werden wir darüber nichts erfahren, wenn wir uns an Berichte der internationalen Organisationen und Statistischen Ämter halten, die sich zumeist auf Indikatoren beschränken, die absichtlich die Spitze der Verteilungspyramide ignorieren und keinerlei Aufschluss über die durchschnittlichen Einkommen und Vermögen jenseits des neunzigsten Perzentils geben.

Im Allgemeinen wird dies mit dem Hinweis auf die «Unzulänglichkeit» der vorliegenden Daten gerechtfertigt. Diese Unzulänglichkeiten gibt es, aber sie lassen sich überwinden, wenn man auf geeignete Quellen zurückgreift, wie es die historischen Daten belegen, die mit beschränkten Mitteln von der *World Top Incomes Database* (WTID) zusammengetragen wurden und allmählich die Vorgehensweise zu modifizieren beginnen. In Wahrheit ist eine solche methodologische Entscheidung seitens der nationalen und internationalen Behörden alles andere als neutral. Eigentlich sollten diese offiziellen Berichte dazu da sein, der öffentlichen Debatte über die Wohlstandsverteilung die nötigen Informationen zu liefern, aber tatsächlich vermitteln sie häufig ein künstlich befriedetes Bild von den Ungleichheiten. Ein wenig ist das so, als hätte ein Regierungsbericht zu den

1 Verwendung finden auch die Interdezilverhältnisse P90/P50, P50/P10, P75/P25 etc. (P50 entspricht dem fünfzigsten Perzentil, das heißt dem Median, P25 und P75 dem fünfundzwanzigsten und fünfundsiebzigsten Perzentil).

Ungleichheiten in Frankreich um 1789 beschlossen, nichts von dem, was jenseits des neunzigsten Perzentils vor sich geht (also in einer Gruppe, die fünf bis zehn mal größer ist als die gesamte damalige Aristokratie) zur Kenntnis zu nehmen – mit der Begründung, das alles sei entschieden zu komplex, um sich dazu zu äußern. Das ist umso bedauerlicher, als ein derart verschämtes Vorgehen keineswegs der Versöhnung dient, sondern den wildesten Phantasien ebenso Vorschub leistet wie dem allgemeinen Misstrauen, das Statistiken und Statistikern von der Öffentlichkeit häufig entgegengebracht wird.

Umgekehrt ergeben sich für die Interdezilverhältnisse häufig enorme Quotienten, und das aus größtenteils artifiziellen Gründen. So liegt etwa der Anteil der schwächsten 50 % am Kapitaleigentum im Allgemeinen nahe Null. Je nachdem, ob man zum Beispiel bei der Einschätzung kleiner Vermögen Schulden oder Gebrauchsgüter berücksichtigt, gelangt man angesichts ein und derselben zugrunde liegenden Realität zu scheinbar ganz verschiedenen Einschätzungen der Schwelle, an der das zehnte Perzentil genau liegt. Man mag von Fall zu Fall 100 Euro, 1000 Euro oder auch 10 000 finden, was im Grunde keinen so großen Unterschied macht, aber je nach Land und Epoche zu weit auseinanderliegenden Interdezilverhältnissen führen kann – während doch der Anteil der unteren Hälfte der Vermögenshierarchie in allen Fällen unter 5 % des Gesamtvermögens liegt. Das Gleiche gilt, in nur leicht abgeschwächter Form, für die Arbeitseinkommen. Abhängig davon, wie man zum Beispiel Lohnersatzleistungen und kurzfristige Beschäftigungen einschätzt (indem man das Einkommen pro Woche, Monat, Jahr oder Jahrzehnt zugrunde legt) erhält man sehr stark schwankende P10-Schwellen (und also Interdezilverhältnisse), während der Anteil der schwächsten 50 % der Arbeitseinkommen an der Lohnsumme in Wahrheit relativ stabil sein mag.[1]

Darin liegt vielleicht einer der Hauptgründe, aus denen es sinnvoller ist, die Verteilungen in der Weise zu untersuchen, wie wir sie in den Tabellen 7.1–7.3 dargestellt haben – nämlich so, dass die tatsächlichen Anteile der jeweiligen Gruppen – insbesondere der unteren

1 Ob man von Individuen oder von Haushalten ausgeht, um Ungleichheiten zu messen, hat ebenfalls sehr viel größere Auswirkungen auf die Interdezilverhältnisse vom Typ P90/P10 (vor allem in der Form stärkerer Schwankungen) als auf den Anteil der untersten Hälfte an der Gesamtlohnsumme (insbesondere aufgrund der Tatsache, dass die Frauen häufiger nicht berufstätig sind). Siehe Technischer Anhang.

Hälfte und des obersten Dezils in jeder Gesellschaft – am Gesamtvermögen und Gesamteinkommen ersichtlich werden, und nicht bloß das Verhältnis von Schwellenwerten.

Rückkehr zu den «Sozialtabellen» und zur politischen Arithmetik

Soweit also die verschiedenen Gründe, aus denen uns die Verteilungstabellen, mit denen wir uns in diesem Kapitel beschäftigt haben, sehr viel geeigneter zu sein scheinen als synthetische Indikatoren und Interdezilverhältnisse, um die Verteilung von Reichtümern zu untersuchen.

Fügen wir hinzu, dass unser Vorgehen ganz im Einklang mit dem der Volkswirtschaftlichen Gesamtrechnung steht. Nachdem die Volkswirtschaftlichen Gesamtrechnungen uns inzwischen in den meisten Ländern über das Nationaleinkommen und -vermögen in Kenntnis setzen (und damit über das Durchschnittseinkommen, da sich die Gesamtbevölkerung aus den demographischen Quellen unschwer ermitteln lässt), liegt der nächste Schritt folgerichtig darin, diese Einkommens- und Vermögensmassen auf die verschiedenen Dezile und Perzentile aufzuteilen. Dies ist auch von zahlreichen Berichten als Empfehlung ausgesprochen worden, die darauf zielt, die Volkswirtschaftliche Gesamtrechnung zu verbessern und zu «humanisieren» – bis zum heutigen Tag freilich mit geringem Erfolg.[1] Eine Aufschlüsselung, die es erlaubt, die ärmsten 50 %, die folgenden 40 % und schließlich die reichsten 10 % voneinander abzuheben, wird als ein erster sinnvoller Schritt in diese Richtung betrachtet werden dürfen. Insbesondere erlaubt es ein solches Vorgehen jedem, sich klarzumachen, bis zu welchem Punkt die Wachstumsrate des Inlandsprodukts und des Nationaleinkommens sich in den Einkommen, die bei den verschiedenen sozialen Gruppen ankommen, auch tatsächlich wiederfindet – oder eben nicht. Allein durch Kenntnis des Anteils des obersten Dezils lässt sich zum Beispiel in Erfahrung bringen, in welchem Umfang ein unverhältnismäßig großer Teil des Wachstums von der Spitze der Verteilungshierarchie abgeschöpft worden ist. Aus der Betrachtung von

1 Vgl. zum Beispiel J. E. Stiglitz, A. Sen, J. P. Fitoussi: *Report of the Commission on the Measurement of Economic Performance and Social Progress*, 2009, www.stiglitz-sen-fitoussi.fr.

Gini-Koeffizienten oder Interdezilverhältnissen ergibt sich keine ebenso präzise und transparente Antwort auf diese Frage.

Schließlich ist auch eine gewisse Nähe der Verteilungstabellen, deren Gebrauch wir befürworten, zu den *tables sociales* oder *social tables* zu beobachten, also zu den «Sozialtabellen», wie sie im 18. und zu Beginn des 19. Jahrhunderts in Mode waren. Im Vereinigten Königreich und Frankreich gegen Ende des 17. und während des 18. Jahrhunderts ersonnen, wurden diese Sozialtabellen in Frankreich während der Aufklärung ausgiebig verwendet, verfeinert und kommentiert, wie in dem berühmten Artikel, der sich unter dem Titel *arithmétique politique*, «politische Arithmetik», in Diderots *Enzyklopädie* findet. Von den ersten Versionen, die von Gregory King für das Jahr 1688 erstellt wurden, bis zu den elaborierteren, wie sie von Expilly oder Isnard am Vorabend der Französischen Revolution, von Peuchet, Colquhoun oder Blodget während des Napoleonischen Zeitalters erstellt wurden, ist es diesen Tabellen stets um eine Gesamtanschauung der gesellschaftlichen Struktur zu tun. Sie geben die Zahl der Adeligen, der Bürger, der Edelleute, der Handwerker, der Landwirte etc. sowie die geschätzte Höhe ihres Einkommens (und zuweilen ihres Vermögens) an – zusammen mit Schätzungen des Nationaleinkommens und -vermögens, an denen sich dieselben Autoren erstmals versucht haben. Der wesentliche Unterschied liegt natürlich darin, dass diese Tabellen sich der damals geläufigen Bezeichnungen sozialer Gruppen bedienten und nicht den Versuch unternahmen, Reichtümer nach Dezilen oder Perzentilen aufzuteilen.[1]

Gleichwohl bleibt festzuhalten, dass sie durch den Versuch, Ungleichheit in ihrer ganzen Konkretion, gleichsam in Fleisch und Blut zu erfassen und durch die Insistenz auf dem Anteil des nationalen Reichtums, den die einzelnen sozialen Gruppen (und namentlich die ver-

---

1 Diese «Tabellen» stehen zumindest dem Geiste nach dem berühmten *Tableau économique* nahe, das François Quesnay 1758 veröffentlicht hat und das die erste Gesamtdarstellung der Funktionsweise der Wirtschaft und des Austauschs zwischen sozialen Gruppen darstellt. Es lassen sich auch «Sozialtabellen» finden, die sehr viel älteren Datums sind, ja bis in die Antike zurückreichen. Vgl. die interessante Sammlung von Tabellen in B. Milanovic, P. Lindert, J. Williamson: «Measuring ancient inequality», in: NBER Working Paper 13550, Oktober 2007. Vgl. auch B. Milanovic: *The Haves and the Have-Nots: A Brief and Idiosyncratic History of Global Inequality*, New York: Basic Books 2010. Leider sind diese Daten nicht immer ausreichend homogen und vergleichbar. Siehe Technischer Anhang.

schiedenen Eliten) jeweils besaßen, eine augenfällige Verwandtschaft mit dem Vorgehen haben, an das wir uns halten wollen. Umgekehrt sind sie von ganz anderem Geiste als die aseptischen statistischen Messungen von Ungleichheit, die im 20. Jahrhundert überwiegen und dazu neigen, die Verteilung von Reichtum zu naturalisieren und nach Art eines Gini oder Pareto als zeitloses, aller Konflikte enthobenes Faktum zu betrachten. Die Weise, auf die man Ungleichheiten zu messen sucht, ist niemals neutral. Wir werden diesen Fragen wieder begegnen, wenn wir im nächsten Kapitel auf Pareto und seine berühmten Koeffizienten zu sprechen kommen.

8.

ZWEI WELTEN

Wir haben die einschlägigen Begriffe inzwischen genau definiert und uns insbesondere mit den Größenordnungen vertraut gemacht, in denen sich die Ungleichheit hinsichtlich der Arbeit und hinsichtlich des Kapitals in den verschiedenen Ländern praktisch bewegt. Es ist Zeit, wieder chronologisch vorzugehen und die historische Entwicklung von Ungleichheiten in den einzelnen Ländern zu untersuchen. Wie und warum hat die Struktur der Ungleichheit sich seit dem 19. Jahrhundert gewandelt? Wie wir sehen werden, haben die Schocks der Jahre 1914 bis 1945 eine wesentliche Rolle bei einem Abbau von Ungleichheiten im 20. Jahrhundert gespielt, der wenig mit einer ungestörten, naturwüchsigen Entwicklung gemein hat. Und es wird sich auch zeigen, dass der Anstieg der Ungleichheiten seit den 1970er und 1980er Jahren von Land zu Land variiert, was einmal mehr auf den maßgeblichen Einfluss institutioneller und politischer Faktoren hinweist.

Ein einfacher Fall: Der Abbau von Ungleichheit im Frankreich des 20. Jahrhunderts

Wir werden uns zunächst ausführlich dem Fall Frankreichs widmen, der den Vorzug hat, gut dokumentiert (dank des Reichtums der verfügbaren historischen Quellen), relativ einfach und linear (soweit eine Geschichte der Ungleichheit dies zu sein vermag) und vor allem in weitem Umfang repräsentativ für die allgemeine Entwicklung in mehreren europäischen Ländern zu sein, zumindest in Kontinentaleuropa (der Fall Großbritanniens behauptet in mancher Hinsicht eine Zwischenstellung im Verhältnis zum europäischen und amerikanischen) und weitgehend auch in Japan. Anschließend werden wir auf den Fall der Vereinigten Staaten eingehen und schließlich die Gesamtheit der Industriestaaten und Schwellenländer in unsere Analyse einbeziehen, sofern einschlägige historische Daten vorliegen.

Wir haben in Grafik 8.1 zwei Entwicklungen dargestellt: einerseits die des Anteils des obersten Dezils der Einkommenshierarchie am Nationaleinkommen; andererseits die des Anteils des obersten Dezils der Lohnhierarchie an der Lohnsumme. Drei Tatsachen treten deutlich hervor.

Zunächst, dass die Einkommensungleichheiten in Frankreich seit der Belle Époque stark abgenommen haben. Der Anteil des obersten Dezils ist von 45–50 % des Nationaleinkommens am Vorabend des Ersten Weltkriegs auf derzeit 30–35 % gesunken.

Es handelt sich um einen Rückgang von etwa 15 % des Nationaleinkommens. Das ist beträchtlich, da es den Anteil der reichsten 10 % an den pro Jahr produzierten Reichtümern um etwa ein Drittel reduziert, während der Anteil, den die übrigen 90 % erhalten, um etwa ein Drittel wächst. Weiterhin kann man feststellen, dass dies ungefähr drei Vierteln dessen entspricht, was die untere Hälfte der Bevölkerung in der Belle Époque erhielt, und mehr als der Hälfte dessen, was sie heute erhält.[1] Erinnern wir uns auch daran, dass wir in diesem Kapitel die Entwicklung der Ungleichheit von Primäreinkommen (vor Steuerabgaben und Transferleistungen) untersuchen. Wir werden im nächsten Teil sehen, inwiefern durch Steuern und Transfers der Abbau von Ungleichheit tatsächlich noch stärker ausgefallen ist. Aus dieser Verringerung von Ungleichheit ist freilich, um auch das gleich zu betonen, nicht schon der Schluss zu ziehen, dass wir heute in einer egalitären Gesellschaft leben. In ihr spricht sich zunächst und vor allem die Tatsache aus, dass in der Gesellschaft der Belle Époque eine Ungleichheit herrschte, die nicht nur zu den extremsten der Geschichte zählt, sondern auch Formen annahm und einer Logik gehorchte, die heute – so scheint es zumindest – kaum noch hingenommen würden.

Der starke Abbau von Einkommensungleichheiten, und das ist die zweite bedeutsame Tatsache, die aus Grafik 8.1 zu ersehen ist, verdankt

1 Vgl. Kapitel 7, Tabelle 7.3.

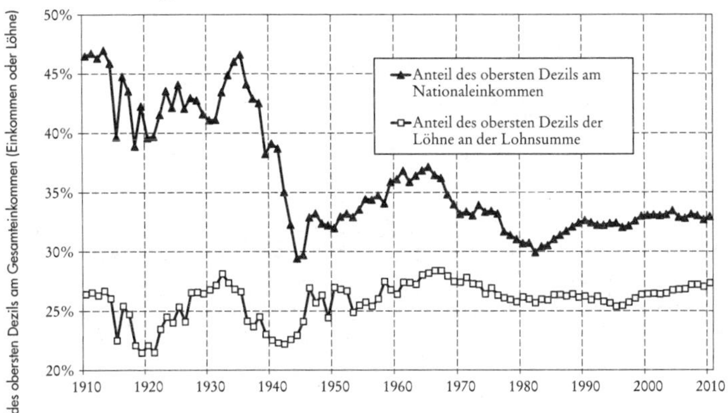

Grafik 8.1.: Die Ungleichheit des Gesamteinkommens (Kapital und Arbeit) ist in Frankreich im 20. Jahrhundert zurückgegangen, während die Ungleichheit der Löhne gleich geblieben ist. Quellen und Reihen: siehe piketty.pse.ens.fr/capital21c.

sich ganz dem Einbruch der hohen Kapitaleinkommen. Sieht man von diesen ab und konzentriert sich ganz auf die Lohnungleichheit, wird man im Gegenteil eine sehr große langfristige Stabilität der Verteilung feststellen. In den 1900er wie in den 2010er Jahren liegt der Anteil des obersten Dezils bei etwa 25 % der Lohnsumme insgesamt. Als ebenso stabil weisen die verfügbaren Quellen auch die Lohnungleichheit auf den unteren Rängen der Verteilungshierarchie aus. So haben zum Beispiel die am schlechtesten bezahlten 50 % der Lohnempfänger stets etwa 25–30 % der Gesamtlohnsumme erhalten (also einen Durchschnittslohn von etwa 50–60 % des Durchschnittslohns der Lohnempfänger insgesamt), ohne erkennbaren langfristigen Trend.[1] Natürlich hat sich das Lohnniveau seit einem Jahrhundert ebenso stark verändert wie die Struktur der Berufe und Qualifikationen. Aber die Lohnhierarchien als solche sind annähernd gleich geblieben. Ohne den Niedergang der hohen Kapitaleinkommen hätte sich die Einkommensungleichheit im 20. Jahrhundert nicht verringert.

Noch eindrucksvoller tritt dies hervor, bewegt man sich auf der Stufenleiter der sozialen Hierarchie nach oben. Fassen wir insbesondere die Entwicklung ins Auge, die auf der Ebene des obersten Perzen-

1 Vgl. Kapitel 7, Tabelle 7.1, und Technischer Anhang.

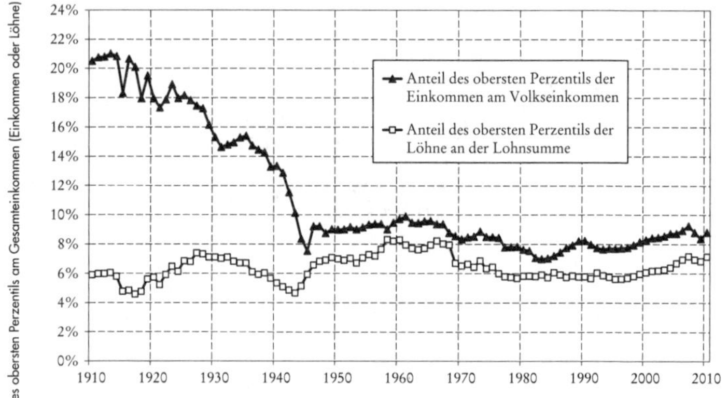

Grafik 8.2.: Der Rückgang des Anteils des obersten Perzentils (der obersten 1 % der Einkommen) zwischen 1914 und 1945 ist auf den Einbruch der hohen Kapitaleinkommen zurückzuführen.
Quellen und Reihen: siehe piketty.pse.ens.fr/capital21c.

tils zu erkennen ist (siehe Grafik 8.2).[1] Verglichen mit dem in der Belle Époque erreichten Gipfel der Ungleichheit ist der Anteil des obersten Perzentils der Einkommenshierarchie im Laufe des 20. Jahrhunderts in Frankreich buchstäblich eingebrochen. Von 20 % des Nationaleinkommens um 1900 bis 1910 ist er auf etwa 8–9 % um 2000 bis 2010 geschrumpft. Das ist eine Teilung durch mehr als zwei innerhalb eines Jahrhunderts, ja fast durch drei, berücksichtigt man den in Frankreich zu Beginn der 1980er Jahre erreichten Tiefstand von kaum 7 % des Nationaleinkommens.

Erneut verdankt sich dieser Einbruch einzig und allein dem drastischen Rückgang der sehr hohen Kapitaleinkommen (kurzum: dem Niedergang der Rentiers). Beschränkt man sich auf die Löhne, wird man feststellen, dass der Anteil des obersten Perzentils über einen langen Zeitraum fast völlig stabil bleibt, bei etwa 6–7 % der Gesamtlohnsumme. Am Vorabend des Ersten Weltkriegs war die Einkommensungleichheit (gemessen nach dem Anteil des obersten Perzentils) drei-

---

1 Für vollständige Datenreihen, die sich auf die verschiedenen Perzentile beziehen und bis zum obersten Zehntausendstel reichen, vgl. T. Piketty: *Les haut revenus en France au 20e siècle*. Wir belassen es hier dabei, die groben Linien dieser Geschichte nachzuzeichnen und dabei jüngere Forschungen zu berücksichtigen. Die auf den neuesten Stand gebrachten Datenreihen sind auch online verfügbar in der *World Top Incomes Database*.

mal stärker als die Lohnungleichheit. Heute ist sie kaum ein Drittel stärker und fällt in so großem Umfang mit der Ungleichheit der Löhne zusammen, dass man sich – zu Unrecht – einbilden könnte, die Kapitaleinkommen seien mehr oder weniger verschwunden (siehe Grafik 8.2).

Um das zusammenzufassen: Für den Abbau von Ungleichheiten im Frankreich des 20. Jahrhunderts ist weitgehend der Niedergang der Rentiers und der Einbruch der sehr hohen Kapitaleinkommen verantwortlich. Ein struktureller Prozess des allgemeinen Abbaus von Ungleichheit – namentlich der Arbeitseinkommen – scheint dagegen, anders als die optimistischen Vorhersagen der Theorie Kuznets es wollten, langfristig keine Rolle zu spielen.

Es ist dies eine fundamentale Lehre hinsichtlich der geschichtlichen Dynamik der Verteilung von Reichtümern, ja zweifellos die wichtigste Lehre, die das 20. Jahrhundert bereithält – umso mehr, als sich dieselben Fakten, mit leichten Variationen, in sämtlichen Industrieländern finden.

Die Geschichte der Ungleichheiten: eine wechselvolle politische Geschichte

Die Geschichte der Ungleichheiten, das ist die dritte entscheidende Tatsache, die aus den Grafiken 8.1 und 8.2 hervorgeht, ist kein langer ruhiger Fluss. Sie besteht aus zahllosen Wendungen – und gehorcht gewiss nicht einem unwiderstehlichen und stetigen Trend, der einem «natürlichen» Gleichgewicht zustrebt. In Frankreich, wie übrigens in allen anderen Ländern auch, ist die Geschichte der Ungleichheit eine wechselvolle politische Geschichte, beeinflusst vom Rhythmus gesellschaftlicher Umwälzungen, von vielfältigen sozialen, politischen, militärischen, kulturellen und nicht nur im engeren Sinne ökonomischen Bewegungen. Keine sozio-ökonomischen Ungleichheiten, keine Einkommens- und Vermögensunterschiede zwischen verschiedenen sozialen Gruppen, die nicht zugleich Ursachen und Folgen anderer Gegebenheiten in anderen Sphären sind. All diese Dimensionen sind stets unauflöslich miteinander verknüpft. Daher ist die Geschichte der Verteilung von Reichtümern immer auch ein Lektüreraster für die allgemeine Geschichte eines Landes.

Im Fall Frankreichs ist es bemerkenswert, wie sehr die Eindämmung von Ungleichheiten an die Zeit von 1914 bis 1945 gebunden ist. Der Anteil des obersten Dezils wie des obersten Perzentils am Gesamteinkommen erreicht seinen Tiefstand kurz nach dem Zweiten Weltkrieg, und er scheint sich von jenen extrem gewaltsamen Erschütterungen nie wieder erholt zu haben (siehe Grafiken 8.1 und 8.2). Der Abbau von Ungleichheit im Laufe des letzten Jahrhunderts verdankt sich weitgehend den Kriegswirren mit den jähen ökonomischen und politischen Schocks in ihrem Gefolge. Er ist nicht das Ergebnis einer beständigen, ungestörten, von allgemeinem Konsens getragenen Entwicklung. Nicht gewaltfreie demokratische Rationalität hat im 20. Jahrhundert tabula rasa mit der Vergangenheit gemacht, sondern die Kriege waren es.

Wir haben die Erschütterungen jener Jahre im zweiten Teil bereits kennengelernt. Die Verheerungen der Weltkriege, die Bankrotte der Wirtschaftskrise, vor allem aber die verschiedenen politischen Maßnahmen in der öffentlichen Hand, die während dieser Zeit ergriffen wurden (von der Mietpreisbindung über die von der Inflation geleistete Sterbehilfe für die Rentiers, die von den Staatsschulden profitierten, bis zu den Verstaatlichungen), haben zum massiven Sinken des Kapital-Einkommens-Verhältnisses zwischen 1914 und 1945 und zum signifikanten Rückgang des Anteils des Kapitaleinkommens am Nationaleinkommen geführt. Kapital aber ist sehr viel konzentrierter als Arbeit. Die Kapitaleinkommen sind im obersten Dezil (und zumal im obersten Perzentil) der Einkommenshierarchie massiv überrepräsentiert. So verwundert es nicht, wenn die Schocks, von denen das Kapital (besonders das Privatkapital) zwischen 1914 und 1945 schwer getroffen wurde, zu einem Rückgang des Anteils des obersten Dezils (und mehr noch des obersten Perzentils) geführt haben – und damit zu einem starken Abbau von Einkommensungleichheit.

1914 wurde in Frankreich die Einkommensteuer eingeführt (der Senat hatte das Gesetz seit den 1890er Jahren blockiert, verabschiedet wurde es erst am 15. Juli 1914, Wochen vor der Kriegserklärung in einem extrem angespannten politischen Klima). Daher gibt es leider keine detaillierten Daten zur Struktur der Jahreseinkommen vor diesem Datum. Die zahlreichen Schätzungen der Einkommensverteilung, die zwischen 1900 und 1910 im Hinblick auf die allgemeine Einkommensteuer (und die zu erwartenden Staatseinnahmen) vorgenommen wurden, vermitteln eine ungefähre Kenntnis von der extremen Einkommenskonzentration in der Belle Époque. Aber sie reichen nicht aus, um vor ihrem Hintergrund die Auswirkungen des Ersten Weltkriegs historisch einordnen zu können (dazu hätte die Einkommensteuer Jahrzehnte früher eingeführt werden müssen).[1] Glücklicherweise erlauben es aber die Daten, die dank der seit 1791 erhobenen Erbschafts- und Schenkungssteuer vorliegen, die Entwicklung der Vermögensverteilung im gesamten 19. und 20. Jahrhundert zu studieren. Tatsächlich belegen sie die zentrale Rolle der Katastrophen zwischen 1914 und 1945. Am Vorabend des Ersten Weltkriegs gab es nicht die leisesten Anzeichen für einen spontanen Rückgang der Konzentration des Kapitaleigentums, ganz im Gegenteil. Dieselbe Quelle beweist auch, dass die Kapitaleinkommen in den Jahren 1900 bis 1910 den größten Teil der Einkommen des obersten Perzentils ausmachten.

Von der «Rentiersgesellschaft» zur «Managergesellschaft»

1932 sind die Kapitaleinkommen, der Wirtschaftskrise zum Trotz, noch immer die Haupteinkommensquelle für die 0,5 % mit den höchsten Einkommen (siehe Grafik 8.3).[2] Versucht man dagegen auszuloten, wie sich die Spitzeneinkommen in den Jahren 2000 bis 2010 zusammensetzen, so stellt man fest, wie grundlegend die Realität sich gewandelt

---

1 Die in den Grafiken 8.1 und 8.2 aufgeführten Schätzungen wurden auf der Grundlage von Einkommen- und Lohnsteuererklärungen (die allgemeine Einkommensteuer wurde 1914, die so genannte *cédulaire*, also nach der Einkommensart bemessene Lohnsteuer 1917 eingeführt, wodurch sich das Niveau der hohen Einkommen und der hohen Löhne ausgehend von diesen Daten Jahr für Jahr getrennt erfassen lässt) sowie der Volkswirtschaftlichen Gesamtrechnungen vorgenommen (die über die Höhe des Nationaleinkommens und die Lohnsumme informieren). Wir sind darin der ursprünglich von Kuznets eingeführten Methode gefolgt, die wir in der Einleitung kurz skizziert haben. Die Fiskaldaten reichen nur bis zu den Einkommen von 1915 zurück (als die neue Steuer erstmals erhoben wurde). Wir haben sie für die Jahre 1910 bis 1914 durch Schätzungen ergänzt, die vor dem Krieg von der Steuerbehörde und zeitgenössischen Ökonomen vorgenommen worden waren. Siehe Technischer Anhang.

2 Wir haben in Grafik 8.3 (und den folgenden Grafiken desselben Typs) dieselben Notationen verwendet, die wir in T. Piketty: *Les haut revenus en France au 20e siècle* und in der *World Top Incomes Database* eingeführt haben, um die verschiedenen «Fraktile» der Einkommenshierarchie zu bezeichnen: «P90–95» versammelt die Personen zwischen dem 90. und dem 95. Perzentil (die ärmste Hälfte der reichsten 10 %), «P95–99» die zwischen dem 95. und 99. Perzentil (die folgenden 4 %), «P99–99,5» die folgenden 0,5 % (die ärmste Hälfte der reichsten 1 %), «P99,5–99,9» die folgenden 0,4 %, «P99,9–99,99» die folgenden 0,09 %, und «P99,99–100» die reichsten 0,01 % (das oberste Zehntausendstel).

hat. Gewiss, je höher man sich in der Einkommenshierarchie bewegt, desto mehr verschwinden die Arbeitseinkommen zugunsten der Kapitaleinkommen, die in den obersten Perzentilen und Tausendsteln der Verteilungshierarchie immer deutlicher überwiegen. Strukturell hat sich an dieser Realität nichts geändert. Der kardinale Unterschied besteht darin, dass heute das Kapital erst sehr viel weiter oben in der sozialen Hierarchie die Oberhand über die Arbeit gewinnt. Gegenwärtig überwiegen die Kapitaleinkommen die Arbeitseinkommen nur noch in der relativ kleinen Gruppe der 0,1 % mit den höchsten Einkommen (siehe Grafik 8.4). 1932 war diese soziale Gruppe noch fünfmal, in der Belle Époque, von 1900 bis 1910, noch zehnmal größer als heute.

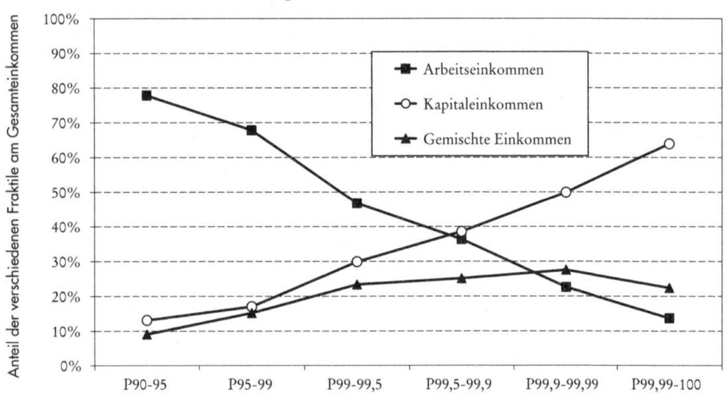

Grafik 8.3.: Der Anteil der Arbeitseinkommen wird geringer, je höher man im obersten Dezil der Einkommenspyramide aufsteigt.
Quelle: Siehe Grafik 8.1. Anmerkungen: (i) «P90–95» umfasst die Personen, die sich zwischen den Schwellen der Perzentile 90 bis 95 befinden, «P95–99» die folgenden 4 %, «P99–99,5» die folgenden 0,5 % usw. (ii) Arbeitseinkommen: Löhne, Boni, Prämien, Altersbezüge. Kapitaleinkommen: Dividenden, Zinsen, Mieten. Gemischte Einkommen: Einkommen der Selbstständigen und der Einzelunternehmer.
Quellen und Reihen: siehe piketty.pse.ens.fr/capital21c.

Dies ist, darüber sollte man sich nicht täuschen, eine gravierende Veränderung. Das oberste Perzentil nimmt großen Raum in einer Gesellschaft ein, es prägt maßgeblich die ökonomische und politische Landschaft. Vom obersten Tausendstel gilt das sehr viel weniger.[1] Der

1 Nur zur Erinnerung: Das oberste Perzentil umfasst 500 000 erwachsene Personen auf 50 Millionen in Frankreich zu Beginn der 2010er Jahre.

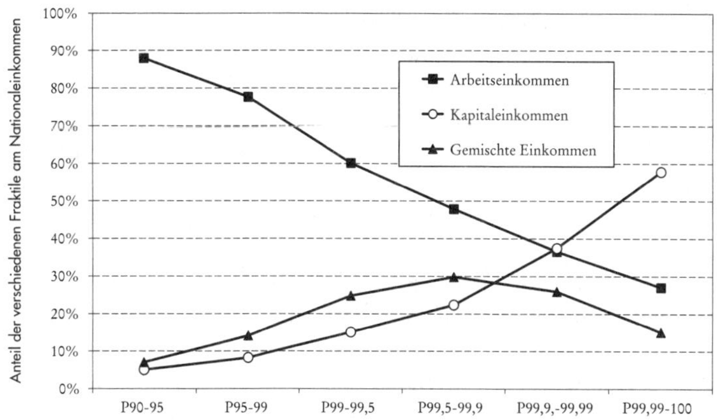

Grafik 8.4.: Die Kapitaleinkommen dominieren 2005 die 0,1 % der höchsten Einkommen in Frankreich, und nicht mehr, wie 1932, die höchsten 0,5 %.
Quellen und Reihen: siehe piketty.pse.ens.fr/capital21c.

Unterschied ist gewiss graduell, aber er ist entscheidend. Es gibt Momente, in denen Quantität in Qualität umschlägt. Diese Veränderung erklärt auch, warum heute der Anteil, den das oberste Perzentil der Einkommenshierarchie am Nationaleinkommen hat, kaum größer ist als der Anteil des obersten Perzentils der Lohnhierarchie an der Lohnsumme. Entscheidende Bedeutung gewinnen die Kapitaleinkommen erst innerhalb des obersten Tausendstels, ja Zehntausendstels, so dass sie für das oberste Perzentil insgesamt wenig ins Gewicht fallen.

Im Großen und Ganzen ist eine Rentiersgesellschaft von einer Managergesellschaft abgelöst worden, das heißt eine Gesellschaft, in der das oberste Perzentil massiv von Rentiers dominiert wird (also von Personen, die ein so großes Vermögen besitzen, dass sie von den jährlichen Kapitalerträgen leben können), von einer Gesellschaft, in der die Spitze der Einkommenshierarchie, unter Einschluss des obersten Perzentils, in erster Linie aus hochbezahlten Gehaltsempfängern besteht, aus Personen also, die von ihrem Arbeitseinkommen leben. Man könnte auch genauer, wenngleich weniger positiv sagen, dass eine Gesellschaft von Superrentiers von einer weniger extremen Rentiersgesellschaft abgelöst wurde, in der ein größeres Gleichgewicht zwischen Erfolg durch Arbeit und Erfolg durch Kapital besteht. Es ist wichtig, darauf zu beharren, dass diese Umwälzung, jedenfalls in Frankreich, nicht irgendeiner Erweiterung der Lohnskala (die global für sehr lange Zeit stabil geblieben ist: die Arbeitnehmerschaft war nie der homogene Block, als den man sie sich zuweilen vorstellt), sondern ganz dem Rückgang der hohen Kapitaleinkommen geschuldet ist.

Es haben also in Frankreich, um das zusammenzufassen, nicht die Manager die Rentiers abgehängt, sondern es sind die Rentiers – oder zumindest neun Zehntel von ihnen – hinter die Manager zurückgefallen. Wir werden die Gründe dieses langfristigen Wandels verstehen müssen, die a priori keineswegs auf der Hand liegen, zumal wir im zweiten Teil gesehen haben, dass zu Beginn des 21. Jahrhunderts das Kapital-Einkommens-Verhältnis nicht weit davon entfernt ist, wieder den Höchststand der Belle Époque zu erreichen. Der Niedergang der Rentiers zwischen 1914 und 1945 ist der hinlänglich bekannte Teil der Geschichte; komplexer und in gewisser Hinsicht wichtiger und interessanter ist es, zu verstehen, warum genau sie sich nicht wieder erholt haben. Zu den strukturellen Faktoren, die seit dem Zweiten Weltkrieg die Vermögenskonzentration eingeschränkt und derart dazu beigetragen haben mögen, das Wiedererstarken einer so extremen Rentiersgesellschaft wie jener der Vorkriegszeit zu verhindern – zumindest bis auf den heutigen Tag –, ist offenbar die hohe progressive Besteuerung von Einkommen und Erbschaften zu zählen (die es im 19. Jahrhundert und bis in die 1920er Jahre nicht gab). Aber wir werden sehen, dass andere Faktoren eine nicht unbedeutende, vielleicht sogar ebenso wichtige Rolle gespielt haben mögen.

Die verschiedenen Welten des obersten Dezils

Zuvor müssen wir einen Augenblick bei der großen Vielfalt sozialer Gruppen verweilen, die das oberste Dezil der Einkommenshierarchie bevölkern. Es haben sich nicht allein die Grenzen zwischen den verschiedenen Untergruppen im Laufe der Zeit verschoben (die Kapitaleinkommen hatten seinerzeit die Gesamtheit des obersten Perzentils dominiert und überwiegen heute nur noch im obersten Tausendstel). Die Koexistenz verschiedener Welten innerhalb des obersten Dezils trägt auch zum Verständnis der häufig verwirrenden Entwicklungen bei, die sich kurzfristig und mittelfristig beobachten lassen. Einkommensteuererklärungen sind auch in dieser Hinsicht eine ergiebige historische Quelle, die es erlaubt, diese Vielfalt freizulegen und zu analysieren. Besonders verblüffend ist, dass in sämtlichen Ländern, für die wir über diesen Typ von Daten verfügen, und in allen Epochen die Struktur der Spitzeneinkommen durch denselben Typ sich kreuzender Kurven charakterisiert ist, wie wir sie in Grafik 8.3 und 8.4 für Frankreich zwischen 1932 und 2005 dargestellt haben: Je weiter man innerhalb des obersten Dezils aufsteigt, desto deutlicher nimmt der Anteil der Arbeitseinkommen ab, während systematisch der Anteil der Kapitaleinkommen stark zunimmt.

In der ärmeren Hälfte des obersten Dezils befinden wir uns wahrlich in der Welt der Führungskräfte. Die Gehälter machen im Allgemeinen zwischen 80 % und 90 % des Gesamteinkommens aus.[1] Innerhalb der folgenden 4 % nimmt der Anteil der Gehälter leicht ab, überwiegt aber immer noch deutlich: zwischen 70 % und 80 % der Gesamteinkommen in der Zwischenkriegszeit ebenso wie heute (siehe Grafik 8.3 und 8.4). In dieser großen Gruppe der «9 %» (also, zur Erinnerung, des obersten Dezils mit Ausnahme des obersten Perzentils) trifft man vor allem Personen, die hauptsächlich von ihren Gehältern leben, ob es sich nun um Führungskräfte und Ingenieure privater Unternehmen handelt oder um Führungs- und Lehrkräfte des öffentlichen Dienstes. Zumeist handelt es sich um Gehälter, die das Zwei- bis Dreifache des Durchschnittslohns innerhalb der betreffenden Gesellschaft ausmachen, zum Beispiel 4000 oder 6000 Euro, wenn der Durchschnittslohn 2000 Euro monatlich beträgt.

Die Art der Beschäftigungsverhältnisse und die erforderlichen Qualifikationen haben sich offenbar im Laufe der Zeit stark verändert. In der Zwischenkriegszeit gehörten zu den «9 %» Gymnasiallehrer, ja selbst Grundschullehrer am Ende ihrer Laufbahn, während man heute Hochschullehrer oder Forscher, besser noch hoher Beamter sein sollte.[2] Seinerzeit war auch ein Vorarbeiter oder ein Facharbei-

1 Das gilt übrigens auch für die neun Zehntel der Bevölkerung unterhalb des 90. Perzentils, allerdings bei weniger hohen Löhnen (oder Lohnersatzleistungen: Altersrente, Arbeitslosengeld).

2 Die Gehaltstabellen des öffentlichen Dienstes gehören zu den Lohnhierarchien, über die wir langfristig die genauesten Kenntnisse besitzen. Insbesondere in Frankreich haben sie eine deutliche, detaillierte und Jahr für Jahr zu verfolgende Spur in den Haushaltsberichten und parlamentarischen Unterlagen seit dem 19. Jahrhundert hinterlassen. Das gilt nicht für die Löhne des privaten Sektors, die nur auf Grundlage der Fiskaldaten erschlos-

ter nicht weit davon entfernt, zu dieser Gruppe zu gehören, heute sollte man schon eine mittlere, ja mehr und mehr eine hohe Führungskraft sein, wenn möglich mit Abschluss einer prestigeträchtigen Universität, Technischen Hochschule oder Business School. Ebenso verhält es sich am unteren Ende der Lohnskala. Seinerzeit waren die am schlechtesten bezahlten Beschäftigten (typischerweise etwa die Hälfte des Durchschnittsgehaltes: 1000 Euro monatlich, wenn das Durchschnittsgehalt 2000 Euro beträgt) die Landarbeiter und Dienstboten; später die am geringsten qualifizierten Arbeiter, häufig Arbeiterinnen, zum Beispiel in der Textil- oder Lebensmittelindustrie. Heute ist diese Gruppe keineswegs verschwunden, aber die niedrigsten Löhne erhalten heute vor allem Beschäftigte im Dienstleistungssektor, wie etwa Kellner und Supermarktangestellte (bei denen es sich ebenfalls häufig um Frauen handelt). Die Berufe haben sich innerhalb eines Jahrhunderts völlig gewandelt. Aber die strukturellen Realitäten haben sich nicht geändert. Die Lohnungleichheiten, die in der Arbeitswelt herrschen, mit den «9 %» fast ganz oben, den am schlechtesten bezahlten 50 % ganz unten, haben sich langfristig kaum geändert.

Innerhalb der «9 %» finden sich auch Ärzte, Anwälte, Händler, Gastwirte und andere selbständige Unternehmer, deren Zahl wächst, je näher man der Gruppe der «1 %» kommt, wie die Kurve zeigt, die den Anteil des «Selbständigeneinkommens» darstellt (Einkommen nichtangestellter Arbeiter, das die Vergütung ihrer Arbeit und Einkommen aus Betriebskapital umfasst). Die Selbständigeneinkommen machen bis zu 20–30 % des Gesamteinkommens knapp unterhalb der Schwelle zum obersten Perzentil aus und treten umso mehr zugunsten der reinen Kapitaleinkommen zurück (Mieten, Zinsen und Dividenden), je mehr man ins Innere des obersten Perzentils selber vordringt. Um innerhalb der «9 %» gut dazustehen oder in die unteren Schichten der «1 %» vorzudringen und damit über ein Einkommen zu verfügen, das sich auf das Vier- oder Fünffache des Durchschnittsein-

sen werden können. Vor der Einführung der Einkommensteuer um 1914 bis 1917 ist daher wenig über sie bekannt. Die Daten, die uns zu den Beamtengehältern vorliegen, weisen darauf hin, dass die Lohnhierarchie im 19. Jahrhundert sich mit derjenigen, die durchschnittlich zwischen 1910 und 2010 zu beobachten ist, ungefähr vergleichen lässt – sowohl hinsichtlich des Anteils des obersten Dezils als auch hinsichtlich der unteren Hälfte. Der Anteil des obersten Perzentils lag vielleicht etwas höher – genauere Aussagen lassen sich mangels belastbarer Daten für den privaten Sektor nicht treffen. Siehe Technischer Anhang.

kommens beläuft (also auf 8000 oder 10 000 Euro in einer Gesellschaft, in der das Durchschnittseinkommen 2000 beträgt), kann es eine gute Strategie sein, Arzt, Anwalt oder erfolgreicher Gastronom zu werden – eine Strategie, die fast so verbreitet ist (tatsächlich halb so verbreitet[1]) wie die, höhere Führungskraft in einem großen Unternehmen zu werden. Um aber in die Stratosphäre der «1 %» aufzusteigen und Einkommen zu beziehen, die mehrere Dutzend Mal höher liegen als das Durchschnittseinkommen (also etwa mehrere Hunderttausend, ja mehrere Millionen Euro pro Jahr), wird das aller Wahrscheinlichkeit nach nicht ausreichen. Besser ist es, Eigentümer eines bedeutenden Vermögens zu sein.[2]

In diesem Zusammenhang ist es bemerkenswert, dass nur unmittelbar nach den Kriegen sich diese Hierarchie umkehrt und die Selbständigeneinkommen – für sehr kurze Zeit – die reinen Kapitaleinkommen an der Spitze der «1 %» ablösen. Darin scheint sich das Phänomen sehr rascher Akkumulation neuer Vermögen im Zuge des Wiederaufbaus auszudrücken.[3]

Um das zusammenzufassen: Im obersten Dezil treffen stets zwei sehr unterschiedliche Welten aufeinander, nämlich einerseits die «9 %», innerhalb derer immer noch deutlich die Arbeitseinkommen überwiegen, und andererseits die «1 %», innerhalb derer die Kapitaleinkommen mehr und mehr die Oberhand gewinnen (je nach Epoche mehr oder weniger schnell und deutlich). Die Übergänge sind stets fließend, und alle Grenzen sind durchlässig, aber die Unterschiede sind systematisch und bündig.

---

1 Zwischen 2000 und 2010 erreicht der Anteil der Löhne in den Fraktilen P99–99,5 und P99,5–99,9 (also in neun Zehnteln des obersten Perzentils) 50–60 % der Einkommen, gegenüber 20–30 % für die Selbständigeneinkommen (vgl. Grafik 8.4). Dieses Überwiegen der hohen Löhne gegenüber den hohen Selbständigeneinkommen war zwischen den Kriegen kaum weniger stark (vgl. Grafik 8.3).

2 Wie im vorhergehenden Kapitel sind die erwähnten Eurobeträge aufgerundete und approximative Werte, die nur auf die Größenordnungen hinweisen sollen. Die exakten und Jahr für Jahr aufgeführten Schwellenwerte für die einzelnen Perzentile und Tausendstel sind online verfügbar.

3 Man muss freilich betonen, dass diese Grenzen sich nicht wirklich bündig ziehen lassen. Wie wir in Kapitel 6 bemerkt haben, können bestimmte Unternehmenseinkommen als Dividenden und damit als Kapitaleinkommen deklariert werden. Für eine detaillierte, Jahr für Jahr vorgehende Analyse der Einkommensstruktur in den verschiedenen Perzentilen und Tausendsteln der hohen Einkommen in Frankreich seit 1914 vgl. T. Piketty: *Les hauts revenus en France au 20e siècle*, S. 93–168.

So sind etwa die Kapitaleinkommen auch in den Einkommen der «9 %» vertreten. Aber es handelt sich meist um Neben- und nicht um Haupteinkommen. So mag zum Beispiel ein leitender Angestellter mit einem Gehalt von 4000 Euro außerdem eine Wohnung besitzen, die er für 1000 Euro im Monat vermietet (oder, was finanziell keinen Unterschied macht, selbst bewohnt, um Mietkosten von 1000 Euro zu sparen). Sein Gesamteinkommen beläuft sich damit auf 5000 Euro monatlich und besteht zu 80 % aus Arbeitseinkommen, zu 20 % aus Kapitaleinkommen. Eine solche Aufteilung von 80 zu 20 zwischen Arbeit und Kapital scheint tatsächlich mehr oder weniger repräsentativ für die Einkommensstruktur in der Gruppe der «9 %» – zwischen den Weltkriegen wie zu Beginn des 21. Jahrhunderts. Zum Teil stammen die Kapitaleinkommen auch aus Sparbüchern, Lebensversicherungen und Geldanlagen, aber im Allgemeinen überwiegt der Immobilienbesitz.[1]

Innerhalb der «1 %» werden dagegen mehr und mehr die Arbeitseinkommen zu Nebeneinkünften, die Kapitaleinkommen zur Haupteinkommensquelle. Teilt man die Kapitaleinkommen noch einmal auf nach Einkommen aus Vermietung und Verpachtung auf der einen, Einkommen aus beweglichem Kapital (Zinsen und Dividenden) auf der anderen Seite, so zeigt sich ein weiteres aufschlussreiches Muster. In Frankreich etwa steigt der Anteil des Kapitaleinkommens von kaum 20 % auf der Ebene der «9 %» auf ungefähr 60 % auf der Ebene des obersten Zehntausendstels (die 0,001 % der höchsten Einkommen) – 1932 wie 2005. In beiden Fällen verdankt sich dieser starke Anstieg ganz den Einkommen aus finanziellen Vermögenswerten (und dabei fast ausschließlich den Dividenden). Der Anteil der Einkommen aus Vermietung und Verpachtung stagniert bei etwa 10 % des Gesamteinkommens und nimmt innerhalb des obersten Perzentils sogar tenden-

1 Wenn die Kapitaleinkommen weniger als 10 % der Einkommen der «9 %» in Grafik 8.4 auszumachen scheinen, dann rührt das allein daher, dass diese Grafiken (ebenso wie die Datenreihen über den Anteil des obersten Dezils und Perzentils) sich ausschließlich auf die Kapitaleinkommen stützen, die in den Einkommensteuererklärungen auftauchen. Sie vernachlässigen also seit den 1960er Jahren die sogenannten fiktiven Mieten (das heißt den Mietwert der von ihren Eigentümern genutzten Wohnungen, die bis dahin Teil des steuerpflichtigen Einkommens waren). Unter Berücksichtigung der nicht steuerpflichtigen Kapitaleinkommen (fiktive Mieten eingeschlossen), dürfte in den Jahren 2000 bis 2010 der Anteil der Kapitaleinkommen an den Einkommen der «9 %» bei 20 %, ja leicht darüber liegen. Siehe Technischer Anhang.

ziell ab. Diese Gesetzmäßigkeit entspricht der Tatsache, dass große Vermögen vorwiegend aus finanziellen Vermögenswerten bestehen (insbesondere in der Form von Aktien und Gesellschaftsanteilen).

Die Grenzen der Steuererklärung

So interessant diese Muster sind, so wenig darf man darüber die Unzulänglichkeiten der hier als Quelle genutzten Steuerstatistiken vergessen. Wir haben in den Grafiken 8.3 und 8.4 ausschließlich Kapitaleinkommen berücksichtigt, die in den Einkommensteuererklärungen auftauchen, was zwangsläufig dazu führt, sie zu gering zu veranschlagen. Nicht allein wegen der Steuerflucht (Einkommen aus Aktiengewinnen lassen sich leichter verbergen als ein Gehalt, zum Beispiel auf Bankkonten in Ländern, die nicht wirklich mit dem Heimatland des Steuerpflichtigen kooperieren), sondern auch wegen zahlreicher Ausnahmeregelungen, die es gestatten, bestimmte Arten von Kapitaleinkommen ganz legal nicht zu versteuern (obwohl doch in Frankreich wie anderswo auch das Prinzip der allgemeinen Einkommensteuer die Besteuerung sämtlicher Einkommen war, welcher Art sie auch sein mochten). Da Kapitaleinkommen innerhalb des obersten Dezils überrepräsentiert sind, führt diese unvollständige Erklärung von Kapitaleinkommen zugleich dazu, dass die in den Grafiken 8.1 und 8.2 dargestellten Anteile des obersten Dezils und des obersten Perzentils insofern zu gering veranschlagt sind, als wir uns für Frankreich wie die anderen untersuchten Länder ausschließlich auf Einkommensteuererklärungen gestützt haben. Die fraglichen Anteile müssen also als niedrige Schätzungen der tatsächlich herrschenden Einkommensungleichheit betrachtet werden. Sie bleiben ohnehin approximativ und sind vor allem (wie übrigens alle Wirtschafts- und Sozialstatistiken) als Einschätzung von Größenordnungen aufschlussreich.

Vergleicht man die Einkommensteuererklärungen mit anderen Quellen (vor allem den Volkswirtschaftlichen Gesamtrechnungen und denjenigen Quellen, die sich unmittelbar auf die Vermögensverteilung beziehen), so kann man für den französischen Fall davon ausgehen, dass in Anbetracht der Steuervermeidung durch Nichtangabe von Kapitaleinkommen die fraglichen Ergebnisse um mehrere Prozentpunkte des Nationaleinkommens nach oben korrigiert werden müssten (wenn man die Steuerflucht hoch veranschlagt, vielleicht um bis zu 5, bei realistischer Schätzung um 2 bis 3 Prozentpunkte), was nicht unerheblich ist. Anders gesagt: Der Anteil des obersten Dezils der Einkommenshierarchie, der von etwa 45–50 % des Nationaleinkommens in den Jahren 1900 bis 1910 auf etwa 30–35 % in den Jahren 2000 bis 2010 gesunken ist (siehe Grafik 8.1), lag in Wahrheit während der Belle Époque zweifellos näher bei 50 % (ja leicht über 50 %) und liegt gegenwärtig leicht über 35 %.[1] Auf die Einkommensentwicklung insgesamt hat dies freilich keine signifikanten Auswirkungen. Denn obwohl die Möglichkeiten der Steuerflucht in den letzten Jahrzehnten eher gewachsen sind (insbesondere mit der Entstehung von Steueroasen, auf die wir noch zurückkommen), darf man nicht vergessen, dass Steuervermeidung durch Nichtangabe von Einkommen aus beweglichem Kapital schon zu Beginn des 20. Jahrhunderts und zwischen den Weltkriegen ein gravierendes Problem war (und wenn nicht alles täuscht, zeigten die von den damaligen Regierungen ins Leben gerufenen «Kouponaufstellungen» auch keine größere Wirkung als die bilateralen Verträge von heute).

Anders gesagt: Unter Berücksichtigung der – sei's illegalen, sei's legalen – Steuerflucht würde die gemessene Ungleichheit zu allen Zeiten gleichermaßen zunehmen und daher die Tendenzen und Entwicklungen als solche nicht wesentlich modifizieren.

Zu betonen ist freilich auch, dass wir bis heute keinen Versuch unternommen haben, solche Korrekturen systematisch und kohärent für die einzelnen Länder vorzunehmen. Dieser nicht unerhebliche Mangel der *World Top Incomes Database* impliziert insbesondere, dass unsere Datenreihen den Anstieg der Ungleichheiten, der in den meisten Ländern ab den 1970er Jahren zu verzeichnen ist, vor allem aber die Rolle der Kapitaleinkommen unterschätzen. In Wahrheit sind Einkommensteuererklärungen für die Untersuchung von Kapitaleinkommen eine Quelle, die zusehends unzuverlässiger wird. Es ist daher unverzichtbar, sie durch andere Quellen zu ergänzen, ob es sich um makroökonomische (wie wir sie im zweiten Teil genutzt haben, um die Dynamik des Kapital-Einkommens-Verhältnisses sowie des jeweiligen Anteils von Kapital und Arbeit am Nationaleinkommen zu untersuchen) oder um mikroökonomische Quellen handelt (wie die in

1 Siehe Technischer Anhang.

den folgenden Kapiteln genutzten, die einen unmittelbaren Zugriff auf die Vermögensverteilungen erlauben).

Machen wir uns auch klar, dass internationale Vergleiche überdies durch unterschiedliche Steuergesetzgebungen verzerrt werden, denen die Kapitalerträge in den einzelnen Ländern unterliegen. Im Allgemeinen werden Mieten, Zinsen und Dividenden in den verschiedenen Ländern relativ ähnlich behandelt.[1] Andererseits gibt es gravierende Abweichungen, die etwa die Veräußerungsgewinne betreffen. So werden in den französischen Steuerstatistiken Veräußerungsgewinne nicht vollständig und durchgehend berücksichtigt (wir haben sie daher schlicht und einfach vernachlässigt), während sie in den amerikanischen Steuerstatistiken immer schon recht gut erfasst wurden. Das kann einen erheblichen Unterschied machen, da Veräußerungsgewinne, insbesondere Gewinne aus Aktienverkäufen, eine Form des Kapitaleinkommens darstellen, die stark (zuweilen noch stärker als die Dividenden) in der Gruppe der Spitzeneinkommen konzentriert ist. Würde man zum Beispiel in den Grafiken 8.3 und 8.4 den Veräußerungsgewinnen Rechnung tragen, läge der Anteil der Kapitaleinkommen innerhalb des obersten Zehntausendstels nicht bei 60 %, sondern (je nach Jahr)[2] eher bei 70–80 %. Um die Vergleiche nicht zu verzerren, werden wir darauf achten, die Resultate für die Vereinigten Staaten sowohl mit als auch ohne Veräußerungsgewinne darzustellen.

Die andere Unzulänglichkeit der Einkommensteuererklärungen liegt darin, dass diese Quelle per definitionem keinen Aufschluss über die Vermögensherkunft gibt. Was man beobachten kann, sind Einkommen, die von einem Kapital produziert werden, das der Steuerpflichtige zu einem gegebenen Zeitpunkt besitzt. Aber man gewinnt keinerlei Kenntnis darüber, ob dieses Kapital aus einer Erbschaft stammt oder ob die betreffende Person es auf der Grundlage von Arbeitseinkommen (oder Einkommen aus anderem Kapital) im Laufe ihres Lebens akkumuliert hat. Anders gesagt: Hinter ein und derselben Ungleichheit der Kapitaleinkommen können sich ganz verschiedene Lebenslagen verbergen, über die man nie etwas erfahren

1 Wir haben insbesondere für alle Länder stets sämtliche Mieten, Zinsen und Dividenden berücksichtigt, die in den Steuererklärungen auftauchen – auch dann, wenn manche dieser Einkünfte nicht denselben Steuersätzen unterliegen und Gegenstand spezifischer Freibeträge oder Steuerermäßigungen sind.

2 Siehe Technischer Anhang.

wird, solange man nur die Steuererklärungen zu Rate zieht. Was die hohen Kapitaleinkommen anbelangt, sind die entsprechenden Vermögen so groß, dass man sich kaum vorstellen kann, sie könnten aus Arbeitseinkommen zusammengespart worden sein, und sei es von einer sehr hohen (und eisern sparenden) Führungskraft. Es gibt also allen Grund zu der Annahme, dass Erbschaften eine kapitale Rolle spielen. Wir werden allerdings in den kommenden Kapiteln sehen, wie sehr die jeweilige Rolle der Erbschaft und des Sparens bei der Vermögensbildung historischen Veränderungen unterliegt und weshalb diese Frage einer näheren Untersuchung bedarf. Auch dazu werden wir auf Quellen zurückgreifen müssen, die sich unmittelbar auf die Vermögen und die Erbschaften (sowie Schenkungen) beziehen.

Die Wirren der Zwischenkriegszeit

Kehren wir zur Chronologie und zur Entwicklung der Einkommensungleichheit im Frankreich des letzten Jahrhunderts zurück. Zwischen 1914 und 1945 ging der Anteil des obersten Perzentils der Einkommenshierarchie fast kontinuierlich von 20 % auf gerade noch 7 % zurück. In diesem Rückgang spricht sich die lange, quasi ununterbrochene Reihe der Katastrophen aus, von denen Kapital und Kapitaleinkommen in diesem Zeitraum heimgesucht wurden. Weniger kontinuierlich ging dagegen der Anteil des obersten Dezils der Einkommenshierarchie zurück. Er schrumpfte offenbar ein erstes Mal während des Ersten Weltkriegs, doch folgte ihm ein unsteter Anstieg während der 1920er Jahre und vor allem ein sehr steiler, auf den ersten Blick überraschender Aufwärtstrend zwischen 1929 und 1935, bevor es von 1936 bis 1938 zu einem starken Rückgang und in den Jahren des Zweiten Weltkriegs zu einem Einbruch kam.[1] Am Ende, 1944/45, wird der Anteil des obersten Dezils, der 1914 bei über 45 % gelegen hatte, auf weniger als 30 % des Nationaleinkommens gefallen sein.

1 Tatsächlich hat die französische Finanzbehörde in den Jahren des Zweiten Weltkriegs die Archivierung der Steuererklärungen, ihre Auswertung und die Erstellung statistischer Tabellen auf dieser Grundlage nicht nur unbeeindruckt fortgesetzt. Es handelt sich sogar um das goldene Zeitalter der mechanischen Datenverarbeitung (man erfand Techniken des automatischen Sortierens von Lochkarten, während die Auswertungen zuvor von Hand vorgenommen werden mussten), so dass die statistischen Veröffentlichungen des Finanzministeriums nie so reich und detailliert wie in diesen Jahren waren.

Betrachtet man die Zeit von 1914 bis 1945 insgesamt, fällt der Zusammenhang beider Einbrüche ins Auge: Der Anteil des obersten Dezils ist nach unseren Schätzungen um 18 Prozentpunkte gefallen, von denen allein 14 Punkte zu Lasten des obersten Perzentils gehen.[1] Mit anderen Worten: Die «1 %» erklären allein drei Viertel des Abbaus der Ungleichheit zwischen 1914 und 1945, die «9 %» etwa ein Viertel. Daran ist nichts Überraschendes, bedenkt man die extreme Kapitalkonzentration in den Händen der «1 %», die zudem häufiger die risikoreicheren Anlagen halten (wir kommen darauf zurück).

Die Differenzen, die innerhalb dieses Zeitraums auffallen, hätte man dagegen a priori nicht erwartet. Wie kommt es, dass der Anteil des obersten Dezils in der Krise von 1929 oder zumindest bis 1935 stark steigt, während zugleich, insbesondere zwischen 1929 und 1932, der Anteil des obersten Perzentils stark fällt?

Schaut man sich die Dinge Jahr für Jahr an, wird jede dieser Schwankungen völlig verständlich. Ihr Zusammenhang wirft auch ein Licht auf die chaotische Zeit zwischen den Weltkriegen und die starken Spannungen zwischen den sozialen Gruppen, von denen sie bestimmt ist. All das lässt sich nur verstehen, wenn man sich vergegenwärtigt, dass die «9 %» und die «1 %» keineswegs von der gleichen Art Einkommen leben. Die «1 %» leben in erster Linie von Einkommen aus ihren Vermögen, insbesondere von dem, was die Unternehmen, von denen sie Aktien und Anleihen halten, an Zinsen und Dividenden ausschütten. Es ist daher kein Wunder, wenn in der Krise von 1929 – die Gewinne brechen ein, die Wirtschaft kollabiert, ein Unternehmen nach dem anderen geht Bankrott – der Anteil des obersten Perzentils stark schrumpft.

Bei den «9 %» dagegen hat man es mit der Welt der leitenden Angestellten zu tun, die, zumindest im Vergleich mit anderen Berufsgruppen, als die großen Gewinner aus der Krise in den 1930er Jahren hervorgehen. Tatsächlich sind sie ungleich weniger von teilweiser oder vollständiger Arbeitslosigkeit betroffen als die Beschäftigten unter ihnen. Vor allem gibt es in dieser Gruppe zu keinem Zeitpunkt die hohen Arbeitslosenquoten, unter denen die Fabrikarbeiter zu leiden haben. Und zugleich werden sie sehr viel weniger als diejenigen, die in

1 Der Anteil des obersten Dezils ist von 47 % auf 29 % des Nationaleinkommens gefallen, der des obersten Perzentils von 21 % auf 7 %. Alle detaillierten Datenreihen sind online verfügbar.

der Einkommenshierarchie über ihnen stehen, vom Einbruch der Unternehmensgewinne berührt. Besonders gut geht es in der Gruppe der «9 %» den Staatsbeamten und den Lehrern, die von der Anhebung der Beamtengehälter zwischen 1927 und 1931 profitieren (die aber, insbesondere am oberen Ende der Gehaltsskala, während des Ersten Weltkriegs stark gelitten hatten und hart von der Inflation zu Beginn der 1920er Jahre getroffen worden waren). Von der Gefahr der Arbeitslosigkeit bleiben sie völlig verschont, so dass die Lohnsumme des öffentlichen Sektors bis 1933 nominal unverändert bleibt (und erst 1934/35 leicht abnimmt, als der damalige Ministerpräsident Pierre Laval eine Senkung der Beamtengehälter durchsetzt), während die Lohnsumme des privaten Sektors zwischen 1929 und 1935 um über 50 % einbricht. Eine zentrale Rolle spielt in diesem Prozess die sehr starke Deflation, die damals in Frankreich herrscht (die Preise sinken um 25 %, als zwischen 1929 und 1935 Produktion und Handelsverkehr zusammenbrechen). Fügen wir hinzu, dass die Kapitaleinkommen der «9 %» – typischerweise Mieten, die im Allgemeinen nominal extrem stabil sind – ihrerseits von der Deflation begünstigt werden und in ihrem Realwert signifikant steigen, während die an die «1 %» ausgeschütteten Dividenden sich in Luft auflösen.

Aus all diesen Gründen kommt es in Frankreich zwischen 1929 und 1935 zu einem sehr starken Anstieg des Anteils der «9 %», der sehr viel stärker ausfällt als der Rückgang des Anteils der «1 %», so dass der Anteil des obersten Dezils insgesamt um mehr als 5 Punkte des Nationaleinkommens steigt (siehe Grafiken 8.1 und 8.2). Der Prozess kehrt sich völlig um, als die Volksfront unter Léon Blum an die Macht kommt, mit den Matignon-Verträgen die Arbeiterlöhne steigen und im September 1936 der Franc entwertet wird, was eine Inflation und einen Rückgang des Anteils der «9 %» und des obersten Dezils um 1936–1938 nach sich zieht.[1]

Daran wird noch einmal deutlich, wie unverzichtbar eine möglichst präzise Aufschlüsselung der Einkommensungleichheit nach Perzentilen und Einkommensquellen ist. Hätten wir die Dynamik der Entwicklung zwischen den Weltkriegen mithilfe eines synthetischen Indikators wie des Gini-Koeffizienten analysiert, hätte man buchstäblich nichts verstanden. Wir hätten weder zwischen Arbeitsein-

1 Für eine detaillierte, Jahr für Jahr vorgehende Analyse dieser Entwicklungen vgl. T. Piketty: *Les hauts revenus en France au 20e siècle*, besonders Kapitel 2–3, S. 93–229.

kommen und Kapitaleinkommen noch zwischen langfristigen und kurzfristigen Entwicklungen unterscheiden können. Im Fall des Zeitraums zwischen 1919 und 1945 komplizieren die Dinge sich dadurch, dass eine relativ eindeutige Gesamtentwicklung (ein sehr starker Rückgang des Anteils des obersten Dezils) von einer sekundären Entwicklung überlagert wird, die zu einer Reihe widersprüchlich anmutender Gegenbewegungen in den 1920er wie den 1930er Jahren führt. Es ist bemerkenswert, dass sich dieselben Komplikationen zwischen den Weltkriegen in allen Ländern wiederfinden – natürlich mit Besonderheiten, die sich ihrer je eigenen Geschichte verdanken. So endet zum Beispiel in den Vereinigten Staaten die Deflation 1933, als Roosevelt an die Macht kommt, wodurch die oben beschriebene Gegenbewegung dort nicht 1936, sondern schon 1933 einsetzt. Die Geschichte der Ungleichheit ist in jedem einzelnen Land eine politische und wechselvolle Geschichte.

Zeitüberlagerungen

Um die Dynamik der Verteilung von Reichtümern zu untersuchen, ist es entscheidend, verschiedene Zeitrhythmen auseinanderzuhalten. Was uns im Rahmen dieses Buches interessiert, sind in erster Linie langfristige Entwicklungen, Fundamentaltrends, die sich oft erst über einen Zeitraum von dreißig oder vierzig Jahren, manchmal mehr, erschließen lassen. Das zeigt etwa der Prozess des strukturellen Anstiegs des Kapital-Einkommens-Verhältnisses in Europa nach dem Zweiten Weltkrieg, der seit fast siebzig Jahren im Gange ist und den freizulegen in Anbetracht der Überlagerung verschiedener Entwicklungen (aber auch des Mangels an verfügbaren Daten) noch vor zehn, zwanzig Jahren unmöglich gewesen wäre. Aber diese Konzentration auf langfristige Tendenzen darf uns nicht vergessen machen, dass es auch kurzfristigere Entwicklungen gibt, die gewiss häufig wieder ausgeglichen werden, aber von denjenigen, die sie durchleben, völlig zu Recht als die beherrschenden Realitäten ihrer Zeit erfahren werden. Das trifft umso mehr zu, als die «kurzfristigen» Entwicklungen so kurz oft gar nicht sind, sondern fünfzehn Jahre, ja länger anhalten und in einem Menschenleben großen Raum einnehmen können.

Die Geschichte der Ungleichheiten in Frankreich ist, wie die anderer Länder auch, reich an solchen kurzfristigen Umwälzungen – nicht allein in der besonders wechselvollen Zwischenkriegszeit. Rufen wir uns rasch die wichtigsten Episoden in Erinnerung. Während beider Weltkriege kommt es zu einem Abbau der Lohnhierarchien, auf den in den Nachkriegszeiten (in den 1920er Jahren, dann am Ende der 1940er Jahre und weiterhin von 1950 bis 1960) Prozesse der Wiederherstellung und Ausweitung von Lohnungleichheiten folgen. In beiden Fällen handelt es sich um weitreichende Veränderungen. Der Anteil der bestbezahlten 10 % der Beschäftigten an der Lohnsumme sinkt während beider Konflikte um ungefähr 5 Prozentpunkte, um die er danach wieder zulegt (siehe Grafik 8.1).[1] Für die Gehaltstabellen des öffentlichen Dienstes sind diese Umwälzungen ebenso zu beobachten wie für den privaten Sektor. Und jedes Mal folgen sie demselben Szenario: Während der Kriege erlahmt die Wirtschaftskraft, die Inflation wächst, Reallöhne und Kaufkraft schwinden, und in diesem Prozess werden die Löhne am unteren Ende der Hierarchie im Allgemeinen etwas besser angepasst und vor der Inflation geschützt als die höchsten Gehälter. Das kann, wenn die Inflation stark ist, gewichtige Veränderungen in der Verteilung der Gesamtlohnsumme mit sich bringen. Die bessere Indexbindung der niedrigen und mittleren Löhne, also ihre Angleichung an die Inflationsrate, hängt auch mit dem Gerechtigkeitsempfinden innerhalb der Arbeitnehmerschaft zusammen. Man sucht im Interesse sozialer Gerechtigkeit einem zu starken Sinken der Kaufkraft weniger Begüterter zu begegnen und fordert von den Begüterten, ihre Ansprüche bis zum Ende des Krieges zurückzustellen. Für die Festsetzung der Lohn- und Gehaltstabellen des öffentlichen Dienstes spielt das ganz offenbar eine Rolle, und wahrscheinlich gilt dies zum Teil auch vom privaten Sektor. Dass eine große Zahl junger und noch gering qualifizierter Arbeiter zum Militärdienst eingezogen (oder in Gefangenenlagern festgehalten) wird, mag ebenfalls zu einer Stärkung der Position von Beschäftigten mit niedrigen und mittleren Löhnen auf dem Arbeitsmarkt während des Krieges beitragen.

Die Eindämmung von Lohnungleichheiten wurde jedenfalls nach dem Krieg stets wieder rückgängig gemacht. Man könnte daher ver-

1 Im Falle des Zweiten Weltkriegs hatte der Abbau des Lohngefälles in Wahrheit schon 1936 eingesetzt, mit den Matignon-Verträgen.

sucht sein, sie ganz zu ignorieren. Dennoch waren diese Episoden zweifellos für jene, die sie miterlebt haben, von einschneidender Bedeutung. Und namentlich die Frage der Wiederaufrichtung der Lohnhierarchie im öffentlichen wie privaten Sektor war in beiden Fällen Gegenstand der wichtigsten politischen, sozialen und ökonomischen Auseinandersetzungen der Nachkriegszeit.

Betrachtet man nun die Geschichte der Ungleichheit in Frankreich von 1945 bis 2010, so lassen sich deutlich drei Phasen unterscheiden. Die Einkommensungleichheit wächst stark von 1945 bis 1967 (der Anteil des obersten Dezils steigt von weniger als 30 % des Nationaleinkommens auf ungefähr 36–37 %), nimmt von 1968 bis 1983 stark ab (der Anteil des obersten Dezils sinkt wieder auf gerade noch 30 %) und nimmt seit 1983 wieder so stark zu, dass der Anteil des obersten Dezils in den Jahren 2000 bis 2010 ungefähr 33 % erreicht (siehe Grafik 8.1). Annähernd dieselben Veränderungen der Lohnungleichheit finden sich auch auf der Ebene des obersten Perzentils (siehe Grafiken 8.2 und 8.3). Einmal mehr gleichen diese verschiedenen Phasen sich mehr oder weniger aus, so dass es verlockend ist, sie zu vernachlässigen und sich auf die langfristige Stabilität von 1945 bis 2010 zu konzentrieren. Und tatsächlich: Interessiert man sich nur für sehr langfristige Entwicklungen, so ist das maßgebliche Phänomen in Frankreich die starke Eindämmung von Einkommensungleichheiten zwischen 1914 und 1945 und die relative Stabilität danach. Tatsächlich haben beide Perspektiven ihre Berechtigung und ihr Gewicht. Es scheint uns entscheidend, diesen verschiedenen Zeitrhythmen gerecht zu werden und beides, die langfristige Entwicklung einerseits, die kurz- und mittelfristige andererseits, zu bedenken. Wir haben diesen Punkt schon berührt, als wir im zweiten Teil die Entwicklung des Kapital-Einkommens-Verhältnisses und des jeweiligen Anteils von Kapital und Arbeit am Nationaleinkommen untersucht haben (siehe vor allem Kapitel 6).

Es ist interessant zu sehen, dass die Entwicklung dieses Kapital-Arbeits-Verhältnis und jene der Ungleichheit von Arbeitseinkommen tendenziell in dieselbe Richtung gehen und einander kurz- und mittelfristig, wenn auch nicht zwangsläufig auf lange Sicht verstärken. So führen beispielsweise beide Weltkriege sowohl zum Sinken des Kapitalanteils am Nationaleinkommen (und des Kapital-Einkommens-Verhältnisses) als auch zur Eindämmung von Lohnungleichheiten.

Ungleichheit nimmt im Allgemeinen eher einen «prozyklischen» Verlauf (neigt also im Unterschied zu antizyklischen Verläufen dazu, sich in dieselbe Richtung wie der Wirtschaftszyklus zu entwickeln). In Aufschwungsphasen tendiert nicht nur der Anteil der Gewinne am Nationaleinkommen nach oben, sondern es wachsen häufig auch die Spitzengehälter – Prämien und Boni inbegriffen – schneller als die niedrigen und mittleren Gehälter. In Abschwungsphasen oder Rezessionen (als deren Extremform man Kriege betrachten kann) verhält es sich umgekehrt. Solche Entwicklungen sind indes nicht allein vom Wirtschaftszyklus, sondern von den unterschiedlichsten Faktoren, insbesondere politischen abhängig.

So kommt auch im starken Anstieg von Ungleichheiten in Frankreich zwischen 1945 und 1967 beides, der starke Anstieg des Kapitalanteils am Nationaleinkommen und der Lohnungleichheiten, im Kontext starken Wirtschaftswachstums zusammen. Fraglos spielt auch das politische Klima eine Rolle. Das ganze Land ist auf den Wiederaufbau eingestimmt und der Abbau von Ungleichheiten hat umso weniger Vorrang, als alle spüren, dass sie im Zuge des Krieges stark abgenommen haben. Strukturbedingt steigen Gehälter von leitenden Angestellten, Ingenieuren und sonstigem qualifizierten Personal in den Jahren 1950 bis 1960 schneller als niedrige und mittlere Löhne. Und fürs erste scheint niemand sich darüber zu empören. Zwar hatte man 1950 durchaus einen nationalen Mindestlohn ins Leben gerufen, aber er war in der Folge fast nie erhöht worden und blieb denn auch weit hinter der Entwicklung des Durchschnittslohns zurück.

Zum Bruch kommt es 1968. Die Bewegung vom Mai '68 hat studentische, kulturelle und soziale Wurzeln und geht offenbar weit über die Frage nach den Löhnen hinaus (auch wenn der Überdruss am produktivistischen und auf Ungleichheit angelegten Wachstumsmodell der 1950er und 1960er Jahre zweifellos eine Rolle spielt). Aber ihre unmittelbarste politische Konsequenz betrifft durchaus die Löhne: Um die Krise zu beenden, unterzeichnet die Regierung de Gaulle die Abkommen von Grenelle, die insbesondere eine Anhebung des Mindestlohns um 20 % vorsehen. Der Mindestlohn wird offiziell an den Index des Durchschnittslohns von 1970 gekoppelt sein, und alle Regierungen zwischen 1968 und 1983 werden sich in einem Klima sozialen und politischen Aufruhrs genötigt sehen, ihm jedes Jahr sehr starke «Anschübe» zu geben. Folglich steigen Kaufkraft und Mindestlohn zwischen 1968 und 1983 um insgesamt 130 %, der Durchschnittslohn dagegen im selben Zeitraum nur um etwa 50 %, was eine sehr starke Eindämmung von Lohnungleichheiten mit sich bringt. Der Bruch mit der vorangegangenen Periode ist eindeutig und massiv: Zwischen 1950 und 1968 war die Kaufkraft des Mindestlohns nur um 25 % gestiegen, während das Durchschnittsgehalt sich mehr als verdoppelt hatte.[1] Getrieben vom starken Anstieg der unteren Löhne, wächst zwischen 1968 und 1983 die Lohnsumme erkennbar schneller als die Produktivität – daher das beträchtliche Schrumpfen des Kapitalanteils am Nationaleinkommen, das wir im zweiten Teil untersucht haben, und die besonders starke Eindämmung der Einkommensungleichheit.

Um 1982/83 kehrt sich die Entwicklung abermals um. Gewiss hätte die im Mai 1981 gewählte sozialistische Regierung den vorhergehenden Trend gerne fortgesetzt. Aber es ist objektiv nicht ganz einfach, den Mindestlohn auf Dauer mehr als zweimal so schnell wie den Durchschnittslohn steigen zu lassen (insbesondere dann, wenn der Durchschnittslohn seinerseits stärker wächst als die Produktion). Sie beschließt also um 1982/83, was seinerzeit auf den Namen *tournant de la rigueur*, «Wende zur Mäßigung» hört. Die Löhne werden eingefroren, die Politik der massiven «Anschübe» des Mindestlohns definitiv aufgegeben. Die Folgen lassen nicht lange auf sich warten. Der Anteil der Gewinne an der Produktion steigt in den folgenden Jahren sprunghaft, die Lohnungleichheiten, und mehr noch die Einkommensungleichheiten, beginnen wieder zu wachsen (siehe Grafiken 8.1 und 8.2.) Die Wende ist so scharf wie die von 1968, aber sie führt in die Gegenrichtung.

Wachsende Ungleichheit in Frankreich seit den 1980er Jahren

Wie lässt sich die Phase wachsender Ungleichheit charakterisieren, die in Frankreich 1982/83 begann? Man könnte versucht sein, darin etwas zu sehen, was gemessen an der langfristigen Entwicklung ein Mikrophänomen bleibt, eine schlichte Gegenbewegung zu den vorangegan-

1 Vgl. T. Piketty: *Les hauts revenus en France au 20e siècle*, S. 201–202. Der sehr starke Bruch in der Entwicklung der Lohnungleichheiten, zu dem es 1968 kam, war den Zeitgenossen durchaus bekannt. Vgl. vor allem die sorgfältigen Arbeiten von C. Baudelot, A. Lebeaupin: *Les salaires de 1950 à 1975*, Paris: INSEE 1979.

genen Entwicklungen. Und man könnte weiterhin festhalten, dass der Anteil der Gewinne am Nationaleinkommen um 1990 nur auf das Niveau gestiegen ist, das er am Vorabend des Mai '68 schon hatte.[1] Es wäre freilich ein Irrtum, bei dieser Auskunft zu bleiben, und zwar aus mehreren Gründen. Zunächst einmal befand sich, wie wir im zweiten Teil gesehen haben, der Gewinnanteil 1966–1967 auf einem historischen Höchststand, der sich aus dem mit dem Ende des Zweiten Weltkriegs einsetzenden Prozess eines Wiederanstiegs des Kapitalanteils am Nationaleinkommen ergab. Berücksichtigt man, wie man es muss, innerhalb der Kapitaleinkommen die Mieten (und nicht allein die Gewinne), so wird man feststellen, dass dieser Wiederanstieg des Kapitalanteils am Nationaleinkommen sich tatsächlich in den Jahren 1990–2000 fortgesetzt hat. Wir haben gesehen, dass dieses langfristige Phänomen sich nur angemessen verstehen und analysieren lässt, wenn man es in den Kontext einer langfristigen Entwicklung des Kapital-Einkommens-Verhältnisses zurückstellt, das zu Beginn des 21. Jahrhunderts in Frankreich praktisch das Niveau wiedererreicht hat, auf dem es am Vorabend des Ersten Weltkriegs gewesen war.

Man wird die Implikationen, die diese Rückkehr zur patrimonialen Blüte der Belle Époque für die Struktur der Ungleichheiten hat, nicht wirklich verstehen können, solange man es dabei belässt, die Entwicklung des Anteils des obersten Dezils der Einkommenshierarchie zu analysieren. Nicht bloß, weil die Steuervermeidung durch Nichtangabe von Kapitalvermögen zu einer leichten Unterschätzung des Anstiegs der Spitzeneinkommen führt, sondern auch und vor allem, weil der wahre Einsatz, um den es hier geht, die Rückkehr der Erbschaft ist – ein langer Prozess, der längst noch nicht all seine Wirkungen entfaltet hat und sich nur angemessen analysieren lässt, wenn man unmittelbar die Rolle und das Gewicht der Erbschaften (und Schenkungen) als solcher untersucht, wie wir es in den folgenden Kapiteln tun werden.

Dem ist aber hinzuzufügen, dass seit dem Ende der 1990er Jahre in Frankreich ein neues Phänomen auf den Plan getreten ist, nämlich ein schwindelerregender Anstieg der Spitzengehälter, namentlich der Vergütung von Spitzenmanagern sehr großer Unternehmen und Finanzinstitute. Das Phänomen stellt sich im Augenblick als sehr viel

1 Vgl. Kapitel 6, Grafik 6.6.

weniger massiv dar als in den Vereinigten Staaten, aber man täte falsch daran, es zu vernachlässigen. Der Anteil des obersten Perzentils der Lohnhierarchie, der während der 1980er und 1990er Jahre unter 6 % der Gesamtlohnsumme lag, ist seit dem Ende der 1990er und zu Beginn der 2000er Jahre kontinuierlich gestiegen. Und er ist am Ende der 2000er und zu Beginn der 2010er Jahre im Begriff, 7,5–8 % zu erreichen. Dies ist ein Anstieg von fast 30 % in etwas mehr als einem Jahrzehnt, was alles andere als unerheblich ist. Bewegt man sich in der Hierarchie der Einkommen und Bonuszahlungen noch weiter nach oben, um sich die obersten 0,1 % oder 0,01 % der Spitzengehälter anzusehen, findet man noch stärkere Zuwächse, zuweilen mit einem Anstieg der Kaufkraft von über 50 % in nur zehn Jahren.[1] Dass in einer Zeit sehr schwachen Wachstums, in der die Kaufkraft der Beschäftigten insgesamt quasi stagniert, dermaßen vorteilhafte Einkommensentwicklungen Aufmerksamkeit erregen, ist kein Wunder. Es handelt sich um ein radikal neuartiges Phänomen, das sich nur angemessen begreifen lässt, wenn man es aus internationaler Perspektive betrachtet.

Ein komplexerer Fall: Strukturwandel der Ungleichheit in den Vereinigten Staaten

Wenden wir uns also dem Fall der Vereinigten Staaten zu, der dadurch einzigartig ist, dass dort in den letzten Jahren eine Gesellschaft von «Supermanagern» entstanden ist. Und halten wir zunächst fest, dass wir alles dafür getan haben, unsere historischen Datenreihen für die Vereinigten Staaten mit denen für Frankreich so vergleichbar wie irgend möglich zu halten. So haben wir in den Grafiken 8.5 und 8.6 für die Vereinigten Staaten exakt dieselben Daten wie in den Grafiken 8.1 und 8.2 für Frankreich aufgeführt: Es geht darum, die Entwicklung des Anteils des obersten Dezils und des obersten Perzentils der Einkommenshierarchie einerseits, der Lohnhierarchie andererseits miteinander zu vergleichen. Dabei ist an die Bundeseinkommensteuer zu erinnern, die in den Vereinigten Staaten 1913 nach einer langen

1 Vgl. insbesondere die Arbeiten von C. Landais: *Les hauts revenus en France (1998–2006). Une explosion des inégalités?*, Paris School of Economics 2007; und Olivier Godechot: «Is finance responsible for the rise in wage inequality in France?», *Socio-Economic Review* 10 (2012), S. 447–70.

Auseinandersetzung mit dem Supreme Court ins Leben gerufen wurde.[1] Die Daten, die aus den amerikanischen Einkommensteuererklärungen stammen, sind mit den für Frankreich vorliegenden Daten im Allgemeinen gut vergleichbar, wenn auch nicht ganz so detailliert. So liegen seit 1913 jährliche Auswertungen der Steuererklärungen nach Einkommensniveau vor, aber man muss bis 1927 warten, bis darüber hinaus Auswertungen nach Lohnniveau vorliegen. Daher sind die Datenreihen, die sich auf die amerikanische Lohnverteilung vor 1927 beziehen, etwas weniger belastbar.[2]

Die Ungleichheit der Einkommen in den Vereinigten Staaten, 1910–2010

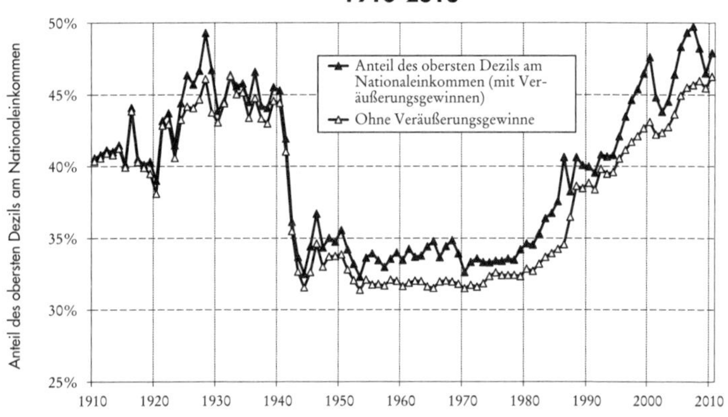

Grafik 8.5.: Der Anteil des obersten Dezils ist von weniger als 35 % des Nationaleinkommens in den 1970er Jahren auf fast 50 % in den Jahren 2000 bis 2010 gestiegen.
Quellen und Reihen: siehe piketty.pse.ens.fr/capital21c.

Vergleicht man die französischen und amerikanischen Verläufe, so fällt eine Reihe von Übereinstimmungen, aber auch ein Reihe gewichtiger Differenzen ins Auge. Beginnen wir mit einer Untersuchung der Gesamtentwicklung des Anteils, den das oberste Dezil der Einkom-

1 Für die Jahre 1910 bis 1912 haben wir die Datenreihen durch Verwendung verschiedener Quellen ergänzt, namentlich durch die verschiedenen Schätzungen, die in den Vereinigten Staaten (ganz wie in Frankreich) im Hinblick auf die Einführung der Einkommensteuer vorgenommen worden waren. Siehe Technischer Anhang.

2 Für die Jahre 1913–1926 haben wir die Auswertungen nach Einkommenshöhe und Einkommensarten genutzt, um die Entwicklung der Lohnungleichheit zu schätzen. Siehe Technischer Anhang.

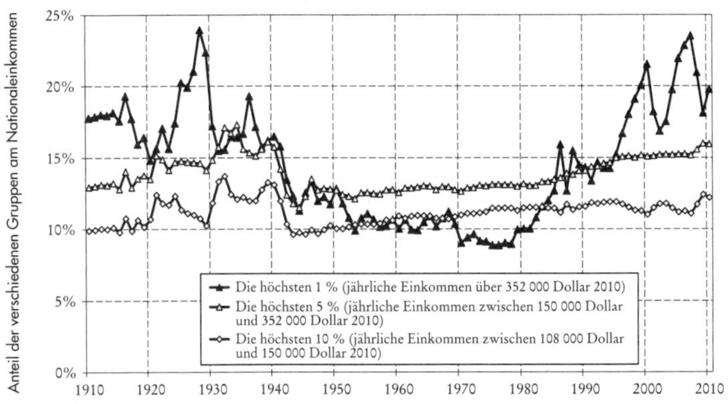

Grafik 8.6.: Die Erhöhung des Anteils des obersten Dezils am Nationaleinkommen seit den 1970er Jahren ist vor allem dem obersten Perzentil geschuldet.
Quellen und Reihen: siehe piketty.pse.ens.fr/capital21c.

mensverteilung am amerikanischen Nationaleinkommen besitzt (siehe Grafik 8.6). Am überraschendsten ist, dass die Entwicklung in Amerika im Verlauf des 20. und zu Beginn des 21. Jahrhunderts zu einer verglichen mit Frankreich, ja ganz Europa immer stärkeren Ungleichheit führt, während es zu Beginn des 20. Jahrhunderts noch umgekehrt war. Was die Sache so kompliziert macht, ist die Tatsache, dass es sich dabei nicht um eine bloße Rückkehr zu den Gegebenheiten der Vergangenheit handelt. Zwar ist die Ungleichheit in Amerika dem quantitativen Ausmaß nach nicht weniger extrem als jene, die im alten Europa von 1900 bis 1910 geherrscht hatte, aber der Struktur nach sind beide doch ziemlich verschieden.

Gehen wir chronologisch vor. Zunächst, in der Belle Époque, schien die Einkommensungleichheit auf dem Alten Kontinent bedeutend größer. In den Jahren von 1900 bis 1910 verfügte das oberste Dezil der Einkommenshierarchie in den Vereinigten Staaten über etwas mehr als 40 % gegenüber 45–50 % in Frankreich (und zweifellos etwas mehr in Großbritannien, wie wir noch sehen werden). Das geht auf einen zweifachen Unterschied zurück. Einerseits war das Kapital-Einkommens-Verhältnis in Europa höher, ebenso wie der Kapitalanteil am Nationaleinkommen, wie sich im zweiten Teil gezeigt hat. Andererseits war die Ungleichheit des Kapitaleigentums in der Neuen Welt weniger extrem. Das bedeutet offenbar nicht, die amerikanische Gesellschaft hätte zwischen 1900 und 1910 dem mythischen Ideal einer egalitären Pioniergesellschaft entsprochen. Tatsächlich waren die Vereinigten Staaten schon damals eine von starker Ungleichheit geprägte Gesellschaft, zweifellos mehr als etwa das Europa von heute. Es genügt, Henry James wiederzulesen oder sich vor Augen zu führen, dass der schreckliche Hockley, der 1912 den Luxus auf der Titanic genoss, sehr wohl gelebt hat und nicht bloß der Einbildungskraft von James Cameron entsprungen ist, um zu erkennen, dass es nicht nur in Paris oder London, sondern auch in Boston, New York oder Philadelphia eine Gesellschaft der Rentiers gegeben hat. Nur war die Ungleichverteilung des Kapitals, und also der Kapitaleinkommen, weniger extrem als in Frankreich oder in Großbritannien. Die Rentiers in den Vereinigten Staaten waren, konkret ausgedrückt, weniger zahlreich und, verglichen mit dem durchschnittlichen amerikanischen Lebensstandard, weniger reich als in Europa. Wir werden uns fragen müssen, warum das so war.

Die Ungleichheit der Einkommen nimmt indessen in Amerika während der 1920er Jahre stark zu und erreicht einen ersten Höhepunkt am Vorabend der Krise von 1929, mit fast 50 % des Nationaleinkommens für das oberste Dezil. Sie rangiert somit auf einem Niveau, das aufgrund der Schocks, denen das europäische Kapital seit 1914 ausgesetzt war, höher war als im damaligen Europa. Aber die amerikanische Ungleichheit ist nicht die europäische Ungleichheit: die entscheidende Bedeutung, die damals schon den Veräußerungsgewinnen zukam, ist nicht zu übersehen (siehe Grafik 8.5).

Während der Weltwirtschaftskrise der 1930er Jahre, die in den Vereinigten Staaten, ihrem Zentrum, besonders verheerend wütete, dann in den Jahren des Zweiten Weltkriegs, während derer die Kräfte des ganzen Landes an den Krieg (und die Bewältigung der Krise) gewendet wurden, kommt es zu einer sehr starken Eindämmung der Einkommensungleichheit, die sich durchaus mit der vergleichen lässt, die gleichzeitig in Europa zu beobachten ist. Tatsächlich sind, wie sich im zweiten Teil gezeigt hat, die Schocks, von denen das amerikanische Kapital heimgesucht wurde, alles andere als unerheblich. Gewiss gab es die physischen Verwüstungen des Krieges nicht, aber doch sehr starke Einbußen im Zuge der Großen Depression, zu denen auch die von der Bundesregierung in den 1930er und 1940er Jahren beschlossenen Steuerschocks zählten. Letztlich fällt aber, betrachtet man die Zeit von 1910 bis 1950 insgesamt, der Abbau von Ungleichheiten in den Vereinigten Staaten erkennbar schwächer aus als in Frankreich (und in Europa überhaupt). Kurzum: Verglichen mit Europa lag der Höhepunkt der Ungleichheit in den Vereinigten Staaten am Vorabend des Ersten Weltkriegs weniger hoch und ihr Tiefpunkt am Ende des Zweiten Weltkriegs weniger tief. Die Zeit zwischen 1914 und 1945 ist der Selbstmord Europas und der Rentiersgesellschaft, nicht der Selbstmord Amerikas.

Die Explosion der amerikanischen Ungleichheit seit den 1970er Jahren

Nie war die Ungleichheit in der Geschichte der Vereinigten Staaten geringer als von den 1950er bis in die 1970er Jahre: Das oberste Dezil der Einkommenshierarchie bezieht 30–35 % des amerikanischen Nationaleinkommens, was in etwa dem Niveau entspricht, das wir heute in Frankreich haben. Das ist «das Amerika, das wir lieben», von dem ein nostalgischer Paul Krugman spricht, das Amerika seiner Kindheit.[1] In den 1960er Jahren, der Zeit, in der *Mad Men* spielt, und der Zeit des General de Gaulle, ist die Ungleichheit in den Vereinigten Staaten tatsächlich geringer als in Frankreich (wo der Anteil des obersten Dezils stark gestiegen ist und deutlich über 50 % liegt) – zumindest für diejenigen, die weißer Hautfarbe sind.

Seit 1970 ist die Einkommensungleichheit in den Vereinigten Staaten wie nie zuvor explodiert. Der Anteil des obersten Dezils ist von ungefähr 30–35 % in den 1970er Jahren auf ungefähr 45–50 % in den 2000er Jahren gestiegen. Das ist ein Anstieg von fast 15 Prozentpunkten des amerikanischen Nationaleinkommens (siehe Grafik 8.5). Die Steigung der Kurve ist eindrucksvoll genug und natürlich stellt man sich die Frage, wie weit eine solche Entwicklung gehen kann. Ginge es

1 Die Arbeiten, die Paul Krugman und Joseph Stiglitz jüngst den wachsenden Ungleichheiten in den Vereinigten Staaten gewidmet haben, zeugen davon, wie sehr sie diesem relativ egalitären Abschnitt ihrer Geschichte verbunden bleiben. Vgl. P. Krugman: *Nach Bush. Das Ende der Neokonservativen und die Stunde der Demokraten*, Frankfurt a. M.: Campus 2008; J. Stiglitz: Der Preis der Ungleichheit. Wie die Spaltung der Gesellschaft unsere Zukunft bedroht, München: Siedler 2012.

zum Beispiel im selben Rhythmus weiter, so würde der Anteil des obersten Dezils um 2030 bei 60 % des Nationaleinkommens liegen.

Machen wir uns gleich ein paar Punkte klar, die diese Entwicklung betreffen. Die in der Grafik 8.5 dargestellten Datenreihen berücksichtigen wie diejenigen, die in der *World Top Incomes Database* versammelt sind, nur die in den Einkommensteuererklärungen angegebenen Einkommen. Sie versuchen insbesondere nicht, die – sei's legale, sei's illegale – Nichtangabe von Kapitaleinkommen zu korrigieren. In Anbetracht der wachsenden Kluft zwischen dem Gesamteinkommen aus Kapital (vor allem Dividenden und Zinsen), das die Volkswirtschaftlichen Gesamtrechnungen der Vereinigten Staaten erfassen, und demjenigen, das aus den Einkommensteuererklärungen hervorgeht, aber auch in Anbetracht der rasch wachsenden Zahl von Steueroasen (ein auch von den Gesamtrechnungen weitgehend unerfasster Kapitalstrom) ist der Anstieg des Anteils des obersten Dezils auch in Grafik 8.5 wohl zu gering veranschlagt. Stellt man die verfügbaren Quellen einander gegenüber, kann man schätzen, dass der Anteil des obersten Dezils am Vorabend der Finanzkrise von 2008, und dann wieder zu Beginn der 2010er Jahre, leicht über 50 % des Nationaleinkommens liegt.[1]

Festzuhalten ist auch, dass die Euphorie an den Aktienmärkten und die Veräußerungsgewinne den strukturellen Anstieg des Anteils des obersten Dezils innerhalb der letzten dreißig bis vierzig Jahre nur teilweise erklären. Gewiss haben die Veräußerungsgewinne in den Vereinigten Staaten im Jahr 2000, während der Internetblase, und noch einmal 2007 atemberaubende Höhen erreicht: In beiden Fällen machen die Veräußerungsgewinne allein etwa 5 zusätzliche Prozent des Nationaleinkommens, und das ist eine enorme Zahl, für das oberste Dezil aus. Der bisherige Rekord, der 1928, also kurz vor dem Börsenkrach von 1929 aufgestellt worden war, lag bei etwa 3 Punkten des Nationaleinkommens. Aber solche Niveaus lassen sich nicht lange halten, wie die in Grafik 8.5 erkennbaren starken Schwankungen von einem Jahr zum anderen zeigen. Die unausgesetzten kurzfristigen

1 Die wie immer auch unzulänglichen Daten weisen darauf hin, dass die aufgrund der Nichtangabe von Kapitaleinkommen nötige Korrektur sich auf 2–3 Punkte des Nationaleinkommens belaufen mag. Der nicht korrigierte Anteil des obersten Dezils erreicht 49,7 % des Nationaleinkommens um 2007 und 47,9 % um 2010 (mit einer deutlichen Aufwärtstendenz). Siehe Technischer Anhang.

Schwankungen der Veräußerungsgewinne und der Aktienmärkte führen zu deutlich mehr Volatilität in der Entwicklung des Anteils des obersten Dezils (und sind zweifellos für die Volatilität der amerikanischen Wirtschaft insgesamt mitverantwortlich), aber sie tragen kaum zum strukturellen Anstieg von Ungleichheiten bei. Lässt man die Veräußerungsgewinne einfach beiseite (was angesichts der Bedeutung dieser Art Einkünfte in den Vereinigten Staaten ebenfalls nicht befriedigend ist), wird man feststellen, dass der Anstieg des Anteils des obersten Dezils dadurch nur unwesentlich schwächer ausfällt. Er steigt von 32 % in den 1970er Jahren auf über 46 % um 2010, was ein Anstieg um 14 Punkte des Nationaleinkommens ist (siehe Grafik 8.5). Die Veräußerungsgewinne schwanken in den 1970er Jahren zwischen 1–2 zusätzlichen Punkten des Nationaleinkommens für das oberste Dezil und von 2000 bis 2010 zwischen 2–3 Punkten (besonders gute und besonders schlechte Jahre ausgenommen). Der strukturelle Anstieg beträgt also ungefähr 1 Punkt. Das ist nicht nichts, aber es ist auch nicht viel, verglichen mit dem Anstieg von 14 Punkten des Nationaleinkommens, den der Anteil des obersten Dezils ohne Berücksichtigung von Veräußerungsgewinnen verzeichnet.[1]

Die Untersuchung der Entwicklungen unter Vernachlässigung der Veräußerungsgewinne erlaubt es auch, den strukturellen Charakter des Anstiegs der Ungleichheiten in den Vereinigten Staaten genauer herauszustellen. Tatsächlich scheint der Anteil des obersten Dezils (Veräußerungsgewinne ausgenommen) vom Ende der 1970er bis zum Beginn der 2010er Jahre relativ konstant zu wachsen: Er überschreitet die Schwelle von 35 % in den 1980er Jahren, die von 40 % in den 1990er Jahren, die von 45 % in den 2000er Jahren (siehe Grafik 8.5).[2]

1 Die Datenreihen «mit Veräußerungsgewinnen» berücksichtigen die Veräußerungsgewinne selbstverständlich im Zähler (für die obersten Dezile und Perzentile der Einkommenshierarchie) wie im Nenner (für das Nationaleinkommen insgesamt), während die Reihen «ohne Veräußerungsgewinne» sie in beiden Fällen vernachlässigen. Siehe Technischer Anhang.

2 Der einzige verdächtige Sprung findet sich im Umkreis der großen Steuerreform Reagans um 1986, als eine bedeutende Zahl von Gesellschaften ihre Rechtsform verändert haben, um zu erreichen, dass ihre Gewinne der auf das Einkommen natürlicher Personen, nicht der auf Unternehmensgewinne erhobenen Steuer unterliegen. Dieser Wechsel der Bemessungsgrundlage hatte kurzfristige Auswirkungen, die nach ein paar Jahren wieder ausgeglichen waren (Einkommen, das etwas später als Veräußerungsgewinn hätte realisiert werden müssen, wurde etwas früher realisiert) und ist für die langfristige Entwicklung zweitrangig. Siehe Technischer Anhang.

Sehr viel verblüffender ist, dass der 2010 erreichte Anteil – mehr als 46 % des amerikanischen Nationaleinkommens für das oberste Dezil, Veräußerungsgewinne ausgenommen – bereits signifikant über dem von 2007, am Vorabend der Finanzkrise erreichten Niveau liegt. Die ersten Daten, die uns für die Jahre 2010 und 2011 vorliegen, sprechen dafür, dass der Anstieg sich gegenwärtig fortsetzt.

Dabei handelt es sich um einen ganz entscheidenden Punkt. Denn diese Tatsachen belegen unzweideutig, dass man nicht darauf vertrauen sollte, die Finanzkrise als solche werde dem strukturellen Anstieg von Ungleichheit in den Vereinigten Staaten ein Ende setzen. Gewiss verlangsamt sich unmittelbar nach einem Börsencrash die Zunahme von Ungleichheit, ganz wie sie durch einen Boom beschleunigt wird. 2008/09, die Jahre am Vorabend der Lehman-Pleite, sind wie die Jahre 2001/02, gleich nach dem Platzen der ersten Internetblase, offenbar keine guten Jahre, um an der Börse Gewinne zu erzielen. Und es ist keine Überraschung, wenn diese in jenen Jahren einbrechen. Aber diese kurzfristigen Schwankungen ändern nichts an der langfristigen Tendenz, die anderen Kräften gehorcht, deren Logik wir begreifen müssen.

Für ein genaueres Verständnis des Phänomens ist es nützlich, das oberste Dezil der Einkommenshierarchie in drei Gruppen aufzuteilen: die reichsten 1 %, die folgenden 4 % und die folgenden 5 % (siehe Grafik 8.6). Der entscheidende Schub für die wachsende Ungleichheit kam von den «1 %», deren Anteil am Nationalvermögen von etwa 9 % in den 1970er Jahren auf ungefähr 20 % innerhalb der Jahre 2000 bis 2010 gestiegen ist (mit starken Schwankungen, die von den Veräußerungsgewinnen abhängen) – was einen Zuwachs von 11 Punkten bedeutet. Die Gruppe der «5 %» (die 2010 über ein Jahreseinkommen von 108 000 Dollar bis 150 000 Dollar pro Haushalt verfügen) wie die Gruppe der «4 %» (mit einem Einkommen von 150 000 bis 352 000 Dollar) konnten gewiss ihrerseits Zuwächse verzeichnen: Der Anteil der ersten am amerikanischen Nationaleinkommen ist von 11 % auf 12 % gestiegen (also um einen Punkt), der Anteil der zweiten von 13 % auf 16 % (also um 3 Punkte).[1] Das heißt, dass es in diesen sozialen Grup-

1 Die hier genannten Jahreseinkommen vor Steuern sind Einkommen pro Haushalt (verheiratete Paare oder Alleinstehende). Die auf individueller Ebene und auf der Ebene von Haushalten gemessenen Einkommensungleichheiten haben in ungefähr demselben Umfang zugenommen. Siehe Technischer Anhang.

pen seit den 1970er und 1980er Jahren ein Einkommenswachstum gegeben hat, das nicht unwesentlich über dem Durchschnittswachstum der amerikanischen Wirtschaft lag.

Zu diesen Gruppen gehören auch Ökonomen amerikanischer Universitäten, die häufig die Ansicht vertreten, die Wirtschaft in den Vereinigten Staaten funktioniere alles in allem gut, und es würden vor allem Talent und Verdienst angemessen und leistungsgerecht entlohnt – eine nur zu menschliche und völlig verständliche Reaktion.[1] Die Wahrheit ist freilich, dass es den sozialen Gruppen über ihnen noch entschieden besser geht: Von den 15 Punkten des Nationaleinkommens, um die der Anteil des obersten Dezil gewachsen ist, gehen etwa 11 Punkte – also fast drei Viertel – an die «1 %» (das heißt für 2010 an diejenigen, die Jahreseinkommen von über 352 000 Dollar beziehen) und davon wiederum die Hälfte an die «0,1 %» (mit einem Einkommen von über 1,5 Millionen Dollar).[2]

Hat wachsende Ungleichheit die Finanzkrise verschuldet?

Wie wir gesehen haben, hat die Finanzkrise als solche anscheinend keinen Einfluss auf den strukturellen Anstieg von Ungleichheiten gehabt. Aber wie sieht es aus, wenn man die Kausalität umkehrt? Hat womöglich der Anstieg der amerikanischen Ungleichheiten zur Entfesselung der Finanzkrise von 2008 beigetragen? Bedenkt man, dass der Anteil des obersten Dezils am amerikanischen Nationaleinkommen zweimal Höchststände erreicht hat, einmal 1928 (am Vorabend der Krise von 1929) und einmal 2007 (am Vorabend der Krise von 2008), fällt es schwer, die Frage nicht zu stellen.

Meines Erachtens gibt es keinerlei Zweifel daran, dass wachsende Ungleichheit zur Destabilisierung des amerikanischen Finanzsystems beigetragen hat. Aus einem einfachen Grund: Die wachsende Ungleichheit führte dazu, dass die Kaufkraft der unteren und mittleren Schichten in den Vereinigten Staaten quasi stagnierte, was zwangsläu-

1 Diese gleichsam aus dem Bauch heraus geäußerte Hochschätzung der amerikanischen Wirtschaft ist, was sie noch verständlicher macht, aber auch etwas reflexhaft erscheinen lässt, zuweilen besonders ausgeprägt bei Ökonomen, die an amerikanischen Universitäten lehren, aber aus dem (in der Regel ärmeren) Ausland stammen.

2 Alle detaillierten Datenreihen sind online verfügbar.

fig die Tendenz zur Verschuldung einkommensschwacher Haushalte verstärkt hat; und dies umso mehr, als es immer leichter wurde, auf einem deregulierten Finanzmarkt an Kredite zu kommen – mit Hilfe wenig skrupulöser Banken und Anlageberater, die darauf aus waren, gute Renditen für die enormen Ersparnisse zu erwirtschaften, mit denen die Begüterten das System geflutet hatten.[1]

Um diese These zu stützen, muss man betonen, wie erheblich (etwa 15 %) die Umverteilung des amerikanischen Nationaleinkommens von den ärmsten 90 % auf die reichsten 10 % seit 1980 tatsächlich ausfiel. Konkret gesprochen: Betrachtet man das gesamte Wirtschaftswachstum während der dreißig Jahre vor der Krise, also von 1977 bis 2007, stellt man fest, dass die reichsten 10 % sich drei Viertel dieses Wachstums angeeignet haben. Allein die reichsten 1 % haben fast 60 % des Gesamtwachstums des amerikanischen Nationalvermögens innerhalb dieses Zeitraums an sich gerissen. Für die übrigen 90 % hat sich dadurch die Wachstumsrate des Durchschnittseinkommens auf weniger als 0,5 % jährlich reduziert.[2] Diese Zahlen sind unbestreitbar, und sie sind bestürzend: Was immer man im Grunde über die Legitimität von Einkommensungleichheiten denken mag, sie verdienen es, sorgfältig untersucht zu werden.[3] Es fällt schwer, sich eine Wirtschaft und eine Gesellschaft vorzustellen, die mit einer derart extremen Divergenz zwischen sozialen Gruppen auf Dauer leben könnten.

Natürlich würden die Dinge anders aussehen, hätte sich die wachsende Ungleichheit in den Vereinigten Staaten mit einem außerordentlich starken Wirtschaftswachstum verbunden. Unglücklicherweise war das nicht der Fall. Das Wachstum fiel eher schwächer aus als in

---

1 Diese These ist inzwischen weitgehend anerkannt. Sie wird zum Beispiel vertreten von R. Rancière, M. Kumhof: «Inequality, leverage and crises», *International Monetary Fund Working Paper*, 2010. Vgl. auch R. G. Rajan: *Fault Lines. Verwerfungen. Warum sie noch immer die Weltwirtschaft bedrohen und was jetzt zu tun ist*, München: Münchner Verlagsgruppe 2012. Rajan unterschätzt allerdings den Umfang, in dem der Anteil der hohen Einkommen am amerikanischen Nationaleinkommen gewachsen ist.

2 Vgl. A. B. Atkinson, T. Piketty, E. Saez: «Top incomes in the long run of history», *Journal of Economic Literature*, 49 (2011), Tabelle 1, S. 9. Dieser Text ist online verfügbar.

3 Diese Zahlen betreffen, um das noch einmal zu betonen, die Verteilung primärer Einkommen (vor Steuerabgaben und Transfers). Wir werden die Wirkungen des Steuer- und Transfersystems im vierten Teil untersuchen. Um es kurz zu machen: Die Progressivität der Steuern ist in diesem Zeitraum stark reduziert worden, wodurch die Zahlen noch schwerer wiegen, obgleich sie durch die Zunahme bestimmter Transferleistungen an die Ärmsten etwas abgeschwächt werden.

den Jahrzehnten zuvor, so dass die wachsenden Ungleichheiten zu einer Quasi-Stagnation der unteren und mittleren Einkommen führen musste.

Zu berücksichtigen ist auch, dass das Volumen dieser inneren sozialen Umverteilung (etwa 15 Punkte des amerikanischen Nationaleinkommens) beinahe viermal größer ist als das eindrucksvolle Handelsdefizit während der 2000er Jahre (etwa 4 % des amerikanischen Nationaleinkommens). Der Vergleich ist deshalb aufschlussreich, weil dieses enorme Handelsdefizit, dem die chinesischen, japanischen und deutschen Handelsüberschüsse gegenüberstehen, häufig als Schlüsselmoment jener globalen Ungleichgewichte (*global imbalances*) beschrieben wurde, die zur Destabilisierung des amerikanischen und globalen Finanzsystems in den Jahren vor der Krise von 2008 geführt haben sollen. Das ist durchaus möglich – aber es ist wichtig, sich klarzumachen, dass die internen Ungleichgewichte der amerikanischen Gesellschaft viermal größer als die internationalen Ungleichgewichte sind. Das gibt auch einen Hinweis darauf, dass man nach der Lösung bestimmter Probleme vielleicht eher in den Vereinigten Staaten suchen sollte als in China und anderswo.

Das vorausgesetzt, wäre es völlig übertrieben, wollte man die wachsende Ungleichheit zum einzigen Grund oder auch nur zum Hauptgrund der Finanzkrise von 2008 und, allgemeiner, der chronischen Instabilität des internationalen Finanzsystems machen. Ein Instabilitätsfaktor, der vielleicht noch ausschlaggebender ist als die wachsende Ungleichheit in den Vereinigten Staaten ist meines Erachtens der strukturelle Anstieg des Kapital-Einkommens-Verhältnisses (namentlich in Europa), begleitet von dem enormen Anstieg internationaler Bruttovermögenspositionen.[1]

Der Anstieg der Supergehälter

Kommen wir auf die Gründe der wachsenden Ungleichheit in den Vereinigten Staaten zurück. Sie verdankt sich zu einem großen Teil einem nie zuvor gekannten Anstieg der Lohnungleichheit und besonders dem Aufkommen extrem hoher Gehälter an der Spitze der Lohn-

1 Vgl. die Ausführungen zur japanischen und spanischen Blase in Kapitel 5.

hierarchie, namentlich unter Spitzenmanagern großer Unternehmen (siehe Grafiken 8.7–8.9).

Die Ungleichheit der amerikanischen Löhne war, allgemein gesprochen, während des vergangenen Jahrhunderts erheblichen Veränderungen unterworfen. Die Lohnhierarchie wächst in den 1920er Jahren, bleibt relativ stabil in den 1930er Jahren und wird während des Zweiten Weltkriegs stark abgebaut. Diese Phase des starken Abbaus der amerikanischen Lohnhierarchie ist gründlich erforscht worden. Eine entscheidende Rolle spielt namentlich das *National War Labor Board*, eine Regierungsbehörde, von der zwischen 1941 bis 1945 alle Lohnerhöhungen genehmigt werden müssen und die gemeinhin nur für Löhne am unteren Ende der Lohnhierarchie ihre Genehmigung erteilt. So werden insbesondere die Nominallöhne der Führungskräfte systematisch eingefroren und mit dem Ende des Krieges nur sehr moderat angehoben.[1] Während der 1950er Jahre hält sich die Lohnungleichheit in den Vereinigten Staaten konstant auf einem relativ geringen Niveau, geringer zum Beispiel als in Frankreich. Der Anteil des obersten Dezils der Lohnhierarchie beträgt etwa 25 %, der des obersten Perzentils etwa 5–6 % der Gesamtlohnsumme. Dann, von der Mitte der 1970er Jahre bis 2010 beginnen die obersten 10 % und mehr noch die obersten 1 % der Löhne strukturell schneller als der Durchschnittslohn zu wachsen. Insgesamt steigt der Anteil des obersten Dezils der Lohnhierarchie von 25 % auf 35 % der Gesamtlohnsumme und dieser Anstieg um 10 Punkte ist für ungefähr zwei Drittel des Anstiegs des Anteils verantwortlich, den das oberste Dezil der Einkommenshierarchie am Nationaleinkommen besitzt (siehe Grafiken 8.7 und 8.8).

Ein paar Dinge müssen präzisiert werden. Zum einen scheint die unerhörte Verschärfung der Lohnungleichheiten keineswegs durch irgendeine wachsende Lohnmobilität innerhalb individueller Karrieren kompensiert zu werden.[2] Das ist insofern entscheidend, als dieses Argument gern ins Feld geführt wird, um die Bedeutung wachsender

1 Vgl. T. Piketty, E. Saez: «Income inequality in the United States, 1913–1998», *Quarterly Journal of Economies* 118 (2003), S. 29–30. Vgl. auch C. Goldin/R. A. Margo: «The great compression: the wage structure in the United States at mid-century», *Quarterly Journal of Economics* 107 (1992), S. 1–34.

2 Und sie wurde auch nicht durch wachsende intergenerationelle Mobilität kompensiert – ganz im Gegenteil (wir werden auf diesen Punkt im vierten Teil, Kapitel 13, zurückkommen).

Hohe Einkommen und hohe Löhne in den Vereinigten Staaten, 1910–2010

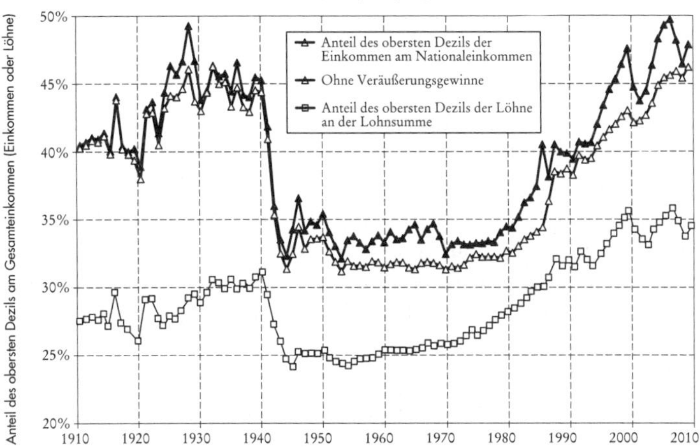

Grafik 8.7.: Der Anstieg der Einkommensungleichheit seit den 1970er Jahren ist großenteils durch die zunehmende Ungleichheit der Löhne bedingt.
Quellen und Reihen: siehe piketty.pse.ens.fr/capital21c.

Die Veränderung des obersten Perzentils in den Vereinigten Staaten

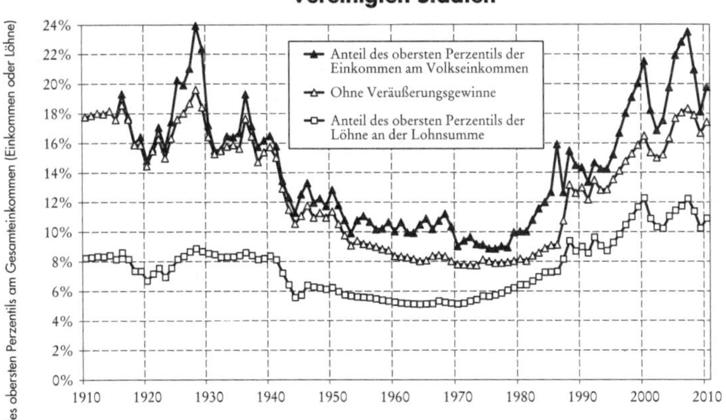

8.8.: Der Anstieg der 1 % der höchsten Einkommen seit den 1970er Jahren ist großenteils durch die Steigerung der 1 % der höchsten Löhne bedingt.
Quellen und Reihen: siehe piketty.pse.ens.fr/capital21c.

Ungleichheit zu relativieren. Würde jeder für eine gewisse Zeit seines Lebens in den Genuss eines sehr hohen Gehalts kommen (also beispielsweise ein Jahr lang zum obersten Dezil der Lohnhierarchie gehören), wären steigende Spitzengehälter tatsächlich nicht zwangsläufig damit verbunden, dass die Ungleichheit hinsichtlich der Arbeit, über die gesamte Lebenszeit gemessen, tatsächlich zunimmt. Das Mobilitätsargument ist klassisch und umso schlagkräftiger, als es sich oft nicht verifizieren lässt. Im vorliegenden Fall erlauben es aber die von der amerikanischen Regierung geführten Steuerstatistiken, die Entwicklung von Lohnungleichheit unter Berücksichtigung der Mobilität zu messen, indem man über lange Zeiträume (zehn, zwanzig, dreißig Jahre) die auf individueller Ebene bezogenen Durchschnittslöhne berechnet. Wie sich herausstellt, ist der Anstieg der Lohnungleichheit in allen Fällen identisch, ganz gleich, wie lang der gewählte Referenzzeitraum ist.[1] Anders gesagt: Weder McDonalds-Bedienungen noch Arbeiter aus Detroit verbringen ein Jahr ihres Lebens, gleichsam nach dem Rotationsprinzip, als Spitzenmanager großer amerikanischer Unternehmen, so wenig wie Professoren aus Chicago oder mittlere, ja selbst leitende Angestellte aus Kalifornien dies tun. Man hätte es ahnen können – aber wenn möglich, ist es immer besser, systematisch nachzumessen.

Kohabitation im obersten Perzentil

Zum anderen erklärt der Anstieg der Lohnungleichheiten auf Rekordniveaus zwar den größten Teil der wachsenden Einkommensungleichheit in den Vereinigten Staaten. Aber das heißt nicht, die Kapitaleinkommen würden keine Rolle spielen. Man sollte nicht auf den Gedanken verfallen, die Kapitaleinkommen seien von den Gipfeln der amerikanischen Sozialhierarchie verschwunden.

Tatsächlich ist die sehr starke und wachsende Ungleichheit der Kapitaleinkommen seit den 1970er Jahren für ungefähr ein Drittel des Anstiegs der Einkommensungleichheit in den Vereinigten Staaten verantwortlich – was alles andere als unmaßgeblich ist. Auch muss

1 Vgl. W. Kopczuk, E. Saez, J. Song: «Earnings inequality and mobility in the United States: evidence from social security data since 1937», *Quarterly Journal of Economics* 125 (2010), S. 91–128.

man betonen, dass in Amerika, nicht anders als in Frankreich und Europa, heute wie gestern die Kapitaleinkommen umso mehr die Arbeitseinkommen überwiegen, je weiter man die Stufen der Einkommenshierarchie emporsteigt. Die zeitlichen und räumlichen Differenzen sind graduelle. So wichtig sie sind, so wenig berühren sie dieses allgemeine Prinzip. Wie Wolff und Zacharias zu Recht bemerkt haben, zeichnet sich das oberste Perzentil stets durch eine Kohabitation verschiedener sozialer Gruppen aus, die teils sehr hohe Kapitaleinkommen, teils sehr hohe Arbeitseinkommen haben, und nicht durch die Substitution jener durch diese.[1]

Was sich geändert hat, ist im Fall der Vereinigten Staaten wie in Frankreich, aber noch ausgeprägter als dort, dass man sich inzwischen sehr viel weiter nach oben bewegen muss, bevor die Kapitaleinkommen die Oberhand gewinnen. 1929 waren die Kapitaleinkommen (im wesentlichen Dividenden und Veräußerungsgewinne) die bedeutendste Einkommensquelle für die obersten 1 % der Einkommen insgesamt (siehe Grafik 8.9). 2007 muss man den Gipfel der 0,1 % erreichen, bevor dies der Fall ist (siehe Grafik 8.10). Zudem muss man sich klarmachen, dass auch das nur gilt, wenn wir zu den Kapitaleinkommen die Veräußerungsgewinne hinzurechnen. Ohne deren Berücksichtigung würden die Gehälter erst auf der Ebene der 0,01 % aufhören, die Haupteinnahmequelle zu sein.[2]

Der letzte Punkt, den es zu präzisieren gilt, ist vielleicht der wichtigste. Was sich im Anstieg der extrem hohen Einkommen und extrem hohen Gehälter widerspiegelt, ist vor allem das Auftauchen der «Supermanager», also einer Gruppe von Führungskräften großer Unternehmen, denen es gelingt, extrem hohe Vergütungen zu erzielen, wie die Geschichte sie nie gekannt hat. Belässt man es dabei, nur die fünf höchsten Gehälter jedes börsennotierten Unternehmens zur Kenntnis zu nehmen (die im Allgemeinen die einzigen sind, die in den Geschäftsberichten dieser Gesellschaften offengelegt werden müssen), so wird

---

1 Vgl. E. N. Wolff, A. Zacharias: «Household wealth and the measurement of economic well-being in the U.S.», *Journal of Economic Inequality* 7 (2009), S. 83–115. Wolff und Zacharias geben zu Recht zu bedenken, dass unser mit Emmanuel Saez verfasster Artikel von 2003 zu starkes Gewicht auf Entwicklungen gelegt hatte, die eine Substitution der «coupon-clipping rentiers» durch die «working rich» nahelegten, während es sich tatsächlich sehr viel eher um eine «Kohabitation» handele.

2 Vgl. zusätzliche Grafiken S8.1 und S8.2 (online verfügbar).

Die Zusammensetzung der hohen Einkommen in den Vereinigten Staaten 1929

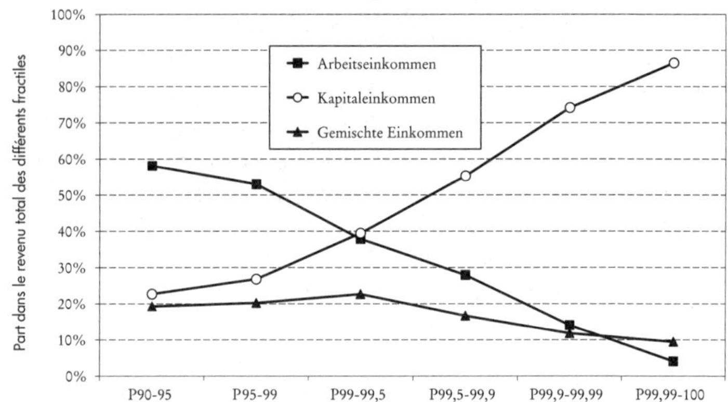

Grafik 8.9.: Der Anteil der Arbeitseinkommen wird geringer, je höher man im obersten Dezil der Einkommenspyramide aufsteigt.
Quellen und Reihen: siehe piketty.pse.ens.fr/capital21c.

man zu dem paradoxen Befund kommen, die Zahl solcher Geschäftsführer sei zu gering, um den Anstieg der amerikanischen Spitzeneinkommen zu erklären. Also wird man sich die aus den Einkommensteuererklärungen hervorgehenden Entwicklungen nicht mehr erklären können.[1] Tatsache ist aber, dass es in vielen großen amerikanischen Unternehmen deutlich mehr als fünf Führungskräfte gibt, die dem Gehalt nach in die Gruppe der obersten 1 % (352 000 Dollar 2010) oder sogar der obersten 0,1 % (1,5 Millionen Dollar in 2010) der Einkommen auf nationaler Ebene gehören.

Aus neueren Untersuchungen, die sich auf die Gegenüberstellung von Einkommensteuererklärungen und Vergütungsberichten großer Gesellschaften stützen, geht hervor, dass die große Mehrheit der obersten 0,1 % der höchsten Einkommen – je nach Definition zwischen 60 % und 70 % – in den 2000er Jahren aus Führungskräften besteht. Zum Vergleich: Sportler, Schauspieler, Künstler aller Gattungen machen insgesamt weniger als 5 % dieser Gruppe aus.[2] In diesem

1 Vgl. S. N. Kaplan, J. Rauh: «Wall Street and Main Street: what contributes to the rise of the highest incomes?», *Review of Financial Studies* 23 (2009), S. 1004–1050.

2 Vgl. J. Bakija, A. Cole, B. Heim: «Jobs and income growth of top earners and the causes of changing income inequality: evidence from U.S. tax return data», *Internal Revenue*

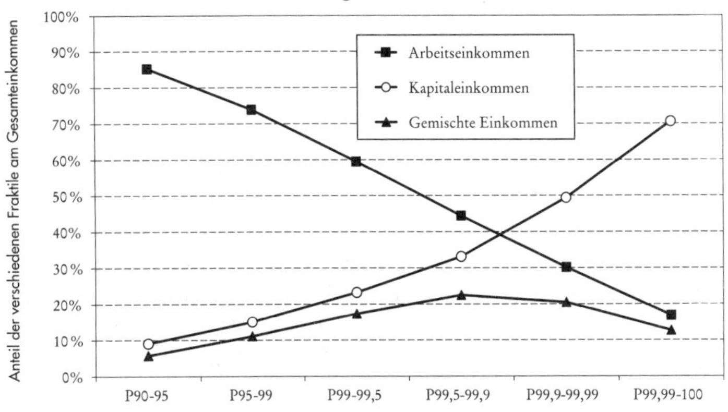

8.10.: In den USA dominieren 2007 die Kapitaleinkommen die 0,1 % der höchsten Einkommen und nicht die höchsten 1 %, wie 1929.
Quellen und Reihen: siehe piketty.pse.ens.fr/capital21c.

Sinne ist eher das Auftauchen der «Supermanager» als eine Gesellschaft von «Superstars» für die neue amerikanischen Ungleichheit verantwortlich.[1]

Interessant ist auch, dass Berufe im Finanzsektor (ob es sich nun um Topmanager von Banken und anderen Finanzinstituten oder um «trader» handelt, die sich auf den Finanzmärkten bewegen) in dieser Gruppe der sehr hohen Einkommen doppelt so viel Raum wie in der Wirtschaft insgesamt einnehmen (ungefähr 20 % der 0,1 % der höchsten Einkommen gegenüber weniger als 10 % des Bruttoinlandsproduktes). Das ändert freilich nichts daran, dass 80 % der höchsten

Service, 2010, Tabelle 1. Die andere wichtige Berufsgruppe sind Ärzte und Rechtsanwälte (ungefähr 10 %) und Bauunternehmer (ungefähr 5 %). Diese Daten sind freilich mit Vorsicht zu genießen: Wir haben keine Kenntnis über die Herkunft der Vermögen (ererbt oder nicht). Aber die Kapitaleinkommen machen mehr als die Hälfte der Einkommen auf der Ebene des obersten Tausendstels aus, wenn man die Veräußerungsgewinne berücksichtigt (vgl. Grafik 8.10), und ungefähr ein Viertel, wenn man sie vernachlässigt (vgl. Grafik S8.2, online verfügbar).

1 Die Frage der «Superunternehmer» betrifft nur sehr wenige, die für die Einkommensanalyse kaum ins Gewicht fallen, und kann nur korrekt gestellt werden, wenn man die entsprechenden Vermögen und namentlich die Entwicklung der Vermögens-Rankings analysiert. Vgl. Kapitel 12.

Einkommen nicht im Finanzsektor gezahlt werden und der Anstieg der sehr hohen amerikanischen Einkommen sich vor allem aus der Explosion der Vergütungen von Führungskräften großer Unternehmen erklärt – ob sie nun dem Finanzsektor angehören oder nicht.

Fügen wir noch hinzu, dass wir bei den Gehältern, wie es nicht nur die amerikanische Steuergesetzgebung, sondern die ökonomische Logik gebietet, sämtliche Prämien und Boni ebenso mitberücksichtigt haben wie den Ausübungswert der «stock-options», einer Form der Vergütung, die eine wichtige Rolle beim Anstieg der Lohnungleichheiten gespielt hat, wie wir ihn in den Grafiken 8.9 und 8.10 dargestellt haben.[1] Die sehr hohe Volatilität der Prämien und Boni wie der Ausübungswerte von Aktienoptionen erklärt die bedeutenden Schwankungen, die bei den Spitzengehältern in den Jahren 2000 bis 2010 zu verzeichnen sind.

1 Konkret gesprochen: Wenn ein Manager die Möglichkeit hat, für 100 Dollar Aktien seines Unternehmens zu kaufen, und der Aktienkurs in dem Augenblick, da er seine Option ausübt, bei 200 Dollar steht, dann wird die Differenz beider Kurse – also 100 Dollar – im Jahr dieser Ausübung als Teil seines Lohns behandelt. Verkauft er daraufhin seine Aktien zu einem noch höheren Preis (etwa 250 Dollar), dann wird die Differenz – also 50 Dollar – als Veräußerungsgewinn behandelt.

9.

UNGLEICHHEIT DER ARBEITSEINKOMMEN

Nachdem wir uns mit der Entwicklung der Ungleichheit von Arbeitseinkommen und Löhnen in Frankreich und den Vereinigten Staaten während des 20. Jahrhunderts hinreichend vertraut gemacht haben, gilt es diese Entwicklungen nun zu erläutern und zu untersuchen, in welchem Maße sie für die langfristigen Entwicklungen in anderen Industrie- und Schwellenländern repräsentativ sind.

In diesem Kapitel untersuchen wir zunächst die Dynamik der Ungleichheit von Arbeitseinkommen: Wie ist die Explosion der Lohnungleichheiten und der Aufstieg der Supermanager in den Vereinigten Staaten seit den 1970er und 1980er Jahren, und wie sind, allgemeiner, die unterschiedlichen Entwicklungen in einzelnen Ländern zu erklären?

In den daran anschließenden Kapiteln werden wir zur Entwicklung der Verteilung von Kapitaleigentum kommen. Warum und wie hat seit der Belle Époque in allen Ländern, und insbesondere in Europa, die Vermögenskonzentration abgenommen? Die Frage nach dem Auftauchen einer vermögenden Mittelschicht, die sich damit stellt, ist für unsere Untersuchung zentral, weil dieses Phänomen weitgehend erklärt, weshalb die Einkommensungleichheiten im Laufe der ersten Hälfte des 20. Jahrhunderts abgenommen haben – und weshalb aus einer Rentiersgesellschaft eine Gesellschaft leitender Angestellter geworden ist (oder, in der am wenigsten optimistischen Version, aus einer Gesellschaft von Super-Rentiers eine weniger extreme Rentiersgesellschaft).

Ungleichheit der Arbeitseinkommen – ein Wettlauf zwischen Bildung und Technologie?

Weshalb ist die Ungleichheit der Arbeitseinkommen und insbesondere der Löhne in verschiedenen Gesellschaften und zu verschiedenen Zeiten größer oder kleiner? Die gängigste Theorie ist die eines Wettlaufs zwischen Bildung und Technologie. Um es gleich vorauszuschicken: Alles lässt sich mit dieser Theorie nicht erklären. Wie wir sehen werden, vermag sie insbesondere den Aufstieg der Supermanager und die Lohnungleichheit in den Vereinigten Staaten seit den 1970er Jahren nicht zu erklären. Gleichwohl gibt sie eine Reihe von interessanten und wichtigen Hinweisen, um bestimmte historische Entwicklungen zu erklären. Wir werden daher mit ihrer Darstellung beginnen.

Die Theorie beruht auf zwei Hypothesen. Die erste lautet, dass der Lohn eines bestimmten Beschäftigten seiner Grenzproduktivität entspricht, das heißt seinem individuellen Beitrag zur Produktion des Unternehmens oder der Verwaltung, in dem oder der er arbeitet. Die zweite Hypothese lautet, dass diese Produktivität vor allem von seiner Qualifikation sowie von Angebot und Nachfrage dieser Qualifikation in der betreffenden Gesellschaft abhängt. Gibt es zum Beispiel wenige Beschäftigte, die qualifizierte Ingenieure sind (also ein «schwaches» Angebot dieser Qualifikation), in einer Gesellschaft, deren vorherrschende Technologie einen Bedarf an vielen Ingenieuren (also eine «starke» Nachfrage) erzeugt, so ist es höchst wahrscheinlich, dass diese Kombination starker Nachfrage und schwachen Angebots zu einem sehr hohen Lohn für Ingenieure (verglichen mit anderen Beschäftigten) und damit zu einer starken Lohnungleichheit zwischen diesen hochbezahlten und anderen Beschäftigten führt.

Wo immer ihre Grenzen und ihre Naivität auch liegen mögen (die Produktivität eines Beschäftigten ist in der Praxis keine unverrückbare und objektive Größe, die auf seiner Stirn geschrieben steht; und für die-Festsetzung der jeweiligen Löhne spielen die Kräfteverhältnisses zwischen sozialen Gruppen eine maßgebliche Rolle) – diese simple, ja simplifizierende Theorie hat das Verdienst, den Akzent auf zwei gesellschaftliche und ökonomische Kräfte zu legen, die in der Tat auch im Rahmen differenzierterer, weniger naiver Theorien eine ausschlaggebende Rolle für den Stand der Lohnungleichheit spielen: Angebot und

Nachfrage von Qualifikationen. In der Praxis hängt das Angebot von Qualifikationen insbesondere vom Zustand des Bildungssystems ab: Wie viele konnten diesen oder jenen Studiengang absolvieren, wie sieht es mit der Qualität der Ausbildung aus, inwieweit wurde sie durch passende Berufserfahrungen ergänzt, etc.? Was die Nachfrage von Qualifikationen anbelangt, so hängt sie insbesondere vom Stand der Technologien ab, die für die Produktion von Gütern und Dienstleistungen, die in der fraglichen Gesellschaft konsumiert werden, zur Verfügung stehen. Ganz gleich, welche Kräfte sonst noch im Spiel sein mögen, es liegt auf der Hand, dass diese beiden Elemente – der Zustand des Bildungssystems einerseits, der Stand der Technologie andererseits – eine wesentliche Rolle spielen und die Kräfteverhältnisse zwischen den verschiedenen gesellschaftlichen Gruppen zumindest beeinflussen.

Diese beiden Elemente sind ihrerseits von vielfältigen Kräften abhängig. Das Bildungssystem insbesondere von der diesbezüglichen Politik der öffentlichen Hand, von den Auswahlkriterien innerhalb der verschiedenen Studiengänge, von der Weise der Finanzierung des Systems, von den Studienkosten, die auf die Studierenden und ihre Eltern zukommen, auch von den Möglichkeiten der Fortbildung während des Berufslebens. Der technologische Fortschritt hängt vom Rhythmus der Innovationen und ihrer Umsetzung ab und führt im Allgemeinen nicht nur zu einer immer stärkeren Nachfrage nach Qualifikationen, sondern auch zu einer permanenten Erneuerung ihres Inhalts und der entsprechenden Tätigkeitsfelder. Daher die Idee eines Wettlaufs zwischen Bildung und Technologie. Und zwischen verschiedenen sozialen Gruppen: Wenn sich das Angebot von Qualifikationen nicht mit derselben Geschwindigkeit wie der Bedarf seitens der Technologie weiterentwickelt, dann bleiben die Gruppen, deren Bildung nicht ausreichend fortgeschritten ist, auf Beschäftigungen im Niedriglohnbereich sitzen und die Ungleichheiten hinsichtlich der Arbeit nehmen entsprechend zu. Um zu vermeiden, dass die Ungleichheiten wachsen, muss das Bildungssystem rasch genug neue Ausbildungs- und Qualifikationsmöglichkeiten zur Verfügung stellen. Und um dafür zu sorgen, dass die Ungleichheiten abnehmen, muss insbesondere das Qualifikationsangebot, das sich an schlechter ausgebildete Gruppen richtet, noch schneller wachsen.

Nehmen wir den Fall der Lohnungleichheiten in Frankreich. Wie wir gesehen haben, war die Lohnhierarchie über einen langen Zeitraum relativ stabil. Der Durchschnittslohn ist seit Beginn des 20. Jahrhunderts enorm gestiegen, aber die Lohndifferenzen, zum Beispiel zwischen den am besten und am schlechtesten entlohnten Dezilen, sind dieselben geblieben. Wie kommt es, dass die Abstände dieselben geblieben sind – ungeachtet der massiven Demokratisierung des Schulsystems im Zuge des vergangenen Jahrhunderts? Die natürlichste Erklärung ist, dass alle Qualifikationsniveaus sich in annähernd demselben Rhythmus weiterentwickelt haben, so dass die Ungleichheiten sich bloß nach oben verschoben haben. Wer einst nur den *certificat d'études* abgelegt hatte (der etwa dem deutschen Hauptschulabschluss entspricht), ist zum *brevet des collèges* (Realschulabschluss), dann zum Abitur, dann zum Abitur mit drei, dann fünf, dann acht anschließenden Studienjahren und den entsprechenden Abschlüssen übergegangen. Die Demokratisierung des Schulsystems hat, anders gesagt, die Ungleichheit der Qualifikation und mit ihr auch die Lohnungleichheit nicht abgebaut. Hätte sie indessen gar nicht stattgefunden und wären die Kinder derer, die vor einem Jahrhundert nur einen *certificat d'études* (Hauptschulabschluss) abgelegt hatten (wie damals drei Viertel jeder Generation), auf demselben Niveau stehengeblieben, dann hätten die Ungleichheiten hinsichtlich der Arbeit und namentlich die Lohnungleichheiten zweifellos stark zugenommen.

Betrachten wir den amerikanischen Fall. Die Ökonomen Claudia Goldin und Lawrence Katz haben für den Zeitraum von 1890 bis 2005 systematisch zwei Entwicklungen miteinander verglichen: einerseits das Lohngefälle zwischen denen, die einen Hochschulabschluss, und denen, die nur Abitur haben; und andererseits die Rate, mit der die Anzahl der Hochschulabschlüsse zunimmt. Für Goldin und Katz steht die Schlussfolgerung fest: Beide Kurven haben sich gegenläufig zueinander entwickelt. Insbesondere das Lohngefälle, das sich bis in die 1970er Jahre einigermaßen konstant verringert hatte, beginnt in den 1980er Jahren mit einem Mal zu wachsen – und zwar zu genau dem Zeitpunkt, zu dem die Anzahl der Hochschulabschlüsse erstmals stagniert oder zumindest sehr viel langsamer wächst als zuvor.[1] Die beiden Forscher lassen keinen Zweifel daran, dass die wachsende Lohnungleichheit in den Vereinigten Staaten darauf zurückgeht, dass die Vereinigten Staa-

1 Vgl. C. Goldin, L. F. Katz: *The Race between Education and Technology: The Evolution of U.S. Educational Wage Differentials, 1890–2005*, Cambridge, MA: Harvard University Press und National Bureau of Economic Research 2010.

ten nicht ausreichend in Hochschulbildung investiert – oder genauer: weite Teile der Bevölkerung vom Bildungsangebot zumal dadurch ausgeschlossen haben, dass die Familien die Studiengebühren nicht aufbringen können. Ein Trend, der sich nur umkehren ließe, wenn massiv in Bildung investiert und möglichst vielen Zugang zu den Hochschulen gewährt würde.

Die Lehren, die aus den französischen und amerikanischen Erfahrungen zu ziehen sind, stimmen überein und weisen in ein und dieselbe Richtung: In Bildung zu investieren eröffnet auf lange Sicht die besten Aussichten darauf, Ungleichheiten einzudämmen und zugleich die durchschnittliche Produktivität pro Werktätigem und das globale Wirtschaftswachstum zu steigern. Wenn die Kaufkraft der Löhne sich während eines Jahrhunderts verfünffacht hat, dann weil höhere Qualifikationen und technologischer Fortschritt die Produktion pro Beschäftigtem verfünffacht haben. Auf lange Sicht sind Bildung und Technologie für die Lohngestaltung die ausschlaggebenden Kräfte.

Daher wäre es in den Vereinigten Staaten wie in anderen Ländern zweifellos die wirksamste Politik, um die niedrigen Löhne anzuheben und den Anteil des obersten Dezils an der Gesamtlohnsumme wie am Gesamteinkommen zu verringern, wenn sie sehr viel massiver in die Qualität von Berufsausbildung und Hochschulbildung investieren und zugleich größeren Teilen der Bevölkerung Zugang zu ihnen eröffnen würden. Alles weist darauf hin, dass die skandinavischen Länder, in denen, wie wir gesehen haben, geringere Lohnungleichheiten als anderswo herrschen, diesen Erfolg zum großen Teil ihrem vergleichsweise egalitären und inklusiven Bildungssystem verdanken.[1]

Die Frage, wie Bildung zu finanzieren ist und wie insbesondere die Kosten der Hochschulbildung sich bewältigen lassen, zählt in allen Ländern zu den entscheidenden Fragen dieses Jahrhunderts. Leider sind die in dieser Frage verfügbaren Daten ausgesprochen dürftig, namentlich in den Vereinigten Staaten und in Frankreich. So viel beide Länder auf die Rolle von Schule und Ausbildung bei der Förderung sozialen Aufstiegs geben, so sehr sehen in beiden die theoretischen Diskurse darüber wie über die Frage der Meritokratie weitgehend davon ab, dass eine bestimmte soziale Herkunft oft zu einer extremen Bevorzugung führt, die den Zugang zu den prestige-

1 Vgl. Kapitel 7, Tabelle 7.2.

trächtigsten Hochschulen erst eröffnet. Wir werden im vierten Teil darauf zurückkommen.

Die Grenzen des theoretischen Modells und die Rolle der Institutionen

Bildung und Technologie spielen langfristig zweifellos eine Schlüsselrolle. Dennoch stößt das theoretische Modell, das auf der Idee beruht, der Lohn entspreche stets der Grenzproduktivität des Beschäftigten und hänge vor allem von seiner Qualifikation ab, in mehr als einer Hinsicht an Grenzen. Sehen wir davon ab, dass es sich nicht immer lohnt, in Ausbildung zu investieren: Es kommt vor, dass die Technologie mit den Qualifikationen gar nichts anzufangen weiß. Sehen wir weiterhin davon ab, dass dieses theoretische Modell, zumindest in seinen grobschlächtigsten Spielarten, von einer viel zu instrumentalen und utilitaristischen Vorstellung von Bildung zeugt. So wenig es Hauptziel des Gesundheitssystems ist, andere Systeme mit Arbeitern zu versorgen, die sich bester Gesundheit erfreuen, so wenig ist es Hauptziel des Bildungssystems, auf Berufe in anderen Systemen vorzubereiten. Bildung und Gesundheit haben in allen menschlichen Gesellschaften einen Wert, der um seiner selbst willen besteht. Die eigene Lebenszeit bei guter Gesundheit zu verbringen, gehört ebenso zu den fundamentalen Zielen der Zivilisation selbst wie Erkenntnisgewinn und Zugang zu Wissenschaft und Kultur.[1] Es steht uns frei, uns eine Gesellschaft vorzustellen, in der alle anderen Aufgaben so automatisch erledigt würden, dass jeder sich um seiner selbst und anderer willen ganz der Bildung, der Kultur, der Gesundheit widmen, jeder dem anderen Lehrer, Schriftsteller, Schauspieler, Arzt sein könnte. Dieser Weg ist, wie wir in Kapitel 2 gesehen haben, in gewisser Weise schon gebahnt: Das moderne Wachstum zeichnet sich durch eine beachtliche Entfaltung des Anteils erzieherischer, kultureller und medizinischer Aktivitäten am produzierten Reichtum und der Beschäftigungsstruktur aus.

Versuchen wir, während wir auf jenen glücklichen Tag warten,

1 In der Sprache der Volkswirtschaftlichen Gesamtrechnung werden die Ausgaben für Gesundheit und Bildung als Konsumausgabe (für ein Wohl, das seinen Zweck in sich selbst trägt), nicht als Investition betrachtet. Das ist ein Grund mehr, aus dem die Rede von einem «Humankapital» problematisch ist.

zumindest unser Verständnis der Lohnungleichheiten voranzutreiben. Unter diesem Gesichtspunkt, der gewiss enger als der eben erwähnte ist, liegt das größte Defizit der Theorie der Grenzproduktivität ganz einfach darin, dass sie den vielfältigen historischen Entwicklungen und internationalen Erfahrungen nicht Rechnung zu tragen vermag.

Um die Dynamik der Lohnungleichheiten zu begreifen, muss man auch die Rolle bedenken, die von den verschiedenen Institutionen und Regeln gespielt wird, die in allen Gesellschaften das Funktionieren des Arbeitsmarktes organisieren. Noch weniger als andere Märkte ist der Arbeitsmarkt eine mathematische Abstraktion, deren Ablauf ganz von naturwüchsigen, unumstößlichen Gesetzen und unerbittlichen technologischen Zwängen determiniert würde. Er ist eine soziale Konstruktion, die auf ganz bestimmten Regeln und Kompromissen beruht.

Wir haben im vorigen Kapitel bereits einige Schlüsselepisoden im Prozess des Abbaus oder der Verstärkung von Lohnhierarchien beim Namen genannt. Man wird ihnen kaum gerecht werden können, indem man allein das Spiel von Angebot und Nachfrage auf den unterschiedlichen Qualifikationsniveaus bedenkt. So waren beim Abbau von Lohnungleichheiten während beider Weltkriege Verhandlungen über das Lohngefüge im Spiel, in der Öffentlichkeit wie hinter verschlossenen Türen, ja Institutionen, die, wie das *National War Labor Board* in den Vereinigten Staaten, eigens zu diesem Zweck ins Leben gerufen wurden. Wir sind auch auf die zentrale Rolle der Mindestlöhne für die Entwicklung der Lohnungleichheiten seit 1950 aufmerksam geworden, mit drei deutlich erkennbaren Unterkapiteln: Die Jahre 1950 bis 1968, in denen der Mindestlohn kaum je nach oben korrigiert und das Lohngefälle stärker wurde; die Jahre von 1968 bis 1983, die einen sehr zügigen Anstieg des Mindestlohns und einen starken Abbau des Lohngefälles erlebten; und schließlich die Zeit von 1983 bis 2012, in der sich der Mindestlohn nur sehr langsam nach oben bewegte und das Lohngefälle tendenziell zunahm.[1] Anfang 2013 steht der Mindestlohn bei 9,43 Euro die Stunde.

---

1 Natürlich gibt es innerhalb jedes einzelnen Abschnitts zahlreiche Unterkapitel: So ist der Mindeststundenlohn zwischen 1998 und 2002 um etwa 10 % gestiegen, um die Senkung der gesetzlichen Wochenarbeitszeit von 39 auf 35 Stunden zu kompensieren und den gleichen Monatslohn beizubehalten.

Der Mindestlohn in Frankreich und in den Vereinigten Staaten, 1950–2013

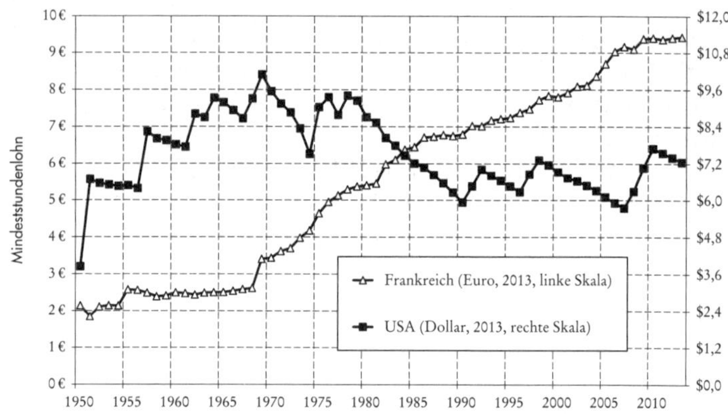

Grafik 9.1.: Umgerechnet in die Kaufkraft von 2013, ist der Mindeststundenlohn in den USA zwischen 1950 und 2013 von 3,8 Dollar auf 7,3 Dollar gestiegen, in Frankreich von 2,1 Euro auf 9,4 Euro. Quellen und Reihen: siehe piketty.pse.ens.fr/capital21c.

In den Vereinigten Staaten trat ein staatlich festgelegter Mindestlohn schon 1933 in Kraft, fast zwanzig Jahre früher als in Frankreich.[1] Ganz wie in Frankreich haben die Veränderungen des Mindestlohns eine bedeutende Rolle in der Entwicklung der amerikanischen Lohnungleichheiten gespielt. Es ist bemerkenswert, dass der Höchststand des Mindestlohns, der Kaufkraft nach gerechnet, 1968 mit 1,60 Dollar pro Stunde (2013 entsprechen dem unter der Berücksichtigung der Inflation 10,10 Dollar) erreicht worden war, zu einer Zeit, in der die Arbeitslosenquote unter 4 % lag. Von 1980 bis 1990 unter Reagan und G. H. W. Bush wird der staatlich festgelegte Mindestlohn bei 3,35 Dollar eingefroren, was in Anbetracht der Inflation zu einem signifikanten Kaufkraftverlust führte. In den 1990er Jahren, unter Clinton, steigt er auf 5,25 Dollar, wird auf diesem Niveau unter G. W. Bush eingefroren und seit 2008 von der Regierung Obama mehrfach angehoben. Anfang 2013 steht er bei 7,25 Dollar die Stunde, also bei kaum 6 Euro, und liegt damit ein Drittel unter dem französischen Mindestlohn, während doch bis zum Beginn der 1980er Jahre noch das Gegen-

1 Ganz wie die Einführung der Einkommensteuer wurde die Einführung des Mindestlohns in einem erbitterten Kampf mit dem Supreme Court ausgefochten, der den Mindestlohn 1935 aufhob, bevor dieser 1938 von Roosevelt endgültig wieder eingeführt wurde.

teil zutraf (siehe Grafik 9.1).[1] In seiner Rede zur Lage der Nation vom Februar 2013 hat Präsident Obama die Absicht bekundet, den Mindestlohn zwischen 2013 und 2016 auf ungefähr 9 Dollar anzuheben.[2]

Die Lohnungleichheiten, die in den Vereinigten Staaten am unteren Ende der Lohnverteilung herrschen, sind dieser Entwicklung des Mindestlohns eng gefolgt. Der Abstand zwischen den niedrigsten 10 % der Gehälter und dem Durchschnittslohn hat in den 1980er Jahren stark zugenommen, sich dann in den 1990er Jahren signifikant verringert, bevor er in den 2000er Jahren wieder wuchs. Bemerkenswert ist indessen, dass die Ungleichheiten am oberen Ende der Lohnverteilung – zum Beispiel der Anteil der obersten 10 % der Löhne an der Gesamtlohnsumme – während dieses ganzen Zeitraums unaufhörlich gewachsen sind. Ganz offenbar wirkt sich der Mindestlohn am Fuß der Verteilungspyramide sehr viel stärker aus als an der Spitze, wo andere Kräfte am Werk sind.

Lohntabellen und Mindestlöhne

Wie die französischen und amerikanischen Erfahrungen zeigen, spielt der Mindestlohn eine bedeutende Rolle bei der Entstehung und Entwicklung von Lohnungleichheiten. Jedes Land hat in dieser Hinsicht seine unverwechselbare Geschichte und besondere Chronologie. Nichts könnte weniger überraschen. Die Regulierung des Arbeitsmarktes hängt wesentlich davon ab, was in der betreffenden Gesellschaft als sozial gerecht empfunden wird. Sie ist daher unauflöslich mit den geltenden Normen und der je eigenen sozialen, politischen und kulturellen Geschichte der einzelnen Länder verbunden. Die Vereinigten Staaten nutzen in den 1950er und 1960er Jahren das Instrument des Mindestlohns noch für eine starke Anhebung der niedrigen Löhne und geben dieses Werkzeug ab den 1970er Jahren aus der Hand. In Frankreich verhält es sich genau umgekehrt. Der Mindestlohn wird in den 1950er und 1960er Jahren eingefroren und findet erst seit den

1 In Grafik 9.1 haben wir die nominalen Mindestlöhne in Euro und Dollar von 2013 umgerechnet. Für die nominalen Mindestlöhne vgl. zusätzliche Grafiken S9.1 und S9.2 (online verfügbar).

2 In bestimmten Staaten liegt 2013 der Mindestlohn höher als auf Bundesebene: 8,00 Dollar in Kalifornien und Massachusetts, bis zu 9,20 Dollar im Bundesstaat Washington.

1970er Jahren sehr viel häufiger Anwendung. Die Grafik 9.1 veranschaulicht diesen verblüffenden Kontrast.

Man könnte die nationalen Beispiele vervielfältigen. Großbritannien hat 1990 die Einführung eines Mindestlohns beschlossen, auf einem Niveau, das zwischen dem der Vereinigten Staaten und Frankreichs liegt: Er beläuft sich 2013 auf 6,19 Pfund (also etwa 8,05 Euro).[1] Länder wie Deutschland oder Schweden haben sich entschieden, auf einen nationalen Mindestlohn zu verzichten und den Gewerkschaften die Aufgabe überlassen, Mindestlöhne – ja häufig ganze Lohngefüge – für jede Branche gesondert mit den Arbeitgebern auszuhandeln. Praktisch liegen die Minima in diesen beiden Ländern 2013 in vielen Berufszweigen bei über 10 Euro (also höher als in den Ländern, in denen ein nationaler Mindestlohn gilt). Sie können freilich in bestimmten Branchen, die kaum reguliert oder gewerkschaftlich organisiert sind, deutlich tiefer liegen. Um eine branchenübergreifende Grundlage zu schaffen, ist in Deutschland für 2015 die Einführung eines Mindestlohns geplant. Es ist uns gewiss nicht darum zu tun, eine detaillierte Geschichte der Lohnminima und Lohngefüge in den verschiedenen Ländern sowie ihres Einflusses auf die Lohnungleichheit zu schreiben. Es geht, bescheidener, um einen kurzen Hinweis auf die allgemeinen Prinzipien, nach denen sich die Institutionen analysieren lassen, die in den verschiedenen Ländern Einfluss auf die Lohngestaltung nehmen.

Was rechtfertigt überhaupt Regulierungen wie mehr oder weniger strenge Lohntabellen oder Mindestlöhne? Zunächst ist es nicht immer und nicht überall ganz leicht, die Grenzproduktivität eines bestimmten Beschäftigten einzuschätzen. Das liegt im öffentlichen Sektor auf der Hand, aber es gilt ebenso für die Privatwirtschaft: Es erweist sich doch als recht schwierig, in einem Unternehmen, das an die hundert, wenn nicht gar tausende Beschäftigte zählt, den genauen Anteil zu ermitteln, den der Einzelne zum Gesamtergebnis beigetragen hat. Natürlich kann man eine ungefähre Schätzung vornehmen – zumindest in denjenigen Fällen, in denen mehrere Personen dieselbe Funktion ausüben und vergleichbare Arbeiten verrichten. So kann man

1 Bei einem Wechselkurs von 1,30 Euro pro Pfund. In der Praxis ist der Abstand zum französischen Wechselkurs in Anbetracht des unterschiedlichen Arbeitgeberbeitrags (der zum Bruttolohn hinzukommt) noch größer. Wir werden auf diese Fragen im vierten Teil zurückkommen.

zum Beispiel im Fall eines Arbeiters an einer Montagestraße oder einer Bedienung bei McDonald's das Unternehmen kalkulieren, wie viel Mehrumsatz ihm ein zusätzlicher Arbeiter oder eine zusätzliche Bedienung einbringt. Aber es wird sich stets um eine ungefähre Schätzung handeln, die eher eine Produktivitätsspanne als einen absoluten Wert angibt. Wie sind unter diesen Bedingungen die Löhne festzusetzen? Manches spricht dafür, dass es nicht nur der Willkür und Ungerechtigkeit Tür und Tor öffnen würde, sondern auch für das Unternehmen insgesamt nicht effizient wäre, wollte man den Chef monatlich oder täglich (warum nicht?) den Lohn jedes Beschäftigten festsetzen lassen.

So mag es insbesondere lohnend für das ganze Unternehmen sein, dafür Sorge zu tragen, dass die Löhne über längere Zeit relativ stabil bleiben und nicht je nach Geschäftslage unausgesetzt schwanken. Eigentümer und Unternehmensleitung verfügen zumeist über deutlich höhere Einkommen und Vermögen als ihre Beschäftigten und können daher kurzfristige Verdienstausfälle besser ausgleichen. Unter diesen Bedingungen kann es im allgemeinen Interesse liegen, wenn der Lohnvertrag dadurch, dass er gleichbleibende monatliche Zahlungen garantiert (was Prämien oder Boni nicht ausschließt), auch den Charakter einer Versicherung hat. Darin liegt die Revolution der Einführung von Monatslöhnen, die im Laufe des 20. Jahrhunderts in allen Industrieländern mehr und mehr gesetzlich verankert und den Verhandlungen zwischen Beschäftigten und Arbeitgebern zugrunde gelegt wurden. Der Tagelohn, im 19. Jahrhundert die Regel, verschwand mehr und mehr. Es handelt sich dabei um einen wesentlichen Schritt in der Konstitution der Arbeiterschaft als einer sozialen Gruppe, die sich durch eine eigene Rechtsstellung wie eine stabile und vorhersehbare Vergütung klar vom Volk der pro Auftrag bezahlten Tagelöhner und Handwerker absetzte, die für die Gesellschaften des 18. und 19. Jahrhunderts charakteristisch waren.[1]

Diese Rechtfertigung im Voraus vereinbarter Löhne gilt offenbar nicht ohne Einschränkung. Erhaltung des Lohnniveaus und Weiterbe-

---

1 Es gibt gewichtige Unterschiede zwischen einzelnen Ländern. Im Vereinigten Königreich werden zahlreiche Preise und Einkommen – zum Beispiel Miete und Sozialleistungen ebenso wie eine Reihe von Löhnen – heute noch pro Woche und nicht pro Monat festgesetzt. Vgl. zu diesen Fragen insbesondere R. Castel: *Die Metamorphosen der sozialen Frage. Eine Chronik der Lohnarbeit*, Konstanz: UVK Verlagsgesellschaft 2000.

schäftigung können, wenn die Verkäufe dauerhaft einbrechen, den sicheren Untergang des Unternehmens bedeuten. Es ist alles eine Frage des Grades. Wenn niedrige und mittlere Löhne global sehr viel stabiler sind als das Produktionsniveau und kurzfristige Volatilität im Wesentlichen von Profiten und hohen Gehältern aufgefangen wird, ist das eine gute Sache. Andererseits gilt es absolut starre Löhne zu vermeiden.

Während diese Rechtfertigung fester Löhne sich darauf stützt, dass sie der sozialen Verteilung von Risiken und der Unsicherheitsbewältigung dienen, ergibt sich das andere klassische Argument zugunsten von Mindestlöhnen und Lohntabellen aus dem Problem der «spezifischen Investitionen». Konkret ist damit gemeint, dass die besonderen Funktionen und Aufgaben, die ein Unternehmen zu erfüllen hat, zuweilen Investitionen der Beschäftigten in dieses Unternehmen erfordern, die spezifisch in dem Sinne sind, dass sie für andere Unternehmen keinen oder allenfalls beschränkten Nutzen haben. Das gilt etwa dann, wenn Beschäftigte sich besondere Arbeits- und Organisationsmethoden oder auch besondere Qualifikationen aneignen müssen, die mit dem spezifischen Produktionsprozess der fraglichen Firma zu tun haben. Könnte der Lohn vom Chef des Unternehmens einseitig festgesetzt und jederzeit geändert werden, ohne dass die Beschäftigten im Voraus ihre Vergütung kennen, so wäre es sehr wahrscheinlich, dass diese nicht so viel investieren, wie sie sollten, anders gesagt: sich nicht im erforderlichen Maße für das Unternehmen einsetzen. Es kann also durchaus im allgemeinen Interesse liegen, Vergütungen im Voraus festzusetzen. Jenseits der Frage nach den Tarifordnungen lässt sich dieses Argument, das sich auf den Begriff der spezifischen Investitionen (oder des besonderen Einsatzes) stützt, auf andere lebenswichtige Unternehmensentscheidungen übertragen. Es nennt den Hauptgrund dafür, die Macht der Aktionäre einzuschränken (von denen man häufig annimmt, dass sie zu sehr auf kurzfristige Gewinne aus sind), um eine soziale Eigentümergemeinschaft zu bilden, der alle *stakeholders* des Unternehmens angehören (die Beschäftigten natürlich eingeschlossen), wie im Modell des «Rheinischen Kapitalismus», über das wir im zweiten Teil gesprochen haben. Zweifellos handelt es sich um die wichtigste Rechtfertigung der Lohntabellen.

In dem Maße, in dem Arbeitgeber über mehr Verhandlungsmacht als ihre Beschäftigten verfügen und die Bedingungen «vollkommenen Wettbewerbs», wie sie von den einfachsten Wirtschaftstheorien beschrieben werden, nicht erfüllt sind, kann es ratsam sein, die Macht der Arbeitgeber zu beschränken, indem man die Lohngestaltung festen Regeln unterwirft. Wenn zum Beispiel einige wenige Arbeitgeber ein Monopson auf dem lokalen Arbeitsmarkt behaupten, also quasi die einzigen sind, bei denen Arbeit zu finden ist (insbesondere bei geringer Mobilität der Arbeitskräfte vor Ort), dann werden sie aller Wahrscheinlichkeit nach versuchen, möglichst großen Profit aus ihrem Vorteil zu schlagen und die Löhne so weit wie möglich zu drücken – eventuell deutlich unter die Grenzproduktivität der Beschäftigten. Unter diesen Bedingungen mag die Einführung eines Mindestlohns nicht nur zu mehr Gerechtigkeit, sondern auch zu mehr Leistung führen, da die gesetzliche Anhebung des Minimums dazu beitragen kann, die Wirtschaft dem Wettbewerbsgleichgewicht anzunähern und den Beschäftigungsstand zu verbessern. Dieses theoretische Modell, das auf der Annahme unvollkommenen Wettbewerbs beruht, liefert das sinnfälligste Argument, das man zur Rechtfertigung eines Mindestlohns anführen kann. Es gilt dafür zu sorgen, dass kein Arbeitgeber seinen Konkurrenzvorteil über ein bestimmtes Maß hinaus ausspielen kann.

Auch in dieser Hinsicht kommt offenbar alles auf die Höhe des Mindestlohns an. Die Grenze kann nicht abstrakt festgesetzt werden, sondern ist abhängig vom Stand der Qualifikationen und der Produktivität in der betreffenden Gesellschaft. Zahlreiche Studien, die zwischen 1980 und 2000 in den Vereinigten Staaten durchgeführt wurden, namentlich von Card und Krueger, haben den Nachweis geführt, dass der amerikanische Mindestlohn innerhalb dieses Zeitraums auf ein so niedriges Niveau gesunken ist, dass seine Anhebung nicht bloß keine Erhöhung, sondern sogar, getreu dem Modell des Monopsons, eine Verringerung der Arbeitslosigkeit mit sich brächte.[1] Auf der

1 Vgl. insbesondere D. Card, A. Krueger: *Myth and Measurement: The New Economics of the Minimum Wage*, Princeton: Princeton University Press 1995. Card und Krueger haben insbesondere die vielfältigen Schwankungen der Mindestlöhne in einander benachbarten Staaten erforscht. Zu einem reinen Monopson kommt es, wenn ein einziger Arbeitgeber die Arbeit der Arbeitnehmer in einer bestimmten Gegend kaufen kann (während es im reinen Monopol nur einen einzigen Anbieter gibt). In diesem Fall wird er den Lohn so tief wie möglich ansetzen. Eine Anhebung des Mindestlohns führt dann nicht nur zu keinem sinkenden Beschäftigungsstand (weil die Gewinnmarge des Arbeitgebers so hoch ist, dass er alle Bewerber einstellen kann), sondern kann sogar dafür sorgen, dass er steigt (weil es mehr Bewerber gibt, zum Beispiel solche, die für einen höheren Lohn auf

Grundlage dieser Studien scheint es wahrscheinlich, dass die derzeit in den Vereinigten Staaten ins Auge gefasste Anhebung des Mindestlohns um etwa 25 % (von 7,25 Dollar auf 9 Dollar die Stunde) zu keinen oder nur geringen Beschäftigungsverlusten führen würde. Es ist völlig klar, dass der Mindestlohn nicht unbegrenzt angehoben werden kann. Je stärker man den Mindestlohn erhöht, desto mehr drohen negative Auswirkungen auf den Beschäftigungsstand zu überwiegen. Bei einer Erhöhung des Mindestlohns um das Drei- oder Vierfache zum Beispiel wäre es doch überraschend, wenn die Negativwirkung nicht überhandnähme. Daher ist es in einem Land wie Frankreich, in dem er schon relativ hoch liegt – im Verhältnis zum Durchschnittslohn und der durchschnittlichen Produktion pro Beschäftigtem – in der Praxis sehr viel schwieriger, eine Erhöhung des Mindestlohns zu rechtfertigen, als in einem Land wie den Vereinigten Staaten. Um die Kaufkraft der niedrigen Löhne in Frankreich zu erhöhen, ist der Einsatz anderer Maßnahmen ratsamer, wie eine Verbesserung der Qualifikationen oder auch Steuerreformen (beide Instrumente verhalten sich im Übrigen komplementär zueinander). Gleichwohl sollte der Mindestlohn nicht zu sehr eingefroren werden. Es ist problematisch, wenn die Löhne auf Dauer stärker wachsen als die Produktion, aber es ist ebenso schädlich, die Löhne – oder einen bedeutenden Teil derselben – langsamer als die Produktion wachsen zu lassen. Alle Einrichtungen und politischen Maßnahmen der öffentlichen Hand spielen eine Rolle und müssen angemessen eingesetzt werden.

Fassen wir zusammen. Langfristig sind Investitionen in Ausbildung und Qualifikation das beste Mittel zur Lohnerhöhung und zum Abbau von Lohnungleichheiten. Nicht Mindestlöhne und Lohntabellen führen auf lange Sicht dazu, dass Löhne sich vervierfachen oder verfünffachen. Um einen Anstieg diesen Typs zu erreichen, sind Bildung und Technologie die maßgeblichen Kräfte. Das ändert freilich nichts daran, dass es solche Regulierungen braucht, um in gewissen Abständen, die von Bildung und Technologie abhängen, die Löhne anzupassen. Sowohl die Tatsache, dass die individuelle Grenzproduktivität sich immer nur ungefähr einschätzen lässt, als auch die Phänomene der spezifischen Investitionen und des unvollkommenen Wett-

illegale Aktivitäten verzichten, was gut ist, oder Schule oder Studium abbrechen, was vielleicht weniger gut ist). Genau das ist der Befund von Card und Krueger.

bewerbs sorgen allerdings dafür, dass diese Abstände praktisch relativ groß sein können.

Wie lässt sich die Explosion der Ungleichheit in den Vereinigten Staaten erklären?

Wie unzulänglich die Theorie der Grenzproduktivität und des Wettlaufs zwischen Bildung und Technologie ist, zeigt sich besonders eindringlich daran, dass sie keine Erklärung für die Explosion der sehr hohen Arbeitseinkommen bietet, zu der es in den Vereinigten Staaten seit den 1970er Jahren gekommen ist. Hält man sich an diese Theorie, so könnte man gewiss jene Entwicklung dadurch erklären, dass man einen Technologiewandel zugunsten Hochqualifizierter, einen *skill-biased technical change* beschwört. Anders gesagt: Eine mögliche Erklärung – die sich bei einem Teil der amerikanischen Ökonomen relativ großer Beliebtheit erfreut – läge darin, dass die sehr hohen Gehälter in den Vereinigten Staaten seit den 1970er Jahren schlicht und einfach deshalb so viel stärker gestiegen sind als der Durchschnittslohn, weil aufgrund der Entwicklung von Qualifikationen und Technologien auch die Produktivität der qualifiziertesten Beschäftigten sehr viel schneller als die durchschnittliche Produktivität gewachsen ist. Ganz abgesehen von ihrem etwas tautologischen Charakter (keine Verschärfung der Lohnungleichheit, die sich nicht unter Berufung auf einen entsprechenden Technologiewandel «erklären» lässt), ist diese Erklärung aber mit erheblichen Problemen verbunden, die sie meines Erachtens wenig überzeugend erscheinen lassen.

Zunächst betrifft, wie wir im letzten Kapitel gesehen haben, der Anstieg der Lohnungleichheiten in den Vereinigten Staaten vor allem die Spitzenlöhne: die 1 % und mehr noch die 0,1 % der höchsten Gehälter. Betrachtet man das oberste Dezil insgesamt (die obersten 10 %), so wird man feststellen, dass die «9 %» von Lohnerhöhungen profitiert haben, die gewiss über der Entwicklung des Durchschnittslohns liegen, aber gleichwohl nichts mit dem gemein haben, was sich auf der Ebene der «1 %» abspielt. Die Gehälter von etwa 100 000–200 000 Dollar haben sich kaum schneller entwickelt als das Durchschnittsgehalt, während die Gehälter über 500 000 Dollar (und deutlicher noch die Gehälter von mehreren Millionen Dollar) buchstäblich explodiert sind.[1] Diese sehr starke Diskontinuität innerhalb der hohen Gehälter wirft ein erstes gewichtiges Problem für die Theorie der Grenzproduktivität auf: Wenn man die Entwicklung der Qualifikation dieser verschiedenen Gruppen analysiert, sucht man vergeblich nach irgendeinem Bruch zwischen den «9 %» und den «1 %», ganz gleich, ob man die Zahl der Studienjahre, die Selektivität der absolvierten Studiengänge oder die Berufserfahrung zugrunde legt. Auf der Grundlage einer «objektivistischen» Theorie, die von messbarer Qualifikation und Produktivität ausgeht, hätte man innerhalb des obersten Dezils relativ gleichmäßige Lohnsteigerungen erwarten müssen. Zumindest hätten diese in den verschiedenen Gruppen sehr viel näher beieinanderliegen müssen, als es die stark divergierenden Entwicklungen tun, die praktisch zu beobachten sind.

Es ist mir, wohlverstanden, keineswegs darum zu tun, die entscheidende Bedeutung der von Katz und Goldin geforderten Investitionen in Ausbildung und Hochschulbildung zu leugnen. Eine Politik, die breiteren Zugang zu den Hochschulen eröffnet, ist unverzichtbar und hat auf lange Sicht Schlüsselbedeutung in den Vereinigten Staaten wie in allen anderen Ländern. Nur hat diese Politik, so wünschenswert sie ist, zweifellos nur sehr beschränkten Einfluss auf die Explosion der Spitzengehälter, die sich in den Vereinigten Staaten seit den 1970er Jahren beobachten lässt.

Es sind, anders gesagt, zwei ganz verschiedene Phänomene, mit denen wir es in diesen letzten Jahrzehnten zu tun haben. Einerseits das wachsende Lohngefälle zwischen Personen mit Hochschulabschluss und denjenigen, die nur Abitur haben. Das ist das Phänomen, von dem Goldin und Katz sprechen und dessen Realität nicht zu leugnen ist. Andererseits der Höhenflug der Gehälter der «1 %», der ein ganz spezifisches Phänomen darstellt, das innerhalb der Gruppe mit Hochschulabschluss auftritt und zuweilen Personen voneinander trennt, die lange Jahre gemeinsam an Elitehochschulen studiert haben. Und dieses zweite Phänomen fällt, wie sich herausstellt, quantitativ sehr viel mehr ins Gewicht als das erste. So haben wir insbesondere im letzten Kapitel gesehen, dass das Abheben des obersten Perzentils für den größten Teil – fast drei Viertel – der Zunahme des Anteils verantwortlich ist, den das oberste Dezil seit den 1970er Jahren am

1 Vgl. vor allem Kapitel 8, Grafiken 8.6–8.8.

Nationaleinkommen hält.[1] Es ist daher wichtig, eine angemessene Erklärung für dieses Phänomen zu finden – und da erweist sich der Rekurs auf die Rolle der Ausbildung von Anfang an als der falsche Weg.

Der Aufstieg der Supermanager: ein angelsächsisches Phänomen

Die zweite Schwierigkeit, und zweifellos die erheblichste, mit der die Theorie der Grenzproduktivität zu kämpfen hat, liegt darin, dass es in bestimmten Ländern zu dieser Abkopplung der Spitzenlöhne kommt – und in anderen nicht. Das deutet darauf hin, dass es institutionelle Differenzen zwischen den Ländern sind – und nicht allgemeine und universale, a priori wirksame Gründe wie die technologische Entwicklung überhaupt – die eine entscheidende Rolle spielen.

Sehen wir uns zunächst den Fall der angelsächsischen Länder an. Ohnehin ist der Aufstieg der Supermanager weitgehend ein angelsächsisches Phänomen. Tatsächlich lässt sich der signifikante Anstieg des Anteils des obersten Dezils am Nationaleinkommen seit den 1970er und 1980er Jahren in den Vereinigten Staaten wie in Großbritannien, in Kanada wie in Australien beobachten (siehe Grafik 9.2). Leider verfügen wir nicht für alle Länder über gesonderte Datenreihen für Lohnungleichheit einerseits, und Ungleichheit des Gesamteinkommens andererseits (wie wir sie für Frankreich und die Vereinigten Staaten vorgelegt haben). Aber in den meisten Fällen liegen

1 Diese entscheidende Tatsache wird in der amerikanischen Diskussion zuweilen vernachlässigt. Neben den zitierten Arbeiten von Goldin und Katz ist noch die neuere Arbeit von Rebecca Blank zu nennen (*Changing Inequality*, Berkeley: University of California Press 2011), die ganz der Entwicklung des Lohnunterschieds, zu dem ein Hochschulabschluss führt, sowie dem Wandel von Familienstrukturen gewidmet ist. Auch Raghuram Rajan (*Fault Lines. Verwerfungen*) scheint davon auszugehen, die Entwicklung der Ungleichheit in Abhängigkeit vom Hochschulabschluss wiege schwerer als der Höhenflug der «1 %» (was nicht zutrifft). Zum Teil rührt das zweifellos daher, dass die Erhebungen, auf die sich Arbeits- und Bildungsökonomen stützen, keine Kenntnis über das Ausmaß jenes Höhenflugs des obersten Perzentils vermitteln (das tun allein die Steuerdaten). Diese Forschungen haben sicher das Verdienst, mehr sozio-demographische Informationen zu bieten (insbesondere über die Hochschulabschlüsse) als die Steuerstatistiken. Aber sie beruhen auf begrenzten Erhebungen und werfen zudem eine Reihe von Fragen auf, die mit der Selbstauskunft in Befragungen zusammenhängen. Ideal wäre es, wenn man beide Quellentypen zugleich verwenden könnte. Zu diesen Fragen siehe den Technischen Anhang.

Erhebungen vor, die sich auf die Zusammensetzung des Gesamteinkommens selber beziehen und darauf hinweisen, dass in allen genannten Ländern der Höhenflug der Spitzenlöhne für den größten Teil – im Allgemeinen mindestens zwei Drittel – des Anstiegs verantwortlich ist, den der Anteil des obersten Perzentils der Einkommenshierarchie verzeichnet (während der Rest sich aus soliden Kapitaleinkommen erklärt). In allen angelsächsischen Ländern ist vor allem der Aufstieg der Supermanager, im Finanzsektor wie in anderen Unternehmen, für die wachsende Einkommensungleichheit in den letzten Jahrzehnten verantwortlich.

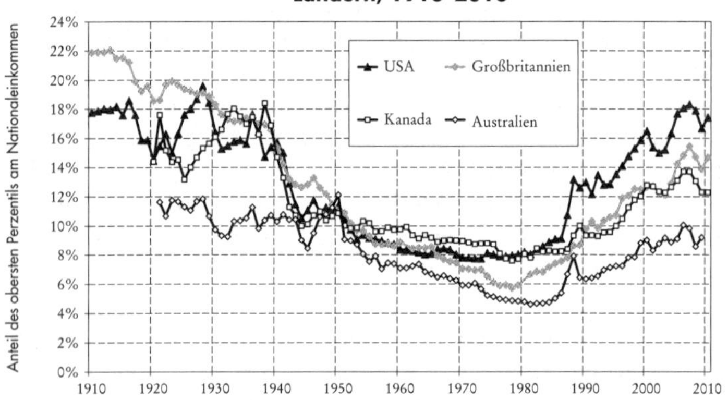

Grafik 9.2.: Der Anteil des obersten Perzentils am Nationaleinkommen ist in allen angelsächsischen Ländern seit den 1970er Jahren in unterschiedlichem Umfang gestiegen.
Quellen und Reihen: siehe piketty.pse.ens.fr/capital21c.

Diese Familienähnlichkeit darf freilich nicht darüber hinwegtäuschen, dass wir es mit einem Phänomen zu tun haben, das eine ganz unterschiedliche Tragweite in den einzelnen Ländern hat. Grafik 9.2 lässt daran keinen Zweifel. In den 1970er Jahren lagen die Anteile des obersten Dezils am Nationaleinkommen in den verschiedenen Ländern eng beieinander. Sie bewegten sich in allen vier untersuchten angelsächsischen Ländern zwischen 6 % und 8 %. Auch die Vereinigten Staaten hielten sich in diesem Rahmen, ja wurden sogar leicht von Kanada übertroffen, wo der Anteil des obersten Perzentils gegen Ende der 1970er und zu Beginn der 1980er Jahre 9 % erreichte, während Australien mit gerade 5 % das Schlusslicht bildete. Dreißig Jahre später, zu Beginn der 2010er Jahre, sieht die Situation ganz anders aus. Der Anteil des obersten Perzentils steigt in den Vereinigten Staaten praktisch auf 20 % des Nationaleinkommens, während er sich in Großbritannien und in Kanada auf etwa 14–15 % und in Australien auf kaum 9–10 % des Nationaleinkommens beläuft (siehe Grafik 9.2).[1] Fürs Erste ist festzuhalten, dass der Anteil des obersten Perzentils in den Vereinigten Staaten zweimal stärker als in Großbritannien oder in Kanada und dreimal stärker als in Australien oder Neuseeland gestiegen ist.[2] Wäre der Aufstieg der Supermanager tatsächlich ein rein technologisches Phänomen, blieben die Abstände zwischen Ländern, die einander davon abgesehen so nah sind, vollkommen unverständlich.[3]

Betrachten wir nun die übrigen reichen Länder, das heißt Kontinentaleuropa und Japan. Ausschlaggebend ist, dass dort der Anteil des obersten Perzentils am Nationaleinkommen seit den 1970er Jahren nicht annähernd so stark gewachsen ist wie in den angelsächsischen Ländern. Besonders verblüffend fällt der Vergleich zwischen den Grafiken 9.2 und 9.3 aus. Gewiss ist ein signifikanter Anstieg des Anteils des obersten Perzentils in allen Ländern zu verzeichnen. Die Entwicklung in Japan war quasi dieselbe wie in Frankreich: Der Anteil

---

1 Zu beachten ist, dass die in Grafik 9.2 – wie in den folgenden Grafiken – abgebildeten Datenreihen die Veräußerungsgewinne nicht berücksichtigen (die in den verschiedenen Ländern nicht in gleicher Weise erfasst werden). Da die Veräußerungsgewinne in den Vereinigten Staaten eine besonders große Rolle spielen (unter Berücksichtigung der Veräußerungsgewinne ist der Anteil des obersten Perzentils am Nationaleinkommen zwischen 2000 und 2010 auf über 20 % gestiegen), ist der Abstand zu den anderen angelsächsischen Ländern tatsächlich noch größer als aus Grafik 9.2 zu ersehen. Vgl. zum Beispiel Grafik S9.3 (online verfügbar).

2 Die Entwicklung in Neuseeland ist fast mit der in Australien identisch. Vgl. Grafik S9.4 (online verfügbar). Um die Grafiken nicht zu überladen, präsentieren wir im vorliegenden Buch nur einen Teil der verfügbaren Länder und Datenreihen. Leser, die sich für die übrigen Datenreihen interessieren, sind eingeladen, den Technischen Anhang (http://piketty.pse.ens.fr./capital21c) oder die *World Top Incomes Database* zu besuchen (http://topincomes.parisschoolofeconomics.eu).

3 Die Tatsache, dass in Ländern wie den Vereinigten Staaten und Kanada, die einander in so vielerlei Hinsicht gleichen, aufgrund zahlreicher institutioneller Differenzen zuweilen sehr unterschiedliche Entwicklungen der Lohnungleichheit zu beobachten sind, ist von amerikanischen und kanadischen Ökonomen oft untersucht worden. Vgl. zum Beispiel D. Card, R. B. Freeman: *Small Differences that Matter: Labor Markets and Income Maintenance in Canada and the United States*, Chicago: University of Chicago Press 1993.

des obersten Perzentils lag Anfang der 1980er Jahre bei kaum 7 % des Nationaleinkommens; und er liegt Anfang der 2010er Jahre bei ungefähr 9 % – ja leicht darüber. In Schweden betrug der Anteil des obersten Perzentils Anfang der 1980er Jahre kaum mehr als 4 % des Nationaleinkommens (das ist das niedrigste Niveau, das die *World Top Incomes Database* jemals verzeichnet hat, ganz gleich für welches Land und welchen Zeitraum) und erreicht 7 % zu Beginn der 2010er Jahre.[1] In Deutschland ist der Anteil des obersten Perzentils von 9 % des Nationaleinkommens zu Beginn der 1980er Jahre auf 11 % zu Beginn der 2010er Jahre gestiegen (siehe Grafik 9.3).

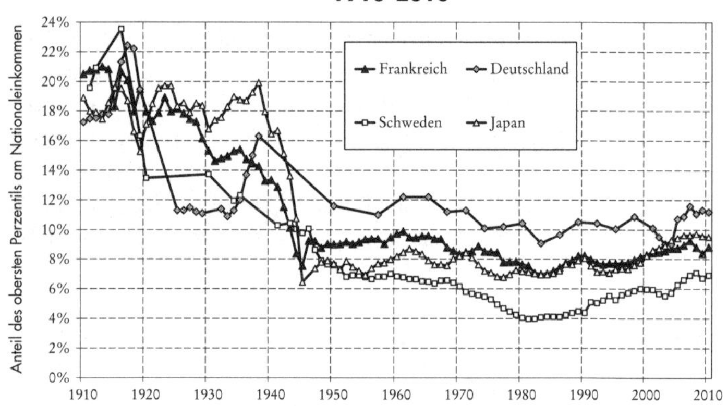

Grafik 9.3.: Im Vergleich zu den angelsächsischen Ländern ist der Anteil des obersten Perzentils in Kontinentaleuropa und in Japan seit den 1970er Jahren nur wenig gestiegen.
Quellen und Reihen: siehe piketty.pse.ens.fr/capital21c.

Ein Blick auf die anderen europäischen Länder zeigt vergleichbare Entwicklungen, mit Zuwächsen des Anteils des obersten Perzentils von etwa 2–3 Prozentpunkten des Nationaleinkommens in den letzten dreißig Jahren, in Nordeuropa ebenso wie in Südeuropa. In Dänemark liegt, ganz wie in den anderen skandinavischen Ländern, das Niveau der Spitzeneinkommen zwar niedriger, aber der Anstieg als

1 Er erreicht sogar 9 % des Nationaleinkommens, wenn man die Veräußerungsgewinne einbezieht, die in Schweden zwischen 1990 und 2010 stark zugenommen haben. Siehe Technischer Anhang.

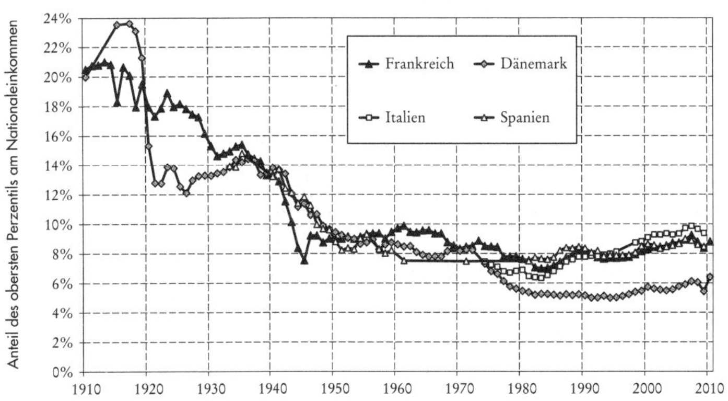

Grafik 9.4.: Im Vergleich zu den angelsächsischen Ländern ist der Anteil des obersten Perzentils in Nordeuropa und in Südeuropa seit den 1970er Jahren nur wenig gestiegen.
Quellen und Reihen: siehe piketty.pse.ens.fr/capital21c.

solcher ist durchaus vergleichbar: Das oberste Perzentil bezieht in den 1980er Jahren etwa 5 % des dänischen Nationaleinkommens, ein Anteil, der sich von 2000 bis 2010 auf annähernd 7 % steigert. In Italien und Spanien haben wir es mit Größenordnungen zu tun, die sehr nahe bei den in Frankreich beobachteten liegen, mit einem Anteil des obersten Perzentils, der während desselben Zeitraums von 7 % auf 9 % des Nationaleinkommens gestiegen ist, was also erneut einen Anstieg um 2 Punkte des Nationaleinkommens ausmacht (siehe Grafik 9.4). Was diesen Punkt anbelangt, könnte die Einheit des europäischen Kontinents vollkommener kaum sein, wovon selbstverständlich der Fall Großbritanniens auszunehmen ist, in dem der Verlauf eher dem nordamerikanischen gleicht.[1]

Man sollte sich keine Illusionen machen: Dieser Anstieg von 2–3 Punkten des Nationaleinkommens, der sich in Japan wie in sämtlichen kontinentaleuropäischen Ländern feststellen lässt, steht für

1 Alle anderen europäischen Länder, die in der *World Top Incomes Database* erfasst sind, insbesondere die Niederlande, die Schweiz, Norwegen, Finnland und Portugal, haben sich ganz ähnlich entwickelt. Die Datenreihen, die sich auf Südeuropa beziehen, sind im Übrigen relativ vollständig. In Spanien setzten sie 1933 mit der Einführung der Einkommensteuer ein, weisen aber in der Folge einige Brüche auf; in Italien wurde die Einkommensteuer seit 1923 erhoben, vollständige Auswertungen liegen aber erst seit 1974 vor. Siehe Technischer Anhang.

eine ganz erhebliche Verschärfung der Einkommensungleichheit. Konkret bedeutet dieser Anstieg, dass die 1 % der höchsten Vermögen deutlich schneller gewachsen sind als das Durchschnittseinkommen (ja mehr als deutlich, da der Anteil des obersten Perzentils in Ländern, in denen er von weiter unten gestartet war, um etwa 30 % und mehr gestiegen ist). Für diejenigen, die diese Veränderungen miterlebt haben und in der Zeitung, im Radio, im Fernsehen immer wieder von atemberaubenden Gehaltserhöhungen unter «Supermanagern» hören müssen, ist das bestürzend. Und es ist besonders bestürzend im ökonomischen Kontext der Jahre von 1990 bis 2010, in denen das Durchschnittseinkommen stagniert oder zumindest sehr viel langsamer wächst als in der Vergangenheit.

Die Welt des obersten Tausendstels

Bemerkenswert ist darüber hinaus, dass der Anstieg umso spektakulärer ausfällt, je höher man in der Einkommenshierarchie kommt. Und selbst wenn diese Zuwächse letztlich eine begrenzte Zahl von Personen betreffen – sie sind darum nicht weniger auffällig und werfen natürlich die Frage nach ihrer Rechtfertigung auf. Betrachtet man die Entwicklung, die der Anteil des obersten Tausendstels, also der reichsten 0,1 %, am Nationaleinkommen einerseits in den angelsächsischen Ländern (siehe Grafik 9.5), andererseits in Kontinentaleuropa und Japan (siehe Grafik 9.6) durchlaufen hat, so gibt es offenkundig Differenzen (in den Vereinigten Staaten schwillt der Anteil des obersten Tausendstels von 2 % auf fast 10 % des Nationaleinkommens an, was ein Anstieg ist, wie er nie zuvor und nirgends sonst beobachtet wurde),[1] aber ungeachtet dieser Differenzen auch einen deutlich spürbaren Aufwärtstrend in allen Ländern. In Frankreich und Japan steigt der Anteil des obersten Tausendstels von kaum 1,5 % zu Beginn der 1980er Jahre auf etwa 2,5 % zu Beginn der 2010er Jahre – also auf fast das Zweifache; in Schweden steigt derselbe Anteil im selben Zeitraum von weniger als 1 % auf mehr als 2 % des Nationaleinkommens.

1 Der Anteil des obersten Tausendstels ist in den Vereinigten Staaten zwischen 2000 und 2010 auf über 8 % ohne Berücksichtigung, auf über 12 % unter Berücksichtigung der Veräußerungsgewinne gestiegen. Siehe Technischer Anhang.

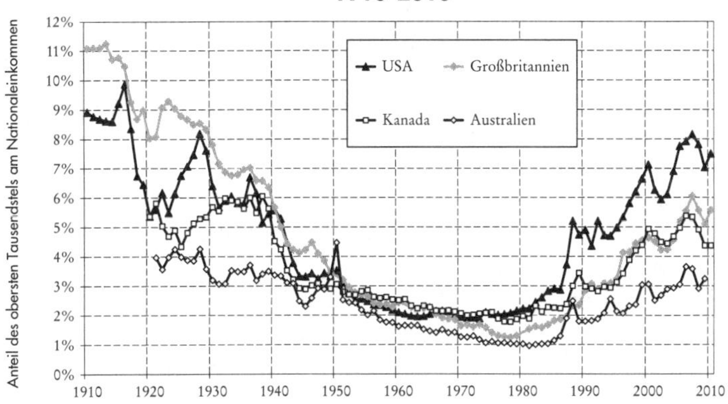

Grafik 9.5.: Der Anteil des obersten Tausendstels (der reichsten 0,1 %) am Nationaleinkommen ist in allen angelsächsischen Ländern seit den 1970er Jahren stark gestiegen.
Quellen und Reihen: siehe piketty.pse.ens.fr/capital21c.

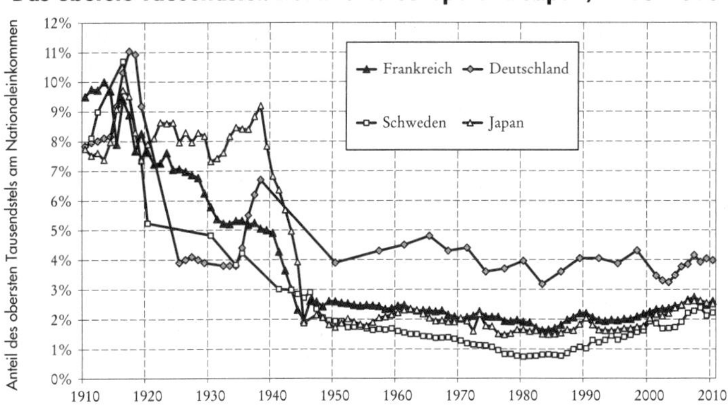

Grafik 9.6.: Im Vergleich zu den angelsächsischen Ländern ist der Anteil des obersten Tausendstels in Kontinentaleuropa und in Japan seit den 1970er Jahren nur wenig gestiegen.
Quellen und Reihen: piketty.pse.ens.fr/capital21c.

Um sich vor Augen zu führen, was diesen Größenordnungen konkret entspricht, muss man sich vergegenwärtigen, dass ein Anteil von 2 % des Nationaleinkommens für 0,1 % der Bevölkerung per definitionem bedeutet, dass jeder aus dieser Gruppe im Durchschnitt über ein Einkommen verfügt, das um das Zwanzigfache über dem Durchschnitt der fraglichen Gesellschaft liegt (also bei 600 000 Euro, wenn das Durchschnittseinkommen 30 000 Euro pro Erwachsenem beträgt). Ein Anteil von 10 % bedeutet, dass jeder aus dieser Bevölkerungsgruppe über das Hundertfache des Durchschnitts verfügt (also über 3 Millionen Euro, wenn das Durchschnittseinkommen sich auf 30 000 Euro beläuft).[1] Verlieren wir auch nicht aus dem Blick, dass die reichsten 0,1 % in einem Land mit 50 Millionen erwachsenen Einwohnern (wie Frankreich zu Beginn der 2010er Jahre) per definitionem eine Gruppe von 50 000 Personen ausmachen. Es handelt sich also um eine Gruppe, die zwar eine sehr kleine Minderheit darstellt (zehnmal kleiner als die 1 %), aber zugleich unübersehbar ihren Platz in der sozialen und politischen Landschaft behauptet.[2] Die entscheidende Tatsache ist, dass diese Gruppe in sämtlichen reichen Ländern – Kontinentaleuropa und Japan eingeschlossen – zwischen 1990 und 2010 eine spektakuläre Steigerung ihrer Kaufkraft erleben durfte – während die durchschnittliche Kaufkraft stagnierte.

Natürlich bleibt diese Explosion der Spitzengehälter unter makroökonomischen Gesichtspunkten in Kontinentaleuropa und Japan bis heute ein Phänomen von begrenzter Tragweite. Der Anstieg der sehr hohen Einkommen ist zweifellos beeindruckend, aber er betrifft für den Augenblick zu wenige, um eine solche Wucht wie in den Vereinigten Staaten entfalten zu können. Konkret heißt das, dass einer Ein-

---

1 Das Einkommen der «0,1 %» in Frankreich oder Japan ist demnach vom Fünfzehnfachen auf das Fünfundzwanzigfache des Durchschnittseinkommens gestiegen (also von 450 000 Euro auf 750 000 Euro bei einem Durchschnittseinkommen von 30 000 Euro), während das Einkommen der «0,1 %» in den Vereinigten Staaten vom Zwanzigfachen auf das Hundertfache gestiegen ist. Diese Größenordnungen sind approximativ, aber sie tragen zur größeren Anschaulichkeit bei und erlauben es, die Phänomene zu den in den Medien häufig erwähnten Vergütungen in Beziehung zu setzen.

2 Auf der Ebene der «1 %» insgesamt ist das Durchschnittseinkommen natürlich deutlich geringer. Ein Anteil von 10 % des Nationaleinkommens für die reichsten 1 % bedeutet per definitionem, dass ihr Durchschnittseinkommen zehn Mal höher ist als das nationale Durchschnittseinkommen. Der Pareto-Koeffizient (auf den wir in Kapitel 10 zu sprechen kommen) erlaubt es, die Anteile der obersten Dezile, Perzentile und Tausendstel zueinander in Beziehung zu setzen: In den Ländern mit schwacher Ungleichheit (wie Schweden in den 1970er Jahren) sind die Angehörigen der obersten 0,1 % im Durchschnitt kaum zweimal reicher als die der obersten 1 %, so dass der Anteil des obersten Tausendstels am Nationaleinkommen kaum ein Fünftel des Anteils des obersten Perzentils beträgt; in den Ländern mit starker Ungleichheit (wie den Vereinigten Staaten zwischen 2000 und 2010), sind sie bis zu fünfundvierzigmal reicher, so dass der Anteil des obersten Tausendstels 40–45 % des Anteils des obersten Perzentils ausmacht.

kommensumverteilung zugunsten der «1 %» von 2–3 Punkten des Nationaleinkommens in Kontinentaleuropa und Japan eine Umverteilung von 10–15 Punkten in den Vereinigten Staaten gegenübersteht – was das Fünf- bis Siebenfache ist.[1]

Auf die einfachste Weise lässt sich die Differenz zwischen den geographischen Zonen wie folgt ausdrücken: In den Vereinigten Staaten hat die Einkommensungleichheit in den Jahren 2000 bis 2010 wieder die Höchststände erreicht, die zwischen 1910 und 1920 zu beobachten waren (wenn auch in einer anderen Form, da die hohen Arbeitseinkommen gegenüber damals eine größere, die hohen Kapitaleinkommen eine kleinere Rolle spielen). In Großbritannien und in Kanada ist sie im Begriff, dies zu tun, während sie in Japan und Kontinentaleuropa zumindest bis heute sehr viel schwächer bleibt als zu Beginn des 20. Jahrhunderts und sich in Wahrheit seit 1945 nur wenig verändert hat, wenn man eine sehr langfristige Perspektive einnimmt. Der Vergleich zwischen den Grafiken 9.2 und 9.3 fällt in dieser Hinsicht besonders deutlich aus.

Das heißt offenkundig nicht, dass die europäischen und japanischen Entwicklungen dieser letzten Jahrzehnte vernachlässigt werden dürften. Im Gegenteil: Der Verlauf gleicht in mancher Hinsicht demjenigen, der in den Vereinigten Staaten zu beobachten ist, mit einer Verspätung von ein oder zwei Jahrzehnten – und nichts zwingt uns zu warten, bis diese Entwicklung die makroökonomische Tragweite entfaltet, die sie in den Vereinigten Staaten tatsächlich schon hat, bevor wir uns darüber Sorgen machen.

Tatsache ist aber, dass die Entwicklung bislang in Kontinentaleuropa und Japan sehr viel schwächer ist als in den Vereinigten Staaten (und, in geringerem Ausmaß, den anderen angelsächsischen Ländern). Das mag uns etwas über die ökonomischen Mechanismen verraten. Die Divergenz zwischen den verschiedenen Regionen der reichen Welt ist umso verblüffender, als der technologische Wandel überall mehr oder weniger derselbe war. Japan, Deutschland, Frankreich, Schweden oder Dänemark wurden von den Fortschritten der Informationstechnologie ebenso ergriffen wie die Vereinigten Staaten, Großbritannien oder Kanada. Auch das Wirtschaftswachstum – genauer: das Produktionswachstum pro Kopf, also die Produktivität – war mit Abweichungen

1 Abhängig davon, ob man die Veräußerungsgewinne berücksichtigt oder nicht. Siehe für die vollständigen Datenreihen den Technischen Anhang.

von ein paar Zehntel Prozent in allen reichen Ländern erkennbar dasselbe, wie wir in den vorherigen Kapiteln sehen konnten.[1] Unter diesen Bedingungen ruft eine so massive Divergenz der Entwicklungen der Einkommensverteilung nach einer Erklärung, die jene Theorie der Grenzproduktivität und des Wettstreits von Technologie und Bildung offenbar nicht bieten kann.

Europa in den Jahren 1900 bis 1910: höhere Ungleichheit als in der Neuen Welt

Einer zu Beginn des 21. Jahrhunderts verbreiteten Vorstellung entgegen war, und das sollte man nicht vergessen, die Ungleichheit in den Vereinigten Staaten nicht immer größer als in Europa. Das Gegenteil trifft zu. Wie wir in den vorherigen Kapiteln schon festgehalten haben, war zu Beginn des 20. Jahrhunderts die Einkommensungleichheit in Europa tatsächlich größer als in den Vereinigten Staaten. Das bestätigen alle Hinweise und historischen Quellen, die uns vorliegen. Zwischen 1900 und 1910 hatte namentlich der Anteil des obersten Perzentils in allen europäischen Ländern 20 % des Nationaleinkommens erreicht oder überschritten (siehe Grafiken 9.2–9.4). Dies gilt nicht allein für Großbritannien, Frankreich und Deutschland, sondern auch für Schweden und Dänemark (die nordischen Länder waren also keineswegs immer Muster an Gleichheit), ja für sämtliche europäische Länder, für die es Schätzungen bezüglich dieses Zeitraums gibt.[2]

Das vergleichbare Niveau der Einkommenskonzentration in allen europäischen Gesellschaften der Belle Époque verlangt natürlich nach einer Erklärung. In Anbetracht der Tatsache, dass die höchsten Einkommen dieser Zeit ganz überwiegend aus Kapitaleinkommen bestanden,[3] muss die Erklärung vor allem in der Vermögenskonzentration

---

1 Vgl. insbesondere Kapitel 5, Tabelle 5.1.

2 In Schweden und Dänemark sind in einzelnen Jahren zwischen 1900 und 1910 sogar Anteile der «1 %» zu verzeichnen, die sich auf 25 % des Nationaleinkommens belaufen und damit über den im Vereinigten Königreich, in Frankreich oder in Deutschland zu beobachtenden Niveaus liegen (wo der Höchststand eher bei 22–23 % liegt). In Anbetracht der lückenhaften Quellen ist es freilich nicht sicher, dass diese Abstände wirklich signifikant sind. Siehe Technischer Anhang.

3 Das gilt auch von allen anderen Ländern, für die uns ähnliche Daten wie jene, die wir für Frankreich und die Vereinigten Staaten im letzten Kapitel dargestellt haben, über die

gesucht werden. Weshalb gab es in Europa um 1900 bis 1910 eine so hohe Vermögenskonzentration?

Es ist bemerkenswert, dass die Ungleichheit nicht allein in den Vereinigten Staaten und Kanada (mit Anteilen von etwa 16–18 % des Nationaleinkommens für das oberste Perzentil zu Beginn des 20. Jahrhunderts), sondern auch und vor allem in Australien und Neuseeland (mit Anteilen von etwa 11–12 %) weniger stark als in Europa war. Offenbar war also die gesamte Neue Welt, und das gilt vollends von den neueren, noch nicht lange besiedelten Gebieten der Neuen Welt, weniger von Ungleichheit geprägt als das alte Europa der Belle Époque.

Ebenso bemerkenswert ist, dass in Japan, trotz aller sozialer und kultureller Differenzen, die es von Europa trennen, mit ungefähr 20 % des Nationaleinkommens für das oberste Perzentil zu Beginn des 20. Jahrhunderts offenbar eine ähnlich hohe Ungleichheit herrschte. Die vorliegenden Daten lassen keinen so vollständigen Vergleich zu, wie es wünschenswert wäre, aber alles weist darauf hin, dass Japan der Struktur wie dem Ausmaß der Ungleichheiten nach durchaus zu derselben «Alten Welt» gehört wie das alte Europa. Erstaunlich sind auch die Übereinstimmungen zwischen Japan und Europa, die sich im ganzen 20. Jahrhundert beobachten lassen (siehe Grafik 9.3).

Wir werden weiter unten auf die Gründe der hohen Vermögenskonzentration zurückkommen, aber auch auf die Veränderungen, die im Laufe des 20. Jahrhunderts in den einzelnen Ländern zu einer Dekonzentration führen. Wir werden insbesondere sehen, dass für die höhere Vermögensungleichheit in Europa und Japan insbesondere das schwächere Bevölkerungswachstum verantwortlich ist, das gleichsam automatisch zu stärkerer Kapitalakkumulation und Kapitalkonzentration führt.

Heben wir auf diesem Stand nur die Tragweite der Veränderungen hervor, durch die sich die Verhältnisse zwischen den Ländern und Kontinenten umgekehrt haben. Noch deutlicher tritt dies zweifellos hervor, betrachtet man die Entwicklung des Anteils des obersten Dezils am Nationaleinkommen. Wir haben in Grafik 9.7 die Entwicklungen dargestellt, die der Anteil des obersten Dezils in den Vereinigten Staaten und in vier europäischen Ländern (Großbritannien,

---

Einkommensstruktur in Abhängigkeit vom Einkommensniveau vorliegen (vgl. Grafiken 8.3, 8.4, 8.9 und 8.10).

Frankreich, Deutschland, Schweden) seit Beginn des 20. Jahrhunderts genommen hat. Um die Aufmerksamkeit auf die langfristige Entwicklung zu lenken, haben wir die 10-Jahres-Durchschnitte abgebildet.[1]

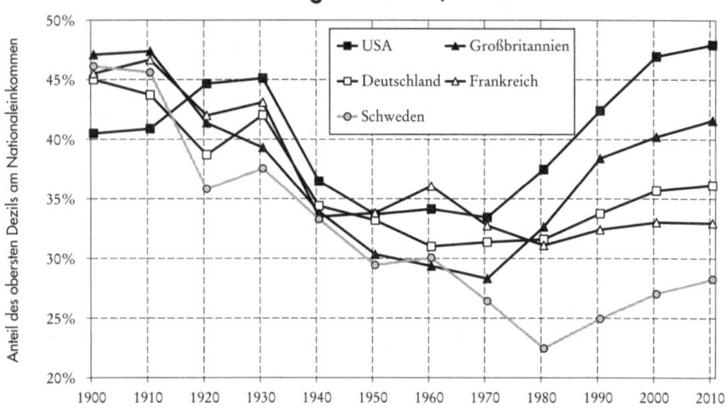

Grafik 9.7.: In den Jahren 1950 bis 1970 beträgt der Anteil des obersten Dezils in Europa und in den USA 30–35 % des Nationaleinkommens.
Quellen und Reihen: siehe piketty.pse.ens.fr/capital21c.

Wie sich zeigt, lag am Vorabend des Ersten Weltkriegs der Anteil des obersten Dezils in allen europäischen Ländern bei 45–50 % des Nationaleinkommens, gegenüber etwas mehr als 40 % in den Vereinigten Staaten. Dagegen fällt nach den Weltkriegen die Ungleichheit in den Vereinigten Staaten etwas stärker aus als in Europa. Auf beiden Kontinenten ist im Gefolge der Schocks zwischen 1914 und 1945 der Anteil des obersten Dezils etwas zurückgegangen, aber der Rückgang fällt in Europa (wie in Japan) deutlicher aus, was natürlich daher rührt, dass die Schocks, von denen die Vermögen betroffen waren, sehr viel massiver waren. Zwischen 1950 und 1970 bleibt der Anteil des obersten Dezils einigermaßen stabil und liegt in den Vereinigten Staaten und Europa relativ eng beieinander, bei etwa 30–35 % des Nationaleinkommens. Danach führt die sehr starke Divergenz, die sich zwischen 1970 und 1980 abzeichnet, zu folgender Situation: In den Jahren 2000 bis 2010 steigt der Anteil des obersten Dezils in den

1 Vgl. Grafik S9.6 für denselben Verlauf mit jährlichen Datenreihen. Die Datenreihen für die anderen Länder sind vergleichbar und online verfügbar.

Die Ungleichheit der Einkommen: Europa und die Vereinigten Staaten, 1900–2010

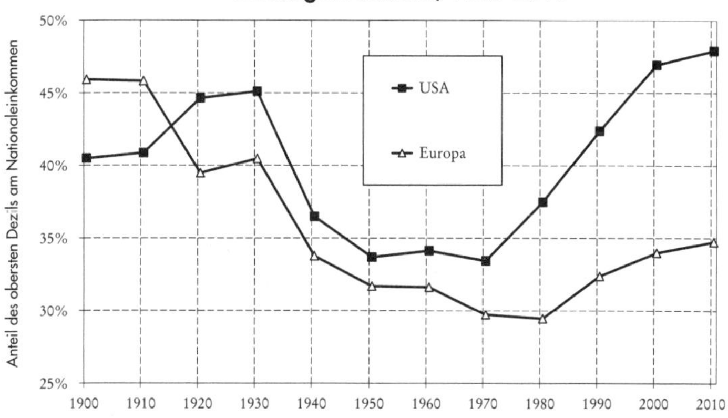

Grafik 9.8.: Der Anteil des obersten Dezils am Nationaleinkommen war 1900–1910 in Europa höher; 2000 bis 2010 ist er hingegen in den USA deutlich höher.
Quellen und Reihen: siehe piketty.pse.ens.fr/capital21c.

Vereinigten Staaten auf 45–50 % des Nationaleinkommens, also auf annähernd dasselbe Niveau, das in Europa von 1900 bis 1910 geherrscht hatte. Die Unterschiede zwischen den einzelnen europäischen Ländern sind ihrerseits erheblich und reichen von der stärksten Ungleichheit (mehr als 40 % des Nationaleinkommens für das oberste Dezil in Großbritannien) über zwei Fälle mittlerer Ungleichheit (etwa 35 % in Deutschland und Frankreich) bis zur schwächsten Ungleichheit (weniger als 30 % in Schweden).

Errechnet man (etwas missbräuchlich) ausgehend von diesen vier Ländern einen Mittelwert für Europa, so fällt der Vergleich zwischen den beiden Kontinenten besonders deutlich aus: die Ungleichheit in den Vereinigten Staaten war von 1900 bis 1910 schwächer, von 1950 bis 1960 etwas stärker, und von 2000 bis 2010 sehr viel stärker als in Europa (siehe Grafik 9.8).[1]

Jenseits dieser allgemeinen langfristigen Entwicklung gibt es selbstverständlich zahlreiche nationale Sonderverläufe mit interessanten

1 Grafik 9.8 zeigt einfach den arithmetischen Durchschnitt der vier Länder in Grafik 9.7. Diese vier Länder sind ausgesprochen repräsentativ für das übrige Europa. Die Entwicklung sähe kaum anders aus, würde man die anderen Länder Nord- und Südeuropas berücksichtigen, für die uns Daten vorliegen, oder die Daten nach dem Nationaleinkommen jedes einzelnen Landes gewichten. Siehe Technischer Anhang.

kurzfristigen und mittelfristigen Schwankungen, die insbesondere mit den Besonderheiten der sozialen und politischen Entwicklungen in den einzelnen Ländern zu tun haben, wie wir in unserer detaillierteren Analyse des Wandels der Ungleichheiten in Frankreich und den Vereinigten Staaten im letzten Kapitel sehen konnten. Wir können eine solche Analyse hier nicht für jedes einzelne Land vorlegen.[1]

Erwähnen wir nur, dass die Zwischenkriegszeit sich praktisch überall als besonders tumultuös und chaotisch darstellt, auch wenn die Chronologien von Land zu Land variieren. In Deutschland folgte die Inflation rasch auf die militärische Niederlage, ein paar Jahre später ergreifen die Nationalsozialisten die Macht, nachdem die globale Depression das Land in die Krise gestürzt hat. Bemerkenswert ist, dass der Anteil des obersten Perzentils zwischen 1933 und 1938 in Deutschland, ganz anders als in den anderen Ländern, stark zunimmt. Darin spricht sich nicht nur die Erholung der Industriegewinne aus (angekurbelt durch den Waffenbedarf des Staates), sondern die für die Zeit des Nationalsozialismus charakteristische Wiederherstellung der Einkommenshierarchien. Halten wir auch fest, dass für Deutschland seit den 1950er Jahren ein Niveau des obersten Perzentils – und vollends des obersten Tausendstels – charakteristisch scheint, das deutlich höher liegt als in den meisten anderen europäischen Ländern (insbesondere höher als in Frankreich) und in Japan, während das Niveau der Ungleichheit insgesamt sich kaum unterscheidet – ein Phänomen, für das es eine Reihe möglicher Erklärungen gibt, zwischen denen sich nur schwer eine Entscheidung treffen lässt (wir kommen darauf zurück).

In diesem Zusammenhang muss auch betont werden, dass die Daten der deutschen Finanzbehörden gravierende Lücken aufweisen, die sich größtenteils der bewegten Geschichte des Landes im 20. Jahrhundert verdanken und es erschweren, Licht ins Dunkel aller Entwicklungen zu bringen und exakte Vergleiche mit den übrigen Ländern anzustellen. Die Einkommensteuer wird in den meisten deutschen Staaten relativ früh eingeführt – seit den 1880er Jahren –, namentlich

1 Interessierten Lesern seien die Untersuchungen empfohlen, die wir für vierundzwanzig Länder in zwei 2007 und 2010 veröffentlichten Bänden vorgelegt haben. Vgl. A. Atkinson, T. Piketty: *Top Incomes over the 20th Century: A Contrast Between Continental-European and English-Speaking Countries*, Oxford: Oxford University Press 2007; *Top Incomes: A Global Perspective*, Oxford: Oxford University Press 2010.

in Preußen und in Sachsen. Aber die Gesetzgebung wird ebenso wie die Steuerstatistiken erst am Vorabend des Ersten Weltkriegs für ganz Deutschland vereinheitlicht. Danach weisen die statistischen Quellen häufige Brüche in den 1920er Jahren auf, bevor sie von 1938 bis 1950 komplett ausfallen, so dass es unmöglich ist, die Entwicklung der Einkommensverteilung während des Zweiten Weltkriegs und der Zeit gleich nach dem Krieg zu erforschen.

Darin unterscheidet sich Deutschland deutlich von den anderen Ländern, die stark in den Konflikt involviert waren, namentlich von Japan und Frankreich, deren Steuerbehörden während der Kriegsjahre nicht aufgehört hatten, die gleichen statistischen Auswertungen vorzunehmen wie zuvor, ohne jede Unterbrechung, als sei nichts geschehen. Zieht man aus den Erfahrungen der anderen Länder, insbesondere Japan und Frankreich (die sich in dieser Hinsicht sehr gleichen), Rückschlüsse auf Deutschland, so ist es wahrscheinlich, dass der Anteil der hohen Einkommen am Gesamteinkommen seinen Tiefpunkt 1945 erreicht hat («Stunde Null», in der von den Vermögen und Vermögenseinkommen kaum etwas blieb), bevor er seit 1946/47 wieder stark zunahm. Jedenfalls hat, als die Steuerstatistiken für Deutschland wieder vorliegen, die Einkommenshierarchie dort ihr Niveau von 1938 teilweise schon wieder erreicht. Mehr lässt sich mangels vollständiger Daten nur schwer sagen. Abgesehen davon, dass die Steuerstatistiken in Deutschland nur alle drei Jahre und nicht, wie in den meisten anderen Ländern, jährlich erstellt werden, wird eine genauere Erforschung des deutschen Falls auch durch die häufigen territorialen Verschiebungen erschwert, die das Land im letzten Jahrhundert erlebt hat.[1]

1 Für eine – trotz der dürftigen Datenlage – eingehendere Analyse der Entwicklung von Ungleichheiten in Deutschland vgl. F. Dell: *L'Allemagne inégale. Inégalités de revenus et de patrimoine en Allemagne, dynamique d'accumulation du capital et taxation de Bismarck à Schröder 1870–2005*, Paris: École des Hautes Études en Sciences Sociales 2008.

Ungleichheit in den Schwellenländern – schwächer als in den Vereinigten Staaten

Wenden wir uns nun dem Fall der Entwicklungs- und Schwellenländer zu. Leider werden die historischen Quellen, die eine Erforschung der langfristigen Verteilung von Reichtümern erlauben, sehr viel unergiebiger, sobald man die reichen Länder verlässt. Gleichwohl gibt es eine Reihe von Entwicklungs- und Schwellenländern, in denen man auf Steuerstatistiken zurückgreifen kann, die sich über längere Zeiträume erstrecken und einen – approximativen – Vergleich mit den Erkenntnissen erlauben, die wir für die Industrieländer gewonnen haben. Gleich nach der Einführung einer progressiven Einkommensteuer im eigenen Land hat Großbritannien sich entschieden, in mehreren seiner Kolonien ein Gleiches zu tun. So wurde eine Einkommensteuer – ihrer Anlage nach nicht weit entfernt von der 1909 in Großbritannien eingeführten Steuer – 1913 in Südafrika und 1922 auch in Indien (unter Einschluss des heutigen Pakistan) ins Leben gerufen. Der niederländische Kolonialherr tat dasselbe, indem er ab 1920 in Indonesien eine Einkommensteuer erhob. Auch mehrere südamerikanische Länder führten in der Zeit zwischen den Weltkriegen eine Einkommensteuer ein, zum Beispiel Argentinien um 1932. Für diese vier Länder – Südafrika, Indien, Indonesien und Argentinien – liegen uns daher Steuerstatistiken vor, die jeweils bis 1913, 1922, 1920 und 1932 zurückreichen und sich bis in die Gegenwart erstrecken. Diese Daten unterscheiden sich ihrer Natur nach nicht von denen, die uns für die reichen Länder vorliegen, und können mit den gleichen Methoden erschlossen werden, insbesondere durch Schätzungen des Nationaleinkommens, die für diese Länder seit Anfang des 20. Jahrhunderts durchgeführt wurden.

Die durchgeführten Schätzungen sind in Grafik 9.9 dargestellt. Einige Punkte verdienen es, besonders hervorgehoben zu werden. Das bemerkenswerteste Ergebnis liegt zweifellos darin, dass die Größenordnungen, in denen sich der Anteil des obersten Perzentils am Nationaleinkommen in den Entwicklungs- und Schwellenländern bewegt, bei erster Sichtung extrem nahe bei denen liegen, die in den Industrieländern zu beobachten sind. Während der Phasen, in denen die größte Ungleichheit herrscht, insbesondere in der ersten Hälfte des 20. Jahrhunderts, von 1910 bis 1950, verfügt das oberste Perzentil in allen vier untersuchten Ländern über etwas mehr oder weniger als 20 % des Nationaleinkommens: 15–18 % in Indien und 22–25 % in Südafrika, Indonesien und Argentinien. Während der Phasen, in denen die größte Gleichheit herrscht, und das sind im wesentlichen die Jahre zwischen 1950 und 1980, fällt der Anteil des obersten Perzentils auf Niveaus, die je nach Land zwischen 6 % und 12 % liegen (kaum 5–6 % in Indien, 8–9 % in Indonesien und Argentinien, 11–12 % in Südafrika). Seit den 1980er Jahren bewegt sich der Anteil des obersten Perzentils fast überall wieder nach oben, um in den 2000er Jahren ungefähr 15 % des Nationaleinkommens zu erreichen (etwa 12–13 % in Indien und Indonesien, und 16–18 % in Südafrika und Argentinien).

Wir haben in Grafik 9.9 außerdem zwei Länder dargestellt, in denen die verfügbaren Steuerstatistiken nur einen Blick auf die Entwicklungen seit Mitte der 1980er und Anfang der 1990er Jahre erlauben: China und Kolumbien.[1] In China ist ein starker Anstieg des Anteils des obersten Perzentils in den letzten Jahrzehnten zu beobachten, der freilich von einem relativ niedrigen, beinahe dem skandinavischen entsprechenden Stand Mitte der 1980er Jahre seinen Ausgang nimmt: weniger als 5 % des Nationaleinkommens für das oberste Perzentil, glaubt man den verfügbaren Quellen – was nicht sonderlich überraschend ist, da es sich um ein kommunistisches Land handelt, das sich durch eine sehr komprimierte Lohnhierarchie und die fast völlige Abwesenheit von Einkommen aus privatem Kapital auszeichnet. Nach der Liberalisierung der Wirtschaft in den 1980er Jahren und im Zuge des beschleunigten Wachstums zwischen 1990 und 2000 steigt die Ungleichheit in China rasch an. Dennoch liegt nach unseren Schätzungen der Anteil des obersten Perzentils in den 2000er Jahren bei etwa 10–11 % des Nationaleinkommens, also auf einem Stand, der niedriger als in Indien und Indonesien ist (wo er bei 12–14 % liegt, also ungefähr auf demselben Stand wie in Großbritannien oder in

1 Eine Einkommensteuer im eigentlichen Sinne hat es in China vor 1980 nicht gegeben. Daher gibt es auch keine Quelle, die es erlauben würde, die dortige Entwicklung der Einkommensungleichheit im gesamten 20. Jahrhundert zu untersuchen (die hier vorgelegten Datenreihen reichen bis 1986 zurück). Für Kolumbien reichen die Steuerdaten, die wir bis heute zusammengetragen haben, nur bis 1993 zurück, aber eine Einkommensteuer hat es auch vorher schon gegeben und es ist durchaus möglich, dass wir schließlich noch ältere Daten finden (die Steuerdaten wurden in mehreren südamerikanischen Ländern relativ schlecht archiviert).

Kanada) und deutlich niedriger als in Südafrika und Argentinien (16–18 %, also fast so viel wie in den Vereinigten Staaten).

Kolumbien zählt dagegen zu den Ländern mit der größten Ungleichheit, die in der *World Top Incomes Database* erfasst sind: Der Anteil des obersten Perzentils liegt während der gesamten Zeit von 1990 bis 2010 bei etwa 20 % des Nationaleinkommens, ohne dass sich ein klarer Trend erkennen ließe (siehe Grafik 9.9). Das ist eine Ungleichheit, die noch über dem von den Vereinigten Staaten von 2000 bis 2010 erreichten Niveau liegt – zumindest dann, wenn man die Veräußerungsgewinne außer Acht lässt. Unter Berücksichtigung der Veräußerungsgewinne liegen die Vereinigten Staaten in den letzten zehn Jahren leicht vor Kolumbien.

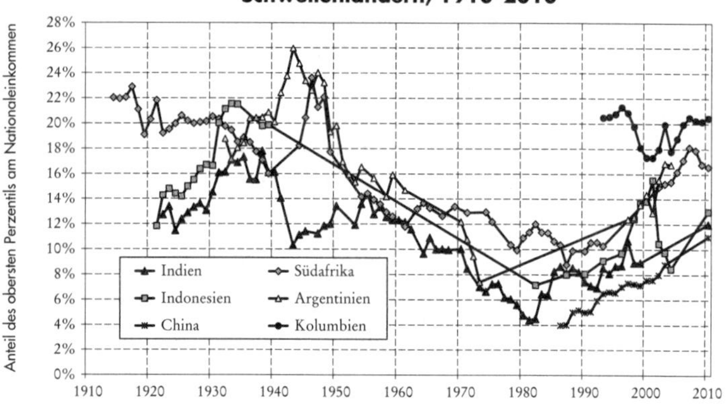

Grafik 9.9.: Nimmt man den Anteil des obersten Perzentils zum Maßstab, hat die Ungleichheit der Einkommen in den Schwellenländern seit den 1980er Jahren zwar zugenommen, liegt 2000 bis 2010 jedoch unter dem amerikanischen Niveau.
Quellen und Reihen: siehe piketty.pse.ens.fr/capital21c.

Einmal mehr ist freilich zu betonen, dass die Daten, auf deren Grundlage wir die Dynamik der Verteilung von Reichtümern in den Entwicklungs- und Schwellenländern nur einschätzen können, zu unzulänglich sind, um wirklich befriedigende Vergleiche mit den Industrieländern zuzulassen. Die Größenordnungen, die wir angegeben haben, sind die verbindlichsten, zu denen wir in Anbetracht der Quellenlage kommen konnten – aber die Wahrheit ist, dass unsere Kenntnisse recht dürftig bleiben. In den wenigen Schwellenländern, für die uns überhaupt Steuerdaten seit den ersten Jahrzehnten des 20. Jahrhunderts vorliegen, sind die Daten vielfach lückenhaft und brechen gerade in den Jahren von 1950 bis 1970 häufig ab, nachdem Kolonien wie Indonesien ihre Unabhängigkeit erlangt hatten. Wir bemühen uns derzeit darum, in unserer Datenbank eine Reihe anderer Länder zu erfassen, namentlich solche, die zu den ehemaligen britischen und französischen Kolonien in Indochina, Nordafrika, Zentralafrika und Westafrika zählen – aber es ist oft nicht ganz leicht, den Zusammenhang zwischen den Daten aus der Kolonialzeit und den heutigen Steuerstatistiken herzustellen.[1]

Zudem wird die Relevanz der Steuerdaten, sofern sie überhaupt vorliegen, dadurch eingeschränkt, dass in den weniger entwickelten Ländern häufig nur eine kleine Minderheit überhaupt von der Einkommensteuer betroffen ist, so dass sich zum Beispiel der Anteil des obersten Perzentils, nicht aber des obersten Dezils am Gesamteinkommen einschätzen lässt. Wo die Daten es zulassen, wie für bestimmte Unterperioden in Südafrika, lassen sich Höchststände für den Anteil des obersten Dezils ausmachen, die bei 50–55 % des Nationaleinkommens liegen, also den höchsten Ungleichheitsniveaus entsprechen, die in den reichen Ländern je erreicht wurden (im Europa von 1900 bis 1910 oder den Vereinigten Staaten von 2000 bis 2010), ja noch leicht darüber liegen.

Im Übrigen fällt seit 1990 eine gewisse Ausdünnung der verfügbaren Steuerstatistiken auf. Das liegt teilweise an der Einführung digitaler Steuerdateien, die häufig dazu geführt haben, dass die Behörden auf die Veröffentlichung detaillierter Statistiken verzichten, wie sie für die Zeit vorlagen, in der sie selbst darauf angewiesen waren. Paradoxerweise kann es dadurch mit dem Anbruch des Informationszeitalters zu einem Versiegen der Informationsquellen kommen (dasselbe Phänomen ist übrigens auch in den reichen Ländern zu beobachten).[2] Vor allem hängt jene Verschlechterung der Datenlage aber mit einem bestimmten Desinteresse an der progressiven Einkom-

1 Die Liste der laufenden Projekte ist auf der Seite der *World Top Incomes Database* verfügbar.

2 Soweit man auf die Steuerdateien zugreifen kann, stellt die Digitalisierung durchaus eine Verbesserung der Informationslage dar. Sind sie aber unzugänglich oder schlecht archiviert (und das kommt häufig vor), kann das Verschwinden statistischer Veröffentlichungen in Papierform in vielen Fällen zum fiskalischen und historischen Gedächtnisverlust führen.

mensteuer überhaupt zusammen, das in den internationalen Organisationen ebenso erkennbar ist wie in bestimmten Regierungen.[1] Ein besonders emblematischer Fall ist Indien, das seit Anfang der 2000er Jahre völlig auf eine detaillierte Auswertung von Einkommensteuerdaten verzichtet, wie sie doch seit 1922 lückenlos vorlagen. Das führt zu der merkwürdigen Konsequenz, dass sich die Entwicklung der hohen Einkommen in Indien zu Beginn dieses Jahrhunderts schwerer ermitteln lässt als ihre Entwicklung im letzten Jahrhundert.[2]

Dieser Mangel an Information und demokratischer Transparenz ist umso bedauerlicher, als sich die Frage nach der Verteilung des Wohlstands und der Früchte des Wirtschaftswachstums in den Entwicklungs- und Schwellenländern mit mindestens ebenso großer Dringlichkeit stellt, wie sie es in den Industrieländern tut. Zu betonen ist auch, dass die sehr hohen offiziellen Wachstumsraten, die in den Schwellenländern, namentlich in Indien und China, für die letzten Jahrzehnte verzeichnet werden, fast ausschließlich auf Produktionsstatistiken beruhen. Versucht man unter Rückgriff auf Haushaltsbefragungen das Einkommenswachstum zu messen, lassen sich die veröffentlichten makroökonomischen Wachstumsraten oft nur schwer wiederfinden. Die indischen und chinesischen Einkommen sind gewiss rasch gestiegen – aber doch deutlich langsamer, als aus den offiziellen Wachstumsstatistiken verlautet. Dieses Paradox eines «schwarzen Lochs» des Wachstums in den Schwellenländern ist ganz offenkundig ein Problem. Es mag von einer Überschätzung des Produktionswachstums (es gibt vielfache administrative Anreize, dies zu tun) oder von einer Unterschätzung des Einkommenszuwachses (Haushaltserhebungen haben auch ihre Mängel) oder, wahrscheinlicher, von beidem herrühren. Und es kann auch insbesondere daran liegen, dass die höchsten Einkommen – die von den Steuerstatistiken besonders schlecht erfasst werden – einen unverhältnismäßig hohen Teil des Produktionswachstums verschlungen haben.

---

1 Je mehr die Steuer sich der reinen Proportionalsteuer nähert, desto weniger Bedarf besteht auch an detaillierten Informationen über Einkommensgruppen. Wir werden im vierten Teil auf die eigentlichen Veränderungen des Steuersystems zurückkommen – hier ist nur daran zu erinnern, dass die Erkenntnisinstrumente selber von ihnen nicht unberührt bleiben.

2 Die in Grafik 9.9 vorgelegten Ergebnisse für das Jahr 2010 beruhen auf außerordentlich unvollständigen Daten über die Vergütungen von Unternehmensführern und müssen als erste Näherung betrachtet werden.

Für den Fall Indiens lässt sich auf Grundlage der versteuerten Einkommen vermuten, dass allein der wachsende Anteil des obersten Perzentils am Nationaleinkommen zwischen einem Viertel und einem Drittel jenes «schwarzen Lochs» des Wachstums zwischen 1990 und 2000 erklärt.[1] Angesichts der Verkümmerung der Steuerstatistiken seit 2000 lässt sich die soziale Verteilung des Wachstums nicht länger exakt nachvollziehen. Für den Fall Chinas fallen die von den Steuerbehörden erstellten Statistiken noch dürftiger aus als in Indien und bezeugen die völlige Abwesenheit jeder Transparenz in dieser Sache seitens der chinesischen Behörden. Auf dem gegenwärtigen Erkenntnisstand sind die in Grafik 9.9 vorgelegten Schätzungen das Verlässlichste, was man erreichen kann.[2] Es ist dringend nötig, dass die Regierungen beider Länder, wie übrigens alle anderen auch, die entsprechenden Daten der Öffentlichkeit vollständig zugänglich machen. Falls dies geschehen sollte, könnte sich herausstellen, dass die Ungleichheit in Indien und China schneller gewachsen ist als man gedacht hätte.

Wo immer die Versäumnisse der Steuerbehörden in den Entwicklungs- und Schwellenländern liegen mögen – aus den auf der Grundlage der Einkommensteuererklärungen erhobenen Daten ergeben sich Schätzungen der Höhe der Spitzeneinkommen, die sehr viel höher (und realistischer) sind als diejenigen, die auf den Haushaltsbefragungen beruhen. So lässt sich zum Beispiel anhand der Einkommensteuererklärungen feststellen, dass das oberste Perzentil allein 20 % des Nationaleinkommens in Kolumbien (und fast 20 % in Argentinien) besitzt. Es ist durchaus möglich, dass die tatsächliche Ungleichheit noch höher liegt. Dass aber, wie die Haushaltsbefragungen derselben Länder es suggerieren, die höchsten Einkommen oft kaum das Vier- oder Fünffache des Durchschnittseinkommens betragen sollen (als sei niemand wirklich reich), so dass diesen Quellen zufolge der Anteil des

1 Vgl. A. Banerjee, T. Piketty: «Top Indian incomes, 1922–2000», *World Bank Economic Review* 19 (2005), S. 1–20. Vgl. auch dies.: «Are the rich growing richer? Evidence from Indian tax data», A. Deaton, V. Kozel (Hg.): *Data and Dogma: the Great Indian Poverty Debate*, New Delhi: MacMillan 2005, S. 598–611. Das «schwarze Loch» macht fast die Hälfte des Gesamtwachstums in Indien zwischen 1990 und 2000 aus. Das Pro-Kopf-Einkommen hat den Volkswirtschaftlichen Gesamtrechnungen zufolge um 4 % jährlich, den Haushaltsberichten zufolge aber um kaum mehr als 2 % jährlich zugenommen. Es geht also um einen beträchtlichen Einsatz.

2 Siehe Technischer Anhang

obersten Perzentils im Allgemeinen unter 5 % des Nationaleinkommens läge, nimmt sich nicht besonders glaubhaft aus. Man sieht, wie sehr die Haushaltserhebungen – häufig die einzige Quelle, die von den internationalen Organisationen (namentlich der Weltbank) herangezogen wird – das Ihre zu einem verzerrten und künstlich befriedeten Bild von der Wohlstandsverteilung beitragen. Solange die offiziellen Schätzungen sich nicht entschließen, die Daten aus solchen Erhebungen durch eine systematische Auswertung von Steuerstatistiken und anderen amtlichen Quellen zu ergänzen, wird sich nicht glaubhaft nachvollziehen lassen, wie die makroökonomischen Wachstumsraten sich auf die verschiedenen sozialen Gruppen und die verschiedenen Dezile und Perzentile der Einkommenshierarchie verteilen – in den Entwicklungs- und Schwellenländern so wenig wie in den reichen Ländern.

Die Illusion der Grenzproduktivität

Kommen wir auf die Explosion der Lohnungleichheiten zurück, die sich seit 1970 in den Vereinigten Staaten (und in geringerem Ausmaß in Großbritannien und in Kanada) beobachten lässt. Wie sich gezeigt hat, bietet die Theorie der Grenzproduktivität und des Wettlaufs zwischen Bildung und Technologie keine überzeugende Erklärung für diese Explosion. Der Höhenflug der Spitzengehälter war nicht nur mit deren extremer Konzentration innerhalb des obersten Perzentils (ja des obersten Tausendstels) verbunden, sondern er hat auch in bestimmten Ländern stattgefunden und blieb in anderen aus (Japan wie Kontinentaleuropa sind fürs Erste sehr viel weniger von ihm betroffen als die Vereinigten Staaten), während die technologischen Veränderungen doch etwas sind, von dem die Spitze der Qualifikationshierarchie insgesamt betroffen sein sollte – und dies in allen Ländern mit vergleichbarem Entwicklungsstand. Die Tatsache, dass die Einkommensungleichheit in den Vereinigten Staaten innerhalb der Jahre 2000 bis 2010 ein höheres Niveau erreicht, als es in den Entwicklungs- und Schwellenländern verschiedener Phasen zu beobachten ist – zum Beispiel ein höheres als in Indien oder Südafrika von 1920 bis 1930, 1960 bis 1970 oder 2000 bis 2010 –, weckt ihrerseits Zweifel an einer Erklärung, die sich allein auf die objektive Ungleichheit der jeweiligen Produktivität stützt. Ist es wirklich so, dass die fundamentale Ungleichheit der Qualifikationen in den Vereinigten Staaten zu Beginn dieses Jahrhunderts so viel stärker ist als beispielsweise in einem noch halb analphabetischen Indien vor zwanzig Jahren (oder selbst dem heutigen Indien), so viel stärker auch als in Südafrika während der Apartheid (oder danach)? Wenn dem so wäre, dann wäre dies auch eine höchst beunruhigende Nachricht für das amerikanische Bildungssystem. Dass es verbesserungswürdig ist und sich weiteren Bevölkerungsschichten öffnen sollte, steht außer Frage – aber einen so beschämenden Zustand wird man ihm doch nicht nachsagen wollen.

Die Erklärung für den Höhenflug der amerikanischen Spitzenvergütungen, die mir am überzeugendsten scheint, ist eine andere. Angesichts der Funktionen, die Spitzenmanager großer Unternehmen zu erfüllen haben, mutet schon der Gedanke, solche Gehälter könnten durch ihre individuelle «Produktivität» objektiv begründet sein, ein wenig naiv an. Für Funktionen, die sich duplizieren lassen, zum Beispiel für einen zusätzlichen Arbeiter oder Kellner, mag man die von ihm erzielte «Grenzproduktivität» ungefähr abschätzen können – wenngleich nur bei hoher Abweichungstoleranz, wie sich oben gezeigt hat. Sobald es aber um einmalige oder quasi-einmalige Funktionen geht, fällt die potentielle Abweichung sehr viel beträchtlicher aus. Führt man die Hypothese der «unvollkommenen Information», die nirgends angemessener sein könnte als hier, in die ökonomischen Standardmodelle ein, so erweist sich der Begriff der «individuellen Grenzproduktivität» selber als unscharf und nicht weit davon entfernt, bloße ideologische Konstruktion zur Rechtfertigung von Ausnahmestellungen zu sein.

Stellen wir uns, um das zu konkretisieren, ein großes internationales Unternehmen vor, das weltweit 100 000 Personen beschäftigt und einen Jahresumsatz von 10 Milliarden Euro, also 100 000 Euro pro Beschäftigtem hat. Nehmen wir weiter an, Waren- und Dienstleistungskäufe machten die Hälfte dieses Umsatzes aus (was ein für die Wirtschaft typisches Verhältnis ist), so dass sich der Mehrwert dieses Unternehmens – also das, was es zur Vergütung der Arbeit und des unmittelbar eingesetzten Kapitals aufwenden kann – auf 5 Milliarden, also 50 000 Euro pro Beschäftigtem beläuft. Um das Gehalt des Finanzvorstands festzusetzen (oder seiner Mitarbeiter oder des Marketingdirektors und seiner Abteilung, etc.), müsste man prinzipiell seine Grenzproduktivität einschätzen, das heißt seinen Beitrag zu jenen 5 Milliarden Euro Mehrwert. Liegt dieser Beitrag bei 100 000, bei 500 000, bei 5 Millionen Euro pro Jahr? Es ist offenbar unmöglich, diese Frage präzise und objektiv zu beantworten. Gewiss könnte man eine Versuchsreihe starten, indem man mehrere Finanzvorstände zur Probe einstellt, jeden für ein paar Jahre, und zu bestimmen versucht, was genau der Beitrag des besagten Vorstands zu jenem Umsatz von 10 Milliarden Euro ist. Wie unschwer zu sehen, wäre die vorgenommene Schätzung zwangsläufig hochgradig approximativ, mit einer Abweichungstoleranz, die weit über dem Maximalgehalt läge, das für diesen Posten in Betracht kommt. Und das selbst unter extrem stabilen wirtschaftlichen Rahmenbedingungen,[1] also selbst dann, wenn man außer Acht lässt, dass in einer Umgebung, in der die Konturen des Unternehmens und mit ihnen die exakte Funktionsbeschreibung jedes einzelnen Beschäftigten sich ständig neu definieren, jene experimentelle Einschätzung ein offenbar hoffnungsloses Unterfangen ist.

Wie werden aber angesichts dieser kognitiven Schwierigkeiten und dieses Informationsdefizits solche Vergütungen tatsächlich festgesetzt? Im Allgemeinen obliegt das Vorgesetzten, und diese wiederum entscheiden über ihre eigenen sehr hohen Gehälter selber – oder es tun dies Vergütungsausschüsse, deren Mitglieder, meist Führungskräfte anderer großer Gesellschaften, vergleichbare Gehälter beziehen Manchmal sind auch die Hauptversammlungen der Aktionäre zuständig, aber deren Entscheidungen betreffen zumeist nur eine kleine Zahl von Direktorenposten, nicht die ganze Führungsriege. Da es unmöglich ist, den Beitrag jedes einzelnen zur Produktion des Unternehmens exakt zu beziffern, sind jedenfalls die Entscheidungen, die in einem solchen Verfahren getroffen werden, größtenteils willkürlich und hängen von den Machtverhältnissen wie dem Verhandlungsgeschick der Beteiligten ab. Man wird niemandem zu nahe treten, wenn man Leuten, die über das eigene Gehalt zu befinden haben, eine ge-

1 Tatsächlich besteht das Hauptergebnis der ökonomischen Modelle optimaler Versuchsplanung unter Bedingungen unvollkommener Information – das letztlich auf der Hand liegt – darin, dass es gar nie im Interesse der betroffenen Akteure liegt (hier: der Unternehmen), zu einer vollständigen Information zu kommen, weil für die Erprobung ihrerseits Kosten anfallen (es ist kostspielig, Dutzende von Finanzvorstände auszuprobieren, bevor man einen für gut befindet) – und dies vor allem dann, wenn die Information einen öffentlichen Wert hat, der den privaten Wert für das betroffene Unternehmen übersteigt. Siehe für bibliographische Informationen zum Thema den Technischen Anhang.

wisse Neigung unterstellt, zu sehr aus dem Vollen zu schöpfen, zumindest aber überdurchschnittlichen Optimismus bei der Einschätzung ihrer Grenzproduktivität an den Tag zu legen. All das ist nur menschlich, zumal in einer Situation, in der die Information objektiv sehr unvollkommen ist. «Die Hand, die einen Griff in die Kasse tut», zu bemühen, mag zu weit gehen – aber das Bild passt unbestreitbar besser als das der *invisible hand*, die Adam Smith einst zur Metapher des Marktes erhoben hatte. Die unsichtbare Hand kommt in der Praxis so wenig vor wie der «vollkommene Wettbewerb». Der Markt wird stets von spezifischen Institutionen verkörpert – zum Beispiel von Vorständen oder Vergütungsausschüssen.

Das heißt nicht schon, Vorstände und Vergütungsausschüsse könnten auf jedes beliebige Gehalt verfallen und sich ausnahmslos immer auf die höchstmögliche Summe einigen. Es gibt Gegenkräfte, so verbesserungsfähig und unausgereift die Regeln und Institutionen, welche die «Unternehmenskultur» eines Landes prägen, auch immer sein mögen. Diese Institutionen, und namentlich die Führungskräfte und Aktionäre (oder deren Vertreter, sofern es sich um institutionalisierte Anleger wie Investmentgesellschaften oder Pensionsfonds handelt), stehen stark unter dem Einfluss der in der Gesellschaft geltenden sozialen Normen. Sie müssen Rücksicht darauf nehmen, welche Vergütungsniveaus bei den weniger gut bezahlten Beschäftigten des Unternehmens und der Gesellschaft insgesamt auf Akzeptanz stoßen. Und jene sozialen Normen hängen insbesondere davon ab, wie hoch der Beitrag der Betreffenden zur Produktion des Unternehmens und zum Wachstum des Landes im Allgemeinen eingeschätzt wird. Da genau darüber die größte Ungewissheit herrscht, verwundert es nicht, dass sich die Empfindungen von Land zu Land wie von Epoche zu Epoche stark unterscheiden und mit der besonderen Geschichte der jeweiligen Nation zu tun haben. Entscheidend ist, dass es für Unternehmen schwierig ist, die geltenden Normen ihres eigenen Landes zu verletzen.

Ohne eine Theorie dieser Art scheint es mir kaum möglich, zu erklären, weshalb es so massive Unterschiede in den Niveaus der Spitzenvergütungen zwischen den Ländern, nämlich insbesondere zwischen den Vereinigten Staaten (und, in geringerem Maße, den anderen angelsächsischen Ländern) einerseits, und Kontinentaleuropa und Japan andererseits gibt. Die Lohnungleichheiten sind, anders gesagt, in den Vereinigten Staaten wie in Großbritannien ganz einfach deshalb so stark, weil die amerikanische und die britische Gesellschaft seit 1970 den extrem hohen Vergütungen gegenüber sehr viel toleranter geworden sind. Auch in den europäischen oder japanischen Gesellschaften haben die Normen sich in diese Richtung entwickelt – aber diese Entwicklung hat später begonnen (in den 1980er, ja 1990er Jahren) und ist bislang nicht annähernd so weit fortgeschritten wie in den Vereinigten Staaten. Vergütungen von mehreren Millionen Euro erregen in Schweden, Deutschland, Japan oder Italien heute noch sehr viel größeren Anstoß als sie es in den Vereinigten Staaten oder in Großbritannien tun. Nicht, dass es immer so gewesen wäre. Das Gegenteil trifft zu: Vergessen wir nicht, dass die Vereinigten Staaten von 1950 bis 1960 deutlich egalitärer waren als Frankreich – und dies gerade im Hinblick auf die Lohnhierarchien. Aber seit den 1970er Jahren liegen die Dinge anders, und alles weist darauf hin, dass dies in der Entwicklung der Lohnungleichheiten in den verschiedenen Ländern eine zentrale Rolle gespielt hat.

Wachsende Divergenz. Der Höhenflug der Supermanager

So plausibel es a priori scheint, in der Frage nach der Akzeptanz extrem hoher Vergütungen auf soziale Normen zu rekurrieren – das Problem verschiebt sich damit nur auf eine andere Ebene. Denn woher kommen soziale Normen, wie entstehen und verändern sie sich? Offenbar fällt diese Frage nicht allein in die Zuständigkeit der Ökonomie stricto sensu, sondern mindestens so sehr in die der Soziologie, Psychologie, Politikwissenschaft und Kulturgeschichte, der Erforschung von Überzeugungen und Wahrnehmungen. Das Problem der Ungleichheit gehört in die Sozialwissenschaften im weiten Sinne, nicht nur in eine der genannten Disziplinen. Im vorliegenden Fall haben wir bereits darauf hingewiesen, dass die «konservative Revolution» in den angelsächsischen Ländern der 1970er und 1980er Jahre, die unter anderem auch jene größere Toleranz gegenüber den extrem hohen Gehältern der Supermanager gezeitigt hat, ohne Zweifel auch aus dem damals aufkommenden Gefühl hervorging, die Vereinigten Staaten und Großbritannien seien hinter andere Nationen zurückgefallen (auch wenn das Wachstum in den dreißig Jahren seit dem Krieg, den *Trente Glorieuses* in Frankreich, dem «Wirtschaftswunder» in Deutschland, in Wirklichkeit eine fast zwangsläufige Folge der Erschütterungen von 1914 bis 1945 war). Aber es haben offenkundig auch andere Faktoren eine große Rolle gespielt.

Es geht hier, um das mit aller Deutlichkeit zu sagen, nicht um die Behauptung, alle Lohnungleichheit sei durch soziale Normen determiniert, die über die Angemessenheit von Vergütungen befinden. Wie bereits bemerkt, bietet die Theorie der Grenzproduktivität und des Wettlaufs zwischen Bildung und Technologie durchaus eine plausible Erklärung für langfristige Entwicklungen der Lohnverteilung – zumindest bis zu einem bestimmten Lohnniveau und mit mehr oder weniger großer Präzision. Die Logik der Technologie und der Qualifikation gibt Grenzen vor, innerhalb derer die meisten Gehälter sich halten müssen. Aber für die nicht duplizierbaren Funktionen werden die Abweichungstoleranzen in der Beurteilung individueller Produktivität beträchtlich – und die Funktionen sind umso weniger duplizierbar, je höher man in den Chefetagen der großen Unternehmen kommt. Damit nimmt das Erklärungspotential der Technologien und Qualifikationsniveaus immer mehr ab, das der sozialen Normen immer mehr zu. Freilich ist davon nur eine kleine Zahl der Beschäftigten, allenfalls ein paar Prozent, je nach Land und Epoche sogar weniger als 1 % wirklich betroffen.

Die entscheidende – und keineswegs selbstverständliche – Tatsache aber ist, dass der Anteil des obersten Perzentils der Lohnhierarchie an der Gesamtlohnsumme je nach Zeit und Land ganz erheblich schwankt, wie der Vergleich zwischen den Entwicklungen in den reichen Ländern seit den 1970er Jahren zeigt. Zweifellos muss der nie dagewesene Höhenflug der Gehälter von Supermanagern mit der Größe der Unternehmen und der Vielzahl der Funktionen innerhalb dieser Unternehmen in Zusammenhang gebracht werden. Aber sieht man einmal von dem objektiv komplexen Problem der Unternehmenskultur von Großunternehmen ab, so ist für diesen Höhenflug womöglich auch eine Form des «meritokratischen Extremismus» verantwortlich, das heißt ein Bedürfnis moderner Gesellschaften – und ganz besonders der amerikanischen – bestimmte Personen als Gewinner auszuzeichnen und sie umso fürstlicher zu entlohnen, je mehr sie aufgrund eigener Verdienste, also nicht durch bloße Herkunft, dazu auserkoren scheinen. Wir kommen darauf zurück.

Wenn die bestbezahlten Personen – zumindest teilweise – ihre Gehälter selber bestimmen, dann liegt es auf der Hand, dass dies einen Mechanismus in Gang setzt, der für fortschreitende Divergenz in der Wohlstandsverteilung sorgt. Wachsende Ungleichheit ist die Folge. Es lässt sich schwer vorhersagen, wie weit ein solcher Prozess gehen kann. Greifen wir noch einmal den oben beschriebenen Fall des Finanzvorstands eines großen Unternehmens mit einem Umsatz von 10 Milliarden Euro auf. Zwar ist es unwahrscheinlich, dass man eines Tages beschließt, die Grenzproduktivität des besagten Vorstands mit 1 Milliarde oder auch nur 100 Millionen zu beziffern (und sei es auch nur, weil dann nicht genug Geld da wäre, um die ganze Führungsriege zu bezahlen). Und doch glauben manche, individuelle Vergütungen von 1 Million, 10 Millionen, zuweilen gar 50 Millionen könnten völlig angemessen sein (da die individuelle Produktivität sich der Feststellbarkeit entzieht, gibt es auch keine nachvollziehbare Stoppregel). Es ist durchaus denkbar, dass der Anteil des obersten Perzentils an der Gesamtlohnsumme auf 15–20 %, ja 25–30 % oder noch höher steigt.

Es ist nicht nur der Vergleich nationaler Entwicklungen in den reichen Ländern, der zeigt, wie gründlich die *corporate governance* gescheitert ist und wie wenig die Festsetzung von Spitzenvergütungen mit einer rationalen Logik der Produktivität zu tun hat. Sammelt man Daten über einzelne Firmen, wie es bei börsennotierten Unternehmen reicher Ländern möglich ist, so fällt es schwer, eine Beziehung zwischen der Wirtschaftsleistung der jeweiligen Unternehmen und den beobachteten Lohnschwankungen ihres Führungspersonals herzustellen. Im Hinblick auf eine Reihe von Leistungsindikatoren – Absatzsteigerung, Gewinnzuwachs etc. – lassen sich Schwankungen, die auf unternehmensexterne Gründe zurückzuführen sind (allgemeine Konjunktur, Preisschocks auf dem Rohstoffmarkt, Wechselkursschwankungen, Durchschnittsperformance anderer Unternehmen auf demselben Sektor etc.) von allen anderen Schwankungen unterscheiden. Allein Schwankungen des zweiten Typs könnten aber, zumindest teilweise, von der Unternehmensführung beeinflusst sein. Würden also die Vergütungen der Logik der Grenzproduktivität gehorchen, so dürfte man erwarten, dass sie nicht (oder kaum) in Abhängigkeit von der ersten Komponente, sondern allein (oder hauptsächlich) in Abhängigkeit von der zweiten Komponente variieren. Tatsächlich ist das genaue Gegenteil der Fall. Gerade dann, wenn Absätze oder Gewinne aus externen Gründen in die Höhe gehen, steigen die Vergütungen der Führungskräfte am stärksten. Besonders deutlich zeigt sich dies für den Fall der amerikanischen Unternehmen: *pay for luck* haben Bertrand und Mullainathan das Phänomen genannt.[1]

Wir werden diese Analyse im vierten Teil wiederaufnehmen und erweitern. Wir werden sehen, dass dieser Trend zur «Vergütung von Glück» je nach Land und Zeitraum stark variiert, vor allem in Abhängigkeit von der Entwicklung des Steuersystems und insbesondere des Spitzensteuersatzes, der hemmend (wenn er hoch ist) oder enthemmend (wenn er niedrig ist) zu wirken scheint, zumindest bis zu einem bestimmten Punkt. Offenbar korreliert die Entwicklung des Steuersystems ihrerseits mit dem Wandel sozialer Normen – aber einmal in Gang gesetzt, folgt sie ihren eigenen Gesetzen. So scheint, um das zu konkretisieren, das sehr starke Sinken des Spitzensteuersatzes seit den 1970er Jahren in den angelsächsischen Ländern (die doch Erfinder einer quasi-konfiskatorischen Besteuerung von Einkommen waren, die in den Jahrzehnten zuvor als maßlos galten) die Kultur der Entlohnung von Führungskräften völlig verändert zu haben, da diese mit einem Mal einen viel stärkeren Anreiz hatten, auf massive Gehaltserhöhungen zu drängen. Wir werden auch der im genaueren Sinne politischen Frage nachgehen müssen, inwiefern dieser Steigerungsmechanismus in nuce den Keim sozialer Divergenz in sich trägt. Die Senkung des Spitzensteuersatzes hatte die Explosion hoher Vergütungen zur Folge, die ihrerseits (durch Parteienfinanzierung, Interessengruppen, Denkfabriken etc.) zu einem wachsenden politischen Einfluss derjenigen sozialen Gruppen führte, die ein vitales Interesse an der Erhaltung oder weiteren Senkung dieses niedrigen Steuersatzes haben.

---

1 Vgl. M. Bertrand, S. Mullainathan: «Are CEOs rewarded for luck? The ones without principals are», *Quarterly Journal of Economics* 116 (2001), S. 901–932. Vgl. auch L. Bebchuk, J. Fried: *Pay Without Performance*, Cambridge MA: Harvard University Press 2004.

10.

UNGLEICHHEIT DES KAPITALEIGENTUMS

Kommen wir nun zur Frage der Vermögensungleichheit und ihrer historischen Entwicklung. Diese Frage ist umso wichtiger, als der Abbau der Ungleichheit von Vermögen – und der Einkommen, die es abwirft – in der ersten Hälfte des 20. Jahrhunderts der einzige Grund dafür ist, dass die Ungleichheit der Einkommen überhaupt innerhalb dieses Zeitraums abgenommen hat. Einen strukturellen Abbau der Ungleichheit von Arbeitseinkommen hat es, wie wir sehen konnten, in der ersten Hälfte des 20. Jahrhunderts (1900–1960) in Frankreich so wenig gegeben wie in den Vereinigten Staaten (entgegen den optimistischen Voraussagen der Theorie Kuznets', die auf der Vorstellung einer allmählichen, gleichsam naturwüchsigen Verlagerung der Arbeitskraft von den schlechter zu den besser entlohnten Tätigkeiten beruhten). Der starke Rückgang der Einkommen insgesamt rührt im Wesentlichen vom Einbruch der hohen Kapitaleinkommen her. Alle Kenntnisse, die wir haben, weisen darauf hin, dass es sich in den anderen Industrieländern ebenso verhält.[1] Es gilt also zu verstehen, wie und warum dieser historische Abbau von Vermögensungleichheiten stattgefunden hat.

Wie wichtig diese Frage ist, wird darüber hinaus durch die Tatsache unterstrichen, dass die Konzentration des Kapitaleigentums zu Beginn dieses Jahrhunderts wieder fortzuschreiten beginnt – und dies

1 In diese Richtung gehen insbesondere sämtliche Daten zur Struktur der Einkommen in Abhängigkeit vom Einkommensniveau. Das Gleiche gilt von den Datenreihen, die Ende des 19. Jahrhunderts beginnen (für Deutschland, Japan und mehrere nordische Länder). Die Daten, die für die Entwicklungs- und Schwellenländer vorliegen, sind lückenhafter, aber weisen in dieselbe Richtung. Vgl. Technischer Anhang.

im Kontext eines tendenziellen Anstiegs des Kapital-Einkommens-Verhältnisses bei gleichzeitig schwachem Wachstum. Diese mögliche Ausweitung der Divergenz zwischen den Vermögen wirft eine ganze Reihe von Fragen hinsichtlich ihrer langfristigen Auswirkungen auf und nimmt sich in mancher Hinsicht noch beunruhigender aus als die wachsende Kluft zwischen den Supermanagern und allen anderen, die bislang (noch) geographisch begrenzt bleibt.

Extreme Vermögenskonzentration: Europa und Amerika

Die Verteilung von Vermögen und damit auch von Kapitaleinkommen unterliegt stets, wie wir in Kapitel 7 gesehen haben, einer sehr viel stärkeren Konzentration als die Verteilung von Arbeitseinkommen. In allen bekannten Gesellschaften und Epochen besitzt die an Vermögen ärmste Hälfte der Bevölkerung fast nichts (im Allgemeinen kaum 5 % des Gesamtvermögens), das oberste Dezil der Vermögenshierarchie dagegen den Großteil dessen, was es zu besitzen gibt (im Allgemeinen mehr als 60 % und zuweilen bis zu 90 % des Gesamtvermögens) und die Bevölkerung zwischen diesen beiden Gruppen schließlich (konstruktionsbedingt 40 % der Bevölkerung) einen Anteil am Gesamtvermögen zwischen 5 % und 35 %.[1] Wir haben ebenfalls bemerkt, dass die Entstehung einer «vermögenden Mittelschicht», das heißt die Tatsache, dass diese mittlere Gruppe fortan deutlich reicher an Vermögen ist als die ärmste Hälfte der Gesellschaft (und kollektiv zwischen einem Viertel und einem Drittel des Gesamtvermögens besitzt), auf lange Sicht zweifellos den gewichtigsten strukturellen Wandel der Wohlstandsverteilung darstellt.

Wir müssen nun die Gründe dieses Wandels verstehen und uns zunächst die Chronologie genauer vor Augen führen. Wann und wie hat der Abbau von Vermögensungleichheiten begonnen? Dem ist vorauszuschicken, dass die verfügbaren Quellen – hauptsächlich Erbschaft- und Schenkungssteuerdaten – es leider bis heute nicht erlauben, die historische Entwicklung der Vermögensungleichheit in ebenso vielen Ländern zu untersuchen wie die Entwicklung der Einkommensungleichheit. Wir haben im Wesentlichen relativ vollständige Schätzungen für vier Länder

1 Vgl. insbesondere Kapitel 7, Tabelle 7.2.

vorliegen: Frankreich, Großbritannien, Vereinigte Staaten und Schweden. Die Lehren, die sich aus diesen Aufstellungen ziehen lassen, fallen indessen relativ klar und eindeutig aus, namentlich im Hinblick auf die Übereinstimmungen und Unterschiede zwischen den europäischen und amerikanischen Verläufen.[1] Zudem besteht ein immenser Vorteil der Vermögensdaten gegenüber den Einkommensdaten darin, dass sie in bestimmten Fällen viel weiter zurückreichen. Wir werden die Ergebnisse, die wir für alle vier Länder gewonnen haben, Stück für Stück vorlegen.

Frankreich – ein Observatorium der Vermögensentwicklung

Frankreich ist ein besonders interessanter Fall, weil es das einzige Land ist, für das wir über eine wirklich einheitliche historische Quelle verfügen, die eine lückenlose Untersuchung der Vermögensverteilung seit dem Ende des 18. Jahrhunderts erlaubt. Ermöglicht wird dies dadurch, dass bereits 1791, gleich nach der Abschaffung der Steuerprivilegien des Adels, nicht nur eine Schenkungs- und Erbschaftssteuer, sondern auch ein für damalige Verhältnisse erstaunlich modernes und universales System von Vermögensverzeichnissen eingeführt wurde. Universal ist die mit der Französischen Revolution eingeführte Erbschaftssteuer in dreifacher Hinsicht: Sie wird einheitlich auf sämtliche Güter und Besitztümer erhoben (landwirtschaftliche Nutzflächen, ländlicher und städtischer Immobilienbesitz, Geldmittel, öffentliche und private Schuldtitel, finanzielle Vermögenswerte aller Art, Aktien, Gesellschaftsanteile, Möbel, Kostbarkeiten etc.), ganz gleich, wer ihr Besitzer ist (Adeliger oder Bürgerlicher) und ganz gleich, wie hoch oder gering der Vermögenswert ist.

Ziel dieser grundlegenden Reform war es im Übrigen nicht allein, Steuereinnahmen in die Kassen der neuen Regierung zu spülen. Sie sollte es der Verwaltung ermöglichen, sämtliche Vermögensübertragungen zu registrieren, sei es durch Erbschaft (von Todes wegen), sei

1 Die partiellen Datenreihen, die für die anderen Länder vorliegen, führen ebenfalls zu konsistenten Ergebnissen. Die in Dänemark und Norwegen seit dem 19. Jahrhundert erkennbaren Entwicklungen zum Beispiel sind den für Schweden beobachteten Verläufen sehr ähnlich. Die Daten, die sich auf Japan und Deutschland beziehen, weisen auf eine Dynamik hin, die der in Frankreich gleicht. Eine neuere Studie über Australien kommt zu Erkenntnissen, die mit den für die Vereinigten Staaten gewonnenen übereinstimmen. Vgl. Technischer Anhang.

es durch Schenkung (zu Lebzeiten), um so jedem die uneingeschränkte Ausübung seines Eigentumsrechts zu garantieren. Die Erbschafts- und Schenkungssteuer fiel, in der Sprache der öffentlichen Verwaltung, stets schon in die weiter gefasste Kategorie der *droits d'enregistrement*, der Registersteuern, und näherhin der *droits de mutation*, der Übertragungssteuern, die nicht nur auf «unentgeltliche Übertragungen» (durch Vererbung oder Schenkung), sondern unter ganz besonderen Umständen auch auf «entgeltliche Übertragungen» (gegen Geld oder andere Werte) erhoben wurden. Es geht also vor allem darum, jedem Besitzer, ob groß oder klein, zu erlauben, seine Vermögenswerte einzutragen und dadurch unbesorgt von seinem Eigentumsrecht Gebrauch zu machen, also im Anfechtungsfall auch die Staatsgewalt anrufen zu können. Derart entsteht gegen Ende des 18. und zu Beginn des 19. Jahrhunderts ein relativ vollständiges System von Eigentumsverzeichnissen und insbesondere ein Kataster zur Erfassung von Immobilienbesitz, der bis heute Bestand hat.

Wir werden im vierten Teil auf die Geschichte der Erbschaftssteuern in den verschiedenen Ländern zurückkommen. Auf dem gegenwärtigen Stand interessieren uns die Steuern vor allem als Quellen. In den meisten anderen Ländern muss man das Ende des 19. und den Beginn des 20. Jahrhunderts abwarten, bevor vergleichbare Steuern erhoben werden. In Großbritannien kommt es erst nach der Reform von 1894 zu einer Vereinheitlichung der Steuern, die auf Immobilienbesitz (*real estate*) einerseits, auf finanzielle Vermögenswerte und persönliche Gegenstände (*personal estate*) andererseits erhoben werden. Und erst zwischen 1910 und 1920 werden einheitliche Erbschaftssteuerstatistiken geführt, die alle Arten von Eigentum registrieren. In den Vereinigten Staaten wird erst 1916 eine staatliche Erbschafts- und Schenkungssteuer ins Leben gerufen, die zunächst nur eine kleine Minderheit der Bevölkerung betrifft (auf Staatenebene gibt es zwar Steuern, von denen breitere Bevölkerungsschichten betroffen sind, aber sie bleiben sehr unterschiedlich). Das hat zur Konsequenz, dass sich die Entwicklung der Vermögensungleichheiten vor dem Ersten Weltkrieg in beiden Ländern nur sehr schwer erforschen lässt. Zwar gibt es zahlreiche notarielle Urkunden und Verzeichnisse von Nachlassgegenständen, aber meist handelt es sich um privatschriftliche, auf bestimmte Bevölkerungsgruppen und Eigentumsarten beschränkte Dokumente, aus denen sich kaum allgemeine Schlüsse ziehen lassen.

Dies ist umso bedauerlicher, als der Erste Weltkrieg eine Erschütterung darstellt, von der die Vermögen und ihre Verteilung stark in Mitleidenschaft gezogen werden. Der französische Fall ist denn auch darum von besonderer Bedeutung, weil er uns erlaubt, diese entscheidende Wende innerhalb eines längerfristigen Zusammenhangs zu erforschen. Von 1791 bis 1901 sind Erbschafts- wie Schenkungssteuer strikt proportional. Der Steuersatz variiert je nach Verwandtschaftsgrad, aber er bleibt ein- und derselbe ungeachtet der Höhe der übertragenen Summe und ist meist sehr niedrig (im Allgemeinen kaum 1–2 %). Um 1901 wird, nicht ohne lange parlamentarische Auseinandersetzungen, die Steuer leicht progressiv. Die Verwaltung, die schon seit 1820 detaillierte Statistiken über das jährliche Erb- und Schenkungsvolumen veröffentlicht hatte, beginnt seit 1902 alle Arten von Auswertungen vorzunehmen, nach Höhe der Erbschaften gestaffelt, die bis in die 1950er Jahre hinein immer differenzierter werden (Kreuztabellierung nach Alter, Höhe der Erbschaft, Art des Vermögens, etc.). Nach 1970 sind digitale Datensätze verfügbar, die repräsentative Stichproben der in Frankreich innerhalb eines Jahres abgegebenen Erbschafts- und Schenkungssteuererklärungen enthalten, wodurch statistische Auswertungen bis in die 2000er Jahre vorliegen. Abgesehen von diesen sehr ergiebigen Quellen, die in den letzten beiden Jahrhunderten von den Steuerbehörden selbst angelegt wurden, haben wir zehntausende von Steuerklärungen ausgewertet, die von den Nationalarchiven und den Archiven der einzelnen Départements sorgfältig aufbewahrt wurden, so dass wir über sehr umfangreiche Stichproben für die Zeit von 1800 bis zu den 2000er Jahren verfügen. Schließlich eröffnen die französischen Nachlassarchive einen umfangreichen und detaillierten Einblick in zwei Jahrhunderte der Vermögensakkumulation und Vermögensverteilung.[1]

1 Vgl. für eine genaue Beschreibung der verschiedenen Quellen T. Piketty: «On the long-run evolution of inheritance: France 1820–2050», Paris School of Economics 2010 (eine Zusammenfassung ist 2011 im *Quarterly Journal of Economics* 126 (2011), S. 1071–1131, erschienen). Die einzelnen Steuererklärungen wurden gemeinsam mit Gilles Postel-Vinay und Jean-Laurent Rosenthal in den Pariser Archiven zusammengetragen. Wir greifen auch auf Erklärungen zurück, die zuvor im Rahmen der Enquête TRA in ganz Frankreich aufgrund der Bemühungen zahlreicher Forscher zusammengetragen wurden (insbesondere Jérôme Bourdieu, Lionel Kesztenbaum und Akiko Suwa-Eisenmann).

Metamorphosen einer Patrimonialgesellschaft

Wir haben in Grafik 10.1 die Hauptergebnisse unserer Analyse der Entwicklung der Vermögenskonzentration von 1810 bis 2010 dargestellt.[1] Die erste Schlussfolgerung aus ihnen lautet, dass es vor den Katastrophen der Jahre 1914 bis 1945 keine erkennbare Tendenz zum Abbau der Ungleichheit des Kapitaleigentums gibt. Erkennbar ist im Gegenteil eine leichte Tendenz zur Verstärkung, die über das ganze 19. Jahrhundert hinweg anhält (und von einem seinerseits schon sehr hohen Anfangsniveau ausgeht), ja sogar eine leichte Beschleunigung der Ungleichheitsspirale von 1880 bis 1913. Das oberste Dezil verfügte zu Beginn des 19. Jahrhunderts bereits über 80–85 % des Gesamtvermögens. Zu Beginn des 20. Jahrhunderts sind es fast 90 %. Allein das oberste Perzentil der Vermögenshierarchie besaß in den Jahren 1800 bis 1810 zwischen 45 % und 50 % des Nationalvermögens; dieser Anteil überschreitet in den Jahren 1850 bis 1860 die 50 % und erreicht 60 % des Gesamtvermögens um 1900 bis 1910[2].

Analysiert man diese Daten aus der historischen Distanz, die wir inzwischen gewonnen haben, so wird man nur bestürzt sein können über die eindrucksvolle Konzentration der Vermögen, die in der französischen Gesellschaft der Belle Époque herrschte – und dies allen beschwichtigenden Reden der ökonomischen und politischen Elite der Dritten Republik zum Trotz. In Paris, wo um 1900 bis 1910 nur ein Zwanzigstel der französischen Bevölkerung, aber ein Viertel allen Vermögens zu finden ist, liegt die Vermögenskonzentration noch höher und scheint während der Jahrzehnte vor dem Ersten Weltkrieg durch nichts aufzuhalten zu sein. Zwei Drittel der Einwohner von

1 Für eine detaillierte Analyse dieser Ergebnisse vgl. T. Piketty, G. Postel-Vinay, J.-L. Rosenthal: «Wealth concentration in a developing economy: Paris and France, 1807–1994», *American Economic Review* 96 (2006), S. 236–56. Wir legen hier eine auf den neuesten Stand gebrachte Version dieser Datenreihen vor. Grafik 10.1 konzentriert sich ebenso wie die folgenden Grafiken auf den Durchschnitt für Jahrzehnte, um die Aufmerksamkeit auf die langfristigen Entwicklungen zu lenken. Alle Datenreihen nach Jahren sind online verfügbar.

2 Die in Grafik 10.1 und den folgenden Grafiken aufgeführten Anteile der Dezile und Perzentile wurden in Prozent der gesamten Privatvermögen berechnet. In Anbetracht der Tatsache, dass diese im Allgemeinen die Quasi-Gesamtheit des Nationalvermögens ausmachen, fällt der Unterschied nicht sonderlich ins Gewicht.

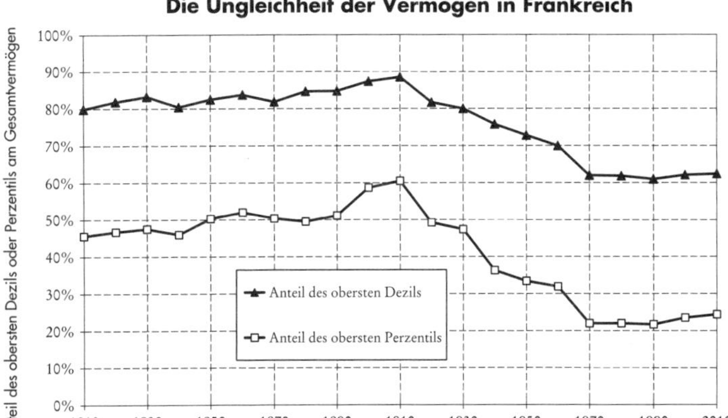

Grafik 10.1.: Von 1810 bis 1910 besaß das oberste Dezil (die 10 % der größten Vermögen) 80–90 % des Gesamtvermögens, heute besitzt es 60–65 %
Quellen und Reihen: siehe piketty.pse.ens.fr/capital21c.

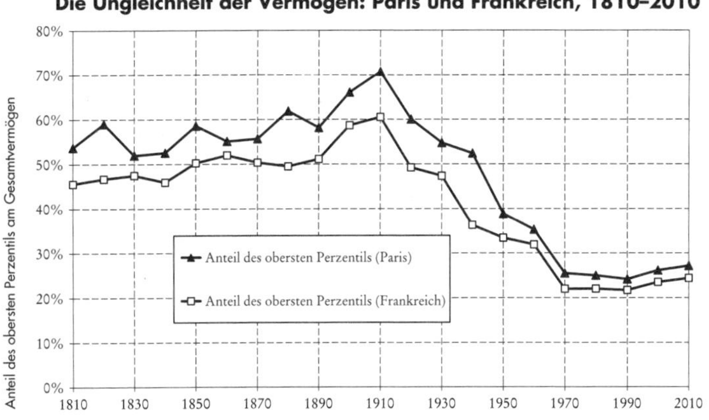

Grafik 10.2..: Am Vorabend des Ersten Weltkriegs besaß das oberste Perzentil (die 1 % der größten Vermögen) in Paris 70 % des Gesamtvermögens.
Quellen und Reihen: siehe piketty.pse.ens.fr/capital21c.

Paris sterben im 19. Jahrhundert, ohne das Mindeste zu hinterlassen (im Rest des Landes gilt dies nur von der Hälfte), aber es konzentrieren sich dort auch die größten Vermögen. Der Anteil des obersten Perzentils liegt in der Hauptstadt zu Beginn des 19. Jahrhunderts bei etwa 55 %, überschreitet 60 % in den Jahren 1880 bis 1890 und 70 % am Vorabend des Ersten Weltkriegs (siehe Grafik 10.2). Es ist nur natürlich, wenn man sich beim Anblick dieser Kurve fragt, wie weit die Vermögenskonzentration ohne die Weltkriege noch hätte fortschreiten können.

Unsere Erbschaftssteuerdaten zeigen auch, dass die Vermögensungleichheit durch alle Altersklassen hindurch gleich stark ist, und dies während des gesamten 19. Jahrhunderts. Im Übrigen ist zu beachten, dass die in den Grafiken 10.1 und 10.2 (und den folgenden Grafiken) dargestellten Schätzungen sich auf die jeweils lebende erwachsene Bevölkerung beziehen. Wir gehen vom Vermögen zum Todeszeitpunkt aus, um die Ergebnisse dann in Abhängigkeit von der Zahl der im fraglichen Jahr lebenden Personen neu zu gewichten. In der Praxis macht das kaum einen Unterschied. Die Vermögenskonzentration unter den Lebenden liegt nur ein paar Prozentpunkte über der Vermögensungleichheit zum Todeszeitpunkt und die zeitlichen Entwicklungen weichen praktisch nicht voneinander ab.[1]

Wie stark war die Vermögenskonzentration in Frankreich im 18. Jahrhundert und am Vorabend der Revolution? Mangels einer Quelle, die den von den revolutionären Versammlungen ins Leben gerufenen Erbschafts- und Schenkungsarchiven vergleichbar wäre (für das Ancien Régime liegen nur ganz heterogene und unvollständige privatschriftliche Urkunden vor, ebenso wie für Großbritannien und die Vereinigten Staaten bis zum Ende des 19. Jahrhunderts), lassen sich leider keine exakten Vergleiche anstellen. Alles scheint indes darauf hinzuweisen, dass die Ungleichheit der Privatvermögen zwischen 1780 und 1810 leicht zurückging, bedenkt man die Umverteilung von

1 Diese Methode des sogenannten *mortality multiplier* besteht darin, jede Beobachtung durch den Kehrwert der Mortalitätsrate innerhalb der betreffenden Altersgruppe neu zu gewichten: Ein mit 40 Jahren Gestorbener repräsentiert mehr Lebende als ein mit 80 Jahren Gestorbener (ebenso muss man Mortalitätsdifferentiale je nach Wohlstandsniveau in Rechnung stellen). Sie wurde von französischen und britischen Statistikern in den Jahren 1900 bis 1910 entwickelt (namentlich B. Mallet, M. J. Séailles, H. C. Strutt und J. C. Stamp), um dann in allen späteren historischen Untersuchungen angewandt zu werden. Soweit Daten über Vermögen oder jährlich erhobene Steuern auf Vermögen vorliegen (wie besonders in den nordischen Ländern, in denen solche Steuern seit dem Beginn des 20. Jahrhunderts erhoben werden, oder in Frankreich aufgrund der Vermögenssteuer von 1990 bis 2010), kann man mittels dieser Daten die Triftigkeit dieser Methode überprüfen und die Hypothesen über die Mortalitätsdifferentiale verfeinern. Zu diesen methodologischen Fragen vgl. Technischer Anhang.

Ländereien, die Annulierung der staatlichen Schuldtitel und, allgemeiner, die Schocks, von denen die aristokratischen Privatvermögen heimgesucht wurden. Möglich ist, dass sich der Anteil des obersten Dezils am Vorabend von 1789 auf ganze 90 % des Gesamtvermögens, ja etwas mehr belief, wobei der Anteil des obersten Perzentils allein 60 % erreicht, ja überschritten hatte. Umgekehrt trug der *milliard des émigrés* – also die Milliarde Francs, die dem Adel nach 1825 als Entschädigung für die während der Revolution konfiszierten Ländereien gezahlt wurde – ebenso wie die Rückkehr des Adels in den Vordergrund der politischen Bühne dazu bei, dass einige der alten Vermögen sich in der Zeit der Zensusmonarchien von 1815 bis 1848 erholten. Tatsächlich ist unseren Erbschafts- und Schenkungssteuerdaten zu entnehmen, dass der Prozentsatz aristokratischer Namen innerhalb des obersten Perzentils der Pariser Vermögenshierarchie von kaum 15 % um 1800 bis 1810 auf fast 30 % um 1840 bis 1850 steigt, bevor er seit den 1850er Jahren unaufhaltsam sinkt, um schließlich 1890 bis 1900 unter 10 % zu fallen.[1]

Die Bedeutung der von der Französischen Revolution hervorgerufenen Umwälzungen darf indes nicht überschätzt werden. Denn jenseits dieser Variationen (wahrscheinliche Verringerung der Ungleichheiten zwischen 1780 und 1810, allmählicher Anstieg von 1810 bis in die 1900er Jahre, insbesondere seit den 1870er Jahren) liegt die entscheidende Tatsache am Ende darin, dass die Ungleichheit des Kapitaleigentums sich während des 18., des 19. und des beginnenden 20. Jahrhunderts relativ konstant auf einem extrem hohen Niveau hält. Über diesen ganzen Zeitraum hinweg besitzt das oberste Dezil stets um die 80–90 % des Gesamtvermögens, und das oberste Perzentil um die 50–60 %. Zwar hat sich, wie wir im zweiten Teil sehen konnten, die Struktur des Kapitals zwischen dem 18. Jahrhundert und dem Beginn des 20. Jahrhunderts völlig verändert (der Landbesitz wurde fast vollständig durch Industrie-, Finanz- und Immobilienkapital ersetzt und spielt in den Vermögen der Belle Époque praktisch keine Rolle mehr), aber sein globales Niveau ist – in Jahren des Nationaleinkommens gerechnet – mehr oder weniger stabil geblieben. So bleiben namentlich die Auswirkungen der Französischen Revolution auf das Kapital-Einkommens-Verhältnis unerheblich. Dasselbe gilt,

1 Vgl. Technischer Anhang. Vor 1789 lag dieser Prozentsatz wahrscheinlich bei über 50 %.

wie wir gesehen haben, für die Kapitalverteilung. In den 1810er Jahren, der Epoche des Père Goriot, Rastignacs und Mlle Victorines, ist das Vermögen sogar zweifellos etwas weniger ungleich verteilt als unter dem Ancien Régime. Aber die Differenz fällt alles in allem nicht sonderlich ins Gewicht. In beiden Fällen handelt es sich um patrimoniale Gesellschaften, die sich durch eine Hyperkonzentration des Kapitals auszeichnen, Gesellschaften, in denen Erbschaft und Heirat eine wesentliche Rolle spielen – und in denen ein Auskommen hat, zu dem es durch Studium und Arbeit keiner bringen kann, wer in den Besitz eines großen Vermögens gelangt. In der Belle Époque fällt die Vermögenskonzentration noch stärker aus als in dem Augenblick, da Vautrin seine Rede hält. Im Grunde aber handelt es sich vom Ancien Régime bis zur Dritten Republik um ein und dieselbe Gesellschaft. Und um ein und dieselbe fundamentale Struktur der Ungleichheit ungeachtet der ungeheuren ökonomischen und politischen Umwälzungen zwischen diesen beiden Epochen.

Unsere Erbschaftsdaten belegen auch, dass die Verringerung des Anteils des obersten Dezils am Nationalvermögen, zu der es im 20. Jahrhundert kam, ausschließlich den 40 % in der Mitte zugutegekommen ist. Am Anteil der ärmsten 50 % hat sich dagegen fast nichts geändert (er lag stets bei unter 5 %). Im gesamten 19. und 20. Jahrhundert besitzt die ärmere Hälfte der Bevölkerung praktisch kein Vermögen. Für beide Jahrhunderte gilt, dass zum Todeszeitpunkt die ärmste Hälfte der Bevölkerung keinerlei Immobilien- oder Geldvermögen hat, das sie irgendwelchen Nachkommen vermachen könnte. Die kümmerliche Habe, die noch da sein mag, wird meist von den beim Tod anfallenden Kosten oder von Schulden aufgezehrt (in diesem Fall entschließen die Erben sich meist, das Erbe auszuschlagen). Das gilt während des gesamten 19. Jahrhunderts und bis zum Ersten Weltkrieg für über zwei Drittel der Pariser Sterbefälle – und einen Abwärtstrend hat es nicht gegeben. Zu dieser großen Gruppe gehört auch jener Père Goriot, der, von seinen Töchtern verlassen, in tiefer Armut stirbt: Mme Vauquer fordert die ausstehende Miete von Rastignac, der auch für die Beerdigungskosten aufkommen muss, die selber schon den dürftigen Besitz des alten Mannes übersteigen. Sieht man sich die Verhältnisse in ganz Frankreich an, so stirbt im 19. Jahrhundert die Hälfte der Bevölkerung mit nichts (oder weniger als nichts), was sie vererben könnte – und an dieser Größenordnung wird sich im 20. Jahrhundert kaum etwas ändern.[1]

Ungleichverteilung von Kapital im Europa der Belle Époque

Die Daten, die für die anderen europäischen Länder vorliegen, belegen trotz ihrer Mängel unzweideutig, dass die extreme Vermögenskonzentration im 18. wie im 19. Jahrhundert und bis zum Ersten Weltkrieg ein Phänomen ist, das nicht allein Frankreich, sondern ganz Europa betrifft.

In Großbritannien gibt es seit den 1910er Jahren detaillierte Erbschaftssteuerstatistiken, die von der Forschung (namentlich von Atkinson und Harrison) eingehend untersucht worden sind. Ergänzt man diese Daten durch Schätzungen, über die wir für die letzten Jahre verfügen, und durch die weniger belastbaren und einheitlichen Schätzungen, die Peter Lindert für 1810 bis 1870 vorgelegt hat (durch Auswertung von Nachlassinventaren), so findet man eine Gesamtentwicklung, die der französischen sehr nahekommt, mit einem allgemeinen Ungleichheitsniveau, das in Großbritannien stets etwas höher liegt. Der Anteil des obersten Dezils belief sich von 1810 bis 1870 auf etwa 85 % des Gesamtvermögens und steigt um 1900 bis 1910 auf über 90 %; der Anteil des obersten Perzentils stieg von ungefähr 55–60 % des Gesamtvermögens zwischen 1810 und 1870 auf annähernd 70 % zwischen 1910 und 1920 (siehe Grafik 10.3).

Die britischen Quellen sind lückenhaft, insbesondere für das 19. Jahrhundert, aber die Größenverhältnisse könnten eindeutiger nicht sein. Die Vermögenskonzentration in Großbritannien war im 19. Jahrhundert extrem hoch und ließ bis 1914 keinerlei Abwärtstrend erkennen, im Gegenteil. Besonders verblüffend aus französischer Perspektive ist freilich, dass die Kapitalungleichheit Großbritanniens letztlich kaum stärker war als im Frankreich der Belle Époque, obwohl doch die damaligen republikanischen Eliten Frankreich gerne als ein verglichen mit dem monarchistischen Nachbarn egalitäres Land darstellten. In Wahrheit hatte die Regierungsform erkennbar

1 Vgl. zu dieser Frage auch J. Bourdieu, G. Postel-Vinay, A. Suwa-Eisenmann: «Pourquoi la richesse ne s'est-elle pas diffusée avec la croissance? Le degré zéro de l'inégalité et son évolution en France: 1800–1940», *Histoire et mesure* 18 (2003), S. 147–98.

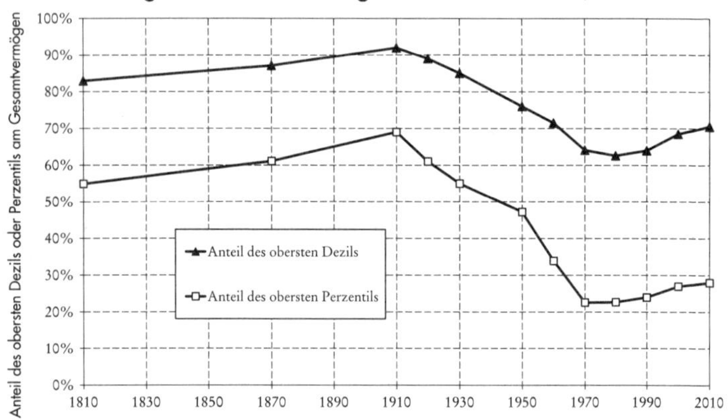

Grafik 10.3.: Von 1810 bis 1910 besaß das oberste Dezil 80–90 % des Gesamtvermögens, heute besitzt es 70 %.
Quellen und Reihen: siehe piketty.pse.ens.fr/capital21c.

einen sehr geringen Einfluss auf die tatsächliche Wohlstandsverteilung in beiden Ländern.

In Schweden, wo jüngst sehr ergiebige Daten, die bis 1910 zurückreichen, von Ohlsson, Roine und Waldenström ausgewertet wurden und außerdem Schätzungen für 1810 und 1870 vorliegen (vor allem von Lee Soltow), ist eine Entwicklung zu erkennen, die dem, was wir für Frankreich und Großbritannien feststellen konnten, ebenfalls sehr nahekommt (siehe Grafik 10.4). Die schwedischen Vermögensdaten belegen insbesondere, was wir bereits aus den Einkommensteuererklärungen ersehen konnten: Schweden ist nicht das strukturell egalitäre Land, für das man es bisweilen hält. Gewiss hat die Vermögenskonzentration in Schweden von 1970 bis 1980 den geringsten Stand erreicht, den unsere historischen Datenreihen überhaupt verzeichnen (mit kaum mehr als 50 % des Gesamtvermögens für das oberste Dezil, und kaum mehr als 15 % für das oberste Perzentil). Aber abgesehen davon, dass auch dies eine nicht unerhebliche und zudem seit den 1980er Jahren deutlich gewachsene Ungleichheit ist (zu Beginn der 2010er Jahr fällt die Vermögenskonzentration kaum schwächer aus als in Frankreich) – auch in Schweden, und das ist das entscheidende Faktum, das zu betonen ist, war die Vermögenskonzentration von 1900–1910 nicht minder stark als in Frankreich oder

Die Ungleichheit der Vermögen in Schweden, 1810–2010

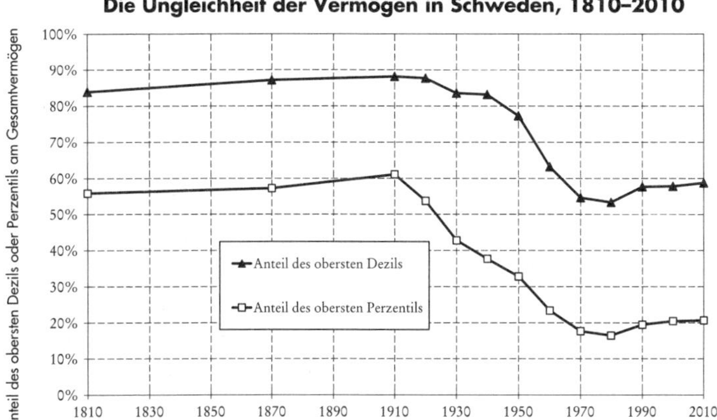

Grafik 10.4.: Von 1810 bis 1910 besaß das oberste Dezil 80–90 % des Gesamtvermögens, heute besitzt es 55–60 %.
Quellen und Reihen: siehe piketty.pse.ens.fr/capital21c.

Großbritannien. Alle europäischen Gesellschaften der Belle Époque scheinen sich durch sehr starke Vermögenskonzentration auszuzeichnen. Es gilt zu begreifen, was die Gründe dafür sind, und warum diese Realität sich im Laufe des letzten Jahrhunderts so grundlegend gewandelt hat.

Es ist nicht uninteressant, dass diese extreme Vermögenskonzentration – das oberste Dezil besitzt etwa 80–90 % des Kapitals, von denen 50–60 % auf das oberste Perzentil entfallen – auch in fast allen Gesellschaften vor dem 19. Jahrhundert, insbesondere den traditionellen ländlichen Gesellschaften zu finden ist. Das gilt für die Moderne ebenso wie für das Mittelalter und die Antike. Die Quellenlage ist zu wenig belastbar, um wirklich exakte Vergleiche anstellen und die historischen Entwicklungen studieren zu können, aber die Größenordnungen, in denen sich der Anteil des obersten Dezils und des obersten Perzentils am Gesamtvermögen bewegt, sind im Allgemeinen nicht weit entfernt von dem, was wir für Frankreich, Großbritannien und Schweden im 19. Jahrhundert und der Belle Époque feststellen können.[1]

1 Vgl. zum Beispiel die interessanten Daten über die Landverteilung in R. S. Bagnall: «Landholding in late roman Egypt. The distribution of wealth», *Journal of Roman Studies* 82 (1992), S. 128–49. Zu anderen Arbeiten dieser Art, die zu ähnlichen Befunden kommen, vgl. Technischer Anhang.

Die Entstehung der vermögenden Mittelschicht

Es sind daher zwei Fragen, die uns im Folgenden beschäftigen werden: Weshalb waren bis zum Ersten Weltkrieg die Vermögensungleichheiten so extrem, ja wuchsen immer mehr an? Und weshalb liegt die Kapitalungleichheit heute deutlich unter diesen historischen Rekordmarken, obwohl doch die Vermögen insgesamt (wie die Entwicklung des Kapital-Einkommens-Verhältnisses zeigt) zu Beginn des 21. Jahrhunderts wieder prosperieren? Und wie sicher können wir uns sein, dass dieser Entwicklungsstand endgültig und irreversibel ist?

Tatsächlich lautet die zweite Schlussfolgerung, die sich in aller Deutlichkeit aus den in Grafik 10.1 dargestellten Daten ergibt, dass die Konzentration der Vermögen und Vermögenseinkommen sich offenbar nie wieder ganz von den Schocks der Jahre 1914 bis 1945 erholt hat. Der Anteil des obersten Dezils, der um 1910 ganze 90 % des Gesamtvermögens erreicht hatte, ist zwischen 1950 bis 1970 auf 60–70 % gefallen. Noch stärker ging der Anteil des obersten Perzentils zurück: um 1910 hatte er noch 60 % betragen, 1950 und 1970 sind es noch 20–30 %. Der Bruch mit dem Trend vor dem Ersten Weltkrieg ist massiv. Gewiss ist die Vermögensungleichheit seit 1980 wieder gewachsen, und die finanzielle Globalisierung erschwert es zusehends, wie wir sehen werden, die Vermögen und ihre Verteilung im nationalen Rahmen zu messen. Die Kapitalungleichheit im 21. Jahrhundert wird mehr und mehr auf globaler Ebene zu betrachten sein. Aber so groß die Ungewissheiten auch sind – es gibt keinen Zweifel, dass die Vermögensungleichheiten heute deutlich geringer sind, als sie es vor einem Jahrhundert waren. Etwas mehr als 60–65 % des Gesamtvermögens für das oberste Dezil zu Beginn der 2010er Jahre – das ist zugleich sehr viel und deutlich weniger als zu Beginn der Belle Époque. Die entscheidende Differenz liegt darin, dass es inzwischen eine vermögende Mittelschicht gibt, die – immerhin – etwa ein Drittel des Nationalvermögens besitzt.

Die für andere europäische Länder vorliegenden Daten zeigen, dass dies gleichfalls ein allgemeines Phänomen ist. In Großbritannien ist der Anteil des obersten Dezils von mehr als 90 % am Vorabend des Ersten Weltkriegs auf etwa 60–65 % in den 1970er Jahren gesunken. Derzeit beläuft er sich auf um die 70 %. Buchstäblich eingebrochen ist im Gefolge der Katastrophen des 20. Jahrhunderts der Anteil des obersten Perzentils. Von fast 70 % in den 1910er auf kaum 20 % in den 1970er Jahren gesunken, liegt er zu Beginn der 2010er Jahre bei etwa 25–30 % (siehe Grafik 10.3). In Schweden liegt das Niveau der Kapitalkonzentration stets etwas niedriger als in Großbritannien, aber die Gesamtverläufe sind letztlich nicht weit voneinander entfernt (siehe Grafik 10.4). Und für alle Fälle gilt, dass die Einbußen der reichsten 10 % letztlich der vermögenden Mittelschicht (verstanden als die folgenden 40 %) zugutekamen, nicht aber den ärmsten 50 %, die stets, und das ist in Schweden nicht anders, einen minimalen Anteil am Gesamtvermögen hatten (im Allgemeinen etwa 5 %). In bestimmten Fällen, namentlich in Großbritannien, haben auch die folgenden 9 % nicht unbeträchtlich vom Niedergang der 1 % profitiert. Auffällig ist aber, wie sehr sich jenseits nationaler Besonderheiten die allgemeinen Verläufe gleichen. Der maßgebliche Strukturwandel ist das Auftauchen einer mittleren, fast die Hälfte der Bevölkerung stellenden Gruppe, deren Angehörige zu Vermögen gekommen sind und zusammen zwischen einem Viertel und einem Drittel des Nationalvermögens besitzen.

Ungleichverteilung von Kapital in Amerika

Wenden wir uns nun dem amerikanischen Fall zu. Die Erbschaftssteuerstatistiken, die auch hier vorliegen und bis in die 1910er Jahre zurückreichen, sind von der Forschung eingehend untersucht worden (namentlich von Lampman, Kopczuk und Saez). Ihre Tragweite wird freilich dadurch stark eingeschränkt, dass nur ein geringer Prozentsatz der Bevölkerung in diesem Zeitraum überhaupt von der Bundeserbschaftssteuer betroffen ist. Die auf dieser Grundlage vorgenommenen Schätzungen lassen sich durch die detaillierten Vermögenserhebungen ergänzen, die seit den 1960er Jahren von der amerikanischen Federal Reserve erhoben (und insbesondere von Kennickel und Wolff ausgewertet) wurden, sowie durch die weniger belastbaren Schätzungen für den Zeitraum von 1810 bis 1870, die sich auf Nachlassinventare und eine Vermögenserhebung stützen, die von Jones bzw. Soltow ausgewertet wurden.[1]

---

1 Genaue bibliographische Angaben und technische Erläuterungen finden sich im Technischen Anhang.

Zwischen den europäischen und amerikanischen Entwicklungen lassen sich eine Reihe wichtiger Unterschiede ausmachen. Zunächst scheint die Vermögensungleichheit, die um 1800 in den Vereinigten Staaten herrscht, nicht wesentlich größer als in Schweden von 1970 bis 1980. Da es sich um ein neues Land handelt, dessen Bevölkerung weitgehend aus Einwanderern besteht, die ohne oder mit geringem Vermögen in der Neuen Welt angekommen sind, ist dies nicht weiter erstaunlich. Akkumulation und Konzentration von Vermögen sind nach so kurzer Zeit noch nicht weit fortgeschritten. Die sehr spärlichen Daten lassen immerhin starke Unterschiede zwischen den Nordstaaten (dort liegt das Ungleichheitsniveau noch unterhalb der Tiefstände in Schweden von 1970 bis 1980) und den Südstaaten erkennen (dort entspricht die Ungleichheit eher den gleichzeitigen europäischen Niveaus).[1]

Die wachsende Konzentration der amerikanischen Vermögen im Laufe des 19. Jahrhunderts scheint gut belegt zu sein. Um 1919 ist die Ungleichheit in den Vereinigten Staaten stark fortgeschritten, aber sie bleibt immer noch schwächer als in Europa: etwa 80 % des Gesamtvermögens für das oberste Dezil, etwa 40 % für das oberste Perzentil (siehe Grafik 10.5). Es ist hochinteressant, dass die amerikanischen Ökonomen der Zeit ausgesprochen beunruhigt darüber waren, dass die Neue Welt in Sachen Ungleichheit gegenüber dem alten Europa so stark aufgeholt hatte. Besonders erhellend ist in dieser Hinsicht die Lektüre des Buches (tatsächlich die erste breit angelegte Studie zu diesem Thema), das Willford King 1925 der Verteilung von Reichtümern in den Vereinigten Staaten gewidmet hat.[2] Von heute aus betrachtet, mag das überraschen: Wir sind schon seit einigen Jahrzehnten daran gewöhnt, dass in den Vereinigten Staaten nicht nur größere Ungleich-

1 Aus bestimmten Schätzungen ergeben sich Anteile für das oberste Perzentil, die sich auf weniger als 15 % des Gesamtvermögens der Vereinigten Staaten um 1800 belaufen. Diese Ergebnisse verdanken sich freilich einzig und allein der offenbar fragwürdigen Entscheidung, sich auf freie Personen zu beschränken. Die hier vorgelegten Schätzungen beziehen sich auf die gesamte Bevölkerung (Freie und Sklaven). Siehe Technischer Anhang.

2 Vgl. W. I. King: *The Wealth and Income of the People of the United States*, New York: MacMillan 1915. Der Autor, Professor für Statistik und Ökonomie an der University of Wisconsin, stützte sich auf unvollständige, aber aussagekräftige Daten über mehrere amerikanische Bundesstaaten, verglich sie mit europäischen Schätzungen, die vor allem auf zeitgenössische preußische Steuerstatistiken zurückgingen, und musste feststellen, dass die Abstände geringer waren, als er a priori angenommen hatte.

heit als in Europa herrscht, sondern Amerikaner sich ihrer häufig rühmen (amerikanische Ungleichheiten werden jenseits des Atlantiks regelmäßig als Bedingung dynamischen Unternehmertums, Europa dagegen als Tempel eines sowjetartig anmutenden Egalitarismus beschrieben). Aber es ist gerade ein Jahrhundert her, da verhielt es sich der Wahrnehmung wie den Realitäten nach genau umgekehrt. Niemand hätte ernsthaft bezweifelt, dass die Neue Welt gleichsam von Natur aus weniger von Ungleichheit beherrscht war als das alte Europa – und diese Differenz wurde ihrerseits als etwas betrachtet, worauf man als Amerikaner stolz sein durfte. Als gegen Ende des 19. Jahrhunderts, während des so genannten *Gilded Age*, Vermögen von bis dahin unbekannten Ausmaßen angehäuft wurden (wir befinden uns in der Epoche der Rockefeller, Carnegie, J. P. Morgan), waren zahlreiche Beobachter jenseits des Atlantiks alarmiert von der Vorstellung, das Land könnte seinen der Gleichheit verpflichteten Pioniergeist verlieren – der teilweise selber ein Mythos sein mochte, gewiss, aber einer, der im Vergleich mit europäischen Vermögenskonzentrationen teilweise gerechtfertigt war. Wir werden im nächsten Teil sehen, dass die Angst, Europa immer ähnlicher zu werden, auch mitverantwortlich dafür war, dass in Amerika seit den 1910er Jahren auf jene großen Erbschaften, die man als unvereinbar mit den amerikanischen Werten empfand, ebenso eine stark progressive Steuer erhoben wurde wie auf Einkommen, die als übertrieben hoch galten. Seither hat sich, milde ausgedrückt, die Wahrnehmung der Ungleichheit, der Verteilung und auch der verschiedenen nationalen Identitäten ganz entschieden verändert.

Zwischen 1910 und 1950 nimmt die Vermögensungleichheit in Amerika ebenso ab wie die Einkommensungleichheit, allerdings sehr viel weniger stark als in Europa. Man muss sich vergegenwärtigen, dass die Entwicklung hier von einem niedrigeren Stand ausgeht und die Schocks, die von den beiden Weltkriegen gezeitigt werden, weniger heftig ausfallen. Zu Beginn der 2010er Jahre übersteigt der Anteil des obersten Dezils die 70 % und der des obersten Perzentils geht auf die 35 % zu.[1]

1 In Anbetracht dessen, dass die höchsten Vermögen sich nur schwer schätzen lassen, sind diese Niveaus, die auf offizielle Erhebungen der Federal Reserve zurückgehen, womöglich etwas zu gering veranschlagt und der Anteil des obersten Dezils beträgt eher 40 %. Siehe Technischer Anhang.

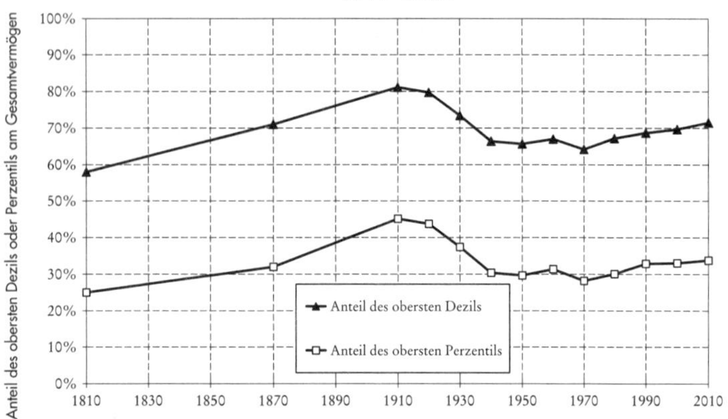

Grafik 10.5.: Um 1910 besaß das oberste Dezil etwa 80 % des Gesamtvermögens, heute besitzt es 70–75 %.
Quellen und Reihen: siehe piketty.pse.ens.fr/capital21c.

Am Ende war die Dekonzentration der Vermögen in den Vereinigten Staaten im vergangenen Jahrhundert relativ begrenzt. Der Anteil des obersten Dezils fiel dort von 80 % auf 70 %, in Europa dagegen von 90 % auf 60 % des Gesamtvermögens (siehe Grafik 10.6).[1]

Man sieht, wie sehr die europäischen und amerikanischen Erfahrungen sich unterscheiden. In Europa hat sich im 20. Jahrhundert die Gesellschaft völlig gewandelt. Die Vermögensungleichheiten, die am Vorabend des Ersten Weltkriegs ebenso stark waren wie unter dem Ancien Régime, haben sich auf ein nie gekanntes Niveau reduziert. Fast die Hälfte der Bevölkerung hat es zu einem Mindestmaß an Vermögen bringen können und besitzt kollektiv zum ersten Mal einen nicht unerheblichen Teil des nationalen Kapitals. Das erklärt zumindest teilweise den großen optimistischen Schwung, von dem Europa in den dreißig Nachkriegsjahren (den französischen *Trente Glorieuses* oder dem deutschen «Wirtschaftswunder») beseelt ist (man hat das Gefühl, den Kapitalismus, die Ungleichheiten und die Klassengesellschaft der Vergangenheit hinter sich gelassen zu haben), und es erklärt

1 Der in Grafik 10.6 angegebene Durchschnitt wurde ausgehend von den für Frankreich, Großbritannien und Schweden ermittelten Werten berechnet (alles weist darauf hin, dass sie repräsentativ sind). Siehe Technischer Anhang.

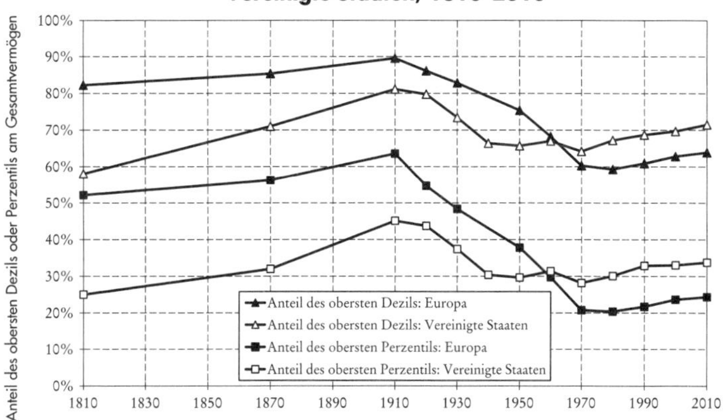

Grafik 10.6.: Bis zur Mitte des 20. Jahrhunderts fielen die Vermögensungleichheiten in Europa stärker aus als in den Vereinigten Staaten.
Quellen und Reihen: siehe piketty.pse.ens.fr/capital21c.

auch, dass man nicht wahrhaben möchte, dass dieser unaufhaltsame soziale Fortschritt nach 1980 zum Erliegen gekommen sein könnte (und sich noch immer fragt, wann der böse Geist des Kapitalismus endlich wieder in seiner Flasche verschwindet).

In den Vereinigten Staaten werden die Dinge ganz anders wahrgenommen. In gewissen Weise hat es dort eine – weiße – vermögende Mittelschicht schon zu Beginn des 19. Jahrhunderts gegeben. Sie hat während des *Gilded Age* einen Rückschlag erlitten, hat sich Mitte des 20. Jahrhunderts erholt, und fällt seit den 1970er Jahren wieder zurück. Dieses amerikanische «Jojo» findet sich im Übrigen auch in der Geschichte des amerikanischen Steuersystems wieder. In den Vereinigten Staaten steht das 20. Jahrhundert nicht für den großen Sprung in Sachen sozialer Fortschritt. Die amerikanischen Vermögensungleichheiten sind in Wahrheit am Anfang des 21. Jahrhunderts größer als hundert Jahre zuvor. Nicht das «Wirtschaftswunder», nicht die *Trente Glorieuses* mit ihren staatlichen Eingriffen, die dem Kapitalismus die Zügel anlegen sollten, sind in den Vereinigten Staaten das verlorene Paradies, sondern das der Ursprünge, von dem die Tea Parties berichten.

Der Mechanismus der Vermögensdivergenz: r versus g in der Geschichte

Versuchen wir nun, die beobachteten Tatsachen zu erklären: die Hyperkonzentration von Vermögen, die für Europa im 19. Jahrhundert und bis zum Ersten Weltkrieg charakteristisch ist; den starken Abbau von Kapitalungleichheit im Gefolge der Schocks zwischen 1914 und 1945; und schließlich die Tatsache, dass die Vermögenskonzentration – bislang – nicht wieder auf die Rekordmarken der Vergangenheit gestiegen ist.

Es gibt, um das gleich zu betonen, meines Wissens keine Gegebenheit, auf deren Grundlage wir mit Gewissheit angeben könnten, welchen genauen Anteil die unterschiedlichen Mechanismen an dieser Gesamtentwicklung haben. Gleichwohl kann man versuchen, sie anhand der Daten und Analysen, die uns vorliegen, in eine Rangordnung zu bringen. Hier also die Schlussfolgerung, zu der ich gelangt bin.

Der Hauptmechanismus, der für die Hyperkonzentration von Vermögen verantwortlich ist, die wir in den traditionellen ländlichen Gesellschaften wie in nahezu allen Gesellschaften bis zum Ersten Weltkrieg finden (der Fall der Pioniere der Neuen Welt ist offenbar ein Sonderfall und auf globaler Ebene langfristig wenig repräsentativ), liegt in der Tatsache, dass es sich um Wirtschaften handelt, die sich durch schwaches Wachstum und eine Kapitalrendite auszeichnen, die deutlich und dauerhaft über der Wachstumsrate liegt.

Wie wirkt diese fundamentale Triebkraft fortschreitender Divergenz, von der wir in der Einleitung schon gesprochen haben, sich aus? Gehen wir von einer Welt mit schwachem Wachstum aus, zum Beispiel 0,5–1 % pro Jahr, wie es bis zum 18. und 19. Jahrhundert die Regel war. Die Kapitalrendite, von der wir gesehen haben, dass sie im Allgemeinen bei 4–5 % pro Jahr lag, ist daher in solchen Gesellschaften konstitutiv sehr viel höher als die Wachstumsrate. Konkret bedeutet dies, dass die in der Vergangenheit akkumulierten Vermögen sich auch dann, wenn keinerlei Arbeitseinkommen vorhanden ist, sehr viel schneller rekapitalisieren als die Wirtschaft wächst.

Wenn zum Beispiel g = 1 % und r = 5 %, dann genügt es, ein Fünftel der Kapitaleinkommen zu sparen – und die vier anderen Fünftel zu konsumieren –, um Kapital, das man von der vorigen Generation geerbt hat, mit derselben Rate wie die Ökonomie insgesamt wachsen zu lassen. Spart man mehr, zum Beispiel weil das Kapitalvermögen groß genug ist, um einen annehmbaren Lebensstandard auch dann zu gewährleisten, wenn man einen geringeren Teil der jährlichen Erträge konsumiert, so wächst das Vermögen schneller als es die Wirtschaft im Durchschnitt tut – und folglich werden auch die Ungleichheiten tendenziell zunehmen, ohne dass dazu irgendein zusätzliches Arbeitseinkommen nötig wäre. Wie man sieht, handelt es sich dabei, logisch betrachtet, um Idealbedingungen für das Prosperieren einer Erbengesellschaft, einer Gesellschaft also, die sich durch sehr starke Vermögenskonzentration auszeichnet, und zugleich durch hohe Beständigkeit dieser Vermögen über lange Zeit und mehrere Generationen hinweg.

Tatsächlich sind genau diese Bedingungen in der gesamten Geschichte für zahlreiche Gesellschaften und insbesondere die europäischen Gesellschaften des 19. Jahrhunderts charakteristisch. Wie aus Grafik 10.7 zu ersehen, lag in Frankreich von 1820 bis 1913 die reine Kapitalrendite deutlich über der Wachstumsrate, bei durchschnittlich 5 %, während die Wachstumsrate sich mit leichten Schwankungen bei etwa 1 % pro Jahr hielt. Die Kapitaleinkommen

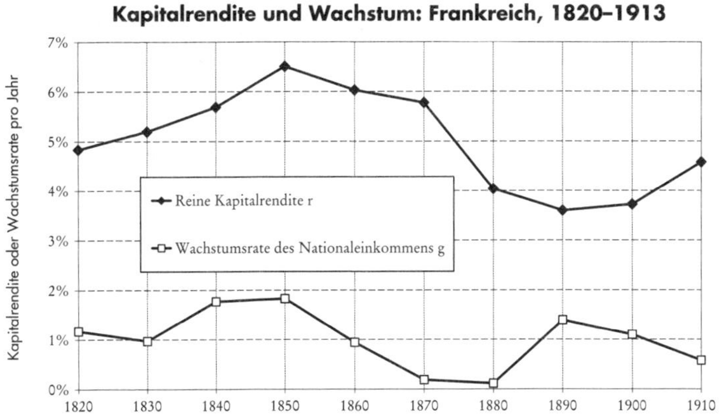

Grafik 10.7.: Von 1820 bis 1913 ist in Frankreich die Kapitalrendite deutlich höher als die Wachstumsrate.
Quellen und Reihen: siehe piketty.pse.ens.fr/capital21c.

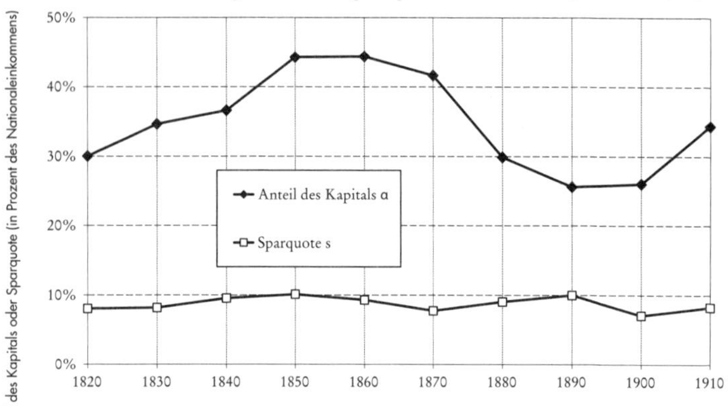

Grafik 10.8.: Von 1820 bis 1913 ist in Frankreich der Anteil der Kapitaleinkommen am Nationaleinkommen deutlich höher als die Sparquote.
Quellen und Reihen: siehe piketty.pse.ens.fr/capital21c.

machten fast 40 % des Nationaleinkommens aus, und es reichte aus, ein Viertel davon zu sparen, um eine Sparquote von etwa 10 % zu erreichen (siehe Grafik 10.8). Dadurch wuchsen die Vermögen etwas schneller als die Einkommen und die Kapitalkonzentration nahm tendenziell zu. Wir werden im nächsten Kapitel sehen, dass ein Großteil der Vermögen während dieses Zeitraums tatsächlich aus Erbschaften stammte, und dass für dieses Übergewicht ererbten Kapitals (trotz der starken wirtschaftlichen Dynamik der Epoche und beeindruckend differenzierter Anlagestrategien) die dynamischen Wirkungen der fundamentalen Ungleichung r > g verantwortlich sind. Die sehr reichen französischen Erbschafts- und Schenkungsdaten ermöglichen es, darüber sehr genaue Aussagen zu treffen.

Weshalb ist die Kapitalrendite höher als die Wachstumsrate?

Setzen wir unsere theoretischen Überlegungen fort. Gibt es zwingende Gründe, aus denen die Kapitalrendite systematisch über der Wachstumsrate liegt? Um es in aller Deutlichkeit vorauszuschicken: Es handelt sich meines Erachtens eher um eine historische Realität als um eine absolute logische Notwendigkeit.

Tatsächlich ist die fundamentale Ungleichung r > g ganz unbestreitbar eine historische Realität. Leser oder Zuhörer, denen diese Behauptung zum ersten Mal begegnet, sind häufig erstaunt und beginnen, über die logische Möglichkeit einer solchen Relation nachzudenken. Dass die Ungleichung r > g aber eine historische Realität ist, davon wird man sich am besten auf folgende Weise überzeugen.

Wie wir im ersten Teil gesehen haben, lag die Wachstumsrate in der Geschichte der Menschheit die längste Zeit nahe Null. Verknüpft man Bevölkerungs- und Wirtschaftswachstum, so kann man festhalten, dass die Wachstumsrate zwischen der Antike und dem 17. Jahrhundert nie über 0,1–0,2 % pro Jahr gelegen hat. Wie groß die historischen Unschärfen auch immer sein mögen – es gibt keinen Zweifel, dass die Kapitalrendite stets deutlich über der Wachstumsrate lag. Der langfristig erkennbare Durchschnittswert beläuft sich auf eine Rendite von 4–5 % pro Jahr. Das ist namentlich das, was die Bodenrente in Prozent des Werts der Grundstücke in den meisten ländlichen Gesellschaften abwirft. Selbst wenn man eine deutlich geringere Schätzung der reinen Kapitalrendite zugrunde legt – indem man zum Beispiel bedenkt (wie zahllose Grundbesitzer im Laufe der Geschichte es tun mussten), dass es nicht so einfach ist, ein großes Stück Land zu bewirtschaften, und ein Teil jener Rendite in Wahrheit nur der angemessenen Entlohnung für die hochqualifizierte Arbeit entspricht, die der Besitzer leistet –, selbst dann käme man auf eine minimale (meines Erachtens wenig realistische, weil deutlich zu gering veranschlagte) Rendite von mindestens 2–3 % pro Jahr. Auch das läge noch deutlich über 0,1–0,2 %. Es ist eine fundamentale Tatsache, dass für die längste Zeit der Geschichte der Menschheit die Kapitalrendite mindestens das Zehn- bis Zwanzigfache der Wachstumsrate der Produktion und des Einkommens betrug – ja diese Tatsache ist eine Grundlage der Gesellschaft selbst, nämlich das, was es einer Klasse von Besitzenden ermöglicht, sich anderem als ihrer Lebenserhaltung zu widmen.

Um diesen Punkt so klar wie möglich hervortreten zu lassen, habe ich in Grafik 10.9 die weltweite Entwicklung der Kapitalrendite einerseits, und der Wachstumsrate von der Antike bis ins 21. Jahrhundert andererseits dargestellt.

Es handelt sich offensichtlich um approximative und ungesicherte Schätzungen; aber die Größenordnungen und Gesamtentwicklungen können als tragfähig gelten. Was die globale Wachstumsrate anbelangt,

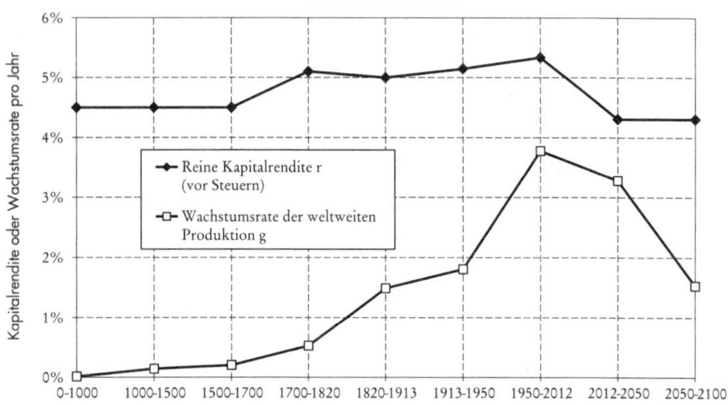

Grafik 10.9.: Die Kapitalrendite (vor Steuern) war stets höher als die weltweite Wachstumsrate; der Abstand hat sich im 20. Jahrhundert jedoch verringert und könnte im 21. Jahrhundert wieder wachsen. Quellen und Reihen: siehe piketty.pse.ens.fr/capital21c.

so habe ich die im ersten Teil erläuterten historischen Schätzungen und Vorhersagen aufgegriffen. Und was das globale Niveau der Kapitalrendite anbelangt, so handelt es sich für den Zeitraum von 1700 bis 2010 um die im zweiten Teil erläuterten Schätzungen der reinen Kapitalrendite für Großbritannien und Frankreich. Für die weiter zurückliegenden Phasen habe ich eine reine Rendite von 4,5 % veranschlagt, was als Mindestwert betrachtet werden muss (die historischen Daten weisen eher auf durchschnittliche Renditen in der Höhe von 5–6 % hin).[1] Für das 21. Jahrhundert habe ich angenommen, dass es bei dem für die Zeit zwischen 1990 und 2010 beobachteten Wert (um die 4 %) bleiben wird. All das ist, wohlverstanden, ungesichert. Wie wir im zweiten Teil gesehen haben, gibt es Kräfte, die auf eine niedrigere, und andere, die auf eine höhere Wachstumsrate hinwirken. Im Übrigen handelt es sich bei den in Grafik 10.9 angegebenen Werten um Kapitalrenditen vor Steuern

1 Was die Bodenrente anbelangt, weisen die frühesten Daten, über die wir zur Antike und zum Mittelalter verfügen, auf Jahresrenditen von etwa 5 % hin. Für verzinsliche Darlehen findet man häufig Zinssätze von über 5 % – typischerweise um 6–8 % –, auch dann, wenn es sich um Pfanddarlehen handelte. Vgl. zum Beispiel S. Homer, R. Sylla: *A History of Interest Rates*, New Brunswick: Rutgers University Press 1996. Wie repräsentativ diese verschiedenen Renditen waren, geht aus den von Homer und Sylla zusammengetragenen Daten freilich nicht eindeutig hervor.

(auch tragen sie Kapitalverlusten durch Kriege ebenso wenig Rechnung wie Wertzuwächsen und -verlusten, die im 20. Jahrhundert besonders ausgeprägt waren).

Die reine Kapitalrendite lag im Laufe der Geschichte, wie aus Grafik 10.9 zu ersehen, immer deutlich über der globalen Wachstumsrate, im Allgemeinen bei 4–5 %. Im 20. Jahrhundert ist der Abstand freilich stark geschrumpft – besonders in der zweiten Jahrhunderthälfte, in der die globale Wachstumsrate auf 3,5–4 % gestiegen ist. Aller Wahrscheinlichkeit nach wird sich der Abstand im Laufe des 21. Jahrhunderts aufgrund des langsameren Wachstums – und das gilt insbesondere vom Bevölkerungswachstum – wieder vergrößern. Folgt man dem im ersten Teil analysierten mittleren Szenario, so könnte die globale Wachstumsrate zwischen 2050 und 2100 bei etwa 1,5 % pro Jahr, also annähernd auf demselben Niveau wie im 19. Jahrhundert liegen. Die Kluft zwischen r und g wäre wieder in etwa so groß, wie sie es während der Industriellen Revolution war.

Es fällt unmittelbar auf, wie zentral die Rolle der Kapitalsteuern – und der verschiedenartigen Schocks – in einem solchen Kontext ist. Bis zum Ersten Weltkrieg waren die Kapitalsteuern sehr niedrig (in den meisten Ländern gab es weder Einkommensteuern noch Unternehmensgewinnsteuern, und die Erbschaftssteuersätze gingen im Allgemeinen nicht über ein paar Prozent hinaus). Man kann also der Einfachheit halber davon ausgehen, dass die Renditen vor und nach Steuern quasi dieselben waren. Nach dem Ersten Weltkrieg stiegen die Steuersätze für die Spitzeneinkommen, -gewinne und -vermögen rasch auf hohe Niveaus. Seit den 1980er Jahren sind freilich in einem stark veränderten ideologischen Kontext, der immer mehr von der Globalisierung der Finanzmärkte und dem zwischen Staaten entbrannten Wettbewerb um Kapital geprägt war, diese Steuern wieder gesunken – und in manchen Fällen nicht weit davon entfernt, schlicht und einfach zu verschwinden.

In Grafik 10.10 habe ich Schätzungen der durchschnittlichen Kapitalrendite nach Steuern und nach Abzug eines mittleren Schätzwertes für Kapitalverluste durch die Verheerungen der Zeit von 1913 bis 1950 dargestellt. Der Deutlichkeit halber habe ich weiterhin angenommen, der Steuerwettbewerb werde allmählich zum völligen Verschwinden der Kapitalsteuer im Laufe des 21. Jahrhunderts führen: Die durchschnittliche Kapitalertragssteuer ist auf 30 % für die Zeit von 1913 bis

2012 festgesetzt, fällt dann auf 10 % von 2012 bis 2050 und auf 0 % von 2050 bis 2010. In der Praxis sehen die Dinge komplizierter aus: Die Steuern variieren enorm je nach Land und Vermögenstyp; sie können zuweilen progressiv sein (das heißt, dass der Steuersatz – zumindest prinzipiell – mit der Höhe des Einkommens oder Vermögens steigt); und schließlich steht nirgends geschrieben, dass der Steuerwettbewerb bis zum Äußersten getrieben werden muss (wir werden die Untersuchung dieser Frage im vierten Teil wieder aufnehmen).

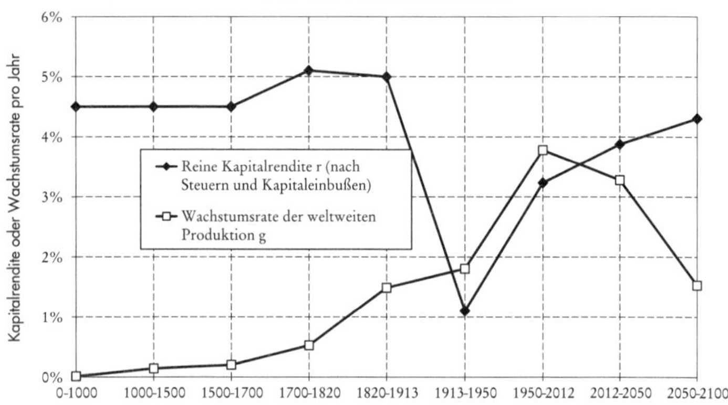

Grafik 10.10.: Die Kapitalrendite (nach Steuern und Kapitaleinbußen) ist im 20. Jahrhundert unter die Wachstumsrate gefallen und könnte im 21. Jahrhundert wieder über diese steigen.
Quellen und Reihen: siehe piketty.pse.ens.fr/capital21c.

Wie man sieht, ist die Rendite nach Abzug von Steuern (und Verlusten) zwischen 1913 und 1945 auf gerade noch 1–1,5 % pro Jahr gefallen, das heißt unter die Wachstumsrate. Diese völlig neue Situation hat sich zwischen 1950 und 2012 aufgrund der außerordentlich hohen Wachstumsrate wiederholt. Die Steuerschocks und andere Erschütterungen im 20. Jahrhundert haben also letztlich zum ersten Mal in der Geschichte die Nettokapitalrendite unter die Wachstumsrate sinken lassen. Durch Zusammenwirken verschiedener Faktoren (Einführung von Progressivsteuern nach den Katastrophen von 1914 bis 1945, das «Wirtschaftswunder» der *Trente Glorieuses*) hat diese historisch ganz ungewöhnliche Situation sich über ein ganzes Jahrhundert erstreckt.

Alles deutet darauf hin, dass sie sich ihrem Ende nähert. Sollte der Steuerwettbewerb bis zum Äußersten getrieben werden, und das ist nicht auszuschließen, wird die Kluft zwischen r und g im Laufe des 21. Jahrhunderts wieder beinahe so groß werden wie im 19. Jahrhundert (siehe Grafik 10.10). Hält sich dagegen die durchschnittliche Besteuerung des Kapitals auf einem Niveau von 30 %, was alles andere als gewiss ist, so wird die Nettokapitalrendite wahrscheinlich in allen Fällen gleichwohl ein Niveau deutlich oberhalb der Wachstumsrate erreichen – zumindest dann, wenn das mittlere Szenario recht behält.

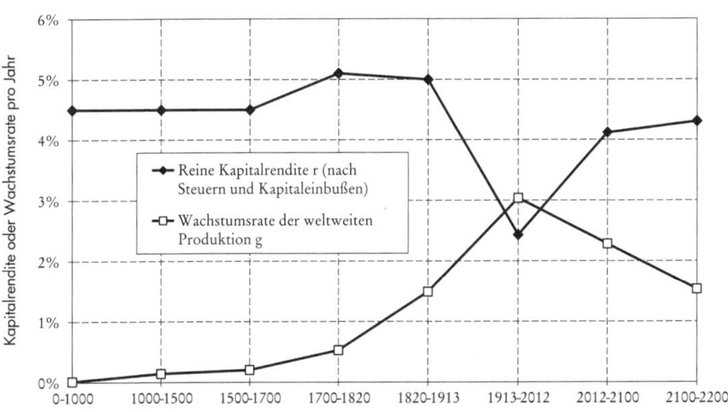

Grafik 10.11.: Die Kapitalrendite (nach Steuern und Kapitaleinbußen) ist im 20. Jahrhundert unter die Wachstumsrate gefallen und könnte im 21. Jahrhundert wieder über diese steigen.
Quellen und Reihen: siehe piketty.pse.ens.fr/capital21c.

Um diese mögliche Entwicklung noch plastischer hervortreten zu lassen, habe ich in Grafik 10.11 die Unterabschnitte 1913 bis 1950 und 1950 bis 2012 zu einem einzigen Durchschnittswert für das Jahrhundert von 1913 bis 2012 zusammengezogen, in dem erstmals in der Geschichte die Nettokapitalrendite unterhalb der Wachstumsrate lag. Zu einem einzigen Jahrhundertdurchschnitt von 2012 bis 2100 habe ich auch die beiden Unterabschnitte 2012 bis 2050 und 2050 bis 2100 zusammengezogen, wobei ich angenommen habe, dass die Raten der zweiten Hälfte des 21. Jahrhunderts sich im 22. Jahrhundert fortschreiben – was natürlich völlig ungewiss ist. Gleichwohl hat diese

Grafik den Vorzug, den ganz ungewöhnlichen – womöglich einzigartigen – Charakter des 20. Jahrhunderts im Hinblick auf das Verhältnis von r zu g herauszustellen. Festzuhalten ist auch, dass die Hypothese eines langfristigen globalen Wachstums von 1,5 % nach Auffassung zahlreicher Beobachter sehr optimistisch ist. Erinnern wir uns, dass das durchschnittliche Produktionswachstum pro Kopf zwischen 1700 und 2012 global bei 0,8 % jährlich lag, und erinnern wir uns auch, dass den einschlägigen Schätzungen zufolge das Bevölkerungswachstum, das während der drei letzten Jahrhunderte seinerseits bei 0,8 % lag, bis zum Ende des 21. Jahrhunderts massiv zurückgehen wird. Man muss indessen auch den prinzipiellen Vorbehalt unterstreichen, mit dem Grafik 10.11 zu betrachten ist, da sie per definitionem unterstellt, dass keine einschneidende politische Reaktion den Gang des Kapitalismus und der finanziellen Globalisierung in den nächsten beiden Jahrhunderten beeinflussen wird. Angesichts der bewegten Geschichte des vergangenen Jahrhunderts ist dies offenkundig eine starke Hypothese, die meines Erachtens gerade darum wenig plausibel ist, weil die erhebliche Ungleichheit, die eine solche Situation mit sich brächte, zweifellos nicht auf Dauer hingenommen würde (wir werden auf diese heikle Frage noch ausführlich eingehen).

Die Ungleichung r > g entspricht also, um das zusammenzufassen, unbestreitbar einer historischen Realität, die sich bis zum Ersten Weltkrieg nachweisen lässt und mit der wir es zweifellos im 21. Jahrhundert wieder zu tun bekommen. Aber es handelt sich um eine soziale und politische Realität, die nicht nur in weitem Umfang davon abhängt, welche Schocks die Vermögen heimsuchen, sondern auch davon, welche Politik der öffentlichen Hand und welche Einrichtungen aufgeboten werden, um das Verhältnis Kapital/Arbeit zu regulieren.

Das Problem der Gegenwartspräferenz

Kommen wir auf die Ungleichung r > g zurück, die vor allem eine historische Realität ausdrückt und sich daher je nach Zeit und politischer Konjunktur mehr oder weniger bewahrheitet. Unter streng logischen Gesichtspunkten sind durchaus Gesellschaften denkbar, in denen die Wachstumsrate größer wäre als die Kapitalrendite – und dies übrigens auch in Abwesenheit jedes politischen Eingriffs. Alles hängt einerseits von der Technologie ab (wozu dient das Kapital?), andererseits von der Einstellung zum Sparen und zum Eigentum (weshalb beschließt man, Kapital zu besitzen?). Wie wir im zweiten Teil bemerkt haben, kann man sich abstrakt sehr wohl Gesellschaften denken, in denen Kapital zu nichts dienen würde (eine reine Wertreserve, deren Rendite gleich Null wäre), sondern die Einzelnen sich entschlossen hätten, große Mengen an Kapital zurückzulegen, um zum Beispiel Vorkehrungen für künftige Katastrophen oder einen großen Potlatch zu treffen, oder auch nur deshalb, weil es sich um eine ausnehmend geduldige und für künftige Generationen vorsorgende Gesellschaft handelt. Würde diese Gesellschaft sich überdies durch eine rasch wachsende Arbeitsproduktivität auszeichnen – dank permanenter Erfindungen oder weil das Land gegenüber technologisch weiter entwickelten Ländern aufholen muss –, dann könnte es durchaus sein, dass die Wachstumsrate deutlich über der Kapitalrendite läge.

In der Praxis scheint sich freilich kein einziges historisches Beispiel dafür zu finden, dass die Kapitalrendite von sich aus dauerhaft unter 2–3 % gefallen wäre – und die Durchschnittswerte liegen, wie unterschiedlich die Investions- und Renditeformen auch immer sein mögen, im Allgemeinen näher bei 4–5 % (vor Steuern). Insbesondere die Rendite aus agrarischen Nutzflächen in traditionellen Gesellschaften und aus Immobilien in heutigen Gesellschaften, also den gängigsten und sichersten Eigentumsformen, belaufen sich im Allgemeinen auf 4–5 % pro Jahr – vielleicht, wie sich im zweiten Teil gezeigt hat, auf sehr lange Sicht mit einer leichten Abwärtstendenz (3–4 % statt 4–5 %).

Das ökonomische Modell, das man zumeist bemüht, um zu erklären, weshalb die Kapitalrendite sich relativ stabil bei 4–5 % hält (und niemals unter 2–3 % fällt), beruht auf dem Begriff der «Gegenwartspräferenz». Die Wirtschaftsakteure lassen sich, anders gesagt, durch eine Gegenwartspräferenzrate kennzeichnen (häufig θ genannt), die ihre Ungeduld und die Art misst, wie sie sich zur Zukunft verhalten. Ist zum Beispiel $\theta = 5\,\%$, dann heißt das, dass sie bereit sind, 105 Euro künftigen Konsums im nächsten Jahr zu opfern, um dieses Jahr 100 Euro mehr zu konsumieren. Diese «Theorie» nimmt sich, wie theoretische Modelle von Ökonomen es häufig tun, ein wenig tautologisch aus (kein Verhalten, das man nicht dadurch erklären könnte, dass die Akteure eben Präferenzen haben – «Nutzenfunktionen» heißt es in der Fachsprache –, die sie drängen zu tun, was sie tun; was eine solche «Erklärung» wirklich leistet, ist nicht immer erkennbar), und sie ist von radikaler und unerbittlicher prädikativer Kraft. Im angenommenen Fall einer Wirtschaft mit Nullwachstum wird man nicht überrascht sein zu erfahren, dass die Kapitalrendite in ihr exakt der Gegenwartspräferenzrate θ entspricht.[1] Dieser Theorie zufolge hat es also psychologische Gründe, wenn die Kapitalrendite historisch relativ stabil bei 4–5 % steht: Dass sie sich von diesem Niveau nicht weit entfernen kann, liegt in der menschlichen Ungeduld und der Durchschnittsverfassung der Gattung beschlossen.

Abgesehen von ihrem tautologischen Charakter wirft diese Theorie eine Reihe von Fragen auf. Natürlich kann die allgemeine Intuition, die diesem Erklärungsmodell zugrunde liegt – das gilt beispielsweise auch von der Theorie der Grenzproduktivität – nicht völlig falsch sein. Unter ansonsten gleichen Bedingungen wird eine geduldigere Gesellschaft oder eine, die mit künftigen Schocks rechnet, ohne Zweifel dazu tendieren, größere Rücklagen zu bilden und mehr Kapital anzuhäufen. In einer Gesellschaft dagegen, in der man so viel Kapital akkumuliert hat, dass die Rendite dauerhaft auf ein extrem niedriges Niveau gesunken ist, zum Beispiel auf 1 % pro Jahr (oder alle Formen von Besitz, auch in den mittleren und unteren Schichten, so stark besteuert sind, dass die Rendite ebenso niedrig ist), wird wohl ein nicht unbeträchtlicher Teil von Eigentümern versuchen, seine Grundstücke, Immobilien, Häuser und Geldanlagen abzustoßen, so dass der Kapitalstock insgesamt verkleinert wird, bis die Rendite steigt.

Das Problem dieser Theorie liegt darin, dass sie zu systematisch und holzschnittartig ist: Es ist unmöglich, das gesamte Sparverhalten und alle Einstellungen gegenüber der Zukunft in einem einzigen unverrückbaren Parameter zusammenzufassen. Nimmt man die extremste Version der Theorie ernst (das so genannte Modell des «unendlichen Horizonts», demzufolge die Akteure die Konsequenzen ihrer Sparstrategie nach Maßgabe der eigenen Gegenwartspräferenz

1 Wenn der Kapitalbesitz eine Rendite abwirft, die über der Gegenwartspräferenz liegt, wird jeder seinen gegenwärtigen Konsum einschränken und mehr sparen wollen (der Kapitalstock beginnt also, unbegrenzt zu wachsen, bis die Rendite auf die Gegenwartspräferenzrate sinkt). Trifft das Gegenteil zu, wird jeder einen Teil seines Kapitals abstoßen wollen, um seinen gegenwärtigen Konsum zu erhöhen (der Kapitalstock beginnt also, zu schrumpfen, bis die Kapitalrendite wieder steigt). In beiden Fällen endet man stets wieder bei $r = \theta$.

für ihre entferntesten Nachfahren vorausberechnen, als würde es sich um sie selbst handeln), dann würde das implizieren, dass es unmöglich ist, die Nettokapitalrendite auch nur um ein Zehntelprozent variieren zu lassen. Jeder Versuch in diese Richtung, zum Beispiel durch steuerpolitische Eingriffe, würde eine unendlich starke Reaktion in die eine oder andere Richtung (sparen oder entsparen) auslösen und die Nettorendite wieder zu ihrem einen und einzigen Gleichgewicht zurückkehren lassen. Eine solche Vorhersage dürfte kaum realistisch sein. Alle historischen Erfahrungen zeigen, dass die Elastizität des Sparverhaltens zweifellos gegeben, aber sicher nicht unendlich ist, insbesondere dann, wenn die Renditeschwankungen sich in überschaubaren und vernünftigen Grenzen halten.[1]

Ein andere Schwierigkeit dieses theoretischen Modells liegt darin, dass es in seiner strengsten Fassung impliziert, die Kapitalrendite r nehme mit der Wachstumsrate g ihrerseits stark zu, um das ökonomische Gleichgewicht aufrechtzuerhalten. In einer Wirtschaft mit starkem Wachstum müsste dann die Kluft zwischen r und g deutlich größer sein als in einer Wirtschaft mit Nullwachstum. Erneut wenig realistisch und mit der historischen Erfahrung kaum vereinbar (es ist möglich, dass die Kapitalrendite bei starkem Wirtschaftswachstum steigt, aber zweifellos nicht stark genug, um die Kluft r-g signifikant größer werden zu lassen), ergibt sich diese Vorhersage ihrerseits aus der Hypothese des unendlichen Horizonts. Gleichwohl steckt auch darin eine plausible Intuition, die zumindest unter einem streng logischen Gesichtspunkt nicht uninteressant ist. Innerhalb dieses ökonomischen Standardmodells, das insbesondere die Existenz eines «vollkommenen» Kapitalmarktes unterstellt (jeder erzielt auf sein Sparguthaben die Rendite, die der höchsten in der Wirtschaft verfügbaren Grenzproduktivität entspricht, und jeder kann zu diesem Zins leihen, so viel er will), ist der Grund dafür, dass die Kapitalrendite r systematisch und dauerhaft höher liegt als die Wachstumsrate g, der folgende: Wäre r kleiner als g, würden die Wirtschaftsakteure, da ihre künftigen Einkommen – und die ihrer Nachkommen – schneller steigen als der Zins, zu dem man leihen kann, sich unendlich reich fühlen

1 Das Modell des «unendlichen Horizonts» und der Gegenwartspräferenz schließt tatsächlich eine unendliche Elastizität des Sparverhaltens – also des Kapitalangebots – auf lange Sicht ein. Es unterstellt also die Unmöglichkeit jeder Steuerpolitik, die das Kapital berührt.

und dazu tendieren, unbegrenzt zu leihen, um die Mittel unmittelbar zu konsumieren (bis r wieder über g steigt). In dieser Extremform ist der Mechanismus nicht wirklich plausibel. Aber er zeigt, dass die Ungleichung r > g durch die ökonomischen Standardmodelle bestätigt, ja umso wahrscheinlicher wird, je effizienter der Kapitalmarkt funktioniert.

Das Sparverhalten und die Einstellungen gegenüber der Zukunft lassen sich also nicht in einem einzigen Parameter zusammenfassen. Solche Entscheidungen sind im Rahmen komplexerer Modelle zu analysieren, die zugleich der Gegenwartspräferenz, dem Vorsorgesparen, den Auswirkungen des Lebenszyklus, schließlich der Bedeutung, die man dem Reichtum als solchem beimisst, und einer ganzen Reihe weiterer Faktoren Rechnung tragen müssen. Die fraglichen Entscheidungen hängen vom sozialen und institutionellen Umfeld (zum Beispiel vom öffentlichen Rentensystem), von familiären Strategien und Zwängen, von Beschränkungen, die verschiedene soziale Gruppen sich selbst auferlegen (wie bei bestimmten Lehen in Adelslinien, die zu veräußern den Erben nicht freisteht) und von zahllosen individuellen psychologischen und kulturellen Faktoren ab.

Meines Erachtens sollte die Ungleichung r > g in erster Linie als eine von vielfältigen Mechanismen abhängige Realität, nicht als absolute logische Notwendigkeit behandelt werden. Sie ergibt sich aus dem Zusammenspiel zahlreicher Kräfte, die weitgehend unabhängig voneinander sind. Einerseits ist die Wachstumsrate g strukturell relativ schwach (im Allgemeinen nicht mehr als 1 % pro Jahr, wenn der demographische Übergang einmal abgeschlossen ist und das fragliche Land zur Spitze der globalen Technologie aufgeschlossen hat, wo der Innovationsrhythmus relativ langsam ist); andererseits hängt die Kapitalrendite r von zahlreichen technologischen, psychologischen, sozialen, kulturellen (etc.) Parametern ab, deren Zusammenspiel im Allgemeinen auf eine Rendite in der Größenordnung von 4–5 % (oder zumindest deutlich mehr als 1 %) hinausläuft.

Gibt es ein Verteilungsgleichgewicht?

Kommen wir nun zu den Auswirkungen der Ungleichung r > g auf die Dynamik der Vermögenskonzentration. Liegt die Kapitalrendite deutlich und dauerhaft über der Wachstumsrate, so trägt das, wie bereits bemerkt, konstitutiv zu wachsender Vermögensungleichheit bei. Ist zum Beispiel g = 1 % und r = 5 %, so genügt es, wenn Besitzer großer Vermögen sich entschließen, jedes Jahr mehr als ein Fünftel ihres Kapitaleinkommens zu reinvestieren, damit diese Vermögen schneller zunehmen als das Durchschnittseinkommen in der betreffenden Gesellschaft. Unter diesen Bedingungen sind die einzigen Kräfte, die eine endlose Ungleichheitsspirale verhindern und für eine Stabilisierung der Vermögensungleichheit auf einem endlichen Niveau sorgen können, die folgenden. Einerseits: Vermehren alle Vermögensbesitzer ihren Reichtum schneller, als das Durchschnittseinkommen steigt, wird das Kapital-Einkommens-Verhältnis zu unbegrenztem Wachstum tendieren, was langfristig zu einem Sinken der Kapitalrendite führen sollte. Freilich kann dieser Mechanismus Jahrzehnte in Anspruch nehmen, insbesondere in einer offenen Wirtschaft, in der Vermögensbesitzer ausländische Vermögenswerte akkumulieren können, wie sie dies im Großbritannien und Frankreich des 19. Jahrhunderts bis zum Ausbruch des Ersten Weltkrieges getan haben. Prinzipiell bricht dieser Prozess zwangsläufig in einem bestimmten Moment ab (nämlich dann, wenn den Besitzern ausländischer Aktiva schließlich der ganze Planet gehört), aber das kann eine Weile dauern. Auch das ist mitverantwortlich für den scheinbar grenzenlosen Zuwachs in den oberen Perzentilen der britischen und französischen Vermögenshierarchie der Belle Époque.

Andererseits können die verschiedensten Schocks dieser fortschreitenden Divergenz individueller Vermögensentwicklungen Einhalt gebieten. Das mögen demographische Schocks sein wie das Fehlen eines rechtmäßigen Erben (oder, umgekehrt, zu viele Erben, was ebenfalls zu einer Zerstreuung des Familienkapitals führen kann), aber auch zu frühes oder zu spätes Ableben – oder ökonomische Schocks wie Fehlinvestitionen, Bauernaufstände, Finanzkrisen, magere Renditen, und so weiter. Solche Einbrüche kommen in den besten Familien vor – daher kennen selbst die unbeweglichsten Gesellschaften stets eine gewisse Erneuerung. Aber der entscheidende Punkt ist, dass für eine gegebene Struktur solcher Schocks eine starke Ungleichheit r – g automatisch zu einer extremen Vermögenskonzentration führt.

Entails und Fideikommisse

Am Rande sei bemerkt, wie bedeutsam demographische Entscheidungen (je weniger Kinder die Reichen auf die Welt bringen, desto größer die Vermögenskonzentration) und – natürlich – das Erb- und Schenkungsrecht sind. Zahlreiche traditionelle Adelsgesellschaften beruhen auf dem Prinzip der Primogenitur, des Erbvorrechts des Erstgeborenen, das dem ältesten Sohn die gesamte Erbschaft oder zumindest einen unverhältnismäßig großen Anteil derselben zuspricht, um dadurch den Familienbesitz gegen die Gefahr der Zerstreuung zu erhalten – oder zu vermehren.

Das dem ältesten Sohn eingeräumte Privileg betrifft zunächst und vor allem den Familiensitz. Häufig ist das Eigentum mit strengen Auflagen verbunden: Der Erbe darf die Besitztümer nicht verschleudern und muss sich damit begnügen, die Einkünfte aus einem Kapital zu konsumieren, das dann dem in der Erbfolge nächsten Erben, im Allgemeinen dem ältesten Enkel übertragen wird. Wir haben es hier mit dem System der *entails* im britischen Recht (oder der *substitution héréditaire* unter dem Ancien Régime und der «Fideikommisse» bzw. «fideikommissarischen Substitution» im deutschen Recht) zu tun. Ihm entspringt das Unglück Elinors und Mariannes in *Sense and Sensibility*. Norland Park, das Familiengut, geht direkt von ihrem Vater auf ihren Halbbruder John Dashwood über, der, nachdem er die Angelegenheit mit seiner Frau Fanny erörtert hat, beschließt, ihnen nichts zu überlassen. Das ganze Schicksal der beiden Schwestern entscheidet sich in diesem sinistren Dialog. In *Persuasion* wird der Besitz von Sir Walter direkt seinem Neffen übertragen – einmal mehr zum Nachteil seiner drei Töchter. Jane Austen, die selbst mit keinem großen Erbe gesegnet und wie ihre Schwester zeitlebens unverheiratet war, wusste, wovon sie sprach.

Erbrechtlich betrachtet ruhen die Französische Revolution und der Code Civil, der aus ihr hervorging, auf zwei Grundpfeilern: der

Abschaffung der *subtitutions héréditaires*, der «fideikommissarischen Substitutionen» (oder «Fideikommisse»), und der Abschaffung der Primogenitur durch das Prinzip der Aufteilung der Besitztümer (zu gleichen Teilen) zwischen Brüdern und Schwestern. Dieses Rechtsprinzip kam von 1804 bis heute in aller Strenge zur Anwendung. In Frankreich ist die *quotité disponible*, das heißt der Teil der Erbschaft, über den die Eltern testamentarisch frei verfügen können, für Eltern von drei oder mehr Kindern auf ein Viertel der Vermögenswerte beschränkt.[1] Davon abzuweichen, ist nur in Extremfällen möglich, zum Beispiel wenn die Kinder die neue Gattin (oder den neuen Gatten) ermordet haben. Man muss sich deutlich vor Augen führen, dass diese doppelte Abschaffung zugleich auf dem Gleichheitsprinzip (Gleichbehandlung von Töchtern und Söhnen, ohne Ansehung von Alter und Geschlecht – und daran ist nicht zu rütteln, was immer die Eltern sich in den Kopf gesetzt haben mögen) und auf dem Prinzip der Freiheit wie des wirtschaftlichen Nutzens beruht. Namentlich die Abschaffung der *entails*, die von Adam Smith nicht sonderlich gemocht, von Voltaire, Rousseau und Montesquieu verabscheut wurden, beruht auf einer einfachen Idee: Freie Zirkulation der Güter und die Möglichkeit, sie der nach dem Urteil der Lebenden bestmöglichen Verwendung zuzuführen – was immer die dahingegangenen Vorfahren davon gehalten hätten. Es ist bemerkenswert, dass die Amerikanische Revolution, und sei's auch nach langen Debatten, zum selben Beschluss führte. Die *entails* wurden verboten – auch in den Südstaaten (im Geiste des berühmten Diktums Thomas Jeffersons: «Die Welt gehört den Lebenden»), und das Prinzip, der Nachlass sei zu gleichen Teilen unter den Geschwistern aufzuteilen, im Gesetz als Regel verankert, die in Ermangelung einer Verfügung, das heißt eines anderslautenden Testaments, in Kraft tritt (das ist entscheidend: die integrale, durch keinen Pflichtteil eingeschränkte Testierfreiheit überwiegt heute noch in den Vereinigten Staaten wie übrigens auch in Großbritannien, aber in der Praxis ist es jene Regel für die Ermangelung einer Verfügung, die in der großen Mehrzahl der Fälle zur Anwendung kommt). Dies ist eine entscheidende Differenz zwischen Frankreich und einerseits den Vereinigten Staaten, wo das Prinzip der Aufteilung zu gleichen Teilen unter den Leben-

1 Für Eltern mit zwei Kindern ein Drittel, mit einem Kind die Hälfte.

den[1] seit dem 19. Jahrhundert angewandt wird, andererseits Großbritannien, wo zumindest in Ermangelung einer Verfügung die Primogenitur für einen Teil der Vermögenswerte, insbesondere für Land- und Grundbesitz, bis 1925 geltendes Recht war. In Deutschland muss man bis zur Weimarer Republik warten, bis 1919 die «Fideikommisse», das Pendant zu den *entails*, abgeschafft werden.[2]

Zur Zeit der Französischen Revolution rief die egalitäre, antiautoritäre (die Autorität der Eltern wird infrage gestellt, die des neuen Familienoberhauptes gestärkt, zuweilen zum Nachteil seiner Frau), liberale und für die damalige Zeit absolut revolutionäre Gesetzgebung großen Optimismus hervor – zumindest unter den Männern.[3] Die Parteigänger der Revolution sind überzeugt, den Schlüssel zur künftigen Gleichheit in Händen zu halten. Und da der Code civil jedem gleiche Rechte auf dem Markt wie hinsichtlich seines Eigentums einräumt und die Zünfte abschafft, scheint es keinen Zweifel zu geben, wohin die Reise geht. Ein solches System kann nur zur Abschaffung aller überlieferten Ungleichheiten führen. Machtvollen Ausdruck verschafft sich dieser Optimismus in jenem *Esquisse d'un tableau historique des progrès de l'esprit humain*, den der Marquis de Condorcet 1794 veröffentlichte: «Es lässt sich leicht beweisen, dass die Reichtümer ihrer Natur nach auf Gleichheit angelegt sind und ein übermäßiges Missverhältnis ihrer Verteilung entweder nicht bestehen kann, oder rasch verschwinden muss, so lange nicht die bürgerlichen Gesetze durch künstliche Mittel die Anhäufung der Reichtümer befördern und ihren Fortbestand sichern. Es verschwindet, sobald die

1 Allerdings hat Napoleon 1807 für seinen «Adel des Kaiserreichs» das «Majorat» eingeführt, das bei bestimmten Liegenschaften, die an Adelstitel gebunden waren, einen zusätzlichen Anteil für den ältesten männlichen Nachkommen vorsah. Das System betraf ein paar tausend Personen. Und Charles X. versuchte die «substitution héréditaire» für seinen Adel 1826 wieder einzuführen. Diese Rückfälle ins Ancien Régime betrafen indes nur einen kleinen Teil der Bevölkerung und wurden 1848 ein für allemal abgeschafft.

2 Vgl. dazu das Buch von J. Beckert: *Unverdientes Vermögen*. Soziologie des Erbrechts, Frankfurt a. M.: Campus 2004.

3 Theoretisch haben die Frauen nach dem Code civil die gleichen Rechte wie die Männer im Hinblick auf den Erbanteil. Aber die Frau kann nicht frei über ihren Besitz verfügen (Asymmetrien dieser Art – Eröffnung von Bankkonten, Verkauf von Gütern etc. – werden endgültig erst in den 1970er Jahren abgeschafft werden), so dass in der Praxis das neue Recht vor allem den Familienvätern zugutekommt (die jüngeren Söhne erhielten dieselben Rechte wie der älteste, aber die Töchter blieben benachteiligt). Siehe Technischer Anhang.

Freiheit des Handels und der Industrie den Vorteil beseitigen, den das Prohibitivsystem und die Steuergesetzgebung dem erworbenen Reichtum verschaffen.»[1]

Der Code civil und die Illusion der Französischen Revolution

Wie aber soll man sich dann erklären, dass die Vermögenskonzentration in Frankreich während des 19. Jahrhunderts kontinuierlich zugenommen hat, um in der Belle Époque ein Niveau zu erreichen, das noch extremer ist als im Augenblick der Einführung des Code civil und kaum schwächer als im monarchistischen und aristokratischen Vereinigten Königreich? Gleiche Rechte und Chancen allein sorgen offenbar nicht schon für gleichen Wohlstand.

Tatsächlich führt die Dynamik der Vermögensübertragung und -akkumulation, sobald die Kapitalrendite erheblich und dauerhaft über der Wachstumsrate liegt, automatisch zu einer sehr starken Eigentumskonzentration – und daran ändert auch die Gleichverteilung unter Geschwistern nicht viel. Demographische oder ökonomische Schocks gibt es innerhalb familiärer Vermögensentwicklungen immer. Mithilfe eines relativ einfachen mathematischen Modells kann man zeigen, dass innerhalb einer gegebenen Struktur solcher Schocks die Ungleichheit der Vermögensverteilung langfristig dazu tendiert, sich einem Gleichgewichtsniveau anzunähern und dieses Gleichgewichtsniveau durch eine steigende Funktion des Abstands r – g zwischen Renditeniveau und Wachstumsrate bezeichnet werden kann. Intuitiv misst die Differenz r – g die Geschwindigkeit, mit der ein Vermögen, wenn die Einkommen aus ihm komplett gespart und dem Kapitalstock wieder zugeführt werden, den Abstand zum Durchschnittseinkommen vergrößert. Je größer die Differenz r – g, desto mächtiger schreitet die Divergenz fort. Wenn die demographischen und ökonomischen Schocks eine multiplikative Form annehmen (je größer das Grundkapital, desto stärker der Effekt einer guten oder schlechten Investition), dann nimmt das Verteilungsgleichgewicht langfristig die Gestalt einer Pareto-Verteilung an, einer mathematischen Form, die auf einer Potenzfunktion beruht, die eine relativ

1 Vgl. P. Rosanvallon: *La société des égaux*, Paris: Le Seuil 2011, S. 50 (Übersetzung von Stefan Lorenzer).

gute Beschreibung der beobachteten Verteilungen erlaubt. Wie man relativ leicht zeigen kann, ist der Koeffizient dieser Pareto-Verteilung, der den Grad der Ungleichverteilung des Eigentums misst, eine stark wachsende Funktion der Differenz r – g.[1]

Ist zum Beispiel, um das zu konkretisieren, die Kluft zwischen Kapitalrendite und Wachstum so groß wie im Frankreich des 19. Jahrhunderts, mit einer durchschnittlichen Rendite von etwa 5 % und einem Wachstum von etwa 1 % pro Jahr, dann lässt sich mit diesem Modell voraussagen, dass der dynamische und kumulative Prozess der Vermögensanhäufung automatisch zu einer extrem starken Vermögenskonzentration führen wird, bei der typischerweise das oberste Dezil der Hierarchie etwa 90 % und das oberste Perzentil mehr als 50 % des Kapitals besitzt.[2]

Die fundamentale Ungleichung r > g bietet, anders gesagt, eine Erklärung für die sehr starke Ungleichverteilung des Kapitals im 19. Jahrhundert – und, in gewisser Weise, für das Scheitern der Französischen Revolution. Die revolutionären Versammlungen haben zwar ein umfassendes Steuersystem eingeführt (und uns damit nebenbei ein einzigartiges Vermögensobservatorium, ein unschätzbares Erkenntnismittel beschert), aber in Wahrheit waren die Steuersätze letztlich viel zu gering – während des ganzen 19. Jahrhunderts kaum 1–2 % für die in direkter Linie vererbten Vermögen, die größten eingeschlossen –, um die Kluft zwischen Kapitalrendite und Wachstumsrate erkennbar beeinflussen zu können. Unter diesen Bedingungen verwundert es nicht, wenn die Vermögensungleichheiten im republikanischen Frankreich des 19. Jahrhunderts und der Belle Époque fast ebenso stark ausfallen wie im monarchistischen Vereinigten Königreich. Die Regierungsform fällt verglichen mit der Ungleichung r > g kaum ins Gewicht.

Die Gleichverteilung unter Brüdern und Schwestern dagegen fällt

---

1 Die mathematische Gleichung, die es erlaubt, den Pareto-Koeffizienten mit der Differenz r – g zu verbinden, wird im Technischen Anhang vorgestellt.

2 Das heißt offenbar nicht, die Logik r > g sei zwangsläufig die eine und einzige Kraft, die hier am Werk ist. Dieses Modell und die entsprechenden Berechnungen beruhen auf einer Vereinfachung der Realität und erheben nicht den Anspruch, die Rolle der einzelnen Mechanismen mit letzter Gewissheit angeben zu können (zumal mehrere einander entgegengesetzte Kräfte sich aufheben können). Aber es zeigt doch, dass diese Logik an sich eine zureichende Erklärung für den beobachteten Konzentrationsgrad zu bieten vermag. Siehe Technischer Anhang.

durchaus ein wenig ins Gewicht, aber weniger als der Abstand r – g. Die Primogenitur, genauer: die Primogenitur für Landbesitz, dessen Anteil am britischen Nationalkapital im 19. Jahrhundert mehr und mehr abnimmt, trägt dazu bei, die Tragweite der demographischen und ökonomischen Schocks zu vergrößern (das schafft eine zusätzliche Ungleichheit je nach dem Rang unter den Geschwistern), und führt zu einem höheren Pareto-Koeffizienten und einer stärkeren Kapitalkonzentration. Das mag mitverantwortlich dafür sein, dass der Anteil des obersten Dezils am Gesamtvermögen in Großbritannien um 1900 bis 1910 etwas größer ist (leicht über 90 % gegenüber etwas weniger als 90 % in Frankreich) – und vor allem für einen signifikant höheren Anteil des obersten Perzentils auf der britischen Seite des Kanals: 70 % gegenüber 60 % – was vor allem auf ausgedehnte Ländereien in den Händen einiger weniger zurückzugehen scheint. Aber dieser Effekt wird durch das niedrige französische Bevölkerungswachstum teilweise wieder ausgeglichen (der Anstieg der Vermögensungleichheit fällt, erneut nach Maßgabe der Differenz zwischen r und g, bei stagnierender Bevölkerungszahl strukturell stärker aus), und er hat letztlich keine großen Auswirkungen auf die vergleichbare Gesamtentwicklung in beiden Ländern.[1]

In Paris, wo der napoleonische Code civil in aller Strenge zur Anwendung kommt und die Ungleichheit britischen Aristokraten so wenig wie der Königin von England angelastet werden kann, besitzt das oberste Perzentil der Vermögenshierarchie um 1913 mehr als 70 % des Gesamtvermögens – also noch mehr als in Großbritannien. Die Realität ist so aberwitzig, dass sie sogar Einzug in die Welt des Comics gehalten hat. In *The Aristocats* – die Handlung spielt in Paris um 1910 – wird das Vermögen der alten Dame nicht beziffert, aber dem Prunk ihrer Residenz und der Energie nach zu urteilen, die ihr Butler

1 Der Fall Schwedens ist bemerkenswert, da er mehrere entgegengesetzte Kräfte verknüpft, die einander auszugleichen scheinen. Einerseits ist das Kapital-Einkommens-Verhältnis historisch schwächer als in Frankreich oder im Vereinigten Königreich im 19. und zu Beginn des 20. Jahrhunderts (der Wert des Bodens ist geringer und das einheimische Kapital befindet sich teilweise in ausländischem Besitz – in dieser Hinsicht erinnert Schweden an Kanada); andererseits findet die Primogenitur bis zum Ende des 19. Jahrhunderts Anwendung – und bestimmte *entails*, die mit bedeutenden Familienvermögen verbunden sind, haben sich bis heute erhalten. Am Ende ist die Vermögenskonzentration in Schweden von 1900 bis 1910 geringer als im Vereinigten Königreich und nicht weit vom französischen Niveau entfernt. Vgl. Grafiken 10.1–10.4 und die Arbeiten von H. Ohlsson, J. Roine und P. Waldenström.

Edgar darauf verwendet, sich der als Erbin eingesetzten Duchesse und ihrer drei Katzenkinder zu entledigen, muss es beträchtlich sein.

Von der Logik r > g aus betrachtet, hat es auch keinen großen Unterschied gemacht, dass die Wachstumsrate von 0,2 % im 18. Jahrhundert auf 0,5 % im 19. Jahrhundert und schließlich auf 1 % im 20. Jahrhundert gestiegen ist. Verglichen mit einer Rendite von etwa 5 % ändert sich dadurch umso weniger, als die Industrielle Revolution zu einer leichten Erhöhung der Kapitalrendite geführt zu haben scheint.[1] Bei einer Kapitalrendite von etwa 5 % pro Jahr könnte die Ungleichheit des Verteilungsgleichgewichts dem theoretischen Modell zufolge nur dann abnehmen, wenn die Wachstumsrate über 1,5–2 % stiege oder Kapitalsteuern die Nettorendite unter 3–3,5 % sinken ließen – oder beides zugleich geschähe (wir kommen darauf zurück).

Schließlich ist festzuhalten, dass es gar kein Verteilungsgleichgewicht mehr gibt, sobald der Abstand r – g zwischen Kapitalrendite und Wachstumsrate eine gewisse Schwelle überschritten hat. Die Vermögensungleichheiten wachsen schrankenlos, die Divergenz zwischen dem Gipfel der Verteilungshierarchie und dem Durchschnitt nimmt unbegrenzt zu. Die exakte Höhe der fraglichen Schwelle hängt natürlich vom Sparverhalten ab. Die Divergenz droht sich auszuweiten, wenn die Besitzer großer Vermögen nicht mehr recht wissen, wofür sie ihr Geld ausgeben sollen und keine andere Wahl haben, als große Teile davon zu rekapitalisieren. Auch dafür ist *The Aristocats* ein gutes Beispiel: Adelaïde de Bonnefamille verfügt offenkundig über so stattliche Einkünfte, dass sie nicht recht weiß, was sie Duchesse, Marie, Toulouse und Berlioz, die schon Klavierstunden und Malkurse über sich ergehen lassen müssen (und sich ein wenig langweilen),[2] noch Gutes tun kann. Wir werden im nächsten Kapitel sehen, dass dieses Fallbeispiel die wachsende Vermögenskonzentration in Frankreich – und namentlich in Paris – während der Belle Époque sehr gut illustriert. Die Besitzer großer Vermögen werden

1 Erinnern wir noch einmal daran, dass die Schätzungen der «reinen» Kapitalrendite in Grafik 10.10 als Minimalwerte betrachtet werden müssen und die durchschnittliche Rendite im Vereinigten Königreich und Frankreich des 19. Jahrhunderts sich auf 6–7 % belief (vgl. Kapitel 6).

2 Glücklicherweise machen Duchesse und ihre Katzenkinder die Bekanntschaft von Thomas O'Malley, seines Zeichens ein Straßenkater, der ihnen lieber und vor allem unterhaltsamer ist (ein wenig wie zwei Jahre später, 1912, Jack Dawson für die junge Rose auf der Brücke der Titanic).

zusehends älter und bilden aus großen Teilen ihrer Kapitaleinkünfte weitere Rücklagen, so dass ihr Kapital deutlich schneller wächst als die Wirtschaft. Prinzipiell kann sich, wie wir gesehen haben, eine solche Ungleichheitsspirale nicht unbegrenzt weiterdrehen. Irgendwann gibt es keine sinnvolle Investitionsmöglichkeit für das Ersparte mehr und am Ende wird die globale Kapitalrendite fallen, so dass sich ein Verteilungsgleichgewicht einstellt und die Ungleichheiten sich stabilisieren. Aber das kann lange dauern, und wenn man bedenkt, dass 1913 der Anteil des obersten Perzentils am Pariser Gesamtvermögen bereits bei 70 % lag, wird man sich fragen dürfen, auf welchem Niveau es ohne die Erschütterungen, die der Erste Weltkrieg mit sich brachte, zu einer solchen Stabilisierung gekommen wäre.

Pareto und die Illusion stabiler Ungleichheit

An dieser Stelle ist eine Anmerkung zur Methode und Geschichte der statistischen Messung von Ungleichheiten hilfreich. Wir sind in Kapitel 7 bereits auf den Fall des italienischen Statistikers Corrado Gini und seines berühmten Koeffizienten eingegangen, mit dem er den Versuch unternommen hatte, die Ungleichheiten eines Landes in einem einzigen synthetischen Indikator zusammenzufassen, der darum ein zu technisches und entschärftes, vor allem aber schwer zu deutendes Bild von diesen Ungleichheiten vermittelte. Noch interessanter ist der Fall seines Landsmanns Vilfredo Pareto, dessen wichtigste Arbeiten in den Jahren 1890 bis 1910 veröffentlicht wurden – allen voran seine Darstellung der berühmten «Pareto-Verteilung». In der Zwischenkriegszeit feierten die italienischen Faschisten Paretos Theorie der Eliten und nahmen ihn in den Kreis ihrer offiziellen Ökonomen auf. Zweifellos nicht ohne eine gewisse Vereinnahmung – aber man sollte nicht verschweigen, dass Pareto kurz vor seinem Tod 1923 die Machtergreifung Mussolinis noch ausdrücklich begrüßt hatte. Und namentlich seine Thesen zur Stabilität der Ungleichheiten, an denen rütteln zu wollen ein illusorisches Unterfangen sei, hatten es den Faschisten nicht ohne Grund angetan.

Liest man Paretos Arbeiten aus dem Abstand, den wir heute gewonnen haben, so erstaunt am meisten, dass er offenkundig über keinerlei Daten verfügte, aus denen man auf eine solche Stabilität hätte schließen können. Pareto schreibt um 1900, er stütze sich auf einige wenige Steuertabellen von 1880 bis 1890, die damals vorlagen und sich auf Einkommensteuern aus Preußen, Sachsen und der einen oder anderen schweizerischen und italienischen Stadt beziehen. Es handelt sich um ein paar verstreute Daten, die sich über höchstens zehn Jahre erstrecken – und überdies einen leichten Anstieg der Ungleichheiten verzeichnen, was Pareto, nicht ohne böswillige Absicht, zu verbergen sucht.[1] Es ist jedenfalls offensichtlich, dass sich aus solchem Material keinerlei Schlüsse auf eine langfristige Entwicklung von Ungleichheiten oder gar deren universalhistorische Beständigkeit ziehen lassen.

Jenseits der Frage nach den politischen Vorurteilen (Pareto verwahrt sich vor allem gegen die Sozialisten und ihre Umverteilungsillusionen – darin unterscheidet er sich kaum von zahlreichen seiner damaligen Kollegen, wie Leroy-Beaulieu, den er schätzt und auf den wir noch zu sprechen kommen) ist der Fall Paretos deshalb interessant, weil er eine bestimmte Illusion zeitentrückter Stabilität illustriert, zu der ein übermäßiger Gebrauch der Mathematik in den Sozialwissenschaften bisweilen führt. Als er herauszufinden versucht, wie schnell die Zahl der Steuerzahler abnimmt, je mehr man sich in der Einkommenshierarchie nach oben bewegt, stellt Pareto fest, dass diese Abnahmerate durch ein mathematisches Gesetz approximiert werden kann, das später Pareto-Verteilung heißen sollte und bei dem es sich einfach um eine Potenzfunktion (*power law*) handelt.[2] Tatsächlich können heute noch Vermögens- und Einkommensverteilungen unter Verwendung derselben Familie mathematischer Kurven untersucht werden. Das gilt freilich, wie man hinzufügen muss, nur für die Spitze dieser Verteilungen und es handelt sich auch nur um eine approximative Beziehung mit lokaler Geltung, die sich vor allem Prozessen verdankt, die durch multiplikative Schocks hervorgerufen werden, wie wir sie oben beschrieben haben.

Vor allem muss man sich klarmachen, dass es sich um eine Familie von Kurven und nicht um eine einzige Kurve handelt: Alles hängt von den Koeffizienten und Parametern ab, die diese Kurve kennzeichnen.

1 Für eine Analyse der Daten von Pareto, vgl. T. Piketty: *Les hauts revenus en France au 20e siècle*, S. 527–530.

2 Die entsprechenden Formeln und ihre Erläuterungen finden sich im Technischen Anhang.

Sowohl die Daten, die wir im Rahmen der *World Top Incomes Database* gesammelt haben, als auch die hier vorgelegten zur Vermögensungleichheit zeigen, wie sehr sich die Pareto-Koeffizienten historisch verändert haben. Wer von einer Vermögensverteilung sagt, sie sei eine Pareto-Verteilung, hat in Wahrheit noch gar nichts gesagt. Tatsächlich kann es sich um eine Verteilung handeln, in der das oberste Dezil kaum 20 % des Gesamtvermögens besitzt (wie im Fall einer skandinavischen Einkommensverteilung von 1970 bis 1980), ebenso gut aber um eine Verteilung, in der das oberste Dezil 50 % besitzt (wie im Fall einer amerikanischen Einkommensverteilung von 2000 bis 2010), ja um eine Verteilung, in der das oberste Dezil 90 % besitzt (wie im Fall einer französischen oder britischen Vermögensverteilung von 1900 bis 1910). In jedem dieser Fälle handelt es sich um eine Pareto-Verteilung – aber mit völlig verschiedenen Koeffizienten. Die entsprechenden sozialen, ökonomischen und politischen Realitäten haben offenbar nichts miteinander zu tun.[1]

Noch heute begegnet man in der Nachfolge Paretos zuweilen der Vorstellung einer Wohlstandsverteilung von unverrückbarer, wie durch göttliches Gesetz verfügter Beständigkeit. Nichts könnte weiter von der Wahrheit entfernt sein. Was entscheidend ist und erklärt werden will, wenn man Ungleichheiten in historischer Perspektive erforscht, ist nicht deren Beständigkeit, es sind die erheblichen Veränderungen. Eine einleuchtende Erklärung für die sehr starken Schwankungen, die sich historisch beobachten lassen (ob man sie auf der Ebene der Pareto-Koeffizienten beschreibt oder auf jener des Anteils des obersten Dezils

1 Am einfachsten kann man sich Paretos Koeffizienten einprägen, indem man sogenannte «inverse Koeffizienten» verwendet, die praktisch zwischen 1,5 und 3,5 schwanken. Ein inverser Koeffizient von 1,5 bedeutet, dass das Durchschnittsvermögen jenseits einer bestimmten Schwelle sich auf das Anderthalbfache dieser Schwelle beläuft (die Personen, die mehr als 1 Million Euro besitzen, verfügen im Durchschnitt über 1,5 Millionen Euro; und so weiter für jede beliebige Schwelle), was einer relativ schwachen Ungleichheit entspricht (es gibt wenige sehr reiche Personen). Ein inverser Koeffizient von 3,5 entspricht dagegen einer sehr starken Ungleichheit. Eine andere Weise, sich die Potenzfunktionen nahezubringen, ist der folgende: Ein Koeffizient von 1,5 bedeutet, dass die Angehörigen der obersten 0,1 % im Durchschnitt kaum zweimal reicher sind als jene der obersten 1 % (und so weiter für die obersten 0,01 % innerhalb der 0,1 %); ein Koeffizient von 3,5 bedeutet im Gegenteil, dass sie mehr als fünfmal reicher sind. All das wird im Technischen Anhang erörtert, in dem auch die Grafiken zur historischen Entwicklung der Pareto-Koeffizienten im 20. Jahrhundert in den verschiedenen Ländern der WTID zu finden sind. Vgl. A. B. Atkinson, T. Piketty, E. Saez: «Top Incomes in the Long Run of History, *Journal of Economic Literature* 49 (2011), S. 3–71.

und Perzentils am Gesamtvermögen), bietet die Funktionsweise der Differenz r – g zwischen Kapitalrendite und Wachstumsrate.

Weshalb ist die Vermögensungleichheit nicht wieder auf die historischen Höchststände gestiegen?

Kommen wir nun zur entscheidenden Frage. Weshalb ist die Vermögensungleichheit nicht wieder auf das Niveau der Belle Époque zurückgekehrt? Und können wir wirklich sicher sein, dass es auf Dauer dabei bleibt?

Schicken wir gleich voraus, dass wir keine absolut verlässliche und befriedigende Antwort auf diese Frage geben können. Mehrere Faktoren haben eine maßgebliche Rolle gespielt und werden dies auch in Zukunft tun. Mathematische Gewissheiten sind in dieser Sache nicht zu haben.

Der sehr starke Abbau von Ungleichheit im Gefolge der Erschütterungen von 1914 bis 1945 ist der Teil der Geschichte, der sich am einfachsten erklären lässt. Wie wir im zweiten Teil gesehen haben, haben diese außerordentlich gewaltsamen Schocks, zu denen es durch die Kriege wie die politischen Strategien in ihrem Gefolge kam, die Vermögen stark in Mitleidenschaft gezogen. Natürlich könnte man denken, diese Reduktion hätte alle Vermögen, ganz gleich welchen Rangs in der Vermögenshierarchie, in gleicher Weise treffen und daher die Kapitalungleichheit selber unverändert lassen müssen. Aber das hieße zu vergessen, dass nicht alle Vermögen gleichen Ursprungs sind und die gleichen Funktionen erfüllen. Ganz oben in der Wohlstandshierarchie ist Vermögen häufig Produkt einer weit zurückreichenden Akkumulation, und es braucht sehr viel mehr Zeit, wieder zu so bedeutenden Vermögen zu kommen, als geringe und mittlere Vermögen zu bilden.

Im Übrigen dienen die größten Vermögen dazu, einen bestimmten Lebensstandard zu finanzieren. Die umfänglichen Daten, die wir aus den Nachlassarchiven zusammengetragen haben, belegen unmissverständlich, dass sich viele Rentiers nach den Schocks, die ihre Vermögen und Vermögenseinkommen im Zuge des Ersten Weltkriegs erlitten hatten, während der Zwischenkriegszeit in ihrer Lebensführung nicht schnell genug eingeschränkt haben. Daher mussten sie zur Deckung laufender Kosten ihre Kapitalreserven angreifen. Am Ende hinterließen sie ein Vermögen, das sehr viel bescheidener als jenes war, das sie selbst mitbekommen hatten – und keinesfalls ausreichend, um das einstige soziale Gleichgewicht aufrechtzuerhalten. Die Pariser Daten sprechen in dieser Hinsicht eine besonders drastische Sprache. Die reichsten 1 % der Pariser Erben verfügen zum Beispiel in der Belle Époque über ein Vermögen, das es ihnen ermöglicht, nicht bloß einen Lebensstandard zu finanzieren, der das Achtzig- bis Hundertfache des damaligen Durchschnittseinkommens verschlingt,[1] sondern zugleich einen kleinen Teil des Kapitaleinkommens zu reinvestieren und derart das ererbte Vermögen leicht zu vermehren. Von 1872 bis 1912 scheint sich das System in einem perfekten Gleichgewicht zu befinden: Die fragliche Gruppe vermacht der nächsten Generation genug, um ihr einen Lebensstandard zu finanzieren, dessen Kosten sich wiederum auf das Achtzig- bis Hundertfache des Durchschnittseinkommens der folgenden Generation, ja etwas mehr, belaufen. Die Konzentration des Wohlstands nimmt daher tendenziell zu. Dieses Gleichgewicht ist in der Zwischenkriegszeit bereits empfindlich gestört. Zwar leben die reichsten 1 % der Pariser Erben auch weiterhin mehr oder weniger so, wie sie immer gelebt hatten – aber das, was sie der folgenden Generation hinterlassen, erlaubt nun nur noch einen Lebensstandard, der lediglich das Dreißig- bis Vierzigfache, ja Ende der 1930er Jahre das Zwanzigfache des Durchschnittseinkommens kosten darf. Für die Rentiers ist das der Anfang vom Ende. Zweifellos ist dieser Mechanismus mehr als jeder andere für die Dekonzentration der Vermögen verantwortlich, die im Gefolge der Erschütterungen zwischen 1914 und 1945 in allen europäischen Ländern (und in geringerem Ausmaß auch in den Vereinigten Staaten) zu beobachten ist.

Es lag indessen auch an der Zusammensetzung der größten Vermögen, dass sie besonders massiv von dem Kapitalverlust betroffen waren, den die beiden Weltkriege mit sich brachten. Wie die detaillierten Informationen über die Struktur der Portfolios belegen, die sich den Nachlassarchiven entnehmen lassen, machten insbesondere ausländische Vermögenswerte fast ein Viertel der bedeutendsten Ver-

1 Das entspricht einem Lebensstandard von etwa 2–2,5 Millionen Euro jährlich in einer Welt, in der sich der Durchschnittslohn auf etwa 24 000 Euro jährlich (2000 Euro monatlich) beläuft. Siehe Technischer Anhang.

mögen vor dem Ausbruch des Ersten Weltkriegs aus, von denen wiederum fast die Hälfte Staatsanleihen waren, die ausländische Staaten ausgegeben hatten (namentlich Russland, das kurz vor dem Staatsbankrott stand). Zwar liegen uns leider keine vergleichbaren Daten für Großbritannien vor, aber es gibt keinen Zweifel, dass für die großen britischen Vermögen ausländische Vermögenswerte eine mindestens ebenso große Rolle spielten. Und in beiden Ländern, in Frankreich wie Großbritannien, sind ausländische Vermögenswerte nach den beiden Weltkriegen praktisch verschwunden.

Der Erklärungswert dieses Faktors darf freilich insofern nicht überschätzt werden, als die Besitzer der größten Vermögen häufig am ehesten zur einträglichen Umstrukturierung ihres Portfolios im richtigen Moment in der Lage sind. Zudem ist es bemerkenswert, dass ausländische Vermögenswerte auf fast allen, also nicht nur den obersten Vermögensniveaus vor dem Ersten Weltkrieg eine nicht unerhebliche Rolle spielten. Sieht man sich die Struktur der Pariser Vermögen vor dem Ersten Weltkrieg an, so ist es ohnehin verblüffend, wie extrem diversifiziert und «modern» die Portfolios damals schon waren. Am Vorabend des Krieges macht der Immobilienbesitz kaum ein Drittel der Aktiva aus (davon ungefähr zwei Drittel in Paris und kaum ein Drittel in der Provinz, von dem ein kleiner Teil auf landwirtschaftliche Nutzflächen entfällt), während fast zwei Drittel finanzielle Vermögenswerte sind, die wiederum, relativ ausbalanciert auf allen Vermögensniveaus bestehen, seien sie französisch oder ausländisch, staatlich oder privat (siehe Tabelle 10.1).[1] Die Rentiersgesellschaft, die ihre Blüte in der Belle Époque hat, ist alles andere als eine rückständige Gesellschaft, deren Besitz vorwiegend aus Grundbesitz und immobilem Kapital bestanden hätte, sie verkörpert ganz im Gegenteil eine bestimmte Vermögens- und Anlagemodernität. Nur ist sie eine Gesellschaft, die kraft der kumulativen Logik der Ungleichung $r > g$ auf massiver und dauerhafter

1 Die Pariser Immobilien (und damals besaß man nicht eine Wohnung, sondern üblicherweise das ganze Gebäude) waren unerschwinglich für die mittleren und geringen Vermögen. Nur für sie haben denn auch Immobilien in der Provinz – und besonders agrarische Nutzflächen – noch eine gewisse Bedeutung. César Birotteau, der es seiner Frau abschlägt, in etwas so Abgeschmacktes wie ein paar schöne Ländereien bei Chinon zu investieren, gibt sich kühn und fortschrittlich – und rennt in sein Unglück. Vgl. Tabelle S10.4 für eine detailliertere Version von Tabelle 10.1, die einen Eindruck von der sehr starken Zunahme ausländischer Vermögenswerte zwischen 1872 und 1912 vermittelt, namentlich in den größten Portfolios.

Tabelle 10.1
Die Zusammensetzung der Pariser Vermögen, 1872–1912

	Unbewegliche Vermögenswerte (Immobilien, Häuser, Ländereien)	davon: Immobilien Paris	davon: Immobilien Provinz	**Finanzielle Vermögens-werte**	davon: Aktien	davon: Privatanleihen	davon: Staatsanlei-hen	davon: andere finanzielle Vermögenswerte (Einlagen, Bargeld)	**Möbel, Wertgegen-stände etc.**
Zusammensetzung des Gesamtvermögens									
1872	**42 %**	29 %	13 %	**56 %**	15 %	19 %	13 %	9 %	**2 %**
1912	**36 %**	25 %	11 %	**62 %**	20 %	19 %	14 %	9 %	**3 %**
Zusammensetzung der 1 % der größten Vermögen									
1872	**43 %**	30 %	13 %	**55 %**	16 %	16 %	13 %	10 %	**2 %**
1912	**32 %**	22 %	10 %	**65 %**	24 %	19 %	14 %	8 %	**2 %**
Zusammensetzung der folgenden 9 %									
1872	**42 %**	27 %	15 %	**56 %**	14 %	22 %	13 %	7 %	**2 %**
1912	**41 %**	30 %	12 %	**55 %**	14 %	18 %	15 %	9 %	**3 %**
Zusammensetzung der folgenden 40 %									
1872	**27 %**	1 %	26 %	**62 %**	13 %	25 %	16 %	9 %	**11 %**
1912	**31 %**	7 %	24 %	**58 %**	12 %	14 %	14 %	18 %	**10 %**

1912 machten unbewegliche Vermögenswerte 36 %, finanzielle Vermögenswerte 62 %, Möbel und Wertgegenstände 3 % des Pariser Gesamtvermögens aus.

Quellen und Reihen: siehe piketty.pse.ens.fr/capital21c.

Ungleichheit beruht. Freiere Märkte, bessere Wettbewerbsbedingungen, besser geschützte Eigentumsrechte – all das hat in einer solchen Gesellschaft kaum Chancen, die Ungleichheiten zu verringern, weil genau diese Bedingungen bereits im höchsten Maße erfüllt sind. Was jenes Gleichgewicht tatsächlich gestört hat, waren die mit dem Ersten Weltkrieg einsetzenden Schocks, von denen Vermögen und Vermögenseinkommen getroffen wurden.

Erinnern wir uns schließlich daran, dass die Zeit von 1914 bis 1945 in mehreren europäischen Ländern – und namentlich in Frankreich – mit einer Reihe von Umverteilungsmaßnahmen zu Ende ging, von denen die größten Vermögen sehr viel härter getroffen wurden als geringe und mittlere. Dabei ist insbesondere an die Verstaatlichung von Unternehmen nach der Befreiung (das emblematische Beispiel ist Renault), die als Sanktion für die Kollaboration mit der deutschen Besatzungsmacht gedacht war, aber auch an die ebenfalls 1945 verfügte nationale Solidaritätssteuer zu denken. Zwar wurde diese einzigartige Progressivsteuer auf Kapital und Gewinne, die während der Besatzung erwirtschaftet worden waren, nur ein einziges Mal eingezogen, aber durch die extremen Steuersätze stellte sie gleichwohl eine schwere zusätzliche Einbuße für die Betroffenen dar.[1]

Erklärungsbausteine: Zeit, Steuern, Wachstum

Letztlich verwundert es also nicht, dass die Vermögenskonzentration zwischen 1910 und 1950 in allen Ländern abgenommen hat. Anders

1 Die nationale Solidaritätssteuer, die mit Erlass vom 15. August 1945 verfügt wurde, war eine außergewöhnliche Zwangsabgabe auf alle Vermögen, die am 4. Juni 1945 geschätzt worden waren. Es wurden nicht nur die größten Vermögen mit bis zu 20 %, sondern alle Vermögenszuwächse, zu denen es zwischen 1940 und 1945 gekommen war, mit bis zu 100 % belastet. In Anbetracht der sehr starken Inflation (die Preise hatten sich zwischen 1940 und 1945 mehr als verdreifacht) läuft diese Besteuerung praktisch darauf hinaus, das Vermögen all jener mit 100 % zu besteuern, die während des Krieges nicht hinreichend verarmt waren – wie André Philip, sozialistisches Mitglied der Übergangsregierung des General de Gaulle, freimütig bekannte. Es sei unerlässlich, erklärte er, auch diejenigen zu besteuern, die «sich nicht bereichert haben, ja vielleicht sogar diejenigen, die in dem Sinne verarmt sind, dass ihr Vermögen nicht mir der allgemeinen Preiserhöhung mitgehalten hat, die aber doch ihre Vermögen insgesamt gerettet haben, während so viele Franzosen alles verloren haben.» Vgl. A. Siegfried: *L'année politique 1944–1945*, Paris: Editions du Grand Siècle 1946, S. 159 (Übersetzung von Stefan Lorenzer).

gesagt: Der absteigende Teil in den Grafiken 10.1–10.5 ist es nicht, der sich schwer erklären lässt. A priori nicht zu erwarten und in gewisser Weise interessanter ist, dass die Vermögenskonzentration sich von jenen Schocks nie wieder erholt zu haben scheint.

Natürlich ist die Akkumulation von Kapital ein langfristiger Prozess, der sich über mehrere Generationen erstreckt – und die Vermögenskonzentration im Europa der Belle Époque ist tatsächlich die Konsequenz eines Akkumulationsprozesses, der viele Jahrzehnte, ja mehrere Jahrhunderte gedauert hat. Wie wir im zweiten Teil gesehen haben, muss man die Jahre von 2000 bis 2010 abwarten, bis die Gesamtheit privater Immobilien- und Finanzvermögen, ausgedrückt in Relation zum jährlichen Nationaleinkommen, wieder annähernd auf das Niveau steigt, das sie am Vorabend des Ersten Weltkriegs erreicht hatte – und dieser Wiederanstieg des Kapital-Einkommens-Verhältnisses in den reichen Ländern ist ein Prozess, der aller Wahrscheinlichkeit nach noch nicht abgeschlossen ist.

Im Hinblick auf die Vermögensverteilung wäre es ebenso unrealistisch gewesen sich vorzustellen, die gewaltsamen Erschütterungen von 1914 bis 1945 hätten ein, zwei Jahrzehnte später schon ausgestanden sein und die Konzentration des Wohlstands in den Jahren 1950 bis 1960 den Stand von 1910 schon wieder erreicht haben können. Auch kann man zu bedenken geben, dass seit den 1970er Jahren die Ungleichverteilung des Kapitals wieder wächst. Es ist also möglich, dass ein Aufholprozess – der noch langsamer verläuft als der Wiederanstieg des Kapital-Einkommens-Verhältnisses – im Gange ist und die Vermögenskonzentration sich automatisch wieder auf die Höchststände der Vergangenheit zubewegt.

Die erste Erklärung, die auf der Annahme beruht, seit 1954 sei noch nicht genug Zeit verstrichen, ist teilweise berechtigt. Aber sie ist unzureichend. Sieht man sich die Entwicklung des Anteils des obersten Dezils der Vermögenshierarchie genau an, und mehr noch die des Anteils des obersten Perzentils (der in allen europäischen Ländern um 1910 bei 60–70 % des Gesamtvermögens lag und sich 2010 nur auf 20–30 % beläuft), so gewinnt man deutlich den Eindruck, durch die Schocks von 1914 bis 1945 sei ein struktureller Wandel in Gang gesetzt worden, der die Vermögenskonzentration daran hindert, ihre alten Niveaus wieder zu erreichen. Das Problem ist keineswegs nur quantitativer Natur. Wie sich im folgenden Kapitel zeigen wird (in dem wir noch einmal auf die von Vautrins Rede aufgeworfene Frage zurückkommen, zu welchem Lebensstandard man es durch Erbschaft oder Arbeit jeweils zu bringen vermag), besteht zwischen einem Anteil des obersten Perzentils am Nationalvermögen von 60 % und einem Anteil von 20–30 % ein ganz einfacher Unterschied: Im einen Fall wird die Einkommenshierarchie sehr deutlich von hohen Einkommen aus ererbtem Kapital dominiert (wir bewegen uns in der Rentiersgesellschaft, die von den Romanciers des 19. Jahrhunderts beschrieben wurde), im anderen Fall halten sich – innerhalb einer gegebenen Verteilung – hohe Arbeitseinkommen und hohe Kapitaleinkommen annähernd die Waage (wir bewegen uns in einer Gesellschaft leitender Angestellter oder zumindest in einer ausgeglicheneren Gesellschaft). Ebenso stellt das Aufkommen einer «vermögenden Mittelschicht», die kollektiv zwischen einem Viertel und einem Drittel des Vermögens besitzt, und nicht mehr nur zwischen einem Zwanzigstel und einem Zehntel (das heißt kaum mehr als die ärmste Hälfte der Gesellschaft), einen tiefgreifenden sozialen Wandel dar. Welche strukturelle Veränderung ist es also, die von 1914 bis 1945, oder allgemeiner: im Laufe des 20. Jahrhunderts eingetreten ist und die Vermögenskonzentration daran hindert, wieder auf die alten Niveaus zu steigen – während die Privatvermögen insgesamt zu Beginn des 21. Jahrhunderts doch wieder prosperieren wie ehedem? Es ist, und diese naheliegendste Erklärung ist zugleich die wichtigste, die Einführung signifikanter Steuern auf Kapital und Kapitaleinkommen. Es kann daher auch nicht genug betont werden, dass die sehr starke Vermögenskonzentration von 1900 bis 1910 nicht nur Resultat eines langen historischen Zeitraums war, in dem es keine verheerenden Kriege oder Katastrophen gab (zumindest verglichen mit den Konflikten des 20. Jahrhunderts). Sie ist auch, ja vielleicht vor allem Resultat einer Welt, in der es keine – oder fast keine – Steuern gab. Bis zum Ersten Weltkrieg werden in den meisten Ländern keinerlei Steuern auf Kapitaleinkommen oder Unternehmensgewinne erhoben. In den seltenen Fällen, in denen solche Steuern existieren, sind die Steuersätze sehr niedrig. Die Bedingungen sind also ideal, um Vermögen anzuhäufen und zu vererben, das beträchtlich genug ist, um von Einkommen aus diesem Vermögen zu leben. Im Laufe des 20. Jahrhunderts werden Steuern aller Art auf Dividenden, Zinsen, Gewinne und Mieten eingeführt – und damit sind die Karten ganz neu gemischt.

Der Einfachheit halber kann man fürs Erste festhalten, dass der durchschnittliche Steuersatz für Kapitalerträge bis 1910 fast bei 0 % lag (und in allen Fällen unter 5 %), und dass er sich 1950 bis 1980 in den reichen Ländern bei etwa 30 % eingependelt hat, wo er sich in gewissem Grade 2000 bis 2010 noch hält – auch wenn der neueste Trend im Zuge eines Steuerwettbewerbs zwischen den Staaten, der insbesondere von kleineren Ländern in Gang gesetzt wurde, eindeutig nach unten geht. Ein durchschnittlicher Steuersatz von 30 % aber, der eine Kapitalrendite vor Steuern von 5 % auf eine Nettokapitalrendite von 3,5 % reduziert, zeitigt bereits erhebliche langfristige Effekte, bedenkt man, welcher multiplikativen und kumulativen Logik der dynamische Prozess der Akkumulation und Konzentration von Vermögen gehorcht. Greift man auf die oben beschriebenen theoretischen Modelle zurück, so kann man zeigen, dass ein effektiver Durchschnittssteuersatz von 30 % – so er tatsächlich auf alle Arten von Kapital angewandt wird – allein für eine sehr starke Dekonzentration von Vermögen sorgen kann (von derselben Größenordnung wie der historisch zu verzeichnende Rückgang des Anteils des obersten Perzentils).[1]

Es muss ausdrücklich betont werden, dass eine Steuer, die sich in diesem Rahmen hält, nicht zu einer Reduktion der Akkumulation von Vermögen überhaupt führt, sondern nur zu einer strukturellen Modifikation der langfristigen Verteilung von Vermögen auf die verschiedenen Dezile der Vermögenshierarchie. Aus der Perspektive des theoretischen Modells, wie übrigens auch in der historischen Realität, mag also eine Erhöhung des Kapitalsteuersatzes von 0 % auf 30 % (und ein entsprechender Rückgang der Nettokapitalrendite von 5 % auf 3,5 %) keinerlei langfristige Auswirkungen auf den Kapitalstock haben – aus dem einfachen Grund, dass der Rückgang der Vermögen des obersten Perzentils durch den Aufstieg der Mittelschicht kompensiert wird. Genau das ist es, was im 20. Jahrhundert geschehen ist – eine Lehre, die heute gern vergessen wird.

Dabei ist auch die zunehmende Einführung von Progressivsteuern im 20. Jahrhundert zu berücksichtigen, von Steuern also, die einerseits die höchsten Einkommen, und namentlich die hohen Kapitaleinkommen (zumindest vor den 1970er Jahren), andererseits die größten Erbschaften mit strukturell höheren Steuersätzen belasten. Im 19. Jahrhun-

1 Siehe Technischer Anhang.

dert waren die Progressivsteuern außerordentlich niedrig: gerade 1–2 % für die Übertragung von Eltern auf Kinder. Eine solche Steuer kann, einmal pro Generation erhoben, keine nennenswerten Auswirkungen auf die Vermögenskonzentration haben – wie immer die Vermögensinhaber seinerzeit darüber denken mochten. Anders sieht es aus mit Steuern von 20–30 %, bisweilen auch deutlich mehr, wie sie im Anschluss an die militärischen, ökonomischen und politischen Erschütterungen von 1914 bis 1945 in den meisten der reichen Länder auf die größten Erbschaften erhoben wurden. Das hat zur Folge, dass nun jede Generation ihren Lebensstandard senken und mehr sparen oder aber besonders einträgliche Investitionen tätigen muss, um das Familienvermögen ebenso schnell wie das Durchschnittseinkommen wachsen zu lassen. Es wird also schwieriger, seinen Rang zu behaupten. Und es wird umgekehrt einfacher für diejenigen, die von unten kommen, ihr Glück zu machen, indem sie zum Beispiel Unternehmen oder Aktiva erwerben, die im Erbfall veräußert werden. Auch hier kann mit einfachen Simulationen gezeigt werden, dass eine progressive Erbschaftssteuer den Anteil des obersten Perzentils am Gesamtvermögen langfristig verringern kann.[1] Unterschiedliche Steuersysteme sind denn auch mitverantwortlich für die Abweichungen zwischen einzelnen Ländern – zum Beispiel für die höhere Konzentration der Kapitaleinkommen (die ihrerseits auf eine höhere Vermögenskonzentration hinweist) auf der deutschen Seite des Rheins: Die Erbschaftssteuer, die in Deutschland auf die größten Vermögen erhoben wird, ist nie über 15–20 % gestiegen, während sie in Frankreich häufig 30–40 % erreicht hat.[2]

Die theoretischen Erwägungen weisen ebenso wie numerische Simulationen auf die zentrale Rolle der Steuer hin, deren Entwicklung hinreicht, um ohne Rekurs auf andere strukturelle Veränderungen den größten Teil der beobachteten Veränderungen zu erklären. Bekräftigen wir aber noch einmal, dass die Vermögenskonzentration, wiewohl deutlich geringer als um 1900 bis 1910, immer noch extrem

1 Vgl. insbesondere T. Piketty: *Les hauts revenus en France au 20e siècle*, S. 396–403. Vgl. auch ders.: «Income inequality in France, 1901–1998», *Journal of Political Economy* 111 (2003), S. 1004–42.

2 Vgl. die Simulationen in F. Dell: *L'Allemagne inégale: Inégalité de revenus et de patrimoine en Allemagne, dynamique d'accumulation du capital et taxation de Bismarck à Schröder 1870–2005*, Paris School of Economics, 2008. Vgl. auch F. Dell: «Top Incomes in Germany and Switzerland over the 20th Century», *Journal of the European Economic Association* 3 (2005), S. 412–21.

hoch ist. Was zu diesem Resultat geführt hat und für einen Wandel mitverantwortlich ist, dessen Tragweite man nicht überschätzen sollte, ist also gewiss nicht das vollkommene und ideale Steuersystem.

Wird die Ungleichheit im 21. Jahrhundert noch größer als im 19. Jahrhundert sein?

In Anbetracht der zahlreichen Kräfte, die in diesen Entwicklungen wirksam sind, und der vielen Ungewissheiten, die solche Simulationen mit sich bringen, wäre es zweifellos überzogen, den Einfluss anderer Faktoren zu leugnen. Zwei Elemente, die wahrscheinlich unabhängig von allen Veränderungen des Steuersystems eine maßgebliche Rolle gespielt haben und spielen werden, lassen sich im Rahmen unserer Analyse bereits ausmachen: einerseits das leichte Sinken des Kapitalanteils und der Kapitalrendite, das auf sehr lange Sicht zu erwarten ist; andererseits die Tatsache, dass trotz der vorhersehbaren Verlangsamung des Wachstums im 21. Jahrhundert die Wachstumsrate (zumindest ihre eigentlich ökonomische Komponente, also die Wachstumsrate der Produktivität, kurzum: wachsende Kenntnisse und technologische Neuerungen) deutlich über dem extrem niedrigen Niveau liegen wird, auf dem sie während des größten Teils der Geschichte der Menschheit bis zum 18. Jahrhundert verharrte. Konkret heißt das, wie aus Grafik 10.11 zu ersehen, dass die Kluft r – g in Zukunft wahrscheinlich kleiner sein wird, als sie bis zum 18. Jahrhundert war – einerseits wegen geringerer Renditen (zum Beispiel 4–5 %), andererseits wegen stärkeren Wachstums (1–1,5 % statt 0,1–0,2 %) – auch für den hypothetischen Fall, dass der Steuerwettbewerb zwischen den Staaten zu einer Abschaffung jeder Art von Kapitalbesteuerung führen sollte. Glaubt man den theoretischen Simulationen, so hieße das auch für diesen hypothetischen Fall, dass die Vermögenskonzentration nicht zwangsläufig wieder auf den Extremstand von 1900 bis 1910 steigen müsste.

Dennoch gibt es keinen Grund zur Freude, weil diese Situation gleichwohl eine starke Zunahme der Vermögensungleichheiten mit sich brächte (der Anteil der Mittelschicht am Nationalvermögen könnte sich fast halbieren, und dass dies von der sozialen und politischen Gemeinschaft als bedauerlicher Sachzwang einfach hingenommen würde, darf bezweifelt werden), und weil andererseits die theoretischen

Simulationen nur relativ verlässlich sind und es andere Kräfte gibt, die potentiell in die entgegengesetzte Richtung, nämlich auf eine noch stärkere Kapitalkonzentration als zwischen 1900 und 1910 drängen. Zu diesen Kräften zählen insbesondere ein potentiell negatives Bevölkerungswachstum (das vor allem in den reichen Ländern unter die Niveaus des 19. Jahrhunderts sinken und damit den in der Vergangenheit akkumulierten Vermögen eine noch nie gekannte Bedeutung verleihen könnte) sowie eine Tendenz zu einem immer differenzierteren oder, wie Ökonomen sagen, «vollkommeneren» Kapitalmarkt (was zu einer fortschreitenden Abkopplung der erzielten Rendite von den individuellen Charakteristika des Besitzers und damit in eine Richtung führt, die sich immer weiter von den meritokratischen Werten entfernt und die Logik der Ungleichung $r > g$ verstärkt). Auch zeitigt die finanzielle Globalisierung, wie wir in Kapitel 12 sehen werden, ein wachsendes Steigerungsverhältnis zwischen dem Anfangsvolumen des Investitionsportfolios und der erzielten Rendite – und diese Ungleichheit der Kapitalrenditen ist eine zusätzliche und besonders beunruhigende Divergenzkraft in der Dynamik globaler Vermögensverteilung im 20. Jahrhundert.

Fassen wir zusammen: Die Tatsache, dass die Konzentration des Kapitaleigentums zu Beginn des 21. Jahrhunderts in den europäischen Ländern deutlich schwächer als in der Belle Époque ausfällt, verdankt sich weitgehend dem Zusammenspiel kontingenter Ereignisse (die Erschütterungen der Jahre 1914 bis 1945) und spezifischer Institutionen, insbesondere im Bereich der Besteuerung von Kapital und Kapitaleinkommen. Sollten diese Institutionen nachhaltig beschädigt werden, bestünde ein hohes Risiko, dass die Vermögensungleichheit der Vergangenheit wiederkehren, ja unter bestimmten Bedingungen sogar übertroffen werden könnte. Ausgemacht ist in dieser Sache nichts; und um die Klärung dieser Zusammenhänge voranzutreiben, werden wir uns näher mit der Dynamik der Erbschaft, und weiterhin mit der globalen Vermögensdynamik befassen müssen. Die eine Schlussfolgerung können wir freilich schon ziehen: Es wäre eine Illusion anzunehmen, in der Struktur modernen Wachstums oder den Gesetzen der Marktwirtschaft lägen irgendwelche Konvergenzkräfte beschlossen, die gleichsam naturwüchsig einen Abbau von Ungleichheiten oder ein harmonisches Gleichgewicht herbeiführen könnten.

11.

VERDIENST UND ERBSCHAFT AUF LANGE SICHT

Das Kapital hat zu Beginn des 21. Jahrhunderts, wie wir gesehen haben, kaum etwas von der Bedeutung verloren, die es im 18. Jahrhundert hatte. Nur seine Form hat sich gewandelt: Was damals der Landbesitz war, ist heute das Immobilien-, Industrie- und Finanzkapital. Wir wissen auch, dass die Vermögenskonzentration sehr hoch bleibt, aber deutlich weniger extrem ist als vor einem Jahrhundert und in den Jahrhunderten zuvor. Nach wie vor besitzt die ärmste Hälfte der Bevölkerung praktisch nichts. Aber es gibt unterdessen eine vermögende Mittelschicht, die zwischen einem Viertel und einem Drittel des Vermögens besitzt, von dem folglich den reichsten 10 % nicht mehr neun Zehntel, sondern nur noch zwei Drittel gehören. Schließlich haben wir gesehen, wie maßgeblich die jeweilige Entwicklung der Kapitalrendite und der Wachstumsrate, also der Kluft r−g, für diese Umwälzungen und namentlich die kumulative Logik ist, der sich die sehr starken historischen Vermögenskonzentrationen verdanken.

Um diese kumulative Logik genauer zu verstehen, werden wir uns freilich unmittelbar mit dem langfristigen Einfluss der Erbschaft einerseits, und der Ersparnis andererseits auf die Vermögensbildung beschäftigen müssen. Die Frage ist zentral, da ein und demselben Stand der Vermögenskonzentration völlig verschiedene Realitäten entsprechen können. Es könnte sein, dass zwar das globale Niveau des Kapitals dasselbe geblieben ist, aber dessen innere Natur sich völlig gewandelt hat – zum Beispiel, falls wir es größtenteils mit einem nicht länger ererbten, sondern im Laufe eines Lebens aus Arbeitseinkommen angesparten Kapital zu tun haben sollten. Als mögliche Erklärung für einen solchen Wandel hört man häufig, die höhere Lebenserwartung habe zu einem strukturellen Anstieg der Kapitalakkumulation im Hinblick auf den Ruhestand geführt. Wir werden sehen, dass diese große Umwälzung in der Natur des Kapitals in Wahrheit nicht so groß war, wie man zuweilen denkt, ja in manchen Ländern gar nicht stattgefunden hat. Aller Wahrscheinlichkeit nach wird der Erbschaft im 21. Jahrhundert eine ganz erhebliche Rolle zukommen, die durchaus der vergleichbar ist, die sie in der Vergangenheit gespielt hat.

Genauer, und das ist die Schlussfolgerung, zu der wir kommen werden: Sobald die Kapitalrendite deutlich und dauerhaft höher ist als die Wachstumsrate, überwiegt fast unvermeidlich die Erbschaft, also das aus der Vergangenheit stammende Vermögen, die Ersparnis, also das aus der Gegenwart stammende Vermögen. Unter einem strikt logischen Gesichtspunkt könnte es sich auch anders verhalten, aber die Kräfte, die eine Entwicklung in diese Richtung vorantreiben, sind außerordentlich stark. $r > g$ – das heißt in gewisser Weise, dass die Vergangenheit sich anschickt, die Zukunft zu fressen. Die aus der Vergangenheit stammenden Reichtümer vermehren sich ohne Arbeit schneller als die Reichtümer, die durch Arbeit geschaffen und angespart werden können. Fast zwangsläufig verleiht das den in der Vergangenheit entstandenen Ungleichheiten und damit der Erbschaft ein dauerhaftes Übergewicht.

Je stärker das 21. Jahrhundert durch sinkendes (demographisches und ökonomisches) Wachstum und hohe Kapitalrenditen geprägt sein wird (in einem Kontext, in dem zwischen den Ländern ein erbitterter Wettbewerb um das Kapital entbrannt ist), umso mehr wird zumindest in den Ländern, in denen es tatsächlich zu dieser Entwicklung kommt, die Erbschaft das Gewicht wiedergewinnen, das sie im 19. Jahrhundert hatte. Diese Entwicklung lässt sich in Frankreich und einer Reihe anderer Länder, in denen das Wachstum in den letzten Jahrzehnten stark zurückgegangen ist, heute schon deutlich erkennen. Sie ist derzeit in den Vereinigten Staaten vor allem deshalb weniger ausgeprägt, weil dort das Bevölkerungswachstum stärker ist. Sollte aber das Wachstum im kommenden Jahrhundert mehr oder weniger überall zurückgehen, wie namentlich die mittlere Bevölkerungsprojektion der Vereinten Nationen, aber auch zahlreiche im engeren Sinne ökonomische Voraussagen es nahelegen, dann ist es wahrscheinlich, dass die Wiederkehr der Erbschaft die gesamte Welt betreffen wird.

Das heißt indes nicht, die Struktur der Ungleichheit im 21. Jahrhundert werde die gleiche wie im 19. Jahrhundert sein. Zum einen, weil die Vermögenskonzentration weniger extrem ist (es wird zweifellos, zumindest in näherer Zukunft, mehr kleine und mittlere Rentiers, aber nicht so viele sehr reiche Rentiers geben). Zum anderen, weil das Gefälle zwischen den Arbeitseinkommen wächst (Aufstieg der Supermanager), und schließlich, weil beide Dimensionen stärker korrelieren als früher. Im 21. Jahrhundert wird man zugleich Supermanager und «mittlerer Rentier» sein können: Die neue meritokratische Ordnung legt diese Verquickung im Übrigen nahe, zweifellos zum Nachteil des kleinen und mittleren Arbeiters, vor allem dann, wenn er selber kein oder fast kein Vermögen hat.

Langfristige Entwicklung des Erbvolumens

Fangen wir noch einmal ganz am Anfang an. In allen Gesellschaften gibt es im Wesentlichen zwei Weisen, es zu Wohlstand zu bringen: Arbeit oder Erbschaft.[1] Die entscheidende Frage ist, welche der beiden verbreiteter ist – und die größten Chancen auf Zugang zu den oberen Dezilen und Perzentilen in der Hierarchie der Einkommen und Lebensstandards eröffnet. Der Vortrag, den Vautrin vor dem jungen Rastignac hält, auf den wir in Kapitel 7 zu sprechen gekommen sind, lässt daran keinen Zweifel: Studium und Arbeit bieten keine Aussicht auf ein komfortables und elegantes Leben. Die allein erfolgversprechende Strategie ist es, sich mit Mlle Victorine und ihrem Erbe zu vermählen. Das war denn auch eine der ersten Fragen, von denen ich in dieser Untersuchung ausgegangen bin: Wie sehr entspricht die Struktur der Ungleichheiten in der französischen Gesellschaft des 19. Jahrhunderts tatsächlich der von Vautrin beschriebenen Welt? Und vor allem: Warum ist eine Realität diesen Typs historisch entstanden und wie hat sie sich entwickelt?

Es ist hilfreich, zunächst die langfristige Entwicklung des jähr-

1 Wir lassen Diebstahl und Plünderung außer Acht, obwohl beide historisch nicht unbedeutsam sind. Auf den Fall privater Aneignung natürlicher Ressourcen kommen wir im nächsten Kapitel zu sprechen.

lichen Erbvolumens ins Auge zu fassen, das heißt, genauer, des Gesamtwerts von Erbschaften und Schenkungen innerhalb eines Jahres, ausgedrückt in Prozent des Nationaleinkommens. Auf diese Weise lässt sich der Umfang des innerhalb eines Jahres durch Erbschaft oder Schenkung übertragenen vergangenen Reichtums im Verhältnis zum innerhalb desselben Jahres verdienten Einkommen messen (erinnern wir uns, dass Arbeitseinkommen etwa zwei Drittel des Nationaleinkommens ausmachen; und dass aus den Kapitaleinkommen Teile der Erbschaften selber bestritten werden).

Wir werden zunächst den Fall Frankreichs untersuchen, zu dem mit Abstand die meisten Kenntnisse über einen langen Zeitraum vorliegen, werden dann sehen, dass diese Entwicklung sich – in gewissem Ausmaß – auch in anderen europäischen Ländern wiederfindet, und werden schließlich prüfen, welche Aussagen sich auf globaler Ebene treffen lassen.

Grafik 11.1 zeigt die Entwicklung des Erbvolumens in Frankreich von 1820 bis 2010.[1] Zweierlei tritt deutlich hervor. Zunächst, dass dem Erbvolumen im 19. Jahrhundert jedes Jahr 20–25 % des Nationaleinkommens entsprechen, mit einer leichten Aufwärtstendenz gegen Ende des Jahrhunderts. Dies stellt, wie wir sehen werden, für einen jährlichen Fluss ein extrem hohes Niveau dar und schafft eine Situation, in der fast der gesamte Kapitalstock aus Erbschaften stammt. Wenn die Erbschaft in den Romanen des 19. Jahrhunderts allgegenwärtig ist, dann verdankt sich das nicht bloß der Einbildungskraft der Schriftsteller, namentlich Balzacs, der selbst von Schulden geplagt und gezwungen war, unaufhörlich zu schreiben, um sie zu begleichen. Die Erbschaft nimmt tatsächlich, als Wirtschaftsstrom wie als soziale Kraft, einen strukturell zentralen Platz in der Gesellschaft des 19. Jahrhunderts ein. Und ihre Bedeutung nimmt im Laufe der Zeit nicht etwa ab. Das Gegenteil ist der Fall. Um 1900 bis 1910 ist das Erbvolumen sogar noch etwas größer als in den 1820er Jahren, der Zeit Vautrins, Rastignacs und der Pen-

1 Um uns auf langfristige Entwicklungen zu konzentrieren, haben wir hier Durchschnittswerte für Jahrzehnte ermittelt. Die Jahreswerte sind online verfügbar. Technische und methodologische Aspekte dieser Untersuchung werden genauer erläutert in T. Piketty: «On the long-run evolution of inheritance: France 1820–2050». Eine Zusammenfassung findet sich im *Quarterly Journal of Economics* 126 (2011), S. 1071–1131. Diese Dokumente sind online im Technischen Anhang verfügbar.

Das jährliche Erbvolumen in Prozent des Nationaleinkommens, Frankreich 1820–2010

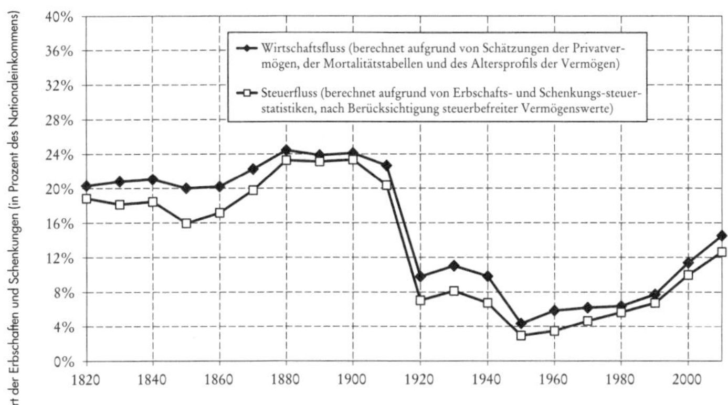

Grafik 11.1.: Im 19. Jahrhundert und bis 1914 betrug das jährliche Erbvolumen 20–25 % des Nationaleinkommens, bevor es in den 1950er Jahren auf unter 5 % fiel und 2010 wieder auf 15 % stieg. Quellen und Reihen: siehe piketty.pse.ens.fr/capital21c.

sion Vauquers (fast 25 % des Nationaleinkommens gegenüber kaum 20 %).

Danach ist ein spektakulärer Einbruch des Erbvolumens zwischen 1910 und 1950 zu verzeichnen, gefolgt von einem stetigen Anstieg seit den 1950er bis zu den 2000er Jahren, mit einer Beschleunigung seit den 1980er Jahren. Die Aufwärts- und Abwärtsbewegungen im Laufe des letzten Jahrhunderts sind außergewöhnlich stark. Das jährliche Erb- und Schenkungsvolumen war – bei erster Annäherung und verglichen mit den folgenden Schocks – bis zum Ersten Weltkrieg relativ stabil, bevor es zwischen 1910 und 1950 ungefähr um das Fünf- bis Sechsfache abnahm (in diesen Jahren macht das Erbvolumen kaum 4–5 % des Nationaleinkommens aus), um dann zwischen 1950 und den 2000er Jahren (in diesem Zeitraum nähert sich das Volumen 15 % des Nationaleinkommens) um das Drei- bis Vierfache zu wachsen.

Den in Grafik 11.1 dargestellten Entwicklungen entsprechen tiefgreifende Veränderungen der sozialen Realität der Erbschaft (und der Weise, in der sie wahrgenommen wird), von denen die Struktur der Ungleichheiten stark betroffen ist. Wie wir sehen werden, ging das Erbvolumen zwischen 1914 und 1945 fast zweimal stärker zurück als die Privatvermögen insgesamt. Der Rückgang der Erbschaften ist also ein Phänomen, das nicht im Rückgang der Vermögen aufgeht (wiewohl beide Entwicklungen offenbar eng miteinander verknüpft sind). Im Übrigen hat die Vorstellung, das Zeitalter der Erbschaft sei vorüber, das kollektive Bewusstsein noch stärker geprägt als die vom Ende des Kapitals. In den Jahren 1950 bis 1960 machen Erbschaften und Schenkungen nur noch ein paar Prozentpunkte des jährlichen Nationaleinkommens aus. Man mochte sich also durchaus vorstellen, die Erbschaft sei praktisch verschwunden und das Kapital, das global ohnehin an Bedeutung verloren habe, sei fortan eine Substanz, die jeder aus eigener Kraft akkumulieren kann, wenn er sich nur redlich bemüht und spart. Mehrere Generationen, zumal die 1940 bis 1950 geborene und zu Beginn des 21. Jahrhunderts noch sehr präsente der Baby-Boomer, sind mit dieser Realität aufgewachsen, und manche haben sie verständlicherweise (aber manchmal doch zu übermütig) für die neue Normalität gehalten.

Die Jüngeren dagegen, vor allem die nach 1970 Geborenen, leben schon wieder in dem Bewusstsein, dass die Erbschaft in ihrem Leben und dem ihrer Freunde oder Verwandten eine entscheidende Rolle spielt. Wer beispielsweise Hausbesitzer wird, in welchem Alter, mit welchem Lebenspartner, in welcher Wohngegend – all das hängt nun ganz wesentlich, zumindest ungleich stärker als in der Generation ihrer Eltern davon ab, was und wieviel sie erben – oder eben nicht. Ihr Leben, ihre Karriere, ihre persönlichen und familiären Entscheidungen sind sehr viel stärker, als es bei den Baby-Boomern der Fall war, von der Erbschaft – oder ihrem Ausbleiben – beeinflusst. Diese Rückkehr der Erbschaft ist freilich noch im Gange (das Erbvolumen liegt von 2000 bis 2010 ungefähr in der Mitte zwischen dem Tiefstand der 1950er und dem Höchststand der 1900er Jahre). Auch ist sie bis heute sehr viel weniger ins Bewusstsein vorgedrungen als die vorherige Entwicklung, die unsere Vorstellungen weiterhin beherrscht. Das mag in ein paar Jahrzehnten schon ganz anders aussehen.

Steuerfluss und Wirtschaftsfluss

Die in Grafik 11.1 dargestellten Entwicklungen erfordern mehrere Präzisierungen. Zum einen ist es unerlässlich, die Schenkungen – also Vermögensübertragungen zu Lebzeiten, manchmal wenige Jahre vor dem Tod, manchmal früher – in das Erbvolumen einzubeziehen, da diese Form der Übertragung während der letzten beiden Jahrhunderte in Frankreich, wie übrigens in allen Gesellschaften, stets eine ganz entscheidende Rolle gespielt hat. Zudem hat der Umfang der Schenkungen im Verhältnis zu den Erbschaften historisch stark variiert. Es könnte daher zu gravierenden Verzerrungen führen, würde man sie in der Untersuchung nicht berücksichtigen. Zu unserem großen Glück sind Schenkungen in Frankreich recht gut erfasst (wiewohl zweifellos etwas zu gering veranschlagt), was nicht für alle Länder gilt.

Zum anderen erlauben es die reichen historischen Quellen, über die wir für Frankreich verfügen, das Erbvolumen auf zwei verschiedene Weisen zu berechnen, unter Verwendung von Daten und Methoden, die völlig unabhängig voneinander sind. Einerseits lässt sich derart feststellen, dass die beiden Entwicklungen, die in Grafik 11.1 dargestellt sind (wir haben uns entschlossen, sie «Wirtschaftsfluss» und «Steuerfluss» zu nennen), in hohem Maße übereinstimmen, was beruhigend ist und für die Belastbarkeit der gewonnenen Ergebnisse spricht. Andererseits wird uns das erlauben, die verschiedenen Kräfte, die sich in diesen Entwicklungen verbergen, genauer freizulegen und zu analysieren.[1]

Man kann, allgemeiner gesprochen, auf zwei Weisen vorgehen, um das Erbvolumen innerhalb eines gegebenen Landes zu schätzen. Zum einen kann man unmittelbar vom Strom der Erbschaften und Schenkungen ausgehen (etwa anhand der entsprechenden Steuerstatistiken: das ist es, was wir hier «Steuerfluss» nennen). Zum anderen kann man vom Gesamtbestand des Privatkapitals ausgehen, um dann den theoretischen Strom der Vermögensübertragung zu errechnen, der innerhalb eines gegebenen Jahres stattgefunden haben muss (das ist es, was wir hier «Wirtschaftsfluss» nennen).

Beide Methoden haben Vor- und Nachteile. Die erste Methode erlaubt einen direkteren Zugriff, aber in vielen Ländern sind die Steuerstatistiken zu lückenhaft, als dass sie befriedigende Resultate liefern würden. In Frankreich reicht das System der Schenkungs- und Erbschaftsregister, wie wir im letzten Kapitel gesehen haben, besonders

1 Die folgenden Erörterungen sind etwas technischer als die vorhergehenden (aber notwendig, um zu verstehen, wie es zu den beobachteten Entwicklungen gekommen ist). Manche Leser mögen es vorziehen, ein paar Seiten zu überspringen, um unmittelbar zu den Implikationen dieser Entwicklung und zur Untersuchung des 21. Jahrhunderts in den Kapiteln über Vautrin und Rastignacs Dilemma überzugehen.

weit zurück (bis in die Französische Revolution) und ist besonders umfänglich (es verzeichnet im Prinzip alle Übertragungen, einschließlich eines Großteils derer, die weniger oder nicht besteuert wurden, freilich mit einigen Ausnahmen). Daher kann man sich hier der von der Erbschafts- und Schenkungssteuer ausgehenden Methode bedienen. Die Fiskaldaten müssen indessen korrigiert werden, um geringfügige Übertragungen zu erfassen, die nicht deklariert werden müssen (und nicht besonders ins Gewicht fallen), und sie müssen vor allem um eine Schätzung von Übertragungen in Form von Aktiva ergänzt werden, die von der Erbschaftssteuer befreit sind, wie etwa Lebensversicherungen, die seit den 1970er Jahren viel verbreiteter geworden sind (und heute fast ein Sechstel der französischen Privatvermögen überhaupt ausmachen).

Die zweite Methode, die des «Wirtschaftsflusses», hat den Vorzug, nicht auf Steuerdaten zu beruhen und daher ein vollständigeres Bild zu vermitteln – vor allem eines, das nicht von den Tücken der Steuergesetzgebung und Strategien der Steuervermeidung in den verschiedenen Ländern beeinträchtigt ist. Ideal ist es, ein und dasselbe Land mit beiden Methoden untersuchen zu können. Aus der Differenz zwischen beiden Entwicklungen in Grafik 11.1 (auffällig ist, dass der Wirtschaftsfluss immer etwas höher liegt als der Steuerfluss) lassen sich im Übrigen der Umfang der Steuerhinterziehung wie die Mängel des Systems der Erbschafts- und Schenkungsregister erschließen. Für diese Differenz mag es noch andere Gründe geben, vor allem die zahlreichen Unzulänglichkeiten der verschiedenen Quellen wie der verwendeten Methoden. In manchen Unterabschnitten ist die Abweichung alles andere als geringfügig. Hinsichtlich der langfristigen Gesamtentwicklungen, die uns im Rahmen dieser Untersuchung in erster Linie interessieren, stimmen aber die mit beiden Methoden gewonnenen Ergebnisse völlig überein.

Die drei Kräfte: die Illusion vom Ende der Erbschaft

Das Vorgehen, das vom Wirtschaftsfluss ausgeht, hat den prinzipiellen Vorzug, dass es dazu nötigt, das Zusammenspiel der drei Kräfte ins Auge zu fassen, die das Erbvolumen und seine historische Entwicklung determinieren.

Allgemein gilt: Der jährliche Wirtschaftsfluss von Erbschaften und Schenkungen, im Verhältnis zum Nationaleinkommen ausgedrückt, den wir b_y nennen, ist gleich dem Produkt dreier Kräfte

$$b_y = \mu \times m \times \beta$$

wobei β das Kapital-Einkommens-Verhältnis ist (oder genauer: das Verhältnis der Gesamtsumme privaten Vermögens – das anders als öffentliche Vermögenswerte durch Erbschaft übertragbar ist – zum Nationaleinkommen), m die Mortalitätsrate und μ das Verhältnis des Durchschnittsvermögens bei Ableben zum Durchschnittsvermögen der Lebenden.

Diese Zerlegung ist eine reine Bilanzgleichung: Sie ist per definitionem immer und überall wahr. Mit dieser Formel haben wir insbesondere den in Grafik 11.1 dargestellten Wirtschaftsfluss veranschlagt. Diese Zerlegung des Wirtschaftsflusses in drei Kräfte ist eine Tautologie, aber es handelt sich, wie ich glaube, um eine nützliche Tautologie, sofern sie Licht in eine Frage zu bringen vermag, die, ohne von furchterregender logischer Komplexität zu sein, in der Vergangenheit für einige Verwirrung gesorgt hat.

Untersuchen wir die drei Kräfte im Einzelnen. Die erste ist das Kapital-Einkommens-Verhältnis β. Diese Kraft drückt eine Binsenweisheit aus: Ist das Volumen ererbten Vermögens in einer gegebenen Gesellschaft hoch, muss der Gesamtbestand übertragbaren Privatvermögens seinerseits hoch sein.

Die zweite Kraft, die Mortalitätsrate m, beschreibt einen ebenso auf der Hand liegenden Mechanismus. Unter ansonsten gleichen Bedingungen ist das Erbvolumen umso höher, je höher die Mortalitätsrate ist. In einer Gesellschaft, in der jeder unsterblich und also die Mortalitätsrate gleich Null wäre, gäbe es keine Erbschaft mehr. Das Erbvolumen b_y wäre seinerseits gleich Null, wie groß das Privatkapital β auch immer sein möchte.

Die dritte Kraft, die des Verhältnisses μ des Durchschnittsvermögens bei Ableben zum Durchschnittsvermögen der Lebenden, ist ebenso selbstverständlich.[1]

Nehmen wir an, das Durchschnittsvermögen bei Ableben wäre dasselbe wie das der Bevölkerung insgesamt. In diesem Fall gilt μ = 1

1 Der Wert μ wurde korrigiert, um den Schenkungen zu Lebzeiten Rechnung zu tragen (vgl. weiter unten).

und das Erbvolumen b_y ist einfach das Produkt der Mortalitätsrate m und des Kapital-Einkommens-Verhältnisses β. Ist zum Beispiel das Kapital-Einkommens-Verhältnis β gleich 600 % (der Gesamtbestand des Privatvermögens beläuft sich auf sechs Jahre Nationaleinkommen), und liegt weiterhin die Mortalitätsrate der erwachsenen Bevölkerung bei 2 % pro Jahr,[1] dann ist das Erbvolumen automatisch gleich 12 % des Nationaleinkommens.

Wenn das Vermögen der Verstorbenen im Schnitt doppelt so groß wie das der Lebenden ist, wenn also $\mu = 2$, dann wird das jährliche Erbvolumen automatisch gleich 24 % des Nationaleinkommens sein (immer angenommen $\beta = 6$ und $m = 2\ \%$) – was in etwa dem im 19. und zu Beginn des 20. Jahrhunderts beobachteten Niveau entspricht.

Wie man sieht, hängt das Verhältnis μ vom Altersprofil des Vermögens ab. Je mehr das Durchschnittsvermögen im Alter nach oben tendiert, umso höher ist μ, und umso höher wird auch das Erbvolumen sein.

Anders in einer Gesellschaft, in der die Funktion von Vermögen in erster Linie die Finanzierung des Ruhestands wäre, und betagte Personen beschließen würden, während ihres Ruhestands das im aktiven Berufsleben angehäufte Kapital zu konsumieren (zum Beispiel in Form von Jahresrenten, die von ihrem Pensionsfond oder ihrem Alterskapital bis zum Tod ausbezahlt werden), in einer Gesellschaft also, die der reinen Theorie des *life-cycle wealth* entspräche, der «Lebenszeit-Einkommenshypothese», die der italo-amerikanische Ökonom Franco Modigliani in den 1950er Jahren entwickelt hat. Dort wäre per definitionem das Verhältnis μ gleich Null, weil jeder es darauf anlegen würde, ohne oder mit sehr geringem Kapital zu sterben. Im Extremfall, in dem $\mu = 0$, wäre die Erbschaft per definitionem verschwunden, ganz gleich, wie es um die Werte β und m stünde. Unter einem strikt logischen Gesichtspunkt kann man sich durchaus eine Welt vorstellen, in der es zwar beträchtliches Privatkapital gäbe, Vermögen aber im Wesentlichen aus Pensionsfonds bestünde – oder entsprechenden Formen eines Wohlstands, der mit dem Ableben der

---

1 Wenn also einer unter fünfzig Erwachsenen jedes Jahr stirbt. Da Minderjährige im Allgemeinen sehr wenig Vermögen besitzen, kommt man zu klareren Ergebnissen, wenn man bei der Zerlegung von der Erwachsenensterblichkeit ausgeht (und μ gleichfalls nur ausgehend von Erwachsenen definiert). Danach bedarf es einer leichten Korrektur, um den Vermögen Minderjähriger Rechnung zu tragen. Siehe Technischer Anhang.

jeweiligen Personen erlischt, *annuitized wealth* im Englischen, *richesse viagère* im Französischen –, so dass das Erbvolumen gleich Null oder zumindest sehr schwach ist. Die Theorie Modiglianis bietet eine verharmloste und eindimensionale Theorie der Ungleichheit, der zufolge Kapitalungleichheiten nur die Ungleichheit von Arbeitseinkommen in die Zeit übersetzen (Führungskräfte bilden mehr Rücklagen für den Ruhestand als Arbeiter, aber beide brauchen ihr Kapital bis zum Tod auf). Großen Erfolg hatte diese Theorie in den *Trente Glorieuses*, während dem «Wirtschaftswunder» nach dem Zweiten Weltkrieg, zu einer Zeit als die amerikanische funktionalistische Soziologie, namentlich die Talcott Parsons, ihrerseits die Gesellschaft gern als Welt der Mittelschichten und Angestellten beschrieb, in der Erbschaften praktisch keine Rolle mehr spielten.[1] In der Generation der Baby-Boomer erfreut sie sich heute noch großer Beliebtheit.

Diese Zerlegung des Erbvolumens in drei Kräfte ($b_y = \mu \times m \times \beta$) ist entscheidend, will man die Erbschaft und ihre Entwicklung historisch denken, weil jede einzelne dieser Kräfte für einen a priori völlig plausiblen Bedeutungszusammenhang von Überzeugungen und Überlegungen steht, in deren Namen man sich häufig, insbesondere im Laufe der optimistischen Jahrzehnte nach dem Zweiten Weltkrieg vorgestellt hat, das Ende der Erbschaft oder zumindest ihr fortschreitender Bedeutungsverlust sei gleichsam das Telos, dem die Geschichte mit logischer Unausweichlichkeit entgegenstrebt. Dagegen wird sich zeigen, dass nicht allein ein solches schrittweises Verschwinden nicht unvermeidlich ist – wie es die französische Entwicklung deutlich zeigt –, sondern die U-Kurve, die für den Fall Frankreichs zu erkennen war, in Wahrheit die Konsequenz des Zusammenspiels dreier U-Kurven ist, wie jede einzelne dieser Kräfte μ, m und β sie beschreibt. Im Übrigen ist es das gleichzeitige Zusammenwirken dieser drei Kräfte, das sich teilweise ganz akzidentellen Gründen verdankt, was die erhebliche Tragweite der globalen Entwicklung und insbesondere die Tatsache erklärt, dass in den Jahren 1950 bis 1960 das Erbvolumen auf einen so außergewöhnlichen Tiefstand gesunken ist, dass man tatsächlich glauben mochte, die Erbschaft sei quasi verschwunden.

Die U-Kurve, die das Kapital-Einkommens-Verhältnis insgesamt beschreibt, haben wir im zweiten Teil schon eingehend untersucht.

---

1 Vgl. dazu J. Beckert, *Unverdientes Vermögen*, S. 107.

Der optimistische Glaube, der sich an diese erste Kraft heftet, leuchtet a priori völlig ein: Die Erbschaft verliert ihr Gewicht im Laufe der Geschichte schlicht und einfach deshalb, weil das Vermögen (oder genauer: das nicht-humane Kapital, das man besitzen, auf dem Markt tauschen, und im Schutz des Eigentumsrechts als Ganzes an seine Erben weitergeben kann) sein Gewicht verliert. Dieser optimistische Glaube ist theoretisch durchaus plausibel, und die ganze moderne Theorie des Humankapitals ist von ihm durchdrungen (das gilt insbesondere von den Arbeiten Gary Beckers), selbst wenn er nicht immer explizit ausgesprochen wird.[1] Nur sind die Dinge, wie wir gesehen haben, anders gelaufen – oder zumindest nicht so weit gegangen, wie man sich das bisweilen vorgestellt hat. Der Landbesitz ist zum Immobilien-, Industrie- und Finanzkapital geworden, aber er hat in Wahrheit nichts von seiner globalen Bedeutung verloren, wie es die Tatsache belegt, dass zu Beginn des 21. Jahrhunderts das Kapital-Einkommens-Verhältnis sich anschickt, seinen Rekordstand aus der Belle Époque und den vergangenen Jahrhunderten wieder zu erreichen.

Aus Gründen, die teilweise technologischer Natur sind, spielt das Kapital nach wie vor eine zentrale Rolle in den Produktionsprozessen – und folglich im sozialen Leben. Bevor man mit der Produktion beginnen kann, muss man Gelder vorschießen, um für Equipment aufzukommen, materielle und immaterielle Investitionen aller Art zu finanzieren und natürlich Geschäftsräume bezahlen zu können. Qualifikationen und Kompetenzen haben sich zweifellos im Laufe der Geschichte stark weiterentwickelt. Aber in entsprechendem Ausmaß hat auch die Bedeutung nicht-humanen Kapitals zugenommen. Es gibt also in dieser Hinsicht keinen a priori erkennbaren Grund für ein allmähliches Verschwinden der Erbschaft.

---

1 Becker hat den Gedanken, durch wachsendes Humankapital habe die Erbschaft an Bedeutung verloren, nie explizit ausgesprochen, aber implizit klingt er in seinen Arbeiten häufig an. Vor allem gibt er regelmäßig zu bedenken, die Gesellschaft sei aufgrund der wachsenden Bedeutung der Bildung «meritokratischer» geworden (ohne das näher zu erläutern). Becker hat auch theoretische Modelle entworfen, nach denen Eltern durch Erbschaft weniger begabten, also mit weniger Humankapital ausgestatteten Kindern ausgleichend unter die Arme greifen und dadurch Ungleichheit reduzieren könnten. In Anbetracht der extremen vertikalen Konzentration der Erbschaft (das oberste Dezil besitzt stets mehr als 60 % des übertragbaren Kapitals, die unter Hälfte fast nichts) wird die potentielle Wirkung dieser horizontalen Umverteilung unter reichen Geschwistern (von der übrigens in den Daten, die Becker fast gar nicht zur Kenntnis nimmt, nicht viel zu erkennen ist) kaum ins Gewicht fallen. Siehe Technischer Anhang.

Mortalität auf lange Sicht

Die zweite Kraft, die für ein natürliches Ende der Erbschaft sorgen könnte, ist die gestiegene Lebenserwartung, indem sie die Mortalitätsrate m senkt und den Zeitpunkt aufschiebt, zu dem man sein Erbe durchschnittlich antritt (man erbt so spät, dass es kaum noch darauf ankommt). In der Tat ist das Sinken der Mortalitätsrate langfristig ein Faktum: Im Verhältnis zur Bevölkerungszahl stirbt man seltener in einer Gesellschaft, in der die Lebenserwartung achtzig Jahre beträgt, als in einer, in der sie sechzig Jahre beträgt. Und eine Gesellschaft, in der man weniger häufig stirbt (noch einmal: im Verhältnis zur Bevölkerungszahl), ist unter ansonsten gleichen Bedingungen, also insbesondere bei einem gegebenen β und μ, zugleich eine Gesellschaft, in der die Erbmasse insgesamt im Verhältnis zum Nationaleinkommen kleiner ist. In Frankreich ist, wie in allen anderen Ländern auch, die Mortalitätsrate im Laufe der Geschichte unaufhörlich gesunken: Im 19. Jahrhundert lag sie innerhalb der erwachsenen Bevölkerung bei 2,2 % pro Jahr, bevor sie im 20. Jahrhundert kontinuierlich sinkt, um von 2000 bis 2010 schließlich bei 1,1–1,2 % zu liegen – was eine Verringerung um fast die Hälfte innerhalb eines Jahrhunderts ist (siehe Grafik 11.2).

Es wäre freilich ein Irrtum, wollte man darum annehmen, diese Kraft führe zwangsläufig zu einem fortschreitenden Verschwinden der Erbschaft. Zunächst einmal beginnt die Mortalitätsrate von 2000 bis 2010 in Frankreich wieder zu steigen, und wird dies nach den offiziellen demographischen Vorhersagen bis zu den 2040er Jahren auch weiter tun, bevor die Erwachsenensterblichkeit sich bei etwa 1,4–1,5 % stabilisieren sollte. Das ergibt sich quasi automatisch daraus, dass die Baby-Boomer, zahlreicher als die vorhergehenden, aber ungefähr so zahlreich wie die folgenden Generationen, ihr Lebensende innerhalb dieses Zeitraums erreichen werden.[1] Anders gesagt: Der Baby-Boom und das

1 Frankreich zählt von den 1940er bis zu den 2010er Jahren 800 000 Geburten jährlich (zwischen 750 000 und 850 000, ohne Trend in die eine oder andere Richtung). Nach den offiziellen Vorhersagen wird es dabei im gesamten 21. Jahrhundert bleiben. Zwar näherte sich die Zahl der jährlichen Geburten im 19. Jahrhundert der Million, dies aber mit einer signifikanten Kindersterblichkeit, so dass die Kohortengröße im Erwachsenenalter sich in Wahrheit seit dem Ende des 18. Jahrhunderts kaum geändert hat – wenn man die starken Rückgänge ausnimmt, die auf die Kriege und die Zwischenkriegszeit zurückgehen. Vgl. Technischer Anhang.

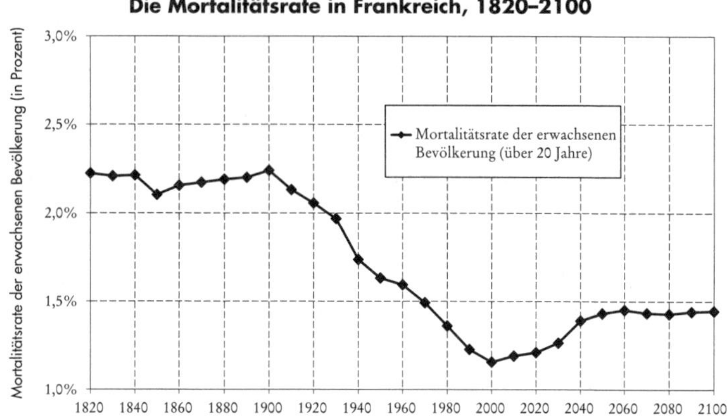

Grafik 11.2.: Im Laufe des 20. Jahrhunderts ist die Mortalitätsrate in Frankreich gesunken (im Zuge der längeren Lebenserwartung), im 21. Jahrhundert sollte sie wieder leicht steigen (im Zuge des Baby-Boom-Effekts).
Quellen und Reihen: siehe piketty.pse.ens.fr/capital21c.

strukturelle Wachstum der jeweiligen Generationenkohorte, den er bewirkt hat, haben zu einem zwar vorübergehenden, aber dennoch sehr starken Rückgang der Sterblichkeitsrate in Frankreich geführt – schlicht und einfach deswegen, weil die Bevölkerung gewachsen und jünger geworden ist. Die französische Bevölkerungsentwicklung ist erfreulicherweise ausnehmend durchsichtig und daher besonders geeignet, die ausschlaggebenden Mechanismen zu veranschaulichen. Im 19. Jahrhundert war die Bevölkerung quasi stationär und die Lebenserwartung lag bei ungefähr sechzig Jahren, was einem Erwachsenenleben von kaum mehr als vierzig Jahren entspricht: Die Sterblichkeitsrate lag bei etwa einem Vierzigstel, tatsächlich bei 2,2 %. Im 21. Jahrhundert sollte die Bevölkerung – den offiziellen Vorhersagen zufolge – sich wieder stabilisieren, mit einer Lebenserwartung von fünfundachtzig Jahren, was einem Erwachsenenleben von fünfundsechzig Jahren entspricht, und einer Sterblichkeitsrate von ungefähr einem Fünfundsechzigstel bei stationärer Bevölkerung, tatsächlich etwa 1,4–1,5 %, wenn man erneut das leichte Bevölkerungswachstum berücksichtigt. Auf lange Sicht liegt in einem Industrieland wie Frankreich, in dem die Bevölkerung quasi stagniert (und der Bevölkerungszuwachs hauptsächlich von der höheren Lebenserwartung herrührt), der Rückgang der Sterblichkeitsrate unter Erwachsenen bei etwa einem Drittel.

Gewiss ist der Wiederanstieg der Sterblichkeitsrate in der ersten Hälfte des 21. Jahrhunderts nur eine automatische Folge davon, dass die zahlenmäßig relativ starke Generation der Baby-Boomer in die Jahre geraten ist, aber er ist darum nicht unbedeutend. Er erklärt zum Teil, weshalb das Erbvolumen sich in der zweiten Hälfte des 20. Jahrhunderts auf einem relativ niedrigen Niveau gehalten hat, und weshalb der Wiederanstieg in den kommenden Jahrzehnten umso stärker sein muss. Frankreich ist keineswegs das Land, in dem dieser Effekt am massivsten ausfallen wird. In Ländern, in denen die Bevölkerung signifikant zu schrumpfen begonnen hat oder nicht weit davon entfernt ist (aufgrund deutlich geburtenschwächerer Generationen), namentlich in Deutschland, in Italien oder Spanien – und offenbar auch in Japan –, wird das gleiche Phänomen zu einem sehr viel stärkeren Anstieg der Mortalitätsrate als in Frankreich führen – und darum auch automatisch zu einem starken Anstieg des Erbschaftsvolumens. Die Alterung schiebt das Ableben auf, aber sie schafft es nicht ab. Nur eine starke und kontinuierliche Zunahme der Kohortengröße der Generationen (also der Anzahl von Geburten) vermag strukturell und auf Dauer die Sterblichkeitsrate und damit das Gewicht der Erbschaft zu verringern. Verbindet sich dagegen die Alterung mit einer gleichbleibenden Kohortengröße der Generationen, wie in Frankreich, oder, schlimmer noch, mit einem Abnehmen der Kohortengröße, wie es in vielen reichen Ländern der Fall ist, dann sind alle Bedingungen für ein extrem hohes Erbvolumen erfüllt. Im Extremfall eines Landes, in dem die Kohortengröße der einzelnen Altersklassen in jeder Generation halbiert werden würde (weil jedes Paar beschließt, nur ein Kind zu haben), könnte die Sterblichkeitsrate – und mit ihr das Erbvolumen – auf bislang unbekannte Rekordhöhen steigen. Umgekehrt wird in einem Land, in dem die Kohortengröße der einzelnen Altersklassen sich in jeder Generation verdoppelt, wie dies in vielen Teilen der Welt im 20. Jahrhundert geschehen ist, und in manchen, namentlich in Afrika, zu geschehen noch nicht ganz aufgehört hat, die Mortalitätsrate auf sehr niedrige Niveaus fallen und – unter ansonsten gleichen Bedingungen – die Erbschaft kaum ins Gewicht fallen.

Der Reichtum altert mit der Bevölkerung: der $\mu \times m$-Effekt

Vergessen wir fürs Erste diese Effekte, die von der Kohortengröße der Generationen gezeitigt werden – und wichtig, aber prinzipiell vorübergehend sind, es sei denn, man wollte sich eine Erdbevölkerung vorstellen, die auf sehr lange Sicht unendlich größer oder unendlich kleiner wird. Machen wir uns stattdessen eine sehr langfristige Perspektive zu eigen und gehen weiterhin von der Hypothese aus, die Zahl der Personen pro Generation bleibe vollkommen stabil. Wie würde die Erhöhung der Lebenserwartung sich tatsächlich auf die Bedeutung der Erbschaft in einer solchen Gesellschaft auswirken? Gewiss führt die Verlängerung der Lebensdauer strukturell zur Verringerung der Sterblichkeitsrate. In Frankreich wird man im 21. Jahrhundert durchschnittlich 80 bis 85 Jahre alt werden. Die Mortalitätsrate wird sich bei weniger als 1,5 % pro Jahr halten, gegenüber 2,2 % im 19. Jahrhundert, als man durchschnittlich kaum mehr als 60 Jahre alt wurde. Aus diesem höheren Durchschnittsalter zum Todeszeitpunkt folgt automatisch ein höheres Durchschnittsalter zum Zeitpunkt des Erbantritts. Im 19. Jahrhundert erbte man mit gerade 30 Jahren; im 21. Jahrhundert wird man meist mit etwa 50 Jahren erben. Wie aus Grafik 11.3 zu ersehen, hat sich der Abstand zwischen dem Durchschnittsalter zum Todeszeitpunkt und zum Zeitpunkt des Erbantritts stets bei etwa 30 Jahren gehalten – aus dem einfachen Grund, dass sich das Durchschnittsalter bei Geburt der Kinder – man spricht meist vom «Generationsabstand» – langfristig relativ konstant bei etwa 30 Jahren behauptet (ein leichter Anstieg lässt sich am Anfang des 21. Jahrhunderts gleichwohl verzeichnen).

Man stirbt später und erbt später – aber heißt das schon, die Erbschaft verliere an Bedeutung? Nicht zwangsläufig. Zum einen, weil die häufigeren Schenkungen diesen Effekt, wie wir weiter unten sehen werden, teilweise kompensiert haben. Zum anderen, weil es durchaus sein kann, dass man zwar später, dann aber größere Summen erbt: In einer immer älter werdenden Gesellschaft altern auch die Vermögen. Anders gesagt: Der tendenzielle Rückgang der Mortalitätsrate – auf lange Sicht unvermeidlich – kann durch einen strukturell ebenso bedeutsamen Anstieg des Reichtums der Älteren kompensiert werden,

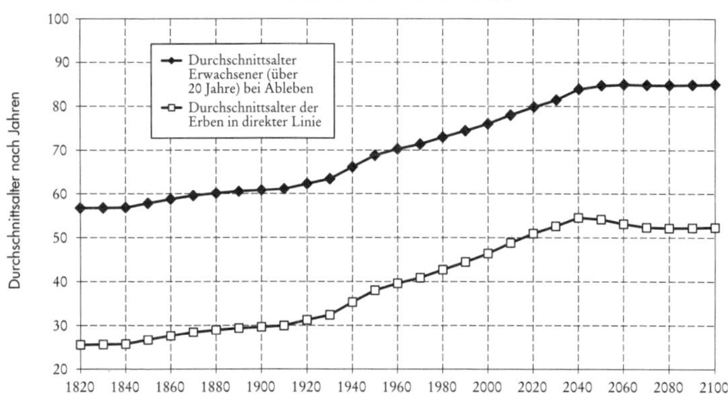

Grafik 11.3.: Im 20. Jahrhundert ist das Durchschnittsalter bei Ableben von kaum 60 Jahren auf fast 80 Jahre gestiegen, das Durchschnittsalter bei Erbantritt von 30 auf 50 Jahre.
Quellen und Reihen: siehe piketty.pse.ens.fr/capital21c.

so dass das Produkt der Gleichung $\mu \times m$ unverändert bleibt – oder sich zumindest sehr viel weniger verringert, als man hätte denken können. Genau das ist es, was in Frankreich geschehen ist: Das Verhältnis μ des Durchschnittsvermögens bei Ableben zum Durchschnittsvermögen der Lebenden hat seit den 1950er Jahren stark zugenommen, und dieses fortschreitende Altern des Vermögens hat an der Rückkehr der Erbschaft in den letzten Jahrzehnten einen nicht unbedeutenden Anteil.

Konkret lässt sich feststellen, dass sich das Produkt $\mu \times m$, das per definitionem die Jahresrate der Vermögensübertragung durch Erbschaft misst (das heißt das Erbvolumen ausgedrückt in Prozent des gesamten Privatvermögens), in den letzten Jahrzehnten deutlich nach oben entwickelt hat, ungeachtet des stetigen Rückgangs der Mortalitätsrate, wie in Grafik 11.4 unzweideutig zu erkennen ist. Die Jahresrate der Vermögensübertragung, von den Ökonomen des 19. und beginnenden 20. Jahrhunderts «Erbanfallsrate» genannt, lag von den 1820er bis zu den 1910er Jahren relativ stabil bei etwa 3,3–3,5 %, also ungefähr bei einem Dreißigstel. Im Übrigen pflegte man damals zu sagen, ein Vermögen werde einmal in dreißig Jahren vererbt, das heißt einmal pro Generation – was ein vereinfachtes, weil etwas statisches, aber teilweise gerechtfertigtes Bild von den damaligen Realitäten ver-

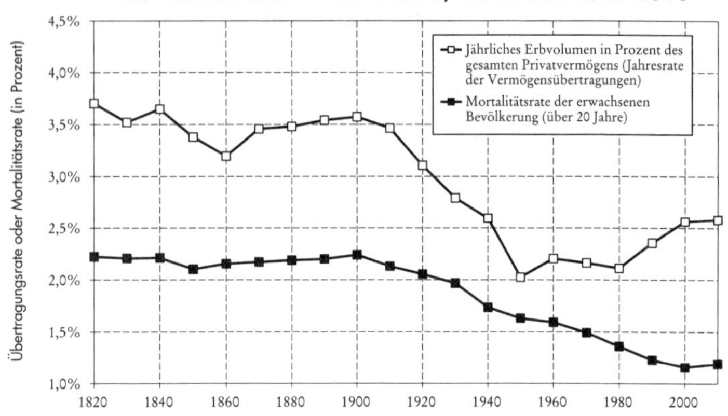

Grafik 11.4.: Von 2000 bis 2010 macht das Erb- und Schenkungsvolumen jedes Jahr 2,5 % des Privatvermögens aus, gegenüber einer Mortalitätsrate von 1,2 %.
Quellen und Reihen: siehe piketty.pse.ens.fr/capital21c.

mittelt.[1] Die Jahresrate der Übertragung ist zwischen 1910 und 1950 stark eingebrochen, lag in den 1950er Jahren bei kaum 2 %, um seither kontinuierlich bis über 2,5 % zwischen 2000 und 2010 zu steigen.

Fassen wir zusammen: Gewiss erbt man in einer alternden Gesellschaft immer später, aber dieser Effekt scheint dadurch kompensiert zu werden, dass der Reichtum seinerseits altert. In diesem Sinne hat eine Gesellschaft, in der man immer älter stirbt, sehr wenig mit einer Gesellschaft gemein, in der man gar nicht mehr sterben und dadurch die Erbschaft tatsächlich verschwinden würde. Die Verlängerung der Lebenszeit verschiebt sämtliche Ereignisse des Lebens ein wenig nach hinten – man studiert länger, beginnt später zu arbeiten, erbt später, geht später in den Ruhestand, stirbt später. Aber die jeweilige Bedeutung der Erbschaft und der Arbeitseinkommen wird davon nicht zwangsläufig modifiziert – zumindest sehr viel weniger, als man zu-

1 Die Theorie der «Erbanfallsrate» war in Frankreich von 1880–1910 besonders populär, etwa in den Arbeiten von Foville, Colson, Levasseur, die mit Genugtuung feststellten, dass ihre Schätzungen des Nationalvermögens (durch Vermögensinventur) sich in etwa auf das Dreißigfache des jährlichen Erbvolumens beliefen. Diese Methode, zuweilen *estate multiplier*, Erbmultiplikator genannt, wurde auch im Vereinigten Königreich angewandt, namentlich von Giffen, auch wenn sich britische Ökonomen – weniger gesegnet mit Erbschaftsstatistiken – meist auf das Volumen der Kapitaleinkommen stützten, das auf der Grundlage der nach Einkommensart bemessenen Steuer ermittelt wurde.

weilen denkt. Später zu erben, mag gewiss häufiger dazu nötigen, einen Beruf zu ergreifen. Aber das wird durch die größeren Erbschaften kompensiert, und dies umso mehr, als sie häufig die Form vorgezogener Schenkungen annehmen. Unter allen Umständen aber handelt es sich eher um eine graduelle Differenz als um den Zivilisationsbruch, den man zuweilen beschwört.

Der Reichtum der Toten und der Reichtum der Lebenden

Es lohnt sich, einen genaueren Blick darauf zu werfen, wie sich das Verhältnis μ des durchschnittlichen Reichtums bei Ableben zu dem der Lebenden entwickelt hat (siehe Grafik 11.5). Als Erstes fällt auf, dass in den letzten beiden Jahrhunderten, von 1820 bis heute, die Verstorbenen in Frankreich stets – im Durchschnitt – reicher waren als die Lebenden. Das Verhältnis μ lag stets über 100 %, ja im allgemeinen deutlich über 100 % – ausgenommen die Zeit unmittelbar nach dem Zweiten Weltkrieg, in den Jahren 1940 bis 1950, in denen das Verhältnis, das sich ohne Berücksichtigung der Schenkungen zu Lebzeiten ergibt, leicht unter 100 % liegt. Erinnern wir uns, dass man nach der von Modigliani favorisierten Lebenszyklus-Theorie annehmen müsste, Vermögen werde prinzipiell im Hinblick auf den Ruhestand akkumuliert und diejenigen, die das Ende ihres Lebens erreicht haben, sollten den größten Teil ihrer Reserven während ihres Ruhestands schon aufgebraucht haben, um mit wenig oder keinem Vermögen zu sterben. Das ist der berühmte *Modigliani triangle*, der Studierenden der Ökonomie beigebracht wird und demzufolge das Vermögen zunächst mit dem Alter wächst, sofern jeder Rücklagen im Hinblick auf den Ruhestand bildet. Das Verhältnis μ müsste demnach systematisch gleich Null sein oder zumindest schwächer, jedenfalls unter 100 %. Das Mindeste, was man sagen kann, ist, dass diese Theorie des Kapitals und seiner Entwicklung in den hochentwickelten Gesellschaften, so plausibel sie a priori sein mag (je mehr die Gesellschaft altert, umso mehr häuft man für seine alten Tage an, und umso mehr stirbt man mit geringem Vermögen), keine befriedigende Erklärung für die beobachteten Tatsachen bietet. Das Sparen im Hinblick auf den Ruhestand ist ganz offenbar nur einer der Gründe – und nicht der wichtigste –, aus denen Vermögen akkumuliert werden. Das Motiv, das

Familienvermögen weiterzugeben und fortbestehen zu lassen, hat stets eine zentrale Rolle gespielt. Praktisch machen die verschiedenen Formen des *annuitized wealth*, der mit dem Ableben des Besitzers verschwindet und folglich nicht vererbbar ist, insgesamt keine 5 % des Privatvermögens in Frankreich aus. Dieser Anteil steigt maximal auf 15–20 % in den angelsächsischen Ländern, in denen die Pensionsfonds verbreiteter sind. Auch das ist zwar nicht unbeträchtlich, aber es reicht nicht aus, um grundsätzlich etwas daran zu ändern, dass Bildung von Vermögen auch dem Zweck seiner Vererbung dient (umso weniger, als nirgends geschrieben steht, Lebensphasenvermögen müsse an die Stelle vererbbaren Vermögens treten: Es kann sehr wohl zu ihm hinzutreten, wir kommen darauf zurück).[1] Es lässt sich nur sehr schwer sagen, wie sich die Struktur der Vermögensakkumulation im Laufe des 20. Jahrhunderts ohne die staatlichen umlagefinanzierten Rentensysteme entwickelt hätte, die der überwiegenden Mehrheit im Ruhestand einen gediegenen Lebensstandard gesichert haben – übrigens auf eine Weise, die sehr viel egalitärer, aber auch sehr viel verlässlicher war als die Bildung von Geldvermögen, die im Gefolge der Kriege zusammengebrochen war. Möglicherweise läge ohne diese staatlichen Rentensysteme das globale Niveau der Vermögensakkumulation (gemessen durch das Kapital-Einkommens-Verhältnis) zu Beginn des 21. Jahrhunderts noch sehr viel höher.[2] Fest steht aber, dass heute das Kapital-Einkommens-Verhältnis annähernd dasselbe Niveau erreicht hat wie in der Belle Époque (in der angesichts der geringeren Lebenserwartung ein sehr viel beschränkterer Akkumulationsbedarf im Hinblick auf den Ruhestand bestand), und dass der Anteil des *annuitized wealth* am Gesamtvermögen kaum über dem vor einem Jahrhundert erreichten Stand liegt.

---

1 Praktisch haben diese beiden Formen des Wohlstands sich häufig in denselben langfristigen Finanzprodukten vermischt (worin sich die vielfältigen Motive der Inhaber widerspiegeln). In Frankreich konnten Lebensversicherungen einen Kapitalanteil enthalten, der Kindern übertragen werden konnte, und einen (meist eher geringen) Anteil, der als eine Art Jahresrente ausgezahlt wurde (und mit dem Ableben des Inhabers erlosch); im Vereinigten Königreich oder den Vereinigten Staaten enthielten die verschiedenen Arten von Altersversorgungen und Pensionsfonds mehr und mehr einen ablösbaren und übertragbaren Anteil.

2 Die Rente ist, wie die bekannte Formel es will, «das Vermögen derer, die kein Vermögen haben». Wir kommen auf die verschiedenen Rentensysteme im vierten Teil dieses Buches zu sprechen (Kapitel 13).

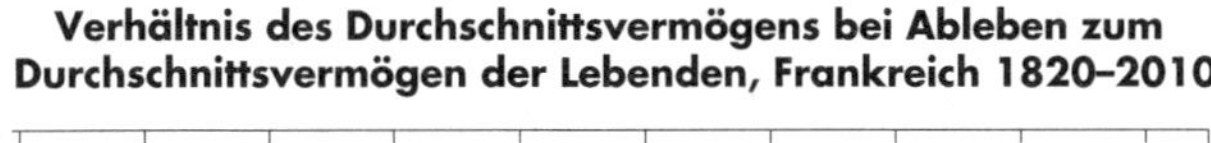

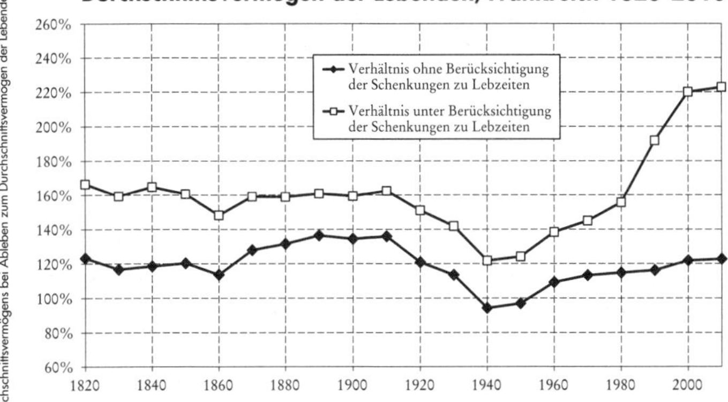

Grafik 11.5.: Von 2000 bis 2010 ist das Durchschnittsvermögen bei Ableben 20 % höher als das der Lebenden, wenn man die Schenkungen zu Lebzeiten vernachlässigt, aber mehr als zweimal höher, wenn man sie berücksichtigt.
Quellen und Reihen: siehe piketty.pse.ens.fr/capital21c.

In beiden vergangenen Jahrhunderten fällt zudem die Bedeutung der Schenkungen auf, die in den letzten Jahrzehnten so spektakulär zugenommen haben. Der Gesamtwert der Schenkungen beläuft sich von 1820 bis 1870 jedes Jahr auf 50–60 % des Gesamtwerts der Erbschaften (häufig in der Form der Mitgift, das heißt einer Schenkung an Ehegatten im Augenblick der Eheschließung, die häufig auch mit im Ehevertrag festgehaltenen Auflagen über ihre Verwendung verbunden ist). Danach geht der Wert der Schenkungen etwas zurück und stabilisiert sich von 1870 bis 1960 bei etwa 20–30 % des Werts der Erbschaften, bevor er sich stark und kontinuierlich nach oben bewegt, um 40 % in den 1980er, 60 % in den 1990er und 80 % in den 2000er Jahren zu erreichen. Zu Beginn dieses Jahrhunderts ist das durch Schenkungen übertragene Vermögen fast ebenso umfangreich wie die eigentlichen Erbschaften es sind. Die Schenkungen machen derzeit annähernd die Hälfte des Erbvolumens aus. Es ist daher wichtig, sie nicht zu vernachlässigen. Vergäße man zum Beispiel, Schenkungen zu Lebzeiten zu berücksichtigen, müsste man zu dem Ergebnis kommen, dass von 2000 bis 2010 das Vermögen zum Todeszeitpunkt kaum 20 % mehr als das der Lebenden beträgt. Das liegt indessen nur daran, dass die Verstorbenen fast die Hälfte ihrer Aktiva schon übertragen haben. Zu einem ganz anderen Ergebnis kommt man, sobald man die Schenkungen wieder einbezieht: Das Verhältnis μ liegt, entsprechend korrigiert, in Wahrheit bei über 220 %, das Vermögen der Toten ist mehr als zweimal größer als das der Lebenden. Wir leben wahrlich in einem neuen goldenen Zeitalter der Schenkungen, wie es in diesem Ausmaß selbst das 19. Jahrhundert nicht erlebt hat.

Bemerkenswert ist, dass Schenkungen heute wie im 19. Jahrhundert in der überwältigenden Mehrheit der Fälle solche zugunsten der Kinder sind, häufig als Investition in Immobilien, und dass sie ungefähr zehn Jahre vor dem Ableben des Erblassers vorgenommen werden (auch dieser Abstand bleibt historisch relativ konstant). In Anbetracht des wachsenden Umfangs der Schenkungen seit 1970 lässt sich das Durchschnittsalter der Erben etwas nach unten korrigieren: von 2000 bis 2010 nähert sich zwar das Durchschnittsalter bei Erbantritt 45 bis 50 Jahren, aber die Empfänger von Schenkungen sind durchschnittlich 35 bis 40 Jahre alt, so dass der Bruch mit der für das 19. und beginnende 20. Jahrhundert typischen Situation weniger massiv ist, als in Grafik 11.3 dargestellt.[1] Die überzeugendste Erklärung für diese wachsende Zahl von Schenkungen liegt im Übrigen darin, dass vermögenden Eltern mehr und mehr bewusst geworden ist, dass es angesichts der gestiegenen Lebenserwartung angezeigt sein könnte, wenn ihre Kinder schon mit 35 bis 40 und nicht erst mit 45 bis 50 oder später in den Genuss ihres Erbes kommen. Aber ganz gleich, welche Rolle die möglichen Erklärungen jeweils spielen mögen – die entscheidende Tatsache ist, dass dieses neue goldene Zeitalter der Schenkungen, das in allen europäischen Ländern, insbesondere in Deutschland angebrochen ist, ein wesentliches Moment jenes Wiederauflebens der Erbschaft darstellt, dem wir gegenwärtig beiwohnen.

Fünfziger und Achtziger: Alter und Reichtum in der Belle Époque

Um die Dynamik der Akkumulation von Vermögen und die detaillierten Daten, auf die wir zur Berechnung des Koeffizienten μ zurückgegriffen haben, besser zu verstehen, ist es hilfreich, einen Blick auf die Entwicklung des durchschnittlichen Vermögensprofils nach Altersklassen zu werfen. Tabelle 11.1 zeigt die Profile für einige Jahre

1 Für detailliertere Daten vgl. T. Piketty: «On the long-run evolution of inheritance».

zwischen 1820 und 2010.[1] Am auffälligsten ist zweifellos das erstaunliche Altern des Reichtums, das während des gesamten 19. Jahrhunderts umso weiter fortschreitet, je mehr die Vermögenskonzentration zunimmt. Um 1820 sind die Älteren im Durchschnitt kaum reicher als die Fünfzigjährigen (die wir hier als Referenzgruppe gewählt haben): die Sechzigjährigen sind durchschnittlich 34 %, die Achtzigjährigen 53 % reicher. Aber dieser Abstand nimmt in der Folge unaufhörlich zu. Um 1900 bis 1910 ist das Durchschnittsvermögen der Sechzig- und Siebzigjährigen ungefähr 60–80 % größer als das der Fünfzigjährigen, die Achtzigjährigen aber sind zweieinhalb mal so reich. Fügen wir hinzu, dass es sich dabei um Durchschnittswerte für ganz Frankreich handelt. Beschränkt man sich auf Paris, wo sich die bedeutendsten Vermögen konzentrieren, sehen die Dinge noch sehr viel extremer aus. Am Vorabend des Ersten Weltkriegs nehmen die Pariser Vermögen mit dem Alter immer stärker zu, mit Siebzigjährigen und Achtzigjährigen, die durchschnittlich dreimal, ja manchmal mehr als viermal reicher sind als die Fünfzigjährigen.[2] Gewiss, die Mehrheit der Alten stirbt ohne das geringste Vermögen, und das Fehlen eines staatlichen Rentensystems tut ein Übriges, diese Armut im Dritten Lebensalter zu verschärfen. Aber innerhalb der begüterten Minderheit ist das Altern des Reichtums verblüffend (man denkt einmal mehr an die alte Dame aus *Aristocats*). Dieses spektakuläre Reicherwerden der Achtzigjährigen hat ganz offenbar nichts mit ihren Arbeitseinkommen oder ihrer unternehmerischen Aktivität zu tun: man wird kaum von Achtzigjährigen ausgehen dürfen, die jeden Morgen Startups ins Leben rufen.

Dieser Altersreichtum ist eine verblüffende Tatsache, zum einen, weil er das hohe Niveau des Verhältnisses μ zwischen dem Durchschnittsreichtum bei Ableben und dem der Lebenden in der Belle Époque erklärt (und damit die große Bedeutung des Erbvolumens), zum anderen und vor allem, weil er uns eine sehr genaue Auskunft über den ökonomischen Prozess gibt, der ihm zugrunde liegt. Die individuellen Daten, die uns vorliegen, sprechen eine sehr deutliche

1 Die vollständigen Reihen nach Jahresdaten sind online verfügbar.

2 Diese Schätzungen enthalten eine relativ starke Korrektur, die der Mortalitätsdifferenz Rechnung trägt (das heißt der Tatsache, dass Reiche im Durchschnitt länger leben), bei der es sich um ein gewichtiges Phänomen handelt, das aber das hier beschriebene Profil nicht erklärt. Siehe Technischer Anhang.

Sprache: Das sehr starke Vermögenswachstum im Alter ist eine automatische Folge der Ungleichung r > g und der kumulativen und multiplikativen Logik, die sie in Gang setzt. Konkret heißt das: Die Personen mit den bedeutendsten Vermögen verfügen häufig über Jahreseinkommen aus ihrem Kapital, die klar höher sind als das, was sie zur Finanzierung ihres Lebensstandards benötigen. Nehmen wir zum Beispiel an, sie erzielen eine Rendite von 5 %, konsumieren davon zwei Fünftel und reinvestieren die übrigen drei Fünftel. Ihr Vermögen wächst also um 3 % pro Jahr und mit 85 sind sie zweimal reicher als sie es mit 60 waren. Der Mechanismus ist einfach, aber außerordentlich wirkungsvoll, und liefert eine genaue Erklärung der beobachteten Tatsachen, abgesehen davon, dass die bedeutendsten Vermögen oft mehr als jene drei Fünftel der erzielten Erträge sparen und reinvestieren können (was den Divergenzprozess im hohen Alter verschärft) und das allgemeine Wachstum nicht ganz bei Null liegt (sondern bei etwa 1 %, was den Prozess leicht abschwächt).

Tabelle 11.1
Die Zusammensetzung des Vermögens in Frankreich nach Altersklassen, 1820–2010

Durchschnittsvermögen der Altersgruppe (in Prozent des Durchschnittsvermögens der 50–59jährigen)	20–29 Jahre	30–39 Jahre	40–49 Jahre	50–59 Jahre	60–69 Jahre	70–79 Jahre	80 Jahre und mehr
1820	29%	37%	47%	100%	134%	148%	153%
1850	28%	37%	52%	100%	128%	144%	142%
1880	30%	39%	61%	100%	148%	166%	220%
1902	26%	57%	65%	100%	172%	176%	238%
1912	23%	54%	72%	100%	158%	178%	257%
1931	22%	59%	77%	100%	123%	137%	143%
1947	23%	52%	77%	100%	99%	76%	62%
1960	28%	52%	74%	100%	110%	101%	87%
1984	19%	55%	83%	100%	118%	113%	105%
2000	19%	46%	66%	100%	122%	121%	118%
2010	25%	42%	74%	100%	111%	106%	134%

Um 1820 ist das Durchschnittsvermögen der 60–69jährigen 34% höher als das der 50–59jährigen, und das der über 80jährigen 53% höher als das der 50–59jährigen.

Quellen und Reihen: siehe piketty.pse.ens.fr/capital21c.

Aus der Untersuchung der Dynamik der Vermögensakkumulation und -konzentration im Frankreich der Jahre 1870 bis 1914 und namentlich in Paris lassen sich eine Reihe von Lehren für die heutige Welt ziehen – und für die von morgen. Abgesehen davon, dass die verfügbaren Daten ebenso detailliert wie verlässlich sind und diese Dynamik unmissverständlich zutage treten lassen, steht diese Phase tatsächlich emblematisch für eine erste Globalisierung von Handel und Finanzen. Charakteristisch sind moderne und diversifizierte Kapitalmärkte, komplexe Portfolios mit vielfältigen französischen und ausländischen, privaten und staatlichen Anlageformen, teilweise mit festem, teilweise mit variablem Zinssatz. Das Wirtschaftswachstum beträgt nur 1 %-1,5 % pro Jahr – aber wie wir gesehen haben, ist dies aufs Ganze einer Generation gesehen oder unter einem sehr langfristigen historischen Gesichtspunkt eine durchaus substantielle Größe. Wir haben es keineswegs mit einer statischen Agrargesellschaft zu tun. Die technischen und industriellen Innovationen aus dieser Zeit sind zahlreich – das Auto, die Elektrizität, das Kino etc. – und viele von ihnen sind zumindest teilweise französischer Herkunft. Auch stammen gewiss nicht alle französischen oder Pariser Vermögen der Fünfzig- oder Sechzigjährigen aus Erbschaften. Man findet eine nicht unerhebliche Zahl von Industrie- und Finanzvermögen, die sich prinzipiell unternehmerischen Aktivitäten verdanken.

Gleichwohl ist die beherrschende Dynamik, die auch weitgehend für die Vermögenskonzentration verantwortlich zeichnet, eine zwangsläufige Folge der Ungleichung $r > g$. Ganz gleich, ob man mit fünfzig oder sechzig über ein ererbtes oder aktiv erworbenes Vermögen verfügt – jenseits einer gewissen Schwelle tendiert das Kapital dazu, sich unbegrenzt selbst zu reproduzieren. Und tendenziell werden so vermöge der Logik $r > g$ Unternehmer zu Rentiers werden, sei es in ihrem eigenen Leben (ein Problem, das sich mit steigender Lebenserwartung verschärft: wer mit 30 oder 40 gute Ideen hat, muss sie mit 70 oder 80 nicht immer noch haben – und dennoch wächst das Vermögen aus eigener Kraft weiter), sei es während der nächsten Generation. Wie groß industrieller Erfindergeist und dynamisches Unternehmertum der ökonomischen Eliten Frankreichs während der Belle Époque auch immer gewesen sein mögen – entscheidend ist, dass ihre Anstrengungen und Handlungen am Ende vermöge der Logik r > g – und weitgehend ohne ihr Wissen – den Fortbestand einer Rentiersgesellschaft bekräftigt haben.

Die Verjüngung der Vermögen durch die Weltkriege

Dieser sich selbst erhaltende Mechanismus wird durch die Katastrophen gestört, von denen das Kapital, die Kapitaleinkommen und ihre Besitzer in den Jahren 1914 bis 1945 heimgesucht wurden. Tatsächlich führen die Kriege zu einer sehr starken Verjüngung der Vermögen. Wie aus Grafik 11.5 zu ersehen, ist zum ersten – und bis heute einzigen – Mal in der Geschichte von 1940 bis 1950 das Durchschnittsvermögen zum Todeszeitpunkt kleiner als das der Lebenden. Noch deutlicher tritt dies hervor, sieht man sich die detaillierten Profile nach Altersklassen an (siehe Tabelle 11.1). 1912, am Vorabend des Krieges, sind die Achtzigjährigen mehr als zweieinhalbmal reicher als die Fünfzigjährigen. 1931 sind sie nur noch 40 % reicher. Und 1947 sind es die Fünfzigjährigen, die es zum größten Reichtum gebracht haben: In einer Gesellschaft, in der allerdings das Vermögen insgesamt auf ein sehr niedriges Niveau gesunken ist, sind nun die Fünfzigjährigen um 50 % reicher als die Achtzigjährigen. Letztere sind 1947 sogar, das treibt die Kränkung auf die Spitze, leicht unter die Vierzigjährigen gefallen – wahrlich eine Zeit, in der alle Gewissheiten infrage gestellt werden. Vor dem Ausbruch des Zweiten Weltkriegs hat das Vermögensprofil nach Altersklassen plötzlich die Form einer kuppelförmigen Kurve angenommen (die in Abhängigkeit vom Alter zunächst ansteigt und dann wieder sinkt, mit einem Gipfel in der Altersklasse von 50 bis 59 Jahren, eine Form, die dem *Modigliani triangle* nahekommt – mit dem wichtigen Unterschied freilich, dass die Kurve in den höheren Altersklassen weit davon entfernt ist, auf Null zu fallen), während im ganzen 19. Jahrhundert und bis zum Ersten Weltkrieg die Kurve stets systematisch und kontinuierlich mit dem Alter anstieg.

Diese spektakuläre Verjüngung des Vermögens ist nicht schwer zu erklären. Wie wir im zweiten Teil gesehen haben, werden die Vermögen von 1914 bis 1945 von einer ganzen Reihe von Schocks in Mitleidenschaft gezogen – Verheerungen, Inflation, Bankrott, Enteignungen etc. –, so dass sich das Kapital-Einkommens-Verhältnis stark reduziert. Man könnte zunächst annehmen, alle Vermögen seien gleichermaßen getroffen worden – wodurch das Vermögensprofil nach Altersklassen als solches unverändert bliebe. Aber der Unterschied liegt darin, dass sich die Jüngeren, die ohnehin nicht so viel zu verlieren hatten, von jenen Schocks leichter erholen konnten als die Älteren. Wer 1940 mit 60 Jahren in einem Bombenhagel, einem Bankrott oder einer Enteignung alles verliert, hat kaum Chancen, sich davon je wieder zu erholen. Es ist wahrscheinlich, dass er etwa innerhalb der Jahre 1950 bis 1960, mit 70 oder 80 Jahren sterben wird, ohne viel zu besitzen, was er seinen Nachkommen hinterlassen könnte. Umgekehrt hat ein Dreißigjähriger, der 1940 seine ganze – und zweifellos bescheidene – Habe verloren hat, noch alle Zeit vor sich, um nach dem Krieg ein Vermögen zu akkumulieren, und er wird aller Wahrscheinlichkeit nach als Vierzigjähriger reicher als unser Siebzigjähriger sein. Der Krieg setzt gleichsam den Zähler der Vermögensakkumulation auf Null – oder fast Null – und führt automatisch zu einer erheblichen Verjüngung der Vermögen. In diesem Sinne sind es tatsächlich die Kriege gewesen, die im 20. Jahrhundert tabula rasa gemacht – und die Illusion einer strukturellen Überwindung des Kapitalismus erzeugt haben.

Das ist der Hauptgrund für das außerordentlich niedrige Niveau des Erbvolumens in den Jahrzehnten nach dem Zweiten Weltkrieg. Für diejenigen, die von 1950 bis 1960 hätten erben sollen, war nicht viel da. Ihre Eltern hatten nicht die Zeit, sich von den Erschütterungen der Jahrzehnte zuvor zu erholen und starben fast ohne Vermögen.

Verständlich wird daraus auch, warum der Einbruch die Erbschaften stärker – fast zweimal stärker – trifft als die Vermögen. Wie wir im zweiten Teil gesehen haben, wird die Gesamtheit des Vermögens zwischen 1910 und 1950 mehr als gedrittelt: Der private Kapitalstock hat sich vom fast Siebenfachen des jährlichen Nationaleinkommens auf gerade noch das Zwei- bis Zweieinhalbfache des jährlichen Nationaleinkommens verringert (siehe Kapitel 3, Grafik 3.6). Das jährliche Erbvolumen dagegen sank fast auf ein Sechstel: von etwa 25 % des Nationaleinkommens am Vorabend des Ersten Weltkriegs auf gerade noch 4–5 % des Nationaleinkommens in den 1950er Jahren (siehe Grafik 11.1).

Entscheidend ist aber, dass diese Situation nicht lange Bestand hat. Der «Kapitalismus des Wiederaufbaus» ist seiner Natur nach Durchgangsetappe, nicht die strukturelle Überwindung, die man zuweilen in ihm ausmachen wollte. In dem Maße, in dem das Kapital sich wieder akkumuliert und das Kapital-Einkommens-Verhältnis β wieder steigt, beginnen die Vermögen wieder zu altern, so dass sich das Verhältnis μ des Durchschnittseinkommens bei Ableben zum Durchschnittseinkommen der Lebenden gleichfalls nach oben bewegt. Die Rückkehr des Vermögens geht mit dessen Altern einher und legt daher den Grund für eine noch massivere Rückkehr der Erbschaft. Schon 1960 ist das für 1947 beobachtete Profil nur noch eine Erinnerung: Die Fünfzigjährigen werden jetzt von den Sechzig- und Siebzigjährigen leicht überholt (siehe Tabelle 11.1). In den 1980er Jahren ziehen die Achtziger nach. Und in den 1990er Jahren geht das Profil mit steigendem Alter noch steiler nach oben. Würde man in das Vermögen der verschiedenen Altersklassen die zu Lebenszeit vorgenommenen Schenkungen reintegrieren, würde das Profil von 2000 bis 2010 noch stärker steigen, annähernd auf dieselben Werte wie von 1900 bis 1910 (mit Durchschnittsvermögen für die Siebzig- und Achtzigjährigen die das Zwei- bis Dreifache über denen der Fünfzigjährigen liegen) – mit dem einen Unterschied, dass die Mehrzahl der Todesfälle sich nun in höherem Alter ereignet, wodurch das Verhältnis μ leicht zunimmt (siehe Grafik 11.5).

Wie wird sich das Erbvolumen im 21. Jahrhundert entwickeln?

Angesichts des starken Anstiegs des Erbvolumens in den letzten Jahrzehnten drängt sich natürlich die Frage auf, ob dieser Aufwärtstrend sich fortsetzen wird. Wir haben in Grafik 11.6 zwei mögliche Entwicklungen für das 21. Jahrhundert dargestellt. Es handelt sich einerseits um ein mittleres Szenario, das von der Hypothese einer Wachstumsrate von 1,7 % pro Jahr[1] für die Zeit von 2010 bis 2100 und einer Nettorendite von 3 % für die Zeit von 2010 bis 2100 ausgeht,[2] andererseits um ein alternatives Szenario, das von der Hypothese einer auf 1 % gesunkenen Wachstumsrate pro Jahr und einer auf 5 % gestiegenen Nettorendite für die Zeit von 2010 bis 2100 ausgeht. Das entspräche einer vollkom-

1 Das ist exakt die durchschnittliche Wachstumsrate der Zeit zwischen 1980 und 2010.

2 Das setzt voraus, dass der Kapitalanteil am Nationaleinkommen sich nicht ändert und das gegenwärtige Steuersystem in Kraft bleibt. Siehe Technischer Anhang.

menen Abschaffung aller auf Kapital und Kapitaleinkommen, Unternehmensgewinne eingeschlossen, erhobenen Steuern, oder aber einer teilweisen Abschaffung bei gleichzeitigem Anstieg des Kapitalanteils.

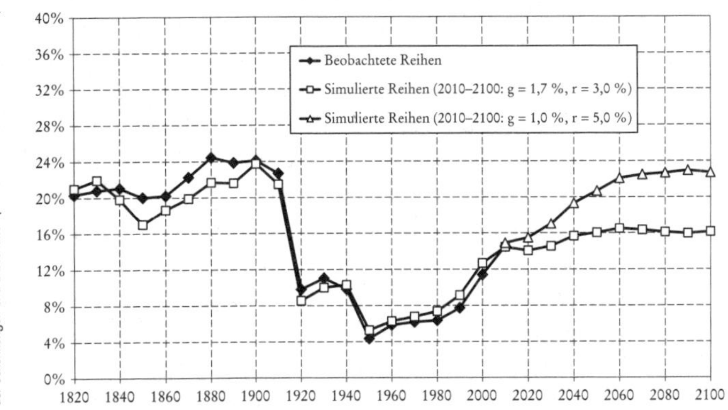

Grafik 11.6.: Die Simulationen auf der Grundlage des theoretischen Modells zeigen, dass das Erbvolumen im 21. Jahrhundert von der Wachstumsrate und der reinen Kapitalrendite abhängt. Quellen und Reihen: siehe piketty.pse.ens.fr/capital21c.

Im mittleren Szenario weisen die Simulationen, die auf dem theoretischen Modell beruhen (das wir mit Erfolg verwendet haben, um den Entwicklungen von 1820 bis 2010 Rechnung zu tragen) darauf hin, dass das Erbvolumen seinen Aufwärtstrend bis zu den 2030er Jahren fortsetzen wird, um sich dann bei etwa 16–17 % des Nationaleinkommens zu stabilisieren. Nach dem alternativen Szenario würde das Erbvolumen bis zu den 2060er Jahren noch stärker zunehmen, um sich dann bei 24–25 % des Nationaleinkommens zu stabilisieren, was in etwa dem von 1870 bis 1910 verzeichneten Niveau entspricht. Im einen Fall käme es nur zu einer teilweisen, im anderen Fall zu einer vollständigen Rückkehr der Erbschaft (zumindest hinsichtlich des Umfangs der Erbschaften und Schenkungen). Aber im einen wie im anderen Fall wäre das Erbschafts- und Schenkungsvolumen im 21. Jahrhundert sehr hoch – und insbesondere sehr viel höher als während seines ausgesprochenen Tiefstands in der Mitte des 20. Jahrhunderts.

Natürlich muss ausdrücklich betont werden, wie unzuverlässig solche Vorhersagen sind, die denn auch vor allem der Veranschaulichung dienen. Wie sich das Erbvolumen in diesem Jahrhundert entwickeln wird, hängt von zahlreichen ökonomischen, demographischen und politischen Parametern ab – und die Geschichte des 20. Jahrhunderts hat gezeigt, wie weitreichend und unvorhersehbar die Umschwünge sind, denen solche Parameter unterliegen. Man könnte sich unschwer andere Szenarien denken, die andere Entwicklungen mit sich brächten, etwa für den Fall einer spektakulären Beschleunigung des Bevölkerungs- oder Wirtschaftswachstums (was keine sonderlich plausible Annahme ist) oder auch einer radikalen Wende der Politik im Hinblick auf Privatkapital und Erbschaften (was vielleicht realistischer ist).[1]

Hervorzuheben ist auch, dass die Entwicklung des Vermögensprofils nach Altersklassen in erster Linie vom Sparverhalten abhängt, also von den Gründen, aus denen der eine oder andere Vermögen akkumuliert. Wie schon mehrfach betont, sind diese Gründe ganz unterschiedlicher Art und spielen oft für ein und dasselbe Individuum eine mehr oder weniger große Rolle. Man kann sparen, um Rücklagen für den Ruhestand zu bilden oder um Arbeitslosigkeit und Lohneinbußen vorzubeugen (lebensphasenbezogenes Sparen oder Vorsorgesparen), um Familienkapital zu erhalten oder zu vermehren (dynastisches Sparen) – oder weil man ganz einfach Gefallen am Reichtum und den Prestigegewinnen findet, die er zuweilen mit sich bringt (reine Akkumulation). Theoretisch kann man sich durchaus eine Welt vorstellen, in der jeder sich entschlösse, sein ganzes Vermögen in eine Altersrente umzuwandeln und derart ohne jede Hinterlassenschaft zu sterben – und sollte ein solches Verhalten sich im 21. Jahrhundert mit einem Mal einbürgern, würden die Erbschaftsströme, wie unschwer zu erkennen ist, auch ohne Ansehung von Wachstumsraten oder Kapitalrenditen zum Erliegen kommen.

In Anbetracht der Daten, die uns heute vorliegen, bleiben gleichwohl die in Grafik 11.6 dargestellten Entwicklungsszenarien die plausibelsten. So haben wir insbesondere unterstellt, dass zwischen 2000 und 2100 derselbe Typ Sparverhalten vorherrschen wird, der in der Vergangenheit zu beobachten war. Ungeachtet der großen Unterschiede des individuellen Verhaltens[2] kann man festhalten, dass die

1 Andere Entwicklungsvarianten und -szenarien finden sich im Technischen Anhang.

2 Manche lieben den Reichtum, andere ziehen Autos oder die Oper vor.

Sparquoten zwar im Durchschnitt umso höher sind, je höher das Ausgangsvermögen ist,[1] die altersabhängigen Schwankungen aber sehr viel geringer ausfallen. Im Durchschnitt ist die Sparquote in allen Altersklassen vergleichbar. Namentlich die von der Lebenszyklustheorie prognostizierte Konsumtion des Ersparten bei den Älteren ist nicht zu erkennen, wie sehr die Lebenserwartung auch immer steigen mag. Eine Erklärung dafür ist zweifellos der Wunsch, den Angehörigen etwas zu hinterlassen (auch in alternden Gesellschaften will niemand wirklich bar jedes Vermögens sterben), aber auch eine Logik der reinen Akkumulation und schließlich das Gefühl der Sicherheit – also nicht bloß des Prestiges und der Macht –, das der Wohlstand mit sich bringt.[2] Die sehr starke Vermögenskonzentration (der Anteil des obersten Dezils liegt stets bei mindestens 50–60 % des Gesamtvermögens – und das durch alle Altersklassen hindurch) ist das fehlende Glied, das alle diese Tatsachen erklärt und von der Theorie Modiglianis völlig außer Acht gelassen wird. Die seit den 1950er Jahren zu beobachtende Rückkehr zu einer Vermögensungleichheit dynastischen Typs erklärt auch die Abwesenheit der konsumtiven Auflösung von Ersparnissen im hohen Alter (der überwiegende Teil des Vermögens ist in den Händen von Leuten, die über die nötigen Mittel verfügen, ihren Lebensstandard ohne Veräußerung ihrer Aktiva zu finanzieren), und mit ihr die Tatsache, dass das Erbvolumen sich auf einem hohen Niveau hält und das neue Gleichgewicht fortbesteht – mit einer gewiss vorhandenen, aber sehr schwachen sozialen Mobilität.

Entscheidend ist, dass dieser kumulative Prozess, nimmt man eine bestimmte Struktur des Sparverhaltens als gegeben an, umso schneller verläuft und zu umso größerer Ungleichheit führt, je höher die Kapitalrendite und je schwächer die Wachstumsrate ausfällt. Das sehr starke Wachstum der *Trente Glorieuses* (oder des deutschen «Wirtschaftswunders») erklärt den relativ langsamen Anstieg des Verhältnisses μ (des durchschnittlichen Reichtums bei Ableben zu dem der Lebenden) und mit ihm des Erbvolumens in den Jahren 1950 bis 1970. Umgekehrt erklärt das langsamere Wachstum das schnellere Altern der Vermögen und das Wiederaufleben der Erbschaft seit den 1980er Jahren. Wenn

1 Man kann mehr sparen, wenn man über einen höheren Lohn verfügt oder wenn man keine Miete zahlen muss – und noch mehr, wenn beide Bedingungen erfüllt sind.

2 Bei gleichem Einkommen sparen zum Beispiel Personen ohne Kinder nicht weniger als andere.

das Wachstum stark ist, also zum Beispiel die Löhne jährlich um 5 % steigen, dann haben es verständlicherweise die jüngeren Generationen leichter, Vermögen zu akkumulieren und mit den Älteren gleichzuziehen. Sinkt dagegen das Lohnwachstum auf 1–2 % jährlich,[1] geraten die Jungen, wie aktiv sie auch sein mögen, zwangsläufig ins Hintertreffen gegenüber den Alten, deren Vermögen im Rhythmus der Kapitalrendite wächst. Dieser einfache, aber wirkungsmächtige Prozess bietet eine höchst plausible Erklärung für die Entwicklung des Verhältnisses μ und des jährlichen Erbvolumens und macht auch verständlich, weshalb die beobachteten und simulierten Datenreihen innerhalb des gesamten Zeitraums von 1820 bis 2010 so auffallend eng beieinander liegen.[2]

Man kann also davon ausgehen, dass diese Simulationen einen nützlichen Leitfaden für die Zukunft abgeben – wie groß die Unwägbarkeiten auch sein mögen. Theoretisch kann man den Nachweis führen, dass für eine große Gruppe von Sparern, und unter Voraussetzung eines Wachstums, das verglichen mit der Kapitalrendite schwach ausfällt, der Anstieg des Verhältnisses μ den tendenziellen Rückgang der Sterblichkeitsrate m fast exakt kompensiert. Das Produkt $\mu \times m$ hängt damit praktisch nicht mehr von der Lebenserwartung, sondern fast vollständig von der Generationsdauer ab. Und das zentrale Ergebnis ist, dass ein Wachstum von etwa 1 % unter diesem Gesichtspunkt keinen großen Unterschied gegenüber einem strikten Nullwachstum macht. Der Eindruck, das Altern führe zu einem Ende der Erbschaft, erweist sich in beiden Fällen als falsch. In einer alternden Gesellschaft erbt man später – aber wer überhaupt etwas erbt, der erbt größere Beträge. Die Bedeutung der Erbschaft insgesamt bleibt daher unverändert.[3]

---

1 Und noch tiefer, berücksichtigt man den wachsenden Anteil des Nationaleinkommens, der zur Finanzierung von Renten und Gesundheitsversorgung aufgewendet wird.

2 Für eine genauere technische Beschreibung dieser Simulationen, die vor allem die Entwicklung des Vermögensprofils nach Altersklassen wiedergeben wollen (und die makroökonomischen und demographischen Entwicklungen als gegeben annehmen), siehe Technischer Anhang.

3 Genauer: Man kann zeigen, das das Verhältnis $\mu \times m$ sich $1/H$ annähert, wenn das Wachstum sinkt, wie groß die Lebenserwartung auch immer sein mag. Bei einem Kapital-Einkommens-Verhältnis β von etwa 600–700 % sieht man, weshalb der Erbfluss b_y dazu tendiert, zu den Werten $b_y = \beta/H$ von etwa 20–25 % zurückzukehren. Die Intuition, die im Begriff der «Erbanfallsrate» liegt, wie er von den Ökonomen des 19. Jahrhunderts entfaltet wird, trifft daher annähernd zu in einer Gesellschaft mit schwachem Wachstum. Siehe Technischer Anhang.

Vom jährlichen Erbvolumen zum ererbten Vermögensstock

Wie kommt man vom jährlichen Erbvolumen zum ererbten Vermögensstock? Die detaillierten Daten, die uns über Erbschaftsströme wie das Alter der Erblasser und Erben, Schenker und Beschenkten vorliegen, erlauben über die gesamte Zeit von 1820 bis 2010 für jedes einzelne Jahr eine Schätzung des Gesamtvermögens, das von den in diesem Jahr lebenden Personen geerbt wurde (es handelt sich prinzipiell darum, die Erbschaften und Schenkungen aus den dreißig letzten Jahren zu addieren – im Fall besonders früh angetretener Erbschaften oder besonders langen Lebens auch mehr und im entgegengesetzten Fall weniger), und so den Anteil der Erbschaft am gesamten Privatvermögen zu bestimmen. Die Hauptresultate sind in Grafik 11.7 angegeben, in der wir ebenfalls die Ergebnisse der Simulationen für die Jahre 2010 bis 2100 darstellen, zu denen wir ausgehend von den beiden oben analysierten Szenarien gekommen sind.

Mit welchen Größenordnungen haben wir es zu tun?

Im 19. Jahrhundert und bis zum Beginn des 20. Jahrhunderts entspricht das Erbvolumen jedes Jahr 20–25 % des Nationaleinkommens.

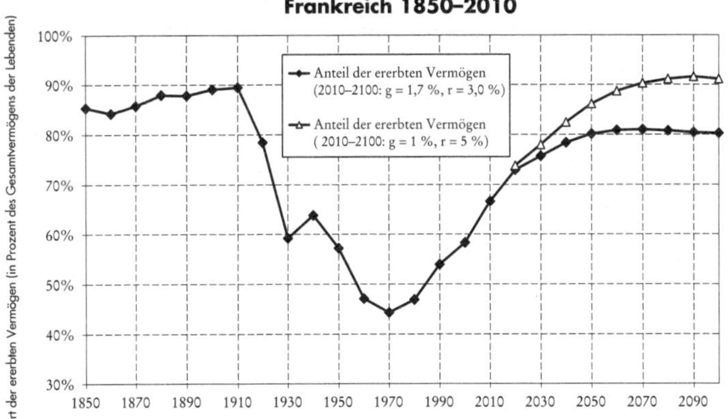

Grafik 11.7.: Im 19. Jahrhundert machten die ererbten Vermögen in Frankreich 80–90 % des Gesamtvermögens in Frankreich aus; im 20. Jahrhundert ist dieser Anteil auf 40–50 % gesunken; im 21. Jahrhundert könnte er wieder auf 80–90 % steigen.
Quellen und Reihen: siehe piketty.pse.ens.fr/capital21c.

Die ererbten Vermögen stellen fast die Gesamtheit privaten Vermögens dar: zwischen 80 % und 90 %, mit einer leichten Tendenz nach oben. Natürlich darf man nicht vergessen, dass es auch in solchen Gesellschaften, und zwar auf allen Vermögensniveaus, einen nicht unerheblichen Teil von Vermögenden gibt, die mit nichts angefangen und es dennoch zu Reichtum gebracht haben. Es handelt sich nicht um Gesellschaften ohne jede soziale Mobilität. Nur handelt es sich eben in der überwältigenden Mehrheit der Fälle um ererbte Vermögen. Im Übrigen sollte uns das nicht überraschen: Häuft man über dreißig Jahre ein Erbvolumen an, das sich jährlich auf 20 % des Nationaleinkommens beläuft, so erhält man zwangsläufig eine enorme Erb- und Schenkungsmasse, die das Sechsfache des jährlichen Nationaleinkommens und damit quasi das gesamte Vermögen ausmacht.[1]

Dieses Gleichgewicht hat sich im 20. Jahrhundert mit dem Rückgang des Erbvolumens gründlich verschoben. Der Tiefpunkt ist in den 1970er Jahren erreicht. Nach mehreren Jahrzehnten der Akkumulation neuer Vermögen und bescheidener Erbschaften macht das ererbte Kapital gerade noch etwas mehr als 40 % des privaten Kapitals aus. Zum zweifellos ersten Mal in der Geschichte – neue Länder ausgenommen – machen die zu Lebzeiten ihrer Besitzer akkumulierten Vermögen den Großteil der Vermögen, nämlich fast 60 % aus. Zweierlei muss man sich klarmachen. Zum einen hat sich die Natur des Kapitals in der Nachkriegszeit tatsächlich verändert. Zum anderen sind wir aus dieser außergewöhnlichen Phase gerade erst herausgetreten. Gleichwohl liegt sie eindeutig hinter uns. Der Anteil der ererbten Vermögen am Gesamtvermögen hat seit 1970 zu wachsen nicht aufgehört, er ist in den 1980er Jahren wieder zum Hauptteil geworden, und 2010 macht nach den neuesten verfügbaren Daten das ererbte Kapital in Frankreich ungefähr zwei Drittel des Privatkapitals aus – gegenüber kaum einem Drittel Kapital aus Ersparnissen. Setzen die gegenwärtigen Trends sich fort, wird in Anbetracht des sehr hohen derzeitigen

1 Tatsächlich sind die Dinge etwas komplizierter, da wir in Rechnung stellen, dass bestimmte Erben einen Teil ihrer Erbschaft konsumieren; umgekehrt beziehen wir in die ererbten Vermögen die kumulierten Einkommen aus diesen Vermögen ein (zumindest in den Grenzen des Vermögens, über das die Erben verfügen: Würde man alle Erbschaften ganz kapitalisieren, unter Einschluss der von den Erben konsumierten Erträge, zum Beispiel in Form von gesparten Mieten, so käme man auf deutlich mehr als 100 % des Gesamtvermögens.) Siehe den Technischen Anhang für Schätzungen unter Verwendung dieser verschiedenen Definitionen.

Erbvolumens der Anteil ererbten Vermögens in den nächsten Jahrzehnten weiter wachsen, um bis 2020 die 70 % zu überschreiten und sich in den 2030er Jahren den 80 % zu nähern. Und sollte sich das Szenario bewahrheiten, nach dem das Wachstum auf 1 % sinkt und die Nettokapitalrendite auf 5 % steigt, könnte der Anteil ererbter Vermögen seinen Anstieg fortsetzen und um 2050 bis 2060 die 90 %, also annähernd das gleiche Niveau wie in der Belle Époque, erreichen.

Die U-Kurve, die das Erbvolumen im Verhältnis zum Nationaleinkommen im Laufe des 20. Jahrhunderts beschreibt, geht also mit der ebenso spektakulären U-Kurve des akkumulierten Vermögensstocks im Verhältnis zum Nationalvermögen einher. Um sich klarzumachen, welche Beziehung zwischen diesen beiden Kurven besteht, ist es hilfreich, das Niveau des Erbvolumens mit dem der Sparquote zu vergleichen, von der wir im zweiten Teil gesehen haben, dass sie im Allgemeinen bei etwa 10 % des Nationaleinkommens liegt. Macht nun das Erbvolumen 20–25 % des Nationaleinkommens aus, wie das im 19. Jahrhundert der Fall war, so sind die Summen, die jährlich in der Form von Erbschaften und Schenkungen übertragen werden, mehr als zweimal größer als das Volumen neuer Ersparnisse. Bedenkt man außerdem, dass ein Teil dieser neuen Ersparnisse aus Einkünften aus ererbtem Kapital stammt (die im 19. Jahrhundert sogar einen Großteil der Ersparnisse ausmachen), dann ist nicht zu übersehen, dass mit derartigen jährlichen Kapitalströmen das ererbte Vermögen das ersparte Vermögen bei weitem überwiegt. Umgekehrt verwundert es nicht, dass das ersparte Kapital das ererbte Kapital überwiegt, wenn das Erbvolumen gerade noch 5 % des Nationaleinkommens und zweimal weniger als die neuen Ersparnisse ausmacht, wie dies von 1950 bis 1960 der Fall war (immer unter der – realistischen – Voraussetzung einer Sparquote von etwa 10 %). Entscheidend ist aber, dass das jährliche Erbvolumen in den 1980er Jahren die Sparquote wieder überholt hat und von 2000 bis 2010 deutlich über ihr liegt. Zu Beginn der 2010er Jahre entsprechen die Erbschaften und Schenkungen fast 15 % des Nationaleinkommens.

Um diese Beträge besser einschätzen zu können, mag man sich vor Augen führen, dass in einem Land wie Frankreich zu Beginn des 21. Jahrhunderts das verfügbare (monetäre) Einkommen der Haushalte ungefähr 70–75 % des Nationaleinkommens ausmacht (unter Berücksichtigung der Bedeutung von Sachleistungen: Gesundheit,

Das jährliche Erbvolumen in Prozent des verfügbaren Einkommens, Frankreich 1820–2010

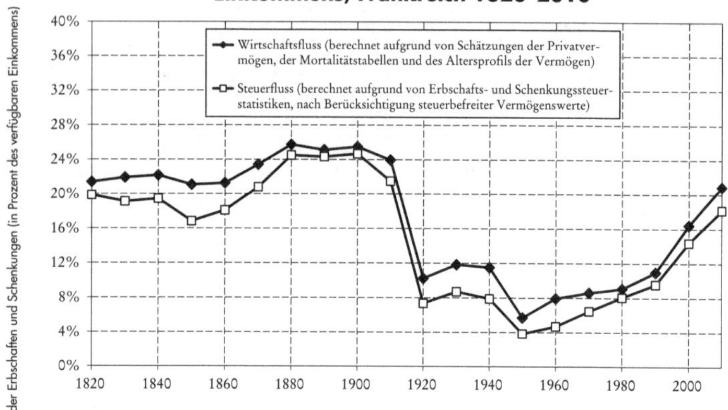

Grafik 11.8.: In Prozent des verfügbaren Einkommens ausgedrückt (und nicht des Nationalvermögens) ist das Erbvolumen 2010 auf ein Niveau von etwa 20 % gestiegen, nicht weit entfernt von seinem Niveau im 19. Jahrhundert.
Quellen und Reihen: siehe piketty.pse.ens.fr/capital21c.

Erziehung, Sicherheit, verschiedene öffentliche Dienste, etc., die im verfügbaren Einkommen nicht enthalten sind). Drückt man das Erbschaftsvolumen nicht, wie wir es bislang getan haben, im Verhältnis zum Nationaleinkommen, sondern im Verhältnis zum verfügbaren Einkommen aus, wird man feststellen, dass die jedes Jahr von den französischen Haushalten erhaltenen Erbschaften und Schenkungen zu Beginn der 2010er Jahre 20 % ihres verfügbaren Einkommens entsprechen – und in dieser Hinsicht ihr Niveau von 1820 bis 1920 schon wieder erreicht haben (siehe Grafik 11.8). Wie wir in Kapitel 5 ausgeführt haben, ist es zweifellos angemessener, das Nationaleinkommen (und nicht das verfügbare Einkommen) als Referenzgröße zu verwenden, um räumliche und zeitliche Vergleiche anzustellen. Gleichwohl entbehrt der Vergleich mit dem verfügbaren Einkommen keinesfalls der Realität, ja mag dazu dienen, sich konkret vor Augen zu führen, dass Erbschaften heute schon einem Fünftel der anderen Geldmittel entsprechen, worüber die Haushalte verfügen (zum Beispiel, um zu sparen), und relativ bald ein Viertel, ja mehr ausmachen werden.

Zurück zu Vautrin

Um sich eine noch konkretere Vorstellung davon zu machen, was genau eine Erbschaft für den Einzelnen bedeuten mag und eine möglichst präzise Antwort auf die existenzielle Frage zu geben, die Vautrins Rede aufwirft (welchen Lebensstandard kann man durch Erbschaft, welchen durch Arbeit erreichen?), vergleicht man am besten die Herkunft der Mittel, die den verschiedenen Generationen, die in Frankreich seit Beginn des 18. Jahrhunderts aufeinander gefolgt sind, zeit ihres Lebens zur Verfügung standen. Da Erbschaften keine Einnahmequelle sind, die sich Jahr für Jahr auftut, müssen wir jeweils ganze Generationen und Lebensläufe betrachten.[1]

Untersuchen wir zunächst die Entwicklung des durchschnittlichen Anteils der Erbschaft an den Gesamtmitteln, die den von 1790 bis 2030 in Frankreich geborenen Generationen jeweils zur Verfügung standen (siehe Grafik 11.9). Wir gehen vor wie folgt: Ausgehend von unseren statistischen Reihen zum jährlichen Erbvolumen und den detaillierten Daten, die uns über das jeweilige Alter der Erblasser und Erben, Schenker und Beschenkten für den ganzen Untersuchungszeitraum vorliegen, haben wir in Abhängigkeit vom Alter den Anteil der Erbschaften an den im Laufe eines Lebens erhaltenen Gesamtmitteln errechnet. Alle Mittel, das heißt einerseits Erbschaften (Hinterlassenschaften und Schenkungen), andererseits Arbeitseinkommen abzüglich Steuern,[2] wurden unter Berücksichtigung der Nettokapitalrendite in den betreffenden Jahren auf die gesamte Lebenszeit umgerechnet. Obwohl dies die angemessenste Methode ist, sollte man festhalten, dass sie zweifellos dazu führt, den Anteil der Erbschaften in dem Maße etwas zu gering zu veranschlagen, in dem die Erben (wie

---

1 Wenn das Erbvolumen 20 % des verfügbaren Einkommens entspricht, dann heißt das insbesondere nicht, jeder erhalte jährlich das Äquivalent von 20 % zusätzlichem Einkommen im Zuge eines stetigen Stroms von Erbschaften und Schenkungen. Es heißt vielmehr, dass jeder einige Male in seinem Leben – gemeinhin beim Tod seiner beiden Eltern und manchmal auch in Gestalt mehrerer Schenkungen – sehr viel erheblichere Summen, zum Beispiel in der Höhe mehrerer Jahreseinkommen erhält, und dass diese Erbschaften und Schenkungen insgesamt sich jedes Jahr auf das Äquivalent von 20 % des verfügbaren Einkommens sämtlicher Haushalte belaufen.

2 Lohnersatzleistungen (Arbeitslosengeld und Altersrente) haben wir wie im zweiten Teil in die Arbeitseinkommen einbezogen.

Der Anteil der Erbschaft an den Gesamtmitteln (Erbschaft und Arbeit) der zwischen 1790 und 2030 geborenen Generationen

Grafik 11.9.: Die Erbschaft machte 25 % der Mittel für die Generationen des 19. Jahrhunderts aus, und kaum 10 % für die von 1910–1920 geborenen Generationen (die um 1950–1960 hätten erben sollen).
Quellen und Reihen: siehe piketty.pse.ens.fr/capital21c.

die größeren Vermögen überhaupt) häufig höhere Renditen erzielt haben, als Ersparnisse aus Arbeitseinkommen sie abwerfen.[1]

Zu welchen Ergebnissen sind wir gekommen? Betrachtet man die Gesamtheit der in den 1790er Jahren in Frankreich geborenen Personen, so machen die Erbschaften ungefähr 24 % und die Arbeitseinkommen folglich 76 % der im Laufe ihres Lebens erhaltenen Gesamtmittel aus. Bei den in den 1810er Jahren geborenen beläuft sich der Anteil der Erbschaft auf 25 %, der ihrer Arbeitseinkommen auf 75 %. Dasselbe gilt, in erster Näherung, für alle Generationen des 19. Jahrhunderts, zumindest für diejenigen, die ihr Erbe vor dem Ersten Weltkrieg angetreten haben. Wie man bemerkt haben wird, liegt der Anteil der Erbschaft an den Gesamtmitteln etwas über dem Wert, der sich ergibt, drückt man den Umfang des Erbvolumens im Verhältnis zum Nationaleinkommen aus (ungefähr 20–25 % im gleichen Zeitraum). Das liegt daran, dass die Kapitaleinkommen – im Allgemeinen ungefähr ein Drittel des Nationaleinkommens – de facto teilweise auf

1 Alle Mittel sind im Alter von 50 Jahren kapitalisiert worden, aber sobald man dieselbe Rendite zugrunde legt, um die verschiedenen Mittel zu kapitalisieren, spielt die Wahl des Referenzalters keinerlei Rolle mehr für die Berechnung des jeweiligen Anteils von Arbeit und Erbschaft an der Gesamtsumme.

die Erbschaft, teilweise auf die Arbeitseinkommen hinzugerechnet werden müssen.[1]

Für die nach den 1870er Jahren geborenen Generationen nimmt der Anteil der Erbschaften an den Gesamtmitteln zusehends ab, da ein wachsender Teil dieser Personen nach dem Ersten Weltkrieg ihr Erbe hätten antreten sollen, das dann aufgrund der Schocks, von denen die Vermögen ihrer Eltern getroffen wurden, dürftiger als erwartet ausfiel. Der Tiefpunkt betrifft indessen erst die von 1910 bis 1920 geborenen Jahrgänge. Deren Vertreter hätten unmittelbar nach dem Zweiten Weltkrieg und in den 1950er Jahren erben sollen, also zu einem Zeitpunkt, zu dem das Erbvolumen am geringsten ist, so dass die Erbschaft kaum 8–10 % ihrer Gesamtmittel ausmacht. Der Wiederanstieg beginnt mit den zwischen 1930 und 1950 geborenen Generationen, die zwischen 1970 und 1990 ein Erbe angetreten haben, das 12–14 % ihrer Gesamtmittel ausmacht. Aber erst für die Generation der 1970 bis 1980 Geborenen, die ab den 2000er Jahren in den Genuss von Schenkungen und Hinterlassenschaften kommen, hat die Erbschaft wieder ein seit dem 19. Jahrhundert nicht mehr gekanntes Gewicht von etwa 22–24 % ihrer Gesamtmittel. Das zeigt auch, dass die historisch einmalige Erfahrung eines «Endes der Erbschaft» tatsächlich gerade erst hinter uns liegt. Und es zeigt die ganz unterschiedlichen Erfahrungen, die im 20. Jahrhundert die einzelnen Generationen mit dem Kapital einerseits, und dem Sparen andererseits gemacht haben. Die Kohorten der Baby-Boomer waren ganz auf sich gestellt, fast so wie jene der Zwischenkriegszeit oder des Jahrhundertanfangs, die noch die Verheerungen des Krieges erlebt hatten. Dagegen hat die Erbschaft über die Kohorten, die im letzten Drittel des Jahrhunderts geboren wurden, fast schon wieder dieselbe Macht wie über die des 19. und 21. Jahrhunderts.

1 Zu einer genauen Analyse der Verbindungen zwischen diesen Quotienten siehe den Technischen Anhang. Die Tatsache, dass das Erbvolumen (bis zu 20–25 % des Nationaleinkommens) und die Kapitaleinkommen (typischerweise 25–35 % des Nationaleinkommens) zuweilen benachbarte Werte annehmen können, muss in erster Linie als eine Koinzidenz betrachtet werden, die sich aus spezifischen demographischen und technologischen Parametern ergibt (das Gleichgewichts-Erbvolumen $b_y = \beta/H$ ergibt sich aus dem Kapital-Einkommens-Verhältnis und der Generationsdauer, während der Gleichgewichts-Kapitalanteil α sich insbesondere aus der Form der Produktionsfunktion ergibt).

Rastignacs Dilemma

Wir haben uns bislang nur Durchschnittswerte angesehen. Eine prinzipielle Auszeichnung der Erbschaft besteht jedoch darin, sehr ungleich verteilt zu sein. Indem wir nun die Ungleichheit der Erbschaften auf der einen, die Ungleichheit der Arbeitseinkommen auf der anderen Seite in die vorgenommenen Schätzungen einbeziehen, werden wir auch prüfen können, ob und wie sehr Vautrins finstere Lehre sich zu verschiedenen Zeiten bewahrheitet hat. Wie aus Grafik 11.10 zu ersehen, standen die Generationen derer, die am Ende des 18. Jahrhunderts und im Laufe des 19. Jahrhunderts geboren wurden, allen voran Eugène de Rastignac (den Balzac 1798 ins Leben treten lässt), tatsächlich vor dem furchtbaren Dilemma, das der ehemalige Sträfling beschreibt: In den Genuss einer Erbschaft zu kommen, ermöglicht einen Lebensstandard, der durch Studium und Arbeit nicht annähernd zu erreichen ist.

Um die verschiedenen Niveaus der verfügbaren Mittel möglichst konkret und anschaulich interpretieren zu können, haben wir sie als Vielfache des durchschnittlichen Lebensstandards ausgedrückt, den zu den fraglichen Zeiten die jeweils am schlechtesten bezahlten 50 % der Arbeiter hatten. Dieser Lebensstandard, den man als den der «unteren Schichten» bezeichnen kann, entspricht im Allgemeinen der Hälfte des Durchschnittseinkommens und bietet eine nützliche Referenzgröße, um die in einer Gesellschaft herrschende Ungleichheit beurteilen zu können.[1]

Die Hauptergebnisse sind die folgenden. Im 19. Jahrhundert entsprechen die Mittel, die den reichsten 1 % der Erben (die 1 % mit den größten Erbschaften ihrer Generation) im Laufe ihres Lebens zur

1 Als allgemeine Regel kann man festhalten, dass die niedrigsten 50 % der Arbeitseinkommen insgesamt etwa 30 % der gesamten Arbeitseinkommen (vgl. Kapitel 7, Tabelle 7.1) und damit individuell ungefähr 60 % des Durchschnittslohns erhalten (also 40–50 % des Nationaleinkommens in Anbetracht dessen, dass die Arbeitseinkommen im allgemeinen etwa 65–75 % des Nationaleinkommens ausmachen). So erhalten zum Beispiel in Frankreich zu Beginn der 2010er Jahre die am schlechtesten bezahlten 50 % Entlohnungen, die sich zwischen dem Mindestlohn und dem Anderthalbfachen des Mindestlohns bewegen und verdienen durchschnittlich um die 15 000 Euro pro Jahr (1250 Euro pro Monat) gegenüber 30 000 Euro (2500 Euro pro Monat) für das durchschnittliche nationale Pro-Kopf-Einkommen.

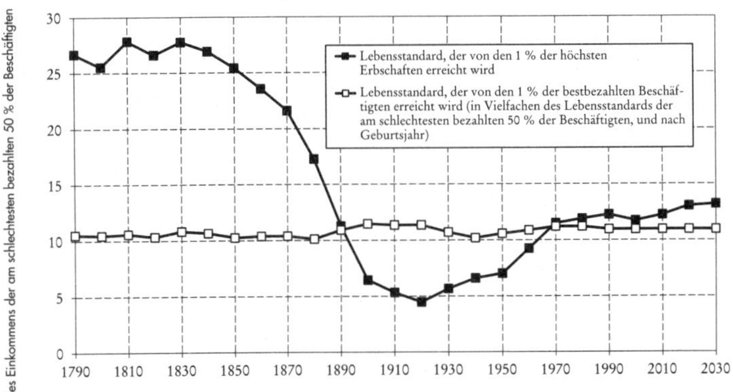

Grafik 11.10.: Im 19. Jahrhundert ermöglichen die 1% der höchsten Erbschaften einen Lebensstandard, der weit über dem der bestbezahlten 1% der Beschäftigungen liegt.
Quellen und Reihen: siehe piketty.pse.ens.fr/capital21c.

Verfügung stehen, in etwa dem Fünfzehn- bis Dreißigfachen jenes unteren Lebensstandards. Anders gesagt: Wer in den Genuss einer solchen Erbschaft kommt, im allgemeinen durch seine Eltern oder Schwiegereltern, könnte sich zeit seines Lebens fünfundzwanzig bis dreißig Diener leisten, deren Lohn jenem unteren Lebensstandard entspräche. Zur gleichen Zeit belaufen sich die Mittel der bestbezahlten 1 % der Beschäftigten (zum Beispiel der Richter, Generalstaatsanwälte und Advokaten, von denen Vautrin spricht) auf etwa das Zehnfache dieses unteren Lebensstandards. Das ist nicht unerheblich, aber es ist doch sehr viel schlechter, zumal in solche Berufe vorzudringen, wie der ehemalige Sträfling zu Recht bemerkt, so einfach nicht ist. Es genügt nicht, glänzende Examina abzulegen, sondern man muss sich auch häufig, ohne Erfolgsgarantie, in jahrelangen Ränkespielen üben. Wenn sich unter solchen Bedingungen die günstige Gelegenheit bietet, eine Erbschaft aus dem obersten Perzentil zu ergattern, sollte man die Gelegenheit besser nicht verstreichen – oder sich die Sache zumindest durch den Kopf gehen lassen.

Stellt man nun die gleichen Berechnungen für die Generation derer an, die in den 1910er Jahren des 20. Jahrhunderts geboren werden, so ist leicht zu sehen, dass sie vor ganz anderen Lebensentscheidungen standen. Die bedeutendsten 1 % der Erbschaften stellen nun Mittel in Aussicht, die kaum noch um das Fünffache über dem unteren Lebensstandard liegen – während den bestbezahlten 1 % der Beschäftigten nach wie vor das Zehn- bis Zwölffache dieses Standards zu Gebote steht (eine zwangsläufige Folge der Tatsache, dass der Anteil des obersten Perzentils der Lohnhierarchie an der Gesamtlohnsumme sich langfristig relativ stabil bei 6–7 % behauptet hat).[1] Zum zweifellos ersten Mal in der Geschichte hat man einen doppelt so hohen Lebensstandard, wenn man Zugang zum obersten Perzentil der reichsten Beschäftigten statt zu dem der reichsten Erben gewinnt: Studium, Arbeit und Verdienst zahlen sich nun mehr aus, als Erbschaften es noch tun.

Es ist unschwer zu erkennen, dass die Entscheidung für die Generation der Baby-Boomer ebenso auf der Hand liegt. Die Rastignacs, die zwischen 1940 und 1950 geboren werden, haben allen Grund, eine Beschäftigung im obersten Perzentil anzustreben (weil sie immer noch das Zehn- bis Zwölffache des unteren Lebensstandards bringt) und nicht auf die Sirenengesänge der Vautrins ihrer Zeit zu hören (das oberste Perzentil der Erbschaften steigt nur auf das Sechs- bis Siebenfache des unteren Lebensstandards). Für all diese Generationen ist der Erfolg durch Arbeit profitabler, also nicht nur aus moralischen Gründen angeraten.

Konkret folgt aus diesen Ergebnissen auch, dass während dieser ganzen Zeit, und das gilt für sämtliche Generationen, die zwischen 1910 und 1960 geboren werden, das oberste Perzentil der Einkommenshierarchie zum größten Teil aus Personen besteht, die prinzipiell von ihrer Arbeit leben. Dabei handelt es sich um ein bemerkenswertes Ereignis, weil es nicht allein eine große historische Premiere darstellt (in Frankreich und aller Wahrscheinlichkeit nach in allen europäischen Ländern), sondern weil das oberste Perzentil in allen Gesellschaften eine außerordentlich wichtige Gruppe ist.[2] Wie wir in Kapitel 7 festgehalten haben, besteht das oberste Perzentil aus einer relativ breiten Gruppe,

1 Ein Anteil von 6–7 % der Lohnsumme für das oberste Perzentil bedeutet per definitionem, um das noch einmal in Erinnerung zu rufen, dass jeder innerhalb dieses obersten Perzentils durchschnittlich das Sechs- bis Siebenfache des Durchschnittseinkommens, das heißt das Zehn- bis Zwölffache des Durchschnittseinkommens der am schlechtesten bezahlten 50 % verdient. Vgl. Kapitel 7 und 8.

2 Man erhält vergleichbare Entwicklungen wie die in Grafik 11.10 dargestellten, betrachtet man statt des obersten Perzentils (das uns freilich die Gruppe zu sein scheint, deren Untersuchung am aufschlussreichsten ist) das oberste Dezil oder das oberste Tausendstel. Vgl. Grafiken S11.9 und 11.10 (online verfügbar).

die eine ökonomisch, politisch und symbolisch strukturbildende Rolle in der Gesellschaft spielt.[1] In allen traditionellen Gesellschaften (erinnern wir uns, dass die Aristokratie um 1789 zwischen 1 % und 2 % der Gesellschaft ausmachte) und bis zur Belle Époque (den von der Französischen Revolution geweckten Hoffnungen zum Trotz) wurde diese Gruppe stets vom ererbten Kapital beherrscht. Die Tatsache, dass dies für die Gesamtheit der in der ersten Hälfte des 20. Jahrhunderts geborenen Generationen nicht zutraf, ist ein kapitales Ereignis, das ein noch nie gekanntes Vertrauen auf die Unumkehrbarkeit sozialen Fortschritts und das Ende der alten Welt genährt hat. Natürlich gab es Ungleichheiten auch in den *Trente Glorieuses*, den dreißig Jahren nach dem Zweiten Weltkrieg, aber sie waren in das mildere Licht der Lohnungleichheiten getaucht. Tatsächlich war die Lohnwelt von erheblichen Diskrepanzen zwischen Arbeitern, Angestellten und Führungskräften durchzogen – und diese Diskrepanzen nahmen im Übrigen in den 1950er Jahren zu. Aber es handelte sich doch um eine Welt, in der jene Gruppen in ein und demselben Arbeitskult geeint und ein und demselben Ideal verpflichtet waren, eine Welt, von der man glaubte, sie habe die willkürlichen, nicht auf Verdienst beruhenden Vermögensungleichheiten der Vergangenheit ein für alle mal überwunden.

Für die Generation derer, die in den 1970er Jahren geboren wurden, und mehr noch für die folgenden Generationen sehen die Dinge anders aus. Die Lebensentscheidungen sind sehr viel schwieriger geworden. Das oberste Perzentil der Erbschaften bringt annähernd so viel ein wie das bestbezahlte Perzentil der Beschäftigungen (ja sogar etwas mehr, nämlich das Zwölf- bis Dreizehnfache des unteren Lebensstandards gegenüber dem Zehn- bis Elffachen aus Arbeit). Dennoch ist festzuhalten, dass die Struktur der Ungleichheit zu Beginn des 21. Jahrhunderts sich zugleich dadurch von der des 19. Jahrhunderts unterscheidet, dass die Konzentration der Erbschaft heute deutlich schwächer ist.[2] Die heutigen Generationen sind mit Ungleichheiten und sozialen Strukturen ganz eigener Art konfrontiert, die in gewis-

1 Per definitionem 500 000 Erwachsene in einem Land mit 50 Millionen erwachsenen Einwohnern wie dem Frankreich der Gegenwart.

2 Das Volumen der Erbschaften ist nicht mehr weit davon entfernt, das Niveau des 19. Jahrhunderts zu erreichen, aber es gibt seltener Erbschaften, die einen Lebensstandard finanzieren, der mehrere Dutzend Mal über dem Lebensstandard der unteren Schichten liegt, ohne dass man noch arbeiten müsste.

ser Weise die Mitte bilden zwischen der zynischen Welt Vautrins (in der die Erbschaft über der Arbeit stand) und der Welt der *Trente Glorieuses*, der drei Nachkriegsjahrzehnte (in der die Arbeit über der Erbschaft stand). Diesen Ergebnissen zufolge dürften sich im Frankreich des beginnenden 21. Jahrhunderts im obersten Perzentil der sozialen Hierarchie die Spitzeneinkommen aus Erbschaft und die aus Arbeit annähernd die Waage halten.

Kleine Arithmetik der Rentiers und leitenden Angestellten

Fassen wir zusammen. Zwei Bedingungen müssen erfüllt sein, damit es eine Patrimonial- und Rentiersgesellschaft geben kann, das heißt eine Gesellschaft, in der wie in den von Balzac oder Jane Austen beschriebenen Universen die Einkommen aus ererbtem Kapital an der Spitze der sozialen Hierarchie die Arbeitseinkommen überwiegen. Zunächst muss das Gesamtgewicht des Kapitals und innerhalb des Kapitals des ererbten Kapitals überwiegen. Typischerweise sollte das Kapital-Einkommens-Verhältnis bei 6 oder 7 liegen. Zudem muss das ererbte Kapital den Hauptteil des Kapitalstocks bilden. Die Gesamtmittel, die den einzelnen Generationen zur Verfügung stehen, können in solchen Gesellschaften zu etwa einem Viertel aus Erbschaften bestehen (ja zu einem Drittel, wenn man die Ungleichheit der Kapitalrendite hoch veranschlagt), wie dies im 18. und 19. Jahrhundert und bis 1914 der Fall war. Diese erste, die Erbmasse betreffende Bedingung steht im 21. Jahrhundert kurz davor, wieder erfüllt zu sein.

Die zweite Bedingung ist eine extrem hohe Konzentration ererbten Vermögens. Wären die Erbschaften ebenso verteilt wie die Arbeitseinkommen (mit identischen Niveaus für das oberste Dezil, das oberste Perzentil etc. der Erbschafts- und Einkommenshierarchie), könnte es die Welt Vautrins nie geben. Da die Summe der Arbeitseinkommen stets ungleich größer ist als die der Einkommen aus Erbschaften (mindestens dreimal so groß),[1] würden unter dieser Voraus-

1 Ungefähr dreimal größer im 18. und 19. wie im 21. Jahrhundert (in denen die Arbeitseinkommen ungefähr drei Viertel der Gesamtmittel ausmachen, die Erbschaften ungefähr ein Viertel) und fast zehnmal größer im 20. Jahrhundert (in dem die Arbeitseinkommen ungefähr neun Zehntel der Gesamtmittel ausmachen, die Erbschaften ungefähr ein Zehntel). Vgl. Grafik 11.9.

setzung die obersten 1 % der Arbeitseinkommen systematisch und automatisch mehr ins Gewicht fallen als die obersten 1 % der Erbschaftseinkommen.[1]

Der Konzentrationseffekt kann die Oberhand über den Größeneffekt nur gewinnen, wenn das oberste Perzentil in der Hierarchie der Erbschaften den überwiegenden Teil des gesamten Erbvermögens besitzt. Genau dies war in den Gesellschaften des 18. und 19. Jahrhunderts der Fall, mit etwa 50–60 % des Gesamtvermögens für das oberste Perzentil (ja 70 % in Großbritannien). Das ist zehnmal mehr als der Anteil des obersten Perzentils der Einkommenshierarchie an der Gesamtlohnsumme (ungefähr 6–7 %, ein Niveau, das sich bereits als langfristig sehr konstant erwiesen hat). Dieses Verhältnis von eins zu zehn zwischen Lohn- und Vermögenskonzentration genügt, um das Größenverhältnis von eins zu drei auszugleichen, und erklärt, weshalb in der Patrimonialgesellschaft des 19. Jahrhunderts eine Erbschaft im obersten Perzentil einen dreimal höheren Lebensstandard als eine Beschäftigung im obersten Perzentil ermöglicht (siehe Grafik 11.10).

Diese kleine Arithmetik der Rentiers und leitenden Angestellten macht auch verständlich, weshalb die obersten Perzentile in der Hierarchie der Erbschaften einerseits, der Arbeitseinkommen andererseits einander zu Beginn des 21. Jahrhunderts in Frankreich fast die Waage halten. Die Konzentration der Vermögen ist dreimal so groß wie die der Arbeitseinkommen (kaum mehr als 20 % des Gesamtvermögens für das oberste Perzentil der Vermögenshierarchie, gegenüber 6–7 % der Gesamtlohnsumme für das oberste Perzentil der Spitzenverdiener) und gleicht daher den Größeneffekt annähernd aus. So erklärt sich auch, weshalb die Erben während der *Trente Glorieuses* der Nachkriegszeit so deutlich von den Führungskräften überholt wurden (der Konzentrationseffekt von eins zu drei war zu schwach, um den enormen Größeneffekt von eins zu zehn auszugleichen). Sieht man aber von solchen Situationen ab, die aus extremen Erschütterungen oder aber spezifischen politischen, vor allem fiskalpolitischen Eingriffen entstehen, so scheint die «natürliche» Struktur der Ungleichheiten vielmehr zu einer Vorherrschaft der Rentiers über die leitenden Angestellten zu führen. Und insbesondere dann, wenn das

1 Ungefähr dreimal größer im 18. und 19. wie im 21. Jahrhundert, und fast zehnmal größer im 20. Jahrhundert. Das Gleiche gälte für die obersten 10 %, die obersten 0,1 % etc.

Wachstum schwach ist und die Kapitalrendite deutlich über der Wachstumsrate liegt, ist es fast unvermeidlich – zumindest dann, wenn man von den plausibelsten dynamischen Modellen ausgeht –, dass die Vermögenskonzentration so zunimmt, dass die höchsten Einkommen aus ererbtem Kapital weit über den höchsten Arbeitseinkommen liegen.[1]

Klassische Patrimonialgesellschaft: Die Welt von Balzac und Jane Austen

Natürlich haben die Romanciers des 19. Jahrhunderts sich nicht derselben Kategorien wie wir bedient, um die Gesellschaftsstruktur ihrer Zeit darzustellen. Aber sie haben dieselben Grundstrukturen beschrieben – die einer Welt, in der man es allein mit einem großen Erbvermögen zu wirklichem Wohlstand bringen kann. Es ist bemerkenswert, wie exakt allen Unterschieden der Währungen, der literarischen Stile und Handlungen zum Trotz die Strukturen der Ungleichheit, die Größenordnungen und die von Balzac wie Austen minutiös ausgewiesenen Beträge diesseits und jenseits des Kanals einander entsprechen. Wie wir in Kapitel 2 festgehalten haben, sind die monetären Angaben in der von Balzac und Austen geschilderten Welt ohne Inflation extrem stabil, was es den Romanciers erlaubt, präzise darüber Auskunft zu geben, ab welchem Vermögens- und Einkommensstand man sich ein Minimum an Eleganz zu leisten und der Mittelmäßigkeit zu entrinnen vermag. In beiden Fällen liegt diese zugleich materielle und psychologische Schwelle beim Zwanzig- bis Dreißigfachen des damaligen Durchschnittseinkommens. Unterhalb dieser Schwelle gelingt es den Helden Balzacs und Austens kaum, unbeschwert und in Würde zu leben. Diese Schwelle lässt sich mühelos überwinden, wenn man zu den vermögendsten 1 % (besser noch 0,5 % oder 0,1 %) der französischen und englischen Gesellschaften des 19. Jahrhunderts gehört. Die jenseits dieser Schwelle leben, sind eine genau identifizierbare Gruppe, gewiss eine Minderheit, aber doch zahlenmäßig bedeutsam genug, um eine Gesellschaft

1 Siehe den Technischen Anhang zur Analyse der mathematischen Bedingungen der verschiedenen Verteilungen, die zu einem Vorsprung der Rentiers gegenüber den leitenden Angestellten führen würden (und umgekehrt).

zu prägen – und ein ganzes Romanuniversum zu bevölkern.[1] Völlig unüberwindbar aber ist diese Schwelle für jeden, der einfach einem Beruf nachgeht, wie einträglich er auch sein mag. Die bestbezahlten 1 % der Berufe sind weit davon entfernt, eine entsprechende Lebensführung zu ermöglichen (wie übrigens selbst die bestbezahlten 0,1 %).[2]

Der zugleich finanzielle, soziale und psychologische Rahmen wird in diesen Romanen meist schon auf den ersten Seiten abgesteckt und zuweilen in Erinnerung gerufen, um den Leser nicht vergessen zu lassen, was die handelnden Personen voneinander trennt, all die Geldsummen, in deren Zeichen ihre Existenz, ihre Rivalitäten, ihre Strategien, ihre Hoffnungen stehen. In *Père Goriot* spricht sich der Niedergang des alten Mannes unmittelbar darin aus, dass er sich immer mehr einschränken und mit dem schäbigsten Zimmer, dem billigsten Essen Vorlieb nehmen muss, um seine jährlichen Ausgaben auf 500 Francs zu senken (damals ungefähr das durchschnittliche Jahresgehalt – und für Balzac das nackte Elend).[3] Der alte Mann hat alles für

1 Die 1 % der größten Erbschaften ermöglichen einen jährlichen Lebensstandard, der im 19. Jahrhundert um das Fünfundzwanzig- bis Dreißigfache über dem der unteren 50 % liegt, das heißt ungefähr das Zehn- bis Zwölffache des durchschnittlichen Nationaleinkommens ausmacht. Die 0,1 % der höchsten Erbschaften sind fünfmal größer (vgl. das vorherige Kapitel über die Pareto-Koeffizienten), belaufen sich also auf das Sechzig- bis Fünfundsechzigfache des Durchschnittseinkommens. Die Schwelle, die uns bei Balzac und Austen begegnet – das Zwanzig- bis Dreißigfache des Durchschnittseinkommens –, entspricht annähernd dem Durchschnittseinkommen der reichsten 0, 5 % der Erben. Das sind 100 000 von 20 Millionen erwachsenen Einwohnern, die Frankreich von 1820 bis 1830 zählte, oder 50 000 von 10 Millionen Einwohnern im Vereinigten Königreich zwischen 1800 und 1810. Balzac wie Austen hatten also ein großes Reservoir, aus dem sie ihre Helden rekrutieren konnten.

2 Die bestbezahlten 1 % der Beschäftigungen ermöglichen im 19. Jahrhundert einen Lebensstandard, der zehnmal höher liegt als jener der Unterschichten (vgl. Grafik 11.10), also fünfmal höher als das Durchschnittseinkommen. Man kann schätzen, dass nur die bestbezahlten 0,01 % (also höchstens 2000 Personen von 20 Millionen) über ein Durchschnittseinkommen verfügen, das zwanzig- bis dreißigmal höher ist als das Durchschnittseinkommen der Epoche. Vautrin ist also sicher nicht weit von der Wahrheit entfernt, wenn er behauptet, es gebe in ganz Paris keine fünf Advokaten, die mehr als 50 000 Francs pro Jahr verdienen (also zehnmal mehr als das Durchschnittseinkommen). Siehe Technischer Anhang.

3 Wie in Kapitel 2 entsprechen die Durchschnittseinkommen, auf die wir hier verweisen, dem nationalen Durchschnittseinkommen pro erwachsenem Einwohner. Zwischen 1810 und 1820 liegt dieses Durchschnittseinkommen in Frankreich bei 400–500 Francs jährlich und in Paris zweifellos bei etwas mehr als 500 Francs. Der Durchschnittslohn der Dienstboten ist zwei- bis dreimal geringer.

seine Töchter geopfert, die beide 500 000 Francs Mitgift erhalten haben – also eine Jahresrente von 25 000 Francs. Das ist etwa das Fünfzigfache des Durchschnittsgehalts und in allen Romanen Balzacs die Elementareinheit des Wohlstands, Ausdruck wahren Reichtums und eleganten Lebens. Der Kontrast der beiden Extreme der Gesellschaft tritt so von Anfang an in aller Schärfe hervor. Balzac vergisst freilich darüber nicht, dass es zwischen barem Elend und wahrem Wohlstand noch ein Zwischenreich der unterschiedlichsten, mehr oder weniger mediokren Lebenslagen gibt. Das kleine Gut der Rastignacs bei Angoulême wirft gerade 3000 Francs im Jahr ab (also das Sechsfache des Durchschnittseinkommens) – für Balzac das typische Beispiel verarmten Provinzadels. Eugènes Familie kann mit Mühe und Not 1200 Francs erübrigen, um ihn in Paris die Rechte studieren zu lassen.

Das Jahresgehalt von 5000 Francs (also das Sechsfache des Durchschnittseinkommens), zu dem es Rastignac, nach Jahren der Mühe und Ungewissheit, als Staatsanwalt womöglich bringen könnte, ist in Vautrins Rede das Paradebeispiel der Mittelmäßigkeit, das besser beweist, als alle Reden es vermöchten, dass Ausbildung und Studium zu nichts führen. Balzac zeichnet das Bild einer Gesellschaft, in der das Minimalziel darin besteht, das Zwanzig- bis Dreißigfache des Durchschnittseinkommens zu verdienen, wenn nicht das Fünfzigfache, wie die Mitgift von Delphine und Anastasie es abwirft, oder besser noch das Hundertfache, nämlich die 50 000 Francs Jahresrente, die Mademoiselle Victorines Million einbrächte.

Von der Million träumt auch der waghalsige Parfümeur in *César Birotteau*. Und auch er plant, nachdem er die Hälfte für seine Frau und sich zurückbehalten hätte, für die Mitgift seiner Tochter 500 000 Francs aufzuwenden, die ihm unerlässlich scheinen, um sie standesgemäß zu verheiraten und es dem künftigen Schwiegersohn zu ermöglichen, die Kanzlei des Notars Roguin zu kaufen. Seine Frau versucht, ihn auf den Boden der Tatsachen zurückzuholen und gibt zu bedenken, sie könnten sich doch mit 2000 Francs Rente zur Ruhe setzen und ihre Tochter mit 8000 Francs Rente immer noch anständig verheiraten. Aber César will nichts davon wissen. Er will nicht enden wie sein Teilhaber Pillerault, der sich mit 5000 Francs Rente aus dem Berufsleben zurückgezogen hat. Um gut zu leben, braucht es mindestens das Zwanzig- bis Dreißigfache des Durchschnittseinkommens. Das Fünf- bis Zehnfache reicht allenfalls zum Überleben.

Genau dieselben Größenordungen finden wir auch auf der anderen Seite des Kanals wieder. In *Sense and Sensibility* wird das Herzstück der Handlung, in finanzieller und psychologischer Hinsicht, auf den ersten zehn Seiten im Rahmen jenes finsteren Dialogs zwischen John Dashwood und seiner Frau Fanny entfaltet. John hat das weitläufige Anwesen Norland Park geerbt, das ein Jahreseinkommen von 4000 Pfund abwirft, also mehr als das Hundertfache des damaligen Durchschnittseinkommens (das sich in Großbritannien von 1800 bis 1810 auf kaum mehr als 30 Pfund im Jahr beläuft).[1] Norland ist der Inbegriff des Großgrundbesitzes, der Gipfel des Wohlstands in den Romanen Jane Austens. Mit 2000 Pfund im Jahr (also dem Sechzigfachen des Durchschnittseinkommens) halten sich Colonal Brandon und sein Anwesen in Delaford im Rahmen dessen, was man sich von einem Großgrundbesitzer jener Zeit erwartet; und bei anderer Gelegenheit erfahren wir, dass auch mit 1000 Pfund ein Austenscher Held durchaus noch auskommen kann. John Willoughby dagegen bewegt sich mit 600 Pfund (dem Zwanzigfachen des Durchschnittseinkommens) tatsächlich schon so sehr an der Untergrenze des Wohlstands, dass man sich fragt, wie der schöne und impulsive junge Mann mit so wenig auf so großem Fuß leben kann. Im Übrigen erklärt das zweifellos, weshalb er Marianne so schnell für Miss Grey und ihre Mitgift von 50 000 Pfund verlässt (2500 Pfund Jahresrente, das Achtzigfache des Durchschnittseinkommens). Das ist, am Rande bemerkt, nach dem damaligen Wechselkurs fast genau dieselbe Summe wie Mademoiselle Victorines 1 Million Francs. Und wie bei Balzac ist eine Mitgift, die sich auf die Hälfte dieser Summe beläuft, wie die von Delphine und Anastasie, schon durchaus zufriedenstellend. Miss Morton zum Beispiel ist mit ihren 30 000 Pfund Kapital (1500 Pfund Rente, das Fünfzigfache des Durchschnittseinkommens) die ideale Erbin und passt perfekt ins Beuteschema aller potentiellen Schwiegermütter, allen voran Mrs. Ferrars, die sie schon an der Seite ihres Sohnes Edward sieht.[2]

---

1 Zur Erinnerung: Im 19. Jahrhundert und bis 1914 ist ein Pfund Sterling 25 Francs wert. Vgl. Kapitel 2.

2 Hatte nicht ein Vertrauter von George III. keine dreißig Jahre zuvor, in den 1770er Jahren, zu Barry Lyndon gesagt, jeder mit einem Kapital von 30 000 Pfund sollte in den Adelsstand erhoben werden? Ein steiler Aufstieg für jenen Redmond Barry, der sich für 15 Pfund jährlich (1 Schilling täglich, kaum mehr als die Hälfte des durchschnittlichen

Von den ersten Seiten an steht der Wohlstand John Dashwoods in scharfem Kontrast zur relativen Armut seiner Halbschwestern Elinor, Marianne und Margaret, die mitsamt ihrer Mutter mit 500 Pfund Jahresrente auskommen müssen (also 125 Pfund Jahresrente für jede: kaum mehr als das Vierfache des durchschnittlichen Pro-Kopf-Einkommens), was keine große Aussicht auf standesgemäße Heirat bietet. Mrs. Jennings, ganz dem Klatsch in Devonshire verfallen, lässt keine der vielen Gelegenheiten aus, sie darauf hinzuweisen, die sich auf den zahllosen Bällen, Höflichkeitsbesuchen und musikalischen Abenden bieten, von denen ihr Leben erfüllt ist und bei denen man häufig galante junge Freier trifft, die leider oft wieder das Weite suchen: «Vielleicht lässt ihn Ihr bescheidenes Vermögen zögern.» Nicht anders als bei Balzac führt man auch in den Romanen Jane Austens mit dem Fünf- oder Zehnfachen des Durchschnittseinkommens ein sehr bescheidenes Leben. Einkommen, die in der Nähe des Durchschnitts von 30 Pfund oder gar darunter liegen, werden gar nicht erst erwähnt. Man spürt, dass man damit nicht weit von der Welt der Dienstboten entfernt ist – und muss folglich kein weiteres Wort daran verschwenden. Als Edward Ferrars erwägt, Pfarrer zu werden und für 200 Pfund im Jahr (das Sechs- bis Siebenfache des Durchschnittseinkommens) die Pfarrei von Deliford zu übernehmen, wird er fast schon als Heiliger betrachtet. Auch mit den zusätzlichen Einkünften aus dem kleinen Vermögen, das ihm seine Familie nur gelassen hat, um ihn für die Mesalliance zu bestrafen, und Elinors magerer Rente wird das Paar nicht weit kommen – und alle Welt ist erstaunt, dass «beide verliebt genug sind zu glauben, die Annehmlichkeiten des Lebens seien für 350 Pfund im Jahr zu haben».[1] Über dem glücklichen und tugendhaften Ende sollte man das Entscheidende nicht vergessen: Als er den niederträchtigen Einflüsterungen Fannys erliegt und das Versprechen bricht, das sein Vater ihm auf dem Sterbebett abgenommen hatte, indem er Elinor und Marianne jede Hilfe und jeden noch so bescheide-

Pro-Kopf-Einkommens im Großbritannien von 1750–1760) in der Armee des Königs von England verdingt hatte. Der Absturz ließ nicht lange auf sich warten. Stanley Kubrick, der sich von dem berühmten englischen Roman aus dem 19. Jahrhundert inspirieren ließ, steht im Übrigen, was die Genauigkeit der erwähnten Geldbeträge anbelangt, nicht hinter Jane Austen zurück.

1 Vgl. Jane Austen: *Sense and Sensibility*, Cambridge, MA: Belknap Press 2013, S. 405 (Übersetzung von Stefan Lorenzer).

nen Anteil an seinem kapitalen Vermögen verweigert, verurteilt John Dashwood seine Halbschwestern zu einem kargen, von Demütigungen erfüllten Leben. Der furchtbare Dialog am Anfang des Romans wird ihr ganzes Schicksal besiegelt haben.

Vermögensverhältnisse und strukturelle Ungleichheiten diesen Typs sieht man zuweilen auch am Ende des 19. Jahrhunderts in Amerika entstehen. In *Washington Square*, einem 1881 von Henry James veröffentlichten Roman, der 1949 unter dem Titel *The Heiress*, die Erbin, von William Wyler verfilmt wurde, kreist die ganze Handlung um eine Mitgift, über deren Höhe offenbar Unklarheit besteht. Dass Zahlen unerbittlich sind und man sie besser nicht durcheinanderbringen sollte, muss zu ihrem Unglück auch Catherine Sloper, die Heldin des Romans erfahren. Ihr Verlobter lässt sie sitzen, sobald er erfahren hat, dass ihre Mitgift sich nicht auf die erwarteten 30 000 Dollar, sondern nur auf 10 000 Dollar Jahresrente beläuft (also nicht auf das Sechzigfache, sondern nur auf das Zwanzigfache des damaligen amerikanischen Durchschnittseinkommens). «Du bist zu hässlich», lässt ihr Vater, ein steinreicher, tyrannischer Witwer sie in einem Dialog wissen, der an die berühmte Szene zwischen dem Prinzen Bolkonsky und Prinzessin Maria in *Krieg und Frieden* gemahnt. In prekäre Verhältnisse können auch Männer geraten: In *The Magnificent Ambersons* zeigt uns Orson Welles den Niedergang eines arroganten Erben, George, dem auf dem Gipfel seines Reichtums ein Kapitaleinkommen von 60 000 Dollar zur Verfügung steht, bevor er Anfang des 20. Jahrhunderts der Automobilrevolution zum Opfer fällt. Am Ende hat er eine Anstellung, die ihm mit 350 Dollar weniger als das Durchschnittseinkommen einbringt.

Extreme Vermögensungleichheit – Bedingung von Zivilisation in einer armen Gesellschaft?

Die Romanciers des 19. Jahrhunderts belassen es nicht bei einer präzisen Beschreibung der Vermögens- und Einkommenshierarchie ihrer Zeit. Sie vermitteln ein konkretes und anschauliches Bild der Lebensweisen und Alltagswirklichkeiten, die den verschiedenen Einkommensniveaus entsprechen. Zwischen den Zeilen scheint auch so etwas wie eine Rechtfertigung der extremen Vermögensungleichheit auf. Sie allein erlaubt es zumindest einer kleinen Minderheit, sich mit anderem als ihrem Überleben zu beschäftigen, sie ist, anders gesagt, fast schon Bedingung der Zivilisation.

Insbesondere Jane Austen beschwört minutiös herauf, welche Anforderungen das Alltagsleben dieser Zeit stellt, welche Mittel man aufwenden muss, um sich zu ernähren, zu möblieren, zu kleiden und fortzubewegen. All das ist tatsächlich in Abwesenheit jeder modernen Technologie sehr teuer. Es braucht Zeit, Geld und vor allem Personal, um Essen (das sich nicht ohne Weiteres konservieren lässt) zu beschaffen und zuzubereiten oder sich zu kleiden (das schlichteste Kostüm kann mehrere Monats-, ja Jahreseinkommen verschlingen). Auch Reisen kostet. Man braucht Pferde und Kutschen, deren Pflege und Instandhaltung abermals Personal, auch Futter für die Tiere etc. erfordert. Deutlich wird dem Leser vor Augen geführt, dass man mit dem Dreifachen oder auch Fünffachen des Durchschnittseinkommens objektiv sehr schlecht leben kann, da man den größten Teil seines wachen Lebens auf die Notwendigkeiten des Alltags verwenden muss. Und sollte man sich gar Bücher und Musikinstrumente, Schmuck und Ballroben leisten wollen – ohne mindestens das Zwanzigfache oder Dreißigfache des damaligen Durchschnittseinkommens ist an dergleichen nicht zu denken.

Wir haben im ersten Teil bereits bemerkt, wie erheblich die Schwierigkeiten sind und zu welchen Vereinfachungen es kommt, will man die Kaufkraft über sehr lange Zeit hinweg vergleichen. Die Struktur der Lebensweisen und der Preise hat sich in so vielen Dimensionen so radikal geändert, dass ein einziger Indikator unmöglich all diesen Entwicklungen Rechnung zu tragen vermag. Gleichwohl kann man daran erinnern, dass nach den offiziellen Indizes die Kaufkraft des Durchschnittseinkommens pro Einwohner um 1800 ungefähr zehnmal schwächer war, als sie es 2010 ist. Anders gesagt: Mit dem Zwanzigfachen oder Dreißigfachen des Durchschnittseinkommens um 1800 lebte es sich zweifellos nicht besser als mit dem Zwei- oder Dreifachen in der heutigen Welt; und mit dem Fünffachen oder Zehnfachen des Durchschnittsgehalts war man um 1800 ähnlich gestellt wie heute mit einem Einkommen zwischen Mindest- und Durchschnittslohn.

Das ändert nichts daran, dass die Helden Balzacs und Jane Austens ganz unbefangen die Dienste Dutzender von Dienstboten in Anspruch nahmen, deren Namen wir im Allgemeinen gar nicht erst erfahren. Zuweilen mokieren sich die beiden Romanciers über die maßlosen Ansprüche und Bedürfnisse ihrer Helden, so etwa dort, wo Marianne, im Geiste schon mit Willoughby zum eleganten Paar vereint, mit leichtem Erröten bekennt, dass es nach ihren Berechnungen kaum möglich sein würde, von weniger als 2000 Pfund jährlich (mehr als dem Sechzigfachen des Durchschnittseinkommens der Zeit) zu leben: «Ich habe gewiss keine übertriebenen Ansprüche. Ausreichend Dienerschaft, eine Kutsche, vielleicht auch zwei, und ein paar Jagdpferde – von weniger kann man das nicht gut bezahlen.»[1] Elinor kann nicht an sich halten und gibt ihrer Schwester zu verstehen, dass sie es übertreibt. Aber ganz ähnlich erklärt auch Vautrin, ohne Einkommen von 25 000 Francs (mehr als das Fünfzigfache des Durchschnitts) sei an ein Leben in Würde gar nicht zu denken, und hebt namentlich mit einer Fülle von Details die Kosten hervor, die für Kleider, Dienstboten und Reisen anfallen. Zwar gibt ihm keiner zu verstehen, dass er übertreibt, aber Vautrin legt einen Zynismus an den Tag, der keinen Leser daran zweifeln lässt.[2] Auf ähnlich unverfrorene Aufstellungen und auf dieselben Vorstellungen von den Kosten guten Lebens stößt man auch in den Reisetagebüchern Arthur Youngs.[3]

Wie hemmungslos die Exzesse ihrer Helden auch sein mögen – die Romanciers des 19. Jahrhunderts schildern uns gleichwohl eine Welt, in der Ungleichheit sich in gewisser Weise als notwendig darstellt:

1 Ebd., S. 135 (Übersetzung von Stefan Lorenzer).

2 Dennoch wird Rastignac sich seinen Zynismus schließlich zueigen machen. In *La Maison Nucingen* lässt er sich auf dubiose Geschäfte mit dem Ehemann Delphines ein, um selber ein Vermögen von 400 000 Francs zu ergattern.

3 Im Oktober 1788, er ist im Begriff die Normandie zu verlassen, notiert Young: «Europa ist unterdessen so gleichförmig geworden, dass wir in einem Haushalt mit Einkünften von 15 000 bis 20 000 Livres Einkommen eine viel vertrautere Lebensweise finden, als ein junger Reisender sie je erwartet hätte.» A. Young: *Travels in 1787, 1788, 1789*, erschienen 1792, Neuaufl.: *Arthur Young's Travels in France*, Cambridge: Cambridge University Press 2012, S. 145. (Es handelt sich um Livres tournois, die dem Franc Germinal entsprechen – also um 700– 900 Pfund Sterling und damit um das Fünfunddreißigfache des damaligen französischen oder englischen Durchschnittseinkommens.) Weiter unten präzisiert er seine Überlegung. Mit einem solchen Einkommen könne man sich «sechs männliche Dienstboten, fünf Zofen, acht Pferde und regelmäßige Gesellschaften» leisten, während 6000 oder 8000 Livres gerade für «zwei Diener und drei Pferde» reichen. Tatsächlich macht die Pferdehaltung einen erheblichen Teil des Kapitals und der Ausgaben aus: Im November 1789 verkauft Young in Toulon sein Pferd zum üblichen Preis für 600 Livres tournois (also vier Jahreslöhne eines «gewöhnlichen Dienstboten»). Siehe Technischer Anhang.

Gäbe es nicht eine begüterte Minderheit, gäbe es niemanden, der sich etwas anderem als dem eigenen Überleben widmen könnte. Diese Auffassung von Ungleichheit hat immerhin das Verdienst, sich nicht als meritokratisch auszugeben. Es wird gleichsam eine Minderheit auserkoren, im Namen aller anderen zu leben – aber es versucht zumindest keiner den Anschein zu erwecken, diese Minderheit besitze größere Verdienste oder Tugenden als der Rest der Bevölkerung. Auch liegt es in einem so eingerichteten Universum offen zutage, dass allein der Besitz eines Erbvermögens den für ein Leben in Würde erforderlichen Mindestwohlstand garantiert. Diplome und Qualifikationen mögen es ihren Besitzern erlauben, fünfmal mehr zu produzieren und also zu verdienen als der Durchschnitt – aber mehr auch nicht. Die moderne meritokratische Gesellschaft, namentlich in Amerika, ist ungleich härter für die Verlierer, da sie ihre Herrschaft als eine verstanden wissen will, die auf Angemessenheit, Tugend, Verdienst beruht – und den Verlierern damit ihr Zurückbleiben als mangelnde Produktivität zurechnet.[1]

Meritokratischer Extremismus in reichen Gesellschaften

Die glühendsten meritokratischen Überzeugungen werden bemerkenswerterweise häufig vorgetragen, um sehr starke Lohnungleichheiten zu rechtfertigen, zumal diese eher gerechtfertigt scheinen als Ungleichheiten, die auf ererbtem Wohlstand beruhen. In Frankreich gibt es von Napoleon bis zum Ersten Weltkrieg eine kleine Zahl sehr hoher Beamter, angefangen mit den Ministern selbst, die außerordentlich gut bezahlt werden (zuweilen bis zum Fünfzigfachen oder Hundertfachen des damaligen Durchschnittsgehalts). Schon von Napoleon selbst, der aus niederem korsischen Adel stammte, wurde dies stets durch das Argument gerechtfertigt, die Fähigsten und Verdienstvollsten müssten ein ebenso würdevolles und stilvolles Leben führen können wie die reichsten Erben (gleichsam eine Antwort von oben auf die Argumentation Vautrins). So hat es Adolphe Thiers 1831 in der Abgeordnetenkammer festgehalten: «Die Präfekten müssen den gleichen Rang genießen wie die angesehensten Persönlichkeiten des Départe-

1 Michael Young hat dieser Befürchtung schon 1958 Ausdruck verliehen. Vgl. M. Young: *Es lebe die Ungleichheit. Auf dem Wege zur Meritokratie*, Düsseldorf: Econ 1961.

ments, in dem sie leben.»[1] Und 1881 gibt Paul Leroy-Beaulieu zu bedenken, der Staat sei zu weit gegangen, als er nur die kleinen Gehälter angehoben hatte. Nachdrücklich ergreift er Partei für die hohen Beamten seiner Zeit, die zumeist kaum mehr als «15 000 oder 20 000 Francs im Jahr» verdienten. «Zahlen», sagt er, «die sich für den gemeinen Mann gewaltig ausnehmen mögen», die es aber in Wahrheit den Beamten «verwehren, ein standesgemäßes Leben zu führen und angemessene Rücklagen zu bilden».[2]

Am beunruhigendsten ist vielleicht, dass man einer solche Argumentation auch in den reichsten Gesellschaften begegnet, in denen das Austensche Argument im Namen des Anspruchs auf ein würdevolles Leben keinen rechten Sinn ergibt. Dennoch sind in den Vereinigten Staaten der Jahre 2000 bis 2010 oft Rechtfertigungen jenes Typs für die Vergütungen aus der Stratosphäre der Supermanager zu hören (die manchmal das Fünfzig- oder Hundertfache des Durchschnittseinkommens und mehr betragen): Ohne solche Vergütungen könnten nur Erben es zu wirklichem Wohlstand bringen, das aber wäre ungerecht und darum sei es letztlich ein Schritt auf dem Weg zu mehr sozialer Gerechtigkeit, wenn Supermanager mehrere Millionen oder mehrere Dutzend Millionen verdienen.[3] Argumente dieser Art bereiten einer Ungleichheit den Boden, die noch stärker und gewaltsamer als jene der Vergangenheit sein könnte. Es ist durchaus möglich, dass

---

1 Die Frage nach den Gehaltstabellen der Staatsbeamten war damals Gegenstand zahlloser politischer Auseinandersetzungen. Die Revolutionäre hatten 1792 im Namen der Tugend versucht, eine sehr komprimierte Lohnskala von 1 bis 8 einzuführen (die 1848 schließlich eingeführt, aber rasch durch eine Reihe undurchsichtiger Prämien für die höchsten Beamten unterlaufen wurde, die heute noch Bestand haben). Napoleon ruft eine kleine Zahl von sehr hohen Gehältern ins Leben, tatsächlich so wenige, dass Thiers 1831 keinen Grund sah, sie zu kürzen. («Mit 3 Millionen mehr oder weniger, die man den Präfekten, den Generalen, den Richtern gibt oder vorenthält, haben wir den Luxus des Empire oder amerikanische Schlichtheit», fügte er in derselben Rede hinzu.) Die Tatsache, dass hohe amerikanische Staatsbeamte sehr viel bescheidener entlohnt werden als französische, hat auch Tocqueville vermerkt, der darin ein untrügliches Zeichen für den in Amerika herrschenden demokratischen Geist ausmacht. Trotz zahlreicher Wendungen hatte diese Handvoll sehr hoher Gehälter bis zum Ersten Weltkrieg (also bis zum Niedergang der Rentiers) Bestand. Zu diesen Entwicklungen vgl. Technischer Anhang.

2 Vgl. T. Piketty: *Les hauts revenus en France*, S. 530.

3 Damit ist die Logik des Bedürfnisses zugunsten einer Logik des maßlosen Geltungskonsums verlassen. Thorstein Veblen hatte nichts anderes gesagt, als er 1899 *The Theory of the Leisure Class* schrieb. Der amerikanische Gleichheitstraum lag schon in ferner Vergangenheit.

uns eine Zukunft bevorsteht, in der die Schattenseiten zweier Welten sich vereinigen – nämlich einerseits die sehr starke Ungleichverteilung ererbten Kapitals, andererseits eine extreme Lohnungleichheit, die in Begriffen des Verdiensts und der Produktivität gerechtfertigt wird (von denen sich bereits gezeigt hat, wie sehr sie der faktischen Grundlage entbehren). Der meritokratische Extremismus könnte daher ein Wettrennen zwischen Supermanagern und Rentiers heraufbeschwören – zum Schaden all derer, die das eine so wenig wie das andere sind.

Zudem betrifft der meritokratische Glaube, die Ungleichheiten in modernen Gesellschaften seien gerechtfertigt, beileibe nicht nur die Spitze der Hierarchie, sondern auch Diskrepanzen zwischen Unterschichten und Mittelschichten. Michèle Lamont hat Ende der 1980er Jahre in den Vereinigten Staaten und Frankreich, und zwar in den großen Metropolen (New York, Paris) ebenso wie in mittelgroßen Städten (Indianapolis, Clermont-Ferrand), einige hundert Tiefeninterviews mit Vertretern der «oberen Mittelschicht» geführt, die gefragt wurden, wie sie ihre Karriere einschätzen, was ihre soziale Identität ausmache, wo sie ihren Platz in der Gesellschaft sehen und wodurch sie sich von anderen Gruppen und Bevölkerungskategorien unterscheiden. In beiden Ländern, so einer der Hauptbefunde, pocht die «Bildungselite» vor allem auf ihre Verdienste und persönlichen moralischen Vorzüge, die in Begriffen wie Gründlichkeit, Durchhaltevermögen, Arbeit, Fleiß (aber auch Toleranz, Freundlichkeit etc.) zur Sprache gebracht werden.[1] Ihre persönlichen Vorzüge in solchen Begriffen zu beschreiben und vom Charakter ihrer Dienstboten abzusetzen (über die man freilich gar nicht erst spricht), das wäre den Helden und Heldinnen Austens und Balzacs nie in den Sinn gekommen.

1 Vgl. M. Lamont: *Money, Morals and Manners. The Culture of the French and the American Upper-Middle Class*, Chicago: University of Chicago Press 1992. Die von Lamont befragten Personen stehen zweifellos eher dem 90. oder 95. (ja in manchen Fällen dem 98. oder 99.) Perzentil der Einkommenshierarchie nahe. Vgl. auch J. Naudet: *Entrer dans l'élite. Parcours de réussite en France, aux États-Unis et en Inde*, Paris: Presses universitaires de France 2012.

Die Gesellschaft der kleinen Rentiers

Wenden wir uns wieder der heutigen Welt, genauer: dem Frankreich der 2010er Jahre zu. Nach unseren Schätzungen werden Erbschaften für die Generationen, die nach 1970 geboren wurden, fast ein Viertel aller Mittel ausmachen, die ihnen – aus Arbeit und Erbschaft – im Laufe ihres Lebens zur Verfügung stehen. Dem Gesamtvolumen nach hat also die Erbschaft fast wieder das Gewicht, das sie für die Generationen des 19. Jahrhunderts hatte (siehe Grafik 11.9). Und diese Schätzungen beruhen, wie man hinzufügen muss, auf dem mittleren Szenario. Sollte sich das alternative Szenario bewahrheiten (sinkendes Wachstum, steigende Nettokapitalrendite), könnten die Erbschaften für die Generationen des 21. Jahrhunderts mehr als ein Drittel, ja fast vier Zehntel ihrer Mittel ausmachen.[1]

Dass die Erbschaft dem Gesamtvolumen nach dasselbe Niveau wieder erreicht hat, heißt indes nicht schon, dass sie auch dieselbe soziale Rolle spielt. Wie wir bereits bemerkt haben, gehen die sehr starke Dekonzentration des Eigentums (der Anteil des obersten Perzentils ist praktisch in einem Jahrhundert auf ein Drittel gesunken, von etwa 60 % in den 1910er auf kaum mehr als 20 % in den 2010er Jahren) und das Auftauchen einer vermögenden Mittelschicht damit einher, dass es heute sehr viel weniger sehr große Erbschaften gibt als im 19. Jahrhundert oder in der Belle Époque. Das Äquivalent jener Mitgift von 500 000 Francs, mit der César Birotteau und der Vater Goriot ihre Töchter bedenken wollten, und die eine Jahresrente von 25 000 Francs abgeworfen hätte (ungefähr das Fünfzig-

---

1 Um kein zu schwarzes Bild zu malen, haben wir in den Grafiken 11.9–11.11 die Resultate des mittleren Szenarios dargestellt. Die noch beunruhigenderen Resultate, die sich aus dem alternativen Szenario ergeben, sind online verfügbar. Die Entwicklung des Steuersystems erklärt, weshalb der Anteil der Erbschaft an den Gesamtmitteln das im 19. Jahrhundert erreichte Niveau deutlich überschreiten kann, während vom Erbvolumen im Verhältnis zum Nationaleinkommen nicht dasselbe gilt. Auf Arbeitseinkommen werden heute sehr erhebliche Steuern erhoben (von durchschnittlich 30 %, wenn man die Beiträge zur Renten- und Arbeitslosenversicherung außer Acht lässt, aus denen die Lohnersatzleistungen finanziert werden), während der effektive Steuersatz auf Erbschaften unter 5 % liegt (obwohl man sich durch Erbschaft die gleichen Rechte wie durch Arbeitseinkommen auf Sachleistungen – Bildung, Gesundheit, Sicherheit, etc. – erwirbt, die durch Steuern finanziert werden). Die Steuerfragen werden im vierten Teil dieses Buches erörtert.

fache des damaligen Durchschnittseinkommens von 500 Francs pro Einwohner), wäre in der heutigen Welt eine Erbschaft von ungefähr 30 Millionen Euro, die Zinsen, Dividenden und Mieten von etwa 1,5 Millionen jährlich einbrächte (also das Fünfzigfache des Durchschnittseinkommens von 30 000 Euro pro Einwohner).[1] Solche Erbschaften gibt es, ebenso noch bedeutendere – aber es gibt ihrer im 21. Jahrhundert deutlich weniger als im 19. Jahrhundert, während das Gesamtvolumen der Vermögen und Erbschaften praktisch den damaligen Stand wieder erreicht hat.

Im Übrigen würde heutzutage kein Romancier seinen Lesern glaubhaft machen können, es gebe an jeder Straßenecke Erbvermögen von 30 Millionen Euro, wie Balzac, Jane Austen oder Henry James dies taten. Es sind nicht allein die expliziten Geldangaben, die aus der Literatur verschwunden sind, nachdem die Inflation alle alten Zahlen durcheinandergewirbelt hat, es sind auch die Rentiers selbst – und mit ihrem Abschied hat sich die gesamte soziale Repräsentation von Ungleichheit gewandelt. In der Literatur wie der zeitgenössischen Fiktion überhaupt erscheinen Ungleichheiten zwischen sozialen Gruppen in Gestalt von Differenzen, die fast ausschließlich die Arbeit, die Gehälter, die Qualifikationen betreffen. Eine von der Hierarchie der Vermögen und namentlich der Erbvermögen strukturierte Gesellschaft wurde abgelöst von einer Gesellschaft, deren Struktur fast ganz auf der Hierarchie der Arbeit und des Humankapitals beruht. Auffallend ist denn auch, wie viele amerikanische Serien in der Zeit von 2000 bis 2010 von Heroen und Heroinen bevölkert werden, die mit prestigeträchtigen Abschlüssen und Spitzenqualifikationen dekoriert sind. Wer schwere Krankheiten heilen (*House*), kriminalistische Rätsel lösen (*Bones*) oder gar Präsident der Vereinigten Staaten sein will (*West Wing*), tut gut daran, ein paar Doktortitel oder gleich einen Nobelpreis in der Tasche zu haben. Es ist nicht ganz abwegig, versteht man zahlreiche dieser Serien als Hymne auf eine gerechte Ungleichheit, die auf Verdiensten, Abschlüssen und der Gemeinnützigkeit der Eliten beruht. Gleichwohl wird man festhalten müssen, dass eine Reihe jüngerer Produktionen zuweilen eine beunruhigendere Ungleichheit zur Darstellung bringen, die deutlich patrimoniale

1 Dasselbe gilt in einer Welt, in der das durchschnittliche Pro-Kopf-Einkommen 40 Pfund pro Jahr beträgt, von den Ländereien im Wert von 30 000 Pfund, von denen die Romane Jane Austens berichten.

Züge trägt. In *Damages* treten ruchlose Wirtschaftsbosse auf, die ihre Beschäftigten um hunderte Millionen von Dollar betrogen haben, und deren noch egoistischere Gattinen auf Scheidung sinnen, um sich das ganze Vermögen samt Swimmingpool unter den Nagel zu reißen. In der dritten Staffel, von der Madoff-Affäre inspiriert, sieht man die Kinder des Finanzschwindlers Himmel und Erde in Bewegung setzen, um sich die in der Karibik, auf Antigua, geparkten Vermögenswerte des Vaters und mit ihnen ihren künftigen Lebensstandard zu sichern.[1] Und in *Dirty Sexy Money* kann man zusehen, wie dekadente (mit Tugend und Verdienst ganz sicher nicht gesegnete) Erben es sich mit dem Familienvermögen gut gehen lassen. Aber das bleiben Ausnahmen – und vor allem wird es fast immer als etwas Negatives, ja Schändliches dargestellt, von einem in der Vergangenheit angehäuften Vermögen zu leben – was doch bei Balzac und Jane Austen noch ganz natürlich schien, sofern es zwischen den Charakteren nur ein Minimum wahrer Gefühle gab.

Dieser tiefgreifende Wandel der kollektiven Repräsentation von Ungleichheit ist zum Teil gerechtfertigt. Dennoch beruht er auf einer Reihe von Missverständnissen. Zunächst einmal ist es zwar offensichtlich, dass Diplome heute eine größere Rolle als im 18. Jahrhundert spielen (in einer Welt, in der alle diplomiert und qualifiziert sind, empfiehlt es sich nicht, ins Hintertreffen zu geraten; jeder hat also Interesse daran, mit einem Minimum an Aufwand eine Qualifikation zu erwerben, und das gilt auch für Erben bedeutender Immobilien- oder Geldvermögen, zumal die Erbschaft oft für den Geschmack der Erben recht spät kommt). Aber das heißt nicht schon, die Gesellschaft sei meritokratischer geworden. Es heißt auch und vor allem nicht, der Anteil des Nationalvermögens, der aufs Konto der Arbeit geht, sei wirklich gewachsen (wie wir gesehen haben, ist er das nicht oder fast nicht). Und es heißt ganz offenkundig nicht, alle hätten gleichermaßen Gelegenheit, die verschiedenen Qualifikationsniveaus zu erreichen. Die Ungleichheiten der Ausbildung haben sich in weitem Umfang nur

1 Das Motiv des auf die Bahamas geschafften Vermögens taucht sogar in Staffel 4 von *Desperate Housewives* auf (Carlos Solis muss seine 10 Millionen Dollar sicherstellen, was ihm eine Reihe von Komplikationen mit seiner Frau einbringt) – einer Serie, die allerdings so dezidiert harmlos und nett ist, dass ihr nichts ferner liegen könnte, als soziale Ungleichheiten in einem beunruhigenden Licht darzustellen (es sei denn, es treten geistig zurückgebliebene Minderheiten mit epresserischen Absichten oder heimtückische, die etablierte Ordnung bedrohende Ökoterroristen auf den Plan).

nach oben verschoben, und es gibt keinen Hinweis darauf, dass die intergenerationelle Mobilität in Sachen Bildung sich wirklich erhöht hätte.[1] Gleichwohl funktioniert die Übertragung von Humankapital stets weniger reibungslos als die von Immobilien- und Finanzkapital (der Erbe muss ein Mindestmaß von Anstrengungen an den Tag legen), daher die weitverbreitete – und teilweise gerechtfertigte – Vorstellung, das Ende der Erbschaft hätte die Entstehung einer zumindest etwas gerechteren Gesellschaft ermöglicht.

Das prinzipielle Missverständnis ist meines Erachtens das folgende: Zum einen hat das Ende der Erbschaft gar nicht stattgefunden. Was sich geändert hat, und das ist nicht dasselbe, ist die Verteilung des vererbten Kapitals. Im Frankreich des beginnenden 21. Jahrhunderts gibt es fraglos weniger sehr große Erbschaften – Erbschaften von 30 Millionen Euro, ja selbst 10 oder 5 Millionen Euro – als im 19. Jahrhundert. Aber angesichts eines Erbvolumens, das insgesamt wieder annähernd auf dem damaligen Stand ist, heißt das auch, dass es sehr viel mehr mittlere und mittlere bis große Erbschaften gibt, zum Beispiel von 200 000, 500 000, 1 Million, 2 Millionen Euro. Auch wenn sie nicht ausreichen, um jede berufliche Perspektive aufzugeben und von den Kapitalerträgen zu leben, sind dies gleichwohl erhebliche Summen, insbesondere im Vergleich zu dem, was ein Gutteil der Bevölkerung im Laufe eines Arbeitslebens verdient. Wir leben, anders gesagt, nicht mehr in einer Gesellschaft großer Rentiers, sondern in einer Gesellschaft mit einer sehr viel größeren Zahl weniger großer Rentiers. Wir leben, wenn man so will, in einer Gesellschaft kleiner Rentiers.

Der Indikator, der mir am geeignetsten scheint, diese Entwicklung darzustellen, findet sich in Grafik 11.11. Es handelt sich um den Prozentsatz derer, die in jeder Generation durch Erbschaft (Schenkung oder Hinterlassenschaft) in den Genuss von Summen kommen, die über dem liegen, was die am schlechtesten bezahlten 50 % im Laufe eines Lebens als Arbeitseinkommen erhalten. Derzeit liegt der Durchschnittslohn innerhalb der unteren Hälfte der Lohnhierarchie bei etwa 15 000 Euro im Jahr, also etwa 750 000 Euro in fünfzig Jahren Karriere (unter Einschluss des Ruhestands). Grosso modo handelt es sich um das, was man im Laufe eines Lebens im Mindestlohnbereich verdient. Wie aus der Grafik zu ersehen, haben im 19. Jahrhundert

---

1 Wir kommen in Kapitel 13 auf diese Frage zurück.

Grafik 11.11.: Innerhalb der in den 1970er Jahren geborenen Generationen erhalten 12–14% der Personen durch Erbschaften das Äquivalent der Arbeitseinkommen, die während ihres Lebens von den am schlechtesten bezahlten 50 % bezogen werden.

etwa 10 % einer Generation Beträge geerbt, die über dieser Summe liegen. Dieser Prozentsatz ist für die von 1910 bis 1920 geborenen Jahrgänge auf kaum mehr als 2 % und für die von 1930 bis 1950 geborenen Jahrgänge auf 4–5 % geschrumpft. Nach unseren Schätzungen hat sich dieser Prozentsatz für die von 1970 bis 1980 geborenen Jahrgänge bereits wieder auf etwa 12 % erhöht und könnte auf über 15 % für die Jahrgänge steigen, die von 2010 bis 2020 geboren werden. Fast ein Sechstel jedes Jahrgangs wird, anders gesagt, durch Erbschaft in den Besitz einer größeren Summe gelangen, als die Hälfte der Bevölkerung sie im ganzen Leben durch Arbeit verdient (und diese Hälfte ist mehr oder weniger identisch mit derjenigen, die auch praktisch nichts erbt).[1] Das hindert, wohlverstanden, das fragliche Sechstel nicht daran, Abschlüsse zu erwerben, um zu arbeiten und im Allgemeinen durch seine Arbeit zweifellos mehr zu verdienen als die am schlechtesten bezahlte Hälfte der Bevölkerung. Aber es handelt sich gleichwohl um eine einigermaßen verstörende Ungleichheit, die im Begriff ist, ein in der Geschichte bislang unbekanntes Niveau zu erreichen. Zudem ist es schwieriger, sie literarisch darzustellen und politisch zu korrigieren, denn es handelt sich um eine gleichsam ge-

1 Dieser Wert könnte auch 25 % überschreiten, sollte das zweite Szenario sich bewahrheiten. Vgl. Grafik S11.11 (online verfügbar).

wöhnlichere, durchschnittlichere Ungleichheit, die nicht länger eine Elite und den Rest der Gesellschaft, sondern umfangreiche Segmente der Bevölkerung einander gegenüberstellt.

Der Rentier – Feind der Demokratie

Andererseits gibt es keinerlei Garantie dafür, dass die Ungleichverteilung des Kapitals nicht wieder auf die Rekordwerte steigt, die wir aus der Vergangenheit kennen. Es gibt, wie im letzten Kapitel schon bemerkt, keine naturwüchsige, unüberwindliche Kraft, die sich dem Wiederaufleben einer Kapitalkonzentration entgegensetzt, die ebenso stark wie in der Belle Époque ausfallen könnte – namentlich für den Fall niedrigen Wachstums in Verbindung mit einem starken Anstieg der Nettokapitalrendite, wie er sich zum Beispiel aus einem erbitterten Steuerwettbewerb unter den Staaten ergeben könnte. Unsere demokratischen Gesellschaften stützen sich in der Tat auf eine meritokratische Weltsicht oder zumindest auf eine meritokratische Hoffnung, das heißt den Glauben an eine Gesellschaft, in der Ungleichheiten auf Verdienst und Arbeit eher denn auf Herkunft und Kapitalrendite beruhen. Dieser Glaube und diese Hoffnung spielen eine ganz zentrale Rolle in der modernen Gesellschaft – aus einem einfachen Grund: In Demokratien steht die proklamierte Gleichheit der Bürgerrechte in eklatantem Kontrast zur faktischen Ungleichheit der Lebensbedingungen. Um aus diesem Widerspruch hinauszutreten, liegt es in ihrem vitalen Interesse, dass Ungleichheiten sich aus rationalen und universalen Prinzipien ergeben und nicht aus willkürlichen Kontingenzen. Ungleichheiten müssen daher angemessen sein und allen zugutekommen («Die gesellschaftlichen Unterschiede können allein auf den Gemeinnutzen gegründet sein», verkündet Artikel 1 der Erklärung der Menschen- und Bürgerrechte von 1789) – in der Ordnung des Diskurses und, soweit wie möglich, auch in der Realität. Émile Durkheim hatte 1893 sogar vorhergesagt, die modernen demokratischen Gesellschaften seien auf Dauer mit der Erbschaft nicht vereinbar und würden darum schließlich dafür Sorge tragen müssen, dass mit dem Ableben der Person ihr Besitzrecht erlischt.[1]

---

1 Verglichen mit den sozio-ökomischen Theorien Modiglianis, Beckers oder Parsons, hat die in *De la division du travail social* (1893) vorgetragene Theorie Durkheims den Vorzug,

Es ist im Übrigen bedeutsam, dass die Wörter *rente* und *rentier*, Rente und Rentier, im Laufe des 20. Jahrhunderts eine pejorative Bedeutung angenommen haben. Im Rahmen dieses Buches gebrauchen wir diese Wörter in ihrer ursprünglichen deskriptiven Bedeutung, um die von einem Kapital abgeworfenen jährlichen Erträge und die Personen zu bezeichnen, die von ihnen leben (also nicht in dem der im deutschen Sprachgebrauch inzwischen meist gemeinten Altersrente). Für uns ist die Rente, die ein Kapital abwirft, nichts anderes als das Einkommen, das dieses Kapital einbringt, ob es nun die Gestalt von Mieten, Zinsen, Dividenden, Veräußerungsgewinnen, Gebühren oder irgendeine andere Rechtsform annimmt, immer vorausgesetzt, dieses Einkommen vergütet nichts anderes als die schlichte Tatsache, dass man dieses Kapital besitzt – unabhängig von jeder Arbeit. In diesem ursprünglichen Sinne wurden die Begriffe Rente und Rentier im 18. und 19. Jahrhundert verwendet, etwa in den Romanen Balzacs und Austens, in einem Augenblick, da die Vorherrschaft des Kapitals an der Spitze der Einkommenshierarchie als solche fraglos hingenommen und anerkannt wurde – zumindest innerhalb der Eliten. Es ist bemerkenswert, dass dieser ursprüngliche Sinn mit der Zeit weitgehend verloren gegangen ist – in eben dem Maße, in dem demokratische und meritokratische Werte sich durchgesetzt haben. Im 20. Jahrhundert ist das Wort Rente zum Schimpfwort geworden, vielleicht zum abfälligsten.

Besonders interessant ist, dass Rente heutzutage oft in einem ganz anderen Sinne, nämlich zur Bezeichnung einer Marktverzerrung («Monopolrente») – oder, allgemeiner, jedes unverdienten oder ungerechtfertigten Einkommens, gleich welcher Art, verwendet wird. Bisweilen gewinnt man fast den Eindruck, die Rente sei zum Inbegriff allen ökonomischen Übels geworden. Die Rente ist der Feind ökonomischer Rationalität und als solcher muss sie mit allen Mitteln bekämpft werden, vor allem aber mit dem einen: einem immer vollkommeneren Markt oder Wettbewerb. Ein jüngeres und repräsentatives Beispiel dieser Verwendung des Begriffs Rente bietet ein Interview, das der gegenwärtige Präsident der Europäischen Zentralbank, Mario Draghi, ein paar Monate nach seiner Ernennung gegeben hat. Als die

---

eine politische Theorie des Endes der Erbschaft zu sein. Sie ist so wenig wie jene Wirklichkeit geworden, aber man kann sich die Frage stellen, ob nicht die Kriege das Problem nur auf das 21. Jahrhundert verschoben haben.

Journalisten ihn mit der Frage löcherten, welche Strategien er zur Lösung der Probleme Europas zu verfolgen gedenke, gab er die lapidare Antwort: «Man muss die Renten bekämpfen.»[1] Weitere Auskünfte wurden nicht erteilt. Allem Anschein nach dachte der große Finanzmann an mangelnden Wettbewerb im Dienstleistungssektor in einigen Ländern Europas, an Taxis, Friseure und dergleichen mehr.[2]

Das Problem dieser Verwendung des Wortes Rente ist Folgendes: Die Tatsache, dass Kapital ein Einkommen hervorbringt, das wir dem ursprünglichen Wortgebrauch folgend in diesem Buch als «vom Kapital abgeworfene Jahresrente» nennen, hat mit dem Problem des unvollkommenen Marktes oder der Monopolbildung nicht das Mindeste zu tun. Sobald das Kapital eine nützliche Rolle im Produktionsprozess spielt, ist es natürlich, dass es eine Rendite gibt. Und sobald das Wachstum schwach ist, liegt fast unvermeidlich die Kapitalrendite deutlich über der Wachstumsrate. Das verleiht automatisch den in der Vergangenheit akkumulierten Vermögen ein starkes Übergewicht. Durch eine Extradosis Wettbewerb lässt sich dieser logische Widerspruch nicht aus der Welt schaffen. Die Rente ist keine Unvollkommenheit des Marktes, sie ist im Gegenteil die Konsequenz eines im Sinne der Ökonomen «vollkommenen» Kapitalmarktes, das heißt eines Kapitalmarktes, der jedem Kapitaleigentümer, auch dem unkundigsten Erben, die höchste Rendite und die diversifiziertesten Portfolios aus national, ja global gestreuten Anlagen anbietet. Gewiss hat der Begriff einer vom Kapital produzierten Rente, also eines Einkommens, das der Besitzer bezieht, ohne zu arbeiten, etwas Verblüffendes. Da ist etwas, das den gesunden Menschenverstand vor den Kopf stößt – und tatsächlich in manchen Zivilisationen Verstörung ausgelöst und die verschiedensten Antworten auf den Plan gerufen hat, die, vom Verbot des Wuchers bis zum Kommunismus sowjetischen Typs, nicht immer glücklich waren (wir kommen darauf zurück). Das ändert nichts daran, dass die Rente eine Realität in jeder Marktwirtschaft darstellt, in der es Privatkapital gibt. Der Landbesitz ist zum Immobilien-, Industrie- und Finanzkapital geworden, aber dadurch hat sich an dieser elementaren Realität nichts geändert. Man begegnet zuweilen der Vorstellung, die Logik ökonomi-

---

1 Vgl. Interview mit Mario Draghi, in: *Le Monde* (22. Juli 2012).

2 Es liegt mir fern, dieses Taxiproblem zu verharmlosen. Aber es scheint mir doch zu gewagt, darin das Hauptproblem auszumachen, das auf den europäischen Kontinent, ja den globalen Kapitalismus überhaupt im 21. Jahrhundert zukommt.

scher Entwicklung bestünde darin, die Unterscheidung von Arbeit und Kapital zusehends außer Kraft zu setzen. In Wirklichkeit verhält es sich genau umgekehrt: Die wachsende Komplexität des Kapitalmarktes und der Finanzvermittlung zielt darauf, die Identität des Besitzers und die des Verwalters, damit aber reine Kapitaleinkommen und Arbeitseinkommen immer stärker voneinander zu trennen. Die ökonomische und technologische Rationalität hat mit der demokratischen Rationalität manchmal nichts zu tun. Erstere verdanken wir der Aufklärung und zweifellos ist man zu oft der Vorstellung erlegen, letztere würde sich gleichsam von selbst, wie von Zauberhand aus ihr ergeben. Aber die wirkliche Demokratie und soziale Gerechtigkeit erfordern spezifische Einrichtungen, die nicht einfach die des Marktes sind, und sich auch nicht einfach auf formale parlamentarische und demokratische Institutionen reduzieren lassen.

Fassen wir zusammen: die fundamentale Triebkraft der Divergenz, auf die wir in diesem Buch besonderes Gewicht legen, und die man in der Ungleichung $r > g$ fassen kann, hat nichts mit einer Unvollkommenheit der Märkte zu tun – und wird durch immer freiere Märkte und bessere Wettbewerbsbedingungen nicht aus der Welt geschafft. Die Vorstellung, der freie Wettbewerb könne der Erbengesellschaft ein Ende setzen und den Weg in eine immer meritokratischere Welt eröffnen, ist eine gefährliche Illusion. Die Einführung des allgemeinen Wahlrechts und Abschaffung des Zensuswahlrechts (das im 19. Jahrhundert das Wahlrecht auf Personen mit ausreichendem Vermögen einschränkte, typischerweise die wohlhabendsten 1 % bis 2 % in den französischen und britischen Gesellschaften von 1820 bis 1840, was in etwa dem Prozentsatz derjenigen entspricht, die im Frankreich der Jahre 2000 bis 2010 von der Vermögenssteuer betroffen sind) hat die legale politische Herrschaft der Vermögenden beendet.[1] Aber sie hat noch nicht den ökonomischen Kräften Einhalt geboten, die einer Rentiersgesellschaft den Weg bereiten könnten.

---

1 Im Frankreich der Restauration besaßen weniger als 1 % der erwachsenen Männer das Wahlrecht (90 000 Wähler auf 10 Millionen; dieser Prozentsatz ist unter der Julimonarchie auf 2 % gestiegen). Die Schwelle, oberhalb derer man gewählt werden kann, ist noch höher: weniger als 0,2 % der erwachsenen französischen Männer liegen darüber. Das allgemeine Wahlrecht für Männer, 1792 kurz eingeführt, wurde 1848 geltendes Recht. Großbritannien zählte bis 1831 weniger als 2 % Wähler, danach setzte eine Reihe von Reformen 1831 und vor allem 1867, 1884 und 1918 dem Erfordernis des Mindestvermögens allmählich ein Ende. Siehe Technischer Anhang.

Die Rückkehr der Erbschaft – ein europäisches oder globales Phänomen?

Lassen sich unsere Befunde zur Rückkehr der Erbschaft in Frankreich auf andere Länder übertragen? Angesichts der unzureichenden Datenlage ist es leider unmöglich, auf diese Frage eine wirklich präzise Antwort zu geben. Offenbar gibt es in keinem anderen Land so reiche und systematische Erbschafts- und Schenkungsdaten wie in Frankreich. Gleichwohl scheinen einige Punkte gesichert. Zunächst lassen die unzureichenden Daten, die bis heute in den anderen Ländern, namentlich in Deutschland und Großbritannien gesammelt wurden, darauf schließen, dass die für das Erbvolumen in Frankreich während des 20. Jahrhunderts beobachtete U-Kurve tatsächlich ganz Europa betrifft (siehe Grafik 11.12).

Insbesondere die für Deutschland vorliegenden Schätzungen – die sich leider nur auf eine gewisse Anzahl von Jahren beziehen – weisen darauf hin, dass dort das Erbvolumen im Gefolge der Katastrophen zwischen 1914 und 1945 noch stärker als in Frankreich eingebrochen ist: von ungefähr 16 % des Nationaleinkommens um 1910 auf gerade noch 2 % um 1960. Danach lässt sich ein starker und stetiger Wiederan-

Das Erbvolumen in Europa, 1900–2010

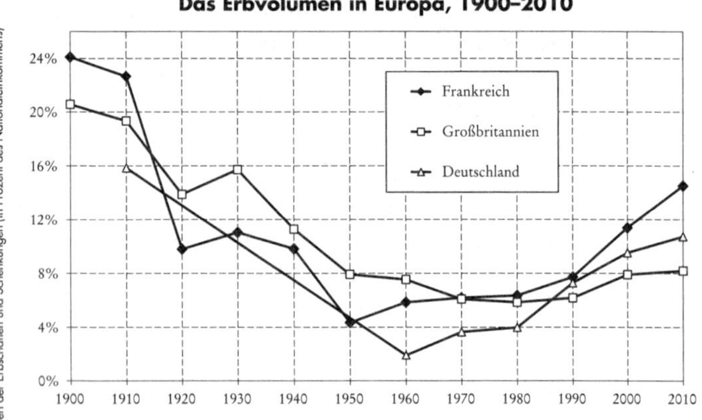

Grafik 11.12.: Die Entwicklung des Erbvolumens beschreibt in Frankreich wie in Großbritannien und Deutschland eine U-Kurve. Es ist möglich, dass die Erbschaften in Großbritannien am Ende dieser Phase zu gering veranschlagt sind.
Quellen und Reihen: siehe piketty.pse.ens.fr/capital21c.

stieg beobachten, mit einer Beschleunigung seit den 1980er Jahren. Von 2000 bis 2010 beträgt das jährliche Erbvolumen ungefähr 10–11 %. Das damit erreichte Niveau ist nicht so hoch wie in Frankreich (etwa 15 % des Nationaleinkommens um 2010), aber in Anbetracht des niedrigeren Ausgangsniveaus von 1950 bis 1960 fällt der Wiederanstieg des Erbvolumens in Deutschland tatsächlich stärker aus. Zudem ist zu betonen, dass für den gegenwärtigen Abstand zwischen beiden Ländern ausschließlich das unterschiedliche Kapital-Einkommens-Verhältnis verantwortlich ist (der β-Effekt, den wir im zweiten Teil untersucht haben): Sollte das gesamte Privatvermögen in Zukunft in Deutschland dasselbe Niveau wie in Frankreich erreichen, würde das Erbvolumen dies auch tun (unter ansonsten gleichen Bedingungen). Interessant ist auch, dass dieser starke Wiederanstieg des deutschen Erbvolumens ganz wie in Frankreich zu einem großen Teil auf eine sehr starke Zunahme der Schenkungen zurückgeht. Das von den deutschen Behörden registrierte jährliche Schenkungsvolumen machte bis zu den 1970er Jahren ungefähr 10–20 % des Erbvolumens aus, um dann allmählich auf ungefähr 60 % in den 2000er Jahren zu steigen. Schließlich ist für das geringere Erbvolumen in Deutschland um 1910 zu einem nicht unerheblichen Teil das stärkere Bevölkerungswachstum auf der deutschen Seite des Rheins verantwortlich (m-Effekt). Aus dem umgekehrten Grund, nämlich der demographischen Stagnation in Deutschland zu Beginn des 21. Jahrhunderts, wird das Erbvolumen in den kommenden Jahrzehnten womöglich höhere Niveaus als in Frankreich erreichen.[1] Das Gleiche gilt für die anderen europäischen Länder, die von sinkenden Geburtsraten und Bevölkerungsrückgang betroffen sind, wie Italien oder Spanien, auch wenn uns leider keine verlässlichen Datenreihen zum dortigen Erbvolumen vorliegen.

Was Großbritannien anbelangt, fällt zunächst auf, dass während der Belle Époque das Erbvolumen etwa dieselbe Größe wie in Frankreich hatte: ungefähr 20–25 % des Nationaleinkommens.[2] Das Erb-

1 Die hier vorgelegten deutschen Daten sind zusammengetragen worden von C. Schinke: «Inheritance in Germany 1911 bis 2009: a mortality multiplier approach», Paris School of Economics 2012.

2 Das britische Niveau scheint etwas darunter zu liegen (20–21 % statt 23–24 %). Man muss freilich hervorheben, dass es sich um eine Schätzung des Steuerflusses und nicht des Wirtschaftsflusses handelt, die daher aller Wahrscheinlichkeit nach zu tief angesetzt ist. Die britischen Daten sind zusammengetragen worden von A. Atkinson: «Wealth and inheritance in Britain from 1869 to the present», London School of Economics 2012.

volumen bricht im Gefolge der Weltkriege weniger stark ein als in Frankreich oder Deutschland. Das scheint auch dazu zu passen, dass dort der Gesamtbestand der Privatvermögen weniger stark betroffen war (β-Effekt) und die Zähler der Vermögensakkumulation nicht in gleicher Weise auf Null zurückgesetzt wurden (μ-Effekt). Das jährliche Erb- und Schenkungsvolumen fällt auf etwa 8 % des Nationaleinkommens von 1950 bis 1960, dann auf 6 % von 1970 bis 1980. Der Wiederanstieg von 1980 bis 1990 ist signifikant, scheint aber deutlich weniger stark als in Frankreich oder Deutschland auszufallen. Nach den vorliegenden Daten steigt das britische Erbvolumen auf gerade eben 8 % des Nationaleinkommens um 2000 bis 2010.

Theoretisch kommen mehrere Erklärungen in Betracht. Das schwächere britische Erbvolumen könnte daher rühren, dass ein größerer Teil der Privatvermögen in Gestalt von Pensionsfonds vorliegt, also nicht vererbbar ist. Dabei kann es sich indessen nur um einen kleinen Teil der Erklärung handeln, da die Pensionsfonds nur etwa 15–20 % des Gesamtbestands privater Vermögen in Großbritannien ausmachen. Zudem ist keineswegs sicher, dass der im Hinblick auf den Ruhestand angehäufte *life cycle wealth* den übertragbaren Reichtum ersetzt. Logisch betrachtet, müssten diese beiden Formen der Vermögensakkumulation sich vielmehr addieren, zumindest auf der Ebene eines bestimmten Landes, so dass zum Beispiel ein Land, das seine Altersrenten eher durch Pensionsfonds finanziert, in der Lage sein müsste, einen größeren Gesamtbestand privater Vermögen zu akkumulieren – und gegebenenfalls einen Teil davon in anderen Ländern zu investieren.[1]

Möglich ist auch, dass das geringere britische Erbschaftsvolumen auf andere Einstellungen gegenüber dem Sparen einerseits, zu Erbschaften und Schenkungen in der Familie andererseits zurückgeht. Bevor wir zu diesem Schluss kommen, ist allerdings festzuhalten, dass der innerhalb von 2000 bis 2010 feststellbare Abstand ausschließlich auf dem schwächeren Volumen der britischen Schenkungen beruht, die sich seit den 1970er Jahren stabil bei 10 % der Erbschaften überhaupt halten, während sie in Frankreich wie in Deutschland auf

1 Sollte sich das auf globaler Ebene durchsetzen, könnte die Kapitalrendite sinken und ein stärkerer *life cycle wealth* könnte teilweise den übertragbaren Reichtum ersetzen (in dem Maße, in dem eine schwächere Rendite den zweiten Akkumulationstyp stärker entmutigt als den ersten, was nicht sicher ist). Wir kommen auf diese Fragen in Kapitel 12 zurück.

60–80 % des Gesamtvolumens gestiegen sind. Angesichts der Schwierigkeiten bei der Registrierung von Schenkungen und der unterschiedlichen Formen, in denen sie in den einzelnen Ländern gehandhabt werden, scheint dieser Abstand relativ zweifelhaft. Man wird nicht ausschließen können, dass er zumindest teilweise darauf zurückgeht, dass die Schenkungen für Großbritannien zu gering veranschlagt wurden. Leider ist es aufgrund der derzeitigen Datenlage nicht möglich, mit Gewissheit auszumachen, ob der schwächere Wiederanstieg des britischen Erbvolumens tatsächlich auf andere Verhaltensweisen zurückgeht (Briten, die über entsprechende Mittel verfügen, konsumieren mehr von ihrem Vermögen und geben weniger an ihre Kinder weiter als ihre französischen und deutschen Pendants) – oder bloß auf eine statistische Verzerrung (würde man dasselbe Erbschaft-Schenkungs-Verhältnis zugrunde legen wie das in Frankreich und Deutschland beobachtete, so läge das Erbvolumen in den Jahren 2000 bis 2010 bei 15 % des Nationaleinkommens – wie in Frankreich auch.

Die für die Vereinigten Staaten vorliegenden Erbschafts- und Schenkungsdaten werfen noch ernstere Probleme auf. Von der 1916 ins Leben gerufenen staatlichen Erbschaftssteuer war stets nur eine kleine Minderheit der Erbschaften betroffen (im Allgemeinen kaum 2 %). Die Steuererklärungspflicht für Schenkungen ist ebenfalls begrenzt, so dass die auf dieser Grundlage erhobenen Daten sehr unvollständig sind. Leider ist es nicht möglich, diese fehlenden Steuerdaten durch andere Quellen zu ersetzen. Gerade die von den Statistischen Ämtern in allen Ländern durchgeführten Umfragen sind ungeeignet, da sie Erbschaften und Schenkungen notorisch zu gering veranschlagen. Das führt zu erheblichen Erkenntnislücken, die von Arbeiten, die sich dieser Erhebungen bedienen, allzu oft vergessen werden. In Frankreich machen zum Beispiel die in Umfragen angegebenen Schenkungen und Erbschaften kaum die Hälfte des Volumens aus, das in den Steuerstatistiken erfasst ist (obwohl diese per definitionem einen niedrigeren Stand des tatsächlichen Volumens ausweisen, weil sie steuerbefreite Vermögenswerte wie Lebensversicherungen nicht erfassen). Die befragten Personen vergessen gern anzugeben, was sie tatsächlich erhalten haben, um ihre Vermögensentwicklung in günstigerem Licht erscheinen zu lassen (was im Übrigen einmal mehr einen Hinweis auf das Ansehen gibt, das Erbschaften in modernen Gesellschaften genießen).[1] In zahlreichen Ländern, namentlich in den Vereinigten Staaten, ist es leider nicht möglich, einen solchen Vergleich mit den Steuerstatistiken anzustellen. Aber es gibt keinen Anlass zu der Vermutung, die von den Befragten dort gemachten Angaben seien weniger unvollständig, zumal Erbschaften in den Vereinigten Staaten ein mindestens ebenso negatives Ansehen genießen.

So oder so macht es die mangelnde Verlässlichkeit der amerikanischen Quellen sehr schwer, die historische Entwicklung des Erbvolumens in den Vereinigten Staaten zu untersuchen. Das erklärt zum Teil auch die Kontroverse, die in den 1980er Jahren zwischen den Vertretern zweier Thesen entbrannte, die einander diametral entgegenstehen, nämlich zwischen Modigliani einerseits (der als erbitterter Verteidiger seiner Lebensphasentheorie an der Vorstellung festhielt, Erbvermögen machten kaum 20–30 % des amerikanischen Vermögens überhaupt aus) und andererseits Kotlikoff und Summers (die im Gegenteil anhand der vorliegenden Daten zu dem Schluss kamen, der Anteil ererbten Vermögens am Gesamtvermögen belaufe sich auf 70–80 %). Auf den jungen Studenten, der ich war, als ich zu Beginn der 1990er Jahre auf diese Arbeiten stieß, wirkte diese Kontroverse wie ein Schock: Wie konnte man sich derart uneins sein – und das unter seriösen Ökonomen? Dazu ist zunächst zu sagen, dass beide sich auf einigermaßen unzulängliche Daten stützen, die damals für das Ende der 1960er und den Beginn der 1970er Jahre vorlagen. Prüft man jene Schätzungen im Lichte der heute verfügbaren Daten, so scheint die Wahrheit dazwischen zu liegen, aber doch eher auf der Seite von Kotlikoff und Summers: Ererbte Vermögen machen zwischen 1970 und 1980 in den Vereinigten Staaten zweifellos 50–60 % des Privatvermögens aus.[2] Versucht man die Entwicklung des Anteils ererbter Vermögen im 20. Jahrhundert insgesamt einzuschätzen, wie wir es für Frankreich in Grafik 11.7 (bei sehr viel besserer Quellenlage) getan haben, so scheint die U-Kurve für die Vereinigten Staaten weniger ausgeprägt und der Anteil der Erb-

---

1 Vgl. dazu das beeindruckende Buch von A. Gotman: *Dilapidation et prodigalité*, Paris: Nathan 1995, das sich auf Gespräche mit Erben stützt, die große Erbschaften verschleudert haben.

2 Modigliani hat insbesondere die in den ererbten Vermögen kapitalisierten Einkommen völlig außer Acht gelassen. Kotlikoff und Summers dagegen haben sie ohne Einschränkung berücksichtigt (auch für den Fall, dass die kapitalisierte Erbschaft das Vermögen des Erben übersteigt). Vgl. Technischer Anhang für eine detaillierte Analyse dieser Fragen.

schaft sowohl zu Beginn des 19. Jahrhunderts als auch zu Beginn des 21. Jahrhunderts etwas geringer als in Frankreich zu sein (und von 1950 bis 1970 etwas stärker). Der Hauptgrund dafür ist das stärkere amerikanische Bevölkerungswachstum, das zugleich einen geringeren Kapitalstock im Verhältnis zum Nationaleinkommen (β-Effekt) und ein weniger starkes Altern der Vermögen mit sich bringt (Effekte m und μ). Der Unterschied sollte indessen nicht überbewertet werden: Auch in Amerika spielen die Erbschaften eine große Rolle. Vor allem hat, um das einmal mehr zu betonen, dieser Unterschied zwischen Europa und Amerika wenig mit einem apriorischen, überzeitlichen Unterschied zwischen den Kulturen zu tun, sondern vor allem mit Unterschieden der demographischen Struktur und des Bevölkerungswachstums. Sollte das Bevölkerungschwachstum in den Vereinigten Staaten eines Tages zum Erliegen kommen, wie es die langfristigen Vorhersagen vermuten lassen, wird die Rückkehr der Erbschaft in den Vereinigten Staaten wahrscheinlich ebenso stark sein wie in Europa.

Um die Entwicklung der Erbschaft in den Entwicklungs- und Schwellenländern zu untersuchen, fehlen uns leider verlässliche historische Quellen. Unter der Voraussetzung, dass die demographische und ökonomische Wachstumsrate schließlich sinken wird, wie sie es in diesem Jahrhundert logischerweise tun sollte, ist es eine plausible Annahme, dass die Erbschaft in den meisten Ländern ungefähr die Bedeutung erlangen wird, die wir aus der Geschichte für Länder mit geringem Wachstum kennen. In dem Maße, in dem bestimmte Länder einem negativen Bevölkerungswachstum entgegensehen, könnte die Erbschaft sogar ein bislang ungekanntes Gewicht gewinnen. Man muss allerdings betonen, dass dies Zeit braucht. In Anbetracht des Wachstums, das gegenwärtig in den Schwellenländern, etwa in China zu beobachten ist, bleibt das Erbvolumen offenbar fürs Erste sehr gering. Für Chinesen im Erwerbsalter, deren Einkommen derzeit Wachstumsraten von 5–10 % erlebt, besteht kein Zweifel daran, dass ihr Vermögen in der überwältigenden Mehrheit der Fälle von ihrer Ersparnis abhängt – und nicht von der ihrer Großeltern, deren Einkommen um ein Vielfaches geringer als ihr eigenes war. Die Rückkehr der Erbschaft im globalen Maßstab ist zweifellos eine Perspektive für die zweite Hälfte des 21. Jahrhunderts. In den kommenden Jahrzehnten wird sie dagegen eine Realität sein, die Europa und in geringerem Maße die Vereinigten Staaten betrifft.

12.

GLOBALE VERMÖGENSUNGLEICHHEIT IM 21. JAHRHUNDERT

Wir haben die Dynamik der Vermögensungleichheiten bislang zu sehr aus nationaler Perspektive betrachtet. Natürlich haben wir mehrfach anklingen lassen, welche zentrale Rolle die ausländischen Vermögenswerte in Großbritannien oder im Frankreich des 19. Jahrhunderts und der Belle Époque gespielt haben. Das genügt freilich nicht, zumal die Frage nach den ausländischen Vermögenswerten vor allem die Zukunft betrifft. Wir müssen daher die globale Dynamik der Vermögensungleichheit und die Hauptkräfte untersuchen, die zu Beginn des 21. Jahrhunderts am Werk sind. Besteht nicht die Gefahr, dass die Kräfte der finanziellen Globalisierung in diesem beginnenden Jahrhundert zu einer Kapitalkonzentration führen, die stärker sein wird als alles, was wir aus der Vergangenheit kennen – immer vorausgesetzt, dies ist nicht schon der Fall?

Wir werden dieser Frage zunächst auf der Ebene individueller Vermögen (wird der Anteil der Superreichen am globalen Kapital, die in den Ranglisten der Magazine aufgeführt sind, im 21. Jahrhundert unbegrenzt wachsen?), dann auf der Ebene der Ungleichheiten zwischen Ländern nachgehen (werden die reichen Länder von heute irgendwann den Ölförderländern oder China gehören – oder doch eher den eigenen Milliardären?). Zuvor müssen wir auf eine bislang vernachlässigte Kraft zu sprechen kommen, die eine entscheidende Rolle für die Analyse all dieser Entwicklungen spielen wird: die Ungleichheit der Kapitalrenditen.

Die Ungleichheit der Kapitalrenditen

Eine geläufige Hypothese ökonomischer Modelle besagt, das Kapital werfe für alle Kapitaleigentümer, ob groß oder klein, ein und dieselbe Durchschnittsrendite ab. Nichts ist ungewisser. Es ist sehr gut möglich, dass größere Vermögen im Durchschnitt höhere Renditen erzielen. Das mag mehrere Gründe haben. Der naheliegendste ist, dass man über mehr Mittel verfügt, um Anlageberater und andere Vermögensverwalter zu beschäftigen, wenn man 10 Millionen und nicht bloß 100 000 Euro – oder 1 Milliarde und nicht bloß 10 Millionen Euro hat. In dem Maße, in dem Anlageberater, im Durchschnitt, eher in der Lage sind, die besten Anlagemöglichkeiten zu erkennen, führen diese mit dem Portfoliomanagement verbundenen Größeneffekte («Skaleneffekte») automatisch zu einer höheren Durchschnittsrendite für größere Vermögen. Der zweite Grund ist, dass es leichter fällt, Risiken einzugehen und Geduld zu beweisen, wenn man über umfangreiche Rücklagen verfügt, statt fast nichts zu besitzen. Aus beiden Gründen – und wenn nicht alles täuscht, ist der erste ausschlaggebender als der zweite –, ist es durchaus wahrscheinlich, dass es bei einer durchschnittlichen Kapitalrendite von 4 % pro Jahr den größeren Vermögen gelingt, mehr zu erzielen, zum Beispiel 6–7 % pro Jahr, während die kleinen sich häufig mit einer Durchschnittsrendite von kaum 2–3 % pro Jahr begnügen müssen. Tatsächlich werden wir sehen, dass die bedeutendsten Vermögen (ererbte eingeschlossen) – in den letzten Jahrzehnten sehr hohe Renditen erzielt haben (etwa 6–7 % pro Jahr), die deutlich über dem durchschnittlichen Vermögenswachstum liegen.

Ein solcher Mechanismus kann, wie leicht zu sehen ist, automatisch zu einer radikalen Divergenz der Kapitalverteilung führen. Wachsen Vermögen des obersten Dezils oder Perzentils der globalen Kapitalhierarchie strukturell schneller als die der unteren Dezile, so tendiert die Ungleichverteilung naturgemäß dazu, grenzenlos zuzunehmen. Im Rahmen der neuen Weltwirtschaft droht dieser Prozess der Verstärkung von Ungleichheit ein bislang unbekanntes Ausmaß anzunehmen. Wendet man das in Kapitel 1 beschriebene Gesetz des Zinseszinses an, so zeigt sich auch, wie rasch dieser Divergenzmechanismus fortschreiten kann. Sollte er sich unbegrenzt entfalten, könnte der Anteil der sehr großen Vermögen am globalen Kapital in einigen Jahrzehnten extreme Niveaus erreichen. Die Ungleichheit der Kapitalrenditen ist eine Divergenzkraft, durch die die Wirkung der Ungleichung r > g erheblich erweitert und verschärft wird. Und sie führt dazu, dass die Differenz r – g für den Fall der bedeutendsten Vermögen größer sein kann als für die Wirtschaft insgesamt.

Logisch betrachtet ist die einzige «natürliche», also nicht auf staatlichen Eingriffen beruhende Gegenkraft erneut das Wachstum. Wenn das globale Wachstum stark ist, hält sich der Höhenflug sehr großer Vermögen insofern relativ in Grenzen, als ihre Wachstumsrate nicht unverhältnismäßig über dem Durchschnittswachstum von Einkommen und Vermögen überhaupt liegt. Um das zu konkretisieren: Bei einem globalen Wachstum von 3,5 % im Jahr, wie es von 1990 bis 2012 durchschnittlich zu beobachten war – ein Rhythmus, der sich von 2012 bis 2030 fortsetzen könnte –, ist die Abkopplung der sehr großen Vermögen gewiss ein unübersehbares Phänomen, aber nicht so spektakulär, wie sie das bei einem globalen Wachstum von nur 1 % oder 2 % pro Jahr wäre.

Zudem hat das starke globale Wachstum derzeit eine erhebliche demographische Komponente und geht mit dem raschen Aufstieg von Vermögen aus den Schwellenländern in die Riege der weltweit größten Vermögen einher. Daher der Eindruck einer starken Umwälzung und zugleich in den reichen Ländern das wachsende und bedrückende Gefühl zurückzufallen, das bisweilen alle anderen Belange überschattet. Dennoch ist langfristig – wenn das globale Wachstum wieder auf einen niedrigeren Stand gefallen ist – das Bedrängendste nicht die Frage, ob und wie die Nationen untereinander aufholen. Der bei weitem besorgniserregendste Mechanismus der Erzeugung von Ungleichheit ist jener, der sich aus der Ungleichheit der Kapitalrendite ergibt. Auf lange Sicht ist die Vermögensungleichheit innerhalb von Nationen zweifelsohne noch besorgniserregender als die Ungleichheit zwischen Nationen.

Wir werden uns der Frage nach der Ungleichheit der Kapitalrenditen nähern, indem wir zunächst einen Blick durch das Prisma internationaler Ranglisten individueller Vermögen werfen. Wir werden dann den Fall der Renditen untersuchen, die von den Stiftungsvermögen großer amerikanischer Universitäten erzielt werden – ein Beispiel, das sich vielleicht anekdotisch ausnimmt, aber eine klare und nüchterne Analyse der Ungleichheit der Rendite in Abhängigkeit von der Größe des Ausgangsportfolios erlaubt. Und wir werden schließlich der Frage nach den Staatsfonds, insbesondere der Ölförderländer und Chinas, und ihrer Rendite nachgehen, um von da aus auf die Frage nach der Vermögensungleichheit zwischen Ländern zurückzukommen.

Die Entwicklung globaler Vermögensranglisten

Geringschätzung für Vermögensranglisten, wie *Forbes* in den Vereinigten Staaten und zahlreiche Wochenzeitschriften anderer Länder sie veröffentlichen, gehört unter Forschern zum guten Ton. Tatsächlich sind diese Daten mit gravierenden Mängeln behaftet und werfen, gelinde gesagt, zahlreiche Probleme auf. Immerhin haben sie das Verdienst, da zu sein und auf ihre Weise ein starkes und legitimes soziales Bedürfnis nach Auskunft zu einer wichtigen Frage unserer Zeit zu befriedigen: zur globalen Wohlstandsverteilung und ihrer Entwicklung. Davon sollten die Ökonomen sich inspirieren lassen. Insbesondere die nationalen Behörden und Statistischen Ämter hinken der fortschreitenden Internationalisierung von Vermögen hinterher. Sie greifen auf Beobachtungsinstrumente zurück, zum Beispiel Haushaltsbefragungen in den einzelnen Ländern, die nicht zur Analyse der Prozesse taugen, mit denen wir es zu Beginn dieses Jahrhunderts zu tun haben. Die von den Zeitschriften vorgelegten Vermögensranglisten können und müssen verbessert werden, insbesondere durch den Vergleich mit staatlich erhobenen Daten, Steuerstatistiken und Bankdaten, aber es wäre lächerlich und kontraproduktiv, sie zu ignorieren, zumal bis auf den heutigen Tag jene amtlichen Quellen auf internationaler Ebene sehr schlecht koordiniert sind. Wir werden also herauszufinden suchen, welche nützlichen Lehren sich aus diesen Siegerlisten des Reichtums ziehen lassen.

Die älteste und systematischste Klassifizierung ist die globale Rangliste von Milliardären, die seit 1987 vom amerikanischen Magazin *Forbes* veröffentlicht wird. Jedes Jahr versuchen die Journalisten unter Aufbietung aller Quellen eine vollständige Liste aller Personen zu erstellen, die weltweit ein Nettovermögen von über einer Milliarde Dollar besitzen. Die Rangliste wurde 1987 bis 1995 von einem japanischen, 1995 bis 2009 von einem amerikanischen und 2010 bis 2013 von einem mexikanischen Milliardär angeführt. *Forbes* zufolge zählte die Welt 1987 kaum 140 Dollarmilliardäre, 2013 sind es 1400, womit sich die Zahl verzehnfacht hat (siehe Grafik 12.1). Allerdings sind diese spektakulären Zahlen, die jedes Jahr rund um die Welt durch die Medien gehen, in Anbetracht der Inflation und des globalen Wachstums seit 1987 nicht ganz einfach zu interpretieren. Bezieht man sie auf die Weltbevölkerung und die Gesamtheit der Privatvermögen auf globaler Ebene (deren Entwicklung wir im zweiten Teil untersucht haben), so erhält man folgende Ergebnisse, die etwas belastbarer sind: 1987 zählte die Welt kaum 5 Milliardäre pro 100 Millionen erwachsener Einwohner, 2013 sind es 30; 1987 besaßen die Milliardäre gerade 0,4 % des globalen Privatvermögens, 2013 sind es mehr als 1,5 %, wodurch es ihnen gelungen ist, den am Vorabend der globalen Finanzkrise und der Lehman-Pleite erreichten Rekord von 2008 zu brechen (siehe Grafik 12.2).[1] Diese Art, die Daten darzustellen, hilft freilich auch nicht viel weiter. Denn dass eine im Verhältnis zur Bevölkerung sechsmal größere Gruppe einen viermal größeren Teil des globalen Reichtums besitzt, ist nicht weiter erstaunlich.

Sinnvoll sind solche Ranglisten nur, wenn man die Entwicklung des Vermögens untersucht, das ein fester Prozentsatz der Bevölkerung besitzt, zum Beispiel das reichste Zwanzigmillionstel der erwachsenen Weltbevölkerung, also etwa 150 Personen bei 3 Milliarden Erwachsenen am Ende der 1980er Jahre und 225 Personen bei 4,5 Milliarden Erwachsenen zu Beginn der 2010er Jahre. Wie sich dabei herausstellt, ist das Durchschnittsvermögen dieser Gruppe von kaum 1,5 Milliarden Euro um das Jahr 1987 auf fast 15 Milliarden um 2013 gestiegen, was einem Jahreszuwachs von durchschnittlich 6,4 % über der Inflation entspricht.[2] Betrachtet man nun das reichste Hundertmillionstel der Weltbevölkerung, also etwa 30 Personen bei 3 Milliarden Erwachsenen am Ende der 1980er Jahre und 45 Personen bei

1 Zur Erinnerung: Das weltweite BIP, nach Kaufkraftparität gemessen, beläuft sich 2012/13 auf etwa 85 000 Milliarden Dollar (ungefähr 70 000 Milliarden Euro); das gesamte Privatvermögen (Immobilien- und Finanzwerte, Betriebsvermögen abzüglich Schulden) beläuft sich nach unseren Schätzungen auf ungefähr das Vierfache des weltweiten BIP, also 340 000 Milliarden Dollar (280 000 Milliarden Euro). Vgl. Kapitel 1, Kapitel 6 und Technischer Anhang.

2 Die Inflation liegt in diesem Zeitraum bei etwa 2–2,5 % pro Jahr (sie ist in Euro etwas schwächer als in Dollar; vgl. Kapitel 1). Alle detaillierten Datenreihen sind online im Technischen Anhang verfügbar.

Grafik 12.1.: Zwischen 1987 und 2013 ist nach *Forbes* die Zahl der Milliardäre weltweit von 140 auf 1400 gestiegen, ihr Gesamtvermögen von 300 Milliarden Dollar auf 5400 Milliarden Dollar. Quellen und Reihen: siehe piketty.pse.ens.fr/capital21c.

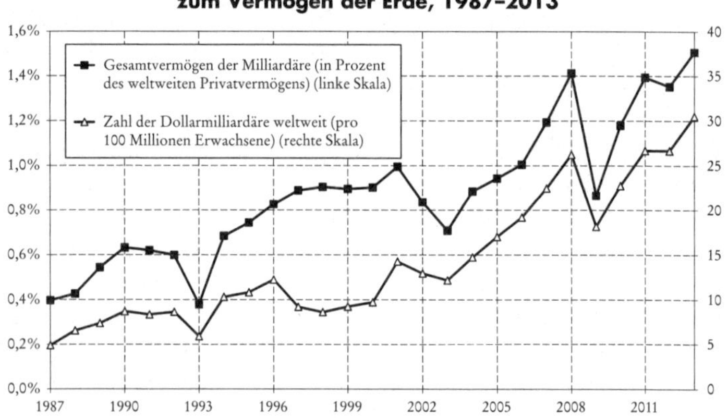

Grafik 12.2.: Von 1987 bis 2013 ist nach *Forbes* die Zahl der Dollarmilliardäre pro 100 Millionen Erwachsene von 5 auf 30 gestiegen, und ihr Anteil am weltweiten Privatvermögen von 0,4 % auf 1,5 %. Quellen und Reihen: siehe piketty.pse.ens.fr/capital21c.

4,5 Milliarden Erwachsenen zu Beginn der 2010er Jahre, so ist deren Durchschnittsvermögen in derselben Zeit von kaum mehr als 3 Milliarden auf fast 35 Milliarden Dollar gestiegen, was einem noch etwas höheren Jahreszuwachs von durchschnittlich 6,8 % über der Inflation entspricht. Zum Vergleich: Das globale Durchschnittsvermögen pro Erwachsenem ist – wie in Tabelle 12.1 dargestellt – um 2,1 %, das globale Durchschnittseinkommen um 1,4 % pro Jahr gestiegen.[1]

Tabelle 12.1
Die Wachstumsrate der weltweit größten Vermögen, 1987–2013

Durchschnittliche reale Wachstumsrate pro Jahr *(inflationsbereinigt)*	Periode 1987–2013
Das reichste Hundertmillionstel *(ungefähr 30 Erwachsene auf 3 Milliarden in den 1980er Jahren, 45 Erwachsene auf 4,5 Milliarden in den 2010er Jahren)*	6,8 %
Das reichste Zwanzigmillionstel *(ungefähr 150 Erwachsene auf 3 Milliarden in den 1980er Jahren, 225 Erwachsene auf 4,5 Milliarden in den 2010er Jahren)*	6,4 %
Weltweites Durchschnittsvermögen pro Erwachsenem	2,1 %
Weltweites Durchschnittseinkommen pro Erwachsenem	1,4 %
Erwachsene Weltbevölkerung	1,9 %
Bruttoweltprodukt	3,3 %

Von 1987 bis 2013 sind die höchsten Welteinkommen um 6–7 % jährlich gestiegen, gegenüber einem jährlichen Wachstum des weltweiten Durchschnittsvermögens um 2,1 % und des weltweiten Durchschnittseinkommens um 1,4 %. All diese Wachstumsraten sind die realen Zahlen nach Inflation (die von 1987 bis 2013 bei 2,3 % lag).

Quellen und Reihen: siehe piketty.pse.ens.fr/capital21c.

Um das zusammenzufassen: Seit den 1980er Jahren haben Vermögen weltweit im Durchschnitt etwas schneller als Einkommen (das ist das im zweiten Teil untersuchte Phänomen des tendenziellen Anstiegs des Kapital-Einkommens-Verhältnisses) und die größten Vermögen sehr viel schneller als die Vermögen im Durchschnitt zugelegt (das ist wiederum die neue Tatsache, die aus den *Forbes*-Ranglisten in aller Deutlichkeit hervorgeht – vorausgesetzt natürlich, dass sie belastbar sind).

1 Berechnet man die Durchschnitte für die gesamte Weltbevölkerung (Kinder eingeschlossen), die von 1987–2013 deutlich weniger gewachsen ist als die erwachsene Bevölkerung (1,3 % pro Jahr statt 1,9 %), verschieben sich alle Wachstumsraten nach oben. Die Abstände zwischen ihnen werden davon kaum berührt. Siehe Technischer Anhang.

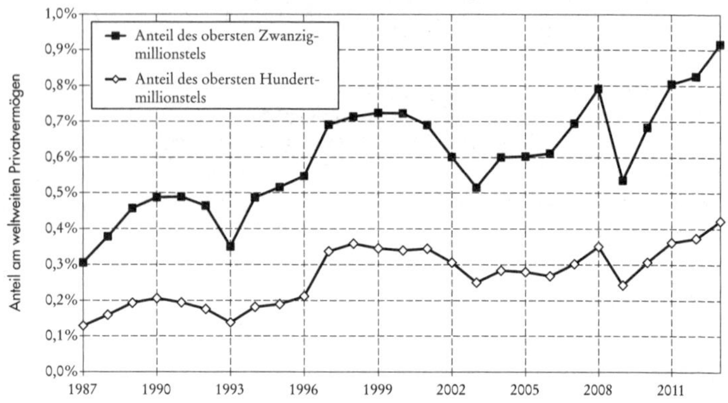

Grafik 12.3.: Von 1987 bis 2013 ist der Anteil des obersten Zwanzigmillionstels von 0,3 % auf 0,9 % des Gesamtvermögens gestiegen, der Anteil des obersten Hundertmillionstels von 0,1 % auf 0,4 %. Quellen und Reihen: siehe piketty.pse.ens.fr/capital21c.

Wie sich zeigt, hängt es stark von den jeweiligen Jahren ab, zu welchen genauen Ergebnissen man kommt. Betrachtet man etwa die Jahre 1990 bis 2010 und nicht 1987 bis 2013, sinkt die reale Wachstumsrate auf 4 % statt 6–7 % jährlich.[1] Das liegt daran, dass 1990 eine Hausse, 2010 eher eine Baisse am Aktien- und Immobilienmarkt herrschte (siehe Grafik 12.2). Aber ganz gleich, welche Jahre man sich anschaut, immer scheint die Wachstumsrate großer Vermögen strukturell höher – nämlich mindestens zweimal höher – als die des Durchschnittseinkommens und -vermögens zu sein. Eine Untersuchung des Anteils der verschiedenen Millionstel hoher Vermögen am Weltvermögen zeigt Vervielfachungen um mehr das als Dreifache in weniger als dreißig Jahren (siehe Grafik 12.3). Gewiss bleiben die Volumen relativ beschränkt, wenn man sie im Verhältnis zum Gesamtvermögen ausdrückt – aber die Divergenzrate ist darum nicht weniger spektakulär. Sollte sich eine solche Entwicklung unbegrenzt fortsetzen, könnten diese sehr kleinen Gruppen bis zum Ende des 21. Jahrhunderts einen sehr erheblichen Anteil am Weltvermögen besitzen.[2]

1 Siehe Technischer Anhang, Tabelle S12.1.

2 Nimmt man zum Beispiel an, die zwischen 1987 und 2013 auf der Ebene des obersten Zwanzigmillionstels beobachtete Divergenzrate gelte in Zukunft für das gesamte Fraktil, das von den 1400 Milliardären des Rankings von 2013 gebildet wird (also ungefähr das

Lässt diese Schlussfolgerung sich auf größere Segmente der weltweiten Vermögensverteilung ausdehnen (in welchem Fall es sehr viel rascher zu einer massiven Divergenz käme)? Der erste Vorbehalt gegenüber den in *Forbes* und anderen Zeitschriften veröffentlichten Vermögensranglisten lautet, dass sie zu wenige Personen erfassen, um aus makroökonomischer Perspektive wirklich bedeutsam zu sein. Ganz gleich, wie pharaonisch die Dimensionen einer Reihe individueller Vermögen sein und wie massiv die Divergenzen wachsen mögen – die Daten beziehen sich nur auf ein paar hundert Personen weltweit (manchmal auch ein paar tausend), die derzeit kaum mehr als 1 % des Weltvermögens halten.[1] Unglücklicherweise bleiben damit 99 % des Weltkapitals von der Untersuchung ausgenommen.[2]

Von den Ranglisten der Milliardäre zu den Globalen Vermögensberichten

Um darüber hinauszugehen und den Anteil des obersten Dezils, Perzentils oder Tausendstels der weltweiten Vermögenshierarchie einzuschätzen, müssen wir auf Steuerdaten und Statistiken zurückgreifen, wie wir sie in Kapitel 10 zu Rate gezogen haben. Wir haben dort einen tendenziellen Anstieg der Vermögensungleichheiten in allen reichen Ländern seit den 1980er Jahren konstatiert, in den Vereinigten Staaten ebenso wie in Europa. Es wäre daher nicht überraschend, wenn sich diese Tendenz auf globaler Ebene wiederfände. Leider enthalten die verfügbaren Quellen oft nur sehr ungefähre Angaben (es ist möglich, dass wir die Aufwärtstendenz in den reichen Ländern zu gering veranschlagen, und eine ganze Reihe von Schwellenländern ist insofern

---

oberste Dreimillionstel), dann würde der Anteil dieses Fraktils von 1,5 % um 2013 auf 7,2 % um 2050 und auf 59,6 % um 2100 steigen. Siehe Technischer Anhang.

1 Die nationalen Rankings der Magazine in verschiedenen Ländern, insbesondere in den Vereinigten Staaten, Frankreich, dem Vereinigten Königreich und Deutschland, bewegen sich in der Vermögenshierarchie etwas weiter nach unten als *Forbes*, so dass der Anteil der erfassten Vermögen zuweilen auf 2–3 % des gesamten Privatvermögens der fraglichen Länder steigt. Vgl. Technischer Anhang.

2 In den Medien werden die Vermögen der Milliardäre häufig im Verhältnis zum jährlichen Fluss der globalen Produktion ausgedrückt (oder aber zum BIP dieses oder jenes Landes, was zu furchteinflößenden Ergebnissen führt); es ist sinnvoller, sie im Verhältnis zum globalen Kapitalstock auszudrücken.

nicht erfasst, als die verfügbaren Quellen zumal mangels einer angemessenen Steuerprogression so unzulänglich sind, dass man zuweilen zögert, sie zu verwenden). Man wird daher gegenwärtig nur sehr schwer einschätzen können, wie der Anteil des obersten Dezils, Perzentils oder Tausendstels sich auf globaler Ebene entwickelt hat.

Um ein wachsendes soziales Bedürfnis nach Information zu diesen Fragen zu befriedigen, ist eine Reihe von internationalen Finanzinstitutionen in die Fußstapfen der Magazine getreten und hat deren Ranglisten durch die Veröffentlichung ihrer Globalen Vermögensberichte (*global wealth reports*) zu erweitern gesucht, die sich nicht auf Milliardäre beschränken. Namentlich Credit Suisse (eine der größten Schweizer Banken) veröffentlicht seit 2010 Jahr für Jahr einen ambitionierten, die gesamte Erdbevölkerung erfassenden Bericht über die weltweite Vermögensverteilung.[1] Andere Banken und Versicherungsgesellschaften – Merrill Lynch, Allianz etc. – haben sich auf Dollarmillionäre auf der ganzen Welt spezialisiert (die berühmten HNWI: *high net worth individuals*). Wer etwas auf sich hält, hat seinen eigenen Bericht, möglichst auf Hochglanzpapier. Natürlich entbehrt es nicht der Ironie, wenn Institute, die ihr Geld zu einem großen Teil mit Vermögensverwaltung machen, die Rolle der Statistischen Ämter zu übernehmen beginnen, um uneigennützig Erkenntnisse über globale Vermögensverteilung zu gewinnen. Auch muss man zur Kenntnis nehmen, dass diese Berichte sich häufig zu heroischen und nicht immer überzeugenden Hypothesen und Schätzungen aufschwingen, um ein wahrhaft «globales» Panorama der Vermögenslage zu bieten. Wie dem auch sei – im Allgemeinen erfassen sie nur die letzten, maximal zehn letzten Jahre und taugen nicht als Grundlage für die Untersuchung langfristiger Entwicklungen. Auch macht die extrem ausschnitthafte Natur der herangezogenen Daten es unmöglich, verlässliche Aussagen über Tendenzen globaler Ungleichverteilung von Vermögen zu treffen.[2]

---

1 Diese Berichte stützen sich insbesondere auf die innovativen Arbeiten von J. B. Davies, S. Sandström, A. Shorrocks und E. N. Wolff: «The level and distribution of global household wealth», *Economic Journal* 121 (2011), S. 223–54, sowie auf Daten der Art, wie sie in Kapitel 10 genutzt wurden. Siehe Technischer Anhang.

2 Im Allgemeinen beziehen sich die Quellen, auf deren Grundlage die Vermögensverteilungen geschätzt werden (für jedes Land einzeln) auf relativ weit zurückliegende Jahre, um dann allein unter Rückgriff auf aggregierte Daten von der Art der Volkswirtschaft-

Ganz wie die Ranglisten in *Forbes* und anderswo haben auch diese Berichte immerhin das Verdienst, dass es sie gibt – und bezeugen mittelbar, wie wenig die nationalen Statistischen Ämter die Rolle ausfüllen, die sie in dieser Frage übernehmen sollten. Es geht um ein Erfordernis demokratischer Transparenz: Solange es keine belastbaren Informationen über globale Vermögensverteilung gibt, wird man alles unter Einschluss seines Gegenteils behaupten können, um so die wildesten Phantasien zu nähren – in welche Richtung sie auch immer gehen mögen. Bis die entsprechenden Stellen ihrer Aufgabe gerecht werden, mögen jene Berichte, so unvollkommen sie sind, einen Beitrag zu einer sachlicher und diszipliniert geführten öffentlichen Diskussion leisten.[1]

Macht man sich die globale Perspektive der Vermögensberichte zu eigen und stellt die verschiedenen Schätzungen einander gegenüber, wird man ungefähr zu folgender Schlussfolgerung kommen: Die Ungleichverteilung von Vermögen auf globaler Ebene fällt zu Beginn der 2010er Jahre allem Anschein nach ähnlich stark aus wie in den europäischen Gesellschaften von 1900 bis 1910. Der Anteil des obersten Tausendstels scheint derzeit fast 20 %, der des obersten Perzentils ungefähr 50 %, der des obersten Dezils zwischen 80 % und 90 % des Gesamtvermögens auszumachen; die untere Hälfte der Weltbevölkerung besitzt zweifellos weniger als 5 % des Gesamtvermögens.

Konkret heißt das: Die reichsten 0,1 % der Erde, also ungefähr 4,5 Millionen aus einer erwachsenen Bevölkerung von 4,5 Milliarden besitzen ein Nettovermögen von etwa 10 Millionen Euro, also fast das Zweihundertfache des globalen Durchschnittsvermögens (etwa 60 000

lichen Gesamtrechnungen jährlich auf den neuesten Stand gebracht zu werden. Siehe Technischer Anhang.

1 In den französischen Medien hat es sich seit einigen Jahren eingebürgert, Frankreich als Opfer einer massiven Flucht der größten Vermögen zu beschreiben (ohne wirklich zu versuchen, die Information nicht bloß durch ein paar Anekdoten zu verifizieren). Umso erstaunter müssen dieselben Medien seit 2010 jeden Herbst in den Berichten der Credit Suisse zur Kenntnis nehmen, Frankreich sei der europäische Anführer der Vermögensrankings. Das Land wird Jahr für Jahr als Nummer 3 der Länder mit den meisten Dollarmillionären hinter den Vereinigten Staaten und Japan, aber deutlich vor Großbritannien und Deutschland geführt. In diesem Fall scheint die Information korrekt (soweit die vorliegenden Quellen ein Urteil darüber erlauben), auch wenn die Methoden der Credit Suisse dazu führen, die Zahl der deutschen Millionäre zu unterschätzen und dadurch den Abstand zwischen Frankreich und Deutschland zu überschätzen. Siehe Technischer Anhang.

Euro pro Erwachsenem), und daher einen Anteil von fast 20 % am Gesamtvermögen. Die reichsten 1 %, also ungefähr 45 Millionen aus 4,5 Milliarden Erwachsenen, besitzen ein Durchschnittsvermögen von um die 3 Millionen (es handelt sich *grosso modo* um denjenigen Teil der Bevölkerung, der individuell mehr als 1 Million Euro besitzt), also das Fünfzigfache des Durchschnittsvermögens, und daher einen Anteil am Gesamtvermögen von etwa 50 %.

Dabei dürfen keinesfalls die beträchtlichen Ungewissheiten vergessen werden (die auch das globale Gesamt- und Durchschnittsvermögen betreffen), mit denen diese Schätzungen behaftet sind. Mehr noch als von allen in diesem Buch herangezogenen Statistiken gilt von ihnen, das die angegebenen Größenordnungen nur der Orientierung dienen sollen.[1]

Diese sehr starke Vermögenskonzentration ist tatsächlich deutlich stärker als diejenige, die innerhalb der einzelnen Länder zu beobachten ist. Aber sie geht, wie man nicht vergessen sollte, zu einem großen Teil auf internationale Ungleichheiten zurück. Auf globaler Ebene beträgt das Durchschnittsvermögen kaum 60 000 Euro pro Erwachsenem, so dass sehr viele Einwohner der reichen Länder – Vertreter der «vermögenden Mittelschicht» eingeschlossen – im Rahmen der globalen Hierarchie insgesamt als sehr reich erscheinen. Aus demselben Grund ist es nicht ausgemacht, dass die Vermögensungleichheiten insgesamt auf globaler Ebene wirklich zunehmen. Es ist möglich, dass Aufholeffekte zwischen den Ländern derzeit die Oberhand über die Divergenzkräfte gewinnen – zumindest für eine gewisse Zeit. Die vorliegenden Daten erlauben es auf dem gegenwärtigen Stand noch nicht, diese Frage bündig zu entscheiden.[2]

Alle Informationen, über die wir verfügen, geben freilich Grund zu der Annahme, dass die Divergenzkräfte an der Spitze der globalen Vermögenshierarchie bereits überwiegen. Das gilt nicht allein für die Milliardenvermögen der *Forbes*-Rangliste, sondern zweifellos ebenso

1 Siehe Technischer Anhang.

2 Was die globale Vermögensverteilung auf individueller Ebene anbelangt, scheint der Höhenflug des Anteils der obersten Perzentile (der nicht alle Länder betrifft) ein Sinken des Gini-Koeffizienten auf globaler Ebene nicht verhindert zu haben (vorbehaltlich erheblicher Ungewissheiten bei der Messung von Ungleichheit in bestimmten Ländern, namentlich in China). Da die Vermögensverteilung sich sehr viel stärker an der Spitze der Verteilungshierarchie konzentriert, ist es freilich durchaus möglich, dass der Höhenflug der obersten Perzentile stärker ins Gewicht fällt. Siehe Technischer Anhang.

für Vermögen in der Größenordnung von 10 oder 100 Millionen Euro – damit aber für eine sehr viel größere Personengruppe, also Vermögensmasse: Die vom obersten Tausendstel gebildete gesellschaftliche Gruppe (4,5 Millionen Personen, die durchschnittlich etwa 10 Millionen Euro besitzen) besitzt etwa 20 % des Weltvermögens, was eine sehr viel substantiellere Größe ist als die von den *Forbes*-Milliardären gehaltenen 1,5 %.[1] Umso wichtiger ist es, die Tragweite des Divergenzmechanismus zu begreifen, der eine Gruppe dieser Größe ergreifen kann und namentlich von der Ungleichheit der Kapitalrendite bei Portfolios dieser Größe abhängt. Davon hängt es ab, ob diese Divergenz an der Spitze stark genug ist, um die Oberhand über den internationalen Aufholeffekt zu gewinnen. Ist der Divergenzprozess nur innerhalb der Gruppe der Milliardäre so massiv oder auch innerhalb der unmittelbar darunterliegenden Gruppen?

Profitiert zum Beispiel das oberste Tausendstel von einem Jahreszuwachs seines Vermögens von 6 %, während der Jahreszuwachs des Durchschnittsvermögens sich nur auf 2 % beläuft, so wird sich nach dreißig Jahren sein Anteil am globalen Kapital mehr als verdreifacht haben. Das oberste Tausendstel besäße dann mehr als 60 % des Weltvermögens. Im Rahmen der gegenwärtigen politischen Einrichtungen ist das nur schwer vorstellbar, es sei denn, man ginge von einem besonders wirkungsvollen Unterdrückungs- oder Überzeugungsapparat aus – oder von beidem. Und selbst wenn diese Gruppe einen Jahreszuwachs seines Vermögens von nur 4 % verbuchen dürfte, ergäbe sich daraus immer noch eine Verdopplung seines Anteils, der innerhalb von dreißig Jahren auf fast 40 % des Weltvermögens anwüchse. Das hieße erneut, dass die Divergenzkraft an der Spitze der Hierarchie die Aufhol- und Konvergenzkräfte auf globaler Ebene deutlich überwiegt. Der Anteil des obersten Dezils und Perzentils nähme erheblich zu, mit einer deutlichen Umverteilung von den Mittelschichten und oberen Mittelschichten auf die sehr Reichen. Aller Wahrscheinlichkeit nach riefe eine solche Verarmung der Mittelschichten heftige politische Reaktionen hervor. Natürlich kann man auf dem derzeitigen Stand nicht mit Gewissheit sagen, ob ein solches

1 Man kann das Durchschnittsvermögen des obersten Zehntausendstels (450 000 Erwachsene aus 4,5 Milliarden) auf etwa 50 Millionen Euro (fast das Tausendfache des weltweiten Durchschnittsvermögens) und seinen Anteil am Weltvermögen auf etwa 10 % schätzen.

Szenario sich bewahrheiten wird. Gleichwohl muss man sich klarmachen, dass die Ungleichung r > g, wenn sie durch die Ungleichheit der Kapitalrendite in Abhängigkeit von der Größe des Ausgangsvermögens verstärkt wird, potentiell zu einer globalen Dynamik der Vermögensakkumulation und -verteilung führt, die explosive Folgen zeitigen und eine völlig außer Kontrolle geratene Spirale der Ungleichheit in Gang setzen kann. Wie wir sehen werden, kann nur eine auf globaler Ebene (oder zumindest in ausreichend bedeutsamen regionalen ökonomischen Zonen wie Europa oder Nordamerika) erhobene progressive Kapitalsteuer einer solchen Dynamik wirkungsvoll Einhalt gebieten.

Erben und Unternehmer in den Vermögensranglisten

Jenseits einer bestimmten Grenze wachsen Vermögen mit extrem hohen Raten, ganz gleich, ob ihre Eigentümer einer Berufstätigkeit nachgehen oder nicht. So lautet eine der verblüffendsten Lehren, die aus den *Forbes*-Ranglisten zu ziehen ist. Gewiss sollte man die Genauigkeit der Schlussfolgerungen, die sich aus diesen Daten ziehen lassen, nicht überschätzen, da sie nur auf einer geringen Zahl von Beobachtungen und einem relativ approximativen und bruchstückhaften Erhebungsverfahren beruhen. Dennoch haben wir es hier mit einer bemerkenswerten Tatsache zu tun.

Führen wir ein besonders prägnantes Beispiel an, das sich an der äußersten Spitze der globalen Kapitalhierarchie findet. Zwischen 1990 und 2010 ist das Vermögen von Bill Gates – Gründer von Microsoft, globaler Marktführer für Betriebssysteme, Inbegriff unternehmerischen Reichtums und für mehr als zehn Jahre Nummer eins des *Forbes*-Rankings – von 4 Milliarden auf 50 Milliarden Dollar gestiegen.[1] In der gleichen Zeit ist, immer nach *Forbes,* das Vermögen von Liliane Bettencourt – Erbin von L'Oréal, des globalen Marktführers für Kosmetikprodukte, 1907 gegründet von ihrem Vater Eugène Schueller, einem genialen Erfinder von Haartönungen, denen eine große Zukunft beschieden war (sozusagen ein Nachfahre von César Birotteau) –

1 Bill Gates war die Nummer eins der *Forbes*-Rangliste von 1995 von 2007, bevor er 2008/09 Warren Buffet und von 2010–13 Carlos Slim Platz machen musste.

von 2 Milliarden auf 25 Milliarden Dollar gestiegen.[1] In beiden Fällen entspricht das einem durchschnittlichen Jahreszuwachs von 13 % zwischen 1990 und 2010, also einer inflationsbereinigten Realrendite von jährlich 10–11 %.

Liliane Bettencourt hat nie gearbeitet. Aber ihr Vermögen ist darum keinen Deut langsamer gewachsen als das des Erfinders Bill Gates. Dessen eigenes Vermögen hat sich im Übrigen seinerseits, nachdem er seine berufliche Tätigkeit aufgegeben hatte, ebenso schnell vermehrt wie zuvor. Ist ein Vermögen einmal da, folgt die Vermögensdynamik ihrer eigenen Logik und das Kapital kann über Jahrzehnte aufgrund des schieren Faktums seiner Größe substantiell zunehmen. Die von Portfoliomanagement und Risikobereitschaft gezeitigten Skaleneffekte werden dabei, wie besonders zu betonen ist, dadurch verstärkt, dass nahezu das gesamte Kapitaleinkommen rekapitalisiert werden kann. Bei einem Vermögen dieser Größe machen Lebenshaltungskosten des Besitzers maximal ein paar Zehntelprozente des Kapitals im Jahr aus, dessen Rendite darum fast vollständig reinvestiert werden kann[2] – ein elementarer, aber wirkungsvoller Mechanismus, dessen erhebliche Konsequenzen für die langfristige Vermögensakkumulation und -verteilung häufig unterschätzt werden. Geld reproduziert sich tendenziell von selbst. Diese elementare Realität war der Aufmerksamkeit Balzacs nicht entgangen, zum Beispiel in seiner Erzählung vom unaufhaltsamen finanziellen Aufstieg des Nudelfabrikanten: «Der Bürger Goriot trug das Kapital zusammen, das ihm später dazu dienen sollte, seinen Geschäften mit der ruhigen Überlegenheit nachzugehen, die eine große Menge Geld seinem Besitzer verleiht.»[3]

1 Die ersten Tönungen, 1907 erfunden, hießen *L'Auréale* nach einem Haarschnitt, der damals in Mode war und an einen Heiligenschein erinnerte, und führten 1909 zur Gründung der *Société française de teintures inoffensives* (Französische Gesellschaft für sanfte Tönungen), aus der nach Einführung zahlreicher anderer Marken (wie 1920 Monsavon) 1936 die Gesellschaft *L'Oréal* hervorging. Die Übereinstimmung mit César Birotteau, der nach dem Willen Balzacs sein Vermögen mit der Erfindung des *Eau carminative* und der *Double Pâte des sultanes* gemacht hatte, ist verblüffend.

2 Mit einem Kapital von 10 Milliarden Euro genügt es, 0,1 % des Kapitals aufzuwenden, um 10 Millionen zu konsumieren. Bei einer Rendite von 5 % ergibt das eine Sparquote von 98 %, die bei einer Rendite von 10 % auf 99 % steigt; die Konsumtion fällt jedenfalls nicht ins Gewicht.

3 Vgl H. de Balzac: *Le Père Goriot*, S. 105–9 (Übersetzung von Stefan Lorenzer).

Bemerkenswert ist auch, dass Steve Jobs, mehr noch als Gates im kollektiven Bewusstsein Inkarnation des sympathischen Unternehmers und seines wohlverdienten Reichtums, auf dem Gipfel seines Ruhms wie dem der Aktienkurse von Apple kaum mehr als 8 Milliarden besaß – also sechsmal weniger als der Gründer von Microsoft (obwohl nach dem Urteil zahlreicher Beobachter innovativer als Gates) und dreimal weniger als Liliane Bettencourt. In den *Forbes*-Rankings finden sich Dutzende von Erben, die reicher sind, als Jobs es je war. Offenbar ist Reichtum nicht nur Sache des Verdienstes – und das liegt zumal daran, dass ererbte Vermögen aufgrund der schlichten Tatsache ihrer Ausgangsgröße sehr hohe Renditen erzielen.

Leider lässt die Untersuchung dieser Tatsache sich hier nicht weiter vorantreiben, da Daten des *Forbes*-Typs für systematische und belastbare Analysen viel zu lückenhaft sind (anders sieht es zum Beispiel mit den Daten zum Stiftungskapital amerikanischer Universitäten aus, auf die wir uns weiter unten stützen). Zudem führen die von den Zeitschriften genutzten Methoden dazu, das Gewicht ererbter Vermögen deutlich zu gering zu veranschlagen. Journalisten verfügen zur Vermögenserfassung nicht über die umfassenden Informationen der Steuerbehörden oder Statistischen Ämter. Sie gehen pragmatisch vor, indem sie Informationen aus ganz unterschiedlichen Quellen sammeln, häufig auch Telefonate führen und Mails verschicken, was zu gewiss wertvollen, aber nicht durchweg belastbaren Informationen führt. Ein solcher Pragmatismus ist nicht schon verwerflich – und vor allem Konsequenz dessen, dass die Regierungen es versäumen, die entsprechenden Informationen zusammenzutragen, zum Beispiel auf der Grundlage jährlicher Vermögenserklärungen, was nicht nur im öffentlichen Interesse läge, sondern sich dank moderner Technologien weitgehend automatisieren ließe. Aber man muss sich die Konsequenzen deutlich vor Augen führen. Praktisch greifen die Journalisten meist auf Listen großer börsennotierter Unternehmen zurück und suchen deren Aktionärsstruktur zu ermitteln. Mit diesem Prozedere lässt sich unternehmerischer oder im Entstehen begriffener Reichtum (der meist stärker auf einzelne Unternehmen konzentriert ist) naturgemäß besser als ererbter Reichtum erfassen (der häufig in relativ diversifizierte Portfolios investiert ist).

Bei den größten ererbten Vermögen, die sich auf hohe zweistellige Milliardenbeträge belaufen (in Dollar oder Euro), wird man zweifellos unterstellen dürfen, dass die Vermögenswerte größtenteils innerhalb des Familienunternehmens angelegt sind (wie die Aktiva der Familie Bettencourt in L'Oréal oder in den Vereinigten Staaten die Aktiva der Familie Walton in Wal-Mart), wodurch diese Vermögen sich ebenso leicht erfassen lassen wie die von Bill Gates oder Steve Jobs. Aber das ist zweifellos nicht auf allen Ebenen der Fall. Weiter unten in den Ranglisten, bei Vermögen von einigen Milliarden (nach *Forbes* gibt es weltweit jedes Jahr hunderte neue Vermögen dieser Größenordnung) und vollends bei Vermögen im zweistelligen oder dreistelligen Millionenbereich, nimmt wahrscheinlich ein bedeutender Teil der ererbten Vermögen die Gestalt relativ diversifizierter Portfolios an. Das macht es den Journalisten schwer, diesen Vermögen auf die Spur zu kommen (zumal die fraglichen Personen anders als Unternehmer meist kein ausgeprägtes Interesse daran haben, in der Öffentlichkeit zu stehen). Aufgrund dieser elementaren statistischen Verzerrung neigen die Vermögensranglisten unvermeidlich dazu, die Bedeutung ererbter Vermögen zu gering zu veranschlagen.

Manche Zeitschriften, wie *Challenges* in Frankreich, betonen denn auch ausdrücklich, nur «unternehmensbezogene», also prinzipiell in ein bestimmtes Unternehmen investierte Vermögen auflisten zu wollen und sich nicht für Vermögen zu interessieren, die in Gestalt diversifizierter Portfolios vorliegen. Das Problem ist, dass man kaum Auskunft darüber erhält, was sie darunter verstehen. Wie viel Kapital des betreffenden Unternehmens muss man halten? Ab welcher Schwelle gilt das Vermögen als «unternehmensbezogen»? Hängt diese Schwelle von der Größe des Vermögens ab, und wenn ja, wie wird sie berechnet? Tatsächlich scheinen die Erfassungskriterien pragmatisch genug. In die Ranglisten schaffen es die Vermögen, von denen die Journalisten Kenntnis haben und die das festgesetzte Kriterium erfüllen (über eine Milliarde Dollar für den Fall der *Forbes*-Rangliste, eines der fünfhundert größten bekannten Vermögen für den Fall von *Challenges* und zahlreicher Magazine in anderen Ländern). Der Pragmatismus ist verständlich. Aber es ist leicht zu sehen, dass ein derart unpräziser Abtastmodus ernste Probleme aufwirft, will man Vergleiche zwischen verschiedenen Zeiten und Ländern anstellen. Zudem ist in den Ranglisten, ob von *Forbes*, *Challenges* oder anderen, die Beobachtungseinheit nie eindeutig definiert (prinzipiell Individuen, aber zuweilen stehen hinter den Vermögen ganze Familienverbände, was das

Ergebnis in die andere Richtung verzerrt, da es dazu führt, die Größe der Vermögen zu überschätzen). Es liegt auf der Hand, dass dies keine besonders belastbare Datengrundlage ist, um der Frage nach dem Anteil der Erbschaft an der Vermögensbildung und der Entwicklung von Vermögensungleichheiten nachzugehen.[1]

Erschwerend kommt hinzu, dass diese Zeitschriften oft eine unverkennbare ideologische Präferenz für Unternehmer an den Tag legen, in eins mit der mehr oder minder unverhohlenen Absicht, sie zu feiern – auch um den Preis ihrer Überschätzung. Man wird *Forbes* mit der Feststellung, es lese sich oft wie eine Hymne auf den Unternehmergeist und die Gemeinnützigkeit wohlverdienten Vermögens, umso weniger zu nahe treten, als es selbst ausdrücklich so auftritt. Steven Forbes, der Besitzer, selbst Milliardär und zweimal an der Nominierung zum Präsidentschaftskandidaten der Republikaner gescheitert, ist freilich selber Erbe. 1917 hatte sein Großvater das Magazin ins Leben gerufen und damit den Grund zu einem von ihm selbst noch aufgebauten Vermögen gelegt. Die im Magazin veröffentlichten Ranglisten schlagen übrigens manchmal eine Einteilung der Milliardäre in drei Gruppen vor: reine Unternehmer, reine Erben und schließlich jene, die ein ererbtes Vermögen vermehrt haben. Den in *Forbes* publizierten Daten zufolge macht jede dieser Gruppen etwa ein Drittel aus, allerdings mit einer – von *Forbes* behaupteten – Verringerung des Anteils reiner zugunsten partieller Erben. Das Problem ist, dass *Forbes* sich nie darüber erklärt hat, wie diese verschiedenen Gruppen genau definiert sind (und wo die Grenze zwischen ihnen genau verläuft). Auch wird die Höhe der Erbschaft nie spezifiziert.[2] Unter die-

1 Die in *Challenges* erwähnten Vermögen zwischen 50 und 500 Millionen Euro scheinen nicht zahlreich gemessen an der Zahl der Steuererklärungen in der entsprechenden Steuerklasse (zumal ein Gutteil des Betriebsvermögens nicht der Vermögensteuer unterliegt und daher in den Statistiken nicht auftaucht). Das mag daran liegen, dass die Rangliste von *Challenges* diversifizierten Vermögen nicht Rechnung trägt. Tatsächlich unterschätzen beide Quellen die Zahl großer Vermögen, allerdings aus entgegengesetzten Gründen (in *Challenges* werden die Betriebsvermögen überschätzt, in den Steuerstatistiken werden sie unterschätzt, in beiden Fällen aufgrund uneindeutiger und schwankender Definitionen). Das erzeugt bei den Bürgern Ratlosigkeit und den Eindruck der Undurchsichtigkeit. Siehe Technischer Anhang.

2 Begrifflich ist nicht ganz leicht zu definieren, was eine normale Rendite für ein ererbtes Vermögen ist. Die in Kapitel 11 gewählte Definition wendet auf alle Vermögen dieselbe Durchschnittsrendite an, was zweifellos dazu führt, Liliane Bettencourt als sehr «partielle» Erbin erscheinen zu lassen (in Anbetracht der sehr hohen Rendite auf ihr Ver-

sen Bedingungen lässt sich nicht leicht beurteilen, was es mit jener angeblichen Tendenz tatsächlich auf sich hat.

Was lässt sich in Anbetracht dieser Schwierigkeiten über den jeweiligen Anteil der Erben und Unternehmer an den größten Vermögen sagen? Berücksichtigt man sowohl die reinen als auch die partiellen Erben der *Forbes*-Ranglisten (und nimmt an, dass die Vermögen der letzteren zur Hälfte aus Erbschaften stammen) und weiterhin die methodologischen Verzerrungen, die zur Unterschätzung ererbter Vermögen führen, so ist es eine plausible Annahme, dass letztere mehr als die Hälfte der weltweit größten Vermögen ausmachen. Relativ realistisch scheint eine Schätzung auf ungefähr 60–70 %, also ein Niveau, das signifikant unter dem im Frankreich der Belle Époque beobachteten von 80–90 % liegt. Der Grund dafür könnte in der hohen Wachstumsrate liegen, die derzeit auf globaler Ebene zu beobachten ist und mit dem raschen Aufstieg neuer Vermögen aus den Schwellenländern in die Ranglisten einhergeht – aber das ist eine Hypothese, keine Gewissheit.

Die moralische Hierarchie der Vermögen

Es scheint mir dringlich, nicht bei einer Debatte über Verdienst und Vermögen stehen zu bleiben, die auf fragwürdigen Prämissen beruht und oft groteske Züge annimmt. Niemand wird ernsthaft bestreiten, dass eine Gesellschaft Unternehmer, Erfindungen und Innovationen braucht – die es selbstverständlich, so gut wie heute, auch in der Belle Époque gab, der wir das Automobil, das Kino, die Elektrizität und zahlreiche andere Neuerungen verdanken. Das heißt freilich nicht schon, alle Vermögensungleichheiten, auch die extremsten, seien durch jenes Argument im Geiste lebendigen Unternehmertums zu rechtfertigen. Das Problem liegt darin, dass die Ungleichung $r > g$, verstärkt durch die Ungleichheit der Renditen in Abhängigkeit vom Ausgangskapital, häufig zu einer extremen und dauerhaften Vermögenskonzentration führt. So angemessen er zu Beginn erscheinen mag – Reichtum vermehrt und verfestigt sich bisweilen bar jeder erdenklichen Grenze,

---

mögen), zweifellos partieller als Steve Forbes selber, der sich selbstverständlich zu denen zählt, die ein ererbtes Vermögen «vermehrt» haben. Siehe Technischer Anhang.

um über alles hinauszugehen, was sich unter Berufung auf irgendeinen sozialen Nutzen noch rational rechtfertigen ließe.

So werden tendenziell Unternehmer zu Rentiers, und das nicht allein in den folgenden Generationen, sondern auch innerhalb eines einzigen Lebens, zumal das individuelle Dasein sich immer mehr verlängert. Wer mit vierzig gute Ideen hat, muss mit neunzig nicht immer noch gute Ideen haben – so wenig wie die nächste Generation. Der Reichtum aber ist die ganze Zeit da, ja hat sich zuweilen, wie im Fall von Bill Gates oder Liliane Bettencourt, in zwanzig Jahren mehr als verzehnfacht.

Das ist der entscheidende Grund, der die Einführung einer Progressivsteuer rechtfertigt, die jährlich auf die weltweit größten Vermögen erhoben würde und die einzige Weise ist, diesen potentiell explosiven Prozess demokratisch zu kontrollieren, ohne die unternehmerische Dynamik einer offenen Volkswirtschaft zu beeinträchtigen. Dieser Idee und ihren Grenzen ist der vierte Teil dieses Buches gewidmet.

Halten wir auf dem gegenwärtigen Untersuchungsstand nur fest, dass wir mit dieser fiskalpolitischen Maßnahme auch die endlose Debatte über die moralische Hierarchie der Vermögen hinter uns lassen könnten. Aller Reichtum ist zugleich teilweise gerechtfertigt und potentiell zu groß. Den schieren Diebstahl gibt es ebenso selten wie das absolute Verdienst. Der Vorteil einer progressiven Kapitalsteuer liegt gerade darin, mit den unterschiedlichsten Situationen auf flexible, konsistente, vorhersehbare Weise umgehen zu können, während sie zugleich für genauere Informationen über die Vermögen und ihre Entwicklung, damit aber, und schon das ist ein Gewinn, für mehr demokratische Transparenz sorgt.

Allzu oft erschöpft sich die globale öffentliche Debatte über große Vermögen in ein paar kategorischen – und größtenteils willkürlichen – Behauptungen über die jeweiligen Verdienste des einen oder anderen. So ist es zum Beispiel derzeit beliebt, dem Anführer der globalen Vermögensrankings von 2010 bis 2013, Carlos Slim, einem mexikanischen Telekommunikations- und Immobilienmagnaten, der einer libanesischen Familie entstammt und von dem es in den westlichen Ländern oft heißt, er verdanke seinen Reichtum den Monopolrenten, die er als Günstling der (natürlich korrupten) Regierung seines Landes eingestrichen habe, seinen Vorgänger und Nachfolger auf dem Spitzenplatz gegenüberzustellen, den mit allen Tugenden des verdienstvollen Modellunternehmers gesegneten Bill Gates. Zuweilen gewinnt man fast den Eindruck, Bill Gates höchstpersönlich habe die Informatik und den Mikroprozessor erfunden und wäre noch zehnmal reicher, hätte man ihn gebührend für seine Grenzproduktivität und seinen Beitrag zum Weltwohl entlohnt (glücklicherweise sind die Menschen auf diesem Planeten in den Genuss seiner positiven «externen Effekte» gekommen). Ohne Zweifel rührt dieser wahre Kult von dem unbezähmbaren Bedürfnis moderner Gesellschaften her, Ungleichheiten einen Sinn zu verleihen. Um es kurz zu machen: Mir ist wenig darüber bekannt, wie Carlos Slim und Bill Gates im Einzelnen zu ihrem Reichtum gekommen sind, und ich bin außerstande, über ihre jeweiligen Verdienste Auskunft zu geben. Aber mir scheint doch, dass Bill Gates seinerseits von einem faktischen Quasi-Monopol auf Betriebssysteme profitiert hat (wie übrigens eine ganze Reihe von Vermögen im Bereich der neuen Technologien, von den Telekommunikationsanbietern bis zu Facebook). Im Übrigen gehe ich davon aus, dass seine Leistungen sich auf die Arbeiten ungezählter Ingenieure und Forscher stützen, die Grundlagenforschung in Elektronik und Informatik betrieben haben, ohne die keine Erfindung in diesem Bereich denkbar gewesen wäre und die sich ihre wissenschaftlichen Aufsätze nicht haben patentieren lassen. Kurzum: Es scheint mir überzogen, die beiden Einzelkarrieren einander so scharf entgegenzustellen – und das zumeist ohne den leisesten Versuch, die Tatsachen genauer zu prüfen.[1]

Was die japanischen Milliardäre anbelangt (Yoshiaki Tsutsumi und Taikichiro Mori), die vor Bill Gates von 1987 bis 1994 an der Spitze der *Forbes*-Rangliste standen, so glaubt man sich in den westlichen Ländern nicht einmal ihre Namen merken zu müssen. Zweifellos denkt man, sie hätten ihren Reichtum nur der Immobilien- und Börsenblase, zu der es damals im Land der aufgehenden Sonne ge-

1 Für besonders starke Behauptungen über die respektiven Verdienste von Bill Gates und Carlos Slim, die sich leider auf keinerlei präzise Informationen stützen, vgl. zum Beispiel D. Acemoglu/J. A. Robinson: *Why Nations Fail: The Origins of Power, Prosperity, and Poverty*, New York: Crown Publishers 2012, S. 34–41. Der scharfe Ton überrascht umso mehr, als das Buch gar nicht der idealen Verteilung von Reichtum gewidmet ist. Im Zentrum der Arbeit steht eine Verteidigung der Rolle, die im Entwicklungsprozess das auf die Britische, Französische, Amerikanische Revolution zurückgehende System der Eigentumsrechte gespielt hat (neuere Sozial- und Steuersysteme werden kaum berücksichtigt).

kommen war, oder ein paar dunklen asiatischen Geschäften verdankt. Das japanische Wachstum von den 1950er bis zu den 1980er Jahren war indessen das stärkste der Geschichte, sehr viel stärker als das der Vereinigten Staaten von 1990 bis 2010, und die Unternehmer werden daran nicht ganz unbeteiligt gewesen sein.

Statt sich Betrachtungen über die moralische Hierarchie der Vermögen hinzugeben, die sich in der Praxis häufig als Übungen in okzidentalzentristischem Dünkel entpuppen, scheint es mir sinnvoller, die allgemeinen Gesetze zu untersuchen, denen die Dynamik der Vermögensentwicklung ohne Ansehen der Person gehorcht, und über Weisen der Regulierung, namentlich der Besteuerung nachzudenken, die auf alle gleichermaßen Anwendung finden – von welcher Nationalität sie auch sein mögen. Als 2006 in Frankreich Arcelor (damals der zweitgrößte Stahlkonzern weltweit) vom Stahlmagnaten Lakshmi Mittal aufgekauft wurde, empörten sich die französischen Medien geschlossen über den indischen Milliardär. Dasselbe wiederholte sich 2012, als man die Investitionen in Florange als unzureichend empfand. In Indien ist man davon überzeugt, dass diese Feindseligkeit zumindest teilweise mit seiner Hautfarbe zusammenhängt. Und wer könnte mit Gewissheit das Gegenteil behaupten? Gewiss, Mittals Methoden sind brutal und sein Lebensstil ist skandalumwittert. Besonders empört zeigte sich die französische Presse über seine luxuriösen Londoner Residenzen, die «dreimal kostspieliger als seine ganze Investition in Florange» gewesen seien.[1] Die Empörung wird wohl weniger heftig ausfallen, wenn es um den luxuriösen Lebensstil in einer bestimmten Residenz im noblen Neuilly-sur-Seine geht, oder um einen anderen einheimischen Milliardär wie Arnaud Lagardère, seinerseits nicht für

1 Vgl. zum Beispiel das Magazin *Capital* (3. Dezember 2012): «180 Millionen Euro ... die Summe verblasst, verglichen mit dem Immobilienvermögen, das Firmenchef Lakshmi Mittal sich unlängst in London für das Dreifache zugelegt hat. Der Geschäftsmann hat tatsächlich die ehemalige Philippinische Botschaft gekauft (70 Millionen Pfund, also 86 Millionen Euro), dem Vernehmen nach für seine Tochter Vanisha. Kurz zuvor hatte der großzügige Familienvater seinen Sohn Aditys mit einer 117 Millionen Pfund (144 Millionen Euro) teuren Bleibe bedacht. Beide Immobilien liegen an der Straße *Kensington Palace Gardens*, auch «Allee der Milliardäre» genannt, unweit der väterlichen Residenz. Lakshmi Mittals eigene Unterkunft ist auch als «teuerstes Privathaus der Welt» bekannt und beherbergt ein türkisches Bad, einen juwelenbesetzten Pool, Marmor aus demselben Steinbruch wie der des Taj Mahal, Suiten und Quartiere für die Dienstboten... Alles in allem kosten die drei Behausungen 542 Millionen Euro, also das Dreifache der 180 Millionen von Florange.»

besondere Tugenden oder Verdienste um das Gemeinwesen bekannt, dem der französische Staat im selben Moment mehr als eine Milliarde Euro für seinen Anteil an EADS (*European Aeronautic Defence and Space Company*, dem weltweiten Führer in der Luftfahrttechnik) zahlte?

Ein letztes, noch extremeres Beispiel. Im Februar 2012 ließ die französische Justiz mehr als 200 Kubikmeter Besitz (Luxusautos, Gemälde alter Meister etc.) im Wohnsitz von Teodorin Obiang, Sohn des Diktators von Äquatorialguinea, an der Avenue Foch beschlagnahmen. Nichts könnte mir ferner liegen, als das Schicksal des Milliardärs zu beklagen: Es gibt keinen Zweifel, dass er seinen Anteil an jener Gesellschaft, der die Nutzung der Wälder von Guinea übertragen wurde (und aus der er offenbar den Löwenanteil seines Einkommens bezieht) nicht rechtmäßig erworben hatte und jene Ressourcen tatsächlich den Einwohnern von Äquatorialguinea gestohlen worden waren. Andererseits gibt die Affäre exemplarisch darüber Aufschluss, dass Privateigentum nicht ganz so heilig ist, wie zuweilen behauptet. Und es scheint auch, wenn man nur will, technisch durchaus machbar, sich einen Weg durch ein Gestrüpp von Scheinfirmen zu bahnen, mit deren Hilfe etwa Obiang seine Besitztümer und Beteiligungen verwaltet hat. Zweifellos könnte man in Paris oder London unschwer weitere Vermögen ausmachen, die sich letztlich der privaten Aneignung natürlicher Ressourcen durch den einen oder anderen russischen Oligarchen oder katarischen Milliardär verdanken. Es mag sein, dass diese privaten Aneignungen von Öl, Gas oder Aluminium sich nicht so unzweideutig wie Obiangs Wälder als schierer Diebstahl zu erkennen geben. Und es mag auch die Einleitung rechtlicher Schritte angemessener sein, wenn durch den Diebstahl ein sehr armes Land geschädigt wird.[1] Immerhin wird man zugeben müssen, dass zwischen diesen verschiedenen Fällen ein Kontinuum, kein absoluter Wesensunterschied besteht und im Übrigen Vermögen häufiger als

1 Das *Forbes*-Ranking führt ein bemerkenswertes, aber kaum präzise anwendbares Kriterium ein: Es schließt «Despoten» und darüber hinaus alle aus, deren Vermögen sich «ihrer politischen Stellung verdankt» (wie die Königin von England). Wurde das Vermögen allerdings gebildet, bevor die fragliche Person an die Macht kam, bleibt sie in der Liste. Der georgische Oligarch Bidzina Ivanishvili zum Beispiel taucht auch in der Liste von 2013 noch auf, obwohl er Ende 2012 Regierungschef wurde. Sein Vermögen soll sich auf 5 Milliarden Dollar belaufen, also auf ein Viertel des BIP seines Landes (zwischen 5 % und 10 % des georgischen Nationalvermögens).

suspekt eingestuft wird, wenn sein Besitzer schwarz ist. Fest steht jedenfalls, dass nicht alle Güter zweifelhafter Herkunft und alle Fälle ungerechtfertigten Reichtums auf dieser Welt die Gerichte beschäftigen können. Eine Kapitalsteuer eröffnet die Aussicht, dieser Frage auf systematischere und weniger grobschlächtige Weise gerecht zu werden.

Entscheidend ist, allgemeiner gesprochen, dass es ganz verschiedene Dinge sind, die in der Kapitalrendite oft eine unauflösliche Verbindung eingehen: Früchte unternehmerischer Arbeit (einer für die ökonomische Entwicklung unverzichtbaren Kraft), aber auch schieren Glücks (man ist zu rechten Zeit am rechten Ort, um zu einem guten Preis erfolgversprechende Anlagen zu erwerben) und schließlich einer Bereicherung, die auf schieren Diebstahl hinausläuft. Die Willkür der Vermögensakkumulation ist ein Phänomen, das in der Frage nach der Erbschaft nicht aufgeht. Kapitalerträge sind ihrer Natur nach volatil und unvorhersehbar, und können jedem Gewinne oder Verluste an der Börse oder aus Immobilien bescheren, die dem Lohn mehrerer Jahrzehnte entsprechen. An der Spitze der Vermögenshierarchie können noch gewaltsamere Wirkungen eintreten. So war es immer schon. Tolstoi hat in *Ibykus* (1926) den ganzen Schrecken des Kapitalismus beschrieben. 1917, in St. Petersburg, erschlägt der Buchhalter Simon Nevzorov einen Antiquitätenhändler, der ihm eine Anstellung versprochen hatte, und raubt ihm ein kleines Vermögen. Der Händler selbst hatte sich auf Kosten von Adligen bereichert, die vor der Revolution fliehen und ihm darum ihren Besitz zu Schleuderpreisen abtreten mussten. Nevzorov gelingt es, das Grundkapital in nur sechs Monaten zu verzehnfachen, indem er mit seinem neuen Freund Ritechev in Moskau eine Spielhölle eröffnet. Nevzorov ist der schäbige kleine Parasit, der lebendige Beweis dafür, dass Verdienst und Kapital nichts miteinander zu tun haben müssen. Am Anfang einer Akkumulation steht manchmal ein Raub, und die Rendite, die sich um die Herkunft des Kapitals nicht schert, ist oft nur die Fortsetzung jenes Verbrechens.

Die reine Kapitalrendite amerikanischer Universitätsstiftungen

Die Frage nach der Ungleichheit der Kapitalrenditen lässt sich genauer fassen, wenn man von einzelnen Personen absieht und einen Blick auf das besonders instruktive Beispiel der Kapitalausstattung amerikanischer Universitäten in den letzten Jahrzehnten wirft. Denn tatsächlich handelt es sich um einen der seltenen Fälle, in dem sehr vollständige Daten darüber vorliegen, welche Investitionen über einen sehr langen Zeitraum getätigt und welche reinen Renditen in Abhängigkeit von der Höhe des Grundkapitals jeweils erzielt wurden.

Es gibt in den Vereinigten Staaten derzeit mehr als achthundert öffentliche und private Universitäten, die eigene Stiftungsfonds verwalten. Die Größe dieser Fonds reicht von zweistelligen Millionenbeträgen (zum Beispiel der Ausstattung von 11,5 Millionen Dollar des North Iowa Area Community College, das 2012 auf Platz 785 rangierte) bis zu zweistelligen Milliardenbeträgen. An der Spitze des Rankings liegt unangefochten Harvard (mit etwa 30 Milliarden Dollar zu Beginn der 2010er Jahre), gefolgt von Yale (fast 20 Milliarden) sowie Princeton und Stanford (mehr als 15 Milliarden). Darauf folgen das MIT und Columbia mit etwas weniger als 10 Milliarden, die Universitäten von Chicago und Pennsylvania mit um die 7 Millliarden, und so fort. Insgesamt verfügen die etwa 800 amerikanischen Universitäten zu Beginn der 2010er Jahre über Aktiva in Höhe von fast 400 Milliarden Dollar (das ergibt einen Durchschnitt von etwas weniger als 500 Millionen pro Universität und einen Median von etwas unter 100 Millionen). Das ist gewiss weniger als 1 % der Privatvermögen amerikanischer Haushalte insgesamt. Aber es handelt sich gleichwohl um ein bedeutendes Volumen, das den amerikanischen Universitäten – oder zumindest einigen unter ihnen – jedes Jahr beträchtliche Mittel einbringt.[1] Vor allem, und daran haben wir besonderes Interesse, veröffentlichen die amerikanischen Universitätsstiftungen belastbare und detaillierte Jahresberichte über ihre Anlageergebnisse, mit deren Hilfe Jahr für Jahr die erzielten Renditen eingesehen werden können, was bei den meisten Privatvermögen nicht der Fall ist. Diese Daten sind seit den 1970er Jahren namentlich von der *National Association of College and University Business Officers* zusammengetragen worden, die seither Jahr für Jahr umfängliche Statistiken veröffentlicht.

---

1 Das Stiftungsvermögen aller amerikanischer Universitäten entspricht etwa 3 % des amerikanischen BIP, die pro Jahr erwirtschafteten Erträge belaufen sich auf etwa 0,2 % des BIP, das heißt auf knapp 10 % der Ausgaben für höhere Bildung in den Vereinigten Staaten. Aber dieser Anteil kann auf bis zu 30–40 % der Mittel in den am besten ausgestatteten Universitäten steigen. Im Übrigen spielen diese Kapitalausstattungen eine Rolle in der Führung und der Autonomie dieser Institutionen, die häufig ihr Gewicht im Rahmen der Gesamtmittel übersteigt.

Die Hauptergebnisse, die sich aus diesen Daten ergeben, finden sich in Tabelle 12.2.[1] Die erste Schlussfolgerung lautet, dass die von den amerikanischen Stiftungsvermögen erzielten Durchschnittsrenditen in den letzten Jahrzehnten außergewöhnlich hoch waren. Sie beliefen sich zwischen 1980 und 2010 auf durchschnittlich 8,2 % jährlich (und auf 7,2 %, wenn man sich auf die Zeit von 1990 bis 2010 beschränkt).[2] Gewiss gab es Höhen und Tiefen in jedem dieser Jahrzehnte, mit schwachen, ja negativen Renditen in einigen Jahren, zum Beispiel 2008/09, aber auch mit guten Jahren, in denen die Renditen der Stiftungsvermögen deutlich über 10 % lagen. Entscheidend ist aber, dass eine Berechnung der Durchschnittswerte über zehn, zwanzig oder dreißig Jahre extrem hohe Renditen ausweist – übrigens desselben Typs wie jene, die bei den Milliardären der *Forbes*-Ranglisten zu beobachten waren.

Tabelle 12.2
Die Rendite des Stiftungskapitals amerikanischer Universitäten, 1980–2010

Durchschnittliche Realrendite pro Jahr (nach Abzug von Verwaltungskosten und inflationsbereinigt)	Periode 1980–2010
Universitäten insgesamt (850)	8,2%
davon: Harvard – Yale – Princeton	10,2%
davon: Stiftungsvermögen über 1 Milliarde Dollar (60)	8,8%
davon: Stiftungsvermögen zwischen 500 Millionen und 1 Milliarde Dollar (66)	7,8%
davon: Stiftungsvermögen zwischen 100 und 500 Millionen Dollar (226)	7,1%
davon: Stiftungsvermögen unter 100 Millionen Dollar (498)	6,2%

Von 1980 bis 2010 haben die amerikanischen Universitäten eine durchschnittliche Realrendite von 8,2 % auf ihr Stiftungsvermögen erzielt, die umso höher ausfiel, je bedeutender ihr Grundkapital war. Die angegebenen Renditen sind um sämtliche Verwaltungskosten und um die Inflation bereinigt (die von 1980 bis 2010 bei 2,4 % pro Jahr lag).

Quellen und Reihen: siehe piketty.pse.ens.fr/capital21c.

1 Die verwendeten Daten sind im Wesentlichen den Berichten entnommen, die von der *National Association of College and University Business Officers* veröffentlicht werden, sowie den von mehreren Universitäten vorgelegten Finanzberichten (namentlich Harvard, Yale, Princeton). Siehe Technischer Anhang.

2 Siehe für die Resultate nach einzelnen Zeitabschnitten den Technischen Anhang, Tabelle S12.2.

Die in Tabelle 12.2 angegebenen Renditen sind, um das gleich zu präzisieren, die von den Stiftungsvermögen erzielten realen Nettorenditen – nach Berücksichtigung der Wertzuwächse, nach Inflation und Steuern (die es für gemeinnützige Stiftungen praktisch nicht gibt) sowie nach Abzug sämtlicher Geschäftsführungskosten, namentlich der Lohnsumme aller Personen, die innerhalb und außerhalb der Universität die Anlagestrategie der Stiftungen ausgearbeitet und umgesetzt haben. Es handelt sich tatsächlich in der genauen Bedeutung, die wir in diesem Buch festgehalten haben, um die reine Kapitalrendite, um das, was ein bestimmtes Kapital allein dadurch, dass man es besitzt, also unabhängig von jeder Arbeit abwirft.

Dass die erzielte Rendite mit dem Umfang der Kapitalausstattung erheblich steigt, ist die zweite Schlussfolgerung, die sich in aller Deutlichkeit aus Tabelle 12.2 ergibt. Bei den fünfhundert der achthundert Universitäten mit einem Stiftungsvermögen unter 100 Millionen liegt die Rendite von 1980 bis 2010 bei durchschnittlich 6,2 % (und von 1990 bis 2010 bei 5,1 %). Auch das ist schon gediegen und liegt signifikant über der von privaten Vermögen insgesamt während dieser Zeit erwirtschafteten Durchschnittsrendite.[1] Die Rendite steigt kontinuierlich mit der Höhe des Stiftungsvermögens. Die sechzig Universitäten, die eine Ausstattung von mehr als 1 Milliarde Dollar haben, erzielen von 1980 bis 2010 durchschnittlich 8,8 % (und 7,8 % von 1990 bis 2010). Und das Trio, das von 1980 bis 2010 unverändert an der Spitze liegt (Harvard, Yale, Princeton), erzielt 10,2 % von 1980 bis 2010 (und 10,0 % von 1990 bis 2010), also zweimal mehr als die weniger gut ausgestatteten Universitäten.[2]

Untersucht man die Anlagestrategien der verschiedenen Universitäten, so findet man auf allen Kapitalniveaus sehr stark diversifizierte Portfolios mit einer deutlichen Präferenz für amerikanische und ausländische Aktien sowie für private Anleihen (Staatsanleihen,

1 Man muss freilich unterstreichen, dass der Abstand im Wesentlichen auf die signifikanten Steuern zurückgeht, die Besitzer privater Vermögen meist entrichten müssen. Die durchschnittliche reale Jahresrendite vor Steuern beläuft sich von 1980 bis 2010 in den Vereinigten Staaten auf etwa 5 %. Siehe Technischer Anhang.

2 Die in Tabelle 12.2 in Klammern angegebene Zahl der Universitäten entspricht jeweils dem Stiftungsvermögen von 2010. Um die Ergebnisse nicht zu verzerren, haben wir die Renditen berechnet, indem wir die Universitäten nach ihrem Vermögen zu Beginn jedes Jahrzehnts klassifiziert haben. Alle detaillierten Ergebnisse sind im technischen Anhang verfügbar. Vgl. vor allem Tabelle S12.2.

insbesondere die von den Vereinigten Staaten ausgegebenen, die sich als wenig gewinnbringend erwiesen haben, fehlen in den größeren Stiftungsvermögen fast völlig). Je weiter man sich in der Hierarchie der Kapitalausstattung nach oben bewegt, umso mehr fällt die sehr starke Zunahme von «alternativen Strategien» auf, das heißt von Anlagen mit sehr hohen Renditen wie nicht börsennotierte Aktien (*private equity*), namentlich Auslandsaktien (die eine hohe Expertise erfordern), Hedgefonds, Derivate, Immobilien und Rohstoffe: Energien, natürliche Ressourcen und diverse Rohstoffderivate (die ihrerseits eine hohe Expertise erfordern und sehr hohe Renditen versprechen).[1] Was den Umfang dieser «alternativen Anlagen» anbelangt, deren einzige Gemeinsamkeit darin liegt, dass sie aus dem Rahmen der jedermann zugänglichen klassischen Geldanlagen fallen (Aktien, Anleihen), so machen sie in den Stiftungsvermögen unter 50 Millionen kaum 10 % der Portfolios aus, erreichen 25 % zwischen 50 und 100 Millionen, 35 % zwischen 100 und 500 Millionen, 45 % zwischen 500 Millionen und 1 Milliarde, um schließlich in den Stiftungsvermögen von über 1 Milliarde über 60 % der Portfolios auszumachen. Und aus den vorliegenden Daten, die den Vorzug haben, öffentlich zugänglich und extrem detailliert zu sein, geht völlig unzweideutig hervor, dass diese alternativen Anlagen es den sehr großen Stiftungsvermögen erlauben, an die 10 % Realrendite zu erreichen, während die kleineren sich mit 5 % begnügen müssen.

Interessant ist auch, dass die Volatilität der Renditen von Jahr zu Jahr bei den größten Stiftungsvermögen nicht stärker ausfällt als bei den kleineren. Die von Harvard oder Yale erzielte Rendite schwankt um ihren Mittelwert, aber sie tut das nur unerheblich mehr als die der kleineren Vermögen; und sobald man den Mittelwert über mehrere Jahre berechnet, liegt erstere systematisch höher als letztere, mit einem mehr oder weniger gleichbleibenden Abstand. Die von den großen Stiftungsvermögen erzielten höheren Renditen verdanken sich, anders gesagt, nicht prinzipiell einer höheren Risikobereitschaft, son-

1 Auch Immobilien können eine Anlage mit sehr hoher Rendite sein, sofern es einem gelingt, die weltweit besten Investitionsprojekte ausfindig zu machen (praktisch handelt es sich ebenso um Industrie- und Gewerbeimmobilien wie um Wohnimmobilien, zuweilen im großen Maßstab).

dern eher einer differenzierteren Anlagestrategie, die strukturell und dauerhaft bessere Ergebnisse erzielt.[1]

Kapital und Skaleneffekte

Wie lassen sich diese Tatsachen erklären? In der Hauptsache durch Skalen- und Größeneffekte, die sich aus den Kosten des Portfoliomanagements ergeben. Harvard wendet fast 100 Millionen Dollar jährlich an *management costs* für die Verwaltung seines Stiftungskapitals auf – Geld genug, um sich ein Spitzenteam hochqualifizierter Portfoliomanager zu leisten, das in der Lage sein sollte, die besten alternativen Anlagechancen rund um die Welt aufzuspüren. Aber gemessen am Stiftungskapital Harvards (etwa 30 Milliarden Dollar) sind dies Betriebskosten von kaum 0,3 % pro Jahr. Wenn dieser Einsatz es möglich macht, eine Jahresrendite von 10 % statt 5 % zu erzielen, dann ist das kein schlechtes Geschäft. Für eine Universität mit einer (schon beträchtlichen) Ausstattung von nur 1 Milliarde ist es dagegen völlig ausgeschlossen, 100 Millionen Dollar für ein Team von Vermögensverwaltern aufzuwenden: das wären Verwaltungsausgaben von 10 % pro Jahr. In der Praxis beschränken die Universitäten die Kosten für die Verwaltung ihres Vermögens auf unter 1 %, ja meist auf 0,5 % pro Jahr. Um 1 Milliarde Stiftungskapital zu verwalten, wird man daher 5 Millionen Dollar aufwenden, wofür man nicht dasselbe Team von Spezialisten für alternative Anlagen einstellen kann, das man für 100 Millionen bekommt. Und was das North Iowa Area Community College und sein Stiftungskapital von 11,5 Millionen anbelangt, so wird es sich in Anbetracht der Marktpreise selbst bei Aufwendung von 1 % jährlich mit einer Halb- ja Viertelzeitstelle für einen Vermögensverwalter begnügen müssen. Das ist immer noch mehr als das, was man sich mit einem dem amerikanischen Median entsprechenden Vermögen leisten kann: Wer 100 000 Dollar Vermögen hat, wird sein eigener Verwalter sein und sich im Zweifelsfall auf die Ratschläge seines Schwagers verlassen müssen. Natürlich sind Anlageberater und Vermögensverwalter, um das Mindeste zu sagen,

1 Das wird auch dadurch bestätigt, dass es kaum Umschwünge während dieser Zeit von dreißig Jahren gibt (1980 bis 2010): die Hierarchie der universitären Stiftungsvermögen bleibt im Wesentlichen unverändert.

nicht immer unfehlbar, aber im Durchschnitt doch eher in der Lage, gewinnbringende Anlagen zu erkennen – und das ist tatsächlich der Hauptgrund dafür, dass die größten Stiftungsvermögen die höchsten Renditen erzielen.

Diese Ergebnisse sind verblüffend, weil sie auf besonders konkrete und unmissverständliche Weise die Mechanismen offenlegen, die zu einer sehr starken Ungleichheit der Kapitalrendite in Abhängigkeit vom Volumen des Grundkapitals führen. Vor allem muss man sich vor Augen führen, dass für den Reichtum der größten amerikanischen Universitäten größtenteils diese Renditen verantwortlich sind – und nicht die Spenden der Alumni, die sich auf sehr viel geringere Summen in einer Höhe von etwa einem Fünftel oder Zehntel der Jahresrendite aus dem Stiftungsvermögen belaufen.[1]

Dennoch dürfen diese Ergebnisse nicht überinterpretiert werden. Insbesondere wäre es überzogen zu behaupten, aus ihnen ließe sich die Entwicklung der globalen Ungleichheit von Privatvermögen in den kommenden Jahrzehnten vorhersagen. Zunächst spiegelt sich in den sehr hohen Renditen für die Zeit von 1980 bis 2010 und 1990 bis 2010 zum Teil das im zweiten Teil analysierte langfristige Aufholen der Preise für Immobilien- und Finanzwerte auf globaler Ebene wider, bei dem es sehr gut möglich ist, dass es sich nicht fortsetzt (in welchem Fall sämtliche langfristigen Renditen, die wir oben angegeben haben, für die kommenden Jahrzehnte leicht nach unten korrigiert werden müssten).[2] Weiterhin ist es möglich, dass die Skaleneffekte so massiv nur bei extrem großen Portfolios auftreten, und weniger stark bei «bescheideneren» Vermögen um die 10 Millionen oder 50 Millionen zum Tragen kommen – bei Vermögen also, von denen wir gesehen

1 Im Fall Harvards zum Beispiel erzielt, wie den Jahresberichten zu entnehmen ist, das Stiftungsvermögen zwischen 1990 und 2010 eine Realrendite von 10 % pro Jahr, während die neuen Spenden, die in das Vermögen eingehen, durchschnittlich 2 % pro Jahr ausmachen. Von diesem realen Gesamteinkommen (Renditen und Spenden), das sich auf 12 % der Ausstattung beläuft, werden jährlich 5 % für das Budget der Universität aufgewandt und 7 % rekapitalisiert. Dadurch ist das Stiftungsvermögen von kaum 5 Milliarden Dollar um 1990 auf fast 30 Milliarden Dollar um 2010 gewachsen, während die Universität zugleich Mittel im Umfang des Zweieinhalbfachen der empfangenen Spenden konsumieren konnte.

2 Man muss freilich betonen, dass dieser historische Aufholeffekt nur für etwa 1 % zusätzliche Jahresrendite sorgen zu können scheint, was gemessen an den hier erwähnten Renditen nicht besonders ins Gewicht fällt. Siehe Technischer Anhang.

haben, dass sie einen sehr viel größeren Anteil am weltweiten Vermögen halten als die Milliardäre der *Forbes*-Rangliste.

Schließlich darf man nicht vergessen, dass sich in diesen Renditen, sieht man einmal von den für Verwaltungskosten aufgewandten Mitteln ab, auch die Fähigkeit der Institution ausspricht, fähige Vermögensverwalter zu bestellen. Aber Familien sind keine Institutionen. Irgendwann taucht ein verschwenderisches Kind auf und verschleudert das Vermögen – was dem *board* von Harvard schon deshalb nicht in den Sinn käme, weil sich dem eine ganze Reihe einflussreicher Leute in den Weg stellen und die schwarzen Schafe vor die Tür setzen würde. Es sind diese «Schocks», von denen Familienvermögen heimgesucht werden, die – prinzipiell – eine unbegrenzt wachsende Ungleichheit verhindern und auf ein Gleichgewicht der Vermögensverteilung hinwirken.

Und dennoch bieten diese Argumente noch keinen Grund zur Entwarnung. Es wäre jedenfalls unklug, sich auf die zeitlose, aber unbeständige Kraft des Familienverfalls zu verlassen, um der künftigen Vermehrung von Milliardären Einhalt zu gebieten. Wir haben bereits darauf hingewiesen, dass schon ein moderater Abstand $r > g$ ausreicht, um dauerhaft extreme Ungleichverteilung zu zeitigen. Es braucht keineswegs einen Anstieg der Rendite aller hohen Vermögen auf 10 % pro Jahr: Ein geringerer Abstand reicht aus, um einen starken Ungleichheitsschock hervorzurufen.

Zudem ersinnen begüterte Familien immer ausgeklügeltere Rechtsformen, um ihr Vermögen zu verwahren – *trust funds*, Stiftungen –, häufig aus steuerlichen Gründen, häufig aber auch, um es kommenden Generationen zu erschweren, nach Belieben mit den fraglichen Aktiva zu verfahren. Die Grenze zwischen fehlbaren Individuen und ehernen Stiftungen ist, anders gesagt, nicht so undurchlässig, wie man meinen könnte. Prinzipiell sind zwar der Möglichkeit, die Rechte künftiger Generationen zu beschneiden, sehr enge Grenzen gesetzt, seit die *entails*, die Fideikommisse, zumindest in Frankreich vor mehr als zwei Jahrhunderten abgeschafft wurden. Aber wenn der Einsatz es erfordert, lassen sich diese Regeln in der Praxis zuweilen doch umgehen. Oft ist es vor allem nicht ganz leicht, zwischen Familienstiftungen, die rein privaten, und gemeinnützigen Stiftungen, die karitativen Zwecken dienen, eindeutig zu unterscheiden. Faktisch nutzen Familien solche Strukturen, um beide Zwecke zu verfolgen, und achten im Allgemeinen sorgfältig darauf, die Kontrolle über die Stiftungen zu behalten, in der sie ihre Vermögenswerte anlegen – übrigens auch dann, wenn diese Stiftungen ausschließlich karitativer Natur zu sein behaupten.[1] Wie die Rechte von Kindern und Anverwandten in diesen komplexen Gebilden genau definiert sind, lässt sich oft nur schwer ausmachen, zumal die entscheidenden Details sich oft in Statuten verbergen, die nicht öffentlich sind – ganz abgesehen davon, dass Stiftungen mit karitativen Zwecken häufig um einen *trust fund* ergänzt werden, der eindeutiger auf die Wahrung familiärer Interessen gerichtet ist.[2] Bezeichnend ist, dass die steuerlich geltend gemachten Spenden sich oft drastisch reduzieren, wenn die Kontrolle verschärft wird (zum Beispiel dann, wenn Spender aussagekräftige Belege und Stiftungen detaillierte Jahresberichte vorlegen sollen, aus denen hervorgeht, dass ihr erklärter Zweck wirklich als gemeinnützig anerkannt ist und kein übermäßiger privater Nutzen aus der Stiftung gezogen wird). Auch das spricht für eine gewisse Durchlässigkeit zwischen privater und gemeinnütziger Ausrichtung solcher Rechtsformen.[3] Letztlich lässt sich kaum präzise angeben, welcher Anteil der Stiftungen wirklich gemeinnützigen Zwecken dient.[4]

---

1 Aufgrund dieser faktisch ausgeübten Kontrolle kann zum Beispiel die *Forbes*-Rangliste die Aktiva, die in der *Bill & Melinda Gates Foundation* angelegt sind, dem Privatvermögen von Bill Gates zurechnen. Die Kontrolle über sie zu behalten, scheint mit dem Begriff der interesselosen Gabe im Übrigen nicht vereinbar.

2 Laut Bernard Arnault, Hauptaktionär von LVMH (Weltmarktführer für Luxusgüter), dient die belgische Stiftung, in die er seine Aktien übertragen hat, weder der Steuervermeidung noch karitativen Zwecken, sondern allein dazu, den Fortbestand seines Erbes zu sichern. «Unter meinen fünf Kindern und zwei Neffen», so Arnault, «wird sich gewiss ein Nachfolger finden.» Was er fürchte, seien Streitereien. Indem er seine Aktien in die Stiftung überträgt, hindert er die Erben daran, Entscheidungen zu treffen, die zu einer Zerschlagung des Unternehmens führen könnten. Das erlaubt es, «den Fortbestand der Gruppe zu sichern, wenn ich einmal abtrete und meine Rechtsnachfolger sich nicht verstehen sollten». Vgl. *Le Monde* (11. April 2013).

3 Das geht besonders deutlich hervor aus den Arbeiten von Gabrielle Fack und Camille Landais, die auf der Auswertung einschlägiger Reformen in Frankreich und den Vereinigten Staaten beruhen. Siehe Technischer Anhang.

4 Für einen unvollständigen Einschätzungsversuch für die Vereinigten Staaten siehe Technischer Anhang.

Wie wirkt sich die Inflation auf die Ungleichheit der Kapitalrenditen aus?

Die Befunde zur Rendite von Universitätsstiftungen erlauben es uns auch, die Überlegungen zur reinen Kapitalrendite und zu den Ungleichheitseffekten der Inflation zu präzisieren. Wie wir in Kapitel 1 gesehen haben, scheint sich die Inflationsrate in den reichen Ländern seit den 1980er Jahren bei einer neuen Norm von etwa 2 % stabilisiert zu haben. Das ist weniger als die im 20. Jahrhundert erreichten Rekordmarken, aber es ist mehr als die Nullinflation oder annähernde Nullinflation, die im 19. Jahrhundert bis 1914 die Regel war. In den Schwellenländern ist die Inflation derzeit noch höher als in den reichen Ländern (sie steigt häufig über 5 %). Welche Auswirkungen hat es auf die Kapitalrendite, wenn die Inflation 2 % – oder 5 % – statt 0 % beträgt?

Zuweilen begegnet man der (irrigen) Auffassung, die Inflation reduziere die durchschnittliche Kapitalrendite. Das ist deshalb falsch, weil im Durchschnitt die Preise für Kapital, das heißt die Preise für Immobilien- und Finanzwerte dazu tendieren, mit der gleichen Geschwindigkeit zu steigen wie die Konsumentenpreise. Nehmen wir ein Land, in dem der Kapitalstock das Sechsfache des Nationaleinkommens ($\beta = 6$) und der Anteil des Kapitals am Nationaleinkommen 30 % ausmacht ($\alpha = 30\,\%$), was einer Durchschnittsrendite von 5 % entspricht ($r = 5\,\%$). Nehmen wir weiter an, in diesem Land steige die Inflation von 0 % auf 2 % pro Jahr. Sollte man wirklich davon ausgehen, darum werde die durchschnittliche Kapitalrendite von 5 % auf 3 % fallen? Offenbar nicht. Wenn die Konsumentenpreise um 2 % jährlich steigen, werden aller Wahrscheinlichkeit nach die Preise für Vermögenswerte im Durchschnitt ihrerseits um 2 % jährlich steigen. Es kommt also durchschnittlich weder zu Wertzuwächsen noch zu Wertverlusten und die Kapitalrendite wird immer noch 5 % betragen. Wahrscheinlich ist dagegen, dass die Inflation die Verteilung dieser Durchschnittsrendite unter den Individuen des fraglichen Landes verändert. Das Problem ist freilich, dass die von der Inflation gezeitigten Umverteilungen stets komplex, mehrdimensional und weitgehend unvorhersehbar und unkontrollierbar sind.

Manche glauben – und womöglich erklärt das zum Teil, weshalb moderne Zivilisationen Geschmack an der Inflation finden –, die Inflation sei der Feind des Rentiers. Daran ist insofern etwas Wahres, als die Inflation dazu zwingt, dem eigenen Kapital ein Minimum an Beachtung zu schenken. Wer seelenruhig auf einem Stapel Banknoten sitzt, während die Inflation am Werk ist, wird diesen Stapel dahinschmelzen sehen und irgendwann ruiniert sein – mit oder ohne Steuer. In diesem Sinne ist die Inflation durchaus eine Art Besteuerung müßigen, genauer: nicht investierten Reichtums. Aber es genügt, wie wir hinreichend betont haben, seinen Reichtum in reale Vermögenswerte zu investieren, namentlich in Immobilien oder Geldanlagen, von denen es ganz andere Volumina gibt als von Banknoten,[1] um sich dieser Inflationssteuer gänzlich zu entziehen. Das bestätigen auch die Ergebnisse unserer Untersuchung der Renditen, die von den großen Universitätsstiftungen erzielt werden. Dass die Inflation 2 % statt 0 % beträgt, hält die größten Vermögen offenbar nicht davon ab, sehr hohe Renditen zu erwirtschaften.

Man kann sogar davon ausgehen, dass die Inflation eher zu einer Stärkung der Position großer Vermögen im Verhältnis zu den kleineren beiträgt, da mit ihr die Bedeutung der Vermögensverwalter und Anlageberater noch zunimmt. Wer 10 oder 50 Millionen Euro besitzt, wird sich vielleicht nicht dieselben Verwalter wie Harvard leisten können, verfügt aber immerhin über ausreichend Mittel, um sich vor der Inflation zu schützen, indem er die Dienste von Finanzberatern und Banken in Anspruch nimmt. Wer 10 000 oder 50 000 Euro besitzt, wird dagegen gar keine vergleichbare Auswahl an Portfolios erhalten. Meist sind auch die Beratungsgespräche kürzer, und häufig sieht man sich genötigt, Ersparnisse größtenteils auf ein Girokonto oder Sparbuch einzuzahlen, das kaum mehr als die Inflation abwirft. Zudem gibt es Kapitalanlagen mit bereits integrierten Größeneffekten, zu denen kleinere Vermögen de facto keinen Zugang haben. Man darf nicht vergessen, dass diese Ungleichheit des Zugangs zu gewinnbringenden Anlagen eine Realität ist, die weit über den Extremfall der von den größten Privat- und Stiftungsvermögen bevorzugten «alternativen Anlagen» hinausgeht und die gesamte Bevölkerung betrifft. So gibt es zum Beispiel für bestimmte Finanzprodukte «Eintrittskarten», die zu relativ hohen Preisen angeboten werden (manchmal mehrere hunderttausend Euro). Investoren mit bescheideneren Ersparnissen

1 Vgl. Kapitel 5.

müssen sich mit weniger interessanten Produkten begnügen (was die Margen für bedeutendere Anlagen und zweifellos auch für die Vergütung der Bank selber noch einmal vergrößert).

Von diesen Größeneffekten sind auch und vor allem Immobilien betroffen. Praktisch ist dies der wichtigste Fall für die überwältigende Mehrheit der Bevölkerung. Besitzer des eigenen Zuhauses zu werden, ist für die meisten die einfachste Weise, ihr Geld zu investieren. Damit schützt man sich vor der Inflation (der Wert dieses Guts wächst im Allgemeinen mindestens so schnell wie die Konsumentenpreise) und spart die Miete, was einer Realrendite von 3–4 % pro Jahr entspricht. Verfügt man über 10 000 oder 50 000 Euro, ist es freilich nicht mit der Entscheidung getan, sein Eigenheim zu erwerben. Man muss auch die Möglichkeit dazu haben. Wer kein ausreichendes Eigenkapital hat oder eine Beschäftigung, die als zu prekär gilt, wird es häufig schwer haben, einen Kredit zu bekommen. Und selbst wenn man über 100 000 oder 200 000 Euro verfügt, aber die dumme Idee hatte, seinem Beruf in einer Großstadt nachzugehen, und außerdem einen Lohn erhält, der nicht den zwei oder drei obersten Perzentilen der Lohnhierarchie angehört, ist es womöglich nicht ganz einfach, Besitzer der eigenen Wohnung zu werden – auch wenn man bereit ist, sich für lange Zeit zu verschulden und oft sehr hohe Zinsen zu zahlen. Wer mit geringem Kapital startet, wird folglich häufig Mieter bleiben. Er wird sich genötigt sehen, über lange Jahre, ja manchmal sein Leben lang eine erhebliche Miete zu zahlen (und seinem Vermieter eine hohe Rendite zu bescheren), während seine Ersparnisse auf der Bank liegen und bestenfalls vor der Inflation geschützt sind.

Wer dank Erbschaft oder Schenkung mit einem gediegeneren Vermögen startet oder über ein ausreichend hohes Gehalt, wenn nicht über beides zugleich verfügt, wird dagegen sehr viel schneller Besitzer seines Zuhauses werden können, was ihm erlaubt, eine Realrendite von mindestens 3–4 % pro Jahr auf seine Ersparnis zu erzielen und dank gesparter Miete weitere Rücklagen zu bilden. Eine solche Ungleichheit des Zugangs zum Immobilienbesitz aufgrund von Größeneffekten hat es gewiss immer gegeben.[1] Auch lässt sie sich prinzipiell

1 Sie fiel sogar im 19. Jahrhundert noch schlimmer aus, zumindest in der Stadt und namentlich in Paris, da die meisten Immobilien bis zum Ersten Weltkrieg nicht in einzelne Wohnungen aufgeteilt waren (man musste also reich genug sein, um ein ganzes Gebäude zu kaufen).

umgehen, indem man zum Beispiel ein Appartement kauft, das kleiner ist als das zum Leben benötigte, um es zu vermieten oder sein Geld anzulegen. Aber diese Ungleichheit wurde in gewisser Weise durch die moderne Inflation verschärft. Im 19. Jahrhundert, zu Zeiten der Nullinflation, ist es relativ einfach, mit einem kleinen Sparguthaben eine Realrendite von 3–4 % zu erzielen, indem man zum Beispiel staatliche Schuldtitel erwirbt; heute ist eine solche Rendite für Kleinsparer meist nicht zu erzielen.

Fassen wir zusammen: Die Inflation führt in erster Linie nicht zur Reduktion, sondern zur Umverteilung der Kapitalrendite. Und so komplex und mehrdimensional die Wirkungen der Inflation sind, die Umverteilung scheint eher zum Nachteil der schwächeren und zum Vorteil der größeren Vermögen – also das Gegenteil der von den meisten erhofften Umverteilung zu sein. Gewiss könnte man denken, die Inflation führe auch zu einem leichten Sinken der reinen durchschnittlichen Kapitalrendite, indem sie jeden nötigt, mehr Aufmerksamkeit auf die Anlage seiner Guthaben zu verwenden. Man mag diesen historischen Wandel mit dem sehr langfristigen Steigen der Rate der Kapitalentwertung vergleichen, die dazu zwingt, Investitionen häufiger zu überdenken und Anlagen gegebenenfalls zu ersetzen.[1] In beiden Fällen muss man heute etwas mehr als früher arbeiten, um eine gegebene Rendite zu erzielen. Das Kapital ist «dynamischer» geworden. Aber das bleibt eine eher indirekte und nicht allzu wirksame Weise, die Kapitalrente zu bekämpfen. Alles weist darauf hin, dass jenes leichte Sinken der reinen durchschnittlichen Rendite sehr viel weniger ins Gewicht fällt als ihre wachsende Ungleichheit – und gerade die größten Vermögen am wenigsten gefährdet. Die Inflation gebietet der Rendite nicht Einhalt, im Gegenteil. Sie verstärkt zweifellos die Ungleichverteilung des Kapitals.

Wohlverstanden: Es geht mir nicht darum, für die Rückkehr des Goldfranc oder der Nullinflation zu plädieren. Unter bestimmten Bedingungen mag die Inflation durchaus ihre Tugenden haben, die freilich oft überschätzt werden. Wir werden später darauf zurückkommen, wenn wir auf die Rolle der Zentralbanken und der Geldschöpfung, namentlich bei Finanzpaniken und Staatsschuldenkrisen eingehen. Im Übrigen mag es andere Wege als die Nullinflation und

---

1 Vgl. Kapitel 5.

die Staatsanleihen des 19. Jahrhunderts geben, auch bescheidene Rücklagen besser zu verzinsen. Das Eine sollte man sich aber klarmachen: Die Inflation ist ein extrem grobschlächtiges, ja kontraproduktives Instrument, um die Rückkehr einer Gesellschaft der Rentiers zu verhindern und, allgemeiner, Vermögensungleichheiten abzubauen. Die progressive Kapitalsteuer ist eine deutlich geeignetere Maßnahme, die nicht nur zu mehr demokratischer Transparenz führt, sondern auch ungleich wirkungsvoller ist.

Die Rendite der Staatsfonds: Kapital und Politik

Wenden wir uns nun dem Fall der Staatsfonds zu, die in den letzten Jahrzehnten stark gewachsen sind, insbesondere in den Ölförderländern. Die öffentlich zugänglichen Daten über die Anlagestrategien und die tatsächlich erzielten Renditen sind leider sehr viel weniger detailliert und geordnet als jene über die Universitätsstiftungen, was umso bedauerlicher ist, als es um finanzielle Einsätze einer ganz anderen Größenordnung geht. Die ausführlichsten Jahresberichte veröffentlicht der norwegische Staatsfonds, der 2013 allein ein Volumen von mehr als 700 Milliarden hat (das ist zweimal mehr als das, was alle amerikanischen Universitäten zusammen aufbringen). Seine Anlagestrategie scheint zumindest in seinen Anfängen klassischer als die der Universitätsstiftungen zu sein, was zweifellos auch damit zu tun hat, dass die Augen der Öffentlichkeit auf ihm ruhen (die vielleicht weniger als das *board* von Harvard mit massiven Investitionen in *Hedgefonds* und nicht börsennotierte Aktien einverstanden wäre). Die erzielten Renditen scheinen denn auch deutlich geringer auszufallen.[1]

Neuerdings haben die Verantwortlichen des Fonds sich dazu autorisieren lassen, größere Summen in alternative Anlagen (insbesondere internationale Immobilien) zu investieren; daher werden die Renditen womöglich steigen. Die Verwaltungskosten belaufen sich auf weniger

---

1 Die für 1998 bis 2012 ausgewiesene durchschnittliche Nominalrendite beträgt nur 5 % pro Jahr. Es ist allerdings nicht leicht, sie genau mit den oben untersuchten Renditen zu vergleichen. Zum einen ist die Periode 1998 bis 2012 weniger aussagefähig als 1990 bis 2010 oder 1980 bis 2010 (die Statistiken des norwegischen Fonds reichen bedauerlicherweise nur bis 1998 zurück), zum anderen ist für diese relativ schwache Rendite teilweise der Kursgewinn der Norwegischen Krone verantwortlich.

als 0,1 % des Fondsvolumens (gegenüber 0,3 % in Harvard), aber angesichts eines mehr als zwanzigmal größeren Fonds wird es kaum an Geld für die Ausarbeitung wohlüberlegter Anlagestrategien fehlen. Außerdem stellt man fest, dass in der ganzen Zeit von 1970 bis 2010 ungefähr 60 % der Öleinnahmen in den Fonds gingen, während 40 % für Staatsausgaben aufgewandt wurden.

Die norwegische Regierung macht keine genauen Angaben dazu, wie stark der Fonds langfristig noch wachsen soll und ab wann das Land die erzielten Renditen, oder zumindest einen Teil, wird konsumieren können – und zweifellos wird sie es selber nicht wissen, da alles davon abhängt, wie die Ölreserven sich entwickeln, wie hoch der Barrelpreis ist und wie hoch die in den kommenden Jahrzehnten erwirtschaftete Rendite.

Sieht man sich die anderen Staatsfonds an, namentlich im Mittleren Osten, trifft man leider auf sehr viel größere Intransparenz. Die Finanzberichte bleiben meist recht summarisch. Über die Anlagestrategie ist im Allgemeinen nichts Genaueres in Erfahrung zu bringen, die erzielten Renditen werden nur beiläufig erwähnt und oft lassen sich keine schlüssigen Zusammenhänge von Jahr zu Jahr herstellen. In den letzten Berichten der *Abu Dhabi Investment Authority*, Verwalterin des weltweit größten Staatsfonds (etwa so groß wie der Norwegens), werden durchschnittliche Jahresnettorenditen von 7 % für 1990–2010 und von über 8 % für 1980–2010 genannt. In Anbetracht der von den Universitätsstiftungen erzielten Renditen scheint das durchaus glaubhaft, aber mehr lässt sich mangels detaillierter jährlicher Informationen nicht sagen.

Bemerkenswert ist, dass es je nach Fonds ganz unterschiedliche Anlagestrategien gibt, die im Übrigen mit ganz unterschiedlichen Strategien der Kommunikation gegenüber der eigenen Bevölkerung, aber auch des politischen Auftritts auf der internationalen Bühne einhergehen. Während Abu Dhabi lautstark hohe Renditen bekanntgibt, ist es verblüffend, wie bedeckt sich der Staatsfonds Saudi-Arabiens hält, der in der Hierarchie der Staatsfonds ölexportierender Länder gleich hinter Abu Dhabi und Norwegen und vor Kuwait, Katar und Russland liegt. Es ist klar, dass sich die kleineren Ölförderländer aus dem Persischen Golf mit ihren wenigen Einwohnern vornehmlich an die internationale Finanzgemeinschaft richten. Die Saudischen Berichte sind nüchterner und integrieren die Information über ihre

Rücklagen in allgemeiner gehaltene Dokumente, die auch die Entwicklung der Volkswirtschaftlichen Gesamtrechnungen und Staatshaushalte betreffen. Sie wenden sich vor allem an die Bevölkerung des Königreichs, die sich zu Beginn der 2010er Jahre auf fast 20 Millionen beläuft, was nicht viel ist im Vergleich mit den großen Ländern der Region (80 Millionen im Iran, 85 Millionen in Ägypten, 35 Millionen im Irak), aber doch ungleich mehr als in den Mikrostaaten des Golfs.[1] Abgesehen von dieser unterschiedlichen Haltung scheint Saudi-Arabien seine Reserven auch sehr viel weniger aggressiv anzulegen. Den offiziellen Berichten zufolge liegt die von seinem Staatsfonds erzielte Rendite nicht über 2–3 %, was sich wohl daraus erklärt, dass große Teile der Reserven in amerikanischen Staatsanleihen angelegt sind. Die von den saudischen Finanzberichten gelieferten Informationen geben beileibe keine Auskunft über die detaillierte Entwicklung ihres Portfolios, aber die verfügbaren Angaben sind verglichen mit denen der Emirate insgesamt sehr viel aussagekräftiger – und in diesem spezifischen Punkt scheinen sie exakt.

Weshalb hat Saudi-Arabien beschlossen, seine Rücklagen in amerikanischen Schatzanweisungen anzulegen, obwohl sich anderswo viel bessere Renditen erzielen lassen? Die Frage drängt sich umso mehr auf, als die amerikanischen Universitätsstiftungen seit Jahrzehnten davon Abstand genommen haben, in Schuldtitel ihres eigenen Landes zu investieren und die besten Renditen zu erzielen suchen, wo immer sie sich weltweit anbieten, in Hedgefonds, nicht börsennotierten Aktien oder Rohstoffderivaten? Gewiss bieten amerikanische Schuldtitel eine beneidenswerte Stabilitätsgarantie in einer instabilen Welt, und möglicherweise findet die saudische Öffentlichkeit wenig Geschmack an alternativen Anlagen. Darüber darf freilich die politische und militärische Dimension einer solchen Investitionsentscheidung nicht vergessen werden. Auch wenn dies nicht explizit eingeräumt wird, ist es von Saudi-Arabien nicht unklug, dem Land, unter dessen militärischem Schutz es steht, zu niedrigen Zinsen Geld zu leihen. Meines

---

1 Die Vereinigten Arabischen Emirate (deren größter Teil Abu Dhabi ist) haben der letzten Volkszählung zufolge eine einheimische Bevölkerung von kaum 1 Million (und 7 Millionen ausländische Arbeiter). Die einheimische Bevölkerung von Kuwait hat denselben Umfang. Qatar zählt ungefähr 300 000 Einheimische und 1,5 Millionen Ausländer. Saudi-Arabien zählt allein 10 Millionen Ausländer (neben seiner einheimischen Bevölkerung von fast 20 Millionen).

Wissens hat noch niemand den Versuch unternommen, die Rentabilität einer solchen Investition genau zu berechnen – aber es liegt auf der Hand, dass sie nicht die schlechteste Rendite abwirft. Hätten die Vereinigten Staaten nicht 1991 mit Unterstützung anderer westlicher Länder die irakische Armee zum Rückzug aus Kuwait gezwungen, hätte der Irak wahrscheinlich danach die Saudischen Rohstoffvorkommen bedroht – und es ist nicht auszuschließen, dass sich andere Länder der Region, wie der Iran, in den um die Erdölrente entbrannten Umverteilungskrieg eingemischt hätten. Die Dynamik der globalen Verteilung von Kapital ist eine zugleich ökonomische, politische und militärische. Das war zur Kolonialzeit nicht anders, als die damaligen Kolonialherren – allen voran Großbritannien und Frankreich – ihrerseits nicht zögerten, die Kanonenboote ausrücken zu lassen, um ihre Investitionen zu schützen. Und das wird auch im 21. Jahrhundert so sein – in anderen geopolitischen Konfigurationen, die sich kaum vorhersehen lassen.

Werden Staatsfonds die Welt besitzen?

Wie weit kann das Wachstum der Staatsfonds in den kommenden Jahrzehnten noch gehen? Den vorliegenden (und notorisch unzulänglichen) Schätzungen zufolge beläuft sich das Gesamtvolumen der Staatsfonds 2013 auf etwas mehr als 5300 Milliarden Dollar, von denen etwa 3200 Milliarden auf Fonds erdölexportierender Länder (neben den oben erwähnten eine Reihe kleinerer Fonds: Dubai, Lybien, Kasachstan, Algerien, Aserbaidschan, Brunei etc.) und etwa 2100 Milliarden auf die Fonds anderer Länder entfallen (China, Hongkong, Singapur und eine ganze Reihe kleinerer Staatsfonds).[1] Das ist, um die Größenordnungen festzuhalten, fast exakt die Summe, auf die sich das Gesamtvermögen der von *Forbes* gelisteten Milliardäre beläuft (5400 Milliarden Dollar in 2013). Anders gesagt: 1,5 % des weltweiten Privatvermögens gehören heute Milliardären; und die Staatsfonds besitzen ihrerseits 1,5 %. Man mag sich durch die Feststellung beruhigen, dass damit ja immer noch 97 % des Weltkapitals für den Rest der

1 Vgl. Technischer Anhang.

Erdbevölkerung übrigbleiben.[1] Und man mag für die Staatsfonds von denselben Projektionen wie oben für die Milliardäre ausgehen und aus ihnen den Schluss ziehen, dass sie wirklich entscheidende Bedeutung (ein Anteil von mehr als 10–20 % am Weltkapital) erst in der zweiten Hälfte des 21. Jahrhunderts erlangen werden – und wir noch weit davon entfernt sind, die Monatsmiete dem Emir von Katar (oder dem norwegischen Steuerzahler) überweisen zu müssen. Das trifft zum Teil zu, aber es wäre dennoch verfehlt, die Frage zu ignorieren. Zunächst einmal ist es nicht verboten, sich wegen der Miete unserer Kinder und Enkelkinder Sorgen zu machen. Und es ist auch nicht notwendig, es soweit kommen zu lassen, bevor man sich mit dem Problem befasst. Außerdem liegt ein Gutteil des Weltkapitals in eher illiquider Gestalt vor (namentlich als Immobilien- und Geschäftskapital, das sich nicht auf den Finanzmärkten veräußern lässt). Der Anteil der Staatsfonds (und in geringerem Ausmaß der Milliardäre) am liquiden Kapital – mit dem man zum Beispiel einen Fußballverein kaufen, ein bankrottes Unternehmen übernehmen oder, wenn die öffentlichen Kassen leer sind, in ein marodes Viertel investieren kann – liegt daher in Wahrheit noch höher.[2] De facto stellt sich die Frage nach diesen Investitionen seitens der Ölförderländer immer dringlicher – und das inmitten der reichen Länder, namentlich in Frankreich, das zweifellos, wie wir im zweiten Teil gesehen haben, zu den Ländern zählt, die auf diese große Rückkehr des Kapitals psychologisch am wenigsten vorbereitet sind.

Schließlich aber und vor allem werden die Staatsfonds – und darin

1 Man muss auch nichtfinanzielle öffentliche Vermögenswerte berücksichtigen (öffentliche Gebäude, Schulen, Krankenhäuser, etc. sowie finanzielle Vermögenswerte, die formal nicht in die Staatsfonds integriert sind) und die öffentlichen Schulden abziehen. Das öffentliche Nettovermögen beläuft sich heute auf weniger als 3 % des durchschnittlichen Privatvermögens in den reichen Ländern (und ist in manchen Fällen negativ), also macht das keinen großen Unterschied.

2 Schließt man Immobilien und nicht-börsennotiertes Betriebsvermögen aus, machen die finanziellen Vermögenswerte im strengen Sinne zu Beginn der 2010er Jahre zwischen einem Viertel und einem Drittel des Privatvermögens aus, das heißt zwischen einem Jahr und anderthalb Jahren des weltweiten BIP (und nicht vier Jahre). Die Staatsfonds besitzen also 5 % der weltweiten finanziellen Vermögenswerte. Wir beziehen uns hier auf finanzielle Nettovermögenswerte der privaten Haushalte oder Regierungen. In Anbetracht der starken Überkreuzbeteiligungen zwischen Finanzgesellschaften wie anderen Gesellschaften, auf nationaler wie internationaler Ebene, liegen die finanziellen Bruttovermögenswerte sehr viel höher (bei mehr als drei Jahre des weltweiten BIP). Siehe Technischer Anhang.

besteht die entscheidende Differenz zu den Milliardären – nicht nur im Zuge der Rekapitalisierung ihrer Renditen wachsen, sondern auch aufgrund der Öleinnahmen, die in den kommenden Jahrzehnten diese Fonds anschwellen lassen werden. Und obwohl es zahlreiche Ungewissheiten gibt, die sowohl den Umfang der Reserven als auch die Nachfrage und den Erdölpreis betreffen, scheint alles darauf hinzuweisen, dass dieser Effekt den der Rendite bei weitem übertreffen könnte. Die Jahreserträge aus dieser Ausbeutung natürlicher Ressourcen, definiert als Differenz zwischen Einnahmen und Produktionskosten, belaufen sich seit Mitte der 2000er Jahre auf etwa 5 % des globalen BIP (wovon die Hälfte auf die Erdölrente im eigentlichen Sinne entfällt, die andere Hälfte auf die anderen natürlichen Ressourcen, vor allem Gas, Kohle, Erze, Holz), gegenüber 2 % in den 1990er Jahren und weniger als 1 % zu Beginn der 1970er Jahre.[1] Glaubt man bestimmten Vohersagemodellen, so könnte der Erdölpreis, der gegenwärtig bei 100 Dollar pro Barrel liegt (gegenüber 25 Dollar zu Beginn der 2000er Jahre), nach 2020 bis 2030 dauerhaft bei 200 Dollar pro Barrel liegen. Wird ein ausreichender Teil der entsprechenden Erdölrente jedes Jahr in den Staatsfonds angelegt (ein Anteil, der jedenfalls erheblich größer sein wird als heute), dann kann man unschwer ein Szenario entwerfen, in dem die Aktiva der Staatsfonds von heute bis zu den 2030er Jahren auf 10–20 % des Weltvermögens anwachsen. Es gibt kein ökonomisches Gesetz, das dem entgegenstünde. Alles hängt von Angebots- und Nachfragebedingungen, von der Entdeckung oder Nichtentdeckung neuer Vorkommen oder Energiequellen und schließlich davon ab, wie schnell man lernen wird, ohne Erdöl zu leben. Wie immer die Szenarien auch aussehen – es ist fast unvermeidlich, dass die Staatsfonds der Ölländer ihr derzeitiges Wachstum fortsetzen und ihr Anteil an den globalen Aktiva von heute bis zu den 2030er Jahren mindestens zweimal bis dreimal größer sein wird, als er es heute ist – was bereits einen erheblichen Anstieg bedeuten würde.

Falls es so weit kommen sollte, ist es wahrscheinlich, dass die westlichen Länder die Vorstellung, zu einem bedeutenden Teil den Ölförderländern zu gehören, auf Dauer nicht ertragen würden, und dass dies früher oder später die verschiedensten politischen Reaktionen nach sich zöge. Das könnten Beschränkungen des Erwerbs oder Be-

1 Die Erträge aus Rohstoffen haben von Mitte der 1970er bis Mitte der 1980er Jahre bereits 5 % des weltweiten BIP überschritten. Siehe Technischer Anhang.

sitzes nationaler Immobilien-, Industrie- und Finanzwerte durch Staatsfonds, ja es könnten partielle oder totale Enteignungen sein. Zwar ist eine solche Reaktion weder politisch besonders brillant noch ökonomisch besonders wirkungsvoll, aber sie hat den insbesondere für kleine Länder entscheidenden Vorzug, in die Zuständigkeit nationaler Regierungen zu fallen. Es ist im Übrigen bemerkenswert, dass die Ölförderländer selber schon begonnen haben, ihre Investitionen im Ausland einzuschränken und massiv auf eigenem Territorium zu investieren, um dort Museen, Hotels, Universitäten, ja Skistationen zu errichten, zuweilen in Ausmaßen, die unter streng ökonomischen oder finanziellen Gesichtspunkten jeder Vernunft zu spotten scheinen. Man könnte dies als vorauseilendes Bewusstsein davon deuten, dass man im eigenen Territorium weniger leicht als im Ausland enteignet werden kann. Es gibt freilich keinerlei Gewähr, dass dieser Prozess immer in ebenso friedlichen Bahnen verlaufen wird. Niemand weiß, wo genau die Inbesitznahme eines Landes durch ein anderes an eine psychologische und politische Grenze stößt, die man nicht überschreiten sollte.

Wird China die Welt besitzen?

Der Fall der Staatsfonds von Ländern, die kein Öl exportieren, liegt etwas anders. Weshalb sollte ein Land ohne besondere natürliche Ressourcen beschließen, ein anderes zu besitzen? Man mag gewiss an neokoloniale Bestrebungen denken, an den schieren Willen zur Macht, wie er zur Zeit des europäischen Kolonialismus herrschte. Die Kolonialherren, und darin liegt der Unterschied, hatten damals freilich einen technologischen Vorsprung, der ihnen ihre Herrschaft sicherte. China und die anderen Schwellenländer ohne Erdölvorkommen dagegen sind zwar in einen Prozess extrem raschen Wachstums eingetreten. Aber alles weist darauf hin, dass es damit ein Ende haben wird, sobald Produktivität und Lebensstandard einmal aufgeholt haben. Die Verbreitung von Kenntnissen und Produktionstechniken ist ein Prozess, der Gleichheit schafft. Hat der Zurückliegende den Spitzenreiter einmal eingeholt, hört er auf schneller zu wachsen.

Im mittleren Szenario der globalen Entwicklung des Kapital-Einkommens-Verhältnisses, wie wir es in Kapitel 5 dargestellt haben, sind

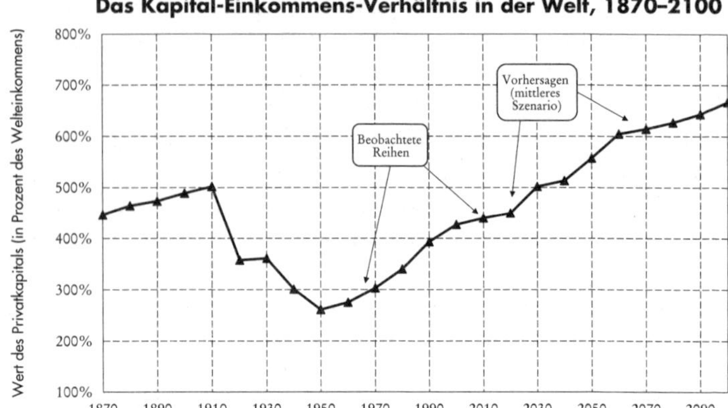

Grafik 12.4.: Nach den Simulationen des mittleren Szenarios könnte das weltweite Kapital-Einkommens-Verhältnis von der Gegenwart bis zum Ende des 21. Jahrhunderts auf 700 % steigen. Quellen und Reihen: siehe piketty.pse.ens.fr/capital21c.

wir davon ausgegangen, dass die Sparquoten der verschiedenen Länder sich mit dem Abschluss dieses Konvergenzprozesses bei etwa 10 % des Nationaleinkommens stabilisieren. In diesem Fall nähme die Kapitalakkumulation in allen Ländern vergleichbare Ausmaße an. Ein sehr bedeutender Teil des globalen Kapitalstocks würde gewiss, ihrem künftigen Anteil an der Weltproduktion entsprechend, in den asiatischen Ländern und China akkumuliert werden. Aber diesem mittleren Szenario zufolge müsste das Kapital-Einkommens-Verhältnis auf den verschiedenen Kontinenten vergleichbar sein, so dass es zu keinem Ungleichgewicht zwischen Ersparnis und Investition in den einzelnen Regionen käme. Afrika wäre die einzige Ausnahme. Im mittleren Szenario, wie in den Grafiken 12.4 und 12.5 dargestellt, läge das Kapital-Einkommens-Verhältnis in Afrika während des gesamten 21. Jahrhunderts merklich niedriger als auf den anderen Kontinenten (im Wesentlichen wegen eines langsameren wirtschaftlichen Aufholens und eines rascheren demografischen Übergangs).[1] Unter Vorausset-

1 Unsere Hypothesen schließen implizit die langfristige Sparquote für China ein (wie für die anderen Länder), und zwar unter Berücksichtigung der öffentlichen wie der privaten Ersparnis. Die künftigen Verhältnisse zwischen öffentlichem Eigentum (insbesondere in den Staatsfonds) und Privateigentum im China der nächsten Jahrzehnte lassen sich kaum vorhersehen.

zung freier Kapitalströme sollte dies natürlich zu stärkeren Investitionsströmen führen, die von anderen Kontinenten ausgehen, namentlich von Asien und China. Aus den bereits erwähnten Gründen könnte dies erhebliche Spannungen hervorrufen, die übrigens zum Teil schon erkennbar sind.

Natürlich kann man Szenarien entwerfen, die ein sehr viel stärkeres Ungleichgewicht als dieses mittlere Szenario erkennen lassen. Entscheidend ist aber, dass die Divergenzkräfte sehr viel schwächer zutage treten als im Fall der Staatsfonds ölexportierender Länder, die sich von einem Manna nähren, das in keinem Verhältnis mehr zu den Bedürfnissen der Bevölkerung steht, die es besitzt (zumal sie oft zahlenmäßig unbedeutend ist). Das entfesselt eine Logik grenzenloser Akkumulation, die sich kraft der Ungleichung $r > g$ in eine permanente Divergenz der globalen Kapitalverteilung verwandelt. Die Erdölrente kann, um das zusammenzufassen, die Ölländer tatsächlich in die Lage versetzen, den Rest des Planeten kaufen und von der Kapitalrente leben zu können.[1]

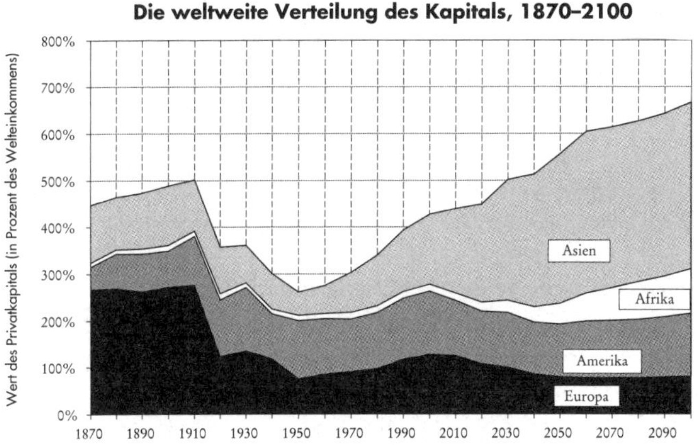

Grafik 12.5.: Dem mittleren Szenario zufolge werden die asiatischen Länder im 21. Jahrhundert ungefähr die Hälfte des weltweiten Kapitals besitzen.
Quellen und Reihen: siehe piketty.pse.ens.fr/capital21c.

1 Dieser leicht einzusehende Prozess der Umwandlung der Ölrente in eine diversifizierte Kapitalrente hat zumindest den Vorzug, den folgenden Punkt zu veranschaulichen: Das Kapital hat historisch verschiedene Formen angenommen – Land-, Öl-, Finanz-, Betriebs-, Immobilienkapital etc. –, aber seine innere Logik hat sich dadurch nicht wirklich verändert – oder zumindest sehr viel weniger, als man zuweilen denkt.

Im Fall Chinas, Indiens und der anderen Schwellenländer sehen die Dinge ganz anders aus. Beide Länder haben eine zahlenmäßig beachtliche Bevölkerung deren Konsumtions- und Investitionsbedarf längst noch nicht befriedigt ist. Man kann sich gewiss Szenarien vorstellen, nach denen die chinesische Sparquote dauerhaft über der europäischen und amerikanischen läge, zum Beispiel dann, wenn China sich für ein nicht umlagefinanziertes, sondern vollständig kapitalgedecktes Rentensystem entscheiden sollte, was unter der Bedingung schwachen Wachstums (und mehr noch schwachen Bevölkerungswachstums) einigermaßen verlockend ist.[1] Würde China bis 2100 zum Beispiel 20 % seines Nationaleinkommens sparen, Europa und Amerika dagegen nur 10 %, befände sich bis zum Ende des Jahrhunderts ein Gutteil des Alten Kontinents und der Neuen Welt im Besitz gigantischer chinesischer Pensionsfonds.[2] Logisch ist das zwar gut möglich, aber es ist nicht sonderlich plausibel – zum einen, weil die chinesischen Beschäftigten und die chinesische Gesellschaft insgesamt es zweifellos vorziehen werden (und das nicht ohne Grund), zu einem erheblichen Teil auf ein umlagefinanziertes staatliches Rentensystem zu setzen (wie Europa oder Amerika), und zum anderen aus den oben erwähnten politischen Gründen, die nicht nur für den Fall der Ölfonds, sondern auch für den der chinesischen Pensionsfonds gelten.

Internationale Divergenz, oligarchische Divergenz

In jedem Fall scheint diese Drohung internationaler Divergenz im Zuge einer allmählichen Inbesitznahme der reichen Länder durch China (oder die Staatsfonds der Ölförderländer) weniger wahrscheinlich und akut als die einer Divergenz oligarchischen Typs, also eines Prozesses, in dem die reichen Länder oder allgemeiner: in dem sämtliche Länder, China und die Ölförderländer natürlich eingeschlossen,

1 Im umlagefinanzierten Rentensystem werden die von aktiven Erwerbstätigen gezahlten Beiträge unmittelbar, ohne vorher angelegt zu werden, als Renten ausbezahlt. Vgl. zu diesen Fragen Kapitel 13.

2 Zwischen einem Viertel und der Hälfte des europäischen und amerikanischen Kapitals (ja mehr, je nach Hypothese) könnte in diesem hypothetischen Fall davon betroffen sein. Siehe Technischer Anhang.

immer massiver von den Milliardären und Multimillionären dieser Erde in Besitz genommen würden. Wie wir weiter oben gesehen haben, ist dieser Prozess durchaus schon im Gange. In Anbetracht des vorhersehbaren weltweiten Sinkens der Wachstumsrate und eines immer heftigeren internationalen Wettbewerbs um das Kapital gibt es allen Grund, von einer starken Ungleichung r > g im kommenden Jahrhundert auszugehen. Fügt man dem die Ungleichheit der Kapitalrendite in Abhängigkeit von der Höhe des Grundkapitals hinzu, die ihrerseits von der Komplexität einer wachsenden Globalisierung der Finanzmärkte verstärkt werden mag, hat man tatsächlich alles beisammen, was es braucht, um den Anteil, den das oberste Perzentil und Tausendstel der Vermögenshierarchie am Weltkapital halten, auf bislang unbekannte Höhen steigen zu lassen. In welchem Rhythmus diese oligarchische Divergenz fortschreiten wird, lässt sich nur schwer sagen, aber sie droht jedenfalls ungleich stärker als eine internationale Divergenz auszufallen.[1]

Zu betonen ist insbesondere, dass zum gegenwärtigen Zeitpunkt die Angst, von China besessen zu werden, ein bloßes Phantasma bleibt. Die reichen Länder sind in Wahrheit sehr viel reicher, als sie zuweilen denken. Zu Beginn der 2010er Jahre beträgt die Gesamtheit der Immobilien- und Finanzvermögen europäischer Haushalte abzüglich Schulden um die 70 000 Milliarden Euro. Dagegen beträgt die Gesamtheit der Aktiva in den verschiedenen chinesischen Staatsfonds und der Bank von China etwa 3000 Milliarden Euro, also weniger als ein Zwanzigstel.[2] Die reichen Länder sind also nicht im Begriff, von den armen Ländern besessen zu werden. Bevor es dahin kommen könnte, müssten Letztere erst reich werden – und das wird noch Jahrzehnte dauern.

---

1 Die Divergenz der Ölförderländer kann im Übrigen ihrerseits als eine Divergenz oligarchischen Typs betrachtet werden: Weil die Ölrente einer kleinen Gruppe von Personen gehört, ermöglichen die Staatsfonds der Ölförderländer eine unbegrenzte und dauerhafte Akkumulation.

2 Das BIP der Europäischen Union lag 2012/13 bei fast 15 000 Milliarden Euro gegenüber ungefähr 10 000 Milliarden Euro für das BIP von China, nach Kaufkraftparität gemessen (und 6000 Milliarden nach derzeitigem Wechselkurs, was im Hinblick auf internationale Finanzaktiva vielleicht stichhaltiger ist). Vgl. Kapitel 1. Die Nettovermögenswerte Chinas im Ausland wachsen rasch, aber nicht rasch genug, um sich mit der Gesamtsumme privaten Vermögens in den reichen Ländern messen zu können. Siehe Technischer Anhang.

Worauf geht also diese zum Teil irrationale Verlustangst, dieses Gefühl der Enteignung zurück? Zweifellos auf eine allgemeine Tendenz, für hausgemachte Schwierigkeiten die Verantwortlichen anderswo zu suchen. So glaubt man in Frankreich häufig, schuld an der Explosion der Pariser Immobilienpreise seien reiche ausländische Käufer. Sieht man sich aber genauer an, wer welche Art von Wohnungen kauft und wie die Verkäufe sich in dieser Hinsicht entwickelt haben, stellt man fest, dass die wachsende Zahl ausländischer Käufer (oder Bewohner) für kaum 3 % des Preisanstiegs verantwortlich ist. Die sehr hohen Immobilienpreise gehen, anders gesagt, darauf zurück, dass eine ausreichende Zahl französischer Käufer es sich leisten kann, solche Summen zu zahlen.[1]

Das Gefühl der Enteignung scheint mir vor allem daher zu rühren, dass die Vermögen in den reichen Ländern stark konzentriert sind (für große Teile der Bevölkerung ist Kapital ein abstrakter Begriff) und der Prozess der politischen Abspaltung der größten Vermögen bereits in vollem Gange ist. Dass sich das Kapital europäischer Haushalte auf das Zwanzigfache der chinesischen Reserven beläuft, ist eine Vorstellung, die für die meisten Bewohner reicher Länder, insbesondere in Europa und Frankreich, nicht zuletzt deshalb abstrakt bleibt, weil es sich um Privatvermögen handelt und nicht um Staatsfonds, die sich rasch mobilisieren lassen – zum Beispiel, um Griechenland zu helfen, wie China es in den letzten Jahren freundlicherweise angeboten hat. Dennoch sind diese europäischen Privatvermögen eine Realität, und wenn die Regierungen der Europäischen Union es beschließen würden, wäre es durchaus möglich, sie in die Pflicht zu nehmen. Es bleibt freilich eine Tatsache, dass es für eine einzelne Regierung sehr schwer ist, Vermögen und Einkünfte aus Vermögen zu regulieren oder zu besteuern. Es ist zunächst und vor allem dieser Verlust an demokratischer Souveränität, der jenes Gefühl der Enteignung hervorruft, das heute die reichen Länder umtreibt. Das gilt zumal von den europäischen Ländern, deren Territorium in kleine Staaten zerfällt, die um die Gunst des Kapitals wetteifern – was den fraglichen Prozess noch verstärkt. Die sehr starke Zunahme der finanziellen Bruttopositionen zwischen Ländern (jeder wird mehr und mehr von seinen Nachbarn besessen), die wir in Kapi-

1 Vgl. A. Sotura: «Les étrangers font-ils monter les prix de l'immobilier? Estimation à partir de la base de la chambre des notaires de Paris, 1993–2008», Paris: École des Hautes Études en Sciences Sociales und Paris School of Economics 2011.

tel 5 analysiert haben, tut ein Übriges, um diese Entwicklung und dieses Ohnmachtsgefühl zu verstärken.

Wir werden im vierten Teil dieses Buches sehen, inwiefern eine globale – notfalls auf Europa beschränkte – Kapitalsteuer ein geeignetes Instrument zur Überwindung dieser Widersprüche ist und ob es weitere probate Mittel gibt, auf die Regierungen zurückgreifen könnten, um dieser Realität zu begegnen. Fügen wir gleich hinzu, dass die oligarchische Divergenz nicht nur wahrscheinlicher als die internationale ist, sondern auch sehr viel schwerer zu bekämpfen, weil dies ein hohes Maß an Koordination zwischen Ländern erfordert, die miteinander zu konkurrieren gewöhnt sind. Die Abspaltung großer Vermögen führt im Übrigen tendenziell dazu, den Begriff der Nationalität selbst zu verwischen, sofern die Reichsten sich bis zu einem gewissen Grad mit ihrem Vermögen verabschieden, die Staatsangehörigkeit wechseln und alles hinter sich lassen können, was sie mit ihrer einstigen Gemeinschaft verbindet. Nur eine koordinierte Antwort auf relativ breiter regionaler Ebene vermag diese Schwierigkeit auszuräumen.

Sind die reichen Länder tatsächlich so arm?

Bleibt zu betonen, wie sehr unsere Fähigkeit, die globale Geographie des Wohlstands zu analysieren, heute schon durch die Tatsache eingeschränkt wird, dass ein nicht unbedeutender Teil globaler finanzieller Vermögenswerte in Steueroasen versteckt wird. Hält man sich an die offiziellen Daten, die von den Statistischen Ämtern verschiedener Ländern veröffentlicht und von internationalen Organisationen gesammelt werden (angefangen mit dem Internationalen Währungsfonds), so sieht es ganz danach aus, als sei die Vermögensposition der reichen Länder gegenüber dem Rest der Welt negativ. Wie sich im zweiten Teil gezeigt hat, haben Japan und Deutschland deutlich positive Vermögenspositionen gegenüber dem Rest der Welt (was bedeutet, dass ihre Haushalte, Unternehmen und Regierungen sehr viel mehr Aktiva im Rest der Welt besitzen als der Rest der Welt bei ihnen), worin sich die Tatsache auswirkt, dass sie in den letzten Jahrzehnten enorme Exportüberschüsse erzielt haben. Aber nicht nur die Vereinigten Staaten haben eine negative Vermögensposition. Auch die der meisten europäischen Länder außer Deutschland liegt unter oder zumindest nahe Null.[1] Addiert man die Vermögenspositionen sämtlicher reicher Länder, so gelangt man zu einer leicht negativen Position, die ungefähr 4 % des weltweiten BIP zu Beginn der 2010er Jahre entspricht, während sie Mitte der 1980er Jahre nahe Null lag, wie aus Grafik 12.6. zu ersehen ist.[2] Man muss allerdings betonen, dass es sich um eine leicht negative Vermögensposition handelt (die sich auf gerade 1 % des Weltvermögens beläuft). Wir leben jedenfalls, wie bereits hinlänglich erwähnt, in einer Welt, in der die internationalen Nettopositionen relativ ausgeglichen sind, zumindest verglichen mit der Kolonialzeit, in der die positive Vermögensposition der reichen Länder gegenüber dem Rest der Welt unvergleichlich viel stärker war.[3]

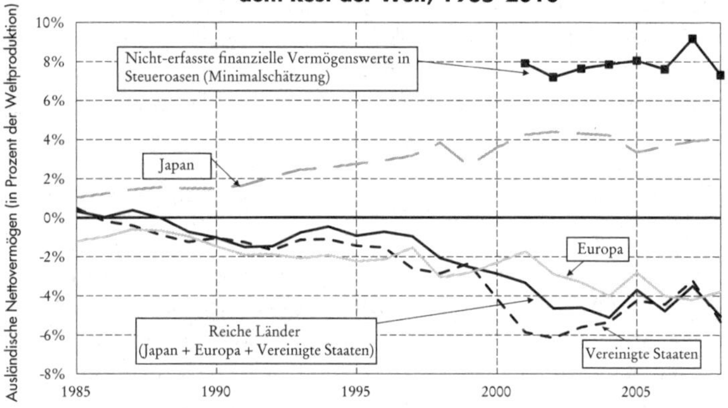

Grafik 12.6.: Die in Steueroasen deponierten nicht-erfassten finanziellen Vermögenswerte liegen höher als die offizielle Nettoauslandsverschuldung der reichen Länder.
Quellen und Reihen: siehe piketty.pse.ens.fr/capital21c.

Nun sollte dieser leicht negativen offiziellen Position prinzipiell natürlich eine entsprechende positive Position für den Rest der Welt gegenüberstehen. Die armen Länder müssten, anders gesagt, mehr Aktiva in den reichen Ländern als diese bei ihnen besitzen, mit einem

1 Vgl. insbesondere Kapitel 5, Grafik 5.7.

2 In Grafik 12.6 schließen die «reichen Länder» Japan, Westeuropa und die Vereinigten Staaten ein. Kanada und Ozeanien hinzuzufügen hätte fast nichts geändert. Vgl. Technischer Anhang.

3 Vgl. Kapitel 3–5.

Abstand von etwa 4 % des weltweiten BIP (ungefähr 1 % des Weltvermögens) zu ihren Gunsten. Tatsächlich ist dies nicht der Fall. Rechnet man die Finanzstatistiken für die verschiedenen Länder zusammen, so kommt man zu dem Schluss, dass die armen Länder ihrerseits eine negative – ja dass die ganze Erde eine deutlich negative Vermögensposition hat. Es sieht, anders gesagt, ganz danach aus, als würde der Mars uns besitzen. Dabei handelt es sich um eine relativ alte «statistische Anomalie», von der die internationalen Organisationen aber, ohne dies wirklich erklären zu können, festgestellt haben, dass sie sich im Laufe der Jahre verstärkt hat (die Zahlungsbilanz ist auf globaler Ebene regelmäßig negativ: Es verlässt mehr Geld die Länder, als in anderen Ländern ankommt, was prinzipiell unmöglich ist). Entscheidend ist, dass diese Finanzstatistiken und Zahlungsbilanzen grundsätzlich sämtliche Regionen des Erdballs einschließen (namentlich die Banken in Steueroasen sind im Prinzip verpflichtet, den internationalen Institutionen zumindest pauschal ihre Abschlüsse zu übermitteln) und dass a priori verschiedene Arten von Verzerrungen und Messabweichungen diese «Anomalie» erklären können.

Gabriel Zucman hat durch den Vergleich aller verfügbaren Quellen und die Auswertung bislang unerfasster Schweizer Bankdaten zeigen können, dass die plausibelste Erklärung für diese Diskrepanz in der Existenz eines beträchtlichen Volumens nicht registrierter finanzieller Vermögenswerte liegt, die von den Haushalten in Steueroasen versteckt werden. Seiner vorsichtigen Schätzung zufolge beläuft sich dieses Volumen auf fast 10 % des weltweiten BIP.[1] Eine Reihe von Schätzungen nichtstaatlicher Organisationen geht von einem sehr viel (bis zu zwei oder dreimal) größeren Volumen aus. In Ansehung der derzeitigen Quellenlage scheint mir Zucmans Schätzung etwas realistischer. Es versteht sich natürlich, dass diese Schätzungen ihrer Natur nach ungesichert sind und es sich hierbei durchaus um eine Untergrenze handeln mag.[2] Sie ist jedenfalls, und das ist entscheidend, selber schon extrem hoch. Und sie ist vor allem zweimal höher als die offizielle negative Vermögensposition der Gesamtheit reicher Länder

---

1 Oder 7–8 % der finanziellen Nettovermögenswerte weltweit (vgl. oben).

2 Siehe Technischer Anhang für eine Diskussion der hohen Schätzung, die James Henry 2012 für das *Tax Justice Network* erstellt hat und der mittleren Schätzung von 2010 durch Ronen Palan, Richard Murphy und Christian Chavagneux.

(siehe Grafik 12.6).[1] Alles weist nun darauf hin, dass die große Mehrheit (mindestens drei Viertel) der in den Steueroasen lokalisierten finanziellen Vermögenswerte im Besitz von Einwohnern reicher Länder ist. Die Schlussfolgerung liegt auf der Hand. In Wahrheit ist die Vermögensposition der reichen Länder dem Rest der Welt gegenüber positiv (die reichen Länder besitzen im Durchschnitt die armen Länder, nicht umgekehrt, was im Grunde nicht wirklich verwundert), aber diese Evidenz wird dadurch verschleiert, dass die reichsten Einwohner der reichen Länder einen Teil ihrer Aktiva in Steueroasen verstecken. Daraus folgt insbesondere, dass der im zweiten Teil analysierte sehr starke Anstieg der Privatvermögen – im Verhältnis zum Nationaleinkommen –, der während der letzten Jahrzehnte in den reichen Ländern zu beobachten ist, in Wahrheit noch etwas stärker ist, als wir auf der Grundlage der offiziellen Berechnungen schätzen konnten. Dasselbe gilt für die Aufwärtstendenz des Anteils großer Vermögen am Gesamtvermögen.[2] Schließlich und vor allem zeigt dies die Schwierigkeiten, mit denen eine Erfassung der Vermögenswerte im globalisierten Kapitalismus dieses beginnenden 21. Jahrhunderts zu kämpfen hat – Schwierigkeiten, die unsere Wahrnehmung der elementaren Geographie des Reichtums verzerren.

1 Die Daten in Grafik 12.6 stammen von Gabriel Zucman: «The missing wealth of Nations: are Europe and the U.S. net debtors or net creditors?», *Quarterly Journal of Economics* 128 (2013), S. 1321–64.

2 Einer Schätzung von Roine und Waldenström zufolge würde eine Berücksichtigung der im Ausland besessenen Aktiva unter bestimmten Voraussetzung zu einer starken Annäherung des Anteils des obersten Perzentils in Schweden an das in den Vereinigten Staaten beobachtete Niveau führen (das zweifellos seinerseits angehoben werden müsste). Siehe Technischer Anhang.

VIERTER TEIL

DIE REGULIERUNG DES KAPITALS IM 21. JAHRHUNDERT

13.

EIN SOZIALSTAAT FÜR DAS 21. JAHRHUNDERT

In den ersten drei Teilen dieses Buches haben wir die Verteilung der Reichtümer und die Struktur der Ungleichheiten seit dem 18. Jahrhundert analysiert. Nun müssen wir versuchen, daraus Lehren für die Zukunft zu ziehen. Eines haben wir aus unserer Untersuchung schon gelernt: Es waren die Kriege, die im 20. Jahrhundert tabula rasa mit der Vergangenheit gemacht und einen Strukturwandel der Ungleichheit gezeitigt haben. Aber zu Beginn des 21. Jahrhunderts scheinen längst vergangen geglaubte Vermögensungleichheiten sich anzuschicken, ihre historischen Höchststände wieder zu erreichen, ja zu übertreffen – im Rahmen einer neuen Weltökonomie, an die sich ungeheure Hoffnungen knüpfen (das Ende der Armut), aber auch die Aussicht auf Ungleichgewichte, die nicht minder ungeheuer sind (Individuen, die so reich wie ganze Länder sind). Lässt sich für das 21. Jahrhundert eine Überwindung des Kapitalismus denken, die weniger gewaltsam und zugleich nachhaltiger wäre – oder muss man auf die nächsten, diesmal wahrhaft globalen Weltkrisen oder Weltkriege warten? Welche Einrichtungen und Eingriffe, welche politischen Maßnahmen sind geeignet, um den globalen Patrimonialkapitalismus des vor uns liegenden Jahrhunderts auf gerechte und wirkungsvolle Weise zu regulieren?

Wie wir bereits festgehalten haben, wäre die ideale Einrichtung, um der endlosen Ungleichheitsspirale Einhalt zu gebieten und Kontrolle über die gegenwärtige Dynamik zurückzugewinnen, eine globale progressive Kapitalsteuer. Ein solches Instrument hätte zudem den Vorzug, für jene demokratische und finanzielle Transparenz zu sorgen, die eine notwendige Bedingung jeder wirkungsvollen Regulierung des Bankenwesens und der internationalen Finanzströme bildet. Die Besteuerung des Kapitals würde dem Allgemeininteresse gegenüber dem Privatinteresse zur Geltung verhelfen, ohne die wirtschaftliche Offenheit und die Kräfte des Wettbewerbs zu beeinträchtigen – ganz anders als die fatale Alternative zu dieser idealen Einrichtung, die uns in den vielfältigen Formen der nationalen Abschottung und Identitätsbehauptung droht. In ihrer wahrhaft globalen Form ist die Kapitalsteuer zweifellos eine Utopie. Aber mangels ihrer globalen Durchsetzung lässt sich eine solche Lösung auch im regionalen oder kontinentalen, zumal europäischen Rahmen sinnvoll anwenden, angefangen mit den Ländern, die dazu bereit sind. Bevor wir darauf zurückkommen, müssen wir die Frage nach der Kapitalsteuer zunächst im Kontext der allgemeineren Frage nach der Rolle der öffentlichen Hand in der Produktion und Verteilung von Reichtümern und der Schaffung eines zeitgemäßen Sozialstaats für das 21. Jahrhundert erörtern.

Die Krise von 2008 und die Frage nach der Rückkehr des Staates

Die globale Finanzkrise, die 2007/08 begann, gilt gemeinhin als die schwerste, die der Kapitalismus seit 1929 erlebt hat. Dieser Vergleich ist zum Teil gerechtfertigt, aber er sollte uns eine Reihe wesentlicher Unterschiede nicht vergessen machen. Der offensichtlichste liegt darin, dass die jüngere Krise zu keiner ähnlich verheerenden Depression geführt hat. Zwischen 1929 und 1935 brach die Produktion in den Industrieländern um ein Viertel ein, die Arbeitslosigkeit stieg im selben Umfang und die Welt sollte sich bis zum Ausbruch des Zweiten Weltkriegs von dieser «Großen Depression» nicht wieder erholen. Die aktuelle Krise hat zum Glück sehr viel weniger Verwüstungen angerichtet und wurde denn auch auf den nicht ganz so beunruhigenden Namen «Große Rezession» getauft. Gewiss haben die größten entwickelten Volkswirtschaften auch 2013 ihr Produktionsniveau von 2007 noch nicht wieder erreicht, die Staatsfinanzen befinden sich in beklagenswertem Zustand und die Wachstumsaussichten sind auf absehbare Zeit trübe, namentlich in Europa, das unter einer endlosen Staatsschuldenkrise leidet (was nicht der Ironie entbehrt, ist es doch der Kontinent mit dem höchsten Kapital-Einkommens-Verhältnis der

Welt). Gleichwohl ist selbst auf dem Tiefpunkt der Rezession um 2009 die Produktion in den reichen Ländern nur um 5 % eingebrochen. Das reicht aus, um sie als die schwerste Rezession seit dem Zweiten Weltkrieg auszuweisen, ist aber doch weit entfernt vom massiven Zusammenbruch der 1930er Jahre, in dem Banken und Unternehmen reihenweise Bankrott machten. Zudem hat das Wachstum in den Schwellenländern sich sehr rasch erholt und dem globalen Wachstum der 2010er Jahre Auftrieb gegeben.

Der Hauptgrund dafür, dass die Krise von 2008 nicht zu einer ebenso schweren Depression wie jene von 1929 geführt hat, liegt darin, dass die Regierungen und Zentralbanken der reichen Länder diesmal den Zusammenbruch des Finanzsystems verhindert und sich bereitgefunden haben, ihm genug Liquidität zuzuführen, um die erdrutschartigen Bankenpleiten zu verhindern, die in den 1930er Jahren die Welt an den Rand des Abgrunds geführt hatten. Diese pragmatische Geld- und Finanzpolitik hat, im Unterschied zu der «liquidationistischen» Orthodoxie, die nach dem Krach von 1929 mehr oder weniger überall den Ton angab (namentlich der amerikanische Präsident Hoover war bis zu seiner Ablösung durch Roosevelt Anfang 1933 der Überzeugung, die angeschlagenen Banken und Unternehmen müssten «liquidiert» werden), das Schlimmste verhindert. Sie hat die Welt auch daran erinnert, dass die Zentralbanken nicht da sind, um Däumchen zu drehen und es dabei zu belassen, die Inflation niedrig zu halten. Wenn es zu einer totalen Finanzpanik kommt, spielen sie eine unverzichtbare Rolle als Kreditgeber der letzten Instanz, ja sind sie die einzige staatliche Institution, die im Notfall den völligen wirtschaftlichen und gesellschaftlichen Zusammenbruch aufhalten kann. Das heißt indessen nicht, die Zentralbanken seien dafür gerüstet, die Probleme der ganzen Welt zu lösen. Die pragmatische Politik im Gefolge der Krise hat sicher das Schlimmste verhindert, aber sie hält keine tragfähige Antwort auf die strukturellen Probleme bereit, die jene Krise erst möglich gemacht haben, insbesondere den haarsträubenden Mangel an finanzieller Transparenz und die wachsende Ungleichheit. Die Krise von 2008 war die erste Krise des globalisierten Patrimonialkapitalismus des 21. Jahrhunderts. Sie wird wahrscheinlich nicht die letzte gewesen sein.

Zahlreiche Beobachter beklagen das Fehlen einer wirklichen «Rückkehr des Staates» auf die Bühne der Wirtschaft und geben zu bedenken, die Krise der 1930er Jahre habe bei aller Brutalität den Vorzug gehabt, sehr viel radikalere Veränderungen, namentlich der Haushalts- und Fiskalpolitik nach sich zu ziehen. Hatte Roosevelt nicht binnen weniger Jahre den Spitzensatz der staatlichen Einkommensteuer, der unverhältnismäßig hohe Einkommen betraf, auf über 80 % angehoben, während er unter Hoover nur bei 25 % lag? Zum Vergleich: In Washington fragt man sich immer noch, ob es der Regierung Obama jemals gelingen wird, in ihrer zweiten Amtszeit den Spitzensteuersatz von den etwa 35 %, die Bush hinterlassen hatte, auf mehr als die 40 % anzuheben, auf die er unter Clinton zuletzt gestiegen war.

Wir kommen im nächsten Kapitel auf die Frage nach jener konfiskatorischen Besteuerung der höchsten Einkommen zurück, die als anstößig (und ökonomisch sinnlos) gelten. Tatsächlich sind die hohen Spitzensteuersätze eine bedeutende amerikanische Erfindung, die meines Erachtens bedenkenswert ist und insbesondere in dem Land, das sie einst eingeführt hatte, zu neuem Leben erweckt werden sollte.

Eine sinnvolle Fiskal- und Haushaltspolitik erschöpft sich freilich nicht in einem konfiskatorischen Spitzensteuersatz für die höchsten Einkommen (der per definitionem fast nichts einbringt). Die progressive Kapitalsteuer ist ein geeigneteres Werkzeug, um die Herausforderungen des 21. Jahrhunderts zu meistern, als die im 20. Jahrhundert erfundene progressive Einkommensteuer (beide Werkzeuge können freilich, wie wir noch sehen werden, eine nützliche und komplementäre Rolle spielen). Bevor wir dazu kommen, ist ein entscheidendes Missverständnis auszuräumen.

Die Frage nach der Rückkehr des Staates stellt sich heute auf ganz andere Weise als in den 1930er Jahren, und zwar aus einem einfachen Grund. Das Gewicht des Staates ist heute ungleich größer als damals, ja in mancher Hinsicht größer als je zuvor. Das äußert sich auch darin, dass man in der gegenwärtigen Krise zugleich den Märkten die Schuld gibt und die Rolle des Staates infrage stellt. Tatsächlich ist diese Infragestellung seit den 1970er Jahren nie abgebrochen und wird auch nie abbrechen. Sobald der Staat im wirtschaftlichen und sozialen Leben die zentrale Rolle spielt, die er in den Nachkriegsjahrzehnten übernommen hat, ist es selbstverständlich und legitim, wenn diese Rolle permanent diskutiert und infragege stellt wird – so ungerecht dies dem einen oder anderen erscheinen mag. Zuweilen kommt es zu Missverständnissen und verhärteten Fronten zwischen Positionen, die einander scheinbar unversöhnlich gegenüberstehen. Manche rufen so lautstark nach einer Rückkehr des Staates in all seinen Formen, als sei er völlig verschwunden, andere fordern seinen unverzüglichen Abbau – ganz besonders dort, wo er ohnehin am wenigsten präsent ist, in den Vereinigten Staaten, wo bestimmte Gruppen aus dem Umkreis der Tea Party-Bewegung die Entmachtung der Zentralbank und die Rückkehr zum Goldstandard fordern. In Europa, wo über «faule Griechen» und «Nazi-Deutsche» geschimpft wird, sind die verbalen Auseinandersetzungen nicht weniger vergiftet. All das macht die Bewältigung der anstehenden Probleme nicht einfacher. Dennoch steckt in beiden Positionen, der marktfeindlichen wie der staatsfeindlichen, eine gewisse Wahrheit. Es gilt neue Instrumente zu erfinden, um die Kontrolle über einen außer Rand und Band geratenen Kapitalismus zurückzugewinnen. Und es bedarf zugleich einer kontinuierlichen und tiefgreifenden Reformierung und Modernisierung des Systems der Pflichtabgaben und Ausgaben, da dieses Herzstück des modernen Sozialstaats einen Komplexitätsgrad erreicht hat, der seine soziale und ökonomische Effizienz zuweilen stark beeinträchtigt.

Diese zweifache Aufgabe mag unlösbar erscheinen und stellt tatsächlich eine ungeheure Herausforderung für unsere demokratischen Gesellschaften in diesem Jahrhundert dar. Aber sie ist unumgänglich. Es wird kaum möglich sein, die Mehrheit der Bürger davon zu überzeugen, dass es neue staatliche Instrumente zu schaffen gilt (überdies auf supranationaler Ebene), ohne den Beweis anzutreten, dass diejenigen, die bereits eingeführt wurden, ordentlich funktionieren. Um uns die Notwendigkeit dieser Aufgabe vor Augen zu führen, müssen wir zunächst einen Blick zurückwerfen und in groben Linien nachzeichnen, wie Pflichtabgaben und öffentliche Ausgaben sich in den reichen Ländern seit dem 19. Jahrhundert entwickelt haben.

Die Entwicklung des Sozialstaats im 20. Jahrhundert

Um einzuschätzen, wie sich die Rolle des Staates im wirtschaftlichen und sozialen Leben entwickelt hat, ist es am einfachsten, die Gesamtsumme der Steuern und Abgaben im Verhältnis zum Nationaleinkommen zu betrachten. Wir haben in Grafik 13.1 die historischen Verläufe in vier Ländern dargestellt (Vereinigte Staaten, Großbritannien, Frankreich und Schweden), die einigermaßen repräsentativ für die unterschiedlichen Situationen in den reichen Ländern sind und verblüffende Gemeinsamkeiten wie gewichtige Differenzen erkennen lassen.[1]

Grafik 13.1.: Bis zu den Jahren 1900 bis 1910 betrugen die Pflichtabgaben in den reichen Ländern weniger als 10 % des Nationaleinkommens, von 2000 bis 2010 zwischen 30 % und 55 %.
Quellen und Reihen: siehe piketty.pse.ens.fr/capital21c.

Die erste Gemeinsamkeit liegt darin, dass die Pflichtabgaben in sämtlichen Ländern des 19. Jahrhunderts bis zum Ersten Weltkrieg weniger als 10 % des Nationaleinkommens ausmachen. Das entspricht einer Situation, in der sich der Staat sehr wenig in das Wirtschafts- und Sozialleben einmischt. Mit 7–8 % des Nationaleinkommens lassen sich die zentralen hoheitlichen Aufgaben erfüllen (Polizei, Justiz, Armee, Auswärtige Angelegenheiten, Allgemeine Verwaltung etc.), aber sehr viel mehr auch nicht. Waren Aufrechterhaltung der öffentlichen Ordnung,

1 Bei den Pflichtabgaben haben wir den Gepflogenheiten entsprechend Steuern, Sozialversicherungsbeiträge, Abgaben aller Art berücksichtigt, die jeder zahlen muss, der nicht mit dem Gesetz in Konflikt kommen will. Die Begriffe – insbesondere Steuern und Beiträge – lassen sich nicht immer klar voneinander unterscheiden und haben auch in den einzelnen Ländern nicht die gleiche Bedeutung. Um historische und internationale Vergleiche anzustellen, ist es wichtig, die Gesamtheit der Abgaben zu berücksichtigen, ob sie nun an Zentralregierungen oder Bundesregierungen, an lokale oder regionale Stellen oder an verschiedene öffentliche Behörden (Sozialversicherungskassen etc.) abgeführt werden. Um die Darstellung zu vereinfachen, sprechen wir zuweilen von «Steuern», aber sofern nicht das Gegenteil ausdrücklich vermerkt ist, meinen wir stets die Gesamtheit der Abgaben. Siehe Technischer Anhang.

Schutz von Eigentumsrechten und Verteidigungsausgaben (oft mehr als die Hälfte der gesamten Aufwendungen) einmal finanziert, blieb in den öffentlichen Kassen nicht mehr viel übrig.[1] Die Staaten dieser Epoche finanzierten auch eine gewisse Zahl von Schulen, Universitäten und Gesundheitsämtern, aber die öffentlichen Bildungs- und Gesundheitsleistungen, die allen zur Verfügung stehen, blieben meist sehr dürftig.[2]

Zwischen 1920 und 1980 nimmt der Anteil am Nationaleinkommen, den die verschiedenen Länder für Steuern und öffentliche Ausgaben (insbesondere Sozialausgaben) aufzuwenden beschließen, in der gesamten reichen Welt erheblich zu. In den hochentwickelten Ländern hat sich binnen eines halben Jahrhunderts der Anteil der Steuern und Abgaben am Nationaleinkommen mindestens verdreifacht oder vervierfacht (manchmal mehr als verfünffacht, wie in den nordischen Ländern). Danach bleibt der Anteil der Steuern und Abgaben am Nationaleinkommen in allen Ländern fast vollständig stabil. Zu dieser Stabilisierung kommt es freilich auf ganz unterschiedlichen Niveaus: kaum 30 % des Nationaleinkommens in den Vereinigten Staaten, um die 40 % in Großbritannien, und zwischen 45 % und 55 % des Nationaleinkommens in Kontinentaleuropa (45 % in Deutschland, 50 % in Frankreich, fast 55 % in Schweden).[3] Die Abstände zwischen den Ländern sind alles andere als unerheblich.[4] Aber es ist verblüffend,

1 Verteidigungsausgaben machen üblicherweise mindestens 2–3 % des Nationaleinkommens aus und können in einem Land, das militärisch besonders aktiv ist (mehr als 4 % des Nationaleinkommens in den Vereinigten Staaten), oder in Ländern, die sich in ihrer Sicherheit und ihren Eigentumsrechten bedroht fühlen (mehr als 10 % des Nationaleinkommens in Saudi-Arabien oder den Golfstaaten) sehr viel höher steigen.

2 Die Bildungs- und Gesundheitsbudgets im 19. Jahrhundert beschränkten sich im Allgemeinen auf 1–2 % des Nationaleinkommens. Für einen historischen Blick auf den allmählichen Anstieg der Sozialausgaben seit dem 18. Jahrhundert und die Beschleunigung im 20. Jahrhundert vgl. P. Lindert: *Growing Public. Social Spending and Economic Growth since the 18th century*, Cambridge: Cambridge University Press 2004.

3 Der Umfang der Pflichtabgaben ist hier in Prozent des Nationaleinkommens ausgedrückt (das sich nach Abzug von etwa 10 % für Kapitalentwertung im Allgemeinen auf etwa 90 % des Bruttoinlandsprodukts beläuft). Das scheint mir angemessener, da die Entwertung niemandem als Einkommen zugutekommt (vgl. Kapitel 1). Drückt man die Abgaben in Prozent des BIP aus, sind die Anteile etwa 10 % geringer (zum Beispiel 45 % statt 50 % des Nationaleinkommens).

4 Abstände von ein paar Punkten unter den Ländern mögen auf rein statistische Differenzen zurückgehen, aber in Abständen von 5–10 Punkten sprechen sich ganz reale und substantielle Unterschiede in der Rolle der öffentlichen Hand zwischen den einzelnen Ländern aus.

wie sehr die Jahrhundertverläufe übereinstimmen. Das betrifft insbesondere die fast vollständige Stabilisierung in den letzten dreißig Jahren. Zwar machen sich Regierungswechsel und nationale Besonderheiten in Grafik 13.1 durchaus bemerkbar (zum Beispiel in Großbritannien und Frankreich).[1] Doch ist ihre Bedeutung gemessen an der Stabilisierung insgesamt begrenzt.[2]

Ausnahmslos alle reichen Länder sind also im Laufe des 20. Jahrhunderts von einem Gleichgewicht, in dem sie weniger als ein Zehntel ihres Nationaleinkommens für Steuern und öffentliche Ausgaben aufwenden, zu einem neuen Gleichgewicht übergegangen, in dem der Anteil dauerhaft zwischen einem Drittel und der Hälfte liegt.[3] Dieser Wandel erfordert eine Reihe von Präzisierungen.

Zunächst wird deutlich, wie unpassend die Frage nach einer «Rückkehr des Staates» im gegenwärtigen Kontext anmuten mag. Das Gewicht des Staates war nie so groß wie heute. Um sich ein vollständiges Bild von der Rolle des Staates im Wirtschafts- und Sozialleben zu machen, müssen natürlich noch andere Indikatoren berücksichtigt werden. Der Staat zieht nicht bloß Steuern zur Finanzierung von Ausgaben und Transferleistungen ein, er interveniert auch in der Festlegung von Regeln. So sind zum Beispiel die Finanzmärkte seit den 1980er Jahren sehr viel weniger strikt reguliert, als sie es von 1950 bis 1970 waren. Und der Staat produziert und besitzt auch Kapital. Allerdings zeigen die Privatisierungen der letzten dreißig Jahre im Industrie- und Finanzsektor, verglichen mit den drei Nachkriegsjahrzehnten, dass er in dieser Hinsicht inzwischen ebenfalls eine kleinere Rolle spielt. Das ändert nichts daran, dass an den Einnahmen und Ausgaben gemessen seine Rolle nie größer war als in den letzten Jahrzehnten.

1 In Großbritannien kommt es zu einem Rückgang von einigen Punkten in den 1980er Jahren, was sich dem Rückzug des Staates unter Thatcher verdankt, und dann zu einem Wiederanstieg von 1990 bis 2000 in dem Maße, in dem die neuen Regierungen wieder in den öffentlichen Dienst investieren. In Frankreich beginnt der Anstieg der Staatsausgaben etwas später als anderswo; er setzt sich von 1970 bis 1980 sehr stark fort, und die Stabilisierung beginnt erst in den Jahren 1985 bis 1990. Siehe Technischer Anhang.

2 Um uns auf langfristige Tendenzen zu konzentrieren, haben wir erneut Durchschnitte für Jahrzehnte angegeben. Die Jahresquoten der Pflichtabgaben schließen häufig alle Arten vorübergehender und mehr oder weniger unbedeutender zyklischer Schwankungen mit ein. Siehe Technischer Anhang.

3 Japan liegt leicht über den Vereinigten Staaten (32–33 % des Nationaleinkommens); in Kanada, Australien und Neuseeland entspricht das Niveau eher dem Großbritanniens (35–40 %).

Ein Abwärtstrend ist, anders als man häufig denkt, nicht zu erkennen. Gewiss, in Anbetracht der alternden Bevölkerung, des medizinischen Fortschritts und immer höherer Bildungsausgaben ist schon die Stabilisierung der Belastungen eine extreme Herausforderung, die sich in der Opposition leicht versprechen, aber nur schwer verwirklichen lässt, ist man einmal an der Macht. Es bleibt aber festzuhalten, dass die Pflichtabgaben heute fast überall in Europa mindestens knapp die Hälfte des Nationaleinkommens ausmachen und niemand für die kommenden Jahrzehnte ernsthaft eine Erhöhung ins Auge fassen wird, die mit derjenigen, die zwischen 1930 und 1980 vorgenommen wurde, vergleichbar wäre. In der Folge der Krise der 1930er Jahre und im Kontext der Nachkriegszeit und des Wiederaufbaus konnte man vernünftigerweise der Auffassung sein, die Lösung der Probleme des Kapitalismus liege in einer immer größeren Rolle des Staates und seiner Sozialausgaben. Die heute anstehenden Entscheidungen sind sehr viel komplexer. Der große Vorstoß des Staates hat bereits stattgefunden. Er wird kein zweites Mal stattfinden, zumindest nicht in dieser Form.

Die Formen des Sozialstaats

Um besser zu verstehen, was sich hinter diesen Zahlen verbirgt, müssen wir nun etwas genauer beschreiben, wozu der historische Anstieg der Pflichtabgaben gut war: die Entstehung eines Sozialstaats im 20. Jahrhundert.[1] Im 19. Jahrhundert und bis 1914 begnügte sich die öffentliche Hand damit, ihre hoheitlichen Aufgaben zu erfüllen. Für diese Aufgaben werden heute noch etwas weniger als ein Zehntel des Nationaleinkommens aufgewandt. Der wachsende Anteil der Steuern und Abgaben am produzierten Reichtum hat es dem Staat ermöglicht, immer anspruchsvollere soziale Aufgaben zu übernehmen, die je nach Land zwischen einem Viertel und einem Drittel des Nationaleinkommens kosten. Diese Kosten wiederum lassen sich ungefähr in zwei Hälften teilen. Es handelt sich einerseits um die öffentlichen

1 Der Begriff «Sozialstaat» scheint mir der Realität und den diversen Aufgaben, die von der öffentlichen Hand übernommen werden, eher zu entsprechen als die enger gefassten Begriffe des Vorsorgestaats oder *Welfare State*.

Ausgaben für Bildung und Gesundheit, andererseits um Lohnersatz- und Transferleistungen.[1]

Die öffentlichen Ausgaben für Bildung und Gesundheit machen zu Beginn des 21. Jahrhunderts zwischen 10 % und 15 % des Nationaleinkommens aus.[2] Innerhalb dieses Gesamtschemas gibt es bedeutende Differenzen zwischen einzelnen Ländern. Primäre und sekundäre Bildung sind in allen Ländern für die ganze Bevölkerung fast völlig kostenfrei, aber Hochschulbildung kann wiederum sehr teuer sein, insbesondere in den Vereinigten Staaten und in geringerem Ausmaß in Großbritannien. Das Krankenversicherungssystem ist fast überall in Europa allgemein (das heißt der gesamten Bevölkerung) zugänglich, auch in Großbritannien.[3] In den Vereinigten Staaten gibt es ein öffentliches Krankenversicherungssytem dagegen nur für die Ärmsten und die Alten (was es nicht daran hindert, sehr kostspielig zu sein).[4] In allen hochentwickelten Ländern kommen diese öffentlichen Ausgaben für einen sehr großen Teil der Kosten für Bildung und Gesundheit auf: ungefähr drei Viertel in Europa, die Hälfte in den Vereinigten Staaten. Das erklärte Ziel ist es, Gleichheit des Zugangs zu diesen fundamentalen Gütern zu garantieren. Jedes Kind soll Schulbildung genießen, ganz gleich, wie viel seine Eltern verdienen, jeder soll Krankenpflege erhalten, auch und vor allem dann, wenn er in schwierigen Verhältnissen lebt.

Lohnersatzleistungen und Transfereinkommen machen zu Beginn des 21. Jahrhunderts im Allgemeinen zwischen 10 % und 15 %

1 Siehe Tabelle S13.2 (online verfügbar) für eine vollständige Aufteilung der öffentlichen Ausgaben mehrerer reicher Länder (Frankreich, Deutschland, Großbritannien und Vereinigte Staaten) für 2000–2010.

2 Typischerweise 5–6 % für Bildung und 8–9 % für Gesundheit. Siehe Technischer Anhang.

3 Der 1948 gegründete National Health Service ist so sehr Teil der britischen Nationalidentität, dass er neben der Industriellen Revolution und den Rockbands der 1960er Jahre in den Eröffnungsfeierlichkeiten der Olympischen Spiele von 2012 szenisch dargestellt wurde.

4 Nimmt man die Kosten privater Versicherungen hinzu, ist das amerikanische Gesundheitssystem mit weitem Abstand das teuerste der Welt (fast 20 % des Nationaleinkommens gegenüber 10–12 % in Europa), während zugleich ein bedeutender Teil der Bevölkerung nicht versorgt ist und die Gesundheitsindikatoren schlechter als in Europa sind. Was immer ihre Mängel sein mögen – die allgemeine gesetzliche Krankenversicherung ist zweifellos gegenüber dem amerikanischen das System mit dem besseren Preis-Leistungs-Verhältnis.

(manchmal fast 20 %) des Nationaleinkommens in den meisten reichen Ländern aus. Während Bildungs- und Gesundheitsausgaben als Sachleistungen betrachtet werden können, zählen Lohnersatzleistungen und Transfereinkommen zu den verfügbaren Einkommen privater Haushalte. Der Staat erhebt Steuern und Abgaben in erheblichem Umfang, um sie dann in Form von Lohnersatzleistungen (Altersversorgung, Arbeitslosengeld) und diverser Geldleistungen (Familiengeld, Sozialhilfe) anderen Haushalten zu überweisen – so dass sich das verfügbare Gesamteinkommen aller privaten Haushalte nicht ändert.[1]

Praktisch machen die Renten den mit weitem Abstand größten Teil (zwischen zwei Dritteln und drei Vierteln) der Lohnersatzleistungen und Transfereinkommen aus. Innerhalb des Gesamtschemas sind auch hier bedeutende Abweichungen zwischen den einzelnen Ländern erkennbar. In Kontinentaleuropa übersteigen die Rentenzahlungen allein oft 12–13 % des Nationaleinkommens (mit Italien und Frankreich an der Spitze, vor Deutschland und Schweden). In den Vereinigten Staaten und in Großbritannien ist das öffentliche Rentensystem für die mittleren und hohen Einkommen sehr viel stärker nach oben hin begrenzt (die Lohnersatzquote, das heißt die Höhe des Rentenanspruchs im Verhältnis zum vorher bezogenen Lohn, nimmt bei Löhnen oberhalb des Durchschnittslohns rasch ab), und die Renten machen kaum mehr als 6–7 % des Nationaleinkommens aus.[2] Es handelt sich in jedem Fall um beträchtliche Volumen: In allen reichen Ländern stellt das Rentensystem die Haupteinkommensquelle für mindestens zwei Drittel (und in der Regel für mehr als drei Viertel) der Ruheständler dar. All ihren Mängeln zum Trotz, und vor welchen Herausforderungen sie heute auch stehen mögen – es waren die Rentensysteme, die in den hochentwickelten Ländern die in den 1950er und

1 Steigende öffentliche Bildungs- und Gesundheitsausgaben verringern dagegen das verfügbare Geldeinkommen der privaten Haushalte, das darum von 90 % des Nationaleinkommens zu Beginn des 20. Jahrhunderts auf etwa 70–80 % zu Beginn des 21. Jahrhunderts gesunken ist. Vgl. Kapitel 5.

2 Man nennt dieses nach oben begrenzte System auch «Beveridge-Modell», im Unterschied zum «Bismarckschen», «skandinavischen» oder «italienischen» Modell, in dem die Renten sich für die große Mehrheit der Bevölkerung quasi proportional zum Einkommen verhalten. In Frankreich, wo die Obergrenze außerordentlich hoch ist (das Achtfache des Durchschnittslohns im Unterschied zum Zwei- bis Dreifachen in den meisten Ländern) gilt dies sogar für nahezu die gesamte Bevölkerung.

1960er Jahren noch endemische Altersarmut zurückgedrängt haben. Mit dem Zugang zu Bildung und Gesundheit ist dies die dritte fundamentale Sozialrevolution, deren Finanzierung die Steuerrevolution des 20. Jahrhunderts ermöglicht hat.

Verglichen mit den Renten stellt das Arbeitslosengeld ein sehr viel geringeres Volumen dar (typischerweise 1–2 % des Nationaleinkommens), was daran liegt, dass man durchschnittlich weniger Lebenszeit als Arbeitsloser denn im Ruhestand verbringt. Darum ist Arbeitslosengeld im Bedarfsfall nicht weniger nützlich. Sozialhilfeleistungen schließlich machen ein noch unbedeutenderes Volumen aus (weniger als 1 %), das in der Gesamtheit öffentlicher Ausgaben kaum ins Gewicht fällt. Dennoch sind gerade diese Leistungen heftig umstritten. Man verdächtigt die Empfänger, sie wollten sich ewig auf den Zuwendungen ausruhen, obwohl Sozialhilfeleistungen sehr viel weniger als andere Leistungen in Anspruch genommen werden, da Leistungsberechtigte durch die Stigmatisierung (und die Komplexität des Beantragungsvorgangs) häufig abgeschreckt werden.[1] Diese Infragestellung der Grundsicherung findet man in den Vereinigten Staaten (wo die schwarze alleinerziehende Mutter ohne Arbeitsmoral oft als Schreckgespenst für die Verächter des ohnehin dürftigen amerikanischen *Welfare State* herhalten muss) genauso gut wie in Europa.[2] In

1 In Frankreich, das manchmal mit einer extremen Komplexität seiner sozialen Einrichtungen und einer Wucherung von Regeln und Strukturen glänzt, beantragen weniger als die Hälfte derer, die prinzipiell Anspruch darauf haben, das «RSA activité», das «aktive Solidaritätseinkommen» (ein Zusatzeinkommen zu sehr niedrigen Löhnen für Zeitarbeit).

2 Ein wichtiger Unterschied zwischen beiden Kontinenten besteht darin, dass die Mindesteinkommens- oder Grundsicherungssysteme in den Vereinigten Staaten stets für diejenigen reserviert waren, die Kinder zu unterhalten haben. Für Personen ohne Kinder (insbesondere für schwarze Jugendliche) vertritt gelegentlich der Gefängnisstaat den Vorsorgestaat. Ungefähr 1 % der erwachsenen amerikanischen Bevölkerung sitzt 2013 hinter Gittern. Diese durchschnittliche Inhaftierungsquote ist die höchste der Welt (leicht vor Russland, weit vor China). Unter den schwarzen männlichen Erwachsenen (jeden Alters) steigt sie auf über 5 %. Siehe Technischer Anhang. Eine weitere Besonderheit ist die Verwendung von *Food Stamps* (die sicherstellen sollen, dass die Empfänger ihre Sozialhilfe auch tatsächlich für Nahrung verwenden, statt sich dem Alkohol oder anderen Lastern hinzugeben) – was einmal mehr mit der liberalen Weltsicht, die man den Vereinigten Staaten oft zuschreibt, kaum zu vereinbaren ist. Vielmehr zeugt dies von den starken amerikanischen Vorurteilen gegenüber den Ärmsten, die extremer erscheinen als in Europa – sicher auch deshalb, weil sie von Rassenvorurteilen verstärkt werden.

beiden Fällen stellen die fraglichen Aufwendungen nur einen verschwindend geringen Teil sozialstaatlicher Leistungen dar.

Addiert man öffentliche Bildungs- und Gesundheitsausgaben (10–15 % des Nationaleinkommens), Lohnersatzleistungen und Transfereinkommen (ebenfalls 10–15 % des Nationaleinkommens, manchmal fast 20 %), so kommt man auf ein Gesamtvolumen der Sozialausgaben (im weiten Sinne) zwischen 25 und 30 % des Nationaleinkommens, das in allen reichen Ländern nahezu den gesamten Anstieg der Pflichtabgaben im 20. Jahrhundert erklärt. Anders ausgedrückt: In der Entwicklung des Steuerstaats im vergangenen Jahrhundert spricht sich im Wesentlichen der Aufbau des Sozialstaats aus.

Die moderne Umverteilung und die Logik der Rechte

Fassen wir zusammen: Die moderne Umverteilung besteht nicht oder zumindest nicht explizit darin, Reichtum von den Reichen auf die Armen zu übertragen. Sie besteht darin, öffentliche Leistungen und Lohnersatzleistungen zu finanzieren, die mehr oder weniger für alle gleich sind, insbesondere im Bereich der Bildung, der Gesundheit und der Altersversorgung. Im Fall der Letzteren spricht sich das Gleichheitsprinzip darin aus, dass die Altersbezüge sich quasi proportional zum früheren Lohn verhalten.[1] Was Bildung und Gesundheit anbelangt, handelt es sich – zumindest dem Prinzip nach – um wirkliche Gleichheit des Zugangs für alle, wie hoch ihr Einkommen oder das ihrer Eltern auch immer sein mag. Die moderne Umverteilung gründet sich auf eine Logik der Rechte und das Prinzip der Gleichheit des Zugangs zu einer Reihe von Gütern, die als fundamental gelten.

Auf einer relativ abstrakten Ebene lassen sich Argumente für diese Berufung auf gleiche Rechte in verschiedenen nationalen politischen und philosophischen Traditionen finden. Die Präambel der amerikanischen Unabhängigkeitserklärung von 1776 beginnt mit der Behauptung, alle hätten das gleiche Recht, nach Glück zu streben.[2] In dem

1 Mit den oben beschriebenen Unterschieden zwischen den Ländern.

2 «*We hold these truths to be self-evident, that all men are created equal, that they are endowed by their Creator with certain unalienable Rights, that among these are Life, Liberty and the pursuit of Happiness; that to secure these rights, Governments are instituted among Men, deriving their just powers from the consent of the governed.*»

Maße, in dem Bildung und Gesundheit Teil solchen Glücks sind, könnte man diese modernen sozialen Rechte als Implikationen jener Präambel verstehen – jedenfalls mit ein wenig Einbildungskraft, hat es doch lange gedauert, bis sie Wirklichkeit wurden. Auch die *Erklärung der Menschen- und Bürgerrechte* von 1789 sagt: «Die Menschen werden frei und gleich an Rechten geboren und bleiben es», um sogleich zu präzisieren: «Gesellschaftliche Unterschiede müssen sich auf den Gemeinnutzen gründen». Diese Präzisierung ist entscheidend. Während der erste Satz das Prinzip absoluter Gleichheit verkündet, spricht schon der zweite ausdrücklich von ganz realen Ungleichheiten. Tatsächlich ist dies die zentrale Spannung, die jener Berufung auf gleiche Rechte innewohnt: Wie weit soll die Gleichheit der Rechte gehen? Ist es mit der Vertragsfreiheit und der Gleichheit aller auf dem Markt getan, die zur Zeit der Französischen Revolution tatsächlich eine revolutionäre Errungenschaft waren? Und wenn man in diese Gleichheit auch gleiches Recht auf Bildung, Gesundheit, Altersversorgung einschließt, wie der Sozialstaat des 20. Jahrhunderts es zu tun begonnen hat, sollte man dem heute auch das Recht auf Kultur, auf Wohnen, auf Reisen hinzufügen?

Der zweite Satz des ersten Artikels der *Erklärung der Menschen- und Bürgerrechte* hat das Verdienst, eine mögliche Antwort auf diese Frage zu geben, da er die Beweislast gewissermaßen umkehrt. Gleichheit ist die Norm, Ungleichheit nur hinnehmbar, sofern sie sich auf den «Gemeinnutzen» gründet. Dieser Begriff muss freilich definiert werden. Die Verfasser hatten seinerzeit vor allem die Abschaffung der Ständeordnung und der Privilegien des Ancien Régime im Auge, damals Paradebeispiel willkürlicher, nutzloser, nicht auf dem «Gemeinnutzen» beruhender Ungleichheit. Aber man kann den Begriff auch weiter fassen. Eine plausible Interpretation lautet, dass soziale Ungleichheiten nur dann vertretbar sind, wenn sie im Interesse aller und namentlich der benachteiligten sozialen Gruppen liegen.[1] Es gilt also die Grundrechte und materiellen Vorteile, die allen zur Ver-

1 Es gibt unzählige Debatten über diesen Begriff des «Gemeinnutzens», deren Erörterung den Rahmen dieses Buches bei Weitem überschreiten würde. Was den Verfassern der Deklaration von 1789 aber ganz fern lag, ist zweifellos die Nützlichkeit im utilitaristischen Sinne einer ganzen Reihe von Ökonomen seit John Stuart Mill, nämlich als mathematische Summe individuellen Nutzens (unter der Annahme, dass die Nutzenfunktion konkav ist – ihr Wachstum nimmt mit wachsendem Einkommen ab –, erhöht die Umverteilung von den Reichen auf die Armen den Gesamtnutzen). Diese mathematische Be-

fügung stehen, soweit wie möglich auszudehnen, sofern dies denen zugutekommt, die am wenigsten Rechte und Lebenschancen haben.[1] Darauf zielt auch das «Unterschiedsprinzip» ab, das der amerikanische Philosoph John Rawls in seiner *Theorie der Gerechtigkeit* eingeführt hat.[2] Der Ansatz des indischen Ökonomen Amartya Sen, dem es um maximale Gleichheit der «Verwirklichungschancen» geht, ist einer ähnlichen Logik verpflichtet.[3]

Auf einer rein theoretischen Ebene herrscht tatsächlich ein bestimmter (teilweise artifizieller) Konsens über die abstrakten Prinzipien sozialer Gerechtigkeit. Die Uneinigkeiten treten sehr viel schärfer hervor, versucht man jenen sozialen Rechten und Ungleichheiten etwas mehr Substanz zu geben und sie in spezifischen historischen und ökonomischen Kontexten zu konkretisieren. In der Praxis entzünden sich die Konflikte vor allem an der Frage, mit welchen Mitteln sich die Lebensbedingungen der am wenigsten Begünstigten wirklich und nachhaltig verbessern lassen. Wie weit gehen die Rechte, die allen eingeräumt werden können (in Anbetracht ökonomischer, namentlich budgetärer Zwänge und der zahlreichen Unwägbarkeiten, mit denen sie einhergehen)? Welche Faktoren können die Einzelnen kontrollieren oder nicht kontrollieren (wo hört das Glück auf, wo beginnen Leistung und Verdienst)? Mit abstrakten Prinzipien oder mathematischen Formeln wird man diese Fragen nie beantworten können. Beantworten lassen

---

gründung hat mit alltäglichen Antworten auf die Frage, weshalb Umverteilung wünschenswert ist, herzlich wenig zu tun. Der Begriff des Rechts scheint weiterzuführen.

1 Es erscheint plausibel, die am wenigsten Begünstigten als diejenigen zu definieren, die mit den ungünstigsten unkontrollierbaren Faktoren zu kämpfen haben. In dem Maße, in dem Ungleichheit der Lebensbedingungen zumindest teilweise von Faktoren abhängt, die der Kontrolle der Individuen entzogen sind, wie Ungleichheit der familiären Mitgift (Erbschaft, kulturelles Kapital, etc.) oder günstiges Geschick (besondere Talente, Glücksfälle etc.), ist es gerecht, wenn die öffentliche Hand diese Ungleichheit der Bedingungen so weit wie irgend möglich reduziert. Die Grenze zwischen gleichen Chancen und gleichen Bedingungen ist oft durchlässig genug (Erziehung, Gesundheit, Einkommen sind zugleich Chancen und Bedingungen). Rawls' Begriff der fundamentalen Güter erlaubt es, diesen künstlichen Gegensatz zu überwinden.

2 «*Social and economic inequalities [...] are to be to the greatest benefit of the least advantaged members of society*». (Vgl. J. Rawls: *Eine Theorie der Gerechtigkeit*, Frankfurt a. M.: Suhrkamp 1979, S. 336) Die Formulierung von 1971 wurde in *Politischer Liberalismus*, 1993 veröffentlicht, wiederaufgenommen.

3 Diese prinzipiellen theoretischen Überlegungen sind jüngst von Marc Fleurbaey und John Roemer aufgegriffen und um einige empirische Anwendungsversuche erweitert worden. Siehe Technischer Anhang.

sie sich nur durch demokratische Entscheidungsfindung und politische Auseinandersetzung. Die Institutionen und Regeln, die solche Debatten und Entscheidungen organisieren, spielen daher eine ebenso zentrale Rolle wie die Kräfteverhältnisse zwischen sozialen Gruppen und die Überzeugungskraft, über die sie jeweils verfügen. Die amerikanische und die Französische Revolution haben am Ende des 18. Jahrhunderts beide das absolute Prinzip der Gleichheit der Rechte festgehalten, was damals zweifellos ein Fortschritt war. Praktisch haben sich aber die politischen Systeme, die aus der Revolution hervorgegangen sind, vornehmlich auf den Schutz des Eigentumsrechtes konzentriert.

Den Sozialstaat modernisieren, nicht abbauen

Die moderne Umverteilung und der im 20. Jahrhundert in den reichen Ländern geschaffene Sozialstaat beruhen auf einer Reihe grundlegender sozialer Rechte: Recht auf Bildung, auf Gesundheit, auf Altersversorgung. Wie immer die Einschränkungen und Herausforderungen aussehen mögen, mit denen diese Abgabe- und Ausgabesysteme heute zu kämpfen haben, sie stellen einen ungeheuren Fortschritt dar. Jenseits der Wahlkämpfe und parteipolitischen Spiele herrscht über diese Sozialsysteme ein sehr weitreichendes Einverständnis, insbesondere in Europa, wo es eine starke Verpflichtung auf das gibt, was man als «europäisches Sozialmodell» begreift. Keine ernstzunehmende Meinungsströmung, keine bedeutende politische Kraft wird ernsthaft die Rückkehr zu einer Welt betreiben wollen, in der die Abgabenquote wieder auf 10 % oder 20 % des Nationaleinkommens sinken und die öffentliche Hand sich auf die Wahrnehmung ihrer hoheitlichen Aufgaben beschränken würde.[1]

Umgekehrt gibt es auch keine signifikanten politischen Strömungen, die der Vorstellung anhängen, sozialstaatliche Leistungen müssten unbegrenzt im selben Rhythmus wachsen wie zwischen 1930 und 1980 (dadurch könnte von heute bis zu den 2050er Jahren die Ab-

1 Anders sieht es in den Vereinigten Staaten aus, wo bestimmte minoritäre, aber einflussreiche Gruppen die Existenz staatlicher, ja aller Sozialprogramme radikal infrage stellen. Rassistische Vorurteile scheinen auch hier eine gewisse Rolle zu spielen (zum Beispiel in den Debatten über die Ausweitung der von der Regierung Obama vertretenen Gesundheitsreform).

gabenquote auf 70–80 % des Nationaleinkommens steigen). Theoretisch ist natürlich eine Gesellschaft denkbar, in der Steuern zwei Drittel oder drei Viertel des Nationaleinkommens ausmachen, immer vorausgesetzt, sie werden in transparenter, effizienter, für alle nachvollziehbarer Weise erhoben und für Investitionen genutzt, die als vordringlich gelten, zum Beispiel Bildung, Gesundheit, Kultur, saubere Energie, nachhaltige Entwicklung. Steuern an sich sind weder gut noch schlecht. Alles hängt davon ab, wie sie erhoben und wofür sie verwendet werden.[1] Dennoch gibt es allen Grund zu der Annahme, dass ein so starker Anstieg weder realistisch noch wünschenswert ist, zumindest auf absehbare Zeit.

Die sehr rasche Erweiterung der Rolle des Staates in den drei Nachkriegsjahrzehnten wurde begünstigt und beschleunigt durch das zumindest in Kontinentaleuropa außerordentlich starke Wirtschaftswachstum dieser Zeit.[2] Wenn die Einkommen um 5 % pro Jahr wachsen, ist es nicht allzu schwer zu akzeptieren, wenn ein Teil dieses Wachstums an die Erhöhung von Abgaben und öffentlichen Ausgaben gewendet wird (deren Wachstum daher über dem Durchschnittswachstum liegt), insbesondere in einem Kontext, in dem der Bedarf an Erziehung, Gesundheit und Renten offensichtlich ist, da man 1930 oder 1950 von einem sehr niedrigen Ausgangsniveau startet. Ganz anders sieht es seit den 1980er Jahren aus. Wenn das durchschnittliche Pro-Kopf-Einkommen um kaum mehr als 1 % pro Jahr wächst, wünscht keiner sich massive und kontinuierliche Erhöhungen der Abgaben, durch die es zu einer noch stärkeren Stagnation oder gar zu einem Rückgang der Einkommen käme. Man kann sich eine Umverteilung der Steuerlast oder eine stärkere Steuerprogression bei mehr oder weniger stabilem Gesamtvolumen, aber kaum eine allgemeine und dauerhafte Zunahme des durchschnittlichen Steuersatzes vorstellen. Es ist kein Zufall, wenn in allen reichen Ländern, ungeachtet aller nationalen Besonderheiten und politischen Wechsel-

1 In Europa haben die reichsten und produktivsten Länder die höchsten Steuern (zwischen 50 % und 60 % des Nationaleinkommens in Schweden und Dänemark) und die ärmsten Länder die niedrigsten (kaum 30 % des Nationaleinkommens in Bulgarien und Rumänien). Siehe Technischer Anhang.

2 In den Vereinigten Staaten und vor allem in Großbritannien hat sich die rasche Ausweitung des Sozialstaats bei deutlich niedrigerem Wachstum vollzogen, daher vielleicht ein stärkeres Gefühl der Enteignung, verbunden mit dem Gefühl, hinter den anderen Ländern zurückzubleiben, das wir schon erwähnt haben (vgl. vor allem Kapitel 2).

fälle, eine Stabilisierung zu beobachten ist (siehe Grafik 13.1). Zudem ist es keineswegs ausgemacht, dass die Bedürfnisse unbegrenzte Steuererhöhungen rechtfertigen. Gewiss, es gibt einen objektiv wachsenden Bedarf an Bildung oder Gesundheit, der zweifellos eine leichte künftige Erhöhung der öffentlichen Abgaben rechtfertigen mag. Aber die Bewohner der reichen Länder haben auch ein legitimes Bedürfnis nach Kaufkraft, um alle Arten von Gütern und Dienstleistungen des privaten Sektors zu kaufen, zum Beispiel zu reisen, sich zu kleiden, zu wohnen, neue kulturelle Angebote wahrzunehmen, sich das neueste Tablet zu kaufen, etc. In einer Welt mit schwachem Produktivitätswachstum von 1–1,5 % (was langfristig, wie wir gesehen haben, eine nicht unerhebliche Wachstumsrate darstellt), muss man Entscheidungen zwischen verschiedenen Arten von Bedürfnissen treffen, und es gibt keinen erkennbaren Grund zu der Annahme, die öffentlichen Abgaben sollten auf lange Sicht die Quasi-Gesamtheit der Bedürfnisse finanzieren.

Wie immer die Wachstumserträge zwischen verschiedenen Bedürfnissen aufgeteilt werden – man darf nicht vergessen, dass der öffentliche Sektor, wenn er eine bestimmte Größe überschreitet, schwerwiegende Organisationsprobleme aufwirft. Einmal mehr ist kaum vorherzusagen, wie sich in dieser Hinsicht die Dinge auf sehr lange Sicht entwickeln. Man kann sich aber die Bildung neuer dezentralisierter, partizipativer Organisationsweisen und die Erfindung innovativer Verwaltungsformen vorstellen, die langfristig das effiziente Funktionieren eines öffentlichen Sektors gewährleisten, der sehr viel größer als heute sein wird. Im Übrigen ist bereits der Begriff «öffentlicher Sektor» eine Verkürzung. Dass die fraglichen Leistungen durch öffentliche Gelder finanziert werden, heißt nicht schon, sie würden durchwegs von Staatsangestellten oder anderen im strengen Sinne öffentlichen Personengruppen erbracht werden. Im Erziehungs- und Gesundheitswesen gibt es eine Vielfalt intermediärer rechtlicher Strukturen, namentlich Stiftungen und Verbände, die zwischen den Polen des Staates und der privaten Unternehmen liegen und an der Produktion öffentlicher Leistungen beteiligt sind. Bildungs- und Gesundheitswesen kommen in den hochentwickelten Ländern für über 20 % der Beschäftigung und des BIP auf, also für mehr als alle Industriesektoren zusammen. Zudem haben wir es bei diesen intermediären Formen mit verbindlichen und eigenständigen Weisen der

Produktionsorganisation zu tun. So wird zum Beispiel niemand die amerikanischen Universitäten in Aktiengesellschaften umwandeln wollen. Es ist gut möglich, dass die Verbreitung solcher intermediärer Formen künftig zunimmt, zum Beispiel im Kultursektor und in den Medien, wo das Modell des profitorientierten Unternehmens längst nicht mehr das einzige ist – und im Übrigen eines, das häufig schwerwiegende Probleme aufwirft, namentlich in Gestalt von Interessenskonflikten. Zudem haben wir am Beispiel der Struktur des Kapitals in Deutschland (des «Rheinischen Kapitalismus») gesehen, dass der Begriff des Privateigentums selber alles andere als eindeutig ist – auch und gerade in einem der klassischsten Industriesektoren (der Automobilindustrie). Die Vorstellung, es gebe nur eine mögliche Form des Kapitaleigentums und der Produktionsorganisation, entspricht keineswegs der Realität in den heutigen hochentwickelten Ländern. Wir leben in einem gemischten Wirtschaftssystem, das nicht jenes, das man sich nach dem Zweiten Weltkrieg vorgestellt hatte, aber doch sehr real ist. Und zweifellos werden wir dies mehr und mehr auch in Zukunft tun und neue Formen der Organisation und des Eigentums erfinden müssen.

Bevor man die Frage aufwirft, wie sich eine öffentliche Finanzierung organisieren ließe, die zwei Dritteln oder drei Vierteln des Nationaleinkommens entspricht, täte man zunächst gut daran, Organisation und Funktionsweise eines öffentlichen Sektors zu verbessern, der (unter Einschluss der Lohnersatzleistungen und Transfereinkommen) gegenwärtig die Hälfte des Nationaleinkommens ausmacht – was auch keine einfache Aufgabe ist. In Deutschland wie in Frankreich oder Italien, in Großbritannien wie in Schweden kreist die öffentliche Debatte über die Zukunft des Sozialstaats vor allem um Fragen seiner Organisation, Modernisierung und Konsolidierung, die noch nicht beantwortet sind, wenn man ein bestimmtes Steuer- und Ausgabevolumen, das im Verhältnis zum Nationaleinkommen mehr oder weniger unverändert bleibt (oder aufgrund wachsenden Bedarfs leicht ansteigt), als gegeben annimmt. Wie lassen sich Krankenhäuser und Krippen verbessern, wie Universitäten oder Grundschulen reformieren, wie Renten oder Arbeitslosengeld an die steigende Lebenserwartung oder Jugendarbeitslosigkeit anpassen und was muss an der Erstattung von Arzthonoraren und Medikamenten geändert werden? Angesichts öffentlicher Ausgaben, die fast die Hälfte des Nationaleinkommens ausmachen, sind all diese Diskussionen auch legitim, ja unerlässlich. Sobald man sich nicht stets wieder die Frage stellt, wie diese Leistungen sich besser an die Bedürfnisse der Öffentlichkeit anpassen lassen, wird der Konsens über dieses hohe Steuerniveau und damit über den Sozialstaat vielleicht nicht ewig Bestand haben.

Eine Analyse möglicher Reformen des Sozialstaats in all seinen Aspekten würde ganz offenbar den Rahmen dieses Buches sprengen. Wir werden nur ein paar Punkte präzisieren, die zwei Bereiche sozialstaatlicher Intervention betreffen, die für die Zukunft von besonderer Bedeutung sind und ganz unmittelbar mit dem Gegenstand unseres Buches zu tun haben: zum einen die Frage nach der Gleichheit des Zugangs zu Bildung, insbesondere Hochschulbildung, zum anderen die Frage nach der Zukunft der umlagefinanzierten Rentensysteme unter Bedingungen schwachen Wachstums.

Fördert das Bildungssystem soziale Mobilität?

In allen Ländern und auf allen Kontinenten zählt es zu den grundsätzlichen Absichten der Bildungseinrichtungen und öffentlichen Bildungsausgaben, eine gewisse soziale Mobilität zu gewährleisten. Erklärtes Ziel ist es, jedem unabhängig von seiner sozialen Herkunft Zugang zu Bildung zu eröffnen. In welchem Maße erfüllen die existierenden Institutionen diesen Auftrag?

Wie wir im dritten Teil dieses Buchs sehen konnten, hat die beträchtliche Anhebung des durchschnittlichen Bildungsniveaus im 20. Jahrhundert zu keinem Abbau der Lohnungleichheit geführt. Die Qualifikationsniveaus haben sich allesamt nach oben verschoben (der Hauptschulabschluss ist zum Abitur, das Abitur zur Doktorwürde geworden) und mit dem Wandel der Technologien und des Bedarfs an Arbeitskräften sind alle Lohnniveaus mit der gleichen Rate gestiegen, ohne dass sich an der Ungleichheit selber etwas geändert hätte. Die Frage, die wir uns jetzt stellen müssen, betrifft die Mobilität. Hat – eine bestimmte Ungleichheit als gegeben vorausgesetzt – die massive Demokratisierung der Bildung zu einem rascheren Austausch von Gewinnern und Verlierern geführt? Glaubt man den vorliegenden Daten, fällt die Antwort negativ aus. Die intergenerationelle Korrelation der Diplome und Arbeitseinkommen, die über einen bestimmten Zeitraum die Reproduktion der Hierarchien misst, scheint langfristig keine Abwärtstendenz (also keine größere Mobilität) erkennen zu lassen, ja in den letzten Jahren sogar zugenommen zu haben.[1] Es ist allerdings, um das gleich zu betonen, sehr viel schwieriger, Mobilität über zwei Generationen hinweg zu messen als Ungleichheit zu einem gegebenen Zeitpunkt. Auch verfügen wir nur über sehr unzulängliche Daten, um die historische Entwicklung der Mobilität einzuschätzen.[2] Der von der einschlägigen Forschung am besten belegte Befund lautet, dass die intergenerationelle Reproduktion in den nordischen Ländern am schwächsten, in den Vereinigten Staaten am stärksten ausfällt (der Korrelationskoeffizient liegt dort zwei bis dreimal höher als in Schweden). Frankreich, Deutschland und Großbritannien halten sich offenbar in der Mitte: Die Mobilität ist geringer als in Nordeuropa, aber größer als in den Vereinigten Staaten.[3]

Diese Ergebnisse stehen in scharfem Kontrast zu dem, was eine vom Glauben an den *american exceptionalism*, den Ausnahmecharakter Amerikas beseelte amerikanische Soziologie lange unterstellt hatte: In den Vereinigten Staaten herrsche, verglichen mit Klassengesellschaften europäischen Typs, besonders hohe soziale Mobilität. Für die Siedlergesellschaft zu Beginn des 19. Jahrhunderts trifft das zweifellos zu. Und wir haben auch gesehen, dass in den Vereinigten Staaten das Gewicht der Erbschaft ebenso wie die Vermögenskonzentration geringer war als in Europa, zumindest bis zum Ersten Weltkrieg. Im 20. Jahr-

1 Den Arbeiten von Anders Björklund und Arnaud Lefranc zufolge, die sich auf Schweden und Frankreich beziehen, scheint die intergenerationelle Korrelation für die innerhalb von 1940 bis 1950 geborenen Generationen verglichen mit den von 1920 bis 1930 geborenen leicht abgenommen zu haben, um für die von 1960 bis 1970 geborenen wieder zuzunehmen. Siehe Technischer Anhang.

2 Man kann die Mobilität für die im 20. Jahrhundert geborenen Generationen messen (mit einigen Ungenauigkeiten und Abstrichen bei der Vergleichbarkeit zwischen einzelnen Ländern), aber es ist fast unmöglich weiter zurückzugehen und die intergenerationelle Mobilität im 19. Jahrhundert zu messen – es sei denn anhand der Erbschaften (vgl. Kapitel 11). Aber das ist eine andere Frage als die nach der Mobilität der Qualifikationen und Einkommen, die uns hier interessiert und auf die sich diese Messungen der intergenerationellen Mobilität konzentrieren (die in diesen Arbeiten genutzten Daten erlauben es nicht, die Mobilität der Kapitaleinkommen isoliert zu betrachten).

3 Der Koeffizient sinkt auf 0,2–0,3 in Schweden oder in Finnland und steigt auf 0,5–0,6 in den Vereinigten Staaten. Großbritannien (0,4–0,5) scheint den Vereinigten Staaten näher, aber die Abstände zu Deutschland und Frankreich (0,4) sind oft unbedeutend. Zum internationalen Vergleichen von Koeffizienten der intergenerationellen Korrelation der Arbeitseinkommen vgl. die Arbeiten von Markus Jäntti. Siehe Technischer Anhang.

hundert und zu Beginn des 21. Jahrhunderts dagegen, das belegen alle verfügbaren Daten, war und ist in den Vereinigten Staaten die soziale Mobilität geringer als in Europa.

Zumindest teilweise ist für dieses Ergebnis die Tatsache verantwortlich, dass der Zugang zur Hochschulbildung, namentlich zu den Eliteuniversitäten in den Vereinigten Staaten die Zahlung von Studiengebühren voraussetzt, die zuweilen extrem hoch sind. In Anbetracht des sehr starken Anstiegs dieser Gebühren seit den 1990er Jahren – ein Anstieg, der sich übrigens weitgehend proportional zu dem der amerikanischen Spitzengehälter verhält – muss man davon ausgehen, dass die intergenerationelle Reproduktion für die kommenden Generationen noch stärker ausfallen, die soziale Mobilität also weiter abnehmen wird.[1] Das Problem der Ungleichheit des Zugangs zu Hochschulbildung wird übrigens in den Vereinigten Staaten mehr und mehr diskutiert. Neuere Arbeiten haben insbesondere gezeigt, dass der Anteil der Diplomierten unter Kindern, deren Eltern den beiden ärmsten Quartilen der Einkommenshierarchie angehören, zwischen 1970 und 2010 bei 10–20 % stagnierte, während er im selben Zeitraum unter Kindern aus dem obersten Quartil (die reichsten 25 %) von 40 % auf 80 % gestiegen ist.[2] Das Einkommen der Eltern ist also ein fast unfehlbarer Prädiktor des Zugangs zur Universität.

Meritokratie und Oligarchie an der Universität

Diese Ungleichheit des Zugangs scheint sich an der Spitze der wirtschaftlichen Hierarchie zu wiederholen. Nicht allein, weil es schwierig ist (auch für Eltern, die der obersten Mittelschicht angehören), die sehr hohen Studiengebühren an den prestigeträchtigsten Privatuniversitäten aufzubringen. Vielmehr machen diese ihre Zulassungsentscheidungen offenbar in erheblichem Umfang von der Fähigkeit der Eltern abhän-

1 Die Studiengebühren für einen *undergraduate* in Harvard betragen 2012/13 einschließlich Unterkunft und verschiedener anderer Gebühren jährlich 54 000 Dollar (von denen 38 000 Dollar auf die *tuition* im eigentlichen Sinn entfallen). Bestimmte Universitäten sind (noch) teurer als Harvard, das von den hohen Einkünften aus seinem Stiftungsvermögen profitiert (vgl. Kapitel 12).

2 Vgl. G. J. Duncan, R. J. Murnane: *Whither Opportunity? Rising Inequality, Schools, and Children's Life Chances*, New York: Russel Sage Foundation 2011 (insbesondere Kapitel 6). Siehe Technischer Anhang.

gig, die Universität mit Spenden zu bedenken. Eine neuere Studie hat gezeigt, dass es just dann zu einer auffälligen Häufung von Spenden kommt, wenn die Kinder ehemaliger Absolventen das Bewerbungsalter erreicht haben.[1] Vergleicht man die verfügbaren Quellen, kann man im Übrigen das gegenwärtige Durchschnittsgehalt der Eltern von Harvard-Studenten auf 450 000 Dollar schätzen, was ungefähr dem Durchschnittseinkommen der reichsten 2 % amerikanischer Haushalte entspricht.[2] Mit der Idee einer Auswahl, die ausschließlich auf Leistung beruht, ist das kaum vereinbar. Der Kontrast zwischen dem offiziellen meritokratischen Diskurs und der Realität scheint hier besonders extrem auszufallen. Zudem herrscht hinsichtlich des Auswahlverfahrens völlige Intransparenz.[3]

Man würde sich freilich täuschen, wollte man annehmen, Ungleichheit des Hochschulzugangs sei ein Problem, das ausschließlich die Vereinigten Staaten betrifft. Wir haben es hier mit einer der schwerwiegendsten Fragen zu tun, die auf den Sozialstaat im 21. Jahrhundert zukommen. Derzeit hält kein Land auf diese Frage eine wirklich befriedigende Antwort bereit. Gewiss liegen die Studiengebühren in Europa sehr viel niedriger als in den Vereinigten Staaten, wenn man Großbritannien ausnimmt.[4] In den anderen Ländern, ob es sich nun um Schweden oder die anderen nordischen Länder, um Deutschland, Frankreich, Italien oder Spanien handelt, sind die Studiengebühren im Allgemeinen relativ gering (weniger als 500 Euro). Obwohl es Ausnahmen gibt, wie die Wirtschaftshochschulen oder die *Sciences Po*

---

1 Vgl. J. Meer, H. S. Rosen: «Altruism and the child-cycle of alumni donations», *American Economic Journal: Economic Policy* 1 (2009), S. 258–86.

2 Das heißt nicht, Harvard nehme nur Studierende aus diesen reichsten 2 % der Amerikaner auf. Es heißt nur, dass Aufnahmen unterhalb der reichsten 2 % so selten, und Aufnahmen von besonders Reichen innerhalb dieser Gruppe der 2 % so häufig sind, dass sich dieser Durchschnitt ergibt. Siehe Technischer Anhang.

3 Erhebungen so elementarer Daten wie des Durchschnittseinkommens oder -vermögens von Studierenden verschiedener amerikanischer Universitäten sind sehr schwierig zu bekommen und werden kaum durchgeführt.

4 Die höchsten Studiengebühren, die britische Universitäten erheben dürfen, stiegen auf 1000 Pfund im Jahr 1998, auf 3000 Pfund in 2004, und auf 9000 Pfund in 2012. Der Anteil der Studiengebühren an den Gesamtmitteln britischer Universitäten scheint in den 2010er Jahren im Begriff, das Niveau der 1920er Jahre wieder zu erreichen und das der Vereinigten Staaten einzuholen. Vgl. die interessanten historischen Datenreihen in V. Carpentier: «Public-private substitution in higher education», *Higher Education Quarterly* 66 (2012), S. 363–90.

(das Pariser Institut für politische Studien) in Frankreich, und obwohl die Situation sich rasch ändert, handelt es sich bis heute um einen auffälligen Unterschied gegenüber den Vereinigten Staaten. In Europa ist man gemeinhin der Überzeugung, Studiengebühren sollten gleich null oder sehr gering und der Zugang zur Hochschulbildung kostenlos oder fast kostenlos sein, ganz wie die primäre oder sekundäre Erziehung.[1] In Québec wurde die Entscheidung, die Studiengebühren sukzessive von 2000 auf 4000 Dollar anzuheben, als Versuch gewertet, sich dem auf Ungleichheit beruhenden System amerikanischen Typs anzunähern, was zu den Studentenprotesten vom Winter 2012 führte, ja letzten Endes zum Sturz der Regierung und dem Verzicht auf die Maßnahme.

Es wäre indessen naiv anzunehmen, mit der Gebührenfreiheit des Studiums seien alle Probleme aus der Welt. An die Stelle der finanziellen Selektion treten häufig subtilere soziale Selektionsmechanismen, wie Pierre Bourdieu und Jean-Claude Passeron sie in *Les Héritiers* (Die Erben) beschrieben haben. Faktisch führt das französische System der Grandes Écoles dazu, Studierenden aus besser gestellten sozialen Milieus einen größeren Teil der öffentlichen Ausgaben zugutekommen zu lassen als den Studierenden an der Universität, die aus bescheideneren Verhältnissen stammen. Auch hier stellt sich der Kontrast zwischen dem offiziellen Diskurs über die republikanische Meritokratie und der Realität (die öffentlichen Gelder verstärken die Ungleichheit sozialer Herkunft) als besonders eklatant dar.[2] Wie die verfügbaren Daten belegen, scheint das Durchschnittsgehalt der Eltern von Studierenden an der *Sciences Po* derzeit bei 90 000 Euro zu liegen, was ungefähr dem Durchschnittseinkommen der reichsten 10 % der französischen Haus-

1 Bayern und Niedersachsen haben sich 2013 dazu entschieden, ihre Studiengebühren von 500 Euro pro Semester abzuschaffen und wie das übrige Deutschland gar keine Studiengebühren zu erheben. In den nordischen Ländern betragen die Studiengebühren nicht mehr als ein paar hundert Euro, ebenso wie in Frankreich.

2 Dieselbe Umverteilung von unten nach oben findet man in Frankreich im Bereich der primären und sekundären Bildung. Schüler der am wenigsten privilegierten Schulen und Gymnasien werden von den unerfahrensten und am schlechtesten ausgebildeten Lehrern unterrichtet – und erhalten damit durchschnittlich weniger öffentliche Ausgaben pro Kind als die Schüler privilegierterer Schulen und Gymnasien. Das ist umso bedauerlicher, als eine bessere Verteilung der Mittel zu einem starken Abbau der Ungleichheit schulischer Chancen führen würde. Vgl. T. Piketty, M. Valdenaire: *L'impact de la taille de classes sur la réussite scolaire dans les écoles, collèges et lycées français*, Paris: Ministère de l'Éducation nationale 2006.

halte entspricht. Der Bevölkerungspool, aus dem Studierende aufgenommen werden, ist damit zwar fünfmal größer als im Fall Harvards, aber immer noch relativ begrenzt.[1] Wir verfügen über keine Daten, um dieselbe Berechnung für Studierende der anderen Grandes Écoles durchzuführen, aber das Ergebnis wäre wohl mehr oder weniger dasselbe.

Damit keine Missverständnisse entstehen: Es gibt kein einfaches Mittel, um für wirkliche Chancengleichheit in der Hochschulbildung zu sorgen. Wir haben es hier mit einer der größten Herausforderungen des Sozialstaats im 21. Jahrhundert zu tun, und das ideale System muss erst noch erfunden werden. Die hohen Studiengebühren der amerikanischen Universitäten schaffen eine nicht vertretbare Ungleichheit des Zugangs, aber sie verhelfen ihnen zu einer Autonomie, Fruchtbarkeit und Dynamik, für die sie auf der ganzen Welt berühmt sind.[2] Theoretisch ist es möglich, die Vorteile der Dezentralisierung mit denen der Zugangsgleichheit zu verbinden, indem man den Universitäten zu einer hohen öffentlichen Anschubfinanzierung verhilft. Das ist in gewisser Weise das, was die öffentlichen Krankenversicherungssysteme tun. Man lässt den Produzenten (Ärzte, Krankenhäuser) eine gewisse Autonomie, aber die Gemeinschaft trägt die Kosten der Versorgung, so dass sie allen Patienten zur Verfügung steht. Ebenso könnte man mit der Universität und den Studierenden verfahren. Die Universitäten der nordischen Länder verfolgen eine Strategie dieser Art. Das erfordert fraglos eine nicht unerhebliche öffentliche Finanzierung, die im gegenwärtigen Kontext einer Konsolidierung des Sozialstaats nicht leicht durchzusetzen ist.[3] Aber es ist

1 Wie im Fall Harvards bedeutet dieses Durchschnittseinkommen nicht, die *Sciences Po* nehme nur Studierende aus der Gruppe der reichsten 10 % auf. Siehe Technischer Anhang für die komplette Einkommensverteilung der Eltern von Studenten an der *Sciences Po* in 2011/12.

2 Nach dem berühmten Shanghai-Ranking befinden sich 53 der 100 weltbesten Universitäten 2012/13 in den Vereinigten Staaten, gegenüber 31 in Europa (9 davon in Großbritannien). Das Ranking kehrt sich freilich um auf der Ebene der 500 weltbesten Universitäten (150 in den Vereinigten Staaten gegenüber 202 in Europa, von denen sich 38 in Großbritannien befinden). Darin spricht sich die starke Ungleichheit zwischen den etwa 800 amerikanischen Universitäten aus (vgl. Kapitel 12).

3 Man muss jedoch festhalten, dass es im Vergleich mit anderen Ausgaben (wie den Renten) relativ erschwinglich ist, von den niedrigsten Ausgaben für Hochschulbildung (kaum 1 % des Nationaleinkommens in Frankreich) zu den höchsten aufzuschließen (zwischen 2 % und 3 % in Schweden oder den Vereinigten Staaten).

eine sehr viel befriedigendere Strategie als die anderen Systeme, die letzthin ausprobiert wurden – ob es sich nun um Studiengebühren handelt, die sich nach dem Einkommen der Eltern richten,[1] oder um Studienkredite, die der Kreditnehmer in Form einer Zusatzsteuer auf sein künftiges Einkommen abzahlen muss.[2]

Man wird in diesen für die Zukunft entscheidenden Fragen nicht vorankommen können, ohne zunächst für mehr Transparenz zu sorgen. Den Lobgesängen, die in den Vereinigten Staaten, in Frankreich und den meisten anderen Ländern auf das nationale meritokratische Modell angestimmt werden, geht selten eine sorgfältige Prüfung der Faktenlage voraus. Zumeist geht es um eine Rechtfertigung herrschender Ungleichheiten, unter Ausblendung der zuweilen offen zutage tretenden Misserfolge des bestehenden Systems. Als Émile Boutmy 1872 die Vorläuferin der heutigen *Sciences Po*, die *École libre des sciences politiques* gründete, erteilte er ihr einen klaren Auftrag: «Die Klassen, die sich die herrschenden Klassen nennen, können heute, da sie sich dem Gesetz der Mehrheit beugen müssen, ihre politische Vorherrschaft nur behaupten, indem sie das Recht des Leistungsfähigsten geltend machen. Wenn die Festungsmauern ihrer Vorrechte und der Tradition fallen, wird sich die Welle der Demokratie an einem zweiten Bollwerk brechen, errichtet aus glanzvollen Verdiensten, achtungsgebietender Überlegenheit und Fähigkeiten, denen keine gesunde Vernunft sich verschließen kann.»[3] Nimmt man diese unglaubliche Erklärung ernst, so kann man aus ihr nur schließen, dass

1 So reichen zum Beispiel die Studiengebühren an der *Sciences Po* von 0 Euro für die geringsten Einkommen bis zu 10 000 Euro für Elterneinkommen von über 200 000 Euro. Dieses System hat das Verdienst, Daten über Elterneinkommen zu generieren (die leider kaum erforscht sind). Aber verglichen mit der öffentlichen Finanzierung des skandinavischen Typs läuft ein solches System *grosso modo* auf eine Privatisierung des Gebrauchs der Progressivsteuer hinaus: Was die wohlhabenden Eltern zahlen, kommt ihren Kindern zugute, nicht denen anderer; und es liegt ganz offenbar in ihrem eigenen Interesse, nicht dem anderer.

2 Die *income-contingent loans* in Australien oder in Großbritannien sind Kredite, die an Studierende aus ärmeren Verhältnissen vergeben werden und erst abbezahlt werden müssen, wenn ein bestimmtes Einkommensniveau erreicht ist. Das kommt einer zusätzlichen Einkommensteuer für ärmere Studierende gleich, während die wohlhabenderen von den (im Allgemeinen unbesteuerten) Schenkungen ihrer Eltern profitieren.

3 Vgl. É. Boutmy: *Quelques idées sur la création d'une faculté libre d'enseignement supérieur*, Paris 1871. Vgl. auch P. Favre: «Les sciences d'État entre déterminisme et libéralisme. Émile Boutmy (1835–1906) et la création de l'École libre des sciences politiques», *Revue française de sociologie* 22 (1981).

die herrschenden Klassen aus Überlebensinstinkt ihre Untätigkeit abgelegt und die Meritokratie erfunden haben, um einer durch das allgemeine Wahlrecht drohenden Enteignung zu entgehen. Manches an dieser Erklärung mag sich aus dem Kontext jener Jahre erklären: Die Pariser Kommune war gerade erst zerschlagen, das allgemeine Männerwahlrecht wieder eingeführt worden. Immerhin hat sie das Verdienst, uns eine allgemeine Wahrheit vor Augen zu führen. Der Ungleichheit einen Sinn zu verleihen und die Position der Gewinner zu legitimieren, ist eine Frage von so vitalem Interesse, dass sie manchmal alle erdenklichen Mittel zu heiligen scheint.

Die Zukunft der Altersversorgung: Verteilung und schwaches Wachstum

Die öffentlichen Rentensysteme beruhen im Wesentlichen auf dem Prinzip der Umlage (also der Verteilung). Die von den Löhnen abgehenden Beiträge werden unmittelbar für die Bezahlung der Altersversorgung aufgewandt. Anders als bei kapitalgedeckten Systemen wird nichts angelegt, sondern alles unmittelbar übertragen. In umlagefinanzierten Systemen, die auf dem Prinzip der Solidarität zwischen Generationen beruhen (man zahlt Beiträge für diejenigen, die sich gegenwärtig im Ruhestand befinden, im Vertrauen darauf, dass die eigenen Kinder dereinst dasselbe tun) sind Rendite und Wirtschaftswachstum per definitionem gleich: Die Beiträge, die für die Renten von morgen zur Verfügung stehen, werden umso höher sein, je mehr die Lohnsumme bis dahin gestiegen ist. Die Berufstätigen von heute haben also prinzipiell ein Interesse am möglichst raschen Anstieg der Lohnsumme und tun gut daran, in die Schulen und Universitäten ihrer Kinder zu investieren, aber auch zur Erhöhung der Geburtenrate beizutragen. Es sind, anders gesagt, alle Generationen aneinander gebunden und eine von Anstand und Eintracht erfüllte Gesellschaft scheint in greifbarer Nähe.[1]

Als Mitte des letzten Jahrhunderts die Umlagesysteme eingeführt wurden, waren in der Tat die Bedingungen ideal, um solche Bande zu knüpfen. Das demographische Wachstum war hoch, das Produktivi-

1 Für eine Analyse und Verteidigung dieses «multi-solidarischen» Modells vgl. A. Masson, *Des liens et des transferts entre générations*, Paris: Éditions de l'EHESS 2009.

tätswachstum noch höher. In den kontinentaleuropäischen Ländern lag die Wachstumsrate, und folglich auch die Rendite des Umlagesystems, bei fast 5 % pro Jahr. Das heißt konkret, dass die Renten derer, die von 1940 bis 1980 Beiträge gezahlt hatten, danach selber auf der Grundlage einer Lohnsumme bezahlt wurden (oder noch bezahlt werden), die unvergleichlich viel höher war als die, von der ihre eigenen Beiträge abgingen. Heute sieht es anders aus. Das Sinken der Wachstumsrate auf etwa 1,5 % in den reichen Ländern – und am Ende vielleicht weltweit – reduziert im selben Umfang auch die Rendite der Umlagen. Und es gibt, wie wir gesehen haben, allen Grund zu der Annahme, dass die durchschnittliche Kapitalrendite im Laufe des 21. Jahrhunderts deutlich über der Wachstumsrate liegen wird (ungefähr 4–5 % für erstere, kaum 1,5 % für Letztere).[1]

Unter diesen Bedingungen ist es eine verlockende Schlussfolgerung, die umlagefinanzierten Rentensysteme müssten so schnell wie möglich durch Systeme ersetzt werden, die auf dem Prinzip der Kapitaldeckung beruhen. Die Beiträge sollten nicht unmittelbar an die Rentenempfänger ausgezahlt, sondern angelegt werden, um auf diese Weise um 4–5 % jährlich zu wachsen und in ein paar Jahrzehnten unsere Renten zu finanzieren. Diese Überlegung beruht freilich auf mehreren gravierenden Irrtümern. Zunächst wirft selbst unter der Voraussetzung, ein kapitalgedecktes System sei vorzuziehen, der Übergang von der Umlagefinanzierung zum Kapitaldeckungsverfahren ein Problem auf, das nicht ganz unerheblich ist: Er lässt eine ganze Generation von Rentenberechtigten im Regen stehen. Die Generation, die jetzt in den Ruhestand geht und mit ihren Beiträgen die Altersversorgung der vorhergehenden Generation bezahlt hat, wäre nicht wirklich begeistert, die Beiträge, die ihre Mieten und Einkäufe hätten begleichen sollen, stattdessen in Anlagen rund um die Welt fließen zu sehen. Es gibt keine Patentlösung für dieses Übergangsproblem, das allein eine solche Reform zumindest in dieser Extremform völlig undenkbar macht.

Zudem darf man bei dieser Analyse der jeweiligen Verdienste beider Rentensysteme nicht vergessen, dass die Kapitalrendite in der Praxis extrem volatil ist. Es wäre kein ungefährliches Glücksspiel, die gesamten Rentenbeiträge eines Landes auf den globalen Finanzmärk-

---

1 Vgl. Kapitel 10, Grafiken 10.9–10.11.

ten anzulegen. Wenn die Ungleichung r > g im Durchschnitt gilt, heißt das nicht schon, dass sie immer gilt. Für jemanden, der genügend Zeit und Mittel hat, um zehn oder zwanzig Jahre zu warten, bis sein Einsatz sich amortisiert, ist die Kapitalrendite ausgesprochen verlockend. Wenn es aber darum geht, den Lebensunterhalt einer ganzen Generation zu finanzieren, wäre es höchst unvernünftig, alles aufs Spiel zu setzen. Das stärkste Argument für umlagefinanzierte Rentensysteme besteht darin, dass sie besser als andere die Höhe der Altersversorgung verlässlich und vorhersehbar garantieren. Die Wachstumsrate der Lohnsumme ist vielleicht niedriger als die Kapitalrendite, aber sie ist fünf- bis zehnmal weniger volatil.[1] Das wird im 21. Jahrhundert nicht anders sein – und darum wird die umlagefinanzierte Altersversorgung auch in Zukunft, und in allen Ländern, ein konstitutiver Bestandteil des idealen Sozialstaats bleiben.

So wenig das vergessen werden darf, so wenig folgt daraus, die Logik r > g könne völlig außer Acht gelassen werden und es müsse nichts an den bestehenden Rentensystemen in den reichen Ländern geändert werden. Eine der Herausforderungen ist offenbar die alternde Bevölkerung. In einer Welt, in der man zwischen 80 und 90 stirbt, ist es schwierig, an Parametern festzuhalten, die in einer Zeit eingeführt wurden, in der man zwischen 60 und 70 starb. Ein höheres Renteneintrittsalter ist denn auch nicht bloß eine Vermehrung der Ressourcen für die Beschäftigten wie die Rentenempfänger (was in Zeiten schwachen Wachstums eine gute Sache ist). Es entspricht oft auch einem individuellen Bedürfnis, sich in der Arbeit zu verwirklichen. Mit sechzig in den Ruhestand zu gehen und einer Phase der Untätigkeit entgegenzusehen, die potentiell länger dauert als die Zeit der Berufstätigkeit, ist für viele alles andere als eine erfreuliche Aussicht. Die ganze Schwierigkeit liegt darin, dass es in dieser Hinsicht eine sehr große Vielfalt individueller Lebenslagen gibt. Wer einer eher geistigen Arbeit nachgeht, mag sich gewiss wünschen, bis zu seinem siebzigsten Lebensjahr zu arbeiten (und man darf hoffen, dass der

---

1 Vergessen wir nicht, dass diese Volatilität tatsächlich der Grund war, aus dem die Umlage nach dem Zweiten Weltkrieg eingeführt wurde. Alle, die ihren Beitrag zur Altersversorgung in den 1920er Jahren auf den Finanzmärkten angelegt hatten, sahen sich ruiniert und niemand hatte Lust, die Erfahrung mit obligatorischen kapitalgedeckten Rentensystemen zu wiederholen, die vor dem Krieg in zahlreichen Ländern eingeführt worden waren (zum Beispiel, im Rahmen der Gesetze von 1910 und 1928, in Frankreich).

Anteil der Beschäftigten, die das tun können, mit der Zeit zunimmt). Aber viele andere, die früh zu arbeiten begonnen haben und einer Arbeit nachgehen, die beschwerlich ist oder in der sie keine Erfüllung finden, werden legitimerweise darauf hoffen, relativ früh in Rente gehen zu können (zumal sie häufig eine geringere Lebenserwartung haben als höherqualifizierte Beschäftigte). Daher ist es ein Problem, wenn eine Reihe jüngerer Reformen in den hochentwickelten Ländern zwischen diesen verschiedenen Fällen nicht hinreichend unterscheidet, ja in manchen Fällen den letztgenannten mehr abverlangt als den erstgenannten. Und daher ist es auch kein Wunder, wenn diese Reformen auf Ablehnung stoßen.

Eine der prinzipiellen Schwierigkeiten, mit denen solche Reformen zu kämpfen haben, ist die oft extreme Komplexität der bestehenden Rentensysteme, die Dutzende verschiedener Ordnungen und Regelungen für Beamte, für Beschäftigte des privaten Sektors, für Selbstständige etc. vorsehen. Für alle, die im Laufe ihres Lebens mehr als einen solchen Status innehatten, was in den jüngeren Generationen immer häufiger vorkommt, erweist sich der Rentenanspruch häufig als Rätsel. Diese Komplexität ist keineswegs überraschend und rührt daher, dass diese Systeme oft in mehreren Stufen entstanden sind. Im Zuge einer Entwicklung, die in den meisten hochentwickelten Ländern bereits im 19. Jahrhundert begonnen hat (vor allem im öffentlichen Sektor), wurden die fraglichen Regelungen sukzessive auf neue Gesellschafts- und Berufsgruppen ausgedehnt. Aber durch diese Komplexität wird die Ausarbeitung einer einheitlichen Regelung ganz erheblich erschwert, da jeder den Eindruck hat, er komme schlechter weg als andere. Die Verquickung verschiedener Ordnungen und Regelungen stiftet häufig Verwirrung und führt insbesondere dazu, den Umfang der Mittel zu unterschätzen, die bereits für die Rentensysteme aufgewandt werden und nicht unbegrenzt aufgestockt werden können. Die Komplexität des französischen Systems zum Beispiel hat den Effekt, dass gerade junge Beschäftigte oft nicht genau wissen, welche Rentenansprüche sie haben. Manche glauben sogar, dass sie gar nichts bekommen werden, obwohl das System auf einem beträchtlichen pauschalen Beitragssatz beruht (ungefähr 25 % des Bruttolohns). Die Einführung eines einheitlichen Rentensystems, das auf individuellen Konten beruht, durch die ungeachtet der etwaigen Komplexität des beruflichen Werdegangs jeder in den Genuss der gleichen Rechte kommt, gehört zu den dringlichsten Reformen des Sozialstaats, die im 21. Jahrhundert anstehen.[1] Durch ein solches System könnte jeder besser absehen, was genau er vom umlagefinanzierten Rentensystem zu erwarten hat, und daraus Konsequenzen für Sparverhalten und Vermögensbildung ziehen, die in einer Welt mit schwachem Wachstum zwangsläufig eine wichtige Ergänzung des umlagefinanzierten Systems darstellen. Die Renten sind das Vermögen derer, die kein Vermögen haben – so sehr diese Redensart zutrifft, so sehr sollte man darauf hinarbeiten, dass Vermögensbildung auch für Beschäftigte mit bescheidenem Einkommen zur Option wird.[2]

Die Frage des Sozialstaats in den Entwicklungs- und Schwellenländern

Kann die Errichtung des Sozialstaats in den reichen Ländern während des 20. Jahrhunderts als ein Prozess von universaler Tragweite begriffen werden, der schließlich auch die Entwicklungs- und Schwellenländer erfassen wird? Nichts ist ungewisser. Und schon in den reichen Ländern, das sollte man nicht vergessen, gibt es erhebliche Differenzen. In den westeuropäischen Staaten hat sich die Abgabenquote bei etwa 45–50 % stabilisiert, während sie in den Vereinigten Staaten und Japan konstant bei etwa 35–40 % verharrt. Das gibt einen Hinweis darauf, dass auf ein und demselben Entwicklungsniveau verschiedene Entscheidungen möglich sind.

Sieht man sich die Abgabenquoten in den ärmsten Ländern der Erde seit den 1970er Jahren an, findet man extrem niedrige öffentliche Abgaben, die im Allgemeinen zwischen 10 % und 15 % des National-

1 Das deckt sich in weitem Umfang mit dem, was die in Schweden in den 1990er Jahren durchgeführte Reform erreicht hat. Dieses System könnte verbessert und auf andere Länder angewandt werden. Vgl. zum Beispiel A. Bozio, T. Piketty: *Pour un nouveau système de retraite. Des comptes individuels de cotisations financés par répartition*, Paris: Editions Rue d'Ulm 2008.

2 Man kann sich im Übrigen vorstellen, dass dieses vereinheitlichte Rentensystem zusätzlich zum umlagefinanzierten System die Möglichkeit einer garantierten Rendite für bescheidene und mittlere Ersparnisse eröffnet. Wie wir im vorigen Kapitel gesehen haben, haben die am wenigsten Begüterten oft wenig Chancen, die durchschnittliche Kapitalrendite zu erzielen (oder überhaupt eine positive Rendite). In gewisser Weise ist es das, was der (kleine) kapitalgedeckte Teil des schwedischen Systems leistet.

einkommens liegen. Das gilt vom Subsaharischen Afrika ebenso wie von Südasien (insbesondere Indien). Betrachtet man die Länder mit mittlerer Entwicklung, in Lateinamerika, Nordafrika oder China, stößt man auf Abgabenquoten zwischen 15 % und 20 % des Nationaleinkommens, die unter denen der reichen Länder mit gleichem Entwicklungsstand liegen. Am verblüffendsten ist, dass der Abstand zu den reichen Ländern in den letzten Jahrzehnten größer geworden ist. Während die durchschnittliche Abgabenquote in den reichen Ländern kontinuierlich gestiegen ist, bevor sie sich stabilisiert hat (von 30–35 % zu Beginn der 1970er Jahre auf 35–40 % seit den 1980er Jahren), ist sie in den armen und mittleren Ländern deutlich gesunken. Im Subsaharischen Afrika und in Südasien lag die durchschnittliche Abgabenquote in den 1970er Jahren knapp unter 15 %, um auf kaum mehr als 10 % in den 1990er Jahren zu fallen.

Diese Entwicklung ist insofern besorgniserregend, als die Entstehung des Sozialstaats in allen heute hochentwickelten Ländern ein konstitutives Moment des Modernisierungs- und Entwicklungsprozesses war. Mit Steuereinnahmen in Höhe von 10–15 % des Nationaleinkommens – das belegen alle historischen Erfahrungen – lassen sich die hoheitlichen Aufgaben finanzieren, aber viel mehr auch nicht. Sollen Polizei und Justiz ordnungsgemäß funktionieren, ist kaum etwas für die Finanzierung von Bildung und Gesundheit übrig. Bleibt noch die Möglichkeit, alle schlecht zu bezahlen, in welchem Fall wahrscheinlich keiner der öffentlichen Dienste ordnungsgemäß funktionieren wird. Das führt leicht in einen Teufelskreis, da schlecht funktionierende öffentliche Dienste dazu beitragen, das Vertrauen in den Staat auszuhöhlen – was es wiederum erschwert, höhere Steuereinnahmen zu erzielen. Die Entwicklung eines Steuer- und Sozialstaats ist eng an den Prozess der Staatsbildung als solchen gebunden. Es handelt sich also um eine eminent politische und kulturelle Geschichte, die unauflöslich mit den historischen Besonderheiten und sozialen Brüchen des jeweiligen Landes verflochten ist.

Im vorliegenden Fall sind offenbar die reichen Länder und internationalen Organisationen mitverantwortlich. Bereits die Ausgangssituation war nicht sonderlich günstig. Der Prozess der Dekolonisation hat zwischen 1950 und 1970 zu relativ chaotischen politischen Episoden geführt, die je nach Land von Unabhängigkeitskriegen geprägt waren, die gegen die ehemaligen Kolonialmächte geführt wurden, von mehr oder weniger willkürlichen Grenzen, von militärischen Spannungen infolge des Kalten Krieges, von am Ende nicht besonders überzeugenden sozialistischen Experimenten – und zuweilen auch von einer Mischung aus alledem. Überdies hat nach 1980 die neue ultraliberale Welle, die von den hochentwickelten Ländern ausging, den armen Ländern Einschnitte im öffentlichen Sektor aufgezwungen und die Bildung eines der Entwicklung förderlichen Steuersystems auf den letzten Platz der Prioritätenliste gesetzt. Eine sehr detaillierte jüngere Arbeit hat gezeigt, dass die sinkenden Steuereinnahmen in den ärmsten Ländern von 1980 bis 1990 zu einem großen Teil vom Einbruch der Zölle herrührt, die in den 1970er Jahren etwa 5 % des Nationaleinkommens ausgemacht hatten. Die Liberalisierung des Warenverkehrs ist an sich keine schlechte Sache – aber das setzt voraus, dass sie einem Land nicht brutal von außen aufgezwungen wird. Und es setzt vor allem voraus, dass dies sukzessive durch den Aufbau eines Steuerwesens kompensiert wird, das andere Steuern zu erheben und andere Einnahmequellen zu erschließen vermag. Die heute hochentwickelten Länder haben ihre Zölle im 19. und 20. Jahrhundert in einem selbstgewählten Rhythmus und Umfang, nämlich in genau dem Maße abgebaut, in dem sie wussten, wodurch man sie ersetzen kann. Und sie hatten zu ihrem Glück niemanden, der ihnen sagte, was sie zu tun haben.[1] Diese Episode wirft ein Licht auf ein allgemeineres Phänomen, nämlich die Tendenz reicher Länder, die weniger entwickelten Länder als Experimentierfeld zu nutzen, ohne wirklich zu versuchen, Lehren aus ihrer eigenen historischen Erfahrung zu ziehen.[2]

1 Wir geben hier eine Zusammenfassung der zentralen Ergebnisse der Arbeit von J. Cagé und L. Gadenne: «The fiscal cost of trade liberalization», Harvard University und Paris School of Economics Working Paper Nr. 2012–27 (insbesondere Abbildung 1).

2 Bestimmte Organisationsprobleme der Gesundheits- und Bildungssysteme, mit denen die armen Länder derzeit zu kämpfen haben, sind ganz spezifischer Natur. Ihre Lösung wird sich daher nicht auf die vergangenen Erfahrungen der heute hochentwickelten Länder stützen können (dabei ist insbesondere an die Probleme zu denken, die mit der Aids-Epidemie einhergehen). In diesem Fall könnten neue Experimente, etwa randomisierte kontrollierte Studien, gerechtfertigt sein. Vgl. zum Beispiel A. Barnerjee, E. Duflo: *Repenser la pauvreté*, Paris: Le Seuil 2012. Es scheint mir jedenfalls eine allgemeine Regel zu sein, dass die Entwicklungsökonomie dazu neigt, die tatsächlichen historischen Erfahrungen nicht zu berücksichtigen. Das führt im vorliegenden Fall zu einer Unterschätzung der Tatsache, dass es schwierig ist, einen funktionierenden Sozialstaat mit kümmerlichen Steuereinnahmen aufzubauen. Eine der zentralen Schwierigkeiten rührt offenbar von der Kolonialvergangenheit her (die randomisierte kontrollierte Studie bietet ein neutraleres Terrain).

Wir können heute in den Entwicklungs- und Schwellenländern eine große Vielfalt von Tendenzen beobachten. Manche, wie China, sind relativ weit mit der Modernisierung ihres Steuersystems vorangekommen, das insbesondere eine Einkommensteuer einschließt, die große Teile der Bevölkerung betrifft und bedeutende Einnahmen bringt. Ein Sozialstaat, wie wir ihn aus den hochentwickelten europäischen, amerikanischen und asiatischen Ländern kennen, ist dort vielleicht im Aufbau begriffen (mit einigen Besonderheiten und vorbehaltlich ernster Zweifel an seinen demokratischen Grundlagen). Andere Länder, wie Indien, haben sehr viel mehr Schwierigkeiten, über ein Gleichgewicht hinauszukommen, das sich durch eine sehr niedrige Abgabenquote auszeichnet.[1] Die Frage nach der Entwicklung eines Steuer- und Sozialstaats in den Entwicklungsländern ist jedenfalls von eminenter Bedeutung für die Zukunft der Erde.

1 Vgl. N. Qian, T. Piketty: «Income inequality and progressive income taxation in China and India: 1986–2015», *American Economic Journal: Applied Economics* 1 (2009), S. 53–63. Die Differenz zwischen den beiden Ländern hängt eng mit dem größeren Anteil an Lohnarbeit in China zusammen. Wie die historische Erfahrung zeigt, gehen der Aufbau eines Sozialstaats und die Entfaltung eines Lohnstatus oft Hand in Hand.

14.

DIE PROGRESSIVE EINKOMMENSTEUER ÜBERDENKEN

Im vorigen Kapitel haben wir Aufbau und Geschichte des Sozialstaats untersucht. Wir haben uns auf die sozialen Bedürfnisse und die entsprechenden öffentlichen Ausgaben konzentriert (Erziehung, Gesundheit, Altersversorgung etc.), das globale Niveau der Steuern und Abgaben sowie ihre Entwicklung dagegen als gegeben angenommen. In diesem und dem folgenden Kapitel werden wir genauer auf die Struktur der Steuern und Abgaben eingehen, die diesen Wandel möglich gemacht haben. Die größte fiskalische Neuerung des 20. Jahrhunderts bestand, wie sich zeigen wird, in der Einführung und Fortentwicklung der progressiven Einkommensteuer. Diese Einrichtung, die eine Schlüsselrolle im Abbau von Ungleichheiten im letzten Jahrhundert gespielt hat, ist heute ernsthaft bedroht. Das liegt am Steuerwettbewerb zwischen den Ländern, aber zweifellos auch daran, dass sie nicht von Grund auf durchdacht, sondern aus der Not geboren wurde. Dasselbe gilt von der zweiten wichtigen Errungenschaft des 20. Jahrhunderts, der progressiven Erbschafts- und Schenkungssteuer. Auch sie ist in den letzten Jahrzehnten infrage gestellt worden. Bevor wir darauf zu sprechen kommen, müssen wir zunächst diese beiden Instrumente im allgemeinen Rahmen der Steuerprogression und ihre Rolle in der modernen Umverteilung erörtern.

Moderne Umverteilung – die Frage nach der Steuerprogression

Die Frage nach der Steuer ist nicht bloß eine technische, sondern eine eminent philosophische und politische Frage, vielleicht die wichtigste politische Frage überhaupt. Ohne Steuern kann es keine gemeinsame Zukunft und keine Möglichkeit kollektiven Handelns geben. Das ist beileibe nicht erst heute so. In jeder tiefgreifenden politischen Umwälzung steckt eine Fiskalrevolution. Das Ancien Régime geht zu Ende, als die revolutionären Versammlungen die Steuerprivilegien von Adel und Klerus abschaffen, um ein allgemeines und modernes Steuersystem ins Leben zu rufen. Die Amerikanische Revolution entspringt dem Willen der Untertanen der britischen Kolonien, ihre Steuern und ihr Schicksal in die eigene Hand zu nehmen (*No taxation without representation*). Die Kontexte haben sich in zwei Jahrhunderten gewandelt, aber der politische Einsatz, der auf dem Spiel steht, bleibt derselbe. Es geht um die souveräne und demokratische Entscheidung der Bürger darüber, welche Mittel sie an gemeinsame Projekte wenden möchten: Bildung, Gesundheit, Altersversorgung, Bekämpfung von Ungleichheit, Beschäftigung, nachhaltige Entwicklung etc. Die Frage, welche konkrete Form die Steuern annehmen sollen, steht denn auch in allen Gesellschaften im Zentrum politischer Auseinandersetzung. Es geht darum, sich darüber zu einigen, wer genau was im Namen welcher Prinzipien bezahlen soll – keine einfache Frage, da sich die Einzelnen in zahlreichen Hinsichten, zu denen nicht zuletzt Einkommen und Kapital zählen, voneinander unterscheiden. Zum Beispiel gibt es in allen Gesellschaften Personen mit hohen Arbeitseinkommen, aber wenig ererbtem Kapital – und umgekehrt. Zwischen beiden Dimensionen besteht, zum Glück, keine strikte Korrelation. Entsprechend weit gehen die Vorstellungen vom idealen Steuersystem auseinander.

Man unterscheidet gemeinhin zwischen Einkommensteuer, Kapitalsteuer und Verbrauchssteuer. In unterschiedlichen Proportionen finden sich Abgaben, die unter diese drei Kategorien fallen, praktisch in sämtlichen Epochen. Im Übrigen sind diese Kategorien nicht unzweideutig, und die Grenzen zwischen ihnen lassen sich nicht immer klar ziehen. So betrifft zum Beispiel die Einkommensteuer prinzipiell die Kapitaleinkommen ebenso wie die Arbeitseinkommen. Es handelt sich also zum Teil um eine Kapitalsteuer. Die Kapitalsteuer umfasst im Allgemeinen Abgaben auf den Strom der Kapitaleinkommen (wie die Steuer auf Körperschaftsgewinne) und Abgaben, die auf den Wert des Kapitalstocks erhoben werden (zum Beispiel Grundsteuer, Erbschafts- und Schenkungssteuer oder Vermögenssteuer). Die Verbrauchssteuer schließt in der Moderne die Mehrwertsteuer und die verschiedenen Steuern auf eingeführte Waren, Getränke, Benzin, Tabak und eine Reihe von anderen Gütern oder Diensten ein. Diese Steuern gibt es seit jeher und sie sind oft diejenigen, die am meisten gehasst werden und die größte Belastung für die Unterschichten darstellen, wie zum Beispiel die Salzsteuer unter dem Ancien Régime. Häufig heißen diese Steuern «indirekt», sofern sie nicht unmittelbar vom Einkommen oder Kapital des Steuerpflichtigen abhängen. Sie werden indirekt eingezogen, durch einen Teil des Kaufpreises, den man beim Einkauf bezahlt. Theoretisch kann man sich durchaus eine direkte Verbrauchssteuer vorstellen, die vom Gesamtverbrauch des Einzelnen abhängt, aber dazu ist es nie gekommen.[1]

Im 20. Jahrhundert trat mit den Sozialbeiträgen eine vierte Kategorie von Abgaben auf den Plan. Dabei handelt es sich um eine besondere Form von Abgaben auf Einkommen (im Allgemeinen nur Arbeitseinkommen, also Löhne wie Einkommen aus selbständiger Tätigkeit), die an die Sozialversicherungskassen gehen. Prinzipiell dienen sie der Finanzierung von Lohnersatzleistungen (Altersversorgung, Arbeitslosengeld). Diese Art der Erhebung hat zuweilen den Vorteil, dass sich nachvollziehen lässt, für welche sozialstaatlichen Leistungen die Abgaben verwendet werden. Bestimmte Länder, zum Beispiel Frankreich, nutzen freilich Sozialbeiträge auch zur Finanzierung anderer Sozialausgaben, zum Beispiel der Krankenversicherung und Familienbeihilfe. Das lässt die Sozialabgaben auf beinahe die Hälfte der Abgaben überhaupt anschwellen und erzeugt eher unnötige Komplexität. Umgekehrt haben andere Länder, zum Beispiel Dänemark, sich entschlossen, ihre Sozialausgaben durch eine enorme Einkommensteuer zu finanzieren, deren Einnahmen für Altersversorgung, Arbeitslosigkeit, Gesundheit etc. verwendet werden. Tat-

1 Außer in den Vorschlägen des britischen Ökonomen Kaldor, auf den wir weiter unten zu sprechen kommen, die allerdings darauf abzielen, die progressive Einkommen- und Erbschaftssteuer zu vervollständigen und zu verhindern, dass sie umgangen wird (nicht darauf, sie zu ersetzen, wie man zuweilen denkt).

sächlich sind die Unterschiede zwischen den verschiedenen Rechtsformen der Abgabe teilweise willkürlich.[1]

Ausschlaggebender als diese Grenzstreitigkeiten ist häufig ein anderes Kriterium, nämlich der mehr oder weniger proportionale oder progressive Charakter der jeweiligen Steuer. Proportional heißt eine Steuer, wenn der Steuersatz für alle gleich ist (man spricht auch von *flat tax*). Progressiv heißt sie, wenn sie für die Reicheren (diejenigen mit dem höchsten Einkommen, Kapital oder Verbrauch, je nachdem, ob man eine progressive Einkommen-, Kapital- oder Verbrauchssteuer ansetzt) einen höheren Steuersatz vorsieht als für die Ärmeren. Eine Steuer kann auch regressiv sein, wenn der Satz für die Reicheren sinkt, sei es, weil es ihnen gelingt, sich den gesetzlichen Steuern zu entziehen (legal, durch Steueroptimierung, oder illegal, durch Steuerflucht), sei es, weil das Gesetz eine regressive Steuer vorsieht, wie die berühmte *poll tax*, die Margaret Thatcher 1990 ihren Posten als Premierministerin kostete.[2]

Berücksichtigt man die Gesamtheit der Abgaben, so stellt man fest, dass diese sich im modernen Steuerstaat zuweilen fast proportional zum Einkommen verhält, vor allem in Ländern, in denen die Gesamtabgaben hoch sind. Das ist nicht weiter erstaunlich: Es ist unmöglich, die Hälfte des Nationaleinkommens zu erheben und die Erfüllung weitreichender sozialer Ansprüche zu finanzieren, ohne der gesamten Bevölkerung einen substantiellen Beitrag abzuverlangen. Die Logik universaler Rechte, vor deren Horizont sich die Entwicklung des modernen Steuer- und Sozialstaats vollzieht, verträgt sich im Übrigen gut mit der Idee einer proportionalen oder leicht progressiven Steuer.

1 Als 1990 zum Beispiel ein Teil der Sozialabgaben in Frankreich auf alle Einkommen ausgedehnt wurden (also auch auf Kapitaleinkommen und Altersrenten, nicht bloß auf Löhne und Einkommen aus selbstständiger Arbeit), um so die *contribution sociale généralisée* (CSG), die «allgemeine Sozialabgabe» zu bilden, wurden die entsprechenden Einnahmen in den internationalen Kategorien als Einkommensteuer gewertet.

2 Die 1988 eingeführte (und 1991 abgeschaffte) *poll tax* war eine Gemeindesteuer, die ein und dieselbe Summe für jeden Erwachsenen vorsah, was immer sein Einkommens- oder Vermögensniveau sein mochte – daher war der Steuersatz für Reiche im Verhältnis zu ihrem Einkommen oder Kapital geringer.

Die Rolle der progressiven Steuer

Es wäre freilich ein Irrtum, daraus zu schließen, die Steuerprogression spiele nur eine begrenzte Rolle in der modernen Umverteilung. Selbst wenn für die Mehrheit der Bevölkerung die Besteuerung annähernd proportional ist, kann es sehr starke dynamische Auswirkungen auf die Gesamtstruktur der Ungleichheit haben, wenn der Steuersatz für die höchsten Einkommen oder Vermögen empfindlich steigt – oder im Gegenteil sinkt. So scheint insbesondere alles darauf hinzuweisen, dass die Steuerprogression an der Spitze der Hierarchie einer der Gründe dafür ist, dass die Vermögenskonzentration in Folge der Erschütterungen von 1914 bis 1945 ihre astronomischen Höchststände aus der Belle Époque nie wieder ganz erreicht hat. Umgekehrt ist die spektakuläre Senkung der Progression seit den 1970er Jahren in den beiden Ländern, die davon in den Nachkriegszeiten am weitesten entfernt waren, nämlich in den Vereinigten Staaten und in Großbritannien, zweifellos für einen Gutteil des dortigen Höhenflugs der Spitzeneinkommen verantwortlich. Zugleich hat die Verschärfung des Steuerwettbewerbs im Kontext freien Kapitalverkehrs in den letzten Jahrzehnten zu einer beispiellosen Zunahme der Ausnahmeregelungen für Kapitaleinkommen geführt, die sich unterdessen nahezu überall in der Welt zum großen Teil den progressiven Steuersätzen entziehen. Das betrifft insbesondere den europäischen Raum, der in kleine Staaten zerfällt, die sich bislang als unfähig erwiesen haben, ein Minimum an steuerpolitischer Koordination zustande zu bringen. Die Folge ist ein nicht enden wollender Wettlauf zwischen Staaten, die einander darin überbieten, insbesondere die Körperschaftssteuer zu reduzieren und Zinsen, Dividenden wie andere Finanzeinkommen von dem Steuerrecht auszunehmen, dem die Arbeitseinkommen unterliegen.

Die Folge ist, dass an der Spitze der Einkommenshierarchie die Belastungen heute schon regressiv geworden sind oder es demnächst sein werden. Eine detaillierte Schätzung für Frankreich im Jahr 2010, die die Gesamtheit der Pflichtabgaben berücksichtigt und sie je nach Einkommen und Vermögen individuell zugewiesen hat, führt zu folgenden Ergebnissen: Die Gesamtbelastung (dieser Schätzung zufolge durchschnittlich 47 % des Nationaleinkommens) beträgt ungefähr 40–45 % innerhalb der 50 % mit den geringsten Einkommen, um auf ungefähr

45–50 % innerhalb der folgenden 40 % zu steigen, bevor er innerhalb der 5 % der höchsten Einkommen und vor allem der reichsten 1 % kontinuierlich sinkt und innerhalb der wohlhabendsten 0,1 % kaum 35 % beträgt. Die hohen Belastungen für die Ärmsten erklären sich aus der Bedeutung der Verbrauchssteuern und der Sozialabgaben (die insgesamt drei Viertel der Abgaben in Frankreich ausmachen). Die leichte Progressivität, die im Übergang zu den Mittelschichten zu beobachten ist, erklärt sich aus der wachsenden Bedeutung der Einkommensteuer. Und für die leichte Regressivität, die innerhalb der obersten Perzentile auffällt, ist die wachsende Bedeutung der Kapitaleinkommen und die Tatsache verantwortlich, dass sie dem progressiven Steuersatz in weitem Umfang entgehen – was durch die Steuern, die auf den Kapitalstock erhoben werden (und mit weitem Abstand am progressivsten sind)[1] nicht völlig ausgeglichen werden kann. Alles weist darauf hin, dass diese Glockenkurve sich nicht nur in den anderen europäischen Ländern wiederfindet (und wahrscheinlich auch in den Vereinigten Staaten), sondern in Wahrheit noch sehr viel ausgeprägter ausfällt, als diese unzulängliche Schätzung es erkennen lässt.[2]

Sollte sich dieser Rückgang der Belastung an der Spitze der sozialen Hierarchie in Zukunft behaupten und ausweiten, wird dies wohl erhebliche Konsequenzen für die Dynamik der Vermögensungleichheit und die mögliche Rückkehr einer sehr starken Kapitalkonzentration haben. Im Übrigen ist dieser Sonderweg für die Reichsten potentiell extrem schädlich für den Konsens über die Steuer- und Abgabenlast insgesamt. Das relative Einverständnis über den Steuer- und Sozialstaat, in Zeiten schwachen Wachstums ohnehin fragil, nimmt dadurch insbesondere in den Mittelschichten ab, die naturgemäß wenig Ver-

1 Vgl. C. Landais, T. Piketty, E. Saez: *Pour une révolution fiscale. Un impôt sur le revenu pour le 21e siècle*, Paris: Le Seuil 2010, S. 48–53. Siehe auch www. revolution-fiscale.fr.

2 Insbesondere trägt diese Schätzung den in Steueroasen versteckten Einkommen nicht Rechnung (wie bedeutend sie sind, haben wir in Kapitel 12 gesehen) und setzt voraus, eine Reihe von «Steuernischen» würden auf allen Einkommens- und Vermögensniveaus in proportional gleichem Umfang genutzt (was wahrscheinlich dazu führt, den effektiven Steuersatz an der Spitze der Hierarchie zu hoch zu veranschlagen). Man muss betonen, wie außerordentlich komplex das französische Steuersystem ist, das sich durch zahllose Sonderregelungen und die Überlappungen von Bemessungsgrundlagen und Erhebungsarten auszeichnet (zum Beispiel ist Frankreich das einzige Industrieland, das keinen Vorwegabzug der Einkommensteuer kennt, während die Sozialbeiträge und der allgemeine Sozialbeitrag seit jeher an der Quelle abgezogen werden). Diese Komplexität verstärkt die Regressivität und die Undurchsichtigkeit des Gesamtsystems (für die Altersrenten gilt dasselbe).

ständnis dafür an den Tag legen, mehr als die Oberschichten zahlen zu müssen. Diese Entwicklung befördert Individualismen und Egoismen. Wenn das Steuer- und Abgabensystem insgesamt ungerecht ist, weshalb dann noch für andere zahlen? Darum liegt es im vitalen Interesse des modernen Sozialstaats, dass sich das ihm zugrunde liegende Steuer- und Abgabensystem ein Mindestmaß an Progressivität bewahrt oder zumindest an seiner Spitze nicht deutlich regressiv wird.

Zudem vernachlässigt diese Darstellung der Progressivität des Steuer- und Abgabensystems per definitionem ererbtes Vermögen,[1] das doch, wie wir sehen konnten, von wachsender Bedeutung ist. Erbschaften aber werden praktisch sehr viel weniger stark belastet als Einkommen.[2] Wie sich im dritten Teil gezeigt hat, trägt dies dazu bei, «Rastignacs Dilemma» zu verschärfen. Würden wir Individuen nicht nach Einkommen, sondern nach den Gesamtmitteln klassifizieren, die sie im Laufe ihres Lebens erhalten haben (Einkommen und kapitalisierte Erbschaften) – wodurch man sich die Frage der Progressivität noch eindringlicher vor Augen führen kann –, so wäre die Glockenkurve an der Spitze noch regressiver, als sie es unter ausschließlicher Berücksichtigung der Einkommen schon ist.[3]

Schließlich muss man betonen, dass die Globalisierung des Handels in dem Maße, in dem sie gering qualifizierte Arbeiter in den reichen Ländern besonderem Druck aussetzt, prinzipiell eine stärkere und nicht eine geringere Progression rechtfertigen sollte, was den Gesamtkontext noch weiter kompliziert. Zweifellos ist es unvermeidlich, jedem einen bedeutenden Beitrag abzuverlangen, will man an einer Abgabenquote festhalten, die sich auf die Hälfte des Nationaleinkommens beläuft. Aber statt einer leichten Progressivität der Abgaben (wenn man die Spitze der Hierarchie ausnimmt) könnte man sich sehr gut eine ausgeprägtere Progressivität vorstellen.[4] Das würde nicht alle Probleme lösen, aber ausreichen, die Situ-

1 Allein die Einkommen aus ererbtem Kapital werden berücksichtigt (in eins mit den anderen Kapitaleinkommen), nicht aber das ererbte Kapital selbst.

2 In Frankreich zum Beispiel liegt der Durchschnittssatz der Besteuerung von Erbschaften und Schenkungen bei kaum 5 %; er erreicht gerade 20 % für das oberste Perzentil der Erbschaftshierarchie. Siehe Technischer Anhang.

3 Siehe Kapitel 11, Grafiken 11.9–11.11, und Technischer Anhang.

4 Statt von 40–45 % auf der Ebene der ärmsten 50 % zu 45–50 % auf der Ebene der folgenden 40 % überzugehen, könnte man die Abgabe auf 30–35 % für die erste Gruppe senken und auf 50–55 % für die zweite anheben.

ation Geringqualifizierter spürbar zu verbessern.[1] Bleibt diese Steuerprogression aus, sollte man nicht überrascht sein, wenn diejenigen, denen er am wenigsten zugutekommt (ja zuweilen ernsthaft schadet), den freien Handel tendenziell infrage stellen werden. Die progressive Steuer ist ein unverzichtbares Instrument, um dafür zu sorgen, dass alle von der Globalisierung profitieren, und ihr immer empörenderes Fehlen könnte am Ende dazu führen, dass die Globalisierung selber infrage gestellt wird. Wir kommen darauf im nächsten Kapitel zurück.

Aus all diesen Gründen ist die progressive Steuer ein konstitutives Moment des Sozialstaats. Sie hat wesentlich zu seiner Entstehung und zum Strukturwandel der Ungleichheit im 20. Jahrhundert beigetragen. Und sie ist eine Einrichtung, die eine zentrale Rolle für seinen Fortbestand im 21. Jahrhundert spielt. Diese Einrichtung ist heute sowohl intellektuell (die verschiedenen Formen der Progressivität wurden nie ausreichend erörtert) als auch politisch (der Steuerwettbewerb ermöglicht es ganzen Einkommenskategorien, sich dem geltenden Recht zu entziehen) zutiefst gefährdet.

Die progressive Steuer – ein flüchtiges Produkt des Chaos

Treten wir einen Schritt zurück, um zu überlegen, wie es dazu kam. Zunächst muss man sich vergegenwärtigen, dass die progressive Steuer im 20. Jahrhundert mehr noch ein Produkt der Kriege als eines der Demokratie gewesen ist. Und sie verdankt sich umso mehr der Improvisation, als sie inmitten des Chaos ins Leben gerufen wurde. Das erklärt zumindest teilweise, warum sie in ihren verschiedenen Funktionen nie hinreichend durchdacht wurde und warum sie heute infrage gestellt wird.

Gewiss ist die progressive Einkommensteuer in zahlreichen Ländern vor dem Ausbruch des Ersten Weltkriegs eingeführt worden. In Frankreich ist die Einführung der Einkommensteuer ganz den finanziellen Erfordernissen des drohenden Konflikts geschuldet (das Gesetz wird am 15. Juli 1914 eingeführt, nachdem es jahrelang im

1 In Anbetracht der schwachen intergenerationellen Mobilität wäre dies überdies gerechter (nach den Gerechtigkeitskriterien, die wir im vorigen Kapitel erörtert haben). Siehe Technischer Anhang.

Senat blockiert worden war, der seine ablehnende Haltung erst angesichts der drohenden Kriegserklärung aufgibt).[1] Sieht man von diesem Fall ab, findet die Einführung im Allgemeinen in aller Ruhe statt, im Rahmen der üblichen parlamentarischen Verfahren, wie 1909 in Großbritannien und 1913 in den Vereinigten Staaten. In Nordeuropa, in mehreren deutschen Staaten und in Japan wird die progressive Einkommensteuer noch früher eingeführt: 1870 in Dänemark, 1887 in Japan, 1891 in Preußen, 1903 in Schweden. Um 1900 bis 1910 entsteht langsam ein internationaler Konsens über das Prinzip der Progressivität und seine Anwendung auf das gesamte Einkommen (das heißt auf die Summe aus Arbeitseinkommen, sei es aus entlohnter, sei es aus selbstständiger Arbeit, und auf Kapitaleinkommen aller Art: Mieten, Zinsen, Dividenden, Gewinne, zuweilen Veräußerungsgewinne).[2] Ein solches System scheint vielen als zugleich gerechte und wirkungsvolle Weise, die Steuerlast zu verteilen. Das Gesamteinkommen gibt über die Fähigkeit jedes Einzelnen Auskunft, etwas beizutragen, und die Progressivität eröffnet die Möglichkeit, die vom Industriekapitalismus geschaffenen Ungleichheiten zu begrenzen, ohne den Respekt vor dem Privateigentum und die Kräfte des Wettbewerbs in Frage zu stellen. Zahlreiche Berichte und Bücher, die zu dieser Zeit veröffentlicht werden, tragen zur Popularität der Idee bei und helfen, einen Teil der politischen Eliten und der liberalen Ökonomen zu überzeugen, auch wenn viele dem Prinzip der Progressivität weiterhin sehr feindlich gegenüberstehen, namentlich in Frankreich.[3]

---

1 Die allgemeine Einkommensteuer (*impôt général sur le revenu* oder IGR) ist eine progressive Steuer auf das Gesamteinkommen, aus der die gegenwärtige Einkommensteuer hervorgegangen ist. Sie wird durch das Gesetz vom 31. Juli 1917 vervollständigt, das die *cédulaire* genannten Steuern nach Einkommensart einführt (wie zum Beispiel Körperschaftsgewinne oder Löhne), aus denen die gegenwärtige Körperschaftssteuer hervorgegangen ist. Für eine detaillierte Nachzeichnung der bewegten Geschichte der Einkommensteuer in Frankreich seit der grundlegenden Reform von 1914 bis 1917 siehe T. Piketty: *Les hauts revenus en France au 20e siècle*, S. 233–334.

2 Man muss unterstreichen, dass die progressive Steuer vor allem darauf abzielt, die sehr hohen Kapitaleinkommen zu besteuern (von denen damals jeder weiß, dass sie an der Spitze der Einkommenshierarchie überwiegen) und dass es niemandem, in keinem Land, in den Sinn gekommen wäre, ihnen irgendwelche Steuerbefreiungen zu gewähren.

3 Die zahlreichen Arbeiten, die der amerikanische Ökonom Edwin Seligman zwischen 1890 und 1910 veröffentlicht, um die Vorzüge der Einkommensteuer zu rühmen, werden in zahlreiche Sprachen übersetzt und lösen lebhafte Diskussionen aus. Zu dieser Zeit und diesen Diskussionen siehe P. Rosanvallon, *La société des égaux*, Paris: Le Seuil 2011,

Grafik 14.1.: Der Spitzensteuersatz der Einkommensteuer (für die höchsten Einkommen) in den Vereinigten Staaten ist von 70 % im Jahr 1980 auf 28 % 1988 gesunken.
Quellen und Reihen: siehe piketty.pse.ens.fr/capital21c.

War die progressive Einkommensteuer also das leibliche Kind der Demokratie und des allgemeinen Wahlrechts? So einfach liegen die Dinge nicht. Wie sich zeigt, bleiben die Steuersätze selbst auf der Ebene astronomischer Einkommen bis zum Ersten Weltkrieg außerordentlich moderat. Das gilt für alle Länder, ohne Ausnahme. Die Tragweite des politischen Schocks, den der Krieg auslöst, ist besonders deutlich in Grafik 14.1 zu erkennen, in der wir die Entwicklung des Spitzensteuersatzes (das heißt desjenigen, der auf die höchsten Einkommen angewendet wird) in den Vereinigten Staaten, in Großbritannien, in Deutschland und in Frankreich von 1900 bis 2013 dargestellt haben. Wie man sieht, stagniert der Spitzensatz bis 1914 auf unbedeutenden Niveaus, um in der Folge des Krieges in die Höhe zu schnellen. Diese Entwicklungen sind repräsentativ für die Verläufe, die sich in allen reichen Ländern beobachten lassen.[1]

S. 227–233. Siehe auch N. Delalande, *Les Batailles de l'impôt. Consentement et résistances de 1789 à nos jours*, Paris: Le Seuil 2011.

1 Der Spitzensteuersatz ist im Allgemeinen ein «Grenzsteuersatz», ein *taux marginal* in dem Sinne, dass er sich nur auf die *marge*, das heißt den Teil des Einkommens oberhalb der fraglichen Grenze bezieht. Der Spitzensteuersatz betrifft im Allgemeinen nur 1 % (manchmal weniger als 0,1 %) der Bevölkerung. Um sich die Progressivität insgesamt vor

In Frankreich liegt der höchste Steuersatz im Rahmen des 1914 geschaffenen Gesetzes nicht über 2 % und betrifft nur eine kleine Minderheit von Steuerpflichtigen. Erst nach dem Krieg, in einem radikal verwandelten politischen und finanziellen Kontext, steigt der Spitzensteuersatz auf ein «modernes» Niveau: 1920 auf 50 %, 1924 auf 60 % und 1925 sogar auf 72 %. Besonders überraschend ist, dass das entscheidende Gesetz von 25. Juni 1920, das den Spitzensatz auf 50 % erhöht und wahrlich eine zweite Geburt der Einkommensteuer darstellt, von der «Chambre bleu horizon» (einer der rechtslastigsten Abgeordnetenkammern in der Geschichte der Republik) und der Mehrheit des «Nationalen Blocks» verabschiedet wird – das heißt von einer Mehrheit, die zu großen Teilen aus parlamentarischen Gruppierungen besteht, die sich vor dem Ersten Weltkrieg noch erbittert der Einführung einer Einkommensteuer mit einem Spitzensatz von 2 % widersetzt hatten. Dieses komplette Umschwenken der Abgeordneten von der rechten Seite des politischen Spektrums rührt zweifellos von der desaströsen Finanzlage nach dem Krieg her. Der Staat hat während des Konflikts beträchtliche Schulden angehäuft und allen ritualisierten Reden zum Thema «Deutschland wird zahlen» zum Trotz ist sich jeder darüber im Klaren, dass neue Steuerquellen erschlossen werden müssen. In einem Kontext, in dem die Knappheit und das Anwerfen der Notenpresse die Inflation in Höhen getrieben haben, die vor dem Krieg undenkbar waren, in dem die Arbeiterlöhne ihre Kaufkraft von 1914 noch nicht wiedergewinnen konnten, und in dem schließlich mehrere Streikwellen, zunächst im Mai und Juni 1919, dann im Frühjahr 1920, das Land zu lähmen drohen, ist den Beteiligten die politische Couleur mit einem Mal nicht mehr so wichtig. Es müssen neue Steuerquellen erschlossen werden und keiner kommt auf den Gedanken, die Besitzer großer Vermögen sollten verschont werden. In diesem chaotischen und explosiven Kontext, in dem auch die Russische Revolution die Stimmung prägt, wird die progressive Einkommensteuer in ihrer modernen Form ins Leben gerufen.[1]

Augen zu führen, ist es besser, die von den verschiedenen Perzentilen bezahlten effektiven Steuersätze zu untersuchen (die deutlich niedriger liegen können). Die Entwicklung des Spitzensteuersatzes ist nicht weniger interessant. Es handelt sich per definitionem um eine Obergrenze des effektiven Steuersatzes, mit dem die Reichsten belastet werden.

1 Die in Grafik 14.1 dargestellten Steuersätze berücksichtigen nicht die Steuererhöhungen von 25 %, die das Gesetz von 1920 für ledige Steuerpflichtige ohne Kinder sowie für

Der Fall Deutschlands ist besonders aufschlussreich, da es die progressive Einkommensteuer dort bei Ausbruch des Krieges schon zwanzig Jahre gibt. Zu Friedenszeiten waren die Steuersätze allerdings nie signifikant erhöht worden. In Preußen liegt der Spitzensteuersatz von 1891 bis 1914 völlig konstant bei 3 %, steigt auf 4 % von 1915 bis 1918, um 1919/20 in einer radikal veränderten politischen Landschaft sprunghaft auf 40 % erhöht zu werden. Und auch in den Vereinigten Staaten, die doch intellektuell und politisch besser als andere Länder auf eine stark progressive Besteuerung vorbereitet sind und sich an die Spitze der Bewegung in der Zwischenkriegszeit stellen, muss man bis 1918/19 warten, bevor der Spitzensatz abrupt auf 67 %, dann auf 77 % angehoben wird. In Großbritannien war er 1909 auf 8 % festgesetzt worden, was für die damalige Zeit recht hoch war, aber es dauert gleichfalls bis zum Ende des Krieges, bevor er vollends in die Höhe schießt und mehr als 40 % erreicht.

Natürlich kann keiner sagen, wie die Geschichte ohne die Katastrophen der Jahre 1914 bis 1918 verlaufen wäre. Zweifellos wäre es zu einer Aufwärtsbewegung genommen. Aber es steht außer Frage, dass die Progressivität sich sehr viel langsamer entwickelt und diese Niveaus vielleicht nie erreicht hätte. Die vor 1914 geltenden Steuersätze, die auch für die höchsten Einkommen durchwegs unter 10 % (und im Allgemeinen unter 5 %) liegen, unterscheiden sich nicht wirklich von denen, die im Laufe des 18. und 19. Jahrhunderts die Regel waren. Obwohl die progressive Steuer auf das Gesamteinkommen eine Erfindung ist, die auf das Ende des 19. und den Beginn des 20. Jahrhunderts zurückgeht, gibt es sehr viel ältere Formen der Besteuerung von Einkommen, die meist je nach Einkommen unterschiedlichen Regeln

---

verheiratete Steuerpflichtige vorsieht, «die am Ende des zweiten Ehejahres noch kein Kind haben» (wenn man sie berücksichtigt, liegt der Spitzensteuersatz von 1920 bei 62 % und der von 1925 bei 90 %). Diese interessante Maßnahme, die davon zeugt, wie stark die Traumatisierung Frankreichs durch den Geburtenrückgang ist, aber auch von der grenzenlosen Einbildungskraft, mit der die Steuergesetzgebung den Ängsten und Hoffnungen eines Landes Ausdruck verleiht, wird von 1939 bis 1944 als *taxe de compensation familiale*, ‹Familienausgleichsabgabe› in Geltung sein und sich von 1945–1951 im Rahmen des Systems der Familienveranlagung fortschreiben (Ehepaare ohne Kinder, für die normalerweise ein Familienquotient von 2 gilt, werden auf 1,5 herabgestuft, wenn sie «am Ende des dritten Jahres» noch immer kein Kind haben; merken wir noch an, dass die Verfassungsgebende Versammlung von 1945 die vom *Bloc National* 1920 festgesetzte Gnadenfrist um ein Jahr verlängern wird). Vgl. T. Piketty, *Les hauts revenus en France au 21e siècle*, S. 233–334.

gehorchen und proportionale oder quasi-proportionale Steuersätze vorsehen (zum Beispiel mit einem festen Satz oberhalb eines bestimmten Freibetrags). In den meisten Fällen liegen diese Sätze (maximal) bei etwa 5–10 %. Das gilt zum Beispiel für das System der nach Einkommensart bemessenen Steuer, die je nach Kategorie (Bodenrente, Zinsen, Gewinne, Löhne, etc.) unterschiedliche Steuersätze kennt. In Großbritannien wird sie 1842 eingeführt und bleibt die britische Version der Einkommensteuer bis zur Einrichtung der *super-tax* von 1909 (progressive Steuer auf das Gesamteinkommen).[1]

In Frankreich gibt es unter dem Ancien Régime ebenfalls verschiedene Formen direkter Steuern auf Einkommen, wie die *taille*, die *dixième*, die *vingtième*, typisch mit Sätzen von 5 % oder 10 % (wie ihr Name schon sagt), die nach mehr oder weniger unvollständigen Bemessungskriterien und mit zahlreichen Ausnahmen erhoben werden. Die 1707 von Vauban vorgeschlagene *dixme royale,* die einen Steuersatz von 10 % für die Gesamtheit der Einkommen des Königreichs vorsah (unter Einschluss der an den Adel und den Klerus gezahlten Bodenrente), wird nie konsequent zur Anwendung kommen. Dennoch macht das Steuersystem im Laufe des 18. Jahrhunderts einige Fortschritte.[2] Aus Widerstand gegen die mit der Monarchie assoziierten inquisitorischen Methoden und um der Industriebourgeoisie, die in voller Entfaltung begriffen ist, eine zu große Steuerlast zu ersparen, beschließt die revolutionäre Gesetzgebung in der Folge, ein Steuersystem einzuführen, das *indiciaire* heißt, weil die Steuer nicht auf Grundlage des tatsächlichen Einkommens, das nie deklariert werden muss, sondern nach Indizien berechnet wird, aus denen die Zahlungsfähigkeit des Steuerpflichtigen hervorgehen soll. So wird zum Beispiel die Tür- und Fenstersteuer nach der Anzahl der Türen und Fenster des Hauptwohnsitzes berechnet, was für den Steuerzahler den großen Vorteil hat, dass der Fiskus die Steuer festsetzen kann, ohne das Haus zu betreten oder gar einen Blick in die Rechnungsbücher zu werfen. Die wichtigste Steuer des 1792 eingeführten Sys-

1 Eine progressive Steuer auf das Gesamteinkommen war während der napoleonischen Kriege kurzfristig auch in Großbritannien zur Anwendung gekommen, ebenso wie in den Vereinigten Staaten während des Sezessionskrieges, aber in beiden Fällen wurden diese Steuern kurz nach dem Ende der jeweiligen Kriege wieder abgeschafft.

2 Vgl. M. Touzery: *L'invention de l'impôt sur le revenu. La taille tarifée 1715–1789*, Paris: Comité pour l'histoire économique et financière 1994.

tems, die Grundsteuer, wird anhand des Pachtwerts aller vom Steuerpflichtigen besessenen Grundstücke berechnet.[1] Die genaue Höhe der Steuer errechnet sich aus einer Schätzung des durchschnittlichen Mietwerts, der alle zehn Jahre in einer landesweiten Revision des Grundeigentums durch die Steuerbehörde überprüft wird, so dass der Steuerzahler sein tatsächlich erhaltenes Jahreseinkommen nicht deklarieren muss. In Anbetracht der geringen Inflation macht das keinen Unterschied.

Zur Vervollständigung des Systems beschließt die Dritte Republik 1872 eine Steuer auf Wertpapiere. Es handelt sich um eine Proportionalsteuer auf Zinsen, Dividenden und andere Finanzeinkommen, die damals in Frankreich einen Aufschwung erleben und völlig von der Steuer freigestellt sind, während sie von der britischen Steuer nach Einkommensarten erfasst werden. Aber einmal mehr fällt der Steuersatz extrem niedrig aus (3 % von 1872 bis 1890, dann 4 % von 1890 bis 1914), zumindest verglichen mit den nach 1920 beobachteten Sätzen. Bis zum Ersten Weltkrieg ist man offenbar in allen Industrieländern der Überzeugung, ein «angemessener» Steuersatz dürfe nicht über 10 % liegen, wie hoch das zu versteuernde Einkommen auch immer sein mag.

Die progressive Steuer in der Dritten Republik

Dasselbe gilt bemerkenswerterweise auch von der zweiten großen fiskalischen Errungenschaft des beginnenden 20. Jahrhunderts, der progressiven Erbschafts- und Schenkungssteuer, deren Steuersätze bis 1914 ebenfalls relativ gering bleiben (vgl. Grafik 14.2). Das Frankreich der Dritten Republik ist auch in dieser Hinsicht ein emblematischer Fall – nämlich der eines Landes, das von einer tiefen Leidenschaft für die Gleichheit beseelt sein soll und sich dennoch hartnäckig weigert, aus freien Stücken den Schritt in die Steuerprogressivität zu wagen, um seine Einstellung erst mit dem Ersten Weltkrieg wirklich zu ändern. Zwar wird die von der Französischen Revolution ins Leben gerufene Erbschafts- und Schenkungssteuer, die von 1791 bis 1901

1 Auf Geschäftsvermögen und Wirtschaftsgüter, die der Berufsausübung dienen, wird eine Gewerbesteuer erhoben. Über das System der *quatres vieilles*, (die vier direkten Abgaben, die gemeinsam mit der Erbschaftsteuer das Herz des 1791/92 geschaffenen Steuersystems bilden) vgl. T. Piketty, *Les hauts revenus en France au 21e siècle*, S. 234–239.

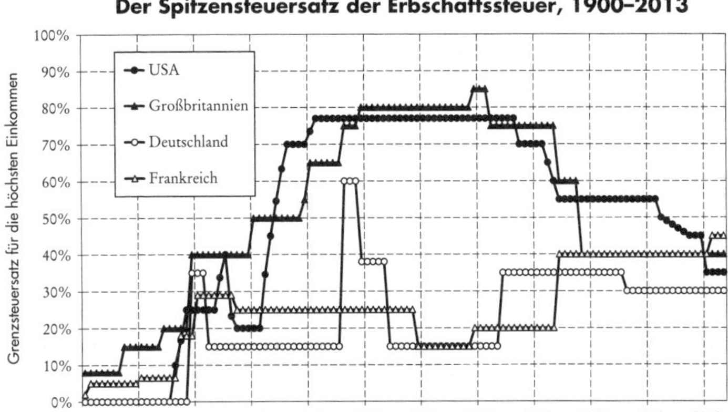

Grafik 14.2.: Der Spitzensteuersatz der Erbschaftssteuer (für die höchsten Erbschaften) in den Vereinigten Staaten ist von 70 % im Jahr 1980 auf 30 % 2013 gesunken.
Quellen und Reihen: siehe piketty.pse.ens.fr/capital21c.

strikt proportional war, mit dem Gesetz vom 25. Februar 1901 progressiv. Aber in Wahrheit ändert sich dadurch nicht viel. Der Spitzensteuersatz liegt von 1902 bis 1910 bei 5 %, von 1911 bis 1914 bei 6,5 %, und er betrifft jedes Jahr nur ein paar Dutzend Vermögen. Den reichen Steuerzahlern von damals erscheint dies schon als maßloser fiskalischer Aderlass, da sie ohnehin oft der Überzeugung sind, «ein dem Vater nachfolgender Sohn» erfülle in Wahrheit nur die «heilige Pflicht» der Bewahrung ein und desselben Familieneigentums und dieser bloße Fortbestand dürfe gar nicht besteuert werden.[1] Tatsächlich hindert diese Besteuerung die größten Vermögen nicht daran, in ihrer Quasi-Gesamtheit von einer Generation auf die nächste übertragen zu werden. Der tatsächliche Durchschnittssteuersatz steigt innerhalb des obersten Perzentils der Erbschaftshierarchie nach der Reform von 1901 nicht über 3 % (gegenüber 1 % unter der im 19. Jahr-

1 Mit den Worten, die eine der vielen parlamentarischen Kommissionen des 19. Jahrhunderts gebraucht, die sich gegen die Progressivität der Erbschaftsteuer ausspricht: «Wenn ein Sohn seinem Vater nachfolgt, findet nicht im eigentlichen Sinne eine Übertragung von Gütern statt, sondern nur ein fortgesetzter Nießbrauch, würden die Verfasser des Code civil sagen. Diese Lehre müsste, absolut genommen, jede Steuer auf Übertragungen in direkter Linie ausschließen; sie befiehlt zumindest äußerste Mäßigung in der Festsetzung der Steuer.» Ebd., S. 245.

hundert geltenden proportionalen Besteuerung). Betrachtet man die Dinge mit dem Abstand, den wir heute gewonnen haben, ist es offenkundig, dass eine solche Reform kaum Einfluss auf den damaligen Prozess der Akkumulation und Hyperkonzentration der Vermögen haben kann – was immer die Zeitgenossen darüber denken mochten.

Es ist bemerkenswert, die Gegner der Progressivität, die in den Wirtschafts- und Finanzeliten der Belle Époque deutlich in der Überzahl sind, unermüdlich und nicht ohne Täuschungsabsicht das Argument wiederholen zu hören, Frankreich sei ein von Natur aus egalitäres Land, das darum eine progressive Steuer gar nicht brauche. Ein besonders repräsentatives und erhellendes Beispiel ist Paul Leroy-Beaulieu, einer der einflussreichsten Ökonomen der Epoche, der 1881 seinen berühmten *Essai sur la répartition des richesses et sur la tendance à une moindre inégalité des conditions* veröffentlicht, der bis zum Beginn der 1910er Jahre mehrfach wiederaufgelegt wird.[1] Tatsächlich verfügt Leroy-Beaulieu über keinerlei Daten, keine einzige Quelle, die jene «Tendenz zu geringerer Ungleichheit» zu belegen im Stande wäre. Aber das kümmert ihn nicht. Er stellt auf der Grundlage völlig ungeeigneter Daten wenig überzeugende Überlegungen an, um – koste es, was es wolle – zu beweisen, dass die Einkommensungleichheit im Abnehmen begriffen sei.[2] In dem einen oder anderen Moment scheint ihm selber aufzugehen, dass sein ganzes Räsonnement nicht trägt, also behauptet er, eine solche Entwicklung stehe kurz bevor und man dürfe vor allem nichts unternehmen, was den wunderbaren Prozess der Globalisierung von Handel und Finanzen stören könnte, der es dem französischen Sparer erlaube, in den Panamakanal so gut wie den Suezkanal und bald

1 Als Professor an der *École libre des sciences politiques*, danach am *Collège de France* von 1880 bis 1916, begeisterter Fürsprecher der Kolonisation unter den liberalen Ökonomen seiner Zeit, ist Leroy-Beaulieu auch Direktor einer einflussreichen Wochenzeitschrift, *L'économiste français*, des damaligen Pendants des heutigen *Economist*, welche Verbindung sich vor allem durch seine grenzenlose und manchmal auch blinde Bereitschaft, die Interessen der Mächtigen seiner Zeit zu verteidigen, ergibt.

2 Zum Beispiel notiert er mit Genugtuung, dass in Frankreich zwischen 1837 und 1860 die Zahl der Bedürftigen, die Hilfe in Anspruch nehmen, nur um 40 % zugenommen, die Zahl der karitativen Einrichtungen dagegen sich fast verdoppelt hat. Abgesehen davon, dass man sehr optimistisch sein muss, um aus diesen Zahlen zu schließen, die tatsächliche Zahl der Bedürftigen habe abgenommen (was Leroy-Beaulieu ohne Zögern tut), verrät eine eventuelle Verringerung der absoluten Zahl der Armen im Kontext ökonomischen Wachstums nicht das Mindeste über die Entwicklung der Einkommensungleichheit. Ebd., S. 522–531.

auch im zaristischen Russland zu investieren. Ganz offenbar ist Leroy-Beaulieu fasziniert von der Globalisierung, die seine Zeit erlebt, und er ist starr vor Angst bei dem Gedanken, eine brutale Revolution könnte das alles wieder zunichtemachen.[1] Natürlich ist diese Faszination als solche nicht verwerflich – immer vorausgesetzt, sie trübt nicht den Sinn für eine nüchterne Analyse der Herausforderungen der Zeit. Die größte Herausforderung im Frankreich der Jahre von 1900–1910 ist gewiss nicht das Heraufziehen einer bolschewistischen Revolution (damals so wenig wie heute), sondern, bescheidener, die Einführung progressiver Steuern. Für Leroy-Beaulieu und seine Kollegen vom sogenannten «rechten Zentrum» (im Unterschied zur monarchistischen Rechten) steht fest, dass es sich dem um jeden Preis entgegenzustellen gilt, mit einem einfachen Argument: Frankreich ist dank der Französischen Revolution ein egalitäres Land, in dem der Landbesitz ein wenig umverteilt und vor allem Gleichheit aller vor dem Gesetz sowie gleiches Recht auf Eigentum und freien Handel geschaffen wurden. Frankreich hat also nicht den leisesten Bedarf an einer räuberischen Progressivsteuer. Gewiss, würden Leroy-Beaulieu und seine Freunde hinzufügen, wären solche Steuern in Klassengesellschaften ratsam, in aristokratischen Gesellschaften wie dem benachbarten Großbritannien – aber nicht bei uns.[2]

Im vorliegenden Fall hätte es genügt, wenn Leroy-Beaulieu die neuesten Erbschafts- und Schenkungssteuerstatistiken konsultiert hätte, die von den Steuerbehörden gleich nach der Reform von 1901 veröffentlicht wurden, um sich davon zu überzeugen, dass die Vermögenskonzentration im republikanischen Frankreich fast ebenso stark ist wie in Großbritannien. Während der parlamentarischen Debatten von 1907/08 beziehen sich die Parteigänger der Einkommensteuer übrigens oft auf diese Statistiken.[3] Es handelt sich um ein

1 Manchmal möchte man meinen, er sei der Autor des Werbeslogans, mit dem die HSBC seit einigen Jahren die Wände der Flughäfen pflastert: «Wir sehen eine Welt von Möglichkeiten. Und Sie?»

2 Ein anderes klassisches Argument dieser Zeit lautet, die «inquisitorische» Technik der Einkommenserklärung passe zu einem «autoritären» Land wie Deutschland, würde aber von einem «freien Volk» wie dem französischen umgehend abgelehnt werden. Vgl. T. Piketty, *Les hauts revenus en France*, S. 481.

3 So Joseph Caillaux, der damalige Finanzminister: «Man hat uns beigebracht zu glauben und zu sagen, Frankreich sei das Land der kleinen Vermögen, des unendlich fragmentierten und verstreuten Kapitals. Die Statistiken, die das neue Steuersystem uns beschert,

interessantes Beispiel dafür, wie sehr eine Steuer, selbst wenn sie mit geringen Sätzen erhoben wird, eine Quelle der Erkenntnis und der demokratischen Transparenz darstellt.

In den anderen Ländern ist ebenfalls festzustellen, wie groß der vom Ersten Weltkrieg gezeitigte Bruch in der Geschichte der Erbschafts- und Schenkungssteuer ist. In Deutschland ist die Frage der Einführung einer Mindestbesteuerung der höchsten Vermögensübertragungen in den parlamentarischen Auseinandersetzungen gegen Ende des 19. und zu Beginn des 20. Jahrhunderts sehr präsent. Die Verantwortlichen der sozialdemokratischen Partei, angefangen mit August Bebel und Eduard Bernstein, betonen nachdrücklich, dass die Erbschaftssteuer die belastenden indirekten Steuern senken könnte, die von den Arbeitern und anderen Lohnklassen entrichtet werden, denen dadurch mehr Mittel zur Verbesserung ihres Schicksals zur Verfügung stünden. Aber die Debatten im Reichstag scheitern: Die Reformen von 1906 und 1919 führen zwar zur Schaffung einer mageren Erbschafts- und Schenkungssteuer, aber die Übertragungen in direkter Linie und zwischen Eheleuten (also die überwältigende Mehrheit der Fälle) bleiben völlig von der Steuer freigestellt, wie hoch sie auch sein mögen. Man muss 1919 abwarten, bevor die deutsche Erbschafts- und Schenkungssteuer die familiären Übertragungen betrifft, mit einem Spitzensteuersatz, der schlagartig von 0 % auf 35 % für den Fall der größten Erbschaften angehoben wird.[1] Die Rolle des Krieges und der politischen Brüche, die er bewirkt, scheint absolut ausschlaggebend. Man sieht nicht recht, warum und wie die Blockaden von 1906 bis 1909 anders hätten überwunden werden sollen.[2]

---

machen es uns unmöglich, an dieser Illusion festzuhalten. […] Meine Herren, ich kann Ihnen nicht verhehlen, dass ich mich nach Kenntnis dieser Zahlen von der einen oder anderen vorgefassten Meinung verabschieden musste. Tatsache ist, dass eine sehr kleine Zahl von Personen den Löwenanteil des Reichtums dieses Landes in ihren Händen hält.» Siehe J. Caillaux: *L'impôt sur le revenu*, Paris: Berger 1910, S. 530–532.

1 Siehe zu diesen Debatten J. Beckert: *Unverdientes Vermögen*, S. 258–279. Die Steuersätze, die wir in Grafik 14.2 dargestellt haben, betreffen Übertragungen in direkter Linie (von Eltern auf Kinder). Die Sätze, die für andere Übertragungen gelten, lagen in Frankreich und Deutschland stets darüber. In den Vereinigten Staaten und in Großbritannien hängen die Steuersätze im Allgemeinen nicht von der Identität des Erben ab.

2 Zur Frage, wie die Kriege die öffentliche Wahrnehmung der Erbschaftssteuer verändert haben, vgl. auch K. Scheve, D. Stasavage: «Democracy, war, and wealth. Lessons from two centuries of inheritance taxation», *American Political Science Review* 106 (2012), S. 81–102.

Gleichwohl kann man aus Grafik 14.2 eine leichte Aufwärtsbewegung für Großbritannien in der Belle Époque ersehen, deutlicher noch für die Erbschafts- und Schenkungssteuer als für die Einkommensteuer. Großbritannien, das seit der Reform von 1896 bereits einen Spitzensteuersatz von 8 % auf die bedeutendsten Übertragungen kennt, erhöht ihn 1908 auf 15 %, was schon erheblicher ist. In den Vereinigten Staaten tritt die Bundessteuer auf Erbschaften und Schenkungen erst 1916 in Kraft, aber ihr Steuersatz steigt rasch auf Niveaus, die über denen liegen, die in Frankreich und Deutschland zum Einsatz kommen.

Die konfiskatorische Besteuerung exorbitanter Einkommen: eine amerikanische Erfindung.

Untersucht man die Geschichte progressiver Besteuerung im letzten Jahrhundert, so stellt man mit Überraschung fest, dass es die angelsächsischen Länder und namentlich die Vereinigten Staaten waren, die eine konfiskatorische Steuer auf Einkommen und Vermögen erfunden haben. Die Grafiken 14.1 und 14.2 geben das besonders deutlich zu erkennen. Das läuft der Vorstellung, die man gemeinhin von den Vereinigten Staaten und Großbritannien seit den 1970er Jahren sowohl im In- als auch im Ausland hat, so sehr zuwider, dass es sich lohnt, dabei einen Moment zu verweilen.

In der Zwischenkriegszeit erproben alle Industrieländer – häufig mit starken Schwankungen – sehr hohe Spitzensteuersätze. Aber es sind die Vereinigten Staaten, die sich erstmals an Spitzensätze über 70 % gewagt haben, 1919–1922 für die Einkommen und 1937–1939 für Erbschaften. Wenn man Einkommen oder Erbschaften einer bestimmten Höhe mit Sätzen von 70–80 % besteuert, geht es offenbar nicht in erster Linie darum, die Steuereinnahmen in die Höhe zu treiben (tatsächlich ist auf der Ebene dieser Spitzensätze auch nie viel zu holen). Es geht letztlich um eine Abschaffung dieser Art von Einkommen oder Vermögen, die vom Gesetzgeber für sozial unvertretbar und ökonomisch unfruchtbar befunden werden – oder zumindest darum, ihren Fortbestand in dieser Höhe extrem zu verteuern und den Willen zu ihrer Erhaltung somit zu schwächen. Aber zugleich handelt es sich nicht um ein absolutes Verbot oder eine Enteignung. Die progressive

Steuer ist daher eine relativ liberale Methode des Abbaus von Ungleichheiten, eine Einrichtung, die den freien Wettbewerb und das Privateigentum respektiert. Sie modifiziert private Anreize in einer mitunter radikalen Weise, aber sie tut dies nach vorhersehbaren Regeln, die im rechtsstaatlichen Rahmen im Voraus festgelegt und demokratisch ausgehandelt werden. In gewisser Weise stellt die progressive Steuer einen idealen Kompromiss zwischen sozialer Gerechtigkeit und individueller Freiheit her. Es ist darum kein Zufall, wenn die angelsächsischen Länder, die in ihrer Geschichte den individuellen Freiheiten besonders verpflichtet waren, im 20. Jahrhundert die Steuerprogression zeitweise am weitesten vorangetrieben haben. Zugleich muss man unterstreichen, dass die kontinentaleuropäischen Länder, namentlich Frankreich und Deutschland, nach dem Krieg andere Wege erkundet haben, etwa das öffentliche Eigentum an Unternehmen und die direkte Festsetzung der Gehälter ihrer Führungskräfte, und sich durch solche Maßnahmen, die ihrerseits rechtsstaatlichen Prinzipien genügen, jene weitreichenden fiskalischen Lösungen in gewisser Weise erspart haben.[1]

Aber es spielen auch spezifischere Faktoren eine Rolle. Gegen Ende des 19. und zu Beginn des 20. Jahrhunderts, während des sogenannten *Gilded Age,* sind zahlreiche Beobachter in den Vereinigten Staaten darüber beunruhigt, dass sich das Land mehr und mehr von seinen Gleichheitsidealen und vom Pioniergeist seiner Ursprünge entfernt. Wir haben im dritten Teil (Kapitel 10) bereits das Buch erwähnt, das Wilfford King 1915 der Verteilung der Reichtümer in den Vereinigten Staaten widmet, um insbesondere seiner Sorge angesichts ihrer möglichen Annäherung an die europäischen Gesellschaften Ausdruck zu verleihen, die damals als Inbegriff der Ungleichheit galten.[2] Irving Fisher, der Präsident der *American Economic Association* geht 1919 noch weiter. Er beschließt, in seiner *presidential address* auf die Frage

1 Die Sowjetunion, um ein extremes Beispiel heranzuziehen, war auf eine konfiskatorische Steuer auf Einkommen oder Vermögen nie angewiesen, da ihr Wirtschaftssystem darin bestand, die Verteilung der Primäreinkommen unmittelbar zu kontrollieren und Privateigentum fast völlig zu verbieten (all dies zugegebenermaßen auf eine das Recht sehr viel weniger respektierende Weise). Die Sowjetunion hat zeitweise Einkommensteuern erhoben, aber sie war völlig unbedeutend, mit sehr niedrigen Spitzensteuersätzen. Dasselbe gilt für China. Wir kommen auf diesen Punkt im nächsten Kapitel zurück.

2 Ob es Leroy-Beaulieu gefallen hätte oder nicht – für King gehört Frankreich, im Grunde völlig zu Recht, in die gleiche Liga wie Preußen oder die Sowjetunion.

der amerikanischen Ungleichheiten einzugehen, und teilt seinen Kollegen ohne Umschweife mit, die wachsende Vermögenskonzentration sei das zentrale ökonomische Problem Amerikas. Fisher ist alarmiert von den Schätzungen, die King vorgelegt hatte. Dass «2 % der Bevölkerung mehr als 50 % des Reichtums» und «zwei Drittel der Bevölkerung fast nichts besitzen», erscheint ihm als «undemokratische Verteilung des Reichtums» (*an undemocratic distribution of wealth*), die an die Grundfesten der amerikanischen Gesellschaft rühre. Statt aber den Anteil der Gewinne oder die Kapitalrenditen künstlich einzuschränken – Lösungen, die Fisher nur erwähnt, um sie scharf zurückzuweisen – scheint ihm die geeignetere Methode eine hohe Besteuerung der größten Vermögen zu sein (er schlägt einen Steuersatz vor, der sich auf zwei Drittel der Erbschaft beläuft und auf 100 % steigt, wenn das Vermögen schon in der dritten Generation besteht).[1] Es ist verblüffend, dass Fisher die Ungleichheiten sehr viel größere Sorgen bereiten als Leroy-Beaulieu, obwohl er in einer Gesellschaft lebt, in der diese doch sehr viel geringer ausfallen. Die Angst davor, dem alten Europa zu gleichen, ist sicher einer der Gründe für die amerikanische Steuerprogression.

Zudem muss man bedenken, wie stark die Vereinigten Staaten von der Krise der 1930er Jahre getroffen werden. Das führt rasch dazu, dass die Wirtschafts- und Finanzeliten unter Anklage gestellt und von der öffentlichen Meinung beschuldigt werden, sich selbst bereichert und das Land in den Abgrund gestürzt zu haben (man darf nicht vergessen, dass der Anteil der hohen Einkommen am amerikanischen Nationalvermögen insbesondere aufgrund der enormen Veräußerungsgewinne aus Aktien gegen Ende der 1920er Jahre Spitzenwerte erreicht). In diesem Kontext kommt 1933 Roosevelt an die Macht, während die Krise schon drei Jahre anhält und ein Viertel des

1 Siehe I. Fisher: «Economists in public service», *American Economic Review* 9 (1919), S. 5–21. Fisher ist namentlich von Vorschlägen des italienischen Ökonomen Rignano inspiriert. Siehe G. Erreygers, G. di Bartolomeo: «The debates on Eugenio Rignano's inheritance tax proposals», *History of Political Economy* 39 (2007), S. 605–38. Vermögen, das in der letzten Generation akkumuliert wurde, weniger stark zu besteuern als älteres Vermögen, das auf mehrere Generationen Wohlstand zurückgeht, ist prinzipiell diskutabel (der Eindruck der Doppelbesteuerung ist im ersten Fall häufig sehr viel stärker als im zweiten, selbst wenn es sich in beiden Fällen um verschiedene Generationen und also verschiedene Individuen handelt). Die Idee lässt sich freilich nur schwer formalisieren und verwirklichen (die Wege, die Erbschaften nehmen, sind häufig sehr verschlungen). Das erklärt zweifellos, warum sie nie in die Tat umgesetzt wurde.

Landes arbeitslos ist. Er beschließt sofort, den Spitzensatz der Einkommensteuer anzuheben, der Ende der 1920er Jahre und unter der desaströsen Präsidentschaft Hoovers auf 25 % gesunken war. 1933 steigt er auf 63 % und 1937 auf 79 %, um derart den bisherigen Rekord von 1919 einzustellen. 1942 lässt der *Victory Tax Act* den Spitzensatz auf 88 % hochschnellen, ein Niveau, das durch verschiedene Steuerzuschläge 1944 auf 94 % ansteigt. In der Folge stabilisiert sich der Steuersatz bis Mitte der 1960er Jahre bei 90 %, danach bei 70 % bis zur Mitte der 1980er Jahre. Insgesamt liegt zwischen 1932 und 1980, also fast ein halbes Jahrhundert lang, der Spitzensatz der bundesweiten Einkommensteuer in den Vereinigten Staaten durchschnittlich bei 81 %.[1]

In keinem kontinentaleuropäischen Land hat es jemals solche Steuersätze gegeben (allenfalls als völlige Ausnahme ein paar Jahre, aber keinesfalls ein halbes Jahrhundert lang). Namentlich Frankreich und Deutschland haben seit den 1940er Jahren Spitzensätze, die im Allgemeinen zwischen 50 % und 70 % liegen, aber nie auf 80–90 % steigen. Die einzige Ausnahme betrifft Deutschland. Zwischen 1947 und 1949 beträgt der Spitzensatz hier 90 % – allerdings ist dies die Zeit, in der die Sätze von den alliierten Besatzungsmächten bestimmt werden (praktisch von den amerikanischen Behörden). Sobald Deutschland seine Fiskalsouveränität wiedererlangt hat, 1950, beschließt das Land rasch, zu Sätzen zurückzukehren, die ihm dem allgemeinen Empfinden eher zu entsprechen scheinen, und der Spitzensteuersatz fällt binnen weniger Jahre auf kaum über 50 % (siehe Grafik 14.1). Dasselbe Phänomen ist in Japan zu beobachten.[2]

Noch extremer zeigt sich der angelsächsische Hang zur Progressivität an der progressiven Erbschafts- und Schenkungssteuer. Während die Vereinigten Staaten den Spitzensteuersatz von den 1930er bis zu den 1980er Jahren zwischen 70 % und 80 % halten, ist er in Frankreich wie in Deutschland nie über 30–40 % gestiegen – wiederum mit

1 Dem ist noch die auf Ebene der einzelnen Bundesstaaten erhobene Einkommensteuer hinzuzufügen (der Steuersatz liegt im Allgemeinen zwischen 5 % und 10 %).

2 Der japanische Spitzensteuersatz steigt innerhalb von 1947 bis 1949, also zu dem Zeitpunkt, da die amerikanische Besatzungsmacht die Steuersätze festlegt, kurzfristig auf 85 %, und sinkt um 1950, nachdem das Land seine Fiskalsouveränität zurückgewonnen hat, sofort auf 55 %. Siehe auch Technischer Anhang.

der einen und einzigen Ausnahme Deutschlands von 1946 bis 1949 (siehe Grafik 14.2).[1]

Das einzige Land, das amerikanische Höchststände erreicht, ja zeitweise sowohl hinsichtlich der Einkommen als auch der Erbschaften übertrifft, ist Großbritannien. Die Sätze, die für die höchsten Einkommen gelten, erreichen ein erstes Mal 98 % während der 1940er Jahre, ein zweites Mal während der 1970er Jahre. Das ist ein bis heute gültiger Rekord.[2] Eine Unterscheidung, die damals in beiden Ländern häufig zum Tragen kommt, ist im Übrigen die zwischen «verdientem Einkommen» *(earned income)* und «unverdientem Einkommen», das heißt Kapitaleinkommen (Mieten, Zinsen, Dividenden etc.). Der in Grafik 14.1 verzeichnete Spitzensteuersatz gilt für das «unverdiente Einkommen». Der Spitzensatz für «verdientes Einkommen» kann zuweilen leicht darunter liegen, insbesondere in den 1970er Jahren.[3] Diese Unterscheidung ist bemerkenswert, da sie in der Sprache des Steuerrechts dem allgemeinen Argwohn gegenüber sehr hohen Einkommen Ausdruck verleiht. Alle zu hohe Einkommen sind suspekt, aber die unverdienten sind noch suspekter. Der Kontrast zu den gegenwärtigen Verhältnissen, in denen es im Gegenteil die Kapitaleinkommen sind, die von der Steuergesetzgebung in zahlreichen Ländern begünstigt werden, könnte schärfer nicht sein. Man muss aber festhalten, dass die Schwelle, oberhalb derer diese Spitzensätze zur Anwendung kommen, mit der Zeit zwar variiert, aber stets extrem hoch ist. Im Verhältnis zum Durchschnittseinkommen der 2000er

---

1 Es handelt sich um Steuersätze auf Erbschaften in direkter Linie. Die Steuersätze, die für Brüder, Schwestern, Cousins, Cousinen etc. und Nichtverwandte gelten, haben in Frankreich und in Deutschland zuweilen höhere Niveaus erreicht (derzeit zum Beispiel bis zu 60 % für Nichtverwandte in Frankreich), ohne allerdings die in den Vereinigten Staaten und in Großbritannien auf Kinder angewandten Sätze von 70–80 % zu erreichen.

2 Dieser Rekordsatz von 98 % wird in Großbritannien von 1941 bis 1952 und ein zweites Mal von 1974 bis 1978 angewandt. Siehe den Technischen Anhang für die vollständige Datenreihe. Während der amerikanischen Präsidentschaftskampagne von 1972 geht der demokratische Kandidat George McGovern so weit, im Rahmen seines Plans, ein unbedingtes Mindesteinkommen einzuführen, einen Spitzensatz von 100 % für die höchsten Erbschaften ins Gespräch zu bringen (der Satz lag damals bei 77 %). Die krachende Niederlage, die Nixon ihm beibrachte, markierte den Anfang vom Ende des amerikanischen Umverteilungsenthusiasmus. Vgl. J. Beckert, *Unverdientes Vermögen*, S. 231.

3 So liegt zum Beispiel in Großbritannien von 1974–1978 der Spitzensatz auf Kapitaleinkommen bei 98 %, für Arbeitseinkommen dagegen nur bei 83 %. Vgl. Grafik S14.1 (online verfügbar).

Jahre ausgedrückt, liegt sie meist zwischen 0,5 und 1 Million Euro; im Rahmen der gegenwärtigen Hierarchie würde dieser Satz also weniger als 1 % der Bevölkerung betreffen (im Allgemeinen zwischen 0,1 % und 0,5 %).

Die Praxis, «unverdiente Einkommen» höher zu besteuern, ist auch desselben Geistes Kind wie die gleichzeitige Erhebung einer stark progressiven Erbschaftssteuer. Der Fall Großbritannien ist besonders aufschlussreich, betrachtet man ihn unter einer langfristigen Perspektive. Es handelt sich um das Land mit der extremsten Vermögenskonzentration im 19. Jahrhundert und in der Belle Époque. Die Schocks, von denen die hohen Vermögen durch die beiden Weltkriege heimgesucht wurden (Verheerungen, Enteignungen) fielen dort weniger stark aus als auf dem Kontinent, aber der Steuerschock war, obwohl weniger kriegerisch, darum nicht weniger heftig – mit einem Spitzensteuersatz, der von 1940 bis 1980 die 70–80 % erreichte oder überschritt. Großbritannien ist zweifellos das Land, das im 20. Jahrhundert und insbesondere zwischen den Kriegen vom Problem der Erbschaft und ihrer Besteuerung mehr als jedes andere umgetrieben wird.[1] Im November 1938 konstatiert Josiah Wedgwood im Vorwort zur zweiten Auflage seines klassischen Buches über die Erbschaft von 1929 wie sein Landsmann Bertrand Russell, dass die «Pluto-Demokratien» und ihre Erbschaftseliten vor dem Heraufziehen des Faschismus versagt haben. «Politische Demokratien», davon ist Wedgwood überzeugt, «die ihr Wirtschaftssystem nicht demokratisieren, sind instabil». In der stark progressiven Besteuerung der Erbschaften erblickt er das zentrale Werkzeug einer solchen Demokratisierung, aus der eine neue Welt hervorgehen soll.[2]

---

1 Tatsächlich ist diese Reflexion schon im 19. Jahrhundert allgegenwärtig, namentlich in den Arbeiten von John Stuart Mill. Sie intensiviert sich in der Zwischenkriegszeit mit den immer ergiebigeren Erbschaftsstatistiken. In der Nachkriegszeit wird sie von den bereits zitierten Arbeiten James Meades und Anthony Atkinsons aufgenommen. Erwähnenswert ist auch, dass sich in Nicholas Kaldors interessantem Vorschlag einer progressiven Verbrauchssteuer (die in Wahrheit eine Steuer auf luxuriöse Lebensführung ist) unmittelbar die Idee ausspricht, jene untätigen Erben zur Kasse zu bitten, die Kaldor im Verdacht hat, zuweilen die progressive Erbschafts- und Einkommensteuer zu umgehen (insbesondere mithilfe von *trust funds*) – anders als Universitätsprofessoren (wie er einer ist), die ihre Einkommensteuer auf Heller und Pfennig genau bezahlen. Siehe N. Kaldor: *An Expenditure Tax*, London: Allen & Unwin 1955.

2 Vgl. J. Wedgwood: *The Economics of Inheritance*, Harmondsworth: Pelican Books 1929, neu aufgelegt 1939. Wedgwood legt sorgfältig die verschiedenen Kräfte frei, wenn er

Die Explosion der Spitzengehälter und die Rolle des Steuerrechts

Nachdem sie von den 1930er bis zu den 1970er Jahren eine große Leidenschaft für die Gleichheit gekannt haben, sind die Vereinigten Staaten und Großbritannien in den letzten Jahrzehnten mit dem gleichen Enthusiasmus in die entgegengesetzte Richtung aufgebrochen. Während der Spitzensatz ihrer Einkommensteuer lange deutlich über dem der Deutschen und Franzosen lag, ist er seit 1980 deutlich unter diese gesunken. Die deutschen und französischen Spitzensätze haben sich von 1930 bis 2010 stabil bei 50–60 % gehalten (mit einer leichten Abwärtsbewegung am Ende dieses Zeitraums), während die amerikanischen und britischen Sätze von 80–90 % zwischen 1930 und 1980 auf 30–40 % zwischen 1980 und 2010 gefallen sind (mit einem Tiefpunkt von 28 % nach der großen Steuerreform Reagans von 1986) (vgl. Grafik 14.1).[1] Die angelsächsischen Länder haben mit ihren Reichen seit den 1930er Jahren Jojo gespielt. Im Vergleich damit waren die kontinentaleuropäischen Länder (Deutschland und Frankreich sind relativ repräsentative Beispiele) und Japan alles in allem sehr viel beständiger in ihrer Einstellung zu den hohen Einkommen. Wir haben im ersten Teil dieses Buches bereits festgehalten, dass diese große Kehrtwende durch das Gefühl erklärt werden kann, hinter anderen Ländern zurückzubleiben, von dem die Vereinigten Staaten und Großbritannien in den 1970er Jahren ergriffen und der Thatcherimus wie der Reaganismus genährt wurden. Gewiss ist dieser Aufholeffekt der Zeit von 1950 bis 1980 im Wesentlichen eine zwangsläufige Konsequenz der Erschütterungen, von denen Kontinentaleuropa und Japan zwischen 1914 und 1945 getroffen wurden. Aber das ändert nichts daran, dass er in den Vereinigten Staaten und in Großbritannien sehr schlecht aufgenommen wurde. Die Hierarchie des Reichtums ist eine Frage der Ehre und Moral, nicht nur des Geldes – zwischen Ländern

etwa auf den geringen Umfang karitativer Spenden hinweist oder konstatiert, dass um 1910 die Erbschaftskonzentration in Frankreich fast so stark ist wie in Großbritannien, um daraus einmal mehr zu schließen, dass die egalitäre Verteilung französischen Typs, obwohl wünschenswert, offenbar nicht ausreicht, um soziale Gleichheit herbeizuführen.

1 Für Frankreich haben wir in Grafik 14.1 die allgemeine Sozialabgabe (CSG), die derzeit bei 8 % liegt, in die Einkommensteuer (derzeit 45 %) einbezogen, wodurch sich ein aktueller Spitzensteuersatz von 53 % ergibt. Siehe den Technischen Anhang für die vollständige Datenreihe.

wie zwischen Individuen. Die Frage, die uns jetzt interessiert, ist die nach den Konsequenzen dieser großen Kehrtwende.

Betrachtet man die Gesamtheit der Industrienationen, stellt man fest, wie eng das Sinken des Spitzensteuersatzes der Einkommensteuer von den 1970er Jahren bis zu den 2000er Jahren mit dem Anstieg des Anteils des obersten Perzentils am Nationaleinkommen während desselben Zeitraums verknüpft ist. Es gibt, konkreter formuliert, eine fast perfekte Korrelation zwischen beiden Phänomenen. Die Länder, die ihren Spitzensteuersatz am stärksten gesenkt haben, sind dieselben, in denen die höchsten Einkommen – und namentlich die Vergütungen der Führungskräfte großer Unternehmen – am stärksten gestiegen sind. Und umgekehrt sind in den Ländern, die ihren Spitzensteuersatz nur leicht gesenkt haben, die höchsten Einkommen sehr viel weniger gestiegen.[1] Glaubt man den klassischen ökonomischen Theorien, die auf der Theorie der Grenzproduktivität und des Arbeitsangebotes beruhen, so könnte die Erklärung darin liegen, dass das Sinken des Spitzensteuersatzes das Arbeitsangebot und die Produktivität der Führungskräfte in den betreffenden Ländern stark belebt hat, so dass ihre Grenzproduktivität (und damit ihr Lohn) über das Niveau der anderen Länder gestiegen ist. Diese Erklärung ist jedoch nicht sehr plausibel. Wie wir im dritten Teil festgehalten haben, ist die Theorie der Grenzproduktivität ein Modell, das eine Reihe ernster begrifflicher und empirischer Probleme aufwirft – und auch an einer gewissen Naivität leidet –, wenn es darum geht, die Festsetzung der Vergütungen an der Spitze der Lohnhierarchie zu erklären.

Eine realistischere Erklärung ist, dass das Sinken des Spitzensteuersatzes, besonders massiv in den Vereinigten Staaten und in Großbritannien, die Weise, in der Gehälter von Führungskräften festgesetzt und ausgehandelt werden, völlig verändert hat. Für eine Führungskraft ist es immer schwer, die anderen beteiligten Parteien (direkte Untergebene, Gehaltsempfänger, die in der Hierarchie weiter

1 Das gilt nicht allein für die Vereinigten Staaten und Großbritannien (in der ersten Gruppe), Deutschland, Frankreich und Japan (in der zweiten), sondern ebenso für die Gesamtheit der achtzehn OECD-Staaten, für die sich diese Frage anhand der Daten untersuchen lässt, die in der WTID versammelt sind. Siehe T. Piketty, E. Saez, S. Stantcheva: «Optimal taxation of top labor incomes: a tale of three elasticities», *American Economic Journal: Economic Policy* 6 (2014) Siehe auch Technischer Anhang.

unten stehen, Aktionäre, Mitglieder des Vergütungsausschusses), davon zu überzeugen, dass eine bedeutende Anhebung der Vergütung – zum Beispiel 1 Million Dollar mehr – wirklich gerechtfertigt ist. In den 1950er und 1960er Jahren, hatte eine amerikanische oder britische Führungskraft keinen großen Anreiz, um eine solche Erhöhung zu kämpfen, und die anderen Beteiligten eine geringere Bereitschaft, sie zu akzeptieren, da 80–90 % ohnehin direkt in die öffentlichen Kassen gingen. Seit den 1980er Jahren hat sich das Spiel grundlegend geändert, und alles scheint darauf hinzuweisen, dass die Führungskräfte begonnen haben, große Anstrengungen darauf zu verwenden, alle Beteiligten zu überzeugen, ihnen erhebliche Gehaltserhöhungen zu gewähren, was angesichts der objektiven Schwierigkeiten, den individuellen Beitrag der Führungskraft eines Unternehmens zu dessen Produktion einzuschätzen, oft gar nicht so schwierig ist – zumal die Bildung von Vergütungsausschüssen häufig eine sehr inzestuöse Angelegenheit ist.

Diese Erklärung hat zudem den Vorzug, damit vereinbar zu sein, dass es keinerlei signifikante statistische Korrelation zwischen dem Sinken des Spitzensteuersatzes und der Wachstumsrate der Produktivität in den verschiedenen Industrieländern seit den 1970er Jahren gibt. Entscheidend ist die Tatsache, dass die Wachstumsrate des BIP pro Kopf in allen reichen Ländern seit den 1970er Jahren exakt dieselbe ist. Anders als man jenseits des Kanals und des Atlantiks häufig glaubt, lassen die Zahlen (soweit man sie aus den Volkswirtschaftlichen Gesamtrechnungen erschließen kann) keinen Zweifel daran, dass in den Vereinigten Staaten und in Großbritannien das Wachstum nicht stärker war als in Deutschland, Frankreich, Japan, Dänemark oder Schweden.[1] Das Sinken des Spitzensteuersatzes und der Anstieg der höchsten Gehälter scheinen (den Vorhersagen der Angebotstheorie entgegen) die Produktivität nicht angekurbelt zu haben – oder zumin-

---

1 Ebd., Grafik 3 und A1 und Tabelle 2. Diese Ergebnisse, die sich auf achtzehn Länder beziehen, sind auch im Technischen Anhang verfügbar. Im Übrigen hängt diese Schlussfolgerung nicht davon ab, in welchem Jahr die Datenreihe beginnt und endet. In allen Fällen gibt es keine signifikante statistische Relation zwischen dem Sinken des Spitzensteuersatzes und der Wachstumsrate. So macht es insbesondere keinen Unterschied, wenn man nicht in den 1960er oder 1970er Jahren, sondern in den 1980er Jahren beginnt. Zu den Wachstumsraten der verschiedenen reichen Länder zwischen 1970 und 2010 siehe auch Kapitel 5, Tabelle 5.1.

dest nicht so sehr, dass es auf gesamtwirtschaftlicher Ebene statistisch nachweisbar wäre.[1]

Die beträchtliche Verwirrung, die in diesen Fragen manchmal vorherrscht, entsteht daraus, dass man häufig Vergleiche anstellt, die sich auf ein paar Jahre beschränken (und es erlauben, alles unter Einschluss seines Gegenteils zu behaupten)[2] oder es versäumt, das Bevölkerungswachstum abzuziehen (das im wesentlichen für den Abstand des Gesamtwachstums zwischen den Vereinigten Staaten und Europa verantwortlich ist). Vielleicht verwechselt man zuweilen auch die Produktivität pro Kopf (die in den Vereinigten Staaten immer um etwa 20 % höher war, 1970 bis 1980 so gut wie 2000 bis 2010) mit der Wachstumsrate (die auf beiden Kontinenten in den letzten drei Jahrzehnten annähernd dieselbe gewesen ist).[3]

Aber die Hauptquelle der Missverständnisse ist das erwähnte Aufholphänomen. Es ist unbestreitbar, dass der britische und amerikanische Niedergang in den 1970er Jahren zu Ende ging, sobald die Wachstumsraten in Großbritannien und den Vereinigten Staaten nicht länger unter den deutschen, französischen, nordischen, und japani-

---

1 Das erlaubt es, eine Elastizität des Arbeitsangebotes von mehr als 0,1–0,2 auszuschließen und zu dem weiter unten beschriebenen optimalen Grenzsteuersatz zu kommen. Alle Details der theoretischen Überlegung und der theoretischen Resultate sind in T. Piketty, E. Saez, S. Stantcheva: «Optimal taxation of top labor incomes: a tale of three elasticities», und als Resümee im Technischen Anhang verfügbar.

2 Es ist wichtig, Durchschnitte für relativ lange Zeitabschnitte zu bilden (mindestens zehn oder zwanzig Jahre), wenn diese Vergleiche von Wachstumsraten einen Sinn haben sollen. Innerhalb weniger Jahre schwanken die Wachstumsraten aus allen erdenklichen Gründen, und es ist unmöglich, daraus irgendwelche Schlüsse zu ziehen.

3 Der Abstand des BIP pro Kopf rührt von einer höheren Zahl von Arbeitsstunden jenseits des Atlantiks her. Den internationalen Standarddaten zufolge ist dagegen das BIP pro Arbeitsstunde in den Vereinigten Staaten und den reichsten kontinentaleuropäischen Ländern nahezu gleich (in Großbritannien signifikant schwächer; siehe Technischer Anhang). Der Abstand zwischen den Arbeitsstunden erklärt sich aus längeren Urlaubszeiten und kürzeren Arbeitswochen in Europa (der Abstand zwischen den Arbeitslosenraten in den Vereinigten Staaten und Deutschland oder den nordischen Ländern fällt kaum ins Gewicht). Ohne diese heikle Frage hier wirklich erörtern zu wollen, lässt sich festhalten, dass die Entscheidung, weniger Zeit bei der Arbeit zu verbringen, wenn man dadurch produktiver wird, zumindest ebenso gerechtfertigt ist wie die umgekehrte. Die Tatsache, dass Deutschland und Frankreich, einer geringeren Investition in die Hochschulbildung (und einem furchterregend komplizierten Steuersystem, vor allem in Frankreich) zum Trotz, auf dasselbe Niveau des BIP pro Arbeitsstunde kommen, ist an sich rätselhaft und erklärt sich womöglich aus einem vergleichsweise inklusiven und egalitären primären und sekundären Bildungssystem.

schen lagen. Aber es ist auch unbestreitbar, dass diese Kluft aus einem ganz einfachen Grund verschwunden ist (die Aufholjagd der europäischen Länder und Japans war beendet). Mit der amerikanisch-britischen konservativen Revolution der 1980er Jahre hat dies, zumindest auf den ersten Blick, offenbar nichts zu tun.[1]

Wirtschaftsleistung und nationale Identität

Zweifellos sind diese Fragen emotional so stark besetzt, dass ihre nüchterne Klärung fast unmöglich ist. Hätte es Bill Gates ohne Ronald Reagan geben können? Wird der Rheinische Kapitalismus das kleine französische Sozialmodell verschlingen? Angesichts so tiefer existenzieller Ängste streckt die Vernunft häufig die Waffen – umso mehr, als es objektiv nicht ganz einfach ist, präzise Schlüsse aus einem Vergleich von Wachstumsraten zu ziehen, der Unterschiede von ein paar Zehntelprozent ergibt. Was Bill Gates und Ronald Reagan anbelangt (hat Bill den Computer oder nur die Maus erfunden? Hat Ronald die UdSSR allein oder mit Hilfe des Papstes zerschlagen?), ist es vielleicht hilfreich, daran zu erinnern, dass die amerikanische Wirtschaft, von 1950 bis 1970 sehr viel innovativer war als von 1990 bis 2010 – wenn man der Wachstumsrate der Produktivität glauben darf, die im erstgenannten Zeitraum fast zweimal höher als im zweitgenannten war, was für den Fall einer Wirtschaft, die in beiden Fällen an der vordersten Front des technologischen Fortschritts stand, logischerweise auf ihren Innovationsrhythmus zugerechnet werden muss.[2] In letzter Zeit hört man gelegentlich ein neues Argument: Ist die amerikanische Wirtschaft womöglich innovativer geworden, ohne dass sich dies in der Produktivitätsrate niederschlägt, weil ihre Innovationen in Wahrheit der ganzen reichen Welt zugutekommen, die nur dank der Neuerungen aus Amerika überlebt? Es wäre freilich ein kleines Wunder, wenn die Vereinigten Staaten, die bislang nicht durch internationalen Altruismus geglänzt haben (die Europäer beklagen sich regelmäßig über ihren CO2-Ausstoß, die armen Länder über ihre

1 Siehe insbesondere Kapitel 2, Grafik 2.3.

2 Die Wachstumsrate des BIP pro Kopf in den Vereinigten Staaten liegt bei 2,3 % jährlich zwischen 1950 und 1970, bei 2,2 % zwischen 1970 und 1990, und bei 1,4 % zwischen 1990 und 2012. Siehe Kapitel 2, Grafik 2.3.

Knauserigkeit) von diesem Wachstum gar nichts für sich behalten hätten. Dafür gibt es im allgemeinen Patente. Aber diese Debatte will offenkundig kein Ende nehmen.[1]

Um dennoch voranzukommen, haben Emmanuel Saez, Stefanie Stantcheva und ich versucht, über solche Ländervergleiche hinauszugehen und neue Datenbestände auszuwerten, aus denen die Vergütung von Führungskräften börsennotierter Unternehmen auf der ganzen Welt hervorgeht. Die Ergebnisse belegen, dass sich der Höhenflug dieser Gehälter tatsächlich weitgehend durch das Verhandlungsmodell erklären lässt (das Sinken des Grenzsteuersatzes motiviert Führungskräfte, alles daran zu setzen, eine höhere Vergütung herauszuschlagen) und nichts mit einer hypothetischen Produktivitätssteigerung der fraglichen Führungskräfte zu schaffen hat.[2] Zunächst bestätigt sich der Befund, dass Lohnelastizität stärker von «Glücks»-Gewinnen abhängt (Gewinnschwankungen, die nicht auf das Handeln der Führungskraft zugerechnet werden können, wie zum Beispiel die Durchschnittsperformance des fraglichen Wirtschaftssektors) als von Gewinnen, die nicht auf Glück beruhen (das heißt nicht durch sektorielle Schwankungen erklärt werden können). Wir sind im dritten Teil (Kapitel 9) schon auf diesen Befund eingegangen, der seinerseits erhebliche Zweifel an der Vorstellung weckt, hohe Vergütungen von Führungskräften seien Entlohnung oder Anreiz für besondere Leistungen. Dann und vor allem zeigt sich, dass die von Glücksgewinnen abhängige Elastizität (kurzum: die Fähigkeit von Führungskräften, Gehaltserhöhungen zu erzielen, die nicht eindeutig durch wirtschaftliche Leistung gerechtfertigt sind) hauptsächlich in den Ländern zugenommen hat, in

1 Die Vorstellung, der Rest der Welt lebe von den amerikanischen Innovationen, ist jüngst formuliert worden von D. Acemoglu, J. Robinson, T. Verdier: «Can't we all be more like scandinavians? Asymmetric growth and institutions in an interdependent world», MIT Department of Economics Working Paper Nr. 12–22, 20. August 2012. Es handelt sich um einen wesentlich theoretischen Artikel, dessen faktische Grundlage hauptsächlich in der gegenüber Europa größeren Zahl von Patenten in den Vereinigten Staaten besteht. Es handelt sich um ein interessantes Faktum, das aber zumindest teilweise auf unterschiedliche juristische Praktiken zurückgeht und es jedenfalls dem innovativen Land erlauben sollte, eine signifikant höhere Produktivität zu behalten (oder ein höheres Nationaleinkommen).

2 Vgl. T. Piketty, E. Saez, S. Stantcheva: «Optimal taxation of top incomes: a tale of three elasticities», Grafik 5, Tabellen 3–4. Die hier zusammengefassten Ergebnisse beruhen auf umfangreichen Daten, die sich auf mehr als 3000 Unternehmen aus vierzig Ländern beziehen.

denen der Grenzsteuersatz stark gesunken ist. Und schließlich stellt sich heraus, dass diese Abweichungen zwischen den Grenzsteuersätzen dafür verantwortlich sind, dass es in bestimmten Ländern zu einem sehr steilen Anstieg der Vergütung von Führungskräften kommt – und in anderen nicht. Die beobachteten Tatsachen lassen sich vor allem nicht durch Unterschiede in der Größe der Unternehmen oder den Umfang des Finanzsektors erklären.[1] Wenig realistisch scheint auch die Vorstellung, fehlender Wettbewerb trage für den Höhenflug der Gehälter die Verantwortung und optimierte Wettbewerbsbedingungen, freiere Märkte und bessere *corporate governance* könnten dem Einhalt gebieten.[2] Unsere Resultate legen vielmehr nahe, dass allein abschreckende Steuersätze, wie es sie in den Vereinigen Staaten und in Großbritannien bis zu den 1970er Jahren gab, diese Entwicklung zurückfahren und den Höhenflug der Spitzengehälter beenden könnten.[3] Angesichts einer so umfassenden, zugleich ökonomischen, politischen, sozialen und kulturellen Frage ist es jedoch offenbar unmöglich, sich dessen gewiss zu sein – darin liegt die Schönheit der Sozialwissenschaften. Zum Beispiel ist es wahrscheinlich, dass soziale Normen, die das öffentliche Urteil über die Vergütung der Führungskräfte anleiten, ihrerseits einen unmittelbaren Einfluss auf die Vergütungsniveaus in

---

1 Xavier Gabaix und Augustin Landier verteidigen die Vorstellung, der Höhenflug der Vergütungen von Führungskräften ergebe sich automatisch aus der wachsenden Größe der Unternehmen (mit der die Produktivität der «talentiertesten» Führungskräfte steige). Vgl. X. Gabaix, A. Landier: «Why has CEO pay increased so much?», *Quarterly Journal of Economics* 123 (2008), S. 49–100. Das Problem ist, dass diese Theorie, die sich ganz auf das Modell der Grenzproduktivität stützt, keinerlei Erklärung für die erheblichen internationalen Differenzen beibringen kann (die Größe der Unternehmen hat mehr oder weniger überall im gleichen Umfang zugenommen, die Vergütungen dagegen nicht). Die Autoren greifen ausschließlich auf amerikanische Daten zurück, was leider die Möglichkeit empirischer Tests einschränkt.

2 Die Ansicht, mehr Konkurrenz könnte zu einem Abbau von Ungleichheiten führen, wird von Ökonomen oft vertreten (Vgl. R. G. Rajan, L. Zingales: *Saving Capitalism from the Capitalists*, New York: Crown Business 2003; L. Zingales: *A Capitalism for the People*, New York: Basic Books 2012; oder D. Acemoglu, J. Robinson, Th. Verdier: «*Can't we all be more like Scandinavians*», und zuweilen auch von Soziologen. Vgl. D. B. Grusky: «Forum: What to do about inequality?», *Boston Review* 21. März 2012.

3 Fügen wir hinzu, dass es einer häufig gelehrten, aber selten verifizierten Vorstellung entgegen keinen Beleg dafür gibt, dass Führungskräfte der Zeit von 1950–1980 ihre geringeren Vergütungen durch größere Sachleistungen kompensiert hätten. Alles weist vielmehr darauf hin, dass diese Vorzüge – Privatjets, feudale Büros etc. – ihrerseits seit 1980 zugenommen haben.

den verschiedenen Ländern haben, unabhängig von den Auswirkungen des Steuersatzes. Aber alle verfügbaren Gegebenheiten weisen darauf hin, dass unser Erklärungsmodell die beste Erklärung für die beobachteten Tatsachen bietet.

Den Spitzensteuersatz überdenken

Diese Ergebnisse haben erhebliche Konsequenzen für die Frage nach dem Spitzensteuersatz und dem wünschenswerten Grad der Steuerprogression. Sie geben in der Tat einen Hinweis darauf, dass die Anwendung konfiskatorischer Sätze an der Spitze der Einkommenshierarchie nicht allein möglich, sondern das einzige Mittel ist, um die Abkopplungen an der Spitze der großen Unternehmen in Schranken zu halten. Unseren Schätzungen zufolge läge das ideale Niveau des Spitzensatzes in den Industrieländern über 80 %.[1] Über die Präzision einer solchen Schätzung sollte man sich nicht täuschen. Keine mathematische Formel oder ökonometrische Messung kann exakte Angaben darüber machen, welcher genaue Satz angewandt werden und ab welcher Einkommenshöhe er greifen sollte. Nur kollektive Entscheidungsfindung und demokratische Erprobung können diese Rolle übernehmen. Was sich mit Sicherheit sagen lässt, ist allerdings, dass diese Schätzungen sehr hohe Einkommen betreffen, wie man sie innerhalb der obersten 1 % oder 0,5 % der Einkommenshierarchie findet. Alles weist darauf hin, dass ein Satz von 80 % für Einkommen von über 500 000 oder 1 Million Dollar dem amerikanischen Wachstum nicht nur nicht schaden, sondern ihm Auftrieb geben und zu einer spürbaren Eindämmung ökonomisch unfruchtbaren (ja schädlichen) ökonomischen Verhaltens führen könnte. Offenbar ist eine solche Politik in einem kleinen europäischen Land, das steuerpolitisch nicht oder kaum mit seinen Nachbaren kooperiert, schwerer auf den Weg zu bringen als in einem Land von der Größe der Vereinigten Staaten. Wir werden im nächsten Kapitel auf diese Fragen nach der internationalen Koordination zurückkommen. Halten wir an dieser Stelle nur fest, dass die Größe der Vereinigten Staaten bei weitem ausreicht, um diese Art Steuerpolitik durchzusetzen. Die Vorstellung, alle amerikanischen Führungskräfte würden sich

1 82 %, um ganz exakt zu sein. Vgl. T. Piketty, E. Saez, S. Stantcheva: «Optimal taxation of labour incomes: a tale of three elasticities», Tabelle 5.

sofort nach Kanada und Mexiko absetzen und es bliebe keiner mehr übrig, der kompetent und motiviert genug wäre, amerikanische Unternehmen zu führen, widerspricht nicht nur der historischen Erfahrung und allen verfügbaren Firmendaten, sondern zeugt von einem elementaren Mangel an gesundem Menschenverstand. Ein Satz von 80 % würde sehr rasch kaum noch Geld einbringen, aller Wahrscheinlichkeit nach seinen Zweck erfüllen und diese Art der Vergütung drastisch einschränken, ohne darum der Produktivität der amerikanischen Gesamtwirtschaft Abbruch zu tun, so dass zugleich die niedrigeren Löhne steigen würden. Um Steuereinnahmen zu erzielen, die Amerika übrigens dringend braucht, um seinen dürftigen Sozialstaat auszubauen und bei gleichzeitigem Abbau seines Staatsdefizits in Bildung und Gesundheit zu investieren, müsste man zugleich die Steuersätze für weniger hohe Einkommen erhöhen (indem man sie zum Beispiel jenseits von 200 000 Dollar auf 50 % oder 60 % festsetzt).[1] Eine solche Fiskal- und Sozialpolitik liegt für die Vereinigten Staaten völlig im Bereich des Machbaren.

Dennoch scheint eine solche Politik in näherer Zukunft sehr unwahrscheinlich. Wie im letzten Kapitel bemerkt, ist nicht einmal sicher, ob in Obamas zweiter Amtszeit der Spitzensteuersatz über 40 % steigt. Wird der politische Prozess in den Vereinigten Staaten von den 1 % blockiert? Diese Hypothese wird von amerikanischen Politologen und Beobachtern der politischen Szene Washingtons immer häufiger vorgetragen[2]. Aus Optimismus und professioneller Unvoreingenommenheit bin ich geneigt, größeres Vertrauen in die intellektuelle Auseinandersetzung und die Kraft der Ideen zu setzen. Eine sorgfältigere Prüfung der Tatsachen und Hypothesen wie der

---

1 Halten wir fest, dass die progressive Steuer in dem von uns vorgeschlagenen theoretischen Modell (wie übrigens auch in ihrer Geschichte) zwei verschiedene Rollen spielt: Die konfiskatorischen Steuersätze (um die 80–90 % auf der Ebene der reichsten 1 % oder 0,5 %) erlauben es, den unmäßigen und nutzlosen Vergütungen Einhalt zu gebieten; die hohen, aber nicht konfiskatorischen Steuersätze (um die 50–60 % auf der Ebene der reichsten 10 % oder 5 %) erlauben einen Anstieg der Steuereinnahmen und tragen derart (über die Abgaben der am wenigsten reichen 90 % hinaus) zur Finanzierung des Sozialstaats bei.

2 Vgl. J. Hacker, P. Pierson: *Winner-Take-All Politics. How Washington Made the Rich Richer – And Turned its Back on the Middle Class*, New York: Simon & Schuster 2010; K. Lehman Schlozman, S. Verba, H. E. Brady: *The Unheavenly Chorus: Unequal Political Voice and the Broken Promise of American Democracy*, Princeton: Princeton University Press 2012; T. Noah: *The Great Divergence*, New York: Bloomsbury Press 2012.

Zugang zu besseren Daten scheint mir dazu beitragen zu können, den politischen Prozess und die demokratischen Debatten in eine Richtung zu lenken, die mehr im allgemeinen Interesse liegt. Zum Beispiel hat sich im dritten Teil gezeigt, dass der Höhenflug der Spitzeneinkommen von amerikanischen Ökonomen häufig unterschätzt wird, weil sie sich auf ungeeignete Daten stützen, insbesondere auf Erhebungen, in denen die Entwicklung der hohen Einkommen nicht korrekt erfasst wird, und darum der Differenz zwischen verschiedenen Qualifikationsniveaus zu großes Gewicht beimessen (langfristig eine zentrale Frage, die aber nichts dazu beiträgt, den Höhenflug der 1 % zu verstehen, der aus makroökonomischer Sicht das ausschlaggebende Phänomen ist).[1] Es besteht daher Hoffnung, dass die Berücksichtigung geeigneterer Daten (insbesondere Steuerdaten) die Aufmerksamkeit auf die richtigen Fragen lenken wird.

Andererseits kann man aus der Geschichte der progressiven Steuer im vergangenen Jahrhundert lernen, dass ein Abdriften in die Oligarchie eine sehr reale Gefahr ist. Es gibt daher im Hinblick auf die künftige amerikanische Entwicklung keinen Anlass zu allzu großem Optimismus. Die progressive Einkommensteuer war keine naturwüchsige Folge des allgemeinen Wahlrechts, sondern wurde von den Kriegen auf den Plan gerufen. Die Erfahrung, die Frankreich während der Zeit der Belle Époque gemacht hat, beweist, wenn es denn eines Beweises noch bedarf, dass die Wirtschafts- und Finanzeliten sich für keine Heuchelei zu schade sind, wenn es um die Wahrung ihrer Interessen geht. Das gilt bisweilen auch von Ökonomen, die derzeit einen durchaus beneidenswerten Platz in der amerikanischen Einkommenshierarchie behaupten[2] – und zuweilen eine merkwürdige Neigung an den Tag legen, ihre Privatinteressen zu verteidigen, während sie im Namen des Allgemeininteresses zu sprechen behaupten.[3] Und auch wenn die Quellenlage dürftig ist, gibt es zumal Grund zu der Annahme, dass die politische Klasse der Vereinigten Staaten (gleich welcher politischen Richtung) sehr viel reicher ist als die der europäischen Staaten, ja Welten vom

1 Siehe die Hinweise auf die Arbeiten von Goldin, Katz, Blank und Rajan in Kapitel 9.

2 Ihre Gehälter werden durch diejenigen in die Höhe getrieben, die in der Privatwirtschaft – insbesondere im Finanzsektor – für die gleichen Kompetenzen angeboten werden.

3 Zum Beispiel durch abstruse theoretische Modelle, die beweisen sollen, dass die Reichsten keine Steuern zahlen oder gar subventioniert werden sollten. Für eine kurze Blütenlese siehe den Technischen Anhang.

amerikanischen Durchschnitt entfernt – was eine Erklärung dafür sein könnte, dass sie regelmäßig ihr Privatinteresse und das der Allgemeinheit miteinander verwechselt.[1] Ohne eine tiefgreifende Erschütterung ist es relativ wahrscheinlich, dass sich auf absehbare Zeit das gegenwärtige Gleichgewicht nicht ändern wird. Das Ideal der Pioniergesellschaften scheint in sehr ferner Vergangenheit zu liegen. Vielleicht ist die Neue Welt im Begriff, das alte Europa dieses Jahrhunderts zu werden.

1 Nach den Daten, die das Center for Responsible Politics auf der Grundlage von Vermögenssteuererklärungen gewählter Volksvertreter zusammengetragen hat, beläuft sich das Durchschnittsvermögen der 535 amerikanischen Kongressmitglieder 2012 auf 15 Millionen Dollar. Nach den von der französischen Regierung veröffentlichten Daten beläuft sich das Durchschnittsvermögen der 30 französischen Minister und Staatssekretäre gegenwärtig auf ungefähr 1 Million Euro. Wie groß die Unwägbarkeiten auch sein mögen – der Abstand scheint beträchtlich. Das Durchschnittsvermögen in den beiden Ländern beträgt um 200 000 Dollar oder Euro. Siehe Technischer Anhang.

15.

EINE GLOBALE KAPITALSTEUER

Um den globalisierten Patrimonialkapitalismus des 21. Jahrhunderts zu regulieren, genügt es nicht, das Fiskal- und Sozialmodell des 20. Jahrhunderts zu überdenken und an heutige Erfordernisse anzupassen. Eine zeitgemäße Erneuerung des sozial-demokratischen und fiskal-liberalen Programms des letzten Jahrhunderts ist sicher unerlässlich, wie wir in den zwei letzten Kapiteln gesehen haben, in denen wir uns mit den beiden fundamentalen Errungenschaften des 20. Jahrhunderts beschäftigt haben: dem Sozialstaat und der progressiven Einkommensteuer. Aber es müssen neue Werkzeuge erfunden werden, die den Herausforderungen des Tages gewachsen sind, wenn die Demokratie die Kontrolle über den globalisierten Finanzkapitalismus zurückgewinnen will. Das ideale Werkzeug wäre eine globale progressive Kapitalsteuer, in eins mit der Herstellung größtmöglicher finanzieller Transparenz auf internationaler Ebene. Eine solche Einrichtung könnte einer Ungleichheitsspirale Einhalt gebieten, die sich andernfalls endlos weiterdreht, und die beunruhigende Dynamik globaler Vermögenskonzentration wirkungsvoll regulieren.[1] Wie immer die tatsächlich eingeführten Werkzeuge aussehen – sie müssen sich an diesem idealen System messen lassen. Wir werden zunächst die verschiedenen praktischen Aspekte dieses Vorschlags erörtern, um sie dann in den größeren Kontext von Überlegungen zur Regulierung des Kapitalismus zu stellen – vom Verbot des Wuchers bis zur chinesischen Kapitalregulierung.

---

1 Vgl. dritter Teil, Kapitel 12.

Die globale Kapitalsteuer – eine nützliche Utopie

Die globale Kapitalsteuer ist eine Utopie. Man wird sich in nächster Zukunft kaum vorstellen können, dass alle Nationen dieser Welt sich über ihre Einführung einigen, einen gemeinsamen Steuersatz für alle Vermögen der Erde vereinbaren und das Aufkommen brüderlich unter sich aufteilen. Aber sie scheint mir eine nützliche Utopie, und das aus mehreren Gründen. Selbst wenn dieses Ideal sich in absehbarer Zeit nicht verwirklichen lässt, ist es unverzichtbar als Maßstab des Urteils darüber, was alternative Lösungen leisten – und was nicht. In ihrer optimalen Form erfordert eine solche Einrichtung ein sehr hohes Maß an internationaler Koordination, dessen Realisierung mittelfristig nicht sehr aussichtsreich ist. Aber sie lässt sich in Ländern, die dazu bereit sind (immer vorausgesetzt, sie sind zahlreich genug, etwa auf europäischer Ebene) durchaus allmählich umsetzen. Und mangels einer Lösung dieser Art werden wir es wahrscheinlich mit den verschiedensten Formen nationaler Abschottung, zum Beispiel Protektionismen aller Art und mehr oder weniger koordinierten Kapitalverkehrskontrollen zu tun bekommen. Solche Politiken werden, da sie im Allgemeinen nicht sonderlich effizient sind, zu Enttäuschungen und wachsenden internationalen Spannungen führen. In Wahrheit sind sie bloß höchst unbefriedigende Substitute jenes idealen Instruments einer globalen Kapitalsteuer, die zudem den Vorzug hat, die wirtschaftliche Offenheit und die Globalisierung zu bewahren, sie zugleich wirkungsvoll zu regulieren und ihre Erträge in und zwischen den Ländern möglichst gerecht zu verteilen. Viele werden die Kapitalsteuer als gefährliche Illusion ablehnen, ganz wie noch vor etwas mehr als einem Jahrhundert die Einkommensteuer abgelehnt wurde. Dennoch birgt sie bei genauerer Betrachtung sehr viel weniger Gefahren als ihre Alternativen.

Eine solche Ablehnung der Kapitalsteuer wäre umso bedauerlicher, als nichts dagegen spricht, sich dieser idealen Einrichtung Schritt für Schritt zu nähern, indem man sie zunächst im kontinentalen oder regionalen Maßstab einführt und die Koordination zwischen den regional eingesetzten Werkzeugen organisiert. In gewisser Weise hat mit den Systemen des automatischen Austauschs von Daten über Bankkonten, die derzeit auf internationaler Ebene diskutiert werden (namentlich zwischen den Vereinigten Staaten und der Europäischen Union) eine solche Koordination bereits begonnen. Auch gibt es in den meisten Ländern, vor allem in Nordamerika und Europa, längst verschiedene partielle Formen der Kapitalsteuer – eine Realität, auf der man offenbar aufbauen könnte. Die Formen der Kapitalkontrolle, die es in China und anderen Schwellenländern gibt, halten ihrerseits eine Reihe nützlicher Lehren für alle anderen bereit. Gleichwohl gibt es gravierende Differenzen zwischen diesen schon existierenden Diskussionen und Dispositiven auf der einen, und der idealen Kapitalsteuer auf der anderen Seite.

Zunächst sind die derzeit diskutierten Pläne zum automatischen Bankdatenaustausch extrem unvollständig. Das betrifft sowohl die erfassten Finanzwerte als auch die vorgesehenen Sanktionen, die ganz offenbar nicht ausreichen, um die erhofften Resultate zu erzielen (das gilt auch für das, was das neue amerikanische Gesetz vorsieht, das gleichwohl sehr viel ambitionierter ist als die zaghaften europäischen Regelungen; wir kommen darauf zurück). Diese Debatte hat gerade erst begonnen und es ist kaum wahrscheinlich, dass sie zu greifbaren Resultaten führt, solange nicht Banken und vor allem Länder, die von finanzieller Undurchsichtigkeit leben, mit relativ scharfen Sanktionen rechnen müssen.

Weiterhin lässt sich diese Frage der finanziellen Transparenz und des Datenaustauschs nicht von den Überlegungen zur idealen Kapitalsteuer trennen. Solange nicht klar ist, wozu die Daten denn dienen, haben diese Projekte wenig Aussicht auf Erfolg. Meines Erachtens sollte das Ziel eine jährliche progressive Steuer auf individuelles Kapital sein, das heißt auf den Nettowert der Aktiva, über die der Einzelne verfügt. Für die reichsten Personen der Erde bestünde die Bemessungsgrundlage in den individuellen Vermögen, wie sie von Magazinen wie *Forbes* geschätzt werden (vorausgesetzt, sie haben die richtigen Informationen gesammelt – was sich bei dieser Gelegenheit zeigen würde). Darüber hinaus würde der Umfang des steuerpflichtigen Vermögens durch den Marktwert aller finanziellen Vermögenswerte (Depots, Bankkonten, Aktien, Anleihen und Beteiligungen aller Arten an börsennotierten oder nicht-börsennotierten Unternehmen) und aller nicht-finanziellen Vermögenswerte bestimmt (vor allem Immobilien), die der fraglichen Person abzüglich Schulden gehören. Was den Steuertarif anbelangt, der auf diese Bemessungsgrundlage anzuwenden ist, könnte man sich zum Beispiel einen Satz von 0 % unterhalb einer Million Euro Vermögen, von 1 % zwischen 1 und 5 Millionen Euro und von 2 % über 5 Millionen Euro vorstellen. Man könnte aber auch eine sehr viel progressivere Besteuerung der größten Vermögen (zum Beispiel mit Sätzen von 5 % oder 10 % für Vermögen über 1 Milliarde Euro) ins Auge fassen. Und man könnte schließlich einen Vorteil darin sehen, einen Mindestsatz auf kleine oder mittlere Vermögen anzuwenden (zum Beispiel 0,1 % unterhalb von 200 000 Euro, und 0,5 % zwischen 200 000 und 1 Million Euro).

Wir werden auf diese Fragen später zurückkommen. Fürs Erste kommt es nur darauf an, dass die fragliche Kapitalsteuer eine jährlich erhobene progressive Steuer auf das Gesamtvermögen ist. Es geht darum, größere Vermögen stärker zu besteuern; und es geht darum, ausnahmslos alle Aktiva zu erfassen, ganz gleich, ob es sich um Immobilien, Finanzwerte oder Betriebskapital handelt. Das unterscheidet die in diesem Buch vorgeschlagene Kapitalsteuer recht deutlich von Vermögenssteuern, wie es sie gegenwärtig in verschiedenen Ländern gibt, auch wenn es wichtige Aspekte der bestehenden Systeme zu bewahren gilt. Zunächst findet man in praktisch allen Ländern Steuern auf Immobilienvermögen, zum Beispiel in Form der *property tax* in den angelsächsischen Ländern oder der Grundsteuer in Frankreich. Diese Steuern haben den Nachteil, nur Immobilienwerte zu belasten (das Finanzvermögen wird völlig außer Acht gelassen und Kredite können im Allgemeinen nicht vom Wert der Güter abgezogen werden, so dass jemand, der schwer verschuldet ist, auf dieselbe Weise besteuert wird wie jemand, der keinerlei Schulden hat), und dies meist mit einem proportionalen oder quasi-proportionalen Steuersatz. Sie haben aber das Verdienst, dass sie immerhin existieren und in den meisten Industrieländern für bedeutende Steueraufkommen sorgen (üblicherweise zwischen 1 % und 2 % des Nationaleinkommens).

Zudem beruhen sie in bestimmten Ländern (insbesondere in den Vereinigten Staaten) auf relativ ausgeklügelten Systemen mit vorausgefüllten Steuererklärungen und einer automatischen Berichtigung des Marktwerts der fraglichen Güter, die auf alle Aktiva ausgedehnt werden sollten. Im Übrigen gibt es in einer Reihe europäischer Länder (zum Beispiel in Frankreich, der Schweiz oder Spanien, und bis vor kurzem in Deutschland und in Schweden) progressive Steuern auf das Gesamtvermögen. Oberflächlich betrachtet, sind diese Steuern eher mit der idealen Kapitalsteuer verwandt, um die es uns hier gehen soll. In der Praxis werden diese Steuern indessen häufig von einem ganzen System von Steuerbefreiungen lahmgelegt. Zahlreiche Aktiva sind freigestellt, andere werden ausgehend vom Grundbuchwert oder von willkürlich festgesetzten Steuerwerten bemessen, die mit ihrem Marktwert nichts zu tun haben. Das hat in verschiedenen Ländern zu ihrer Abschaffung geführt. Wir werden sehen, dass man Lehren aus all diesen Erfahrungen ziehen muss, um eine dem 21. Jahrhundert angemessene Kapitalsteuer zu schaffen.

Demokratische und finanzielle Transparenz

Welcher Steuertarif empfiehlt sich für die ideale Kapitalsteuer und welche Einnahmen kann man sich von ihr erwarten? Bevor wir auf diese Fragen zu antworten suchen, sollten wir von Anfang an festhalten, dass die hier vorgeschlagene Kapitalsteuer keinesfalls dazu angetan ist, alle existierenden Steuerquellen zu ersetzen. Dem Steueraufkommen nach wird es sich stets um eine relativ bescheidene Ergänzung des Aufkommens handeln, aus dem sich der moderne Sozialstaat finanziert: ein paar Prozentpunkte des Nationaleinkommens (maximal 3 bis 4, was freilich nicht unerheblich ist).[1] Nicht Finanzierung des Sozialstaats, sondern Regulierung des Kapitalismus ist die Hauptrolle der Kapitalsteuer. Es geht einerseits darum, eine endlose Ungleichheitsspirale und unbegrenzte Divergenz der Vermögensungleichheit zu vermeiden, andererseits um wirksame Regulierung von Finanz- und Bankenkrisen. Diese Doppelrolle kann die Kapitalsteuer freilich nur erfüllen, wenn sie zunächst demokratische und finanzielle Transparenz auf internationaler Ebene herstellt: Wer besitzt wo genau welche Vermögen und Aktiva?

Um zu beleuchten, wie wichtig diese Herstellung von Transparenz ist, gehen wir zunächst von einer hypothetischen Kapitalsteuer mit einem sehr niedrigen Steuersatz aus, zum Beispiel von 0,1 % für alle Vermögen, gleich welchen Umfangs. Das Steueraufkommen wäre konstruktionsbedingt begrenzt. Nimmt man einen privaten globalen

1 Diese zusätzlichen Einkommen könnten genutzt werden, um die existierenden Abgaben zu senken oder um andere Bedürfnisse zu finanzieren (wie internationale Hilfen oder Schuldenabbau; wir kommen darauf zurück).

Kapitalstock an, der sich auf das Fünffache der globalen Jahresproduktion beläuft, so läge es bei etwa 0,5 % des Welteinkommens, mit leichten Abweichungen zwischen den Ländern, die von ihrem Kapital-Einkommens-Verhältnis abhängen (immer vorausgesetzt, die Steuer würde dort erhoben werden, wo der Kapitalbesitzer ansässig ist, was keineswegs selbstverständlich ist; wir kommen darauf zurück). Dennoch würde eine solche Steuer bereits eine sehr hilfreiche Rolle spielen.

Zunächst würde sie für Kenntnisse über den Reichtum sorgen. Die nationalen und internationalen Behörden, die europäischen, amerikanischen und globalen statistischen Ämter und Institute wären endlich in der Lage, verlässliche Informationen über Vermögensverteilung und -entwicklung zu bieten. Statt bei Magazinen wie *Forbes* oder den Hochglanzbroschüren der Vermögensverwalter Zuflucht zu suchen – Quellen, deren Existenz sich dem Nichts offizieller Statistiken zu diesen Fragen verdankt und deren Grenzen sich im dritten Teil dieses Buches schon offenbart haben –, hätten die Bürger der betreffenden Länder Zugang zu öffentlichen Informationen, die man auf der Grundlage genau definierter Verfahren und Deklarationspflichten generieren würde. Der demokratische Nutzen wäre erheblich. Es ist außerordentlich schwer, eine nüchterne Debatte über die großen Herausforderungen zu führen, vor denen die Welt heute steht – die Zukunft des Sozialstaats, die Finanzierung des Energiewandels, Staatenbildung in den Ländern des Südens –, solange die Verteilung globaler Reichtümer und Vermögen derart im Dunkeln liegt. Den einen gelten die Milliardäre als so unermesslich reich, dass schon eine moderate Besteuerung ihrer Vermögen auf einen Schlag alle Probleme aus der Welt schaffen würde. Den anderen gilt ihre Zahl als so gering, dass sie sich von dieser Seite nichts Substantielles erwarten. Wie wir im dritten Teil gesehen haben, liegt die Wahrheit sicherlich zwischen diesen beiden Auffassungen. Wahrscheinlich müsste man weniger extreme Vermögensniveaus einbeziehen (10 oder 100 Millionen Euro und nicht 1 Milliarde), um für ein aus makroökonomischer Sicht wirklich signifikantes Aufkommen zu sorgen. Im Übrigen haben wir gesehen, dass die absehbaren Tendenzen objektiv sehr beunruhigend sind. Ohne eine entsprechende Politik ist das Risiko eines unbegrenzten Anstiegs des Anteils der größten Vermögen am Weltvermögen außerordentlich hoch – eine Perspektive, die niemandem gleichgültig sein kann. Aber wie immer diese Politik aussehen wird – ohne verlässliche statistische Quellen kann keine demokratische Debatte in Gang kommen.

Auch für die Finanzregulierung steht ein nicht unbedeutender Einsatz auf dem Spiel. Die internationalen Organisationen, die mit der Regulierung und Überwachung des globalen Finanzsystems betraut sind, angefangen mit dem Internationalen Währungsfonds, verfügen derzeit nur über eine sehr ungefähre Kenntnis der globalen Verteilung von Finanzaktiva. Das betrifft namentlich das Volumen der Aktiva, die in Steueroasen versteckt sind. Wie wir gesehen haben, ist die weltweite Zahlungsbilanz systematisch unausgeglichen (die Erde hat offenbar Schulden beim Mars). Durch einen so dichten statistischen Nebel hindurch den Weg zu finden, der aus globalen Finanzkrisen hinausführt, ist kein wirklich seriöser Anspruch. Wenn es etwa zu einer Bankenpleite kommt, wie 2013 auf Zypern – und europäischen Autoritäten wie dem Internationalen Währungsfonds ist fast nichts über die Eigentümer der Finanzaktiva auf der Insel, vor allem aber über die genaue Höhe der fraglichen Privatvermögen bekannt –, dann führt das unweigerlich zu grobschlächtigen und unwirksamen Maßnahmen. Vermögenstransparenz erlaubt, wie wir im folgenden Kapitel sehen werden, nicht allein die dauerhafte Erhebung einer jährlichen Kapitalsteuer, sondern eine zugleich gerechtere und nachhaltigere Regulierung von Bankenkrisen (wie der auf Zypern) – wenn nötig durch Erhebung außerordentlicher und genau austarierter progressiver Steuern.

Mit einem Steuersatz von 0,1 % wäre die Kapitalsteuer eher eine Eintragungsgebühr als eine wirkliche Besteuerung. Es ginge in gewisser Weise darum, seinen Eigentumstitel und, allgemeiner, die Gesamtheit seiner Aktiva bei den globalen Finanzbehörden eintragen zu lassen, mit allen Vorteilen und Nachteilen, die das mit sich bringt. Wie wir schon sehen konnten, war genau das die Rolle, die einst die im Gefolge der Französischen Revolution eingeführten Registergebühren und Kataster übernommen hatten. Die Kapitalsteuer wäre eine Art internationales Finanzkataster, das es gegenwärtig nicht gibt.[1] Eine Steuer ist

1 Auf sämtlichen Kontinenten gibt es spezialisierte Finanzinstitutionen, welche die Rolle einer zentralen Depotbank übernehmen (*custodian bank*; eine Rolle, die bisweilen von der Abrechnungsstelle, *clearing house*, übernommen wird), deren Funktion darin besteht, papierlose Eigentumstitel, die von den verschiedenen Gesellschaften ausgegeben

stets mehr als eine Steuer. Sie ist immer eine Festlegung von Definitionen, Kategorien und Normen und schafft einen rechtlichen Rahmen, innerhalb dessen die Wirtschaftstätigkeit sich bewegen muss. Das ist beileibe nicht erst heute so, sondern gilt seit Urzeiten, man denke nur an die Entstehung des Rechts auf Grundbesitz.[1] In der Moderne ist es die Steuer auf Einkommensströme, Löhne und Gewinne gewesen, die dazu zwang, den Begriff des Einkommens, des Lohns, des Gewinns allererst genau zu definieren. Die fiskalische Neuerung hat wesentlich zur Entwicklung einer Buchführung von Unternehmen beigetragen, die einheitlichen Normen gehorchte und die es zuvor in dieser Form nicht gab. Einer der wichtigsten Effekte einer modernen Steuer auf den Kapitalstock wäre es, die Definitionen und Regeln der Bewertung von Aktiva, Passiva und Nettovermögen zu präzisieren, die gegenwärtig nur in sehr unvollständiger und oft ungenauer Weise von den Regeln privater Buchführung festgelegt werden – was zu einer Vervielfachung von Finanzskandalen seit 2000 geführt hat.[2]

Schließlich und vor allem würde eine Kapitalsteuer dazu zwingen, die internationalen Vereinbarungen über den Bankdatenaustausch zu erweitern und zu präzisieren. Das Prinzip ist einfach genug: Jede nationale Finanzbehörde muss alle notwendigen Informationen erhalten, um das Nettovermögen jedes Staatsangehörigen zu berechnen. Es ist in der Tat zwingend erforderlich, dass eine Kapitalsteuer der Logik der vorausgefüllten Steuererklärung folgt, die in mehreren Ländern für die Einkommensteuererklärung bereits eingeführt wurde (zum

---

werden, zu archivieren. Ihre Funktion besteht freilich in einer Dienstleistung für die Gesellschaften, die solche Titel ausgeben, nicht darin, alle Aktiva aufzulisten, die eine bestimmte Person besitzt. Zu diesen Einrichtungen siehe G. Zucman: «The missing wealth of Nations: are Europe and the U.S. net debtors or net creditors?», *Quarterly Journal of Economics* 128 (2013), S. 1321–64.

1 Ein klassischer Fall ist der Niedergang des Römischen Reichs, der nicht nur zur Preisgabe der kaiserlichen Grundsteuer führte, sondern auch der mit ihr verbundenen Eigentumstitel, was eine Ausweitung des wirtschaftlichen Chaos im Hochmittelalter mit sich brachte. Siehe zum Beispiel P. Temin: *The Roman Market Economy*, Princeton: Princeton University Press 2013, S. 149–151.

2 Darum wäre es hilfreich, eine Steuer mit niedrigem Steuersatz auf das Nettovermögen von Gesellschaften (das Eigenkapital) zu erheben, in eins mit einer Steuer mit höherem Steuersatz auf das Nettovermögen von Individuen. Das würde die öffentliche Hand zwingen, sich stärker im Bereich der Buchungsrichtlinien zu engagieren, was derzeit privaten Buchhaltern überlassen bleibt. Vgl. dazu N. Véron, M. Autret, A. Galichon: *L'information financière en crise. Comptabilité et capitalisme*, Paris: Odile Jacob 2004.

Beispiel in Frankreich, wo jeder Steuerzahler eine Erklärung erhält, in der die von seinem Arbeitgeber deklarierten Löhne ebenso schon eingetragen sind wie die von den Banken deklarierten Finanzeinkommen). Jeder Steuerpflichtige erhält eine Erklärung, in der seine sämtlichen Aktiva und Passiva verzeichnet sind, soweit sie der Finanzbehörde bekannt sind. Dieses System wird in zahlreichen amerikanischen Bundesstaaten im Rahmen der *property tax* schon angewandt. Der Steuerpflichtige erhält jedes Jahr eine Neueinschätzung des Marktwerts seiner Immobilien, der von den Behörden aufgrund der Preise berechnet wird, die bei Geschäften mit vergleichbaren Gütern erzielt wurden. Der Steuerpflichtige kann selbstverständlich Einspruch gegen diese Bewertung erheben und einen anderen Wert vorschlagen, sofern er ihn begründen kann. In der Praxis sind solche Berichtigungen äußerst selten, denn die Daten über Immobilienverkäufe und Kaufpreise sind leicht zugänglich und schwer bestreitbar, zumal die Verwaltung über sehr umfassende Datenbanken verfügt.[1] Der doppelte Vorteil der vorausgefüllten Steuererklärung liegt auf der Hand. Sie erleichtert das Leben des Steuerzahlers und wirkt der Versuchung entgegen, den Wert des eigenen Besitzes zu gering zu veranschlagen.[2]

Es ist ganz entscheidend – und leicht möglich – dieses System der vorausgefüllten Erklärung auf sämtliche Finanzaktiva (und Schulden) auszuweiten. Soweit es um Aktiva und Passiva bei Finanzinstituten auf nationalem Boden geht, ist das heute schon möglich, da Banken, Versicherungsgesellschaften und andere Finanzvermittler in nahezu allen Industrieländern schon verpflichtet sind, den Steuerbehörden sämtliche Informationen über von ihnen verwaltete Bankkonten und Wertpapierdepots zu übermitteln. Die französische Verwaltung etwa

1 Die Verwaltung ermittelt sogenannte «hedonische Preise», indem sie den Verkaufspreis ausgehend von verschiedenen Charakteristika des Eigentums berechnet und auf dieser Grundlage einen Preis vorschlägt. In allen Industrieländern gibt es Datenbanken über Handelsgeschäfte, die diesem Zweck dienen (sie werden im Übrigen benutzt, um den Immobilienpreisindex zu berechnen).

2 Diese Versuchung lässt sich in allen Systemen beobachten, die auf vom Steuerzahler selbst angefertigten Erklärungen beruhen, wie etwa im Fall der Vermögensteuer in Frankreich, in der man stets eine anormal hohe Zahl angegebener Werte findet, die leicht unter der Steuerfreigrenze liegen. Die fraglichen Personen neigen offenbar dazu, den Wert ihrer Immobilien etwas – typischerweise 10–20 % – zu niedrig anzusetzen. Die vorausgefüllte Erklärung würde mittels klar definierter Methoden und Daten eine objektive Grundlage schaffen und damit dieser Art Verhalten ein Ende setzen.

weiß (oder kann ausrechnen), dass dieser oder jener zum Beispiel eine Wohnung besitzt, die 400 000 Euro, und ein Aktienportfolio, das 200 000 Euro wert ist, und außerdem einen Kredit über 100 000 Euro. Sie könnte ihm also eine vorausgefüllte Erklärung schicken, in der diese verschiedenen Elemente aufgeführt sind (aus denen sich ein Nettovermögen von 500 000 Euro ergibt), und ihn bitten, sie nötigenfalls zu berichtigen oder zu erweitern. In automatisierter Form auf die Gesamtbevölkerung angewandt, ist ein solches System sehr viel zeitgemäßer als die archaische Lösung, die auf das gute Gedächtnis und den Willen des Einzelnen setzt, seine Erklärung nach bestem Wissen und Gewissen auszufüllen.[1]

Eine schlichte Lösung: der automatische Bankdatenaustausch

Die Herausforderung besteht heute darin, diese automatische Bankdatenübermittlung auch auf internationaler Ebene durchzuführen, so dass Aktiva bei ausländischen Banken gleichfalls in die vorausgefüllte Erklärung aufgenommen werden könnten. Es ist wichtig, sich klarzumachen, dass dem nicht die mindesten technischen Probleme entgegenstehen. Nachdem es diese automatische Übermittlung zwischen Banken und Steuerbehörden in einem Land mit 300 Millionen Einwohnern wie den Vereinigten Staaten oder einem Land mit 60 oder 80 Millionen Einwohnern wie Frankreich oder Deutschland bereits gibt, verändert es, wie unschwer zu erkennen ist, den Umfang der zu verarbeitenden Daten nur unwesentlich, fügt man dem Banken hinzu, die in der Schweiz oder auf den Kaimaninseln sitzen. Unter den Ausreden, mit denen Steueroasen gerne rechtfertigen, dass sie das Bankgeheimnis zu wahren und solche Daten nicht automatisch zu übermitteln gedenken, findet man häufig die Behauptung, die Regierungen könnten die fraglichen Daten missbrauchen. Das Argument ist nicht sonderlich überzeugend. Man sieht nicht recht, weshalb es nicht auch für Bankdaten von Leuten gelten sollte, die so unklug waren, ein

1 Merkwürdigerweise wurde dieses archaische, auf unterstellter Aufrichtigkeit beruhende System 2013 von der französischen Regierung angewandt, um Informationen über die Vermögen ihrer eigenen Minister zu gewinnen – und zwar mit der offiziellen Absicht, verlorenes Vertrauen wiederzugewinnen, nachdem einer dieser Minister sich einer Lüge schuldig gemacht hatte.

Konto im eigenen Land zu eröffnen. Der plausibelste Grund, aus dem Steueroasen das Bankgeheimnis verteidigen, ist ein ganz anderer. Es erlaubt ihren Kunden, sich ihren Steuerverpflichtungen zu entziehen, und es erlaubt ihnen selbst, einen Teil der entsprechenden Gewinne einzubehalten. Das Problem besteht nur darin, dass dies mit den Prinzipien der Marktwirtschaft nicht das Geringste zu tun hat. Es gibt kein Recht, seinen Steuersatz selbst festzusetzen. Durch die Integration und den Freihandel mit den Nachbarn reich werden und ihnen gleichzeitig ihr Steueraufkommen abzuzapfen, ist nichts anderes als schierer Diebstahl.

Der bislang avancierteste Versuch, diesem System Einhalt zu gebieten, ist das *Fatca (Foreign account tax compliance act)* genannte Gesetz, das von den Vereinigten Staaten 2010 verabschiedet wurde und schrittweise 2014 und 2015 in Kraft treten soll. Es verlangt von sämtlichen Banken im Ausland, dem amerikanischen Fiskus alle Daten über Konten, Anlagen und Einkommen zu übermitteln, die amerikanische Steuerzahler in anderen Ländern besitzen. Es handelt sich um ein sehr viel anspruchsvolleres Gesetz als die europäische Richtlinie von 2003 über die Spareinkommen, da Letztere allein Bankguthaben und verzinsliche Wertpapiere betrifft (andere Papiere als Anleihen sind per definitionem nicht betroffen, was besonders unglücklich ist, da bedeutendere Vermögen gemeinhin aus Portfolios bestehen, die in Aktien investiert sind und vom *Fatca* vollständig abgedeckt werden) und nicht weltweit, sondern ausschließlich für europäische Länder gilt (auch darin anders als *Fatca*). Zudem ist diese zögerliche, fast bedeutungslose Richtlinie noch immer nicht in Kraft getreten, da trotz zahlreicher Gespräche Luxemburg und Österreich den anderen europäischen Ländern die Fortschreibung ihres Systems von Sonderregelungen und das Zugeständnis abgetrotzt haben, vom automatischen Datenaustausch verschont zu bleiben. Beide sind weiterhin nur auf begründete Nachfrage hin zur Übermittlung verpflichtet.

Diese Sonderregelungen, die weiterhin auch für die Schweiz und europäische Länder außerhalb der EU gelten,[1] laufen darauf hinaus, dass man fast schon den Beweis für Steuervergehen eines Staatsangehörigen haben muss, um in den Besitz seiner Kontodaten zu kommen – was die Möglichkeiten der Kontrolle und Aufdeckung von Hinter-

---

1 Insbesondere auf den Kanalinseln, in Liechtenstein, in Monaco etc.

ziehungen drastisch einschränkt. Nachdem Luxemburg und die Schweiz 2013 ihre Bereitschaft signalisiert haben, den Verpflichtungen nachzukommen, die das amerikanische Gesetz vorsieht, gibt es in Europa neuerliche Diskussionen darüber, dieses Gesetz oder Teile desselben im Rahmen einer neuen europäischen Richtlinie zu übernehmen. Es lässt sich nicht sagen, wann diese Diskussionen zum Inkrafttreten eines Gesetzes führen und wie genau es dann lauten wird.

Immerhin kann man festhalten, dass sich in dieser Angelegenheit ein Abgrund zwischen den siegessicheren Verlautbarungen der politisch Verantwortlichen und dem auftut, was sie tatsächlich unternehmen. Im Hinblick auf das Gleichgewicht unserer demokratischen Gesellschaften ist das ein extrem besorgniserregender Zustand. Besonders bestürzend ist, dass die Länder, die wegen der Finanzierung ihres Sozialstaats am meisten von Steuereinnahmen abhängen, nämlich die europäischen, dieselben sind, die am wenigsten für eine Regelung des Problems unternommen haben, obwohl es sich letztlich um eine einfache technische Frage handelt. Das wirft ein Licht auf die dramatische Lage, in die kleine Länder durch die Globalisierung geraten. Nationalstaaten, wie sie in den vergangenen Jahrhunderten entstanden sind, fehlt die erforderliche Größe, um die Regeln zu erlassen und umzusetzen, die es im globalisierten Patrimonialkapitalismus des 21. Jahrhunderts dringend braucht. Die europäischen Länder haben sich auf eine gemeinsame Währung geeinigt (wir kommen im nächsten Kapitel auf die Tragweite dieser Währungsunion und die Fragen zurück, die sie aufwirft), aber sie haben praktisch nichts für ihre Koordination in Steuerfragen getan. Die politisch Verantwortlichen der größten europäischen Staaten, die per definitionem die Hauptverantwortlichen für dieses Scheitern und den Abgrund sind, der zwischen ihren Reden und ihren Taten gähnt, fahren unterdessen damit fort, sich hinter der Verantwortung anderer Länder und der europäischen Institutionen zu verschanzen. Es besteht kein Grund zu der Annahme, dass sich daran in den kommenden Jahren etwas ändern wird.

Im Übrigen muss man sich klarmachen, dass der amerikanische *Foreign account tax compliance act (Fatca)* seinerseits unzulänglich ist. Zunächst, weil er nicht präzise und systematisch genug formuliert wurde. Man kann zum Beispiel darauf wetten, dass namentlich *trust funds* und Stiftungen sich mit den Finanzaktiva, die sie halten, der Pflicht zum automatischen Datenaustausch ganz legal entziehen können. Unzulänglich sind weiterhin die vorgesehenen Sanktionen, die einen Steueraufschlag von 30 % auf die Einkünfte vorsehen, die Banken, die ihrer Informationspflicht nicht nachkommen, aus Geschäften auf amerikanischem Boden erzielen. Zweifellos werden sich dadurch Banken, die auf solche Geschäfte nicht verzichten können (wie die großen Schweizer und Luxemburgischen Banken), an den *Fatca* halten. Aber es steht zu befürchten, dass dies umso mehr kleinere Bankhäuser auf den Plan rufen wird, die auf Verwaltung ausländischer Portfolios spezialisiert sind und keinerlei Investitionen in den Vereinigten Staaten tätigen. Solche Einrichtungen werden weiterhin Vermögenswerte amerikanischer (und morgen vielleicht europäischer) Steuerzahler verwalten können, ohne die geringste Information übermitteln und die geringste Sanktion fürchten zu müssen.

Aller Wahrscheinlichkeit nach werden sich greifbare Resultate nur erzielen lassen, wenn man automatische Sanktionen nicht allein gegen Banken, sondern auch gegen Länder verhängt, die sich weigern, die Pflicht zum automatischen Datenaustausch für sämtliche Banken auf ihrem Boden gesetzlich zu verankern. Man könnte etwa daran denken, Zölle von 30 % für die fraglichen Länder einzuführen, wenn nötig auch mehr. Damit keine Missverständnisse entstehen: Es geht nicht darum, ein allgemeines Embargo über Steueroasen zu verhängen oder sich in einen endlosen Steuerkrieg mit der Schweiz oder Luxemburg zu verstricken. Der Protektionismus ist als solcher gewiss keine Quelle des Reichtums, und im Grunde haben alle ein lebhaftes Interesse an Freihandel und wirtschaftlicher Offenheit. Freilich nur unter der Bedingung, dass bestimmte Länder sie nicht dazu nutzen, die Steuerquellen ihrer Nachbarn trockenzulegen. Die Freihandelsabkommen und die Liberalisierung des Kapitalverkehrs, die seit den 1970er Jahren ausgehandelt wurden, hätten den automatischen und systematischen Bankdatenaustausch unmittelbar verbindlich machen müssen. Sie haben es nicht getan. Aber das heißt nicht, man müsse auf ewig in einem solchen System verharren. Für Länder, die ihren Wohlstand zum Teil der finanziellen Undurchsichtigkeit verdanken, wird diese Entwicklung schwer zu akzeptieren sein, obwohl diese Länder im Allgemeinen neben unlauteren Bankgeschäften (zumindest solchen, die durch den automatisierten Datenaustausch stark in Frage gestellt werden würden) Finanzdienstleistungen anbieten, die den wirklichen Bedürfnissen der internationalen Wirtschaft entsprechen und ohnehin fortbestehen werden. Das ändert freilich nichts daran, dass diese Länder ein spürbares Sinken ihres Lebensstandards hinnehmen müssten, wenn finanzielle Transparenz international verbindlich würde.[1] Daher ist es wenig wahrscheinlich, dass sie ohne die Verhängung von Sanktionen kooperieren werden, zumal die anderen Länder – insbesondere die bevölkerungsreichsten Länder der Europäischen Union – in diesen Fragen ihrerseits bis heute nicht durch unbeirrbare Entschlossenheit geglänzt haben und daher nur über eingeschränkte Glaubwürdigkeit verfügen. Auch darf man nicht vergessen, dass der ganze Aufbau der Europäischen Union bislang auf der Auskunft beruht, man könne den Einheitsmarkt und freien Kapitalverkehr haben – und müsse im Ausgleich auf nichts (oder fast nichts) verzichten. Ein Strukturwandel ist unverzichtbar, aber es wäre naiv anzunehmen, all das gehe in Ruhe und Eintracht vonstatten. Der amerikanische *Fatca* hat immerhin das Verdienst, konkrete Sanktionen ins Gespräch zu bringen, statt es bei ebenso hochtrabenden wie fruchtlosen Reden zu belassen. Bleibt nur, die Sanktionen zu verschärfen – und das ist, zumal in Europa, keine einfache Aufgabe.

Weder der *Fatca* noch die entsprechenden europäischen Richtlinien zielen im Übrigen bislang darauf ab, vorausgefüllte Steuererklärungen einzuführen und eine progressive Steuer auf Gesamtvermögen zu erheben. Es geht ihnen vielmehr darum, für die internen Belange von Finanzbehörden eine genaue Aufstellung der Vermögenswerte von Steuerzahlern zu haben, um etwaige Unstimmigkeiten in den Einkommensteuererklärungen aufzudecken. Die gleichen Daten werden auch genutzt, um eventuelle Verstöße gegen das Vermögenssteuerrecht auszumachen (zum Beispiel bei der Erbschaftssteuer oder der Steuer auf das Gesamtvermögen in den Ländern, in denen es sie gibt), aber hauptsächlich betreffen die Kontrollen die Einkommensteuer. Gleichwohl sieht man, wie eng diese verschiedenen Fragen miteinander verbunden sind und wie lebenswichtig internationale finanzielle Transparenz für den modernen Steuerstaat ist.

---

1 Es ist nicht leicht, diesen Verlust zu schätzen, aber es kann gut sein, dass er 10–20 % des Nationaleinkommens von Ländern wie Luxemburg und der Schweiz oder Gegenden wie der City of London ausmacht, was einen sehr erheblichen Einfluss auf ihren Lebensstandard hätte. In exotischeren Steueroasen und Kleinstaaten liegt dieser Anteil wahrscheinlich bei weit über 50 %, ja in bestimmten Gegenden, die nur als Adresse für Scheinfirmen dienen, bei 80–90 %.

Wozu dient die Kapitalsteuer?

Stellen wir uns nun vor, jene vorausgefüllten Vermögenserklärungen lägen vor. Soll man sich damit begnügen, die Vermögen gering zu besteuern (zum Beispiel mit 0,1 %, im Sinne einer bloßen Eintragungsgebühr)? Oder soll man sie höher besteuern? Und wenn ja, aus welchen Gründen? Die Schlüsselfrage lässt sich wie folgt formulieren: Wenn es bereits eine progressive Einkommensteuer gibt, und in den meisten Ländern auch eine progressive Erbschaftssteuer – weshalb muss es dann zusätzlich noch eine progressive Kapitalsteuer geben? Tatsächlich spielen diese progressiven Steuern unterschiedliche, einander ergänzende Rollen und stellen meines Erachtens die drei Säulen eines idealen Steuersystems dar.[1] Es gibt zwei Rechtfertigungen einer progressiven Kapitalsteuer, deren eine einer Logik der Kontribution, und deren andere einer Logik des Anreizes folgt.

Die kontributive Logik beruht darauf, dass der übliche Begriff des Einkommens Personen mit sehr hohen Vermögen häufig nicht gerecht wird und nur eine direkte Besteuerung des Kapitals ihrer Beitragsfähigkeit angemessen Rechnung trägt. Stellen wir uns etwa den Besitzer eines Vermögens von 10 Milliarden Euro vor. Wie unsere Untersuchung der *Forbes*-Ranglisten gezeigt hat, haben Vermögen dieser Größe in den letzten drei Jahrzehnten stark zugenommen, mit effektiven Wachstumsraten von 6–7 % jährlich, ja mehr, wenn man sich die Vermögen an den Spitzen der Ranglisten ansieht (wie etwa die von Liliane Bettencourt oder Bill Gates).[2] Das heißt per definitionem, dass innerhalb dieser Zeit das Einkommen im ökonomischen Sinne, unter Einschluss aller Zinsen und Veräußerungsgewinne, oder allgemeiner: aller neuen Mittel, die den fraglichen Personen jedes Jahr zur Verfügung stehen, um ihren Konsum zu finanzieren und ihr Vermögen zu mehren, etwa 6–7 % ihres Vermögens beträgt (unter der Voraussetzung, dass sie fast nichts konsumieren).[3] Nehmen wir der Einfachheit halber an, die

1 Sozialabgaben ähneln einer Art Einkommensteuer (und sind im Übrigen in bestimmten Ländern in die Einkommensteuer integriert; vgl. Kapitel 13).

2 Vgl. besonders Kapitel 12, Tabelle 12.1.

3 Erinnern wir an die klassische Definition des Vermögens im ökonomischen Sinne, die der britische Ökonom John Hicks gegeben hat: «Das Einkommen einer Person oder

betreffende Person verfüge jedes Jahr über ein tatsächliches Einkommen, das 5 % ihres Vermögens von 10 Milliarden entspricht, also einem Jahreseinkommen von 500 Millionen Euro. Es ist sehr unwahrscheinlich, dass ihr in der Einkommensteuererklärung auftauchendes Einkommen auch so hoch ist. In Frankreich wie in den Vereinigten Staaten und in allen untersuchten Ländern beschränken sich die höchsten in der Einkommensteuer erklärten Einkommen im Allgemeinen auf ein paar Dutzend Millionen Euro. Nach Auskunft der Presse und eigenen Angaben über die Höhe ihrer Steuern scheint zum Beispiel das von der L'Oréal-Erbin deklarierte Einkommen nie über 5 Millionen Euro zu liegen, also bei kaum mehr als einem Zehntausendstel ihres Reichtums (der sich gegenwärtig auf mehr als 30 Milliarden beläuft). Wie immer die Unwägbarkeiten im Einzelfall (der im Übrigen gleichgültig ist) aussehen mögen – Tatsache ist, dass in Fällen diesen Typs das steuerrelevante Einkommen weniger als ein Hundertstel des tatsächlichen Einkommens ausmacht.[1]

Diese Tatsache hat aber, und das ist der entscheidende Punkt, in den meisten Fällen nichts mit Steuerhinterziehung oder geheimen Schweizer Bankkonten zu tun (zumindest nicht hauptsächlich). Sie rührt ganz einfach daher, dass es selbst bei denkbar geschmackvoller und eleganter Lebensführung nicht ganz leicht ist, 500 Millionen pro Jahr zur Finanzierung laufenden Konsums aufzuwenden. Im Allgemeinen genügt es, sich ein paar Millionen Euro jährlich in Form von Zinsen (oder irgendeiner anderen Form) ausbezahlen und den Rest der Rendite, die das Vermögen abwirft, sich von selbst vermehren zu lassen – in einer Familienholding oder einer anderen Rechtsform, die, ganz wie die Stiftungen der amerikanischen Universitäten, einzig dem Zweck der Verwaltung eines so großen Vermögens dient. Dergleichen ist völlig legitim und stellt an sich noch

Gruppe während eines bestimmten Zeitraums ist das Maximum, das sie während dieses Zeitraums konsumieren kann, wenn sie am Ende dieses Zeitraums so reich wie zu seinem Beginn sein will.»

1 Selbst bei einer Rendite von 2 % (die weit unter dem liegt, was dieses besondere Vermögen von 1987 bis 2013 tatsächlich erzielt hat), müsste das tatsächliche Einkommen aus einem Vermögen von 30 Milliarden Euro bei 600 Millionen Euro, nicht bei 5 Millionen liegen.

kein Problem dar[1] – vorausgesetzt, dass man daraus Konsequenzen für das Steuersystem zieht. Wenn manche ein steuerrelevantes Einkommen haben, das einem Hundertstel ihres tatsächlichen Einkommens entspricht – oder selbst einem Zehntel –, dann zeigt angesichts einer so dürftigen Bemessungsgrundlage ein Steuersatz von 50 % oder selbst 80 %, wie unschwer zu erkennen, keine große Wirkung. Das Problem liegt darin, dass das Steuersystem in praktisch allen Industrieländern genau so funktioniert. Die Folge sind extrem niedrige effektive Steuersätze (in Prozent des tatsächlichen Einkommens gemessen) an der Spitze der Vermögenshierarchie, was insofern problematisch ist, als es die explosive Dynamik der Vermögensungleichheiten verschärft. Wenn die Rendite, wie wir gesehen haben, mit der Größe des Ausgangsvermögens steigt, dann sollte das Steuersystem dieser Logik entgegenwirken – statt sie zu potenzieren.

Es gibt mehrere Weisen, mit diesem Problem umzugehen. Die eine besteht darin, alle Einkommen des Steuerpflichtigen zu besteuern – also auch diejenigen, die sich in Holdings, *trust funds* oder Unternehmen, von denen er Anteile hält, akkumulieren. Die andere, sehr viel einfachere, besteht darin, die Steuer auf der Grundlage nicht seines Einkommens, sondern seines Vermögens zu bemessen. Man kann sich dann entscheiden, eine pauschale Rendite zugrunde zu legen (zum Beispiel 5 % jährlich), um ein theoretisches Einkommen zu berechnen, das dieses Kapital abwerfen sollte, und dieses theoretische Einkommen dem Gesamteinkommen zuschlagen, das der progressiven Einkommensteuer unterliegt. Bestimmte Länder, etwa die Niederlande, haben diesen Weg einzuschlagen versucht, hatten aber mit Schwierigkeiten zu kämpfen, die insbesondere den Umfang der abgedeckten Vermögenswerte und die Wahl der anzunehmenden Rendite

1 Im Fall des größten französischen Vermögens ergibt sich eine zusätzliche Schwierigkeit daraus, dass die Familienholding von der Frau des Haushaltsministers verwaltet wurde, der seinerseits Schatzmeister derselben politischen Partei war, die von dem fraglichen Vermögen mit großzügigen Spenden bedacht wurde. Da es dieselbe Partei war, die während ihrer Zeit an der Macht die Vermögenssteuer gedrittelt hatte, hat der ganze Vorgang naturgemäß heftige Reaktionen im ganzen Land hervorgerufen – und bewiesen, dass sich das Phänomen einer vom Reichtum usurpierten politischen Macht, von dem wir im letzten Kapitel gesprochen haben, beileibe nicht auf den Fall der Vereinigten Staaten beschränkt. Nur zur Erinnerung: Bei dem Haushaltsminister handelt es sich um den Vorgänger jenes anderen, der ein Konto in der Schweiz verschwiegen hatte, was auch daran erinnert, dass jene Machtusurpation in Frankreich die Grenzen zwischen den politischen Lagern übergreift.

betrafen.[1] Eine andere Lösung besteht darin, das individuelle Gesamtvermögen direkt mit einem progressiven Steuersatz zu besteuern. Der beträchtliche Vorteil dieser Lösung besteht darin, dass sie es erlaubt, den Steuersatz je nach der Höhe des Vermögens in dem Maße anzuheben, in dem größere Vermögen tatsächlich auch höhere Renditen erzielen.

In Anbetracht des Abhebens der Renditen an der Spitze der Vermögenshierarchie ist dieses kontributive Argument das gewichtigste, das für die progressive Kapitalsteuer spricht. Das Kapital ist ein besserer Indikator für den Beitrag, den die Vermögendsten leisten können, als ihr Jahreseinkommen, das sich häufig schwer ermitteln lässt. Die Kapitalsteuer ist für den Fall derjenigen Personen, deren steuerpflichtiges Einkommen ganz offenbar zu gering im Verhältnis zu ihrem Vermögen ist, eine notwendige Ergänzung der Einkommensteuer.[2]

Logik der Kontribution, Logik des Anreizes

Es gibt indessen ein weiteres klassisches Argument für die Kapitalsteuer, das auf einer Logik des Anreizes beruht und in allen öffentlichen Debatten zum Thema eine Rolle spielt. Es beruft sich auf die Tatsache, dass die Kapitalsteuer ein Anreiz für Eigentümer von Vermögen sein kann, die höchstmögliche Rendite zu erzielen. Eine Steuer von 1–2 % stellt, um das zu konkretisieren, keine besonders hohe Belastung für einen Gründer hochprofitabler Unternehmen dar, der eine Rendite von 10 % auf sein Vermögen erzielt. Umgekehrt ist sie sehr belastend für jemanden, der aus seinem Vermögen nicht viel macht und eine Rendite von kaum 2–3 % pro Jahr, also gar keine

1 De facto ist das in den Niederlanden angewandte System nicht so ganz befriedigend. Es kennt zahlreiche Ausnahmen und ganze Kategorien von Vermögenswerten, die von der Besteuerung freigestellt sind (insbesondere in den Familienholdings und anderen *trust funds*). Auch beträgt die zugrunde gelegte Rendite 4 % für alle Aktiva, was für bestimmte Vermögen zu viel, für andere zu wenig erscheint.

2 Am schlüssigsten ist es, diese Unzulänglichkeit ausgehend von den in der fraglichen Vermögensklasse tatsächlich erzielten Renditen einzuschätzen, was es erlaubt, den Einkommensteuersatz und den Kapitalsteuersatz aufeinander abzustimmen. Man kann sich auch Mindestsätze und Höchstsätze in Abhängigkeit vom Einkommen und vom Kapital vorstellen.

Rendite erzielt. Dieser Logik des Anreizes zufolge nötigt die Kapitalsteuer diejenigen, die ihr Vermögen schlecht verwalten, es langsam abzustoßen, um ihre Steuern zu zahlen, und derart in die Hände dynamischerer Besitzer zu geben.

In diesem Argument steckt eine gewisse Wahrheit, aber seine Tragweite sollte nicht überschätzt werden.[1] In der Praxis hängt die Kapitalrendite nicht allein von der Anstrengung und dem Talent des Vermögensbesitzers ab. Einerseits schwankt die Durchschnittsrendite systematisch in Abhängigkeit vom Ausgangsvermögen; andererseits ist die individuelle Rendite in weiten Teilen unvorhersehbar und von Unwägbarkeiten und ökonomischen Schocks aller Art abhängig. So können zum Beispiel die vielfältigsten Gründe dafür verantwortlich sein, dass ein Unternehmen zu einem gegebenen Zeitpunkt Verlust macht. Eine Besteuerung, die sich ausschließlich auf den Wert des Kapitalstocks gründen würde (und nicht auf den Wert der tatsächlich erzielten Gewinne) würde einen unverhältnismäßigen Druck auf solche Unternehmen ausüben, da sie unabhängig davon, ob sie Verluste machen oder hohe Gewinne erwirtschaften, die gleichen Steuern zahlen müssten – und dadurch in den Ruin getrieben werden könnten.[2] Das ideale Steuersystem ist daher zwangsläufig ein Kompromiss zwischen einer Logik des Anreizes (die eher für eine Besteuerung des Kapitalstocks spricht) und einer Logik der Versicherung (die eher für eine Besteuerung des Stroms der Kapitaleinkommen

1 Die Logik des Anreizes steht im Zentrum des programmatischen Buches von Maurice Allais (*L'Impôt sur le capital et la réforme monétaire*, Paris: Éditions Hermann 1977), der so weit geht, für die vollkommene Abschaffung der Einkommensteuer und aller anderen Steuern und ihre Substitution durch eine Kapitalsteuer zu plädieren, was völlig übertrieben und in Anbetracht der betreffenden Summen wenig schlüssig ist. Zu den Vorschlägen von Allais und ihren aktuellen Fortführungen siehe Technischer Anhang. In den Debatten, die um die Kapitalsteuer kreisen, stößt man überhaupt oft auf extreme Positionen (mal wird diese Steuer en bloc abgelehnt, mal als die einzige betrachtet, die alle anderen ersetzen soll. Von den Debatten über die Erbschaftssteuer gilt im Übrigen dasselbe (mal sollen Erbschaften gar nicht, mal mit 100 % besteuert werden). Es scheint mir dringlich, diese Debatten etwas nüchterner zu führen und jedem Argument wie jedem fiskalischen Instrument den ihm gebührenden Platz zuzuweisen. Die Kapitalsteuer ist nützlich, und im Rahmen des Patrimonialkapitalismus des 21. Jahrhunderts sogar unverzichtbar, aber sie kann nicht alle anderen Steuern ersetzen.

2 Dasselbe gilt auch von einem Arbeitslosen, der weiterhin eine sehr hohe Grundsteuer zahlen müsste (umso mehr, als in diesem Fall die Kredite sich nicht abziehen lassen, was dramatische Konsequenzen für überschuldete Haushalte haben kann).

spricht).[1] Die relative Unvorhersehbarkeit der Kapitalrendite ist im Übrigen einer der Gründe dafür, dass es effizienter ist, Erben nicht ein für allemal im Augenblick der Übertragung zu besteuern (durch die Erbschaftssteuer), sondern auch zeitlebens in Form von Steuern, die auf die Einkommen aus dem ererbten Kapital und auf den Wert des Kapitals selber erhoben werden.[2] Daraus folgt, dass jede dieser drei Steuern – auf Erbschaften, Einkommen, Kapital – eine nützliche und die anderen ergänzende Rolle spielt (im Übrigen auch dann, wenn die Einkommen aller Steuerpflichtigen sich genau einschätzen lassen, ganz gleich, wie reich sie sind).[3]

Entwurf einer europäischen Vermögenssteuer

Wie hoch ist, wenn man all diese Faktoren berücksichtigt, der ideale Tarif der Kapitalsteuer, und wie viel würde eine solche Steuer einbringen? Man muss bedenken, dass wir uns hier für den Fall einer dauerhaft erhobenen Jahressteuer auf Kapital interessieren, deren Steuersätze daher relativ gering sein müssten. Für den Fall von Steuern, die nur einmal pro Generation erhoben werden, wie bei der Erbschaftssteuer, kann man sich durchaus sehr hohe Sätze vorstellen: ein Drittel, die Hälfte, ja mehr als zwei Drittel des übertragenen

1 Dieser Kompromiss hängt von der respektiven Bedeutung der individuellen Anreize und der zufälligen Schocks in der Bestimmung der Kapitalrendite ab. In manchen Fällen mag es sinnvoller sein, die Kapitaleinkommen weniger stark als die Arbeitseinkommen zu besteuern (und sich prinzipiell auf eine Steuer auf den Kapitalstock zu stützen), in anderen sinnvoller, die Kapitaleinkommen stärker zu besteuern (wie in den angelsächsischen Ländern bis zum Beginn der 1980er Jahre, zweifellos weil die Kapitaleinkommen als besonders willkürlich galten). Vgl. T. Piketty, E. Saez: «A theory of optimal capital taxation», NBER Working Paper 17989, April 2012; gekürzte Version unter dem Titel «A theory of optimal inheritance taxation», *Econometrica* 81 (2013), S. 1851–86.

2 Das ergibt sich aus der Tatsache, dass der im Laufe eines Lebens kapitalisierte Wert einer Erbschaft im Augenblick der Übertragung nicht bekannt ist. Wenn eine Person ein Appartement in Paris erbt, das 1972 nur 100 000 Francs wert ist, kann keiner voraussehen, dass es 2013 vielleicht einmal 1 Million Euro wert ist und seinem Besitzer pro Jahr eine Miete von 40 000 Euro einbringt oder erspart. Statt 1972 eine sehr hohe Steuer zu erheben, ist es effizienter, eine weniger hohe Erbschaftsteuer und dafür Jahr für Jahr eine Grundsteuer einzuziehen, eine Steuer auf Mieteinkommen und eventuell eine Vermögenssteuer in Abhängigkeit von der Entwicklung des Werts des betreffenden Guts und der Rendite, die es abwirft.

3 Vgl. T. Piketty, E. Saez: «A theory of optimal capital taxation».

Vermögens für den Fall der größten Erbschaften in den Vereinigten Staaten und in Großbritannien zwischen 1930 und 1980.[1] Dasselbe gilt für außerordentliche Kapitalsteuern, die ein einziges Mal unter ungewöhnlichen Umständen erhoben werden. Wir haben zum Beispiel den Fall der 1945 in Frankreich erhobenen Kapitalsteuer erwähnt, mit Sätzen von bis zu 25 %, ja 100 % für den Fall der größten Bereicherungen zwischen 1940 und 1945.[2] Es versteht sich, dass solche Steuern nicht über einen sehr langen Zeitraum erhoben werden können. Zieht man jedes Jahr ein Viertel des Vermögens ein, ist per definitionem nach einigen Jahren nichts mehr da, was man noch einziehen könnte. Darum sind Steuersätze jährlich erhobener Kapitalsteuern immer sehr viel geringer und belaufen sich nur auf ein paar Prozent, was manchmal überraschen mag, aber in Wahrheit nicht unerheblich ist, da es sich um eine jährlich auf den Kapitalstock erhobene Steuer handelt. Die Grundsteuer etwa (*property tax*) macht häufig nur zwischen 0,5 % und 1 % des Immobilienvermögens aus, das heißt zwischen einem Zehntel und einem Viertel des Mietwerts (unter Voraussetzung von Mieterträgen von 4 % pro Jahr).[3]

Der entscheidende Punkt, auf den es uns hier ankommt, ist der folgende: In Anbetracht des sehr hohen Niveaus europäischen Privatvermögens zu Beginn des 21. Jahrhunderts brächte eine progressive Steuer, die jährlich auf die größten Vermögen erhoben würde, nicht unerhebliche Einnahmen. Betrachten wir zum Beispiel den Fall einer Vermögenssteuer, die mit einem Satz von 0 % auf Vermögen unter 1 Million Euro, von 1 % auf Vermögen zwischen 1 und 5 Millionen Euro, und von 2 % auf Vermögen über 5 Millionen Euro erhoben werden würde. Auf sämtliche Länder der Europäischen Union angewandt, würde eine solche Steuer ungefähr 2,5 % der Bevölkerung betreffen und den Gegenwert von 2 % des europäischen BIP einbrin-

1 Vgl. Kapitel 14, Grafik 14.2.

2 Vgl. Kapitel 10.

3 Zum Beispiel liegt die jährliche Grundsteuer für eine Immobilie im Wert von 500 000 Euro zwischen 2500 und 5000 Euro, bei einem jährlichen Mietwert von 20 000 Euro. Konstruktionsbedingt würde eine Steuer, die jährlich mit einem Satz von 4–5 % auf alle Vermögen erhoben werden würde, praktisch den gesamten Anteil der Kapitaleinkommen am Nationaleinkommen einziehen, was weder gerecht noch realistisch erscheint, umso mehr als es bereits Steuern auf Kapitaleinkommen gibt.

gen.[1] Dieser hohe Ertrag ist nicht überraschend. Er ergibt sich einfach daraus, dass Privatvermögen mehr als das Fünffache des BIP ausmachen und die obersten Perzentile einen beträchtlichen Teil dieser Gesamtsumme besitzen.[2] Eine Kapitalsteuer allein kann zwar nicht den Sozialstaat finanzieren, die zusätzlichen Mittel, die sie einbrächte, sind aber alles andere als unerheblich.

Prinzipiell könnte jedes Land der Europäischen Union Steuereinnahmen in dieser Höhe erzielen, indem es in eigener Regie ein solches System einführt. Ohne automatischen Bankdatenaustausch zwischen den Ländern und mit Territorien außerhalb der Union (angefangen mit der Schweiz), sind freilich die Risiken der Steuerflucht sehr hoch. Das erklärt zum Teil, weshalb die Länder, die Steuern diesen Typs erheben (wie Frankreich, das einen auf den ersten Blick ganz ähnlichen Tarif anwendet) im Allgemeinen zahlreiche Ausnahmen zulassen, insbesondere für «Betriebsvermögen» und praktisch auch für nahezu die Gesamtheit der größten Beteiligungen an börsennotierten und nicht-börsennotierten Gesellschaften. Das läuft darauf hinaus, die progressive Kapitalsteuer eines Gutteils ihres Gehalts zu berauben, und erklärt, weshalb die erzielten Einnahmen sehr viel geringer als die hier erwähnten ausfallen.[3] Ein besonders extremes Beispiel der

---

1 Ungefähr 2,5 % der erwachsenen europäischen Bevölkerung verfügt 2013 über ein Nettovermögen über 1 Million Euro, und ungefähr 0,2 % der Bevölkerung über mehr als 5 Millionen. Das jährliche Einkommen aus der vorgeschlagenen Steuer würde 300 Milliarden Euro betragen, bei einem BIP von fast 15 000 Milliarden. Siehe Technischer Anhang und Tabelle S5.1 für eine detaillierte Schätzung und einen vereinfachten Simulator, mit dem sich die Zahl der Steuerpflichtigen und die entsprechenden Einnahmen bei anderen Steuersätzen schätzen lassen.

2 Das oberste Perzentil besitzt derzeit ungefähr 25 % des Gesamtvermögens, also ungefähr 125 % des europäischen BIP. Die reichsten 2,5 % besitzen wiederum fast 40 % des Gesamtvermögens, also ungefähr 200 % des europäischen BIP. Es überrascht daher nicht, wenn eine Steuer mit Grenzsteuersätzen von 1–2 % innerhalb dieser Gruppe ungefähr 2 Prozentpunkte des BIP einbringt. Die Einnahmen wären höher, wenn die Steuersätze auf die ganzen Vermögen und nicht nur auf die Bruchteile oberhalb dieser Schwellen angewendet werden würden.

3 Die in Frankreich 2013 angewandte französische Vermögenssteuer, die «Solidaritätssteuer auf Vermögen» (*impôt de solidarité sur la fortune* oder *ISF*) betrifft besteuerbare Vermögen über 1,3 Millionen Euro (nach Abzug eines Freibetrags von 30 % auf den Hauptwohnsitz), mit Steuersätzen von 0,7 % bis 1,5 % für die oberste Steuerstufe (über 10 Millionen Euro). In Anbetracht der Steuerbefreiungen und der Anhebung der Steuerfreigrenze liegen die Einnahmen bei unter 0,5 % des BIP. Prinzipiell werden Aktiva als Betriebskapital bezeichnet, wenn der Besitzer innerhalb des fraglichen Unternehmens tätig ist. Praktisch ist diese Bedingung schwer zu überprüfen und leicht zu umgehen,

Schwierigkeiten, mit denen europäische Länder zu kämpfen haben, wenn sie im Alleingang eine Kapitalsteuer einzuführen versuchen, ist der Fall Italiens. Mit erheblichen Staatsschulden (den höchsten Europas) und einem außerordentlich hohen Niveau der Privatvermögen konfrontiert (ebenfalls einem der höchsten neben Spanien),[1] hat die italienische Regierung 2012 beschlossen, eine neue Vermögenssteuer einzuführen. Aber aus Angst, die Finanzaktiva könnten aus dem Land gebracht und in schweizerischen, österreichischen oder französischen Banken gehortet werden, wurde der Steuersatz auf 0,8 % für Immobilien und nur 0,1 % für Bankdepots und andere finanzielle Vermögenswerte festgesetzt (bei völliger Freistellung von Aktien) – und das ohne jede Progressivität. Ganz abgesehen davon, dass es schwierig ist, sich ein ökonomisches Prinzip vorzustellen, das erklärt, weshalb bestimmte Aktiva achtmal weniger als andere besteuert werden sollten, ist es die bedauerliche Konsequenz dieses Systems, de facto eine regressive Vermögenssteuer einzuführen, da die größten Vermögen hauptsächlich aus finanziellen Vermögenswerten (und insbesondere Aktien) bestehen. Das Gesetz, das im Zentrum des italienischen Wahlkampfs von 2013 stand, stieß daher auch nicht auf besonders breite Zustimmung in der Bevölkerung. Der Kandidat, der es eingeführt hatte und von europäischen und internationalen Autoritäten dafür beglückwünscht worden war, erlitt bei der Wahl eine krachende Niederlage. Das gibt einen Hinweis auf das entscheidende Problem. Ohne den automatischen Bankdatenaustausch, der es jedem Land erlaubt, vorausgefüllte Erklärungen einzuführen, auf denen sämtliche Aktiva ihrer Staatsangehörigen verzeichnet sind (ganz gleich, in welchem Land diese Aktiva sich befinden), ist es sehr schwer für ein einzelnes Land, eine progressive Steuer auf das Gesamtkapital einzuführen. Das ist umso bedauerlicher, als es sich um ein Instru-

---

umso mehr als über die Jahre andere Ausnahmeregelungen hinzugekommen sind (wie die «Aktionärsübereinkunft», die eine partielle oder totale Befreiung von der «Solidaritätssteuer» auch für den Fall vorsieht, dass eine Gruppe von Aktionären sich verpflichtet, ihre Aktien für eine bestimmte Mindestdauer zu halten). Nach den verfügbaren Daten entgehen die höchsten Vermögen zu einem großen Teil der *ISF*. Die französische Finanzbehörde veröffentlicht sehr wenige detaillierte Statistiken nach Steuerstufen (viel weniger zum Beispiel als zu Beginn des 20. Jahrhunderts und bis zu den 1950er Jahren in Gestalt der Erbschaftssteuerstatistiken), was die ganze Sache noch undurchsichtiger macht. Siehe Technischer Anhang.

1 Vgl. besonders Kapitel 5, Grafik 5.4 und folgende.

ment handelt, das der ökonomischen Situation des Kontinents besonders angemessen wäre.

Nehmen wir aber an – und dazu kann es ja kommen –, der automatische Bankdatenaustausch würde funktionieren, die vorausgefüllten Erklärungen lägen vor. Was wäre der ideale Steuertarif? Einmal mehr gibt es keine mathematische Formel, die auf diese Frage eine Antwort geben könnte; diese ist vielmehr demokratischer Entscheidungsfindung anheimgestellt. Was Vermögen unter 1 Million Euro anbelangt, wäre es konsequent, sie der gleichen progressiven Kapitalsteuer zu unterwerfen, zum Beispiel mit einem Satz von 0,1 % für Vermögen unter 200 000 Euro Nettovermögen und einem Satz von 0,5 % für Vermögen zwischen 200 000 und 1 Million Euro. Diese Steuer würde die Grundsteuer (*property tax*) ersetzen, die in den meisten Ländern für die vermögende Mittelschicht die Vermögenssteuer vertritt. Das neue System wäre zugleich gerechter und wirkungsvoller, da es das gesamte Vermögen beträfe (und nicht bloß die Immobilien) und würde sich auf die vorausgefüllte Erklärung unter Berücksichtigung des Marktwerts und Abzugs von Schulden stützen.[1] In weitem Umfang könnte dies auf der Ebene einzelner Länder durchgeführt werden.

Im Übrigen gibt es keinen zwingenden Grund, sich auf einen Steuersatz von 2 % für Vermögen über 5 Millionen Euro zu beschränken. Da die effektiven Renditen, die auf der Ebene der größten europäischen Vermögen zu beobachten sind, 6–7 % pro Jahr erreichen oder überschreiten, wäre es keineswegs übertrieben, wenn die Sätze, die auf Vermögen über 100 Millionen oder 1 Milliarde Euro angewandt werden, ihrerseits deutlich über 2 % angesiedelt wären. Das einfachste und objektivste Verfahren läge darin, die Steuersätze an die effektiven Durchschnittsrenditen zu koppeln, die innerhalb der einzelnen Vermögensklassen während der letzten Jahre zu beobachten waren. Das erlaubt es, den Grad der Progressivität nach Maßgabe der Entwicklung der Durchschnittsrenditen und der erwünschten Auswirkung auf die Vermögenskonzentration genau zu justieren. Um fortschreitende Divergenz der Verteilung, also einen tendenziellen Anstieg des Anteils der höchsten Vermögen am Gesamtvermögen zu vermeiden, was a priori ein Minimalziel

1 Die Einnahmen aus der progressiven Kapitalsteuer würden auf 3–4 Prozentpunkte des BIP steigen, von denen 1 bis 2 Punkte aus der Grundsteuer stammen. Siehe Technischer Anhang.

sein dürfte, ist es wahrscheinlich notwendig, auf die größten Vermögen Spitzensteuersätze von über 5 % anzuwenden. Fasst man ein ambitionierteres Ziel ins Auge, zum Beispiel eine Reduktion der Vermögensungleichheit auf weniger extreme Niveaus, als wir sie heute beobachten können (und die historische Erfahrung zeigt, dass sie für das Wachstum in keiner Weise notwendig sind), könnte man sich durchaus Spitzensätze für Milliardäre vorstellen, die 10 % erreichen oder überschreiten. Es steht mir nicht zu, in dieser Sache irgendetwas zu entscheiden. Sicher ist allerdings, dass es kaum sinnvoll ist, als Referenz die Rendite der Staatsverschuldung zugrunde zu legen, wie dies in der öffentlichen Diskussion zuweilen geschieht.[1] Die größten Vermögen werden nicht in Staatsanleihen angelegt.

Ist eine europäische Vermögenssteuer realistisch? Es gibt keine technischen Hürden, die ihr entgegenstünden. Und es handelt sich um das Instrument, das am geeignetsten ist, die wirtschaftlichen Herausforderungen zu Beginn des 21. Jahrhunderts zu meistern, namentlich auf dem alten Kontinent, dessen Privatvermögen eine Blüte erleben, wie die Welt sie seit der Belle Époque nicht mehr gekannt hat. Zu einer verstärkten Kooperation kann es freilich nur kommen, wenn auch die europäischen Institutionen sich wandeln. Bis heute ist die einzige starke Institution der Union die Europäische Zentralbank – und das wird, so wichtig sie auch ist, nicht ausreichen. Wir kommen darauf im nächsten Kapitel zu sprechen, wenn wir der Frage nach der Staatsschuldenkrise nachgehen. Vorher ist es hilfreich, die hier vorgeschlagene Kapitalsteuer in einem größeren historischen Kontext zu erörtern.

Die Kapitalsteuer in der Geschichte

Dass Kapitaleigentümer einen erheblichen Teil des Nationaleinkommens besitzen, ohne dafür arbeiten zu müssen, und die Kapitalrendite im Allgemeinen 4–5 % beträgt, hat in allen Zivilisationen, die wir kennen, heftige Reaktionen, oft auch Befremden ausgelöst und die unterschiedlichsten politischen Antworten auf den Plan gerufen. Eine der gängigsten ist das Verbot des Wuchers, das sich in verschiedenen

1 Zum Beispiel um die jüngst vergangene Absenkung des Spitzensteuersatzes der französischen «Solidaritätssteuer auf Vermögen» von 1,8 % auf 1,5 % zu rechtfertigen.

Formen in den meisten Religionen, vor allem im Christentum und im Islam findet. Die griechischen Philosophen waren ihrerseits geteilter Meinung über den Zins, der in dem Maße zu einer potentiell unendlichen Bereicherung führt, in dem die Zeit unaufhörlich fortschreitet. Die Gefahr der Unbegrenztheit hebt mit Nachdruck auch Aristoteles hervor. Das Wort für «Zins» (*tokos*), sagt der Philosoph, meint im Griechischen das Kind – und dass aus Geld wieder Geld entsteht, scheint ihm wider die Natur.[1] In einer Welt, in der schwaches, ja verschwindendes Wachstum herrscht, ist diese Gefahr grenzenloser Selbstvermehrung besonders akut.

Leider sind die Antworten auf diese Gefahr, die meist die Form von Verboten annehmen, nicht wirklich konsequent. Das Verbot verzinslicher Darlehen zielt gemeinhin darauf ab, bestimmte Arten von Handelstätigkeiten und Finanzgeschäften zu untersagen, die den jeweiligen politischen und religiösen Autoritäten fragwürdiger als andere scheinen, ohne dass Letztere darum die Kapitalrendite als solche in Frage gestellt hätten. In den ländlichen Gesellschaften Europas hüten sich die christlichen Obrigkeiten wohlweislich davor, die Legitimität einer Bodenrente in Frage zu stellen, von der sie selbst profitieren und von der auch die gesellschaftlichen Gruppen leben, auf die sie sich zur Wahrung der sozialen Ordnung stützen. Das Verbot des Wuchers muss daher eher als soziale Kontrollmaßnahme betrachtet werden. Bestimmte Formen des Kapitals scheinen unheimlicher als andere, weil nicht so leicht unter Aufsicht zu stellen. Aber damit wird das Prinzip, dass Kapital seinem Besitzer eine Rendite einträgt, nicht schon als solches in Frage gestellt. Eher hat man das Gefühl, der grenzenlosen Akkumulation sei zu misstrauen. Kapitaleinkommen sollen gedeihlich, also zum Beispiel für wohltätige Zwecke verwendet werden, aber ganz sicher nicht für geschäftliche und finanzielle Abenteuer, die vom rechten Weg abbringen könnten. Grundbesitz wirkt in dieser Hinsicht beruhigend, da er nichts tun zu können scheint, als sich selbst gleich zu bleiben und zu reproduzieren, von Jahr zu Jahr, von Jahrhundert zu Jahrhundert.[2] Die ganze soziale und spirituelle

1 Vgl. dazu P. Judet de la Combe: «Le jour où Solon a aboli la dette des Athéniens», *Libération* (31. Mai 2010).

2 In Wahrheit haben wir gesehen, dass ein Teil des Grundbesitzes – der mit der Zeit immer größer geworden ist – auf einen Wertzuwachs des Grundes zurückgeht, so dass in sehr langfristiger Perspektive der Grundbesitz eine Form des Kapitals ist, die sich im

Ordnung scheint in ihm feste und unverrückbare Gestalt anzunehmen. Bevor sie zur Erzfeindin der Demokratie wurde, galt die Bodenrente lange Zeit als Ferment sozialen Friedens – zumindest unter jenen, denen sie zugutekam.

Sehr viel radikaler ist die von Karl Marx und zahlreichen anderen sozialistischen Autoren des 19. Jahrhunderts empfohlene und von der Sowjetunion in die Tat umgesetzte Strategie, der zumindest das Verdienst der größeren Konsequenz gebührt. Schafft man das private Eigentum an Produktionsmitteln, also den Grund- und Immobilienbesitz ebenso ab wie das Industrie-, Finanz- und Betriebskapital (ein paar dürftige Kooperativen und Landparzellen ausgenommen), dann ist es durchaus die gesamte private Kapitalrendite, die verschwindet. Das Verbot des Wuchers wird derart generalisiert. Die Ausbeutungsrate, die bei Marx den Teil der Produktion misst, den der Kapitalist sich aneignet, sinkt schließlich auf Null – und mit ihm die private Rendite. Indem sie die Kapitalrendite auf Null reduzieren, befreien die Menschheit und der Arbeiter sich endlich von ihren Ketten und den Ungleichheiten, die aus der Vergangenheit auf sie gekommen sind. Die Gegenwart wird wieder in ihre Rechte eingesetzt. Die Ungleichung r > g ist nur noch eine böse Erinnerung – zumal der Kommunismus das Wachstum und den technischen Fortschritt liebt. Zum Unglück der Bevölkerungen, die Teil dieser totalitären Versuchsanordnungen sein mussten, erschöpft sich die Funktion des Privateigentums und der Marktwirtschaft nicht darin, die Herrschaft der Kapitalbesitzer über diejenigen zu sichern, die nichts außer ihrer Arbeit haben. Ihre Funktion liegt auch darin, die Handlungen von Millionen Individuen zu koordinieren, und es ist nicht ganz leicht, sich ihrer zu entledigen. Die menschlichen Desaster, die von der zentralen Planwirtschaft heraufbeschworen wurden, legen davon beredtes Zeugnis ab.

Die Kapitalsteuer ist eine weniger gewaltsame und zugleich wirkungsvollere Antwort auf das uralte Problem, das vom Privatkapital und seiner Rendite aufgeworfen wird. Eine progressive Steuer auf individuelles Vermögen ist eine Einrichtung, die es dem Allgemein-

---

Grunde von den anderen Formen akkumulierbaren Kapitals gar nicht so sehr unterscheidet. Es bleibt aber dabei, dass die Akkumulation dieses Kapitals in Form von Grundbesitz bestimmte Grenzen nicht überschreiten kann und seine Vorherrschaft einer Welt mit sehr langsamem Wachstum entspricht.

interesse erlaubt, Kontrolle über den Kapitalismus zurückzugewinnen, ohne die Kräfte des Privateigentums und des Wettbewerbs preiszugeben. Sie besteuert jede Art von Kapital auf die gleiche Weise, ohne eine davon im Voraus zu diskriminieren, indem sie von dem Grundsatz ausgeht, dass Eigentümer im Allgemeinen eher als die Staatsgewalt in der Lage sind, über ihre Investitionen zu entscheiden.[1] Falls nötig, kann die Kapitalsteuer eine Progression vorsehen, die große Vermögen sehr viel stärker belastet, aber die Entscheidung darüber obliegt jeweils der demokratischen Auseinandersetzung innerhalb des rechtsstaatlichen Rahmens. Eine Kapitalsteuer hält sowohl auf die Ungleichung $r > g$ als auch auf die Ungleichheit der Rendite in Abhängigkeit vom Ausgangskapital die angemessenste Antwort bereit.[2]

In dieser Form ist die Kapitalsteuer eine neuartige, auf den Patrimonialkapitalismus des 21. Jahrhunderts zugeschnittene Idee. Gewiss gibt es seit unvordenklichen Zeiten Steuern auf Kapital in der Form des Grundbesitzes. Aber diese Steuern verhalten sich gemeinhin proportional und sehen ausgesprochen geringe Steuersätze vor. Sie dienen nicht der Umverteilung von Reichtümern, sondern vor allem der Sicherung von Eigentumsrechten durch Erhebung einer Abgabe auf deren Eintragung. Die Englischen, Amerikanischen und Französischen Revolutionen gehorchen allesamt dieser Logik. Den Steuersystemen, die sie ins Leben rufen, geht es keineswegs um Abbau von Vermögensungleichheiten. Zwar kommt es während der Französischen Revolution zu heftigen Auseinandersetzungen über die Einführung einer progressiven Steuer, aber am Ende wird das Prinzip der Progressivität

1 Das spricht nicht gegen eine Mitsprache der anderen *stakeholders* (Lohnempfänger, Körperschaften, Verbände etc.) bei solchen Entscheidungen – in Form eines geeigneten Stimmrechts. Finanzielle Transparenz spielt hier eine Schlüsselrolle. Wir kommen darauf im nächsten Kapitel zurück.

2 Der optimale Satz der Kapitalsteuer zielt in der Tat darauf ab, die Kluft zwischen der Kapitalrendite r und der Wachstumsrate g zu schließen – oder zumindest einige ihrer Effekte zu begrenzen. So lässt sich zum Beispiel unter bestimmten Hypothesen der optimale Erbschaftssteuersatz durch die Formel $t = 1 - G/R$ wiedergeben, in der G die generationelle Wachstumsrate und R die generationelle Kapitalrendite ist (so dass die Steuer sich auf 100 % zubewegt, wenn das Wachstum unendlich gering ist, und sich auf 0 % zubewegt, wenn die Wachstumsrate sich der Kapitalrendite nähert). Im Allgemeinen sind die Dinge aber komplexer, da das ideale System eine jährliche und progressive Kapitalsteuer einschließt. Die prinzipiellen Optimalsteuerformeln (die nur Termini der Auseinandersetzung formulieren, aber keinesfalls irgendwelche fertigen Antworten bieten können, da wir es mit einer Vielzahl von Effekten zu tun haben, die sich kaum präzise einschätzen lassen) sind im Technischen Anhang zu finden.

verworfen. Und selbst die gewagtesten Steuersätze, die damals vorgeschlagen wurden, nehmen sich heute eher moderat aus.[1]

Die Revolution der progressiven Steuer wird bis zum 20. Jahrhundert auf sich warten lassen. Aber dieser Einschnitt findet inmitten des Chaos der Zwischenkriegszeit statt und betrifft vor allem die progressive Einkommen- und Erbschaftssteuer. Bestimmte Länder führen gegen Ende des 19. und zu Beginn des 20. Jahrhunderts auch eine jährlich erhobene progressive Steuer auf Kapital ein (namentlich Deutschland und Schweden). Aber diese Entwicklung geht an den Vereinigten Staaten, an Großbritannien und bis 1980 auch an Frankreich vorbei.[2] Zudem sehen diese jährlichen Kapitalsteuern stets sehr geringe Steuersätze vor. Das liegt ohne Zweifel daran, dass sie in einem völlig anderen Kontext als dem konzipiert wurden, mit dem wir es heute zu tun haben. Und schließlich lag ihr technischer Mangel von Anfang an darin, dass sie nicht vom jährlich überprüften Marktwert der verschiedenen Immobilien- und Finanzwerte ausgingen, sondern von Steuer- und Grundbuchwerten, die nur in sehr unregelmäßigen Abständen überprüft wurden. Dadurch haben jene Werte schließlich jeden Bezug zu den Marktpreisen verloren, was rasch dazu geführt hat, dass die betreffenden Steuern unbrauchbar wurden und kaum zur Anwendung kamen. Aufgrund desselben Mangels wurde die Grundsteuer in Frankreich und zahlreichen anderen Ländern im Gefolge der Inflationsschocks zwischen 1915 und 1945 ausgehöhlt.[3] Solche Konzep-

---

1 Thomas Paine hat in seinem Pamphlet *Agrarian Justice* von 1795 eine Besteuerung von Erbschaften mit einem Satz von 10 % ins Auge gefasst (was seiner Auffassung nach dem nicht akkumulierten Teil entspricht, während der akkumulierte Teil, auch wenn er Generationen zurückdatiert, gar nicht besteuert werden soll). Bestimmte Vorschläge unter dem Titel eines «nationalen Erbanspruchs», die während der Revolution vorgetragen wurden, fielen radikaler aus. Die Erbschafts- und Übertragungssteuern, die nach langen Debatten tatsächlich eingeführt wurden, lagen aber für Übertragungen in direkter Linie nie über 1–2 %. Zu diesen Debatten und Vorschlägen siehe den Technischen Anhang.

2 Trotz zahlreicher amerikanischer und britischer Debatten und Vorschläge, insbesondere in den 1960er und erneut in den 2000er Jahren. Siehe Technischer Anhang.

3 Dieser Konzeptionsmangel rührt daher, dass die auf das 19. Jahrhundert zurückdatierenden Kapitalsteuern in einer Welt eingeführt wurden, die keine (oder allenfalls eine sehr geringe) Inflation kannte. Darum schien es zu genügen, Vermögenswerte alle zehn oder fünfzehn Jahre zu überprüfen (für Immobilienwerte) oder aber den Anschaffungswert zugrunde zu legen (ein häufig für Finanzwerte genutztes System). Diese Steuer- und Grundbuchwerte gerieten durch die Inflation zwischen 1914 und 1945 völlig aus den Fugen und haben in einer Welt, die durch eine dauerhafte substantielle Inflation charakterisiert ist, nie korrekt funktioniert.

tionsmängel können im Fall einer progressiven Kapitalsteuer tödlich sein. Ob man über der Besteuerungsgrenze liegt oder nicht (oder nach welcher Besteuerungsstufe man belastet wird), hängt von mehr oder weniger willkürlichen Faktoren, etwa dem Datum der letzten Überprüfung der Grundbuchwerte in der fraglichen Stadt oder Wohngegend ab. Diese Steuern wurden denn auch seit den 1960er Jahren, im Kontext stark gestiegener Immobilien- und Börsenpreise, zunehmend angefochten, häufig auch vor Gericht (wegen Verletzung des Prinzips der Steuergleichheit). Diese Entwicklung hat dazu geführt, dass in den 1990er und 2000er Jahren die jährliche Vermögenssteuer in Deutschland und Schweden abgeschafft wurde. Der Grund dafür war also weniger der verschärfte Steuerwettbewerb zwischen den Ländern, als vielmehr der archaische Charakter dieser Steuer, die noch aus dem 19. Jahrhundert stammte.[1]

Die gegenwärtig in Frankreich erhobene Vermögenssteuer ist in gewisser Weise moderner. Ihre Bemessungsgrundlage ist der Marktwert der verschiedenen Vermögenswerte, der jedes Jahr überprüft wird. Das liegt schlicht und einfach daran, dass diese Steuer jüngeren Datums ist. Sie wurde in den 1980er Jahren eingeführt, in einer Zeit, zu der man nicht mehr darüber hinwegsehen konnte, dass die Inflation – namentlich der Preise für Vermögenswerte – eine bleibende Realität ist. Es hat also auch Vorteile politisch gegen den Strom zu schwimmen, dem die anderen entwickelten Länder folgen. Manchmal ist man seiner Zeit voraus.[2] So sehr aber der *impôt de solidarité sur la fortune*

---

1 Zur Geschichte der deutschen Vermögenssteuer, von ihrer Einführung in Preußen um 1891 bis zu ihrer Aussetzung 1997 (das Gesetz wurde formell nie abgeschafft) vgl. F. Dell: *L'Allemagne inégale*, Paris School of Economics 2008. Zur schwedischen Vermögenssteuer, die 1947 ins Leben gerufen wurde (tatsächlich aber in Gestalt einer Zusatzsteuer auf Kapitaleinkommen seit den 1910er Jahren existierte), siehe die zitierten Arbeiten von Ohlsson und Waldenström und die Referenzen im Anhang. Die Sätze dieser Steuern lagen nie über 1,5–2 % für die größten Vermögen, mit einem Höhepunkt von 4 % in Schweden im Jahr 1983 (ein Satz, der freilich nur auf Steuerwerte ohne wirkliche Beziehung zum Marktwert angewandt wurde). Neben diesem Phänomen des Zerfalls der Steuergrundlagen, das auch die Erbschaftssteuer in beiden Ländern betrifft, hat in Schweden, wo die Erbschaftssteuer 2005 aufgehoben wurde, der Einfluss des Steuerwettbewerbs ebenfalls eine Rolle gespielt. Diese Episode, die sich schlecht mit den egalitären Werten des Landes verträgt, veranschaulicht einmal mehr die wachsende Unfähigkeit kleiner Länder zu einer autonomen Politik.

2 Die Steuer auf große Vermögen wurde in Frankreich 1981 ins Leben gerufen, 1986 abgeschafft und 1988 in Form der «Solidaritätssteuer auf Vermögen» wiedereingeführt. Die Marktwerte unterliegen zuweilen plötzlichen Schwankungen, die willkürlich erscheinen

(ISF), die französische Vermögenssteuer, das Verdienst hat, von den Marktwerten auszugehen und in diesem zentralen Punkt der idealen Kapitalsteuer nahezukommen, so wenig ändert das etwas daran, dass er in anderen Hinsichten sehr weit von ihr entfernt ist. Wie wir bereits bemerkt haben, ist die französische Vermögenssteuer mit Ausnahmeregeln gespickt und verzichtet auf die Vorzüge der vorausgefüllten Steuererklärung. Die sonderbare Vermögenssteuer, die 2012 in Italien eingeführt wurde, veranschaulicht die Grenzen dessen, was ein Land in dieser Sache derzeit im Alleingang erreichen kann. Interessant ist auch der Fall Spaniens. Die Einziehung der progressiven Vermögenssteuer, die dort wie in Deutschland und Schweden auf mehr oder weniger willkürlichen Steuer- und Grundbuchwerten beruht, wurde von 2008 bis 2010 unterbrochen, um dann seit 2011/12, im Kontext einer schweren Haushaltskrise, wieder anzulaufen, ohne dass ihre Struktur modifiziert worden wäre.[1] Fast überall ist die gleiche Spannung erkennbar. Die Kapitalsteuer scheint logisch notwendig (angesichts prosperierender Privatvermögen und stagnierender Einkommen müsste man blind sein, um auf eine solche Steuerquelle zu verzichten, ganz gleich, welches politische Lager an der Macht ist), aber es ist sehr schwer, sie in einer tragfähigen Ausführung innerhalb eines einzelnen Landes einzuführen.

Um das zusammenzufassen: Die Kapitalsteuer ist eine neue Idee, die sich den Bedingungen des globalisierten Patrimonialkapitalismus im 21. Jahrhundert stellen muss. Das betrifft die Höhe der Steuersätze ebenso wie die praktischen Erfordernisse internationalen Bankdatenaustauschs, vorausgefüllter Steuererklärungen und einer Bemessungsgrundlage, die auf aktuellen Marktwerten beruht.

---

mögen, aber sie haben den Vorzug, die einzige objektive Grundlage beizubringen, die von allen akzeptiert werden kann. Zumindest unter der Bedingung, dass man die Steuersätze und die Steuerstufen regelmäßig justiert, und die Steuereinnahmen nicht automatisch mit den Immobilienpreisen ansteigen lässt – was die Gefahr von Fiskalprotesten heraufbeschwört, wie es die berühmte *Proposition 13* bezeugt, die 1978 in Kalifornien eingeführt wurde, um den Anstieg der Grundsteuer in Grenzen zu halten.

1 Die spanische Steuer kommt bei Vermögen über 700 000 Euro zur Anwendung (mit einem Freibetrag von 300 000 für den Hauptwohnsitz), und der höchste Steuersatz liegt bei 2,5 % (in Katalonien wurde er auf 2,75 % erhöht). Neben Frankreich und Spanien hat auch die Schweiz eine jährliche Kapitalsteuer, mit relativ geringen Steuersätzen (weniger als 1 %), die dem Steuerwettbewerb zwischen den Kantonen geschuldet sind.

Ersatzregulierungen: Protektionismus und Kapitalkontrolle

Gibt es zu einer Kapitalsteuer keine denkbare Alternative? Das soll damit nicht behauptet werden. Es gibt andere Lösungen, andere Wege der Regulierung des patrimonialen Kapitalismus des 21. Jahrhunderts, die im Übrigen in verschiedenen Regionen der Welt schon erprobt wurden. Diese alternativen Regulierungsweisen sind bloß nicht ebenso befriedigend wie die Kapitalsteuer und schaffen manchmal mehr Probleme, als sie lösen. Wie wir schon bemerkt haben, kann ein einzelner Staat eine gewisse ökonomische und finanzielle Souveränität am einfachsten zurückgewinnen, indem er Zuflucht bei Protektionismus und Kapitalkontrolle sucht. Protektionismus mag zuweilen nützlich sein, wenn es bestimmte unterentwickelte Sektoren eines Landes zu schützen gilt (so lange, bis die nationalen Unternehmen so weit sind, sich dem internationalen Wettbewerb zu stellen).[1] Er ist ebenfalls eine unverzichtbare Waffe im Kampf gegen Länder, die sich nicht an die Regeln halten (finanzielle Transparenz, Gesundheitsnormen, Menschenrechte etc.), eine Waffe, die man vernünftigerweise nicht aus der Hand geben sollte. Dennoch ist der Protektionismus als solcher, massiv und dauerhaft angewandt, keineswegs eine Quelle des Wohlstands und der Schaffung von Reichtum. Die historische Erfahrung belegt, dass ein Land, das diesen Weg entschlossen beschreitet und glaubt, es könne seinen Bewohnern dadurch steigende Löhne und einen höheren Lebensstandard versprechen, mit herben Enttäuschungen zu rechnen hat. Im Übrigen schafft der Protektionismus die Ungleichung $r > g$ so wenig aus der Welt wie die Tendenz zur Konzentration des Vermögens in den Händen einiger weniger innerhalb des betreffenden Landes.

Die Frage nach der Kapitalkontrolle stellt sich ein wenig anders. Vollständige Liberalisierung des Kapitalverkehrs ohne (oder fast ohne) Austausch von Daten über Vermögenswerte ihrer Bewohner in den anderen Ländern war die Parole fast aller reichen Länder seit den 1980er Jahren. Dieses Programm wurde von den internationalen Organisationen, insbesondere der OECD, der Weltbank und dem

1 Umgekehrt kann auch ein ausländischer Konkurrent an seiner Entfaltung gehindert werden (die Zerstörung der kleinen indischen Textilindustrie durch den britischen Kolonialherren zu Beginn des 19. Jahrhunderts hat sich in Indien ins Gedächtnis eingebrannt), was dauerhafte Konsequenzen haben kann.

Internationalen Währungsfonds ausdrücklich gefördert – wie es sich gehört, im Namen der avanciertesten Erkenntnisse der Wirtschaftswissenschaften.[1] Aber es war vor allem das Werk gewählter demokratischer Regierungen, in dem sich die herrschenden Überzeugungen in einem bestimmten Augenblick der Geschichte aussprachen, die insbesondere vom Zusammenbruch der Sowjetunion und einem grenzenlosen Vertrauen in die Selbstregulierung der Märkte geprägt waren. Seit der Finanzkrise von 2008 gibt es kaum jemanden, den nicht Zweifel an der Triftigkeit jener Überzeugungen beschleichen, und es spricht vieles dafür, dass die reichen Länder in den kommenden Jahrzehnten mehr und mehr Zuflucht bei Maßnahmen der Kapitalkontrolle suchen werden. Die Schwellenländer haben es in gewisser Weise bereits vorgemacht, insbesondere seit der asiatischen Finanzkrise von 1998, die eine ganze Reihe dieser Länder, von Indonesien über Russland bis Brasilien, davon überzeugt hat, die Strukturanpassungsprogramme und andere von der internationalen Gemeinschaft diktierte Schocktherapien könnten doch nicht der Weisheit letzter Schluss gewesen sein, und es sei höchste Zeit, eigene Wege zu beschreiten. Diese Krise hat manche Länder auch dazu ermutigt, zuweilen exzessive Rücklagen zu bilden, was zweifellos nicht die beste kollektive Antwort auf die globale wirtschaftliche Instabilität ist, aber es immerhin einzelnen Ländern erlaubt, ökonomischen Schocks zu begegnen, ohne ihre Souveränität zu verlieren.

Das Rätsel chinesischer Kapitalregulierung

Im Übrigen darf man nicht vergessen, dass bestimmte Länder stets Kapitalkontrollen praktiziert haben und nie von der Welle der völligen Deregulierung der Finanzströme und der Zahlungsbilanz erfasst wor-

1 Das ist umso überraschender, als die wenigen Schätzungen der Wirtschaftsgewinne, die sich der Integration der Finanzmärkte verdanken, auf einen eher bescheidenen Gesamtgewinn hinweisen (ganz zu schweigen von den negativen Wirkungen, nämlich wachsender Ungleichheit und Instabilität, die von diesen Studien ignoriert werden). Siehe O. Jeanne, P.-O. Gourinchas: «The elusive gains from international financial integration», *Review of Economic Studies* 73 (2006), S. 715–41. Die Position des IWF in der Frage nach dem automatischen Informationsaustausch ist im Allgemeinen unbestimmt und wechselhaft. Meist besteht sie darin, sich prinzipiell dafür auszusprechen, um die konkrete Umsetzung mit wenig überzeugenden technischen Argumenten zu torpedieren.

den waren. Das gilt namentlich für China, dessen Währung nie frei konvertierbar war (sie wird es vielleicht sein, wenn das Land den Eindruck gewonnen hat, genug Reserven angehäuft zu haben, um jeden Spekulanten, der gegen den Renminbi wettet, aus dem Rennen zu werfen). Eingehendes Kapital wird dort ebenso strikt kontrolliert (man kann in China nicht investieren oder Eigentümer eines Unternehmens werden, ohne die Genehmigung der Regierung einzuholen, die im Allgemeinen nur erteilt wird, wenn der ausländische Investor sich mit einer eindeutigen Minderheitsbeteiligung begnügt) wie ausgehendes Kapital (man kann keine Aktiva aus China abziehen, ohne dass die Staatsgewalt ein Wort mitzureden hätte). Diese Frage nach dem ausgehenden Kapital ist gegenwärtig für China eine hochsensible und sie steht im Zentrum des chinesischen Modells der Kapitalregulierung. Die Schlüsselfrage ist ganz einfach: Sind chinesische Millionäre und Milliardäre, deren es in den Vermögensrankings immer mehr gibt, wirklich Eigentümer ihres Vermögens? Können sie es zum Beispiel nach Belieben außer Landes bringen? Von welchen Rätseln diese Fragen auch immer umwölkt sein mögen – es gibt keinen Zweifel, dass der Begriff des Eigentumsrechts in China ein ganz anderer ist als derjenige, der in Europa und den Vereinigten Staaten gilt, und auf einen komplexen Zusammenhang von Rechten und Pflichten verweist. Zum Beispiel scheint alles darauf hinzuweisen, dass ein chinesischer Milliardär, der 20 % von Telecom China erworben hat, und den Wunsch verspürt, sich in der Schweiz niederzulassen, sehr viel mehr Schwierigkeiten als ein russischer Oligarch hätte, seine finanzielle Beteiligung zu behalten und sich Millionen von Euro an Dividenden auszahlen zu lassen. Das scheint im Fall des russischen Oligarchen einfacher zu sein, zumindest nach den enormen Kapitalströmen zu urteilen, die das Land mit ungewissem Ziel verlassen und zu denen es im Fall Chinas, zumindest gegenwärtig, keine Entsprechung gibt. Natürlich muss man in Russland aufpassen, dass man es sich mit dem Präsidenten nicht verdirbt, weil man sonst hinter Gittern landen kann. Wenn man darauf achtet, scheint man aber dauerhaft von einem Vermögen leben zu können, das sich den Rohstoffvorkommen des Landes verdankt. In China unterliegen die Dinge offenbar schärferer Kontrolle. Das ist einer der zahlreichen Gründe, aus denen die von der (westlichen) Presse häufig angestellten Vergleiche zwischen Vermögen chinesischer und amerikanischer Politiker, denen zufolge erstere sehr viel reicher als Letztere sein sollen, nicht besonders tragfähig erscheinen.[1]

Nichts liegt mir ferner als die Apologie einer Kapitalregulierung chinesischen Typs, die ebenso undurchsichtig wie instabil ist. Dennoch bleibt Kapitalkontrolle eine Weise, die Dynamik der Vermögensungleichheit zu regulieren und in Schach zu halten. Gegenüber Russland (das wie die meisten ehemaligen Ostblockstaaten zu Beginn der 1990er Jahre eine *flat tax* eingeführt hat) besitzt China im Übrigen eine zwar unzureichende, aber sehr viel progressivere Einkommensteuer. Es erzielt ein Steueraufkommen, das es ihm erlaubt, in sehr viel größerem Umfang in Erziehung, Gesundheit und Infrastruktur zu investieren als die anderen Schwellenländer, angefangen mit Indien, das deutlich hinter China zurückgefallen ist.[2] Sollte es dazu bereit sein, und sollten vor allem seine Eliten (was sich nicht von selbst versteht) jene demokratische Transparenz ermöglichen, ohne die es ein modernes Steuersystem nicht geben kann, hätte China die erforderliche Größe, um die Art progressiver Einkommen- und Kapitalsteuer einzuführen, um die es uns geht. In mancher Hinsicht ist es dafür besser gerüstet als Europa, das mit seiner politischen Fragmentierung ebenso zu kämpfen hat wie mit einem erbitterten Steuerwettbewerb, der sich durchaus noch weiter zuspitzen kann.[3]

---

1 Der Vergleich, der in der Presse am häufigsten angestellt wird, stellt das Durchschnittsvermögen der 535 amerikanischen Kongressmitglieder (das nach ihren Erklärungen, die vom Center for Responsible Politics zusammengetragen wurden, «nur» 15 Millionen Dollar beträgt, was schon sehr viel höher ist als in Europa, wie wir bereits notiert haben) dem Durchschnittsvermögen der 70 reichsten Mitglieder der Nationalen Volksversammlung Chinas gegenüber, das sich auf mehr als 1 Milliarde belaufen soll (dem *Hurun Report* von 2012 zufolge, bei dem es sich um eine Vermögensrangliste des *Forbes*-Typs handelt, deren Methode nicht besonders klar ist). In Anbetracht der Bevölkerungszahlen beider Länder wäre es angemessener, die 3000 Mitglieder der Volksversammlung zum Vergleich heranzuziehen (für die keine Schätzung vorzuliegen scheint). Im Übrigen scheint es für die Milliardäre, die keine gesetzgebende Funktion ausüben, prinzipiell eher ein Ehrenamt, Mitglied der Volksversammlung zu sein. Vielleicht sollte man sie daher eher mit den 70 reichsten Spendern der politischen Szene der Vereinigten Staaten vergleichen.

2 Vgl. N. Qian, T. Piketty: «Income inequality and progressive income taxation in China and India: 1986–2015». *American Economic Journal: Applied Economics* 1 (2009), S. 53–63.

3 Für eine sehr langfristige Perspektive, die darauf insistiert, dass Europa lange von seiner Fragmentierung profitiert hat (die Konkurrenz zwischen den Staaten fördert Inno-

Wenn die europäischen Länder sich nicht zusammentun, um eine kooperative und effiziente Kapitalregulierung auf den Weg zu bringen, kann man darauf wetten, dass individuelle und also vornehmlich nationale Kontrollmechanismen (die übrigens in weitem Umfang schon eingeführt wurden, mit einer zuweilen irrationalen Förderung lokaler Champions und heimischer Anteilseigner, von denen man häufig zu Unrecht glaubt, sie seien leichter zu kontrollieren als ausländische Aktionäre) immer mehr die Oberhand gewinnen. Auf diesem Schauplatz hat China allerdings einen Vorsprung, der nicht leicht einzuholen sein wird. Die Kapitalsteuer bringt, als liberale Form der Kapitalkontrolle, den komparativen Vorteil Europas besser zur Geltung.

Umverteilung der Erdölrente?

Zu den Problemen, mit denen eine Regulierung des globalen Kapitalismus und der von ihm gezeitigten Ungleichheiten zu kämpfen hat, gehört auch die geographische Verteilung natürlicher Ressourcen und namentlich der Erdölrente. Ungleichverteilung des Kapitals und Ungleichheit nationaler Geschicke hängen von Grenzverläufen ab, die oft ganz zufälligen Ursprungs sind, und nehmen dadurch bisweilen extreme Ausmaße an. Wäre die Welt eine einzige demokratische Weltgemeinschaft, läge die Verteilung der Erdölrente durch eine ideale Kapitalsteuer in greifbarer Nähe. Im nationalen Rahmen geschieht dies häufig schon durch Gesetze, die einen Teil der natürlichen Ressourcen zu Gemeinschaftseigentum erklären. Zweifellos unterliegen diese Gesetze historischen Veränderungen und variieren von Land zu Land. Immerhin besteht Grund zu der Hoffnung, dass demokratische Entscheidungsprozesse mehr und mehr zu vernünftigen Lösungen führen werden. Wenn zum Beispiel morgen jemand in seinem Garten einen Schatz fände, der mehr Wert wäre als alle Nationalvermögen zusammen, wäre es wahrscheinlich (oder könnte man zumindest hoffen), dass sich gesetzliche Regelungen finden, die es erlauben, ihn angemessen zu verteilen.

---

vationen, insbesondere solche der Militärtechnologie), bevor sie ein Handicap gegenüber China wird, siehe J.-L. Rosenthal, R. Bin Wong: *Before und Beyond Divergence. The Politics of Economic Change in China and Europe*, Cambridge, MA: Harvard University Press 2011.

Da die Welt keine große demokratische Gemeinschaft ist, verlaufen Auseinandersetzungen über eine mögliche Verteilung natürlicher Ressourcen oft sehr viel weniger friedlich. 1990/91, im Augenblick des Zusammenbruchs der Sowjetunion, kommt es zu einem weiteren Ereignis, das für das 21. Jahrhundert von grundlegender Bedeutung ist. Der Irak, ein Land mit 35 Millionen Einwohnern, beschließt in das kleine Kuwait einzumarschieren, ein benachbartes Land mit kaum 1 Million Einwohnern, das über Erdölvorkommen im selben Umfang wie der Irak verfügt. Das hängt mit geographischen Zufällen zusammen, gewiss, aber auch mit dem post-kolonialen Gewaltstreich westlicher Ölgesellschaften und ihrer Regierungen, die es zuweilen vorziehen, mit bevölkerungsarmen Ländern Geschäfte zu machen (ob das langfristig eine kluge Entscheidung ist, steht keineswegs fest). Fest steht jedenfalls, dass dieselben Länder nicht gezögert haben, Truppen in einer Stärke von 900 000 Mann zu entsenden, um Kuwait wieder in seine Rechte als legitimer Eigentümer seiner Erdölreserven einzusetzen (was beweist, wenn es denn des Beweises noch bedürfte, dass Staaten erhebliche Mittel mobilisieren können, sobald sie ihren Entscheidungen Respekt verschaffen wollen). Das war 1991. Auf diesen ersten folgte 2003 der zweite Irakkrieg, diesmal mit einer weniger starken westlichen Allianz. Diese Ereignisse spielen heute noch eine maßgebliche Rolle.

Wie hoch eine Besteuerung des Erdölkapitals in einer politischen Weltgemeinschaft ausfallen sollte – oder auch nur in einer politischen Gemeinschaft des Mittleren Ostens –, die sich auf Gerechtigkeit und den Gemeinnutzen gründen würde, steht hier nicht zur Entscheidung an. Man kann nur beobachten, dass die Ungleichverteilung des Kapitals in dieser Weltregion nie gekannte Ausmaße annimmt, die zweifellos ohne äußeren militärischen Schutz lange schon zu existieren aufgehört hätten. Das Gesamtbudget, über das der ägyptische Bildungsminister und sein öffentlicher Dienst verfügen, um sämtliche Grundschulen, Realschulen, Gymnasien, Universitäten dieses Landes zu finanzieren, beläuft sich 2013 auf weniger als 5 Milliarden Dollar.[1] Nur ein paar hundert Kilometer weiter erreichen die Erdöleinnahmen Saudi-Arabiens und seiner 20 Millionen Saudis 300 Milliarden Dollar und überschreiten die Einnahmen Katars und seiner 300 000 Kataris von

1 Siehe Technischer Anhang.

100 Milliarden Dollar. Zur gleichen Zeit überlegt sich die internationale Gemeinschaft, ob sie Ägypten neuerlich einen Kredit von ein paar Milliarden Dollar gewähren oder vielmehr abwarten soll, bis das Land, wie es das versprochen hat, seine Steuern auf Getränke und Zigaretten erhöht. Natürlich versteht es sich, dass man soweit wie möglich verhindern sollte, dass Umverteilungen mit Waffengewalt erzwungen werden (umso mehr, als es die Absicht des irakischen Eindringlings war, sich neue Waffen zu kaufen, nicht neue Schulen zu bauen) – aber doch unter der Bedingung, dass man andere Mittel findet, etwa in Gestalt von Sanktionen, Abgaben und Hilfen, die zu einer gerechteren Verteilung der Erdölrente führen und den Ländern ohne Erdölvorkommen gleichfalls Entwicklungschancen eröffnen.

Umverteilung durch Einwanderung

Eine friedlichere Form der Umverteilung und der Regulierung der globalen Ungleichverteilung des Kapitals ist offenbar die Einwanderung. Statt das Kapital zu verlagern, was mit allen erdenklichen Schwierigkeiten einhergeht, ist es zuweilen eine einfachere Lösung, die Arbeit dorthin zu bringen, wo höhere Löhne gezahlt werden. Zweifellos liegt darin der große Beitrag der Vereinigten Staaten zur globalen Umverteilung. Das Land ist auf diese Weise von kaum 3 Millionen Einwohnern zur Zeit der amerikanischen Unabhängigkeit auf die 300 Millionen angewachsen, die es heute hat, und das zum großen Teil vermöge der Migrationsströme. Darum sind auch die Vereinigten Staaten noch weit davon entfernt, zu jenem «alten Europa des 21. Jahrhunderts» zu werden, von dem wir im letzten Kapitel gesprochen haben. Die Immigration bleibt der Zement, der Amerika zusammenhält und dafür sorgt, dass aus der Vergangenheit überkommenes Kapital nicht dieselbe Bedeutung erlangt wie in Europa. Und sie bleibt auch die Kraft, die jene immer stärkere Ungleichheit der Arbeitseinkommen politisch und sozial erträglich macht. Für einen Gutteil der am schlechtesten bezahlten 50 % der Amerikaner sind diese Ungleichheiten aus dem ganz einfachen Grund zweitrangig, dass sie in weniger reichen Ländern geboren und selbst deutlich aufgestiegen sind. Man muss aber betonen, dass dieser Mechanismus der Umverteilung durch Immigration, der es Personen aus armen Ländern erlaubt, ihr Schicksal zu verbessern, indem sie in reiche Länder einwandern, zwischen 2000 und 2010 in Europa eine ebenso große Rolle wie in den Vereinigten Staaten gespielt hat. In dieser Hinsicht ist der Unterschied zwischen Alter und Neuer Welt vielleicht im Begriff, sich teilweise aufzulösen.[1]

Aber so wünschenswert Umverteilung durch Einwanderung ist, so sehr ist auch zu betonen, dass sie nur einen Teil des Problems der Ungleichheit regelt. Wenn sich Produktion und Durchschnittseinkommen in den verschiedenen Ländern durch Einwanderung und vor allem durch das Aufholen der Produktivität in den armen Ländern angeglichen haben werden, sind die Probleme, die von den Ungleichheiten und insbesondere von der Dynamik der Vermögenskonzentration auf globaler Ebene aufgeworfen werden, nicht schon aus der Welt. Die Umverteilung durch Einwanderung schiebt das Problem nur etwas auf, aber sie dispensiert uns nicht davon, Regulierungen einzuführen – Sozialstaat, progressive Einkommensteuer, progressive Kapitalsteuer –, die nichts von ihrer Dringlichkeit verlieren. Im Übrigen muss man bedenken, dass Einwanderung umso größere Chancen hat, von den am wenigsten begünstigten Einwohnern der reichen Länder gut aufgenommen zu werden, wenn jene Einrichtungen dafür sorgen, dass alle Nutznießer der Vorteile der Globalisierung sind. Wenn es Freihandel und freien Kapital- und Personenverkehr gibt, während zugleich der Sozialstaat und jede Form progressiver Steuern abgebaut werden, dann steht sehr zu befürchten, dass Versuche nationaler Abschottung und Identitätsbehauptung mehr denn je erstarken – in Europa wie in den Vereinigten Staaten.

Schließlich ist zu betonen, dass es zuallererst die Länder des Südens wären, die von einem transparenteren und gerechteren internationalen Steuersystem profitieren würden. In Afrika liegen ausgehende Kapitalströme seit jeher sehr viel höher als die eingehende internationale Hilfe. Es ist fraglos eine gute Sache, wenn in den reichen Ländern einer Hand-

1 Von 2000–2010 erreicht die Rate dauerhafter Integration (in Prozent der Bevölkerung des aufnehmenden Landes ausgedrückt) 0,6–0,7 % in mehreren europäischen Ländern (Italien, Spanien, Schweden, Großbritannien) gegenüber 0,4 % in den Vereinigten Staaten und 0,2–0,3 % in Frankreich und Deutschland. Siehe den Technischen Anhang. Mit der Krise haben bestimmte Ströme bereits begonnen, sich umzukehren, insbesondere zwischen Südeuropa und Deutschland. Betrachtet man Europa insgesamt, so war zwischen 2000 und 2010 die permanente Einwanderung nicht weit vom nordamerikanischen Niveau entfernt. Die Geburtenrate blieb indessen in Nordamerika deutlich höher.

voll afrikanischer Ex-Diktatoren der Prozess wegen unrechtmäßig erworbener Besitztümer gemacht wird. Noch hilfreicher wären jedoch eine internationale Fiskalkooperation und automatischer Bankdatenaustausch, die es den afrikanischen und europäischen Ländern erlauben würden, sehr viel systematischer und methodischer einer Plünderung Einhalt zu gebieten, an der sich übrigens europäische Gesellschaften und Aktionäre mindestens ebenso beteiligen wie skrupellose afrikanische Eliten. Auch darauf halten finanzielle Transparenz und eine globale progressive Kapitalsteuer die beste Antwort bereit.

16.

DIE FRAGE DER STAATSSCHULD

Ein Staat kann seine Ausgaben im Wesentlichen auf zwei Weisen finanzieren: durch Steuern oder Schulden. Im Allgemeinen sind Steuern die sehr viel bessere Lösung, da sie gerechter und wirksamer zugleich sind. Schulden haben den Nachteil, meist abbezahlt werden zu müssen, und liegen daher vornehmlich im Interesse derer, die reich genug sind, dem Staat Geld zu leihen. Dessen Interesse liegt wiederum eher darin, dass dieselben Personen Steuern zahlen. Dennoch gibt es eine ganze Reihe von Gründen, guten wie schlechten, aus denen Regierungen Zuflucht zu Krediten nehmen und Schulden anhäufen – wenn sie ihnen nicht schon in großem Umfang von ihren Vorgängern hinterlassen werden. Zu Beginn des 21. Jahrhunderts scheinen die reichen Länder in eine Schuldenkrise verstrickt, deren Ende nicht abzusehen ist. Gewiss finden sich in der Geschichte, wie sich im zweiten Teil dieses Buches gezeigt hat, höhere öffentliche Schuldenstände, insbesondere in Großbritannien. Dort ist die Staatsschuld ein erstes Mal am Ende der Napoleonischen Kriege und ein zweites Mal nach dem Zweiten Weltkrieg auf das Zweifache des jährlichen Nationaleinkommens gestiegen. Darüber darf man freilich nicht vergessen, dass die Industrieländer mit einer Staatsschuld, die im Durchschnitt fast ein jährliches Nationaleinkommen beträgt, einen seit 1945 nicht mehr gekannten Verschuldungsgrad erreicht haben. Die Schwellenländer haben, obwohl an Einkommen wie Kapital ärmer als die reiche Welt, sehr viel geringere Staatsschulden (durchschnittlich 30 % des BIP). Das zeigt, wie sehr die Frage der öffentlichen Schuld nicht eine Frage des absoluten Reichtums, sondern seiner Verteilung ist, namentlich zwischen öffentlichen und privaten

Akteuren. Die reiche Welt ist reich. Arm sind nur die Staaten. Der Extremfall ist Europa. Der Kontinent mit dem größten Privatvermögen hat die größten Schwierigkeiten, seine Staatsschuldenkrise zu bewältigen. Merkwürdiges Paradox.

Wir untersuchen zunächst die verschiedenen Möglichkeiten, hohe Staatsschulden abzubauen. Das wird uns dazu führen, die unterschiedlichen Rollen, die in der Praxis die Zentralbanken bei der Regulierung und Umverteilung von Kapital spielen, und die Sackgassen zu untersuchen, in die eine europäische Einigung führt, die sich ganz auf die Frage der Währung konzentriert und darüber die Frage der Steuern und der Schulden offenbar vernachlässigt hat. Schließlich werden wir uns der Frage nach der optimalen Akkumulation von Staatskapital und dessen Verhältnis zum Privatkapital im 21. Jahrhundert widmen – im Kontext schwachen Wachstums und der möglichen Zerstörung von Naturkapital.

Staatsschulden abbauen – Kapitalsteuer, Inflation oder Sparmaßnahmen

Wie kann man vorgehen, um hohe Staatsschulden abzubauen, wie wir sie in Europa derzeit haben? Es gibt drei Hauptmethoden, die sich in unterschiedlicher Dosierung kombinieren lassen: Kapitalsteuer, Inflation, Sparmaßnahmen. Eine außerordentliche Steuer auf Privatkapital ist die gerechteste und zugleich wirksamste Lösung. Mangels dieser Lösung kann die Inflation eine nützliche Rolle spielen – und tatsächlich sind durch Inflation hohe Staatsschulden in der Geschichte meist abgebaut worden. Die schlechteste, weil zugleich ungerechteste und unwirksamste Lösung besteht in anhaltenden Sparmaßnahmen, die trotzdem diejenige Strategie darstellen, die derzeit in Europa verfolgt wird.

Rufen wir uns zunächst die Gesamtstruktur des Nationalvermögens in Europa zu Beginn des 21. Jahrhunderts in Erinnerung. Wie wir im zweiten Teil dieses Buches gesehen haben, beläuft sich das Nationalvermögen derzeit in den meisten europäischen Ländern auf das Sechsfache des jährlichen Nationaleinkommens und befindet sich fast vollständig im Besitz privater Akteure (also der Haushalte). Das Gesamtvolumen öffentlicher Aktiva ist dasselbe wie das der öffentlichen Schulden (ungefähr ein jährliches Nationaleinkommen). Das öffentliche Nettovermögen ist daher fast gleich Null.[1] Die Privatvermögen lassen sich in zwei annähernd gleich große Hälften aufteilen: Immobilien- und Finanzwerte (abzüglich privater Schulden). Die offizielle Vermögensposition Europas gegenüber dem Rest der Welt ist im Durchschnitt mehr oder weniger ausgeglichen. Das bedeutet, dass die europäischen Unternehmen ebenso wie die europäischen Staatsschulden durchschnittlich den europäischen Haushalten gehören (oder genauer: was der Rest der Welt in Europa besitzt, wird ausgeglichen durch das, was Europäer im Rest der Welt besitzen). Aufgrund der Komplexität, die das System der Finanzvermittler erzeugt (erst trägt man seine Ersparnisse auf die Bank oder investiert sie in ein Finanzprodukt, dann investiert die Bank sie anderswo), liegt diese Realität nicht offen zu Tage. Sie ist darum aber nicht weniger real. Die europäischen Haushalte (zumindest diejenigen, die überhaupt etwas besitzen – vergessen wir nicht, dass Vermögen stets sehr konzentriert ist, mit mehr als 60 % des Gesamtvolumens für die reichsten 10 %) besitzen alles, was es in Europa zu besitzen gibt – natürlich einschließlich der Staatsschulden.[2]

Wie lässt sich unter diesen Bedingungen die Staatsschuld auf Null reduzieren? Eine Möglichkeit bestünde in der Privatisierung aller öffentlichen Vermögenswerte. Glaubt man den Volkswirtschaftlichen Gesamtrechnungen, wie sie in den verschiedenen europäischen Ländern erstellt werden, so würde der Erlös aus dem Verkauf aller öffentlichen Gebäude, Schulen, Universitäten, Krankenhäuser, Polizeiwachen, diverser Infrastrukturen etc.[3] in etwa ausreichen, die Staatsschulden zu begleichen. Statt in Gestalt ihrer Geldanlagen die Staatsschuld zu besitzen, würden die vermögendsten europäischen Haushalte unmittelbar Eigentümer der Schulen, Krankenhäuser, Polizeiwachen etc. werden. Danach müsste man ihnen Miete zahlen, um die entsprechen-

1 Siehe besonders zweiter Teil, Kapitel 3, Tabelle 3.1.

2 Fügen wir hinzu, dass unter Berücksichtigung der Aktiva, die von den europäischen Haushalten in Steueroasen gehalten werden, die reale Vermögensposition Europas deutlich positiv wird; die europäischen Haushalte besitzen alles, was es in Europa überhaupt zu besitzen gibt – und einen Teil des Rests der Welt. Siehe dritter Teil, Kapitel 12, Grafik 12.6.

3 Und aus dem Verkauf der öffentlichen Finanzaktiva (die freilich unbedeutend sind verglichen mit den nicht-finanziellen Vermögenswerten). Siehe dritter Teil, Kapitel 12, und Technischer Anhang.

den öffentlichen Dienste weiter zu gewährleisten. Diese Lösung, die zuweilen ernsthaft ins Gespräch gebracht wird, scheint mir unter keinen Umständen vertretbar. Um seine Aufgaben ordnungsgemäß und nachhaltig zu erfüllen, insbesondere im Bildungs-, Sicherheits- und Gesundheitssystem, ist es unverzichtbar, dass der moderne europäische Sozialstaat weiterhin die entsprechenden öffentlichen Aktiva besitzt. Darüber darf man aber nicht vergessen, dass die derzeitige Lage, in der zwar keine Mieten, aber jedes Jahr die erheblichen Zinsen der Staatsverschuldung zu begleichen sind, davon gar nicht so weit entfernt ist, da diese Zinsen die öffentlichen Haushalte nicht minder schwer belasten.

Die mit weitem Abstand überzeugendste Lösung, um die Staatsschuld abzubauen, liegt in der Erhebung einer einmaligen Vermögensabgabe, also einer außerordentlichen Steuer auf Privatkapital. Zum Beispiel würde eine Proportionalsteuer von 15 % auf alle privaten Vermögen fast ein jährliches Nationaleinkommen einbringen und damit ausreichen, um auf einen Schlag alle Staatsschulden zu tilgen. Der Staat behielte seine öffentlichen Vermögenswerte, aber seine Schulden würden auf Null reduziert und er hätte folglich keine Zinsen mehr zu begleichen.[1] Diese Lösung kommt einem totalen Schuldenschnitt gleich, allerdings mit zwei wesentlichen Unterschieden.[2]

Zunächst ist es stets schwierig vorherzusehen, wie ein (sei's auch nur partieller) Schuldenschnitt sich am Ende auswirken wird. Die Maßnahme des totalen oder partiellen Default, bei dem der Staat die Zahlung seiner Schulden einstellt, wird oft im Krisenfall extremer Staatsüberschuldung ergriffen, wie 2011/12 in Griechenland, in Form eines mehr oder weniger radikalen Haircut, wie man heute gern sagt. Der Wert der öffentlichen Schuldtitel, die von Banken und verschiedenen Gläubigern gehalten werden, wird um 10 % oder 20 % (oder mehr) verringert. Bei einer Anwendung dieser Maßnahme im großen Stil, zum Beispiel auf ganz Europa und nicht nur auf Griechenland (das für kaum 2 % des europäischen BIP aufkommt), könnte man aber

1 Der Abbau der Zinslast würde einerseits Steuersenkungen, andererseits Investitionen, insbesondere in Bildung ermöglichen (siehe weiter unten).

2 Die Entsprechung wäre vollständig, würde man die Vermögen nach der Ansässigkeit der Immobilien- und Finanzwerte (unter Einschluss der in Europa lokalisierten öffentlichen Schuldtitel) und nicht allein nach der ihrer Besitzer besteuern. Wir kommen auf diesen Punkt zurück.

eine Wette darauf abschließen, dass es zu einer Bankenpanik und einer Welle von Insolvenzen käme. Abhängig von der Identität der Banken, die diese oder jene Art von Papieren halten, von der Struktur ihrer Bilanz, von der Identität ihrer Gläubiger und der Haushalte, die ihre Ersparnisse in der einen oder anderen Form diesen Instituten anvertraut haben etc., ist mit ganz unterschiedlichen Auswirkungen zu rechnen, die sich unmöglich genau vorhersehen lassen. Zudem ist es sehr gut möglich, dass es den Besitzern der größten Vermögen gelingt, ihre Portfolios rechtzeitig umzustrukturieren und vom Haircut fast völlig verschont zu bleiben. Man stellt sich oft vor, ein Haircut würde diejenigen zur Kasse bitten, die besonders große Risiken eingegangen sind. Nichts könnte weiter von der Wahrheit entfernt sein. Angesichts der hohen Transaktionsfrequenz auf den Finanzmärkten und bei der Portfoliowahl gibt es nicht die mindesten Garantien, dass wirklich diejenigen belastet werden, die belastet werden sollten. Durch eine außerordentliche Kapitalsteuer oder einmalige Vermögensabgabe, die gleichsam ein fiskalischer Haircut ist, lassen die Dinge sich sehr viel zivilisierter regeln. Man stellt sicher, dass jeder den geforderten Beitrag leistet, und man vermeidet vor allem Bankeninsolvenzen, da wirkliche Besitzer (physische Personen), nicht Finanzinstitute zahlen müssen. Dafür ist einmal mehr die ständige automatische Übermittlung von Bankdaten über die Gesamtheit privater Vermögen an die Behörden unerlässlich. Für welche Politik man sich am Ende auch immer entscheiden mag – ohne Finanzkataster bleibt sie ein Glücksspiel.

Der größte Vorteil einer fiskalischen Lösung liegt aber darin, dass sie den Beitrag, der dem Einzelnen abverlangt wird, von der Größe seines Vermögens abhängig machen kann. Daher wäre es auch wenig sinnvoll, eine außerordentliche Proportionalsteuer von 15 % auf alle europäischen Privatvermögen zu erheben. Angemessener ist ein progressiver Tarif, der kleinere Vermögen verschont und größere stärker in die Pflicht nimmt. Auf ihre Weise sehen die europäischen Bankengesetze dies schon vor, da sie im Insolvenzfall für Einlagen unter 100 000 Euro bürgen. Die progressive Kapitalsteuer leistet eine Verallgemeinerung dieser Logik, da sie es erlaubt, den geforderten Beitrag durch Anwendung verschiedener Steuerstufen sehr viel präziser auf die Beitragsfähigkeit abzustimmen (vollständige Garantie bis 100 000 Euro, partielle Sicherung von 100 000 bis 500 000 Euro, und so weiter, mit so vielen Stufen wie nötig). Zudem hat dieses Instrument den Vorzug, die Kapitalsteuer auf sämtliche Aktiva (unter Einschluss von Aktien, ob börsennotiert oder nicht), nicht bloß auf Bankdepots zu erheben. Dieser letztere Aspekt ist absolut entscheidend, will man wirklich die Eigentümer der größten Vermögen belasten, deren Ersparnisse selten auf einem Girokonto liegen.

Im Übrigen wäre es zweifellos zu viel verlangt, auf einen Schlag die Staatsschulden auf Null senken zu wollen. Nehmen wir an, um ein realistischeres Beispiel anzuführen, man würde versuchen, die europäischen Staatsschulden um 20 % des BIP zu senken. Damit könnte man von derzeit 90 % auf 70 % kommen, was auch der von den europäischen Verträgen derzeit vorgesehenen Maximalverschuldung entspricht.[1] Wie wir im vorigen Kapitel bemerkt haben, brächte eine progressive Kapitalsteuer von 0 % auf Nettovermögen unter 1 Million Euro, von 1 % für die Stufe von 1 bis 5 Millionen Euro, und von 2 % für die oberste Stufe über 5 Millionen Euro das Äquivalent von 2 % des europäischen BIP ein. Um auf einen Schlag ein Aufkommen von 20 % des BIP zu erzielen, würde es also genügen, eine einmalige Vermögensabgabe mit Sätzen von 0 % unter 1 Million, 10 % zwischen 1 und 5 Millionen und 20 % über 5 Millionen Euro zu erheben.[2] Es ist bemerkenswert, dass die außerordentliche Kapitalabgabe, die 1945 in Frankreich erhoben wurde und ihrerseits auf einen Abbau der Staatsschuld zielte, einen progressiven Tarif von 0–25 % für die höchsten Vermögen vorsah.[3]

Zum gleichen Ergebnis kann man kommen, indem man über einen Zeitraum von zehn Jahren eine Kapitalsteuer mit Sätzen von 0 %, 1 % und 2 % erhebt und das Aufkommen zur Entschuldung verwendet – zum Beispiel mittels eines «Tilgungsfonds», wie ihn 2011 der regierungsnahe Sachverständigenrat der «Wirtschaftsweisen» in Deutschland vorgeschlagen hat. Dieser Vorschlag, der eine Vergemeinschaftung aller Staatsschulden empfiehlt, die über 60 % des BIP liegen (insbesondere diejenigen Deutschlands, Frankreichs, Italiens und Spaniens), mit der Auflage, die in den Fonds ausgelagerten Schulden in einem

1 Wir kommen weiter unten auf die Frage nach dem langfristigen Optimalniveau der öffentlichen Verschuldung zurück, die sich nicht unabhängig von der Frage nach dem Optimalniveau der öffentlichen und privaten Kapitalakkumulation entscheiden lässt.

2 Ausgehend von Tabelle S15.1 (online verfügbar) lassen sich auch andere Tarife simulieren.

3 Siehe Kapitel 10.

bestimmten Zeitraum zu tilgen, ist gewiss nicht perfekt. Zu seiner Durchführung fehlen insbesondere die demokratischen Steuerungsorgane, ohne die eine Vergemeinschaftung der europäischen Verbindlichkeiten, wie wir weiter unten sehen werden, nicht funktionieren kann. Aber er hat den Vorzug, dass es ihn gibt, und er ließe sich sehr gut mit einer einmaligen oder Zehn-Jahres-Steuer auf Kapital verbinden.[1]

Führt Inflation zur Umverteilung von Reichtum?

Nehmen wir unsere Überlegungen wieder auf. Wie wir gesehen haben, ist die außerordentliche Steuer auf Kapital (oder einmalige Vermögensabgabe) der beste Weg, hohe Staatsschulden abzubauen. Es handelt sich um die mit weitem Abstand transparenteste, gerechteste und wirksamste Methode. Mangels dieser Lösung kann man zur Inflation Zuflucht nehmen. Staatsschulden sind ein Nominalwert (das heißt einer, dessen Preis im Voraus festgesetzt wird und nicht von der Inflation abhängig ist), kein Realwert (dessen Preis sich in Abhängigkeit von der Wirtschaftslage entwickelt, üblicherweise, etwa bei Immobilien- und Börsenwerten, mindestens so schnell wie die Inflation). Ein wenig zusätzliche Inflation reicht daher aus, um den Realwert der Staatsschulden sehr stark zu reduzieren. Bei einer jährlichen Inflation von 5 % statt 2 % wird sich zum Beispiel nach fünf Jahren (unter ansonsten gleichen Bedingungen) der Realwert der Schulden um zusätzliche 15 % reduziert haben – was beträchtlich ist.

Eine solche Lösung ist überaus verlockend. Tatsächlich sind auf diese Weise die meisten hohen öffentlichen Schulden in der Geschichte abgebaut worden, insbesondere während des 20. Jahrhunderts, in sämtlichen europäischen Ländern. In Frankreich und Deutschland zum Beispiel lag von 1913 bis 1950 die jährliche Inflation durchschnitt-

1 Zum «Tilgungsfonds» siehe German Council of Economic Experts: *Annual Report 2011* (November 2011); *The European Redemption Pact. Questions and Answers* (Januar 2012). Technisch sind beide Ideen vollkommen vereinbar. Politisch und symbolisch ist es freilich möglich, dass der Begriff «Tilgung» bzw. *redemption* (der zumal im Englischen auf eine lange und von der gesamten Bevölkerung geteilte Leidenszeit zu verweisen scheint) sich nicht recht mit dem Begriff der progressiven Kapitalsteuer verträgt.

lich bei 13 bzw. 17 %. Dadurch hatten beide Länder die Chance, mit einer niedrigen Schuldenlast zu Beginn der 1950er Jahre ihren Wiederaufbau in Angriff zu nehmen. Namentlich Deutschland ist das Land, das im Laufe seiner Geschichte am massivsten auf die Inflation gesetzt hat (aber auch auf schlichte Annullierung seiner Verbindlichkeiten), um sich seiner Staatsschulden zu entledigen.[1]

Sieht man einmal von der Europäischen Zentralbank ab, die derzeit die mit Abstand größte Zurückhaltung gegenüber dieser Lösung an den Tag legt, so ist es kein Zufall, wenn alle großen Zentralbanken dieser Erde, ob es sich um die amerikanische Federal Reserve, die Bank of Japan oder die Bank of England handelt, mehr oder weniger explizit ihr Inflationsziel sehr hoch ansetzen und diverse Strategien einer «unkonventionellen Geldpolitik» ausprobieren (wir kommen darauf zurück). Sollten sie damit Erfolg haben und ihre Inflationsrate steigt auf 5 % statt 2 % (was freilich noch nicht erreicht ist), dann werden diese Länder tatsächlich sehr viel schneller den Weg aus der Überschuldung finden als die Länder der Eurozone, deren wirtschaftliche Aussichten dadurch verdüstert erscheinen, dass kein Ausweg aus der Schuldenkrise absehbar ist und in den verschiedenen Ländern Ungewissheit darüber herrscht, wie die Fiskal- und Haushaltsunion Europas langfristig aussehen soll.

Tatsächlich kann es, und das muss man sich in aller Deutlichkeit klarmachen, ohne außerordentliche Kapitalsteuer und zusätzliche Inflation Jahrzehnte dauern, um einen so hohen Staatsschuldenstand abzubauen, wie wir ihn heute in Europa haben. Um es an einem Extremfall zu verdeutlichen: Nehmen wir eine dauerhafte Nullinflation an, ein jährliches Wachstum des BIP von 2 % (was im gegenwärtigen

1 Der Tilgungseffekt der Inflation wurde dadurch ergänzt, dass ein bedeutender Teil der deutschen Schulden dem Land von den Alliierten nach dem Zweiten Weltkrieg schlicht und einfach erlassen wurde – oder vielmehr auf eine eventuelle Wiedervereinigung Deutschlands verschoben und nach derselben nie beglichen. Nach den Berechnungen des deutschen Historikers Albrecht Ritschl kommt man auf nicht unerhebliche Summen, wenn man sie unter Verwendung eines angemessenen Satzes rekapitalisiert. Ein Teil dieser Schulden ging auf Besatzungsabgaben zurück, die Griechenland während der deutschen Besatzung zahlen musste – was endlose und weitgehend unentscheidbare Auseinandersetzungen nach sich zog. Dadurch wird die gegenwärtige Lage, in der man Griechenland heute eine Logik der Sparsamkeit und der Schuldentilgung auferlegt, noch etwas komplizierter. Siehe zu diesen Fragen A. Ritschl: «Does Germany owe Greece a debt? The European debt crisis in historical perspective», Londons School of Econcomics 2012.

europäischen Kontext keineswegs verbürgt ist, da die Sparpolitik zumindest kurzfristig eine stark rezessive Wirkung hat) und schließlich ein auf 1 % des BIP beschränktes Haushaltsdefizit (das in Anbetracht der Schuldzinsen einen erheblichen primären Haushaltsüberschuss voraussetzt). Unter diesen Bedingungen bräuchte es 20 Jahre, um die öffentliche Verschuldung (ausgedrückt in Prozent des BIP) um 20 Punkte zu senken.[1] Liegt dagegen das Wachstum zuweilen unter 2 % und das Defizit zuweilen über 1 %, kann es auch leicht dreißig oder vierzig Jahre dauern, bis es dahin kommt. Kapital zu akkumulieren braucht Jahrzehnte, Schulden abzubauen kann gleichfalls sehr viel Zeit in Anspruch nehmen.

Das interessanteste historische Beispiel eines lang anhaltenden Sparkurses ist das Großbritanniens im 19. Jahrhundert. Wie wir im zweiten Teil dieses Buchs festgehalten haben (Kapitel 3), waren Haushaltsüberschüsse eines ganzen Jahrhunderts nötig, um das Land von den enormen Staatsschulden zu befreien, die ihm die Napoleonischen Kriege beschert hatten. Insgesamt mussten britische Steuerzahler in dieser Zeit mehr für Schuldzinsen aufbringen als für ihr gesamtes Bildungssystem. Die Entscheidung dafür lag sicher im Interesse der Besitzer von Staatsanleihen, aber wohl kaum im Allgemeininteresse des Landes. Man kann sich des Gedankens nicht erwehren, dass der britische Bildungsrückstand das Seine zum Niedergang des Landes in den folgenden Jahrzehnten beigetragen hat. Gewiss handelte es sich seinerzeit um Verbindlichkeiten, die bei über 200 % des BIP lagen (und nicht bei kaum 100 %, wie heute). Und gewiss gab es im 19. Jahrhundert praktisch keine Inflation (während heutzutage ein Inflationsziel von 2 % allgemein akzeptiert ist). Es gibt also Grund zu der Hoffnung, dass die europäische Sparsamkeit nur zehn oder zwanzig Jahre (im günstigsten Fall), nicht ein ganzes Jahrhundert durchgehalten werden muss. Dennoch wäre das eine lange Zeit. Man kann durchaus der Ansicht sein, Europa habe Besseres zu tun, um sich für seine Zukunft in der Weltwirtschaft des 21. Jahrhunderts zu rüsten, als mehrere Prozentpunkte seines BIP auf die Tilgung seiner Staatsschulden zu verwenden, während gleichzeitig die europäischen Länder

1 Wenn das BIP um 2 % pro Jahr steigt und die Schuld um 1 % pro Jahr, dann sinkt die in Prozent des BIP ausgedrückte Schuld um etwa 1 % pro Jahr (unter der Voraussetzung, dass man von einer Gesamtschuld ausgeht, die ähnlich hoch wie das BIP ist).

durchschnittlich weniger als einen Punkt des BIP in ihre Universitäten investieren.[1]

Dennoch muss man zugleich betonen, dass Inflation ein sehr unvollkommener Ersatz für die progressive Kapitalsteuer ist und eine Reihe unerwünschter Nebeneffekte haben kann. Das erste Problem ist das Risiko eines Schneeballeffekts: Es gibt keine Garantie, dass man die Inflation auf 5 % beschränken kann, hat man sie einmal in Gang gesetzt. Wenn sich die Inflationsspirale erst dreht, will jeder, dass der Lohn, den er bekommt, und die Preise, die er zahlen muss, sich in einer Weise entwickeln, die ihm zugutekommt, und es kann sich als sehr schwierig erweisen, einer solchen Mechanik Einhalt zu gebieten. Von 1945 bis 1948, in vier aufeinanderfolgenden Jahren, liegt in Frankreich die Inflationsrate über 50 %. Die öffentliche Schuld schrumpft auf fast nichts zusammen, sehr viel radikaler, als durch die einmalige Vermögensabgabe, die 1945 erhoben wird. Aber Millionen von Kleinsparern wurden durch die Inflation völlig ruiniert, was die endemische Altersarmut in den 1950er Jahren verschlimmert.[2] In Deutschland werden zwischen Anfang und Ende 1923 die Preise mit hundert Millionen multipliziert. Wirtschaft und Gesellschaft sind durch diese Episode dauerhaft traumatisiert. Zweifellos wird das deutsche Verhältnis zur Inflation durch dieses Trauma weiterhin geprägt. Die zweite Schwierigkeit liegt darin, dass die Inflation viel von der gewünschten Wirkung verliert, sobald sie auf Dauer gestellt und vorhersehbar wird (vor allem verlangen dann diejenigen, die dem Staat Geld leihen, einen höheren Zinssatz).

---

1 Die einmalige Vermögensabgabe oder die Zehn-Jahres-Steuer auf Kapital, die wir weiter oben beschrieben haben, ist eine Art Primärüberschuss, der für die Tilgung der Schuld verwendet wird. Der Unterschied liegt darin, dass es sich um eine neue Einnahmequelle handelt, von der die Mehrheit der Bevölkerung nicht belastet wird und die die übrigen öffentlichen Budgets nicht angreift. Praktisch gibt es einen fließenden Übergang zwischen den verschiedenen Lösungen (Kapitalsteuer, Inflation, Sparmaßnahmen): Alles hängt also von der Dosierung ab und davon, wie die Last der Tilgung auf die unterschiedlichen sozialen Gruppen verteilt wird. Die Kapitalsteuer mutet den Besitzern großer Vermögen mehr zu, während die Sparmaßnahmen sie meist zu verschonen suchen.

2 Die Geldvermögen waren sicher durch den Zusammenbruch der Börsenmärkte schon weitgehend zerstört worden. Dennoch stellt die Inflation von 1945 bis 1948 einen zusätzlichen Schock dar. Die Antwort darauf liegt in der Altersgrundsicherung (1956 ins Leben gerufen) und in der Entwicklung der umlagefinanzierten Rentensysteme (die 1945 entstanden, aber sich nur allmählich weiterentwickelten).

Bleibt ein Argument zugunsten der Inflation. Während eine Kapitalsteuer, wie alle Steuern, Leute um ihr Geld bringt, die es sinnvoll verwenden (konsumieren oder investieren), gebührt der Inflation in ihrer idealisierten Version das Verdienst, besonders hart diejenigen zu treffen, die ohnehin mit ihrem Geld nichts anzufangen wissen, also zu viel davon auf wenig dynamischen Konten und Sparbüchern horten oder es gleich in die Matratze stecken. Verschont wird also, wer alles schon ausgegeben oder in reale Vermögenswerte (Immobilien oder Betriebskapital) investiert oder aber, besser noch, sich verschuldet hat (seine Nominalschuld wird durch die Inflation reduziert, er kommt schneller auf die Beine und kann wieder in neue Projekte investieren). Dieser Idealisierung zufolge ist die Inflation gleichsam eine Besteuerung trägen und eine Förderung dynamischen Kapitals. Darin steckt eine gewisse Wahrheit, die man nicht einfach preisgeben sollte.[1] Wie wir gesehen haben, als wir die Ungleichheit der Rendite in Abhängigkeit vom Ausgangskapital untersucht haben, hindert die Inflation aber die großen und gut diversifizierten Vermögen nicht daran, aufgrund schierer Größe, also unabhängig von persönlichen Leistungen hohe Renditen zu erzielen.[2]

Letztlich ist die Inflation ein relativ grobschlächtiges Instrument, das auch insofern unpräzise ist, als man nie genau abschätzen kann, wer von seiner Anwendung betroffen ist. Manchmal geht die von ihr herbeigeführte Umverteilung von Reichtümern in die richtige, manchmal in die falsche Richtung. Vor die Wahl zwischen etwas mehr Inflation und etwas mehr Sparsamkeit gestellt, wird man zweifellos die Inflation vorziehen müssen. Aber die in Frankreich zuweilen vorgetragene Auffassung, Inflation sei ein quasi ideales Umverteilungsmittel (eine Weise, auch das hört man zuweilen, dem «deutschen Rentier» Geld abzuknöpfen und die alternde Gesellschaft auf der anderen Seite des Rheins zu zwingen, mehr Solidarität mit den anderen Europäern an den Tag zu legen), ist ein Phantasma, wie es naiver nicht sein könnte. Eine über Europa hinweg rollende Inflationswelle hätte faktisch eine ganze Reihe unerwünschter Auswirkungen auf die Verteilung von Reichtümern. Und sie wäre insbesondere zum Schaden von Leuten mit eher bescheidenen Mitteln, in Frankreich, in Deutsch-

1 Es gibt theoretische Modelle, die auf dieser Idee beruhen. Siehe Technischer Anhang.

2 Siehe vor allem die in Kapitel 12 vorgelegten Ergebnisse.

land, in welchem Land auch immer. Umgekehrt blieben die Besitzer großer Immobilien- und Anlagevermögen weitgehend verschont, auf beiden Seiten des Rheins wie überall sonst.[1] Ob es um dauerhaften Abbau von Vermögensungleichheiten geht, oder um Abbau zu hoher Staatsschulden – regelmäßig ist die progressive Kapitalsteuer ein sehr viel geeigneteres Instrument als die Inflation.

Was tun Zentralbanken?

Um die Rolle der Inflation und, allgemeiner, die Rolle der Zentralbanken bei der Regulierung und Umverteilung von Kapital genauer zu verstehen, ist es hilfreich, die aktuelle Krise etwas zurücktreten zu lassen und diese Fragen in einem größeren historischen Kontext zu erörtern. Zu der Zeit, da in allen Ländern der Goldstandard die Norm war, vor dem Ersten Weltkrieg, spielten die Zentralbanken eine sehr viel bescheidenere Rolle als heute. Namentlich die Macht der Geldschöpfung wird in einem solchen System durch den Gold- und Silberbestand stark eingeschränkt. Genau darin liegt eines der offenkundigsten Probleme. Die allgemeine Preisentwicklung hängt vor allem von den Zufällen der Entdeckung von Gold- und Silbervorkommen ab. Wenn der globale Goldbestand statisch ist, die globale Produktion aber stark wächst, muss das Preisniveau kontinuierlich sinken (ein und dieselbe Geldmenge dient als Tauschmittel für eine wachsende Produktion). Das führt in der Praxis zu erheblichen Schwierigkeiten.[2] Stößt man plötzlich auf große Vorkommen, wie in Hispanoamerika im 16. bis 17. Jahrhundert oder in Kalifornien Mitte des 19. Jahrhun-

1 Ebenso würde es sich bei einer Rückkehr nationaler Währungen verhalten. Es ist stets möglich, die öffentliche Schuld mithilfe der Druckerpresse und der Inflation abzubauen, aber es ist schwierig, die Verteilungskonsequenzen eines solchen Prozesses zu beherrschen, ob mit dem Euro oder dem Franc, der Mark oder der Lira.

2 Ein oft angeführtes historisches Beispiel ist das der leichten Deflation (Preis- und Lohnsenkungen), zu der es in den industrialisierten Ländern am Ende des 19. Jahrhunderts kam. Die Deflation wird gemeinhin von den Arbeitgebern so wenig gemocht wie von den Beschäftigten, die darauf warten zu wollen scheinen, dass die anderen Preise und Löhne fallen, bevor sie akzeptieren, dass der sie betreffende ebenfalls fällt – daher eine große Trägheit, die man zuweilen als «nominale Rigidität» bezeichnet. Das wichtigste Argument zugunsten einer schwachen, aber positiven Inflation (typischerweise bei 2 %) lautet, dass sie relative Lohn- und Preisangleichungen eher erlaubt als eine Nullinflation oder eine negative Inflation.

derts, können die Preise sprunghaft ansteigen, was anders geartete Probleme aufwirft und zu unverdienten Bereicherungen führte.[1] All das ist nicht sonderlich befriedigend, und es ist ganz unwahrscheinlich, dass man eines Tages zu einem solchen System zurückkehrt (Gold, das «barbarische Relikt», hatte Keynes gesagt).

Sobald aber jede Referenz auf Metallreserven entfällt, wird verständlicherweise die Geldschöpfungsmacht der Banken potentiell unendlich und muss daher strikt in Grenzen gehalten werden. Daraus entspringt die ganze Debatte über die Unabhängigkeit der Zentralbanken, und das ist zugleich eine Quelle zahlreicher Missverständnisse. Vergegenwärtigen wir uns rasch die wichtigsten Etappen. Zu Beginn der Krise der 1930er Jahre verfolgen die Zentralbanken der Industrieländer eine extrem konservative Politik. Nachdem sie den Goldstandard gerade erst hinter sich gelassen haben, weigern sie sich, die notwendige Liquidität zu schaffen, um die bedrängten Finanzinstitute zu retten, und beschwören so die Welle der Bankenpleiten herauf, die eine ernste Verschlimmerung der Krise zeitigt und die Welt an den Rand des Abgrunds führt. Es ist wichtig sich klarzumachen, wie tief die Traumatisierung durch diese dramatische historische Erfahrung ist. Seither sind sich alle darüber einig, dass die prinzipielle Funktion der Zentralbanken darin besteht, die Stabilität des Finanzsystems zu sichern. Das impliziert, dass sie im Fall absoluter Panik die Rolle des «Kreditgebers letzter Instanz» übernehmen, die darin besteht, die notwendige Liquidität bereitzustellen, um den allgemeinen Zusammenbruch der Finanzinstitute zu verhindern. Es ist entscheidend, sich zu vergegenwärtigen, dass diese Überzeugung seit der Krise der 1930er Jahre von allen Beobachtern geteilt wird, ganz gleich, wie sie ansonsten zum New Deal oder den diversen Formen des Sozialstaats stehen mögen, die nach den Krisen der 1930er Jahre ins Leben gerufen wurden. Zuweilen scheint sich das Vertrauen auf die stabilisierende Rolle der Zentralbank umgekehrt proportional zu demjenigen zu verhalten, welches die Sozial- und Fiskalpolitiken erwecken, die aus der gleichen Zeit stammen.

Besonders deutlich wird dies in der monumentalen *Monetary History of the United States*, die Milton Friedman 1963 veröffentlicht hat. Auf der Grundlage von Archivmaterial und Sitzungsprotokollen

1 Die klassische Theorie des spanischen Niedergangs stellt natürlich die vom Gold geschaffenen Vergünstigungen in Frage.

ihrer verschiedenen Komitees von 1857 bis 1960 schenkt der führende Vertreter des Monetarismus in diesem grundlegenden Werk den kurzfristigen Umschwüngen der von der Federal Reserve verfolgten Geldpolitik die größte Aufmerksamkeit.[1] Es überrascht nicht, wenn das Hauptaugenmerk der Untersuchung auf den schwarzen Jahren der Weltwirtschaftskrise seit 1929 liegt. Für Friedman gibt es keinen Zweifel, dass es die notdürftige und restriktive Politik der Fed war, die den Börsenkrach in eine Kreditkrise verwandelte und die Wirtschaft in die Deflation und eine Rezession nie gekannten Ausmaßes stürzte. Die Krise ist vor allem eine monetäre, und monetär muss daher auch der Ausweg aus der Krise sein. Friedman zieht aus dieser hellsichtigen Analyse eine Reihe transparenter politischer Schlussfolgerungen. Um ein stetiges und von Rückschlägen freies Wachstum in kapitalistischen Wirtschaften zu sichern, ist es nötig (und ausreichend) eine Geldpolitik zu verfolgen, die einen stetigen Anstieg des Preisniveaus garantiert. Der monetaristischen Lehre zufolge war der New Deal mit seiner Fülle öffentlicher Ämter und Sozialtransfers, wie er mit Roosevelt und den Demokraten nach der Krise der 1930er Jahre auf den Plan trat, nur ein groß angelegter, ebenso kostspieliger wie nutzloser Schwindel. Zur Rettung des Kapitalismus braucht es keinen *Welfare State* und keine krakenhafte Regierung. Es braucht nur eine gute Federal Reserve. In den 1960er und 1970er Jahren, in denen ein Teil der Demokraten noch von der Vollendung des Big Deal träumte, während die öffentliche Meinung schon über den relativen Niedergang der Vereinigten Staaten gegenüber einem in vollem Wachstum begriffenen Europa beunruhigt war, schlug diese schlichte und kraftvolle politische Botschaft ein wie eine Bombe. Die Arbeiten von Friedman und der *Chicago School* trugen zweifellos dazu bei, ein Klima wachsenden Misstrauens gegenüber dem unbegrenzten Wachstum des Staates zu schaffen und der konservativen Revolution von 1979/80 den Boden zu bereiten.

Man kann die erwähnten Ereignisse auch anders deuten und sich fragen, was dagegen spricht, einer guten Fed einen guten Sozialstaat und eine gute progressive Steuer zur Seite zu stellen. Es ist nicht einzusehen, weshalb diese verschiedenen Einrichtungen einander nicht eher ergänzen als ersetzen sollten. Wenn die Fed zu Beginn der 1930er

1 Siehe M. Friedman, A. J. Schwartz: *A Monetary History of the United States, 1867–1960*, Princeton: Princeton University Press 1963.

Jahre eine übermäßig restriktive Politik verfolgt hat, sagt das nichts über Verdienste und Grenzen der anderen Institutionen. Was uns hier interessiert, ist aber ein anderer Punkt. Seit Jahrzehnten sind sich alle Ökonomen, ob Monetaristen, Keynesianer oder Neoklassiker, und Beobachter jeder politischen Couleur darin einig, dass die Zentralbanken eine Rolle als Kreditgeber letzter Instanz spielen und alle notwendigen Maßnahmen ergreifen müssen, um den Finanzkollaps und die Deflationsspirale zu verhindern.

Dieser relative historische Konsensus erklärt, weshalb sich weltweit im Krisenfall alle Zentralbanken diese Rolle des Kreditgebers und Stabilisators zu eigen gemacht haben; und sieht man vom Fall der Lehman Brothers im September 2008 einmal ab, ist es tatsächlich zu relativ wenigen Bankenpleiten gekommen. Darum herrscht freilich nicht schon Konsens über die genaue Natur der «unkonventionellen» Geldpolitiken, die in solchen Situationen verfolgt werden müssen.

Geldschöpfung und Nationalkapital

Was genau tun also Zentralbanken? Zunächst ist es im Rahmen unserer Untersuchung besonders bedeutsam, dass Zentralbanken als solche keinen Reichtum schaffen, sondern ihn verteilen. Wenn die Fed oder die EZB (Europäische Zentralbank) beschließen, 1 Milliarde Dollar zu schaffen, dann wäre es ganz irrig anzunehmen, das amerikanische oder europäische Nationalkapital sei deshalb um diese Summe gewachsen. In Wahrheit vermehrt sich das Nationalkapital um keinen Euro oder Dollar, weil die Zentralbanken nur das eine tun: Sie vergeben Kredite. Die von ihnen vollzogenen Maßnahmen schaffen in ein und demselben Augenblick finanzielle Aktiva und Passiva, die einander exakt ausgleichen. Die Fed leiht zum Beispiel Lehman Brothers oder General Motors (oder der amerikanischen Regierung) 1 Milliarde Euro, wodurch Letztere sich um genau diese Summe verschulden. Das Nettovermögen der Fed oder der Lehman Brothers oder das von General Motors, und a fortiori das der Vereinigten Staaten oder der Erde, ändern sich durch diese Maßnahme nicht im Geringsten. Und es wäre auch ein Wunder, wenn Zentralbanken das Nationalkapital ihres Landes (und gleichzeitig das des ganzen Universums) durch einen Federstrich vermehren könnten.

Danach hängt alles von der Auswirkung dieser Geldpolitik auf die Realwirtschaft ab. Wenn die fragliche Gesellschaft durch das von der Zentralbank gewährte Darlehen wieder auf die Beine kommt und der Pleite entgeht (die vielleicht zu einem Sinken des Nationalvermögens geführt hätte), dann hat dieses Darlehen, falls die Situation wieder stabil und das Darlehen getilgt ist, das Nationalvermögen wahrscheinlich gemehrt (oder zumindest verhindert, dass es sich verringert). Wenn dagegen das Darlehen die Pleite nur aufgeschoben und am Ende gar das Auftauchen eines lebensfähigen Konkurrenten verhindert hat (was vorkommen kann), dann wird man davon ausgehen müssen, dass diese Politik letztlich zu einer Verringerung des Nationalvermögens geführt hat. Beide Wirkungen sind denkbar, und beide werden zweifellos von jeder Geldpolitik in mehr oder weniger großem Umfang hervorgerufen. In dem Maße, in dem die Zentralbanken dazu beigetragen haben, die Tragweite der Rezession von 2008/09 zu begrenzen, kann man die Auffassung vertreten, dass sie auch einen durchschnittlichen Anstieg des BIP, der Investitionen und also des Kapitals der reichen Länder der Welt befördert haben. Aber solche dynamischen Einschätzungen bleiben ganz offenbar immer unverlässlich und anfechtbar. Sicher ist dagegen, dass es keinerlei unmittelbare Auswirkung auf das Nationalkapital hat – so wenig wie übrigens auf das öffentliche oder private Kapital –, wenn Zentralbanken die Geldmenge vermehren, indem sie einer Finanzgesellschaft, einer anderen Gesellschaft oder der Regierung einen Kredit gewähren.[1]

Wie sehen aber die «unkonventionellen» Geldpolitiken aus, die seit der Krise von 2007/08 erprobt wurden? In ruhigen Zeiten begnügen sich die Zentralbanken damit, die Geldmenge mit derselben Geschwin-

1 Es ist wichtig, sich klarzumachen, dass es die reine «Gelddruckmaschine» nicht gibt. Wenn eine Zentralbank Geld schafft, um es ihrer Regierung zu leihen, nimmt dies stets die Form eines Darlehens an (das in den Abrechnungen der Zentralbank festgehalten wird, selbst in den chaotischsten Zeiten, wie in Frankreich von 1944 bis 1948), nicht die einer Gabe. Auch hier hängt alles davon ab, was danach geschieht. Führt diese Geldschöpfung zu einer hohen Inflation, so kann dies sehr starke Umverteilungen zur Folge haben (zum Beispiel kann der Realwert der Staatsschulden auf Null sinken, zum Schaden der privaten nominalen Vermögenswerte). Die Gesamtwirkung auf das Nationaleinkommen und das Nationalkapital hängt dagegen von der Auswirkung dieser Politik auf die gesamte Wirtschaftstätigkeit des Landes ab. Sie kann a priori positiv oder negativ sein, ganz wie Kredite, die an private Akteure vergeben werden. Die Zentralbanken verteilen das Geldvermögen um, aber sie verfügen nicht über die Fähigkeit, unmittelbar neuen Reichtum zu schaffen.

digkeit wachsen zu lassen wie die Wirtschaftstätigkeit, um eine schwache jährliche Inflation von etwa 1–2 % zu garantieren. Das heißt konkret, dass sie neues Geld in Umlauf bringen, indem sie für sehr kurze Zeit, häufig nur ein paar Tage, den Banken Geld leihen. Diese Kredite garantieren die Solvenz des gesamten Finanzsystems. Die enormen Ströme der Einlagen und Entnahmen, die täglich von Haushalten und Unternehmen getätigt werden, gleichen sich für die einzelnen Banken tatsächlich nie völlig auf den Tag genau aus. Das entscheidende Novum seit 2008 liegt aber in der Laufzeit der den Privatbanken gewährten Kredite. Statt sie auf einige Tage zu begrenzen, sind Fed und EZB dazu übergegangen, ihre Kredite mit einer Laufzeit von drei, ja sechs Monaten zu vergeben – daher eine sehr starke Zunahme der entsprechenden Volumen im Laufe des letzten Quartals von 2008 und Anfang 2009. Und sie haben begonnen, Kredite mit dieser Laufzeit nicht nur an Banken, sondern auch an andere Unternehmen zu vergeben, insbesondere in den Vereinigten Staaten. Dort ist die Fed auch zu Kreditvergaben an den Banksektor mit Laufzeiten von neun oder zwölf Monaten sowie zu Direktkäufen relativ langfristiger Anleihen übergegangen. Nach 2011/12 haben die Zentralbanken ihren Interventionsrahmen noch mehr erweitert. Der Kauf von Schatzanweisungen und diverser Staatsanleihen – von der Fed, der Bank of Japan und der Bank of England seit Beginn der Krise praktiziert – wurde mit der Verschärfung der Staatsschuldenkrise in Südeuropa auch von der EZB verstärkt angewandt.

Die Frage nach diesen politischen Maßnahmen erfordert mehrere Präzisierungen. Zentralbanken haben die Macht, eine drohende Pleite von Banken oder anderen Unternehmen abzuwenden, indem sie ihnen das notwendige Geld leihen, um Löhne und Zulieferer zu bezahlen. Aber sie haben nicht die Macht, Unternehmen zu Investitionen, Haushalte zum Konsum, und die Wirtschaft dazu zu zwingen, an früheres Wachstum anzuknüpfen. Und sie haben auch nicht die Macht, die Inflationsrate festzusetzen. Die von den Zentralbanken geschaffene Liquidität hat zweifellos die Depression und die Deflation zu verhindern geholfen, aber das ökonomische Klima bleibt in den reichen Ländern zu Beginn der 2010er Jahre gedrückt, vor allem in Europa, wo das Vertrauen stark unter der Krise der Eurozone leidet. Die Tatsache, dass sich die Regierungen der größten reichen Länder (Vereinigte Staaten, Japan, Deutschland, Frankreich, Großbritannien) zu außerordentlich geringen Zinsen (kaum 1 %) Geld leihen können, zeugt sicher von der Bedeutung der Stabilisierungspolitik, mit der die Zentralbanken betraut sind. Aber das beweist vor allem, dass die privaten Investoren nicht recht wissen, was sie mit dem Geld anfangen sollen, das von den Zentralbanken zu einem Zins verliehen wird, der fast bei Null liegt, und es daher vorziehen, es ihrerseits mit einer lächerliche Rendite den Staaten zu leihen, die als besonders sicher gelten. Zinssätze, die in einigen Ländern sehr niedrig, in anderen sehr hoch liegen, sind Anzeichen einer fiebrigen und anormalen Wirtschaftslage.[1]

Die Macht der Zentralbanken liegt darin, dass sie Reichtum sehr rasch, und prinzipiell in unbegrenztem Umfang umverteilen können. Wenn nötig, kann eine Zentralbank in Sekundenschnelle so viele Milliarden schaffen, wie sie will, und sie einem Unternehmen oder einer Regierung gutschreiben. Im absoluten Notfall (Finanzpanik, Krieg, Naturkatastrophe) sind diese Unverzüglichkeit und Unbegrenztheit starke Trümpfe, die man nicht aus der Hand geben sollte. Vor allem könnte niemals eine Steuerbehörde in solcher Geschwindigkeit eine Steuer erheben. Erst müssen Bemessungsgrundlagen und Steuersätze festgelegt, Gesetze verabschiedet, die Steuer eingezogen, Möglichkeiten des Einspruchs vorgesehen werden etc. Müsste man so verfahren, um den Weg aus einer Finanzkrise zu finden, wären längst alle Banken pleite. Diese Handlungsgeschwindigkeit ist die große Stärke der Zentralbanken.

Die Schwäche der Zentralbanken ist ihre offenbar sehr begrenzte Fähigkeit, zu entscheiden, an wen sie Kredite vergeben sollen, in welcher Höhe und mit welcher Laufzeit, und anschließend das entsprechende Finanzportfolio zu verwalten. Daraus folgt zunächst, dass der Umfang ihrer Bilanzen bestimmte Grenzen nicht überschreiten sollte. Durch die neuartigen Kredite und Interventionen auf den Finanzmärkten, die seit 2008 eingeführt wurden, haben die Bilanzen der Zentralbanken freilich ungefähr den doppelten Umfang angenommen. Die Gesamtheit der Finanzaktiva und -passiva ist von ungefähr 10 % auf mehr als 20 % des BIP im Fall der Federal Reserve und der

1 Umgekehrt steigen die Zinssätze, die von den als weniger sicher beurteilten Ländern verlangt werden, 2011/12 auf extrem hohe Niveaus (6–7 % in Italien oder in Spanien, ja 15 % in Griechenland). Das zeugt von der Nervosität der Investoren und ihrer Unsicherheit hinsichtlich der nahen Zukunft.

Bank of England angestiegen, und von etwa 15 % des BIP auf fast 30 % des BIP im Fall der Europäischen Zentralbank. Es handelt sich fraglos um eine spektakuläre Entwicklung. Aber es zeigt sich zugleich, dass diese Summen relativ bescheiden bleiben, vergleicht man sie mit der Gesamtheit privater Vermögen, die in den meisten reichen Ländern 500 % oder 600 % des BIP ausmacht.[1]

Theoretisch könnte man sich natürlich noch höhere Summen vorstellen. Die Zentralbanken könnten beschließen, alle Unternehmen eines Landes und alle Immobilien aufzukaufen, die Energiewende zu finanzieren, in Universitäten zu investieren, die Gesamtwirtschaft zu steuern. Nur fehlt ihnen eine Verwaltung, vor allem aber die erforderliche demokratische Legitimation, um dergleichen zu tun. Die von den Zentralbanken vorgenommenen Umverteilungen sind unverzüglich und potentiell unendlich, aber sie können auch weit am Ziel vorbeischießen (ganz wie die Auswirkungen der Inflation auf die Ungleichheit). Es ist also von Vorteil, wenn sie sich auf einen bestimmten Umfang beschränken. Daher operieren die Zentralbanken im Rahmen eines eng umschriebenen Mandats, das ganz auf die Stabilität des Finanzsystems ausgerichtet ist. Wenn die öffentliche Hand beschließt, einem bestimmten Industriesektor zur Hilfe zu eilen, wie die Vereinigten Staaten es 2009/10 im Fall von General Motors getan haben, dann ist es nicht die Zentralbank, sondern der amerikanische

---

1 Die Gesamtheit finanzieller Bruttoaktiva und -passiva liegt noch höher, da sie in den meisten Industrieländern auf das Zehn- bis Zwanzigfache des BIP steigt (Siehe Kapitel 5). Die Zentralbanken halten gegenwärtig nur einige Prozent der Gesamtheit der finanziellen Aktiva und Passiva in den reichen Ländern. Die Bilanzen der verschiedenen Zentralbanken sind wöchentlich oder monatlich online zugänglich. Man erhält detaillierte Auskunft über die Kategorien der Aktiva und Passiva (aber nicht auf der Ebene jedes Unternehmens oder jedes Landes, dem die Bank Geld geliehen hat). Geldnoten und Münzen machen nur einen sehr kleinen Teil der Bilanz aus (im Allgemeinen kaum 2 % des BIP), und der Rest besteht größtenteils nur aus Buchungsvorgängen, ganz wie bei den Bankkonten von Haushalten, Unternehmen oder Regierungen. In der Vergangenheit hat die Bilanz der Zentralbanken zuweilen 90–100 % des BIP erreicht (so in Frankreich von 1944 bis 1945, bevor diese Bilanz durch die Inflation weitgehend entwertet wurde). Im Sommer 2013 nähert sich die Bilanz der Bank of Japan 40 % des BIP. Historische Datenreihen zu den Bilanzen der wichtigsten Zentralbanken finden sich im Technischen Anhang. Die Untersuchung dieser Bilanzen ist lehrreich und gibt einen Hinweis darauf, dass sie noch weit davon entfernt sind, ihre vergangenen Höchststände wieder erreicht zu haben. Im Übrigen hängt die Inflation von zahlreichen anderen Kräften ab, namentlich vom internationalen Preis- und Lohnwettbewerb, der gegenwärtig dazu tendiert, diese niedrig zu halten, während er die Preise für Aktiva steigen lässt.

Staat, der unmittelbar die Verantwortung für die Kredite, Beteiligungen und diversen Zielvereinbarungen mit dem fraglichen Unternehmen übernimmt. In Europa verhält es sich nicht anders. Die Industrie- oder Universitätspolitik liegt in der Zuständigkeit der Staaten, nicht der Zentralbank. Es geht weniger um ein technisches Problem, als um eines der demokratischen Steuerung. Wenn es Zeit braucht, um über Steuern und öffentliche Haushalte abzustimmen und die Abstimmungsergebnisse umzusetzen, ist das kein Zufall. Wer mit großen Teilen des nationalen Wohlstands hantiert, sollte sich besser nicht irren.

Die zahlreichen Kontroversen, die um die Rolle der Zentralbanken und ihre Grenzen kreisen, berühren auch zwei Fragen, die für unsere Untersuchung von besonderem Interesse sind und nach einer gesonderten Erörterung verlangen. Es geht einerseits um die Komplementarität von Bankenregulierung und Kapitalsteuer, andererseits um die immer schärfer hervortretenden Grenzen der institutionellen Architektur des heutigen Europa, in dem eine Konstruktion erprobt wird, wie es sie zumindest in dieser Größenordnung noch nie gegeben hat: eine staatenlose Währung.

Die Zypern-Krise – wenn Kapitalsteuer und Bankenregulierung zusammenkommen

Die primäre und unverzichtbare Funktion der Zentralbanken ist die Stabilisierung des Finanzsystems. Sie sitzen an der richtigen Stelle, um sich tagtäglich ein Bild von der Lage der verschiedenen Banken zu machen, sie im Notfall zu refinanzieren und zu kontrollieren, ob das Zahlungssystem ordnungsgemäß funktioniert. Zuweilen werden sie darin von Behörden und besonderen Einrichtungen unterstützt, die mit der Bankenregulierung und Bankenaufsicht betraut sind, um zum Beispiel die erforderlichen Lizenzen zu erteilen, die man braucht, um ein Geldinstitut zu betreiben (man kann nicht einfach in der Garage eine Bank eröffnen) oder zu prüfen, ob die aufsichtsrechtlichen Kennzahlen eingehalten werden (also sicherzustellen, dass die Banken genug Rücklagen und risikoarme Aktiva haben, um Kredite zu vergeben oder bestimmte Summen in Risikoaktiva zu investieren). Zentralbanken und Banken arbeiten in sämtlichen Ländern mit der Bankenaufsicht und

-regulierung zusammen. Im aktuell diskutierten Projekt der Errichtung einer Europäischen Bankenunion soll die EZB die Schlüsselrolle spielen. In der Regelung von Bankenkrisen, die als besonders schwerwiegend gelten, arbeiten die Zentralbanken auch eng mit internationalen Einrichtungen zusammen, die eigens zu diesem Zweck ins Leben gerufen wurden, insbesondere mit dem Internationalen Währungsfonds. Das gilt zumal von der berühmten «Troika», zu der sich die Europäische Kommission, die EZB und der IWF zusammengeschlossen haben. Seit 2009/10 sucht die Troika einer Finanzkrise Herr zu werden, in der eine Staatsschuldenkrise und eine Haushaltskrise sich miteinander verbinden, insbesondere in Südeuropa. Die Rezession von 2008/09 hat in der Tat die Staatsverschuldung, die am Vorabend der Krise in den meisten Ländern schon sehr hoch war (namentlich in Griechenland und Italien), noch weiter in die Höhe getrieben und zu einer rapiden Verschlechterung der Bankbilanzen geführt – vor allem in den Ländern, die vom Platzen einer Immobilienblase betroffen waren (angefangen mit Spanien). Beide Krisen sind unauflöslich miteinander verknüpft. Die Banken halten öffentliche Schuldtitel, von denen keiner genau weiß, wie viel sie wert sind (der Haircut in Griechenland fiel massiv aus, und obwohl die Regierungen feierlich versprechen, dieses Vorgehen werde sich nicht wiederholen, kann unter solchen Umständen niemand mit Gewissheit sagen, welche Maßnahmen noch auf uns zukommen). Und der Zustand der Staatsfinanzen wird sich zwangsläufig weiter verschlechtern, solange eine wirtschaftliche Flaute anhält, die ihrerseits nicht unwesentlich von der Blockade des Finanzsystems und der Kreditsperre abhängt.

Eine Schwierigkeit besteht darin, dass die Troika so wenig wie die Regierungsbehörden der betroffenen Länder automatischen Zugriff auf internationale Bankdaten hat, um auf der Grundlage eines «Finanzkatasters» Lasten und Aufgaben angemessen, transparent und wirksam zu verteilen. Wir haben bereits am Beispiel Spaniens und Italiens darauf hingewiesen, wie schwierig es für ein einzelnes Land ist, eine progressive Kapitalsteuer einzuführen, um seine Finanzen zu sanieren. Der Fall Griechenlands ist noch extremer. Alle Welt fordert Griechenland auf, seine wohlhabenderen Bürger Steuern zahlen zu lassen. Zweifellos eine exzellente Idee – aber mangels internationaler Kooperation hat Griechenland ganz offenkundig nicht die Mittel, angemessene und wirksame Steuern zu erheben, da es seinen reichsten Bürgern ein Leichtes ist, ihre Fonds ins Ausland zu verschieben, häufig in andere europäische Länder. Die europäischen und internationalen Finanzbehörden haben nie wirklich etwas unternommen, um dem durch entsprechende Gesetze und Verordnungen entgegenzuwirken.[1] Darum sind Griechenland und andere von der Krise betroffene Länder mangels angemessener Steuereinnahmen oft genötigt, ihre verbliebenen öffentlichen Aktiva zu veräußern, meist zu niedrigen Preisen, was für die fraglichen Käufer – Griechen oder Europäer unterschiedlicher Herkunft – ganz ohne Zweifel attraktiver ist, als Steuern zu zahlen.

Ein besonders interessanter Fall ist die Zypern-Krise vom März 2013. Zypern ist eine Insel mit 1 Million Einwohner, die sich 2004 der Europäischen Union und 2008 der Eurozone angeschlossen hat. Der Bankensektor ist stark aufgebläht, was sich offenbar umfangreichen ausländischen, namentlich russischen Einlagen verdankt, angezogen von den niedrigen Steuern und den wegschauenden Behörden der Insel. Den Verantwortlichen der Troika zufolge scheinen darunter auch außerordentlich große Einzelbeträge zu sein. Man muss sich also russische Oligarchen vorstellen, deren Vermögen sich auf zweistellige Millionenbeträge, ja auf Milliardenbeträge belaufen, wenn man den Vermögensranglisten der Magazine glaubt. Unglücklicherweise haben die europäischen Behörden oder der IWF keine einzige Statistik, keine noch so grobe Schätzung vorgelegt. Am wahrscheinlichsten ist, dass die fraglichen Behörden ihrerseits mehr oder weniger im Dunkeln tappen – und zwar schlicht und einfach deshalb, weil ihnen die rechtlichen Mittel fehlen, um in dieser doch so zentralen Frage weiterzukommen. Diese Undurchsichtigkeit trägt nicht zu einer friedlichen und rationalen Lösung solcher Konflikte bei. Das Problem ist, dass die zypriotischen Banken das Geld, das in ihren Bilanzen auftaucht, tatsächlich nicht mehr haben. Wie es scheint, sind die Beträge in mittlerweile entwertete griechische Staatsanleihen und in Immobilien angelegt worden, die ihrerseits stark an Wert verloren haben. Verständlicherweise zögerten die europäischen Behörden, Geld europäischer Steuerzahler für die Sanierung zypriotischer Banken aufzuwenden, zumal dies letztlich einer finanziellen Unterstützung russischer Millionäre gleichgekommen wäre.

---

1 Wie im letzten Kapitel bemerkt, haben die Diskussionen über etwaige Veränderungen der europäischen Regeln für den automatischen Bankdatenaustausch im Jahr 2013 gerade erst begonnen und sind weit davon entfernt, schon Früchte zu tragen.

Nach monatelanger Überlegung sind die Mitglieder der Troika auf die desaströse Idee verfallen, eine einmalige Vermögensabgabe auf alle Bankkonten zu erheben, und zwar mit folgenden Sätzen: 6,75 % bis 100 000 Euro, darüber 9,9 %. Das mag interessant klingen, da es einer progressiven Kapitalsteuer ähnelt. Mit zwei Unterschieden. Erstens ist die schwache Progression bloße Augenwischerei. Es handelt sich ganz offenbar darum, den zypriotischen Kleinsparer, der 10 000, und den russischen Oligarchen, der 10 Millionen Euro auf dem Konto hat, mit fast demselben Satz zu besteuern. Zweitens ist die Bemessungsgrundlage von den verantwortlichen europäischen und internationalen Behörden nie genau definiert worden. Wie es scheint, wären nur Bankkonten im engeren Sinne betroffen gewesen, so dass es genügt hätte, sein Guthaben auf ein Wertpapierdepot mit Aktien oder Anleihen zu transferieren oder in anderen Finanzwerten oder Immobilien anzulegen, um von der Abgabe gänzlich verschont zu bleiben. Anders gesagt: In Anbetracht der Struktur der größten Portfolios und der ihnen vorbehaltenen Möglichkeiten, die Investitionen umzuschichten, wäre diese Steuer, wenn man sie erhoben hätte, brutal regressiv ausgefallen. Im Mai 2013 vorgeschlagen und von den Mitgliedern der Troika wie den siebzehn Finanzministern der Eurozone einstimmig beschlossen, wurde die Steuer von der Bevölkerung heftig abgelehnt. Schließlich einigte man sich auf eine neue Lösung, die insbesondere Einlagen unter 100 000 Euro freistellte (das entspricht prinzipiell dem Niveau der Einlagensicherung, wie die geplante Europäische Bankenunion sie vorsieht). Wie deren exakte Modalitäten aussehen, lässt sich freilich nicht sagen. Ein Vorgehen, das nach und nach alle Banken erfasst, wird wohl schon in die Tat umgesetzt, ohne dass über die Steuersätze und Bemessungsgrundlagen Näheres bekannt wäre.

Diese Episode ist interessant, weil sie die Grenzen hervortreten lässt, die den Interventionen der Zentralbank und der Finanzbehörden gesetzt sind. Ihre Stärke liegt also, wie beschrieben, darin, sehr rasch eingreifen zu können; ihre Schwäche darin, offenbar schlecht einschätzen zu können, ob die durchgeführten Umverteilungen die vorgesehenen Zwecke und Zielgruppen auch wirklich erreichen. Daraus ist zu schließen, dass die progressive Kapitalsteuer nicht allein als Dauersteuer sinnvoll ist, sondern in Gestalt einer einmaligen Sonderabgabe (eventuell mit recht hohen Sätzen) auch eine Schlüsselrolle in der Bewältigung von Bankenkrisen übernehmen kann.

Das Vorgehen im Fall Zyperns ist nicht unbedingt deshalb schockierend, weil allen Sparern ein Beitrag abverlangt werden sollte; schließlich trägt das ganze Land eine Mitverantwortung für den von seiner Regierung eingeschlagenen Kurs. Zutiefst schockierend ist dagegen, dass man zunächst überhaupt nicht nach Mitteln einer gerechten, transparenten und progressiven Verteilung suchte. Die gute Nachricht ist, dass dies den internationalen Behörden die Grenzen der Instrumente vor Augen führen mag, die ihnen zu Gebote stehen. Fragt man bei den Verantwortlichen nach, weshalb der Steuervorschlag für Zypern eine so geringe Progression und eine so eingeschränkte Bemessungsgrundlage vorsah, erhält man unmittelbar die Antwort, um einen progressiveren Tarif anzuwenden, hätten ihnen die erforderlichen Bankdaten gefehlt.[1] Die schlechte Nachricht ist, dass die zuständigen Behörden es nicht besonders eilig damit haben, das Problem zu lösen, obwohl die technische Lösung greifbar ist. Es könnte durchaus sein, dass die Widerstände, auf die eine progressive Kapitalsteuer stößt, rein ideologischer Natur sind und es noch lange dauern wird, bis sie überwunden sind.

Der Euro – eine staatenlose Währung für das 21. Jahrhundert?

Die verschiedenen südeuropäischen Bankenkrisen werfen auch eine allgemeinere Frage auf – die nach der Architektur der Europäischen Union. Wie ist Europa dazu gekommen, sich an etwas zu versuchen, das es zumindest in diesem Ausmaß in der Geschichte noch nie gegeben hat, nämlich an einer staatenlosen Währung? Da das BIP der Europäischen Union 2013 fast ein Viertel des globalen BIP ausmacht, ist die Frage nicht nur für Bewohner der Eurozone von Interesse.

Man erhält auf diese meist die Auskunft, die Schaffung des Euro (beschlossen 1992 von den Maastrichter Verträgen im Gefolge des Mauerfalls und der deutschen Wiedervereinigung, aber Realität erst seit Januar 2002, als die Druckereien Euroscheine zu drucken begannen) sei nur der erste Schritt auf einem langen Weg. Die Währungs-

1 Um einen progressiven Tarif anzuwenden, ist es insbesondere notwendig, Informationen über alle Aktiva zu sammeln, die ein und dieselbe Person auf verschiedenen Konten und bei verschiedenen Banken besitzt (idealerweise in Zypern und der gesamten Europäischen Union). Der Vorteil der schwachen progressiven Steuer ist der, dass sie auf der Ebene jeder einzelnen Bank angewandt werden kann.

union führe gleichsam naturwüchsig auch zu einer politischen, fiskalischen, budgetären Union, die eine immer engere Zusammenarbeit erfordere. Man müsse nur geduldig sein, einen Schritt nach dem anderen tun und darauf achten, nichts zu überstürzen. Daran ist sicher etwas Wahres. Wer aber gar nicht im Voraus wissen will, wohin die Reise geht und alle Diskussionen über die Marschrichtung, die Etappen, das Ziel immer wieder vertagt, droht auch vom Weg abzukommen. Europa hat sich 1992 nicht nur aus Pragmatismus vorgenommen, eine staatenlose Währung zu schaffen. Überlegungen zu diesem institutionellen Arrangement gab es schon Ende der 1980er und Anfang der 1990er Jahre, zu einem Zeitpunkt, da man noch glaubte, die Funktion von Zentralbanken sei es, die Inflation niedrig zu halten und sonst gar nichts. Die Stagflation der 1970er Jahre hat die Regierungen und die öffentliche Meinung davon überzeugt, dass Zentralbanken vor allem unabhängig von der politischen Macht sein sollten, um sich dem einen Ziel der geringen Inflation zu widmen. Darum hat man sich schließlich entschlossen, eine staatenlose Währung und eine Zentralbank ohne Regierung ins Leben zu rufen. Diese Vorstellung vom unbeteiligten Walten der Zentralbank ist in tausend Stücke zerbrochen, nachdem es zur Krise von 2008 gekommen und allen klar geworden ist, dass diese Institutionen in schweren Krisen eine Schlüsselrolle spielen – der die institutionelle Organisation Europas nicht gewachsen ist.

Wohlverstanden: Angesichts der unbegrenzten Macht der Geldschöpfung, die den Zentralbanken eignet, ist es völlig legitim, diese Macht durch strenge Statuten und klar umrissene Aufgaben zu beschränken. So wenig man einem Regierungschef die Autorität einräumen wollte, nach Belieben die Namen von Universitätspräsidenten und Professoren (oder gar ihre Lehrinhalte) zu ändern, so wenig ist es anstößig, wenn die Beziehungen der politischen Macht zu den Währungshütern starken Restriktionen unterliegen. Aber diese Grenzen müssen auch genau definiert werden. Niemand hat meines Wissens in den letzten Jahrzehnten den Vorschlag gemacht, die Zentralbanken wieder zu den privaten Instanzen zu machen, die sie bis zum Ersten Weltkrieg, häufig sogar bis 1945 gewesen sind.[1] Dass die Zentralbanken

1 Zum Beispiel spielen die zweihundert größten Aktionäre in der Banque de France von 1803 bis 1936 eine zentrale Rolle, die in den Statuten festgehalten ist, und bestimmen de facto die Geldpolitik des Landes. Diese Rolle wird von der Nationalen Front radikal in

staatliche Einrichtungen sind, hat auch zur Folge, dass ihre Präsidenten von den Regierungen (und manchmal von den Parlamenten) ernannt werden. Sie lassen sich häufig für die Dauer ihres Mandats nicht abberufen (im Allgemeinen fünf oder sechs Jahre), aber das heißt auch, und das ist nicht unbedeutend, dass sie am Ende dieser Amtszeit ersetzt werden können, wenn ihre Politik als unangemessen betrachtet wird. Praktisch sind Präsidenten der Federal Reserve, der Bank of Japan oder der Bank of England gehalten, Hand in Hand mit den demokratisch gewählten und legitimen Regierungen zu arbeiten. Eine Schlüsselrolle der Zentralbank in all diesen Ländern liegt denn auch darin, den Zinssatz der Staatsschuld auf einem niedrigen und vorhersehbaren Niveau zu halten.

Im Fall der Europäischen Zentralbank gibt es ein paar besondere Schwierigkeiten. Zunächst ist die Satzung der EZB restriktiver als die anderer Zentralbanken. Das Ziel, die Inflation niedrig zu halten, hat Vorrang vor dem, für Vollbeschäftigung und Wachstum zu sorgen. Darin spiegelt sich der ideologische Kontext wider, in dem die EZB gegründet wurde. Zudem, und dies ist noch wichtiger, untersagen es ihre Statuten, Staatsanleihen im Augenblick ihrer Ausgabe zu kaufen. Sie muss zunächst den Privatbanken den Vortritt darin lassen, den Staaten der Eurozone Geld zu leihen (eventuell zu einem höheren Zinssatz, als demjenigen, zu dem die EZB den Privatbanken selber Geld leiht), um die Titel dann auf dem Sekundärmarkt zu erwerben – wie sie es zuletzt, nach langem Zögern, bei denen südeuropäischer Länder getan hat.[1] Aber die Hauptschwierigkeit besteht, allgemeiner gesprochen, darin, dass die EZB es mit siebzehn verschiedenen nationalen Staatsschulden und siebzehn nationalen Regierungen zu tun hat. Unter solchen Bedingungen ist es für eine Zentralbank nicht ganz einfach, ihre stabilisierende Rolle wahrzunehmen. Wenn die Federal Reserve jeden Morgen zu entscheiden hätte, ob sie sich auf die Schul-

---

Frage gestellt (die Präsidenten und Vizepräsidenten der Zentralbank werden nun von der Regierung ernannt und müssen keine Aktionäre sein), bevor es 1945 zur vollständigen und endgültigen Verstaatlichung kommt. Seit diesem Datum hat die Bank keine privaten Aktionäre mehr und ist eine rein staatliche Einrichtung, ganz wie die meisten Zentralbanken der Welt.

1 Ein Schlüsselmoment der griechischen Krise ist die Ankündigung der EZB im Dezember 2009, sie werde für den Fall, dass Griechenland von den Ratingagenturen heruntergestuft würde, keine griechischen Bonds mehr als Sicherheit akzeptieren (während in ihren Statuten nichts geschrieben steht, was sie zu diesem Vorgehen gezwungen hätte).

den von Wyoming, Kalifornien oder New York konzentrieren soll, um unter dem Druck dieser verschiedenen Regionen ihre Zinssätze und Geldmengen aufgrund einer Einschätzung der Spannungen auf all diesen Märkten festzusetzen, würde es ihr auch sehr viel schwerer fallen, mit ruhiger Hand Geldpolitik zu betreiben.

Seit der Einführung des Euro von 2002 bis 2007/08 waren die Zinssätze für die verschiedenen Länder strikt dieselben. Niemand sah die Möglichkeit eines Austritts aus dem Euro vorher, alles schien also gut zu funktionieren. Aber seit dem Beginn der globalen Finanzkrise kam es zu einer massiven Divergenz zwischen den Zinssätzen. Die Konsequenzen für die öffentlichen Haushalte sind nicht zu unterschätzen. Wenn die Staatsschulden fast ein Jahr des BIP ausmachen, hat ein Unterschied der Zinssätze von ein paar Prozentpunkten bereits erhebliche Konsequenzen. Angesichts solcher Ungewissheiten ist es fast unmöglich, eine nüchterne demokratische Debatte über unerlässliche Reformen des Sozialstaats und die Notwendigkeit entsprechender Belastungen zu führen. Für die südeuropäischen Länder ist dies wahrlich die schlimmste aller Kombinationen. Vor der Einführung des Euro hätten sie ihre Währung abwerten können, was zumindest die Wettbewerbsfähigkeit wiederherstellen und die Konjunktur ankurbeln kann. Spekulation auf nationale Zinssätze hat in gewisser Weise eine noch destabilisierendere Wirkung als die einstige Spekulation auf innereuropäische Wechselkurse, zumal unterdessen die internationalen Bankbilanzen solche Größenordnungen angenommen haben, dass eine Panik unter einer Handvoll von Maklern ausreicht, um in Ländern wie Griechenland, Portugal oder Irland, ja selbst Spanien oder Italien, Kapitalbewegungen von großer Tragweite auszulösen. Der Ausgleich für den Verlust der Währungshoheit sollte der Zugang zu einer abgesicherten Staatsschuld durch die Möglichkeit sein, zu niedrigen und vorhersehbaren Zinssätzen Geld zu leihen.

Die Frage der europäischen Einigung

Allein eine Vergemeinschaftung der Staatsschulden der Eurozone oder zumindest der Länder, die dazu bereit sind, könnte diese Widersprüche auflösen. Der schon erwähnte deutsche Vorschlag eines «Tilgungsfonds» ist ein guter Ausgangspunkt, selbst wenn ihm die Ausarbeitung seiner politischen Implikationen fehlt.[1] Niemand kann, um das zu konkretisieren, zwanzig Jahre im Voraus entscheiden, in welchem Rhythmus die Tilgung erfolgen wird, das heißt wie lange es genau dauern wird, den gemeinsamen Schuldenbestand auf das Zielniveau zu senken. Alles wird von unterschiedlichen Parametern abhängen, angefangen mit der Wirtschaftskonjunktur. Um über den Rhythmus der Entschuldung, das heißt letztlich das Haushaltsdefizit der Eurozone zu entscheiden, müsste ein Haushaltsparlament der Eurozone ins Leben gerufen werden. Die beste Lösung läge darin, es aus Abgeordneten nationaler Parlamente zu bilden. Damit würde die Souveränität des europäischen Parlaments sich auf die Legitimität demokratisch gewählter nationaler Parlamente gründen.[2] Wie alle Parlamente würde auch dieses seine Entscheidungen durch Mehrheitsbeschluss treffen, auf der Grundlage kontrovers ausgetragener Debatten. Es gäbe Koalitionen aufgrund geteilter politischer und es gäbe Koalitionen aufgrund geteilter nationaler Grundlagen, und die daraus hervorgehenden Entscheidungen wären nicht vollkommen, aber zumindest wüsste man, was entschieden wurde und warum. Eine solche Konstruktion scheint aussichtsreicher als eine, die sich auf das bestehende Europäische Parlament stützen würde, das den Nachteil hat, dass siebenundzwanzig Länder in ihm vertreten sind (von denen viele nicht zur Eurozone gehören und derzeit kein Interesse daran haben, die europäische Integration voranzutreiben). Auch umgeht es zu häufig die Souveränität der nationalen Parlamente, was sich als problematisch erweist, wenn es um Entscheidungen über nationale Haushaltsdefizite geht. Das erklärt auch, weshalb die Übertragung von Kompetenzen an das Europäische Parlament immer sehr begrenzt war, und es wohl noch lange bleiben wird. Es ist an der Zeit, das zur Kenntnis zu nehmen und eine Abge-

---

1 Die andere, technischere Einschränkung des «Tilgungsfonds» liegt darin, dass in Anbetracht der Tragweite des *roll over* (ein Teil der Schuld hat eine Fälligkeit von einigen Jahren und muss regelmäßig erneuert werden, namentlich in Italien), die Grenze von 60 % des BIP nach ein paar Jahren erreicht sein wird; es wird also durchaus die Gesamtheit der Staatsschulden vergemeinschaftet werden müssen.

2 Dieses Parlament könnte etwa fünfzig Mitglieder aus jedem der großen Länder der Eurozone zählen, je nach Bevölkerungsanteil. Die Mitglieder könnten aus den Finanzausschüssen und Sozialausschüssen der nationalen Parlamente stammen, oder auf andere Weise ausgewählt werden. Der neue Europäische Vertrag von 2012 sieht eine «Konferenz der nationalen Parlamente» vor, aber dabei handelt es sich um eine rein beratende Versammlung, ohne eigene Befugnis und *a fortiori* ohne gemeinsame Schuld.

ordnetenkammer zu schaffen, die sich auf den politischen Willen der Länder der Eurozone zur Einigung gründet (dessen deutlichster Ausdruck die Preisgabe der Währungshoheit ist, bedenkt man diese in ihren ganzen Konsequenzen).

Eine Reihe komplementärer institutioneller Ausgestaltungen sind möglich. Im Frühjahr 2013 hat sich die italienische Regierung den seit Jahren von den deutschen Regierungsvertretern geäußerten Vorschlag zu eigen gemacht, auf der Grundlage allgemeinen Wahlrechts einen Präsidenten der Europäischen Union zu wählen. Die Verwirklichung dieses Vorschlags ginge zwangsläufig mit einer Ausweitung der politischen Befugnisse der Union einher. Sollte ein Haushaltsparlament über das Defizit der Eurozone befinden, müsste es offenbar auch einen europäischen Finanzminister geben, der diesem Parlament verantwortlich ist und ihm seinen Haushalts- und Defizitplan unterbreitet. Sicher ist, dass die Eurozone nicht ohne ein parlamentarisches Forum auskommt, das öffentlich, demokratisch und souverän über ihre Haushaltspläne entscheidet und, allgemeiner, über Wege aus der Banken und Finanzkrise, von der sie derzeit umgetrieben wird. Der Europäische Rat oder die Treffen der Finanzminister der Eurozone können unter keinen Umständen die Funktion eines solchen Parlaments erfüllen. Ihre Treffen sind geheim, sie führen zu keinerlei öffentlicher Auseinandersetzung und enden regelmäßig in triumphalen nächtlichen Kommuniqués, die von der Rettung Europas künden, während man oft den Eindruck gewinnt, dass die Teilnehmer selber nicht so recht wissen, was sie gerade beschlossen haben. Der Fall der Entscheidung über die zypriotische Steuer ist emblematisch. Offiziell war sie einmütig getroffen worden, aber öffentlich wollte niemand die Verantwortung für sie übernehmen.[1] Ein solches Vorgehen passt vielleicht in das Europa des Wiener Kongresses, aber nicht in das des 21. Jahrhunderts. Die oben erwähnten deutschen und italienischen Vorschläge zeigen, welche Entwicklungen möglich sind. Erstaunlich

1 Die offizielle Version lautet, diese Quasi-*flat tax* auf Bankeinlagen sei auf Wunsch des zypriotischen Präsidenten eingeführt worden, der die kleinen Einleger stark besteuern wollte, um die großen nicht in die Flucht zu schlagen. Zweifellos ist diese Befürchtung zum Teil begründet: Diese Krise illustriert auch das Drama der kleinen Länder angesichts der Globalisierung. Um ihre Haut zu retten und ihre Nische (oder Oase) zu finden, sind sie zuweilen bereit, sich auf den erbittertsten Steuerwettbewerb einzulassen, um Kapital besonders zweifelhafter Herkunft anzuziehen. Das Problem ist, dass wir es nie wirklich wissen werden: Die Verhandlungen finden hinter geschlossenen Türen statt.

ist, dass Frankreich, obwohl stets bereit, andere über europäische Solidarität und namentlich die Vergemeinschaftung von Schulden zu belehren (zumindest auf rhetorischer Ebene),[1] an dieser Debatte unter dem letzten wie dem derzeitigen Präsidenten praktisch nicht teilnimmt.[2]

Wenn sich die Dinge nicht in dieser Richtung weiterentwickeln, kann man sich sehr schwer vorstellen, wie eine nachhaltige Lösung der Eurokrise aussehen sollte. Natürlich gibt es neben der Vergemeinschaftung der Schulden und des Defizits andere Haushalts- und Steuerinstrumente, die aber ihrerseits in den Händen einzelner Regierungen versagen und sich nur gemeinschaftlich sinnvoll nutzen lassen; und das erste Beispiel, das einem in den Sinn kommt, ist natürlich die progressive Kapitalsteuer, mit der wir uns im letzten Kapitel befasst haben.

Ein noch schlagenderes Beispiel für die Unerlässlichkeit eines gemeinsamen Vorgehens ist die Körperschaftssteuer – zweifellos die Steuer, um die seit Beginn der 1990er Jahre der heftigste Steuerwettbewerb unter den europäischen Staaten entbrannt ist. Namentlich kleinere Länder, wie Irland und einige osteuropäische Staaten, haben eine niedrige Körperschaftssteuer ins Zentrum ihrer Entwicklungsstrategie gestellt und zu Garanten ihrer internationalen Attraktivität

---

1 Rhetorisch schlägt sich die derzeitige französische Regierung auf die Seite derer, die eine Vergemeinschaftung der Schulden fordern. Sie macht bloß keine genauen Vorschläge und gibt vor zu glauben, jedes Land könne weiterhin auf eigene Faust entscheiden, wie viele Schulden es beisteuern wolle – was unmöglich ist. Die Vergemeinschaftung schließt die Abstimmung über ein gemeinsames Defizit ein (jedes Land könnte eine eigene Schuld behalten, aber sie darf nur von geringem Umfang sein, wie etwa die Schulden lokaler oder regionaler Gruppen oder der amerikanischen Bundesstaaten). Kein Wunder also, dass der Präsident der Deutschen Bundesbank in den Medien regelmäßig zu bedenken gibt, man könne sich keine Kreditkarte teilen, ohne sich über die Höhe der zulässigen Ausgaben zu verständigen.

2 Die übliche Erklärung lautet, Frankreichs politische Führung sei traumatisiert durch die Niederlage, die sie 2005 im eigenen Land mit ihrem Referendum über die EU-Verfassung erlitten hatte. Das Argument ist insofern nicht ganz überzeugend, als jener TCE (*Traité constitutionnel européen*), dessen Bestimmungen später ohne Referendum im Wesentlichen übernommen wurden, weit davon entfernt gewesen war, irgendeine substantielle demokratische Neuerung vorzusehen, sondern nur die Allmacht des aus den Regierungschefs gebildeten Europäischen Rates und der Finanzministertreffen absegnet hatte – anders gesagt: die Ohnmacht des heutigen Europa. Es mag sein, dass die präsidiale Kultur Frankreichs dazu beiträgt, dass Überlegungen zur Europäischen Politischen Union in Frankreich sehr viel weniger fortgeschritten sind als in Deutschland oder Italien.

gemacht. In einem idealen Steuersystem, das sich auf automatischen Austausch belastbarer Bankdaten stützt, wäre die Körperschaftssteuer prinzipiell von begrenzter Bedeutung. Sie wäre nur eine Vorauszahlung auf die Einkommensteuer (oder Kapitalsteuer) des einzelnen Aktionärs oder Anleihegläubigers.[1] In der Praxis ist aber diese Vorauszahlung häufig die einzige Zahlung, da ein Gutteil der von den Unternehmen deklarierten besteuerungsfähigen Körperschaftsgewinne auf der Ebene besteuerungsfähiger individueller Einkommen gar nicht auftaucht – daher die Notwendigkeit, auf der Ebene der Körperschaftssteuer eine signifikante Quellensteuer zu erheben.

Die probate Lösung wäre es, wenn Körperschaften eine einzige Gewinnerklärung auf europäischer Ebene abgeben müssten, und die Steuereinnahmen dann nach Kriterien verteilt würden, die weniger manipulierbar sind als die derzeitige Praxis, die Körperschaftsgewinne jeder einzelnen Niederlassung zu besteuern. Das Problem des aktuellen Systems besteht tatsächlich darin, dass multinationale Gesellschaften zuweilen nurmehr ganz und gar lächerliche Steuerbeträge zahlen müssen, indem sie ihre Gewinne fiktiv in Kleinstniederlassungen in Territorien oder Ländern mit besonders niedriger Steuer verbuchen – bei völliger Straffreiheit, und häufig mit dem reinsten Gewissen.[2] Es ist ohne Zweifel vernünftiger, sich von der Vorstellung zu verabschieden, die Gewinne auf diesem oder jenem Territorium

---

1 Die progressive Einkommen- oder Kapitalsteuer ist befriedigender als die Körperschaftssteuer, weil sie es erlaubt, den Steuersatz dem individuellen Einkommens- oder Kapitalniveau entsprechend abzustufen (während die Körperschaftsteuer alle Körperschaftsgewinne mit demselben Satz besteuert, ganz gleich, ob sie es mit Klein- oder Großaktionären zu tun hat).

2 Glaubt man bestimmten Verlautbarungen der Führungskräfte von Gesellschaften wie Google, so scheint ihnen in etwa Folgendes durch den Kopf zu gehen: «Wir geben der Gesellschaft viel mehr, als unsere Gewinne und Gehälter es zum Ausdruck bringen, also ist es das Mindeste, dass wir keine hohen Steuern zahlen.» Wenn eine Gesellschaft oder Person zum Rest der Wirtschaft mehr beiträgt, als sie für ihre Produkte berechnet (in der Ökonomie spricht man von «positiven externen Effekten» oder vom «externen Nutzen»), dann ist es vollkommen legitim, wenn sie geringe Steuern zahlt oder sogar subventioniert wird. Das Problem ist nur, dass jeder ein lebhaftes Interesse daran hat, sich als Träger eines erheblichen externen Nutzens für den Rest des Universums darzustellen. Google hat allerdings keine Studien vorgelegt, die den Beweis erbringen könnten, dass dieser hypothetische Fall auf das Unternehmen zutrifft. Offenkundig ist dagegen, wie schwer sich das Zusammenleben in einer Welt regeln lässt, in der jeder glaubt, seinen eigenen Steuersatz festsetzen zu können.

verorten zu können, um stattdessen die Steuereinnahmen anhand der Verkäufe oder der Löhne zwischen den einzelnen Ländern zu verteilen.

Ein ganz ähnliches Problem stellt sich bei der Steuer auf individuelles Kapital. Das allgemeine Prinzip, auf dem die meisten Steuersysteme und Steuerabkommen beruhen, ist das der Ansässigkeit. Jedes Land besteuert Einkommen und Vermögen derjenigen Personen, die sich mehr als sechs Monate pro Jahr auf seinem Hoheitsgebiet aufhalten. Dieses praktische Prinzip ist aber in Europa immer schwieriger anzuwenden, insbesondere in Grenzgebieten (zum Beispiel zwischen Frankreich und Belgien). Im Übrigen ist das Vermögen zum Teil immer aufgrund der Lokalisierung des Vermögenswertes und nicht seines Besitzers besteuert worden. Zum Beispiel wird die Grundsteuer auf eine Pariser Immobilie von französischen Behörden erhoben, auch wenn die Besitzer am anderen Ende der Welt wohnen und ganz unabhängig von ihrer Nationalität. Dasselbe Prinzip gilt auch für die Vermögenssteuer, allerdings nur für die auf Immobilienvermögen. Es gibt keinen Grund, dieses Prinzip nicht auch auf finanzielle Vermögenswerte anzuwenden, abhängig davon, wo das fragliche Unternehmen seine Wirtschaftstätigkeit ausübt. Das betrifft auch die Staatsanleihen. Eine solche Ausweitung des Prinzips der «Ansässigkeit des Kapitals» (und nicht des Besitzers) erfordert offenkundig einmal mehr einen automatischen Bankdatenaustausch, um komplexe Kapitalbeteiligungs- und Eigentumsstrukturen nachverfolgen zu können. Diese Steuern werfen natürlich die Frage nach der Multinationalität auf.[1] Aber auf all diese Fragen lassen sich offenbar Antworten nur auf europäischer (ja globaler) Ebene finden. Am besten wäre es daher, dem noch zu schaffenden Haushaltsparlament der Eurozone die Regelung dieser Instrumente zu übertragen.

Ist all das Utopie? Es ist jedenfalls nicht utopischer, als eine staatenlose Währung zu schaffen. Sobald Länder ihre Währungshoheit abtreten, ist es unverzichtbar, ihre fiskalische Souveränität in Belangen wiederherzustellen, die nicht länger in der Reichweite von Nationalstaaten liegen, wie der Zinssatz der Staatsschuld, die progressive Kapi-

---

1 Jüngst ist vorgeschlagen worden, den internationalen Organisationen eine globale Vermögenssteuer zu zahlen. Der Vorteil liegt darin, dass diese Steuer unabhängig von der Nationalität erhoben werden würde und eine Weise sein könnte, das Recht auf Multinationalität zu schützen. Siehe dazu P. Weil: «Let them eat slightly less cake: an international tax on the wealthiest citizens of the world», *Policy Network* (26. Mai 2011).

talsteuer oder die Körperschaftssteuer auf Gewinne multinationaler Unternehmen. Für die europäischen Länder muss es heute Priorität haben, eine kontinentale Hoheitsgewalt zu schaffen, um Kontrolle über den patrimonialen Kapitalismus und die Privatinteressen zurückzugewinnen und das europäische Sozialmodell ins 21. Jahrhundert zu tragen. Kleine Unstimmigkeiten zwischen nationalen Modellen sind relativ zweitrangig, wenn es das Überleben des gemeinsamen Modells ist, das auf dem Spiel steht.[1]

Ohne eine solche Politische Europäische Union werden sich die Folgen eines verschärften Steuerwettbewerbs zweifellos immer deutlicher bemerkbar machen. Es gibt keinen Grund zu der Annahme, dass er seinen Zenit schon überschritten hat. Insbesondere der Wettlauf um die niedrigste Körperschaftssteuer ist schon in die nächste Runde gegangen. Projekte wie das der *Allowance for Corporate Equity* könnten darauf hinauslaufen, die Körperschaftssteuer schlicht und einfach abzuschaffen.[2] Es scheint mir dringlich, ohne die Dinge übermäßig dramatisieren zu wollen, dass man sich klarmacht, wohin der normale Gang des Steuerwettbewerbs führt – nämlich zu einem Übergewicht der Verbrauchssteuern, also zu einem Steuersystem, wie es das 19. Jahrhundert hatte, das keinerlei Progressivität kennt und faktisch diejenigen begünstigt, die es sich leisten können, zu sparen oder den Wohnsitz zu wechseln – oder besser noch beides zugleich.[3] Andererseits macht die Steuerkoope-

1 Diese Schlussfolgerung ist nicht weit entfernt von der Dani Rodriks, der Nationalstaat, die Demokratie und die Globalisierung würden im 21. Jahrhundert ein instabiles Trio abgeben (einer der drei muss den beiden anderen den Vortritt lassen, zumindest teilweise). Siehe D. Rodrik: Das Globalisierungsparadox. Die Demokratie und die Zukunft der Weltwirtschaft, München: C.H.Beck 2011.

2 Das System der *Allowance for Corporate Equity*, das 2006 in Belgien eingeführt wurde (wo es darum eine Fülle fiktiver Firmensitze gibt), gestattet einen Abzug von den steuerpflichtigen Körperschaftsgewinnen in Höhe der «normalen» Aktienrendite. Dieses System wird als Äquivalent des Zinsabzugs dargestellt, und als technische Lösung, um die Bedingungen der Besteuerung von Aktien und Obligationen zu vereinheitlichen. Es gibt indessen einen anderen Weg, den Deutschland (und neuerdings Frankreich) beschritten haben, der darin besteht, den Zinsabzug zu beschränken. Bestimmte Interventionen in dieser Debatte, etwa des IWF und in einem gewissen Ausmaß auch der Europäischen Kommission, wollten den Anschein erwecken, dass beide Lösungen auf dasselbe hinauslaufen, während sie das in Wahrheit nicht tun: Wenn man die «normale» Rendite von Aktien und Obligationen zugleich abzieht, kann man darauf wetten, dass die Steuer sich verflüchtigt.

3 Insbesondere Systeme, die verschiedene Kategorien von Verbrauchsgütern mit verschiedenen Steuersätzen belasten, erlauben nur eine sehr ungenaue Differenzierung nach Einkommensklassen. Der Hauptgrund, aus dem die Mehrwertsteuer von den europäi-

ration, auch das darf man nicht vergessen, bisweilen Fortschritte, die man a priori nicht erwartet hätte, wie es die geplante Finanztransaktionssteuer bezeugt, die eine der ersten europäischen Steuern im eigentlichen Sinne werden könnte. Sie mag nicht annähernd dieselbe Bedeutung haben wie die Kapital- oder Körperschaftssteuer (sowohl hinsichtlich des Steueraufkommens als auch des Verteilungseffekts), aber sie beweist, dass nichts im Voraus geschrieben steht.[1] Die politische und fiskalische Geschichte bahnt sich stets ihre eigenen Wege.

Staatsgewalt und Kapitalakkumulation im 21. Jahrhundert

Treten wir nun einen Schritt zurück von den unmittelbaren Belangen des europäischen Aufbaus, um uns folgende Frage zu stellen: Wie hoch wäre in einer idealen Gesellschaft die Staatsschuld? Um es gleich vorauszuschicken: Es gibt keine absolute Gewissheit in dieser Frage, auf die allein eine demokratische Auseinandersetzung eine Antwort zu geben vermag – je nach den Zielen, die sich eine Gesellschaft setzt, und den spezifischen Herausforderungen, vor denen sie steht. Sicher ist aber, dass man auf diese Frage keine sinnvolle Antwort geben kann, ohne sich bei dieser Gelegenheit eine umfassendere Frage zu stellen: Wo liegt das ideale Niveau des öffentlichen Kapitals sowie des Nationalkapitals insgesamt?

Im Rahmen dieses Buches haben wir eingehend die Entwicklung des Kapital-Einkommens-Verhältnisses β in verschiedenen Ländern

---

schen Regierungen derzeit so gepriesen wird, besteht darin, dass sie es erlaubt, importierte Güter zu besteuern und derart Mini-Abwertungen vorzunehmen. Natürlich handelt es sich um ein Nullsummenspiel (wenn alle so verfahren, gibt es auch keinen Wettbewerbsvorteil mehr), das symptomatisch ist für eine Währungsunion mit geringer internationaler Kooperation. Die andere klassische Rechtfertigung für die Verbrauchssteuer beruht auf der Idee, sie fördere Investitionen, aber die begrifflichen Grundlagen dieser Konzeption sind einigermaßen unklar (namentlich in einer historischen Phase, in der das Kapital-Einkommens-Verhältnis relativ hoch ist).

1 Diese Steuer zielt darauf, das Volumen der hochfrequenten Finanztransaktionen zu begrenzen, was zweifellos sinnvoll ist. Aber sie kann per definitionem keine hohen Steuereinnahmen erzielen, weil das Ziel gerade darin besteht, die Steuerquelle trockenzulegen. Schätzungen des Aufkommens dieser Steuer sind oft allzu optimistisch. Es kann zweifellos kaum über 0,5 % des BIP liegen, was umso besser ist, als die Steuer per definitionem keine Abstufung nach Höhe des individuellen Einkommens oder Kapitals erlaubt. Siehe Technischer Anhang.

und Jahrhunderten untersucht. Wir haben auch untersucht, inwiefern das Verhältnis β langfristig durch die Sparquote s und die Wachstumsrate g im Sinne der Formel $\beta = s/g$ determiniert wird. Aber wir haben uns bislang noch nicht die Frage gestellt, welches Verhältnis β erstrebenswert ist. Sollte der Kapitalstock in einer idealen Gesellschaft das Fünffache oder besser das Zehnfache oder gar Zwanzigfache des jährlichen Nationaleinkommens betragen? Wie lässt sich auf diese Frage eine Antwort finden? Eine exakte Antwort ist zweifellos unmöglich. Aber man kann unter bestimmten Hypothesen eine Obergrenze der Kapitalmenge angeben, die zu akkumulieren sinnvoll ist. Dieses Maximalniveau ist erreicht, wenn man so viel Kapital akkumuliert, dass die Kapitalrendite r, die mit seiner Grenzproduktivität identisch sein sollte, auf das Niveau der Wachstumsrate g sinkt. Nimmt man sie buchstäblich, würde diese Regel $r = g$, die Edmund Phelps 1961 auf den Namen der «goldenen Regel der Kapitalakkumulation» getauft hat, einen Kapitalstock erfordern, der sehr viel höher läge als diejenigen, die im Laufe der Geschichte zu beobachten sind, da die Kapitalrendite, wie wir gesehen haben, stets deutlich über der Wachstumsrate lag. Die Ungleichung $r > g$ fiel besonders massiv bis zum 19. Jahrhundert aus (mit einer Rendite von 4–5 % und einer langfristigen Wachstumsrate, die zweifellos kaum über 1,5 % lag).[1] Es lässt sich nur sehr schwer sagen, wie viel Kapital man anhäufen müsste, damit die Rendite auf 1 % oder 1,5 % sinkt – sicher aber sehr viel mehr als die sechs bis sieben Jahre Nationaleinkommen, die gegenwärtig in den kapitalintensivsten Ländern zu beobachten sind. Vielleicht müsste man das Äquivalent des Zehn- bis Fünfzehnfachen des jährlichen Nationaleinkommens akkumulieren, vielleicht mehr. Wie viel nötig wäre, um die Rendite auf die niedrigste Wachstumsrate sinken zu lassen, die vor dem 18. Jahrhundert zu beobachten ist (weniger als 0,2 %), lässt sich vollends in Form des Kapital-Einkommens-Verhältnisses kaum noch darstellen. Vielleicht müsste man das Äquivalent des Zwanzig- bis Dreißigfachen des jährlichen Nationaleinkommens akkumulieren. Jeder würde dann über so viele Immobilien, Maschinen, Werkzeuge aller Art etc. verfügen, dass eine zusätzliche Kapitaleinheit der Jahresproduktion weniger als 0,2 % hinfügen würde.

---

1 Siehe Kapitel 10, Grafiken 10.9–10.11. Um die Goldene Regel zu bewerten, muss man die Rendite vor Steuern zugrunde legen (die der Grenzproduktivität des Kapitals entsprechen soll).

In Wahrheit ist die so gestellte Frage zweifellos zu abstrakt, und die von der Goldenen Regel beigebrachte Antwort in der Praxis nicht besonders hilfreich. Wahrscheinlich wird keine menschliche Gesellschaft jemals so viel Kapital akkumulieren. Die Logik, die der Goldenen Regel zugrunde liegt, ist dennoch nicht uninteressant. Fassen wir die Argumentation kurz zusammen.[1] Ist die Goldene Regel erfüllt, dann heißt das per definitionem, dass langfristig der Anteil des Kapitals am Nationaleinkommen exakt gleich der Sparquote der Wirtschaft ist: $\alpha = s$. Gilt dagegen die Ungleichung $r > g$, dann ist langfristig der Anteil des Kapitals größer als die Sparquote: $a > s$.[2] Anders ausgedrückt: Die Goldene Regel ist erfüllt, wenn man so viel Kapital akkumuliert hat, dass es nichts mehr abwirft. Oder genauer: Man muss so viel Kapital akkumuliert haben, dass die schlichte Erhaltung dieses Kapitalstocks auf demselben Niveau es erfordert, jedes Jahr alles zu reinvestieren, was dieses Kapital einträgt. Genau das bedeutet die Gleichung $\alpha = s$. Die Gesamtheit der Kapitaleinkommen muss jedes Jahr wieder gespart und dem Kapitalstock wieder hinzugefügt werden. Ist umgekehrt die Ungleichung $r > g$ erfüllt, dann trägt langfristig das Kapital insofern etwas ein, als es nicht notwendig ist, die Gesamtheit der Kapitaleinkommen zu reinvestieren, um das Kapital-Einkommens-Verhältnis auf demselben Niveau zu halten.

Wie man sieht, kommt die Goldene Regel also einer Strategie der «Kapitalsättigung» gleich. Man akkumuliert so viel Kapital, dass den Rentiers nichts mehr zu konsumieren bleibt, weil sie alles reinvestieren müssen, wenn ihr Kapital mit derselben Rate wie die Wirtschaft wachsen soll – und sie ihren sozialen Status im Verhältnis

1 Der Artikel, mit einer gewissen ironischen Distanz in Gestalt einer Fabel verfasst, verdient wiedergelesen zu werden: E. Phelps: «The golden rule of accumulation: a fable for growthmen», *American Economic Review* 51 (1961), S. 638–43. Eine ähnliche Vorstellung, die nicht auf den Begriff der Goldenen Regel rekurriert und im Übrigen weniger klar ist, findet man auch in M. Allais' Buch aus dem Jahre 1947 (*Économie et intérêt*, Paris: Librairie des Publications Officielles 1947) und in den Artikeln von von Neumann (1945) und Malinvaud (1953). Man muss unterstreichen, dass all diese Arbeiten (Phelps' eigene eingeschlossen) sich auf einer rein theoretischen Ebene bewegen und keine wirkliche Erörterung der Frage bieten, welches Niveau der Kapitalakkumulation dazu führen würde, dass $r = g$ wäre. Siehe Technischer Anhang.

2 Der Anteil des Kapitals wird durch $\alpha = r \times \beta$ wiedergegeben. Langfristig ist $\beta = s / g$, also $\alpha = s \times r / g$. Daraus folgt, dass $\alpha = s$, wenn $r = g$, und dass $\alpha > s$, wenn und nur wenn $r > g$. Siehe Technischer Anhang.

zum gesellschaftlichen Durchschnitt behaupten wollen. Gilt umgekehrt $r > g$, so genügt es, jedes Jahr den Teil der Rendite zu reinvestieren, der g, also der Wachstumsrate entspricht, und den Rest zu konsumieren $(r - g)$. Die Ungleichung $r > g$ ist die Grundlage der Rentiersgesellschaft. Und so viel Kapital zu akkumulieren, dass die Rendite auf das Niveau des Wachstums sinkt, heißt der Herrschaft der Rentiers ein Ende zu setzen.

Aber kann man sich sicher sein, dass dies die beste Methode ist? Warum sollten die Kapitaleigentümer, und warum sollte eine Gesellschaft insgesamt so viel Kapital akkumulieren wollen? Tatsächlich darf man nicht vergessen, dass die Goldene Regel nur eine Obergrenze festzusetzen erlaubt, aber keinen Grund dafür angibt, dass man auch so weit gehen muss.[1] In der Praxis gibt es sehr viel einfachere und wirksamere Weisen, die Rentiers in Schach zu halten, namentlich auf fiskalischem Wege. Man braucht nicht das Zehnfache des jährlichen Nationaleinkommens an Kapital anzuhäufen, zumal das erfordern könnte, dass man sich über Generationen der Konsumtion enthält.[2] Betrachtet man die Dinge auf einer rein theoretischen Ebene, hängt prinzipiell alles vom Ursprung des Wachstums ab. Wenn es gar kein Produktivitätswachstum gibt und das Wachstum allein von der Bevölkerung herrührt, dann kann es sinnvoll sein, Kapital zu akkumulieren, bis die Goldene Regel erfüllt ist. Nimmt man zum Beispiel die Tatsache als gegeben an, dass die Bevölkerung in alle Ewigkeit um 1 % pro Jahr wachsen wird, und geht man weiterhin von einer unendlichen Geduld und höchstem Altruismus im Verhältnis zu künftigen Generationen aus, so besteht die richtige Weise, die Konsumtion pro Einwohner langfristig zu maximieren, tatsächlich darin, so viel Kapital anzuhäufen, dass die Rendite auf 1 % sinkt. Aber man sieht un-

1 Die Gründe, aus denen es sich um eine Obergrenze handelt, werden genauer im Technischen Anhang erläutert.

2 In der Praxis kann die Steuer auf Kapital oder öffentliches Eigentum dafür sorgen, dass der Anteil des Nationaleinkommens, der auf Einkommen aus Privatkapital (nach Steuern) beruht, unter der Sparquote liegt, ohne dass es darum notwendig wäre, so viel zu akkumulieren. Das ist das sozialdemokratische Ideal der Nachkriegszeit. Mit den berühmten Worten Helmut Schmidts: «Die Gewinne von heute sind die Investitionen von morgen und die Arbeitsplätze von übermorgen». Kapital und Arbeit reichen sich die Hand. Aber man darf nicht vergessen, dass dies von Institutionen wie der Steuer oder dem öffentlichen Eigentum abhängt (sofern man sich nicht bislang unbekannte Niveaus der Akkumulation vorstellen will).

mittelbar, dass dieses Argument seine Grenzen hat. Zunächst einmal ist es merkwürdig genug, ewiges Bevölkerungswachstum vorauszusetzen. Schließlich hängt dies davon ab, wie fruchtbar die kommenden Generationen zu sein beschließen – und das steht nicht in der Verantwortung der heutigen Generationen (es sei denn, man wollte von einer besonders unterentwickelten Verhütungstechnologie ausgehen). Im Übrigen müsste man, wenn das Bevölkerungswachstum seinerseits gleich Null ist, eine unendliche Kapitalmenge anhäufen. Solange die Kapitalrendite leicht positiv ist, liegt es stets im Interesse künftiger Generationen, wenn die gegenwärtigen Generationen weniger konsumieren und dafür mehr akkumulieren. Das ist es nach Marx, der implizit von einem Nullwachstum der Bevölkerung wie der Produktivität ausging, worin das unendliche Akkumulationsverlangen der Kapitalisten hätte kulminieren müssen. Daher ihr Untergang, der zur kollektiven Aneignung der Produktionsmittel führt, so dass schließlich der sowjetische Staat im Interesse des Gemeinwohls die grenzenlose Akkumulation des Industriekapitals übernimmt – und immer mehr Maschinen anhäuft, ohne dass die Planungsbeauftragten recht wissen, wann sie aufhören sollen.[1]

Sobald das Produktivitätswachstum positiv ist, wird der Prozess der Kapitalakkumulation durch die Gleichung $\beta = s/g$ ausgeglichen. Die Frage nach dem sozialen Optimum ist dann noch schwerer zu entscheiden. Wenn man im Voraus weiß, dass die Produktivität ewig um 1 % pro Jahr wachsen wird, dann schließt das ein, dass die künftigen Generationen sehr viel produktiver und wohlhabender sein werden als die gegenwärtigen Generationen. Ist es unter diesen Bedingungen vernünftig, die gegenwärtige Konsumtion einzustellen, um große Mengen an Kapital zu akkumulieren? Je nachdem, wie man das Wohl der verschiedenen Generationen gegeneinander abwägt, kann man zu allen erdenklichen Schlussfolgerungen kommen. Man mag

1 In gewisser Weise überträgt die sowjetische Interpretation der Goldenen Regel das unbegrenzte Begehren der Kapitalanhäufung, das dem Kapitalisten zugeschrieben wird, bloß auf das Kollektiv. Es ist interessant zu sehen, dass Keynes in den Passagen von *The General Theory of Employment, Interest, and Money*, die der «euthanasia of the rentier» gewidmet sind, eine Idee entfaltet, die der von der «Kapitalsättigung» nicht fern ist. Zur «euthanasia of the rentier» kommt es, wenn so viel Kapital akkumuliert wird, dass den Rentiers ihre Rendite verloren geht. Aber Keynes äußert sich nicht darüber, wie weit die Akkumulation gehen muss (von $r = g$ ist nicht die Rede) und fasst nicht ausdrücklich eine öffentliche Akkumulation ins Auge.

sich sagen, es sei das Klügste, ihnen gar nichts zu hinterlassen (die Luftverschmutzung vielleicht ausgenommen) oder aber sich an die Goldene Regel zu halten, oder irgendetwas zwischen diesen beiden Extremen zu tun. Wie man sieht, ist die Goldene Regel in der Praxis nicht besonders hilfreich.[1]

In Wahrheit hätte uns der gesunde Menschenverstand darüber belehren können, dass keine mathematische Formel die Antwort auf die eminent komplexe Frage bereithält, was es künftigen Generationen zu hinterlassen gilt. Wenn es mir dennoch notwendig erschien, diese theoretischen Überlegungen zur Goldenen Regel vorzustellen, dann weil sie zu Beginn des 21. Jahrhunderts einen gewissen Einfluss auf die öffentliche Debatte über die europäischen Defizite einerseits, und die Kontroversen über die Folgen globaler Erwärmung andererseits ausübt.

Die Politik und der Buchstabe des Gesetzes

Tatsächlich taucht der Begriff der «Goldenen Regel» in einer ganz anderen Bedeutung im Rahmen der europäischen Debatte über die Staatsdefizite auf.[2] 1992, im Zuge der Einrichtung des Euro, hatten die Maastrichter Verträge vorgesehen, das Haushaltsdefizit dürfe 3 %

---

1 Die von den Ökonomen vorgeschlagene mathematische Lösung dieses Problems wird im Technischen Anhang dargestellt. Alles hängt, um das zusammenzufassen, von dem ab, was man sich angewöhnt hat, «Konkavität der Nutzenfunktion» zu nennen (im Zuge der Formel $r = \theta + \gamma \times g$, die wir in Kapitel 10 bereits erwähnt haben und die zuweilen auch «modifizierte Goldene Regel» genannt wird). Bei unendlicher Konkavität geht man davon aus, dass die künftigen Generationen nicht auch noch das hundertste iPhone brauchen und hinterlässt ihnen kein Kapital. Im Fall des extremen Gegenteils kann man bis zur Goldenen Regel fortschreiten, was es erforderlich machen mag, ihnen mehrere Jahrzehnte Nationaleinkommen an Kapital zu hinterlassen. Die unendliche Konkavität wird häufig mit einem Sozialmodell Rawlsschen Typs in Zusammenhang gebracht und könnte darum verlockend erscheinen. Die Schwierigkeit liegt aber darin, dass es für den Fall, dass man keinerlei Kapital hinterlässt, keineswegs sicher ist, dass das Produktivitätswachstum im selben Rhythmus fortschreitet. All das macht das Problem im höchsten Maße unentscheidbar – und lässt den Forscher ebenso perplex zurück wie den Bürger.

2 Im Allgemeinen verweist der Ausdruck «Goldene Regel» (*golden rule*) auf die Vorstellung einer moralischen Regel, die gleichsam das Maß der Verpflichtung des Einzelnen gegenüber anderen angibt. In der Ökonomie und der Politik wird sie häufig gebraucht, um einfache Regeln zu formulieren, die unsere Pflichten gegenüber künftigen Generationen definieren. Unglücklicherweise gibt es keine einfache Regel, die es erlaubt, diese existenzielle Frage ein für allemal zu regeln, so dass sie immer wieder neu gestellt werden muss.

nicht überschreiten und die Staatsverschuldung insgesamt nicht mehr als 60 % des BIP betragen.[1] Aufgrund welcher ökonomischen Logik die Verfasser zu genau diesen Zahlen gekommen sind, wurde nie erschöpfend dargelegt.[2] In Wahrheit ist es nicht ganz einfach, eine rationale Begründung für dieses oder jenes Niveau der Staatsverschuldung anzuführen, wenn man die öffentlichen Vermögenswerte und, allgemeiner, das gesamte nationale Kapital nicht berücksichtigt. Den wahren Grund solcher verbindlichen Kriterien, für die es in der Geschichte kein zweites Beispiel gibt (zum Beispiel haben die amerikanischen, britischen oder japanischen Parlamente sich niemals solche Regeln auferlegt), haben wir weiter oben schon genannt. Ihre Notwendigkeit folgt unmittelbar daraus, dass man sich entschieden hat, eine gemeinsame Währung ohne Staat zu schaffen, vor allem aber ohne eine Schuldengemeinschaft und ohne sich über die Höhe des Defizits zu einigen. Im Prinzip würden die Kriterien sich erübrigen, läge die Entscheidung über das gemeinsame Defizit in der Verantwortung eines Haushaltsparlaments der Eurozone. Durch diese demokratische und souveräne Entscheidung würde jeder zwingende Grund dafür entfallen, solche Regeln im Voraus festzulegen und den Mitgliedsländern in die Verfassung zu schreiben. Gewiss mag man in Anbetracht des zarten Alters dieser im Aufbau begriffenen Haushaltsunion davon ausgehen, öffentliches Vertrauen lasse sich nur durch spezifische Regeln bilden, zum Beispiel indem man qualifizierte parlamentarische Mehrheiten zur Voraussetzung dafür macht, einen bestimmten Schuldenstand zu überschreiten. Aber es gäbe keine Rechtfertigung dafür, unantastbare Defizit- und Schuldengrenzen in Stein zu meißeln – ohne Rücksicht auf künftige europäische politische Mehrheiten.

---

1 Diese Zahlen wurden in den neuen, 2012 abgeschlossenen Vertrag wieder aufgenommen und um das Ziel, ein «strukturelles» Defizit von unter 0,5 % des BIP anzustreben, ebenso ergänzt wie um die Einführung automatischer Sanktionen für den Fall der Verletzung dieser Pflichten. Festzuhalten ist, dass die Zahlen in den Europäischen Verträgen allesamt das Sekundärdefizit meinen (die Zinsen der Schuld sind in den Ausgaben inbegriffen).

2 Manchmal ist darauf hingewiesen worden, dass ein Defizit von 3 % es erlaubt, Gesamtschulden von 60 % zu stabilisieren, wenn das nominale Wachstum des BIP bei 5 % liegt (zum Beispiel bei 2 % Inflation und 3 % realem Wachstum), vermöge der Formel $\beta = s / g$, angewandt auf die Staatsschuld. Aber die Überlegung ist nicht sonderlich überzeugend (vor allem, weil nichts wirklich eine solche nominale Wachstumsrate rechtfertigt). Siehe Technischer Anhang.

Damit keine Missverständnisse entstehen: Ich finde keinen besonderen Gefallen an der Staatsschuld, von der wir mehrfach gesehen haben, dass sie häufig zu Umverteilungen von unten nach oben führt, also zum Schaden der Ärmeren jene begünstigt, die über die Mittel verfügen, einem Staat Geld zu leihen, der im Allgemeinen besser daran täte, sie ihre Steuern zahlen zu lassen. Seit dem Beginn des 20. Jahrhunderts und den großen Staatsschuldenerlassen der Nachkriegszeit (oder mehr noch ihrer Tilgung durch die Inflation) gibt es eine Reihe von gefährlichen Illusionen über die Staatsschuld und die Möglichkeiten sozialer Umverteilung, die sie eröffnet, die auszuräumen mir dringlich erscheint.

Dennoch gibt es eine Reihe von Gründen, die es wiederum unklug erscheinen lassen, Haushaltskriterien in die Gesetzestafeln von Recht und Verfassung zu meißeln. Zunächst einmal zeigt die historische Erfahrung, dass es in schweren Krisen zuweilen im genauen Sinne notwendig ist, Haushaltsentscheidungen von einer Tragweite zu treffen, die vor der Krise undenkbar gewesen wäre. Die von Fall zu Fall neu zu verhandelnde Entscheidung darüber einem Verfassungsrichter (oder einem Expertengremium) zu überlassen, ist eine Form demokratischer Regression. Zudem ist es nicht ungefährlich. Die ganze Geschichte bezeugt die ärgerliche Neigung von Verfassungsrichtern, sich in extensiven und kühnen, vor allem aber sehr paragraphentreuen und konservativen Auslegungen von Rechtstexten über Steuer- und Haushaltsfragen zu ergehen.[1] Dieser Rechtskonservativismus ist besonders gefährlich im derzeitigen Europa, wo man häufig die Tendenz hat, das absolute Recht auf freien Verkehr von Personen, Gütern und Kapital über das Recht (und die Pflicht) von Staaten zu stellen, dem Allgemeininteresse zu dienen – unter Einschluss der Befugnis, Steuern zu erheben. Schließlich und vor allem lässt sich das zulässige Defizit- und Schuldenniveau nicht

---

1 In den Vereinigten Staaten hat der Supreme Court die Einkommensteuer zu Beginn des 19. Jahrhunderts lange blockiert, ebenso wie später, in den 1930er Jahren, den Mindestlohn – während er zugleich in diesen beiden Jahrhunderten erst die Sklaverei, dann die Rassendiskriminierung als völlig vereinbar mit den Grundrechten betrachtet hat. Kürzlich hat das französische Verfassungsgericht eine außerordentlich präzise Theorie darüber vorgelegt, welcher Spitzensteuersatz seines Erachtens mit der Verfassung vereinbar sei. Nach hochkarätigen juristischen Erwägungen, die sein Geheimnis bleiben, schwankte er zwischen 65 % und 67 % und erörterte die Frage, ob darin die CO_2-Steuer inbegriffen sein sollte oder nicht.

beurteilen, ohne zahlreiche andere Parameter zu berücksichtigen, die den nationalen Reichtum beeinflussen. Betrachtet man alle verfügbaren Daten, so lautet der verblüffende Befund, dass nie zuvor in Europa das Nationalvermögen so hoch war. Gewiss liegt unter Berücksichtigung der Höhe seiner Schulden das Nettovermögen des Staates fast bei Null, aber das private Nettovermögen ist so erheblich, dass die Summe beider wiederum seit einem Jahrhundert nicht höher lag. Die Vorstellung, wir stünden im Begriff, unseren Kindern und Enkelkindern beschämend hohe Schulden zu hinterlassen und sollten Asche auf unser Haupt streuen und Abbitte tun, entbehrt also jeder Logik. Betrachtet man die Dinge aus der Perspektive jener Goldenen Regel der Akkumulation nationalen Kapitals, muss man zu dem Schluss kommen, dass die europäischen Länder ihr noch nie so nah gekommen sind. Wahr, und diesmal in der Tat beschämend, ist dagegen, wie ungleich dieses nationale Kapital verteilt ist – mit einem privaten Reichtum, der sich auf die öffentliche Armut stützt. Und beschämend genug ist auch die Konsequenz, dass wir mehr für die Zinsen der Staatsschuld aufwenden, als wir zum Beispiel in unsere Hochschulbildung investieren. Neu ist diese Situation freilich nicht. In Anbetracht des relativ langsamen Wachstums seit den 1970er Jahren, befinden wir uns in einer historischen Phase, in der die Staatsschulden die öffentlichen Finanzen global sehr teuer zu stehen kommt.[1] Das ist auch der zentrale Grund, aus dem es diese Schuld möglichst rasch zu tilgen gilt, idealerweise mittels einer progressiven einmaligen Vermögensabgabe, und notfalls durch Inflation. Wie immer aber die Entscheidungen darüber ausfallen mögen, sie obliegen einem souveränen Parlament und demokratischer Auseinandersetzung.[2]

1 Das Problem ist eng dem bereits erwähnten der Rendite in umlagefinanzierten Rentensystemen verwandt. Solange das Wachstum stark ist und die Steuerquellen sich ebenso schnell (oder fast ebenso schnell) entwickeln wie die Schuldzinsen, ist es relativ einfach, den Umfang der Staatsschuld in Prozent des Nationaleinkommens abzubauen. Anders sieht es aus, wenn das Wachstum schwach ist. Die Schuld wird zu einer Bürde, die sich nur schwer abschütteln lässt. Errechnet man den Durchschnitt für die ganze Zeit von 1970 bis 2010, stellt man fest, dass in allen reichen Ländern die Zinslast sehr viel stärker ist als das durchschnittliche Primärdefizit, das in manchen Ländern fast bei Null liegt, namentlich in Italien, wo die durchschnittliche Zinslast der Schuld sich in dieser Zeit durchschnittlich auf astronomische 7 % des BIP beläuft. Siehe Technischer Anhang, Tabelle S16.1.

2 Würde man diese Frage verfassungsrechtlich zu klären suchen, wäre es natürlich nicht ausgeschlossen, dass Lösungen wie die progressive Steuer auf Kapital als unvereinbar mit der Verfassung beurteilt würden.

Globale Erwärmung und Staatskapital

Die zweite wichtige Frage, auf deren Diskussion der Begriff der Goldenen Regel einen maßgeblichen Einfluss hat, ist die der globalen Erwärmung und, allgemeiner, der möglichen Vernichtung von Naturkapital im 21. Jahrhundert. Aus einer globalen Perspektive auf das nationale und globale Kapital betrachtet, gibt es in der Tat langfristig keinen größeren Grund zur Beunruhigung. Der Stern-Report, 2006 veröffentlicht, hat die öffentliche Meinung durch eine Berechnung aufgerüttelt, aus der hervorgeht, dass die potentiellen Schäden, die der Umwelt von heute bis zum Ende des Jahrhunderts zugefügt werden, sich bestimmten Szenarien zufolge auf Dutzende Prozentpunkte des globalen BIP pro Jahr beziffern lassen. Unter Ökonomen steht im Zentrum der Kontroverse um den Stern-Report die Frage, zu welchem Satz die künftigen Schäden diskontiert werden sollten. Der Brite Nicholas Stern hat einen relativ niedrigen Diskontierungssatz vorgeschlagen, der etwa so hoch wie die Wachstumsrate sein sollte (1–1,5 % pro Jahr). Damit scheinen die künftigen Schäden aus der Perspektive der heutigen Generationen sehr hoch. Die Schlussfolgerung, die aus dem Bericht zu ziehen ist, lautet also, dass es einen hohen Handlungsbedarf gibt. Folgt man dem amerikanischen Ökonomen William Nordhaus, müsste man dagegen einen Diskontierungssatz annehmen, der näher an der durchschnittlichen Kapitalrendite liegt (4–4,5 % pro Jahr), in welchem Fall die ausstehenden Katastrophen sich sehr viel weniger beunruhigend darstellen. Es gehen also, anders gesagt, alle von derselben Einschätzung künftiger Schäden aus (deren Umfang offenbar seinerseits sehr ungewiss ist), ziehen daraus aber ganz unterschiedliche Konsequenzen. Für Stern ist der Verlust des Wohls der Menschheit so groß, dass es gerechtfertigt ist, heute schon das Äquivalent von 5 Prozentpunkten des weltweiten BIP aufzuwenden, um zu versuchen, der globalen Erwärmung Einhalt zu gebieten. Für Nordhaus wäre dies höchst unvernünftig, da die künftigen Generationen reicher und produktiver sein werden, als wir es sind. Sie werden daher Mittel und Wege finden, notfalls durch Einschränkung der Konsumtion, was jedenfalls weniger zu Lasten des universalen Wohls geht, als solche Anstrengungen zu unternehmen. Das sind im Wesentlichen auch schon die Schlüsse, die sich aus diesen scharfsinnigen Berechnungen ziehen lassen.

Wenn ich wählen müsste, würde ich allerdings die Schlussfolgerungen Sterns für vernünftiger halten als die von Nordhaus, die von einem zweifellos sympathischen Opportunismus zeugen, der sich passenderweise sehr gut mit der amerikanischen Strategie eines weitgehend ungehemmten CO_2-Ausstoßes verträgt, aber letztlich wenig überzeugend ist.[1] Mir scheint indessen, dass diese relativ abstrakte Auseinandersetzung über Diskontierungssätze am Kern des Problems mit einigem Abstand vorbeigeht. Praktisch wird in den öffentlichen Debatten, namentlich in Europa, aber auch in China und den Vereinigten Staaten, immer häufiger auf die Notwendigkeit hingewiesen, umfangreiche Investitionen zu tätigen, um weniger umweltschädliche Technologien zu entwickeln und erneuerbare Energien in einem Umfang zu erschließen, der ausreicht, um Kohlenwasserstoffe entbehrlich zu machen. Diese Debatte über den «ökologischen Aufschwung» ist auf dem europäischen Schauplatz besonders präsent, da man darin auch eine Möglichkeit sieht, sich aus der anhaltenden ökonomischen Flaute zu befreien. Und die Strategie ist tatsächlich auch darum besonders verlockend, weil der Zins, zu dem zahlreiche Staaten derzeit Geld leihen können, extrem niedrig ist. Wenn also private Investoren nicht willens sind, Geld auszugeben und zu investieren, weshalb sollte die öffentliche Hand sich die Chance entgehen lassen, in die Zukunft zu investieren und einer möglichen Zerstörung des Naturkapitals entgegenzuwirken?[2]

1 Zu der Weise, auf die beide ihre Diskontierungssätze berechnen, siehe den Technischen Anhang. Bemerkenswert ist, dass Stern wie Nordhaus sich derselben «modifizierten Goldenen Regel» bedienen, wie wir sie oben beschrieben haben, aber einander diametral entgegengesetzt sind, was die Wahl des Parameters der Konkavität betrifft (Nordhaus wählt einen Parameter, der ‹rawlsianischer› ist als der Sterns, um zu rechtfertigen, wie wenig Gewicht er künftigen Generationen beimisst). Ein logisch befriedigenderer Ausweg bestünde darin, der Tatsache Rechnung zu tragen, dass die Austauschbarkeit von Naturkapital und anderen Formen des Reichtums weit davon entfernt ist, in alle Ewigkeit fortzubestehen (wie Roger Guesnerie und Thomas Sterner es getan haben). Ist das Naturkapital erst einmal vernichtet, wird es nicht ausreichen, unseren Konsum von iPhones zu reduzieren, um die Schäden zu beheben.

2 Wie wir schon bemerkt haben, handelt es sich bei den geringen Zinssätzen der Staatsschuld zum Teil um einen vorübergehenden und illusorischen Zustand. Die Zinssätze fallen gegenwärtig für bestimmte Länder sehr hoch aus, und es ist kaum wahrscheinlich, dass diejenigen Länder, die heute zu Zinssätzen unter 1 % Geld leihen, von dieser Situation noch Jahrzehnte begünstigt werden (die Analyse des Zeitraums von 1970 bis 2010

Wir haben es hier mit einer der wichtigsten Debatten der nahen Zukunft zu tun. Statt sich über eine Staatsschuld zu sorgen (die sehr viel geringer als die Privatvermögen ist und sich im Grunde einfach genug abbauen ließe), wäre es dringlicher, dafür Sorge zu tragen, dass unser Bildungskapital wächst und unser Naturkapital nicht aufgezehrt wird. Es handelt sich um eine sehr viel ernstere und schwierigere Frage, denn der Treibhauseffekt wird sich nicht durch einen Federstrich (oder eine Kapitalsteuer, was auf dasselbe hinausläuft) aus der Welt schaffen lassen. Die zentrale Frage ist, praktisch gesprochen, die folgende: Nehmen wir an, dass Stern ungefähr richtig liegt und es gerechtfertigt wäre, jedes Jahr das Äquivalent von 5 % des weltweiten BIP aufzuwenden, um die Katastrophe abzuwenden. Ist man sich aber sicher, welche Investitionen man tätigen und wie man sie organisieren soll? Wenn es sich um öffentliche Investitionen handelt, darf man sich nicht darüber hinwegtäuschen, dass diese Investitionen beträchtlich sind und zum Beispiel sehr viel höher liegen als alle Investitionen, die derzeit in den reichen Ländern getätigt werden.[1] Wenn es sich um private Investitionen handelt, müssen die Modalitäten der öffentlichen Finanzierung ebenso geklärt werden wie die Natur der Eigentumsrechte bezüglich der Technologien und Patente, die so entstünden. Und sollte man im Übrigen alles in Spitzenforschung investieren, um möglichst rasche Fortschritte auf dem Gebiet erneuerbarer Energien zu erzielen? Oder sollte man uns unmittelbar sehr starke Beschränkungen unseres CO_2-Ausstoßes auferlegen? Ohne Zweifel ist eine ausgeglichene Strategie ratsam, die auf alle verfügbaren Werkzeuge setzt.[2] So weit der Ratschlag des gesunden Menschenverstandes. Aber es bleibt eine Tatsache, dass niemand am heutigen Tage die Antwort

---

weist darauf hin, dass der reale Zinssatz langfristig für die reichen Ländern bei etwa 3 % liegen wird; siehe Technischer Anhang). Das ändert nichts daran, dass es sich um ein starkes wirtschaftliches Argument für öffentliche Investitionen handelt (zumindest so lange, wie diese Zinsen sich halten).

1 In den letzten Jahrzehnten betrugen die jährlichen öffentlichen Investitionen (abzüglich der Wertminderung der öffentlichen Vermögenswerte) in den reichen Ländern etwa 1–1,5 % des BIP. Siehe Technischer Anhang, Tabelle S16.1.

2 Zu denen natürlich auch Werkzeuge wie die CO_2-Steuer gehören, die dazu führen, dass man für die verschiedenen Formen des Energieverbrauchs einen höheren Preis zahlen muss, abhängig vom jeweils erzeugten CO_2-Ausstoß (und nicht abhängig von irgendwelchen Zufällen der Haushaltslage, wie es bei der Benzinsteuer meist der Fall war). Alles weist aber darauf hin, dass dieses Preissignal weniger Wirkung zeigt als ein Vorgehen, das auf öffentliche Investitionen und Bauvorschriften setzt (Wärmedämmung etc.).

auf die Frage kennt, wie diese Herausforderungen zu meistern sind, und welche genaue Rolle die öffentliche Hand übernehmen wird, um der möglichen Vernichtung des Naturkapitals im 21. Jahrhundert zu begegnen.

Ökonomische Transparenz und demokratische Kapitalkontrolle

Zuletzt, und allgemeiner gesprochen, scheint es mir dringlich, die Aufmerksamkeit auf eine der großen Herausforderungen der Zukunft zu lenken, die zweifellos in der Entfaltung neuer Formen des Eigentums am Kapital und seiner demokratischen Kontrolle liegt. Die Grenze zwischen privatem und öffentlichem Kapital ist weit davon entfernt, so klar und undurchlässig zu sein, wie manche nach dem Fall der Mauer denken mochten. Wie wir bemerkt haben, gibt es längst zahlreiche Tätigkeitsfelder – in der Bildung, der Gesundheit, der Kultur, den Medien –, auf denen sich Organisations- und Eigentumsformen entwickelt haben, die mit den polar einander gegenüberstehenden Paradigmen rein privaten Kapitals (nach dem Modell der Aktiengesellschaft, die ganz in den Händen der Aktionäre ist) oder rein öffentlichen Kapitals (das seinerseits einer *top/down*-Logik gehorcht, der zufolge die Verwaltung souverän über die geplanten Investitionen befindet) nur noch sehr wenig zu tun haben. Ganz offenbar gibt es zahlreiche intermediäre Organisationsformen, die es verstehen, auf dem Wege der Partizipation die Informationen und Fähigkeiten der Beteiligten fruchtbar zu machen. Märkte und Wahlen sind nur zwei polare Formen der Organisation kollektiver Entscheidungen, die es um neue Formen der Teilhabe und *governance* zu ergänzen gilt, die erst noch zu erfinden sind.[1]

Aber die demokratische Kontrolle des Kapitals hängt nicht zuletzt davon ab, wer in welchem Umfang zu Wirtschaftsinformationen Zu-

1 Die Vorstellung, dass der Markt und das Privateigentum es erlauben, Informationen und Fähigkeiten von Millionen Individuen (unter bestimmten Bedingungen) zu koordinieren und effizient zu nutzen, ist eine klassische Idee, die man bei A. Smith ebenso findet wie bei F. Hayek, K. Arrow oder C. Debreu. Ebenso wie die Vorstellung, dass die Wahl eine andere wirkungsvolle Weise ist, Informationen (und, allgemeiner, Ideen, Überlegungen etc.) zu bündeln: Sie geht bis auf Condorcet zurück. Zu jüngeren Forschungen, die um diese konstruktivistische Auffassung von politischen Institutionen und Wahlsystemen kreisen, siehe den Technischen Anhang.

gang hat. Was in der Forderung ökonomischer und finanzieller Transparenz auf dem Spiel steht, ist nicht allein ein gerechteres Steuersystem, sondern vielleicht mehr noch die Möglichkeit der demokratischen Steuerung und der Teilhabe an Entscheidungsprozessen. Wichtig ist unter diesem Aspekt nicht so sehr die Herstellung von Transparenz über individuelle Vermögen und Einkommen, die an sich gar nicht von Interesse sind (es sei denn in ganz besonderen Fällen, etwa bei politisch Verantwortlichen[1] oder dann, wenn Vertrauensverluste anders nicht mehr auszugleichen sind).[2] Bedeutsamer ist für das kollektive Handeln die Veröffentlichung detaillierter Rechnungsabschlüsse privater Gesellschaften (wie im Übrigen auch der öffentlichen Verwaltung). In ihrer öffentlich zugänglichen Form sind sie derzeit so unzureichend, dass sie es Beschäftigten (und Bürgern überhaupt) verwehrt, sich ein Bild von den laufenden Entscheidungsprozessen zu machen – oder sich gar in diese Entscheidungen einzumischen. So lässt sich, um ein praktisches Beispiel aufzugreifen, das uns zum Anfang dieses Buchs zurückführt, den Jahresabschlüssen der südafrikanischen Lonmin-Gesellschaft, Besitzer der gigantischen Platinmine in Marikana, in der im August 2012 vierunddreißig Streikende erschossen wurden, nicht einmal die genaue Aufteilung der erwirtschafteten Reichtümer nach Gewinnen und Löhnen entnehmen. Dabei handelt es sich übrigens um ein Gattungsmerkmal der Jahresabschlüsse von Unternehmen rund um die Welt. Die Daten sind nach sehr weit gefassten statistischen Kategorien geordnet, die möglichst wenig Aufschluss über die tatsächlichen Einsätze geben – oder aber die wirklichen Einblicke den Investoren

---

1 Zum Beispiel ist es wichtig, dass man prüfen kann, wo die politisch Verantwortlichen der verschiedenen Länder in der Einkommenshierarchie ihrer Zeit stehen (siehe die vorhergehenden Kapitel). Im Allgemeinen reichen dafür aber hinreichend detaillierte statistische Tabellen aus; Informationen strikt individueller Natur sind im Allgemeinen nicht notwendig.

2 Eine der ersten Maßnahmen der revolutionären Versammlungen von 1789/90 war bemerkenswerterweise die Erstellung eines «Grand Livre des Pensions», das nach Name und Summe geordnet alle Renten auflistete, die aus der königlichen Schatulle gezahlt wurden (und Begleichung von Schulden, Pensionen ehemaliger Beamter sowie schlichte Zuwendungen einschlossen). Das 1600 Seiten starke Buch, das 23 000 Namen enthielt, mit allen Details über die Summen (die verschiedenen Renten wurden in einer separaten Zeile für jeden Einzelnen aufgelistet), das Ministerium, das Alter, das Jahr der Zahlung, die Gründe der Zahlung etc., wurde seit April 1790 veröffentlicht. Siehe zu diesem bemerkenswerten Dokument den Technischen Anhang.

vorbehalten.[1] Umso leichter lässt sich dann Beschäftigten und ihren Vertretern nachsagen, sie seien nicht hinreichend informiert, um bei unternehmerischen Entscheidungen mitreden zu können. Ohne transparente Rechnungslegung, ohne geteilte Information kann es eine Wirtschaftsdemokratie nicht geben. Und umgekehrt gilt, dass ohne wirkliches Mitspracherecht bei Entscheidungen (wie etwa das Wahlrecht von Beschäftigten in Verwaltungsräten) alle Transparenz nicht viel wert ist. Information ist kein Selbstzweck, sie muss fiskalischen und demokratischen Einrichtungen dienen. Soll die Demokratie eines Tages die Kontrolle über den Kapitalismus zurückgewinnen, wird man zuallererst von dem Prinzip ausgehen müssen, dass die konkreten Formen der Demokratie und des Kapitals wieder und wieder neu zu erfinden sind.[2]

1 Das liegt vor allem daran, dass die Gehälter gemeinhin in derselben Zeile wie die Vorleistungen aufgeführt werden (also die Einkäufe bei anderen Unternehmen, die selber sowohl Arbeit als auch Kapital vergüten). Das hat zur Konsequenz, dass die veröffentlichten Abschlüsse es weder erlauben, die Aufteilung nach Gewinnen und Löhnen zu berechnen, noch die möglichen Missbräuche hinsichtlich der Vorleistungen (die eine Weise sein können, den Lebensstandard der Führungskräfte oder der Aktionäre anzuheben) zu untersuchen; zum Beispiel der Jahresabschlüsse von Lonmin und der Mine von Marikana siehe den Technischen Anhang.

2 Die anspruchsvolle Perspektive, unter der ein Philosoph wie Jacques Rancière die Demokratie betrachtet, ist hier unverzichtbar. Siehe besonders J. Rancière: *Der Hass der Demokratie*, Berlin: August Verlag 2011.

SCHLUSSBETRACHTUNG

Ich habe in diesem Buch den Versuch unternommen, den gegenwärtigen Stand der historischen Kenntnisse wiederzugeben, die wir über die Verteilung von Reichtümern seit dem 18. Jahrhundert besitzen, und zu prüfen, welche Lehren wir daraus für das vor uns liegende Jahrhundert ziehen können.

Die Quellen, auf die ich mich gestützt habe, sind, um es noch einmal zu sagen, umfassender als alles, was Autoren bislang zu diesem Thema zusammentragen konnten, aber sie bleiben immer noch unzulänglich und unvollständig. Alle Schlüsse, zu denen ich gekommen bin, sind ihrer Natur nach anfechtbar, sie wollen in Frage gestellt und diskutiert werden. Sozialwissenschaftliche Forschung ist nicht dazu angetan, eherne mathematische Gewissheiten hervorzubringen und sich an die Stelle öffentlicher, demokratischer und kontrovers ausgetragener Debatten zu setzen.

Der zentrale Widerspruch des Kapitalismus: $r > g$

Die allgemeine Lehre, die sich aus den untersuchten Daten ziehen lässt, ist die, dass die Dynamik einer auf Privateigentum beruhenden Marktwirtschaft, wenn sie sich selbst überlassen bleibt, machtvolle Konvergenzkräfte freisetzt, die namentlich in der Verbreitung von Kenntnissen und Fähigkeiten liegen, aber auch machtvolle Divergenzkräfte, die unsere demokratischen Gesellschaften und jene soziale Gerechtigkeit bedrohen, die zu ihren Legitimationsgrundlagen zählt.

Die mächtigste destabilisierende Kraft liegt in der Tatsache, dass die private Kapitalrendite r dauerhaft sehr viel höher sein kann als die Wachstumsrate des Einkommens und der Produktion g.

Die Ungleichung r>g sorgt dafür, dass Vermögen, die aus der Vergangenheit stammen, sich schneller rekapitalisieren, als Produktion und Löhne wachsen. In dieser Ungleichheit spricht sich ein fundamentaler Widerspruch aus. Je stärker sie ausfällt, umso mehr droht der Unternehmer sich in einen Rentier zu verwandeln und Macht über diejenigen zu gewinnen, die nichts als ihre Arbeit besitzen. Wenn es einmal da ist, reproduziert Kapital sich von selbst – und zwar schneller, als die Produktion wächst. Die Vergangenheit frisst die Zukunft.

Die möglichen Konsequenzen für die langfristige Dynamik der Verteilung von Reichtum sind furchterregend, vollends dann, wenn dieser Prozess durch eine Ungleichheit der Rendite verstärkt wird, die vom Umfang des Ausgangskapitals abhängig ist, und wenn die Kluft zwischen den Vermögen im globalen Maßstab wächst.

Es gibt keine einfache Lösung, die dieses Problem aus der Welt schaffen könnte. Wachstum kann durch Investitionen in Bildung, Erkenntnis und umweltfreundliche Technologien gefördert werden. Aber dadurch wird es nicht auf 4–5 % pro Jahr steigen. Wie die historische Erfahrung lehrt, können nur Länder, die gegenüber anderen aufholen müssen, wie Europa während des Wirtschaftswunders der Nachkriegsjahrzehnte oder heute China und die Schwellenländer, mit einem solchen Tempo wachsen. Für Länder, die an der globalen Technologiegrenze stehen, und das wird eines näheren oder ferneren Tages für die gesamte Erde gelten, gibt es allen Grund zu der Annahme, dass die Wachstumsrate auf lange Sicht kaum über 1–1,5 % pro Jahr steigen kann, ganz gleich, welche politischen Maßnahmen diese Länder ergreifen.[1]

Mit einer durchschnittlichen Kapitalrendite von 4–5 % wird daher die Ungleichung r>g aller Wahrscheinlichkeit nach im 21. Jahrhundert die Norm sein – wie sie es in der gesamten Geschichte bis zum Ausbruch des Ersten Weltkriegs war. Es sind die Kriege gewesen, die im 20. Jahrhundert reinen Tisch mit der Vergangenheit gemacht, die Kapitalrendite stark abgebaut und dadurch die Illusion einer strukturellen Überwindung des Kapitalismus und jenes fundamentalen Widerspruchs erzeugt haben.

---

1 Man muss hinzufügen, dass aus einer strikt logischen Perspektive ein Anstieg der Wachstumsrate g ebenso zu einem Anstieg der Kapitalrendite r führen kann und daher nicht zwangsläufig zu einem Abbau der Kluft zwischen r und g führt. Vgl. Kapitel 10.

Gewiss kann man die Kapitalrendite so stark besteuern, dass die private Rendite unter die Wachstumsrate fällt. Tut man dies aber zu massiv, läuft man Gefahr, den Motor des Wachstums abzuwürgen und damit die Wachstumsrate noch weiter zu senken. Die Unternehmer hätten dann allerdings keine Zeit mehr, sich in Rentiers zu verwandeln, weil es sie nicht mehr gäbe.

Die geeignete Lösung ist eine jährlich erhobene progressive Kapitalsteuer. Sie verhindert, dass die Ungleichheitsspirale sich endlos weiterdreht, während sie die Kräfte des Wettbewerbs nicht beeinträchtigt und den Anreiz zu neuer Akkumulation aufrechterhält. Zum Beispiel haben wir die Möglichkeit eines Steuertarifs erwähnt, der 0,1–0,5 % pro Jahr für Vermögen unter 1 Million Euro, 1 % zwischen 1 und 5 Millionen, 2 % zwischen 5 und 10 Millionen vorsähe und auf 5–10 % pro Jahr für Vermögen von mehreren 100 Millionen oder mehreren Milliarden Euro steigen könnte. Das würde dem unbegrenzten Anwachsen der globalen Vermögensungleichheiten Einhalt gebieten, die derzeit in einem Tempo zunehmen, das auf lange Sicht nicht mehr tragbar ist und selbst die glühendsten Verfechter der Idee vom sich selbst regulierenden Markt mit Sorge erfüllen sollte. Derart unverhältnismäßige Vermögensungleichheiten, auch das lässt sich aus der Geschichte lernen, haben mit dem Geist des Unternehmertums nichts mehr zu tun, und sie sind dem Wachstum alles andere als zuträglich. Sie haben, anders gesagt, keinerlei Gemeinnutzen, um den schönen Begriff aus dem ersten Artikel der Erklärung der Menschen- und Bürgerrechte zu zitieren, mit dem wir dieses Buch eröffnet haben.

Die Schwierigkeit dieser Lösung liegt darin, dass die progressive Kapitalsteuer ein sehr hohes Maß an internationaler Koordination und regionaler politischer Integration erfordert. Sie liegt nicht in Reichweite der Nationalstaaten, in deren Grenzen frühere soziale Kompromisse ausgehandelt wurden. Viele treibt denn auch die Sorge um, auf dem Weg zu einer solchen Koordination, etwa im Rahmen der Europäischen Union, setze man nur bestehende Errungenschaften aufs Spiel (angefangen mit dem Sozialstaat, der nach den Katastrophen des 20. Jahrhunderts mühsam aufgebaut worden war), ohne dass dabei etwas anderes herauskomme als ein riesiger Markt, auf dem ein immer «vollkommenerer Wettbewerb» herrsche – und dieser «vollkommene Wettbewerb» ändere nichts an der Ungleichung $r > g$, die keineswegs von irgendeiner «Unvollkommenheit» des Markts oder Wettbewerbs herrühre. Dieses Risiko besteht, aber mir scheint, es gibt keine andere Möglichkeit den Kapitalismus wieder unter Kontrolle zu bringen als die, alles auf die Demokratie zu setzen – und das kann in Europa nur heißen: auf eine Demokratie im europäischen Maßstab. Größere politische Gemeinschaften, wie die Vereinigten Staaten oder China, mögen ein etwas breiteres Spektrum möglicher Optionen haben. Aber für die kleinen europäischen Länder, die tatsächlich auf der Landkarte einer kommenden Weltwirtschaft immer winziger aussehen werden, hält der Weg nationaler Abschottung nur noch tiefere Kränkungen und Enttäuschungen bereit. Der Nationalstaat bleibt die richtige Ebene für eine grundlegende Modernisierung zahlreicher sozial- und steuerpolitischer Maßnahmen und in gewissem Maße auch für die Entfaltung neuer Formen der *governance* wie neuer intermediärer, zwischen Staatseigentum und Privateigentum liegender Formen geteilten Eigentums, deren Entfaltung eine der großen Herausforderungen der nahen Zukunft darstellt. Aber nur die politische regionale Integration eröffnet die Aussicht auf eine wirksame Regulierung des globalisierten Patrimonialkapitalismus in diesem Jahrhundert.

Für eine historische und politische Ökonomie

Zum Schluss mag man mir ein paar Worte zum Verhältnis von Ökonomie und Sozialwissenschaften nachsehen. Über die Ökonomie als Subdisziplin der Sozialwissenschaften (und einen anderen Platz kann ich für sie nicht erkennen) neben Geschichtswissenschaften, Soziologie, Anthropologie, Politologie und anderen Disziplinen, habe ich in der Einleitung schon gesprochen. Ich hoffe, dieses Buch hat zumindest einen ungefähren Eindruck davon vermittelt, was ich mir darunter vorstelle. Ich mag den Ausdruck «Wirtschaftswissenschaft» nicht besonders; er erscheint mir furchtbar anmaßend und könnte den Anschein erwecken, die Ökonomie dürfe sich einer überlegenen Wissenschaftlichkeit rühmen, die sie den anderen Sozialwissenschaften voraus hat. Der Ausdruck «politische Ökonomie» ist mir sehr viel lieber. Er mag ein wenig altmodisch klingen, aber er bringt zum Ausdruck, was mir die einzige spezifische Auszeichnung der Ökonomie innerhalb der Sozialwissenschaften zu sein scheint, nämlich ihre politische, normative und moralische Absicht.

Seit ihren Anfängen ist die politische Ökonomie auch eine wissenschaftliche oder zumindest rationale Untersuchung der Frage, welche Rolle der Staat idealerweise in der ökonomischen und sozialen Organisation eines Landes spielen sollte. Welche politischen Optionen bringen uns einer idealen Gesellschaft näher? Sich in einer Wissenschaft vom Guten und Bösen hervorzutun – einer Materie, für die es nur Spezialisten gibt – ist eine Ambition, die man belächeln mag. Aber sie ist zugleich notwendig. Wer sich als ironischer Kommentator der Reden (und Statistiken) anderer aus der öffentlichen Diskussion und politischen Auseinandersetzung heraushält, macht es sich als Sozialwissenschaftler zu leicht. Sozialwissenschaftler sollten sich wie alle Intellektuellen, und vor allem alle Bürger, in öffentlichen Debatten engagieren. Dieses Engagement kann sich nicht in der Berufung auf abstrakte Prinzipien (Gerechtigkeit, Demokratie, Weltfrieden) erschöpfen. Es muss konkrete Gestalt in ganz bestimmten Entscheidungen, Institutionen und Politiken annehmen, ob es nun um den Sozialstaat, die Steuern oder die Schulden geht. Es gibt nicht auf der einen Seite eine kleine Elite politisch Verantwortlicher und auf der anderen Seite ein Riesenheer von Kommentatoren und Zuschauern, die allenfalls dazu da sind, alle fünf Jahre ihren Stimmzettel in die Wahlurne zu werfen. Die Vorstellung, die Ethik des Forschers und die des Bürgers seien nicht miteinander vereinbar, und man müsse die Diskussion über die Mittel und die über die Zwecke voneinander trennen, scheint mir ein Trugschluss, verständlich zwar, aber gefährlich.

Die Ökonomen haben allzu lange ihre Identität über ihre wissenschaftlichen Methoden definiert. In Wahrheit beruhen diese Methoden vor allem auf einem übermäßigen Gebrauch mathematischer Modelle, die häufig nur als Vorwand dienen, um sich aufzuspielen und davon abzulenken, dass es um gar nichts geht. Es wurde und es wird noch immer zu viel Energie an bloße theoretische Spekulationen verschwendet, ohne dass die ökonomischen Tatsachen, die man zu erklären, oder die sozialen und politischen Probleme, die man zu lösen gedenkt, hinreichend genau definiert würden. Man begegnet heute unter Ökonomen einem erheblichen Enthusiasmus für empirische Methoden auf der Grundlage kontrollierter Experimente. Mit Zurückhaltung und Bedacht angewandt, können diese Methoden nützlich sein, und zumindest gebührt ihnen das Verdienst, dass ein Teil der Zunft sich wieder (was überfällig war) auf konkrete Fragen und sachhaltige Forschung besinnt. Aber diese neuen Ansätze sind manchmal ihrerseits nicht frei von einer bestimmten szientistischen Illusion. Man kann zum Beispiel viel Zeit damit verbringen, die unbezweifelbare Existenz eines reinen Kausalzusammenhangs zu beweisen, und darüber vergessen, dass die verhandelte Frage manchmal von begrenztem Interesse ist. Häufig versäumen es solche Methoden, Lehren aus der Geschichte zu ziehen, und verlieren aus dem Auge, dass die Geschichte unsere wichtigste Erkenntisquelle bleibt. Man kann nicht die Geschichte des 20. Jahrhunderts nachstellen und so tun, als hätte der Erste Weltkrieg nie stattgefunden, oder als wären die Einkommensteuer oder das umlagefinanzierte Rentensystem nie erfunden worden. Historische Kausalzusammenhänge lassen sich sicher nie zweifelsfrei nachweisen. Kann man sich wirklich sicher sein, dass diese oder jene Politik diese oder jene Wirkung gezeitigt hat? Oder hatte die Wirkung noch andere Ursachen? Und dennoch sind die wie immer auch unvollkommenen Lehren, die wir aus der Geschichte und namentlich der Geschichte des vergangenen Jahrhunderts ziehen können, von unschätzbarer Bedeutung und werden sich durch kein kontrolliertes Experiment jemals ersetzen lassen. Um sich nützlich zu machen, sollten Ökonomen vor allem lernen, in der Wahl ihrer Methoden pragmatischer, also sich für kein Mittel zu schade zu sein, und es darin den anderen sozialwissenschaftlichen Disziplinen gleichzutun.

Umgekehrt sollten Vertreter anderer sozialwissenschaftlicher Disziplinen das Studium ökonomischer Tatsachen nicht den Ökonomen überlassen und nicht gleich beim Anblick einer Zahl vor lauter Schreck die Flucht ergreifen, oder Betrug wittern oder sich mit der Feststellung begnügen, jede Zahl sei eine soziale Konstruktion, was natürlich immer zutrifft, aber nicht genügt. Im Grunde laufen beide Formen der Abdankung auf dasselbe hinaus, weil sie das Feld dem anderen überlassen.

Die Sache der Ärmsten

«Solange die Einkommen der verschiedenen Klassen unserer gegenwärtigen Gesellschaft der wissenschaftlichen Forschung nicht zugänglich sind, wird jeder Versuch, eine tragfähige Wirtschafts- und Sozialgeschichte zu schreiben, vergeblich sein.» Mit diesem schönen

Satz beginnt das Buch, das Jean Bouvier, Francois Furet und Marcel Gillet dem *Mouvement du profit en France au XIXe siècle* gewidmet haben. Das Buch verdient es, wiedergelesen zu werden. Zum einen, weil es sich um ein charakteristisches Werk der «seriellen» Geschichtsschreibung handelt, die im 20. Jahrhundert in Frankreich ihre Blüte erlebt (im Wesentlichen von den 1930er bis zu den 1970er Jahren), mit all ihren Vorteilen und Nachteilen. Zum anderen, weil der intellektuelle Werdegang von François Furet besonders schlagend die guten und die schlechten Gründe hervortreten lässt, aus denen dieses Forschungsprogramm ausgestorben ist.

Als Furet seine Karriere beginnt, wendet sich der vielversprechende junge Historiker dem zu, was ihm als der zentrale Forschungsgegenstand seiner Disziplin erscheint, den «Einkommen der Klassen der gegenwärtigen Gesellschaft». Das Buch ist streng und vorurteilslos, und es versucht vor allem, das Material zusammenzutragen und die Fakten zu sichern. Dennoch handelt es sich um sein erstes und letztes Buch zum Thema. In *Lire et écrire*, seiner 1977 gemeinsam mit Jacques Ozouf veröffentlichten großartigen Studie, die der «Alphabetisierung der Franzosen von Calvin bis Jules Ferry» gewidmet ist, findet man denselben Willen, «Serien» oder Datenreihen zu erstellen, diesmal nicht über Industriegewinne, sondern über Alphabetisierungsraten, die Zahl der Lehrer und die Höhe der Bildungsausgaben. Vor allem aber ist Furet durch seine Arbeiten zur Politik- und Kulturgeschichte der Französischen Revolution berühmt geworden, in denen man vergeblich nach einer Spur jener Forschungen zu den «Einkommen der Klassen der gegenwärtigen Gesellschaft» sucht. Ganz von dem Kampf eingenommen, den er in den 1970er Jahren gegen die marxistischen Historiker der Französischen Revolution führt (die damals besonders dogmatisch und deutlich in der Überzahl waren, vor allem an der Sorbonne), scheint der große Historiker unterdessen jede Form der Wirtschafts- und Sozialgeschichte abzulehnen. Das ist insofern bedauerlich, als sich die verschiedenen Ansätze – wie mir scheint – durchaus miteinander verbinden lassen. Zweifellos behaupten das politische und geistige Leben ihre Autonomie gegenüber den wirtschaftlichen und gesellschaftlichen Entwicklungen. Die parlamentarischen Einrichtungen und der Rechtsstaat sind nicht einfach die bourgeoisen Institutionen, als die sie von den marxistischen Intellektuellen vor dem Mauerfall beschrieben werden. Aber zugleich ist nicht zu übersehen, dass Preis-, Vermögens- und Lohnschwankungen die politischen Wahrnehmungen und Einstellungen ebenso beeinflussen, wie diese wiederum die wirtschaftlichen und gesellschaftlichen Entwicklungen prägen. Es ist durchaus möglich, ja unverzichtbar, der Wirtschaft und der Politik, den Lohnentwicklungen und der Gesellschaft, den Vermögen und der Kultur zugleich Rechnung zu tragen. Die bipolaren Auseinandersetzungen der Jahre 1987 bis 1989 liegen endgültig hinter uns. Weit davon entfernt, Forschungen über das Kapital und die Ungleichheiten zu befruchten, hat die Konfrontation von Kapitalismus und Kommunismus eher dazu beigetragen, sie versiegen zu lassen – unter Historikern und Ökonomen übrigens ebenso wie unter Philosophen.[1] Es ist höchste Zeit, diese Gegensätze zu überwinden, auch in der historischen Forschung, die mir heute noch zutiefst von diesen vergangenen Konfrontationen geprägt zu sein scheinen.

Wie ich in der Einleitung bemerkt habe, gibt es gewiss auch technische Gründe für das vorzeitige Ableben der seriellen Geschichtsschreibung. Die materiellen Schwierigkeiten, die der Erfassung und Auswertung der Daten entgegenstehen, erklären zweifellos, weshalb jene Arbeiten (unter Einschluss von *Le Mouvement du profit en France au XIXe siècle)* der historischen Interpretation letztlich so wenig Raum gewähren, was die Lektüre dieser Arbeiten manchmal etwas spröde macht. So fällt insbesondere die Analyse der Beziehungen zwischen ökonomischen Entwicklungen und politischer und sozialer Geschichte der untersuchten Zeiträume oft sehr dürftig aus und tritt hinter einer peinlich genauen Beschreibung der Quellen und Daten zurück, die heute besser in Excel-Tabellen und Online-Datenbanken aufgehoben sind.

Das Ende der seriellen Geschichtsschreibung scheint mir auch damit zusammenzuhängen, dass dieses Forschungsprogramm gar nicht bis zum 20. Jahrhundert vorgedrungen ist. Erforscht man das 18. und 19. Jahrhundert, mag man sich mehr oder weniger noch vorstellen können, die Entwicklung von Preisen und Löhnen, von Einkommen und Vermögen folge einer autonomen Logik, die nicht oder kaum mit den

1 Liest man die Texte, die Sartre, Althusser oder Badiou ihrem marxistischen oder kommunistischen Engagement gewidmet haben, gewinnt man zuweilen den Eindruck, dass Fragen des Kapitals und der Ungleichheit zwischen sozialen Klassen sie nur am Rande interessieren und es in Wahrheit um ganz andere Einsätze geht.

politischen und kulturellen Logiken interagiert. Erforscht man das 20. Jahrhundert, löst sich eine solche Illusion sofort in Luft auf. Es reicht aus, einen kurzen Blick auf die Kurven zu werfen, die von der Ungleichheit der Einkommen oder dem Kapital-Einkommens-Verhältnis beschrieben werden, um sich davon zu überzeugen, dass die Politik allgegenwärtig ist und die ökonomischen und politischen Entwicklungen sich so wenig voneinander ablösen lassen, dass sie auch gemeinsam untersucht werden müssen. Das nötigt dazu, den Staat, die Steuer und die Schulden in ihren konkreten Dimensionen zu erforschen und sich von den simplifizierenden und abstrakten Schemata zu verabschieden, die einen ökonomischen Unter- und politischen Überbau einander gegenüberstellen wollen.

Natürlich spricht ein gesundes Prinzip der Spezialisierung dafür, dass nicht alle Welt unablässig mit der Erstellung von Datenreihen beschäftigt ist. Es gibt tausendundeine Weise, sozialwissenschaftliche Forschung zu betreiben, und diese eine ist nicht nur weit davon entfernt, immer und überall unverzichtbar zu sein, sondern (ich gebe es zu) auch nicht sonderlich phantasievoll. Dennoch glaube ich, dass Forscher aus den Sozialwissenschaften wie allen anderen Disziplinen, Journalisten und Kommentatoren sämtlicher Medien, Gewerkschaftler und politische Aktivisten aller Richtungen, und vor allem sämtliche Bürger ernsthaft über Geld nachdenken sollten, über seine Verteilung, über die Tatsachen und Entwicklungen, die mit ihm verknüpft sind. Diejenigen, die viel davon haben, werden gewiss nicht vergessen, ihre Interessen zu verteidigen. Von den Zahlen nichts wissen zu wollen, dient selten der Sache der Ärmsten.

INHALTSÜBERSICHT

AUFLISTUNG DER GRAFIKEN UND TABELLEN

Kapitel 5.

Kapitel 6.

Kapitel 10.

Personenregister